rororo

«In Golo Manns Werk, etwa seiner großen Wallenstein-Biografie, erlebte die Geschichtserzählung klassischer Tradition eine großartige Renaissance. Damit hat er, über alle Melancholien und selbstquälerischen Zweifel hinweg, gottlob Schule gemacht. Das bleibt sein Verdienst. Bitterli ist für seine von diskreter Sympathie durchwirkte Biographie zu danken.»
(Klaus Harpprecht in der *Zeit*)

Professor Urs Bitterli, geboren 1935, promovierte über «Thomas Manns politische Schriften zum Nationalsozialismus» und lehrte von 1978 bis 2001 allgemeine Geschichte der Neuzeit an der Universität Zürich. Seit 2002 betreut er, zusammen mit Irene Riesen, die kommentierte Ausgabe der Werke von Herbert Lüthy.

Urs Bitterli

Golo Mann

Instanz und Außenseiter

Eine Biographie

Rowohlt Taschenbuch Verlag

Vom Autor durchgesehene Taschenbuchausgabe

Veröffentlicht im Rowohlt Taschenbuch Verlag,
Reinbek bei Hamburg, November 2005

Umschlaggestaltung any.way, Barbara Hanke/Cordula Schmidt
(Umschlagfoto: Golo Mann zwischen 1969 und 1979. Aufnahme
undatiert. Landesmedienzentrum, Hamburg/Fritz Kempe)
Satz Sabon PostScript bei KCS GmbH, Buchholz/Hamburg
Druck und Bindung Druckerei C. H. Beck, Nördlingen
Printed in Germany
ISBN 13: 978 3 499 24078 2
ISBN 10: 3 499 24078 5

Inhalt

«Alle Geschichte ist transparent
nach dem Ewigmenschlichen hin,
ist das Vertraute im Fremden;
eben darin liegt ihre Aktualität.»

Golo Mann
Ansprache am 29. Deutschen Historikertag, 1972

I. Die frühen Jahre

«... denn niemand glaube, die ersten Eindrücke der Jugend überwinden zu können.»

Johann Wolfgang Goethe,
Wilhelm Meisters Lehrjahre

1. Das ungeliebte Kind

Über die Familie, in die Angelus Gottfried Thomas Mann am 27. März des Jahres 1909 hineingeboren wurde, ist viel geschrieben worden, von den Angehörigen wie von den Literaturhistorikern. Man kennt die Herkunft des Vaters, des Abkömmlings aus vornehmer Lübecker Kaufmannsfamilie und großen Schriftstellers, bis in ihre entlegenen Verästelungen. Und man kennt nicht minder genau die Familiengeschichte seiner Ehefrau Katia, der schönen Tochter aus dem jüdischen Professorenhause Pringsheim, in dem sich um die Jahrhundertwende alles traf, was in München kulturell Rang und Namen hatte.[1] Im Jahre 1905 fand die Trauung zwischen dem Schriftsteller und der «Prinzessin» statt. Man lebte erst in einer Stadtwohnung, baute sich 1908 ein Sommerhaus in Bad Tölz und bezog sechs Jahre später eine stattliche Villa in München-Bogenhausen, Poschingerstraße 1. In rascher Folge wurden die Kinder geboren: Erika, in den Jahren des Exils und danach die hilfreiche Vertraute ihres Vaters; Klaus, der hochbegabte Schriftsteller, der sich 1949 das Leben nahm; Angelus Gottfried Thomas, der spätere Historiker, den man als Kind in launiger Zusammenziehung der Vornamen Golo nannte – ein Name, der dem Erwachsenen blieb. Man mag sich an den letzten Stammhalter der

Buddenbrooks erinnern, der die Vornamen Justus Johann Kaspar trug und den jedermann Hanno nannte. Es sollten noch Monika, Elisabeth und Michael nachfolgen.

Das, was man gemeinhin eine glückliche, unbeschwerte Kindheit nennt, hat Golo Mann nicht verlebt. Sosehr sein Vater Wert auf Nachwuchs legte, so wenig war er bereit, sein literarisches Schaffen, das im Jahre 1901 mit dem Erscheinen der *Buddenbrooks* erstaunte Bewunderung erregt hatte, den Bedürfnissen der Familie unterzuordnen. Seinen frühen Ruhm empfand der Schriftsteller Thomas Mann als Auftrag, deutsche Geistigkeit auf eine Weise ins literarische Kunstwerk umzusetzen, die den Vergleich mit den größten Vorbildern der Weltliteratur nicht zu scheuen brauchte und die gleichzeitig den Erwartungen zu genügen wusste, welche das Bildungsbürgertum des Wilhelminischen Zeitalters in den «großen Dichter» setzte. Und ein solcher Auftrag war, wenn man sich zudem noch die spannungsvollen Widersprüche und Gefährdungen des eigenen Wesens eingestand, nur mit zielstrebigem Bemühen und strikter Disziplin zu erfüllen, mit einer Hingabe ans Werk, die der familiären Umgebung einen harten Tribut abforderte.

Golo Mann wurde in dem Jahr geboren, als der Zeppelin die Strecke von Berlin nach Friedrichshafen erstmals zurücklegte und Louis Blériot den Ärmelkanal überflog. Die Öffentlichkeit begrüßte Entdeckungen und Neuerungen im Feld von Wissenschaft und Technik mit ungebrochenem Fortschrittsoptimismus. Europa sah sich als der Mittelpunkt der Welt, und Berlin stand an politischer und kultureller Bedeutung neben Paris, Wien und Sankt Petersburg nicht zurück. Es herrschte Friede, und nur wenige Zeitgenossen gaben sich vom prekären Gleichgewicht der rivalisierenden Nationalstaaten Rechenschaft. Wie die andern industrialisierten Länder, ja noch deutlicher als diese, bot das Deutsche Reich das Bild einer Klassengesellschaft, in der Adel, Militär, Beamtenschaft und Bürgertum die führende Position einnahmen. Das Besitzbürgertum, dem Golo Mann entstammte, bestimmte weitgehend den gehobenen Lebensstil und die moralischen und kulturellen Wertvorstellungen. Allerdings verbarg der Glanz des gesellschaftlichen Lebens nur notdürftig die gefährlich sich zuspitzenden Spannungen zwischen Oberschichten und Unterschichten, zwischen Bürgertum und Arbeiterschaft, zwischen elitärer Bildung und Massenkultur, zwischen Stadt und Land. Doch in bürgerlicher Perspektive dominierte der Eindruck von Ordnung und Sicherheit. «Wenn ich versuche», schreibt Stefan Zweig in seinen Memoiren, «für die Zeit vor dem Ersten Weltkriege, in der ich aufgewachsen bin, eine handliche Formel zu finden, so hoffe ich am prägnantesten zu sein, wenn ich sage: es war das goldene Zeitalter der Sicherheit.»[2]

Was damals für das gehobene Bürgertum im Allgemeinen zutraf, galt im Besonderen für das Haus Mann: Mit der Betreuung und Erziehung der Söhne und Töchter hatten sich Ehefrau und Dienstmägde zu befassen. Im wohl geordneten Tageslauf des mit Wichtigerem beschäftigten Hausherrn hatten die Kinder dann ihren Platz, wenn sie seiner Entspannung und Zerstreuung dienten, beim Essen, beim Tee, bei kleinen Festlichkeiten. Wie rasch Thomas Mann seine Kinder als Störung empfand, ist vielfach bezeugt, sowohl durch unwillige Bemerkungen in des Schriftstellers eigenen Tagebuchaufzeichnungen als auch durch die Lebenserinnerungen, die uns Klaus und Golo Mann hinterlassen haben. Des Vaters Arbeitszimmer zu betreten, schreibt Klaus Mann, sei ihm als die «gräßlichste Blasphemie» erschienen: «Keines von uns Kindern hätte sich dergleichen je in den Sinn kommen lassen. Schon mit geringeren Verfehlungen kann man den Vater erheblich irritieren.»[3] Golo Mann spricht vom «Heiligtum» des väterlichen Arbeitszimmers und von den schwerwiegenden Folgen, die eine Beeinträchtigung der kreativen Ruhe hatte: «Und fürchterlich war das Donnerwetter, wenn wir ihn gestört hatten; um so schärfer in die Seele schneidend, weil es nur selten provoziert wurde. Auch bei Tisch schwiegen wir meistens, derart, daß besuchende Tanten aus Berlin lobende Beobachtungen darüber machten, ohne nach den Ursachen unserer Disziplin zu fragen. Die Autorität des Vaters war enorm.»[4]

Mutter Katia hat über die frühen Lebensjahre ihrer ersten vier Kinder Tagebuch geführt. Darin hielt sie fest, dass die Entwicklung Golos nur langsam voranschritt und dass er sich durch sein sensibles, nervöses und schreckhaftes Wesen von seinen Geschwistern unterschied. Gut möglich, dass dieses Kind die väterliche Distanz als besonders schmerzlich empfunden hat. «Golo ist beim Papa im Arbeitszimmer», notiert sich Katia. «Er verhält sich ganz still und artig, und plötzlich sagt er: ‹Ich störe doch nicht Papa?›»[5]

Manches deutet darauf hin, dass besonders während der Jahre des Ersten Weltkrieges die Empfindlichkeit, Nervosität und Gereiztheit des Schriftstellers einer Schonung bedurften, welche seine Familie einem subtilen Terror unterwarf. Thomas Mann war in diesen Jahren mit seinen *Betrachtungen eines Unpolitischen* beschäftigt; die qual- und mühevolle Auseinandersetzung mit deutschem Schicksal in schwieriger historischer Stunde wuchs sich aus zum hasserfüllten Dokument des Zwistes mit dem Bruder und Schriftstellerkollegen Heinrich, dem der Verfasser seine Sympathie für Frankreich und den westlichen Demokratiebegriff nicht verzieh. «Wohl konnte er noch Güte ausstrahlen», erinnert sich Sohn Golo an diese Zeit, «überwiegend aber Schweigen, Strenge, Nervosität oder Zorn. Nur zu genau erinnere ich mich an Szenen bei Tisch, Ausbrüche von Jähzorn und Brutalität, die sich gegen meinen Bruder Klaus richteten, mir selber aber Tränen entlockten.»[6] «Was hatten wir doch für eine elende Kindheit», notiert der Historiker später in sein Tagebuch[7], und an anderer Stelle, in der Einleitung zu seinem Buch *Vom Geist Amerikas*: «Insbesondere leugne ich nicht, daß ich gewisser Seiten meiner deutschen Kindheit und Jugend mich heute nur mit Grausen erinnern kann.»[8]

So kritisch sich Golo Mann zu seiner Kindheit äußert – zu einer Abwendung des Sohnes von der Familie oder gar zum Bruch, wie er in bürgerlichen Häusern nicht selten war, kam es nie. Seinem Herkommen und den Mitgliedern seiner Familie gegenüber hat der Historiker vielmehr eine unveränderte Treue und Loyalität bewiesen, die sich zuletzt noch in der Betreuung seiner greisen Mutter bewährte; und seinen Vater hat er, so schwierig das Verhältnis zeitlebens blieb, nie verleugnet. Hübsch ist es, in den *Ungeschriebenen Memoiren* von Katia Mann nachzulesen, wie Golo Mann im Gespräch mit seiner Mutter seine Kritik abmildert, wenn er sich so ausdrückt: «Im übrigen war die Arbeitsruhe unseres Vaters die Hauptsache im Haus. Vielleicht haben wir darunter ein bißchen gelitten.»[9]

Offensichtlich ist, dass Sohn Golo den Erwartungen, welche die Eltern in ihn setzten, lange Zeit nicht zu entsprechen imstande war. Schon die Geburt hatte wenig Erfreuliches verheißen. «Katjas Niederkunft», schrieb Thomas Mann seinem Bruder Heinrich, «war sehr schwer und qualvoll. Es fehlte nicht viel, so hätte zur Zange gegriffen werden müssen, da die Herztöne des Kindes schon schwach wurden. Das Kind ist wieder mehr der Typus Mucki, schlank und etwas chinesenhaft. Es soll Angelus, Gottfried, Thomas heißen.»[10] Das Kleinkind scheint in der Tat kein Ausbund von Schönheit gewesen zu sein; ungeschickt, scheu, von schwerfälliger Auffassungsgabe und auf sonderbare Art komisch erschien es seinen Eltern. Die Mutter, teilnahmsvoller in ihrer Sorge und milder in ihrem Urteil als der Vater, weiß von burlesken schauspielerischen Auftritten ihres Sohnes zu berichten, der mit «häßlich verzückten Mienen, weichlich von unten heraufgeholten Pianos und wilden, leidenschaftlichen Fortes» einen Dirigenten nachgeahmt habe.[11] «Im allgemeinen», bemerkt sie weiter, «ist der Golo recht artig, sanft und gefügig [...] Aber wenn er einmal anfängt, ungezogen zu werden, dann ist er ganz fürchterlich. Über alles fängt er dann an zu gnauzen, steigert sich allmählich in ein grauenhaftes Plärren, ist weder mit Freundlichkeit noch mit Strenge zu beruhigen, schreit, halbe Stunden lang, so weiter, eigensinnig, hoffnungslos, und sieht dabei so über alle Maßen abscheulich aus, daß man nicht anders kann als ihn hassen.»[12]

Der Vater erwähnt in seinen Tagebuchaufzeichnungen das Kind

selten und dann mit einer Ironie, welche die Enttäuschung über diesen Sohn schlecht verbirgt. «Auch Golo produzierte sich etwas auf seinem Violinchen», heißt es da etwa, und als die Kinder Lessings *Minna von Barnhelm* aufführten und Golo die «Dame in Trauer» zu verkörpern hatte, empfand der Schriftsteller den Auftritt mit spürbarem Befremden als «im höchsten Grade unheimlich-komisch, besonders nach der Aufführung. Die merkwürdigste Darbietung des Abends»[13]. Freundlicher äußert sich im Rückblick die ältere Schwester Erika: «Golo Mann, elfjährig, als Dame in Trauer. Ratlos saß er vorm Spiegel und besah sich einen dunklen Strich, den der Friseur ihm mitten auf die Brust geschminkt hatte, die Teilung eines Damenbusens listig vortäuschend. Aber dann zierte er sich klagend, weinte er und rauschte er so wunderlich im schwarzen Spitzenkleid, daß erlesenes Publikum drunten den Atem anhielt.»[14]

Aber nicht nur Golos Erscheinung, auch sein Charakter gab Anlass zu Sorge: Verstockt und lügnerisch wird er mehrmals genannt, und im Jahre 1920 notiert der erbitterte Vater: «Golo, mehr und mehr problematische Natur, verlogen, unreinlich und hysterisch, reizt K. [Katia] sehr und war mittags und abends in Strafe».[15] Die Beziehungen zwischen Vater und Sohn sollten sich erst in den dreißiger Jahren allmählich entspannen; aber noch im hohen Alter trieb ein erboster Vater in Golo Manns Träumen sein Unwesen.

Merkwürdig wirkte das Kind auch auf den älteren Bruder Klaus. «Golo aber repräsentierte unter uns», schreibt dieser, «das groteske Element. Von skurriler Ernsthaftigkeit, konnte er sowohl tückisch als unterwürfig sein. Er war diensteifrig und heimlich aggressiv; dabei würdevoll wie ein Gnomenkönig. Ich vertrug mich ausgezeichnet mit ihm, während er sich mit Erika viel zankte.»[16] Was sich übrigens auch in späteren Jahren nicht ändern sollte: Golo Mann fühlte sich seinem Bruder immer besonders nah verbunden; die politisch radikalen Ansichten seiner Schwester und ihr Hang zur Rechthaberei dagegen machten ihm zu schaffen.

So bedrückend die väterliche Dominanz oft sein mochte, so bereichernd wirkte doch zugleich die Atmosphäre des gebildeten Hauses auf die Kinder ein. Besuche wurden häufig empfangen, und geistreiche Konversation war beliebt: Golo Mann erwähnt in seinen *Erinnerungen* den Germanisten und Hausfreund Ernst Bertram, Hugo von Hofmannsthal, den Historiker Erich Marcks, den Komponisten Hans Pfitzner, den Dirigenten Bruno Walter und andere künstlerische Prominenz. «Und dann», schreibt er, «war das Elternhaus so anregend, wie eines nur sein kann: die zahlreichen Gäste, die Gespräche über Theater- und Opernaufführungen, über Bücher, über Politik – Anregungen, welche die älteren Geschwister aufnahmen, um ihr eigenes Echo daraus zu machen.»[17]

Literatur war im Hause Mann allgegenwärtig. Abends las die Mutter, gelegentlich auch der Vater, etwas vor, Märchen, Gespenstergeschichten, Erzählungen. Die älteren Geschwister sagten Kinderverse und Gedichte auf, und früh zeigte sich Golos stupendes Erinnerungsvermögen: Verse, die er zufällig gehört und noch kaum verstanden hatte, wusste er zum allgemeinen Erstaunen mit treffendem Ausdruck herzusagen. Diese Gedächtnisstärke setzte in späteren Jahren seine Mitschüler und Kommilitonen in Erstaunen und blieb ihm bis ins hohe Alter ungeschmälert erhalten.

Das Theaterspiel wurde unter den Geschwistern eifrig gepflegt. Erika und Klaus hatten 1919 mit dem pathetischen Anspruch jugendlichen Tatendrangs den «Laienbund deutscher Mimiker» begründet, der sich Aufführungen von Stücken des klassischen Repertoires zum Ziel setzte. Auch Golo wurde, wie bereits erwähnt, beigezogen.[18] Klaus Mann berichtet in *Der Wendepunkt* von dem engen Verhältnis zu seinem jüngeren Bruder und davon, wie er mit diesem zusammen Romane und Erzählungen in Dialogform gebracht und aufgeführt habe. «Er war es, dem ich alle meine Phantasien, Sorgen und Pläne anvertraute; denn er konnte gut zuhören, eine seltene Gabe, selbst bei reifen Männern und Frauen. Ich erfand, schnitt auf, scherzte und lamentierte; er blieb ruhig und lauschte. Nie erfuhr ich, wie sein undurchdringliches Gemüt meine

Einfälle verarbeitete und was für Verwandlungen die Launen meiner mitteilsamen Phantasie in seinem Geiste erfuhren. Er war mein Vertrauter, doch ich nicht der seine, was wohl teils meinem naiven Egoismus, teils seinem Stolz und seiner Scheu zuzuschreiben war.»[19] Der Historiker hat Jahrzehnte später, anlässlich der Übergabe des Klaus-Mann-Archivs an die Stadt München, freundlich der tiefen Beziehung gedacht, die ihn mit seinem Bruder verband, und in seinen *Erinnerungen* weiß er noch ganze Passagen aus den seltsamen Dramoletten zu zitieren, die sich die Kinder ausdachten.[20]

Wie weit gehen Golo Manns Erinnerungen zurück? In den Aufzeichnungen über seine Jugend bezeichnet der Autor den Tod des Prinzregenten Luitpold, der den geistig umnachteten Ludwig II. ablöste, als eines der frühesten Ereignisse, die sich seinem Gedächtnis eingeprägt hätten. Das war im Winter 1912; Golo Mann war drei Jahre alt. Ein paar Jahre später sah das Kind Luitpolds Sohn, König Ludwig III., in einer Fronleichnamsprozession mitschreiten. Man mag in diesen frühen Kindheitserlebnissen den Ursprung für die Faszination sehen, welche aristokratische Prunkentfaltung und katholisches Ritual zeitlebens auf den Historiker ausübten; er selbst sah dies jedenfalls so. Es seien dies Eindrücke gewesen, schreibt er in den *Erinnerungen*, die ihn «im ältesten Herzen Monarchist bleiben ließen». Und: «Immer war in mir eine Neigung, es mit der Obrigkeit zu halten, mit dem König von Bayern, solange es ihn noch gab [...]. Man mag diese Neigung deutsch nennen, obgleich ich von der Frage ‹Was ist deutsch?› nichts halte.»[21]

Mit dem Besuch einer privaten Grundschule und dann des Wilhelmsgymnasiums in München gewann die eigene Lektüre einen immer höheren Stellenwert, dem das sich einstellende Bewusstsein, Sohn eines berühmten Schriftstellers zu sein, zusätzliches Gewicht verlieh. «Wie man im Leben nie wieder so lachen kann wie als Kind», schreibt Golo Mann in seinen *Erinnerungen*, «so wird man auch nie wieder mit solcher Hingabe lesen, die Wirklichkeit ringsum vergessen, während man sich in das Wahr-Unwahre der Vergangenheit vertieft.»[22]

Im Vordergrund des Interesses standen nun historische Romane, Biographien und Darstellungen, darunter die Werke Walter Scotts und Charles Dickens', eine Biographie Friedrichs des Großen, eine Schilderung von Napoleons Russlandfeldzug und das damals weit verbreitete Werk von Edward George Bulwer-Lytton *Die letzten Tage von Pompeji.* Ganz besonderen Eindruck aber machte auf den zehnjährigen Knaben Friedrich Schillers *Geschichte des Dreißigjährigen Krieges.* Das Werk ließ Golo Mann erstmals mit jener Gestalt bekannt werden, die ihn in der Folge ein Leben lang faszinierte und die zum Gegenstand seines historischen Hauptwerks wurde: Albrecht von Wallenstein. Zu Schillers geschichtlicher Darstellung schreibt der Historiker in seinen *Erinnerungen*: «Was ich vorher schon alles gelesen hatte – und nachgerade war es eine Menge –, nichts schlug mich auch nur annähernd so in Bann wie dieses. Was war es? Die Lucidität in der Darstellung noch der kompliziertesten Zusammenhänge, die Fülle der Figuren, die goldene Sprache in ihren drängenden Rhythmen, Drama und wieder Drama, von Anfang an, lange vor Wallensteins erstem Auftritt.»[23]

Über den Besuch von Grundschule und Wilhelmsgymnasium berichten Golo Manns *Erinnerungen* wenig. Die Rede ist kurz von einem offenbar geschätzten Gymnasiallehrer für Deutsch und Latein, einem heimlichen Dichter, aber auch von dessen «meist schon altersgrauen und durch des Dienstes ewig gleichgestellte Uhr verbitterten Kollegen»[24]. Zum damaligen Geschichtsunterricht hat sich der spätere Historiker bei Gelegenheit so geäußert: «... der deutsche Geschichtsunterricht war in meiner Jugend schlecht [...]. Es war ein nationalistischer und im höchsten Sinne provinzieller Unterricht; provinziell nicht in dem guten Sinn, daß man über das wirkliche Leben auch der engeren Heimat etwas erfuhr, sondern im Sinn einer anklagenden, selbstgerechten Verengung. [...] Noch denke ich mit Grausen an meine Unkenntnis nicht nur der weiten

Welt, sondern der nächsten europäischen Nachbarstaaten, als ich mich 1933 Deutschland zu verlassen genötigt sah.»[25]

Nach allem, was wir wissen, scheint Golo Mann ein mittelmäßiger Gymnasiast gewesen zu sein. Früh fiel jedoch die Leichtigkeit auf, mit der er sich Gedichte einprägte, und in den Fächern Geschichte und Latein übertraf er seine Mitschüler. «Golo schreibt beständig», wissen wir von seiner Mutter, «die besten lateinischen Klassenarbeiten und macht sich überhaupt.»[26]

Über das Wilhelmsgymnasium besitzen wir das vernichtende Zeugnis des älteren Bruders Klaus: «Die Schule war derart stumpfsinnig und bedeutungslos, daß sie nicht einmal aufsässige Gefühle weckte. [...] Es ist weder mit Haß noch mit Rührung, daß ich mich des alten Wilhelmsgymnasiums erinnere, sondern mit gelangweilter Gleichgültigkeit. Anregungen irgendwelcher Art habe ich dem staatlichen Unterricht nicht zu verdanken. Selbst wenn der Lehrstoff reichhaltiger oder fesselnder gewesen wäre, als er tatsächlich war, die trübsinnige Pedanterie der bayerischen Professoren hätte mir noch den interessantesten Gegenstand verleidet.»[27] Derartige Urteile über das Bildungswesen des wilhelminischen Deutschland und noch der Weimarer Republik sind in den literarischen Zeugnissen jener Zeit Legion, und selten werden in der Belletristik Schulzimmer anders als dumpf und öde, Professoren anders als autoritär und abweisend geschildert – Heinrich Mann, Golos Onkel, hat mit seinem 1905 erschienenen Roman *Professor Unrat* dem düsteren Bild zu Dauer verholfen. Oder man denke an die ins Groteske gesteigerte Karikierung der Lehrer am Schluss der *Buddenbrooks*.

Etwas Abwechslung zu Elternhaus und Schule boten die Ausflüge und Übungen mit den Pfadfindern. Die Gemeinschaft mit Gleichaltrigen, das Singen von Liedern am Lagerfeuer, das Schlafen im Zelt machten Spaß. Manche Melodien prägten sich Golo ein, forsche Landsknechtlieder wie romantische Heimwehweisen. Das Kunstlied blieb im musikalischen Bereich die Ausdrucksform, der Golo Mann in späteren Jahren am nächsten stand: Das Kapitel in seines Vaters Roman *Der Zauberberg*, das auf Schuberts Vertonung von «Am Brunnen vor dem Tore» Bezug nimmt, konnte er nur mit größter innerer Bewegung lesen.[28] Allerdings – das Leben mit den Pfadfindern brachte auch irritierende Erfahrungen: eine verwirrt abgewiesene homosexuelle Annäherung; die als Zwang empfundene paramilitärische Disziplin. «Schon wußte ich», schreibt Golo Mann später, «daß ich nie ein guter Soldat werden würde.»[29]

2. Der Zögling

Schweigen sich Golo Manns *Erinnerungen* über Grundschule und Gymnasium aus, so äußern sie sich umso beredter zur Internatsschule Schloss Salem über dem Bodensee, in welche der Jüngling 1923, mit vierzehn Jahren, eintrat. Ein Jahr zuvor hatte Katia mit ihren Kindern auf der Klosterinsel Reichenau die Sommerferien verbracht und den Plan ins Auge gefasst, die Ausbildung ihrer Kinder diesem Landerziehungsheim anzuvertrauen. Sie hatte den Gönner der Schule, Prinz Max von Baden, rühmen hören und kannte deren Leiter, Kurt Hahn, von ihrer Kindheit her. Im Falle von Klaus Mann, dessen Jugendstreiche zu elterlicher Sorge Anlass gegeben hatten, fiel der Entscheid gegen Salem, und er wurde an die 1910 von Paul Geheeb gegründete Odenwaldschule geschickt. Golo aber wurde in Salem aufgenommen, und auch seine Schwester Monika verbrachte hier einige Zeit.[30] Monika hat in ihren *Erinnerungen* das Landerziehungsheim wie folgt geschildert: «Das ehemalige Kloster – von einem süddeutschen Prinzen zum Internat verwandelt – lag in einer fruchtbaren, lieblichen Gegend. Von Obsthainen, Ackerland, Wald und Rebenhügeln umgeben, berührte der Schulkomplex das prinzliche Anwesen, das wiederum an Dorf und Pfarrgemeinde angrenzte. Dahinter lag der große

Sportplatz, wo die traditionellen Hockeyturniere und olympischen Spiele stattfanden, die – nach englischem Muster – ein wesentliches Lebenselement darstellten. In den spartanischen Viererzimmern des ‹Südflügels› – mit den Klappbetten, einem eisernen Ofen und einem Studiertisch – wohnten die Mädchen, im ‹Nordflügel› die Knaben, die jedoch ein gemeinsames Dasein führten. [...] Zu dem enthusiastischen Pädagogen, der an der Spitze des Institutes stand, blickten die Kinder jeden Standes und jeder Rasse mit verehrender Sympathie auf. Es mischten sich da aristokratische, proletarische, jüdische, womöglich uneheliche Kinder zu einer freien, gleichsam kosmopolitischen kleinen Welt.»[31]

Keine Frage: Diese Schule wurde von Golo Mann als Befreiung empfunden, und die Persönlichkeit des Schulleiters Kurt Hahn sollte zu einer der wichtigen Leitfiguren in seinem Leben werden. Hahn, ein jüdischer Pädagoge von großer Ausstrahlung mit weit gespannten Beziehungen auch zur Politik, hatte das Internat im Jahre 1920 gegründet. Er wurde später von den Nationalsozialisten zur Emigration nach England gezwungen, wo er weitere Erziehungsstätten mit Modellcharakter schuf. Nach Kriegsende setzte er sein Wirken in Salem fort. «Der tiefste Glaube Hahns», schreibt Golo Mann rückblickend, «war einer, den man wegen seiner scheinbaren Banalität ungern formuliert: der Glaube an das Gute im Menschen, das zum Tun erlöst werden muß.»[32] In einem längeren Essay gedachte der Historiker 1965 des Pädagogen und würdigte vor allem dessen Befähigung, einen Idealismus, der neben hohem moralischem Anspruch auch ein nicht ungefährliches nationalistisches Element enthielt, in die Praxis umzusetzen.[33] In seinen *Erinnerungen* setzt sich Golo Mann erneut mit dem verehrten Lehrer auseinander, diesmal kritischer als zuvor. Er betont das Faszinierende der Persönlichkeit, die sich weniger durch Ideen und Publikationen ausgezeichnet habe als durch ihre Überzeugungskraft und Tatbereitschaft. Allerdings erkennt der Historiker im Faszinierenden auch die Gefährdung. Obwohl Hahn nach Charakter und sittlichem Anspruch eine grundverschiedene Persönlichkeit gewesen sei, habe sein Wirken doch gewisse Ähnlichkeiten mit demjenigen Adolf Hitlers aufgewiesen. Eine Neigung zum ästhetisierenden Pathos und zur Inszenierung von Veranstaltungen sei beiden gemeinsam gewesen, ebenso eine bestimmte Vorstellung vom geschichtlichen Niedergang, den Deutschland nur mit einer Generation von neuen Führergestalten würde aufhalten können. Im pädagogischen Bereich tadelt Golo Mann Hahns moralische Rigidität, welche die Sexualität völlig ausgeklammert und einzelne Schüler in Verzweiflung gestürzt habe: «Kurt Hahn hatte von Sexualität und sexueller Erziehung nahezu keine Ahnung. Es lag dies daran, daß er die Neigung, die in ihm war, die homoerotische, moralisch mißbilligte und mit einer mir unvorstellbaren Anstrengung des Willens in sich selber erstickt hatte.»[34]

Die Internatsschule Schloss Salem versuchte, eine geistige Elite heranzubilden, die sich nicht nur durch hervorragende fachliche und sportliche Ausbildung auszeichnete. Nicht allein spezifische individuelle Begabungen sollten gefördert, auch verantwortungsbewusstes Handeln in der Gemeinschaft sollte eingeübt werden. Diesem Ziel dienten der freie Umgang mit den Lehrern und der hohe Grad von Selbstverwaltung, der den Schülern zugestanden wurde. Die Anregungen, die Golo Mann von Salem empfing, waren vielfältig und für sein künftiges Leben in mancher Hinsicht bestimmend. Dass individuelle Bildung ihre Vollendung nur dann finden kann, wenn sie sich in den Dienst der demokratischen Gemeinschaft stellt, gehörte zu den Grundeinsichten. Im fachlichen Bereich vertiefte der junge Mann seine Liebe zur lateinischen Sprache, die Hahn selbst unterrichtete; diese Neigung sollte den Historiker ein Leben lang begleiten und ihn im Alter dazu anregen, über Tacitus zu schreiben und Horaz zu übersetzen. Im Deutschunterricht wurden die bisherigen Lese-Erfahrungen erweitert, das Interesse an der Lyrik wurde vertieft, die Begabung für das Theaterspiel systematisch gefördert. Golo spielte mit in Sophokles' *Antigone* und *König Ödipus*, und er verkörperte den Dorfrichter Adam in Kleists *Zerbrochenem Krug*. Einen Höhepunkt bedeutete die Begegnung mit Schillers dramatischer Trilogie *Wallenstein.* «Müßte ich eine Dichtung nennen», schreibt Golo Mann in seinen *Erinnerungen*, «die mir unter allen deutschen die vertrauteste, liebste war, ist, immer bleiben wird, so würde ich nicht zögern: Schillers ‹Wallenstein›. Ein Wunderwerk. Auch ein ‹Gesamtkunstwerk›. Es bietet alles, was ein Dramatisches Gedicht nur bieten kann: von der Idee, der eigentlichen Philosophie, über philosophische Psychologie, über das Hochpolitische, das Militärische bis hin zum Allerrealsten ...»[35]

Im Internat Schloss Salem und in seiner abwechslungsreichen ländlichen Umgebung bildete Golo Mann eine weitere Liebhaberei aus, der er ein Leben lang treu bleiben sollte: das Wandern. Von Salem aus erkundete er zu Fuß und mit dem Rad die Gegenden zwischen Donau, Schwarzwald und Bodensee, die in Hermann Hesses frühe Dichtung eingegangen sind. Daraus entwickelte sich später eine Leidenschaft für Bergwanderungen, verbunden mit einer aus dem überwiegend urbanen Familienerbe schwer herzuleitenden Lust an rustikalen Genüssen wie einer einfachen Mahlzeit und einem Glas Wein. Er sei, sollte Golo Mann später einmal einem Interviewer im Tonfall des humorvollen Understatements sagen, «ganz deutlich auf einen provinziellen Typ angelegt» und wäre wohl ohne den Aufstieg des Nationalsozialismus zum «Provinzschriftsteller» geworden.[36] Das nun ganz gewiss nicht; aber eine früh erworbene Neigung für unverdorbene Ländlichkeit ist unverkennbar und mag erklären, neben anderem, dass der Historiker sich in späteren Jahren in seiner Wahlheimat, der Schweiz, wohl fühlte.

In Salem dürfte Golo Mann auch seine eigene homoerotische Neigung entdeckt haben. Im Unterschied zu seinem Bruder Klaus, der seine Homosexualität ostentativ auslebte, aber ähnlich seinem Vater, ging Golo mit dieser Neigung diskret um. Er akzeptierte sie, sublimierte sie aber ins Platonische. Nach dem Tod der Mutter holte er Studierende zu sich ins Kilchberger Heim, meist junge Spanier, die ihm in Haus und Garten zur Hand gingen und mit denen er sich in ihrer Sprache unterhielt. Die sexuelle Annäherung versagte er sich, aber die Liebe unterdrückte er nicht, und sie verschaffte ihm in fortgeschrittenen Jahren die Freuden und Leiden, die sich mit ihr zu verbinden pflegen.

Die Erinnerung an die Internatsschule Schloss Salem hat Golo Mann sein Leben lang begleitet. Er blieb mit der Gründerfamilie des Prinzen Max von Baden sowie mit einigen seiner Schulkameraden in Briefkontakt und suchte die Schule bis in sein hohes Alter immer wieder auf; auch kam es vor, dass Schüler oder eine ganze Schulklasse ihn in seinem späteren Wohnort Kilchberg bei Zürich besuchten. Als 1975 in einem Artikel in der *Weltwoche* das Landerziehungsheim Schloss Salem als «Eliteschule» kritisch dargestellt wurde, widersprach Golo Mann mit einem langen Leserbrief energisch und legte das Bildungsziel der Institution dar: «Was war denn aber beabsichtigt? Erziehung, gewiß; Erziehung mit aktiver, im Lauf der Jahre wachsender Hilfe der zu Erziehenden. Erziehung zur Verantwortung für sich selbst und andere, zu Selbstvertrauen durch Erfahrung dessen, was man kann, zu Gemeinschaftssinn, zu Fairneß, zur Genauigkeit im Einhalten sinnvoller Lebensregeln, zur Freude. Erziehung ganz entschieden nicht zur Aristokratie, sondern zur Demokratie; was, nebenbei bemerkt, etwas anderes ist als ‹Demokratisierung›. In diesem Sinne hatte das Salemer Erziehungssystem politischen Zweck.»[37]

Auch während seiner späteren Aufenthalte jenseits des Atlantiks erinnerte sich Golo Mann an die Salemer Zeit. Seinem Schweizer Freund Manuel Gasser schrieb er 1948 aus den USA: «Bist Du eigentlich je in Salem gewesen? Ich könnte kaum verstehen, wenn nicht. Die Schule ist altersmäßig viel interessanter als die Odenwaldschule, die Landschaft ist bestrickend schön, ein Fürst ist auch dort, und vollends liegt es doch auf dem Wege in die Schweiz.»[38]

Auf Schloss Salem drang erstmals auch Politik ins Bewusstsein des Zöglings. Nach dem Ende des Ersten Weltkriegs und dem Abschluss des Versailler Friedensvertrags, der Deutschland militärisch entmachtete, wirtschaftlich ausbeutete und politisch demütigte, hatte sich die «Weimarer Republik» mühsam zwischen Putschversuchen von links und rechts den Weg in eine unsichere Zukunft gebahnt. In der Reichstagswahl von 1920 hatten die republikanischen Parteien ihre Mehrheit im Reichstag verloren und sollten sie nie mehr zurückgewinnen. Instabile Koalitionen führten zu häufigen Regierungswechseln: Eine langfristige demokratische Politik wurde unmöglich. Im Rapallo-Vertrag mit der Sowjetunion hatte man sich 1922 zwar etwas außenpolitischen Freiraum geschaffen, aber die Besetzung des Ruhrgebietes durch französische und belgische Truppen im folgenden Jahr beschleunigte die Inflation. Der Schriftsteller Elias Canetti, der zu dieser Zeit in Frankfurt am Main lebte, schreibt in seinem Lebensbericht: «Es war entsetzlich mit anzusehen: was immer geschah, und es geschah sehr viel, hing von einer einzigen Voraussetzung ab, eben der in rasendem Tempo fortschreitenden Entwertung des Geldes. Es war mehr als Unordnung, was über die Menschen hereinbrach, es war etwas wie tägliche Sprengungen, blieb von einer etwas übrig, geriet es tags darauf in die nächste.»[39]

Im Jahre 1923 unternahm Adolf Hitler seinen missglückten, von der Justiz sträflich mild geahndeten Putschversuch in München. Der Schüler Golo Mann verfasste dazu einen kritischen Kommentar – wohl den ersten von vielen nachfolgenden –, der in der Schulzeitschrift hätte erscheinen sollen, mit Rücksicht auf divergierende Meinungen unter Lehrern und Schülern aber nicht gedruckt wurde. Stattdessen trafen sich Schüler und Lehrer zu einer politischen Debatte; Kurt Hahn befürwortete solche Aussprachen ausdrücklich. In seinen *Erinnerungen* berichtet Golo Mann von diesem engagiert geführten Streitgespräch, das sich vor allem um Antisemitismus und Pazifismus drehte, und das zeigte, dass Tagesfragen vor den Pforten von Schloss Salem nicht Halt machten. Er selbst nahm daran lebhaften Anteil: Dem Antisemitismus trat er in der Folge zeitlebens entgegen; von seinem anfänglichen Pazifismus löste er sich in den frühen dreißiger Jahren.

An der Tagespolitik zunehmend interessiert, las der Schüler eifrig die Zeitungen, die im Internat auflagen, und fertigte tägliche «Bulletins» an, die im Speisesaal angeschlagen wurden. In ihnen begrüßte er etwa die deutsch-französische Annäherung, die 1925 im Locarno-Vertrag ihren Ausdruck fand. Unterstützt wurde dieses politische Interesse durch die Freundschaft Golo Manns mit seinem Mitschüler Michael Lichnowsky, dem Sohn des Fürsten Karl Max Lichnowsky, der vor Ausbruch des Ersten Weltkrieges in London Botschafter gewesen war und der sich – eine seltene Ausnahme unter den damaligen deutschen Diplomaten – für die Erhaltung des Friedens eingesetzt hatte. In den Gesprächen mit Michael diskutierte Golo Mann eifrig die Kriegsschuldfrage. In den Winterferien ergab sich die Gelegenheit, mit dem Freund zum Schloss Kuchelna im Nordosten von Mähren zu reisen, in dem sein Vater, der verbitterte und vereinsamte Fürst, lebte. Zum ersten Mal tauchte der junge Golo Mann in die Atmosphäre der ehemaligen österreichisch-ungarischen Doppelmonarchie ein, die nach dem Ersten Weltkrieg auseinander gefallen war. Und zum ersten Mal begegnete der spätere Historiker einer Persönlichkeit, die geschichtliche Verantwortung getragen hatte und die an dieser Verantwortung zerbrochen war – eine Thematik, die ihn zeitlebens beschäftigen sollte. In einem kurzen Text, den er viele Jahre später dieser Jugendbegegnung widmete, wird etwas von der Faszination spürbar, die der Adel auf Golo Mann ausgeübt hat, auch dort, ja gerade dort, wo er seine Macht verloren hatte. Der Historiker schildert den gespensterhaft anmutenden Lebensstil des alten Lichnowsky, der, patriarchalischer Gutsherr und urbaner Weltmann zugleich, nach 1919 trotz eingeschränkter Mittel fortfuhr, sich Fuhrknechte, Diener und Gouvernanten zu halten, und der mit seiner Gemahlin französisch sprach, um vom Gesinde nicht verstanden zu werden. In Golo Manns Schilderung lesen wir: «Lichnowsky war kein Genius und glaubte nicht, einer zu sein, obgleich es ihm an Selbstbewußtsein nicht fehlte. Er war kein Staatsmann, wenn das einer ist, der große Dinge gegen schwere Widerstände durchzusetzen vermag. Von der hierzu notwendigen Brutalität und List hatte er keine Spur. Freien, gesunden Menschenverstand hatte er und, hinter der Maske des spottenden Grandseigneurs, viel Güte. Mehr bedurfte es nicht, um 1914 die Gefahr zu durchschauen und das Richtige anzuraten.»[40]

Mit den Nachkommen des Fürsten Lichnowsky blieb Golo Mann in späteren Jahren in Kontakt. Dessen Ehefrau Mechthild, die 1958 in London starb, schrieb Romane und Erzählungen und spielte vor dem Ersten Weltkrieg im gesellschaftlichen Leben Münchens eine wichtige Rolle. In ihrem literarischen Werk lebt der Geist der kaiserlich-königlichen Monarchie fort, so auch im reizvollen autobiographischen Bericht *Kindheit*. Golo Mann, der ein großer Natur- und Tierfreund war, schätzte besonders ihre treffsicheren und humorvollen Tierbeschreibungen.[41] Mit der Tochter Mechthild Lichnowskys, Leonore, studierte Golo Mann in Heidelberg. Diese lebte später in Italien, wo der Historiker sie hin und wieder aufsuchte.

In Salem, ums Jahr 1925, scheint es zu einer schweren Sinnkrise im Leben des Golo Mann gekommen zu sein. In seinen *Erinnerungen* schildert er seinen damaligen Seelenzustand. Dabei zitiert er ausgiebig Sätze von Alexis de Tocqueville, in welchen dieser einer befreundeten Dame die eigene Jugendkrise beschrieb. Genau so wie Tocqueville, schreibt Golo Mann, sei es ihm selbst ergangen. Und er übersetzt aus dem Französischen: «Damals trat der Zweifel ein oder richtiger, brach mit unerhörter Gewalt ein, nicht nur der Zweifel an diesem oder jenem, sondern der universale Zweifel. Ich erfuhr plötzlich die Empfindung, von der die Leute sprechen, die ein Erdbeben erlebt haben, wenn der Boden unter ihren Füßen sich heftig bewegt, die Wände um sie herum, die Decke über ihrem Kopfe, die Sachen in ihren Händen, die ganze Natur vor ihren Augen. Ich wurde von der schwärzesten Melancholie ergriffen, faßte den äußersten Widerwillen gegen das Leben, ohne es zu kennen, und war wie zerschmettert vor Angst und Schrecken beim Anblick des Weges, den ich noch auf der Welt zu gehen hatte ...»[42]

Krisen dieser Art mögen jeden empfindsamen jungen Menschen heimsuchen; er wird sie durchstehen und sich als gereifter Mensch vielleicht darüber wundern. Merkwürdig ist, dass Golo Mann seine eigene innere Verfassung in einem Zitat ausdrückt, das sich zu einer Wesensverwandtschaft mit dem von ihm hochverehrten französischen Historiker und Politologen des 19. Jahrhunderts bekennt. Gewiss mag es sein, dass hier im Zeugnis des Memorialisten Projektion waltet und persönliche und geschichtliche Erinnerung sich auf sehr subjektive Weise mischen. Wie auch immer: Unbestreitbar ist, dass Alexis de Tocqueville und Golo Mann sich, bei allen Unterschieden, auch dem des intellektuellen Rangs, in einem Punkte äußerst ähnlich waren. Beider Existenz war überschattet von derselben Melancholie, die der früh gewonnenen Einsicht entsprang, für das Glück hienieden nicht geschaffen zu sein.

3. Studienjahre

Sein Abitur absolvierte Golo Mann, da Salem nicht prüfungsberechtigt war, im Frühjahr 1927 in Konstanz. Darauf bezog er mit dem bald aufgegebenen Vorsatz, die Rechte zu studieren, die Universität München. Von dem offenbar lustlosen Intermezzo des ersten Semesters berichten die *Erinnerungen* nur knapp. Die Hochschule, erfahren wir, erschien dem jungen Mann als «kalte, anonyme Maschinerie», unter den andern Studenten fühlte er sich fremd, die Eltern boten ihm kein wirkliches Zuhause. Die Vorlesungen fand er, damals wie später, als er selbst Professor war, wenig sinnvoll, wo es doch Fachliteratur gab. «Als Student», erinnert er sich, «habe ich kaum je ein Kolleg zu Ende gehört, außer wenn ich es aus rein opportunistischen Gründen mußte; als akademischer Lehrer litt ich unter der Sinnlosigkeit dieses Wortbetriebes, weswegen ich denn auch meine deutsche Professur bald wieder aufgab.»[43]

Es folgte der Sprung nach Berlin, in den zwanziger Jahren das Zentrum pulsierenden geistigen Lebens. In Berlin wurde die Moderne geprobt. Wer Geld hatte, konnte sich hier amüsieren wie nirgendwo sonst; es gab Theater, Cabarets, Revuen, Kinos, Tanzlokale und zwielichtige Etablissements die Fülle. Doch wenige hatten Geld, und das Wort von den «Goldenen Zwanzigern» trügt. In der Metropole entdeckte die Boulevardpresse ihr Massenpublikum, und zugleich standen politischer Journalismus, Literatur- und Kunstkritik in hoher Blüte. Hier wurden bedeutende literarische Werke geschaffen, in denen die vielgesichtige Großstadt sich wieder erkannte: Brechts *Dreigroschenoper*, Döblins *Berlin Alexanderplatz,* Falladas *Kleiner Mann – was nun?* Fast will es scheinen, als hätten die tiefe politische Verunsicherung und die materielle Not der Zwischenkriegszeit einen besonders günstigen Nährboden für außerordentliche künstlerische Leistungen abgegeben. Die Intellektuellen jedenfalls produzierten und diskutierten wie nie zuvor in der wilhelminischen Ära. «Sie hätten vielleicht wissen sollen», schreibt Walter Laqueur in seinem schönen Buch über die Weimarer Kultur, «daß sie am Rand eines Vulkans tanzten, aber sie wußten es eben nicht.»[44]

Auch war Berlin wie im 19. Jahrhundert Balzacs Paris Schauplatz von jähem Aufstieg und raschem Fall. «Die Stadt», schreibt Carl Zuckmayer in seinen Memoiren, «fraß Talente und menschliche Energien mit beispiellosem Heißhunger, um sie ebenso rasch zu verdauen, kleinzumahlen und wieder auszuspucken.»[45] Golo Mann freilich, anders als Zuckmayer, stand nicht unter Erfolgszwang, und so einschneidend der Wechsel auch war – die Familie Mann besaß in der Hauptstadt genug Beziehungen, auf die der Sohn sich stützen konnte. In Berlin lebte der Onkel Heinrich Mann, Mitglied und späterer Präsident der Preußischen Akademie der Künste, und mit einem jungen Germanisten aus dessen französischem Bekanntenkreis, Pierre Bertaux, verband sich Golo Mann freundschaftlich. In Berlin wohnten Samuel Fischer, der Verleger des Vaters, und der Familienfreund Bruno Walter, der Operndirektor geworden war. Die literarischen Zirkel standen dem jungen Mann offen, so der Salon der Helene von Nostitz, in welchem der damals berühmte Romancier Jakob Wassermann verkehrte, aber auch der elegante Ästhet Harry Graf Kessler, einer der politisch klarsichtigsten Zeitgenossen.

Hinzu trat die belebende Atmosphäre einer literarisch hoch stehenden Tagespublizistik, wie sie durch Namen wie Tucholsky und Ossietzky repräsentiert wurde. Kurt Tucholsky, der unter vier Pseudonymen in der *Weltbühne* publizierte, war einer der schreibfreudigsten, geistreichsten und scharfzüngigsten Publizisten der Weimarer Republik. Was Golo Mann an ihm ablehnte, war seine Gegnerschaft gegen alles und jedes, nicht nur gegen die Feinde aufseiten der konservativen Rechten, sondern auch gegen die Sozialdemokraten und die Weimarer Republik überhaupt, sodass denn scheinen musste, Politik sei ihm wichtig bloß als Anlass, sich seinen polemischen Kommentar dazu zu machen.[46] Näher stand dem Studenten Carl von Ossietzky, der nach 1926 Chefredaktor der *Weltbühne* wurde und der an den Folgen eines Aufenthalts im Konzentrationslager, in das die Nationalsozialisten ihn steckten, starb. «Den bewunderte ich ehrlich», schreibt Golo Mann in seinen *Erinnerungen*, «ein politischer Publizist von Instinkt, Ernst, Leidenschaft und hoher Integrität.»[47]

Dem hektischen Kulturbetrieb der Großstadt allerdings hielt sich Golo Mann ebenso fern, wie er deren Vergnügungsstätten und Zerstreuungen mied. Besonders fühlte er sich zur damals in Berlin lebenden Dichterin und Historikerin Ricarda Huch hingezogen, deren Schaffen geradezu einen Kontrapunkt zur Kultur der Metropole setzte. Aus der ersten Begegnung erwuchs eine Freundschaft. «Lieber Golo», schrieb Ricarda Huch im Jahre 1934, «noch sehe ich Sie, wie ich Ihnen zum ersten Mal in der Uhlandstraße die Tür öffnete: Klein, schüchtern, absonderlich und reizvoll; ich schloß Sie gleich ins Herz und behielt Sie seither darin, obwohl Sie jetzt vermutlich zum Manne herangereift, gefestigt und würdig sind.»[48] Man traf sich, bevor Hitler an die Macht kam, noch des Öftern, in Berlin und später in Heidelberg. Als Golo Mann sein bekanntestes Werk, den *Wallenstein*, schrieb, begleitete ihn die Erinnerung an die verehrte Frau; das Buch wäre sonst anders oder gar nicht geschrieben worden.

Dass der Name von Ricarda Huch heute in literaturgeschichtlichen und historischen Handbüchern oft nur flüchtig, wenn überhaupt, verzeichnet ist, mag mit einer gewissen Ambivalenz ihres Schaffens, das literarischen wie wissenschaftlichen Ansprüchen zu genügen suchte, zusammenhängen. Ihr Frühwerk stand im Zeichen der schönen Literatur. In den Gedichten und Romanen, die um die Wende zum 20. Jahrhundert erschienen, verband sich leidenschaftliche Daseinsfreude mit einer Rückwärtsgewandtheit und einem Kulturpessimismus, wie er vor dem Ersten Weltkrieg unter Intellektuellen nicht selten war. Der erste autobiographisch eingefärbte Roman *Erinnerungen von Ludolf Ursleu dem Jüngeren* antizipierte die Thematik des Zerfalls einer patrizischen Familie, die wenige Jahre später Thomas Mann mit den *Buddenbrooks* wieder aufgriff.

Ricarda Huchs historisches Werk ist umfangreich und vielfältig. Es befinden sich darunter Biographien über die italienischen Freiheitskämpfer Confalonieri und Garibaldi, über den Heerführer Wallenstein und den Anarchisten Bakunin, aber auch weit ausgreifende Darstellungen zum Dreißigjährigen Krieg und zur deutschen Geschichte vom Mittelalter bis zum 19. Jahrhundert. Die geschichtlichen Darstellungen changieren zwischen historischem Roman und wissenschaftlicher Untersuchung, und eine Zuordnung fällt nicht leicht. Immer arbeitet Ricarda Huch mit quellenkritischer Sorgfalt und unleugbarem Sachverstand, gestattet sich aber etwa in der Geschichte des *Dreißigjährigen Krieges*, das Feld der Wissenschaftlichkeit intuitiv zu erweitern, indem sie handelnde Personen mit individuellen Zügen ausstattet und das Lokalkolorit historischer Schauplätze rekonstruiert. Damit geht sie bewusst über die Aussagen des Quellenmaterials hinaus, ohne dass sich jedoch von diesem Quellenmaterial her der Nachweis führen ließe, so könne es nicht gewesen sein. Ricarda Huch unterscheidet sich von den damals sehr erfolgreichen Verfassern historischer Biographien wie Emil Ludwig und Stefan Zweig, die während der Zwischenkriegszeit, von den Erkenntnissen der Freud'schen Psychoanalyse ausgehend, das Innenleben ihrer Figuren auszuleuchten suchten. Die Fragestellungen der Historikerin gehen in traditioneller Weise von den realen Gegebenheiten, vom Zusammenhang zwischen Ursache und Wirkung und vom Gegensatz zwischen individueller Freiheit und Sachzwang aus. Das Ziel der Historikerin ist nicht, die Menschen zu richten, sondern ihnen gerecht zu werden. Ricarda Huch schreibt einen vollendeten, noch heute gut lesbaren Stil, der Golo Mann ganz besonders ansprach. Dabei gelingt es ihr, sowohl das schwüle Pathos eines Stefan Zweig als auch das mystische Raunen der dem Nationalsozialismus nahe stehenden Blut-und-Boden-Dichter zu vermeiden.

Auf einen politischen Standort lässt sich das historische Werk der Ricarda Huch nicht festlegen. Ihre Grundhaltung ist konservativ in dem Sinne, als ihr Wille, Vergangenes im Werk zu bewahren, sehr ausgeprägt hervortritt. Zugleich haftet ihrer Geschichtsschreibung ein progressiver, ja emanzipatorischer Zug an. Die Kräfte des Beharrens und der Stagnation werden kritisch analysiert und der Wandel, auch der revolutionäre, wird als Movens des geschichtlichen Geschehens begrüßt, soweit er zur Verbesserung der gesellschaftlichen Verhältnisse beizutragen vermag.

Ricarda Huch promovierte als eine der ersten Frauen an der Universität Zürich im Fach Geschichte. Mit der Schweiz, mit dem Werk von Schriftstellern wie Gottfried Keller und Conrad Ferdinand Meyer, fühlte sie sich zeitlebens verbunden, und sie widmete dem Land eine hübsche, von vielleicht nicht ganz verdienter Sympathie geprägte Erzählung: *Frühling in der Schweiz*.[49] Dem Nationalsozialismus stellte sich Ricarda Huch, obwohl sie als Autorin weit verbreiteter Werke zur deutschen Geschichte mit Hitler leicht ihren Frieden hätte machen können, mit unbeugsamer Entschiedenheit entgegen. Im April 1933 erklärte sie in einem Brief an den Präsidenten der *Preußischen Akademie der Künste*, den Komponisten Max von Schillings, ihren Austritt aus diesem Gremium. Darin stehen die Sätze: «Was die jetzige Regierung als nationale Gesinnung vorschreibt, ist nicht mein Deutschtum. Die Zentralisierung, der Zwang, die brutalen Methoden, die Diffamierung Andersdenkender, das prahlerische Selbstlob halte ich für undeutsch und unheilvoll. Bei einer so sehr von der staatlich vorgeschriebenen Meinung abweichenden Auffassung halte ich es für unmöglich, in einer staatlichen Akademie zu bleiben.»[50] Golo Mann stellt in seinen *Erinnerungen* dieses Austrittsschreiben noch höher als den berühmten Brief Thomas Manns an den Dekan der Universität Bonn zur Aberkennung seiner Ehrendoktorwürde.[51]

Aus Anlass ihres siebzigsten Geburtstages sandte der bereits im Exil lebende Golo Mann der verehrten Historikerin einen Gruß, den die Exilzeitschrift *Die Sammlung* abdruckte. «Wir wissen nicht», heißt es darin, «ob das offizielle Deutschland sie liebt; wir wissen, daß eine dankbare Lesergemeinde und ein weiter Kreis von Freunden der großen Poetin, der guten, schönen, klugen und stolzen Frau gedacht haben. Zu ihnen gehören auch wir; wie kein anderer der im Reich gebliebenen Repräsentanten der deutschen Literatur verdient sie unsere Achtung.»[52]

Den Lehrveranstaltungen an der Berliner Universität scheint Golo Mann ziemlich lustlos gefolgt zu sein. Von Friedrich Meinecke hörte er eine Vorlesung über das «Zeitalter der Reformation». Den stark ideengeschichtlich orientierten Auffassungen dieses Historikers, die unter Vernachlässigung der Naturrechtslehre einer Verherrlichung des Nationalstaats Vorschub leisteten, stand der Student früh kritisch gegenüber. Zehn Jahre später erläuterte er in einer Rezension von Meineckes *Entstehung des Historismus*, die in der Exilzeitschrift *Maß und Wert* erschien, seine Vorbehalte.[53] «Meinecke», schreibt er in den Erinnerungen, «gehörte zu jenen ‹feinsinnigen› Historikern, die vor der harten gesellschaftlichen Wirklichkeit sich in die reineren Gefilde der Ideengeschichte zurückzogen. Ein guter Liberaler war er, ‹nationalgesinnt› auch, also eben ein Nationalliberaler, wenn auch nobelsten Stiles.»[54]

In Berlin lehrte damals auch Erich Marcks, der im Hause der Familie in München verkehrt hatte. In der Nachfolge von Ranke und Treitschke stehend, sah Marcks die Geschichte Deutschlands in ihren großen Persönlichkeiten kulminieren und vertrat im Sinne des Imperialismus den «Primat der Außenpolitik» – derartige Prädispositionen machten ihn später empfänglich für die Doktrin des Nationalsozialismus. «Erich Marcks», schreibt Golo Mann in seinen *Erinnerungen* mit lapidarer Kürze, «hörte ich nicht, weil ich ihn nicht achtete.»[55] Und 1938, in der Zürcher Exilzeitschrift *Maß und Wert*, deren Redaktion er übernehmen sollte, äußerte Golo Mann sich kritisch zu Marcks' Werk *Der Aufstieg des Reiches*. Im etwas schwerfälligen Stil seiner Jugendjahre heißt es da von diesem fatalen Vertreter der wilhelminischen Geschichtsschreibung: «Kriechend vor den Tatsachen, den Erfolgen, an die endlosen Referate verstaubter Staatsränke Zehn-Zeilen-Banalitäten über die ‹geistige Bewegung› knüpfend, hoch zufrieden, weil wir es doch so herrlich weit gebracht, keinen Augenblick sich fragend, wozu denn am Ende das Ganze gut sei, warum alle Gliederung vernichtet, alle Menschen deutscher Zunge in einen Staat versammelt werden müßten, kein Schauder, keine Warnung, kein Bedenken; die Sprache von hohler Pracht, routinierte Satzperioden, Appositionen, Umstellungen, praetentiöse Wortwahl, blumige Bilder, eine zwei Bände dicke Festrede – dies ist die letzte Stimme der Bismarck-Generation, des preußisch-deutschen Historismus, des 19. Jahrhunderts in unserer Zeit.»[56]

Nach einem Sprachaufenthalt in Paris im Sommer 1928 kehrte Golo Mann für das Wintersemester nach Berlin zurück. Zum ersten Mal las er Karl Marx und trug über diesen beim Philosophen Max Dessoir eine Seminararbeit vor. In den *Erinnerungen* zitiert der Autor den letzten Satz seiner Untersuchung: «Wahrscheinlich ist es Zeit, ihn (Marx) als einen Denker seines eigenen Jahrhunderts zu verstehen und als einen nicht unfehlbaren Propheten des zwanzigsten.»[57]

Im Frühsommer 1929 wechselte Golo Mann an die Universität Heidelberg, wo die Philosophie in den Vordergrund trat, neben Geschichte und Latein. «Die Stadt bietet», heißt es in den *Erinnerungen*, «was ein Student meines Schlages von einer Stadt verlangen kann: Universität, Bibliothek, häufige und berühmte Gäste, welche in Vorträgen sich darstellen, Buchhandlungen, gesellige Zirkel.»[58] In Heidelberg wurde Karl Jaspers zur Persönlichkeit, die unter den Zeitgenossen neben Kurt Hahn und Ricarda Huch den wohl stärksten Einfluss auf den jungen Mann ausübte. Die *Erinnerungen* widmen dem Philosophen ein eingehendes Kapitel, das den langen Zeitraum der gegenseitigen Bekanntschaft überspannt: das Verhältnis des Studenten zum strengen, fordernden Lehrer; die Wiederbegegnung nach 1945; die Entfremdung. Den Jaspers der dreißiger Jahre schildert der Historiker als faszinierenden Lehrer und als ihrer Bedeutung bewusste Persönlichkeit, die es damals allerdings strikt abgelehnt habe, in die Niederungen der Politik hinabzusteigen. Jaspers hatte sich vor dem Ersten Weltkrieg im Gebiet der Psychopathologie habilitiert und wurde 1921 Ordinarius für Philosophie an der Universität Heidelberg. Zehn Jahre später publizierte der Philosoph die sogleich sehr erfolgreiche Schrift *Die geistige Situation der Zeit*, den Versuch, auf die Frage zu antworten, wie eine als krisenhaft empfundene Gegenwartssituation existenziell glaubwürdig bewältigt werden könne.[59] Die politischen Verhältnisse in der Weimarer Republik werden in dieser Schrift ebenso wenig konkret angesprochen wie die aufziehende Gefahr des Nationalsozialismus. Jaspers' Buch ist im geistigen Umfeld von Martin Heidegger und Ortega y Gasset anzusiedeln, und es verarbeitet kulturpessimistische Überlegungen, die sich schon in Oswald Spenglers *Untergang des Abendlandes* und Hermann von Keyserlings *Reisetagebuch eines Philosophen* finden. Wie kann sich das Individuum, so lautete des Autors Grundfrage, im unwirtlichen Umfeld von Industrialisierung und Urbanisierung seiner Bestimmung entsprechend entfalten, und wie können in der modernen Massengesellschaft glaubwürdige Eliten geschaffen werden? Golo Mann, in einer in seinen *Erinnerungen* wiedergegebenen Tagebuchnotiz vom Oktober 1931, berichtet nicht ohne ein Gran jugendlicher Überheblichkeit von seiner Lektüre und einem anschließenden Besuch bei seinem Lehrer: «Übrigens war er gut gelaunt und wollte sein Buch gelobt hören, sprach auch angeregt von den Kritiken, die er hatte. Von allen Parteien werde er gelobt; ob es nicht noch ein einheitliches deutsches Denken trotz aller Gegensätze gebe?»[60] Wie rasch und auf welche Art sich dieses «einheitliche Denken» wenig später in Deutschland verwirklichte, konnten damals weder Jaspers noch sein Schüler ahnen.

Im Jahre 1932 lieferte Golo Mann seine Dissertation *Zum Begriff des Einzelnen, des Ich und des Individuellen bei Hegel* ab, die von Jaspers ungnädig aufgenommen und mit dem mäßigen Prädikat «cum laude» bewertet wurde.[61] In der Dissertation bescheinigt der Autor Hegel, indem er ihn gegen Kritik von Schopenhauer und Nietzsche in Schutz nimmt, ein echtes Geschichtsverständnis. Die Begriffe von Individuum, Freiheit, Staat, Revolution, wie Hegel sie verstanden habe, hätten die Geschichtsschreibung des 19. Jahrhunderts bereichert, ja erst möglich gemacht. Weit ausholend und sein Wissen vorführend, stellt er den Philosophen in die Tradition von Denkern wie Spinoza, Leibniz und Fichte und hält fest, erst Hegel sei es gelungen, den noch von Kant behaupteten Gegensatz von Subjekt und Objekt, Individuellem und Allgemeinem durch seine Sicht des Geschichtsprozesses zu überwinden. Dadurch, dass er Geschichte dialektisch von Stufe zu Stufe habe vorwärts schreiten sehen und im subjektiven Geist den Ausdruck des Zeitgeistes erkannt habe, sei nicht ausgeschlossen worden, dass der Einzelne sich gegen den Gang der Dinge auflehnen könne. Am Schluss der Dissertation führt der Autor den Begriff der Tragik in der Geschichte ein; nicht alle Individuen, meint er, gingen ganz im Allgemeinen auf, in Schmerzen und Katastrophen schreite Hegels Weltgeist voran und auf den Schindanger der Geschichte geworfene Individualitäten bezeichneten seine Bahn. «Die Wirklichkeit», schreibt Golo Mann, «sah er, wie sie war; für das Böse, den Schmerz, die Krankheit, den Irrtum, überhaupt das seinem Begriff nicht Entsprechende und insofern Unwahre, gab er Erklärungen. Nicht daß er nicht sah, darf man diesem harten Naturalisten zum Vorwurf machen; sondern höchstens eben, daß er erklärte. Sein Begriff der schlechten, der unwahren, der weiter nichts zur Sache tuenden, eigensinnigen, vom Geiste immerhin freigelassenen Klein-Wirklichkeit ist nur die andere Seite seines Erklärer-Anspruches.»[62]

Golo Mann liebte es in späteren Jahren nicht, an seine Doktorarbeit erinnert zu werden, und äußerte bei Gelegenheit, sie befinde sich nicht mehr in seinem Besitz, und es solle, dem Hörensagen nach, in der Bundesrepublik nur noch ein einziges Exemplar aufzufinden sein.[63] So ganz selten ist die schmale Broschüre, erschienen unter dem Namen Gottfried Mann in Heidelberg, freilich nicht. Man mag der Doktorarbeit immerhin zugute halten, dass sie Gedanken vorträgt, so etwa die Frage nach Freiheit und Verantwortlichkeit des Individuums, die den Historiker später immer wieder beschäftigten, auch wenn er sich bald mit aller Entschiedenheit gegen den Determinismus der Hegel'schen Geschichtsphilosophie und gegen deren klassenkämpferische Ausdeutung durch Marx gewandt hat.

Jaspers mag zu Recht erkannt haben, dass sein Schüler vom Gewicht der angeschnittenen Fragen überfordert war; in menschlicher Hinsicht aber scheint er seinen Studenten gut gemocht zu haben. Darauf deutet eine briefliche Äußerung gegenüber seiner Schülerin Hannah Arendt hin: «Er ist ein redlicher, liebenswerter, begabter Mensch voll geschichtlicher Anschauung. Ich habe ihn seit seiner Heidelberger Studentenzeit sehr gern. Es wäre schön, wenn Sie ihn kennen lernten. Sie können das. Er ist borstig, schüchtern, bissig und unglücklich, aber immer anständig. Er hat Begabungen von seinem Vater, aber ist als Charakter viel mehr als der Vater.»[64]

Erst nach Kriegsende, im August 1945, sollte der Schüler seinen

Lehrer wiedersehen. Jaspers, mit einer Jüdin verheiratet, war 1937 in den vorzeitigen Ruhestand versetzt und 1943 mit einem Publikationsverbot belegt worden; die Jahre des Dritten Reiches hatte er, der sich nicht zu Konzessionen an das Regime bereit fand, zusammen mit seiner Frau in ständiger Bedrohung durchlebt. In der Folge trafen sich der Historiker und der Philosoph von Zeit zu Zeit, zuerst in Heidelberg, dann, nach Jaspers' Berufung an die dortige Universität im Jahre 1948, in Basel. Während der Adenauer-Ära engagierte sich der Philosoph mit einer Reihe von Publikationen auch politisch. Zum Bruch sollte es schließlich kommen, als Golo Mann 1963 das Buch *Eichmann in Jerusalem*, das die mit Jaspers eng befreundete Hannah Arendt verfasst hatte, einem kritischen Urteil unterwarf; doch davon später. In seinen *Erinnerungen* würdigt der Historiker den Philosophen zusammenfassend wie folgt: «Das Wirken von Karl Jaspers richtete sich an den Einzelnen; wie oft hat er das öffentlich gesagt oder geschrieben. An möglichst viele Einzelne, das ja, aber immer nur an eine Minderheit. Und da hat er Unzähligen Bedeutendes gegeben: Aufklärung im schönsten Sinn des Wortes. So auch mir. Wenn ich gelegentlich Kritik an ihm übte, zu seinen Lebzeiten und danach, so war es aus dem gleichen Grunde, aus dem ich Kritik an dem Lehrer meiner Frühzeit, Kurt Hahn, übte: eben weil ich für ihn stimme, nicht gegen ihn. Auf meine Art zu leben mag Hahn den stärkeren Einfluß gehabt haben, auf mein Denken Jaspers.»[65]

4. Herannahende Verfinsterung

Im Oktober 1929 war in den USA die Wirtschaftskrise ausgebrochen, und sie traf das hoch verschuldete Deutschland besonders hart. Die politische Polarisierung lähmte jede zielbewusste Regierungstätigkeit, und Arbeitslosigkeit trieb die Massen in die Arme extremer Gruppierungen wie der Kommunisten und der Nationalsozialisten. Die Partei Adolf Hitlers, bei den Wahlen vom Mai 1928 noch eine kleine Splitterpartei, erzielte in den Septemberwahlen von 1930 einen sensationellen Erfolg und steigerte die Zahl ihrer Mandate im Reichstag auf über hundert.

Unmittelbar nach den Wahlen trat Golo Mann der *Sozialistischen Studentengruppe* an der Universität Heidelberg bei. Die Gründe für diesen Entscheid lagen weniger in einer durch Lebenserfahrung und Lektüre gefestigten sozialistischen Überzeugung als im Willen, gegen den Aufstieg der antiparlamentarischen Reaktion etwas zu unternehmen. Mit den materiellen Sorgen, welche die Arbeiterschaft und das Kleinbürgertum drückten, war der Sohn aus bestem Hause, dessen Studium die Eltern mit großzügigen Zahlungen unterstützten, wenig vertraut. Immerhin hatte er, den Gepflogenheiten der Salemer Internatsschule folgend, die einen solchen Arbeitseinsatz vorsahen, 1928 einige Wochen in einem Braunkohlebergwerk in der Niederlausitz gearbeitet. Über diese Erfahrung schrieb Golo Mann seine erste Zeitungsveröffentlichung, die im folgenden Jahr im Berliner *Acht-Uhr-Abendblatt* unter dem nicht vom Autor zu verantwortenden Titel «Als Bergarbeiter unter Bergarbeitern. Studien eines Dichtersohnes» erschien. Der Artikel, der sich im Nachlass des Historikers erhalten hat, zeichnet ein realistisches Bild der Verhältnisse und beurteilt Lage und Zukunft der Bergleute pessimistisch: «Es hat den Anschein», heißt es darin, «als hätten wir das Neue, die proletarische Kultur, in der Lausitz nicht zu befürchten. Es hat auch den Anschein, als hätten wir das Notwendige, den schnellen Aufstieg der Arbeiter zu menschlich-würdigem Dasein, von dort heute nicht zu erhoffen.»[66]

Sicherlich wurde Golo Manns Wendung zum Sozialismus auch durch die politische Entwicklung seines Vaters mitbestimmt. Dieser hatte sich vom deutschnationalen Standort der *Betrachtungen eines Unpolitischen* zum Bekenntnis zur Republik durchgerungen und mit seinem Bruder Heinrich ausgesöhnt. Im Oktober 1922 hatte Thomas Mann aus Anlass von Gerhart Hauptmanns sechzigstem Geburtstag im Berliner Beethovensaal die Rede *Von deutscher Republik* gehalten, in der er, ohne früher Geäußertes zu widerrufen, an seinem Gesinnungswandel keinen Zweifel ließ. Im Jahre 1930, nach den Septemberwahlen, wandte er sich am selben Ort mit einem «Appell an die Vernunft» unter dem Titel «Deutsche Ansprache» an sein Publikum. Selten ist damals dem Nationalsozialismus so wortgewandt und so mutig entgegengetreten worden: «Thomas Mann war», schreibt sein Biograph Harpprecht, «mit einer Entschiedenheit nach vorn getreten, für die es in der Tradition deutscher ‹Geistigkeit› kein Beispiel gab.»[67] Die Rede erregte schon im Vortragssaal und noch viel mehr in der weiteren Öffentlichkeit den wilden Protest der Nationalsozialisten.

Auch im *Heidelberger Student* wurde Thomas Mann heftig angegriffen, worauf sein Sohn replizierte. Es sei das Recht und die Pflicht des Schriftstellers, hielt er fest, sich zu politischen Zeitfragen zu äußern, und er fährt fort: «Thomas Mann weiß, daß der deutsche Idealismus verloren ist, wenn er nicht seinen Frieden mit dem revolutionären Gesellschaftsgedanken schließt; dies ist sein Grundgedanke.»[68] Und weiter: «Der nationale Student *will* angegriffen sein; dies ist sein Inhalt und darauf beruht auch ein gutes Stück seines oft betonten Nationalgefühls. Dagegen ist der wahre Nationalismus Thomas Manns solcher Art, daß er nicht erst angegriffen zu werden braucht, um sich zu entzünden, sondern ruhig und sicher in sich ruht. Man tut besser, das Wort *deutsch* so zu füllen wie Thomas Mann durch sein Werk, als es gar zu oft auszusprechen.»[69]

Über die Arbeit Golo Manns in der *Sozialistischen Studentengruppe* wissen wir wenig. Ein enges Gefühl der Zugehörigkeit entwickelte der junge Mann wohl nicht, und er gesteht in seinen *Erinnerungen*, die Anrede «Genosse» jeweils nur widerwillig gebraucht zu haben.[70] Man erhitzte sich in langen politischen Diskussionen, empfing auswärtige Gäste zu Referaten, schrieb gelegentlich für ein parteipolitisches Organ – wobei man kaum je über den Kreis der Gleichgesinnten hinaus zu wirken vermochte. Später hat der Historiker über seine kurze sozialistische Lebensphase so geurteilt: «Was mir nach einem halben Jahrhundert auffällt: damals dachte ich doch mehr links, als ich später glaubte. Das Gedächtnis täuscht sich selten, wenn es um schiere Tatsachen geht. Geht's aber um weniger Greifbares, um Stimmungen, um Meinungen, dann kann es recht wohl täuschen und Späteres ins Frühere übertragen. Meine konservativen Instinkte, vorhanden von Anfang an, formierten sich erst unter dem Eindruck des Dritten Reiches; nun erst wurde ich allmählich frei von allen politischen Abstraktionen und Hirngespinsten, allen ‹ismen›. Vorher glaubte auch ich während ein paar Jahren an ‹die Revolution›, ohne mir über die Gestalt, die sie denn annehmen würde oder sollte, Gedanken zu machen ...»[71]

Aus dem Sommer 1931 haben sich zwei Reden erhalten, die Golo Mann bei Treffen der *Sozialistischen Studentengruppe* hielt. Darin wandte er sich gegen den «hysterischen Führer- und Reitpeitschenkult» der Rechten und trat zugleich dafür ein, dass die Führung der SPD abgelöst und die revolutionären Kräfte der Partei aktiviert werden sollten.[72] Vehement wandte er sich gegen jede Form des Nationalismus und bekannte sich zum Internationalismus der marxistischen Linken und zum Pazifismus. «Als Ausdruck unseres internationalen, antinationalen Willens», heißt es da, «haben wir zwei sehr starke Mittel, den inneren Klassenkampf und die Kriegsdienstverweigerung.»[73]

In einem längeren Aufsatz, den er 1931 unter dem Titel «Pazifismus und Wehrwille» für den Heidelberger *Sozialistischen Student* schrieb, verdeutlicht Golo Mann, was er unter politisch praktikablem Pazifismus versteht. Mit bloßer Kriegsdienstverweigerung, stellt er fest, sei es nicht getan, da, wie die historische Erfahrung gezeigt habe, innerhalb eines bereits herrschenden Kriegszustandes eine «Sabotierung» des Krieges «psychologisch und technisch unmöglich» sei.[74] Alles komme dagegen darauf an, dass mit politischen Mitteln das Eintreten eines solchen Kriegszustandes vermieden werde. Vom Krieg reden, fährt Golo Mann fort, sei es nun von einem Angriffs- oder Verteidigungskrieg, beschwöre den Krieg bereits herauf, und niemand solle meinen, dass man den einmal ausgebrochenen Krieg völkerrechtlich kontrollieren und humanisieren könne. Dann nimmt er auf die aktuelle Lage Bezug und schreibt: «Es ist ein Zustand denkbar, in dem jedes Vertrauen und jede Verständigungsmöglichkeit zwischen den politischen Einheiten vernichtet ist, man sich in höchster Nervosität und Wut belauert, um übereinander herzufallen, wenn der Augenblick irgendwie günstig erscheint. In diesem Zustand befinden wir uns *heute* noch nicht. Heute noch würde eine Abrüstungsinitiative der militärisch stärksten Nation die anderen Staaten nach sich ziehen; in absehbarer Zeit wird dies nicht mehr möglich sein.»[75]

Ein weiterer Artikel im selben Studentenblatt weist auf die intellektuelle Dürftigkeit der nationalsozialistischen Ideologie hin, die sich beim Vergleich mit der deutschen Geistesgeschichte, mit Fichte, Körner und Arndt, sogleich erweise. Auch beim Vergleich mit Marx: «Man vergleiche etwa», schreibt Golo Mann, «das ‹Kapital› von Marx mit Hitlers ‹Mein Kampf›. Hier sind schon die Titel charakteristisch. Bei Marx eine fünfzig Jahre währende, schweigende, ruhm- und danklose Hingebung an die Sache, die Problematik des Kapitalismus; Resultat ein vierbändiges streng wissenschaftliches, dazu mit den Erkenntnissen der deutschen Philosophie getränktes und auf dem höchsten Niveau deutscher Geistigkeit sich haltendes Werk; ‹Mein Kampf› – nicht die Sache, nein, mein, A. Hitlers Kampf! – ein in paar Monaten niedergeschriebenes, elendes und gedanklich im höchsten Grade schlampiges Produkt subjektivster Eitelkeit –, das Bildnis des Verfassers, mit wohlgewichstem Schnurrbärtchen und der Pose eines Dienstmädchen-Idols von 1900 obendrauf»[76]!

Diese Zeugnisse belegen, dass Golo Manns Zurückweisung des Nationalsozialismus eine entschiedene, kompromisslose war. Was man der braunen Bedrohung hätte entgegensetzen können, wird weniger deutlich. Seine Verwirrung der Gefühle hat Golo Mann später in den *Erinnerungen* so beschrieben: «Obwohl ich den Karl Marx auf den Tod nicht leiden mochte, glaubte ich damals an die ‹Revolution› als Notwendigkeit, oder wollte daran glauben, oder tat so, als ob ich daran glaubte ...»[77]

Auf universitätspolitischem Gebiet traten die sozialistischen Studenten im Zusammenhang mit der Affäre Gumbel hervor.[78] Der international angesehene Statistiker und pazifistische Publizist Emil Julius Gumbel hatte sich im Jahre 1922 mit dem Buch *Vier Jahre politischer Mord* exponiert. Er habilitierte sich trotz Widerständen, denen übrigens Karl Jaspers entgegentrat, in Heidelberg. 1930 wurde er, aus Anlass seiner Beförderung zum außerordentlichen Professor, zur Zielscheibe heftiger Proteste von rechtsradikaler Seite, die seine Entlassung forderten. In einem Offenen Brief verwandte sich Golo Mann für den jüdischen Gelehrten: «Der Haß gegen ein System, eine Regierung, eine gegnerische Partei ist nie so konkret und wohltuend wie der Haß gegen einen lebendigen Menschen, daher man planmäßig die Wut der Bürger und Studenten auf einen einzelnen zu konzentrieren sucht, um aus den so entfachten Energien im Kampf für die Partei Kapital zu schlagen; man begann damit, sobald sich mit der Ernennung Gumbels zum Professor ein wenn auch noch so lächerlicher Scheinanlaß dazu bot. Wer dieses Theater einmal durchschaut hat – und es ist nicht schwer zu durchschauen –, dem muß es ziemlich ekelhaft erscheinen. Man zerschlägt die Idee der Universität, deren Lehrfreiheit man durch den Kampf gegen einen Dozenten, nur um seiner Gesinnung willen, auf das gröblichste verletzt; man gefährdet den Frieden und den guten Ruf der Stadt ...»[79] Golo Manns Offener Brief blieb eine einsame Stimme im wüsten Kesseltreiben und bewirkte nichts. Im August 1932 wurde Gumbel von der Universität Heidelberg entlassen. Auf längere Sicht übrigens zu seinem Glück; denn er ging nach Gastvorlesungen in Frankreich noch vor Hitlers Machtantritt ins Exil nach den USA.

Im Mai des Jahres 1932 schloss Golo Mann sein Doktorexamen in Heidelberg ab, wie erwähnt, mit mäßigem Erfolg. Von den Eltern erhielt er aus diesem Anlass ein kleines Auto geschenkt, was ihm gestattete, kreuz und quer durch Deutschland zu reisen, nach Bamberg, nach Göttingen und Marburg, nach Tübingen und Salem, erstmals auch nach Lübeck, an die Grabstätte seiner Vorfahren. Zwischenhinein hielt er sich in München auf, an der Poschingerstraße in der herrschaftlichen Villa des Vaters, dem die Einkünfte aus der Publikation des *Zauberbergs* und der Empfang des Nobelpreises im Jahre 1929 gestatteten, trotz der Wirtschaftskrise seinen gehobenen Lebensstil weiterzupflegen. Vorgesehen war noch, das Staatsexamen für das höhere Lehramt an der Universität Hamburg zu absolvieren, und Golo Mann bezog einige Monate Wohnsitz in Blankenese. Eine zweite Staatsexamensarbeit, eine historische diesmal, war zu schreiben, und zum Thema wurde, in Fortsetzung bisheriger Neigungen, die «Geschichte der Wallenstein-Forschung» gewählt – die abgeschlossene Untersuchung sollte sich über drei Jahrzehnte später bei der Abfassung der Wallenstein-Biographie wieder als nützlich erweisen.

Nach 1930 begann in Deutschland die politische Entwicklung außer Kontrolle zu geraten, sowohl was die Tätigkeit der Regierung als auch was die Wirtschaftslage und die innere Sicherheit anbetraf. Die Regierung sah sich genötigt, ihre Politik als «Präsidialkabinett» über so genannte Notverordnungen durchzusetzen, die vom Reichspräsidenten verantwortet wurden. Solcher Verantwortung aber war der greise Generalfeldmarschall Hindenburg, der 1932 wiedergewählt worden war, nicht mehr gewachsen. Im Mai desselben Jahres wurde Reichskanzler Heinrich Brüning entlassen – das Opfer hinterhältiger Machenschaften und einer unpopulären Wirtschaftspolitik. Der neue Kanzler Franz von Papen, ein «Windhund und Geck»[80] im scharfsichtigen Urteil des Zeitgenossen Harry Graf Kessler, erwies sich als ganz außerstande, die Nationalsozialisten, wie er sich rühmte, in sein autoritär-konservatives Regierungssystem einzubinden. Auch von Papens Nachfolger, General Kurt von Schleicher, gelang es nicht, Hitler auszumanövrieren; von Hindenburg und Papen hintergangen, die er seinerseits zu benutzen gehofft hatte, trat er Ende Januar 1933 von seinem Amt zurück. Wenig später berief Hindenburg Adolf Hitler zum Reichskanzler. Der Historiker Eberhard Jäckel hat die Katastrophe, welche Hitler die Macht zufallen ließ, mit einem GAU, mit dem «größten anzunehmenden Unfall» in einem Kernkraftwerk, verglichen, der nur dann eintreten kann, wenn mehrere unterschiedliche lang- und kurzfristige Ursachen, unglückliche Zufälle und menschliches Versagen genau zur selben Zeit wirksam werden. Das Bild soll deutlich machen, dass die deutsche Diktatur nicht Ergebnis einer folgerichtigen Entwicklung, eines «Sonderweges» war, sondern ein freilich höchst gravierender Betriebsunfall.[81]

Nach Hitlers Ernennung zum Kanzler folgten, wie man weiß, die fatalen Ereignisse Schlag auf Schlag. Am 27. Februar brannte der Reichstag, und der Vorfall wurde mit jener machtpolitischen Instinktsicherheit, welche die Nationalsozialisten auszeichnete, zum eigenen Vorteil ausgebeutet. Die bürgerlichen Grundrechte wurden aufgehoben, politische Gegner wurden ohne Aussicht auf rechtliche Anhörung verhaftet, Konzentrationslager wurden eingerichtet. Die Reichstagswahlen vom 5. März erfolgten in einem Klima des Terrors, weitere Verhaftungen folgten, jüdische Geschäfte wurden geplündert, die oppositionelle Presse lahm gelegt. Am 21. März zelebrierten Hindenburg und Hitler in einer von Goebbels sorgfältig inszenierten Feier in der Potsdamer Garnisonskirche die Kontinuität deutscher Geschichte, und zwei Tage später verschaffte das «Ermächtigungsgesetz» dem Führer die uneingeschränkte Kompetenz, diese Geschichte nach seinem Willen zu gestalten.

«Rückblickend», schreibt Golo Mann in seinen *Erinnerungen,* «glaubt man leicht, ‹Geschichte› vorausgesehen zu haben. Die Wahrheit ist, daß ich gar nichts voraussah, noch am 31. Januar 1933 nicht. Meine Tagebücher geben genügend Zeugnis davon, obgleich kein sehr dichtes. Noch war ich zu sehr mit mir selber beschäftigt. Die Erinnerung aber und gelegentliche Aufschreibungen sagen mir, daß ich nichts voraussah, nur vielerlei für möglich hielt;

so auch das ‹Dritte Reich›, obgleich auch dies nicht in der Gestalt, die es in der Wirklichkeit annahm.»[82] Darin, dass er die staatsgefährdende Bedrohung durch den Nationalsozialismus zu wenig klar erkannte, erinnert Golo Mann im Übrigen an die meisten seiner Zeitgenossen. «Aber wir merkten noch immer nicht die Gefahr», schreibt Stefan Zweig in seinen Memoiren. «Die wenigen unter den Schriftstellern, die sich wirklich die Mühe genommen hatten, Hitlers Buch zu lesen, spotteten, anstatt sich mit seinem Programm zu befassen, über die Schwülstigkeit seiner papierenen Prosa.»[83] Oder der Schriftsteller Ludwig Marcuse: «Ich ignorierte, was da heraufkam, so sehr, daß ich es nicht studierte, sondern es für eine Art Maul- und Klauenseuche hielt … in einem allzu benachbarten Lande.»[84]

Zu solchen Zeugnissen politischer Ahnungslosigkeit, die sich mehren ließen, gesellten sich, nicht weniger zahlreich, Zeugnisse der Indifferenz und grundsätzlichen Distanzierung gegenüber allem Politischen. Solcher Rückzug ins Private, in eine Sphäre erdenthobener Humanität, war zur Zeit der Weimarer Republik weit verbreitet. Um ein repräsentatives Beispiel herauszugreifen: Im Jahre 1931 notierte der Arzt und Schriftsteller Hans Carossa nach der Lektüre eines politischen Artikels von Heinrich Mann in sein Tagebuch: «Politische Auslassungen Heinrich Manns, die am klarsten beweisen, daß Dichter keine Politik treiben sollen; persönliche Verstimmung und Gereiztheit durch Anpöbelung leitender Staatsmänner abreagieren zu wollen, wie zweischneidig, wie gemeingefährlich könnte das werden!»[85]

In den vier Monaten, in denen sich Golo Mann nach Hitlers Machtübernahme noch in Deutschland aufhielt, kümmerte er sich um den Besitz seiner Familie in München. Am 10. Februar 1933 hatte Thomas Mann dort einen Vortrag über «Leiden und Größe Richard Wagners» gehalten und war am Tag darauf mit seiner Frau Katia nach Holland abgereist – ohne dass die beiden damals hätten ahnen können, dass sie Deutschland erst sechzehn Jahre später wiedersehen würden. In den folgenden Monaten hielt man sich in der Schweiz auf und verbrachte den Sommer in Sanary-sur-Mer, westlich von Toulon, einem Treffpunkt vieler deutscher Emigranten. Im September bezogen Thomas und Katia Mann ein Haus in Küsnacht bei Zürich, das sie bis zur Übersiedlung nach den USA im Jahre 1938 bewohnen sollten. Gleich nach der Übernahme der Macht in Deutschland hatten die Nationalsozialisten und ihre Sympathisanten begonnen, die Ächtung der Familie Mann zu betreiben. Im April unterzeichneten führende Persönlichkeiten des Münchner kulturellen Lebens einen Protest gegen den kurz zuvor publizierten Vortrag über Richard Wagner, und im Mai kam es zu den ersten Bücherverbrennungen. Noch wurde Thomas Manns Werk verschont – im Gegensatz zu dem seines Bruders Heinrich, der Ende Februar nach Frankreich auszureisen gezwungen war. Auch Klaus und Erika Mann verließen Deutschland, da sie ihre Sicherheit bedroht fühlten: Jener hatte sich früh und unmissverständlich gegen den Nationalsozialismus ausgesprochen; diese hatte in München ein erfolgreiches Cabaret, die «Pfeffermühle», begründet, das nicht mehr in die politische Landschaft passte. Das auf Münchner Banken liegende Vermögen Thomas Manns, der private Besitz, die Manuskripte des Dichters waren nun aufs höchste gefährdet.

Unter diesen schwierigen Umständen lag es nahe, den Sohn Golo damit zu betrauen, die Interessen der Familie in München wahrzunehmen. Der junge Mann hatte inzwischen Wohnsitz in Göttingen bezogen und trug sich, sosehr die politische Entwicklung auch ihn beunruhigte, mit dem Gedanken, die Lehrtätigkeit aufzunehmen. Ende März bat ihn seine Mutter, nach München zu fahren und im herrenlosen Haus der Familie nach dem Rechten zu sehen. Größte Vorsicht war geboten: Der Brief- und Telefonverkehr in die Schweiz konnte überwacht werden; das über Wochen hin unbeaufsichtigt gebliebene Hauspersonal war nicht durchwegs zuverlässig, der Chauffeur sogar ein Denunziant. Auffällige Schritte, welche die politische Polizei aufmerksam machen konnten, waren zu vermeiden, da sich Thomas Mann, obwohl in seiner

Ablehnung des Regimes keineswegs schwankend, die Option einer Rückreise und den Zugang zu seinen deutschen Lesern noch offen halten wollte.

In den folgenden Wochen bemühte sich der Sohn mit Erfolg um die Ausreise der jüngeren Geschwister Monika, Elisabeth und Michael. Schwieriger war die Sicherung des Münchner Vermögens. Immerhin gelang es Golo, bevor die Bankguthaben gesperrt wurden, etwa sechzigtausend Reichsmark – ein Drittel dessen, was die Eltern in der Schweiz besaßen – abzuheben und mit Hilfe französischer Freunde und des Botschafters André François-Poncet nach Frankreich zu transferieren. Es gelang auch nach erheblichen Umtrieben, Teile des Münchner Mobiliars, der Bibliothek und der Schallplattensammlung sowie einen Koffer mit Manuskripten und Tagebüchern außer Landes zu schaffen; wichtige Manuskripte freilich, wie die Originalhandschriften zu den *Buddenbrooks* und dem *Zauberberg,* die zur Verwahrung einem Anwalt anvertraut wurden, gingen später im Krieg verloren. Nicht mehr der Konfiskation entzogen werden konnten die zwei Familienautos und der Wagen Golo Manns selbst; denn die neue Elite brauchte Autos. Im August wurde das Haus an der Poschingerstraße von der politischen Polizei «sichergestellt» und der Stiftung «Lebensborn» übergeben, welche sich die Züchtung reinrassiger Arier zum Ziel gesetzt hatte. Als Golos Großmutter, Hedwig Pringsheim, das verlassene Haus einige Jahre später aufsuchte, meldete sie mit bitterer Ironie: «Vor ein paar Tagen gingen wir mal wieder in die Poschi [...] Von einem gewissen Häuschen wehte ganz lustig die Hakenkreuzfahne, denn es ist ja jetzt bewohnt, von einer großen braunen Marmortafel mit der Inschrift *Lebensborn* angekündigt; und scheint ein Mütterheim, zur Anfeuerung der Gebärtätigkeit. Das ist immerhin ein Ziel, des Schweißes der Edlen wert ...»[86]

Golo Mann berichtet in seinen *Erinnerungen* eingehend, zum Teil unter Zitierung seines damals geführten Tagebuchs, von den Monaten vor und nach Hitlers Aufstieg zur Macht. Eine Weile mag er noch gehofft haben, Bayern könnte sich der nationalsozialistischen Bedrohung durch Hitler entziehen und durch die Wiederherstellung der liberalen Wittelsbacher Monarchie einen Sonderweg gehen – doch das war die Idee von wenigen, und Rupprecht, der Kronprinz von Bayern, dachte nicht an einen solchen Schritt. Die Masse arrangierte sich rasch mit den neuen Herrschern. «Der Frühling kam», schreibt Golo Mann, «und man erfreute sich seiner und der neuen Machtsonne auch, des Sieges im Bürgerkrieg, der nicht stattgefunden hatte. Gewiß mag man sagen, es sei gut, daß er nicht stattgefunden hatte, daß es nicht jahrelange monströse Schlächtereien gegeben hatte, wie später im Spanischen Bürgerkrieg auf beiden Seiten. Den Spaniern lag das nur allzu sehr, ihre Geschichte lehrt es; den Deutschen ganz und gar nicht. Trotzdem hatte dieser Sieg ohne Kampf wieder etwas Abscheuliches.»[87]

Die Anstrengungen Golo Manns zur Rettung des Familienbesitzes waren Zeit raubend und gefährlich; zahlreiche persönliche Kontakte mussten wahrgenommen werden, mehrere Reisen in die Schweiz waren nötig, und die Gefahr einer Geiselnahme durch das Regime war umso weniger auszuschließen, als man heute weiß, dass Reinhard Heydrich, damals Leiter der politischen Polizei in München, gegen den Vater im Sommer 1933 einen jener Schutzhaftbefehle ausstellen ließ, die ins Konzentrationslager und meist in den Tod führten.[88] Das Tagebuch Thomas Manns aus dieser Zeit, Zeugnis täglichen Leidens des Schriftstellers an seinem Land, zeigt, dass er sich dieser Gefahr durchaus bewusst war. Das Bild des Sohnes hellt sich in diesen Aufzeichnungen in der Folge etwas auf. Im Juni 1933 wird lobend vermerkt, Golo habe im Gespräch «gute politische Kenntnisse entwickelt»[89], und ein Jahr später, anlässlich einer Begegnung in Paris, findet sich die Notiz: «Wir gingen durch den Tuileriengarten bei klarem Himmel und Mondlicht, tranken Thee vor dem Café Maxime u. plauderten mit Golo, dessen sympathischer, biederer Charakter sich wieder bewährte.»[90]

Die letzten Wochen vor seiner Ausreise verlebte Golo Mann, nachdem er sich in München von seinen Großeltern Pringsheim verabschiedet hatte, in Berlin, als Gast des Ehepaars Gottfried und

Brigitte Bermann Fischer, das den Fischer-Verlag durch die Jahre der Diktatur und des Krieges rettete. Er besuchte an dessen zeitweiligem Wohnsitz am Wannsee Kurt Hahn, der entlassen und dessen Bewegungsfreiheit eingeschränkt worden war. In seinem Tagebuch hält er einen Ausspruch des Pädagogen fest: «Man muß sein Vaterland auch dann lieben, wenn es einen nicht liebt. Das ist sogar das Wesen der Vaterlandsliebe.»[91]

Das Tagebuch, aus dem der Historiker in seinen *Erinnerungen* zitiert, schildert die fiebrige Aufbruchstimmung in der mit Hakenkreuzfahnen beflaggten Stadt, verzeichnet die Reden der neuen Machthaber, die martialischen Aufmärsche und einige letzte Begegnungen mit Freunden. Mit einem französischen Bekannten, dem späteren politischen Publizisten und Soziologen Raymond Aron, der ein Freund fürs Leben werden sollte, begab sich Golo Mann am 11. Mai zur Bücherverbrennung vor die Universität: «Man müßte einen neuen Machiavelli schreiben», notiert er ins Tagebuch, «aber nicht mehr den *Fürsten,* sondern das *Volk*. Ich muß es nachgerade beklagen, als Deutscher geboren zu sein.»[92] Raymond Aron hat in seinen Memoiren dieser Begegnung gedacht: «Golo Mann und ich sprachen nicht, jeder schweigend seinen eigenen Überlegungen hingegeben. In einem Land mit Kultur, und zwar mit hoher Kultur, hatte die alte führende Schicht diesen Schurken die Aufgabe anvertraut, Deutschland seine Unabhängigkeit und seine Macht zurückzugeben. Die Bücher verbrannten Unter den Linden wie einst jene der Bibliothek von Alexandria; die Flammen symbolisierten, daß die Barbarei die Macht ergriffen hatte.»[93]

Am 31. Mai 1933 verließ Golo Mann Deutschland in Richtung Frankreich.

II. Das Exil

«Eine Emigration ist, ich sagte es schon, ebenso wie ein Kriegszustand jenen unbesonnten Ferien ähnlich, die sich trostlos verlängern, weil das einzige Schulhaus abgebrannt ist oder eine gefährliche Epidemie den Alltag durchbrochen hat, so daß die gewohnten Pflichten aufgehoben und die Regeln im Verkehr der Menschen verändert sind.»

Manès Sperber, Bis man mir Scherben auf die Augen legt

1. Französischer Aufenthalt

Der Aufstieg Hitlers zur Macht fand in Frankreich geringe Beachtung – zu sehr war dieses Land in eigene Probleme verstrickt. Wenn auch verzögert und weniger bedrohlich als in Deutschland, machte sich die Wirtschaftskrise bemerkbar, und wie in Deutschland trat man ihr mit unzulänglichen Maßnahmen entgegen. Nachdem Raymond Poincaré 1929 aus der aktiven Politik ausgeschieden war, stürzte die Dritte Republik in eine innenpolitische Dauerkrise, welche das Versagen der Außenpolitik gegenüber Hitler-Deutschland und schließlich die schmähliche Niederlage von 1940 zu erklären, aber nicht zu entschuldigen vermag. Der Eindruck, das Land sei mit den herkömmlichen Mitteln der parlamentarischen Demokratie nicht mehr zu regieren, war weit verbreitet. Den extremen politischen Gruppierungen strömten Anhänger in

Scharen zu, den Kommunisten, aber auch den rechtsradikalen «Ligen», die dem Faschismus nahe standen und nicht selten paramilitärisch organisiert waren. Erst spät begann sich die Linke der faschistischen Gefahr bewusst zu werden und zum Widerstand aufzurufen; zugleich zeigte sich allerdings, dass die extreme Rechte in Frankreich weder ideologisch noch machtpolitisch eine dem Nationalsozialismus vergleichbare Breitenwirkung zu entfalten vermochte.

Die Wahlen von 1936 brachten eine Volksfrontregierung unter dem Sozialisten Léon Blum an die Macht, die sich aus Sozialisten und Radikalen zusammensetzte. Aber auch die Volksfront, obwohl von der Arbeiterschaft enthusiastisch begrüßt, war von kurzer Dauer, und es gelang weder, die inneren Probleme zu lösen, noch nach außen dem Triumph der Rechtsdiktaturen in Italien, Deutschland und Spanien wirksam entgegenzutreten. Als Hitler 1936 in deutlicher Verletzung sowohl des Versailler Friedensvertrags als auch des Locarno-Pakts das entmilitarisierte Rheinland besetzen ließ, begnügten sich Frankreich und England mit Protesten, und wenig anders reagierte man auf den «Anschluss» Österreichs im März 1938. Das Münchner Abkommen vom September desselben Jahres wurde schließlich zum fatalen letzten Kapitel einer französischen Außenpolitik, die durch innenpolitische Wirren gelähmt und durch die Fehleinschätzung der nationalsozialistischen Bedrohung irregeführt worden war. «Wer damals, wie ich selber, in Frankreich lebte», erinnert sich Golo Mann später, «für den war es eine Quelle beständigen Leidens, eine eigentliche Qual, zu erleben, wie die französische Politik sich die rettenden Gelegenheiten entgehen ließ, vor allem und in entscheidender Weise im März 1936, als Hitler seine Truppen, aber es waren sehr wenige, in das vertraglich demilitarisierte deutsche Rheinland schickte.»[1]

Golo Mann verbrachte die Sommermonate des Jahres 1933 bei seinen Eltern in Südfrankreich, in Sanary-sur-Mer. In die kleine Hafenstadt am Mittelmeer hatte sich Thomas Mann zurückgezogen, nachdem die Nationalsozialisten an die Macht gekommen waren und er im Gefolge seines Münchner Vortrags über Richard Wagner zur Zielscheibe übler Verleumdung geworden war.[2] Im strikten Sinn des Wortes war der Schriftsteller zu diesem Zeitpunkt noch kein Emigrant; er zog es nach einer Vortragsreise durch Europa und Ferien in der Schweiz lediglich vor, nicht nach Deutschland zurückzukehren. Ein kluger Entschluss – wissen wir doch heute, dass, wie bereits erwähnt, ein Schutzhaftbefehl Reinhard Heydrichs, des damaligen Chefs der Bayerischen Politischen Polizei, gegen ihn vorlag.[3] Über den Charakter der nationalsozialistischen Herrschaft war sich Thomas Mann früh im Klaren; aber er hoffte noch auf eine Wendung zum Guten und wollte sich möglichst lange seine deutsche Leserschaft erhalten. Erst im Februar 1936 kam es zur öffentlichen Distanzierung von Hitler-Deutschland.

Im zweiten, Fragment gebliebenen Band seiner *Erinnerungen* hat Golo Mann über den Aufenthalt in Sanary und die folgenden Jahre bis zur Emigration in die USA berichtet.[4] Das Leben im damals noch verschlafenen mediterranen Ferienort hätte sich, wäre nicht die dauernde Sorge um den Gang der deutschen Dinge gewesen, durchaus genießen lassen: Lesen, Baden, Wandern; beim Essen und des Abends Gespräche mit den zahlreichen Schriftstellern, die Deutschland mieden, mit Heinrich Mann, Lion Feuchtwanger, Annette Kolb, René Schickele, Franz Werfel, Arnold Zweig und anderen. Durch die Lektüre französischer Zeitungen, die über Hitlers «neue Ordnung» widersprüchlich berichteten, bald kritisch, bald rühmend, hielt man sich auf dem Laufenden. Zugleich empfand man bedrückend die gesellschaftliche Isolation, die Art von «Zauberberg-Atmosphäre», welche das Grüppchen deutscher Intellektueller im fremden Land umgab. Diese Absonderung begünstigte Konflikte: In der Konversation kam, wie sehr der Gastgeber Thomas Mann auch auf Stil und Haltung achtete, immer wieder die seelische Belastung und Gereiztheit der Menschen hoch, die über ihre Zukunft im Ungewissen waren.

Gelegentlich traf man sich auch zum Gespräch mit italienischen

Emigranten, die sich in der Umgebung von Nizza niedergelassen hatten. «Übrigens stritt man sich darüber», hat Golo Mann im Rückblick berichtet, «was schlimmer, wer schlimmer sei, Faschismus oder Nazismus, Hitler oder Mussolini; wobei dann beide Seiten ihr Regime für das ungleich verwerflichere hielten. Es könnte dieses Urteil auf einer Art von invertiertem Patriotismus beruht haben.»[5]

Man muss sich den jungen Golo Mann als zurückhaltenden, aber aufmerksam beobachtenden Teilnehmer dieser Emigrantengespräche vorstellen. René Schickele, dem der Historiker persönlich besonders nahe stand und der an solchen Gesprächsrunden teilnahm, bemerkt: «Golo dreht sich in einer Ecke langsam hin und her. Er blickt finster und unbeteiligt.»[6] Im zweiten Band seiner *Erinnerungen* schreibt Golo Mann: «Im großen und ganzen dachte ich damals über die politische Emigration, wie ich sie in Sanary kennenlernte, nicht sehr hoch und mit jugendlicher Schärfe.»[7] Und auch aus den Tagebuchaufzeichnungen, aus denen er zitiert, geht die Kritik an den Emigranten hervor, die sich allzu oft untereinander zerstritten, statt dem Nationalsozialismus ihren vereinten Widerstand entgegenzusetzen: «Derweil fangen die Emigranten an», heißt es da, «sich untereinander zu blamieren. Es besteht große Gefahr einer Blamage; dies wäre ein konkreterer Beweis von Hitlers Herrschaft als alle Parteitage ...»[8]

Nachdem sich seine Eltern im September 1933 in Küsnacht bei Zürich niedergelassen hatten, hielt sich Golo Mann hin und wieder in der Schweiz auf. Er begann, das Land kennen zu lernen, ohne zu ahnen, dass es in späteren Jahren zu seiner Heimat werden sollte. Die erste Annäherung war vorsichtig, abwartend. Golo Mann wurde mit der zu kritischer Selbsteinschätzung neigenden Mentalität der Deutschschweizer Bevölkerung bekannt. «Die Schweiz als ein Mosaik verlockender Landschaften», schreibt er in den nachgelassenen *Erinnerungen*, «kannte ich noch kaum, als Gemeinwesen überhaupt nicht, und während jener kurzen Küsnachter Wochen war keine Zeit, es kennenzulernen. Immerhin kamen einige Eidgenossen abends zu Besuch, um sich eher skeptisch über ihre Mitbürger zu äußern: nur dreieinhalb Millionen insgesamt, daraus Enge, Inzucht, Abhängigkeit von Ereignissen jenseits der Grenzen, auf die man nicht den mindesten Einfluß besaß.»[9] Diese Äußerung korrespondiert auffallend mit einer Bemerkung im Tagebuch Thomas Manns aus derselben Zeit, die von einem Gespräch mit Zürcher Journalisten berichtet: «Vieles über den komplizierten und schwierigen, verkniffenen, neurotischen Charakter der Schweizer.»[10]

Thomas Mann hat sich in der Folge wenig um ein vertieftes Verständnis der Schweiz bemüht, obwohl allmählich Zuneigung entstand und er in späteren Jahren mit seinem etwas förmlichen Lob nicht geizte.[11] Golo Mann dagegen sollte, nachdem er 1964 in Kilchberg bei Zürich Wohnsitz genommen hatte, dem Verständnis der Mentalität näher kommen. Er sprach die einheimische Mundart zwar ebenso wenig wie sein Vater, verstand sie aber und setzte in seiner Korrespondenz einzelne Wendungen humorvoll ein. Dem demokratischen System des Kleinstaates begegnete er mit Neugierde und Respekt, auch wenn er sich mit Urteilen zur Innenpolitik zurückhielt. Doch davon später.

Anfang November 1933 wurde Golo Mann zum Lektor für deutsche Sprache an der École normale supérieure in Saint-Cloud, westlich von Paris, ernannt. In der Lehrtätigkeit sah er damals einen Beruf fürs Leben. Obwohl es sich um eine unbezahlte Stelle bei freier Kost und Unterkunft handelte, freute er sich über die Berufung, umso mehr, als er auf die elterliche Unterstützung weiterhin zählen konnte. Die École normale bereitete junge Franzosen aus den unteren sozialen Schichten und aus allen Teilen des Landes, die sich durch besondere Begabung ausgezeichnet hatten, auf das Lehramt an der Volksschule vor. Der Rektor der Schule, Félix Pécaut, verstand seinen Bildungsauftrag im republikanisch-humanitären, laizistisch-egalitären Sinne; die Schüler standen politisch fast ausnahmslos links. In einem Interview hat Golo Mann später von einer marxistischen Schülerschaft gesprochen, deren politischer Horizont überaus eng gewesen sei: «Sie wollten eigentlich von einer deutschen Gefahr nichts wissen [...] Wie provinziell man damals in Deutschland war, daran erinnere ich mich mit Grauen heute [...] So ganz anders war es in Frankreich auch nicht.»[12] Und weiter: «Meine Schüler waren verwirrt und enttäuscht von mir, weil sie Marxisten waren und glaubten, daß ich als Emigrant und grimmiger Feind der Nazis auch ein Marxist sein müßte. Ich war aber keiner.»[13]

Zwischen Rektor Pécaut und dem jungen Deutschen entstand eine enge, freundschaftliche Beziehung; man wechselte Briefe, von denen sich einige in des Historikers Nachlass erhalten haben. Unmittelbar vor Hitlers Angriff auf Frankreich schreibt Pécaut: «Frankreich kennt eine finstere Unerschrockenheit, die es nicht verlassen wird. Mon cher Mann, ich mag Sie sehr gern.»[14] Und mit warmen Worten dankt er Golo Mann für seine Lehrtätigkeit: «Und lassen Sie es sich gesagt sein, daß die Schule Ihnen zu Dank verpflichtet ist. Ein bißchen sei Hitler von Schuld freigesprochen, weil er Sie zu uns entsandt hat.»[15]

Die Verpflichtungen als Lektor ließen Zeit für Lektüre und Kinobesuch: Malraux' *Condition humaine* und Giraudoux' *Siegfried* waren im Gespräch, und Jean Renoir hatte begonnen, mit seinen Filmen auf sich aufmerksam zu machen. Auch war Paris nahe, und Golo Mann traf sich dort mit seinem Bruder Klaus, mit Intellektuellen wie Walter Benjamin, Bert Brecht und Siegfried Kracauer, mit dem von ihm hoch geschätzten politischen Publizisten Leopold Schwarzschild. In Saint-Cloud und Paris wohnte der Historiker politischen Vorträgen bei; auch folgte er an der Sorbonne Vorlesungen, unter anderem zu deutscher Literaturgeschichte. Er hörte sich die antisemitischen und rechtsradikalen Tiraden Léon Daudets und Marcel Déats an, lauschte dem Lob, das der Chefredaktor der kommunistischen *Humanité,* Vaillant-Couturier, China zollte, folgte den Ausführungen des Geschichtsprofessors Edmond Vermeil, der den Nationalsozialismus aus dem eigentümlichen Charakter der deutschen Geschichte ableitete.

Als sich zwischen dem 21. und dem 25. Juni 1935 über zweihundert Schriftsteller aus achtunddreißig Ländern im Saal der Mutualité in Paris zu einer in ihrer Art einzigartigen Kundgebung der Linken gegen den Faschismus zusammenfanden, war Golo Mann dabei. «Fünf Abende», erinnert er sich, «saß ich brav an meinem Platz, meist in Begleitung eines Saint-Cloud-Schülers, schwieg und hörte.»[16] In einem Brief an seinen in Amsterdam weilenden Bruder Klaus berichtete er über zwei Höhepunkte des Anlasses, die Reden von André Gide und Heinrich Mann: «Was Besseres als die Rede von Gide wurde zweifellos auf dem Kongreß nicht geboten, sie war der Höhepunkt. Heinrich erntete noch zwei Ovationen, zu Anfang und zu Ende seines schön gelesenen Vortrags. Die besten Einfälle, die glänzendsten Wendungen ließ man kühl vorübergehen, und als er vollends als Beispiele großer intellektueller Führer Clemenceau, Lenin und Masaryk nannte, herrschte eisiges Schweigen. Als er aber die Formel hinmeißelte: ‹Dennoch wird der Marxismus nicht von Dummköpfen besiegt werden›, löste sich orkanartiger Beifall.»[17]

Während seiner Tätigkeit in Saint-Cloud verfolgte Golo Mann aufmerksam das Zeitgeschehen. Er publizierte in der Exilzeitschrift *Die Sammlung,* die sein Bruder Klaus seit September 1933 im Querido Verlag in Amsterdam herausgab, regelmäßige politische Kommentare, die mit der Initiale «G» gekennzeichnet waren. *Die Sammlung* erschien bis 1935 jeden Monat und enthielt Beiträge von Autoren mit unterschiedlichem politischem Standort wie Johannes R. Becher, Bertolt Brecht, Joseph Roth und Ludwig Marcuse. Einig waren sich diese Schriftsteller in ihrer Ablehnung des Nationalsozialismus, und in diesem Sinne hatte Klaus Mann auch das Geleitwort zur ersten Nummer formuliert: «Sammeln wollen wir, was den Willen zur menschenwürdigen Zukunft hat, statt dem Willen zur Katastrophe; den Willen zum Geist, statt dem Willen zur Barbarei und zu einem unwahren, verkrampften und heimtückischen ‹Mittelalter›; den Willen zum hohen, leichten und verpflichtenden Spiel des Gedankens, zu seiner Arbeit, seinem Dienst, statt zum Schritt des Parademarsches …»[18]

Der Tonfall von Golo Manns Chronik für *Die Sammlung* war, entsprechend dem Fortgang des Zeitgeschehens, zunehmend pessimistisch. Vergebliche Hoffnungen setzte der Kommentator in die Politik des französischen Außenministers Louis Barthou, der die Bedrohung des Friedens durch die deutsche Diktatur früh erkannt hatte und sich nicht ohne Anfangserfolge bemühte, Italien und die Sowjetunion für eine Anti-Hitler-Koalition zu gewinnen. Doch diese Bestrebungen wurden nach Barthous Ermordung im Oktober 1934 nicht fortgesetzt. Auch das Saar-Plebiszit vom 13. Januar 1935, in dem – nicht zuletzt dank Frankreichs Desinteresse – die Rückführung des Saargebiets ins Deutsche Reich mit triumphal gefeierter Mehrheit entschieden wurde, war für Golo Mann eine herbe Enttäuschung, und nicht minder, wenige Wochen später, die Wiedereinführung der allgemeinen Wehrpflicht, welche niemanden mehr über die deutschen Aufrüstungsanstrengungen im Zweifel ließ. Deprimierend war für den Beobachter immer wieder die mangelnde Bereitschaft des Auslandes, die Tragweite dessen, was in Deutschland geschah, überhaupt wahrzunehmen.

Golo Mann hat später seine politischen Kommentare für *Die Sammlung* kritisch beurteilt: «Nach mehr als einem halben Jahrhundert lese ich diese Dinge mit gemischten Gefühlen; ich bin es, und bin es nicht. Die Sätze sind häufig zu lang, die Gedankengänge zu kompliziert, mit treffenden Ansichten verbinden sich völlig irrige …»[19] Mag sein; aber imponierend bleibt noch heute die gefestigte demokratische Grundhaltung des jugendlichen Betrachters, seine ungetrübter Einsicht entspringende Ablehnung des Nationalsozialismus. Dass auf eine Änderung der deutschen Verhältnisse durch die Deutschen selbst nicht zu hoffen sei, wurde Golo Mann früh klar. «Das Regime», schreibt er 1935, «bleibt, was es ist, weil seine Vergangenheit und seine Träger es sind, solange Hitler an der Spitze steht. Mit Lüge und Blut hat es angefangen, mit Lüge und Blut ist es weitergegangen – das sollte geläutert dauern?»[20] Und früh taucht auch die Überzeugung auf, Hitlers Politik, wenn sie nicht durch eine Intervention von außen beendet würde, müsse notwendig in den Krieg führen. Europa stehe im Begriff, schreibt er im selben Jahr, sich in eine Bahn drängen zu lassen, «an deren Ende mit Wahrscheinlichkeit der Krieg steht».[21] Und ein Jahr später stellt er fest, wie «furchtbar weit, im Schatten des Diplomatengewäsches und der Protestnoten, wir auf dem Wege schon sind, der, über noch ein paar Kapitulationen, noch ein paar Exploitationen der westlichen Friedensliebe durch die Deutschen, nun, nach aller beschränkten menschlichen Voraussicht, in kurzer Zeit zum Krieg führen muß ...»[22]

Kritisch stand Golo Mann schon damals dem Kommunismus gegenüber, dessen geistige Stammväter, Hegel und Marx, er während seines Philosophiestudiums kennen gelernt hatte. Dabei mochte er auf den Beitrag, den der französische Kommunismus in einer Notgemeinschaft mit den republikanischen Kräften im Widerstand gegen Hitler-Deutschland allenfalls leisten konnte, nicht verzichten. Er lehnte indessen den ideologischen Expansionismus der Internationale, die, was in Deutschland geschah, als Vorstufe zu einer Weltrevolution und zur Verwirklichung eigener Machtaspirationen einsetzen wollte, mit Entschiedenheit ab: «Zu glauben», schreibt er, «daß die Politik eines Staates dauerhaft auf Weltrevolution konzentriert sein könnte, heißt dem politisch handelnden Menschen, sehr undialektischer, sehr unmarxistischer Weise, einen allgemeinen, göttlichen Idealismus zutrauen, welcher nicht von dieser Welt ist.»[23]

In der Zeitschrift *Die Sammlung* erschienen neben den Kommentaren zur Tagespolitik auch, nun mit vollem Namen gekennzeichnet, zwei Aufsätze über Wallenstein und Ernst Jünger. Im Wallenstein-Aufsatz nahm Golo Mann eines seiner Lebensthemen auf und setzte die Bestrebungen des großen Feldherrn zur Erneuerung und Vereinheitlichung des deutschen Reiches in Bezug zur Gegenwartsgeschichte, indem er zugleich vor verfehlten Analogien warnte.[24]

Mit dem Aufsatz zu Ernst Jünger setzte Golo Manns lebenslange, zwischen Anerkennung und Ablehnung schwankende Beschäftigung mit diesem Schriftsteller ein.[25] Ernst Jünger war durch seine Tagebücher aus dem Ersten Weltkrieg, die den Kampf als radikale Existenzform heroisch verklärten, berühmt geworden. Im Jahre 1939 als Hauptmann reaktiviert, nahm er am Frankreichfeldzug teil und blieb bis 1944 dem Stab des Militärbefehlshabers in Paris zugeteilt. In seinem Buch *Der Arbeiter*, das 1932 erschien und zu dem Golo Mann in der *Sammlung* Stellung nahm, erklärte Jünger, die Weimarer Republik scharf verurteilend, den Bankrott der liberalen Gesellschaftstradition und ihres Repräsentanten, des bürgerlichen Individuums. Diesem stellte er als «Typus» der neuen Zeit den Nietzsches Übermenschen nachempfundenen «Arbeiter» gegenüber, der nicht mehr durch seine soziale Stellung, sondern durch seine totale Identifikation mit der hoch technisierten Gegenwartswelt charakterisiert war. Jüngers Überlegungen wurzelten im geistigen Umfeld der «morphologischen» Kulturtheorie, die Oswald Spengler um 1918 in seinem *Untergang des Abendlandes* entwickelt hatte, wo von einem zivilisatorischen Spätzustand die Rede war, welcher durch die Herrschaft von Technik und Hochfinanz charakterisiert wurde.[26] Mit seinem Buch gelang es Spengler, das durch die Erfahrung der Materialschlachten des Ersten Weltkrieges ausgelöste Krisenbewusstsein auszudrücken.

Golo Mann zeigte sich in seiner Rezension zwar durch die Prägnanz von Jüngers Formulierungen angesprochen. Das Buch habe ihm, hat er später bekannt, «so starken Eindruck gemacht, daß ich mich dagegen wehren mußte»[27]. Zugleich aber erkannte der Historiker hellsichtig die philosophischen Schwächen der Schrift, das Eklektische und Apodiktische von Jüngers Überlegungen, die der behaupteten Kulturkrise mit ästhetisierender Metaphorik eine verlockende Zukunftsvision entgegenzusetzen versuchten. Dass Jünger mit den ideologischen Repräsentanten des Nationalsozialismus nicht gleichzusetzen sei, hob Golo Mann zwar hervor; aber er sah zugleich, dass dessen Vorstellungen dem Nationalsozialismus gefährlich Vorschub leisten konnten.

In den folgenden Jahrzehnten sollte Golo Mann das Schaffen dieses Schriftstellers weiterhin mit Skepsis und Respekt verfolgen: «Daß Ernst Jünger», schreibt er 1960 in einem Essay, «in die Welt des ‹Arbeiters›, die er beschrieb, und die ja wesentlich eine von Wissenschaft beherrschte sein sollte, selber gar nicht paßte, daß er ein Spekulierer, ein Mytholog und Romantiker ist, habe ich vor dreißig Jahren behauptet; was er danach machte und heute macht, widerlegt es nicht.»[28]

In den Schulferien weilte Golo Mann meist bei seinen Eltern in der Schweiz. Er trat hier mit deren neuem Bekanntenkreis in Kontakt, insbesondere mit dem Verlegerehepaar Emil und Emmy Oprecht, das zu den nicht sehr zahlreichen Schweizer Freunden des Schriftstellers gehörte. Im elterlichen Haus traf er auch mit Persönlichkeiten des geistigen und politischen Lebens zusammen, die Hitler-Deutschland hatten verlassen müssen. Besonders beeindruckte ihn die Begegnung mit Hermann Rauschning, dem ehemaligen Senatspräsidenten von Danzig, welcher vom anfänglichen Sympathisanten zum erbitterten Gegner der Nationalsozialisten geworden war und 1936 in die Schweiz, dann nach den USA emigrierte. In zwei Werken, der *Revolution des Nihilismus* und den *Gesprächen mit Hitler,* die beide in Oprechts Europa-Verlag erschienen, unternahm Rauschning eine zeitgenössische Deutung des Nationalsozialismus, die Golo Mann zu überzeugen vermochte. Mit Rauschning stimmte der junge Historiker darin überein, dass der Nationalsozialismus keineswegs als Weltanschauung zu betrachten sei. In einer Rezension der *Revolution des Nihilismus* schreibt Golo Mann im Jahre 1939: «Der Nationalsozialismus ist keine Weltanschauung; er besitzt bloß eine Weltanschauung als Instrument der Massenbeeinflussung, der Auflösung und der Macht, und er würde, wenn dieses einmal versagen sollte, auch wohl ganz anderes, ganz andere Weltanschauungen in Bereitschaft haben. Macht als Selbstzweck, Zerstörung aus Selbstzweck oder als ein Mittel der Macht; die Weltanschauung als *Kulisse,* nichts (ist) innerhalb des mächtigen Machtgebäudes für sich selbst, zu seinem eigenen Genuß oder zur Freude Gottes da: das ist eine Revolution des Nichts für nichts, die Revolution des Nihilismus.»[29] Diese auf Rauschnings Werk gestützte Deutung des Nationalsozialismus hat Golo Mann in späteren Jahren, wie kontrovers sich auch immer die Totalitarismusdiskussionen entwickeln sollten, beibehalten. «Die ‹Revolution des Nihilismus›», schreibt der Historiker Jahrzehnte später, «kam für mich geradezu wie eine Erlösung. Bis dahin hatte es im wesentlichen zwei Hauptinterpretationen des abscheulichen Phänomens, genannt Nationalsozialismus, gegeben. Die eine von Marxisten, hauptsächlich von Kommunisten gebotene, sah darin nichts als eine Teufelei des Kapitals, ein letztes Bollwerk des sterbenden Kapitalismus; die zweite eine neue Verschwörung der Generale, der Junker, der ewig preußischen Reaktionäre, als dessen Marionette man den deutschen Diktator ansah. Beide Auffassungen schienen mir völlig ungenügend, im Kern eigentlich falsch. Hier wagte nun einer, die Sache völlig anders zu begreifen, aus sich selber, nicht von irgendwelchen geheimen Drahtziehern her; das Dämagogische, das Nihilistische, den ruchlosen Opportunismus ohne Glauben, der auch den angeblichen Glauben nur als Machtmittel benutzte ...»[30]

Weitere Persönlichkeiten, die Golo Mann im Haus seiner Eltern traf, waren der evangelische Pastor Kuno Fiedler und der Schriftsteller Bernard von Brentano. Fiedler stand seit 1915 mit Thomas Mann im Briefverkehr und hatte dessen jüngste Tochter Elisabeth getauft. Wegen Kritik am Regime wurde er von der Gestapo verhaftet, entfloh aus dem Gefängnis und gelangte auf abenteuerlichen Wegen in die Schweiz, wo er sich im Kanton Graubünden als Pfarrer niederließ.[31]

Brentano, eine ebenso faszinierende wie schillernde Persönlichkeit, Verfasser mehrerer längst vergessener Romane, gehörte zu den wenigen Emigranten, die Kontakte mit der deutschen Kolonie in der Schweiz unterhielten; er kehrte 1949 endgültig in seine Heimat zurück. «Er war ohne Zweifel», schreibt Golo Mann über ihn, «ein sehr begabter Mensch, aus guter Familie und stolz auf beides.

Nur war sein Ehrgeiz größer als seine Talente. Mit dem verzehrenden Ehrgeiz ging der Neid, das ständige Messen mit solchen, die er vorläufig noch über sich sah. Er wußte nicht recht, ob er der deutsche Lenin sein wollte oder der deutsche Tolstoi oder beides.»[32]

Golo Manns Verhältnis zum Vater entspannte sich in diesen Jahren. Thomas Mann schätzte den politischen Sachverstand seines Sohnes, las mit Interesse dessen «gescheite Aufsätze» in der *Sammlung* und zog ihn bei der Ausarbeitung von Vorträgen bei.[33] «Mit meinen Eltern», schreibt Golo Mann in seinen nachgelassenen *Erinnerungen,* «zumal dem Vater, stand ich damals so gut wie nie zuvor; öfter bat er mich, ein Gutachten, eine Rede für ihn zu entwerfen, hielt also etwas von meinem Urteil.»[34] Oft erörtert wurde in gemeinsamen Gesprächen die Frage eines Stellungsbezugs des Schriftstellers zu Hitler-Deutschland. Thomas Mann, von dessen *Josephs-Roman* der erste Band im Herbst 1933 im Fischer-Verlag erschienen war, hatte sich bisher mit einem öffentlichen Urteil gegenüber dem Hitler-Regime zurückgehalten. Allerdings wuchs vonseiten der Emigranten der Druck, er solle sich endlich erklären, und seine politisch engagierte Tochter Erika, welche in Zürich das literarisch-politische Cabaret «Pfeffermühle» eine Weile erfolgreich weiterführte, beschwor ihn geradezu, dies zu tun. Golo Mann verhielt sich in dieser Frage zurückhaltender, suchte aber seinerseits, wie er schreibt, seinen Vater durch «sanftes Zureden»[35] zu einer Stellungnahme zu veranlassen. Diese Stellungnahme sollte erst im Februar 1936 in einem «Offenen Brief» an die *Neue Zürcher Zeitung* erfolgen. Zu Recht berühmt sind die folgenden Worte in Thomas Manns «Offenem Brief» geworden: «Die tiefe, von tausend menschlichen Einzelbeobachtungen und -eindrücken täglich gestützte und genährte Überzeugung, daß aus der gegenwärtigen deutschen Herrschaft nicht Gutes kommen *kann,* für Deutschland nicht und für die Welt nicht –, diese Überzeugung hat mich das Land meiden lassen, in dessen geistiger Überlieferung ich tiefer wurzele als diejenigen, die seit drei Jahren schwanken, ob sie es wagen sollen, mir vor aller Welt mein Deutschtum abzusprechen.»[36]

Damit war der Würfel gefallen: Die Ausbürgerung Thomas Manns durch das nationalsozialistische Regime war bloß noch eine Frage der Zeit. Am 5. Dezember 1936 machte der Reichs- und Preußische Minister des Innern, Wilhelm Frick, im *Völkischen Beobachter* die Aberkennung der deutschen Staatsbürgerschaft publik. Unter der Überschrift «Ausstoßung von Volksschädlingen» konnte man lesen, dass gegen Thomas Mann, seine Ehefrau Katia und die Kinder Angelus Gottfried Thomas, Monika, Elisabeth und Michael die Aberkennung der deutschen Staatsangehörigkeit ausgesprochen worden sei, weil sie «durch ein Verhalten, das gegen die Pflicht zur Treue gegen Reich und Volk verstößt, die deutschen Belange geschädigt haben».[37] Erika und Klaus Mann waren schon zuvor ausgebürgert worden.

Vom November 1935 bis in den Sommer 1936 war Golo Mann als Lektor für deutsche Literatur an der Universität Rennes tätig. Es war, alles in allem, ein bedrückender Aufenthalt. Vonseiten der Universität begegnete man dem Deutschen zurückhaltend, ja abweisend; das Leben im kleinen Zimmer einer wenig freundlichen Vermieterin bot keine Geborgenheit; die persönlichen Kontakte waren beschränkt. Dass die Polizei ein waches Auge auf Ausländer zu halten begann, zeigte eine Einvernahme wegen Verdachts auf politische Betätigung, die glimpflich ablief.

Und unerfreulich waren die Nachrichten aus Deutschland. Golo Manns Tagebuchaufzeichnungen bezeugen die bittere Betroffenheit, mit welcher der jugendliche Beobachter die Auflösung des Rechtsstaates in Deutschland, den Antisemitismus und die militärische Aufrüstung des Hitler-Regimes verfolgte. Das passive Verhalten Frankreichs und Englands, das sich auf platonischen Tadel und die wiederholte Einladung zu Verhandlungen beschränkte, erregt in ihm nichts als «Entsetzen und Verachtung». Einige Seiten des Tagebuchs sind sogar herausgerissen worden, und es findet sich der Vermerk: «Seiten entfernt, die verzweifelt waren.»[38] Mit größter Spannung hoffte Golo Mann, als Hitler mit der Besetzung des Rheinlandes den «casus belli» provoziert hatte, auf ein entschiedenes Eingreifen Frankreichs und Englands; aber es geschah nichts. Im Tagebuch musste er sich eingestehen, dass Frankreichs Abneigung gegen den Krieg stärker war als sein Wille, flagrantem Unrecht entgegenzutreten. «Sollte eine französische Regierung», schreibt er, «sich zur Politik des Widerstandes gegen Deutschland entschließen und würde sie gestürzt durch eine Diktatur der Rechten im Zeichen des Friedens, Friede mit Deutschland, so hätte eine solche Politik den Großteil der Nation hinter sich, dermaßen friedenswillig ist sie.»[39] Und resigniert fährt er fort: «Seit der ‹Emigration› war dies Tagebuch vorwiegend ein politisches, die Philosophie gehört in meine frühe Jugend. Aber seit der Rheinland-Affaire ödet die Politik mich an. Nun sind wir aus dem Bereich der verschiedenen Möglichkeiten, der freien Entscheidungen, ins Reich des Unvermeidlichen eingetreten.»[40]

Auch seinen Aufenthalt in Rennes nutzte Golo Mann zu historischen und literarischen Studien. Er beschäftigte sich, durch die Gegenwartssituation angeregt, mit der napoleonischen Epoche; er entdeckte in Alexis de Tocqueville einen in mancher Hinsicht verwandten Geist, dem er sein Leben lang verbunden blieb; er vertiefte sich ins Werk des Historikers und Politikers Jean Jaurès, in dessen demokratischem Sozialismus er einen gangbareren Weg sah als im revolutionären Marxismus. Besonders nachhaltigen Eindruck machte auf ihn die Lektüre von Albert Sorels *L'Europe et la Révolution française*.[41] Ein Meister der Diplomatiegeschichte, vereinte der französische Historiker, Schüler von Taine und Guizot, genaueste Kenntnis der Quellen mit Formvollendung des Ausdrucks und verwirklichte damit, was Golo Mann als Ziel eigener Leistung vorschweben mochte. In Anlehnung an Tocqueville, der in seinem Werk *L'Ancien Régime et la Révolution* gezeigt hatte, wie sich innenpolitisch die Traditionen des Feudalismus nach der Revolution fortsetzten, untersuchte Sorel die Kontinuität französischer Außenpolitik vom Absolutismus zum Nationalstaat. Sorel teilte mit Tocqueville ein ausgeprägtes Bewusstsein für die Dauer im Wandel: «Etwas anderes», schreibt Golo Mann, «was ich von Sorel lernte: Es ist immer Altes im Neuen oder steigt in den verschiedensten Verkleidungen wieder auf; so der alte, zaristische Imperialismus in der neuen Sowjetunion, deren Gründer, Lenin, im Ernst mit jener Tradition hatte brechen wollen, ebenso wie Robespierre mit der des Ancien régime. Und es ist immer auch schon Neues, Vorbereitendes im Alten.»[42] Albert Sorel gehörte zu den Historikern, die Golo Mann in jene geschichtliche Welt einführten, in der sich die Persönlichkeit bewegte, welcher er seine erste historische Darstellung widmen sollte: Friedrich von Gentz. Schon in Deutschland hatte er damit begonnen, sich mit der Figur dieses Diplomaten zu befassen, der die Französische Revolution erst enthusiastisch begrüßt hatte und dann zur rechten Hand Metternichs und zum geistigen Kopf des Wiener Kongresses geworden war.

Neben die historische Lektüre trat die literarische. Unter den französischen Schriftstellern sprachen Golo Mann die Moralisten des 17. Jahrhunderts besonders an, La Rochefoucauld und La Bruyère, ferner die Memorialisten; an solchen Autoren schätzte er die Kunst der Porträtierung, die in aphoristische Kürze gefasste, menschlicher Erfahrung entspringende Einsicht. Von den Aufklärern zog er Voltaire, dessen *Traité sur la tolérance* er hoch schätzte, Rousseau vor, zweifellos darum, weil Voltaires politisch-moralisches Engagement sich in den gesellschaftlichen Rahmen des Ancien régime williger einfügte als die utopische Vorstellungswelt des Genfers.

2. Schweizer Intermezzo

Nachdem Golo Mann seine Lehrtätigkeit an der Universität Rennes beendet hatte, reiste er im April 1936 zu seinen Eltern in die Schweiz, war doch an die Weiterführung einer Lehrtätigkeit in Frankreich nicht zu denken. Thomas Mann und seine Familie fanden sich, nachdem die Ausbürgerung erfolgt war, in einer staatsbürgerlich heiklen Situation. Nach 1933 hatte sich der Schriftsteller vergeblich bemüht, seinen abgelaufenen deutschen Pass verlängern zu lassen, um weiterhin Auslandsreisen antreten zu können. Doch mehr als provisorische Regelungen, welche die Ausreise von Fall zu Fall erlaubten, waren nicht zu erreichen, und die Gewährung des Schweizer Bürgerrechts wäre gesetzlich erst nach sechs Jahren Aufenthalt im Lande möglich gewesen.

Da kam dem Schriftsteller und den Seinigen der Plan eines tschechischen Verehrers sehr gelegen, der Familie Mann das Bürgerrecht seines Landes zu verschaffen. Im August des Jahres 1936 erschien der Textilfabrikant Rudolf Fleischmann, Vertreter des kleinen mittelböhmischen Arbeiterstädtchens Proseč, persönlich in Küsnacht, um dem Schriftsteller die Einbürgerung in seinem Dorf anzutragen und damit die Verleihung des tschechischen Bürgerrechts zu ermöglichen.[43] Im Jahr zuvor hatte bereits Heinrich Mann, der schon unmittelbar nach der Machtübertragung an Hitler ausgebürgert worden war, ebenfalls auf Betreiben Fleischmanns das Bürgerrecht von Proseč erhalten. Nach einigem Zaudern entschloss sich Thomas Mann, für sich selbst, Katia und die noch unmündigen Kinder Elisabeth und Michael ein Gesuch um Verleihung des tschechischen Bürgerrechts einzureichen; sein Sohn Golo stellte einen gesonderten Antrag. Nun ging alles sehr schnell. Im Januar 1937 besuchte Thomas Mann zur Entgegennahme seiner Bürgerurkunde den neuen Heimatort. Im selben Monat wurde sein Sohn Golo zum tschechischen Staatsbürger, und etwas später wurde das Bürgerrecht auch auf Klaus und Monika Mann erstreckt. Golo Mann eröffnete sich nun die Möglichkeit, seine Studien an der Universität Prag fortzusetzen und die Stätten und Landschaften kennen zu lernen, mit denen der Name Wallensteins verbunden ist. Bereits im Oktober 1936 reiste er nach Prag: «Abschied Golos», notiert sein Vater ins Tagebuch, «der sich als Tscheche nach Prag begibt, um dort sein Glück zu versuchen. Sah den braven Jungen ungern scheiden.»[44]

Im Nachlass Golo Manns befindet sich ein fragmentarisches Typoskript über den tschechischen Aufenthalt. Der junge Historiker wurde von Heinrich Manns erster Frau, Maria Kanová, die in Prag lebte, freundlich aufgenommen. Er bemühte sich auch um gesellschaftliche Integration, indem er begann, Tschechisch zu lernen. Aber er konnte sich in der vergifteten, von bevorstehender Tragik überschatteten Atmosphäre nicht wohl fühlen. Im Jahre 1935 war der international hoch angesehene Gründer und Staatspräsident der Tschechoslowakei, Thomas Masaryk, in hohem Alter zurückgetreten und durch den früheren Außenminister Eduard Benesch ersetzt worden. Unter diesem verflüchtigte sich die zuvor berechtigte Hoffnung einer Einbindung der Sudetendeutschen in die tschechoslowakische Republik. Der Einfluss Hitler-Deutschlands wuchs, die Gegensätze vertieften sich, Benesch suchte zu lavieren. In einem Brief aus Prag, der sich erhalten hat, solidarisierte sich Golo Mann mit seiner neuen Heimat: «De res publica lieber nichts, denn wo anfangen und wo aufhören? Unser armer Staat ist sehr bedroht und wehrt sich nicht schlecht, obgleich ich mir noch stärkere und feierlichere Repliquen denken könnte als die, die er gibt.»[45]

Golo Manns Plan, sich an der Universität fortzubilden, um vielleicht einen Lehrauftrag übernehmen zu können, erwies sich als ebenso unrealistisch wie die Hoffnung, es im Journalismus weiterzubringen. In seinen Aufzeichnungen werden einige wenige Begegnungen mit Persönlichkeiten des geistigen Lebens festgehalten, so mit Max Brod, dem Freund Kafkas, und mit dem Philosophen Ernst Bloch, der vor seiner Emigration in die USA in Prag Zuflucht gefunden hatte. Mit Bloch war für Golo Mann eine Verständigung unmöglich; zu sehr hatte dieser sich, nicht zuletzt unter dem Eindruck der 1935 einsetzenden stalinistischen Schauprozesse, vom Marxismus distanziert. Bloch sehe, notierte der Historiker, im Nationalsozialismus ganz im Sinne der leninistischen Doktrin das letzte Stadium des Imperialismus. «Wir hatten uns», schreibt er, «freundlich getroffen und schieden voneinander mit betonter Kälte.»[46] Und bei diesem frostigen Verhältnis sollte es bleiben. Zu einer weiteren Begegnung ist es, soviel wir wissen, nicht mehr gekommen. Bloch wurde 1948 an die Universität Leipzig berufen und wandte sich im Jahr des Mauerbaus, 1961, von der DDR ab, um in Tübingen eine Professur zu übernehmen. In den späten sechziger Jahren sollte sein Hauptwerk *Das Prinzip Hoffnung* zu einem Kultbuch der nach radikaler gesellschaftlicher Veränderung trachtenden studentischen Jugend werden.

Zu Weihnachten und Neujahr 1936/37 hielt sich Golo Mann bei seinen Eltern in Küsnacht auf. Ende Dezember hatte Thomas Mann von der philosophischen Fakultät der Universität Bonn Bericht erhalten, dass ihm die Ehrendoktorwürde aberkannt worden sei. Wenige Tage später sandte Thomas Mann sein Antwortschreiben an die Universität Bonn, ein Text, der in jede Anthologie politischer deutscher Prosa gehört: «Ich habe es mir nicht träumen lassen», heißt es darin, «es ist mir nicht an der Wiege gesungen worden, daß ich meine höheren Tage als Emigrant, zu Hause enteignet und verfemt, in tief notwendigem Protest verbringen würde. Seit ich ins geistige Leben eintrat, habe ich mich in glücklichem Einvernehmen mit den seelischen Anlagen meiner Nation, in ihren geistigen Traditionen sicher geborgen gefühlt. Ich bin weit eher zum Repräsentanten geboren als zum Märtyrer, weit eher dazu, ein wenig höhere Heiterkeit in die Welt zu tragen, als den Kampf, den Haß zu nähren. Höchst Falsches mußte geschehen, damit sich mein Leben so falsch, so unnatürlich gestaltete.»[47] Bei der Abfassung des Briefes stand der Sohn dem Vater zur Seite; Klaus Harpprecht vermutet, Golo Mann habe sich dabei von des Gelehrten Jacob Grimms

Flugschrift «Über meine Entlassung» aus dem Jahre 1837 inspirieren lassen.[48] Der junge Historiker tippte den Brief in die Maschine, und Emil Oprecht, der befreundete Verleger, besorgte den Druck. Die ersten beiden Auflagen fanden reißenden Absatz; man weiß, dass der Brief in einer Tarnausgabe von zehntausend Exemplaren auch nach Deutschland gelangte und dort in ungezählten Abschriften zirkulierte. Thomas Mann war der Ehrendoktor unter Berufung auf seine Ausbürgerung entzogen worden. Merkwürdig ist, dass seinem Sohn die in Heidelberg erworbene Doktorwürde nie aberkannt wurde. Dies wohl darum, weil den Berliner Amtsstellen die Promotion nicht bekannt wurde, während es der Universität Heidelberg anscheinend entging, dass sich die Ausbürgerung auch auf die Kinder Thomas Manns erstreckte; auch die totalitäre Administration kennt ihre Pannen.[49]

In publizistischer Hinsicht war es die Exilzeitschrift *Maß und Wert,* die Golo Mann, nachdem er im Vorsommer 1937 seinen Prag-Aufenthalt abgebrochen hatte, vor allem beschäftigte. Das erste Heft dieser Zeitschrift, welche von der Mäzenin Aline Mayrisch-de Saint-Hubert, der Witwe eines Luxemburger Stahlmagnaten, finanziell unterstützt wurde, erschien im September 1937. Thomas Mann hatte, widerstrebend zwar, die Herausgeberschaft übernommen. Etwas später wurde ihm der Publizist Konrad Falke beigesellt, den man wählte, um nach außen und gegenüber den Behörden die Schweizer Beteiligung deutlich zu machen. Als Redaktor wurde der Elsässer Literat Ferdinand Lion gewonnen, und als Verleger zeichnete Emil Oprecht verantwortlich. In seinem Geleitwort zur ersten Nummer von *Maß und Wert* machte Thomas Mann deutlich, dass es sich bei dieser Zeitschrift nicht um ein weiteres exilpolitisches Kampfblatt handeln sollte. Ähnlich wie zu Beginn des Ersten Weltkrieges der Franzose Romain Rolland versucht hatte, sich mit der Artikelserie «Au dessus de la mêlée» über die Fronten zu erheben, sollte *Maß und Wert* eine unabhängige humane Gegenposition gegen die Verrohung der politischen Sitten errichten. «Wenn wir unser Unternehmen von einer deutschen Plattform aus anheben», schreibt Thomas Mann, «so geschieht es, um dem deutschen Geist, dessen heute in seiner Heimat von unberufenen Wortführern verleugnete Tradition eine unveräußerlich europäische und humane ist, eine Stätte zu schaffen, wo er frei und rückhaltlos dieser seiner wahrhaften Tradition nachleben und in Gemeinschaft mit den Brüdern anderer Nationen zum Wort und zum Werk gelangen mag.»[50]

Golo Mann publizierte in den Jahren 1938 bis 1940 eine Reihe von Arbeiten in *Maß und Wert,* Rezensionen, politische Betrachtungen, Aufsätze. Dass dies möglich war, verdankte er vor allem dem Verleger Emil Oprecht, der seinen Einfluss nutzte, um dem jungen Menschen eine Aufenthaltserlaubnis zu verschaffen und ihm seine publizistische Tätigkeit zu ermöglichen. Überhaupt erwies sich Oprecht als unermüdlich, wenn es galt, emigrierten Schriftstellern beizustehen, und seine Buchhandlung an der Rämistraße 5 wie die Wohnung am Hirschengraben in Zürich wurden zu wichtigen Treffpunkten der Intellektuellen. In Oprechts Europa-Verlag erschienen über hundert Titel von Exilschriftstellern, darunter Bücher von Ignazio Silone und Willy Brandt.

Solch selbstloser Einsatz und solche Liberalität waren nach Hitlers Machtübernahme in der Schweiz nicht die Regel, und emigrierten Publizisten, bei denen es sich oft um Juden handelte, begegnete man häufig mit Misstrauen. So sah der Schweizerische Schriftstellerverband in diesen Autoren eine unerwünschte Konkurrenz und wandte sich bereits 1933 mit einem Schreiben an die eidgenössische Fremdenpolizei, das sich gegen Schriftsteller richtete, die «in die Schweiz kommen, weil sie glauben, hier ein bequemeres Leben führen zu können»[51]. In Golo Mann sah der Schriftstellerverband, ohne sich die Mühe einer näheren Begründung zu machen, einen «rasanten Politiker»[52], der nicht zur Bereicherung des geistigen Lebens beitragen konnte.

Als der Historiker im Jahre 1939 um eine Aufenthaltsbewilligung ersuchte, intervenierte der Schriftstellerverband erneut. Auf eine Erkundigung der zuständigen Zürcher Behörde antwortete dessen Sekretär: «Im übrigen muss, bei aller Hochachtung vor Thomas Mann, gesagt werden, dass sich der Aufenthalt dieser Familie in der Schweiz nicht gerade vorteilhaft ausgewirkt hat. Es sei nur an den Skandal erinnert, den Erika Mann s. Zt. mit ihrem Kabaret heraufbeschworen hat.»[53] Wiederum konnte Oprechts Eintreten Unerfreuliches abwenden.

Derartige Diskriminierung stand in bedauerlichem Gegensatz zur Asyltradition des Kleinstaates, der im 17. Jahrhundert die französischen Hugenotten aufgenommen hatte und später zum Zufluchtsort deutscher und russischer Oppositionspolitiker geworden war. Gemäß der Weisung des Eidgenössischen Justiz- und Polizeidepartements sollten nach Hitlers Machtübernahme lediglich «hohe Staatsbeamte, Führer von Linksparteien und große Schriftsteller» als politische Flüchtlinge aufgenommen werden.[54] Rassistische Verfolgung wurde als Grund für dauerndes Asyl ausgeschlossen, und bestimmend wurde die Doktrin des «Transitlandes», die einen zeitlich befristeten Aufenthalt ermöglichte. Auch war es Schriftstellern grundsätzlich untersagt, politisch aktiv zu werden. Allerdings setzten die zuständigen Stellen mehr auf Selbstzensur als auf Zensur, und ein zuweilen bemerkenswerter Spielraum blieb der Meinungsäußerung erhalten. Golo Mann hat später zur Zeit seines Schweizer Exils erklärt: «Mit seinen eigenen Behörden nicht ‹en règle› zu sein, ohne gültigen Paß zu sein, hat immer etwas, was Verdacht erweckt. Die Frage, was wollten Sie eigentlich hier, wie lange werden Sie bleiben, wann gehen Sie wieder fort? – wie oft haben wir sie gehört, und nicht einmal bloß aus dem Mund von Bürokraten; wie zeitverderbend, entwürdigend waren die Plackereien, die man hinter sich bringen mußte, um irgendwo ein stets gefährdetes, befristetes und umschränktes Aufenthaltsrecht zu erhalten.»[55]

Nach dem Anschluss Österreichs an Hitler-Deutschland im März 1938 verfasste Golo Mann in *Maß und Wert* unter dem Titel «Politische Gedanken» eine Betrachtung zum Zeitgeschehen und zog eine nachdenkliche Bilanz der Unterlassungssünden, welche sich die Diplomatie der demokratischen Länder nach Hitlers Machtübernahme hatte zuschulden kommen lassen.[56] Der Historiker beklagt das Versagen der französisch-britischen Außenpolitik, die sich dem «germanischen Machiavellismus» nicht gewachsen gezeigt habe. Er stellt fest, dass auch der Protest der Emigranten nichts habe bewirken können. Zugleich kritisiert er die marxistische Linke, die, in den abstrakten Denkkategorien des 19. Jahrhunderts befangen, den Blick für die Gegenwartsrealität verloren habe. Staatserhaltende und revolutionäre Kräfte, bemerkt der Autor, hätten im Widerstand gegen Hitler gleichermaßen versagt. Der Nationalsozialismus sei deshalb siegreich geblieben, weil er im Kampf um die Macht mehr Dreistigkeit und Wirklichkeitssinn gezeigt habe. «Der Machiavellismus», schreibt Golo Mann, «steht dem Faschisten besser als dem Kommunisten; auch übt er ihn viel erfolgreicher.»[57]

Was nun den «Anschluss» Österreichs betreffe, fährt der Historiker fort, so sei dies in der Vergangenheit, 1848 oder 1918, ein Anliegen gewesen, das sich hätte diskutieren lassen; keinesfalls aber 1938 und unter solchen Umständen. «Der Anschluß», schreibt Golo Mann, «Traum vieler edel denkender Männer des vorigen Jahrhunderts, wurde in der Form einer nationalsozialistischen ‹Machtergreifung› vollzogen, in aller der Gemeinheit, die eine solche Machtergreifung bisher bezeichnet hat und weiterhin bezeichnen wird …»[58] Und er schließt mit der schon fast verzweifelten Forderung, das neue Deutschland müsse, wenn es glaubwürdig sein wolle, nach außen verlässliche Garantien geben und im Innern die bürgerlichen Freiheiten wiederherstellen: «Es muß ein humanes Staatswesen sein; oder es ist ein gewalttätig und tückisch um sich fressendes Monstrum, das an seiner Sinnlosigkeit zu Grunde geht und das man endlich zerschlägt. Großdeutschland wird nach dem Geist der großen Deutschen der Vergangenheit leben: oder es wird nicht sein.»[59]

Von den Besprechungen, die Golo Mann für *Maß und Wert* verfasste, sei hier die Sammelrezension herausgehoben, die unter dem

Titel «Deutscher Historismus» im selben Jahr erschien.[60] In seiner Kritik von Erich Marcks' *Der Aufstieg des Reiches* und von Heinrich von Srbiks *Deutsche Einheit* erkennt der junge Historiker mit erstaunlicher, damals sehr unüblicher Klarheit die Gefahr einer rückwärts gewandten Haltung, welche der Gegenwart die Rechnung für verpasste Gelegenheiten der Vergangenheit präsentiere, ohne sich Rechenschaft zu geben, dass sich die Zeitsituation völlig gewandelt habe. Er tadelt aufs schärfste die konservative und antidemokratische Wissenschaftsvorstellung des deutschen und des österreichischen Historikers, die sich zu Fürsprechern eines nationalstaatlichen Denkens gemacht hätten, die Realitäten der Weimarer und der ersten Republik negiert hätten und in sehr bedenkliche Nähe zur nationalsozialistischen Ideologie geraten seien.

Innerhalb derselben Sammelrezension befasst sich Golo Mann auch mit Friedrich Meineckes Werk über *Die Entstehung des Historismus.* Wie bereits erwähnt, hatte der junge Student an der Berliner Universität die Vorlesungen Meineckes besucht; er hatte auch dessen Hauptwerke *Weltbürgertum und Nationalstaat* und *Die Idee der Staatsräson in der neueren Geschichte* gelesen. Beide Bücher waren ideengeschichtlich angelegt und orientierten sich an Persönlichkeiten wie Wilhelm von Humboldt, Fichte und Hegel, durch deren Denken Meinecke den preußisch-deutschen Nationalstaat geistig begründet sah; die Innenpolitik, die parteipolitische Auseinandersetzung, die soziale Frage und der Wandel der gesellschaftlichen Strukturen interessierten den Autor nicht. In seiner *Entstehung des Historismus* blieb Meinecke diesem ideengeschichtlichen Ansatz treu. Von italienischen, französischen und englischen Vorstufen ausgehend, hob er davon positiv die Entwicklung der spezifisch deutschen Geschichtsbetrachtung des Historismus ab. Im Begriff des Individuellen, wie er bei Herder, Goethe und Ranke greifbar wurde, sah Meinecke diese Geschichtsauffassung kulminieren, in der «Einfühlung» sah er ihr wichtigstes Interpretationsmittel und im unwiederholbaren Wesen des Nationalstaates seinen höchsten Gegenstand. Mit solchen Vorstellungen entfernte der Autor sich vom rationalen, naturrechtlich normativen Geschichtsverständnis der europäischen Aufklärung und erkundete einen Sonderweg, der dem Geniebegriff des deutschen Sturm und Drang und Nietzsches Idee des Übermenschen näher stand als republikanischen Ordnungsvorstellungen.

In seiner Rezension tadelt Golo Mann die Selbstverständlichkeit, mit der Meinecke dem «deutschen Geist die Krone vindiziert»[61], und er wendet sich dagegen, den Individualismusbegriff absolut zu setzen und von einem bloß rationalen Wissenschaftsverständnis abzuheben, wo doch in der Geschichte das Allgemeine, Normative, Universelle immer auch seinen Platz behaupte. Der junge Historiker übersieht nicht, dass Meineckes Geschichtsverständnis feinsinniger und selbstkritischer sei als jenes eines Marcks oder Srbik; aber er kritisiert auch hier scharf die «Überbewertung des Staates». Mit Blick auf die Zeitsituation schreibt er: «Wir, die wir die Entartung der Staatsraison bis zur Verblödung erleben und die Verwilderung des Nationalstaatenprinzips bis zur Raserei, seine äußerste Zuspitzung und verräterische Auflösung, wir mißtrauen dem Historismus auch für die jüngere Vergangenheit, für uns ist es nichts mehr mit der ‹sonnigen Auffassung des Machtproblems›, mit nobel gedämpfter Diplomaterei. Wir leben in einer Zeit, wo der Vergleich mächtiger wirkt, erhellt und tröstet als der Entwicklungsbegriff.»[62]

Von Golo Manns Beiträgen zu *Maß und Wert* sei noch der Aufsatz «Was bleibt von Karl Marx?» erwähnt, der 1940 erschien. Die erste Karl-Marx-Lektüre trieb Golo Mann, wie bereits erwähnt, während seines Berliner Studienaufenthalts. In seinen *Erinnerungen* berichtet er davon, wie er den marxistischen Theoretiker und Politiker Karl Korsch aufgesucht habe, um sich danach zu erkundigen, was von Karl Marx zuerst zu lesen sei.[63] Korsch riet zu den Frühschriften, insbesondere zum Essay «Der achtzehnte Brumaire des Louis Bonaparte», der sich mit der Februarrevolution von 1848 und dem anschließenden Staatsstreich des späteren

Napoleon III. befasst. Diese Schrift, eine in fulminanter Prosa vorgetragene Analyse des französischen Zeitgeschehens, das Marx vom Londoner Exil aus scharf beobachtete, sicherte sich Golo Manns Wertschätzung vor allem wegen ihrer literarischen Qualitäten. Doch Marxens Theorie vom geschichtlichen Prozess als Kampf der Klassen blieb dem Historiker vollkommen fremd, und schon einer der einleitenden Sätze musste seinen Widerspruch erregen. «Die Menschen machen ihre eigene Geschichte», sagt Marx, «aber sie machen sie nicht aus freien Stücken unter selbstgewählten, sondern unter unmittelbar vorhandenen, gegebenen und überlieferten Umständen.»[64] Schon hier konnte nicht zustimmen, wer dem Individuum, seinem Freiheitsspielraum und seiner Verantwortung so zentrale Bedeutung beimaß wie Golo Mann. Natürlich kannte Golo Mann das Grunddokument von Marxens Jugend-Philosophie, die *Thesen über Feuerbach,* und er kannte das von Marx und Engels gemeinsam verfasste *Kommunistische Manifest.* Der in diesen beiden Texten erhobene pathetische Anspruch, die Philosophie aus der abgehobenen Sphäre des Gedankenspiels in die politische Praxis überzuführen, verfehlte auch auf Golo Mann seine Wirkung nicht. Doch betonte er immer die Zeitbedingtheit dieser Schriften und weigerte sich, in ihnen den Ausdruck einer allgemein gültigen Wahrheit zu sehen. Mit den nationalökonomischen Studien Marxens befasste sich Golo Mann nie intensiv, und er bekennt einmal, er sei beim *Kapital* nie über den ersten Band hinausgekommen.[65]

Beim Aufsatz «Was bleibt von Marx?», den Golo Mann für *Maß und Wert* schrieb, handelte es sich um die Replik auf Ausführungen des marxistischen Historikers Arthur Rosenberg, die in derselben Nummer der Zeitschrift abgedruckt wurden.[66] Rosenberg, der in den zwanziger Jahren KPD-Abgeordneter im deutschen Reichstag war und durch seine *Geschichte der Weimarer Republik* bekannt geblieben ist, hatte sich bemüht, den Marxismus gegen jene Kritiker zu verteidigen, welche die Untauglichkeit der Lehre aus dem Versagen der kommunistischen Politiker herzuleiten suchten. Während Rosenberg in seiner klug argumentierenden Apologetik Marx gegenüber den marxistischen Politikern, die ihn missverstanden hätten, zu verteidigen sucht, wendet sich Golo Mann gegen eine solche Trennung der Schüler von ihrem Lehrer. Ohne die Bedeutung Marxens in seiner Zeit und für die Gesellschaftsentwicklung im 19. Jahrhundert zu leugnen, stellt er fest, dass die marxistische Klassenkampf- und Revolutionslehre, insofern sie langfristig wirksame Handlungsanleitungen habe geben wollen, zum Scheitern verurteilt gewesen sei. «Der Versuch», schreibt Golo Mann, «die Geschichte wissenschaftlich vorauszubestimmen, der Versuch, auf dieser Voraussage eine politische Praxis zu begründen und eintretende Ereignisse vorher fixierten Allgemeinbegriffen gleichzusetzen, ist schuld an der Niederlage der marxistischen Parteien; er ist mitschuldig an dem moralischen und politischen Chaos, in dem wir leben.»[67] Weil ihnen der Meister vorhergesagt hatte, was kommen würde, fährt der Historiker fort, hätten die Gläubigen nicht begriffen, was wirklich kam, und sie hätten, während sich in Deutschland eine Revolution abspielte, nur immerfort von ihrer eigenen Revolution geredet.

Golo Mann macht die marxistische Bewegung auch verantwortlich für eine «Verwilderung der Moral», insofern sie sich, ähnlich wie das französische Jakobinertum, einen quasi religiösen Charakter zugeschrieben habe und das Recht, in alleiniger Instanz über Gut und Böse zu befinden. «Hat man einmal», schreibt der Historiker, «Ereignisse und Wirklichkeiten der Zukunft vorher fixierten Allgemeinbegriffen gleichgesetzt, hat man die ‹Klasse› als Entität behauptet und gefeiert, so kann man es niemandem, der die Macht dazu hat, verwehren, sich selbst als das Bewußtsein dieser Klasse, als ihr Vertreter, als wahrer Priester der einigen Kirche auszugeben und mit den Ungläubigen entsprechend zu verfahren. Wenn der Zweck, der heilige, wissenschaftliche Geschichtszweck, die Mittel heiligt, wer kann dem Gebraucher übler Mittel beweisen, daß er den Zweck nicht im Auge hat?»[68] Und Golo Mann schließt mit den Worten: «Man muß die Lehre fallen lassen. Fort von Karl Marx. Fort nicht von Marx, dem großen Denker und Forscher, dessen Hauptschriften zu kennen jeder Historiker die Pflicht hat. Aber fort von Marx, der ein Gesetz aller Gesetze erkennen und der Nachwelt aufnötigen wollte; der das geschichtliche Leben für einfacher nehmen wollte, als es nun einmal ist. Fort von Marx, der eine Wissenschaft der Politik und Religion gründete und dessen Schüler bei der Ausführung seines Programmes notwendig in Verwirrung gerieten.»[69]

In der Kritik des Marxismus, wie er sie 1940 in *Maß und Wert* äußerte, sollte Golo Mann zeit seines Lebens nie schwankend werden. Der Dreißigjährige argumentierte im Jahr von Hitlers Überfall auf Polen nicht wesentlich anders als der Sechzigjährige während den Studentenunruhen um 1970. Golo Mann bestritt nie, dass Marx wichtige Fragen aufgeworfen habe, denen sich auch die Historiker stellen müssten. Aber er bestritt die zeitenthobene Gültigkeit und methodische Effizienz einer Theorie, welche die bisherige Geschichte auf «die Geschichte von Klassenkämpfen» reduzierte und das Proletariat zu ihrem wichtigsten Agens erhob.[70] Und er wandte sich gegen zwei Grundbehauptungen der marxistischen Lehre, die er mit seinem liberalen Menschenbild nicht vereinbaren konnte: gegen die Determiniertheit des Individuums durch die materiellen Bedingungen seines gesellschaftlichen Daseins und gegen die Determiniertheit der Geschichte durch den dialektischen Prozess. Ein profunder Kenner des Marxismus war Golo Mann sicherlich nicht, und er hat sich auch nie in die gelehrten Diskussionen und hitzigen Auseinandersetzungen eingemischt, welche nach 1945 im Zusammenhang mit der «Totalitarismusfrage» geführt wurden.[71]

Die Exilzeitschrift *Maß und Wert* sollte das Jahr 1940 nicht überdauern. Im Sommer 1939 ging die Redaktion der Zeitschrift an Golo Mann über, da der charmante, aber etwas flatterhafte Ferdinand Lion zu eigenmächtig vorgegangen war. Golo Mann hatte den ersten Teil dieses Jahres in den USA verbracht, meist in Princeton, wo sein Vater eine Gastprofessur übernommen hatte.

Offenbar erwog er eine Zeit lang, schon jetzt in den USA zu bleiben, entschied sich dann aber, nach Zürich zurückzukehren und die Redaktion zu übernehmen. In einem Brief an Gottfried Bermann Fischer schrieb er im Mai 1939: «Der Entschluß fällt mir schwer genug. Dies große und freundliche Land vorläufig aufzugeben, das formal so ungleich leichter zu verlassen als wieder zu betreten ist; eine längere Trennung von der Familie; die Zweifel, ob auch nur geistig eine solche Zeitschrift heute noch Gediegenes leisten könne, und ob ich der geeignete Mann dazu sei – il y a de quoi. Trotzdem glaube ich, die Offerte nicht ablehnen zu dürfen und fahre also ...»[72]

Die Rückkehr gestaltete sich schwierig und war nur dank einflussreicher Fürsprache möglich, da Golo Mann nicht über alle nötigen Papiere verfügte. Nach der Überfahrt mit der *Aquitania* musste der Historiker in Paris drei Wochen auf das schweizerische Einreisevisum warten. Sein Wirken als Redakteur von *Maß und Wert* sollte von kurzer Dauer sein. In den wenigen Nummern, die er, von Emil Oprecht unterstützt, konzipierte, traten literarische Themen zurück; die Zeitschrift wurde vielseitiger und aktueller. Neue Mitarbeiter wurden gewonnen, so die Schweizer Hans Barth und Denis de Rougemont sowie Emigranten wie Hans Mayer, Hermann Kesten, Erich von Kahler. Doch der Rückgang von sechstausend auf tausendfünfhundert Abonnenten, bedingt auch durch den Wegfall der Leserschaft im besetzten Österreich, war nicht aufzuhalten, und das Ende kündigte sich an. In den USA gelang es trotz Thomas Manns eifrigen Bemühungen nicht, ein neues Publikum anzuziehen. Die postalischen Verbindungen verschlechterten sich. Der politisch-publizistische Spielraum wurde durch die im Herbst 1939 verfügte militärische Presseüberwachung stärker eingeschränkt. Thomas Mann fand zwar, nachdem Aline Mayrisch ihre Zuwendungen eingestellt hatte, in der amerikanischen Journalistin Agnes E. Meyer, der Mitbesitzerin der *Washington Post,* eine einflussreiche Gönnerin. Doch deren Unterstützung reichte nicht aus. Zudem wurde Emil Oprecht, der sich an der redaktionellen Mitarbeit beteiligte, in den Militärdienst eingezogen. Obwohl dem Verleger wie auch Thomas Mann viel an der Weiterführung der Zeitschrift lag, musste diese bereits nach dreijährigem Erscheinen aufgegeben werden. Im Herbst 1940 erschien eine letzte Doppelnummer, welche Emil Oprecht und der in die Schweiz emigrierte Literaturwissenschaftler Hans Mayer zusammenstellten. Man versprach zwar sich und den Lesern, die Zeitschrift nach Kriegsende fortzuführen; aber dazu ist es nicht gekommen.

Die Texte, die der dreißigjährige Golo Mann für *Die Sammlung* und *Maß und Wert* schrieb, sind nicht bloß Kommentare zum Zeitgeschehen. Sie lassen sich auch lesen als Zeugnisse des leidvollen Bemühens eines durch keine Partei und keine Ideologie gestützten Einzelgängers, seine Aufgabe als Demokrat und Bewahrer europäischer Wertvorstellungen wahrzunehmen. Dass weder vom Nationalsozialismus noch vom Marxismus Gutes kommen könne, politisch und kulturell nicht, stand für ihn fest, und die Tatsache, dass sowohl Frankreich als auch Großbritannien sich außerstande zeigten, der deutschen Herausforderung mit Entschiedenheit entgegenzutreten, erfüllte ihn mit Bitterkeit. Was war von Demokratien zu halten, die sich so leicht aus den Angeln heben ließen und in ihrem Widerstand gegen den Totalitarismus so unschlüssig blieben? Aber resignierten Fatalismus gestattete sich Golo Mann weder damals noch später. «Nur stiftet diese Resignation», schreibt er in Maß und Wert, «ihrerseits auch keinen Nutzen; und der denkende Mensch ist so beschaffen, daß er mit seinem Denken nützen will.»[73]

Inzwischen hatte sich die internationale Lage verschärft. Nach dem Einmarsch der deutschen Truppen in Österreich kapitulierten Ende September 1938 in der Münchner Konferenz Frankreich und England vor den weiteren Expansionsgelüsten Hitlers und sprachen ihm das Sudetengebiet zu. Im März 1939 besetzte Hitler die «Rest-Tschechei» und gab damit zu erkennen, dass ihn nicht nur die außenpolitischen Vereinbarungen der Weimarer Republik, sondern auch seine eigenen zu nichts verpflichteten. Wie das Recht innerhalb Deutschlands geachtet wurde, hatte kurz zuvor die brutale Verfolgung der Juden in der «Reichskristallnacht» gezeigt. Im August 1939 schloss Deutschland zur Überraschung der Welt und zur Ratlosigkeit der westlichen Kommunisten mit der Sowjetunion einen Nichtangriffspakt ab, in dessen geheimem Zusatzpapier sich die beiden Diktatoren über die Zukunft Polens verständigten. Am 1. September 1939 marschierten deutsche Truppen in Polen ein, und wenig später überschritt die Rote Armee die polnische Ostgrenze. Nun endlich ermannten sich die Westmächte und erklärten Deutschland den Krieg. Nach dem raschen Sieg in Polen wandte sich Hitler nach Westen: Im April 1940 besetzte die Wehrmacht Dänemark und Norwegen; am 10. Mai begann der Angriff auf die Niederlande und Belgien, dann auf Frankreich.

Damit geriet die Schweiz in eine äußerst schwierige Lage, sah sie sich doch bald ringsum von totalitären Regimes umgeben. Das Land war im Ersten Weltkrieg verschont geblieben, das historisch gewachsene Demokratieverständnis blieb bei der überwiegenden Mehrheit der Bürger intakt, und Radio wie Presse äußerten sich bemerkenswert frei und unabhängig. Man bekannte sich mit großer Einhelligkeit zur Neutralität und dazu, die territoriale Unversehrtheit des Landes und das Funktionieren der demokratischen Institutionen zu verteidigen. Gewiss gab es die «Frontisten», die mit dem Nationalsozialismus sympathisierten und denen der sowjetische Kommunismus als die größte Gefahr erschien; aber ihr politischer Wirkungskreis war beschränkt. Auch versuchte eine Reihe von hoch gestellten Persönlichkeiten, Bundesräten, Diplomaten, Militärs und Professoren, gegenüber Hitler einen lavierenden Kurs zu halten, und die Diskussion, ob dies aus Neigung oder sicherheitspolitischem Kalkül geschah, ist noch heute im Gang.[74] Die breite Bevölkerung spürte die Bedrohung und rollte sich ein wie ein Igel; dieser Igel wurde auch zum Symbol des nationalen Selbstverständnisses. Fremdes wurde ausgegrenzt, Eigenes zum Mythus verklärt. In dieser Atmosphäre fiel auch jenen Emigranten, die im Land dauerndes Asyl gefunden hatten, das Atmen schwer.

Von seinem ersten Aufenthalt in den USA in die Schweiz zurückgekehrt, entging Golo Mann nicht die bedrückte, aber entschlossene Stimmung in der Schweizer Bevölkerung, die im Mai 1939 mit der Schweizer Landesausstellung in Zürich ihre Verteidigungsbereitschaft eindrücklich bekundet hatte. «August 1939», schreibt Golo Mann später, «das ist der Glanz der Landesausstellung bei strahlendem Wetter, gegen die drückende, sich immer steigernde Schwüle der Politik, der unheilverkündende Blitz des Hitler-Stalin-Paktes, das monströse Haßgeheul aus dem deutschen Radio ...»[75] In einem Brief äußerte Golo Mann um diese Zeit seine Beunruhigung über die Appeasement-Politik der Westmächte: «Die alte Welt setzt mittlerweilen ihre erbarmungswürdigsten Angstkapriolen fort, zu lernen ist da nicht viel; es ist nichts Neues [...] Die Schweizer sind gesammelt und brav.»[76]

Als Deutscher, der keiner mehr sein durfte, und als Tscheche, dessen Bürgerrecht gegenstandslos geworden war, fühlte sich der Historiker isoliert. Noch hielt er, als Einziger der Familie, in der Schweiz die Stellung. Er arbeitete für *Maß und Wert,* im Wissen, dass die Zeitschrift keine Zukunft hatte. Er sah seine alten Freunde Manuel Gasser, Emmy und Emil Oprecht. Er hielt seine Eltern jenseits des Atlantiks auf dem Laufenden. Tatkräftig half er dabei mit, dass seine greisen jüdischen Großeltern Alfred und Hedwig Pringsheim noch in letzter Minute aus Deutschland ausreisen konnten; das bisschen Geld, das dem ehemals reichen Ehepaar geblieben war, hielt gerade noch für einen kurzen, umdüsterten Lebensabend vor.[77]

«Damals begriff ich», schreibt Golo Mann in seinen nachgelassenen *Erinnerungen,* «die Bedeutung solcher Worte wie ‹Vaterland› und ‹Gemeinschaft› und was es heißt, von ihr ausgeschlossen zu sein. Wer hier, als ein Fremder, nicht mittun durfte, der war verloren. In der Stadt, unter den Menschen, hielt ich es nicht aus, kaum wagte ich, mich auf der Straße blicken zu lassen. Die Schönheit des Landes, der Rigi im blühenden Frühling, ließ mich stumpf und verzweifelt. Ich mußte fort.»[78] Bezeichnend für die damalige Stimmung mag eine Begegnung mit Angehörigen der Schweizer Armee sein, mit denen Golo Mann damals bei einer seiner Wanderungen über dem oberen Zürichsee zusammentraf. «Auf dem Albishorn», erinnert sich der Historiker, «verwickelten mich zwei Soldaten in ein Gespräch. Da ich Akzent heuchelte: ‹Sind Sie Welschschweizer?› ‹Nein, Tscheche.› ‹Oh.› Beim Weggehen: ‹Alles Gute für Sie und auch für Ihr Land› [...] Ich murmelte vor mich hin: ‹Was sind doch die Leute hier anständig.›»[79]

3. Die Flucht aus Europa

Nach dem Beginn des deutschen Frankreichfeldzugs entschloss sich Golo Mann, den Kampf gegen den Nationalsozialismus statt an der intellektuellen an der militärischen Front fortzusetzen. Er hoffte, sich in Frankreich einer tschechischen Einheit anschließen zu können, die dort angeblich formiert worden war. Doch gleich nach Überschreiten der Grenze wurde er bei Annecy verhaftet, entsprechend einem Dekret, das die Internierung der aus Feindstaaten stammenden männlichen Bürger vorsah. Zunächst wurde er in ein Lager bei Loriol, nördlich von Montélimar, verbracht, wo die Internierten bei Feldarbeiten eingesetzt wurden. Das Tagebuch, das er auch unter schwierigsten Umständen führte, berichtet von der bunt zusammengewürfelten Gruppe von Internierten und von der durch den Gang der Ereignisse verwirrten Gemütsverfassung der Franzosen. «Frankreich», notiert er, «krankt an dem Widerspruch zwischen dem, was es zu sein noch prätendiert, und dem, was es wirklich ist. Dem Widerspruch einer generösen weltoffenen Theorie und einer müden, hochmütigen, treulosen Indifferenz in der Praxis.»[80] Mit Staunen stellt er die politische Uninformiertheit der Franzosen fest: «Unglaublicherweise sind die meisten der Ansicht, daß ihr eigenes Land, Frankreich, am Kriege schuld sei und fast schockiert, wenn ich widerspreche. ‹Wir haben doch den Krieg erklärt.›»[81]

Anfang Juni, die belgische Armee hatte bereits kapituliert und Dünkirchen war evakuiert worden, wurde Golo Mann zusammen mit andern Internierten in Viehwagen nach Les Milles bei Aix-en-Provence verfrachtet. Dort befand sich in einer ausgedienten Ziegelei ein riesiges geschlossenes Sammellager, in dem, sonderbares Strandgut außerordentlicher Ereignisse, etwa zweitausend Menschen unterschiedlichster Herkunft und Gesinnung zusammengezogen wurden: unter ihnen jüdische Intellektuelle und Künstler wie Lion Feuchtwanger, Alfred Kantorowicz, Max Ernst, Walter Hasenclever; in Frankreich ansässige Deutsche, die dem Sieg Hitlers entgegenfieberten; deutsche Fremdenlegionäre in französischen Diensten. Die Landschaft bei Les Milles ist schön; der Blick der Internierten ging über Obstgärten und Weinberge hinauf zum Berg Sainte Victoire, den Cézanne gemalt hat. Die Lebensumstände im Lager aber waren schwer erträglich: «Les Milles», hält Golo Mann im Tagebuch fest, «hat wirklich etwas von einer Hölle. Erfahrene sagen, daß es schlimmer sei als Dachau; das ist natürlich Unsinn. Wahr scheint mir nur dies: die Deutschen organisieren die Grausamkeit sauber und genau; die Franzosen können, ohne viel darüber nachzudenken, Schlamperei und Unfähigkeit bis zum Grausamen treiben.»[82] Über den Aufenthalt in französischen Lagern haben zwei Augenzeugen, der Schriftsteller Lion Feuchtwanger und der Kommunist und ehemalige Spanienkämpfer Alfred Kantorowicz, anschauliche Berichte geschrieben, die Golo Manns Darstellung bestätigen. «Das Teuflische», schreibt Kantorowicz, «offenbarte sich nicht in Roheit und Gewalttätigkeit, sondern in einer zuweilen sogar höflichen ‹Gleichgültigkeit den Leiden anderer gegenüber› und durch Schlamperei, die das Leben der Inhaftierten nicht nur erschwerte, sondern zuletzt auch direkt gefährdete.»[83]

Am 14. Juni 1940 marschierten die deutschen Truppen in Paris ein, und die französische Regierung zog sich nach Bordeaux zurück. Golo Mann notiert in seinem Tagebuch: «Die Deutschen in Paris. Großer Gott, welche Vorstellung! Und welche Summe des Leidens! Aber morgen kann die Reihe an mir sein. So sind die Menschen; sie entgehen dem allgemeinen Schicksal nicht.»[84] Unter den Franzosen, denen die Verantwortung für die Lagerinsassen von Les Milles übertragen war, herrschte Konfusion. Zugleich verschlimmerte sich die Situation vieler Internierter, da sich Frankreich im Waffenstillstandsvertrag verpflichtete, «alle deutschen Staatsangehörigen, die durch die Reichsregierung namhaft gemacht werden, auf Verlangen auszuliefern».[85] Ein Teil der Lagerinsassen wurde in Züge verladen und nach Südwesten verfrachtet, zuerst nach Sète, dann nach Bayonne – das Gerücht sprach von einer bevorstehenden Verschiffung nach Afrika. Weiter in die Nähe von Toulouse verschoben, notiert Golo Mann unter dem Eindruck der Nachricht von der französischen Niederlage in sein Tagebuch: «Ich vergesse die Szene nicht. Die Tausende von verwilderten bärtigen Menschen, Züge mit Negern und Indochinesen, die man aus ihrer fernen Heimat in diesen Wahnsinn geschickt hat; die trüben Gesichter der Offiziere; ein giftiger Sonnenuntergang, Kot und Kotgeruch auf den Schienen – und dies elende Extrablatt.»[86]

Auf der Weiterfahrt gelang Golo Mann die Flucht, doch wurde er in Marseille sogleich wieder aufgegriffen und eingekerkert. Das Lager bei Nîmes, in welches er anschließend verbracht wurde, glich einem Tollhaus. Das Schicksal des jungen Mannes erschien ungewisser als je. Lion Feuchtwanger, der hier wieder mit Golo Mann zusammentraf, trifft die herrschende Stimmung, wenn er schreibt: «Sie war immer da, diese Sorge, die tödliche Frage: werden die Franzosen uns ausliefern? Sie saß neben uns, diese Sorge, wenn wir aßen und tranken, und über uns, wenn wir sprachen, und in uns, wenn wir schliefen.»[87] Golo Mann gab sich keinen Illusionen darüber hin, dass der deutsch-französische Waffenstillstand vom 22. Juni, auch wenn der südliche Landesteil unbesetzt blieb, die Souveränität Frankreichs untergrub und dass der greise Staatspräsident Pétain ganz außerstande sein würde, die Unabhängigkeit seines Vichy-Regimes zu gewährleisten.

Thomas Mann, der zwischen 1938 und 1941 vorwiegend in Princeton weilte, erhielt über das Schicksal seines Sohnes nur sehr spärliche Nachricht und war, wie aus seinem Tagebuch hervorgeht, in großer Sorge. Denn auch die Vereinigten Staaten, das klassische Einwanderungsland, bewilligten die Immigration nur restriktiv. So durften die festgelegten Quoten nicht überschritten werden, und der Einwanderer hatte ein «Affidavit», die Bürgschaft eines Amerikaners, beizubringen. Gemeinsam mit Katia bemühte Thomas Mann sich, die Ausreise Golos und seines Onkels Heinrich, der sich in Nizza befand, sicherzustellen. Das Emergency Rescue Committee wurde eingeschaltet – eine Hilfsorganisation für Emigranten, die in New York gegründet worden war und der die Gattin des Präsidenten, Eleanor Roosevelt, nahe stand. Es gelang, Golo Mann, seinen Onkel Heinrich und den Schriftsteller Franz Werfel auf eine Liste von Prominenten zu setzen, deren Gesuche bevorzugt behandelt werden sollten. Ein junger Amerikaner namens Varian Fry weilte als Vertreter dieses Komitees in Marseille. Während eines Deutschlandaufenthalts hatte Fry das Schaffen einer Reihe von Künstlern und Schriftstellern, die im Dritten Reich verfolgt wurden, kennen und schätzen gelernt, was ihn bewog, solchen Emigranten auf legale und illegale Weise bei der Flucht aus Frankreich beizustehen.[88]

Ferner gelangte Thomas Mann an seine politisch einflussreiche Gönnerin Agnes E. Meyer, welche *Maß und Wert* finanziell unterstützt hatte und nun energisch ihre vorzüglichen Beziehungen zur Diplomatie und zu einem in New York tätigen französischen Anwalt spielen ließ. In Frankreich selbst setzte sich der Freund Pierre Bertaux, später ein Mitstreiter der Résistance, für Golo Mann ein.[89] Tatsächlich gelang es Anfang August dem jungen Emigranten, von den französischen Behörden seine Freilassung zu erwirken und spanische, portugiesische und amerikanische Visa zu beschaffen. Am 11. August 1940 weiß Thomas Manns Tagebuch zu berichten: «Sehr günstiges Telegramm von Golo aus Le Lavandou. Nachrichten von ihm verloren. Befindet sich wohl, hat das amerikanische Visum, u. nichts fehlt als Ausreise-Möglichkeit.»[90]

Noch immer jedoch blieb es unmöglich, legal aus Frankreich herauszukommen. Dass des jungen Historikers Rettung zuletzt doch noch gelang, verdankte er dem amerikanischen Vizekonsul in Marseille sowie Varian Fry und dessen Helfern. Mit dem Zug gelangte Golo Mann nach Perpignan, zusammen mit seinem Onkel Heinrich und dessen Frau sowie dem Schriftsteller Franz Werfel mit Gattin. Immer wieder scheint erörtert worden zu sein, ob eine solche Gruppe überhaupt eine Chance hatte, aus Frankreich herauszukommen. Marta Feuchtwanger berichtet davon, dass man darüber diskutiert habe, ob man Golo Mann oder Heinrich Mann retten solle, «der zwar der Bedeutendere ist, aber doch schon sein Leben gelebt hat».[91]

Im Lebensbericht von Alma Mahler-Werfel findet sich eine Schilderung der abenteuerlichen Flucht. Golo Mann, erzählt die Autorin, habe sich vor dem Grenzübertritt nach Spanien fast sträflich unbesorgt gezeigt, habe noch ein Bad im Meer genommen und seelenruhig in einem Buch gelesen, «als ob ihn der ganze Krempel nichts anginge».[92] Heinrich Mann berichtet in seinen Erinnerungen *Ein Zeitalter wird besichtigt* von der strapaziösen Überschreitung der Pyrenäengrenze: «Der Ziegensteig nach dem Exil», schreibt er, «überhob vieler peinlicher Eindrücke, er strengte körperlich an. Ich hatte seit Jahrzehnten keinen beträchtlichen Berg mehr bestiegen, war nunmehr ungeschickt und nicht jung: ich fiel recht oft auf die Dornen. [...] Mehrmals unterstützte mein Neffe mich, dann überließ er es meiner Frau, die an sich selbst genug gehabt hätte. Er nahm die noch steileren Abkürzungen, kehrte aber zurück, wenn wir gescheitert auf einem Stein saßen. Er verließ uns nicht, eher machte er den Weg dreifach.»[93]

Schließlich passierten die Emigranten die spanische Grenzkontrolle. Der Fluchthelfer Varian Fry erwähnt in seinem Bericht den

Wortwechsel zwischen dem spanischen Grenzposten und Golo Mann. Jener habe diesen gefragt, ob er der Sohn von Thomas Mann sei. Auf dessen fragende Antwort «Mißfällt Ihnen das?», habe der Spanier erwidert: «Im Gegenteil, ich fühle mich geehrt, den Sohn eines so bedeutenden Mannes kennenzulernen.»[94] Man gelangte nach Barcelona und Madrid und von dort am 20. September nach Lissabon. Noch gab es lästige Umtriebe zu bewältigen, und schwierig war es, trotz der Hilfe amerikanischer Freunde, in den Besitz von Schiffskarten zu gelangen. Am 3. Oktober 1940 endlich gingen die Emigranten an Bord des griechischen Dampfers «Nea Hellas». Heinrich Mann wandte sich von der Reling aus zurück: «Der Blick auf Lissabon», schreibt er in seinen Memoiren, «zeigte mir den Hafen. Er wird der letzte gewesen sein, wenn Europa zurückbleibt. Er erschien mir unbegreiflich schön. Eine verlorene Geliebte ist nicht schöner. Alles, was mir gegeben war, hatte ich an Europa erlebt. Lust und Schmerz eines seiner Zeitalter, das meines war [...] Überaus leidvoll war dieser Abschied.»[95]

Die «Nea Hellas» machte am 13. Oktober am Pier von Hoboken, Manhattan gegenüber, fest. Thomas und Katia Mann fanden sich zur Begrüßung am Hafen ein, ebenso weitere Emigranten wie Leopold Schwarzschild und der Verleger Gottfried Bermann Fischer, ferner Vertreter der amerikanischen Hilfsorganisation. Klaus Mann, der auch zugegen war, berichtet in seinem Tagebuch von der Freude der Wiederbegegnung und davon, wie rasch er sich mit seinem Bruder wieder verstanden habe: «Schnelles Wiederanknüpfen abgebrochenen Gespräches mit Golo. Seine große Intelligenz, sein guter Wille und dazu der brüderlich vertraute Ton. Wohltuend nach so viel konfusen, ziellosen Debatten mit fremdem Volk.»[96] Nach einem Lunch im Bedford Hotel reiste die Familie zum Wohnsitz des Schriftstellers in Princeton. Man bewunderte das stattliche Haus in viktorianischem Stil an der Stockton Street, man führte politische Gespräche. «Viel über das Politische», notiert Thomas Mann im Tagebuch, «Frankreich, England, Rußland, die Unredressierbarkeit von vielem, was auf dem

Continent geschieht; der natürliche Beruf Deutschlands, Europa zu organisieren, verdorben durch den niedrig-phantastischen Geist des Regimes. Das Heldentum Englands. Die Rolle Frankreichs unter dem objektiv-providentiellen Gesichtspunkt vielleicht richtig, historisch aber eben doch ein schwer kompromittierendes Versagen.»[97]

Für Golo Mann hatte das amerikanische Exil begonnen.

4. Wie weiter?

Im November 1940 wurde Franklin D. Roosevelt für eine dritte Amtsperiode zum amerikanischen Präsidenten gewählt – ein in der Geschichte der USA einmaliger Vorgang. Roosevelt war bei aller charismatischen Ausstrahlung, die von ihm ausging, eine widerspruchsvolle Persönlichkeit. Es gelang ihm, mit eingreifenden Strukturreformen die Wirtschaftskrise in den Griff zu bekommen, die Arbeitslosigkeit zu verringern und das Volkseinkommen gerechter zu verteilen. Seine Gegner zur Linken warfen ihm vor, dabei zu wenig radikal und zu wenig fachkundig vorzugehen; seine Gegner zur Rechten beschuldigten ihn, autoritär zu regieren und die Rechte der Bundesstaaten und der Bürger zu missachten. Den Aufstieg militant totalitärer Regimes in Italien, Deutschland und Japan verfolgte Roosevelt vorerst mit Zurückhaltung, weil er seine Innenpolitik nicht gefährden wollte; auch waren weite Bevölkerungskreise isolationistisch gesinnt. Der deutsche Überfall auf Polen bewirkte indessen einen Meinungsumschwung und erlaubte es der Regierung, eine aktivere Außenpolitik zu betreiben. Man begann, Waffen und anderes Kriegsmaterial nach England zu liefern. Die Niederlage Frankreichs und der Abschluss des Dreimächtepakts zwischen Italien, Deutschland und Japan im September 1940 wurden in den USA mit großer Beunruhigung zur Kenntnis genommen; denn nun zeigte es sich, dass auch amerikanische Einflusssphären bedroht waren. Der Kongress bewilligte die finanziellen Mittel zur Verstärkung von Heer, Flotte und Luftwaffe. Im Sommer 1941 schloss Roosevelt mit Churchill die «Atlantik-Charta» ab – eine Vereinbarung, welche die Grundlage für ein kollektives Sicherheitssystem nach Kriegsende bilden sollte. Wenig später ereigneten sich im Atlantik Zwischenfälle, in die deutsche Unterseeboote und amerikanische Kriegs- und Handelsschiffe verwickelt waren.

Zum tatsächlichen Eintritt der USA in den Zweiten Weltkrieg kam es jedoch erst mit dem Überfall der japanischen Luftstreitkräfte auf den amerikanischen Flottenstützpunkt Pearl Harbor (Hawaii) und die Philippinen am 7. Dezember 1941. Thomas Mann, der das Weltgeschehen von den USA aus aufmerksam verfolgte, notiert in sein Tagebuch: «Im Kriege mit Japan. Erregte Radio-Berichte. Bombardements der Philippinen und Honolulus. Im Lande Zorn und Eintracht. Kundgebungen pazifistischer u. isolationistischer Senatoren für die Regierung und die Verteidigung.»[98] Am folgenden Tag erklärten die USA Japan den Krieg, und wenig später folgte die deutsche Kriegserklärung an die USA. «Was das deutsche Volk betrifft», erklärte Adolf Hitler am 11. Dezember vor dem Deutschen Reichstag, «so braucht es weder von Herrn Churchill noch von einem Herrn Roosevelt Almosen, sondern es will sein Recht. Und dieses Recht zum Leben will es sich sicherstellen, auch wenn tausend Churchills sich dagegen verschwören sollten.»[99]

Zu diesem Zeitpunkt hatten alle Mitglieder von Thomas Manns Familie in den USA Wohnsitz genommen. Dem Schriftsteller war der Abschied aus der Alten Welt schwer gefallen. Zwischen 1934, dem Zeitpunkt seiner ersten Amerika-Reise, und Ende September 1938, dem Zeitpunkt seiner Übersiedlung nach Princeton, war er viermal nach Europa zurückgekehrt. Im April 1941 verließen Thomas Mann und Katia ihr Haus an der Ostküste und zogen nach Kalifornien. Unweit von Los Angeles, in Pacific

Palisades, Amalfi Drive, mietete man einen neuen Wohnsitz, ein «weißes, sauberes, ländlich gelegenes Haus, nicht unpraktisch, aber unvollkommen möbliert».[100] Anfang Februar 1942 wurde ein neu errichtetes, eigenes Wohnhaus im selben Ort, San Remo Drive, bezogen. «Die Landschaft um unser Haus herum mit dem Blick auf den Ozean», berichtet Thomas Mann an Hermann Hesse, «sollten Sie sehen; den Garten mit seinen Palmen, Öl-, Pfeffer-, Citronen- und Eukalyptus-Bäumen, den wuchernden Blumen, dem Rasen, der wenige Tage nach der Saat geschoren werden konnte. Heitere Sinneseindrücke sind nicht wenig in solchen Zeiten, und der Himmel ist hier fast das ganze Jahr heiter und sendet ein unvergleichliches, alles verschönendes Licht.»[101] In dieses komfortable Heim kehrte der Schriftsteller nach seinen ausgedehnten Vortragsreisen zurück, hier fanden sich nach Reisen und längerer Abwesenheit die Kinder ein. In Pacific Palisades wurde der *Josephs-Roman* abgeschlossen und der *Doktor Faustus* in Angriff genommen, und hier entstand die Mehrzahl der über die British Broadcasting Corporation ausgestrahlten Radio-Botschaften an die *Deutschen Hörer*, mit denen der Schriftsteller seinen Landsleuten die Augen zu öffnen suchte. Erst im Juni 1952 sollten der Schriftsteller und seine Frau dieses Heim endgültig verlassen und nach Europa, in die Schweiz, zurückkehren.

Hier noch ein Wort zum Lebensweg von Golo Manns Geschwistern. Erika und Klaus Mann hatten die USA bereits 1927, während einer Weltreise, die sie über New York nach Hollywood und darauf nach Hawaii, Japan, Korea in die Sowjetunion führte, kennen gelernt. Nach Abschluss dieser Unternehmung berichteten die beiden in einem flott und unbekümmert verfassten Reisebericht unter dem Titel *Rundherum* von ihren Erlebnissen, in einem Stil, der in den besten Passagen an Egon Erwin Kisch erinnert. Das Buch lag im Trend der zwanziger Jahre: Europa hatte sich nach dem Weltkrieg hin zur Welt geöffnet, und wer es sich leisten konnte, reiste so rasch und so weit wie nur möglich. Dabei scheuten sich Erika und Klaus nicht, vom Ansehen ihres berühmten Vaters und von dessen Verbindungen zu profitieren, und ein bisschen Hochstapelei spielte mit, wenn sie ihre Ankunft in der amerikanischen Presse mit der Schlagzeile «Thomas Mann's Twin Children Arrive for America Tour» ankündigen ließen.[102]

Das Geschwisterpaar blieb ein halbes Jahr in den Vereinigten Staaten und durchquerte dreimal den ganzen Kontinent. Man trat da und dort, in Vereinen und an Universitäten auf, kabelte eifrig Reportagen nach Deutschland, fand finanzkräftige Gönner. In Hollywood, wo man sich mehrere Wochen aufhielt, traf man die Prominenz des Films, Emil Jannings, Ernst Lubitsch und Greta Garbo. Der Aufenthalt in New York wurde für beide zum berauschenden Erlebnis: «Es ist», schreiben sie, «als sei die Abenteuerlichkeit *aller* Städte hier zusammengedrängt und man könnte darin spazieren gehen.»[103] Keine Frage: Amerika begeisterte die jungen Reisenden, das weite fruchtbare Land und die riesigen Städte ebenso wie die Dynamik und die Zukunftsgläubigkeit seiner Bewohner. Dass es zum Land ihres Exils werden sollte, konnten sie damals nicht ahnen.

Erika Mann war 1926 eine erste Ehe mit dem Schauspieler Gustaf Gründgens eingegangen, die aber bereits zwei Jahre später wieder aufgelöst wurde. Neun Jahre später, unter gewaltsam veränderten Zeitbedingungen, willigte der englische Dichter Wystan H. Auden in eine Scheinehe ein, um Erika die englische Staatsbürgerschaft zu verschaffen. Zwischen 1933 und 1936 widmete sich die junge Frau dem Kabarett «Pfeffermühle», das nach Hitlers Machtübernahme ebenfalls emigrierte und in der Schweiz, aber auch auf Tourneen im Ausland, großen Erfolg erntete. Erika beschloss, ihr Glück mit der «Davidschleuder des Emigranten»[104], wie Werner Mittenzwei das Kabarett genannt hat, auch jenseits des Atlantiks zu versuchen. Im Jahre 1937 schifften sich Erika, die hervorragende Schauspielerin Therese Giehse und weitere Mitarbeiter nach New York ein, und auch Bruder Klaus überquerte den Atlantik. «I think she will be a success», hatte ihr Vater, mit amerikanischer Mentalität schon vertraut, seiner Tochter prophezeit.[105]

Doch das Programm der «Peppermill» fiel beim amerikanischen Publikum durch, und die Kritiken lauteten so vernichtend, dass das Unternehmen abgebrochen werden musste. Großen Erfolg hatte Erika Mann dagegen als Referentin, die zuerst allein, in späteren Jahren oft zusammen mit ihrem Vater, durch die USA zog und mithalf, das Publikum für die Vorgänge in Deutschland zu sensibilisieren. Demselben Ziel diente ein erfolgreiches Buch, das unter dem Titel *School for Barbarians* 1938 erschien – eine Dokumentation zum Thema der Jugenderziehung in der nationalsozialistischen Diktatur.[106] Und gute Aufnahme fand auch eine Sammlung von Emigrantenporträts unter dem Titel *Escape to Life*, welche Erika gemeinsam mit ihrem Bruder verfasste.[107] Doch auf Dauer nutzte sich der Reiz dieser «lecture tours» ab. Bereits im Sommer 1938 hatte Erika Mann gemeinsam mit ihrem Bruder während drei Wochen aus Spanien vom Bürgerkrieg berichtet, und wieder lockte es sie, dem Weltgeschehen an vorderer Front zu folgen. Im Frühling 1943 reiste sie als Kriegskorrespondentin, mit dem Status einer Armeeangehörigen im Offiziersrang, nach London und begab sich zwischen 1943 und 1945 nach Kairo, in den Nahen und Mittleren Osten und in die Maghrebstaaten. 1944 berichtete sie über die Invasion in der Normandie, über die Befreiung von Paris und, nach der bedingungslosen Kapitulation, aus den Trümmerstädten Deutschlands.

Auch Klaus Mann war, wie wir sahen, schon im europäischen Exil rastlos tätig gewesen. Er arbeitete in Amsterdam als Redakteur der *Sammlung*, die ihr Erscheinen freilich nach zwei Jahren einstellen musste. Viel war er unterwegs, reiste in die europäischen Großstädte, nach Paris, Zürich, Wien, Prag, Budapest, solange dort ein offenes politisches Wort, eine Manifestation gegen Hitler-Deutschland, noch möglich war. Zudem entstanden, rasch hingeschrieben in einer Zeit, welche dazu die Themen lieferte, zwei Romane: *Mephisto* und *Der Vulkan*. *Mephisto,* dessen Hauptgestalt, der Schauspieler Hendrik Höfgen, unverkennbar Züge von Gustaf Gründgens, dem ehemaligen Schwager, trägt, ist ein Roman über

Verantwortung und Verführbarkeit des Künstlers im totalitären Staat. *Der Vulkan,* der im Emigrantenmilieu von Paris, Zürich und New York spielt, führt eine Gruppe von Personen vor, die, durch ihre Ablehnung des Nationalsozialismus und Faschismus miteinander verbunden, in abweisender gesellschaftlicher Umwelt um ihr Überleben kämpfen, jede nach ihrer Art; das Buch gehört mit Lion Feuchtwangers *Exil* und Anna Seghers' *Transit* zu den wichtigsten Beispielen seines Genres.[108] In den Emigrationsjahren traten auch die Gefährdungen hervor, welche das Leben Klaus Manns überschatteten und schließlich auslöschten: Der Schriftsteller unterhielt häufig wechselnde Beziehungen zu homosexuellen Partnern und nahm Drogen; Anwandlungen von Todessehnsucht suchten ihn heim.

Zum Zeitpunkt von Hitlers Überfall auf Polen befand sich Klaus Mann in Santa Monica, Kalifornien. Am ersten September 1939 notiert er in sein Tagebuch: «Nachts um 1 Uhr, die Hitler-Rede aus Berlin. Matter, schäbiger, elender noch, als zu erwarten war [...] The unsuccessful crook. This is the end [...] Angst, Hoffnung, Beben. Äußerste Spannung. Immer am Radio.»[109] Am Ende des Jahres 1940 mietete Klaus Mann ein kleines Appartement in New York, zog aber wenig später ins Hotel Bedford um, in dem auch seine Geschwister des Öftern Quartier nahmen. Sein Widerstand gegen den Nationalsozialismus war ungebrochen. Aber seine Hoffnung, das Regime könne mit andern als militärischen Mitteln zu Fall gebracht werden, war dahin. «Warum», notiert er 1940 ins New Yorker Tagebuch, «wurde der Krieg unvermeidlich? Als ob wir es nicht wüßten! Weil die Demokratien dem Faschismus Vorschub leisteten, sei es aus mißverstandenem ‹Pazifismus›, sei es aus weniger vornehmen Motiven [...] Indem man Hitler tolerierte, finanzierte und protegierte, verscherzte man den Frieden. Nun fehlte nur noch, daß man ihn siegen ließe!»[110]

Fieberhaft arbeitete Klaus Mann daran, Sponsoren und Mitarbeiter für eine neue Zeitschrift zu finden, und im Januar 1941 lag das erste Heft der englischsprachigen *Decision* vor. Die Publikation verstand sich, ähnlich wie seinerzeit *Die Sammlung* und *Maß und Wert*, als unabhängige, wertorientierte Rundschau, diesmal für eine vorwiegend amerikanische Leserschaft. «Diese Zeitschrift», schreibt Klaus Mann im Editorial zur ersten Nummer, «soll kein Sprachrohr für europäische Flüchtlinge sein; sie soll wirksam werden als ein Instrument, um die Beziehungen zwischen amerikanischer und europäischer Geisteswelt zu intensivieren.»[111] Das geistige Amerika mit europäischen Fragen besser vertraut machen – dies war ein neuer Akzent, und prominente Namen wie Sherwood Anderson, Julien Green, Thomas Mann, Somerset Maugham und Stefan Zweig versammelten sich im Board of Editorial Advisers, um zum Gelingen beizutragen. Doch wieder kostete die Zeitschrift weit mehr, als der kleine Abonnentenkreis und die mühsam gewonnenen Sponsoren an finanziellen Mitteln beizubringen vermochten, und im Februar 1942 erschien auch schon die letzte Ausgabe. Golo Mann hatte dieses Ende kommen sehen. «‹Decision› macht uns schwer Sorgen», schrieb er an Erich von Kahler. «Höchst ungern sehe ich mit an, wie der liebenswürdige Mensch (Klaus Mann) sich quält, obwohl er durch einen gewissen hochfahrenden Leichtsinn sich schuldig gemacht hat. Nur allzu möglicher Weise bleibt ihm, nach aller Agonie, doch nichts anderes als die Liquidation.»[112]

So sehr hatte Klaus Mann das Schicksal von *Decision* mit seinem eigenen verknüpft, dass er im Sommer 1941 einen Suizidversuch unternahm. In einem Abschiedsbrief, den er unter dem Titel «The Last Decision» in englischer Sprache verfasste, schlug Klaus Manns Verzweiflung in finstere Anklage gegen sein Gastland um: «... ich will sterben», schreibt er, «weil ich unfähig war – unfähig bin – die grenzenlose Anhäufung von Mittelmäßigkeit und bösem Willen, von ehrsüchtiger Ignoranz und egoistischer Faulheit zu akzeptieren und zu ertragen, von der die Welt und dieses Land regiert werden.»[113]

Nach dem Scheitern von *Decision* entschloss sich Klaus Mann, in die amerikanische Armee einzutreten, wo er im Januar 1943 seinen Dienst in Fort Dix, New Jersey, antrat. Er wurde einer Einheit für psychologische Kriegsführung, der Psychological Warfare Branch, zugeteilt. Unter dem Kommando von General Eisenhower nahm er am Italienfeldzug teil, verfasste Texte für Presse und Radio und befragte deutsche Kriegsgefangene. Nach 1945 versuchte Klaus Mann erfolglos, sich als Schriftsteller zu etablieren. Vergeblich kämpfte er gegen Depressionen und Drogensucht an. Im Mai des Jahres 1949 nahm er sich in Cannes das Leben.

Die jüngeren Kinder der Familie Mann, Monika, Elisabeth und Michael, traten nicht mit politischen Stellungnahmen an die Öffentlichkeit. Monika wohnte meist bei ihren Eltern in Pacific Palisades. Bei der Überfahrt war ihr Schiff, die «City of Benares», von einem deutschen Unterseebot torpediert worden, wobei ihr Gatte, der ungarische Kunsthistoriker Jenö Lányi, ums Leben kam. Nach Deutschland mochte sie nach Kriegsende nicht zurückkehren. In ihrem kurzen Lebensbericht schreibt sie: «Denn ich vermochte nicht, in der ‹alten Erde› mein Heimatland als meine Bleibe zu wählen, sondern Italien, das schon lang die Heimat meines Herzens war. Ich glaube, in dem Kompromiß liegt weder Ressentiment noch Entsagung, sondern eine natürliche, ehrliche Fügung.»[114] Nach dem Krieg wählte Monika Mann die Insel Capri zum Wohnsitz; sie verstarb 1992 in Leverkusen.

Elisabeth Mann, das Lieblingskind des Schriftstellers, von ihm zärtlich Medi genannt, heiratete den dreißig Jahre älteren italienischen Literaturwissenschaftler Giuseppe Antonio Borgese, der an der Universität Chicago lehrte und durch Publikationen gegen Mussolini hervorgetreten war. Sie war lebenstüchtig und vielseitig begabt, eine hervorragende Pianistin und Autorin mehrerer Bücher. In fortgeschrittenem Alter gelangte sie als Meeresbiologin zu großem internationalem Ansehen. Im dreiteiligen Fernsehfilm von Heinrich Breloer und Horst Königstein spielte Elisabeth Mann als Zeitzeugin sich selbst und übertraf darin die meisten übrigen Schauspieler, die jemand anders spielten.[115] Von allen Kindern Thomas Manns litt sie am wenigsten an der Familie, was ihr erlaubte, sich unabhängiger zu entwickeln. Elisabeth Mann starb im Jahre 2002 während eines Ferienaufenthalts in Sankt Moritz.[116]

Auch Michael Mann war Musiker; er spielte Violine und Bratsche in führenden amerikanischen Orchestern und verfasste musiktheoretische Schriften. In den USA begann er ein Germanistik-Studium und wurde Professor in Berkeley. Er war ein Mensch von breitem Wissen und ein schwieriger Charakter. Einer seiner Kollegen schildert ihn so: «Er war einer der beständigsten, wandelbarsten Menschen, die ich je gekannt habe. Man konnte sich nicht auf ihn verlassen, weil er oft selber nicht wußte, was er tat oder wollte. Andererseits aber besaß er auch wieder eine unerhörte Stabilität, eine einzigartige Tiefe, und war verläßlich wie kein zweiter. Ich bin in meinem Leben sehr wenigen Menschen begegnet, die so stark waren wie er und zugleich so schwach.»[117] Michael Mann hatte in jungen Jahren eine Schweizerin geheiratet und lebte in Orinda bei Berkeley. Er starb nach starkem Alkoholgenuss und der Einnahme von Barbituraten im Jahre 1977.

Doch kehren wir zu Golo Mann zurück. Der junge Mann lebte nach seiner Ankunft in Amerika eine Weile bei seinen Eltern in der Universitätsstadt Princeton, New Jersey, an der Ostküste. Hier konnte er sich erholen und fühlte sich wohl. «Princeton ist angenehm», berichtet er in einem Brief, «Landhäuser in sehr anständigem Colonial Stil, ‹gotische Universität›, hirnlos propere Sportjugend, Professorenatmosphäre wie in Heidelberg, in Rennes, wie überall. Spazierengehen kaum möglich, das ist hart für mich, da nur Landstraßen und traurige Ebene.»[118] Darauf zog er für einige Monate in ein «altes, stark heruntergekommenes Haus»[119] in New York, das sein Schwager, der Schriftsteller Auden, zusammen mit einem Freund gemietet hatte. Das Gebäude befand sich im Stadtteil Brooklyn, und interessante Leute verkehrten dort, so die Schriftstellerin Carson McCullers und der Komponist Benjamin Britten. Doch Golo Mann fand New York, sehr im Unterschied zu seinen älteren Geschwistern, ganz grässlich, und er hat bei späteren Reisen die Metropole tunlichst gemieden. «Die Großstadt», schreibt er 1941 an Manuel Gasser, «ist Gift für mich.»[120] Und an seinen väterlichen Freund Erich von Kahler: «Ach, die Schlote und Hinterwände vor meinem Fenster! O über unsere ganze transplantierte, zerspaltene, frustrierte Existenz!»[121] Auch war Golo Mann in seiner New Yorker Zeit völlig mittellos und wollte seinem Vater nicht auf der Tasche liegen. «Ich war in den letzten Monaten», schreibt er an Kahler, «sehr arm. Im Herbst muß sich da irgendetwas ändern, sonst vollziehe ich einen radikalen Kurswechsel in meinem Leben; da ich die Zahl der geld-, nutz- und wertlosen Emigranten hier auf die Dauer nicht vermehren will.»[122]

Für Golo Mann wurde das amerikanische Exil, dies wird aus den spärlichen Zeugnissen, die wir von ihm aus jener Zeit besitzen, deutlich, zu einer Erfahrung ganz eigener Art. Im Gegensatz zu seinen älteren Geschwistern, welche im Widerstand gegen Hitler ein erstaunliches Potenzial an psychischer und intellektueller Vitalität freisetzen konnten, dachte er kaum mehr daran, sich öffentlich zu engagieren. Er verfolgte das Zeitgeschehen gewiss nicht weniger teilnehmend als Erika und Klaus und litt nicht weniger als sie darunter. Aber aus dieser Teilnahme flossen ihm nicht dieselben Energien zu. Auch war das zuweilen etwas schrille Geltungsbedürfnis der älteren Schwester seinem Temperament ebenso fremd wie die nervöse Schaffenskraft des Bruders. Schon im europäischen Exil hatte Golo Mann sich nicht an den Auseinandersetzungen unter den Emigranten beteiligt. Nun zog er sich vollends auf sich selbst zurück. Er tauchte in die Vergangenheit ab und suchte Schutz in der Beschäftigung mit einem Buchprojekt, das er schon in Europa in Angriff genommen hatte. Es handelte sich, wie bereits erwähnt, um eine Biographie des Staatsmannes Friedrich von Gentz, der sich in den Verhandlungen des Wiener Kongresses einen Namen als «Sekretär Europas» machte. Weit reichende Pläne machte sich Golo Mann im Übrigen ebenso wenig wie überspannte Hoffnungen: Das Wichtigste schien ihm, sich einen Unterhalt zu verschaffen und sich in dem Land, das ihn aufgenommen hatte, irgendwie nützlich zu machen. Wie hatte er doch damals in

Maß und Wert geschrieben? «... der denkende Mensch ist so beschaffen, daß er mit seinem Denken nützen will».

Von seiner Vorbildung und den französischen Erfahrungen her gesehen, war es nahe liegend, erneut ins Lehramt zu treten. Schwester Erika war ihm gram wegen dem, was sie als resignierte Indifferenz, als fatale Neigung zum Unpolitischen glaubte deuten zu müssen: «Auf Jahre hinaus lehrte er weiter», schreibt sie, «wobei ihm am allgemein Erzieherischen besonders gelegen war. Und dann: Geschichtsunterricht, politischer Unterricht – freilich niemals, in seinem Falle, ein ‹garstig Lied›.» Und Erika Mann fügte noch ein paar Worte hinzu, denen man, von der Kenntnis von Golo Manns ganzem Leben her urteilend, nicht widerspricht: «Denn immer hat er mehr geliebt als gehaßt.»[123]

Publizistisch trat Golo Mann während seines amerikanischen Exils nur selten hervor. Im Nachlass befindet sich ein offenbar unveröffentlichtes Typoskript in deutscher Sprache, das den Präsidenten Roosevelt als tatkräftigen Repräsentanten der modernen Demokratie rühmt und dessen Wiederwahl mit Erleichterung kommentiert.[124] Damit teilte der Historiker die Wertschätzung der meisten deutschen Emigranten für den amerikanischen Präsidenten, auch jene seines Vaters, der zweimal im Weißen Haus empfangen worden war und an die Gönnerin Agnes E. Meyer geschrieben hatte: «... aber etwas wie Segen ist auf ihm, und ich bin ihm zugetan als dem, wie mir scheint, geborenen Gegenspieler gegen Das, was fallen muß.»[125]

Für *Decision,* die Zeitschrift seines Bruders, schrieb Golo Mann einige Rezensionen. So kritisierte er scharf das sehr erfolgreiche Werk *The Managerial Revolution* des New Yorker Universitätsprofessors James Burnham.[126] Der Autor legte, beeindruckt von der Weltwirtschaftskrise und dem Erfolg totalitärer Regimes in Europa, eine prophetische Theorie zur Deutung der weltgeschichtlichen Entwicklung vor und musste schon damit Golo Manns Widerspruch erregen. Als ehemaliger Marxist trotzkistischer Prägung ging Burnham in seinem Buch vom Ende des Kapitalismus aus, ohne doch an die Utopie einer klassenlosen Gesellschaft zu glauben. Weder Kapitalismus noch Sozialismus, führt er aus, würden die Zukunft bestimmen, sondern eine «Manager-Gesellschaft», welche die Kapitalisten ebenso ersetze wie seinerzeit diese die Feudalherren ersetzt hätten. Die neue Gesellschaft sei gekennzeichnet durch die Erstarkung der Exekutive in den Händen von Managern, durch Planwirtschaft statt Marktwirtschaft, Konzentration der wirtschaftlichen und politischen Macht, eine Ideologie der sozialen Disziplin und eine fortschreitende Schrumpfung der parlamentarischen Institutionen. Es zeichne sich ab, so Burnham, dass sich mit Nordamerika, Deutschland und Japan drei Supermächte mit totalitären Strukturen herausbildeten. Das nationalsozialistische Deutschland habe sich schon in dieser Richtung aufgemacht, und die Sowjetunion sei dieser technokratischen Manager-Gesellschaft am nächsten.

Gegen dieses historische Konstrukt der «Manager-Gesellschaft», das aus der Not eines defätistischen Dekadenzgefühls heraus die Werte der Demokratie als überholt bezeichnete, wandte sich Golo Mann vehement. Er stellte James Burnham unter dem Stichwort «false prophets» in eine Reihe mit Autoren wie dem Schriftsteller Ernst Jünger, dem Historiker Oswald Spengler, dem Wirtschaftspublizisten Ferdinand Fried und dem Rechtsgelehrten Carl Schmitt, deren Werk er antidemokratischen Tendenzen verpflichtet sah. Diese Autoren, hielt er fest, hätten Hitler in die Hände gespielt, indem sie dessen Untaten in den Dienst einer unvermeidlichen geschichtlichen Logik gestellt hätten: «Sie alle versuchen nie wirklich», schreibt Golo Mann, «die Kräfte, welche die Realität konstituieren, zu verstehen. Keine historische Kraft kann eine Monopolstellung über die Menschheit beanspruchen. Das Spiel der Kräfte wird charakterisiert durch Vielfalt, Auseinandersetzung, menschliche Wahl und Freiheit. Doch Freiheit paßt nicht in ihren verantwortungslosen Ästhetizismus.»[127]

5. Vom College zur Army

Hatte Golo Mann eine Zeit lang daran gedacht, sich als Journalist durchzubringen, so gestand er sich bald ein, dass dieser Weg ihm verschlossen blieb, nicht zuletzt deshalb, weil sich ihm die fremde Sprache nicht so leicht erschloss wie seinen älteren Geschwistern. Andererseits war es nicht leicht, in jenen Jahren in den USA als emigrierter Deutscher eine Stelle im pädagogischen Fach zu finden. Der berühmte Vater tat zwar alles, was er konnte, um des Sohnes Berufswünsche verwirklichen zu helfen: «Eine Frage habe ich auf dem Herzen [...]», schrieb er am 19. April 1941 an den Professor eines kalifornischen Colleges. «Es handelt sich um meinen Sohn Golo, der in Deutschland den Doctor der Philosophie in Heidelberg gemacht hat und sich dort auf die Universitäts-Laufbahn vorbereitet hatte [...]. Es wäre nun sein und unser großer Wunsch, daß er in Amerika irgendwie die unterbrochene Carrière wieder aufnehmen könnte. Sie ist nach meiner Überzeugung durchaus sein Beruf, denn er ist nicht nur eine Gelehrten-, sondern auch eine Lehrnatur, von stark pädagogischer Tendenz. Ich halte viel auf den Jungen, der eine sehr gründliche philosophische, historische und literarische Bildung besitzt. Als Lehrfächer kämen außer Deutsch, Geschichte und Philosophie auch noch das Französische für ihn in Betracht, das er vollkommen beherrscht. Auch mit dem Englischen hat er keine Schwierigkeiten mehr.»[128]

Nach der Kriegserklärung Hitlers an die USA im Dezember 1941 schrieb Thomas Mann an seine amerikanische Gönnerin Agnes E. Meyer: «Die Aussichten des armen Jungen sind wohl zu nichts zusammengeschrumpft. Kein Wunder. Die Colleges werden angefeindet wegen der Fremden, die sie schon haben; wie sollen sie noch neue hinzunehmen.»[129]

Im Juli 1941 zog Golo Mann zu seinen Eltern nach Pacific Palisades. Die Spur seines Daseins lässt sich in Thomas Manns Tagebüchern verfolgen. Man könnte es ein sorgloses Leben nennen:

Er begleitete seinen Vater bei Spaziergängen, besuchte hin und wieder mit den Geschwistern, die gerade anwesend waren, Kino und Konzert, badete regelmäßig im Meer und unternahm längere Exkursionen in die Sierras. Er machte sich im Hause nützlich, half tatkräftig beim Umzug in das neu errichtete Haus mit und diente dem Vater als Sekretär und Chauffeur. Auch war er ein guter Gesellschafter: Er hörte zu, wenn der Vater aus dem *Josephs-Roman* vorlas, beteiligte sich an politischen Diskussionen, geriet zuweilen mit Erika und Klaus, wenn diese zu Besuch weilten, in Konflikt. Auch lernte er den Bekanntenkreis der Eltern näher kennen, fast alles deutsche Emigranten, die sich in der Nachbarschaft niedergelassen hatten. Unter diesen besonders die Hausfreunde: neben dem Onkel Heinrich Mann und seiner Frau Nelly die Schriftsteller Lion Feuchtwanger, Bruno Frank und Franz Werfel, den Dirigenten Bruno Walter.

Solches Dasein war angenehm, füllte Golo Mann jedoch nicht aus und befriedigte ihn auf Dauer nicht. «Es ist ganz gut hier», schreibt er an Erich von Kahler, «was die *animalischen* Lebensfreuden betrifft, sogar sehr gut. Täglich den Ozean, schönes Licht, Reinheit der Luft, Ruhe. Das Hausen mit den Eltern hat seine Vor- und Nachteile, wovon aber, verglichen mit dem, was sich mir sonst böte, die ersteren weit überwiegen.»[130] Aber Golo Mann empfand sehr stark auch das Beklemmende, Rückwärtsgewandte der ewig gleichen Gespräche im Kreis der hier versammelten Emigranten. «Hier im Westen», schrieb er an Erich von Kahler, «dem Venusberg, der Kunstlandschaft, unter indifferenten Menschen, fast nur Deutschen, halb Erstorbenen, lebt man bloß von seinen geistigen Vorräten (oder was man aus alten Büchern zieht; man zieht aber nichts spontan aus alten Büchern). Das ist der Grund, weshalb ich nicht *immer* hiersein möchte. Kein Wort über die Weltlage. Man schämt sich, davon zu reden. In New York war es in dieser Beziehung etwas besser, da war man unter Amerikanern. Aber hier ist es wie in Sanary im Jahre 33 ...»[131]

In der Nähe von Pacific Palisades liegen Beverly Hills und Hollywood, die Villenvororte von Los Angeles, wo Emigranten meist jüdischer Herkunft wohnten, die in Deutschland als Schriftsteller, Schauspieler und Filmemacher tätig gewesen waren. In keinem andern kulturellen Bereich wurde und wird so viel Geld verdient und ausgegeben wie beim Film, und nirgends liegen Aufstieg und Fall so nahe beieinander. An Möglichkeiten, in dieses Geschäft einzusteigen, fehlte es in jenen Jahren, da sich der Übergang vom Stummfilm zum Tonfilm vollzog und neue Stoffe, Autoren und Charakterdarsteller gesucht wurden, nicht. Aber man musste die Sprache sprechen, sich rasch anpassen können und einen Typ entweder darstellen oder zu ihm werden können, der den Amerikanern entsprach. Manchen Persönlichkeiten, Marlene Dietrich, Erich Maria Remarque oder Vicki Baum zum Beispiel, gelang das mit stupender Leichtigkeit; andere gingen unter.

Golo Mann mag zeitweise von einer Karriere in diesem Geschäft geträumt haben, von der Abfassung eines Bestsellers, der verfilmt und ihn aller Sorgen entheben würde. Doch er musste sich eingestehen, in dieser Welt ein Fremder zu sein: «Das Emigranten-Ghetto», schrieb er an Manuel Gasser, «meide ich, soweit es ohne eigentliche Grobheit geschehen kann, und gelte bei demselben, mit Recht, als sehr hochmütig; das Film-Gesindel desgleichen. Von der makabren Langeweile dieses Treibens macht man sich gar nicht die richtigen Vorstellungen. Es läuft meist auf eine gewisse besonders alberne Art von Scharadenspiel hinaus. Es ist der ‹Zauberberg›, aber ohne die geistigen Ansprüche desselben.»[132] Die amerikanische Art Erfolg zu haben oder was man dafür hielt, widersprach Golo Manns Wesen. «Ach der Erfolg hier!», schrieb er an Erich von Kahler. «Wir, Sie und ich, lügen zu wenig. Man muß ein sehr machtvolles Genie sein, um als Europäer hier ohne Lügen sein Glück zu machen. Wer es sich schwer macht, macht es auch den andern schwer, und das nehmen die andern (die Amerikaner) einem übel.»[133]

So blieb also wohl nur der Weg ins Lehramt. Ende Juni 1942 schrieb Thomas Mann seiner Gönnerin Agnes E. Meyer: «Vor Golos Augen schwebt jetzt wieder die Fata Morgana eines Lehrjobs im Mittelwesten. Zerrinnt sie, wie die früheren, so wird er wohl kurzen Prozeß machen und sich zur army melden, wie Klaus es schon getan hat. Er ist zwar noch nicht eingezogen, unterzeichnet sich aber immer schon als ‹Uncle Sam's tough boy› – was natürlich ein Purzelbaum der Selbstironie ist. Aber was kann man mehr geben als sich selbst!»[134]

Aus der «Fata Morgana» wurde Wirklichkeit: Vom Herbst 1942 bis zum Sommer 1943, etwa zehn Monate insgesamt, lehrte Golo Mann Geschichte an einem kleinen privaten College in Olivet, Michigan, irgendwo zwischen Chicago und Detroit. Nach allem, was wir über diese Zeit wissen, war die Unterrichtstätigkeit, die hier auf den strebsamen Lehrer wartete, mühevoll und wenig gewinnbringend; jeweils um drei Uhr in der Frühe, weiß Thomas Mann zu berichten, sei der Sohn aufgestanden, um seine Lektionen vorzubereiten.[135] Später hat Golo Mann in einem Brief an einen amerikanischen Kollegen über diese Zeit so geurteilt: «Es war harte Arbeit, allerdings, und die Landschaft war flach und angsteinflößend. Aber es war meine erste Arbeit in Amerika, und ich war froh, sie gefunden zu haben.»[136]

Es scheint, dass sich Golo Mann bereits vor der Übernahme dieser Lehrtätigkeit um die Aufnahme in die amerikanische Armee bemüht hatte. Wie sein Bruder Klaus, der im Januar 1943 seinen Militärdienst antrat, wollte auch Golo Mann seinen Beitrag zur Bekämpfung Hitler-Deutschlands leisten. «Der Wunsch», schrieb Thomas Mann an Agnes E. Meyer, «daß Jung-Amerika sterbe, ‹damit› er in Sicherheit sitzen könne, liegt ihm unendlich fern.»[137] Dass das Dritte Reich angesichts des Machtpotenzials der Vereinigten Staaten und des British Empire in einem Weltkrieg keine Siegeschance hatte, erkannte Golo Mann schon vor Pearl Harbor und vor Hitlers Kriegserklärung an Amerika. An seinen Schweizer Freund Gasser schrieb er im November 1941 über die Zukunftsaussichten Großbritanniens und der USA: «Bedenkt man das Potential des Weltreiches und dieses Kontinents, so kann die Sache eigentlich nur auf eine Weise ausgehen; tut sie es nicht, so ist nicht die materielle Grundlage, sondern ein allerdings bestrafenswerter Mangel an Energie schuld. Wie weit die letztere geht und ob sie ausreichend ist, darüber bin ich mir nicht im klaren. Ich glaube aber, sie wird sich unter dem Druck der Ereignisse entwickeln, und zum Schluß wird sie ausreichen, und das Ende wird sein, wie wir es wünschen.»[138] Und ein halbes Jahr später, noch vor der Niederlage bei Stalingrad, äußerte er sich ähnlich zuversichtlich, machte sich aber bereits Sorgen für die Zeit nach dem Kriegsende: «Die United Nations werden den Krieg gewinnen, und Meister Adolf hat die schönste Zeit seines Lebens hinter sich [...] Die Weltgeschichte wird nun einmal nicht vernünftig gemacht: nur aus wütenden Krämpfen ergeben sich für kurze Zeit halbwegs balancierte Situationen. Eine solche werden wir vielleicht doch erleben, sagen wir zwischen 1948 und 1965. Zunächst, wenn so ein ungeheures Giftgeschwür wie der Nazismus operiert wird, wo soll da wohl gleich nachher die glatte gesunde Haut herkommen?»[139]

Im August 1943 wurde Golo Mann zur Grundausbildung nach Fort McClellan, Alabama, einberufen. Obwohl seiner Veranlagung nach durchaus kein militärischer Typ, fühlte er sich in der Ausbildung wohl. «Was ich zunächst für einen kurzen Traum, Ferien, Irrtum etc. hielt», schrieb er an Kahler, «nimmt langsam Zeit und Realität an und mag ziemlich lange dauern. Ich bedaure es nicht. Es ist mir recht. Ich mag es. Ich habe vitio naturae eine Schwäche für die Atmosphäre, die sich zudem von der entsprechenden europäischen durch ungleich höhere décence und politesse unterscheidet. Man lernt manches, was man sonst nicht erfahren hätte. Man lebt physisch sehr gesund und wenigstens in der Illusion, das Richtige zu tun, was eine angenehme Illusion ist. Wann wird Deutschland ‹zusammenbrechen›?»[140] Auch die Briefe an die Eltern erwähnen den «guten Geist in der Army».[141] Nach Monaten wurde die Ausbildung härter. Der Rekrut musste sich über Abgründen abseilen lassen, er musste «fox holes» graben und sich von Panzern überrollen lassen. «Ich tue eben Dinge», schrieb er, «weil es eben sein muß. Dinge, die ich mir alterndem Federfuchser doch nie zugetraut hätte [...] Die Ausbildung ist jedenfalls gründlich und sinnvoll ...» [142]

Anfang November erhielt Golo Mann das amerikanische Bürgerrecht. «Vergangene Woche», wusste er zu berichten, «wurde ich zum Citizen avanciert, mit 100 andern, nach Ansprache des Generals, des Judge, und der national anthem [...] Über das, was eine Staatszugehörigkeit heute meint, keine Illusionen: aber besser ist besser, und alles geschah mit generöser Effizienz.» [143]

Seine Sprachkenntnisse legten es nahe, den jungen Freiwilligen auf eine nachrichtendienstliche Tätigkeit vorzubereiten: Im Dezember 1943 wurde er dem Office of Strategic Services (OSS) in Washington, D.C., zugeteilt, das im Jahr zuvor gegründet worden war. Hier war es Golo Manns Aufgabe, Informationen von militärischem Wert zu sammeln, zu übersetzen und an seine Vorgesetzten weiterzuleiten. Die launigen Briefe des Soldaten an Erich von Kahler verraten ein distanziertes, leicht ironisch getöntes Verhältnis zum militärischen Beruf. Dasselbe dürfte von den nicht erhaltenen Briefen an seinen Vater gelten, deren Eintreffen in Pacific Palisades dieser in den *Tagebüchern* sorgfältig vermerkte und die ihn offensichtlich sehr erfreuten. «In Wahrheit», antwortete Thomas Mann seinem Sohn, «Du kannst gar nicht genug von Dir hören lassen, ganz gleich, in welcher Laune das geschieht und ob Du wesentlich Neues zu sagen hast. Wir sind immer schon im voraus erleichtert und erwärmt, wenn im Kasten sich etwas von Dir vorfindet, und niemand kann den schelmischen Altersstil, der sich sogar in Deinem Englisch durchsetzt, mehr genießen, als wir beiden recht Einsamen bei unserem Täßchen nach Tische.» [144] Gelegentlich leitete Thomas Mann den Inhalt von Golos Briefen an Agnes E. Meyer weiter, sodass wir einen Widerschein davon besitzen. So meldete er etwa: «Golo berichtet von seinen dienstlichen Erkenntnissen ganz märchenhafte Dinge. Einige Wochen hat er unter den primitivsten Verhältnissen in Wald und Flur verbracht. Plötzlich erhält er Befehl, sich in Washington zu melden, d. h. sich an eine bestimmte Straßenecke zu stellen und, wenn ein Wagen dort hält, zu fragen: ‹Is this the car of Mrs. Smith?›»[145]

Zu den ihm übertragenen Aufgaben hätte sich Golo Mann brieflich gar nicht äußern dürfen. «Darüber», schrieb er einmal, «kann ich nicht viel erzählen, teils, weil ich nicht viel weiß, teils weil ich, auch was ich wüßte, nicht erzählen sollte. Intelligence, aber etwas irreguläre [...] Mir eigentlich weder lieb noch sehr geheuer, denn ich brenne nicht so sehr auf Abenteuer wie zum Beispiel mein Bruder Klaus.»[146] Der amerikanische Nachrichtendienst scheint der Briefpost seiner eigenen Leute kein Misstrauen entgegengebracht zu haben; jedenfalls ist nicht bekannt, dass Golo Mann wegen seines lockeren Umgangs mit der Geheimhaltung gerügt worden wäre.

Zu Weihnachten 1943 wurde Golo Mann kurz beurlaubt und besuchte in Uniform seine Eltern. «Vier Tage war er», schrieb Thomas Mann an Agnes E. Meyer, «in der Coach gereist, um vier Tage bei uns zu sein. Vielleicht ist er der Alleranhänglichste der Kinder, obgleich sie alle starke ‹rückwärtige› Bindungen haben.»[147] Bald sollte der Sohn in Europa zum Einsatz kommen. Im Tagebuch hält Thomas Mann den Augenblick der Trennung fest: «Letzte Mahlzeit mit Golo. Abschied von ihm, schmerzlich. Er geht schwer und mag nicht in den Krieg, fühlt sich als Soldat unnötig.»[148] Auch Erich von Kahler war besorgt darüber, Golo Mann als Frontsoldaten eingesetzt zu sehen: «Könnte man nicht etwas tun», schrieb er an Thomas Mann, «um ihn davor zu bewahren? Er hat genug durchgemacht und würde am Schreibtisch oder auf dem Katheder Wichtigeres, weniger Ersetzliches leisten. Er ist ja nicht der Typ für intelligence-Dienste, in denen es auf große Wendigkeit, journalistische oder psychologisch-politische, ankommt, und anderseits gehört er zu den wenigen, die man – von allem Persönlichen abgesehen – unbedingt für die großen Nachkriegsaufgaben aufgespart wissen möchte.»[149]

Wieder zurück bei der Armee, folgte Golo Mann im eben fertig gestellten Pentagon, dem größten Verteidigungszentrum der Erde, einem Kurs, der sich mit Organisation und Schlagkraft der deutschen Wehrmacht befasste, erteilt von «älteren Herren mit Hornbrillen und (falschen) Bärten über Reporte und Landkarten gebeugt».[150] Wieder galt es, Nachrichten zu verarbeiten. «Die Lektüre vieler hundert inside reports», wusste Golo Mann zu berichten, «war das einzig Lehrreiche, was ich in den letzten Wochen tat: aus ihnen ergab sich ein genaueres Bild des tollen Zustandes Europas, als man es aus den Zeitungen gewinnen kann. So was an Verwirrung, Durcheinandermischung, vielschichtiger Zwietracht, dumpfer Erschöpfung, die mit gar nichts schwanger ist, ist, seit die Welt besteht, noch nicht dagewesen.»[151]

Im Frühling 1944 wurde Golo Mann vom OSS nach London entsandt; Thomas Manns Tagebuch meldet als Ankunftsdatum den 20. April.[152] Die Rückkehr nach Europa erfüllte ihn mit Genugtuung. Erfreut stellte er fest, dass die Redner am Hyde Park Corner nach altem Brauch fortfuhren, ihre Meinungen über den Bierpreis, Gott und den Krieg in völliger Freiheit zu äußern.[153] In London wurde Golo Mann zuerst nachrichtendienstlich beschäftigt und gelangte dann zur deutschen Abteilung der American Broadcasting Station in Europe (ABSIE). Diese Radiostation war dem Office of War Information (OWI) unterstellt, das 1942 auf Anweisung von Präsident Roosevelt begründet worden war. Das OWI koordinierte die Informationspolitik, erließ Weisungen und kontrollierte die von der Regierung produzierten Radioprogramme. Ein wichtiger Teil seiner Aufgabe diente der psychologischen Kriegführung: Man informierte in Radiosendungen dic Bevölkerung von Ländern unter nationalsozialistischer Herrschaft und rief zum Widerstand gegen die Diktatur auf; man warf Flugblätter ab und setzte im Frontbereich Lautsprecherwagen ein. Insgesamt stand allerdings der propagandistische Aufwand in ungünstigem Verhältnis zur Wirkung. Es konnte nur jener Teil der deutschen Bevölkerung erreicht werden, der technisch in der Lage war, die Sendungen zu empfangen, und mutig genug, das staatliche Abhörverbot zu missachten. Sosehr man versuchte, einen Keil zwischen Bevölkerung und Diktaturstaat zu treiben, den Wehrwillen zu schwächen und die Kriegsdauer abzukürzen – die Propaganda der Nazis obsiegte, indem sie zuletzt noch den Einsatz von Wunderwaffen und den Endsieg in Aussicht stellte.

In der German Section des ABSIE wirkten mehrere deutsche Emigranten mit. Chef war der zum US-Bürger gewordene Robert Bauer; Golo Mann wurde zu seinem Stellvertreter ernannt.[154] Er gewann sich rasch das Vertrauen des OWI, übersetzte Texte ins Deutsche, las Nachrichten und schrieb in eigener Verantwortung Kommentare. Dem Historiker Tilman Lahme ist es gelungen, einzelne dieser Kommentare, die Golo Mann selbst für verloren hielt, ausfindig zu machen.[155] So wandte sich der junge Historiker etwa unter dem Titel «Ein Wort zur Lage in Deutschland» mit folgenden Worten gegen die Behauptung der nationalsozialistischen Propaganda, die Westmächte hätten Deutschland seinen «Platz an der Sonne» nicht gegönnt: «Daß Deutschland die wirtschaftlich führende Macht Europas und die stärkste Macht Mitteleuropas sein würde, war längst zugestanden. Und so wurden die Befestigung des Rheinlandes und die Annexion Österreichs geduldet. Aber die Nazi-Führer wollten mehr, viel mehr. Sie lachten Hohn über das, was sie für demokratische Schwäche und Feigheit hielten, und so gingen sie weiter und immer weiter bis dahin, wo nichts anderes sein konnte als der Krieg.»[156]

Im Weiteren bemühte sich Golo Mann, die Deutschen auf den Zustand nach dem Krieg vorzubereiten und ihnen die Ängste zu nehmen, die zu Jahresbeginn 1943 in der Konferenz von Casablanca geweckt worden waren, als Roosevelt und Churchill die Forderung nach bedingungsloser Kapitulation («unconditional surrender») gestellt hatten.[157] Dass die nationalsozialistische Propaganda diese Forderung dazu nutzte, den Kriegswillen der Deutschen nochmals anzustacheln, erstaunt nicht und erschwerte die Aufgabe der «psychological warfare». In seinen Kommentaren ließ Golo Mann keinen Zweifel daran, dass der nationalsozialistische Staat und seine Exponenten vernichtet werden müssten. Der deutsche Staat, stellte er fest, habe als politische und militärische Macht ausgespielt. Aber: «Für ein neues Reich, ein Deutschland, das seine Grenzen kennt und die Grenzen anderer Völker achtet, wird einmal wieder Platz sein, vorausgesetzt, dass die Deutschen es ernsthaft wollen.»[158] Und er forderte die Deutschen dazu auf, den Krieg zu beenden: «Noch ist viel Reichtum in Deutschland. Häuser und Maschinen und Vieh und Ackerland, das vom Krieg so gut wie verschont wurde. Ob das alles zerstört werden wird oder nicht, wird für Deutschland einen großen Unterschied machen [...] Es ist Zeit, das Spiel zu beenden. Und wo die Nazis nicht Schluß machen, da machen die Alliierten Schluß.»[159]

Seine Radiotätigkeit hat Golo Mann später skeptisch beurteilt. «Dafür saß ich», schrieb er in einem Brief, «in London am Radio und hielt Reden gegen Hitler, die aber in Deutschland insgesamt vielleicht zwölf Menschen gehört haben, und die brauchten meine Weisheit nicht, denn sie wußten selber genug, oder sie hätten mich nicht hören wollen. Und dann gingen alle Manuskripte auch verloren.»[160] Diese kritische Einschätzung stimmt mit dem Befund der aktuellen Forschung überein: «Wer nicht schon Gegner des Nationalsozialismus war», schreibt Conrad Pütter, «wurde es wohl kaum dadurch, daß er die deutschsprachigen Sendungen des Auslandes, etwa die der BBC, die wohl insgesamt den größten Hörerkreis erreichte, abhörte [...] Das Ziel, die Dauer des Krieges zu verkürzen und damit zahlreiche Menschenleben zu retten, wurde nicht erreicht.»[161]

An der alliierten Invasion in der Normandie vom 6. Juni nahm Golo Mann nicht teil. Weihnachten 1944 feierten er und seine Schwester Erika, die als Reporterin bei der Invasion und der Befreiung von Paris dabei gewesen war, in der englischen Hauptstadt. Noch während in Frankreich und an der Ostfront die Rückzugsschlachten der deutschen Wehrmacht tobten, trafen schon vereinzelt Besucher aus der Schweiz in London ein, so etwa der Politiker Hans Oprecht, der Bruder des Verlegers. Sie erschienen Golo Mann wie Sendboten einer heilen Welt, wie Tauben aus der

Arche Noah.[162] Bruder Klaus stand zur selben Zeit mit den amerikanischen Truppen an der italienischen Front.

Auf dem europäischen Kontinent kam Golo Mann erst in der Schlussphase des Krieges zum Einsatz. Er wurde beim militärischen Sender Radio Luxemburg eingesetzt, der den Amerikanern im September 1944 fast unversehrt in die Hände gefallen war. Von hier aus besuchte er das befreite Paris und unternahm, nachdem die alliierten Truppen im Oktober 1944 Aachen erobert und im März des folgenden Jahres den Rhein überschritten hatten, mehrere kürzere Informationsreisen nach Deutschland.

Chef der deutschen Sektion des Propagandasenders Luxemburg war Hans Habe, Hauptmann der amerikanischen Armee, Journalist und Erfolgsschriftsteller.[163] Ein anderer Emigrant im amerikanischen Kriegsdienst, der Schriftsteller Stefan Heym, hat die deutsche Abteilung von Radio Luxemburg so geschildert: «... der innere Kern, der die eigentliche Arbeit leistet, besteht aus Literaten und Journalisten, Universitätsprofessoren und Germanistikstudenten; Flüchtlinge aus Deutschland und Österreich, die meisten von ihnen und kürzlich erst in den USA eingebürgert. Die einen besitzen mehr, die andern weniger Fertigkeit als Schriftsteller, einige haben auch das Handwerk noch nie ausgeübt, sie arbeiten sich aber schnell ein.»[164] Golo Mann war in Luxemburg einem Oberstleutnant Rosenbaum unterstellt, einem «braven Moralisten», wie er feststellt, «der seine deutschen Zuhörer, wenn es solche gab, grob beschimpfte, zumal nach der Entdeckung von Auschwitz [...] Seitdem hielt Rosenbaum mich für einen unverbesserlichen Deutschenfreund, was meinem komplizierten Seelenzustand gar nicht entsprach.»[165]

An vorderer Front ist Golo Mann, im Gegensatz zu seinem Bruder, nie im Einsatz gewesen, und er wurde, von einem Autounfall abgesehen, nie verletzt. «Tatsächlich habe ich nie», hat der Historiker im Rückblick bemerkt, «mit der Waffe in der Hand gegen deutsche Soldaten gekämpft, es hat sich nie so gefügt. Aber ich hätte durchaus nichts dagegen gehabt. Man kämpfte hier nicht gegen deutsche Soldaten, sondern gegen die Macht des Scheusals Adolf Hitler, der diese Menschen, ob sie wollten oder nicht, sich fügen mußten; aber die Macht mußte gebrochen werden.»[166]

Nach der Niederlage Hitler-Deutschlands wurde Golo Mann im Spätherbst 1945 nach Bad Nauheim nördlich von Frankfurt versetzt, um dort beim Aufbau des Senders Radio Frankfurt, dem Vorläufer des späteren Hessischen Rundfunks, mitzuwirken. Es ging hier nicht mehr, wie noch in Luxemburg, darum, Propagandasendungen auszustrahlen, sondern ein Team von deutschen Radioleuten heranzubilden, das möglichst bald selbständig arbeiten konnte. Golo Mann waren einige deutsche Emigranten unterstellt, Intellektuelle von unterschiedlicher politischer Gesinnung. Einer von diesen, der Germanist Hans Mayer, später Literaturprofessor in Leipzig, dann erneut Emigrant, hat sich in seinen Memoiren über den Chef geäußert: «Golo Mann ist kein Mensch für den praktischen Alltag [...] In den wichtigen Angelegenheiten aber war mein Zensor ein guter Organisator. Er überschaute die Machtpositionen und Intrigen eines Rundfunkhauses genau so genußvoll wie später die Ränke seines Wallenstein.»[167] Der Historiker hat später in einem Brief an Hans Mayer bemerkt, dieser habe die Bedeutung seiner Vorgesetztenrolle überschätzt; er habe kein eigentliches Programm gehabt, und es sei ihm bei Radio Frankfurt bloß darum gegangen, dass Leute von unterschiedlicher politischer Anschauung es zusammen «etwas nett» hätten.[168] Die Mitarbeiter konnten durchaus, wie Mayer und der zeitweise zugezogene Stephan Hermlin, marxistisch orientierte Journalisten sein – zumindest zu Beginn. Doch warf der Kalte Krieg bereits seinen Schatten voraus: Deutlich prosowjetische Kommentare sollten vermieden werden. In diesem Punkt scheint es zwischen Golo Mann und Hans Mayer gelegentlich zu Meinungsverschiedenheiten gekommen zu sein. «Vielleicht hielt Hans Mayer mich», erinnerte sich Golo Mann später, «für ein bißchen harmloser oder gutmütiger, als ich war, aber ich sagte: ‹Doktor, das lasse ich Ihnen nicht durchgehen.› Da lachte er und dann lachte ich auch, und dann haben wir es herausgestrichen.»[169]

Neben den deutschsprachigen Emigranten wurden auch Deutsche beigezogen, die nachweislich keine Nationalsozialisten gewesen waren. Unter diesen befanden sich der Historiker Otto Vossler und der Journalist Dolf Sternberger, die beide mit Golo Mann befreundet blieben. Im erfolgreichen Demokratisierungsprozess kam dem Radio, so sah es der Historiker, eine wichtige Rolle zu. «Es war eine erste Stufe der unmittelbaren Nachkriegszeit», meinte er später, «und dann kamen andere Stufen, und dann kamen allmählich tief veränderte Zeiten. Aber ich möchte sagen, der Geist, aus dem heraus die Bundesrepublik geboren wurde, den gab es in diesen Rundfunkstationen Frankfurt, München, Berlin oder was sie waren, damals schon.»[170]

Golo Mann war inzwischen zum Sergeanten befördert worden, was der Vater in Pacific Palisades mit Befriedigung vermerkte.[171] Im Januar 1946 wurde er auf eigenen Wunsch aus der Armee entlassen, über ein halbes Jahr vor seinem Bruder Klaus. Er versah noch einige Zeit das Amt eines zivilen Kontrolloffiziers. Befriedigt schrieb Thomas Mann an Agnes E. Meyer: «Danke, daß Sie nach den Söhnen fragen. Sie sind beide discharged, bleiben aber im Civil-Dienst, beide in Europa, Klaus in Rom, wo Film-Interessen ihn festhalten, und Golo in Bad Nauheim, das ein Zentrum des Intelligence Service zu sein scheint. Er ist materiell viel besser gestellt als vorher (Majors-Gehalt), und seine broadcasts sind sehr angesehen, nicht nach seiner eigenen Behauptung, sondern nach allem, was ich von anderer Seite höre.»[172]

Ein Zeit lang scheint sich Golo Mann noch mit dem Plan beschäftigt zu haben, die ihm angebotene Stellung eines Leiters der deutschen Abteilung der Voice of America mit Sitz in New York anzunehmen.[173] Doch Ende 1946 schrieb Thomas Mann an Agnes E. Meyer: «Der Civil Oberstleutnant ist des falschen Herrendaseins in Deutschland, eines verwöhnenden und geistig herunterbringenden Daseins, wie er sagt, endgültig müde und wird nicht dorthin zurückkehren. Er schwankt zwischen einer Professur (für die er, glaube ich, geboren ist) und einem finanziell vorteilhafteren education job, den das State Department ihm anbietet.»[174] Zu Weihnachten 1946 traf Golo Mann in Pacific Palisades ein. Im Herbst 1947 übernahm er eine Professorenstelle am Men's College in Claremont, Kalifornien.

III. Der Wanderer zwischen den Welten

«Zu wandern ist das Herz verdammt,
Das seinen Jugendtag versäumt ...»

Conrad Ferdinand Meyer,
Lenzfahrt

1. Das Erstlingswerk: *Friedrich von Gentz*

Während des Aufenthalts im amerikanischen Exil vollendete Golo Mann sein erstes Buch zu einem historischen Thema: eine Biographie des Publizisten und Diplomaten *Friedrich von Gentz,* den die Geschichte als Sekretär des Wiener Kongresses kennt. Die Arbeit beschäftigte den Autor während etwa sechs Jahren. Er begann 1936 in der Schweiz mit der Niederschrift und schloss das Typoskript 1942, vor seinem Eintritt in die amerikanische Armee, ab. Schon im Herbst 1933, als Golo Mann damit beschäftigt gewesen war, einen Teil der väterlichen Bibliothek nach Zürich zu transferieren, war er auf eine mehrbändige Ausgabe mit Briefen des Friedrich von Gentz gestoßen. Der Name des Autors war ihm fremd, doch Inhalt und Stil der Korrespondenz sprachen ihn an, und eine gewisse Übereinstimmung der damaligen mit den aktuellen Zeitumständen begann ihn zu fesseln. «Hier fielen mir», hat Golo Mann später bemerkt, «Parallelen zu meiner eigenen Zeit auf. Sicher doch, jede Epoche ist einzigartig, was aber nicht heißt, daß keinerlei Vergleiche mit anderen, lägen sie auch hundertzwanzig Jahre zurück, aus ihr zu ziehen wären. Nur durch Vergleiche ist das Einmalige zu erkennen.»[1]

Die Entstehung der *Gentz*-Biographie lässt sich in der Widerspiegelung durch Thomas Manns Tagebücher verfolgen. Im Dezember 1936, zur Zeit, als der Schriftsteller in Küsnacht seinen Antwortbrief an den Dekan der Universität Bonn entwarf, trug der Sohn dem Vater erstmals einen Abschnitt aus seiner Biographie vor. Der Tagebuch-Kommentar Thomas Manns lautet freundlich, aber noch etwas vorsichtig: «Vorlesung Golos in meinem Zimmer aus seinem Gentz-Buch: die Einleitung und einiges Weitere. Recht reizvoll.»[2] Solche Lesungen folgten in größeren Abständen, zuerst in Zürich und dann in den USA. «Großes Stück aus Golos ‹Gentz›, ausnehmend gescheit und beziehungsvoll»[3], notiert Thomas Mann im Sommer 1938 schon spürbar interessiert, und im April 1942, in Pacific Palisades, findet sich der Vermerk: «Abends Vorlesung Golos aus seinem Gentz-Buch. Namentlich das Schluß-Resumée lobenswert.»[4] Bereits 1938 war Golo Mann in *Maß und Wert* mit einem Aufsatz unter dem Titel «Gentz und die Französische Revolution» hervorgetreten.[5] Doch den größten Teil seines Buches dürfte der Autor in den USA, während seines etwa einjährigen Aufenthalts im kalifornischen Heim der Eltern, verfasst haben, vor dem Amtsantritt im Olivet College. Er arbeite an seinem Buch «mit Hochdruck», ließ er im Oktober 1941 Erich von Kahler wissen, der sein Schaffen aufmunternd verfolgte und dem Autor bei der Durchsicht des Textes und bei der Suche nach einem Verlag zur Seite stehen sollte.[6]

Golo Mann schrieb in deutscher Sprache; aber vorgesehen war, wie die Zeitumstände nun einmal lagen, eine Erstauflage in amerikanischer Übersetzung. Auch zielte der Verfasser auf ein amerikanisches Publikum: Er führte mit Umsicht in die europäische Thematik ein, schrieb allgemein verständlich und mit lebendiger, zupackender Anschaulichkeit und verzichtete auf akademische Gepflogenheiten wie die kritische Diskussion des aktuellen Wissensstandes. Der Autor pflegte das sprechende Zitat, die erhellende Anekdote und das charakteristische Detail – wozu sich der bewegte Lebensgang des Friedrich von Gentz, in dem Ausschweifung und Disziplin, Euphorie und Depression sich spannungsvoll verbanden, anbot. «Den Amerikanern», hat Golo Mann später seinem Historikerkollegen Karl Dietrich Bracher gegenüber bemerkt, «wollte ich es so leicht wie möglich machen, daher das Fehlen von Anmerkungen …»[7] Das Buch erschien unter dem Titel *Secretary of Europe. The Life of Friedrich von Gentz* 1946 bei Yale University Press; das deutschsprachige Original wurde ein Jahr später in erster Auflage von Oprechts Europa-Verlag herausgebracht.[8] Zu den Ersten, die Golo Mann nach Erscheinen der englischen Ausgabe beglückwünschten, gehörte sein Vater: «Der Gentz hat mich», schreibt dieser, «eine ganze Woche lang […] beschäftigt und unterhalten. Ich muß sagen, es ist selbst in der Übersetzung, die es doch etwas einebnet und einem bestimmten westlichen Buch-Typus ähnlich macht, ein vortreffliches, wohltuend gescheites, geistig originelles, faszinierendes Buch, das seinem Verfasser alle Ehre macht und ihm gewiß auch praktisch Ehre machen und Förderung bringen wird.»[9]

Wer war dieser Friedrich von Gentz, dem Golo Mann sein Erstlingswerk widmete? Im Jahre 1764 in Breslau geboren, studierte der spätere Publizist und Diplomat in Königsberg die Rechtswissenschaften, begeisterte sich für die aufgeklärten Ideen von Kant und Rousseau und begrüßte den Ausbruch der Französischen Revolution. Im Jahre 1791 las er Edmund Burkes *Reflections on the Revolution in France*, eine scharfe Kritik am jakobinischen Radikalismus und ein Kerndokument des Konservativismus. Er übersetzte das Werk ins Deutsche und änderte seine politische Einstellung, ohne freilich den Glauben an die Vernunft, den Kant ihn gelehrt hatte, zu verleugnen.

Die Übersetzung von Burkes Werk fand lebhafte Zustimmung nicht nur an Fürstenhöfen; sie erhielt zusätzliche Glaubwürdigkeit auch durch den Gang der Ereignisse in Frankreich, der über Krieg und Bürgerkrieg zum Tuileriensturm, zur «Terreur» und zur napoleonischen Diktatur führte. Gentz begann nun seine publizistischen Fähigkeiten im Kampf gegen Frankreichs Hegemoniebestrebungen zu entfalten. Nachdem Napoleon 1799 an die Macht gelangt war, erhielt er erstmals Geld von den Engländern, die durch seine publizistische Tätigkeit den Widerstand gegen das napoleonische Frankreich auf dem Kontinent zu stärken suchten. Auch später schrieb er immer wieder im Sold von Auftraggebern: «Er ließ sich», meint einer seiner Freunde, Varnhagen von Ense, «seine Dienste bezahlen, und ungeheuer bezahlen; aber käuflich war er nicht.»[10]

Im Jahre 1802 trat Gentz als kaiserlicher Rat in den österreichischen Staatsdienst, und als Metternich sieben Jahre später Außenminister wurde, holte er ihn als Mitarbeiter in die Staatskanzlei. Der politische Schriftsteller gewann Zugang zum inneren Zirkel der Macht, dem Bürger öffnete sich die aristokratische Gesellschaft. Metternich, obwohl ein völlig anderer Charakter, war seinem Untergebenen während fast drei Jahrzehnten in Freundschaft zugetan und teilte manche seiner Überzeugungen. Er erkannte dessen Begabung, einen Sachverhalt mit dem Blick für das Wesentliche darzustellen, und er wusste diese Begabung zu zügeln, indem er sie in seine Dienste nahm. Zugleich ertrug er die wechselnden Launen des empfindsamen Intellektuellen und zahlte dessen Schulden. Innenpolitisch konservativ und weit entfernt davon, das Ideengut der Französischen Revolution auch nur gefiltert in Reformen einfließen zu lassen, betrieb Metternich gegenüber Napoleon eine Politik vorsichtigen Taktierens, um Österreich möglichst aus den Kriegswirren herauszuhalten und um für die Stunde der Befreiung gewappnet zu sein.

Nach dem Sturz Napoleons versammelten sich die Staatsmänner der europäischen Staaten mit ihren Delegationen zum Wiener Kongress, der im Juni 1815 seinen Abschluss fand. Bei der Abwicklung der Gespräche zwischen den Vertretern der fünf europäischen Großmächte Russland, Großbritannien, Österreich, Preußen und Frankreich machte sich Gentz als unablässig tätiger, sprachenkundiger, gewandt vermittelnder Geist unentbehrlich. Die Verhandlungen führten zu einem Vertragswerk, das der Idee des europäischen Gleichgewichts verpflichtet war und eine Friedensordnung schuf, die über drei Jahrzehnte hin den Krieg in Europa verhindern sollte.

Einer Wiederholung jenes Hegemonialbestrebens den Riegel vorzuschieben, mit dem Napoleon Europa ins Elend gestürzt hatte, und revolutionären Bewegungen, in deren Natur es anscheinend lag, den Frieden zu gefährden, entgegenzutreten – dies war das Ziel des Friedrich von Gentz. Daher wandte er sich auch gegen jene in Deutschland virulenten nationalistischen Tendenzen, die im Gefolge der Niederlage Napoleons wirksam wurden. Die Vertreter dieser neuartigen deutschen Nationalbewegung empfanden den Befreiungskampf als Sieg des Volkes, dem sie als dem Träger eines künftigen Nationalstaats eine neue Rolle zuweisen wollten. Gentz und Metternich erschien dieser Nationalismus seinerseits wieder als revolutionär, da er die Legitimität der dynastisch regierten Staaten zu untergraben drohte; daher traten sie dem Reichsgedanken entgegen und setzten sich für die Schaffung eines losen deutschen Staatenbundes ein.

Als im Jahre 1817 patriotische Burschenschaften auf der Wartburg zusammentrafen, tadelte Gentz deren Unreife und Überspanntheit und sah in ihren Reden «das Werk der dichtenden Einbildungskraft weit mehr als des ordnenden Verstandes».[11] Dem polyglotten «Sekretär Europas» ging es letztlich nicht um das Nationale, sondern um den internationalen Geist gegenseitiger Anerkennung; falls solcher Geist nicht die Oberhand behalte, bemerkt er einmal mit fast prophetischem Ahnungsvermögen, «wird eine Wildnis voll blutiger Ruinen das einzige Vermächtnis sein, das unserer Nachkommenschaft wartet»[12].

Mit der Julirevolution des Jahres 1830 gelangte in Frankreich Louis-Philippe an die Macht. Im Gefolge der Pariser Ereignisse kam es zu Unruhen in Belgien, Polen, Italien, auf der Iberischen Halbinsel, in Deutschland und der Schweiz, die indessen nirgends die Friedensordnung des Wiener Kongresses umstürzten. Friedrich von Gentz sah im «Bürgerkönig» einen Garanten der Stabilität. Dem gemäßigten Konstitutionalismus, wie er ihn aus England kannte und nun durch Louis-Philippe verkörpert fand, konnte er zustimmen. Hierin urteilte er offener als Metternich, ohne freilich zu den liberalen Positionen seiner Frühzeit zurückzukehren. Konservativ blieb er, konservativ in einem auf den Ausgleich bedachten Sinne, der sich in einem berühmten Brief ausdrückt, den er im Alter von dreiundsechzig Jahren an eine Jugendfreundin schrieb: «Die Weltgeschichte», heißt es darin, «ist ein ewiger Übergang vom Alten zum Neuen. Im steten Kreislaufe der Dinge zerstört alles sich selbst, und die Frucht, die zur Reife gediehen ist, löset sich von der Pflanze ab, die sie hervorgebracht hat. Soll aber dieser Kreislauf nicht zum schnellen Untergang alles Bestehenden, mithin auch alles Rechten und Guten führen, so muß es notwendig neben der großen, zuletzt immer überwiegenden Zahl derer, welche für das Neue arbeiten, auch eine kleinere geben, die mit Maß und Ziel das Alte zu behaupten und den Strom der Zeit, wenn sie ihn auch nicht aufhalten kann noch will, in einem geregelten Bette zu erhalten sucht. In Epochen gewaltiger Erschütterungen wie die unsere nimmt der Streit zwischen beiden Parteien einen leidenschaftlichen, überspannten, oft wilden und verderblichen Charakter an; das Prinzip bleibt jedoch immer das nämliche, und die Bessern auf beiden Seiten wissen sich vor den Torheiten und Mißgriffen ihrer Bundesgenossen wohl zu verwahren.»[13]

In seinen politischen Ansichten entfernte sich Gentz im Alter zunehmend von Metternich; weitsichtiger als dieser, sah er eine Zukunft heraufkommen, deren Probleme – Industrialismus, Nationalismus, Arbeiterfrage – neuer Lösungen bedurften. In den späten Jahren las er die Schriften der liberalen Juden Heine und Börne, deren Stil er ebenso sehr bewunderte, wie er ihre politische Haltung ablehnte, und er verfolgte den Gang der Geschichte, wie seine Aufzeichnungen bezeugen, mit nachdenklichem Skeptizismus. Friedrich von Gentz starb in seiner eleganten Villa in Weinhaus bei Wien am 9. Juni 1832.

Dass der junge Historiker Golo Mann sich mit der Persönlichkeit des Friedrich von Gentz befasste und auch während seines amerikanischen Exils von diesem Thema nicht abließ, hatte verschiedene Gründe. Zweifellos reizte ihn eine gewisse Analogie der Zeitumstände. Die erste geschichtliche Erfahrung, die der Exilant hatte machen müssen, war die von der Fragilität rechtmäßiger politischer Institutionen angesichts des Machttriebs eines skrupellosen Tyrannen gewesen und von der Schwäche der Bürger, ja der Staaten, welche sich diesem Tyrannen auslieferten oder ihn gewähren ließen. «Es ging», hat Golo Mann später einem Briefpartner gegenüber bezeugt, «um eine historische, literarische Transposition meiner eigenen Erfahrungen als junger Emigrant, der an der ‹Appeasement-Politik› litt und den Krieg als unvermeidlich ansah, wenn man nicht beizeiten einschritte, was man hätte tun können und nicht tat. So kam ich auf den ‹Gentz› und war völlig fasziniert von ihm. Als ich bei den letzten Kapiteln war, nach ‹Pearl Harbor›, war der Krieg nicht nur da, ich zweifelte auch nicht mehr daran, daß er mit der Vernichtung Hitler-Deutschlands enden würde.»[14]

In Golo Manns *Gentz* finden sich in der Tat zahlreiche, oftmals aphoristisch zugespitzte Passagen, in denen die europäische Geschichte zwischen Revolution und Restauration durch das Objektiv der Gegenwartserfahrung gesehen wird. So denkt der Leser unwillkürlich an die Zustände in der Weimarer Republik, wenn der Historiker schreibt: «Die Freiheit geht nicht an den Pressegesetzen und geht am wenigsten an Männern wie Gentz zugrunde. Wo sie zugrunde geht, da kann man hundert gegen eins wetten, daß es ihre eigene Schuld ist. Sie geht daran zugrunde, daß sie nichts mit sich anzufangen weiß.»[15] Und was Golo Mann zu den Feldzügen Napoleons äußert, inspiriert sich an der Erfahrung von Hitlers Expansionspolitik: «Je weiter er vordrang, desto weiter lockte es ihn [...] Was war sein Reich in historischer Wahrheit? Es war eine bis zum äußersten verfolgte bloße Gelegenheit.»[16] Und welcher Leser dächte nicht an die Appeasement-Politik der Engländer und Franzosen, wenn Mann sich zur Nachgiebigkeit gegenüber Napoleon mit folgender Bemerkung äußert: «Es wird dem, der lange Zeit Fehler auf Fehler gehäuft hat, bevor er ganz ruiniert ist, selten an

Gelegenheit fehlen, den Weg des Bösen zu verlassen und spät noch das Rettende zu tun. Es ist aber nicht wahrscheinlich, daß er sie benutzen wird, weil er sie ja andernfalls schon viel früher hätte benutzen können und den langen Weg des Bösen gar nicht zu diesem Punkt gegangen wäre.»[17]

Die napoleonische Epoche als Entsprechung zum Dritten Reich oder umgekehrt? Vor solcher Annäherung und Gleichstellung hat Golo Mann immer gewarnt, wie es ihm in seinem gesamten geschichtlichen Werk überhaupt darum ging, das jeweils Singuläre bestimmter Phänomene hervorzuheben. Stets hat der Historiker den französischen Kaiser vom deutschen «Führer» dadurch deutlich und unmissverständlich abgehoben, dass er in diesem eine Ausgeburt des Nihilismus, in jenem aber den Träger zukunftsweisender Ideen sah, die zur politischen, juristischen und administrativen Neugestaltung des modernen Europa entscheidend beitrugen. «Als ich an Gentzens Biographie ging», hat Golo Mann später bemerkt, «wollte ich die beiden Personen, Napoleon und Hitler, durchaus nicht nebeneinander sehen; der Abgrund zwischen ihnen ist gar zu tief.»[18] Vergleiche waren dann angebracht, wenn sie zur Erhellung eines Sachverhalts beitrugen; sie waren untauglich oder gar gefährlich, wenn sie die Unterschiede verwischten oder zum Zweck moralischer Entlastung eingesetzt wurden. «Als ich das Buch schrieb», bemerkt der Historiker im Vorwort zur zweiten Auflage seines *Gentz,* «stand ich unter dem Eindruck eines anderen, ungleich häßlicheren Lehrganges. Davon ist eine Menge mit eingegangen. Natürlich wurde ein Vergleich niemals ausgesprochen; er – nämlich der Vergleich zwischen Napoleons und Hitlers ‹neuer Ordnung› – wurde sozusagen diskret aufgedrängt. Er stimmte weniger als halb, wessen ich mir auch bewußt war; bis zum Erstaunlichen in der schieren Machtmechanik; in anderen Beziehungen keineswegs. Im ersten, noch vor 1939 geschriebenen Teil ging es mir vor allem um das Verhalten des alten Europa gegenüber Napoleon; die hoffnungslose ‹Beschwichtigungspolitik› und den Kampf, den Gentz gegen sie führte.»[19]

Im Bedürfnis des Menschen, zu vergleichen, erkannte Golo Mann freilich auch eine wichtige Wurzel des historischen Interesses. «Wäre die Vergangenheit der Gegenwart radikal unähnlich», schreibt er in der Einleitung zur ersten Ausgabe des *Gentz,* «so wäre sie uns gleichgültig und fremd. Umgekehrt, böten die Gegenwart und jede Vergangenheit wesentlich dasselbe Bild, so wären historische Bücher langweilig. Das Interesse liegt in der unentwirrbaren Verbindung von Ähnlichkeit und Unterschied, von ewig Wiederkehrendem und Individuellem.»[20] Damit ist in nuce der Kern von Golo Manns geschichtlicher Anthropologie umrissen, die den Menschen als Konstante im ständigen Wandel des Geschehens sieht.

Mit dieser Grundauffassung Golo Manns verband sich, wie schon im *Gentz* deutlich gemacht wird, des Autors Überzeugung, dass Geschichte nicht vorhersehbar, nicht durch innere Notwendigkeit oder Gesetzmäßigkeit determiniert sei. Mehrmals kommt der Historiker kritisch auf den Philosophen Hegel zu sprechen, den Zeitgenossen Napoleons, den er durch die Arbeit an seiner Dissertation gut kannte. Hegel sah das Ziel des historischen Prozesses darin, dass die in der Welt immanente Vernunftidee, der Weltgeist, zur konkreten Gestalt gelangte. Die jeweilige Gegenwart, gleichviel, ob sie dem Menschen Glück oder Leiden, Frieden oder Krieg brachte, war für ihn Ausdruck dieser Idee und insofern als vernünftig zu akzeptieren. Das Ideale und das Reale, Recht und Macht, fielen so zusammen. Einzelne Individuen wirkten bloß mehr oder weniger bewusst als Rädchen im Getriebe der Geschichte mit. Die großen Persönlichkeiten aber zeichneten sich dadurch aus, dass sie den Willen des Weltgeistes vollkommen verkörperten, dass, wie Hegel sagt, «deren eigene partikulare Zwecke das Substantielle enthalten, welches Wille des Weltgeistes ist»[21]. Im Geschichtsbild des Philosophen wurde die moralische Verantwortung des Individuums, die Unabhängigkeit seiner freien Entscheidung aufgehoben in der übergeordneten Idee des zur Erkenntnis seiner selbst gelangenden Weltgeistes: «Das Böse ist bei

Hegel», wie Theodor Schieder einmal gesagt hat, «im Grunde in der Geschichte nicht existent, es wird unter die Macht der Idee gezwungen.»[22]

Dass Friedrich von Gentz ganz anders dachte als Hegel, das versuchte Golo Mann mit seiner Biographie deutlich zu machen. Von jenem Zukunftsoptimismus, der die Französische Revolution und den Aufstieg Napoleons als höhere Notwendigkeit begriff, sich der Faktizität des Gegenwärtigen beugte und dem Widerspruch und der Erwägung alternativer Möglichkeiten verschloss, war Gentz in der Tat weit entfernt. «Seine Disziplin», schreibt Golo Mann, «war nicht die einer Schule, sondern des starken, freien Verstandes.»[23] Und genau das war es, was Golo Mann am «Sekretär Europas» vor allem faszinierte: dass dieser weder ein Parteimann mit fest gefügten Ansichten noch ein Opportunist mit persönlichen Interessen noch auch ein Träumer mit realitätsfremden Visionen war, sondern ein unabhängiger Geist, der sich von der Vielschichtigkeit der historischen Wirklichkeit Rechenschaft gab, der die Möglichkeiten, die er sah, pragmatisch prüfte und die Lösungen, die er vorschlug, immer auch der Selbstkritik aussetzte.

Was Golo Mann an Gentz ebenfalls beeindruckte, war dessen Fähigkeit, ein politisches Teilproblem aus dem Blickwinkel des gesamteuropäischen Interesses zu sehen. Tatsächlich war beim Wiener Kongress etwas möglich geworden, woran das Europa der Zwischenkriegszeit trotz der Sanktionen und Abrüstungsgespräche des Völkerbundes und trotz der Paneuropa-Idee des Grafen Coudenhove-Kalergi kläglich gescheitert war. Die Staatsmänner des Wiener Kongresses hatten aus der Erfahrung des französischen Hegemoniestrebens gelernt. Man besann sich auf das gemeinsame europäische Erbe, das es durch ein sorgfältig ausbalanciertes Gleichgewicht der Mächte zu sichern und durch die Integration Frankreichs zu gewährleisten galt. Man beließ den einzelnen Staaten ihre absolutistische Regierungsform, war aber bei aller restaurativen Tendenz vom Willen beseelt, eine Rückkehr in das kriegerische 18. Jahrhundert zu verhindern. Von den in Wien versammelten Vertretern der großen europäischen Nationen erhoffte sich Gentz, dass sie zugleich europäische Politiker waren: «Ein deutscher Politiker», schreibt Golo Mann, «musste für ihn zugleich ein europäischer sein, verantwortlich für die Freiheit Europas von jeder, auch von deutscher Unterdrückung.»[24] Diese Idee des Friedens und der kollektiven Sicherheit prägte die Kongressdiplomatie, verlor sich dann allerdings im Verlauf des 19. Jahrhunderts. «Sie war der Ausdruck», schreibt Walter Bussmann, «einer übernationalen konservativen Solidarität, die gleichsam eine Reaktion auf die übernationalen Kräfte der Aufklärung, der Revolution und des Empire darstellte.»[25]

Innenpolitisch hielten Metternich und Gentz an der Vorstellung des Obrigkeitsstaates, der «konstitutionellen Monarchie» fest, die weit von einer Regierung durch demokratisch gewählte Volksvertreter entfernt war. Den dynamischen Haupttriebkräften ihrer Zeit, der von Nordamerika und Frankreich ausgehenden Revolutionsidee und der von England auf den Kontinent übergreifenden industriellen Revolution, begegneten sie mit defensiven, verzögernden und stabilisierenden Maßnahmen. Langfristig boten sie keine Lösungen an, und restauratives Traditionsbewusstsein und biedermeierliche Behaglichkeit täuschten nur notdürftig über die anstehenden politischen und sozialen Fragen hinweg.

Am Beispiel des Friedrich von *Gentz* dürfte Golo Mann erstmals mit einer Europa-Vorstellung in Berührung gekommen sein, die ihm, mutatis mutandis, auch für die Regelung der europäischen Verhältnisse nach 1945 geeignet schien. Diese Vorstellung, hoffte er, müsste sich föderalistisch an den historisch gewachsenen Realitäten orientieren und damit dem expansiven und gleichmacherischen Geltungsanspruch der kommunistischen Ideologie entgegentreten. In dieser Richtung suchte Golo Mann auch zu wirken, als er kurz nach Kriegsende einer der ersten kulturellen Zeitschriften, der von Dolf Sternberger herausgegebenen *Wandlung,* einen Aufsatz über Gentz zum Abdruck überließ.[26]

Am Schluss seiner Biographie sucht Golo Mann das Charakteristische von Gentzens Persönlichkeit in knapper Form zu fassen: «Aber die Intensität seiner geistigen Gegenwart, wie er, ohne je seine Ehre, seine Selbständigkeit preiszugeben, sich auf dem Pfade des Gedankens bewegte, wählend, verwerfend, schwankend, einsam bei aller Geselligkeit und, mit der Theorie, oder ohne die Theorie, oder gegen die Theorie, das Notwendige des Augenblicks richtig beurteilte – das ist originell. Einen solchen Menschen stellt man weder durch das, was er lehrte, noch durch das, was er wirkte, ausreichend dar. Man muß seine Präsenz glaubhaft machen.»[27]

Es war die Analogie der Zeitumstände, die Golo Mann zu seiner Biographie hinzog. Aber nicht minder sprach ihn das Individuum Friedrich von Gentz an. Auch hier war es wohl zunächst die Nähe dieses Mannes zur Gegenwart, seine bei aller konservativen Grundhaltung spürbare Modernität. Der Intellektuelle und seine Rolle in der Öffentlichkeit – dies war für jemanden, der einer Schriftstellerfamilie entstammte und in der brodelnden geistigen Atmosphäre der Weimarer Republik groß geworden war, ein spannender Gegenstand. Hinzu kam eine offensichtliche Affinität im Persönlichen, nicht eine Wesensverwandtschaft der Charaktere, das nicht, aber eine gewisse Übereinstimmung der politischen Haltung. Friedrich von Gentz war im Grunde ein Konservativer; aber er war es aus Temperament, aus einem angeborenen Sinn für das Maß, den Ausgleich, den allmählichen Wandel, und nicht aus machtpolitischem Kalkül. Er war ein Rationalist, der seinen Verstand dazu einsetzte, sich nützlich zu machen und Ordnung in eine oftmals als chaotisch und leidenschaftlich aufgewühlt empfundene Welt zu bringen – daher sein Eintreten für das europäische System des Gleichgewichts und daher sein Widerstand gegen die nationalistische Schwärmerei der Burschenschaften. Im Grunde misstraute Friedrich von Gentz der Macht: «Der Schriftsteller», sagt Golo Mann von ihm, «verwaltete die Angelegenheiten der Mächtigen, aber in seinen finstersten Stunden verachtete er sie gründlich.»[28] Und dann konnte es denn wohl geschehen, dass er «Fluchtversuche in den Zynismus» unternahm; aber er kehrte, fügt Golo Mann hinzu, «immer wieder von ihnen zurück»[29].

Manche dieser Züge in Gentzens politischer Gesinnung finden sich, in etwas anderer Färbung, auch bei seinem Biographen: Auch Golo Mann war ein im Grunde konservatives Temperament; auch er sah sich als Rationalisten, der ordnend in ein als schwer entwirrbar empfundenes Geschehen einzugreifen sucht; auch er neigte zu Anwandlungen zwar nicht des Zynismus, aber der Melancholie, die zu überwinden seinem ausgeprägten Pflichtbewusstsein nicht immer leicht fiel. Von seinem Freund Manuel Gasser auf diese Übereinstimmung angesprochen, antwortet Golo Mann eher ausweichend: «Daß ich mich selbst in das Buch hineingeheimnist habe, könnte ich ebenso leugnen wie zugeben. Man sucht sich seine Helden aus; in diesem Aussuchen liegt schon die Selbstidentification. Ich glaube, daß der Mensch wirklich so war, wie ich ihn darstelle; wenn Parallelismen zu finden sind, könnte ich sagen, es sei nicht meine Schuld. Mit dem Vergleich der Epochen steht es ähnlich. Man wählt sich die Epoche, die einen anspricht, weil sie ähnlich ist [...]»[30]

Und da gab es noch eine weitere Übereinstimmung, für den jungen Historiker damals vielleicht jene mit der stärksten Vorbildwirkung: Friedrich von Gentz war ein hervorragender Schriftsteller. Seine Texte, die offiziellen Verlautbarungen wie die privaten Korrespondenzen und Tagebücher, sind mit einem sensiblen Sinn für das präzise Wort, die wirkungsvolle Wendung formuliert; immer ist der Stil elegant, oft originell. «Aber wie er das Deutsche meisterte:», stellt Golo Mann bewundernd fest, «Welche Verbindung von Klarheit, Rhythmus, Präzision, Leidenschaft, dort, wo er etwa die Französische Revolution mit der amerikanischen verglich.»[31] In der Meisterschaft des sprachlichen Ausdrucks verglich Golo Mann den politischen Publizisten mit seinem Lieblingsdichter Heinrich Heine. Und beiden Schriftstellern war, seiner Meinung nach, gemeinsam, dass es ihnen das deutsche Publikum nicht leicht machte: «Begnadete Schriftsteller, errangen sie dem deutschen

Geist und Wort eine Weltgültigkeit, für welche sie von ihren Landsleuten nicht bedankt, sondern abgestoßen und fallen gelassen wurden. Sie ihrerseits lebten halb in Deutschland, halb im Französischen und Westlichen, ihr Nationalgefühl war mit Kritik und Feindschaft vermischt.»[32]

Golo Manns Biographie des Friedrich von Gentz fand bei den Kritikern eine wohlwollende Aufnahme. Als die englische Erstausgabe erschien, notierte Thomas Mann befriedigt, das Buch sei von der *New York Times* «höchlich gelobt»[33] worden, und Harold Nicolson, der einflussreiche britische Diplomat und Schriftsteller, bewunderte im *Observer* die Intelligenz und Unparteilichkeit des Werks.[34] Auch die renommierte *American Historical Review* rühmte das Buch und die Fairness seiner Beurteilungen, tadelte aber das Fehlen von Anmerkungen und Unregelmäßigkeiten im Register.[35] In der *Neuen Zürcher Zeitung* hob Hans Barth die stilistische Qualität der deutschen Originalfassung und den politischen Verstand des Autors hervor, während François Bondy in der *Weltwoche* von einem der «nachdenklichsten, anregendsten Bücher seit langem» sprach.[36]

Besonders dürfte es Golo Mann gefreut haben, dass sich Karl Jaspers brieflich mit Wohlwollen äußerte. «In der Tat», schreibt Jaspers, «Sie sind ein Schriftsteller, aber, wie gehörig, auf dem Grund bester Sachkunde und reifen Erwägens. Auf diesen Seiten sprach mich die Helligkeit Ihres Blickes, die Vielseitigkeit der auftauchenden Aspekte, die hohe Gerechtigkeit bei verschwiegener Neigung, die Geschlossenheit des entstandenen Bildes ungemein an.»[37] Allerdings gab Jaspers, der seinen Schüler gut kannte und ihn fühlen ließ, dass er sein Schüler war, der Meinung Ausdruck, dass das geringe Selbstbewusstsein des Autors allzu sehr hinter dem Wert seiner Leistung zurückbleibe. «Jeder hat», schreibt der Lehrer, «die Fehler seiner Tugenden. Ihre schöne Bescheidenheit läßt Sie nicht mit Siegeszuversicht nach den höchsten Zielen greifen, sondern bewirkt, wie mir scheint, durch Selbstkritik allzu weit gehende Zögerungen und Hemmungen. Man möchte Sie ermuntern dadurch, daß man die Wahrheit sagt über den Eindruck, den Sie durch Ihre Werte, Ihre Schrift, Ihr Auftreten hinterlassen. Aber sogleich sehe ich Ihre abwehrende Gebärde.»[38]

Gewiss ist Golo Manns Erstlingswerk nicht ohne Mängel. Kein Zweifel, dass sich der Verfasser sehr stark mit der Hauptfigur, dem «Helden», wie er ihn gerne nennt, identifiziert. Das führt nun zwar keineswegs zu idealisierender oder beschönigender Verzeichnung, jedoch dazu, dass die Figur des Friedrich von Gentz weitgehend aus ihren eigenen Zeugnissen entwickelt und zu wenig von den Voraussetzungen und Bedingtheiten ihres politischen Handelns her sichtbar gemacht wird. Das historische Umfeld tritt sehr zurück und erscheint nicht selten als bloße Szenerie für den Auftritt einer Hauptgestalt, die sich zuweilen unabhängig davon zu entwickeln scheint. Wir erfahren wenig über die Rolle des politischen Schriftstellers in einer sich damals erst allmählich alphabetisierenden Öffentlichkeit, und es fehlt die geistesgeschichtliche Einordnung von Gentzens politischem Denken. Einige dieser Schwächen waren Golo Mann auch durchaus bewusst; so spielte er in hohem Alter mit dem Gedanken, noch ein Kapitel «Gentz als Staatsdenker» anzufügen, das er mit Rücksicht auf amerikanische Leser weggelassen habe. Doch der Plan wurde nie ausgeführt.[39]

Im Blick auf Golo Manns späteres Werk, insbesondere auf seinen *Wallenstein* vom Jahre 1971, bleibt die *Gentz*-Biographie ein bedeutsames Buch. Erstmals zeigte sich hier, dass die Affinität, die der Historiker zu einem bestimmten Thema empfand, zum wichtigen Ausgangspunkt seiner Arbeit wurde. Und da solche Affinität sich am leichtesten gegenüber Personen einstellt, blieb die Biographie, der biographische Essay, das in einen weiteren geschichtlichen Kontext eingefügte knappe Porträt für Golo Mann immer die wichtigste Form historischer Darstellung. Als Quellen standen für ihn Selbstzeugnisse und Korrespondenzen im Vordergrund, vor allem auch dann, wenn solch private Dokumente gut formuliert waren; Staatsakten, statistische Unterlagen, quantifizierbare Daten interessierten diesen Historiker weniger. Daher stand er auch der modernen deutschen Sozial- und Gesellschaftsgeschichte mit ihrem Interesse für Strukturen, langfristige Prozesse und Theoriebildung im Grunde schon ablehnend gegenüber, bevor diese im Deutschland der sechziger Jahre ihren Aufschwung nahm.

Anderseits besaß Golo Mann eine offensichtliche Begabung dafür, genau das zu tun, was er sich im *Gentz* vorgenommen hatte: historische Persönlichkeiten nicht nur in dem, was sie lehrten und bewirkten, darzustellen, sondern in ihrer «Präsenz glaubhaft zu machen». Und er tat dies mit dem Mittel einer reichen und höchst differenziert gehandhabten Sprache von größter Anschaulichkeit, die sich dem Gegenstand gleichsam anschmiegte und auf jeglichen wissenschaftlichen Jargon verzichtete. In England, den USA und auch Frankreich, Ländern mit einer langen und ungebrochenen Tradition historisch-biographischer Darstellung, hätte diese Begabung auch im universitären Raum ihren Platz durchaus finden und behaupten können. Im akademischen Umfeld des deutschsprachigen Kulturbereichs wurde Golo Mann damit zum Außenseiter und gleichzeitig, kurios genug, zu einem der meistgelesenen deutschen Historiker der zweiten Hälfte des 20. Jahrhunderts.

2. Aufgeschobene Heimkehr

Die Heimkehr des Emigranten in sein Vaterland kennt, wie sich am Beispiel der Familie Mann zeigen lässt, viele Facetten. Heinrich Mann hätte, weniger aus eigenem Antrieb als auf Betreiben der DDR-Kulturpolitiker, nach Ostdeutschland übersiedeln und dort als Präsident der Ostberliner Akademie der Künste einen komfortablen Lebensabend verbringen können. Vielleicht würde er in gesundheitlich guter Verfassung die kommunistische Einladung freudig angenommen haben, denn seine Autobiographie *Ein Zeitalter wird besichtigt* lässt keinen Zweifel an des Autors Sympathien für die Sowjetunion aufkommen. Doch Heinrich Mann war krank und starb kurz vor der bereits geplanten Rückreise. Die DDR musste statt des Lebenden einen Toten vereinnahmen: In Anwesenheit des Staatsratsvorsitzenden Walter Ulbricht versammelte sich die politische Prominenz 1961 zu einer Feierstunde, und die Urne wurde in Berlin neben den Grabstätten von Bert Brecht und Johannes R. Becher beigesetzt.[40]

Thomas Mann kehrte so zögernd, wie er sich von Europa verabschiedet hatte, wieder nach Europa zurück. Auf seiner ersten Reise im Jahre 1947 mied er Deutschland, obwohl ihn kurz nach Kriegsende Schriftsteller der «Inneren Emigration» ersucht hatten, heimzukehren. Die Kontroverse, zu der es als Folge dieser Aufforderung kam, zeugte ebenso sehr vom Unverständnis der Daheimgebliebenen gegenüber dem Emigranten wie von der unheilbaren seelischen Verwundung, die Thomas Mann erlitten hatte und die fortfuhr, in ihm den Hass gegen Täter und Mitläufer des Hitler-Regimes zu nähren.[41] Erst im Sommer 1949, nach sechzehn Jahren, kehrte Thomas Mann wieder nach Deutschland zurück, um aus Anlass des Goethe-Jahres sowohl in Frankfurt als auch in Weimar eine Gedenkrede zu halten. Die gute Absicht ist nachvollziehbar: Im Geist Goethes sollten die Gegensätze, die eben im Kalten Krieg aufgebrochen waren, aufgehoben werden. Aber auch jetzt kam es zu heftiger Auseinandersetzung, und westdeutsche wie amerikanische Blätter warfen dem Schriftsteller vor, er bekunde Sympathien für den Kommunismus. Thomas Mann fühlte sich in den USA nicht mehr wohl und in Deutschland nicht erwünscht; so entschied er sich 1952 zur endgültigen Ausreise in die Schweiz. «Anders als in den dreißiger Jahren», schreibt Hermann Kurzke, «war er jetzt dort hochwillkommen.»[42]

Erika Mann kehrte nach der Kapitulation als Reporterin nach Deutschland zurück, reiste ein Jahr im zerstörten Land umher und führte unzählige Gespräche mit Führergestalten des Regimes, mit Mitläufern und Opfern.[43] Sie trug amerikanische Uniform, identifizierte sich ganz mit der Siegermacht, gab ihrem Deutsch einen amerikanischen Akzent. Das Ausmaß der Vernichtung übertraf ihre schlimmsten Befürchtungen; Berlin präsentierte sich als «Mondlandschaft – ein Meer der Zerstörung, uferlos und unendlich».[44] Doch dieser Feststellung folgt in einer von Erikas Aufzeichnungen sogleich eine weitere: «Der gegenwärtige Zustand Berlins ist auf schreckliche Art gerecht und logisch.»[45] Kein Zweifel, das deutsche Volk hatte ihrer Ansicht nach die verdiente Strafe getroffen. Würde es daraus seine Lehren ziehen? Wohl kaum, so lautete der Grundtenor von Erika Manns Reportagen, die von Sarkasmus und Menschenverachtung nicht frei waren. «Die Berliner», schreibt sie, «sind überwiegend gut angezogen und insgesamt ziemlich gut ernährt. Sie bewegen sich zügig, sprechen laut und lassen nicht die geringste peinliche Berührtheit erkennen, geschweige denn eine Spur von Schuldgefühl. Weil Hitler den Krieg verloren hat, nehmen viele von ihnen Anstoß an Hitler. Aber sie denken nicht, daß jemand an ihnen Anstoß nehmen könnte.»[46]

Nein, dieses Land der Unbelehrbaren konnte für Erika Mann nie wieder zur Heimat werden, und dieser Befund war darum tief verstörend, weil Erika Mann gleichzeitig spürte, dass sich ihre neue Heimat jenseits des Atlantiks von ihr abwandte. Denn in den USA hatte Senator McCarthy seit 1950 begonnen, eine eigentliche nationale Terrorkampagne ins Werk zu setzen, die jedermann, der sich eine politisch unabhängige Meinung gestattete, Wissenschaftler und Publizisten vor allem, dem Kommunismusverdacht aussetzte. Die frühe Gegnerin des Nationalsozialismus, die Journalistin, die das polemisch zugespitzte Urteil liebte, die neugierige Reisende, die auch einen Blick auf Länder hinter dem niedergegangenen Eisernen Vorhang geworfen hatte, wurde in Amerika und in der Bundesrepublik zur Unperson. Sie zog es vor, sich künftig auf ihre Rolle als Sekretärin und Beraterin ihres Vaters zu konzentrieren und nach dessen Tod im Jahre 1955 sein Werk zu betreuen.

Klaus Mann besuchte als Sonderkorrespondent der amerikanischen Soldatenzeitung *Stars and Stripes* noch vor seiner Schwester das besiegte Deutschland. Seine Eindrücke waren ähnlich wie die ihrigen: «In Deutschland selbst», schreibt er, «kann man jetzt viel zerknirschte Reden hören; die Niederlage ist zu eklatant: Man gibt sie zu, geleugnet wird nur noch die eigene Schuld.»[47] Auch Klaus Mann zweifelte an der Möglichkeit einer politischen Erneuerung des Landes und dachte nicht daran, sich dauernd in Deutschland niederzulassen. Seinem Vater schrieb er: «Die Zustände hier sind zu traurig. Alle Deine Bemühungen, sie zu verbessern, wären hoffnungslos vergeudet.»[48] Doch aus Klaus Manns Texten spricht weniger Verachtung und Zorn als Resignation. Er war immer eine gefährdete Natur gewesen, und vielleicht hatte gerade sein unermüdlicher Kampf gegen den Nationalsozialismus ihn vor dieser Gefährdung geschützt und seinem Leben einen Sinn gegeben. Nun, da der Gegner geschlagen war, entfiel dieser Sinn. Sein schriftstellerisches Werk hatte im Nachkriegsdeutschland keine Chance. Wer wollte sich schon mit dem *Mephisto* eine Lektion über die Korrumpierbarkeit des Menschen im totalitären Staat geben lassen? Und wer wollte durch den *Vulkan* mit den Sorgen und Nöten der Emigranten konfrontiert werden? Da hielt man sich im Nachkriegsdeutschland, wenn Zeit zum Lesen blieb, eher an die Landser-Romane, in denen Erfolgsautoren wie Konsalik und Kirst zeigten, dass es auch im Krieg anständige Menschen gibt, oder man ließ sich von Schriftstellern wie Bergengruen und Wiechert in die heile Welt der Innerlichkeit entführen. In Klaus Mann aber gewann der Todestrieb unentrinnbare Macht.

Golo Mann hielt sich nach der Kapitulation wie seine älteren Geschwister als Angehöriger der amerikanischen Armee in Deutschland auf, und er blieb dort bis Ende 1946. Er reiste viel, besuchte Karl Jaspers in Heidelberg, wohnte zusammen mit Erika dem Nürnberger Kriegsverbrecherprozess bei. In amerikanischer Offiziersuniform kam er wie viele andere Urlauber in die Schweiz. «Es war ein Gefühl des Heimkommens nach entsetzlicher qualvoller Trennung», schreibt er sich auf, «des Wiederanlangens dort, wo ich eigentlich hingehörte.»[49] Auch Golo Mann war vom Anblick der zerstörten Städte tief betroffen, dies umso mehr, als man die Armeeangehörigen offenbar im Glauben gelassen hatte, es seien vornehmlich kriegswichtige Industrieanlagen bombardiert worden. «Ich glaube», schrieb er seiner Mutter, «daß wir das Ausmaß der Zerstörung noch nicht völlig erfaßt haben, und wer die schönen deutschen Städte nicht gekannt hat und nicht weiß, was eine deutsche Stadt in besseren Zeiten bedeutete, wird es nie erfassen. Hin und wieder streite ich mich mit britischen und amerikanischen Kollegen, die sagen: ‹Es geschieht ihnen recht …›.»[50] Von einem Besuch in seiner Geburtsstadt München zurückgekehrt, schrieb Golo Mann an Erich von Kahler: «München sieht schlimmer aus, als sich beschreiben läßt, und trotz allem, was man darüber gelesen hat, erhält man einen Schock, wenn man zuerst durch die Leopoldstraße fährt. Doch die Straßen sind geräumt und erkennbar, und von den meisten Gebäuden ist genug geblieben, um sich eine Vorstellung dessen zu machen, was sie einst waren; dies trifft auf viele andere Städte nicht zu, so existiert beispielsweise Nürnberg schlicht nicht mehr.»[51]

Oft kam Golo Mann mit den Menschen ins Gespräch; eine der begehrten amerikanischen Zigaretten erleichterte den Kontakt. Überrascht und befremdet stellte auch er fest, wie die Deutschen, beschäftigt mit der Sorge um das Überleben, die Vergangenheit des Dritten Reiches zu verdrängen suchten. Fast alle Gespräche, die er führte, liefen darauf hinaus, dass man jede Schuld am deutschen Unglück von sich wies, sich als Gegner des Regimes zu erkennen gab und die Verantwortung einer kleinen Minderheit von Entscheidungsträgern zusprach. Bald habe man genug von diesen monotonen Gesprächen, so Golo Mann an seine Mutter, welche die Deutschen mit der Beteuerung abzuschließen pflegten: «Ja, ja, nun müssen eben die Unschuldigen für die Schuldigen büßen. Aber wo sind die Schuldigen? Oh, die sind weggegangen, es hat nie viele von ihnen gegeben …»[52] Und Golo Mann fährt fort: «Erstaunlich ist, nach zwölf Jahren, die Zahl derer, die aussehen wie Karikaturen und tatsächlich Tiroler Hütchen tragen. Daß diese Leute das getan haben sollen, was sie taten, daß sie eine Bedrohung darstellten und was sie bedrohten etc. hat nun etwas Irreales und in hohem Grade Peinliches für alle Betroffenen.»[53]

Solche Gesprächserfahrungen teilte Golo Mann mit den meisten Emigranten, die 1945 im Dienst der amerikanischen Armee nach Deutschland zurückkehrten. So berichtet etwa der bereits erwähnte Sergeant Stefan Heym, der Schriftsteller, der später die DDR zum dauernden Wohnsitz wählte, in seinen Memoiren: «Immer noch, auf ihren Ruinen hockend, glauben sie, daß sie im Grunde nichts Böses wollten und niemandem ein Übel tun, und daß sie's nicht besser wußten und daß ihnen jetzt großes Unrecht geschieht. Welch ein Verdrängungsmechanismus!»[54] Bei Heym lässt sich auch glaubwürdig nachlesen, auf welch unterwürfige Weise sich die Besiegten die Gunst der Sieger zu sichern suchten. Ähnliches beobachtete Golo Mann. In seines Vaters *Tagebüchern* ist von einem entsprechenden Bericht des Sohnes die Rede: «Gespenstisch beeindruckt», notiert der Schriftsteller, «durch Golos Erzählung von den tiefen Verbeugungen u. Hofknicksen, die die Deutschen anfänglich vor den Siegern und gerade vor den Emigranten in Uniform machten ...»[55]

So abstoßend solches Verhalten für die Emigranten in Uniform auch sein mochte – es ist schwer vorstellbar, wie Menschen, welche den Krieg an den Fronten, die Bombennächte und die Vertreibung überlebt hatten und denen eben erst das Unfassbare der Konzentrationslager vor Augen geführt worden war, auf die «Befreiung» mit selbstkritischer Einsicht und bußfertiger Dankbarkeit hätten reagieren können. Man könnte vielleicht, wie Reinhart Koselleck dies getan hat, vom ambivalenten Phänomen eines «negativen Gedächtnisses» sprechen, welches das Vergangene zwar als unwillkommen und Grauen erregend wahrnimmt, sich aber zugleich weigert, es aus dem Gedächtnis in die Erinnerung zu überführen.[56] Unter dem wenig glücklich gewählten Stichwort der «unbewältigten Vergangenheit» haben sich politische Publizistik und Geschichtswissenschaft nach 1945 immer wieder mit dieser Problematik beschäftigt, und noch im Mai 1995, als die Alliierten ihres Sieges feierlich gedachten, entstand in Deutschland Verlegenheit darüber, in welcher Weise man hier das Ende des Zweiten Weltkriegs zu erinnern habe. Von solcher Erinnerung wird auch auf diesen Seiten noch zu sprechen sein.

Golo Manns Beobachtungen zum Verhalten der Deutschen im Jahre 1945 stimmten weitgehend mit denjenigen von Erika und Klaus überein, aber er reagierte darauf anders. Für den Historiker bedeutete der Kontakt mit Nachkriegsdeutschland eine schwere persönliche Verunsicherung, der er sich nicht entziehen konnte. Die Haltung des Vaters, der von seinem hohen internationalen Ansehen im Bewusstsein bestärkt wurde, durch sein Werk das bessere, das wahre Deutschland zu repräsentieren, war für ihn nicht möglich. Die wenigen erhaltenen Zeugnisse, etwa die Briefe an den Freund Manuel Gasser, zeigen, dass sich Golo Mann, indem er das deutsche Verhängnis bedachte, nicht über oder neben die Deutschen stellte, sondern im Grunde Deutscher blieb und mit den Deutschen litt, freilich auf seine eigene Weise und ein Leben lang. «Nie war mir dabei zweifelhaft, daß ich ein Deutscher sei», hat Golo Mann später in diesem Zusammenhang gesagt, «umständlicher ausgedrückt, zur deutschen Nation gehörte; auch in den Jahren, während derer ich über diese Nation, meine eigene, sehr bitter dachte.»[57]

Nach seiner Rückkehr in die USA beherrschten Golo Mann widerstrebende Empfindungen. Er empfand Sehnsucht nach dem Deutschland seiner Jugend. Träume suchten ihn heim; er dachte an das München seiner Kindheit, an die «süddeutsche Postkartenlandschaft» und an «die Salemer Gegend».[58] An Manuel Gasser schrieb er: «Ach ja, die alte Welt. Ich träume oft davon und finde mich auf alten Marktplätzen. Den Deutschen trau' ich nicht.»[59] «Ich und die Deutschen», heißt es in einem Schreiben aus dem Jahre 1947 an denselben Briefpartner, «werden nie wieder recht zusammen kommen, obwohl ich guten Willen dazu hatte.»[60]

In diesen Zeugnissen einer gewaltsam erschwerten Zuneigung wird die Verunsicherung deutlich, die von Golo Mann nach 1945

Besitz ergriff. Sein Misstrauen loszuwerden erwies sich als schwierig. Noch in den fünfziger Jahren, als er wiederholt in Deutschland weilte, neigte er dazu, hinter der Prosperität des «Wirtschaftswunders» das grinsende Antlitz Nazi-Deutschlands zu erblicken. Das Streben nach materiellem Wohlstand, so schien ihm, habe die selbstkritische Reflexion der deutschen Bürger ganz in den Hintergrund gedrängt. An Erich von Kahler schrieb er: «Westdeutschland ist deprimierend in seiner hektischen, vulgären, geistlosen und völlig undauerhaften Prosperität. Man spürt schon wieder die Faust, die zerschmettern wird, was die Leutchen, kaum war es am Boden, emsig wieder aufgetürmt haben.»[61] Und in einem Brief an den gleichen Adressaten suchte er sich selbst zu beruhigen: «Das will ich nicht sagen, daß ich Deutschland traue. Aber wie sollte es sich denn unter solchen Umständen vernünftiger benehmen? Daß es nicht vollends verrückt und super-bösartig ist, scheint mir vielmehr das Mirakel.»[62] In hohem Alter hat sich Golo Mann zu seiner Wiederbegegnung mit Deutschland so geäußert: «Die Frage seit 1945 war: Konnten ehemalige Emigranten, ob sie nun nach Deutschland zurückkehrten oder es nur besuchten, konnten Bürger der westlichen Mächte – von Rußland kann hier nicht die Rede sein – eigentlich Deutschen überhaupt noch trauen, konnten sie von gleich zu gleich mit ihnen reden und handeln? Diese Frage mußte ich von Anfang an bejahen. Denn erstens: eine ‹innere Emigration› gab es wirklich, obgleich nicht jeder dazu gehörte, der solches behauptete. Aber ein neuer Freund von mir in Frankfurt, Dolf Sternberger, gehörte ganz sicher dazu, und jene, die dazugehörten, sind ja keineswegs Publizisten und dergleichen gewesen, es waren einfach Menschen, die angeekelt von dem, was sie sahen, mitmachten, soweit sie unbedingt mußten und im übrigen schwiegen oder ganz kleine zuverlässige Kreise bildeten.»[63]

Golo Mann bemühte sich, differenziert zu urteilen. Eine pauschale Verdammung des deutschen Volkes lag ihm fern, und den Vorwurf der «Kollektivschuld» hat er, wie noch zu zeigen sein wird, vehement abgelehnt. Weit eher, so hat der Historiker später bemerkt, habe er ein Gefühl der Scham empfunden: «Da war im Herzen des Zurückkehrenden», schreibt er, «nur Scham; Scham über die unsagbaren Greuel, welcher seine eigene Nation sich schuldig gemacht hatte; Scham auch über die Rache, von der sie nun ereilt wurde. Sicher doch, wir hatten recht behalten, zweimal; der weiten Welt gegenüber, die wir jahrelang vergeblich davor gewarnt hatten, daß das Scheusal Krieg machen würde und welche Art von Krieg; den Deutschen gegenüber, denen wir prophezeit hatten, was dieser Krieg zum Schluß auch für sie bedeuten würde. Aber es ist nicht schön, auf solche Weise recht zu behalten.»[64]

Von der Überheblichkeit und Herablassung, welche die siegreichen Alliierten zuweilen gegenüber den Besiegten sichtbar werden ließen, fühlte sich Golo Mann selbst unangenehm berührt. Im Jahre 1946 schrieb er an Manuel Gasser: «... wie mir die Taten dieses Siegergesindels zuwider sind, läßt sich mit Worten nicht ausdrücken.»[65] Hatte der Historiker sich in den USA und in London, solange der Kampf andauerte, mit den Alliierten noch voll identifiziert, so suchte er nach 1945 einen Zugang zu den Besiegten, der nicht durch die Dialektik von Befehlen und Gehorchen charakterisiert war. Daher wohl auch sein früher Abschied aus der amerikanischen Armee und sein Verzicht darauf, den Kampf an den neuen Fronten des Kalten Krieges fortzusetzen. Jahre später hat sich Golo Mann über seine Wiederbegegnung mit Deutschland in den Jahren 1946/47 so ausgesprochen: «Nach einem Dreiviertel Jahr wurde ich der Siegerrolle überdrüssig. [...] Mein Haß gegen Deutschland und die Deutschen verging eigentlich wie Schnee an der Maisonne, während ich in Deutschland war.»[66] Und an anderer Stelle: «So recht wohl fühlte ich mich in der Rolle des Siegers nicht; und ich habe diesen Posten schon im Herbst 46 aufgegeben, um dann Lehrer an einem College in Kalifornien zu werden.»[67]

Schon als Mitarbeiter und Redakteur von *Maß und Wert* hatte der junge Emigrant die Arbeit nicht gescheut und in ihr geradezu ein Mittel gesehen, sich gegen die Bedrängnis des Weltgeschehens, gegen Pessimismus und Resignation zu schützen. «... der denkende Mensch», hatte er damals geschrieben, «ist so beschaffen, daß er mit seinem Denken nützen will.»[68] Nun, nach Kriegsende, bot sich eine erneute Möglichkeit, sich nützlich zu machen. Erfreut schrieb Golo Mann 1947 an Manuel Gasser: «Im Herbst fange ich als Geschichtsprofessor an einem californischen College an. Das ist ausgemacht. Ich bin auch wirklich ein Intellektueller, so sicher Du ein Schriftsteller bist; das heißt, ich weiß, daß Gott gewisse Aufgaben an mich gestellt hat, die ich erfüllen muß, wenn ich nicht als unerlöster Geist umgehen soll, in diesem und jenem Leben.»[69] Und ganz ähnlich, ein paar Jahre später: «Was meinen Pessimismus betrifft – ja wer soll denn die letzten zwanzig Jahre mit offenen Augen gelebt haben und nicht Pessimist sein. Und doch bin ich es nicht absolut, ja halte ich absoluten Pessimismus für unmoralisch, die Welt muß mir bloß positive Aufgaben stellen.»[70]

Im Herbst 1947 übernahm Golo Mann eine Stelle als Assistenzprofessor am Men's College in dem kleinen «Orangen- und Wüstenbergnest»[71] Claremont, Kalifornien, zwei Stunden Autofahrt vom Wohnsitz seiner Eltern entfernt. Das College, heute McKenna College genannt, war Teil eines universitären Bildungszentrums und bot Studenten von achtzehn bis zweiundzwanzig Jahren einen geisteswissenschaftlichen Studiengang («liberal arts») an, der mit dem Grad des «bachelor» abschloss. Das akademische Jahr dauerte vom Herbst bis zum Frühling. Diese Einteilung und eine großzügig gehandhabte Beurlaubungspraxis gestatteten Golo Mann in der Folge mehrere Europa-Aufenthalte in Deutschland, der Schweiz und Österreich. In den Jahren 1947 bis 1958 pendelte er so zwischen der Alten und der Neuen Welt hin und her, unschlüssig, wo er sich auf Dauer niederlassen sollte.

Die Tätigkeit als Professor war, wie wir aus brieflichen Zeugnissen schließen können, eine harte Schule für den jungen Historiker. In seinen Lehrveranstaltungen musste er den ganzen Bereich der europäischen Geschichte, von der Antike bis zur Gegenwart, auf Englisch vortragen. Die Sprache machte ihm nun kaum mehr Mühe; aber es blieb die Schwierigkeit, ein riesiges Stoffgebiet so aufzubereiten, dass die Schüler folgen konnten. Es scheint immerhin, dass Golo Mann frei war oder sich die Freiheit nahm, Schwerpunkte zu setzen, die seinen spezifischen Fachinteressen entsprachen. Geistesgeschichte lag ihm damals wie später am Herzen, wie sich aus Vorbereitungsskripten im Nachlass ersehen lässt.[72] Auch geschichtsphilosophische Fragen, wie sie ihn interessierten, wurden mit den Studenten diskutiert: zu Ethik und Moral in der Geschichte, zur Fortschrittsidee, zum kausalen Zusammenhang von Ereignissen, zur Vergleichbarkeit von Vorgängen.

Der Junggeselle scheint in Claremont ein recht zurückgezogenes Dasein geführt zu haben. Es fehlen Hinweise dafür, dass er wissenschaftliche Kontakte mit amerikanischen Historikern gepflegt hätte. Auch von Beziehungen zu deutschen Emigrationshistorikern wissen wir nichts. Mit der Machtübernahme Hitlers hatten sich zahlreiche meist deutsch-jüdische Historiker nach Amerika begeben. Manche von diesen, so etwa Hans Rothfels, Fritz Stern, George L. Mosse oder Peter Gay, befassten sich schon während des Krieges eingehend mit zeitgeschichtlichen und geistesgeschichtlichen Fragen und hätten zu wertvollen Gesprächspartnern werden können. Aber offenbar bemühte sich Golo Mann um solche Kontakte wenig, und er hat später auch auf die entsprechende Anfrage eines Zürcher Doktoranden geantwortet, er kenne die Emigrationshistoriker nicht.[73] Eine Neigung des Historikers, sich auf sich selbst zurückzuziehen, ein Zug ins Misanthropische, ist unverkennbar, wie ihn überhaupt sein ganzes Leben lang eine seltsame Scheu davon abhielt, im Kontakt mit Menschen den ersten Schritt zu tun.

«Arbeiten korrigieren, lectures vorbereiten, kochen, putzen, der Hund, die Katze, gelegentlich ein rüstiger Spaziergang mit einem der respektvoll neben mir wandernden Studenten, gelegentlich ein wunderlicher Blick» – so schildert er seinem Freund Kahler den Alltag.[74] Und: «Das Haus habe ich leidlich eingerichtet, mit Bildern und Büchern ausgeputzt, aber es ist zu groß und teuer für mich, ich muß alles selber machen [...] Ein paar gesellige Abende stehen am Ende dafür nicht. Der Westen tut mir nicht gut, mein Leib nimmt immer zu, mein Geist aber ab, da es ihm an gesunder Exercise fehlt. Die Menschen hier sind zu leer und dumm, das Ganze ist nichts als ein großer Jahrmarkt der Eitelkeit.»[75]

Die Studenten für das Fach europäische Geschichte zu motivieren war nicht leicht. Hin und wieder finden sich in Thomas Manns *Tagebüchern* Hinweise auf die Schwierigkeiten, die der Sohn mit seinen Studenten hatte. So am 29. Oktober 1948: «Ankunft Golo zum Wochenende, verdrossen über seine frechen Schüler und belastet mit Korrekturen.»[76] Und auch Manuel Gasser in der Schweiz empfing beredte Klage: «Auch sind meine Studenten so höhnisch, unfreundlich und saudumm, wie sie noch nie waren.»[77] Früh stellte sich bei Golo Mann das Gefühl ein, in Claremont fehl am Platze zu sein, sich hier intellektuell nicht weiterentwickeln zu können und eigentlich nach Europa zu gehören. Über Zeitvergeudung, Verzettelung und geistige Prostitution beklagte er sich in einem Brief an Erich von Kahler.[78] «Hier werde ich nie etwas anderes sein», gesteht er, «als ein wohlgenährter Nichtsnutz und Graeculus; wir müssen unbedingt dazu sehen, wenigstens einen Fuß auf dem alten Kontinent zu plazieren.»[79] Und Jahre später erinnert er sich: «Nicht daß ich es besonders nett und leicht gehabt hätte. Die Arbeit fraß mich auf und war obendrein unergiebig. ‹You are wasting your talents here›, sagte mir ein wohlmeinender Schüler.»[80]

Besonders schwer scheint Golo Mann der Unterricht gefallen zu sein, als er nach einem Europa-Aufenthalt, der ihm 1951 bis 1952 von der John Simon Guggenheim Foundation gewährt worden war, nach Claremont zurückkehrte. «Die Kehrseite ist», schrieb er damals an Erich von Kahler, «daß der Schuldienst mir jetzt so verhaßt ist, daß er eine wahre Neurose in mir produziert hat und daß ich vielleicht genötigt sein werde, inmitten des Jahres zu quittieren.»[81] Und wieder kam der Wunsch hoch, sich dauernd in Europa niederzulassen. «Es ist im Grunde das alte Lied», schreibt er 1952 an Gasser, «ich möchte in Europa leben und hauptsächlich schreiben auf deutsch. Aber ohne ein Minimum an sicherem Halt, Einkommen und Dignität traue ich mich's nicht ... So hoffe und warte ich immer.»[82]

Solchen negativen Urteilen über seine pädagogische Arbeit stehen nun allerdings auch andere Aussagen gegenüber, in denen die Mühsal der Lehre und das fehlende Interesse der Schüler nicht erwähnt oder relativiert werden. «Es ist mir aber gelungen», erinnert sich Golo Mann zwei Jahrzehnte später, «kalifornische junge Barbaren, achtzehn bis zwanzig Jahre alt zwar, aber ohne die blasseste Ahnung von ‹Geschichte›, zu interessieren, ob es römische Geschichte war oder Französische Revolution oder selbst das Mittelalter. Die Anstrengung war entsetzlich, das gebe ich zu. Was die Burschen interessierte, wenn es mir gelang, war aber gerade: die Dinge in der Bewegung, in der Erzählung, zum Beispiel von den Generalständen zu Robespierre und zu Bonaparte; da fingen sie Feuer.»[83] Kurz vor Antritt seines Europa-Aufenthalts schrieb Golo Mann an Gasser: «Die Studenten mögen mich ganz gern, wie ich mit Freude notiere, manche nette Beziehung hat sich doch entwickelt.»[84] Und in einer undatierten autobiographischen Notiz, offensichtlich in fortgeschrittenem Alter verfasst, schreibt der Historiker über sich selbst: «Seine Jahre in Kalifornien als Lehrer in Claremont Men's College, von 1947 bis 1958, mit langen Unterbrüchen, gehören, relativ gesprochen, zu den glücklichsten seines Lebens.»[85]

Die karge Freizeit bot Golo Mann anscheinend wenig, was seinen Bedürfnissen entsprach. Insbesondere fehlten ihm die europäischen Kulturlandschaften, die mittelalterlichen Städte, die Burgen und Kirchen, die Schlösser und ihre Parkanlagen. Dagegen liebte er die Weite der Landschaft, und er verbrachte viele Stunden mit Wanderungen in den High Sierras, allein oder mit Freunden. Wandern und Wein, erklärte er Jahrzehnte später einem Reporter der *International Herald Tribune* nicht ohne Ironie, seien für ihn während seines Kalifornienaufenthalts die Hauptvergnügungen gewesen.[86]

Auch war das elterliche Heim nicht fern, und oft fuhr Golo

Mann mit seinem kleinen Fiat nach Pacific Palisades. Der Vermerk «Golo zum Wochenende» findet sich häufig in Thomas Manns *Tagebüchern* jener Jahre, und es geht aus den Aufzeichnungen hervor, dass der Besuch erwünscht war, nicht nur dann, wenn es während längerer Abwesenheit der Eltern das Haus und den Hund zu hüten galt. Der Schriftsteller fand nun durchwegs freundliche Worte für seinen Sohn, zum Beispiel 1947 in einem Brief an Klaus Mann: «Golo prangt mit vollen Wangen und einem Gelehrtenbäuchlein und ist sehr nett.»[87] Auch traf man sich regelmäßig, wenn Vater und Sohn gleichzeitig in Europa weilten, so 1949 und 1950 in Zürich, im Sommer 1951 am Wolfgangsee und nach 1952, nach des Schriftstellers Rückkehr in die Schweiz, wiederholt in Zürich.

Wir haben gesehen, dass Golo Manns eigene Einschätzung seiner Lehrtätigkeit in Claremont widersprüchlichen Charakter hat. Der tiefste Grund seiner beruflichen Unzufriedenheit dürfte wohl darin zu suchen sein, dass er sich nie grundsätzlich für die USA hatte entscheiden können und dass er seine Stellung als ein Provisorium begriff, dem zu entrinnen er keine sinnvolle Möglichkeit sah. «Ich war nie so sehr Europäer», hat Golo Mann dreißig Jahre später in einem Fernsehinterview bemerkt, «wie während meines langen Aufenthaltes in Amerika.»[88] Manches spricht indessen dafür, dass Golo Mann von Studenten wie Kollegen durchaus wohlgelitten war. Der amerikanische Staatsbürger, der sich partout nicht amerikanisieren lassen wollte, mochte Verwunderung erregen, aber er erregte auch neugierige Sympathie. Das Engagement, mit dem er für das Verständnis der europäischen Geschichte warb, wurde von manchen Studenten, wenn auch wohl nicht von der Mehrzahl, geschätzt. Wenn er eine Gruppe von Studenten oder Kollegen abends zu Brot, Käse und Wein einlud und ihnen auf seiner Ziehharmonika etwas vorspielte, fühlte man sich wohl. Die Wertschätzung, die Golo Mann genoss, drückte sich auch darin aus, dass seine provisorische Anstellung rasch in eine definitive umgewandelt wurde und dass ihm die Schulleitung bei seinen Gesuchen um Beurlaubung großzügig entgegenkam. Nach dem endgültigen Weggang aus den USA erhielt er von seinem College Einladungen für eine Gastprofessur, die er ablehnen musste. Und als er die Schule 1984, nach fast dreißigjähriger Abwesenheit, zum letzten Mal besuchte, wurde er von ehemaligen Schülern und Kollegen in allen Ehren empfangen, hielt einen Vortrag über «European Politics» und wurde zum Honorary Life Member der Schule gewählt.

Über Golo Manns publizistisches Schaffen während seines Amerika-Aufenthalts, soweit es in englischer Sprache erfolgte, wissen wir wenig. Es dürfte geringen Umfang gehabt haben. Erwähnt sei hier ein Aufsatz unter dem Titel «How not to learn from History» für die *Yale Review*, der sich in allgemeiner Weise zum Beruf des Historikers und zur Bedeutung des Fachs Geschichte äußerte. In ihm wurden einige Grundüberlegungen, die für des Historikers Geschichtsverständnis maßgeblich sind, vorgetragen. Golo Mann betonte die durch die Einmaligkeit der jeweiligen Umstände gegebene Singularität der Ereignisse, die es erschwere, der Geschichte Handlungsanweisungen zu entnehmen. «Dies ist es», schreibt Golo Mann, «was Geschichte uns lehren kann: nicht zu viel von der Zukunft zu erwarten, nicht zu meinen, man könne überblicken, was kein begrenzter Geist überblicken oder erklären kann. Das Studium der Geschichte ist das beste Gegenmittel gegen den Fanatismus, den Extremismus und die Selbstgerechtigkeit. Sie lehrt uns eher den Glauben an das Maß, an die Vorsicht, den Verzicht angesichts der Beharrlichkeit des Faktischen, als den Glauben an selbstgerechte Härte und totale Lösungen. Zur gleichen Zeit entwickelt das Studium der Geschichte unseren Sinn für Freiheit und Verantwortlichkeit.»[89]

3. *Vom Geist Amerikas*

Im Jahre 1951 erhielt Golo Mann ein John Simon Guggenheim Fellowship zugesprochen, das ihm einen einjährigen Europa-Aufenthalt ermöglichte, den er in Österreich, der Schweiz und Deutschland verbrachte. Er fühlte sich im deutschen Kulturbereich wohl. Einem Historikerkollegen berichtet er Jahrzehnte später: «Einmal hatte ich von Kalifornien aus ein Guggenheim-fellowship, waren 200 Dollar im Monat, ein Jahr lang, das ich in Österreich verbrachte, anno 1951, und war so glücklich, daß ich drauf und dran war, dort zu bleiben, was auch viel besser gewesen wäre. Ich hatte den Mut dazu nicht.»[90] In dieser Zeit entstand der Plan, eine Schrift über Amerika zu verfassen. Zwei Jahre später erschien die zweite größere Publikation Golo Manns unter dem Titel *Vom Geist Amerikas*, die er der Fakultät von Claremont Men's College widmete. Hatte Golo Mann den Plan zu seinem *Friedrich von Gentz* in Europa gefasst und sich mit der Erstausgabe an ein amerikanisches Publikum gewandt, so war es nun umgekehrt: Das neue Buch ging von des Autors Erfahrungen in den USA aus und wurde in deutscher Sprache für deutsche Leser verfasst.

Die Weltpolitik war zu diesem Zeitpunkt bereits in den Bannkreis des Kalten Krieges eingetreten. Zwar war 1945 mit der UNO ein internationales Forum zur Konfliktlösung und Friedenssicherung geschaffen worden; doch zeigte sich rasch, dass das politische Auseinanderdriften der USA und der Sowjetunion damit nicht zu verhindern war. Es war Hitlers Expansionsdrang gewesen, der zwei unvereinbare Gesellschaftssysteme in ein Notbündnis gezwungen hatte, dessen Zweck sich nun, da Hitler beseitigt war, erfüllt hatte. Schon in der Potsdamer Konferenz vom Juli 1945 zeichnete sich der amerikanisch-russische Gegensatz ab. Im Jahre 1946 prägte der englische Expremierminister Churchill anlässlich einer Amerika-Reise das Wort vom «Eisernen Vorhang», der quer durch Europa, von der Ostsee bis zur Adria, heruntergegangen sei. Ein

Jahr danach schlug der amerikanische Russlandkenner George F. Kennan in den Beziehungen zur Sowjetunion eine Strategie des Containment vor, die während vieler Jahren maßgeblich blieb und jede weitere Ausdehnung der kommunistischen Supermacht «eindämmen» sollte.

In merkwürdiger Diskrepanz zur Weltbedeutung der USA stand nun freilich die Unkenntnis, die das Bild dieser Großmacht in Deutschland bestimmte. Das Verständnis für die Außenpolitik dieses Landes war bereits zur Zeit der Weimarer Republik durch einen weit verbreiteten Anti-Amerikanismus, dem sich unter Hitler noch eine antisemitische Komponente beigesellte, erschwert und verhindert worden.[91] Nun waren die Amerikaner plötzlich da; aber man hatte bloß Umgang mit den Vertretern einer Besatzungsmacht, was unvoreingenommener Einschätzung nicht günstig war. In Lehre und Forschung der Hochschulen war Amerika noch in den fünfziger Jahren kein Thema. Zwar waren nach 1945 in einigen deutschen Städten «Amerika-Häuser» geschaffen worden, welche einen ersten Kulturaustausch ermöglichten, und in den fünfziger Jahren begann auch der vom amerikanischen Senator Fulbright angeregte Wissenschaftleraustausch anzulaufen. Aber erst in den sechziger Jahren wurden Lehrstühle eingerichtet, die der amerikanischen Geschichte gewidmet waren.[92]

Auch fehlte es lange an deutschsprachigen Publikationen, die sachkundig und allgemein verständlich abgefasst gewesen wären. Zwar wurde der Mangel erkannt, und man versuchte ihm abzuhelfen, indem man Bücher aus dem Amerikanischen übersetzte – so erschien etwa 1952 *The American Mind* des Historikers Henry Steele Commager unter dem Titel *Der Geist Amerikas*.[93] Doch dieses umfangreiche Werk hatte wie andere den Nachteil, für Amerikaner geschrieben zu sein und von deren Vorkenntnis auszugehen. Golo Mann schrieb dazu ein kurzes Vorwort, in dem er antiamerikanischen Tendenzen entgegenzuwirken und dem deutschen Leser den Zugang zu erleichtern suchte. «Die Gefahr eines gewissen bitteren Europäer-Stolzes», heißt es darin, «ist in unserem geschichtlichen Augenblick gegeben, ist verständlich und dem Schreiber dieser Zeilen nicht fremd. Aber er ist schwer fruchtbar zu machen, dieser Stolz, und ein Weg dazu ist, mit der Schwesternkultur, der so nahe verwandten, dennoch anderen, uns zu vergleichen. Nord-Amerika und West-Europa gehören heute zusammen trotz alles dessen, was sie trennt. Das Gemeinsame hat stärkeres Gewicht als das Unterscheidende. Das aber, was zusammengehört, sollte voneinander doch wenigstens eine Ahnung haben; und es ist ein Jammer zu sehen, wie fast vollständig die Unkenntnis amerikanischer Dinge auf dem alten Kontinent noch immer ist.»[94]

Für sein eigenes Buch übernahm Golo Mann, wie man sieht, fast den genau gleichen Titel, ging aber in Analyse und Darstellung anders als Commager vor. Zwar versuchte auch der deutsche Historiker, das «Spezifisch-Amerikanische», das, was man einst Volkscharakter nannte und heute Mentalität nennt, in Griff zu bekommen; aber er tat es mit weniger umfassendem Anspruch. Golo Manns kurze Studie setzt sich zusammen aus einer Reihe von Essays, die der Geschichte, der Innen- und Außenpolitik sowie der Philosophie gewidmet sind; acht Jahre nach der Erstausgabe hat der Autor dem Buch noch ein aktualisierendes Schlusskapitel nachgestellt.

Jeder dieser gesammelten Essays könnte für sich allein stehen; gleichzeitig aber berühren alle sich und bestätigen sich gegenseitig. Es sind Annäherungsversuche an einen schwierigen Gegenstand, von dem der Autor immer wieder betont, dass er nicht auf den Generalnenner von Pauschalurteilen zu bringen sei. In der Tat erscheinen die USA in der Darstellung Golo Manns als Land voller Widersprüche, geschichtslos und geschichtsbewusst, isolationistisch und expansionistisch, konform und exzentrisch, doktrinär und pragmatisch. Und doch, so stellt der Autor fest, trete immer wieder, gerade im Vergleich mit Europa, das Überwölbend-Gemeinsame der amerikanischen Idee hervor.

Am Anfang steht bei Golo Mann der Blick auf die Geschichte. Der Autor übersieht nicht die historischen Krisen der USA, den

Konflikt mit England um Kanada (1812) und jenen mit Mexiko (1846–1848), den Bürgerkrieg (1861–1865), die imperialistische Auseinandersetzung mit Spanien (1898); aber er betont, dass die großen Revolutionen Amerika, im Gegensatz zu Europa, erspart geblieben seien. Er spricht von einer «Glücks- und Erfolgsgeschichte»[95] der USA, die bei den Bürgern ein historisches Bewusstsein erzeugt habe, das sich von jenem der Europäer unterscheide. Der Amerikaner, so Golo Mann, empfinde Geschichte als «die Geschichte eines einzigen Helden, der noch immer er selber ist»[96]. Dies führe dazu, dass sich der Bürger seiner Geschichte gegenüber in einer Weise loyal verhalte, sich mit ihr in einem Grade zu identifizieren vermöge, wie dies dem Europäer fremd sei. Die Vorstellung von der Geschichte als einem geordnet voranschreitenden, kontrollierbaren Prozess führe zu jenem fortschrittsgläubigen Vertrauen in die eigene Sache, das man als typisch amerikanisch bezeichnen könne.

Als typisch amerikanisch erscheint Golo Mann auch die Idee des «Manifest Destiny»[97]. Dieser Begriff, um die Mitte des 19. Jahrhunderts üblich geworden, drückte das Selbstbewusstsein aus, mit dem die Amerikaner das Voranschreiten der Besiedlung westwärts über den ganzen Kontinent und die Integration der Einwanderer unterschiedlicher Herkunft in eine dauernd wachsende Nation als schicksalhaft empfanden. «Amerika», schreibt Golo Mann, «wurde von den Europäern aufgebaut, wuchs in Dimensionen, in denen zu wachsen den europäischen Völkern nicht gegeben war; und das war bis gestern das Hauptanliegen der Nation, der Kern ihrer Geschichte.»[98] Bis gestern freilich nur: Nach Golo Mann sind die USA mit dem Zweiten Weltkrieg in eine neue Phase ihrer Größe eingetreten, in der sie lernen müssen, sich im weltpolitischen Raum auf die Existenz anderer Großmächte einzustellen. «Es fällt den Amerikanern schwer», urteilt der Historiker, «sich an ihr neues Verhältnis zu einer größeren, eigenwilligen Außenwelt zu gewöhnen, an einen Typ von Erfahrungen und Problemen, auf die ihre eigene Geschichtsphilosophie sie nicht vorbereitete.»[99]

Des Autors Ausführungen zur amerikanischen Innenpolitik stehen ganz im Banne der Persönlichkeit Franklin Delano Roosevelts, dem, wie erwähnt, schon sein Vater höchsten Respekt gezollt hatte. In Roosevelts Reformpolitik des New Deal während der dreißiger Jahre sieht Golo Mann, sicherlich zu Recht, jene Leistung, die das moderne Amerika begründet hat. Die wichtigsten Verdienste des New Deal auf dem Weg zum Wohlfahrtsstaat werden gewürdigt: die Sozialreformen, welche die Stellung der Arbeiter verbesserten und zu einer teilweisen Umverteilung der Macht führten; die Ausbildung staatlicher Lenkungsmechanismen vor allem im wirtschaftlichen Bereich; die Einebnung nicht nur sozialer, sondern auch rassischer, ethnischer und religiöser Unterschiede. Was Golo Mann am New Deal, den er gesamthaft wohl zu positiv bewertet, fasziniert, ist die Tatsache, dass hier eine notwendige soziale Umwälzung sich als möglich erwies, die pragmatisch von den konkreten Fakten und Bedürfnissen ausging und sich nicht an einem ideologischen Entwicklungsmuster orientierte. Hier habe, schreibt er, eine grundlegende Veränderung stattgefunden, der «kein Doktrinär, kein Rousseau, kein Robespierre, kein Lenin Pate stand. Sie kam aus den Tatsachen selber, und ist darum umso tiefer.»[100] Golo Mann, der die Irrtümer Marxens gern am Gang der Geschichte zu exemplifizieren liebte, gilt der New Deal als ein wichtiger Beleg dafür, dass sich eine Gesellschaft auch mit andern Mitteln als den revolutionären des kommunistischen Theoretikers reformieren lässt – zweifellos denkt er dabei auch an Friedrich von Gentzens Vorstellungen über den evolutionären Wandel.

Golo Mann liebt es – auch dies ist uns schon aus seinem *Gentz* bekannt – geschichtliche Persönlichkeiten knapp und prägnant zu porträtieren. Das Bild, das er von Roosevelt entwirft, ist typisch für seine Art der Charakterisierung. Er schreibt: «Was für ein Politiker! Wie sehr ‹amerikanisch›! Und doch wie turmhoch über dem Durchschnitt. Undoktrinär, pragmatisch bis zum Ruchlosen, wenig wählerisch in der Wahl seiner Mittel, zu jedem unmoralischen Kompromiß bereit, den sein Handwerk von ihm forderte, zugleich Idealist, ‹christian gentleman› und mit allen Wassern gewaschener Parteibonze, furchtlos, instinktsicher, geduldig wie eine Spinne, ein Meister des Dissimulierens, Zögerns und Handelns im rechten Augenblick, treulos – er verbrauchte seine Mitarbeiter und verwarf sie, so daß einige von ihnen seine unversöhnlichsten Gegner wurden –, aber letztlich menschenfreundlich, generös, natürlich fromm und weltfreundlich – so steht Franklin Roosevelt vor der Geschichte da [...].»[101]

Charakterisierungen dieser Art, schwungvoll ausholend in stilistisch gemeisterter Periode, die auch das moralische Urteil nicht scheut, finden sich auch in Golo Manns späterem Werk, in der *Deutschen Geschichte* und im *Wallenstein*, häufig. Die Kunst der Porträtierung erinnert an die europäische Geschichtsschreibung des 19. Jahrhunderts, an Macauley und Treitschke; kein Wunder, dass sie das Befremden der modernen Sozialhistoriker hervorrief, in deren Geschichtsschreibung das Individuelle hinter den gesellschaftlichen Strukturen zurückzutreten hat.

Auch jenes moderne Amerika, das Roosevelt geschaffen hatte, sieht Golo Mann neuen Herausforderungen entgegengehen. In Anlehnung an Alexis de Tocqueville beurteilt er die demokratische Nivellierung kritisch. Dass, wer eine führende politische Rolle spielen wolle, sich mit der Masse gleichmachen müsse; dass die Medien diesen Prozess noch unterstützten; dass die Parteiziele sich bis zur Austauschbarkeit einander annäherten und der Bürger dazu tendiere, als Konsument aufzutreten, der an der Politik nur noch den flachen Unterhaltungswert des Spektakels wahrnehme – diese Entwicklungen verfolgt Golo Mann mit Sorge. Gleichzeitig aber sieht er in der Loyalität der amerikanischen Bürger ihrem Staatswesen gegenüber, in ihrem Konsens über die Unabdingbarkeit der bürgerliche Freiheiten ein Potenzial, das auch die Herausforderungen der Zukunft zu bewältigen in der Lage ist.

In einem Kapitel «Zum Geist der Philosophie» bezeichnet Golo Mann den Pragmatismus als zentrales Merkmal amerikanischer Geisteshaltung. In ihm sieht er jenen unverwüstlichen Optimismus angelegt, der für alle Probleme, die sich der menschlichen Gesellschaft stellen, undogmatische, tolerante und konfliktfreie Lösungen vorsieht, sofern man sich nur der eigenen Vernunft in richtiger Einschätzung der vorgegebenen Rahmenbedingungen bediene. Die amerikanische Neigung zum Pragmatismus sieht Golo Mann in den verschiedensten Wissensgebieten am Werk: in der Politik, der Soziologie, der Meinungsforschung und der Geschichtsschreibung. Er erkennt in dieser Denkhaltung, welche die praktische Lösung konkreter Probleme anstelle theoretischer Erörterungen des Geschichtsverlaufs setzt, ein Gegengift zum Marxismus. Nicht von ungefähr, meint er, habe sich der Marxismus in den USA nie durchsetzen können, wenn auch dessen Betonung des Ökonomischen amerikanischer Mentalität entgegenkomme. Zugleich aber stellt Golo Mann am Pragmatismus den ungetrübten Glauben an das Gute im Menschen in Frage und bemängelt dessen fehlenden Sinn für das Tragische menschlicher Verstrickung. Offensichtlich näher ist dem deutschen Historiker der christliche Realismus in der Geschichtsschreibung des amerikanischen Theologen und Sozialethikers Reinhold Niebuhr, welcher die Existenz des Bösen nicht leugnete und zugleich den pessimistischen Fatalismus vermied, indem er der Freiheit des Menschen die Verantwortung für Gut und Böse überband.[102]

In seinen letzten Kapiteln nimmt Golo Mann Überlegungen aus dem geschichtlichen Teil seines Buches auf und spinnt sie in die Gegenwart fort. Er geht aus vom Isolationismus der USA im 19. Jahrhundert, wie er 1823 in der Doktrin des Präsidenten James Monroe seinen Ausdruck gefunden hatte. Diese Doktrin richtete sich gegen die Intervention europäischer Mächte jenseits des Atlantiks. Im Engagement der Vereinigten Staaten unter Präsident Wilson im Ersten Weltkrieg sieht Golo Mann nicht so sehr einen Verzicht auf den Isolationismus als den idealistischen Versuch, die Monroe-Doktrin auf die ganze Welt auszudehnen, um diese auf das Niveau Amerikas zu heben, auf ein «menschheitliches Gesamtniveau der Moral», in dem Allianzen, Geheimverträge, territoriale Vergrößerungswünsche keinen Sinn mehr machten.[103] Wilsons «nach außen gewandter amerikanischer Isolationismus in seiner nobelsten Form»[104] misslang, fand jedoch nach dem Zweiten Weltkrieg unter Truman eine Fortsetzung.

Golo Mann erweist sich als überzeugter Befürworter des amerikanischen Engagements in Westeuropa, wie es sich im Marshall-Plan und in der Schaffung der NATO bekundete, und er betont, welch enormen Bruch mit der amerikanischen Tradition gerade das militärische Engagement bedeutet habe. In gleicher Weise unterstützt der Historiker das Drängen der USA auf eine fortschreitende Integration Westeuropas, und er hebt hervor, wie sehr es diesem Land zur Ehre gereiche, sich uneigennützig für die Konsolidierung Europas eingesetzt zu haben, statt diesem einen Satellitenstatus zuzumuten. «Die ‹Integrierung› Europas», schreibt er, «würde es Amerika ebenbürtig machen, eine Entwicklung, die wohl mit dem Atlantik-Pakt vereinbar wäre, aber wenigstens eine veränderte Gewichtsverteilung bedeuten müßte. Es macht Amerika Ehre, daß es trotzdem oder eben darum auf ‹Integrierung› drängt. Es mag eine ungeduldige, manchmal taktlose, historisch nicht immer genügend informierte Politik sein. Aber es ist keine herrschsüchtige, imperialistische Divide-et-Impera-Politik. Ganz im Gegenteil.»[105]

Offensichtlich hätte Golo Mann die Großmut der USA gern noch weiter getrieben gesehen. Denn er bedauert die von Roosevelt gewählte Politik der «bedingungslosen Kapitulation»; man habe hier die Realität der deutschen Niederlage durch «ein starres Prinzip» in Griff zu bekommen versucht. Dies habe es verhindert, so Golo Manns nun freilich sehr gewagte These, mit den Kreisen des innerdeutschen Widerstandes in Kontakt zu treten und deren Beitrag zur Schaffung eines zukünftigen Deutschlands zu nutzen.[106]

Der Politik des Containment, der Eindämmung, wie sie 1947 Präsident Truman und der Diplomat George F. Kennan entwickelten, um dem Sowjetimperialismus weltweit entgegenzutreten, stimmt Golo Mann zu, betont aber, dass sich eine solche Politik immer an den jeweiligen geschichtlichen und politischen Realitäten zu orientieren habe. Doktrinäres Denken, stellt er kritisch fest, habe die USA zur Unterstützung des korrupten Tschiang Kaischek und zum Scheitern ihrer China-Politik geführt und innenpolitisch den antikommunistischen Terror der McCarthy-Ära ermöglicht. Skeptisch beurteilt Golo Mann auch doktrinäre Formen des Umgangs mit Lateinamerika, und sosehr er dem in der amerikanischen Tradition begründeten Antikolonialismus beistimmt, plädiert er doch auch hier für eine flexible Außenpolitik von Fall zu Fall. «Eine Welt», schreibt er zusammenfassend, «die nicht unter einem Gesetz lebt, so zu behandeln, als ob sie unter einem Gesetz lebte, wird praktisch noch schlimmere Gesetzlosigkeit herbeiführen.»[107]

Golo Manns *Vom Geist Amerikas* ist die journalistische Umsetzung von exemplarischen Erfahrungen, die ein mit den USA vertrauter Beobachter der Zeitgeschichte glaubt gemacht zu haben. Eine umfassende Darstellung ist nicht beabsichtigt, und manches, was zu den politischen Institutionen und den Mechanismen politischer Willensbildung in Amerika gesagt wird, bleibt unvollständig und skizzenhaft. Ebenso wenig bietet das Buch systematische Analysen oder prognostische Empfehlungen. Der Autor blickt zurück, nicht vorwärts, arbeitet an gezielt gewählten Beispielen Kontinuität und Wandel heraus, sucht zu erklären, wie das wurde, was ist. Obwohl Golo Mann sich als entschiedener Befürworter der Westintegration und Gegner des globalen sowjetischen Machtanspruchs zu erkennen gibt, ist sein Buch ganz frei von der Emphase kämpferischer Parteinahme für die USA, wie der Kalte Krieg sie nach der Berlin-Blockade von 1948 häufig provozierte. Der Autor hütet sich vor abschließenden und kategorischen Wertungen; er beurteilt Amerika vorsichtig, differenziert, manchmal fast zögernd; Widersprüche, wie jenen zwischen dem Doktrinarismus und dem Pragmatismus amerikanischer Außenpolitik, löst er nicht auf, sondern lässt sie stehen. Entschieden wendet er sich jedoch gegen die Arroganz eines von Vorurteilen ausgehenden Anti-Amerikanismus: «Wir Europäer», schreibt er, «die wir der Welt einen Hitler und Mussolini, einen Neville Chamberlain und einen Pierre Laval geschenkt haben, haben keinen Grund, die Amerikaner in die hohe Schule unserer Diplomatie zu schicken [...].»[108]

Golo Manns Buch über den *Geist Amerikas* stieß bei Kritik und Publikum auf ein gutes Echo und erschien in mehreren Auflagen. «Es ist auf deutsch soviel unglaublich dummes Zeug über Amerika geschrieben worden», bemerkte der Rezensent der *Historischen Zeitschrift*, «daß man sich freut, einmal ein vernünftiges Büchlein über diesen Gegenstand anzeigen zu können.»[109] Hatten Golo Manns Geschwister Erika und Michael beim Erscheinen der ersten Auflage noch befürchtet, einige besonders kritische Stellen, etwa zu McCarthy, könnten dem Autor in den USA Schwierigkeiten machen, so erwies sich diese Sorge als unbegründet. Gerade die «Amerika-Häuser» in Deutschland schafften das Buch in großer Zahl an: «[...] der liebevolle, human aufgeschlossene Grundton hat die politischen Missklänge offenbar übertönt.»[110] In späteren Jahren hat sich der Autor mit dem Gedanken getragen, den *Geist Amerikas* zu überarbeiten und durch Zufügung weiterer Kapitel zu ergänzen. Er fand das Buch zwar nicht unbedingt veraltet, aber doch in manchen Teilen überholt. «So ganz und gar veraltet ist es gar nicht», bemerkt er bei Gelegenheit, «es steht so manches drin, was heute noch wahr ist. Aber es war eben kein Buch, dem man alle drei Jahre ein neues Kapitelchen anhängen konnte.»[111] Eine richtige Ansicht zweifellos; die Basis dieser gut lesbaren, locker hingeschriebenen Essays war zu wenig tragfest, als dass sie zusätzliche Belastung hätte ertragen können.

4. Der unverzichtbare Partner

Golo Mann hat sich in seinem späteren Schaffen, nachdem er 1958 die USA verlassen hatte, noch des Öftern mit den Vereinigten Staaten befasst; aber er hat in dieser Richtung keine vertieften Studien mehr unternommen. Seine Aussagen und Einschätzungen gehen über das Niveau eines aufmerksamen Zeitungslesers nicht wesentlich hinaus und beschränken sich nicht selten auf die Beururteilung von Charakter und Begabung einer bestimmten Präsidentenpersönlichkeit, ausgehend vom Bild, wie es Presse und Fernsehen vermittelten. Mit der Amerikaforschung, wie sie sich in der Bundesrepublik auszubilden begann, hatte Golo Mann kaum Kontakt. Fraglos hätte der Historiker am Ende der fünfziger Jahre die erworbene Amerika-Erfahrung im universitären Bereich, in der Wirtschaft und in der Politik mit Erfolg zur Karriere-Planung einsetzen können; man brauchte damals solche sprachkundigen Verbindungsleute. Doch der Begriff «Karriereplanung» fehlt ganz im Vokabular dieses Individualisten, der sich mit einer Sache nur dann befasste, wenn sie ihn im Innersten berührte und wenn er unvoreingenommen darüber urteilen konnte. Und um Amerika zum Gegenstand andauernden wissenschaftlichen Studiums zu machen, fehlte Golo Mann, der in den USA so ganz und gar Europäer geblieben war, offensichtlich die letzte Motivation. Dankbarkeit allerdings, tiefe Dankbarkeit empfand Golo Mann gegenüber seinem Gastland, und wiederholt wandte er sich gegen Strömungen des Anti-Amerikanismus, wie sie etwa im Zusammenhang mit den Studentenprotesten vom Ende der sechziger Jahre und später in der Friedensbewegung gegen die Nachrüstung auftraten. «Jene freilich», schreibt er etwa, «die den Anti-Amerikanismus vertreten, kennen das wirkliche Amerika nicht. Sie wissen nicht, welch unerschöpflicher Born von Vitalität und Generosität dieses Land ist.»[112] Seine Grundhaltung gegenüber den USA fasst Golo Mann 1981 in einem Artikel für die Leser der Illustrierten *Die Bunte* kurz und knapp so zusammen: «Kritik an Amerika: Ja. Haß gegen Amerika: Nein. Trennung von Amerika: Nein.»[113]

Golo Manns Loyalität gegenüber dem Land seines Exils wird auch darin sichtbar, dass er selbst sich mit Kritik in der Öffentlichkeit zurückhielt, während er etwa im brieflichen Verkehr heftiger emotionaler Missbilligung keinen Zwang antat. «Amerika pflege ich ein Kompliment zu machen», hat er einmal gesagt, «ehe ich es kritisiere, das ist teils Taktik, teils auch Überzeugung. Aus bloßer Taktik würde ich es nicht tun. Ein Ding wie der Marshall-Plan war wirklich eine großartige Leistung, und die Überwindung des Isolationismus auch.»[114]

Es sei im Folgenden versucht, die Grundzüge von Golo Manns «Amerikabild», wie es sich aus seinem späteren publizistischen Schaffen herausfiltern lässt, festzuhalten. Bereits in seinen Ausführungen zum *Geist Amerikas* stellt sich der Historiker überzeugt hinter die Führerrolle der USA in der freien Welt und unterstützt nicht minder entschieden die europäische Integration und die Westbindung der Bundesrepublik. Weder die Niederlage Deutschlands noch der Kalte Krieg und das atomare Wettrüsten ließen, seiner Überzeugung nach, eine Infragestellung der amerikanischen Führerrolle als ratsam oder politisch geboten erscheinen. Sorgfältig vermeidet Golo Mann freilich, wenn er von Nordamerika spricht, den Begriff der Hegemonialmacht, wie er überhaupt immer wieder den defensiven Charakter der amerikanischen Politik gegenüber der um die Vormachtstellung kämpfenden Sowjetunion betont. Für Golo Mann ist die Führerrolle der USA nicht in deren wirtschaftlicher und militärischer Machtstellung, sondern in der Idee des freiheitlichen demokratischen Staatswesens begründet, einer im Grunde europäischen Idee, welche die USA in zwei Weltkriegen gegen seine europäischen Widersacher hatten verteidigen müssen.

Die Anerkennung der Führerrolle der USA dürfe, so Golo Mann, keinesfalls dazu verleiten, dass Deutschland und die anderen westeuropäischen Länder ihre geschichtlich gewonnene Eigenständigkeit verleugneten. Golo Mann schwebt ein geeinigtes Westeuropa vor, das zum gleichberechtigten Partner der USA, ja zu deren Ratgeber würde. «Europa und Amerika», heißt es später in seiner *Deutschen Geschichte*, «gehören zusammen und so auch Amerika und Deutschland. Im Rahmen dieser Zugehörigkeit sind mancherlei Sonderformationen und schöpferische Unterschiede möglich und wünschbar. Mit Amerika befreundet, können Westeuropa und Deutschland doch auch eine Brücke zu Osteuropa und Asien sein. Die Amerikaner kennen die Welt schlecht. Diesem starken, gutwilligen Menschenschlag fehlt es an Beweglichkeit, an Phantasie und, wie leider noch mehr ihrem russischen Gegenspieler, an Humor; sie sind geneigt, immer dieselben Züge zu wiederholen. Sie bedürfen Europas Ratschläge, Europas erfinderischer Energie.»[115]

Mit der Außenpolitik des Containment ist Golo Mann, wie bereits erwähnt, grundsätzlich einverstanden. So stimmt er im Geist Amerikas dem Engagement der USA im Korea-Krieg zu, gibt aber schon damals zu bedenken, dass man sich in solchen Fällen leicht mit Machthabern verbünde, «die sich im Schaufenster der Demokratie häßlich genug» ausnehmen würden.[116]

Sehr beunruhigt verfolgte der Historiker das amerikanische Engagement in Vietnam. Hier war 1954 der französische Versuch, erneut die Macht über die ehemalige Kolonie zu erobern, mit der Niederlage von Dien Bien Phu kläglich gescheitert. Obwohl die Entkolonisierungsbewegung in dieser Zeit weltweit unwiderstehliche Energien entband, glaubten die USA im Sinne der Eindämmungspolitik in die Fußstapfen der Franzosen treten zu müssen. Diese Haltung scheint nur durch die Mächtekonstellation des Kalten Krieges verständlich; denn Amerika war immer, eingedenk der eigenen Loslösung vom britischen Mutterland, eine im wesentlichen antikolonialistisch gesinnte Nation. Einer kommunistischen Expansion im südostasiatischen Raum jedoch, so wollte es nun die so genannte Domino-Theorie, müsse man entgegentreten, um ein weiteres Abbröckeln der freiheitlichen Front zu verhindern. Nachdem sich Präsident John F. Kennedy hatte verleiten lassen, dem korrupten Staatspräsidenten Südvietnams, der von kommunistischen Guerillas bedrängt wurde, Militärhilfe zu gewähren, führte sein Nachfolger Lyndon B. Johnson diese Politik mit dem wachsenden Einsatz amerikanischer Truppen fort und über den «point of no return» hinaus.

Im Frühling 1966 artikuliert Golo Mann in seinem Tagebuch deutliches Unbehagen über die Entwicklung von Amerikas Engagement in Vietnam, tritt aber mit seiner Kritik noch nicht an die Öffentlichkeit. «Dieser völlige Wahnsinn des Vietnam-Unheils», schreibt er, «wird mir klarer und klarer. Ich sollte das öffentlich sagen.»[117] Zu diesem Zeitpunkt hießen viele liberale Kommentatoren westeuropäischer Zeitungen Johnsons Kriegführung in Vietnam gut, denn man sah darin ein ermutigendes Signal für die Widerstandsbereitschaft der USA gegenüber dem Kommunismus nicht nur in Europa, sondern auch anderswo. Auch die Protestbewegung der amerikanischen Studenten stand noch am Anfang, und eine massive Mehrheit der Bevölkerung unterstützte Johnsons Vorgehen. Doch hatte bereits 1966 Senator William Fulbright in einer Aufsehen erregenden Rede Kritik an der Vietnam-Strategie geübt und etwa darauf hingewiesen, dass ein kommunistisches Vietnam als Puffer gegenüber der Volksrepublik China eingesetzt werden könne.[118] Wenig später begannen in den USA prominente politische Beobachter kritisch Stellung zu nehmen, unter diesen Walter Lippmann, der berühmte Kolumnist der New Yorker *Herald Tribune*, der renommierte Historiker Arthur Schlesinger und auch der Mitbegründer der Containment-Strategie, George F. Kennan, selbst.

Im Frühling 1967, als schon gegen vierhunderttausend amerikanische Soldaten in Vietnam standen, äußerte sich Golo Mann in einer Buchbesprechung für den *Spiegel* positiv zu Schlesingers Kritik an Johnsons Kriegführung in Vietnam. «Schlesinger möchte so gerecht sein, wie er kann ...», schreibt er. «Aber er glaubt ehrlich, und ich glaube es mit ihm, dass Präsident Johnson den Vietnamkrieg nicht wollte und dass er heute unglücklich darüber ist.» Und: «Das viel gebrauchte Bild von dem Menschen, der immer tiefer in den Sumpf gerät, indem er glaubte, indem er sich einredete, indem er sich einreden ließ, es sei ein rasch zu durchquerender seichter Morast mit festem Boden darunter – hier ist es wirklich am Platz.»[119] Golo Mann hat kein Verständnis für die «Domino-Theorie», denn sie überschätze die Homogenität des Weltkommunismus und die Einflussmöglichkeiten Chinas. «Mit dem China-Irrtum», schreibt er, «hängt der Kommunismus-Irrtum zusammen: die Überzeugung, alles, was die ‹Kommunisten› irgendwo machten, werde von einem einzigen bösen Riesengehirn gelenkt und daher sei, was mit den Kommunisten und gegen die Kommunisten geschehe, auch für den ganzen Planeten verbindlich.»[120] Es sei eine wahrhaft phantastische Ansicht, fährt er fort, zu meinen, die Dominosteine würden «in Kaskaden fallen, in Asien zuerst, in Afrika und Südamerika dann»[121]. Als Hauptursache für das sich abzeichnende Vietnam-Debakel ortet Golo Mann ein übersteigertes Bewusstsein der USA von der eigenen «Allgerechtigkeit, Allmacht und Allwissenheit», und er spricht vom «uralten amerikanischen Messianismus, der mit dem uralten amerikanischen Isolationismus im Grunde identisch ist, der seit Woodrow Wilson sich nach außen wandte und der nun in Asien sein Ebenbild entstehen lassen will»[122].

Zwar lobt Golo Mann Präsident Johnsons innenpolitische Verdienste, die seither auch von der Geschichtsschreibung gewürdigt worden sind. Aber für dessen Vietnam-Politik hat er nichts übrig und zögert nicht, sie auch auf charakterliche Schwächen des Präsidenten zurückzuführen. In einem scharfen Artikel vom April 1968 in der *Weltwoche* bezeichnete er Johnson als «Meister melodramatischer Scheinmanöver und nichtsnutziger Friedensoffensiven».[123]

Als sich 1968 und in den folgenden Jahren die Studentenbewegung, zuerst in den USA, dann in Europa, kritisch mit Vietnam befasste, konnte Golo Mann für sich in Anspruch nehmen, diese Kritik schon früher geübt zu haben. «Was den Vietnamkrieg betrifft», schreibt er, «so steht die Neue Linke nicht allein, wenn sie die blutige Narretei verachtet, in welche amerikanische Unwissenheit und Arroganz der Macht da leider getrieben wurde.»[124] Die Interpretation des Vietnamkrieges durch die Studenten, die im amerikanischen Engagement eine Ausgeburt des Spätkapitalismus sahen, lehnte Golo Mann jedoch ab. «Der Spätkapitalismus», schreibt er, «ist so krank nicht, wie unsere Neo-Marxisten meinen [...] Nicht er hat die Amerikaner zur Schande von Vietnam gezwungen. Gezwungen hat sie überhaupt nichts. Verführt wurden sie dazu durch falsche Analogien, durch geschichtsleere Formeln, an die man sich klammert, durch Welt-Unkenntnis trotz allem in der Welt-Herumfliegens, durch die unausmeßbare Blindheit der Kriegsfachleute, denen die Nicht-Fachleute, die Provinz-Politiker sich beugen zu müssen glaubten, durch uralten Missionsdünkel, durch brutale Neigungen, Chauvinismus, Prestigesucht, Rechthaberei und was noch – nur nicht durch die Dialektik des Kapitalismus. So dumm, glauben Hegels Urenkel, kann es in der Geschichte doch nicht hergehen. Doch, es kann.»[125]

In den siebziger Jahren führte der Vietnamkrieg, dessen Schrecken und Absurdität das Fernsehen in jede gute Stube trug, zum weltweiten Prestigeverlust der USA. Die Niederlage wurde absehbar. Ende 1972 schrieb Golo Mann in der *Süddeutschen Zeitung*: «Jedenfalls werden die Amerikaner von der Lust nach dieser Art von Abenteuer für lange Zeit geheilt sein. Die ‹Kette von Vietnams›, die man uns gerne voraussagte, wird man nicht erleben, auch wenig mehr hören von der Domino-Theorie.»[126] Erst im folgenden Jahr, in der zweiten Amtsperiode Präsident Richard M. Nixons, konnten die amerikanischen Truppen nach langwierigen Verhandlungen aus Vietnam abgezogen werden.

Der Vietnamkrieg war, wie heute unbestritten, der schwerwiegendste Fehler der amerikanischen Außenpolitik in der zweiten Hälfte des 20. Jahrhunderts. Aber er blieb bei weitem nicht das einzige umstrittene und fragwürdige Engagement der USA außerhalb ihrer Staatsgrenzen. Es gehörte zum paradoxen Erscheinungsbild des Kalten Krieges, dass er dort, wo er seinen Anfang genommen hatte, an der deutsch-deutschen Grenze, «kalt» blieb, während sich weltweit, in Asien, Afrika und Lateinamerika, so genannte Stellvertreterkriege entzündeten. Vor allem in Ländern der Dritten Welt, wo instabile Machtverhältnisse und die Verelendung der Massen Hoffnungen auf einen radikalen Neubeginn nährten, bewies der Kommunismus seine Verführungskraft, und die USA waren weiterhin der Versuchung ausgesetzt, ihm entgegenzutreten. Golo Manns Tagebuchaufzeichnungen bezeugen eindringlich, wie aufmerksam und mit welcher emotionalen Teilnahme er die Außenpolitik der USA in den Medien von Tag zu Tag verfolgte.

Der Historiker unterstützte grundsätzlich den Widerstand gegen diese verhüllte Erweiterung des kommunistischen Einflussbereiches. Oft erschien ihm aber, die USA überschätzten die Gefahr der kommunistischen Ideologie, sie gingen falsche Allianzen ein und wählten unangemessene Mittel. Die Amerikaner, hält er immer wieder fest, indem er sich übrigens ein klassisches Element des Anti-Amerikanismus zu Eigen macht, seien ein ungeschichtliches Volk. Sie besäßen eine zu geringe außenpolitische Erfahrung, denn: «Sie wurden zu einer Weltmacht wider Willen.»[127] Daher handelten sie oft unangemessen, politisch ungeschickt, selbstherrlich, moralisch ambivalent. An seinen Freund Hans-Martin Gauger schrieb Golo Mann: «Die Amerikaner werden ‹Weltpolitik› niemals lernen. Könnten sie es überhaupt, dann hätten sie es längst getan; sie können sich jetzt mit einem Mangel von Zeit nicht mehr herausreden. Es ist schlimm, zumal es halt unsere Führungsmacht ist ...»[128] Und im Tagebuch tut er sich keinen Zwang an. «Die Amerikaner werden es nie lernen», heißt es etwa am 22. März 1981 im Zusammenhang mit der Festnahme amerikanischer Geiseln im Iran. «Haig, der Realist, so weltfremd wie Carter, der Idealist. Immer im Extremen, immer im Faktischen, immer Schaden stiftend, wo sie wirken.» Oder am 16. 11. 1983, im Zusammenhang mit Ereignissen in Nicaragua: «Die ungeheure Taktlosigkeit, Ahnungslosigkeit, das Ungeschick der amerikanischen Politik.»[129]

In einem Aufsatz für die *Schweizer Illustrierte* äußerte sich Golo Mann im Jahre 1983 zusammenfassend zu den Engagements der USA in Vietnam, im Vorderen und Mittleren Orient, in Afrika und Zentralamerika. Er schreibt: «Meiner Überzeugung nach haben die Amerikaner in diesen Regionen schwere Fehler gemacht und machen sie noch, obwohl es jetzt schwache Versuche gibt, von ihnen loszukommen. Sie haben regelmäßig mehr oder weniger abscheuliche Diktaturen unterstützt, in der Befürchtung, die einzige Alternative sei Bolschewismus. Das war und ist ein Irrglaube; ist aber gleichzeitig, was man auf amerikanisch eine ‹sich selbst erfüllende Prophezeiung›, ‹self fulfilling prophecy› nennt. Die Angst vor der Sache fördert die Sache.»[130]

Mit solcher Kritik verbindet sich auch die Sorge, die USA könnten ihre Kräfte überspannen. Wer als Sachwalter freiheitlicher Ideale auftritt, der muss, um nicht anderer Interessen verdächtigt zu werden, überall in der Welt als dieser Sachwalter auftreten; denn idealistische Ziele vertragen die Einschränkung schlecht. Einen solchen weltweiten Einsatz aber konnten sich die USA, davon ist Golo Mann überzeugt, nicht leisten. Die Amerikaner seien zwar in wirtschaftlicher und wissenschaftlicher Hinsicht noch immer führend, stellt der Historiker 1985 in einem Vortrag fest, aber sie hätten einsehen müssen, «daß sie die Herren der Welt nicht sind, wie sie es noch 1945 für eine kurze Zeit waren oder zu sein schienen ...»[131].

Die amerikanische Außenpolitik in Lateinamerika verfolgte Golo Mann besonders kritisch. Nach dem Ende des Vietnam-Krieges kam es vor allem in Mittelamerika immer wieder zu mehr oder weniger verdeckten Interventionen der USA, so etwa in San Salvador, Panama, Nicaragua, Grenada oder Haiti. Die entschiedene Haltung Präsident Kennedys in der Kuba-Krise von 1962 fand Golo Manns Zustimmung. Gleichzeitig bemerkte der Historiker aber, dass ein militärisches Eingreifen die Ultima Ratio darstellen solle und dass vor allem versucht werden müsse, dem Kommunismus durch Wirtschaftshilfe entgegenzutreten. In diesem Sinne begrüßte er die Tagung von Punta del Este im Sommer 1961 und Kennedys Proklamation einer «Allianz für den Fortschritt» zwischen den USA und Lateinamerika, die freilich den beabsichtigten Aufschwung nicht brachte.[132] Golo Mann hoffte auf eine Art von Marshall-Plan für Lateinamerika, der den Kommunismus von der westlichen Hemisphäre fern halten sollte. An den Erfolg solcher Wirtschaftshilfe mochte er freilich nicht so recht glauben: «... ob das lateinamerikanische Besitzbürgertum fähig sein wird», schreibt er, «eine Entproletarisierung seiner Stadt- und Landarbeiterschaft in die Wege zu leiten, ob die nordamerikanische Hochfinanz ihm dabei zur Hand gehen und in den Verzicht auf ihre in Südamerika bisher ausgebeuteten Monopole willigen wird, ohne den jener Gesundungsprozeß nicht stattfinden wird – das sind ebenso viele offene Fragen.»[133]

Scharf tadelte Golo Mann die amerikanische Nicaragua-Politik. Hier lag die Macht bis 1979 bei dem von den USA unterstützten korrupten, aber antikommunistischen Somoza-Clan. Als die sandinistische Befreiungsfront Anastasio Somoza stürzte und eine prosowjetische Politik zu betreiben begann, wurde sie zuerst von Washington unterstützt. Dann aber begann man, die Contra-Rebellen, welche die früheren Verhältnisse wiederherstellen wollten, zu finanzieren, und zwar mit Geldern, die aus einem geheimen und widerrechtlichen Waffenhandel der USA mit dem Iran stammten (Iran-Contra-Affäre). In der Art, wie sich die USA in die Bürgerkriegswirren Nicaraguas einmischten, sah Golo Mann ein Musterbeispiel wirrer und unglaubwürdiger Außenpolitik, das die Präsidenten Carter und Reagan zu verantworten hatten. An einen Briefpartner schrieb Golo Mann in diesem Zusammenhang: «Was jetzt sich zwischen Reagan und dem Kongress abspielt, zeigt wieder einmal: die USA sind eine Weltmacht, aber völlig unfähig, Politik einer Weltmacht zu führen. Die Sache mit Nicaragua wird so widerspruchsvoll, so inkonsequent, unehrlich und ungenügend geführt, dass nichts als Blödsinn daraus herauskommen kann. Da hätte man sich eben von Anfang an eine neue Monroe Doktrin halten sollen.»[134]

In der Tat empfahl der Historiker den USA eine erneuerte, den Umständen des Kalten Krieges angepasste Proklamation der Monroe-Doktrin. Diese sollte verhindern, dass in Mittelamerika und in der Karibik auswärtige Nationen – gemeint waren natürlich die Sowjetunion und ihre Satelliten – neue Machtpositionen errichten und Einflussbereiche schaffen konnten. Würde dies doch geschehen, sollten die USA ein Interventionsrecht geltend machen dürfen. Umgekehrt sollten die Amerikaner den betreffenden Ländern mit Wirtschaftshilfe unter die Arme greifen, um deren Anfälligkeit für die kommunistische Ideologie herabzusetzen. Diese neue Monroe-Doktrin, schlug Golo Mann vor, müsste von den Amerikanern ungefähr wie folgt formuliert werden: «Wir können auf dem Isthmus, der die beiden amerikanischen Kontinente verbindet, wie auch auf solchen karibischen Zwergstaaten wie Grenada keine russische Machtniederlassung dulden. Unsererseits werden wir jeden Versuch einer hispano-amerikanischen Regierung unterstützen, der geeignet ist, das Sozialprodukt zu erhöhen und seine gerechtere Verteilung zu fördern, ob es sich nun ‹sozialistisch› oder anders nennt.»[135]

Einerseits sollte die erneuerte Monroe-Doktrin eine Machtniederlassung der anderen Weltmacht, eine Niederlassung des Leninismus in diesen Regionen unbedingt verhindern, anderseits sollte sie politischen und wirtschaftlichen Reformen gegenüber aufgeschlossen und tolerant sein. «Sie kann in ihrer Nachbarschaft», schreibt Golo Mann, «so viel Spielarten von Sozialismus dulden, wie die Leute dort nur wollen ...»[136] Vor allem plädiert der Publizist auch für eine transparentere, weniger wankelmütige und ehrlichere Außenpolitik, die ihre Grundsätze offen darlege. «Wie es ist», meint er, «spricht man es nicht aus, handelt darum indirekt, zögernd, um allerlei Ecken herum, oft durch etwas peinliche Bundesgenossen.»[137] In einem Brief an den CSU-Politiker Theo Waigel unterstrich Golo Mann 1983 diese Ansicht. Die Machthaber dieser Staaten, schrieb er, sollten «ruhig soviel Sozialismus machen, wie sie nur wollen, darin liegt überhaupt keine Gefahr. Aber Niederlassungen der russisch-kubanischen Macht, militärisch oder auch nur ‹technisch beratend›, können in der unmittelbaren Nachbarschaft der amerikanischen Weltmacht nicht geduldet werden.»[138] Folgerichtig hielt Golo Mann das militärische Eingreifen Präsident Reagans auf der Karibik-Insel Grenada im Oktober 1983 für gerechtfertigt, obwohl er diesem Präsidenten sonst sehr kritisch gegenüberstand.

Es waren keine herausragenden Präsidenten, die nach dem Vietnamkrieg die außenpolitischen Geschicke der westlichen Weltmacht lenkten, und in den nachgelassenen Privatpapieren Golo Manns finden sich oft abschätzige und widersprüchliche Äußerungen über Richard M. Nixon, Gerald R. Ford, Jimmy E. Carter, Ronald W. Reagan, George Bush, die der kritische Betrachter im fortgeschrittenen Alter an sich vorbeiziehen sah. Nixon erscheint ihm schon lange vor dem Watergate-Skandal als zur Unredlichkeit neigender Politiker; Carter beeindruckt durch seine moralische Integrität, erscheint ihm aber als politisch ahnungslos; Reagan strahlt zwar Charisma aus, verfügt aber vornehmlich über schauspielerische Qualitäten; und Bush erweist sich in Golo Manns Augen als durch und durch provinzieller Typ.[139] Bei solch knappen Charakterisierungen lässt Golo Mann es in der Regel bewenden.

Zwei Amerikaner freilich nahmen in der Skala von Golo Manns Wertschätzung Spitzenplätze ein: Henry Kissinger und George F. Kennan. Beide Persönlichkeiten waren gute Kenner Deutschlands und hielten sich nach 1945 verschiedentlich in politischer Mission oder privat in diesem Land auf. Kissinger war 1923 in Fürth geboren worden und gelangte im Alter von fünfzehn Jahren als Emigrant nach den Vereinigten Staaten. Nach glanzvollen Studien in Geschichte und politischen Wissenschaften an der Harvard University stand er verschiedenen Forschungsinstituten vor und war zwischen 1973 und 1977 persönlicher Berater Präsident Nixons und US-Außenminister. Seine erfolgreichsten außenpolitischen Leistungen waren der Abschluss von zwei Entflechtungsabkommen zwischen Israel und den arabischen Staaten Ägypten und Syrien nach dem Jom-Kippur-Krieg von 1973 und die Aushandlung des amerikanischen Truppenabzugs in Vietnam. Die zweite Leistung verschaffte Kissinger den Friedensnobelpreis, etwas voreilig, wie ihm selber schien.[140]

Kissinger verfasste zahlreiche Werke zur Geschichte und Politikwissenschaft. Seine Dissertation befasste sich unter dem Titel *A World Restaured* mit europäischer Politik zur Zeit des Wiener Kongresses und danach, mit einer Thematik also, die auch dem Verfasser des *Gentz* wohl vertraut war.[141] Der Autor unterschied im analytischen Teil seiner Ausführungen zwischen legitimen und revolutionären Mächten. Während sich die revolutionären Mächte selbst vom Spiel der Außenpolitik ausschlössen, müsse es das Ziel der legitimen Mächte sein, im Blick auf ein labiles Gleichgewicht der Kräfte die Interessen des eigenen Landes zu vertreten und zugleich die Interessen des ganzen Systems internationaler Beziehungen im Auge zu behalten. Dazu gehöre, so Kissinger, dass man auch mit den revolutionären Mächten wie der Sowjetunion, China oder Kuba den Dialog pflege, um zu einem Minimalkonsens zu gelangen, der das Sicherheitsbedürfnis dieser Mächte zu befriedigen imstande sei.

Im Jahre 1957 publizierte Kissinger das Werk *Nuclear Weapons and Foreign Policy*, in dem er der Drohung mit einem apokalyptischen atomaren Weltkrieg eine Strategie lokal begrenzter atomarer Konflikte entgegenstellte.[142] In einer Rezension widersprach Golo Mann Kissingers These der Planbarkeit von Kriegen und gab zu bedenken, dass der Krieg, «wenn er einmal da ist, nach seinem eigenen Willen und Gesetz wächst, früher oder später *alle* verfügbaren Waffen gebraucht, welche den Einsatz lohnen, und sich nicht an ‹Doktrinen› hält».[143] Als weit hilfreicher als Kissingers Abhandlung betrachtete Golo Mann damals die Auffassung, die Karl

Jaspers unter dem Titel *Die Atombombe und die Zukunft der Menschheit* vorlegte.[144] Im Gegensatz zum amerikanischen Politiker verwarf der deutsche Philosoph die Theorie einer taktischen Begrenzbarkeit des Atomkrieges und nahm die Möglichkeit einer Selbstvernichtung der Menschheit ernst. Die Rettung vor dieser Gefahr sah Jaspers in einer auf unbedingte Wahrhaftigkeit abzielenden westlichen Politik, wie sie dem Prinzip der Demokratie im Grunde immanent sei. Diesem Gedanken stimmt Golo Mann zu, wenn er schreibt: «Darf der Referent seine eigene Meinung zu dieser These sagen? Ich glaube, daß sie richtig ist, noch umfassend richtiger, als Jaspers sagt. Durch eine Verbindung von Recht, Wahrheit und Energie könnte die freie Welt nicht bloß überlegen werden, sie könnte auf die Dauer den ganzen Weltgegensatz zu Schanden machen.»[145]

Neben den genannten Werken verfasste Kissinger noch zwei umfangreiche Memoirenbände, nämlich *White House Years 1968–1973* und *Years of Upheavel 1973–1974*, die von Golo Mann gelesen, aber anscheinend nie besprochen wurden. Das Erscheinen des letzten großen Werkes *Diplomacy* im Jahr 1994 hat Golo Mann nicht mehr erlebt.[146]

Dass des Amerikaners Werk den deutschen Historiker besonders ansprach, ist leicht erklärlich. Kissinger ging bei der Analyse aktueller Außenpolitik in einer in den USA unüblichen Weise von der Geschichte aus. Die Leistung des Wiener Kongresses, dem es gelungen war, ein Jahrzehnte dauerndes europäisches Gleichgewicht zu schaffen, hatte ihn tief beeindruckt. Ähnlich sah er, unter veränderten zeitlichen Umständen, seine Aufgabe als Außenminister. Nicht dass Kissinger es für möglich gehalten hätte, Lehren aus der Geschichte zu ziehen, indem man die aus früheren Epochen gewonnenen Einsichten auf die Gegenwart übertrug. Aber Kenntnis der Geschichte schärfte den Sinn für die Möglichkeiten politischen Handelns hier und jetzt, und es machte vertraut mit der moralisch ambivalenten Beschaffenheit von Macht, die es zu zähmen und in legalisierte Ordnungen zu überführen galt. Der Politiker muss, nach Kissinger, eine schwierige Doppelrolle spielen: Er muss ein Meister des machtpolitischen Kalküls sein, das pragmatisch, Schritt für Schritt, die Ausgewogenheit der Mächteverhältnisse anstrebt, und er muss gleichzeitig moralische Verantwortung übernehmen, welche Erreichtes erst glaubwürdig und dauerhaft werden lässt. «Wenn wir etwas aus der Geschichte lernen können», schreibt Kissinger im ersten Band seiner Memoiren, «dann, daß es ohne Gleichgewicht keinen Frieden und ohne Beschränkung keine Gerechtigkeit gibt. Ich war aber ebenso davon überzeugt, daß keine Nation sich ihren Möglichkeiten stellen oder sie erkennen kann, wenn sie nicht über einen moralischen Kompaß verfügt, nach dem sie ihren Kurs durch die Zwiespältigkeiten der Realität erkennen kann. Erst dann bekommen die zu erbringenden Opfer einen Sinn.»[147]

Man begreift, dass eine solche Charakterisierung der Aufgabe des Außenpolitikers Golo Mann ansprechen musste. Zum Rückzug Kissingers aus der aktiven Außenpolitik im Jahre 1977 verfasste er eine Würdigung, die dem Sohn deutsch-jüdischer Auswanderer das Verdienst zubilligte, ein außenpolitisch wenig erfahrenes Land mit der hohen Kunst der Politik vertraut gemacht zu haben, wie sie zur Zeit des Friedrich von Gentz gehandhabt worden sei.[148] In den achtziger Jahren begegneten sich Kissinger und Golo Mann mehrmals, aber nichts deutet auf eine engere persönliche Beziehung hin. Über einen Vortrag des Amerikaners äußerte Golo Mann sich begeistert: «Da sprach einer, der Geschichte kennt, zumal außenpolitische. Solche Kenntnis liefert ihm keine fertigen Rezepte, wohl aber hilft sie ihm bei seinen Analysen der Konflikte und Bedrohungen, mit denen wir es heute zu tun haben und die ja nichts weniger als kristallklar sind; vielmehr so ineinander verhängt, verworren sich überschneidend und verdoppelnd, daß ich in der Vergangenheit nur einen einzigen Vergleich finde: den mit dem ‹Dreißigjährigen Krieg› in der ersten Hälfte des siebzehnten Jahrhunderts. Damals Europa, heute der Planet. Vor dem Blick des ernsten Kenners klärt sich der Wirrwarr. Übrigens hat er

Humor, der in der Politik so wichtig ist, Wärme sogar, der angebliche Zyniker, der aber nur Realist ist, nicht Idealist – oder Illusionist.»[149] Dieselbe Rede fand auch ihren Niederschlag in Golo Manns Tagebuch, wo es heißt: «Ich hörte vom ersten bis zum letzten Wort mit gespanntester Aufmerksamkeit zu, lachte auch öfters (früher als die anderen). Eine Kette blendender Formulierungen, Beispiele, Erkenntnisse, philosophischer Betrachtungen, aktuelle Kritik und Ratschläge.»[150]

Auch mit dem Diplomaten und politischen Publizisten George F. Kennan kam es zu mehreren persönlichen Begegnungen. Kennan, Jahrgang 1904, studierte in Princeton und trat 1926 in den diplomatischen Dienst der USA ein. Nach Aufenthalten in Genf, Hamburg und Riga absolvierte er in Berlin eine Ausbildung zum Russland-Spezialisten und wurde anschließend in Riga, Prag und Moskau eingesetzt. Nach Hitlers Kriegserklärung an die USA wurde er in Deutschland kurze Zeit interniert, war zwischen 1944 und 1946 Botschaftsrat in Moskau und wurde dann zum Leiter eines neu geschaffenen Planungsstabs im Außenministerium in Washington ernannt. Im Jahre 1952 trat Kennan den Botschafterposten in Moskau an, wurde aber nach einer Äußerung, in der er Stalin und Hitler miteinander verglich, und zwar zum Vorteil des Letzteren, zur «Persona non grata» erklärt. Nach seiner Rückkehr in die USA widmete George F. Kennan sich, von einem kurzen Aufenthalt als Botschafter in Belgrad abgesehen, als Geschichtsprofessor am Institute of Advanced Studies in Princeton politischen und historischen Studien.

George F. Kennan war und blieb ein überzeugter Gegner der Sowjetunion und sah im Marxismus-Leninismus eine wirklichkeitsfremde Ideologie, welche im Grunde die absolutistische Tradition des Zarenreiches weiterführte. Er empfand tiefen Widerwillen gegen das Konzept des Klassenkampfes und den Weltbefreiungsanspruch der Sowjets und verfolgte besorgt die Attraktivität des Marxismus unter westlichen Intellektuellen und in den Ländern der Dritten Welt. «Diese brutale Einteilung in Klassen», schreibt er in seinen Memoiren, «schien mir nichts anderes als die Fortführung der so kurz zuvor erst abgeschafften feudalistischen Gesellschaftsordnung mit umgekehrten Vorzeichen.»[151] Den humanistischen Werten des Westens zutiefst verpflichtet, erkannte Kennan die Gefahr, dass sich in der Auseinandersetzung des Kalten Krieges die Haltung der freien Welt zu verhärten drohte, und er wandte sich couragiert gegen die Kommunistenhetze von Senator McCarthy. Aufsehen hatte sein im Jahre 1947 anonym veröffentlichter Aufsatz in der politischen Zeitschrift *Foreign Affairs* erregt, der erstmals die Containment-Politik vertrat. Seine Eindämmungsthese hinderte Kennan freilich nicht, eine starre amerikanische Abwehrhaltung, welche die militärische Aufrüstung an Stelle des diplomatischen Dialogs setzte, zu kritisieren. Er stellte sich auch gegen die Politik von Präsident Eisenhowers Außenminister John Foster Dulles, der die Strategie des «Roll back», der Zurückdrängung des sowjetischen Einflusses, verfolgte. Frühzeitig warnte George F. Kennan vor fatalen Entwicklungen im Vietnamkrieg und trat danach, die veränderte Situation erkennend, für eine Politik der Entspannung ein.

George F. Kennans Werk *American Diplomacy 1900–1950* hatte Golo Mann kurz nach dessen Erscheinen, 1951, mit Bewunderung gelesen und bei der Abfassung seines Amerika-Buches beigezogen. In einer Rezension dieses Werks für die *Weltwoche* schreibt er: «Wenn seine These ist, daß in der Außenpolitik der gemäßigte Realist der wahre Menschenfreund ist, dort, wo der Prinzipienreiter nur das Elend vermehrt, so ist er ein selten schönes Beispiel dafür.»[152] Kennan wurde damals zum Kreis der neorealistischen oder neokonservativen amerikanischen Historikerschule gezählt, dem übrigens auch Henry Morgenthau angehörte, der den glücklicherweise nicht verwirklichten Plan einer völligen «Desindustrialisierung» des besiegten Deutschlands vertrat. Der Begriff des historischen «Neo-Realismus» hatte in den USA nun freilich nicht den militant fordernden Klang wie derjenige der «Realpolitik» im wilhelminischen Deutschland und unter Hitler.

Kennan verstand darunter vor allem die Fähigkeit des Diplomaten, nicht aufgrund von fiktiven Ideen, sondern aufgrund des Sachverhalts zu urteilen. Dabei bezog er sich in *American Diplomacy* etwa auf die amerikanische Chinapolitik der frühen dreißiger Jahre, als die USA in Verkennung der Erfolge Mao Tsetungs beharrlich auf das korrupte Regime von Tschiang Kai-schek setzten. In einer Würdigung von Kennans Werk aus dem Jahre 1952 bekennt sich Golo Mann zur «neorealistischen» Außenpolitik im Sinne des Autors und damit zur Kunst des schrittweisen, alle Handlungsmöglichkeiten sachkundig erwägenden Vorgehens. «Nicht weil ihm die Nation das Höchste ist», schreibt er, «nicht weil er den Machtkreis der Nation erweitern will, während die Menschheit als Ganzes ihm nichts gälte, wünscht er eine Beschränkung der Nation auf ihre eigensten Angelegenheiten, sondern weil er keine Nation oder Regierung für gut, stark und weise genug hält, dem Weltlauf das Gesetz vorzuschreiben. Es ist Selbstbescheidung aus Mißtrauen gegen die Natur des Menschen und aus Sympathie für ihn. Es ist Anti-Idealismus aus Idealismus.»[153] «Die Neo-Konservativen», fährt Golo Mann fort, «lehren uns Maß, Bescheidenheit, den Mut zur Inkonsequenz; da, wo phantasielose Konsequenz, das Herunterleiern des ganzen Alphabetes, wenn man einmal A gesagt hat, so oft ins Verderben führte. Die Vergangenheit nicht zu mißachten, von der Zukunft nicht viel zu erwarten, sich selber nicht zu viel zuzutrauen.»[154]

George F. Kennan war eine Gestalt von ausgeprägt bewahrendem Temperament, calvinistisch erzogen und fromm geblieben. Er hielt auf Maß und Ordnung und misstraute revolutionären Fortschrittsideen. Zudem verfügte er über eine weit gespannte Bildung, hatte ein Buch über Tschechow geschrieben und war ein Meister im Gebrauch der englischen Sprache. Mit all diesen Eigenschaften war Kennan eine Persönlichkeit so recht nach dem Herzen Golo Manns. Es haben sich leider kaum Aufzeichnungen über Begegnungen zwischen den beiden Historikern erhalten, aber alles deutet darauf hin, dass diese Begegnungen in einem Geist freundschaftlichen Einvernehmens stattfanden, wie er sich bei den Treffen mit Kissinger nie so recht einstellen wollte. «In unserem Denken», bemerkte Golo Mann in einem Brief, «dem von Kennan und dem meinen, besteht eine Art von prästabilisierter Harmonie. Und das wußte ich, seit ich seine erste Veröffentlichung las.»[155] An seinen Freund Raymond Aron schrieb Golo Mann 1983 mit fein differenzierendem Urteil: «George Kennan, den mag ich sehr, liebe ihn geradezu. Ihre Hochschätzung Kissingers teile ich völlig.»[156]

Im Unterschied zu Kissinger, mit dem ihn politisch manches verband, betrachtete Kennan die Kulturentwicklung in den USA aufmerksam und mit einem prononcierten Pessimismus. Mit Sorge verfolgte er die Politik des rückhaltlosen und unkontrollierten industriellen Wachstums und warf den Medien vor, die Selbstbereicherung zum höchsten Lebensziel des Individuums zu stilisieren. Kennan tadelte die galoppierende Urbanisierung, die den Bürger der Natur entfremde, aus seinem natürlichen Beziehungsnetz herauslöse und zum uniformen Wesen stemple, und er trat früh für den Umweltschutz ein. Der Boulevardpresse warf er vor, dass sie den Menschen zu einem genormten Wesen mit uniformen Bedürfnissen erniedrige. In der Protestbewegung der Studenten sah Kennan eine verantwortungslose Rebellion ohne Programm und ohne Alternative und den Ausdruck einer Kollektivneurose, ausgelöst durch vage Ressentiments. Einen gewissen Idealismus sprach er der Studentenbewegung freilich nicht ab, und für die amerikanische Friedensbewegung, eine Folge der seiner Meinung nach einfallslosen Politik des Kalten Krieges, hatte er Sympathien. Höchst reformbedürftig schien ihm auch die staatliche und wirtschaftliche Ordnung, die er durch enorme Machtkonzentrationen in den Händen weniger gefährdet sah. Der Regierung der USA warf er vor, von Präsidentenwahl zu Präsidentenwahl zu leben und Entscheidungen von bloß kurzfristiger Tauglichkeit zu treffen, statt sorgfältig erarbeitete Langzeitstrategien zu verfolgen. Um dies zu ermöglichen, schlug er die Schaffung eines ständigen unpolitischen *Council of State* vor, dem hervorragende und unabhängige Persönlichkeiten angehören und die von der Exekutive angehört werden müssten.[157]

Mit solcher Kulturkritik war George F. Kennan in Amerika übrigens nicht allein, wie ja dieses Land immer auch seine eigenen Kritiker hervorbrachte und insofern auf den europäischen Anti-Amerikanismus nie angewiesen war. Schon 1950 hatte David Riesman mit dem Bestseller *The Lonely Crowd* auf eine Schrumpfung der staatsbürgerlichen Ethik hingewiesen und festgestellt, dass die Moderne einen Typus des außengeleiteten Menschen erzeuge, bei dem Individualität und Unabhängigkeit durch Uniformität der Gesinnung und der Bedürfnisse abgelöst worden sei. Kulturkritische Überlegungen, wie Kennan und Riesman sie äußerten, waren Golo Mann keineswegs fremd. Er hielt sich aber seinem Vorsatz getreu mit Kritik an Amerika zurück. Wie eng das Einverständnis zwischen Golo Mann und dem im Alter zunehmend illusionslosen Kennan war, zeigt ein Schreiben, das der Amerikaner 1982, zur Zeit von Reagans Präsidentschaft und der amerikanischen Verstrickungen in Mittelamerika, an den Historiker sandte. «Ich bin durch die Worte und Taten meiner eigenen Regierung», schreibt Kennan, «so zermürbt, daß ich davon träume, nach Österreich auszuwandern, nach einem Land, das sich in meinen Augen durch eine humane und vernünftige Außenpolitik auszeichnet. Ich denke, Sie müssen, wenn irgend jemand, meine innere Regung verstehen.»[158] Golo Mann scheint den Brief mit Zustimmung gelesen zu haben, denn er nahm seine Schreibmaschine und setzte unter Kennans Unterschrift die Worte: «Von einem Leidensgenossen».[159]

Ein abgerundetes, in sich stimmiges «Amerika-Bild» hat Golo Mann nie vertreten; auch urteilte der Historiker nicht aus einer umfassenden und wissenschaftlich vertieften Kenntnis, sondern aus der Erfahrung wacher Zeitgenossenschaft heraus. Ihn interessierte vor allem die amerikanische Außenpolitik und damit die Frage, wie sich die USA unter den Rahmenbedingungen des Kalten Krieges verhielten und verhalten mussten, wenn sie als Führungsmacht der demokratischen westlichen Welt glaubwürdig bleiben wollten. Dass sich Amerika und die Bundesrepublik Deutschland in einem Verhältnis unverzichtbarer Partnerschaft befanden, stand für Golo Mann unverrückbar fest. Als Führungs- und Schutzmacht zugleich verkörperten die USA die unbedingt zu verteidigende Gegenposition zum «russischen Imperium». Gewiss: Die Amerikaner hatten Fehler gemacht und würden, als Volk mit vergleichsweise junger außenpolitischer Erfahrung, weiterhin Fehler machen. Aber ihr Ziel war es nie gewesen, ihre territoriale Macht auszuweiten, sondern für die demokratischen Grundrechte der Völker einzutreten. «Amerika», bemerkte Golo Mann 1983 in einem Vortrag, «mag Führungsmacht sein, vorausgesetzt, daß es führt und vernünftig führt, Hegemonialmacht ist es trotz seines wirtschaftlichen und politischen Gewichts nicht, kann und will es nicht sein. Auch gegenüber dem russischen Imperium hat es von seiner Übermacht keinen Gebrauch gemacht, solange diese Übermacht noch bestand.»[160]

5. Kommentator des Zeitgeschehens

Golo Mann hatte nicht nur Mühe, sich für Amerika oder Europa zu entscheiden; er schwankte auch in der Frage, wie er wirken sollte: als Lehrer oder als freier Publizist. Das Hin- und Herreisen über den Atlantik und die berufliche Ungewissheit, so fand die Schwester Erika, lägen dem Bruder im Grunde gar nicht. «Golo zu raten», heißt es in einem Brief, «ist schwer. Aus irgend welchen Gründen scheint er sich von den Staaten (Gott strafe sie!) nicht losreißen zu wollen, hat ja auch anderseits eine raisonable ‹Bleibe› bei uns hier nicht gefunden. Das freie Herumschriftstellern liegt ihm nicht, und richtig bemerken Sie, sein ‹Zigeunerdasein› währe nun schon reichlich lange.»[161]

Dass es Golo Mann immer wieder nach Europa, nach Deutschland und in die Schweiz zog, war offensichtlich. Aber wie sollte er sich hier seinen Unterhalt verdienen? Und waren die deutschen Universitäten überhaupt daran interessiert, Wissenschaftler aus dem Exil zurückzuholen? Die Frage lässt sich nicht eindeutig bejahen. Zwar wurde in der deutschen Öffentlichkeit gelegentlich die Forderung nach der Rückberufung von Emigranten laut, und die westlichen Besatzungsbehörden unterstützten solche Bestrebungen, sahen sie doch in der Rückkehr der Emigranten ein Mittel, den vorgesehenen gesellschaftlichen Demokratisierungsprozess zu beschleunigen. Aber nicht von allen Kultusministerien und Rektoraten scheinen entsprechende Anstrengungen mit Nachdruck unternommen worden sein. Jedenfalls kann von einem Rückstrom der Historiker nicht die Rede sein: Von 134 solchen Emigranten kehrten während der ersten beiden Nachkriegsjahre nur deren 21 in die beiden deutschen Staaten zurück.[162]

Wir wissen, dass Golo Mann nach 1947 verschiedentlich mit deutschen Universitäten in Kontakt stand, sei es, dass er selbst sich um eine Stelle bemühte, sei es, dass er auf eine entsprechende Nachfrage reagierte. An Erich von Kahler schrieb er im Sommer 1947: «Neulich, das ist auch etwas zum Lachen, erhielt ich etwas wie einen Ruf an die Universität Köln, das Ordinariat für Neuere Geschichte. Professor Vossler fils hatte es machiniert. Ich will Dir sagen, daß ich ablehnte, aber so ablehnte, daß ich mir die Wege nach Deutschland durchaus offen hielt.»[163] Der saloppe Tonfall dieses Briefes darf nicht darüber hinwegtäuschen, wie schwer Golo Mann darunter litt, in Deutschland eine Heimat verloren und in den USA keine gefunden zu haben. Ob die Anfrage der Universität Köln wirklich ernst gemeint war, erscheint nach den Nachforschungen, die Winfried Schulze angestellt hat, als eher zweifelhaft. «So empfahl Otto Vossler», schreibt Schulze, «1947 dem Kölner Dekan Peter Rassow, als dieser sich um einen Nachfolger für den 1945 verstorbenen Johannes Ziekursch bemühte, doch Golo Mann zu berufen. Wenn er absage, ‹haben Sie bei den Mächtigen einen Stein im Brett und den guten Willen gezeigt›.»[164]

Im Jahre 1954 zeichnete sich erneut die Aussicht auf einen Professorenposten ab. Aus der Schweiz wusste Golo Mann an Erich von Kahler zu berichten: «Neulich war ich in Berlin West, wo die Hochschule für Politik mir einen Lehrstuhl anbot. Nach langen Gewissensqualen habe ich abgelehnt, hauptsächlich aus hedonistischen Gründen i. e. dieser Käfig ist so entsetzlich deprimierend, daß ich, dessen einzige Freude doch Wald und Land sind etc. [...]. Jedoch mag es ein schwerer Fehler gewesen sein.»[165] Noch Jahre später lockte Berlin erneut. Es war der Politikwissenschaftler Ernst D. Fraenkel, der sich für eine Berufung Golo Manns einsetzte. «Ich habe», schrieb Fraenkel, «in der Propyläengeschichte Ihren großen Aufsatz über die europäische und amerikanische Geschichte im 19. Jahrhundert mit Bewunderung gelesen, und ich hatte nach der Lektüre den Eindruck, daß Ihnen die Wahrnehmung dieses Lehrstuhls Freude machen würde.»[166]

Auch eine Möglichkeit, eine feste Professorenstelle an der Universität Kiel zu übernehmen, zerschlug sich.[167] «Man möchte mich wieder haben», schreibt Golo Mann an Kahler; aber ob er selbst wirklich mochte, bleibt ungewiss. Wie dem auch sei: Man wird des Historikers Streben nach einer Stellung an einer deutschen Hochschule nicht eben ehrgeizig und zielbewusst nennen können. Auch ist zu bedenken, dass die Leistungsausweise, die der Historiker vorlegen konnte, eine Anstellung nicht zwingend rechtfertigten: Golo Mann hatte in Philosophie, nicht aber in Geschichte promoviert; er hatte sich nie habilitiert; und seinem Buch über Friedrich von Gentz fehlten wissenschaftlicher Apparat und akademischer Duktus. So sind es zweifellos mehrere Gründe gewesen, die verhinderten, dass der Historiker in den Nachkriegsjahren eine deutsche Professur zugesprochen erhielt. Erst im Jahre 1960 sollte er an der TH Stuttgart eine Stelle für Politologie antreten.

Es sei in diesem Zusammenhang noch eine gescheiterte Berufung Golo Manns an die Universität Frankfurt am Main erwähnt, deren Hintergründe wenigstens teilweise publik wurden. Im Jahre 1963 setzte die wirtschafts- und sozialwissenschaftliche Fakultät der Universität Frankfurt Golo Mann auf den ersten Platz ihrer Berufungsliste. In der Folge gelang es Max Horkheimer und Theodor W. Adorno, den Begründern der Frankfurter Schule, die nach ihrem Exil in den USA wieder nach Deutschland zurückgekehrt waren, die Berufung des Historikers zu hintertreiben. Als Argument führten die beiden ins Feld, bei Golo Mann handle es sich um einen «heimlichen Antisemiten», dem man die Erziehung der deutschen Jugend nicht anvertrauen könne.[168] Dieser schwerwiegende Vorwurf stützte sich auf einen Vortrag und eine Publikation, in welcher Golo Mann um 1960 versucht hatte, den Antisemitismus als geschichtliches Phänomen verständlich zu machen. Der entscheidende Punkt von Golo Manns Argumentation bestand darin, dass er Zuhörer und Leser dazu einlud, den Antisemitismus so zu verstehen, als sei Hitlers Judenverfolgung, «das gemeinste Verbrechen christlicher Zeiten», nicht begangen worden.[169] Im Sinne seiner Geschichtsauffassung lehnte es der Historiker ab, dem Verbrechen gegen die Menschlichkeit, dessen Monstrosität er nicht im Geringsten leugnete, eine geschichtliche Kausalität zu unterschieben, die notwendig zu Auschwitz führen müsse. «Der Katastrophe der deutschen, der europäischen Juden voraussagbare Notwendigkeit beimessen», sagt Golo Mann, «würde heißen, ihr einen Sinn zu geben, den sie nicht hatte. Es liegt ein ungebührlicher Optimismus in solcher Voraussetzung.»[170] Der Historiker versucht demgegenüber, indem er einen Abriss der Geschichte des Antisemitismus vermittelt, diesen aus den jeweiligen historischen Umständen zu verstehen, was auch die Frage nach dem jeweiligen Ursprung antisemitischer Klischees und nach der Entstehung der jüdischen Minderheitsmentalität nicht ausschließt. Sehr differenziert wird etwa am Beispiel der neueren deutschen Geschichte entwickelt, wie der emanzipatorische Elan der jüdischen Intelligenz, der sich etwa im Kulturbetrieb und in der Presse manifestiert habe, in den Augen des Bürgertums dazu beitrug, die Weimarer Republik zu diskreditieren. Als sträflichen Auswuchs dieses revolutionären Emanzipationsdranges bezeichnet Golo Mann etwa die Begründung einer Räterepublik im Frühling 1919 in München, an der Juden in der Tat prominent beteiligt waren. Eindringlich weist der Historiker auch auf antisemitische Strömungen in andern Ländern hin; denn es gehöre nun einmal zur menschlichen Natur, in Zeiten der Krise Minderheiten als Sündenböcke zu benennen. Ähnliche Verbrechen wie die nationalsozialistische Judenverfolgung, so der Historiker, seien grundsätzlich immer möglich, da das Böse im Menschen auch durch Aufklärung nicht zum Verschwinden gebracht werden könne. «Irrtum», schreibt Golo Mann, «kann man beseitigen durch Aufklärung, bösen Willen aber nicht, denn der Wille ist frei. Dass der Mensch frei ist, dass er seine Freiheit zum Guten brauchen kann, aber recht oft zum Bösen gebraucht, weil dieses ihm Spaß macht, ist alte christliche Erkenntnis. Der Antisemitismus ist ein Beispiel dafür.»[171]

Natürlich war Golo Mann kein Antisemit, weder ein heimlicher noch ein unheimlicher. Es ließe sich aufgrund seines Schaffens leicht der Nachweis führen, dass die Verfolgung der Juden durch die Deutschen ihn im Gegenteil seelisch bis zu seinem Tod schwer belastete. Aber vor dem Hintergrund seiner Geschichts- und Weltschau stellte sich der Antisemitismus notwendig anders dar als aus der Perspektive der Frankfurter Schule, die in Hitlers Antisemitismus eine für die Manipulierbarkeit des Menschen im Spätkapitalismus bezeichnende Erscheinung sah. Was Golo Mann von Horkheimer und Adorno trennte, war der Unterschied des Erklärungsansatzes. Dem Historiker ging es im Sinne des Historismus und des deutschen Idealismus darum, den Antisemitismus aus den jeweiligen Bedingungen seines Entstehens zu verstehen und, ausgehend vom Bild des zur Freiheit bestimmten, zwischen Gut und Böse schwankenden Menschen, dessen Scheitern für jederzeit möglich zu halten. Diesem tragischen Menschenbild setzten die Vertreter der Frankfurter Schule eine Geschichtsphilosophie entgegen, in welcher an die Stelle des zur Freiheit bestimmten Menschen der «manipulierte Mensch» der spätbürgerlichen Moderne trat.

Übrigens blieb es Golo Mann nicht lange verborgen, dass Horkheimer und Adorno ihn um seine Frankfurter Professur gebracht hatten. «Tatsächlich ist es den Dioskuren gelungen», heißt es in einem Brief, «mich von Frankfurt fernzuhalten – was ich sehr wenig bedauerte, denn ich mag in keiner großen Stadt leben.»[172] Die Stelle wurde schließlich von einem Marxismus-Spezialisten, von Iring Fetscher, besetzt. Kaum vorstellbar übrigens, dass Golo Mann, dem das universitäre Amt in Stuttgart so schwer geworden war, sich an der Universität Frankfurt wohl gefühlt hätte. Aber die tiefe Narbe der Kränkung blieb. Noch im Jahre 1989 kam der Historiker in der *Frankfurter Allgemeinen Zeitung* auf die «Lumperei» der beiden jüdischen Professoren zu sprechen.[173]

Als Alternative zu den universitären Plänen bot sich die Tätigkeit eines freien, unabhängigen Publizisten an. Das politische Geschehen als wachsamer Beobachter zu begleiten hatte Golo Mann schon in Salem und später immer wieder gereizt. Als Radiokommentator im Dienst der Alliierten war ihm dieses Interesse zum Beruf, zum Auftrag geworden. Und was das Geschehen in Europa und in der Welt betraf, gab es auch nach dem Ende des Krieges Stoff genug. Im Gefolge der Konferenzen von Jalta und Potsdam war Deutschland in vier Besatzungszonen eingeteilt worden, und die Oder-Neiße-Linie wurde als vorläufige Ostgrenze festgelegt. Maßnahmen zur völligen Abrüstung, zur Bestrafung der Kriegsverbrecher und zur Entnazifizierung der Bevölkerung wurden getroffen. Im Jahre 1948 lief die Wirtschaftshilfe des Marshallplans an, und die Währungsreform wurde durchgeführt. Worauf die Sowjets mit der Blockade Berlins reagierten: Der Kalte Krieg war Tatsache geworden. Während sich Westdeutschland 1949 ein demokratisches Grundgesetz gab, konstituierte sich im Osten zur selben Zeit die «Deutsche Demokratische Republik». Auf weltpolitischer Ebene machten die Explosion der ersten sowjetischen Atombombe vier Jahre nach Hiroshima und der Ausbruch des Koreakrieges im

Juni 1950 deutlich, dass die Welt ins Spannungsfeld zweier riesiger Machtblöcke getreten war. Die Bundesrepublik Deutschland trieb in den folgenden Jahren unter der Führung von Bundeskanzler Konrad Adenauer die Integration in die westliche Welt voran. Man nahm mit der Montanunion die wirtschaftliche Verflechtung mit Westeuropa in Angriff, trat 1955 der NATO bei. Dank Ludwig Erhards Konzept der «sozialen Marktwirtschaft», das ein «Wirtschaftswunder» ermöglichte, gelang es, so schwerwiegende innenpolitische Probleme wie die Eingliederung von Flüchtlingen aus den ehemaligen deutschen Ostgebieten und der DDR zu meistern. Anderseits konsolidierte die Sowjetunion rücksichtslos ihre Stellung in Osteuropa, was vor aller Welt durch die Zerschlagung der ostdeutschen Streikbewegung im Juni 1953 und durch die Niederwerfung des Ungarn-Aufstandes im Jahre 1956 demonstriert wurde. Die überwiegende Mehrheit der deutschen Bevölkerung hatte zu diesem Zeitpunkt erkannt, dass die Bundesrepublik, wollte sie als demokratisches Land überleben, auf den Schutz der Vereinigten Staaten angewiesen war.

Die Schweiz fügte sich auf ähnliche Weise wie Westdeutschland ins Kräftespiel des Kalten Krieges ein, indem sie sich auf die Seite der USA stellte. Gleichzeitig vermied man es unter Berufung auf den Status der Neutralität, ein militärisches Bündnis einzugehen. Zugleich aber entwickelte sich, ähnlich wie in der Bundesrepublik, im kollektiven Bewusstsein ein abstraktes Feindbild der Sowjetunion, was es wiederum erschwerte, dieselbe Neutralität bei der politischen Auseinandersetzung zwischen den Supermächten vermittelnd ins Spiel zu bringen. Es war ein bekannter Schweizer Historiker, Jean Rudolf von Salis, der 1961 die Gefahren solch ambivalenter Neutralitätspolitik wie folgt skizzierte: «Ich möchte die Frage stellen, ob wir mit Aussicht auf Erfolg von den Großmächten die Respektierung unserer Neutralität in der Kriegszeit verlangen können, wenn wir ideologisch und praktisch am Kalten Krieg so leidenschaftlichen Anteil nehmen.»[174]

Diesen Vorgängen unmittelbar vor und nach Beginn des Kalten

Krieges folgte Golo Mann zwischen 1945 und 1958 mit großer Aufmerksamkeit, bald von den USA, bald von Österreich, Deutschland oder der Schweiz aus. Die deutsche Kapitulation, der Nürnberger Kriegsverbrecherprozess und die Entnazifizierung fanden in ihm einen kritischen Kommentator. Schon in seiner Studie über den *Geist Amerikas* hatte er zu verstehen gegeben, dass er der «bedingungslosen Kapitulation» Deutschlands wenig Verständnis entgegenbringen könne und einer internationalen Friedensregelung den Vorzug gegeben hätte, in die Vertreter der Opposition gegen Hitler eingebunden worden wären. Dass die Nürnberger Kriegsverbrecherprozesse, die er als Berichterstatter verfolgte, den Makel trugen, ein Tribunal der Sieger zu sein, entging Golo Mann ebenso wenig wie die Fragwürdigkeit der Entnazifizierung, die von den Alliierten nach sehr unterschiedlichen Kriterien und mit mangelnder Konsequenz gehandhabt wurde. In bewegten Worten spricht der Historiker in einem Aufsatz zur Nachkriegsentwicklung von der «Arroganz der Sieger», die «Deutschland zunächst einmal von der Karte strichen und sich selbst an seine Stelle setzten»; er bezeichnet die Entnazifizierung als «in der Ausführung monströs» und stellt die besorgte Frage: «Konnte man eine neue Epoche des Weltfriedens und des Glücks mit der rachsüchtigen Entmündigung ganzer Nationen beginnen?»[175]

In den fünfziger Jahren wuchs Golo Mann mehr und mehr in die Rolle des freischaffenden politischen Publizisten hinein. Der Historiker hatte von der gesellschaftlichen Funktion des politischen Schriftstellers eine klare Vorstellung. Dieser sollte, seiner Ansicht nach, einer Doppelaufgabe genügen: Er sollte unabhängig und frei von Interessen urteilen, mochte auch sein Standpunkt zeitweilig mit dem einer Partei übereinstimmen; und er sollte als verlässliche Instanz zu einer an humanen Werten orientierten demokratischen Meinungsbildung beitragen. «Neben und gegenüber dem durch falsche Wissenschaft informierten politischen Betrieb», schreibt Golo Mann, «muß und wird immer Platz bleiben für den unabhängigen Geist, der Protest erhebt, der Ziele setzt, der Wert und Maß stiftet. Das haben die ‹guten Intellektuellen› seit jeher für die Res publica getan; wenn wir die guten haben wollen, so müssen wir die unguten in Kauf nehmen.»[176]

In diesem Sinne suchte Golo Mann zu wirken, als er Anfang der fünfziger Jahre damit begann, für die Zürcher *Weltwoche* zu schreiben. Diese Wochenzeitung war im Herbst 1933 durch die beiden Journalisten Karl von Schumacher und Manuel Gasser, den nachmaligen Freund Golo Manns, gegründet worden.[177] Das Konzept des Blattes war neu: Es sollte über Politik, Kultur, Wirtschaft und viel anderes orientieren, aber weniger, um dem Leser Neuigkeiten mitzuteilen, als um ihn zur Reflexion anzuhalten. Die einzelnen Themen sollten von ausgewählten Fachleuten in längeren Artikeln vertieft behandelt werden; zugleich aber sollte es an Unterhaltendem, an witzigen Feuilletons und Kurznachrichten, an Karikaturen und Abbildungen, nicht fehlen.

Zu Beginn seines Erscheinens verfolgte das Blatt die Politik Mussolinis und Hitlers nicht ohne Sympathie; erst 1935 ging Schumacher, der für das Politische verantwortlich zeichnete, zu den beiden Regimen auf Distanz. Nun steigerte die *Weltwoche* ihre Auflage und gewann in Paris, London und New York eine interessierte Leserschaft. Das Dritte Reich wurde mit Entschiedenheit abgelehnt, und die Kritik wurde durch sachkundige Mitarbeiter kompetent begründet. Unmittelbar vor und während der Kriegsjahre gehörte die *Weltwoche*, zusammen mit der Radioberichterstattung von Jean Rudolf von Salis, in der Schweiz zu den zuverlässigsten Informationsquellen; auch im Hause Thomas Manns in Pacific Palisades fand sie, solange die postalische Verbindung klappte, aufmerksame Beachtung.

Einige Jahre nach Kriegsende stieß Golo Mann, offenbar beigezogen durch den Kulturredakteur Manuel Gasser, zum Wochenblatt. Er schrieb von Amerika aus in unregelmäßiger Folge kleinere Rezensionen zu Werken, welche die verschiedensten Themenbereiche betrafen. Obwohl uns Hinweise dafür nicht vorliegen, dass sich Golo Mann in den USA eingehend mit angelsächsischer Literatur befasst hätte, war ihm doch daran gelegen, den europäischen Leser mit einzelnen solcher Werke, die jenseits des Atlantiks im Gespräch waren, bekannt zu machen. So äußerte er sich beispielsweise zu James Jones' Roman *From here to Eternity*, oder er besprach Aldous Huxleys historischen Roman *The Devils of Loudon*. Beide Bücher, 1951 und 1952 erschienen, waren nicht ohne Bezug zur Zeitgeschichte. *From here to Eternity*, das unter dem Titel *Verdammt in alle Ewigkeit* auch im deutschen Kulturbereich zu einem Bestseller wurde, schildert das Schicksal zweier amerikanischer Soldaten kurz vor dem Überfall auf Pearl Harbor. Bei Huxleys Buch handelt es sich um einen historischen Roman, der im Frankreich des 17. Jahrhunderts unter Besessenen und Exorzisten spielt und Parallelen zur Geistesverfassung im totalitären Staat der Gegenwart freilegt.

Neben diesen beiden Romanen befasste sich Golo Mann auch mit Sachbüchern zu anderen Themen, etwa mit Isaac Deutschers Stalin-Biographie, mit einer Biographie über Joseph Smith, den Begründer des Mormonenstaats, und mit einem erbaulichen Werk des amerikanischen Trappistenmönches Thomas Merton. Bezeichnend für die Haltung, die Golo Manns Schaffen in den nächsten Jahrzehnten charakterisieren sollte, war seine Besprechung von *Weltgeschichte und Heilsgeschehen*, einem Buch des emigrierten und später in Heidelberg lehrenden Philosophen Karl Löwith, das, wie der *Gentz*, zuerst in amerikanischer Sprache erschienen war.[178] An Löwiths Werk missfiel dem Historiker, dass es die Möglichkeit der Einflussnahme des Individuums auf den Gang der Geschichte zu sehr einschränkte. «Passivismus, gleichgültiger Fatalismus», schreibt Golo Mann, «sind Konsequenzen seines Denkens, denen zu entgehen er sich nicht sonderlich Mühe gibt. Wie Schopenhauer sieht er scharf und gut das immer Gleiche und gleich Miserable der Menschenwelt. Was er nicht sieht, ist das Element des Einmaligen, welches Geschichte abhebt von bloßer Natur. Was er bagatellisiert, ist das Neue aller Zeiten und auch, und besonders, dieser unser eigenen Zeit. Daß es keine endgültigen Entscheidungen in der Zeit gibt, heißt nicht, daß es überhaupt keine Entscheidungen in der Zeit gibt [...] Daß die Geschichte nicht so aus dem Grunde ernst ist, wie Hegel und Marx sie nahmen, heißt nicht, daß sie so bedeutungslos ist, wie Löwith sie uns empfiehlt.»[179]

Die Jahre 1953 und 1954 verbrachte Golo Mann, erneut vom Claremont College beurlaubt, zum großen Teil in Zürich, in einer kleinen Wohnung an der Plattenstraße. Hier schrieb er, meist alternierend mit dem Schweizer Journalisten Lorenz Stucki, für *Die Weltwoche* eine ganze Reihe politischer Leitartikel. Diese Aufsätze gehörten fraglos zum Besten, was damals in deutscher Sprache zur Zeitsituation zu lesen war. Stilistisch brillant, von einer damals ungewöhnlichen Weltläufigkeit der Kenntnis, äußerte sich der Historiker zu einem weiten Bereich der Politik, insbesondere aber zur Frage der künftigen Rolle Deutschlands, zur Abrüstung und zur Dekolonisation.

In der Auseinandersetzung zwischen den Blöcken stand Golo Mann, wie wir wissen, aus tiefer, unverrückbarer Überzeugung aufseiten der USA. Die Sowjetunion war für den Historiker, der bereits 1940 den Marxismus heftig angegriffen hatte, keine Alternative, in die man Erwartungen setzen oder auf die man Sehnsüchte projizieren konnte, und die kommunistische Fehlentwicklung sah er schon bei Lenin, nicht erst bei Stalin, angelegt. Innerhalb des grundsätzlichen Gegensatzes zwischen den beiden Supermächten aber galt es, so Golo Mann, nicht in ideologisch vorgeprägte Feindbilder zu verfallen, die zur Erstarrung der Fronten führten. Es war wichtig, miteinander im Gespräch zu bleiben, den Dialog zwischen West und Ost, wo immer er sich anbot, in der UNO, in bilateralen Beziehungen, zu pflegen. Gewiss waren solche Gespräche schwierig: «Daß die harten, dünkelhaften Menschen jenseits des ‹Vorhangs›», schreibt Golo Mann, «einer solchen Sprache zugänglich sind, ist leider sehr unwahrscheinlich. Desto notwendiger ist sie; damit nicht beide Seiten zu Lagern der echolosen Beteuerungen und des selbstgerechten Hasses erstarren.»[180]

Trotz allem, was trenne, im Dialog zu bleiben – war eine der Botschaften des Leitartiklers Golo Mann. Als Vorbild solcher Diplomatie nannte er Bismarck, der alles andere als ein Anpasser gewesen sei und der doch eine erfolgreiche Politik des Do-ut-des habe betreiben können. Nur indem man in den Dialog jenen maßvollen Realismus, von dem Kennan gesprochen habe, einbringe, lasse sich der Handlungsspielraum, so gering er scheine, ausloten und dadurch zur Entspannung beitragen. Die beiden Weltmächte, kritisierte Golo Mann, hätten nach 1945 ihren Gegensatz viel zu sehr auf der Ebene des Strebens nach militärischer Überlegenheit wahrgenommen. «Beide Weltgegner», schreibt Golo Mann, «haben in den letzten Jahren in einer Art von Wolkenkuckucksheim gelebt. Der Kreml tut das sowieso, weil er seinen albernen Mythos von der ‹Weltreligion› nicht aufgeben will. Die andere Seite hat sich in eine Vorstellung von Sieg im ‹Kalten Krieg› hineingelebt, ohne auch nur je für sich selber zu definieren, wie ein solcher Sieg eigentlich aussehen soll.»[181] Als die höchst fatale Folge solchen Denkens um Vorherrschaft bezeichnete Golo Mann das Wettrüsten, das angesichts der in Entstehung begriffenen atomaren Waffenarsenale nur noch Raum für die klägliche Hoffnung lasse, man verzichte auf deren Einsatz aus Furcht vor den Folgen. Aber, schreibt Golo Mann, mit einer solchen «ungewissen, so deprimierenden Hoffnung darf man sich nicht begnügen».[182]

Gespräch statt Bedrohung: Das liege, stellte Golo Mann fest, auch im ureigensten deutschen Interesse. Die Zeit, da man gemeint habe, schreibt Golo Mann 1954, die DDR einfach ignorieren zu können, sei nun vorbei. Nicht zuletzt im Blick auf eine wünschenswerte Wiedervereinigung gelte es für die Bundesrepublik, das Gespräch mit dem Ostblock zu suchen. Man denkt bereits an die Ostpolitik Willy Brandts, wenn man in einem Leitartikel vom Frühling 1954 bei Golo Mann liest: «Jetzt aber geht es darum, Brücken zu schlagen, nicht zu den Regierungen, wohl aber zu den vereinsamten, nach den westlichen Kontakten begierigen Völkern Osteuropas, weit über Deutschland hinaus.»[183]

Als Stalin im März 1952 mit einer Note an die Regierungen Frankreichs, Englands und der USA gelangte, welche die Ausarbeitung eines Friedensvertrags und die Schaffung eines vereinigten neutralen und demokratischen Deutschlands in Aussicht stellte, neigte Golo Mann dazu, den Anlass zu benutzen, um mit der Sowjetunion ins Gespräch zu kommen. Hier entfernte sich der Historiker von der Politik Adenauers und der westlichen Alliierten, die den sowjetischen Vorschlag zurückwiesen. Auch Golo Mann übersah keineswegs, welche fatalen Folgen eine Neutralisierung Deutschlands für den Westen haben könnte. Aber er glaubte zugleich, feststellen zu können, dass sich auch die Russen mit einem geteilten Deutschland nicht abfinden wollten. «Auch die Sowjets wissen», schreibt er im August 1953 in der *Weltwoche*, «daß sie sich irgendwie mit Deutschland einrichten müssen. Das, was sie am liebsten hätten, ein geeinigtes ‹volksdemokratisches› (richtiger ‹kremlkratisches›) Deutschland können sie nicht haben. Darum, nimmt man vielfach an, wünschen sie die Teilung aufrechtzuerhalten, die ihnen anstatt der Taube auf dem Dach wenigstens den Spatzen in der Hand gibt. Wir glauben das nicht. Vielmehr scheint uns, daß es den Russen darum zu tun ist, durch die amerikanische Europa-Rechnung einen dicken Strich zu machen; und daß die Neutralisierung Gesamtdeutschlands dieser Strich sein soll. Daß sie dabei ihre arme, ausgesogene Ostzone und ihr vor aller Welt in Schande dastehendes SED-Regime preisgeben müßten, wäre ein in Kauf zu nehmender Verlust.»[184] Der Passus deutet auf die Art der Gesprächsdiplomatie hin, die Golo Mann favorisierte. Man müsse, schlägt er vor, von einer Basis des gemeinsamen Interesses, in diesem Falle des beidseitigen Interesses an der Beseitigung des geteilten Deutschlands, ausgehen und dann in Kenntnis der Risiken die Kunst der Gesprächsdiplomatie dazu nutzen, die Annäherung möglichst weit zu treiben. Es gehe darum, ein «klares, praktisches Minimalprogramm nicht für einen ‹Sieg› im ‹Kalten Krieg›, sondern für den Frieden» auszuhandeln; «ein Programm, unter dem die Menschen sich etwas Konkretes denken können»[185].

«Schöpferische Politik» nennt Golo Mann ein solches Vorgehen: «Schöpferische Politik hält sich vom seelenzerstörenden Pessimismus so fern wie von leichtsinnigem Optimismus. Sie sieht illusionslos die Gefahr, aber sie redet nicht immer bloß von ihr und läßt sich nicht von ihr beherrschen. Das alte Gleichnis von Kaninchen und Schlange hat noch immer seine Bedeutung. Wir Europäer wollen nicht das Kaninchen sein.»[186] Dabei dürfe man die Hoffnung nie aufgeben: «Früher oder später wird aber die Vereinigung Deutschlands doch kommen. Früher oder später wird der Westen dann seiner eigenen größeren Abstraktionskraft vertrauen müssen und dem guten Genius der Deutschen, daß sie nicht den gleichen Unfug machen wie vor zwanzig und vor dreißig Jahren. Dafür gibt es keine Garantie.»[187]

Ein weiteres Anliegen des Zeitkommentators Golo Mann lag darin, deutlich zu machen, dass die Anlehnung an die USA nicht zu bedeuten habe, dass die europäischen Länder die Möglichkeiten eigenständigen außenpolitischen Handelns aus dem Blick verlören. Die deutsche Außenpolitik, schreibt Golo Mann im August 1953, müsse «sich an Amerika anlehnen und trotzdem mehr und mehr Selbständigkeit gewinnen». «Sie muß», fährt er fort, «diese Selbständigkeit gewinnen, nur um sie an Europa weiterzugeben, muß führen in der Entgiftung und Verschmelzung der Nationalismen. Sie muß die engste Zusammenarbeit mit Frankreich suchen, ohne die Sowjetunion unnötig zu provozieren. Sie muß dem Europa-Gedanken den Stachel des Amerika-Hörigen, nur Defensiven, Antirussischen nehmen, ohne die Verbindung mit den Vereinigten Staaten preiszugeben.» Und er schließt mit den Worten: «All das ist furchtbar schwierig? Sicher. Es ist die schwierigste politische Aufgabe, vor die je ein Volk gestellt war. Wir sagen auch nicht, daß Deutschland sie bewältigen wird. Wir sagen nur: Niemand kann sie ihm abnehmen.»[188]

An einem vereinigten Europa zu arbeiten, dessen Teile ihre geschichtlich gewordene Eigenart behielten und das unter dem Schutz der USA, aber doch als deren eigenständiger Partner bestehe – darauf zielte Golo Mann ab. Am Anfang solcher Europa-Politik stand die Aussöhnung mit Frankreich; das Weitere würde folgen. Gegen eine solche Entwicklung in Freiheit, davon war der Historiker überzeugt, würden die USA nichts einzuwenden haben. «Laßt Europa», empfiehlt Golo Mann, «anstatt nach verschiedenen Seiten zu ziehen, eine gemeinsame praktische Politik verfolgen, und die Vereinigten Staaten werden zu ihr zu überreden sein.»[189] In seinen Plänen für ein künftiges Europa legt Golo Mann seiner Phantasie nicht immer Zügel an. Im Zusammenhang mit dem Plan einer Europäischen Verteidigungsgemeinschaft, dem die französische Nationalversammlung im August 1954 seine Zustimmung verweigerte, schreibt er: «Das heißt, die Frage wird nicht verstummen: Gäbe es nicht einen andern Weg, Europa zu organisieren und eine wirklich europäische Verteidigungsgemeinschaft zu gründen, so, daß sie zwar an die Vereinigten Staaten angelehnt und mit ihnen verbündet, aber eben doch selbständig und eine dritte Kraft wäre; ein Europa, das dann auch einmal Österreich-Ungarn wieder aufnehmen könnte, was ein nur-amerikanisches Europa nie können wird. War nicht das die ursprüngliche amerikanische Konzeption, vor dem Atlantik-Pakt, war das nicht das ursprüngliche Ziel des Marshall-Planes: Europa zu helfen, sich einig und selbständig zu machen, so daß es seine unentbehrliche Rolle in der Welt wieder spielen könnte?»[190]

In der *Weltwoche* sah Golo Mann nicht zuletzt ein Instrument, vom neutralen kriegsverschonten Kleinstaat aus die Versöhnung und Vereinigung Europas zu unterstützen. War er sich bewusst, wie wenig seine schweizerische Leserschaft, die es dem Abseitsstehen des neutralen Staates verdankte, vom Krieg verschont worden zu sein, auf solche Pläne vorbereitet war? An Manuel Gasser schrieb Golo Mann: «Aufpassen, daß die Zeitung nicht zu deutsch und nicht zu amerikanisch wird. Den europäischen Akzent muß sie behalten.»[191] Und seinem Freund Erich von Kahler gegenüber bemerkt er: «Wenn Du meine Arbeit in der *Weltwoche* siehst, musst Du bedenken, wie ich alles einwickeln muß, damit die hiesigen Helvetico-Amerikaner es mir abnehmen.»[192]

Auch Golo Manns Überlegungen zur lang sich hinziehenden Endphase des französischen Kolonialismus erscheinen, gerade auch aus heutiger Sicht, höchst bemerkenswert. Es war die Zeit, als sich die französische Herrschaft über Indochina dem Ende zuneigte und der Krieg in Algerien begann: Im Mai 1954 fiel der Stützpunkt Dien Bien Phu. Der Historiker sah, dass der Prozess der Dekolonisierung weder in Asien noch in Afrika aufzuhalten war, und er erkannte genau das Dilemma, vor dem die Amerikaner standen: Sie mussten aufgrund ihrer eigenen Tradition diesen Vorgang billigen, zugleich aber im Sinne ihres globalen freiheitlichen Sendungsbewusstseins den Vormarsch des Kommunismus in die entstehenden Vakua der Macht eindämmen. Was Indochina anbetraf, mahnte Golo Mann die Amerikaner, bevor diese sich dort engagiert hatten, zur sorgfältigen Abwägung des Möglichen. «Eine Beseitigung des chinesischen Kommunismus oder selbst des Vietminh», stellt er fest, «liegt heute nicht im Bereich des Möglichen – außer durch einen Weltkrieg, der dann auch so manches andere mit beseitigen würde.» Und er schließt mit der Sentenz: «Dort, wo der Teufel recht hat, da hat er recht, und nur wenn man ihm sein Recht zugesteht, kann man ihm das, worauf er kein Recht hat, erfolgreich streitig machen.»[193] Eine Überlegung, welche die Amerikaner nicht beherzigen sollten ...

Um die Mitte des Jahres 1954 endete Golo Manns Tätigkeit bei der *Weltwoche* abrupt; sie sollte erst über zwei Jahrzehnte später mit gelegentlichen Beiträgen wieder aufgenommen werden. Was war geschehen? Curt Riess, Autor einer «Geschichte der Weltwoche», mutmaßt, der Historiker sei eben «kein Zeitungsmann» und seine Artikel seien «zu hoch» gewesen – was nicht sehr zu überzeugen vermag.[194] Eine andere Erklärung findet sich in einem Eintrag vom 24. September 1954 in Thomas Manns Tagebuch: «Entlassung Golos von der *Weltwoche*, offenbar auf Weisung der Financiers und Annoncengeber. Kränkende Form der mündlichen

Kündigung. Widerwärtiges Symptom. Depression Golos, der z. T. wegen dieser Aufgabe den Berliner Ruf abgelehnt hat. Finanzieller Ausfall dazu.»[195] Wahrscheinlich ist, dass Golo Manns Beurteilung des West-Ost-Konflikts, die zwar dem Marxismus keinerlei Konzessionen machte, aber doch die Fortsetzung des diplomatischen Dialogs empfahl, bei der Redaktion auf Ablehnung stieß. Auch dürfte Golo Manns Eintreten für die europäische Vereinigung bei der Schweizer Leserschaft, deren Söhne und Töchter sich noch heute nicht zu einem solchen Schritt entschließen können, auf wenig Gegenliebe gestoßen sein. In einem Brief an den Journalisten Hans Fleig, Redakteur der *Zürcher Woche*, äußerte sich der Historiker später wie folgt dazu: «Vor langen Jahren habe ich einmal etwa ein Jahr lang politische Artikel für Ihre Konkurrenz, die ‹Weltwoche›, geschrieben. Die Linie, die ich vertrat, war schon damals ungefähr die, die ich heute vertrete. Mit diesen Artikeln habe ich mir in der Schweiz ungleich mehr Feinde als Freunde gemacht und bin in weitem Bogen aus der Redaktion, der ich freilich technisch nie angehörte, hinausgeflogen. Damals sagte ich mir, und dabei bleibe ich: Die Schweizer können sich ihre politischen Betrachtungen selber schreiben, sie sind völlig befähigt dazu, sie brauchen dafür keinen chaiben Ausländer, und wenn sie schon einen brauchen, haben sie Madariaga. Ich tue es nicht mehr [...].»[196]

Wie dem allen auch sei: *Die Weltwoche* nahm künftig mit Sicherheit weniger differenziert, als dies Golo Mann lieb gewesen wäre, Stellung im Kalten Krieg, und zwar als resolute Kämpferin aufseiten dessen, was sich in den folgenden Jahren recht pauschal die «Freie Welt» nennen sollte. Mit einer der führenden Persönlichkeiten des Wochenblatts freilich, mit dem Kulturredakteur Manuel Gasser, blieb der Historiker weiterhin freundschaftlich verbunden. Gasser übernahm nach 1958 die Leitung der Kunstzeitschrift *DU* und verbrachte die letzten Jahre seines Lebens auf dem Pächterhaus von Schloss Brunegg, das dem Historiker und Publizisten Jean Rudolf von Salis gehörte.

Mit seinen Rezensionen und Leitartikeln war Golo Mann vor

allem in den Jahren 1953 und 1954 in der *Weltwoche* ständig präsent, obwohl er seine Texte vielleicht lieber in der *Neuen Zürcher Zeitung* gelesen hätte. «Für die ‹Weltwoche›», schreibt er nämlich an Erich von Kahler, «schmiere ich jetzt viel beinahe jede Woche, Politisches und Literarisches. Die NZZ fordert mich ja nicht auf ...»[197] Aber auch für die Kulturzeitschriften *Der Monat* und *Merkur*, die in den Nachkriegsjahren in Westdeutschland begründet wurden, verfasste der Historiker während der fünfziger Jahre eine Reihe von längeren Beiträgen. *Der Monat*, herausgegeben von Melvin J. Lasky, finanziell unterstützt von amerikanischen Institutionen wie der Ford Foundation und der Central Intelligence Agency (CIA), sollte auf kulturellem Gebiet das leisten, was in materieller Hinsicht der Marshall-Plan sich vorgenommen hatte: Deutschland in der Auseinandersetzung mit dem Marxismus stärken. Eine ideologisch ausgerichtete Zeitschrift war es deswegen nicht; es sei denn in dem Sinne, dass sich hier, im Unterschied zur DDR-Presse, eine Vielzahl von Autoren unterschiedlicher Gesinnung in Freiheit äußerten.[198] Viele der bedeutenden Publizisten der Nachkriegszeit gehörten zu den Mitarbeitern des *Monats*, unter ihnen Philosophen wie Bertrand Russell und Benedetto Croce, Ökonomen wie Wilhelm Röpke, Friedrich A. Hayek und Joseph Schumpeter, Schriftsteller wie Jean-Paul Sartre und Arthur Koestler. Von den Schweizer Freunden und Bekannten Golo Manns waren François Bondy, Herbert Lüthy und Fritz René Allemann vertreten. Und auch der von Joachim Moras und Hans Paeschke begründete *Merkur* fühlte sich ähnlichen Zielen verpflichtet. In seiner ersten Ausgabe stand zu lesen: «Aufgabe: eine möglichst erschöpfende und genaue Definition der Gegenwart zu finden, die nicht einfach Aktualität bedeutet, sondern Kontinuität d. h. Mittlertum im Strom der Zeit.»[199]

Die Aufsätze, die Golo Mann im *Monat* und im *Merkur* erscheinen ließ, befassten sich mit verschiedenen Themenbereichen. Zuweilen begannen sie als Rezension, um sich zu einer allgemeineren Betrachtung zu weiten. So der kritische Essay über den Geschichtsphilosophen Arnold Toynbee, den englischen Historiker, der nach Kriegsende Oswald Spenglers «morphologische» Kulturbetrachtung erweiterte und um differenziertere Fragestellungen bereicherte.[200] Oder es handelte sich um geschichtliche Untersuchungen. So der Aufsatz «Deutschland und Russland im 20. Jahrhundert», der zum besten und unvoreingenommensten gehört, was sich damals in deutscher Sprache zum Thema lesen ließ.[201] Meist kreisten Golo Manns Überlegungen um die Themenbereiche Geschichte und Politik und um die Beziehung zwischen beiden; es seien hier zwei Texte besonders hervorgehoben. Unter dem Titel «Kontinuität und Spontaneität» befasst sich der Historiker mit dem Konstanten, Bleibenden der Geschichte und mit dem überraschend Neuen, Singulären der Aktualität. Er warnt davor, falsche Kontinuitäten und irreführende ursächliche Zusammenhänge zu konstruieren, etwa zwischen Kant, Marx, Lenin und Stalin oder zwischen Luther und Hitler. Golo Mann schreibt: «Der Satz: ‹Wer A sagt, muß auch B sagen›, so daß, wenn A gesagt wurde, das ganze Alphabet heruntergesagt werden müßte, hat keine Überzeugungskraft. Wir können und sollen mit unserem Denken da haltmachen, wo es für uns gut ist haltzumachen, und ihm gleichwohl volle, nicht fragmentarische Realität geben. Wir sind für unser Denken nur so weit verantwortlich, wie wir es selbst gedacht haben. Was danach kam, taten andere aus eigener Verantwortung.»[202] Der Aufsatz wendet sich, ohne die anthropologische Grundkonstante des geschichtlichen Prozesses, die Dauer im Wandel, in Abrede zu stellen, gegen konstruierte Deutungsmuster, gegen den manichäischen Dogmatismus von absolut Gut und absolut Böse, gegen Pauschalurteile. Geschichte, stellt Golo Mann fest, verfahre nicht immer mit innerer Konsequenz, und solche Konsequenz herzustellen und in die Zukunft fortzusetzen, wie dies die marxistische Lehre tue, führe leicht in die Irre. Gerade die Machtübernahme durch Hitler sei aus dem Verlauf der deutschen Geschichte nicht zwingend zu erklären: «Der Kontinuität», schreibt Golo Mann, «tritt hier im ursprünglichen Sinn des Wortes die Spontaneität gegenüber: der freie ruchlose Wille.»[203] Vor zweierlei Fehlhaltungen müsse man sich hüten: vor der Anmaßung, die Zukunft sei aufgrund geschichtlicher Erkenntnis vorauszusehen, und vor dem Fatalismus, der dem historischen Ablauf eine unentrinnbare Notwendigkeit zuschreibe. Zwischen diesen beiden Extremen sieht Golo Mann einen Freiraum, in den der Mensch sich gestellt sieht und in dem dieser, in Kenntnis der Geschichte, aber nicht als deren Sklave, verantwortlich zu handeln habe. Im Aufsatz «Kontinuität und Spontaneität» ist eine Grundüberzeugung ausgesprochen, die in der Folge für das ganze Schaffen Golo Manns, für seine *Deutsche Geschichte* wie für den *Wallenstein* maßgeblich geworden ist.

Ähnliche Überlegungen sind auch in den Aufsatz «Wie man nicht aus der Geschichte lernen soll» eingegangen. Es handelt sich dabei um eine erweiterte deutschsprachige Fassung des bereits erwähnten Textes «How not to learn from History». Die Rede ist von Analogieschlüssen, die leicht zu falschem politischem Handeln führen könnten. So hätten die Deutschen aus dem Ersten Weltkrieg die Folgerung gezogen, im nächsten Krieg müsse bis zum vollständigen Sieg oder bis zur vollständigen Niederlage durchgehalten werden, und die Alliierten hätten ihrerseits die Folgerung gezogen, es dürfe in einem zweiten Krieg keine Friedensverhandlungen mit dem Gegner mehr geben. Golo Manns erster Feststellung wird man beistimmen; sie ist überzeugend. Seine zweite Feststellung, die Kritik am «unconditional surrender» übt, ist weniger leicht nachzuvollziehen. Hier ließe sich mit guten Gründen sagen, dass gerade der Rückgriff auf die Erfahrung des Ersten Weltkrieges zu einer klugen Entscheidung geführt habe; denn mit der bedingungslosen Kapitulation konnte das Gespenst einer neuen Dolchstoßlegende gebannt werden.

Ein anderer in der Sicht Golo Manns falscher Analogieschluss: Da der Kriegsausbruch 1914 zu unausdenkbaren Zerstörungen geführt habe, hätte sich in englischen und französischen Politikern der Gedanke festgesetzt, es müsse alles unternommen werden, durch eine Politik des Appeasement Hitler vom Krieg abzuhalten. Auch hier spricht vieles für Golo Manns Sicht der Dinge. Eine weitere unzulässige Analogie sieht Golo Mann, wohl wiederum zu Recht, in der verfehlten amerikanischen Chinapolitik nach 1945. Hier habe man, statt die neu eingetretenen Machtverhältnisse neu zu überprüfen, Mao Tse-tung gegenüber den «Fehler» einer neuerlichen Appeasement-Politik keinesfalls begehen wollen und habe folglich auf seinen Gegner, den aussichtslosen und korrupten Tschiang Kai-schek gesetzt. Wie im Aufsatz über «Kontinuität und Spontaneität» hebt Golo Mann auch hier das Singuläre bestimmter historischer Situationen hervor, wofür gerade wirkliches Geschichtsverständnis die Sinne zu schärfen imstande sei. «Eben wer etwas Geschichte kennt», schreibt Golo Mann, «wird sich nicht mit raschen Vergleichen begnügen. Geschichte, die uns das Bleibende, das ähnlich sich Wiederholende lehrt, lehrt uns den Unterschied und das Einzigartige. [...] Sie lehrt uns, daß alle großen Planunternehmungen, alle Revolutionen und Gegenrevolutionen und Kreuzzüge und eisernen Programme nie zu dem geführt haben, wozu sie führen sollten; daß sie stets zu etwas anderem nicht vorher Gesehenen geführt haben. Sie ist das beste Gegengift gegen allen Fanatismus, alle falsche Selbstsicherheit, Selbstgerechtigkeit und Rechthaberei.»[204]

Solche Sätze sind geprägt von der leidvollen Erfahrung der eben durchlebten jüngsten Geschichte. Sie laden ein zur Bewahrung des Vergangenen, zur Wachsamkeit gegenüber dem Gegenwärtigen, zur Toleranz, zur Vorsicht im Urteil. Geschichte ist für Golo Mann nie in erster Linie Handlungsanleitung in der schwer deutbaren Wirrnis der Gegenwart; aber sie mag den Einzelnen zu Einsichten führen, die verantwortungsbewusstes Handeln erleichtern. Ebenfalls in den fünfziger Jahren dachte ein anderer deutscher Historiker, Reinhard Wittram, über die Lehren der Geschichte nach. «Den, der bescheiden geworden ist», schrieb Wittram damals, «erfüllt sie (die Geschichte) mit ihrem Trost; den, der getrost und freudig voranschreitet, erhält sie in der Bescheidenheit. Sie gibt unserem Bewußtsein eine neue Dimension und stellt unser Gewissen in einem erweiterten Horizont auf die Probe. Das ist ihr Bildungswert; wir möchten meinen, es sei die Summe aller ihrer Lehren.»[205] Golo Mann war ein Emigrant, den das, was mit Deutschland geschehen war, ein Leben lang schwer belastete; Reinhard Wittram war ein Historiker, der sich 1933 bereitwillig in den Dienst der deutschen Ostpolitik gestellt hatte. Über die Lehren der Geschichte dachten beide gleich.

Geschichte und Politik. Golo Mann gehört zu den ersten deutschen Historikern, die nach 1945 beide Wirkungsbereiche in einen von Kenntnis und Skepsis geprägten Zusammenhang gebracht haben. Nicht in dem Sinne, wie dies das wilhelminische Deutschland und dann wieder, auf weit krudere Weise, der Nationalsozialismus getan hatten: nicht als Rechtfertigung und Zielsetzung von Politik. Bei Golo Mann stehen Geschichte und Politik in sich gegenseitig erhellender Beziehung, das eine erklärt sich aus dem andern. Als Historiker und politischer Publizist hat Golo Mann nach 1945 in Deutschland eine Tradition tätiger Zeitzeugenschaft mitbegründen helfen, die sich seither erfreulicherweise nicht verloren hat.

In den Jahren 1955 bis 1958 dozierte Golo Mann wieder am Claremont College in Kalifornien, wobei er es so einrichtete, jeweils in den Ferien zu längeren Aufenthalten nach Europa zu kommen. Gleichzeitig arbeitete er an einem Taschenbuch mit dem Titel *Außenpolitik*, das zu Beginn des Jahres 1957 in der *Enzyklopädie des Wissens* des Fischer-Verlags erschien, einer damals weit verbreiteten Reihe, die es sich zum Ziel setzte, in den verschiedensten Wissenschaftsbereichen elementare Kenntnisse in lexikographischer Aufmachung anzubieten.[206] Mitarbeiter an diesem Band war Harry Pross, später Professor für Publizistik und Zeitgeschichte an der Freien Universität Berlin und zusammen mit Golo Mann, Gottfried Bermann Fischer und Herbert Heckmann Herausgeber der *Neuen Rundschau*. Pross gehörte zu den Ersten, die dem Niedergang der deutschen Politik seit 1871 auch auf der Ebene des sprachlichen Ausdrucks schriftlicher Dokumente nachspürten.[207] Golo Mann und Harry Pross hatten sich 1950 an einem «Kongreß für kulturelle Freiheit» in Berlin getroffen. Es handelte sich um eine jener Veranstaltungen, wie man sie im Westen organisierte, um den massiven Anstrengungen der sowjetischen Kultur-Propaganda entgegenzutreten. «Golo Mann», schreibt Pross in seinen Erinnerungen, «traf ich auf diesem Kongress zum ersten Mal. In der Kurfürstendammpension kam zögerlich ein nachdenklicher Mensch an meinen Tisch: ‹Sind Sie Deutscher?› – ‹Ja, Sie auch?› – ‹Teils, teils – wie man's nimmt.› Die starken Augenbrauen gingen hoch. Dann löste sich der Zweifel in einem Lächeln: ‹Mann.› Ich erhob mich vor dem unerwarteten Gast, der da an meinen Frühstückstisch getreten war.»[208]

Mit Golo Mann, berichtet Pross weiter, habe er in der Auffassung übereingestimmt, dass der Schwarz-Weiß-Rhetorik der kommunistischen Propaganda nicht in gleicher Weise, sondern mit den Mitteln einer subtileren Argumentation, wie die Demokratie sie sich leisten könne, entgegenzutreten sei: «Jeder Fall muß gesondert behandelt werden und ein allgemeiner Kreuzzug gegen den Weltkommunismus würde eher dessen Geschlossenheit fördern als seine inneren Gegensätze nutzen.»[209]

In diesem Sinne verleugnet das gemeinsame Werk zur *Außenpolitik* den liberalen Standort der Verfasser nicht, ohne doch das Vokabular des Kalten Krieges zu bemühen. Die Artikel zu den einzelnen Stichwörtern sind von den Autoren nicht gezeichnet. Doch lässt sich an der stilistischen Formulierung der jeweilige Autor meist unschwer erkennen. So schreibt Golo Mann über die USA: «Amerika, die einsame, selbstherrliche Friedensrepublik, die Verächterin ‹verstrickender Allianzen›, die Insel der Seligen ist zur Residenz der Vereinten Nationen geworden, zur Zentralsonne einer ganzen Milchstraße von Regionalpakten, zur militärischen Macht, zum Helfer, Praeceptor, Aufpasser und Waffenlieferanten der halben Erde. Und hält das alles, diese unglaubliche Veränderung, doch immer noch für eine vorübergehende Sache, deren letzter Zweck es ist, einmal wieder zurückkehren zu können in die gute alte Zeit.»[210] Oder über die Schweiz: «Im Gegensatz zu den meisten und gerade den größeren Ländern Europas ist die Schweiz ein völlig intaktes, zu seiner Selbstauflösung und Verschmelzung mit anderen keineswegs begieriges Staatswesen. Kosmopolitische Bildung, die Tradition internationaler, philanthropischer Tätigkeiten verbinden sich hier mit einem harten nationalen Egoismus und mit einer alten, zum Mißtrauen eher als zu spekulativen Hoffnungen stimmenden historischen Erfahrung, mit einem nahezu untrüglichen Instinkt für das, was dem eigenen Volke frommt.»[211]

IV. Der Historiker

«Le passé n'éclairant plus l'avenir,
l'esprit marche dans les ténèbres.»

Alexis de Tocqueville,
De la démocratie en Amérique

1. Professor in Deutschland

Im Jahre 1958 verließ Golo Mann die USA und übernahm in den Wintersemestern 1958/59 und 1959/60 eine Gastprofessur an der Universität Münster in Westfalen.[1] Nach allem, was wir wissen, fühlte er sich in der Stadt und an der Universität wohl. Die Verhältnisse an der Hochschule waren überblickbar, die Spuren der Kriegszerstörungen in der Altstadt waren beseitigt. Für Golo Mann, der mit zunehmendem Alter eine ausgeprägte Aversion gegen große urbane Zentren entwickelte und sich gern auf Wanderungen in die freie Natur zurückzog, war es ein guter Platz. Auch begegnete der Historiker hier dem damaligen Assistenten und späteren Germanistikprofessor Herbert Heckmann, einem ebenfalls passionierten Wanderer, in dessen Gesellschaft er den Teutoburger Wald erkundete; Heckmann wurde ein Freund fürs Leben.[2] Seinem Briefpartner in den USA, Erich von Kahler, schrieb Golo Mann: «Das Semester in Münster, vergangenen Winter, war ganz gut, und ich gehe auch nächsten Winter wieder hin. Das Dozieren in der eigenen Sprache ist doch etwas anderes. Die Studenten erinnern in vieler Beziehung an die amerikanischen, wiewohl ihre Bildung wohl doch immer noch eine gediegenere ist; mit der Generation meiner Studentenzeit haben sie fast gar nichts, und jedenfalls nichts Bösartiges gemeinsam. Übrigens ist die Stadt überraschend angenehm, eher außerhalb des Wirtschaftswunders gelegen, wohlhabend zwar, aber behäbig, patrizisch konservativ, stark aus der westfälischen Landschaft genährt, die ihrerseits ins Holländische hinüberspielt, der Menschenschlag ist sympathisch und soll denkbar wenig Nazi gewesen sein ... »[3]

Typoskripte der Münsteraner Vorlesungen haben sich erhalten. In seinem ersten Semester veranstaltete Golo Mann Übungen zur Philosophie der Geschichtsschreibung und hielt eine Vorlesung über «Demokratie und Außenpolitik in den Wandlungen der modernen Gesellschaft». In seinem zweiten Semester galt ein Kolloquium dem Werk von Alexis de Tocqueville, während die Vorlesung sich mit «Großen Romanen des 19. Jahrhunderts als Quelle für den Historiker» befasste. In dieser zweiten Vorlesung kamen im Wesentlichen die Hauptwerke von Stendhal, Balzac, Flaubert und Zola, von Dostojewski und Tolstoi, von Fontane und Gottfried Keller zur Sprache. Ein literaturhistorischer Gegenstand, sollte man meinen; doch Golo Mann ging insofern einen anderen, ungewohnten Weg, als es nicht seine Absicht war, den bürgerlichen Roman als Kunstwerk, sondern als Zeitdokument und Zeitspiegel zu begreifen.[4] Damit entschied er sich für eine originelle Perspektive; denn wo, beispielsweise, ließe sich schöner zeigen, wie man um 1870 liebte, sich verlobte und heiratete, als im Werk Theodor Fontanes? Ein solcher Ansatz ist freilich von der deutschen Sozialgeschichte, die sich eher der Auswertung von Zivilstandsregistern als der Lektüre von Romanen zuwandte, kaum aufgegriffen worden. Anders in der marxistischen Forschung, wo Gelehrte wie der ungarische Literatursoziologe Georg Lukács und später Lucien Goldmann ähnliche Wege beschritten.[5] Vom Marxisten Lukács grenzte sich Golo Mann allerdings schon zu Beginn seiner Vorlesung unmissverständlich ab: «Ich sehe nicht ein», ließ er seine Studenten wissen, «warum wir das Studium des großen Romans vom historischen Gesichtspunkt aus von den marxistischen Lehrmeistern monopolisieren lassen, warum wir es nicht auf unsere eigene, naivere, weniger von dialektischem Hokuspokus belastete Art tun sollen.»[6]

Mit der Übernahme der Gastprofessur in Münster schien die Karriere des Universitätslehrers vorgezeichnet. Freilich liefen schon damals vielerlei andere Verpflichtungen nebenher, publizistische und gesellschaftliche. Im Jahre 1958 war Golo Manns *Deutsche Geschichte des neunzehnten und zwanzigsten Jahrhunderts* in erster Auflage erschienen und hatte ein gutes Echo gefunden. Der Autor war als Vortragsredner und Tagungsteilnehmer gefragt. Vor seinen Studierenden in Münster entschuldigte er sich für den unpünktlichen Beginn seiner Vorlesung mit den folgenden Worten: «Zunächst ein Wort des Bedauerns darüber, daß eine Kette von akademischen Verpflichtungen, wissenschaftlichen Konferenzen, Kongressen, Festreden und Zelebrationen den Beginn dieser Vorlesung ungebührlich verzögert hat. Vergnügungssucht meinerseits war, glauben Sie mir, nicht im Spiel; allenfalls die Unfähigkeit, Nein zu sagen, eine Kunst, die man heutzutage gar nicht früh genug lernen kann.»[7] Das sollte später, nachdem Golo Mann seine universitäre Tätigkeit längst aufgegeben hatte und zum freischaffenden Historiker und Publizisten geworden war, nicht anders sein: «Nein» lernte er nie sagen und blieb überhäuft mit Verpflichtungen aller Art bis in seine letzten Lebensjahre hinein.

Im Herbst 1960 übernahm Golo Mann den neu eingerichteten Lehrstuhl für «Politische Wissenschaften» an der damaligen Technischen Hochschule Stuttgart. Wir sind durch einen Freund und Kollegen, den Historiker August Nitschke, über Golo Manns Aufenthalt in der baden-württembergischen Hauptstadt unterrichtet.[8] An sich waren die Anstellungsbedingungen durchaus günstig. Das Lehrdeputat belief sich auf eine Vorlesung von zwei Stunden sowie eine wöchentliche Seminarübung und ließ reichlich Zeit für die Forschung. Auch die sonstigen äußeren Lebensbedingungen gestalteten sich angenehm: Golo Mann lebte in komfortabler Wohnung nahe dem Wald, wo er, großer Tierfreund, der er war, mit seinem Hund lange Spaziergänge unternehmen konnte. Der

Historiker war inzwischen als Verfasser der *Deutschen Geschichte*, von der bis 1962 über dreißigtausend Exemplare verkauft worden waren, weit herum bekannt geworden. Man sprach von dem Werk in aller Regel mit großer Wertschätzung; die Einladungen und Vortragsverpflichtungen nahmen noch zu. In Stuttgart bildete sich ein Freundeskreis: Peter Lahnstein, Leiter des Verfassungsschutzes und Liebhaber der Historie, gehörte ebenso dazu wie der hochgebildete Verleger Ernst Klett.

Neben seiner universitären Tätigkeit und den weiteren Verpflichtungen war Golo Mann in Stuttgart damit beschäftigt, seine Arbeit als Herausgeber der mehrbändigen *Propyläen Weltgeschichte* dem Ende entgegenzuführen. Schon in Claremont hatte der Historiker mit den Vorarbeiten begonnen, hatte ein Gesamtkonzept entworfen, Mitarbeiter geworben und erste Beiträge entgegengenommen.[9] Es handelte sich bei dem Unternehmen um eine Universalgeschichte, die von der Prähistorie und den frühen Hochkulturen bis in die unmittelbare Gegenwart hineinreicht. Bei den ersten vier Bänden, die zwischen 1961 und 1963 erschienen, wirkte der Althistoriker Alfred Heuß, Professor in Göttingen, als Herausgeber mit. An der Herausgabe der weiteren sechs Bände war zeitweise Golo Manns Stuttgarter Kollege August Nitschke, Vertreter der mittelalterlichen und neueren Geschichte, beteiligt. Im Jahre 1965 erschien der letzte Band des monumentalen Werks unter dem Titel *Summa historica*.

Es gelang Golo Mann, Spezialisten aus den verschiedensten Ländern beizuziehen, nicht nur Deutsche, Österreicher und Schweizer, sondern auch Italiener, Franzosen, Engländer, Amerikaner und zwei Inder. Von der Beteiligung kommunistischer Gelehrter wurde abgesehen, wie es denn in Golo Manns Vorwort zum achten Band, der bereits 1960 erschienen und der Geschichte des 19. Jahrhunderts gewidmet war, hieß: «Ausgeschlossen bleiben mußte andererseits jede sinngebende Theorie, die den Schlüssel zum Ganzen zu besitzen glaubt. Wir alle, die wir an diesem Werk mitarbeiten, setzen die Wahrheit über die Doktrin.»[10] Auch Wissenschaftler aus dem Umfeld des Nationalsozialismus schloss man aus, und vielleicht hätte man auf die Mitarbeit des Soziologen Hans Freyer verzichtet, wenn damals die Wissenschaftsgeschichte des Dritten Reichs schon so intensiv erforscht worden wäre wie heute.[11]

Die Editionstätigkeit war Zeit raubend und oft auch mühsam. Nicht alle Mitarbeiter hielten sich an ihre Termine, und nicht alle arbeiteten zufrieden stellend. In seinem Tagebuch führt Golo Mann oft beredte Klage, zweifelt zuweilen am Sinn seiner Arbeit überhaupt, schöpft wieder neue Hoffnung. «Das mit der ‹Weltgeschichte›», schrieb der Historiker an Manuel Gasser, «ist wirklich ein Kreuz. Ehrgeiz und die alte Unfähigkeit, Nein zu sagen, ließen mich die Sache akzeptieren. [...] Trotzdem habe ich aber, selber ohne Freude, eine Menge guter Namen zusammenbekommen.»[12] Und gegenüber Erich von Kahler bemerkte er 1959, in einem Augenblick der Mutlosigkeit: «Die meisten Manuskripte, die eintreffen, sind mittelmäßig und haben mit dem, was ich mir vorstellte, fast nichts zu tun. Man ist wie ein Dirigent, dessen Orchester sich einfach um das, was man will, gar nicht kümmert.»[13]

Schwer vorstellbar, dass damals ein anderer deutscher Historiker ein Werk dieses Umfangs und mit so internationaler Beteiligung hätte organisieren und der Vollendung entgegenführen können. Golo Mann war als Emigrant unverdächtig auch nur der leisesten Sympathie gegenüber dem Dritten Reich, und er war in der Lage, seine Korrespondenzen mit Leichtigkeit auch auf Französisch und Englisch zu führen. Allerdings war die *Propyläen Weltgeschichte* nicht das erste oder gar einzige Unternehmen seiner Art. Auch in Frankreich, England und der Schweiz bestand nach 1945 ein auffallendes Bedürfnis, sich in schwieriger Zeit von der Kontinuität und der Breite menschheitsgeschichtlicher Entwicklung Rechenschaft zu geben. Eine der wichtigsten Einsichten solcher universalhistorischer Werke war, dass Europa nicht länger ins Zentrum der Menschheitsentwicklung gestellt werden konnte. So konnte man im Eingangskapitel der *Historia Mundi,* die bereits 1952 in der

Schweiz zu erscheinen begann, lesen: «Der Verfall unseres alten Europa wird von niemandem mehr bestritten.» Und weiter: «Man kann die volle menschliche Natur aus der Geschichte nicht erkennen, wenn man die Naturvölker ausläßt. Sobald man diese breite Basis aller menschheitlichen Geschichte berücksichtigt, stößt man auf eine Historia perennis der menschlichen Substanz, die in den künstlichen Bildungen der Hochkultur teilweise angenagt ist.»[14] Eine solche Verschiebung des magnetischen Pols in außereuropäische Regionen beobachtete auch der englische Historiker Geoffrey Barraclough, der 1964 in seiner weit verbreiteten *Introduction to Contemporary History* vom «Dwarfing of Europe», einer «Verzwergung Europas», sprach, damit ein Wort prägend, das die Runde machte.[15]

In seiner Einleitung zum achten Band der *Propyläen Weltgeschichte* versprach auch Golo Mann, von der traditionellen europäischen Egozentrizität abzurücken. «Hier ist noch», schreibt er, «etwas über die Einteilung des Werkes zu sagen. Es ist nicht mehr europazentrisch. Von zehn Bänden wurden nur zwei bis drei dem Aufstieg und besonderen Schicksal Europas bestimmt. Es galt, das einzigartige Abenteuer Europa herauszuarbeiten, zu zeigen, wann und wann erst Europa anfing, andere Kulturen zu überflügeln, und welche Tendenzen den gewonnenen Vorsprung früh gefährdeten. Die großen Kulturen Asiens werden nicht behandelt, als seien sie Nebenschauplätze, vom ‹Geist› verlassene Schauplätze der Geschichte.»[16]

Eine andere, nicht weniger einschneidende Neuerung dieser Universalgeschichte bestand darin, dass der Herausgeber neben Fachhistorikern auch historisch interessierte Vertreter anderer Wissensgebiete zur Mitarbeit beizog. So orientierte etwa der Physiker Walther Gerlach über *Fortschritte der Naturwissenschaft im 19. Jahrhundert*, der Zoologe Adolf Portmann befasste sich mit *Biologie und Anthropologie*, und der Jurist Alfred Verdross schrieb über *Die Entwicklung des Völkerrechts*. Dass mit diesem Hinausgreifen in die verschiedensten Wissensbereiche die Totalität menschlichen Denkens und Schaffens nicht annähernd vollständig dargestellt werden konnte, war dem Herausgeber bewusst. Er hoffte aber, dass im Pluralismus der Themen und Betrachtungsweisen und durch diesen Pluralismus hindurch die Einheit der Epochen sichtbar blieb. Dem sollten auch die Einleitungen dienen, die jedem Band vorangingen, und die Chroniken der wichtigen Ereignisse und Leistungen, die jeden Band abschlossen.

Ohne Frage ist die *Propyläen Weltgeschichte* ein sehr heterogenes Werk, und man spürt in Golo Manns Einleitungen den gelegentlich fast verzweifelten Versuch, Einheit herzustellen und Querbezüge sichtbar zu machen. Hervorragend war die verlegerische Leistung: Wer die schweren Bände mit ihren farbigen Illustrationen und der Faksimile-Wiedergabe von historischen Dokumenten damals in Händen hielt, staunte über die Qualität der Drucktechnik, die bloß fünfzehn Jahre nach der Niederlage in Deutschland wieder möglich war. Seinen Platz in der Geschichte derartiger Publikationen mag dieses Werk, das auch als Taschenbuch weite Verbreitung finden sollte, deshalb behaupten, weil es eine publizistische Plattform bot, wo sich nach den Verwerfungen des Zweiten Weltkriegs deutsche Historiker mit ihren ausländischen Kollegen wieder trafen.

Golo Mann war übrigens nicht zum letzten Mal an einem solchen editorischen Unternehmen beteiligt. Er wirkte, wenn auch nicht in vergleichbar verantwortlicher Funktion, im Beraterstab des Fischer-Verlags mit, als 1960 dessen Leiter, Gottfried Bermann Fischer, eine «Weltgeschichte» in 36 Taschenbuchbänden und eine «Fischer-Bibliothek der hundert Bücher» herausgab.[17]

Im Jahre 1960 hatte Golo Mann in Stuttgart Wohnsitz genommen; doch bald fühlte er sich in seiner neuen Stellung als fest beamteter Professor unwohl. Bei den Studenten hatte er keinen Erfolg oder redete sich ein, keinen Erfolg zu haben. Während sich zu Vorträgen, die er anderswo in Deutschland hielt, Hunderte von Zuhörern zusammenfanden, dozierte er in Stuttgart vor zwei Dutzend. Dass er, damals wie später, als Redner beliebt war und sich die Aufmerksamkeit eines Publikums mit Leichtigkeit gewann, verschaffte ihm kein andauerndes Selbstvertrauen. Er zweifelte daran, ob er seinem Lehramt genügen und ob er je in seinen Schülern ein Interesse wecken und seiner Aufgabe einen Sinn abgewinnen könne. «... denn im Grunde», äußerte er sich 1961 gegenüber einem Briefpartner, «bin ich auch nichts anderes als ein liberaler Hamlet, der den Studenten kultivierte Unentschiedenheit bietet. Ich weiß es und weiß, daß es nicht genügt, aber ich kann nicht herzaubern, was ich nicht habe. Das einzige Leitbild, das ich zu geben suche, ist: sich Mühe geben.»[18] Zwar begrüßte es Golo Mann, in seiner Muttersprache lehren zu können; zugleich aber bemächtigte sich seiner das Gefühl, die Distanz zu den Studierenden nicht überwinden zu können, und zuweilen sehnte er sich gar nach den jungen Amerikanern in Claremont zurück, die er oft so kritisch beurteilt hatte.[19]

Wohl möglich, dass sich Golo Mann im Urteil über seine pädagogische Wirkungslosigkeit täuschte. Zwei Jahrzehnte später, im Brief an einen ehemaligen Stuttgarter Studenten, der sich seiner dankbar erinnerte, bemerkte der Historiker: «Gerührt hat mich, was Sie über meine kurzfristige Lehrtätigkeit in Stuttgart schreiben. Selber hatte ich in jenen Jahren das Gefühl sehr beträchtlicher, aber vergeblicher Anstrengung und nahezu völliger Echolosigkeit. Das führte zu einer Depression, aus der heraus ich anno 63 den Lehrstuhl aufgab. Vielleicht hätte ich es nicht getan, hätte ich gewußt, daß nur einige wenige, zum Beispiel Sie, doch etwas davon hatten.»[20]

Auch war Golo Mann offensichtlich überlastet. Die Lehrtätigkeit, die Sitzungen in den Selbstverwaltungsgremien der Universität, die Arbeit an der *Propyläen Weltgeschichte*, die Vortragsverpflichtungen forderten ihren Tribut. Seinem Freund Oswalt von Nostitz gegenüber bekannte er: «Die Hetze, in der ich seit Jahren lebe, die sich aber seit Übernahme des Lehrstuhls in Stuttgart noch arg verschlimmert hat, mag erklären, wenn auch nicht entschuldigen. Was Du meinen ‹Erfolg› nennst, ist mir nicht nur haecuba, sondern auch die Quelle tiefsten Kummers. Hat man einmal ein halbwegs anständiges Buch geschrieben, dann sorgen die Leute schon dafür, dass man kein zweites mehr schreiben wird.»[21]

Zum Gefühl pädagogischer Wirkungslosigkeit, das in merkwürdigem Gegensatz zu seinem offensichtlichen Ansehen als Referent stand, gesellte sich ein irritierendes Gefühl der Unzugehörigkeit im Kreis seiner Kollegen. Von vielen Professoren, wie Nitschke berichtet, als eine Art von interessantem Sonderling, als «Kuriosum» betrachtet, aber zugleich auch respektiert, fand Golo Mann aus eigenem Antrieb nur zu wenigen einen persönlichen Zugang.[22] Im Getriebe der Universitätspolitik und des Wissenschaftsbetriebs fühlte er sich fremd. «Als er nach vielen Sitzungen in der Fakultät», schreibt August Nitschke, «zum ersten Mal ein paar Sätze sagte, meinte er selbst hinterher zu mir: ‹Die Herren sahen mich an, als ob ein Pferd zu sprechen begonnen hätte.›»[23]

Nicht dass Golo Mann wirklich ungesellig gewesen wäre; er war – damals wie später – neugierig auf Menschen. Zwar hinderte ihn eine schwer zu überwindende Schüchternheit, den ersten Schritt zu einer Beziehung zu tun, aber er bewegte sich zuzeiten gern in gehobener, in vornehmer Gesellschaft, kleidete sich sorgfältig und wusste gute Figur zu machen. Doch war der gesellschaftliche Anlass vorbei, versank er, wie wir aus den Tagebuchblättern wissen, bei sich zu Hause oder im Hotelzimmer in melancholisches Brüten über die Fragwürdigkeit der Menschennatur und die Hinfälligkeit von allem. Es fiel ihm schwer, den Menschen zu trauen; Konversation und die Formen des gesellschaftlichen Umgangs waren für ihn nicht tragfähig genug. Hinzu kam eine traumatische Neigung, die sich auch an andern nach Deutschland zurückgekehrten Emigranten, namentlich bei Juden, beobachten lässt: Golo Mann sah im zufälligen Gesprächspartner, der vor ihm stand und mit dem er bei Tische saß, den potenziellen Täter und fragte sich zwanghaft, was er wohl unter Hitler verbrochen habe und in Zukunft wieder zu verbrechen imstande sei. Er konnte nicht abstrahieren von dem Schlimmen, das in der jüngsten deutschen Geschichte geschehen war, und er neigte dazu, seinen Landsleuten, den Menschen überhaupt, Schlimmes zuzutrauen. «Sicher waren es nicht nur die Kollegen», schreibt Nitschke, «die Golo Mann veranlassten, Menschen anders als bisher zu charakterisieren. Es waren die Deutschen überhaupt. Golo Mann – im Gasthof nach einer Wanderung – konnte in verschiedensten Formulierungen zu mir sagen: ‹Sehen Sie, der dort sitzt, ob er wohl SS-Mann, Wächter in einem KZ war?› Auch energisch forsche – sicher harmlose – Sekretärinnen sah er mit diesen Augen.»[24]

Bald wurde eine psychiatrische Behandlung nötig, der Aufenthalt in einer Klinik folgte. Die Hilfe der Psychiater musste Golo Mann auch später, in Zürich, wieder in Anspruch nehmen. Eine Neigung zur Melancholie und seelischen Umdüsterung blieb, auch wenn ihr Golo Mann nie gestattete, sich zum pessimistischen Fatalismus auszuweiten. «Es verhält sich so», schrieb er 1962 einem Freund in den USA, «daß, als Ihr Brief eintraf, ich mich in der Klinik befand, von der Hand der Ärzte in einer Art Halbschlaf gehalten und daß man mich überhaupt keine Post sehen ließ ... Schon seit zwei bis drei Jahren lebe ich unter tief mich bedrückenden Bedingungen, insofern ich fast gar nichts Ernsthaftes studiere und schreibe und mich mit Vortragsverpflichtungen, Artikelchen, von der akademischen Lehrtätigkeit ganz zu schweigen, verzettele. Mein Klinikaufenthalt war nicht ohne Zusammenhang mit dieser Lage.»[25]

Als Gegenbild zur professoralen Existenz gewann immer mehr die unabhängige Stellung des freischaffenden Schriftstellers an Verführungskraft. Unter dem Begriff des «Schriftstellers» verstand Golo Mann nun freilich nicht den Dichter und Poeten, den Schöpfer einer fiktiven Wahrheit, sondern den Autor, der den Realitäten von Vergangenheit und Gegenwart verpflichtet war, der Stellung bezog und sich dadurch der menschlichen Gemeinschaft auf überprüfbare Weise nützlich zu machen suchte. Den Gegensatz von Bürger und Künstler hat Golo Mann, im Unterschied zu seinem Vater, nie thematisiert. Was das Bürgertum anbot, Ordnung, Normalität, Schutz, mag den Historiker gelockt haben, bevor ihn der Nationalsozialismus aus der Lebensbahn warf, nachher nicht mehr. Nachher blieb er, ähnlich wie seine Geschwister Klaus und Erika, freilich auf seine ihm eigene zurückhaltende und etwas trotzige Weise, ein eingeschworener Individualist. Eher müsste man im Leben Golo Manns von einer Spannung zwischen Wissenschaftler und Künstler sprechen. Diese versuchte er in seinem Werk aufzuheben, indem er sich der Wahrheitssuche verpflichtete und diese Wahrheit gleichzeitig in schöne sprachliche Form zu kleiden suchte. Dieses Ziel, davon war Golo Mann bereits wenige Monate nach seinem Amtsantritt in Stuttgart überzeugt, war als Professor in Stuttgart nicht zu erreichen. Damals schrieb er an Erich von Kahler: «Das heißt, die Anstellung ist auf Lebenszeit, aber ich denke davon keinen Gebrauch zu machen. Im Grunde bin ich diese Art des Tuns gründlich müde, der Reiz davon und was man allenfalls davon lernen konnte, ist längst verbraucht und abgetan, und es sind immer dieselben Tricks. Längst weiß ich, warum Professoren keine guten Schriftsteller sind: sie müssen es zerreden, ehe es Form angenommen hat, und dann kann es keine mehr annehmen. Wozu kommt, daß es sich um einen Lehrstuhl in political science handelt, whatever that may be, aber jedenfalls darf man eigentlich nur vom 20. Jahrhundert reden, als welches ein garstiges Jahrhundert ist.»[26]

Zweifellos dachte Golo Mann, als er diese Sätze schrieb, bereits an sein nächstes Buch. Es sollte weit in die Geschichte zurückführen, zu einer Figur, die ihn seit der Salemer Zeit zu faszinieren nicht aufgehört hatte, und in eine Epoche, die der gegenwärtigen verwandt schien. In Stuttgart begann Golo Mann, sich wieder intensiv mit Albrecht von Wallenstein und dem Dreißigjährigen Krieg zu befassen.

Im Jahre 1965, mit sechsundfünfzig Jahren, gab Golo Mann seinen Lehrstuhl in Stuttgart auf. Kultusminister Gerhard Storz tat alles, um den Historiker zu bewegen, sein Rücktrittsgesuch nochmals zu überdenken, und schrieb ihm: «Ich weiß mich mit der Hochschule darin einig, daß wir Sie ihr erhalten wollen [...] Die Resonanz Ihres akademischen Wirkens ist größer, als Sie es vielleicht selbst wissen.»[27] Doch Golo Mann blieb bei seinem Entschluss und trat, unter Verzicht auf die ihm angebotene Pension, als Honorarprofessor in den Ruhestand. Mit einem Freimut, der gewiss nicht im Sinne des Historikers war, hat die Schwester Monika aus Anlass von Golo Manns sechzigstem Geburtstag die professorale Stuttgarter Episode beurteilt: «Nach den exotischen – von innen her gedrosselten, von außen weitläufigen Collegejahren», schreibt die Schwester, «empfing Dich zunächst – zu früh für Deine ‹Konstitution›! – ein Lehrstuhl an der Universität Stuttgart. Da kam Dich das heulende Elend an. Vielleicht erst jetzt – in der gemütlich schwäbelnden, wohl Dich auf Händen tragenden Umgebung, reagiertest Du, griff Dir, ohne daß es Dir bewußt gewesen wäre, der ganze vertrackte Spuk so recht ans Herz.»[28]

2. Die *Deutsche Geschichte*

Im Jahre 1953 hatte Golo Mann von der Büchergilde Gutenberg den Auftrag erhalten, als Ergänzung des dreibändigen Werks, das Ricarda Huch zur deutschen Geschichte geschaffen hatte, ein weiteres Buch zu verfassen, das jene Darstellung fortführen sollte.[29] Die Büchergilde offerierte, so Golo Mann, einen Vorschuss von sechstausend Mark, in zwölf monatlichen Raten auszuzahlen, und so habe er angenommen, ohne rechte Überzeugung, die große Aufgabe zu einem guten Ende führen zu können.[30] In kurzer Zeit, während der Jahre 1956 und 1957, wurde das Buch, eine Darstellung von nahezu tausend Seiten, niedergeschrieben. Der Autor hielt sich zu dieser Zeit vorwiegend im Gasthaus «Zur Krone» im schweizerischen Altnau am Bodensee auf. Das Werk erschien im Jahre

1958 und trug den Titel *Deutsche Geschichte des neunzehnten und zwanzigsten Jahrhunderts*.[31]

Die *Deutsche Geschichte* – dies ist wohl der erste Eindruck, der sich einem heutigen Leser aufdrängt – ist das Dokument einer zutiefst bedrückenden persönlichen Erfahrung. Golo Mann, der als Emigrant der Hitler-Diktatur entronnen war, dessen Fähigkeit jedoch, sich mit seinem Vaterland zu identifizieren, schweren Schaden genommen hatte, suchte den Weg über die Geschichte, um jene Erfahrung zu verarbeiten. «Wie ein verfluchtes Haus», schreibt er im Vorwort, «ein Mörderhaus, von dem die Dorfbewohner wegsehen und das doch in ihrer Mitte ist, so steht das ‹Dritte Reich› in der Erinnerung der Deutschen; und es steht wie eine Mauer zwischen der Gegenwart und aller früheren Vergangenheit. [...] Weil wir ‹Geschichte› in so gemeiner Form erlebt haben, so trauen wir auch früheren geschichtlichen Verwirklichungen nicht mehr die sittliche Höhe zu, welche etwa die liberalen und deutschnationalen Historiker des späten 19. Jahrhunderts ihnen zutrauten.»[32] Mit einer Empfindung der Scham, führt der Autor weiter aus, nähere er sich als deutscher Zeitgenosse und Emigrant seinem Thema. Aber Geschichte sei nun einmal nicht tot und abgeschlossen, sie knüpfe an Früheres an, weise auf Späteres voraus, und des Historikers Aufgabe und Pflicht bleibe es, dies bewusst zu machen. «Fassen wir also», fährt Golo Mann, als ob er sich selber Mut zusprechen wolle, fort, «das Mörderhaus, das inmitten unserer Gemeinde steht, festen Blicks ins Auge. Leugnen wir nicht, was in ihm vorgegangen ist. Glauben wir aber auch nicht, es hätten alle Wege der deutschen Geschichte mit Notwendigkeit diesem einen schlechten Ende zugeführt. Und denken, handeln wir nicht so, als hätten wir überhaupt keine Vergangenheit, als würde dies tätige, wimmelnde Leben der Gegenwart mit seinen Genugtuungen und Sorgen uns genügen.»[33]

Unverkennbar ist, dass der Autor der *Deutschen Geschichte* seine Leser zu einem geschichtlichen Neuanfang ermuntern will, der freilich von der genauen Kenntnis der jüngsten Vergangenheit ausgehen müsse und die Kontinuität des Geschehens nicht leugnen dürfe. Golo Mann verzichtet dort, wo es um die Beurteilung der Vorgeschichte und Geschichte des Dritten Reiches geht, nicht auf eine dezidierte, oftmals scharf ablehnende Kritik der verantwortlichen Persönlichkeiten. Zugleich vermeidet er mit Sorgfalt die Tonlage der Selbstbezichtigung, der Selbstrechtfertigung oder Resignation, wie sie in deutschen Geschichtsdarstellungen der fünfziger Jahre oft noch üblich war.[34] Seine Aufgabe sieht der Historiker darin, dem deutschen Leser den Weg zum Aufbau einer deutschen Zukunft zu ebnen. Diesem Ziel dienen zwei methodische Kunstgriffe: Golo Mann stellt die Geschichte Deutschlands in den Zusammenhang der europäischen Geschichte, und er führt seine Darstellung über das Jahr 1947 hinaus bis in die unmittelbare Gegenwart. Indem er den internationalen Kontext sichtbar macht, hält Golo Mann sich außerhalb der so genannten Sonderwegsdiskussion, die in den späten fünfziger Jahren einsetzte, heute aber kaum mehr von Bedeutung ist. Die Vertreter dieser wenig ergiebigen These vom deutschen «Sonderweg» erklärten den Nationalsozialismus aus der abweichenden geschichtlichen Entwicklung der «verspäteten Nation»[35] Deutschland und neigten dazu, durchaus vergleichbare Vorgänge, etwa im faschistischen Italien oder in Frankreich, in ihrer Bedeutung zu unterschätzen. «An allen großen Erfahrungen, den Aufgaben, Ideen, Konflikten, Leidenschaften Europas», schreibt dagegen Golo Mann, «hat Deutschland teilgenommen; und gerade die Hysterien, durch die es sich von Europa trennen und ganz als sich selber setzen wollte, der Nationalismus, der Faschismus, sind gesamteuropäische Krankheiten gewesen, welche es auf seine Art abwandelte.»[36] Und er fügt einen Satz an, der zur damaligen Zeit als höchst bedeutsam, ja als geradezu kühn gelten durfte: «Deutsche Geschichte schreiben kann heute nur sein: europäische Geschichte mit deutscher Akzentuierung schreiben.»[37]

Mit seinem zweiten Entschluss, die deutsche Geschichte bis in die unmittelbare Gegenwart hinein fortzuschreiben, durchbricht

Golo Mann eine weit verbreitete Historiker-Tradition, welche mit der Begründung der «mangelnden Distanz» der Zeitgeschichte auswich. Diese Tradition wurde in den Nachkriegsjahren in Lehre und Forschung der älteren Generation noch durch die Neigung unterstützt, den Nationalsozialismus aus der Kontinuität deutscher Geschichte auszuklammern. Beide Aspekte im Darstellungskonzept des Historikers, die «Internationalisierung» der deutschen Geschichte und der Einbezug der Zeitgeschichte, zielen demgegenüber darauf ab, die Paria-Rolle, in die Nachkriegsdeutschland sich nach 1945 versetzt sah, zu überwinden und die Kräfte zu stärken, welche die Anfänge und den Fortbestand des demokratischen Staatswesens zu sichern imstande waren.

Trotz solch zuversichtlichem Ausblick überschatten Betroffenheit und Trauer Golo Manns *Deutsche Geschichte*, und kritisch-zweifelnde Nachdenklichkeit ist von der ersten bis zur letzten Zeile allgegenwärtig. Dem Emigranten, der sich nach langen Jahren des Zögerns für die Rückkehr entschieden hatte, fiel es schwer, selbst den Weg des Neubeginns zu gehen, den er seinen Lesern empfahl. Das Exil hatte ihn zwar physisch, nicht aber psychisch geschützt. Wie denn der Verfasser bei späterer Gelegenheit, in einem Vortrag anlässlich einer Tagung des jüdischen Weltkongresses in Brüssel, bemerkt hat: «[...] wer die dreißiger und vierziger Jahre als Deutscher durchlebt hat, der kann seiner Nation nie mehr völlig trauen, der kann der Demokratie so wenig völlig trauen wie einer anderen Staatsform, der kann dem Menschen überhaupt nicht mehr völlig trauen und am wenigsten dem, was Optimisten früher den ‹Sinn der Geschichte› nannten. Der wird, wie sehr er sich auch Mühe geben mag und soll, in tiefster Seele traurig bleiben, bis er stirbt.»[38]

Eine *Deutsche Geschichte*, geprägt, vielleicht sogar veranlasst durch das Misstrauen gegenüber Deutschland? Daran ist so viel richtig, dass die Fragen, die Golo Mann an die Vergangenheit stellt, keine arglosen und verharmlosenden Fragen sind. Indem der Autor anderthalb Jahrhunderte deutscher Geschichte überblickt, von der Französischen Revolution und den Befreiungskriegen gegen Napoleon bis zur alliierten Befreiung von Hitler und darüber hinaus, wählt er die Schwerpunkte seiner Darstellung bewusst dort, wo Kontinuitäten sichtbar werden und wo ein Tatbestand vorausweist auf das, was zwischen 1933 und 1945 geschah. Allgegenwärtig ist in Manns Buch die Frage, wie sich in Deutschland das kollektive Verständnis von Nation, Staat und Volk so habe entwickeln können, dass es zuletzt an Widerstandskräften fehlte, die äußerste Pervertierung dieser Begriffe zu verhindern. Gefragt wird in diesem Zusammenhang nach den Gründen der letztlich negativen deutschen Antwort auf die Französische Revolution oder nach den Ursachen des Scheiterns der Liberalen in der Revolution von 1848. Die erst mühsam angestrebte, 1871 rasch ermöglichte Reichsgründung wird in spannungsvollem Bezug zur innenpolitischen Entwicklung gesehen, die über spätabsolutistische Regierungs- und Verwaltungsformen vielfach nicht hinauskam. Der Industrialisierungs- und Modernisierungsprozess, der das Deutsche Reich 1914 zur stärksten europäischen Wirtschaftsmacht werden ließ, wird erörtert, und Bevölkerungsexplosion und Urbanisierung werden im Zusammenhang mit der Frage ins Auge gefasst, warum die neu entstehende Arbeiterschaft den ihr zukommenden Platz im politischen und gesellschaftlichen Leben nicht finden konnte. Eine kritische Analyse gilt auch Wilhelms II. nationalistischen Vorstellungen einer Weltpolitik, die, statt ins Offene, Kosmopolitische zu weisen, in eine außenpolitische Isolierung führte, die man zuletzt nur noch mit einem Krieg glaubte aufbrechen zu können. Und eingehend kommt der Autor schließlich auf die Frage zu sprechen, warum es der Weimarer Republik nicht mehr gelang, neue dauerhafte Ordnungen zu schaffen, die den Herausforderungen der inneren Polarisierung und der Wirtschaftskrise gewachsen gewesen wären.

Es ist richtig, dass Golo Manns *Deutsche Geschichte* alle diese Problemkreise nicht vertieft abzuhandeln vermag, was der damalige Forschungsstand übrigens auch nicht gestattet hätte. Der Autor selbst weist denn auch gern auf das Vorläufige seiner Ausführungen hin. Man wird aber Golo Mann einen bemerkenswerten Spürsinn für historisch relevante Fragestellungen nicht absprechen können. Die Themen, die er mit seinen Fragen berührt, sind seither in umfassenden Standardwerken wie Thomas Nipperdeys dreibändiger *Deutscher Geschichte* und Hans-Ulrich Wehlers *Deutscher Gesellschaftsgeschichte* eingehend und kenntnisreich abgehandelt worden.[39] Golo Manns Verdienst bleibt, dass er früh auf Schwachstellen und Fragwürdigkeiten der geschichtlichen Entwicklung im 19. Jahrhundert hinwies, das wir heute in Anlehnung an Eric Hobsbawm das «lange Jahrhundert» nennen.[40]

Golo Manns *Deutsche Geschichte* ist aber vor allem eine Geschichte des deutschen Geistes im 19. und 20. Jahrhundert. Die Darstellung der Innen- und Wirtschaftspolitik und die Untersuchung von gesellschaftlichen Strukturen und deren Wandel treten deutlich zurück. Eingehender erkundet wird das Schaffen bedeutender Repräsentanten der deutschen Kultur. Von Philosophen ist die Rede, insbesondere von solchen, deren Werk sich zu fataler Aus- und Umdeutung durch die nationalsozialistische Diktatur anbot. So kommt Golo Mann auf Gottlieb Fichte und dessen übersteigerten Volkstumsbegriff zu sprechen, er tadelt erneut die Entlastung des menschlichen Gewissens durch Hegels Geschichtsphilosophie, und er stellt die antibürgerliche Rebellion Nietzsches dar, die von den nationalsozialistischen Ideologen auf so gefährliche Weise missverstanden und ausgebeutet werden konnte. Arthur Schopenhauer wird ein ganzes Kapitel gewidmet: Die Anziehungskraft, die von dem eingeschworenen Pessimisten, überzeugten Konservativen und hervorragenden Schriftsteller auf Golo Mann einwirkte, wird offensichtlich, auch wenn sich der Historiker von Schopenhauers Verachtung der Geschichte durchaus Rechenschaft gibt.

Am höchsten unter den Philosophen stellt Golo Mann Immanuel Kant. Der Historiker sieht im Königsberger Gelehrten jenen Deutschen, in dessen Schaffen die Grundtugenden der Aufklärung sich am reinsten verkörpert hätten: die Achtung der Freiheitsrechte, die Kritik an falschen Autoritäten, die Unvoreingenommenheit des Urteils, der Glaube an ein allgemein verbindliches Naturrecht. Kant, der seine Heimat nie verließ und ein gehorsamer Untertan des Königs von Preußen blieb, war zugleich Europäer und Weltbürger. «Nie, in neuerer Zeit», schreibt Golo Mann, «war Deutschland so in Harmonie mit den Besten seiner abendländischen Umgebung, stand es so auf dem Gipfel europäischer Geistigkeit wie in der Gestalt dieses unvergleichlichen Mannes.»[41] In Kants 1759 verfasster Abhandlung *Zum ewigen Frieden* sieht der Historiker einen Schlüsseltext für seine eigene Art der Geschichtsbetrachtung. Wie für Kant ist auch für ihn eine verantwortungsbewusste Politik nur möglich, wenn sich die freie Entscheidung des handelnden Individuums der Vernunft und damit der Moral unterwirft. Der Historiker bewunderte sein Leben lang den maßvoll-zuversichtlichen Optimismus, den der kritische Betrachter des Weltgeschehens, der Kant ebenfalls war, in den Gebrauch der menschlichen Vernunft setzte.

Neben den Philosophen erscheinen in Golo Manns *Deutscher Geschichte* auch die Schriftsteller, zumal die politischen Publizisten, als wichtige Auskunftspersonen. Der Autor sieht in ihnen sensible Rutengänger und Seismographen, die Wesen und Wandel des Zeitgeistes nicht selten früher, hellsichtiger und unabhängiger zu erkennen imstande sind als die politischen Akteure. Golo Manns Buch ist reich an knapp gefassten, prägnanten Hinweisen auf solche Persönlichkeiten. Die Rede ist etwa vom vaterländischen Dichter Ernst Moritz Arndt, vom Politiker und Balladendichter Ludwig Uhland, von den revolutionären Vordenkern Forster, Büchner und Herwegh, von Autoren der Bismarckzeit wie dem hintergründigen Humoristen Wilhelm Busch und dem tiefgründigen Meister des bürgerlichen Gesellschaftsromans, Theodor Fontane. Erwähnt werden die damals viel gelesenen historischen Romane von Joseph Victor von Scheffel und Felix Dahn, aber auch die sozialkritischen Dramen Gerhart Hauptmanns und die den Alltagsgeschäften enthobenen Dichtungen Hofmannsthals und Stefan Georges. Und zuletzt dürfen auch die Mitglieder der eigenen Familie mit ihren zeitgeschichtlich bedeutsamsten Werken nicht fehlen: Heinrich Mann mit dem *Untertan* und Thomas Mann mit den *Betrachtungen eines Unpolitischen* und dem *Zauberberg*.

Zwei politischen Publizisten hat Golo Mann in seiner *Deutschen Geschichte* ein eigenes Kapitel gewidmet: Joseph Görres und Heinrich Heine. Görres begeisterte sich als junger Medizinstudent für die Ideen der Französischen Revolution, wurde dann aber zu einem leidenschaftlichen Gegner Napoleons und neben Arndt zum bedeutendsten Publizisten der Befreiungskriege. Nach 1814 gab er den *Rheinischen Merkur* heraus, in dem er für die nationale Wiedergeburt und die Volksrechte eintrat. Wenige Jahre später musste er seiner freiheitlichen Gesinnung wegen ins Elsaß fliehen, wo er zum angestammten katholischen Glauben zurückfand. Im Jahre 1827 wurde Görres vom liberalen König Ludwig I. von Bayern als Professor für Geschichte an die Universität München berufen. Er blieb in vielseitiger Weise publizistisch tätig und verfasste als monumentales Spätwerk eine *Christliche Mystik*. Was Golo Mann an Görres anzog, war dessen romantische Neigung für deutsche Literatur und Volkstum, die er mit seinen Freunden Clemens Brentano und Achim von Arnim teilte. Der Historiker schätzte Görres' liberalen Konservativismus, der die Revolution als gewalttätig ablehnte, aber doch aus humaner Grundgesinnung den republikanischen Prinzipien die Treue hielt. «Im Denken Görres'», schreibt Golo Mann, «finden wir manches für jenen Augenblick Charakteristische, wohl auch manches charakteristisch Deutsche. Liberal war er, aber nicht im Sinne des Liberalismus, der jetzt, unter der wiederhergestellten Monarchie, in Frankreich praktiziert wurde und den er für eine korrupte hauptstädtische Komödie hielt. Eine Neugestaltung der deutschen Dinge wollte er, aber sich anlehnend an uralte Überlieferung ...»[42]

Ein ganzes Kapitel ist auch Heinrich Heine gewidmet. Golo Mann wusste schon als Kind Gedichte des Romantikers auswendig, und in seinen *Erinnerungen* berichtet er davon, wie ihm zu Weihnachten 1925 dessen Werke geschenkt worden seien und wie er sich besonders für den Gedichtzyklus des *Romanzero* begeistert habe.[43] Während seines Frankreich-Aufenthalts als Lektor an der Universität Rennes machte Golo Mann seine wenigen Studenten mit dem deutschen Dichter bekannt; damals gab er sich auch von der Mittlerrolle Rechenschaft, die Heine zwischen Deutschland und Frankreich hätte spielen können. Heinrich Heine, promovierter Jurist und zum Christentum übergetretener Jude, hatte 1830 die französische Julirevolution, in der das reaktionäre Regime Karls X. durch den Bürgerkönig Louis Philippe abgelöst wurde, begrüßt. Als freier Schriftsteller und Auslandkorrespondent ging er im folgenden Jahr nach Paris und besuchte danach Deutschland nur noch selten. In den dreißiger und vierziger Jahren stand Heine auf der Höhe seines Ansehens. Er nahm am gesellschaftlichen und kulturellen Leben der Hauptstadt regen Anteil, war wegen seines losen Mundwerks in den Salons beliebt und gefürchtet und bezog, während der deutsche Bundestag seine subversiven Schriften verbot, eine Pension der französischen Regierung. Auch mit Karl Marx, der damals in Paris lebte, traf Heine zusammen, und es ist eine viel diskutierte Frage geblieben, wie weit der Dichter in seinen politischen Einsichten von diesem beeinflusst wurde. Golo Mann meint zwar in der *Deutschen Geschichte*, Heine sei vom Kommunismus zeitweise «wie behext»[44] gewesen; aber ein zuverlässiger Genosse war er trotzdem nicht. An einem unheilbaren Rückenleiden erkrankt, musste der Dichter sein letztes Lebensjahrzehnt gelähmt, wie er selbst sagte, in der «Matratzengruft» verbringen. Heinrich Heine erlebte noch die Februar-Revolution von 1848 und die Machtergreifung Napoleons III. Er starb im Jahre 1856.

Golo Mann zitiert in der *Deutschen Geschichte* eine Reihe von Heines politischen Gedichten. Er stellt nicht nur dessen literarische, sondern auch die journalistischen Arbeiten sehr hoch, weit über das Schaffen anderer Gesellschaftskritiker der Dichtergruppe *Junges Deutschland* wie Ludwig Börne, Karl Gutzkow oder

Herwegh. «Unsterblich», schreibt Golo Mann, «ist nur Heinrich Heine. Wer sich mit moderner deutscher Geschichte befasst, der muss sein Wesen und Denken so gut es geht zu beschreiben versuchen.»[45] So gut es geht – der Historiker gab sich durchaus Rechenschaft, dass das Werk dieses Schriftstellers sich nicht auf den einfachen Nenner einer Parteimitgliedschaft oder einer klar umrissenen Gesinnung bringen ließ. Veränderlich, wankelmütig, opportunistisch erschien Heines Wesen schon den Zeitgenossen. «Den Konservativen», schreibt Golo Mann, «den guten deutschen Bürgern erschien er als Rebell und frivoler Witzbold. Für die Linke war er ein treuloser Bundesgenosse, ein Sozialist, der sich vor der Revolution fürchtete, heute zurücknahm, was er gestern gesagt hatte, und sich als Aristokrat sah. Und wirklich, Heine, der Künstler, war Aristokrat zugleich und Rebell; er haßte die Herrschaft der alten Militär- und Adelskaste, zumal in Preußen, verachtete die Herrschaft der Finanziers, zumal in Frankreich, und fürchtete doch den zukünftigen Terror einer gleichmacherischen Volksherrschaft.»[46]

Als staatsbürgerlich ganz zuverlässig erscheint der Schriftsteller Heine auch Golo Mann nicht. «Heine machte das Schwierige leicht», heißt es in der *Deutschen Geschichte.* «Man hat ihm das als Frivolität angekreidet, wohl nicht ganz zu Unrecht. Frivol, oder sagen wir, modern, war er, insofern er von den ernstesten Ansichten handelte, ohne sich zwischen ihnen zu entscheiden. Er war gescheit wie der Tag, er war hellsichtig, aber er entschied sich nicht.»[47] Einen ganz ähnlichen Tadel wie den Vorwurf der Frivolität hat Golo Mann später gegenüber Kurt Tucholsky, dem Kritiker der Weimarer Republik, angebracht.[48]

Golo Manns Darstellung der deutschen Geschichte steht im Übrigen ganz im Bann von zwei nach Charakter und politischen Zielen geradezu antipodischen Persönlichkeiten: Karl Marx und Otto von Bismarck. Beide wurden zur selben Zeit geboren, und beide erreichten, nach damaligen Begriffen, ein hohes Alter. Beide waren Zeitzeugen der von revolutionären Unruhen umgetriebenen bürgerlichen Epoche, zogen aber aus ihren Beobachtungen sehr unterschiedliche Schlüsse. Karl Marx lässt sich in mancher Hinsicht mit dem ein Vierteljahrhundert vor ihm geborenen Heine vergleichen: Er war ein Jude aus dem Rheinland wie dieser, setzte sein Leben für die Emanzipation des Menschen aus unverschuldeter Knechtschaft ein und bezahlte die Radikalität seiner Überzeugungen mit langen Jahren des Exils, zuletzt in London. In charakterlicher Hinsicht freilich gab es zwischen den beiden kaum Gemeinsamkeiten. Die heitere Art des Umgangs mit Menschen, die Heine auszeichnete, die leichtfüßige Ironie des sprachlichen Ausdrucks, das Verständnis für den Unernst des Lebens gingen Karl Marx völlig ab. «Er war gesegnet und geschlagen», schreibt Golo Mann, «mit einem ungeheuren Verstande, der ihn vereinsamte und hochfahrend machte. Liebe hatte er wohl, für seine Frau, seine Kinder, auch Mitleid; es empörte ihn das Elend, das mit der Industrie hereingebrochen war. Sein Charakter war unbeugsam in der Not, vollständig die Treue zu der titanischen Arbeit, die er sich selber auferlegt hatte. Das sind preisenswerte Tugenden. Sie wurden überwuchert von einem furchtbaren Willen zur Macht; von dem Willen, recht zu behalten und allein recht zu behalten. Die Gegner, die Kritiker, die Andersdenkenden wollte er vernichten, mit dem Schwert oder, solange das noch nicht anging, mit der Feder, die in Gift getaucht war. Ein solcher kann die Welt nicht besser machen.»[49]

Mit dem Gesellschaftstheoretiker hatte sich Golo Mann, wie wir uns erinnern, schon zur Studentenzeit befasst. In einem frühen Aufsatz für die Exilzeitschrift *Maß und Wert* verfasste er unter dem Titel «Was bleibt von Karl Marx?» einen entschieden ablehnenden Aufsatz zu dessen Sicht des geschichtlichen Prozesses. In der *Deutschen Geschichte* führt der Autor seine Überlegungen von damals weiter aus, und es ist wiederum die Geschichtsphilosophie des dialektischen Materialismus, die im Mittelpunkt seines scharfen Widerspruchs steht. Es ist dies, knapp zusammengefasst, die Auffassung, der Verlauf der Geschichte entspreche einem logisch voranschreitenden Prozess, in dem Veränderung und Fortschritt durch den Gegensatz antagonistischer Elemente bewirkt würde. Diese These ist schon in das von Marx und Engels gemeinsam verfasste «Kommunistische Manifest» von 1848 eingegangen, und Golo Mann stützt seine Kritik erneut vor allem auf diesen berühmten Text. Der Historiker bestreitet nicht, dass das «Manifest» im Zeitpunkt seines Erscheinens und angesichts der Industrialisierung und ihrer sich abzeichnenden gesellschaftlichen Auswirkungen eine Schrift von «unerhörter Überzeugungskraft» gewesen sei.[50] Doch schon die Eingangsthese des «Manifests», wonach «die Geschichte aller bisherigen Gesellschaft» als «Geschichte von Klassenkämpfen»[51] zu begreifen sei, wird vom Historiker rundweg abgelehnt.

Auch für die Dialektik der marxistischen Geschichtsvorstellung, welche die revolutionäre Ablösung des Feudalismus durch die Bourgeoisie und deren revolutionäre Ablösung durch die Diktatur des Proletariats bis zum schließlichen Endzustand der klassenlosen Gesellschaft vorsah, zeigt der Historiker keinerlei Verständnis. Er sieht in diesem Verlaufsmodell den dem naturwis-senschaftlichen Fortschrittsdenken der damaligen Zeit entnommenen, nie einlösbaren Anspruch, den Geschichtsverlauf aus der Existenz eines oder mehrerer ihm zugrunde liegender Gesetze deuten zu wollen. Wer aber glaube, stellt Golo Mann fest, Geschichte dermaßen determinieren und entsprechend Zukunftsprognosen aufstellen zu können, verkenne deren Wesen völlig. Nach des Historikers Verständnis ist die Geschichte ein zu vielschichtiges Phänomen, bedingt durch eine verwirrende Vielzahl von Wahrscheinlichkeiten, Möglichkeiten, Bedingtheiten, auch Zufällen, als dass sie als Abfolge gesetzmäßiger Notwendigkeiten verstanden werden könnte. Weil die Geschichte immer neue und andere Konstellationen hervorbringe, sei Marxens Vorstellung, die proletarische Revolution würde sich in Analogie zur Französischen Revolution entwickeln, falsch. Derartig vereinfachte Anschauung von der Geschichte führe, so Golo Mann, auch wenn sie ihre eigene Wissenschaftlichkeit behaupte, zuletzt in den Utopismus.

Im Zusammenhang mit der marxistischen Auffassung vom Geschichtsprozess kommt Golo Mann auch auf den seiner Ansicht nach fatalen Einfluss Hegels auf Marx zu sprechen. Hegel habe noch geglaubt, in der Geschichte das Wirken von Ideen beobachten zu können. Mit der von Marx in den «Thesen über Feuerbach» ausgesprochenen anmaßenden Aufforderung, es komme nicht darauf an, die Welt verschieden zu interpretieren, sondern sie zu verändern[52], werde ein folgenschwerer Schritt von der Theorie zur Praxis getan. Mit diesem Schritt würden der ideologisch sich begründenden Despotie gefährliche Handlungsspielräume eröffnet. «So vernünftig», schreibt Golo Mann, «ist aber die Welt nicht, daß sie sich in ein solches Begriffsspiel auflösen ließe. Sie ist nicht dafür da, damit einer Recht behält. Die Philosophie, vollends die überkluge, überkunstvolle Hegelsche, war nicht geschickt, um mit ihr Politik zu machen.»[53]

Auch mit einer andern Grundauffassung der Marx'schen Gesellschaftsvorstellung, der Lehre vom «Überbau», wonach die herrschenden Gedanken nichts weiter seien als der ideelle Ausdruck der herrschenden materiellen Verhältnisse[54], konnte sich der Historiker nicht befreunden. Sicherlich ist richtig, dass die weitgehende Reduzierung menschlicher Existenz auf wirtschaftliche Bedingungen, die der Ökonom Marx vornahm, auf ein Defizit der damaligen Geschichtswissenschaft, die überwiegend politische Nationalgeschichte war, hinwies. Dennoch ist die Wirtschaft nur einer von vielen Faktoren des Kausalitätsbündels, welches geschichtliches Verhalten und Handeln bewirkt. Golo Mann, der so großes Gewicht auf die Geistesgeschichte und auf die Autonomie des Individuums legte, erhebt verständlicherweise Protest gegen eine solche Sehweise; sie verkenne, stellt er fest, das Wesen des Menschen und erniedrige diesen zum manipulierbaren Geschöpf.

Mit einem Geschichtsbild wie demjenigen Golo Manns, das die Freiheit und moralische Mitverantwortlichkeit des Individuums betonte, war eine solche Sicht in der Tat schwer in Einklang zu bringen. «In der Politik erscheint der Mensch», schreibt Golo

Mann, «als das, was er ist, mit seinen guten und bösen Möglichkeiten, mit Mißtrauen, Furcht und Haß, mit Egoismus und Altruismus, sportlichem Wetteifer, Freude am hilfreichen Werk, Machtgier, Sicherheitsbedürfnis, Grausamkeit, mit hohen Idealen und niederen Leidenschaften. Marx verachtete die Politik, weil er das menschliche Problem zu einem bloß natürlichen zurückführte und seine moralische Seite bestritt. Wenn seine Ökonomie in Ordnung war, so *mußte* alles andere von selbst in Ordnung kommen.»[55]

Merkwürdig erscheint es Golo Mann, und merkwürdig ist es in der Tat, dass sich Marx und Engels durch die Betrachtung der geschichtlichen Vorgänge noch zu ihren Lebzeiten nicht zu einer gründlichen Überprüfung und Revision ihrer Geschichtslehre angeregt sahen, sondern die sonderbarsten Gedankenkonstruktionen erfanden, um die ihren Theorien widerstrebende Geschichte des 19. Jahrhunderts diesen Theorien anzupassen. Denn es traf in der Tat wenig von dem, was sie vorausgesagt hatten, ein. Schon die Julirevolution von 1830 war alles andere als die proletarische Revolution, welche Marx in Analogie zur Französischen Revolution vorausgesehen hatte. Und dasselbe galt in noch verstärktem Maße von der Februarrevolution von 1848 und dem Staatsstreich Napoleons III. Unzutreffend war auch, wenn Marx zum künftigen Schauplatz der proletarischen Revolution Deutschland erkor; davon war noch die Ära Wilhelms II. weit entfernt.[56] Und selbst die russische Oktoberrevolution von 1917 war, obwohl sie ohne die Mitwirkung von Millionen Arbeitern und verelendeten Bauern nicht hätte stattfinden können, weit mehr eine Revolution der revolutionären Intelligenz als des Proletariats.

Solchen verfehlten Prognosen spürt Golo Mann in seiner *Deutschen Geschichte* mit grimmigem Vergnügen nach. Es überrascht nicht, dass er als Konservativer, als Kenner der Schriften Burkes und Gentz', die marxistische Vorstellung, wonach die Revolution das wichtigste Agens der Geschichte sei, ablehnt. «Was die Französische Revolution leisten konnte», schreibt er, «hatte sie bereits 1792 geleistet. Auf den Stand von 1792 ist dann auch Napoleon im wesentlichen zurückgegangen. Notwendig ist in der Geschichte Veränderung, Reform, Anpassung des Rechts an neue wirtschaftliche und soziale Bedingungen. Revolutionen als blutige Dramen, plötzliche gewalttätige Gesamtumstürze sind weder notwendig noch wünschenswert. Sie führen auch nie zu dem, wozu sie nach der Idee ihrer Antreiber führen sollten.»[57]

Golo Mann wirft Marx und Engels, und darin stimmt er mit der heutigen Marxismus-Kritik im Wesentlichen überein, vor, dass sie ihre ganze Geschichtstheorie auf das Muster der Französischen Revolution aufgebaut und darum die Lage in Deutschland falsch eingeschätzt hätten. «Aber die wirklichen Verhältnisse im Jahre 1848», schreibt er, «waren von den französischen des späten 18. Jahrhunderts grundverschieden. Es gab keine zusammenbrechende, bankerotte Verwaltung. Die österreichische Verwaltung war nicht schlecht, die preußische gut. Hier rief kein ratloser Monarch die Stände zusammen, weil er nicht mehr weiterwußte. Es war gerade der wirksame, oft überwirksame Obrigkeits- und Beamtenstaat, wogegen die Deutschen rebellierten.»[58] Eine Klassenkampfsituation, fährt Golo Mann fort, habe es 1848 in Deutschland nicht gegeben, und ebenso wenig ein Proletariat im Sinne von Marx. Überhaupt sei die Prognose, wonach sich der Graben zwischen einer kleiner werdenden kapitalistischen Minderheit und einer zunehmenden Masse von verelendeten Arbeitern immer weiter öffne, weder damals noch im Zeitalter Wilhelms II. noch irgendwann später eingetroffen. Und dies deshalb, weil die Arbeitgeber einzusehen begonnen hätten, dass der Aufbau einer Sozialpolitik letztlich auch ihren Interessen diene, während sich die Arbeiterschaft als Sozialdemokratie zu einer Reformpartei im sich demokratisierenden Staat entwickelt habe. Spöttisch geißelt Golo Mann die Gedankenkonstruktionen, mit denen Marx versuchte, den Verlauf der gesellschaftlichen Entwicklung im 19. Jahrhundert doch noch in das Schema vom Klassenkampf zu pressen. Und er illustriert seine Kritik mit einem sprechenden Bild: «Revolutionen, schrieb Marx einmal, sind die Lokomotiven der Weltgeschichte. Aber die Lokomotive, auf die Marx im Jahre 1848 begierig wartete, ist nie gekommen. Statt ihrer erschien, Jahrzehnte später, ein guter Eisenbahnzug, den andere Menschen zu anderen Zwecken bauten, die deutsche Sozialdemokratie. Den Zug bestiegen nun die beiden Alten in London, hörten aber nicht auf, die Zugführer ärgerlich zu bekritteln, die ihrerseits glauben wollten, das von ihnen erstrebte Ziel sei auch das von Marx prophezeite.»[59]

Die andere Persönlichkeit, der Golo Mann in seiner *Deutschen Geschichte* breiten Raum zugesteht, ist Otto von Bismarck. Während Karl Marx glaubte, den Schlüssel zur Erklärung des Geschichtsverlaufs gefunden zu haben, war Bismarck ein Mann der Tat, dem alles Spekulative fern lag. Bis in die jüngste Gegenwart haben seine Persönlichkeit und sein Werk nicht aufgehört, die Betrachter zu faszinieren, und auch Golo Mann war fasziniert. Nicht nur in der *Deutschen Geschichte*, sondern auch in seinem späteren Schaffen kam der Historiker oft auf den Staatsmann zu sprechen, und im Jahre 1977 widmete er ihm einen meisterhaften längeren Essay.[60]

Otto von Bismarck war nach 1862 fast zehn Jahre preußischer Ministerpräsident und Außenminister und wurde 1871 Reichskanzler, ein Amt, das er bis zu seiner Entlassung im Jahre 1890 innehatte. Seine langfristige politische Absicht war es, Deutschland unter preußischer Führung zu einigen, und zwar «von oben», durch gemeinsamen Beschluss der Landesfürsten und nicht durch eine liberal-nationale Volksbewegung. Dies gelang bekanntlich nach dem Sieg im Deutsch-Französischen Krieg von 1870/71. Wie Bismarck sein Ziel erreichte, ohne von der monarchisch-konservativen, den Einfluss des Reichstags einschränkenden Verfassung abzurücken, erregte das Erstaunen seiner Zeitgenossen wie auch der späteren Historiker. Golo Mann schreibt: «Das ungeheuer Geschickte, Kühne, Widernatürliche seiner Leistung liegt darin, daß er die deutsche Einheit zuwege brachte ohne die Elemente, die man seit fünfzig Jahren mit ihr verbunden hatte: Parlamentsherrschaft,

Demokratie, Demagogie. Das, was ein halbes Jahrhundert lang der Traum des Bürgertums gewesen war, wurde nun ohne, ja zeitweise gegen das Bürgertum gemacht ...»[61]

In den letzten zwei Jahrzehnten seiner Amtstätigkeit hatte Bismarcks innenpolitisches Bestreben das Ziel, die Monarchie gegen liberale und sozialistische Demokratisierungstendenzen zu verteidigen und ein echtes parlamentarisches System nach englischem Vorbild oder nach dem Beispiel der französischen Dritten Republik zu verhindern. Es war eine gefährlich widersprüchliche Innenpolitik, die Bismarck betrieb: Einerseits unterstützte er nach Kräften den industriellen Aufschwung, den Fortschritt der Wissenschaften und der Technik, den Städtebau und das Verkehrswesen; zugleich aber war er der Meinung, die gesellschaftlichen Folgen, die sich aus dieser Entwicklung ergaben, mit einem konservativen monarchischen System und vorwiegend aristokratischer Führungsschicht meistern zu können. Des Kanzlers repressive Politik gegenüber den Sozialisten sollte schließlich zum Hauptgrund für seine Entlassung durch Wilhelm II. werden. Golo Mann kommentiert: «Bismarck verschwand nicht zu früh, er verschwand viel zu spät. Die Beseitigung dieses lastenden Anachronismus war das Mutigste, an sich selbst betrachtet das Beste, was Wilhelm II. je getan hat. Nur begriff er nicht, was er tat. Er war selber Bismarckianer.»[62]

Im Bereich der Außenpolitik errichtete Bismarck nach 1871 zur Absicherung des Deutschen Reiches ein kunstvolles und kompliziertes System von Bündnissen. Golo Mann bringt diesem Bündnissystem gemischte Gefühle entgegen, wenn er bemerkt: «Inwieweit dieses schwindelnd virtuose System dem Frieden wirklich diente, ist schwer zu sagen. Einige glauben, die ‹Großmächte› wären sich schon dreißig Jahre vor 1914 in die Haare geraten ohne den alten Meister, der durch die ausgeklügelten Verrenkungen seiner Politik sie immer wieder trennte und immer wieder zusammenband. Andere glauben, sein Vertragswerk sei in Wahrheit ein ohnmächtiges Spinngewebe gewesen ...»[63] Ein heutiger Historiker, der Amerikaner Gordon A. Craig, bemerkt: «Seine größte Leistung vollbrachte Bismarck auf dem Gebiet der Außenpolitik, wo sein hervorragendes diplomatisches Geschick nach 1870 zur Erhaltung des europäischen Friedens beitrug. Selbst hier jedoch war sein Vermächtnis an sein Land fragwürdig. Seine Nachfolger neigten dazu, den leidenschaftlichen Einsatz für die Interessen der Nation, das starke Verantwortungsbewusstsein und den bewundernswerten Durchblick, der Bismarck zu einem großen Diplomaten machte, zu übersehen. Ihre Vorstellung von Bismarckscher Staatskunst war der ‹Realismus›, den sie gleichzusetzen schienen mit Brutalität und schlechten Manieren.»[64]

Faszinierend war und bleibt Bismarcks Persönlichkeit. Als Staatsmann war er allen andern seiner Zeit, vielleicht den Engländer Disraeli ausgenommen, durch Intelligenz, Geschick, Ahnungsvermögen und eine gewisse Rücksichtslosigkeit überlegen, ob im Preußischen Landtag, im Reichstag oder auf dem internationalen Parkett. Bismarck erkannte dies, was seinem Verhalten etwas Hochmütiges, Menschenverachtendes geben konnte. Er war ein loyaler Diener seines Staates, aber er handelte nicht nach einer berechenbaren Überzeugung, sondern in pragmatischer, «realpolitischer» Einschätzung der jeweiligen Situation, was manche von denen, die ihn beobachteten, als opportunistisch empfanden. Er war nicht frei von Widersprüchen, und sein christlicher Glaube schloss den Gebrauch skrupelloser Mittel im Kampf mit Gegnern nicht aus. Er war Junker und liebte Land und Natur über alles; zugleich aber besaß er eine in seinen Kreisen ungewöhnliche Bildung, las Schillers *Wallenstein* und Heines politische Schriften und brillierte in Gesellschaft. Von sich selbst sagte Bismarck: «Faust klagt über zwei Seelen in seiner Brust; ich beherberge aber eine ganze Menge, die sich zanken. Es geht da zu wie in einer Republik … Das meiste, was sie sagen, teile ich mit. Es sind da aber auch ganze Provinzen, in die ich nie einen andern Menschen werde hineinsehen lassen.»[65] Selten habe die Welt, schrieb Theodor Fontane, einen mutigeren und charaktervolleren Mann gesehen: «Aber eines war ihm versagt geblieben: Edelmut.»[66]

Was Golo Mann an Bismarck besonders beeindruckte, war der Stil seiner Briefe, Reden und Memoiren. «Was er zu sagen hatte», schreibt der Historiker, «war aber immer interessant, persönlich und wohlgeformt. Er findet immer das richtige Wort, den schlagenden Vergleich, den erleuchtenden Witz, er weiß Landschaften zu malen, Stimmungen zu beschwören, Gedanken zu präzisieren, Personen zu erfassen – das letztere meist mit mehr Bosheit als Gerechtigkeit.»[67] Ein heutiger Biograph Bismarcks, Lothar Gall, spürt in Bismarcks Memoirenwerk *Gedanken und Erinnerungen* «eine erzählerische und kompositorische Kraft, eine Prägnanz und Farbigkeit des Stils, ein Gespür für Nuancen und ein Talent zu subtiler Dramatisierung, wie sie nur wenige Autoren seines Jahrhunderts besaßen».[68] Dass Golo Mann im Alter seine eigenen Memoiren unter dem Titel *Erinnerungen und Gedanken* herausgab, kann kein Zufall gewesen sein.

In seiner *Deutschen Geschichte* hat Golo Mann dem Staatsmann ein eindrückliches Porträt gewidmet. Sein zusammenfassendes Urteil zur Persönlichkeit bleibt durchzogen. «Bismarck», schreibt er, «trotz seiner herrlich überlegenen Intelligenz, dachte anachronistisch, und es ist selten ein Glück, wenn anachronistisches Denken in der Wirklichkeit triumphiert. Zu genau festlegen darf man diesen großen Mann jedoch nicht. Er war bereit zu lernen und mit neuen Mächten kalte Zweckbündnisse zu schließen.»[69]

Karl Marx und Otto von Bismarck sind geschichtlich weit über ihr Lebensalter hinaus wirksam geblieben. Hans-Ulrich Wehler hat in seinem 1973 erschienenen Werk über das *Deutsche Kaiserreich* eindringlich auf den Zusammenhang zwischen dem durch Bismarck verschuldeten innenpolitischen Reformstau und dem Kriegsausbruch von 1914 hingewiesen. Wehler bezeichnet den Ersten Weltkrieg als eine «Flucht nach vorn», die der Erwartung der traditionellen Führungsschichten entsprungen sei, «von der inneren Reformbedürftigkeit des Kaiserreichs ablenken und die traditionellen Herrschaftsverhältnisse mitsamt den privilegierten

Machteliten erneut legitimieren zu können»[70]. Golo Mann teilt diese Auffassung, legt aber auch hier sein Hauptaugenmerk auf die geistesgeschichtliche Entwicklung. In der *Deutschen Geschichte* kann man nachlesen, wie Bismarcks Nationalstaatsgedanke im Ersten wie im Zweiten Weltkrieg entstellt, verhunzt und missbraucht wurde. Der Staatsmann wurde zu einem «Erinnerungsort» deutscher Geschichtsbetrachtung und gewann als «Blut-und-Eisen-Kanzler» den Status eines ins Mystische verklärten Übervaters. Wie subtil im Grunde seine Außenpolitik gewesen war, geriet, wie Golo Mann deutlich zu machen weiß, in Vergessenheit. Nur wenige gaben sich davon Rechenschaft, dass Deutschland 1914 genau in jene Falle des Zweifrontenkriegs tappte, die der bedeutende Staatsmann mit so viel Geschick umgangen hatte. Unter Hitler erreichte der Bismarck-Kult eine neue Blüte. «Der Glaube an einen neuen Bismarck», schreibt ein moderner Historiker, «war es zunächst und vor allem, der viele durchaus gebildete Menschen in Hitlers Bann schlug.»[71] Nach dem Zweiten Weltkrieg freilich verflog der Spuk. Bismarck war geschichtlich nicht mehr verwendbar.

Wesentlich länger als Bismarck hat bekanntlich Karl Marx auf das geschichtliche Geschehen eingewirkt, da sein Ideengut mit dem Erfolg der russischen Oktoberrevolution von 1917 in die Praxis umgesetzt werden konnte. Marx hätte sich wohl gewundert, dass die proletarische Revolution in einem industriell zurückgebliebenen Land statt, wie er weissagte, in einem ökonomisch hoch entwickelten Land ausbrach; es war dies eine seiner irrigen Prognosen. Auch hätte sich der deutsche Denker seine Gefolgsleute in Russland wohl anders gewünscht. Denn unter Lenin und verstärkt unter Stalin erfuhr der Marxismus nicht nur als Theorie zahlreiche Anpassungen; die «Diktatur des Proletariats» zeigte auch zunehmend ihre despotische Fratze.[72] Allerdings waren das ideologische Deutungsmonopol der sowjetischen Parteiführung und die Einheit der marxistischen Doktrin auf Dauer nicht aufrechtzuerhalten, und in Jugoslawien, Ungarn, Polen und der Tschechoslowakei kam es zu reformkommunistischen Bewegungen, die zum Teil mit Waffengewalt niedergeschlagen wurden. Doch Marx behielt seine Anziehungskraft. Dutzende von Professoren in Ost- und Westdeutschland widmeten sich der Exegese seines Werks, Forschungsprojekte wurden ins Leben gerufen, Disputationen abgehalten und Dissertationen geschrieben. In den siebziger Jahren entstanden in Westeuropa, in Italien, Frankreich und Spanien vor allem, «eurokommunistische» Erneuerungsbewegungen. Wie sehr zum Beispiel unter französischen Intellektuellen die Idee verbreitet blieb, es sei die Sendung der Sowjetunion, die große, aber unvollendete Französische Revolution zu Ende zu führen, hat der französische Historiker François Furet, in seiner Jugend überzeugter Kommunist, in seinem Buch *Le passé d'une illusion* dargestellt.[73] Gelegenheiten, sich in späteren Jahren als politischer Publizist immer wieder gegen den Marxismus zu wenden, fehlten Golo Mann also nicht. Mit dem Zusammenbruch des Kommunismus nach 1989/90 wurde auch Marx zur historischen Figur.

Für Golo Mann bestand nie der geringste Zweifel, dass der politisch umgesetzte Marxismus auf Dauer nicht lebensfähig war. Am Schluss seiner *Deutschen Geschichte* schreibt er: «Jetzt aber sind Hindenburg und Hitler lange tot, und auch der Marxismus taugt uns nicht mehr viel, und wir sind wieder da, wo wir schon 1848 waren: es läuft doch darauf hinaus, daß das Volk ‹sich selbst bestimmen› muß. Das ist keine Kleinigkeit und ein Wunder, wenn es gelingt. Eben dies Wunder muß in unserer Zeit jedes halbwegs freie Volk zuwege bringen.»[74]

Wenn es Golo Mann in seiner *Deutschen Geschichte* darum ging, geschichtliche Kontinuität wiederherzustellen und die Gestaltung der Zukunft auf die Kenntnis der Vergangenheit zu gründen, so muss gleichzeitig festgestellt werden, dass der Historiker immer vor einer deterministischen Sicht des historischen Prozesses gewarnt hat. Derartige Erklärungsversuche waren, den Nationalsozialismus betreffend, in den fünfziger und sechziger Jahren vor allem bei ausländischen Historikern nicht selten. Kontinuität mit

Kausalität verwechselnd, suchte diese Geschichtsschreibung etwa die deutsche Katastrophe als Endprodukt einer ins Mittelalter zurückführenden politischen Autoritätsgläubigkeit zu erklären, die sich über Luther und Friedrich den Großen bis zum preußischen Militarismus des 19. Jahrhunderts und darüber hinaus fortgesetzt hatte. So führte der Franzose Edmond Vermeil den Erfolg des Nationalsozialismus in Deutschland auf die angeblich bestimmende obrigkeitliche Tradition des mittelalterlichen Reichsgedankens zurück. Der amerikanische Bestsellerautor William L. Shirer glaubte in der geschichtlichen Entwicklung des 19. Jahrhunderts eine Kontinuitätslinie feststellen zu können, die zwingend auf die Machtübernahme durch Hitler hinwies. Und ähnlich, freilich von marxistischem Standort aus, argumentierte der bereits erwähnte Georg Lukács.[75] Nicht selten setzten sich solche Interpretationen auch der Versuchung aus, das Phänomen des Nationalsozialismus in ähnlich kausaler Unbedingtheit mit der Konstanz einer spezifisch deutschen Mentalität zu verknüpfen.

Dass Golo Mann solchen Deutungen mit Entschiedenheit entgegentrat und dass er dies früh aus der Außenseiterposition des Emigranten heraus tat, war von großer Bedeutung. Der damals auch in der Schweiz weit verbreiteten Erklärung des Nationalsozialismus aus dem deutschen Volkscharakter begegnete der Verfasser der *Deutschen Geschichte* dadurch, dass er sein Land im Zusammenhang mit den europäischen Verhältnissen betrachtete und zu zeigen verstand, dass die drängenden Problembereiche des 19. Jahrhunderts – Industrialisierung, soziale Frage, nationales Selbstverständnis – überall heftig diskutiert wurden und auch anderswo, nicht nur in Deutschland, radikale Stellungnahmen provozierten. Zum anderen Deutungsmuster, der Darstellung des Geschichtsverlaufs als einer unentrinnbaren Kausalität, finden sich in der *Deutschen Geschichte* viele kritische Anmerkungen. «Gerne sagt man Dinge voraus», heißt es etwa in der Vorrede, «nachdem sie geschehen sind, weist gerne nach, daß sie unvermeidlich waren oder im Grunde schon immer da waren. Solche nachträglichen

Prophezeiungen sind aber eine zweifelhafte Kunst. Man ist überwältigt von der Macht des Augenblicks, in dessen Licht man die ganze Vergangenheit sieht; und wird so zum Liebediener der Gegenwart, ob man sie nun verhimmelt oder verdammt.»[76] Und an anderer Stelle, im Kapitel über die wilhelminische Kaiserzeit, ist nachzulesen: «Es gibt sehr wohl Neues in der Geschichte, und wie es aus dem Alten kommt, in ihm vorgeformt war und doch, wenn es kommt, seinen ganz eigenen Charakter hat, wie es sich vermischt mit Weltumständen, die niemand voraussehen konnte, mit den Zufällen der Person, mit den Gewaltleistungen des einzelnen Willens – das eben ist der Gegenstand historischer Darstellung.»[77]

Die Antwort auf die Frage, wie es so weit habe kommen können, präsentiert sich in der *Deutschen Geschichte* nicht als selbstsichere These. Sie ergibt sich vielmehr aus der sorgfältigen Reflexion darüber, wie es zu bestimmten Zeitpunkten zu Weichenstellungen von historischer Tragweite gekommen sei, die allenfalls auch anders hätten erfolgen können. Zwar gebe es, so Golo Mann, in der Geschichte durchaus Kontinuitäten; aber darin unterscheide sie sich von den Naturwissenschaften, dass sie keine gesetzmäßigen Abläufe kenne, die sich experimentell durchspielen ließen.

Immer wieder plädiert der Verfasser der *Deutschen Geschichte* für die Offenheit der historischen Situation, die von Fall zu Fall eine andere sei und jeweils neue Möglichkeiten individuellen Handelns in sich schlösse. Geschichte wiederhole sich nicht, und sie unterwerfe das Individuum nicht dem Fatum logischer Prozesshaftigkeit, stellt er fest. «Wer von unserer Erzählung zügige Thesen erwartet», schreibt er, «hat wohl schon längst zu lesen aufgehört. Mir scheint die Frage, ob so etwas sich wiederholen kann, bedeutungslos. Wollen wir, daß es sich wiederholt, wollen wir es nicht – das wäre die sinnvollere Fragestellung.»[78]

Golo Mann war in der Tat kein Theoretiker; sein Mittel der Darstellung bleibt immer die Erzählung, die freilich von kritischer Reflexion begleitet wird. Mit den «Totalitarismustheorien», die bereits in den zwanziger und dann wieder in den sechziger Jahren in Umlauf kamen, befasste er sich wenig. Er verwirft die marxistischen Erklärungsmodelle, welche im Faschismus den Ausdruck der unvermeidlichen Spätphase der Herrschaft des Kapitals sahen.[79] Er wendet sich aber ebenso gegen liberale Totalitarismustheorien, die, wie etwa jene Hannah Arendts, den kommunistischen «Klassenmord» dem nationalsozialistischen «Rassenmord» gleichsetzten.[80] Wie Hermann Rauschning spricht auch Golo Mann dem Nationalsozialismus den Charakter einer «Weltanschauung» ab. Hitlers «Bewegung» war, in seinen Augen, nichts mehr und nichts weniger als das, was es in der Geschichte immer wieder gegeben hatte und immer wieder geben würde: der Kampf um die Macht um ihrer selbst willen. Die «Ideologie» des Nationalsozialismus hatte keinen Wahrheitsgehalt, sondern war bloßes Instrument im Kampf um Macht und Machterhalt.

Indem der Historiker die Singularität der Phänomene, auch jene des Nationalsozialismus, betont, legt er zugleich Gewicht auf die Verantwortlichkeit des Individuums vor der Geschichte. Natürlich leugnet er nicht die Macht der Umstände, und er vermag gerade am Beispiel der Weimarer Republik schön herauszuarbeiten, wie bedenklich eng zuzeiten der Handlungsspielraum politischer Persönlichkeiten sein kann. Auch dem Zufall räumt er seinen Platz ein, jenem schrecklichsten aller Zufälle etwa, der dafür sorgte, dass im Augenblick äußerster Zerrüttung der Republik, als das Intrigenspiel der von Papen und Schleicher in die Sackgasse geführt hatte, ausgerechnet eine Figur wie Adolf Hitler zur Stelle war. «Hätte es den einen Menschen nicht gegeben», schreibt Golo Mann, «so wäre gekommen, niemand weiß was, aber nicht der Nationalsozialismus, wie wir ihn erlebten. Zufällig gab es ihn. In einem Interregnum nimmt der Stärkste sich die Macht, und dieser eine, Hitler, war nun einmal der Stärkste.»[81]

Im Zentrum der *Deutschen Geschichte* steht immer jenes denkende und handelnde Individuum, mit dem das Element der Freiheit in den Gang der Ereignisse eintritt. Eine beruhigende oder tröstliche Antwort auf die Frage, wie es mit dem Menschen bestellt sei, der einen Hitler ermöglicht, unterstützt, ertragen habe, kann und will der Autor seinen Lesern nicht geben. Eine so «dumme» und «schauerliche Episode» wie Hitlers Aufstieg zur Macht, so Golo Mann, könnte einen wohl «am Sinn der Geschichte selber zweifeln machen».[82] Die bequeme Ausflucht, die sich mit der gängigen Unterscheidung zwischen den «guten» und den «bösen» Deutschen anbot, macht sich Golo Mann nicht zu Eigen. Denn beides, das Gute wie das Böse, sieht er, oft in schwer entwirrbarer Mischung, im Menschen gleichermaßen angelegt. «Der Mensch», schreibt er, «ist sich selber Freund und Feind. Noch aus dem Höchsten und Besten gewinnt er Mittel der Zerstörung. So unsicher sind alle seine Schöpfungen, daß es nur einer geringen Untertreibung, Steigerung, Verfälschung bedarf, um aus Rousseaus Lehre die Mordpraxis Robespierres zu machen oder aus Hegels Philosophie den nationalistischen Machtstaat.»[83]

Diese Feststellung der inneren Gespaltenheit und Unverlässlichkeit des Menschen gehörte zu den Grunderfahrungen der jüngeren deutschen Nachkriegsgeneration. Was unter Hitler geschehen war, unter ihm hatte geschehen können, weckte Zweifel an dem von Schule, Kirche und geistiger Tradition vermittelten Menschenbild. Das zeigt die folgende Passage im *Tagebuch* von Max Frisch, der kurz nach dem Krieg Teile Deutschlands bereiste. «Zu den entscheidenden Erfahrungen», schrieb er damals, «die unsere Generation, geboren in diesem Jahrhundert, aber noch erzogen im Geist des vorigen, besonders während des Zweiten Weltkriegs hat machen können, gehört wohl die, daß Menschen, die voll sind von jener Kultur, Kenner, die sich mit Geist und Inbrunst unterhalten können über Bach, Händel, Mozart, Beethoven, Bruckner, ohne weiteres auch als Schlächter auftreten können; beides in gleicher Person.»[84]

Vielleicht lässt sich diese Desillusionierung am besten in der deutschen Belletristik der fünfziger Jahre beobachten. Man könnte, stark vereinfachend, von zwei Gruppen von Schriftstellern sprechen, die beide von der Versehrtheit des Menschenbildes ausgingen, aber unterschiedlich auf diese Einsicht reagierten. Die erste Gruppe antwortete auf die Erfahrung des Dritten Reiches mit dem Rückzug in die Innerlichkeit oder dem Rückgriff auf «überzeitliche» Werte abendländischer Kulturtradition. Zu ihr gehörten heutzutage fast vergessene, in den fünfziger Jahren aber viel gelesene Autoren wie Werner Bergengruen, Edzard Schaper, Reinhold Schneider, Rudolf Alexander Schröder oder Ernst Wiechert. Im Werk der zweiten Gruppe dominierte dagegen ein äußerst skeptisches, pessimistisches Menschenbild, so etwa bei Autoren wie Heinrich Böll, Günter Grass, Uwe Johnson und anderen, die sich in der von Hans Werner Richter begründeten Gruppe 47 zusammenfanden.[85]

Neben fiktiver Literatur erschienen nach 1945 auch zahlreiche Werke philosophischen und psychologischen Inhalts, die auf unterschiedlich anspruchsvollen Reflexionsebenen versuchten, die Frage nach dem Menschen neu zu stellen. Erinnert sei hier an das seinerzeit weit verbreitete Buch von Max Picard unter dem zeittypischen Titel *Hitler in uns selbst.* Picard, dessen Werk auf die kulturkritischen Überlegungen von Oswald Spengler und Ortega y Gasset zurückweist, sah im Nationalsozialismus einen «Einbruch in die Geschichte», der möglich wurde, weil der Mensch seiner ursprünglichen Bestimmung untreu geworden und auf Abwege geraten war. Die moderne Welt und der moderne Mensch hätten, schreibt er, den Sinnzusammenhang verloren. «Nur in der Welt der totalen Diskontinuität», so Picard, «konnte ein solches Nichts wie Hitler Führer werden, denn hier, wo alles zusammengehört, ist man gar nicht gewöhnt, Vergleiche zu machen. Es war nur das eine Nichts Hitler vor einem; in dieser Welt, wo jeden Augenblick alles wechselte, war man froh, daß wenigstens das eine Nichts Hitler sicher vor einem stehen blieb.»[86] Zur Zeit, da Golo Mann seine *Deutsche Geschichte* schrieb, erschien auch das Buch *Die Antiquiertheit des Menschen* von Günther Anders, einem jüdischen Emigranten, der im amerikanischen Exil überlebt hatte. Auch in Anders hatte der Nationalsozialismus tiefe Zweifel am Menschen geweckt, und sein Buch wurde zu einer schonungslosen und qualvollen Analyse des Menschen im Zeitalter der Atombombe.[87]

Man muss sich diesen geistigen Hintergrund gegenwärtig halten, um zu begreifen, wieso sich Golo Mann in der *Deutschen Geschichte* so intensiv darum bemühte, Klarheit über die Natur des Menschen und seinen Platz in der Geschichte zu gewinnen. Als freiem Wesen, stellt Golo Mann fest, obliege dem Menschen die Verantwortung über den Gebrauch, den er von seiner moralischen Doppelnatur mache. Diese Verantwortung könne dem Individuum weder der Staat noch das gesellschaftliche Kollektiv abnehmen. Wer den Menschen so sieht wie dieser Historiker, hineingestellt zwischen Gut und Böse, zwischen Freiheit und Verantwortung, Willensentscheidung und Schicksal, muss notwendigerweise als Moralist urteilen, und Golo Manns Buch ist das Buch eines Moralisten. In wohl keinem anderen Werk zur neueren deutschen Geschichte werden Persönlichkeiten, die an machtpolitisch entscheidender Stelle standen und ihrem humanen Auftrag nicht genügten, mit so unverhüllter, von keiner akademischen Sprachregelung gemilderten Schärfe beurteilt wie hier. Oft sträubt sich förmlich des Historikers Feder vor dem, was es zu berichten gibt. So etwa, wenn er von den Winkelzügen von Papens und Schleichers zu berichten hat, die Hitler den Zugang zur Macht ermöglichten. «Widrig sind diese Dinge zu erzählen», heißt es dann, «die Stänkereien der feinen, überklugen, der eitlen, unredlichen und verblendeten Edelleute gegeneinander ...»[88] Und der Figur Hitlers selbst tritt Golo Mann, wann immer er auf ihn zu sprechen kommt, mit unverhülltem Widerwillen entgegen. «Hier war einer», schreibt er etwa, «der die Dinge einfacher erklärte; der Leben in die stagnierte Luft der deutschen Politik brachte; der in der Kühnheit seiner Angriffe, der Dreistigkeit seiner Selbstanpreisungen, in der einfangenden, einschmeichelnden Schlauheit seiner Argumente, in Haß und Spott, der selbst in der körperlichen Intensität seines Kreischens und Heulens auf der Welt nicht seinesgleichen hatte.»[89] Man wird an den Essay «Bruder Hitler» erinnert, mit dem sich Golo Manns Vater 1938 seine Wut vom Leibe schrieb. Den Äußerungen von Vater und Sohn zu Hitler ist in der Tat dies gemeinsam, dass sie unweigerlich zur Selbstergründung führen: Wenn diese fatale Figur möglich war: Was war dann der Mensch? Und was war man selbst?

Gewiss ist das Amt des Geschichtsschreibers, wie der Verfasser der *Deutschen Geschichte* es sieht, ein beschwerliches und leidvolles, denn selten genug lässt sich beobachten, wie der intellektuelle und ethische Anspruch, den man an die politische Persönlichkeit glaubt stellen zu dürfen, von dieser eingelöst wird. Aber wenn der Autor der *Deutschen Geschichte* diesbezüglich seinen Pessimismus nicht verleugnete, so war er doch kein Pessimist der fatalistischen Art, und sooft er sich auch empören mochte – Resignation gestattete er sich nie. Diese Haltung hat sich bei Golo Mann früh angekündigt, schon als er bei *Maß und Wert* Redaktionsarbeit leistete. 1950, acht Jahre vor dem Erscheinen der *Deutschen Geschichte*, schrieb er an Manuel Gasser: «Was meinen Pessimismus betrifft – ja wer soll denn die letzten zwanzig Jahre mit offenen Augen gelebt haben und nicht Pessimist sein? Und doch bin ich es nicht absolut, ja, ich halte absoluten Pessimismus für unmoralisch; die Welt muß mir bloß positive Aufgaben stellen.»[90] Und darin liegt wohl zuletzt der überdauernde Wert der *Deutschen Geschichte* begründet: dass der Autor seine kritischen Befunde immer auch als Aufforderung an die Leser glaubwürdig zu machen versteht, Maßstäbe für ihr eigenes staatsbürgerliches Handeln zu gewinnen und Einsicht in ihre historische Situation, die zwar nie eine Wiederholung des Vergangenen ist, durch Kenntnis des Vergangenen aber transparenter wird.

Golo Manns *Deutsche Geschichte* entstand ein Jahrzehnt nach Kriegsende, und seither ist zu diesem Thema unendlich viel geschrieben worden. Damals musste der Autor von einer vergleichsweise schmalen Basis von Quellen- und Fachliteratur insbesondere zur neuesten Geschichte ausgehen, und eine universitäre Diskussion von Forschungsergebnissen stand noch in den Anfängen.

Golo Manns Buch wurde auch sehr rasch, mit einer Art von hastiger Leidenschaftlichkeit, geschrieben; es hatte keine Anmerkungen und war, wie sich der Autor später glaubte eingestehen zu müssen, nach amerikanischer Art «locker und etwas schlampig im Stil»[91]. So sehr zweifelte Golo Mann an der Qualität seiner Arbeit, dass er sein Werk zuerst gar nicht in den Buchhandel gehen lassen wollte.[92]

Doch die *Deutsche Geschichte* war erfolgreich, sehr erfolgreich sogar. Sie wurde vom Fischer-Verlag übernommen und erschien in zahlreichen Auflagen. Der Autor durfte noch erleben, dass das Buch nach der Wiedervereinigung Deutschlands und zwei Jahre vor seinem Tod neu aufgelegt wurde und endlich auch für die Deutschen der ehemaligen DDR zugänglich war. Die letzte Neuauflage erfolgte im Jahre 2002. Es ist dies eine Erfolgsgeschichte, wie sie sich in der Geschichtsschreibung selten einstellt, vergleichbar etwa dem Dauererfolg von Oswald Spenglers *Untergang des Abendlandes* und von Egon Friedells *Kulturgeschichte der Neuzeit*.[93] Dabei handelt es sich keineswegs um eine populärwissenschaftliche Darstellung, welche die Tatbestände in vereinfachender Dramatisierung darstellt. Der Autor war sich in späteren Jahren wohl bewusst, dass sein Werk inzwischen wissenschaftlich in manchen Teilen überholt war; auch spricht er im Vorwort zur Auflage von 1992 davon, dass er daran gedacht habe, das Ganze zu überarbeiten und insbesondere die zweite Hälfte davon neu zu schreiben.[94] Dies unterblieb, und es unterblieb zu Recht. Unbestreitbar ist zwar, dass die *Deutsche Geschichte* durch die Verarbeitung des neuesten Forschungsstandes wissenschaftlich hätte gewinnen können; schwer vorstellbar aber ist, wie in einer derart aktualisierten Version jene Unbedingtheit persönlich engagierter Geschichtsbetrachtung und jene Frische des Zugriffs hätten bewahrt werden können, welche die erste Fassung auszeichneten.

Auch sind die Fragen, die Golo Mann an die Geschichte stellte, fast alle aktuell geblieben, und die meisten Urteile, die er fällte, sind noch heute vertretbar. Fehleinschätzungen finden sich vor allem im Zusammenhang mit der jüngsten Geschichte. So etwa, wenn zur Rolle des Militärs beim Ausbruch des Zweiten Weltkriegs gesagt wird: «Nie ist ein Generalstab so unschuldig am Ausbruch eines Krieges gewesen, wie es der deutsche am zweiten Weltkrieg war ...»[95] Hier irrt Golo Mann: Man weiß heute, dass die Spitzen der Reichswehr die Machtübernahme durch Hitler begrüßten und der Entfesselung des Krieges positiv gegenüberstanden.[96] Verändert hat sich auch die Beurteilung des Offizierswiderstandes vom 20. Juli 1944. Wenn der Historiker behauptet, es habe der «deutsche Adel in seiner Gesamtheit» in dieser Krise «in Ehren mitgewirkt»[97], ist dies eine stark beschönigende Bewertung, die heute kaum ein Historiker teilen dürfte.[98] Wenn Golo Manns Buch etwas Patina angesetzt hat, dann wohl am ehesten, weil der Autor mit seinem moralischen Urteil gegenüber den geschichtlichen Akteuren nicht zurückhält. Das entspricht nicht mehr heutigem Brauch, kann man doch detailliert informierende Bücher über Hitlers Judenverfolgung, über Goebbels' Propaganda und Görings Eröffnung des Bombenkrieges lesen, in denen nirgends explizit gesagt wird, dass Hitler, Goebbels und Göring böse Menschen waren. Die Gespaltenheit des Menschen, die Golo Mann noch umtrieb, setzt man heute voraus.

Als die *Deutsche Geschichte* erstmals erschien, erfüllte sie eine überaus wichtige Funktion, und wer immer sich mit der Geschichte der deutschen Historiographie befasst, wird dem Buch einen wichtigen Platz einräumen müssen. Wir haben gesehen, wie sehr sich im Nachkriegsdeutschland das Verlangen geltend machte, sich der Last der jüngsten Geschichte durch Verdrängung zu entziehen, und auch unter Historikern war dieses Bedürfnis verbreitet.[99] So schloss beispielsweise die bereits erwähnte Universalgeschichte *Historia Mundi* ihren zehnten und letzten Band mit dem Jahre 1919 ab, und das war kein Einzelfall. In den Schulen und an den Universitäten drang man selten bis zur Behandlung der jüngsten Geschichte vor, es fehlte an zuverlässigen Lehrmitteln und Quelleneditionen, und die Forschung zögerte, sich mit dem bedrückenden Gegenstand zu befassen – gern sprach man von «fehlender Distanz». Es ist gewiss kein Zufall, dass die erste große Hitler-Biographie nicht von einem Deutschen, sondern vom Engländer Alan Bullock verfasst wurde und dass es ein junger Schweizer Historiker war, der damals in Berlin lehrende Walther Hofer, der in den Jahren 1957 und 1960 die ersten umfassenden und kommentierten Dokumentensammlungen zum Nationalsozialismus herausgab.[100] Sprachen Historiker von der Hitler-Diktatur, so war die Regel, das Dritte Reich als eine Art von Irrweg oder Störfall aus der Kontinuität der deutschen Geschichte auszuklammern. Die Befürchtung, eine Beschäftigung mit dem Nationalsozialismus könne leicht zu einer Schulddiskussion führen, war auch auf akademischer Ebene weit verbreitet, und man sah in einer solchen Auseinandersetzung eher eine Gefährdung als eine Erleichterung des mit ungeteilten Kräften anzustrebenden Neubeginns. Auch Historiker wie Golo Manns einstiger Berliner Lehrer Friedrich Meinecke oder Gerhard Ritter, welche das Ausmaß der «deutschen Katastrophe» erkannten und einer Erneuerung des deutschen Geschichtsbildes das Wort redeten, blieben ihrer früheren Faszination durch den Nationalstaat verhaftet und suchten nach entlastenden Argumenten.[101]

Für jene Leser, die im schwierigen Umgang mit der deutschen Vergangenheit einen Weg zu finden suchten, war Golo Manns *Deutsche Geschichte* ein Ereignis. Der Verfasser hatte früh den fatalen Charakter des Nationalsozialismus erkannt und war ins Exil gegangen – dies verlieh seiner Aussage eine besondere Glaubwürdigkeit. Obwohl am deutschen Verhängnis unbeteiligt, bekannte er sich zu seiner Betroffenheit. Fehlentwicklungen der deutschen Geschichte machte er schonungslos sichtbar, den Tätern gegenüber war sein Urteil ohne Nachsicht, und er nannte Verbrechen wie die Judenvernichtung beim Namen. Zugleich aber trat er für ein Geschichtsverständnis ein, das den Menschen nicht der Resignation oder dem Fatalismus ausliefern, sondern ihm die Last und die Würde des in Freiheit entscheidenden Individuums zurückgeben sollte. Er zeigte, dass die Katastrophe des Nationalsozialismus auch als staatsbürgerlicher Lehrgang zu verstehen war, der dabei helfen konnte, die künftigen Herausforderungen der Geschichte zu bestehen. Für viele Vertreter vor allem der jüngeren Generation der nach 1935 im deutschen Kulturraum Geborenen wurde die *Deutsche Geschichte* zu einem Lese-Erlebnis, das aus ihrem geistigen Entwicklungsgang nicht wegzudenken ist. Am Historischen Seminar der Universität Zürich, diese persönliche Reminiszenz mag hier erlaubt sein, war Golo Manns Buch in den späten fünfziger Jahren und darüber hinaus jenes Buch zur deutschen Geschichte, das zwar nicht die Professoren empfahlen, das es aber zu lesen galt, weil es nicht nur wissenschaftliche Glaubwürdigkeit beanspruchen durfte. Und so kritisch sich Golo Mann auch später über seine *Deutsche Geschichte* zu äußern pflegte, diese Leistung ließ er gelten: dass sein Buch vor allem junge Leser wieder an die deutsche Geschichte herangeführt habe. In einem Brief äußerte sich der Historiker dazu wie folgt: «Insoweit ich einen Wunsch hatte, war es (der), deutsche Studenten und Gymnasiasten wieder an die deutsche Geschichte heranzuführen; das, glaube ich, ist mir auch gelungen, für eine Generation. [...]. Heute, rückblickend, bilde ich mir ein, daß das Buch die gewünschte Wirkung bis zu einem gewissen Grad getan hat.»[102] Und in diesem Sinne heißt es 1958 bereits im Vorwort seines Buches: «Geschichte soll uns nicht nur zeigen, was wir sind; sie soll uns auch zeigen, was wir nicht mehr sind und warum wir uns gewisse Spiele, die unsere Vorväter betrieben, nun nicht mehr gestatten können. Denn unsere gegenwärtige Situation, ob sie gleich von der Vergangenheit gemacht ist, ist doch verschieden von aller Vergangenheit, und uns sind Aufgaben gestellt, die wir lösen oder nicht, die aber keine frühere Generation so zu lösen hatte.»[103]

Aus solch zukunftsbezogener Perspektive ist es nur folgerichtig, wenn Golo Mann seine *Deutsche Geschichte* nicht mit der Niederlage Hitler-Deutschlands enden lässt, sondern ihr ein Kapitel anschließt, das in die politischen Fragen der späten fünfziger Jahre hineinführt. Dieses Bestreben zur Aufarbeitung der Zeitgeschichte wurde damals noch als sehr ungewöhnlich und neuartig, ja als unzulässig empfunden. Dies spricht aus der lobenden Rezension von Michael Freund, wenn dieser schreibt: «Golo Mann wählt entschlossen die Gegenwart als den Standpunkt der Betrachtung, was in der Schulhistorie sehr verpönt ist. Er wagt zu sagen, daß wir ganz naiv als größer und wichtiger ansehen sollen, was uns näher steht. Man solle Geschichte betrachten wie einen Lichtkegel, der um so stärker und gewaltiger wird, je näher er auf uns zukommt! Nur endet die deutsche Geschichte dann an einem gleichsam geschichtslosen Ort!» Und Freund fährt fort: «Da liegt ein Geschichtsbuch vor, das von Anfang bis Ende neu ist, und in dem jeder Augenblick der deutschen Geschichte neu gedacht wurde.»[104]

In der Tat, manche Themen, die er bereits in den Jahren 1953 und 1954 als Leitartikler der *Weltwoche* behandelt hatte, werden hier wieder aufgenommen. Mit Genugtuung hält der Verfasser fest, dass das Kriegsende von 1945 Deutschland eine ungleich bessere Ausgangslage geboten habe als der Versailler Vertrag, dass, wie damals der Schweizer Fritz René Allemann ein berühmtes Buch übertitelte, Bonn nicht Weimar war.[105] «‹Weimar›», schreibt Golo Mann, «war ein Nachspiel zum Kaiserreich und zum Krieg. ‹Bonn› ist ein Nachspiel weder zum Kaiserreich noch zu Weimar noch zum Dritten Reich. Damals sehnte sich die Hälfte der Nation nach der guten alten Zeit, schielte nach der Kaiserzeit, betrachtete Weimars Staats- und Gesellschaftsform als ungültig. Heute wissen wir, daß es ein Zurück auf gar keinen Fall gibt, wir nehmen das Gegenwärtige an, so verrückt es in seinem Ursprung auch ist und auf der Landkarte sich ausnimmt, und suchen es zu verbessern.»[106]

Der Zweite Weltkrieg und die Normalisierung und wirtschaftliche Gesundung in Westdeutschland hätten ferner, so Golo Mann, die Ideologien sowohl des Rechtsradikalismus wie des Linksradikalismus widerlegt. «In Deutschland selber», stellt er fest, «hat eine starke, natürliche Reaktion gegen das Werk Hitlers stattgefunden; demokratische Einrichtungen wurden von starken Gruppen gewünscht, unabhängig von dem, was die Alliierten befahlen.»[107] Und weiter: «Zum alten Eisen geworfen sind endlich die Theorien von Karl Marx. Die Geschichte hat sie teils bestätigt, teils widerlegt, in jedem Fall überholt und historisch gemacht. Die Sozialdemokratie ist nicht mehr die Partei einer ‹Klasse›, viel weniger der Klasse, die eine Diktatur errichten, eine Revolution machen wollte oder müßte.»[108]

Als Folge des Krieges, fährt Golo Mann fort, seien aber auch neue territoriale und politische Fakten geschaffen worden, die man nicht wegdiskutieren dürfe und von denen jede künftige Politik ausgehen müsse. Ein solches Faktum sei das geteilte Deutschland. Golo Mann warnt vor revisionistischen Forderungen, die über eine Wiedervereinigung zugleich die Wiederherstellung der Verhältnisse von 1937 oder 1919 erhofften. «Die geschichtliche Wirklichkeit», schreibt er, «ist kein Film, den man an einem Punkt aufhalten und zurückdrehen und aufs neue, etwa leicht verbessert, ablaufen lassen könnte.»[109] Natürlich entgeht es Golo Mann nicht, dass die Politik der Westintegration sich angesichts der von zwei Supermächten bestimmten Weltlage gegen die Möglichkeit einer Wiedervereinigung stellt, und er deckt diesen Widerspruch mit unmissverständlicher Deutlichkeit auf. Statt für eine Wiedervereinigungsrhetorik, an die niemand glaube, plädiert er, wie schon in seinen Beiträgen für die *Weltwoche*, für eine geduldige Politik der gegenseitigen Annäherung, um das Verhältnis zwischen Osten und Westen zu entgiften und die erstarrten Fronten des «Kalten Krieges» aufzulockern. «Es gilt nicht», schreibt er, «alte Grenzstreitigkeiten zu erneuern. Es gilt, auch im Osten moralischen Bedingungen zuzustreben, unter denen die politischen Grenzen allmählich ihre böse Bedeutung verlieren; auszubrechen aus dem verhexten Zauberkreis der Kriege um Grenzen, des wechselseitigen Sichverdrängens, Vertreibens und Quälens.»[110]

Auch das Thema der nationalsozialistischen Judenverfolgung spricht Golo Mann in seinem Schlusskapitel an. «Können Friede, Glück, Gerechtigkeit», fragt er sich, «errichtet werden auf den Gebeinen von sechs Millionen Juden?»[111] Diese Vergangenheit, hält Golo Mann fest, sei nicht tot, sondern greife mitten in die Gegenwart hinein. Säßen nicht Helfershelfer Hitlers wieder in Amt und Würden? Dienten nicht des Führers Offiziere wieder in der neuen Bundeswehr? Dauerte nicht das Wettrüsten, nun zudem noch im atomaren Bereich, an? Doch allem dem zum Trotz sieht Golo Mann in dem tiefen Fall, den Deutschland getan hat, zugleich auch die Chance zu einem Neubeginn – unter der Voraussetzung freilich: dass man sich das, was unter Hitler geschehen sei, in seiner vollen Wahrheit immer gegenwärtig halte. In diesem Sinne begrüßt der Historiker ausdrücklich den Wiedergutmachungsvertrag, der 1952 zwischen der Bundesrepublik und dem Staate Israel abgeschlossen wurde. «Dahinter wirkte das Bewußtsein», schreibt er, «daß Deutschland an den Juden der Welt etwas gutzumachen hatte, was es freilich nie und nimmer gutmachen konnte, gutzumachen aber doch durch einen freien, anständigen Akt versuchen sollte.»[112]

Eingehend äußert sich Golo Mann auch zur künftigen Rolle Deutschlands in Europa. Der alte Kontinent, stellt er fest, sei nicht mehr das Zentrum der Erde; er sei im Begriff, sich aus seinen überseeischen Besitzungen zurückzuziehen, und es bleibe den Europäern allenfalls noch die Genugtuung, dass Afrika und Asien ihre Unabhängigkeit mit Parolen forderten, die zuerst in Europa erklungen seien. Angesichts dieser Entwicklung und der anhaltenden Präsenz der kommunistischen Bedrohung, fährt der Historiker fort, liege der Gedanke nahe, «Europa müsse ein einziger Raum und Markt, ein einziges Energiezentrum werden»[113]. Golo Mann begrüßt die europäische Integrationspolitik Adenauers, die maßgeblich dazu beigetragen habe, das Vertrauen des Auslandes in Deutschland wiederherzustellen, und er empfiehlt, sie weiter voranzutreiben. Als nächsten realistischen Schritt fasst er die Bildung von «Klein-Europa», bestehend aus der Bundesrepublik, Frankreich, Italien und den Niederlanden ins Auge: «Es hat nun die deutsche Politik sich auf das Erreichbare, praktisch Zu-Endezu-Denkende konzentriert: auf das kleine Europa, dessen Kern und Herz die deutsch-französische Zusammenarbeit ist.»[114] Golo Mann erkennt, dass diese Europa-Politik angesichts des West-Ost-Gegensatzes dem Postulat der deutschen Wiedervereinigung im Grunde zuwiderläuft. «Je weiter die ‹Integration› Westeuropas fortschreitet, desto tiefer wird diese Teilungslinie. Die beiden Systeme, das westeuropäisch-amerikanische und das osteuropäisch-russische, sind gegeneinander gewachsen, eines hat immer das andere provoziert. Darum kann eine deutsche Politik, die sich vor allem der Einigung Westeuropas widmet, der Wiedervereinigung Deutschlands in Wahrheit nicht dienen. Sie kann wohl davon sprechen, sie kann wohl darum bitten, aber sie kann nichts dafür tun. Hier liegt ein durch kein Nachdenken zu lösender Widerspruch. Vielleicht wird die allmächtige Zeit ihn lösen auf eine Weise, die heute noch niemand sich vorstellt. Seien wir aber ehrlich und sprechen wir hier eine Wahrheit aus, die viele wissen und wenige aussprechen.»[115]

Dennoch plädiert Golo Mann dafür, die Bundesrepublik solle ihren Dialog mit dem Ostblock, insbesondere mit der DDR, fortsetzen; man könne eine Menge tun, um zur Verbesserung der Lebensbedingungen in Ostdeutschland beizutragen. Ohne zu spezifizieren, was denn konkret zu tun sei, äußert er hier einen Gedanken, den fünfzehn Jahre später Willy Brandt und Egon Bahr unter dem Begriff des «Wandels durch Annäherung» wieder aufnehmen sollten. Zur Gestalt eines künftigen Klein-Europa wagt Golo Mann keine näheren Prognosen. Er denkt offensichtlich an einen lockeren Bundesstaat, der die Eigenart seiner Teile bewahrt und nicht in einem uniformen Zentralismus aufhebt. Den Gedanken an einen «europäischen Nationalstaat», einen neuen Machtblock also im internationalen Kräftespiel, lehnt er mit Entschiedenheit ab. Auch ein künftiges Europa müsse Russland ins Gespräch einbeziehen; die osteuropäischen Staaten könnten hier eine wichtige Brückenfunktion übernehmen. Und ein künftiges Europa müsse weiterhin mit Amerika verbunden bleiben, als transatlantischer

Partner, ja sogar als Ratgeber. Denn: «Die Amerikaner kennen die Welt schlecht. Diesem starken, gutwilligen Menschenschlag fehlt es an Beweglichkeit, an Phantasie und, wie leider noch mehr ihrem russischen Gegenspieler, an Humor. Sie sind geneigt, immer dieselben Züge zu wiederholen. Sie bedürfen Europas Ratschläge, Europas erfinderischer Energie. Es ist die Sache Europas, das Falsche, Schwindelhafte des Weltkonfliktes zu durchschauen, mit Geduld, mit Klugheit, da, wo er am Platz ist, selbst mit lachendem Spott zu seiner Überwindung beizutragen.»[116]

Am Schluss seines Buches kommt Golo Mann einmal mehr darauf zu sprechen, dass die Zukunft nur von der Kenntnis der Vergangenheit her sinnvoll gestaltet werden könne. Auch der Nationalsozialismus sei deutsche Vergangenheit und es müsse darum gekämpft werden, dass er nicht in Vergessenheit gerate und dass Deutschland, wenn es wirtschaftlich wieder erstarkt sein werde, nicht erneut der Versuchung eines Ausbruchs aus der westlichen Gemeinschaft erliege. Anwendbare Lehren könnten freilich aus der Geschichte nicht gezogen werden, wohl aber eine vertiefte Kenntnis des Menschen, seiner Anlagen und Möglichkeiten, seiner Erfolge und seines Scheiterns. Gefahrvoll und riskant würde es immer bleiben, die Herausforderungen der Geschichte zu bestehen. Golo Manns Buch schließt im Tonfall der Zuversicht. Das starre System der alten Herrschaftsklassen sei überwunden, die soziale Demokratie, die Versöhnung mit Frankreich, das neue Europa seien auf gutem Wege. «Für unsere in so vielen Beziehungen unvergleichliche Gegenwart gibt die Vergangenheit keine Lehren. Die Zukunft ist nicht bloß die notwendige Folge aus grauer Vergangenheit, sie ist auch Gestalt aus freier Gegenwart; nicht bloß ein Gerinnsel unveränderlicher Bedingungen, sondern das, was wir aus dem Vorgegebenen machen, indem wir unsere Sache gut machen oder schlecht.»[117]

Die *Deutsche Geschichte* wurde von der Kritik im Allgemeinen wohlwollend aufgenommen. Den Historikern entging zwar nicht der unakademische Habitus der Darstellung: Man vermisste die

Anmerkungen sowie die Diskussion des aktuellen Forschungsstandes und zeigte sich erstaunt über manche subjektiven Wertungen. Gerühmt wurde dagegen die gute Lesbarkeit des Werkes; der Rezensent der *Schweizerischen Zeitschrift für Geschichte* sprach von einem sprachlich «meisterhaft gestalteten» Werk «voll mitreißender Spannung»[118]. Der Historiker Heinz Gollwitzer, damals Professor an der Universität Münster, widmete dem Werk in der *Historischen Zeitschrift* eine eingehende Würdigung. Zwar unterscheide sich, meint Gollwitzer, Golo Manns Buch von den üblichen Handbüchern und sei deshalb auch nicht als solches zu beurteilen, sondern als die «mutige und verantwortungsvolle Auseinandersetzung» eines Kenners der deutschen Geschichte, der sich schon als Verfasser eines vorzüglichen Buches über *Friedrich von Gentz* ausgewiesen habe. Der Rezensent billigt dem Werk hohen literarischen Rang zu und attestiert seinem Verfasser ein erfreulich unabhängiges Urteil. «Er weist zwar nach, wem er als Vorbildern und Lehrern verpflichtet ist, aber er geht auf eigene Faust vor und meidet es, als Schüler, Jünger oder Gefolgsmann aufzutreten. Er hegt seine konservativen Neigungen und wirft andererseits viel, vielleicht zu viel, über Bord. Er pflegt Liebhabereien und Antipathien. Das Vermögen, undoktrinär und unideologisch zu urteilen, das die taktische Schwäche und gleichzeitig die innere Stärke freien Denkens ist, kennzeichnet Manns Verfahren. Es ist nicht mit Standpunktlosigkeit zu verwechseln. Im Gegenteil! Mann geht, soweit vertretbar, mit sittlichen Maßstäben an die Geschichte heran und schreibt als aufrichtiger Moralist. Hinter der reichlich vorhandenen Skepsis und Ironie des desillusionierten Historikers bleiben Gewissen und Vernunft, Würde der Persönlichkeit und Menschenrechte unversehrte Wegzeichen.»[119]

Nicht ganz einig zeigt sich der Rezensent mit der nach seiner Einschätzung zu negativen Darstellung des Bismarck'schen Reiches. Auch den europäischen Kolonialismus, der doch eine «Lehrzeit der farbigen Völker auf dem Weg zu ihrer inneren und äußeren Emanzipation» gewesen sei, findet er zu wenig gewürdigt.

Golo Manns Darstellung des Nationalsozialismus stimmt Gollwitzer grundsätzlich zu. Interessant ist des Rezensenten Feststellung, der Autor unterschätze bei der Genese der «faschistischen Mentalität» die Bedeutung des Bolschewismus, ohne den sich der Faschismus wohl nicht entwickelt hätte – es ist dies ein Argument, das vierzig Jahre später, im so genannten Historikerstreit wieder auftauchen sollte.[120] Nicht immer stimmt Gollwitzer mit Golo Manns Auffassungen zur Zeitgeschichte überein. Vor allem wirft er dem Autor vor, dass er die Frage der Wiedervereinigung allzu sehr hinter der Notwendigkeit der europäischen Integration zurücktreten lasse. Es dürfe keineswegs der Eindruck erweckt werden, man finde sich mit dem Status des geteilten Deutschland ab: «In die Halbierung unserer Existenz aus freien Stücken einwilligen», mahnt Gollwitzer, «hieße das nicht, dem Unrecht einen Rechtstitel geben?»[121]

Dass Golo Manns *Deutsche Geschichte* in der DDR vehement abgelehnt wurde, erstaunt nicht.[122] Die ostdeutsche *Zeitschrift für Geschichtswissenschaft* warf dem Verfasser eine böswillige Verunglimpfung des Marxismus vor, dessen Erkenntnisse er zwar dort, wo es ihm passe, bedenkenlos nutze, dessen Geschichtskonzeption er aber durch einen wissenschaftlich unhaltbaren Mystizismus ersetze. Es versteht sich, dass vom marxistischen Standpunkt aus, der im Nationalsozialismus den Ausdruck einer Krise des Spätkapitalismus sah, die entscheidende Rolle, die Golo Mann der Figur Hitlers zuweist, ebenfalls nicht akzeptiert werden kann. Verständlich auch, dass der Rezensent die meisten Beurteilungen der deutschen Gegenwartssituation vehement ablehnt. So wirft er dem Autor vor, er wolle im Rahmen von «Klein-Europa» die Expansionsbedürfnisse des imperialistischen Westdeutschland wieder beleben und er wende sich gegen die Wiedervereinigung. Bücher wie Golo Manns *Deutsche Geschichte*, schließt der Rezensent, würden den Sieg der Arbeiterklasse jedoch nicht verhindern können: «Aber der Kampf der deutschen Arbeiterschaft um eine lichte Zukunft der ganzen Nation, um Wiedervereinigung in Frieden und Demokratie ist durch die ideologischen Täuschungsmanöver der westdeutschen Historiker nicht aufzuhalten.»[123] In der DDR wurde Golo Mann nach dem Erscheinen der *Deutschen Geschichte* zur Persona non grata, und es dauerte dreißig Jahre, bis er zu Lesungen aus seinem *Wallenstein* nach Ostdeutschland eingeladen wurde.

Eine ausführliche kritische Auseinandersetzung mit Golo Manns Buch, mit dessen Stil im Besonderen, verdanken wir Wolfgang Beutin. Sie erschien erst zehn Jahre nach der Erstausgabe der *Deutschen Geschichte*, 1968, und atmete den Geist einer kritischen jungen Generation, die rückhaltlose Aufklärung über die jüngste deutsche Vergangenheit forderte.[124] Der Verfasser, der weder seiner Lust an der Polemik noch seiner Neigung zu beckmesserischer Gründlichkeit Zwang antut, wirft dem Historiker zahlreiche Verstöße gegen die Regeln der deutschen Sprache vor. So erwähnt er die zahlreichen Leerformeln in Golo Manns Prosa, die eigentlich nichts oder bloß Trivialitäten aussagten. Zum Beispiel: «In allem, was der Mensch macht, haust das Menschliche»; «Politische Probleme sind menschliche Probleme»; «Vielfältig ist das Geistige zum Wirklichen» und so fort. Auch viele sachliche Unrichtigkeiten werden von Beutin aufgelistet: ungenau und bloß sinngemäß wiedergegebene Zitate, ungehörige Verallgemeinerungen, Widersprüchlichkeiten. Es fehle Golo Mann, vermutet der Rezensent, an einem zureichenden Vokabular, was ihn nötige, ein und dasselbe Wort für die verschiedensten Dinge zu verwenden. So etwa das Wörtchen «schön». Zum Beispiel: «Österreich war ein herrlich schönes, weites Land»; «Sie waren schön, diese Grundrechte»; «Schön ist weder die Revolution noch die Konterrevolution». Bemängelt werden von Beutin auch ungewöhnliche, gewagte und fehlerhafte Wortbildungen. Zum Beispiel: «Symptompfuscherei»; «Orakulieren»; «ländliches Feenschloss»; «demokratisch wimmelnde Hauptstadt» und so fort. Obwohl die herablassend-spöttische Art, mit der Beutin sich zu Golo Manns Stil äußert, gelegentlich ihrerseits skurrile Züge annimmt, beruhen seine Einwände auf genauer Lektüre und sind oft berechtigt. Wir wissen, dass Golo Mann sein dickes Buch sehr rasch, in etwas mehr als zwei Jahren schrieb, und der Autor selbst gab sich über manche Mängel durchaus Rechenschaft und fasste eine Überarbeitung ins Auge. Doch wäre eine im Sinne Wolfgang Beutins bereinigte, entschlackte, ihres emotionalen Überschwangs entledigte Fassung gleichermaßen erfolgreich gewesen? Und es ist gerade dieser Erfolg, der den Rezensenten zutiefst verstimmt. «Warum dieser Erfolg?», fragt sich Beutin gegen das Ende seiner Philippika. Und er sieht, worin ihm nun freilich schwer zu folgen ist, einen Hauptgrund in der systematischen Entlastung der führenden Schichten der Bundesrepublik von geschichtlicher Schuld. Golo Manns *Deutsche Geschichte* sei, so schließt Beutin, insofern ein geradezu klassisches Geschichtswerk, als es «die allgemeine Exkulpation Deutschlands, des ganzen, und eine Verklärung seiner Ressentiments, aggressiver politischer und psychischer Tendenzen, zu erzwingen wünscht. Es indiziert den Zustand der führenden Schichten Westdeutschlands im dritten Viertel dieses Jahrhunderts, und es indiziert ihn mit der größtmöglichen Deutlichkeit. Sein Erfolg stellt den gröbsten Vorwurf dar, der gegen die deutschen Zustände erhoben werden kann.»[125]

Hat Golo Mann diesen Essay je zu Gesicht bekommen? In seinen nachgelassenen Papieren ist, soweit wir sehen, nie davon die Rede. Fraglos hätte ihn diese Kritik sehr verärgert, war er doch darauf stolz, ein gutes, anregendes Deutsch zu schreiben, und forderte diese Begabung auch bei anderen. Sicher ist, dass der Autor die vielen gültigen Berichtigungen Wolfgang Beutins bei späteren Auflagen seiner *Deutschen Geschichte* nicht berücksichtigt hat. Und so mag denn das Buch, mangelhaft wie es in mancher Hinsicht ist, seine begeisterten Leser weiterhin finden …

3. Der schwierige Umgang mit der Vergangenheit

Die Deutschen sind ihre Erinnerung an das Dritte Reich, auch wenn sie dies wollten, bis heute nicht losgeworden. Sie lebt noch in denen fort, die Zeugen und Betroffene von Hitlers Aufstieg und Fall gewesen sind; sie hat aber auch deren Kinder und Kindeskinder erreicht, die den Nationalsozialismus nicht mehr am eigenen Leib erfuhren. Das Phänomen ist erstaunlich, zeigt uns doch die persönliche Erfahrung, dass das Bild von Menschen, die uns zeitlich und räumlich fern rücken, allmählich an Kontur verliert und verblasst. So in aller Regel auch in der Geschichte: Wie fremd sind doch jungen Menschen von heute Marx und Bismarck geworden – zwei selbstsicher auftretende, ernst blickende Herren im dunklen Gehrock, welche die Historiker, wie es ihre unverzichtbare Aufgabe ist, durch Forschung und Lehre zu reanimieren und ins Bewusstsein zurückzurufen bemüht sind. Die Erinnerung an das Dritte Reich aber lebt; sie ist durch die modernen Massenmedien so allgegenwärtig und allgemein geworden, dass sich ihr niemand entzieht. Und bereits ist auch dieses kollektive Gedächtnis wieder selbst zum Gegenstand wissenschaftlicher Erörterung geworden.[126]

Zwar gab es unmittelbar nach Kriegsende die Phase des Vergessenwollens, von der die Geschwister Mann und viele, die Deutschland nach 1945 besuchten, glaubwürdig zu berichten wussten. Wohl wurden die Nürnberger Kriegsverbrecherprozesse von der breiten Öffentlichkeit wahrgenommen, und die Evidenz der Judenvernichtung war nicht anzuzweifeln; aber man neigte dazu, die Schuld auf die abgeurteilten Haupttäter zu schieben und zu betonen, man habe von dem, was an Schlimmem geschehen war, nichts gewusst. Um 1948 erklärte die Hälfte der Deutschen auf eine Umfrage, der Nationalsozialismus sei «eine gute Idee, die schlecht ausgeführt wurde»[127]. Noch in den fünfziger Jahren mied man das heikle Thema der «Schuldfrage»; das Todesurteil aber, das 1961 gegen den SS-Schergen Adolf Eichmann gefällt wurde, fand allgemeine Billigung. Man hat später von «Verdrängung» gesprochen, und das Buch von Alexander und Margarete Mitscherlich mit dem einprägsamen Titel *Die Unfähigkeit zu trauern*, das 1967 diese These vertrat, fand weiteste Beachtung.[128]

Mit dem Frankfurter Auschwitz-Prozess der Jahre 1963–1965 begann sich eine jüngere Generation, welche die Schuldfrage nicht mehr an sich selbst richten musste, intensiv mit dem Dritten Reich zu befassen. Im Jahre 1963 erregte das Bühnenstück Rolf Hochhuths *Der Stellvertreter*, in dem Papst Pius XII. beschuldigt wurde, von der Judenvernichtung gewusst, aber nichts dagegen unternommen zu haben, Aufsehen. Zwei Jahre später verfasste Peter Weiss *Die Ermittlung*, ein Stück, in dem Aussagen vom Frankfurter Auschwitz-Prozess, dem der Autor persönlich beigewohnt hatte, zum Teil wörtlich übernommen wurden.

Seither ist das Thema mit unterschiedlicher Intensität immer im Gespräch geblieben und hat mit der Ausstrahlung der amerikanischen Fernsehserie *Holocaust* im Jahre 1979 eine ganz außerordentliche Breitenwirkung erzielt. In der Folge konnte ein scheinbar beiläufiger Anlass, ein Jubiläum, das Erscheinen eines Buches, die öffentliche Formulierung einer prononcierten These, zum öffentlichen Diskussionsgegenstand werden, der noch in der Boulevardpresse seinen Widerhall fand. So entstand größte Aufregung, als Bundeskanzler Helmut Kohl zusammen mit dem amerikanischen Präsidenten Reagan des vierzigsten Jahrestages der bedingungslosen Kapitulation auf einem Soldatenfriedhof gedachte, in dem sich auch Gräber von Angehörigen der Waffen-SS befanden. Und nicht geringere Aufregung entstand, als der Berliner Historiker Ernst Nolte 1986 in einem Artikel in der *Frankfurter Allgemeinen Zeitung* den sowjetischen Bolschewismus in einer Weise mit dem deutschen Nationalsozialismus verglich, dass der apologetische Gedanke nahe gelegt wurde, der zeitlich spätere Nationalsozialismus sei eine bloße Reaktion auf den Bolschewismus gewesen. Damit war ein «Historikerstreit» entfacht, welcher die Intellektuellen der Bundesrepublik auf den Plan rief. Die schärfste

Kritik kam vom Philosophen Jürgen Habermas, der in der *Zeit* unter dem Titel «Eine Art Schadensabwicklung» eine Replik erscheinen ließ.[129] Darin beschuldigte er Nolte des Revisionismus; sein Vergleich zwischen Nationalsozialismus und Bolschewismus diene der moralischen Entlastung, die «Singularität der Judenvernichtung» werde auf den «technischen Vorgang der Vergasung» reduziert, und es werde ein längst überholtes Nationalbewusstsein wieder belebt. Nolte und seine konservativen Parteigänger Andreas Hillgruber und Michael Stürmer hätten nicht begriffen, dass der einzig mögliche Patriotismus, der Deutschland der westlichen Welt nicht entfremde, der Verfassungspatriotismus sei.

Golo Mann nahm, das sei hier schon angefügt, am «Historikerstreit» nicht teil. Er hatte immer die Singularität des Nationalsozialismus betont und die Problematik von Analogieschlüssen hervorgehoben. Von einem Journalisten diesbezüglich zur Rede gestellt, antwortete er: «Hitler bleibt in der europäischen Geschichte einzigartig. Nicht nur wegen des Holocausts, wegen des Genocids, sondern auch, weil er ein großes Reich und Volk, das russische, von der Karte wegstreichen wollte. Hitler hat den Russen die Frage gestellt: Ihr oder wir, einer von uns beiden muß weg. Das war seine Idee gewesen von ‹Mein Kampf› an.»[130] Und auf die kecke Frage des Journalisten hin, ob er denn die Lust am Streiten verloren habe, antwortete Golo Mann: «Nein, aber ich möchte mich nicht mein Leben lang mit diesem entsetzlichen Adolf beschäftigen.»[131]

Nach Abschluss der *Deutschen Geschichte* hat sich Golo Mann nie mehr vertieft mit der Geschichte des Nationalsozialismus befasst. Er verfolgte die Forschung, studierte die *Vierteljahrshefte für Zeitgeschichte* und besprach hin und wieder ein wichtiges Buch. So liegen zu Albert Speers *Erinnerungen*, zu Joachim Fests *Hitler* oder zu Sebastian Haffners *Anmerkungen zu Hitler* ausführliche Rezensionen, ja eigentliche Muster von Golo Manns essayistischer Interpretationskunst vor.[132] In den Memoiren Speers, der zuerst Hitlers Lieblingsarchitekt, dann dessen Rüstungsminister war, sah der Historiker zu Recht eine der wichtigsten Quellen aus der näheren Umgebung des deutschen Diktators. Sie seien, stellt er fest, auch ein Zeugnis raffinierter Selbstrechtfertigung: Der ehrgeizige, hoch begabte Technokrat, der mit Hitler einen «Teufelspakt» abschloss, erweise sich noch im Bekenntnis zu seiner Schuld als jemand, der wirklicher Einsicht, auf der einzig innere Umkehr gründen könnte, nicht zugänglich sei. «Speer diente der Selbstanklage», schreibt Golo Mann, «wie er Hitler gedient hatte; so einer tut nichts halb. Er riß die kollektive Schuld an sich; nicht für die Nation, wohl aber für alle, die im Dritten Reich an der Macht partizipiert hatten, und also für sich selber.»[133] Und weiter: «Von Selbstkritik viel, von Reue, im christlichen Sinne des Wortes, kaum etwas; vielleicht empfindet er sie als unmännlich.»[134]

In Joachim Fests monumentaler *Hitler*-Biographie sah Golo Mann das «für die nächsten fünfzehn bis zwanzig Jahre endgültige Werk über den widerlichen Gegenstand»[135]. Der Rezensent bewundert Fests Sachkenntnis, die gedankliche Durchdringung des Stoffes, sein Darstellungsvermögen. Aber er glaubt dem Autor den Vorwurf nicht ersparen zu können, dass, nicht zuletzt dank dessen Erzählkunst, die erstaunliche Wirkung des «Führers» auf sein Volk stärker betont werde als die Verderbtheit seines Charakters. Wieder tritt bei Golo Mann die auch von Hermann Rauschning vertretene Sicht hervor, die im deutschen Diktator den Zerstörer aller Werte, den Nihilisten und nichts anderes sah. «Er hat Hitler ‹größer› gemacht, als er war», schreibt Golo Mann über Fests Werk, «hat stellenweise seine Theorien, ‹Visionen› und Ziele viel zu ernst genommen. Und er hat ihn weniger schlecht gemacht, als er war.»[136]

Sebastian Haffners *Anmerkungen zu Hitler*, bei ihrem Erscheinen im Jahre 1978 allseits gerühmt, boten ein eindrückliches Beispiel dafür, wie ein längst bekannter Stoff, der Analyse durch einen scharfen und unbestechlichen Geist unterworfen, in neuem, aufschlussreicherem Lichte zu erscheinen vermag. «Ein geistvolles, durchaus originelles und klärendes Buch», schreibt Golo Mann in seiner Besprechung, «ich bin dafür dankbar trotz mancher Einwände.»[137] Dem Bild von Hitler, das Golo Mann in sich trug, entsprachen Haffners Überlegungen besser als jene Fests. «Hitler hat zahlreiche Menschen umbringen lassen», schreibt Haffner, «zu keinem militärischen oder politischen Zweck, sondern zu seiner persönlichen Befriedigung. Insoweit gehört er nicht mit Napoleon und Alexander zusammen, sondern etwa mit dem Frauenvertilger Kürten und dem Knabenvertilger Haarmann, nur mit dem Unterschied, daß er fabrikmäßig betrieb, was sie handwerklich verübten, so daß seine Opfer nicht nach Dutzenden oder Hunderten zählen, sondern nach Millionen. Er war ganz einfach auch ein Massenmörder.»[138] Genau so dachte Golo Mann, und hier konnte er Sebastian Haffner voll und ganz beistimmen. Bedenken hatte der Historiker da, wo des Autors lapidare Kapitel-Einteilung in «Leben», «Leistungen», «Erfolge», «Irrtümer», «Fehler», «Verbrechen», «Verrat» vor allem beim flüchtigen Leser den Eindruck wecken mochte, hier würde die Bilanz einer normalen Karriere gezogen. Zu oft, so scheint es dem Rezensenten, versuche Haffner im völlig irrationalen Scheusal Hitler einen rationalen Kern zu suchen. In gewissem Sinne ist Golo Manns Besprechung ein Widerspruch in sich: Er rühmt des Autors analytische Intelligenz und wirft ihm zugleich vor, Hitler nach vernünftigen Kriterien beurteilen zu wollen. So etwa, wenn Haffner der Person Hitler eine bestimmte politische Gesinnung zuzuordnen versucht. «Witzig ist Haffners These», schreibt Golo Mann, «wonach Hitler wegen seines starren und utopischen Programms eigentlich zur ‹Linken› gehöre, nicht zu den Konservativen, die stets nur bescheidene Pragmatiker ohne weite Zukunftsaussichten gewesen seien. Witzig, aber doch nur ein Scherz. Das Phänomen sui generis war weder rechts noch links. Den Burschen bringt man nicht auf herkömmliche Begriffe, und nicht einmal auf unherkömmliche.»[139] Auch scheint es Golo Mann, Überschriften wie «Irrtümer», «Fehler» und selbst «Verbrechen» wirkten zu harmlos, um Hitlers Untaten adäquat zu bezeichnen: «Hat die ganze Zergliederung Sinn?

Wahnsinn ist Wahnsinn. Teufelei, Teufelei, das Schlimmste, was je ein Mensch, obendrein ein Mensch unserer Zivilisation, seinen Mitmenschen antat ...»[140]

Golo Mann hat Hitler nie zum Gegenstand einer eigenen Arbeit gemacht. Danach befragt, ob dies nicht auch ein Stoff für ihn sein könnte, pflegte er entsetzt abzuwehren. Einem Schweizer Fernsehjournalisten gegenüber meinte er: «Ich möchte das Scheusal nicht anfassen. Ich will nichts vom Privatleben eines Massenmörders wissen.»[141]

In den Kontroversen, die im Zusammenhang mit der Aufarbeitung der deutschen Vergangenheit nach Kriegsende entstanden, nahm Golo Mann hin und wieder Stellung. Eine erste Auseinandersetzung, die er schon durchfocht, als seine *Deutsche Geschichte* noch nicht erschienen war, befasste sich mit dem Werk des Historikers A. J. P. Taylor. Der Engländer war ein hoch begabter Autor, in dessen Schaffen sich die Urteilsschärfe eines Voltaire mit der Illusionslosigkeit Machiavellis verbindet. Er hatte während des Krieges ein Werk über *The Habsburg Monarchy 1815–1918* publiziert, dem er 1945 das Buch *The Course of German History* folgen ließ. In Hunderten von Zeitungsartikeln, aber auch als Fernsehkommentator wusste er sich in England ein breites Publikum zu gewinnen. In einer Rezension für die Zeitschrift *Der Monat* ging Golo Mann auf die genannten beiden Bücher ein. Er bestreitet nicht die «brillante Bosheit» des Engländers und die Originalität seiner Fragestellungen, ärgert sich aber darüber, dass Taylor den Niedergang der österreichisch-ungarischen Monarchie als einen Vorgang darstelle, der zwangsläufig aus der Unvereinbarkeit ihrer ethnisch divergierenden Teile habe folgen müssen. Golo Mann war zeitlebens ein Bewunderer des Vielvölkerreiches, was mit der sentimentalen Neigung des Konservativen für die überlieferten Formen des aristokratischen Umgangs und mit seinem Respekt für althergebrachte ständische Ordnungen zusammenhing. Die Schonungslosigkeit, mit der Taylor, vom Ende her urteilend, den Zerfall der Monarchie aus ihrer Unzeitgemäßheit und den nationalistischen Zeittendenzen erklärte, ohne alternative Möglichkeiten mitzubedenken, kann Golo Mann nicht akzeptieren. Er weist dabei auf die Vielfalt in der Einheit hin, wie die Schweiz sie über Jahrhunderte hin habe bewahren können, und schreibt: «Wäre die Schweiz im 19. Jahrhundert in ihre nationalen Elemente auseinandergefallen, so wäre Taylor als erster herbeigeeilt, um die Unvermeidlichkeit eines solchen Zerfallsprozesses zu beweisen.»[142]

Auch in Taylors *The Course of German History* sah Golo Mann einen ähnlichen geschichtsphilosophischen Fatalismus walten, der sich auf den einfachen Nenner der nationalistischen Zeitströmungen bringen ließ. «Der Nationalismus», schreibt er, «war also nach Taylor keine irrationale Episode in der deutschen Geschichte, sondern etwas, was sich seit 1848 vorbereitete und nur um so schlimmer kam, weil es so lange hinausgeschoben worden war. Hitlers Autorität war die genuinst deutsche, die breiteste, historisch berechtigtste seit dem Verfall des mittelalterlichen Kaisertums.»[143] Und der Rezensent schließt mit den Worten: «Wir können der europäischen Tragödie keinen Sinn abgewinnen, wenn wir nicht lieben; wenn wir nicht bedauern; wenn wir nicht das, was war, vergleichen mit dem, was hätte sein können. Hinter den Ereignissen herzueilen, ex post facto zu zeigen, wie es kommen mußte und wie – natürlich – wieder einmal alles danebenging, dient zu nichts als zur Befriedigung des eigenen Ego.»[144]

Im Jahre 1961 publizierte Taylor das sogleich ins Deutsche übersetzte Buch *The Origins of the Second World War*, das die Hauptthese vertrat, Hitler sei wie Stresemann bloß bestrebt gewesen, mit den herkömmlichen Mitteln der Machtpolitik eine Revision der Bestimmungen des Versailler Friedens zu erreichen.[145] Einen Krieg habe er weder geplant noch vorbereitet, noch bewusst herbeigeführt, sei vielmehr in diesen verwickelt worden. Das Buch erregte ähnlich großes Aufsehen wie Fritz Fischers gleichzeitig erschienenes Werk *Griff nach der Weltmacht,* welches den entscheidenden Teil der historischen Verantwortung am Ausbruch des Ersten Weltkriegs dem Deutschen Reich zuwies.[146] Obgleich mit einem kritischen Vorwort des Historikers Michael Freund versehen, fand Taylors Werk weite Verbreitung und wurde vor allem in Kreisen ehemaliger Nationalsozialisten und Mitläufer, die Deutschland von der Kriegsschuld zu entlasten suchten, begrüßt. Auf dieses fatale Echo wies unter anderen der Schweizer Walther Hofer hin, der eben in seinem Buch über die *Entfesselung des Zweiten Weltkrieges* den Nachweis für die langfristige Kriegsplanung Hitlers erbracht hatte. Die *Neue Zürcher Zeitung* stellte Hofer nicht weniger als vier volle Seiten zur Verfügung, um die Behauptungen des englischen Historikers Punkt für Punkt zu widerlegen. «Taylor hat in unverantwortlicher Weise», schrieb Hofer, «den in Deutschland vorhandenen Tendenzen zur Verdrängung der historischen Wahrheit Vorschub geleistet.»[147]

Auch Golo Mann war, als er Taylors Buch las, empört. Von einem «unverschämten Werk» ist in seinem Tagebuch die Rede[148], und an den Journalisten François Bondy schrieb er: «Hier klimmt sein sauberes Machwerk die Bestsellerliste hübsch nach oben, so daß er noch an Deutschland reich wird, was nur fair ist, wenn man bedenkt, daß er Ehre und guten Namen und alles ein für allemal verkauft hat.»[149] Unter dem Titel «Hitlers Advokat» verfasste Golo Mann eine Rezension für den *Monat*, in der es heißt: «Das sind keine Ansichten, die man unter Historikern widerlegen könnte. Es sind grobe Ungezogenheiten [...] Wenn Hitler an Außenpolitik wenig und an Eroberungen gar nicht interessiert war, wenn er Österreich liebte, Polen liebte, den Frieden liebte, dann ist Feuer nicht heiß und Eis nicht kalt und hört alles Diskutieren auf.»[150] So sehr wirkte die Erinnerung an seine Auseinandersetzung mit Taylor in Golo Mann nach, dass der Historiker noch in der Neuauflage seiner *Deutschen Geschichte* vom Jahre 1992 mit ätzender Kritik des englischen Historikers gedachte, der ihn so in Harnisch gebracht habe, dass er ohne ihn sein Buch vielleicht gar nie geschrieben hätte.[151] Heute ist Hofers These von der planmäßigen «Entfesselung» des Zweiten Weltkriegs nicht mehr bestritten, die Debatte um Taylors Œuvre aber ist verstummt und bereits ihrerseits Gegenstand einer historischen Studie geworden.[152]

An Hofers Seite stand Golo Mann auch in der Auseinandersetzung über die Täterschaft des Reichstagsbrandes. Dem Brand des Reichstags am 27. Februar 1933, knapp einen Monat nach Hitlers Machtübernahme, kommt deshalb besondere Bedeutung zu, weil er den Nationalsozialisten als willkommener Anlass und Vorwand diente, den demokratischen Rechtsstaat zu beseitigen. Die Zeitgenossen scheinen der damals von der politischen Propaganda verbreiteten Auffassung, die Kommunisten hätten das Feuer gelegt, geglaubt zu haben. So schreibt etwa Sebastian Haffner in seinen Erinnerungen: «Das Interessanteste am Reichstagsbrand war vielleicht, daß die Beschuldigung der Kommunisten so gut wie allgemein geglaubt wurde.»[153] Nach Kriegsende wurde die Schuldzuweisung der Nationalsozialisten in Zweifel gezogen, und Walther Hofer schrieb in seiner Dokumentensammlung zum Nationalsozialismus: «So manches an dieser mysteriösen und hochpolitischen Brandstiftung auch noch ungeklärt sein mag, so ist doch geschichtlich erwiesen, daß es die Nationalsozialisten waren, die den Brand organisierten. [...] Der später als Brandstifter hingerichtete geistesschwache holländische Kommunist van der Lubbe spielte nur die Rolle eines vorgeschobenen Statisten.»[154] Golo Mann urteilte in seiner *Deutschen Geschichte* sehr ähnlich, wenn er Hitler als den «wahren Brandstifter» bezeichnete, aber abschwächend hinzufügte: «Der Brand, wer auch die Täter sein mochten, hatte seine Wirkung getan; man war die ‹roten Strolche› los, Kommunisten und Sozialisten ...»[155]

In den sechziger Jahren entspann sich in der Frage um die Urheberschaft des Reichstagsbrandes eine erregte und lang dauernde Diskussion, die hier nicht resümiert werden kann.[156] Walther Hofer beharrte auf seiner These der nationalsozialistischen Brandstiftung, stützte sie mit neuen Forschungsergebnissen und vertrat sie zusammen mit einem streitbaren, aber auch umstrittenen Publizisten namens Edouard Calic, dem es gelang, für seine Ansicht zahlreiche Prominenz zu gewinnen, darunter Politiker wie Ernst Benda, Horst Ehmke, Carlo Schmid und André Malraux.

In den Jahren 1959 und 1960 erregte eine *Spiegel*-Serie großes Aufsehen, die, gestützt auf Forschungen von Fritz Tobias, behauptete, den Reichstag hätten weder Kommunisten noch Nationalsozialisten angezündet, vielmehr sei van der Lubbe der Alleintäter gewesen.[157] Dieser Auffassung widersprachen Calic, Hofer und deren Parteigänger vehement, einige von ihnen vielleicht auch darum, weil sie befürchteten, diese Entlastung der Nationalsozialisten könnte revanchistischen und neonationalistischen Kräften Auftrieb geben. In diesem Sinn schrieb Golo Mann 1961 in einem Brief an Tobias, die Alleintäterschaftsthese könnte «sozusagen volkspädagogisch unwillkommen sein», und er fügte bei: «Die Menge also wird aus der neuen Reichstagsbrand-These Folgerungen zu ziehen geneigt sein, die Sie und ich nicht daraus ziehen, und darum ist mir diese neue These nicht angenehm. Trotzdem: Fiat veritas pereat mundus. Nur muß es eben eindeutig bewiesene veritas sein, und äußerst schwer, das werden Sie besser wissen als ich, ist ein Negativum, ist Unschuld zu beweisen, wo ein klares Alibi fehlt.»[158]

Das von Golo Mann erwähnte, aber keineswegs vertretene Argument einer Geschichtsinterpretation in volkserzieherischer Absicht wurde in der Folge von Calic und einigen seiner Anhänger übernommen, was den Historiker veranlasste, sich öffentlich davon zu distanzieren. In einem Leserbrief an den *Spiegel* beklagte er sich darüber, falsch und irreführend zitiert worden zu sein, und trat für eine ausschließlich der Wahrheit verpflichtete Geschichtsschreibung ein.[159] In seinen *Erinnerungen* kommt Golo Mann auf den Reichstagsbrand zurück. «Dass die neuen Machthaber», schreibt er, «Meister sein konnten in der Arrangierung von Verbrechen, die ihnen zu großen Gegenaktionen Grund und Recht geben sollten, wissen wir [...] Warum also hätten sie Vergleichbares am 28. Februar [sic] nicht arrangieren sollen?»[160]

Die Kontroverse um die Urheberschaft des Reichstagsbrandes

ist noch immer nicht abgeschlossen. Sie zeigt, dass die Klärung einer wissenschaftlichen Frage nicht dadurch erreicht werden kann, dass man bei prominenten Persönlichkeiten um Unterstützung nachsucht und an das Urteil der Öffentlichkeit appelliert. Man wird heute die diesbezüglichen Forschungsergebnisse vielleicht so zusammenfassen können, dass die These der Alleintäterschaft bisher nicht schlüssig hat bewiesen werden können, während neue Indizien, die allerdings noch nicht abschließend überprüft worden sind, eher für eine NS-Täterschaft sprechen.[161]

Äußerst empfindlich reagierte Golo Mann auch immer gegenüber Autoren, welche die Verbrechen des Dritten Reiches, insbesondere die Judenverfolgung, zu leugnen oder zu bemänteln suchten. Als Beispiel für seine scharfe Reaktion in solchen Fällen sei hier die Auseinandersetzung mit dem Historiker Hellmut Diwald erwähnt. Diwald, Geschichtsprofessor an der Universität Erlangen und Verfasser mehrerer erfolgreicher Bücher zur Frühen Neuzeit, hatte 1978 ein umfangreiches Werk über die *Geschichte der Deutschen* abgeschlossen, das vom Propyläen Verlag in Berlin, für den auch Golo Mann als Editor seiner Universalgeschichte gearbeitet hatte, in einer Startauflage von 100 000 Exemplaren auf den Markt geworfen wurde.[162] Die *Geschichte der Deutschen* ging insofern methodisch einen eigenwilligen Weg, als die deutsche Vergangenheit von vorn nach hinten, vom Ende des Zweiten Weltkriegs zurück bis zu Heinrichs IV. Gang nach Canossa, erzählt wurde. Der Autor hoffte durch diese Art der Darstellung, wie er im Vorwort bemerkt, einen Beitrag zur Rückgewinnung der nationalen Identität leisten zu können, einer Identität, die, seiner Meinung nach, in der «jahrelangen Umerziehung» und «inneren Umpolung des deutschen Volkes durch die Sieger des Zweiten Weltkrieges» verloren gegangen sei.[163] Was nun die Darstellung des Dritten Reiches durch Diwald anbetrifft, zeigt sich der Verfasser bemüht, alle Untaten des Regimes, vor allem aber die Judenvernichtung, als weniger gravierend erscheinen zu lassen, als sie waren, und umgekehrt die Handlungen der Siegermächte, die Abkommen von Jalta und Potsdam, die Vertreibung der Deutschen aus den Ostgebieten, die Entnazifizierung in düsteren Farben zu schildern. Was die Judenverfolgung angeht, räumt Diwald zwar ein, dass es sich um ein schweres Verbrechen gehandelt habe, betont aber, dass man mit dem Begriff Auschwitz die Deutschen nach 1945 stigmatisiert und moralisch herabgewürdigt habe, während doch das «Problem Auschwitz» trotz aller Publikationen «in zentralen Fragen noch immer ungeklärt sei»[164].

Die Entlastung der deutschen Geschichte, die Diwald betrieb, erregte größtes Aufsehen. Nachdem der *Spiegel*-Redakteur Georg Wolff bereits kompetent Kritik geübt hatte[165], bezog Golo Mann im selben Wochenmagazin mit leidenschaftlicher Entrüstung Stellung. Der Historiker hebt die befremdlichsten Passagen von Diwalds Darstellung der Judenverfolgung hervor und schließt mit den Worten: «Diese beiden Seiten (164 und 165) in der ‹Geschichte der Deutschen› sind das Ungeheuerlichste, was ich seit 1945 in einem deutschen Buch habe lesen müssen.»[166] Und seinem Historikerkollegen Peter Berglar schrieb er: «In der Sache mit dem unsagbaren Diwald stimmen Sie mit mir überein, wie ich dies nicht anders erwartete. Aber ist es nicht entsetzlich, daß solch Unrat in Hunderttausenden von Exemplaren unter den Deutschen verbreitet wird, und dies durch die Macht des Hauses Springer, dessen Inhaber doch ganz anders denkt.»[167] Die Kritik an Diwald taucht in Golo Manns Korrespondenz hin und wieder auf, wobei pikant ist, dass Diwald eine Wallenstein-Biographie verfasst hatte, die zwei Jahre vor derjenigen Golo Manns erschienen war.[168] An Hartmut von Hentig schrieb Golo Mann: «Inzwischen geriet ich in den letzten Wochen in großen Zorn, verursacht von [...] Herrn Professor Diwalds ‹Geschichte der Deutschen›. Das ist scheußlich. Und mein ‹Freund› Siedler vom Propyläenverlag hat es verschuldet.»[169]

In den Zusammenhang dieser Diwald-Angelegenheit gehört auch Golo Manns Abbruch der brieflichen Beziehungen zu Armin Mohler. Der gebürtige Schweizer, der bei Karl Jaspers doktoriert hatte, war durch sein Buch über die *Konservative Revolution* bekannt geworden, das in mehreren neu bearbeiteten und ergänzten Auflagen erschien und als Standardwerk gilt.[170] Der Verfasser bemühte sich, die «geistige Elitebewegung» der «Konservativen Revolution» von der «Massenbewegung» des Nationalsozialismus abzuheben, und er verbarg seine konservative Gesinnung nicht.[171] Mohler wirkte einige Jahre als Sekretär Ernst Jüngers, arbeitete für die Zürcher Tageszeitung *Die Tat* und befasste sich in seinem polemischen Werk *Der Nasenring* mit dem nach seiner Ansicht widersinnigen «Moralisierungsrummel» der Vergangenheitsbewältigung.[172] Im selben Werk trat der Autor auch für Diwald ein, den er als Opfer einer bösartigen Kampagne darstellte.[173] In den siebziger Jahren näherte sich Mohler Golo Mann, und es ergaben sich zwischen dem Konservativismus des einen und des andern gewisse Berührungspunkte. Doch der Historiker machte bald deutlich, dass er die rechtsreaktionäre Haltung Mohlers nicht teilte und dass er Mohler in seiner Tendenz zur Relativierung der Nazi-Verbrechen nicht zu folgen bereit war. «... Sie verwirren, statt zu klären», schrieb er an Mohler, «auch dort, wo Sie zum Beispiel Kriegsverbrechen der Alliierten erwähnen, die in der Tat verdammenswert sind. Man soll sie verdammen, aber die Qualität bleibt eine andere als die des Judenmordes: jenes in seiner Qualität einzigartige Verbrechen, das Sie nicht leugnen, von dem Sie nur behaupten, Sie wüßten nicht; wüßten auch dort nicht, wo man weiß. Und ebendas nenne ich Verwirrung und nicht Klärung.»[174] Und einem andern Briefpartner schrieb Golo Mann mit unmissverständlicher Deutlichkeit: «Dieser Mohler ist in der Tat ein höchst fataler und schadenstiftender Charakter. Um so mehr, weil die Bestie intelligent ist und auch schreiben kann. Verwirrung und nochmals Verwirrung ist die Lebensaufgabe, die der Schurke sich gesetzt hat.»[175]

Als Folge der massiven Kritik, die sich gegen Diwalds *Geschichte der Deutschen* erhob, musste der Propyläen Verlag die erste Auflage des Buches zurückziehen und die inkriminierten Seiten umschreiben lassen; was als zweite Auflage noch im selben

Jahr erschien, zeugt allerdings nicht von einem grundsätzlichen Gesinnungswandel des Autors.

In einer weiteren Intervention, die Aufsehen erregte, ergriff Golo Mann für den Dramatiker Rolf Hochhuth Partei. Im Februar 1963, ein gutes Jahr nach Abschluss des Eichmann-Prozesses in Jerusalem, welcher der Weltöffentlichkeit den «Holocaust» in Erinnerung gerufen hatte, brachte Hochhuth in Berlin sein Stück *Der Stellvertreter* zur Uraufführung; einige Monate später folgte die Premiere im Stadttheater Basel.[176] In seinem Werk warf der bisher unbekannte Bühnenautor Papst Pius XII. aufgrund sorgfältigen Studiums der historischen Quellen im Wesentlichen vor, vom Völkermord an den Juden gewusst, aber dazu geschwiegen und sich so mitschuldig gemacht zu haben. Die Theateraufführungen lösten heftige Protestaktionen und Diskussionen aus.[177] In Basel kam es zu einem Protestmarsch von dreitausend Demonstranten, und die Aufführung konnte nur unter Polizeischutz einigermaßen ungestört über die Bühne gehen; bereits zuvor war dem Autor durch die Fremdenpolizei des Kantons Zug eine Aufenthaltsbewilligung verweigert worden. Hochhuths Stück hatte zur Folge, dass in Deutschland und der Schweiz während längerer Zeit lebhaft über das Verhalten der Kirchen gegenüber dem Nationalsozialismus diskutiert wurde. In der Schweiz regte Hochhuths Stück darüber hinaus die Auseinandersetzung über die Rolle des Landes gegenüber Hitler-Deutschland an, und das Erscheinen von Alfred A. Häslers Buch über die schweizerische Flüchtlingspolitik *Das Boot ist voll* belebte die Diskussion erneut. Freilich ahnte damals niemand, dass das Verhalten der Schweiz gegenüber dem Nationalsozialismus dreißig Jahre später zum Politikum werden und das Land noch im nächsten Jahrhundert in Atem halten sollte.[178]

Die Vorwürfe, welche Hochhuth in seinem Stück erhob, sind heute durch die Forschung in vollem Umfang als berechtigt erwiesen worden. Man weiß, dass der Vatikan über Beginn und Verlauf der Massenvernichtung von Juden früh und genau informiert war, sich aber höchstens dafür einsetzte, getaufte Juden vor der Verfolgung zu schützen. Und man weiß, dass dem Papst die Bekämpfung des Kommunismus ein wichtigeres Anliegen war als der Widerstand gegen den Nationalsozialismus.[179]

An der Diskussion über Hochhuths *Stellvertreter* nahm eine große Zahl von Intellektuellen teil, neben Golo Mann unter anderen auch die Basler Professoren Karl Jaspers, Karl Barth und Walter Muschg. Golo Mann nahm in einem Artikel für die *Basler Nachrichten* vom 17. September 1963 unter dem Titel «Die eigentliche Leistung» Stellung. «Ich will nicht bestimmen», schreibt er, «ob Rolf Hochhuth ein großer Dichter ist – die Zukunft wird es erweisen. Aber ein Dichter ist er; und für das, was er mit seinem ‹Stellvertreter› leistete, empfinde ich Bewunderung. Wirklich, ein Wunder ist es, wie in der flauen Luft der Bundesrepublik, wo einer routinierten, selbstgerechten, schon wieder sehr sicheren Offizialität ein ebenso selbstgerechter, meist unschöpferischer Radikalismus gegenübersteht, dies Werk von Ernst und Herz und Kunst geschaffen werden konnte, von einem jungen Menschen, der die Greuel der Hitler-Zeit nur aus den Dokumenten kannte.»[180] Weder der Nürnberger Kriegsverbrecherprozess noch der Eichmann-Prozess in Jerusalem hätten, fährt Golo Mann fort, die deutsche Bevölkerung so betroffen gemacht wie *Der Stellvertreter*, und dies darum, weil die Figuren des Stücks, die Täter, die Opfer und die Indifferenten, so lebenswahr und glaubwürdig gezeichnet worden seien. «Wie viel einfühlsame Menschenkenntnis», schließt Golo Mann, «wie viel Phantasie und Mitleid, Kummer, tiefer Ekel und Zorn werden hier unter den Bann der Kunst gezwungen! Dies ist die eigentliche Leistung.»[181]

Auf des Historikers Lob antwortete der Schriftsteller mit einem begeisterten Dankesschreiben. Zwei Sätze darin mögen den Historiker nachdenklich gestimmt haben, erinnerten sie ihn doch an seine eigene Doppelexistenz: «Meine Situation», schrieb Hochhuth, «ist ja so: die Historiker klopfen mir auf die Schulter und finden, ich hätte bei totaler Verzerrung der Geschichte immerhin literarische Verdienste. Die Literaten finden, ich hätte wenigstens historische.»[182] Worauf Golo Mann antwortete: «Lassen Sie sich weder von den Historikern noch von den Literaturkritikern ins Bockshorn jagen. Und möchte auch die ungeheure Sensation, die Ihr Stück erregt hat, Sie nicht verwirren. Für einen jungen Menschen muß das eine ziemlich tolle Erfahrung sein.»[183]

Nach der Aufführung des *Stellvertreters* an verschiedensten deutschen und ausländischen Bühnen blieben Golo Mann und Rolf Hochhuth über lange Jahre im brieflichen Kontakt. Wie eine Tagebuchnotiz bemerkt, besuchte der Schriftsteller, «ein bescheidener, ernsthafter und intelligenter junger Mann», den Historiker an dessen Kilchberger Wohnsitz.[184] Den späteren Werken des Dramatikers, die ebenfalls von geschichtlichen Stoffen ausgingen, begegnete der Historiker freilich mit wachsender Skepsis. Das Stück *Soldaten* aus dem Jahre 1968, das eine umstrittene Episode aus dem Zweiten Weltkrieg, den Unfalltod des polnischen Exilpolitikers Sikorski, ins Zentrum stellt, fand Golo Mann verfehlt. Sowohl die nie bewiesene These, Winston Churchill habe diesen Unfalltod inszeniert, als auch die Charakterisierung des englischen Premierministers schienen dem Historiker unglaubwürdig. Auch mit weiteren Stücken wie den *Guerillas* und der *Hebamme* konnte sich Golo Mann nicht befreunden. Das erste Werk wandte sich gegen ungerechte Eigentumsverhältnisse in den Vereinigten Staaten und gegen deren als «imperialistisch» gebrandmarkte Außenpolitik, während das zweite Stück an den sozialen Verhältnissen in Deutschland Kritik übte. Nach der Lektüre der *Guerillas* notierte Golo Mann in sein Tagebuch: «Dieser Knabe fängt an, mir fürchterlich zu werden, zumal das Gedankliche, Essayistische, Historische. Der Kerl weiß ganz einfach zu wenig und fällt auf jeden herein. Aber wer weiß noch was? Das Schiefe, Halbwahre agaciert mich.»[185] Und dem Verfasser schrieb er: «Dann das amerikanische Stück; ich glaube, bei dieser Gelegenheit habe ich zum letzten Mal auf Sie einzuwirken versucht: Sie kannten Amerika ganz einfach nicht, was Sie da sich ausdachten, hätte nicht einmal utopischen Sinn, weil es solch einen steinreichen Senator ganz einfach nicht geben könnte. Dann die ‹Hebamme› mit dem deutschen Kapitalismus und der deutschen Armee. Als Sie daran arbeiteten, hatten unsere Beziehungen, die ja immer nur schriftliche waren, schon zu funktionieren aufgehört. Beraten habe ich Sie eigentlich immer völlig vergebens.»[186]

Dauernden Schaden nahmen die Beziehungen zwischen Golo Mann und Hochhuth, als sich dieser, wenn auch nicht ohne Vorbehalt, zu seiner Freundschaft mit David Irving bekannte. Dieser englische Historiker hatte Hochhuth in geschichtlichen Fragen beraten; berühmt und berüchtigt wurde er vor allem durch sein Werk *Hitler's War,* das gegen alle Evidenz die These aufstellte, die Judenmorde seien ohne Kenntnis Hitlers geplant worden. Zwar wurde diese These von den Historikern, auch von Golo Mann, entschieden abgelehnt, doch Irving verharrte mit einer vom Exzentrischen ins Pathologische hinüberwechselnden Beharrlichkeit auf seinen Ansichten. In solchen Dingen gab es für Golo Mann keine Nachsicht. «Ebensowenig», schrieb er an Hochhuth, «habe ich Recht oder die leiseste Lust, Ihnen zu diktieren, wer Ihr Freund sein darf, wer nicht. Als Beobachter und als einer, der es ehedem gut mit Ihnen meinte, glaube ich allerdings, daß dieser Irving schlechten Einfluß auf Sie gehabt hat. [...] Wenn ein belesener und gelehrter Mensch behauptet, A. H. (Adolf Hitler) sei im Ernst gar nicht Antisemit gewesen und hätte von dem Judenmord nicht einmal gewußt, viel weniger ihn befohlen, – dann ist ein solcher ein Betrüger oder ein Narr oder, wahrscheinlicher, beides.»[187]

Zu weiteren Unstimmigkeiten kam es schließlich, als Hochhuth 1978 in der Wochenzeitung *Die Zeit* den baden-württembergischen Ministerpräsidenten Hans Filbinger scharf angriff und ihn einen «furchtbaren Juristen» im Dienste der Nazi-Gesetze nannte.[188] Die alsbald entbrannte Diskussion über die Rolle Filbingers als Marinerichter im Krieg wurde zu einem Lehrstück der Aufarbeitung nationalsozialistischer Vergangenheit. Im August 1978 musste Filbinger zurücktreten – ein seltener Fall politischer Wirkung von Literatur in der Geschichte der Bundesrepublik. Golo

Mann freilich stimmte mit Hochhuth nicht überein und äußerte sich öffentlich zugunsten von Filbinger. In einem Brief an den Schriftsteller erklärte er: «I was always for the underdog; und Filbinger war der underdog in diesen Wochen. Übrigens kenne ich ihn nicht, ich habe ihn ein oder zwei Mal gesehen, und da war er mir nicht sympathisch, persönlich; soll auch während eines Vortrags, den ich in Stuttgart hielt, häufig spöttisch gelächelt haben. Trotzdem tat er mir leid, und es bleibt meine Überzeugung, daß ihm Unrecht getan wurde. Das haben Sie, zufällig oder unzufällig, angefangen; danach war es ‹Kettenreaktion›.»[189]

Der «Fall Filbinger» hatte ein Nachspiel. Im Jahre 1980 publizierte Hochhuth das neue Theaterstück *Juristen*, dessen Hauptfigur Heilmayer ein ehemaliger Militärjurist ist, der im Nachkriegsdeutschland politische Karriere gemacht und sich eine Vergangenheit als Hitler-Gegner zurechtgezimmert hat. Das Stück spielt in der Gegenwart der siebziger Jahre, zur Zeit, als prominente Persönlichkeiten zu Opfern von Entführern und Attentätern wurden und der Staat sich durch den «Radikalenerlaß» gegen die Infiltration extremistischer Elemente zu schützen suchte. In Gesprächen mit der jüngeren Generation erweist sich Heilmayer als ein Mensch, der aus den Erfahrungen des Dritten Reiches nichts gelernt hat, dem Reue und Sühne fremde Wörter sind und der sein skrupelloses Machtstreben und ungebrochenes Staatsverständnis ungeschmälert in die Bundesrepublik hinübergerettet hat. Dargestellt wird das Fortwirken reaktionärer Denkmuster in der Bundesrepublik – eine Thematik, die 1954 bereits Wolfgang Koeppen im Roman *Tod in Rom* aufgegriffen hatte. Dass Rolf Hochhuths Stück *Juristen* den Fall Filbinger wieder in Erinnerung rief, versteht sich von selbst.

Diesmal wollte sich Filbinger gegen den Angriff des Schriftstellers selbst als Schriftsteller verteidigen. Ein knappes Jahrzehnt nach der Kontroverse, die zu seinem Rücktritt geführt hatte, publizierte der CDU-Politiker unter dem Titel *Die geschmähte Generation* ein ausführliches Buch zu seiner Verteidigung.[190] Er holte weit aus, legte die durch persönliche Laufbahn und geschichtliche Situation bedingten Zwänge dar, die ihn ins Amt des Marinerichters geführt hatten, und suchte zu erläutern, wie beschränkt der Handlungsspielraum für ihn im Dritten Reich gewesen sei und wie sehr er sich damals dafür eingesetzt habe, Schlimmeres zu verhüten. Filbinger sah sich als Opfer einer bösartigen, von den linken Medien inszenierten Rufmordkampagne, deren Ablauf er dokumentierte. In den Abschnitten seines Buches, in denen er Hochhuths Stellvertreter als einen durch nichts gerechtfertigten Angriff auf den Katholizismus qualifizierte und die Öffnung der Ostpolitik durch Willy Brandt als eine Unterhöhlung der Westintegration darstellte, vermochte Filbinger seiner Sache wenig zu dienen. Da jedoch, wo Filbinger von seiner Rolle als Marinerichter handelte, wirkte er nicht selten überzeugend, und es gelang ihm auch, Material beizubringen, das geeignet schien, zu seiner Entlastung beizutragen.

In einer Besprechung von Filbingers Buch, die 1987 in der *Welt am Sonntag* erschien, fand Golo Mann lauter rühmende Worte und plädierte für eine Versöhnung mit jener Generation, die das Dritte Reich überlebt hatte. Er greift auf seine eigene Erinnerung und die Zeit nach seiner Rückkehr aus den USA zurück. Niemand habe ihm damals aus seiner Emigration einen Vorwurf gemacht. Dann weist er auf die schwierigen Lebensbedingungen unter Hitler hin: «Was sollte ein fähiger Mann, obendrein mit Familie, denn anderes tun als der Partei beitreten?»[191] Golo Mann spricht von einer «Hetze gegen Filbinger» und teilt dessen Überzeugung, die Evakuation der Deutschen aus Ostpreußen sei nur möglich gewesen, weil die deutsche Marine diszipliniert geblieben und gegen Deserteure mit der Strenge des Gesetzes verfahren sei. In gewagtem Vergleich beruft sich der Historiker schließlich auf General Eisenhower, der Fahnenflüchtige ebenfalls mit dem Tode bestraft habe, und schreibt: «Seine erbittertsten Feinde haben das später dem Präsidenten Eisenhower nicht zum Vorwurf gemacht. In Washington war dergleichen unvorstellbar. Warum wurde es Wirklichkeit in Stuttgart? – Der Krieg ist der Krieg und hat dieselben uralten Grundgesetze allenthalben, darum ist es besser, man fängt ihn gleich gar nicht an.»[192]

Auf Golo Manns Rezension antwortete Hochhuth mit einer leidenschaftlich vorgetragenen Replik, die vom Grundtenor durchdrungen war, mit seiner Verteidigung Filbingers verstoße der Historiker gegen das Wesen seiner eigenen Geschichtsbetrachtung. Hochhuth gibt sich als begeisterter Leser der *Deutschen Geschichte* zu erkennen und schreibt: «Das Neue ist, das tief Traurige für meine Generation an Ihrer Persilschein-Schreiberei für den Tartuffe der Solitude: Sie waren unser Lehrer, Golo Mann, tiefer greifend noch als Ihr Vater und Onkel, weil uns vom Jahrgang näher. Und weil Sie Geschichte lehren.»[193] Zu Recht entsetzt sich Hochhuth über des Rezensenten Berufung auf Eisenhower und die begütigende Feststellung, Krieg sei eben überall Krieg mit den notwendigen Begleitumständen – hier verstieß Golo Mann in der Tat gegen seine vielfach dargelegte Überzeugung von der Singularität von Hitlers Unrechtsregime, dem gegenüber sich das Verhalten des Individuums zu bewähren hatte. Dann fährt Hochhuth schweres Geschütz auf, wenn er Golo Mann zur «Galionsfigur der Großwäscherei Nolte & Hillgruber & Diwald» macht und damit auf den «Historikerstreit» anspielt. Und tief gekränkt fährt er fort: «Wissen Sie, Golo Mann, *wen heute*, wäre ihm nicht erspart geblieben zu erleben, wie Sie Persilscheine für gemeingefährliche Nazis schreiben, *wen* Thomas Mann, der große Dichter der 55 Radiosendungen *Deutsche Hörer* heute einen Verräter nennen würde? Was dächte dieser Redner, der wie keiner seit Luther mit feierlicher alttestamentarischer Wucht und Wut die Nazi-Greuel beim Namen nannte, würde er lesen müssen, was Sie auf Kosten namenloser Hingerichteter zugunsten eines unbelehrbaren, verfolgungssüchtigen Nazis schreiben?»[194]

Golo Manns Antwort blieb nicht aus. Er wies den Vorwurf, im «Historikerstreit» aufseiten der Rechtskonservativen Stellung zu beziehen, entschieden zurück: «An jenem ‹Historikerstreit› habe ich mich nicht beteiligt, weil ich ihn von Anfang bis Ende für peinlichen Unsinn hielt, für bloße Wichtigmacherei und Buchmacherei …»[195] Dann beharrt er auf der Glaubwürdigkeit von Filbingers Buch und schreibt: «Es bleibt eine sehr traurige Geschichte; Hochhuths Sinn für das Traurige ist an sich durchaus sympathisch. Nur sollte er, anstatt mich als Neo-Nazi zu verleumden, die Darstellung Filbingers Punkt für Punkt widerlegen.»[196]

Nun war das ehemals gute Einvernehmen nicht mehr herzustellen. Einen letzten Brief Hochhuths sandte Golo Mann ungeöffnet zurück. Der Schriftsteller blieb indessen dem Historiker dankbar verbunden und bezeichnete ihn 1994 in einem Nachruf als den neben Ernst Jünger «bedeutendsten noch lebenden Deutschschreiber seiner Generation»[197]. Ein Vergleich allerdings, über den sich Golo Mann nur halb hätte freuen können …

Bemerkenswert bleibt, wie intensiv sich Golo Mann, der literarisch zwar ungemein belesen, an der Gegenwartsliteratur aber wenig interessiert war, mit Hochhuths Werken befasste. Sicherlich spürte der Verfasser der *Deutschen Geschichte*, wie nah ihm das Geschichtsverständnis dieses Autors im Grunde war. Hochhuths Stücke haben das sich selbst in sittlicher Freiheit und Verantwortlichkeit bestimmende Individuum vor dem offenen Horizont der Geschichte zum Thema. Dadurch unterscheiden sie sich deutlich von politisch engagierten Stücken wie Peter Weiss' *Ermittlung* oder dem *Gesang vom lusitanischen Popanz*, wo die Figuren typisiert werden und den Zusammenhang zwischen faschistischen und kapitalistischen Bewusstheitsformen verdeutlichen sollen. Beide, Golo Mann und Hochhuth, schrieben als Moralisten. Literarisch gesprochen stellten sie sich in eine Tradition, die Friedrich Schiller auf den Satz gebracht hat: «Die Weltgeschichte ist das Weltgericht.»[198]

Als weiteres Beispiel einer Kontroverse zur Thematik des Nationalsozialismus soll hier auch Golo Manns Auseinandersetzung mit Hannah Arendts Bericht über den Eichmann-Prozess, der 1961 in Jerusalem stattfand, Erwähnung finden. Die Philosophin,

Schülerin Heideggers und Jaspers', war 1941 nach den USA emigriert und hatte zehn Jahre später mit dem Buch *The Origins of Totalitarianism* Aufsehen erregt; den Prozess gegen einen der Hauptverantwortlichen des «Holocaust» verfolgte sie im Auftrag der Kulturzeitschrift *The New Yorker.* Die Artikelserie und die nachfolgende Buchpublikation führten vor allem in den USA zu einer erbitterten, sich über mehrere Jahre hinziehenden Kontroverse, und viele Kritiker warfen der Autorin vor, den Schreibtischtäter Eichmann entlastet und seine jüdischen Opfer belastet zu haben.[199]

Golo Mann gehörte in Europa zu den Ersten, welche die Berichte Hannah Arendts im *New Yorker* lasen und kritisch darauf eingingen. In seiner Rezension, die unmittelbar vor der Publikation der deutschen Fassung erschien, wies er nicht nur eine Reihe von Überlegungen der Prozessberichterstatterin mit Entschiedenheit zurück, sondern hielt auch den Tonfall des Buches, dem er eine dem ernsten Gegenstand unangemessene Originalitätssucht und Arroganz vorwarf, für völlig verfehlt.[200]

Drei Punkte waren es im Wesentlichen, die den Historiker derart in Rage brachten: Hannah Arendts Einschätzung der Persönlichkeit Eichmanns; ihre These von einer Mitschuld der Juden am eigenen Untergang; ihre Beurteilung des Widerstandes gegen Hitler. Was Eichmanns Persönlichkeit betraf, vertrat die Autorin die bereits im Untertitel ihres Buches *Ein Bericht von der Banalität des Bösen* angedeutete Auffassung, dass Eichmann kein verbrecherisches Ungeheuer und kein fanatischer Judenhasser war, sondern ein ganz gewöhnlicher Mensch mit Organisationstalent und Verhandlungsgeschick, ehrgeizig und gehorsam, unbeholfen und dumm, ein normaler Beamter alles in allem, der im Verhör gar den Eindruck eines «Hanswurst» gemacht habe.[201] Dass einige Aspekte dieser Charakterisierung zutrafen, stellte Golo Mann nicht in Abrede; aber es ist leicht nachvollziehbar, dass sein Geschichtsverständnis an einer Darstellung des geschichtlich Handelnden, dessen Belanglosigkeit mit jedem Wort betont und der dadurch der individuellen Entscheidung zwischen Gut und Böse gleichsam enthoben wurde, Anstoß nehmen musste.

Empörten Widerspruch löste Hannah Arendt bei Golo Mann mit der Feststellung aus, die Juden hätten sich widerstandslos in ihr Schicksal gefügt und insbesondere hätten die Judenräte durch ihre Bereitschaft zur Zusammenarbeit die Nazis bei ihren Verbrechen unterstützt. «Diese Rolle der jüdischen Führer bei der Zerstörung ihres eigenen Volkes», so Hannah Arendt, «ist für Juden zweifellos das dunkelste in der ganzen dunklen Geschichte.»[202] Auch diese Auffassung, die Opfer und Täter nahe zusammenrückte, entbehrte nicht der Berechtigung; denn in der fatalen Grenzsituation, in der sich die entrechteten, selbst ihrer Individualität beraubten Juden befanden, konnte die klägliche Hoffnung auf ein ungewisses Überleben tatsächlich jede Regung des Widerstands absterben lassen. Was Golo Mann indes der Autorin vorwarf, war, dass sie sich in die Tragik der jüdischen Situation nicht einzufühlen bemühte, ihre Feststellungen überspitzt und zynisch formulierte und so wiederum zur Entlastung der Nazis beitrug. «Noch einen Schritt», schreibt Golo Mann in seiner Rezension, «und die Juden haben sich selbst verfolgt und selber ausgemordet und nur zufällig waren auch ein paar Nazis mit dabei. Vielleicht werden wir dies demnächst in Deutschland zu hören bekommen.»[203]

Mit seinem Vorwurf der unangemessenen Behandlung eines sehr ernsten Themas stimmte Golo Mann ganz mit Gershom Scholem überein, der Hannah Arendt in einem offenen Brief vorwarf, die Tätigkeit der Judenräte auf herzlose und hämische Weise abgehandelt zu haben. «Für den Stil der Leichtherzigkeit», heißt es in Scholems Schreiben, «ich meine das englische flippancy, den Sie nur allzu oft in Ihrem Buche dafür aufbringen, habe ich keine Sympathie. Er ist auf unvorstellbare Weise der Sache, über die Sie sprechen, unangemessen. Gäbe es wirklich bei solchem Anlaß nicht Platz für das, was man mit dem bescheidenen deutschen Wort Herzenstakt nennen dürfte?»[204]

Heftigen Anstoß nahm Golo Mann schließlich an der Art und

Weise, wie Hannah Arendt mit dem deutschen Widerstand gegen Hitler umging. Die Verfasserin betonte, nicht zu Unrecht, den politischen Dissens innerhalb des Widerstands gegen Hitler und dessen häufig einem konservativen Nationalismus verhaftete Vorstellungen zur Gestaltung eines künftigen Deutschlands. Zugleich aber sprach sie der Widerstandsbewegung ihren ethischen Antrieb ab und stellte fest: «... man kann sich schwer des Eindrucks erwehren, daß, was man gemeinhin unter Gewissen versteht, in Deutschland so gut wie verloren gegangen war, ja, daß man sich kaum noch bewußt war, wie sehr man selbst bereits im Bann der von den Nazis gepredigten neuen Wertskala stand und wie groß der Abgrund war, der auch dieses ‹andere Deutschland› von der übrigen Welt trennte.»[205]

Mit solchen Bemerkungen stellte sich Hannah Arendt in völligen Gegensatz zu Golo Mann. Dieser sah im Widerstand, insbesondere im Widerstand der Attentäter des 20. Juli, geradezu eine Inkarnation des «guten Deutschlands». Bereits in seiner Schrift über den *Geist Amerikas* hatte der Autor bedauert, dass die Alliierten statt der Verhängung einer «bedingungslosen Kapitulation» nicht die Zusammenarbeit mit diesen Kräften gesucht hatten. «Der gute Genius der Nation», schreibt der Historiker in seiner *Deutschen Geschichte*, «hatte sich in der Verneinung, im Kampf gegen das Ungeheuer zusammengerafft.»[206] Und er fährt, das tragische Geschick der Männer des 20. Juli betonend, fort: «Indem sie den Versuch machten, den Sinn, die Kontinuität und die Ehre der deutschen Geschichte zu retten, was alles nicht mehr gerettet werden konnte, gehören auch sie einer abgeschlossenen Vergangenheit an und ist ihr Ruhm vor Gott viel höher als jener, den eine wohlmeinende Nachwelt zu fristen sich müht.»[207]

Natürlich entging Golo Mann nicht, dass der ostelbische Adel am Untergang der Weimarer Republik Mitschuld trug und dass die meisten hohen Offiziere im Kreis der Hitler-Attentäter, solange des Führers Heere siegreich blieben, nicht entfernt an eine Auflehnung dachten. Aber er meinte, mit dem Attentatsversuch sei dieser Makel getilgt. Eine merkwürdige Argumentation: Jeroen Koch hat zu Recht kritisch bemerkt, dass hier Vorstellungen von individueller und kollektiver Ethik vermischt würden und jene Minderheit von Helden dazu diente, die Mehrheit der Mitläufer zu entlasten.[208] Aber für Golo Mann hatte nun einmal der 20. Juli 1944 als Tat des «guten Deutschlands» und als Aufstand des Gewissens eine exkulpierende Funktion. Gern stellte sich der Historiker in die lange Reihe von Rednern, die am 20. Juli des Attentats gedachte, gern pflegte er Beziehungen mit den adligen Angehörigen der Attentäter, und oft kam er in Essays, etwa über Goerdeler und Helmuth James von Moltke, auf das Thema zurück.[209]

In seiner Beurteilung des 20. Juli orientierte sich Golo Mann an Hans Rothfels' *Die deutsche Opposition gegen Hitler,* eine der ersten Publikationen zur Geschichte des Dritten Reichs nach Kriegsende.[210] Aus der Sicht dieses Historikers stellte sich der Widerstand gegen Hitler als «Aufstand des Gewissens» und als Rückkehr zu den Werten des deutschen Idealismus dar, und Rothfels versuchte, im Begriff des «anderen Deutschlands» die nationale preußische Tradition von Hitlers imperialistischem Nationalismus abzugrenzen. Ganz ähnlich sah dies Golo Mann. In einem Aufsatz aus dem Jahre 1956 unter dem Titel «Staat und Heer» spricht der Verfasser der *Deutschen Geschichte* die Wehrmacht weitgehend von der Mitverantwortung frei und versteigt sich zur Bemerkung: «Nie sind Generale so ungern in einen großen Krieg gezogen wie die deutschen in den Zweiten Weltkrieg, nie hätten sie, trotz aller Siege, so gerne so bald wieder mit ihm Schluß gemacht.»[211]

Die Kontroverse, die sich um Hannah Arendts Buch *Eichmann in Jerusalem* entspann, ist nie ganz zur Ruhe gekommen und kürzlich noch zum Thema einer Tagung geworden.[212] Der Versuch einer «Entdämonisierung» des Hitler-Regimes, als den man die These von der «Banalität des Bösen» verstehen kann, ist bei den Historikern weithin auf Zustimmung gestoßen.[213] Der Holocaust-Forscher Raul Hilberg, ein Gegner Hannah Arendts, hat das Problem der jüdischen Zusammenarbeit mit den Nazis differenziert untersucht und ist zu einem wohl angemesseneren Befund gelangt, wenn er schreibt: «Die Judenräte saßen selber in der Falle, auch sie waren Opfer.»[214] Die Bewertung des Widerstands gegen Hitler ist weiterhin ein kontroverses Thema geblieben, nicht zuletzt darum, weil es zur Wiedergewinnung und Stärkung der nationalen Identität immer wieder politisch instrumentalisiert worden ist, wozu fraglos auch Golo Manns starke Betonung der idealistischen Komponente beigetragen hat. Neuere Historiker haben nüchterner geurteilt und insbesondere auch ihren Forschungsbereich über den Kreis der Aristokratie und des Bürgertums hinaus erweitert.[215]

Hannah Arendts *Eichmann in Jerusalem* liest sich heute weniger aufregend als in den sechziger Jahren. Was an einzelnen Passagen des Buches immer noch abstoßend bleibt, ist der effekthascherische, zuweilen fast zynische Umgang mit einem Thema dieser Art. Jahre nach seiner Rezension hebt Golo Mann in seinen *Erinnerungen* diesen Aspekt nochmals hervor, wenn er schreibt: «Das ganze Werk schien mir inspiriert von einer sich überschlagenden Gescheitheit, dem Ehrgeiz, unerhört Neues zu bieten; eines der Bücher, die, insoweit sie überhaupt wirken, nur zusätzliche Verwirrung stiften. Im allgemeinen halte ich mich für einen eher zu vorsichtigen Schriftsteller. Jedoch gibt es Momente, in denen auch in mir der Zorn überfließt und in ein Manuskript gerät; und wenn ich heute meine Kritik wiederlese, so kann ich sie nicht bereuen.»[216]

Golo Manns Rezension hatte für ihn im übrigen persönliche Folgen: Sie führte zum Ende der Beziehung zu seinem Doktorvater Karl Jaspers, der mit Hannah Arendt eng befreundet war. In einem Brief an seine ehemalige Schülerin, den Jaspers schrieb, als er von der Besprechung in der *Neuen Rundschau* erfahren hatte, heißt es: «Aber zwischen Golo und mir ist etwas gerissen. In solchem Augenblick erinnert man sich mancher Augenblicke aus der Vergangenheit, die als Vorläufer für dieses letzte Stück erscheinen. Es tut mir weh. Ich mochte ihn gern, ich mag ihn noch gern.»[217]

In den Bemühungen um das richtige Verständnis der jüngsten

deutschen Geschichte, die Golo Mann zur Auseinandersetzung mit dem Werk von Taylor, Diwald, Hochhuth und Hannah Arendt bewegten, war als ein Grundproblem immer gegenwärtig die Frage nach der deutschen Schuld. Natürlich waren Golo Mann die Worte gegenwärtig, die sein Vater am Schluss des *Doktor Faustus* dem Chronisten Serenus Zeitblom in den Mund gelegt hatte, wenn dieser verzweifelt ausruft: «Der dickwandige Folterkeller, zu dem eine nichtswürdige, von Anbeginn dem Nichts verschworene Herrschaft Deutschland gemacht hatte, ist aufgebrochen und offen liegt unsere Schmach vor den Augen der Welt [...] Denn ist es bloße Hypochondrie, sich zu sagen, daß alles Deutschtum, auch der deutsche Geist, der deutsche Gedanke, das deutsche Wort von dieser entehrenden Bloßstellung mitbetroffen und in tiefe Fragwürdigkeit gestürzt worden ist? Ist es krankhafte Zerknirschung, die Frage sich vorzulegen, wie überhaupt noch in Zukunft ‹Deutschland› in irgendeiner seiner Erscheinungen es sich soll herausnehmen dürfen, in menschlichen Angelegenheiten den Mund aufzutun?»[218]

Wie sehr Golo Mann unter solch schuldhafter und beschämender Belastung Deutschlands durch seine jüngste Geschichte auch immer litt – den Begriff der «Kollektivschuld» lehnte er entschieden ab. Dieses Wort, das sich in den offiziellen Dokumenten der Alliierten nicht findet, war nach 1945 von Autoren wie Hannah Arendt und Eugen Kogon in Umlauf gesetzt worden.[219] Nach Golo Manns Auffassung konnten abstrakte Begriffe wie «Kollektivschuld» das vielfältige Phänomen geschichtlichen Versagens nicht fassen. «Was will man dann sagen», heißt es schon in der *Deutschen Geschichte*, «alles Elend in der Welt sei von den Deutschen gekommen, oder von den Nazis, oder von Hitler? Man soll das Vielfältige nicht vereinfachen, man kommt nicht weit damit.»[220] Golo Mann wandte sich auch dagegen, dass irgendeiner Bevölkerungsgruppe generell Schuld zugesprochen wurde. «Wollen wir Schuld suchen», schreibt er einmal, «müssen wir sie überall suchen [...] Nicht ein Teil ist an der Verfehlung des Ganzen schuld.»[221]

Auch hatte die Vorstellung einer deutschen Kollektivschuld die fragwürdige Auswirkung, durch pauschale Schuldzuweisung das schuldig gewordene Individuum zu entlasten. Dies aber widersprach völlig einer Geschichtsbetrachtung wie jener Golo Manns. Dabei war dem Historiker durchaus klar, dass es eine breite Skala individueller Schuld und Verirrung gab und dass das Unabänderliche zuweilen eine überwältigende Kraft gewinnen konnte. Doch zu lösen war das Schuldproblem, wenn überhaupt, nur in individueller Gewissensergründung. «Wo liegen die Grenzen zwischen Schuld und Unvermeidlichkeit?», fragt sich Golo Mann noch in seinen *Erinnerungen*. «Mit welchem Schritt», fährt er fort, «wann begann der Sündenfall der deutschen Politik? Wann erschien der letzte Moment, in dem es noch möglich gewesen wäre, Europa vor seinen extremsten Folgen zu bewahren? Beweisen läßt sich hier in aller Ewigkeit nichts. Die ‹logischen Positivisten› lehren uns, eine Frage, die man prinzipiell nicht beantworten könne, sei keine. Falsch. Es gibt solche, über die man nachdenken *muß*, auch wenn sie keine Lösung zulassen; und das können die allerernstesten sein.»[222] Solchem Nachdenken durfte man sich nicht entziehen, und um nachzudenken und andere zum Nachdenken anzuregen, hatte Golo Mann im Grunde seine *Deutsche Geschichte* geschrieben.

Dass Schuld letztlich eine individuelle Angelegenheit und vom Historiker nur an der Einzelpersönlichkeit festzumachen war, bedeutete nicht, dass eine Nation sich nicht für Verbrechen verantworten musste, die in ihrem Namen begangen worden waren. «Den Begriff der Kollektivschuld», äußerte sich Golo Mann gegenüber einem Briefpartner, «habe ich immer abgelehnt. Dagegen gefiel mir die Lösung von Karl Jaspers' ‹Kollektiv-Haftung›. Wirklich, eine Nation muß haften für das, was ihre Regierung tat und ohne das Mitmachen von Millionen Bürgern nicht hätte tun können.»[223] In diesem Sinne unterstützte der Historiker die nach 1949 einsetzenden Bemühungen Konrad Adenauers zur Entrichtung von Wiedergutmachungsleistungen an den Staat Israel. «Die erfreulichste dieser Wiedergutmachungen», schreibt er in seiner *Deutschen Geschichte*, «beruht auf einem Vertrag, der im Jahre 1952 zwischen der Bundesrepublik und dem Staate Israel geschlossen wurde.»[224]

Wenn Golo Mann die Nürnberger Kriegsverbrecherprozesse kritisierte und die Fragwürdigkeit der «Entnazifizierung» erkannte, so richtete sich seine Kritik doch nicht gegen die Bestrafung der NS-Täter, sondern gegen die Inkonsequenz solcher Strafmaßnahmen. «Nach meiner Meinung», bemerkte er einmal, «hätte man die schlimmsten Sünder möglichst bald aus der Welt schaffen sollen, das wäre das Beste gewesen. Man hat viel zu wenig getötet. Ich spreche das offen aus.»[225] Um vieles nachsichtiger äußerte er sich freilich privat gegenüber der Witwe des zum Tode verurteilten Generalobersten Jodl: «Es war ja reine Willkür oder Zufall. Der eine wurde hingerichtet, der andere durfte mitmachen beim Aufbau der Bundeswehr – ich übertreibe da nur ein klein wenig [...]. Am besten wäre es gewesen, die Militärs überhaupt aus dem Spiel zu lassen.»[226]

Als der Moralist, der er war, musste Golo Mann an jenen Anhängern Hitlers besonderen Anstoß nehmen, die unter Adenauer nach kurzem Unterbruch zu einer neuen Karriere ansetzten, die sie in die höchsten Staatsämter führte. «Was sollen wir von der Geschichte, von Gott selber denken», heißt es schon in der *Deutschen Geschichte*, «wenn danach das Leben behaglich weitergeht? Wenn jene, die diese Untaten doch praktisch möglich machten, als rüstige Vollzieher von Adolf Hitlers militärischem Willen, seine Generale, seine Industriellen, heute wieder unter den Mächtigen sitzen, geachtete Mitbürger, Berater der Nation und ihrer Verbündeten? – Das ist ein arges Labyrinth.»[227]

Bei der Beurteilung jener Personen, die an der Judenverfolgung und andern nationalsozialistischen Verbrechen keinen direkten Anteil gehabt hatten und die dem Regime unter Zwang oder aus materieller Notwendigkeit gedient hatten, plädierte Golo Mann für Nachsicht. Dies fiel ihm leichter als seinem Vater, dessen Misstrauen gegenüber Deutschland und dessen Angst vor revanchistischen Strömungen in der Bundesrepublik tiefer saßen. In den Jahren nach dem Erscheinen seiner *Deutschen Geschichte* wurde Golo Mann von deutschen Lesern, die unter ihrer Gewissensnot litten, von ehemaligen Nationalsozialisten oder deren Angehörigen, immer wieder um Rat und seelischen Beistand gebeten. In seinen Antwortschreiben fragte er sich, wie er selbst, wenn seine Familie nicht emigriert wäre, sich wohl verhalten hätte. «Ich maße mir nicht an», antwortete er auf einen solchen Brief, «Richter zu sein. Bedeutende Physiker wie Heisenberg blieben ja auch im Lande und haben sich sogar, wenn auch nicht gerade eifrig, mit der Entwicklung von Nuklearenergie befaßt. Wo soll man da anfangen und wo aufhören? Wären meine Eltern nicht emigriert, so weiß ich nicht, was ich selber getan hätte. Die Frage wäre: wer hat Verbrechen begangen, wer nicht? Wer ist den Hauptverbrechern sehr nahe gekommen und hat von ihnen profitiert, wer nicht? Wo diese Fragen verneint werden können, da will ich Genaueres nicht wissen.»[228] Und der Tochter eines ehemaligen Parteimitglieds gab er zu bedenken: «Daß Ihr Vater der ‹Partei› beitrat, sollte man ihm nicht im allermindesten übel nehmen. Wenn man seinen Beruf im ‹Dritten Reich› ausüben wollte, dann mußte man das ganz einfach, besonders dann, wenn man irgend vorwärts kommen wollte, so daß junge Leute absolut dazu gezwungen waren [...]. Was dann die Soldaten betrifft: alle meine deutschen Freunde, wie ich sie nach 1945 gewann, waren entweder Offiziere oder Soldaten in der Armee [...]. So what? Das wäre mir ja alles auch geschehen, wenn mich nicht die ‹Umstände› ganz ohne eigenes Verdienst aus Deutschland vertrieben hätten.»[229] Man muss nun freilich die Bemerkung, er sei ganz ohne eigenes Verdienst aus Deutschland vertrieben worden, als ein für Golo Mann typisches Understatement sehen; bezeichnend für den Historiker aber war, dass er immer wieder, wenn er sich mit der Schuld anderer konfrontiert sah, die Frage nach dem eigenen Verhalten unter ähnlich bewandten Umständen stellte. Dies geschah sogar in Fällen, bei denen Golo Mann von der schweren Schuld einer Persönlichkeit überzeugt war. So äußert er sich in seiner Besprechung der bereits erwähnten *Erinnerungen* Albert Speers: «Prüfe jeder, der einmal jung war, ehrgeizig und seine Fähigkeiten ahnend und der nun in den Umkreis der Macht und grenzenlosen Möglichkeiten katapultiert würde, ob er hätte widerstehen können.»[230]

In mehreren konkreten Fällen setzte sich Golo Mann öffentlich für Persönlichkeiten ein, die durch ihre nationalsozialistische Vergangenheit belastet wurden. Vom Ministerpräsidenten von Baden-Württemberg, Hans Filbinger, dessen unrühmliche Tätigkeit 1978 durch Rolf Hochhuth bekannt gemacht worden war, ist bereits die Rede gewesen, ebenso davon, dass der Historiker sich exponierte, indem er öffentlich für den Politiker eintrat. Im privaten Briefwechsel zwischen Golo Mann und Filbinger machte der Historiker deutlich, dass er den Einsatz für Hitlers Wehrmacht zu akzeptieren bereit sei, hätten doch gute Freunde von ihm wie der Verleger Ernst Klett, der Pädagoge Hartmut von Hentig oder der Germanist Herbert Heckmann auch in der Armee gedient. Wenig Verständnis allerdings zeigte Golo Mann für Filbingers sehr zögerliches Eingeständnis seiner Kriegsaktivitäten: «Sie wissen», schrieb er an den Politiker, «[...] daß ich während jener Krise auf Ihrer Seite stand; nur hätte ich gewünscht, Sie würden sich sofort und kräftig zu dem, was man Ihnen vorwarf, bekannt haben.»[231]

Aus anders gelagerten Gründen setzte sich Golo Mann auch für Rudolf Heß ein, den engsten Mitarbeiter Hitlers, der sich 1941 nach England abgesetzt hatte und der im Nürnberger Prozess zu lebenslänglicher Haft verurteilt worden war. Noch in den achtziger Jahren wies die Sowjetunion alle Gesuche um Entlassung des greisen Gefangenen zurück, der sich 1987 in Berlin-Spandau das Leben nahm. Ohne sich näher zur Schuld von Heß zu äußern, engagierte sich Golo Mann doch für die Freilassung des Gefangenen, um ein Zeichen der Vergebung zu setzen. «Wenn man den alten Mann von Spandau», schrieb er, «nur noch in einem Sarg aus seinem düsteren Gefängnis tragen würde – dann müssten wir uns alle schämen.»[232] Dass dieser Satz ohne Rückfrage beim Autor auf die

Todesanzeige einer rechtskonservativen Bewegung gesetzt wurde, schadete Golo Mann bei der politischen Linken nicht weniger als sein Eintreten für Filbinger.

Wiederum anders verhielt es sich mit Golo Manns Engagement für den badischen Schriftsteller Hermann Burte. Der Historiker hatte Burte, dessen Gedichte sich in die Nachfolge Johann Peter Hebels stellen, als Internatsschüler in Schloss Salem kennen und schätzen gelernt. Ein damaliger Lehrer, Wilhelm Kuchenmüller, ein Nationalsozialist von der unpolitisch-vergeistigten Observanz, der sich 1933 von der «Bewegung» abwandte, hatte seinen Schüler auf den Schriftsteller aufmerksam gemacht. Golo Mann, der seine Beziehung zu Salem sein Leben lang mit Sorgfalt pflegte, stand mit diesem Lehrer noch in den siebziger Jahren in freundlichem Briefkontakt.

Auch Hermann Burte war Nationalsozialist, der Idee von Nietzsches Herrenmenschentum und der heimatlichen Scholle gleichermaßen zugeneigt. Wie andere begabte Autoren seiner Generation ging er den Weg von der Idylle zur Heldenlyrik, und einige seiner Gedichte zeugen auf peinliche Art von seiner Neigung zu Führerkult und Rassenwahn.[233] Golo Mann ahnte etwas davon, ließ sich aber bewegen, im Frühling 1989 der Hermann-Burte-Gesellschaft in Lörrach, die das Andenken des Dichters pflegt, beizutreten. Diese an sich wenig belangvolle Episode führte in der Presse zu einem unverhältnismäßigen Kesseltreiben gegen den Historiker, der mit Briefen überschüttet wurde, die ihn mit Zitaten aus Burtes Werk konfrontierten. Einem seiner Kritiker, dem SPD-Landtagsabgeordneten Peter Reinelt, gab Golo Mann, indem er auf Heinrich Heines üble Ausfälle gegen Platen und Ludwig I. von Bayern und auf Nietzsches «Übermenschen» hinwies, zu bedenken: «Man soll die Leute, besonders aber die Künstler, die Dichter nach ihrem Besten beurteilen und nicht nach ihrem Schlechtesten.» Und er fuhr fort: «Ja, und dann war er also Nazi. Wie, nahe dem ‹Volk›, wie er war, Volk, wie es in diesem Sinn heute gar nicht mehr existiert, wie sollte er es denn nicht gewesen sein? Seine Bauern waren es durchwegs, hochzufrieden damit, daß es sich jetzt wieder lohnte, Schweine zu züchten [...].»[234]

Unter dem Druck der Presse und weil ihm zugetragen worden war, Burte habe nie Reue über sein Verhalten gezeigt, zog Golo Mann schließlich seine Mitgliedschaft zurück. In einem Schreiben begründete er seinen Schritt wie folgt: «Wäre ich ein reiner Ästhet im Stil der Anhänger Stefan Georges, dann hätte ich antworten können: die elende Politik interessiert mich nicht, mich interessiert allein die Kunst. Aber so bin ich nicht aufgewachsen und so bin ich nicht achtzig Jahre alt geworden. Ich darf den Dichter vom politisch-moralischen Lehrer seiner Leser nicht völlig trennen.»[235]

War Golo Mann bei seiner ersten Einschätzung Hermann Burtes zu arglos gewesen? Sicher. Aber auch hier wie bei andern bemühte er sich um Verständnis für den individuellen Fall. Dass Burte im Dritten Reich zum Mitläufer, ja zum Propagandisten geworden war, nahm der Historiker hin. Schwerer wog in seinen Augen, ähnlich wie im Falle Filbingers, wenn jemand sich zu seiner individuellen Vergangenheit nicht bekannte.

In den späten siebziger Jahren äußerte Golo Mann verschiedentlich die Ansicht, es sei nun, über drei Jahrzehnte nach Kriegsende, nicht mehr angezeigt, die Schuldfrage dauernd neu zu stellen. Die Frage der Verjährung von Mordtaten aus dem Dritten Reich hatte Bundestag und deutsche Öffentlichkeit unter starker Anteilnahme des Auslandes mehrmals beschäftigt; im Jahre 1979 wurde schließlich die Verjährung für diese Verbrechen ganz aufgehoben. Golo Mann neigte, wie sehr er auch nach 1945 eine rasche und strenge Aburteilung der Haupttäter begrüßt hätte, zu einer grundsätzlich versöhnlichen Haltung, die dem Gesinnungswandel der Schuldigen Rechnung tragen sollte. Auch entging ihm nicht die Peinlichkeit, die darin lag, dass man greise Nazi-Verbrecher, deren Gerichtsverfahren während vielen Jahren aufgeschoben und verzögert worden waren, nun aburteilte, da viele Zeugen längst tot waren. Unter dem Aufsehen erregenden Titel «Ich bin für eine General-Amnestie in Deutschland!» trat Golo Mann bereits 1978 für die Verjährung der Nazi-Verbrechen ein und stellte im Besonderen fest, dass das «Wühlen in den Personalakten» der Politiker dem Ansehen des Landes schade.[236] In einem späteren Interview schwächte er seinen Vorstoß etwas ab und plädierte dafür, dass Nazi-Verbrechen nicht über eine Frist von vierzig Jahren hinaus verfolgt werden sollten. «In den 50er und 60er Jahren», so stellte er fest, «hätte mir die Verurteilung von NS-Mördern Genugtuung bedeutet; heute kann ich keine Genugtuung mehr empfinden.»[237]

Unabhängig von der Verjährungsfrage hielt Golo Mann immer daran fest, dass das Andauern der Erinnerung an das, was zwischen 1933 und 1945 in Deutschland und durch Deutsche geschehen war, die Voraussetzung für Versöhnung und Frieden, aber auch dafür war, dass Ähnliches sich nie mehr wiederholen würde. Er teilte damit die Ansichten, die der deutsche Bundespräsident Richard von Weizsäcker am 8. Mai 1985 im Plenarsaal des Deutschen Bundestages in seiner weltweit beachteten Rede zum Gedenken an das Ende des Zweiten Weltkriegs vertrat. «Es geht nicht darum», sagte damals Weizsäcker, «Vergangenheit zu bewältigen. Sie läßt sich nicht nachträglich ändern oder ungeschehen machen. Wer aber vor der Vergangenheit die Augen verschließt, wird blind für die Gegenwart. Wer sich der Unmenschlichkeit nicht erinnern will, der wird wieder anfällig für neue Ansteckungsgefahren.»[238] Und zum Schluss wandte er sich an die jungen Mitbürgerinnen und Mitbürger: «Bei uns ist eine neue Generation in die politische Verantwortung hereingewachsen. Die Jungen sind nicht verantwortlich für das, was damals geschah. Aber sie sind verantwortlich für das, was in der Geschichte daraus wird.»[239] Dem konnte Golo Mann voll und ganz beistimmen. An den politischen Philosophen Iring Fetscher schrieb er später unter Bezug auf diese Rede: «Da, meine ich, ist nun wirklich alles gesagt und getan worden, was gesagt und getan werden konnte [...] Von jetzt ab scheint mir die Zukunft unvergleichlich wichtiger als die Vergangenheit zu sein.»[240]

Erwähnt sei zum Schluss dieses Kapitels noch der Fall Frick. Es handelte sich hier um eine kleine helvetische Episode im Vergleich mit ähnlichen deutschen Auseinandersetzungen, um einen Rechtsstreit nämlich, den der bereits mehrfach erwähnte Berner Geschichtsprofessor Walther Hofer mit den Erben des 1961 verstorbenen Zürcher Anwalts Wilhelm Frick auszufechten hatte. Hofer hatte 1983 in einem Artikel in der *Neuen Zürcher Zeitung* behauptet, Wilhelm Frick habe während des Krieges den Nationalsozialisten sehr nahe gestanden und sei «Vertrauensanwalt einer Gestapo-Abteilung», nämlich der Zollfahndungsstelle Feldkirch, gewesen.[241] Die Erben Fricks erhoben Ehrverletzungsklage. Nach zwei Freisprüchen vor Zürcher Gerichten sprach das Bundesgericht Lausanne 1986 Hofer der üblen Nachrede schuldig. Im September 1997 ersuchte der Berner Historiker um eine Wiederaufnahme des Verfahrens; das Zürcher Obergericht wies jedoch das Revisionsgesuch ab. Das Bundesgericht schloss sich diesem Entscheid an, obwohl zweifelsfrei nachgewiesen werden konnte, dass die Zollfahndungsstelle eng mit der Gestapo zusammengearbeitet hatte.

Mitangeklagt waren in dieser Angelegenheit über siebzig Unterzeichner eines Protestbriefs gegen das erste Bundesgerichtsurteil, darunter zahlreiche Historiker und Persönlichkeiten des öffentlichen Lebens, unter diesen auch Golo Mann. Private Äußerungen lassen vermuten, dass sich der Protest Golo Manns, der den Abschluss des Verfahrens nicht mehr erlebte, nicht so sehr gegen die Persönlichkeit Fricks als vielmehr gegen die Art und Weise richtete, in der die Justiz sich in die wissenschaftliche Forschung einmischte.[242] Es war dies eine der letzten Interventionen des Historikers, der sich sonst in Fragen, welche die Geschichte und Politik seiner Wahlheimat betrafen, sehr zurückhielt.

Golo Manns Umgang mit der deutschen Geschichte, als Zeitgenosse und als Historiker, war von Anbeginn und blieb bis zum Lebensende die ganz persönliche Auseinandersetzung mit dem Bösen, mit jener Verkörperung krimineller Energie, wie sie in der Figur Adolf Hitler ihren schädlichsten Ausdruck gefunden hatte. Die Tatsache, dass gerade dieser Mensch im Augenblick der Krise bereitstand und so Deutschland in den Abgrund führen konnte, wurde für Golo Mann zur traumatischen Fixierung. Mochte die Nationalsozialismus-Forschung sich auch anderen Themen zuwenden, dem Wandel der gesellschaftlichen Strukturen, der Funktion der Diktatur im Industrialisierungsprozess, dem Alltag im Dritten Reich – Golo Mann kam innerlich von jenem Menschen, durch den das Böse in die Welt seines eigenen Daseins eingebrochen war, nicht los. Er versuchte zu verstehen, zu verzeihen. Er streckte 1945, als Einziger seiner Familie, den Deutschen die Hand zur Versöhnung entgegen. Und er bemühte sich in späteren Jahren, nicht selten zum Erstaunen seiner Freunde, Menschen, die unter Hitler schuldig geworden waren, Verständnis entgegenzubringen. Doch die seelische Verletzung und die Trauer blieben. Die Einsicht, dass, wie Jacob Burckhardt es einmal formuliert hat, das Böse «Teil der großen weltgeschichtlichen Ökonomie»[243] ist, verließ ihn nie. Das Böse war allgegenwärtig; mochte es auch im schwer entwirrbaren Knäuel menschlicher Leidenschaften, Interessen und Erwartungen nicht leicht zu erkennen sein. Es konnte jederzeit von der Latenz in die Virulenz hinüberwechseln. Aus Gutem konnte Böses werden, und auch aus Bösem Gutes. Das Böse saß in jedem Menschen, und keiner konnte wissen, ob er im Augenblick der Krise seiner Verantwortung gewachsen war. Wenn Golo Mann als Historiker dahin zu wirken suchte, dass, was im Dritten Reich Wirklichkeit geworden war, sich nie wieder ereignen würde, so ging er zuerst von dieser persönlichen Betroffenheit aus und appellierte an das Gewissen der andern, seiner Leser, seiner Bekannten und Briefpartner. Das Wissen um die Verführbarkeit des Individuums und die Instabilität der menschlichen Institutionen ist wohl von keinem deutschen Historiker der Nachkriegszeit bewegender ausgesprochen worden als von Golo Mann in den bereits zitierten Worten: «[...] wer die dreißiger und vierziger Jahre als Deutscher durchlebt hat, der kann seiner Nation nie mehr völlig trauen, der kann der Demokratie so wenig völlig trauen wie einer anderen Staatsform, der kann dem Menschen überhaupt nicht mehr völlig trauen und am wenigsten dem, was Optimisten früher den ‹Sinn der Geschichte› nannten. Der wird, wie sehr er sich auch Mühe geben mag und soll, in tiefster Seele traurig bleiben, bis er stirbt.»[244]

4. Die Niederlassung in der Schweiz

Wir sind, indem wir Golo Manns Umgang mit der jüngsten deutschen Geschichte darzustellen suchten, seiner Biographie vorausgeeilt. Wir erinnern uns, dass der Historiker seine Tätigkeit an der Technischen Hochschule Stuttgart im Jahre 1965 aufgab, um hinfort als freischaffender Schriftsteller und Publizist zu wirken. Im selben Jahr kehrte Golo Mann in die Schweiz zurück und nahm Wohnsitz in dem Haus, das sein Vater anderthalb Jahre vor seinem Tod, im Januar 1954, in Kilchberg am Zürichsee, erworben hatte.

Thomas und Katia Mann waren im Juni 1952 aus dem amerikanischen Exil endgültig nach Europa zurückgekehrt. Für den Entschluss des Schriftstellers war, wie Thomas Sprecher gezeigt hat, ein Bündel von Beweggründen ausschlaggebend: Er fühlte sich in der englischen Sprache nicht heimisch; er wurde sich mit fortschreitendem Alter immer deutlicher seines Europäertums bewusst und wünschte, dass sein Lebenskreis sich in der Alten Welt schließen möge; und er fühlte sich zunehmend fremd in einem Land, dem, wie er fand, nach dem Tod F. D. Roosevelts und mit der Antikommunismus-Hysterie der McCarthy-Ära seine entgegenkommende Liberalität abhanden gekommen war.[245] Nach Deutschland zurückzukehren stand für Thomas Mann nicht zur Debatte, nachdem der Schriftsteller von Kollegen der «Inneren Emigration» wenig taktvoll begrüßt worden war und sich auch im Zusammenhang mit zwei Vorträgen, die er 1949 in beiden Teilen

Deutschlands hielt, der Kritik ausgesetzt hatte.[246] Mit der neutralen Schweiz und mit Zürich im Besonderen verbanden Thomas Mann freundliche Erinnerungen aus den ersten Jahren der Emigration; hier konnte er Distanz zu seiner ursprünglichen Heimat wahren und blieb doch dem deutschen Kulturbereich zugehörig.

Im Dezember 1952 mieteten sich Thomas Mann und seine Frau in einem Einfamilienhaus in Erlenbach bei Zürich ein, konnten sich aber mit diesem Wohnsitz auf Dauer nicht befreunden. Ein gutes Jahr später erwarb das Ehepaar ein herrschaftliches Haus an der Alten Landstraße 39 in Kilchberg. Hier fühlte sich der Schriftsteller, wie seinem Tagebuch wiederholt zu entnehmen ist, wohl. «Es ist entschieden angenehm und erfreulich», schreibt er am 15.4.1954, am Tage seines Einzugs, «nicht herausfordernd, aber anständig und bequem. Die Kombination meines Arbeitszimmers mit der Bibliothek ausgezeichnet.»[247] Von Erika, die bei der Wahl des neuen Wohnsitzes ein gewichtiges Wort mitzusprechen hatte, besitzen wir eine treffende Schilderung: «Rein äußerlich», schreibt sie, «mußte die gediegene Kilchberger Villa an der Alten Landstraße dem künftigen Besitzer einleuchten. Geradezu patrizisch nahm sie sich aus und war so praktisch wie reizend gelegen mit ihrer Aussicht auf See, Stadt und Berge – das ewig verschneite Glärnischmassiv. Acht Autominuten nur trennten das Haus vom Zentrum Zürichs. Dabei ging es ländlich hier zu. Schräg gegenüber, der schöne alte Bauernhof, war keine Attrappe. Schafe, Hühner und anderes Kleinvieh gehörten zu einem Bild, das um so erfreulicher war, als keine Mietskaserne, keinerlei moderne Wohnsiedlung, keine Tankstelle es verunzierten.»[248] Und Elisabeth Mann Borgese, die 1952, nach ihrer Rückkehr aus den USA, in Florenz Wohnsitz genommen hatte und hin und wieder in Kilchberg zu Besuch weilte, berichtet: «Kilchberg dagegen war wirklich ein Fund. Das Haus hatte mehr mit den ursprünglichen ‹Elternhäusern› in München und Tölz gemeinsam – es war wohl ungefähr in derselben Periode gebaut – als mit den viel moderneren Häusern in Küsnacht oder Pacific Palisades. Es war ein gediegenes, geräumiges

Haus, mit einer wunderschönen Aussicht direkt auf den See, einer Reihe von Zimmern mit hohen Decken im Parterre, gut geeignet zur Einrichtung des Arbeitszimmers, einer Bibliothek, des Eßzimmers und Wohnzimmers. Man konnte die Lübecker Schränke und Lampen aufstellen, und im ersten und zweiten Stockwerk waren Räume für alle Kinder. Ein hübsches gepflegtes Gärtchen, mit schönen Blumen und duftenden Küchenkräutern und einem Schwimmbassin trugen noch zum Wohlbefinden bei.»[249]

Kilchberg war, wie Thomas Mann es geplant hatte, seine letzte Adresse. Hier trieb der Schriftsteller die Arbeit an den *Bekenntnissen des Hochstaplers Felix Krull* voran, schrieb einen Essay über Anton Tschechow und einen umfangreichen *Versuch über Schiller.* Den achtzigsten Geburtstag feierte er in guter gesundheitlicher Verfassung im Kreis der Kinder und Enkelkinder, unter beispielloser Anteilnahme des In- und Auslandes. Einige Wochen darauf, am 12. August 1955, nach einer Vortragsreise in die Niederlande, verstarb Thomas Mann im Kantonsspital Zürich.

Im Elternhaus an der Alten Landstraße zu Kilchberg lebte Golo Mann von 1964 bis 1993, bis ein Jahr vor seinem Tode. Er wohnte hier zusammen mit seiner verwitweten Mutter Katia, die 1980 im Alter von fast 97 Jahren starb und die er mit einer Geduld, die ihm nicht immer leicht fiel, pflegte. Auch Erika wohnte bis zu ihrem Tod im Jahre 1969 im großen Kilchberger Haus. Mit Unterbrüchen freilich; denn die Tochter, Sekretärin und Nachlassverwalterin ihres Vaters, war oft unterwegs. Da auch Golo Mann häufig auf Reisen war, weilte man selten längere Zeit gemeinsam unter einem Dach und konnte Konflikten, welche dem ganz unterschiedlichen Charakter der beiden Geschwister entsprangen, ausweichen. Während seiner Zürcher Gymnasialzeit und als Schüler am Konservatorium hielt sich auch der Lieblingsenkel Thomas Manns, Michaels Sohn Frido, acht Jahre lang hier auf. Monika Mann, die nach dem Tod ihres italienischen Lebenspartners im Jahre 1986 von Capri in die Schweiz zurückkehrte, verbrachte kurze Zeit in Kilchberg. Des Schriftstellers dritte Tochter schließlich, Elisabeth Mann Borgese, die 1967 von Italien in die USA zurückgekehrt war und nach 1978 an der Dalhousie University im kanadischen Halifax Politikwissenschaft und Seerecht lehrte, sah während ihrer Europa-Aufenthalte gern an der Alten Landstraße vorbei. «Ich war hoch erfreut bei meinem ersten Besuch», schreibt sie, «und fühlte mich schnell zu Hause. Die Schweiz, in der ich aufwuchs und erwachsen wurde, ist nun einmal eines meiner Heimatländer, das ich sehr liebe. In Kilchberg war ich ja kaum länger als ein bis zwei Wochen auf Besuch, aber jedes Jahr mindestens einmal, wenn nicht öfters.»[250]

Man wird sagen dürfen, dass nach Thomas Manns Tod und bis zum Tod seiner Gattin Katia im Jahre 1980 das Haus an der Alten Landstraße weiterhin blieb, was es zuvor immer gewesen war: Stützpunkt und Begegnungsstätte für die ganze Familie. War es auch das Refugium, das der Historiker sich nach dem Rücktritt von seiner Stuttgarter Professur wünschen mochte? Wohl kaum. Hanno Helbling, damals Feuilletonchef der *Neuen Zürcher Zeitung* und naher Freund des Historikers, berichtet von einem seiner ersten Besuche ums Jahr 1970: «Man sah ihn leiden in Kilchberg; woran nicht die Ortschaft schuld war. In der Zeit, da ich ihn dort zu sehen begann, um 1970, kurz nach dem Tod seiner Schwester Erika, war die Konstellation nicht glücklich. Das Arbeitszimmer des Vaters halb und halb noch als solches erkennbar, von dem Sohn halb und halb übernommen, ein Raum, der nicht kahl war, aber so wirkte. Der Salon dagegen in seiner Bürgerlichkeit erhalten unter dem damals noch wachen Auge der Mutter. Die Schatten gingen um in dem Haus.»[251] Stilvoll und wohnlich sich im Hause einzurichten war Golo Manns Sache nicht; und nach dem Tod der Mutter im Jahre 1980 haftete den Wohnräumen, wie Besucher berichten, etwas Beliebiges, Improvisiertes an. Das Mobiliar stammte aus verschiedenen Epochen, und die Bilder, die Golo Mann nach dem Tod der Mutter an die Wände hängte, zeigten an, dass die Malerei nicht zu den Liebhabereien des Hausherrn gehörte. «Der Großteil der Bilder», schreibt ein Besucher, «war durch andere, teilweise fürchterliche Gemälde ersetzt. Ich erinnere mich insbesondere an einen Schwarten im besten bayrischen Alpenkitsch: Im Hintergrund ein Felsgebirge, vorn ein Wildbach und knorrige Tannen, das Ganze reich garniert mit Alpenglühen. Als GM sah, wie perplex ich war, bemerkte er mit grimmigem Lächeln, es handle sich sozusagen darum, Geister auszutreiben. Er wolle demonstrieren, daß das nun sein Haus sei, guter Geschmack hin oder her.»[252]

Nach dem Tod der Mutter wurde es stiller im Haus über dem See. Zwar sprachen immer wieder Medienleute vor, aber vertraute Gäste wurden seltener. Untermieter kamen ins Haus, meist spanische Studenten, mit denen sich Golo Mann in ihrer Sprache unterhalten konnte. Zu Thomas Manns Häusern hatten immer schon Hunde gehört, und für den Sohn waren diese schon in Amerika zu schwer entbehrlichen Lebensbegleitern geworden. Am engsten war wohl seine Beziehung zur Labradorhündin Bjelka. Als das Tier im Herbst 1987, nach längerer Krankheit, eingeschläfert werden musste, war der Historiker untröstlich. Den Tagebuchblättern kann man entnehmen, wie leer das Haus ihm nun erschien. Am 15. September notiert er: «Bjelka. Mir kommen noch immer die Tränen, wenn ich an sie denke oder von ihr spreche ...»[253] Bjelka erwies sich denn auch als unersetzlich. Ein neuer Hund, den Freunde vermittelten, brachte Aufregung statt Ruhe ins Haus und musste wieder weggeschafft werden. Das Tagebuch hält fest: «Das Hündchen. Eine Nervensäge.»[254]

Ein einziges Mal versuchte Golo Mann sich örtlich zu verändern und aus dem Schatten seiner Familie herauszutreten: 1979 erwarb er im bayrischen Icking an der Isar ein Haus, unweit von seiner Geburtsstadt München. Kindheitserinnerungen an das Sommerhaus in Bad Tölz, das sich der Vater hatte bauen lassen, mögen bei diesem Entschluss mitgespielt haben. Dem Journalisten Ben Witter gegenüber, der ihn dort aufsuchte, bemerkte er: «Es ist ein Versuch, meine alte Heimat zurückzugewinnen. Hier sind die Berge meiner Kindheit. Ob das aber klappt, da bin ich nicht sicher.

Es ist ein Heimatversuch.»[255] Ein Angebot der Münchner Stadtregierung, sich in einem repräsentativen Haus in der Nähe des ehemaligen Wohnsitzes seiner Eltern einzumieten, hatte er abgelehnt, weil er dort die Erinnerungen zu belastend fand. In einer Landschaft, die zu Wanderungen verlockte, hoffte er sich wohl zu fühlen. Aber er zweifelte: «In der Schweiz», bemerkte er zu seinem Gesprächspartner, «bin ich tiefer verwurzelt als hier. Hinzu kommen komplizierte seelische Vorgänge. Nein, der Norden mit Lübeck ist für mich keine Heimat. Heimat ist Landschaft, verwachsen durch die Zeit. Ich bin auf der Suche nach Heimat. Aber ich möchte mich nicht für immer binden.»[256]

Schon 1981 war das Experiment mit Icking gescheitert, und Golo Mann kehrte nach Kilchberg zurück. «In Deutschland», so begründete er diesen Entschluss gegenüber einem seiner Kilchberger Freunde, «lasse man ihn als Träger des Namens Mann nicht in Ruhe; das gehe so weit, dass ihn die ‹grünen Witwen› auf seinen Spaziergängen mit dem Feldstecher verfolgten.»[257] Vor allem aber dürfte es der Tod seiner Mutter gewesen sein, der Golo Mann bewog, auf Icking zu verzichten.

Kilchberg also. Nicht dass sich Golo Mann hierher zurückgezogen hätte. Er weilte häufig auf Vortragsreisen im Ausland und unternahm im fortgeschrittenen Alter Bildungs- und Studienreisen nach Spanien, in dessen Sprache er sich zu üben begann. Auch besaß er ein kleines Ferienhaus im Tessin, in Berzona im Onsernone-Tal, wohin er sich verzog, wenn er ungestört arbeiten und ausgiebig wandern wollte. Aber der Zürcher Gemeinde blieb er inskünftig eng verbunden, und nach dem Tod der Mutter gehörte der allein stehende ältere Herr mit seinem schwarzen Hund, den man bei Einkäufen und Spaziergängen beobachtete, gewissermaßen zum Ortsbild.[258] Auf seinen berühmten Namen angesprochen wurde er kaum; das ist nicht Brauch hierzulande.

Es mag hier der Ort sein, eine Bemerkung zum Verhältnis einzuschieben, das Golo Mann zu seiner Wahlheimat, der Schweiz, unterhielt. Wir erinnern uns, dass sich der Historiker bereits in den vier Jahren vor Kriegsausbruch häufig in Zürich aufhielt, wo er auch die Zeitschrift *Maß und Wert* redigierte. Obwohl er einige persönliche Kontakte zu Schweizern pflegte, fühlte er sich als Publizist überwacht und als Deutscher durch den Gebrauch der Hochsprache ausgegrenzt. «Ich, ganz persönlich», sollte er sich Jahrzehnte später erinnern, «hielt es damals in der Schweiz nicht mehr aus. Man war unwillkommen, sehr ungern gesehen und von dem, was getan wurde, ausgeschlossen. Von nahen Freunden abgesehen wohl verdächtig, irgendwie.»[259] Zwar bewunderte Golo Mann die Verteidigungsbereitschaft der Schweiz gegenüber Hitler-Deutschland; aber er glaubte darin auch eine ausgeprägte egoistische Komponente zu erkennen: «Schon da ging mir ein Licht auf», äußerte er später, «die Schweiz würde nicht ‹Europa›, die ‹Freiheit›, viel weniger die ‹wahre deutsche Kultur› verteidigen, sondern nur sich selber, ihre eigenste harte Eigenheit.»[260]

Trotz solcher Vorbehalte, die unterschwellig und in versöhnlicher Abschwächung auch noch im Alter Golo Manns Schweiz-Bild mitbestimmten, war es für den jungen Historiker ein großer Tag, als er 1945 in das vom Krieg verschonte Land zurückkehrte. «In amerikanischer Uniform», schrieb er im Rückblick, «kam ich nach fünfeinhalb Jahren zurück; nie vorher, nie nachher habe ich ein solches Glück des Wiedersehens empfunden [...]. Es gefiel mir die unerschütterte Kultur; der Friede zwischen den Sprachgemeinschaften; der intakte Föderalismus; die Autonomie der Kantone, nicht nur im Politischen, auch in der reichen Mannigfaltigkeit der Landschaft und Kultur.»[261] Womit im Wesentlichen schon einige wichtige Elemente dessen benannt waren, was die Schweiz dem Deutschen, der amerikanischer Staatsbürger geworden war, allmählich zur endgültigen Heimat werden ließ: die Nachbarschaft zum deutschen Kulturraum, der demokratische Föderalismus und nicht zuletzt die Schönheit der Landschaft, die er sich wandernd so gern erschloss.

Positiv registrierte Golo Mann auch die Toleranz in der innenpolitischen Auseinandersetzung und die Institution der Milizarmee. Allerdings wies er darauf hin, dass die Schweiz durch ihre Geschichte privilegiert sei, was den «Einzelnen nicht hochmütig gegenüber den Bürgern weniger glücklicher Gemeinwesen» machen sollte.[262] Lobende Worte fand Golo Mann schließlich für die Mehrsprachigkeit schweizerischer Bildung und für die Tradition der internationalen philanthropischen Tätigkeit, wie sie das Internationale Komitee vom Roten Kreuz verkörpert, wobei er bei Gelegenheit hinzufügte, dass solche Weltoffenheit sich nicht selten mit einem «harten nationalen Egoismus» zu verbinden pflege, «mit einer alten, zum Misstrauen eher als zu spekulativen Hoffnungen stimmenden historischen Erfahrung, mit einem nahezu untrüglichen Instinkt für das, was dem eigenen Volke frommt».[263]

So oft und gern sich Golo Mann in den Jahrzehnten seines Schweizer Aufenthalts als politischer Publizist mit der Bundesrepublik Deutschland und der Weltlage befasste, so zurückhaltend blieb der Historiker, wie bereits erwähnt, mit öffentlichen Äußerungen zur schweizerischen Innenpolitik. Dagegen nahm er, nachdem ihm 1969 das Bürgerrecht der Gemeinde Kilchberg verliehen worden war, mit Sorgfalt seine bürgerlichen Rechte und Pflichten wahr. Er beteiligte sich regelmäßig an den Volksabstimmungen und bezahlte, wie andere auch, unter Ächzen und Stöhnen seine Steuern. «Wenn er sich nicht gerade im Ausland befand», erinnert sich sein Kilchberger Freund Ernst Walder, «fehlte er kaum je an einer Abstimmung oder Wahl. Wie ich einst aus dem Wahlbüro hörte, erschien er noch in letzter Minute, den Mantel über die Pyjamahosen geworfen, um ja den Termin nicht zu verpassen.»[264]

Nur ein einziges Mal sorgte eine von Golo Manns Verlautbarungen, ohne dass er dies im Geringsten beabsichtigt oder vorausgesehen hätte, für Aufregung unter den Schweizer Intellektuellen. Die Episode sei hier kurz erwähnt. Es begann damit, dass die *Weltwoche* im April 1976 ein Gespräch veröffentlichte, das der Historiker aus Anlass von dessen siebzigstem Geburtstag mit dem Fürsten Franz Josef II. von Liechtenstein führte.[265] Wir kennen die respektvolle Neigung, die Golo Mann seit seiner Kindheit zum Adel hinzog, und davon zeugte auch dieses Interview. Golo Mann lauschte den Worten des betagten Landesherrn, ließ sich dies und das erzählen, über die ausgedehnten Besitzungen der Familie in Böhmen, Mähren und Schlesien vor dem Ersten Weltkrieg, über das freundliche Gespräch, das der Fürst mit Adolf Hitler geführt hatte, über Audienzen, die ihm General de Gaulle und Papst Pius XII. gewährt hatten, über den Gemeinsinn der Liechtensteiner Bevölkerung. Das Gespräch hätte in genau derselben Form am Ende des 19. Jahrhunderts im illustrierten deutschen Wochenblatt *Die Gartenlaube* erscheinen können, das gern ähnliche Hofnachrichten meldete, und mancher Leser der *Weltwoche* hatte sich vom Interviewer schonungslosere Fragen, etwa zur Liechtensteiner Flüchtlingspolitik im Zweiten Weltkrieg oder zum Thema der Fluchtgelder und der Geldwäscherei, erhofft.

Ein radikaler Schweizer Journalist, Niklaus Meienberg, nahm besonders heftigen Anstoß an dem auf fast rührende Weise harmlosen Gespräch und publizierte im Zürcher *Tages-Anzeiger* einen respektlosen Kommentar unter dem Titel: «Einen schön durchlauchten Geburtstag für S. Durchlaucht». Der Artikel gefiel Meienbergs Kollegen und einem breiten demokratisch gesinnten Publikum; dem Verleger des *Tages-Anzeigers* gefiel er gar nicht. Umgehend sprach er gegen Meienberg ein Schreibverbot aus, das während Wochen zum öffentlichen Gesprächsgegenstand wurde, gehörten doch Meienbergs Arbeiten damals zwar nicht zu den besten, wohl aber zu den farbigsten und frechsten des Schweizer Journalismus.[266] Golo Mann hielt sich zurück. Er blieb in ungetrübter Beziehung zum Fürstenhaus, wurde hin und wieder aufs Schloss geladen und sandte der Fürstin rote Rosen.

Seinen teilnehmenden Bürgersinn bewies Golo Mann durch großzügige Spenden an Kirchen, Vereine, die Universität und andere gemeinnützige Institutionen. «Das Funktionieren der Gemeinde», weiß Ernst Walder zu berichten, «unser Milizsystem, die Gemeindeautonomie faszinierten ihn; er bemerkte hin und wieder, was er hier vor sich sehe, sei geradezu das Ideal der Demokratie.

Unseren Behörden, allen voran dem langjährigen Gemeindepräsidenten Dr. Bruno Herzer, brachte er den größten Respekt entgegen.»[267] Hin und wieder beteiligte sich Golo Mann auch an dörflichen Anlässen oder trat als Referent oder Vorleser im lokalen Leseverein auf. So las er 1966 erstmals aus dem in Entstehung begriffenen *Wallenstein*, oder er berichtete 1985 von seiner letzten Amerika-Reise.

Ähnlich wie sein Vater schätzte Golo Mann an der Schweiz nicht nur die Nähe, sondern auch die Distanz zu Deutschland, und er genoss es, wie Thomas Mann einmal formuliert, «das wohltuend Undeutsche auf deutsch sagen zu dürfen»[268]. Dieses Sprechen von der Plattform eines neutralen Staates aus hat fraglos Golo Manns politischen Stellungnahmen in Deutschland ein besonderes Echo und ein erhöhtes Gewicht verliehen, sodass 1990 der Vorsitzende der Christlich-Sozialen Union und Bundesfinanzminister Theo Waigel in einem persönlichen Brief von der «grauen Eminenz vom Zürichsee»[269] sprechen konnte.

Der Schweizer Freundes- und Bekanntenkreis Golo Manns blieb immer auf wenige Persönlichkeiten beschränkt. Das war auch bei seinem Vater so gewesen, und der Historiker führte einige Beziehungen zum Bekanntenkreis seines Vaters fort. So blieb er freundschaftlich mit Emmy Oprecht, der Gattin des bereits 1952 verstorbenen Verlegers, verbunden. Emmy Oprecht führte Buchhandlung und Verlag mit großer Tatkraft weiter und zeigte sich um Golo Mann in geradezu mütterlicher Weise besorgt. Hin und wieder kam es zu Begegnungen mit Hans Barth, dem Professor für Politische Philosophie an der Universität Zürich, der zwischen 1933 und 1945 als Publizist mutig für die Verteidigung der Demokratie eingetreten war. Aus der Zeit seiner Zusammenarbeit mit der *Weltwoche* blieb Golo Mann besonders mit Manuel Gasser verbunden, wohl seinem engsten Schweizer Freund. In Kilchberg freundete er sich mit Rechtsanwalt Ernst Walder an; in Berzona lernte er den Diplomaten Dieter Chenaux-Repond und die Schriftsteller Alfred Andersch und Max Frisch kennen, die dort ihre Ferien verbrachten. Gute Kontakte unterhielt Golo Mann auch zum Thomas-Mann-Archiv der Eidgenössischen Technischen Hochschule und zu dessen Leiter Hans Wysling.

Mit den Feuilletonchefs der *Neuen Zürcher Zeitung*, Werner Weber und Hanno Helbling, stand der Historiker in dauernder Verbindung. Beide erkannten früh Golo Manns Begabung, allgemein verständlich, originell und anregend zu formulieren. «‹Das Blatt› ließ sich Anlässe nicht entgehen», bemerkt Hanno Helbling bei Gelegenheit, «den so besonderen Stilisten unter den Geschichtsschreibern um seine Mitwirkung anzugehen, wenn das Thema einer Sonntagsausgabe ihm gemäß erschien.»[270] Sehr ähnlich ließ sich übrigens auch der Feuilletonchef der *Frankfurter Allgemeinen Zeitung* vernehmen: «Golo Mann», schreibt Marcel Reich-Ranicki, «war in mancher Hinsicht der ideale Autor des Literaturteils der *Frankfurter Allgemeinen* [...] Im Unterschied zu manch anderem Mitarbeiter brauchte ich Golo Mann nie daran zu erinnern, an welche Adressaten seine Beiträge gerichtet sein sollten. Denn sein Vorbild war Augustinus, von dem er sagte, noch das Schwierigste mache er dem Leser leicht.»[271]

Die *Neue Zürcher Zeitung* bedeutete Golo Mann viel.[272] Zwar hielt sich die Zahl der Beiträge, die er für das Blatt verfasste, in Grenzen, doch seine getreuliche Mitarbeit überspannte ein halbes Jahrhundert, von der Rezension eines Buches von Paul Hazard zur europäischen Geistesgeschichte im Jahre 1935 bis hin zu einem Essay über den spanischen Lyriker Antonio Machado, mit dem sich der Historiker in seinen letzten Lebensjahren intensiv befasste.[273] Mit seinem Lob der Zeitung gegenüber, deren außenpolitischen Teil und deren Feuilleton er aufmerksam las, hielt sich Golo Mann nicht zurück. «Kurz und gut», bemerkte er zu einem Briefpartner, «alle großen europäischen Zeitungen betreiben Nabelschau; die NZZ bildet da eine Ausnahme. Ferner: obgleich liberal-konservativ gesinnt, also keineswegs ohne Gesinnung, lässt sie ihren Korrespondenten völlige Freiheit und hat überall Korrespondenten der allerersten Klasse.»[274] Und gutmütig, wie er in solchen Fällen war, stimmte er auch zu, dass eines seiner günstigen Urteile Verwendung in einem Werbespot fand, der da lautete: «NZZ, ich liebe Dich, ohne Dich ist mir die Schweiz so undenkbar, und so auch unser Europa. Golo Mann.»[275]

Den Schweizer Historikern gegenüber verhielt sich Golo Mann zurückhaltend. Er stellte sich zwar bereitwillig zur Verfügung, wenn ihn die Hochschule als Referent brauchte, und leistete auch großzügige finanzielle Unterstützung, wo es ihm sinnvoll erschien; aber er drängte sich nicht auf. Nicht ungern hätte er es wohl nach dem großen Erfolg seines *Wallenstein* gesehen, von der Universität Zürich mit dem Ehrendoktorat ausgezeichnet zu werden; denn Eitelkeiten waren ihm so wenig fremd wie seinem Vater. Es kam auch zu einem entsprechenden Vorstoß in der Professorenkonferenz des Historischen Seminars. Doch der Antrag hatte bei der überwiegenden Mehrheit der Anwesenden keine Chance, was wohl an den Historischen Seminaren aller Hochschulen des deutschen Kulturraumes genauso der Fall gewesen wäre. Golo Mann mag sich, falls er je davon erfuhr, damit getröstet haben, dass er bereits den Doctor honoris causa der Universitäten Bath und Nantes besaß und wie wohl kein anderer deutscher Zeitgenosse mit hohen und höchsten kulturellen Auszeichnungen geehrt worden war. Und vielleicht mochte er sich auch in Erinnerung rufen, dass sein Vater, der Nobelpreisträger und weltberühmte Schriftsteller, nicht von der Universität Zürich, sondern, kurioserweise, von der Eidgenössischen Technischen Hochschule mit dem Ehrendoktortitel ausgezeichnet worden war.[276]

Zu den wenigen Schweizer Historikern, deren Schaffen Golo Mann verfolgte, gehörten neben Walther Hofer, von dem bereits die Rede war, Carl J. Burckhardt und Jean Rudolf von Salis. Burckhardt, einer angesehenen Basler Familie entstammend und ein ferner Verwandter des Verfassers der *Kultur der Renaissance in Italien*, war nach dem Zweiten Weltkrieg einer der gefragtesten Deutschschweizer Referenten im In- und Ausland. Er hatte in den Jahren 1937 bis 1939 als Völkerbunds-Hochkommissar in der

Freien Stadt Danzig gewirkt und gehörte während des Weltkriegs zum Führungsstab des Internationalen Komitees vom Roten Kreuz; zwischen 1945 und 1949 war er Schweizer Gesandter in Frankreich. Als Historiker und Schriftsteller gleichermaßen begabt, verfasste Burckhardt eine umfangreiche Richelieu-Biographie, einen Bericht über seine diplomatische Danziger Tätigkeit und zahlreiche kulturgeschichtliche Essays; in literarischen Kreisen wurde er bekannt durch die Herausgabe seines Briefwechsels mit Hugo von Hofmannsthal.[277]

In den Augen vieler Intellektueller vor allem auch in Deutschland verkörperte der Basler die Kontinuität deutschen Geisteslebens, die, so stellte man sich vor, in der kriegsverschonten Schweiz intakt geblieben war. Im Jahre 1954 erhielt er den Friedenspreis des Deutschen Buchhandels, und der damalige deutsche Bundespräsident Theodor Heuss sprach die Laudatio unter dem Titel «Vom guten Europäer». Aus Anlass seines achtzigsten Geburtstages im Jahre 1971 würdigte der Historiker Jean Rudolf von Salis seinen Freund Burckhardt in der *Weltwoche*: «Er ging», schrieb er, «mit einer besonderen Wünschelrute durch seine Zeit, mit Spürsinn für verborgene Quellen und für das Brodeln unheimlicher Krater. Wenn in seinem Wesen eine Spannung vorhanden ist, die sich produktiv ausgewirkt hat, dann besteht sie zwischen dieser Sensibilität und einem praktischen Wirklichkeitssinn, der ihm gestattete, das Beobachtete und Aufgefaßte im Beruf – verwaltend, organisierend, verhandelnd – anzuwenden.»[278] Ähnlich rühmend äußerte sich der Literaturkritiker Hans Mayer, dem wir auf diesen Seiten bereits begegnet sind, sonst kein Freund konservativ-elitärer Geisteshaltung. Mayer war in seiner Jugend Burckhardts Schüler am Genfer Hochschulinstitut für Internationale Studien gewesen und verfolgte aufmerksam des Schweizers wissenschaftliches und literarisches Schaffen. Er rühmte die stilistischen Qualitäten seiner Sprache, gab aber auch kritisch zu bedenken, dass man sich bei diesem Historiker gelegentlich frage, «ob nun alles durch Quellen belegt oder belegbar sei».[279]

Golo Mann wurde bereits in den dreißiger Jahren auf Carl J. Burckhardt aufmerksam. Da der Basler auch einen Essay über Friedrich von Gentz verfasst hatte, empfand ihn der junge Historiker als Konkurrenten. In der saloppen Art, die ihren gegenseitigen Briefwechsel kennzeichnet, schrieb er 1942 an Manuel Gasser: «Ich sehe aus Eurer Besprechung, daß der Erz-Snob Burckhardt einen Gentz-Essay veröffentlicht hat. Taugt er etwas? Mein Buch ist gewiß besser.»[280]

Im Jahre 1960 besprach Golo Mann für die Zeitschrift *Merkur* Burckhardts eben erschienene *Danziger Mission*.[281] Dieser Besprechung ging eine Korrespondenz mit dem Autor voraus, in der Golo Mann Kritik an einzelnen Formulierungen des Buches übte und eine gewisse Tendenz tadelte, die Hitler-Katastrophe im Ringen zwischen freier westlicher und kommunistischer Welt als vergleichsweise episodischen Vorgang erscheinen zu lassen.[282] Durch diese Tendenz, stellte Golo Mann besorgt fest, könnte eine in Nachkriegsdeutschland verbreitete Haltung, Hitler als Kreuzfahrer gegen den Bolschewismus zu sehen, unterstützt werden. Im Besonderen nahm der Rezensent Anstoß an einem Passus der Aufzeichnung eines Gesprächs, das der Völkerbunds-Hochkommissar am 11. August 1939 mit Hitler auf dem Obersalzberg geführt hatte. Darin lässt Burckhardt den deutschen Diktator die folgenden Worte sprechen: «Alles, was ich unternehme, ist gegen Russland gerichtet; wenn der Westen zu dumm und zu blind ist, um dies zu begreifen, werde ich gezwungen sein, mich mit den Russen zu verständigen, den Westen zu schlagen und dann nach seiner Niederlage mich mit versammelten Kräften gegen die Sowjetunion zu wenden.»[283] Golo Mann äußerte nun Burckhardt gegenüber Zweifel, dass Hitler wenige Tage vor der Unterzeichnung des Stalin-Pakts seine Karten mit einer solch prägnanten Äußerung aufgedeckt haben könnte, umso mehr, als er ja davon ausgehen musste, dass sein Schweizer Gesprächspartner unverzüglich ans Foreign Office oder an den Quai d'Orsay Meldung erstatten würde. Wir wissen heute dank der scharfsinnigen Untersuchung von Paul

Stauffer, dass Golo Manns Misstrauen gegenüber dem erwähnten Passus sehr begründet war.[284] Zweifellos neigte der Basler Diplomat und Historiker dazu, geschichtliche Vorgänge und seinen eigenen Anteil an diesen mit Geschick für die Selbstdarstellung zu inszenieren, was den wissenschaftlichen Anspruch seiner Aussagen ernstlich gefährdete. Der Briefwechsel zwischen Golo Mann und Burckhardt endete in beidseits versöhnlichem Tonfall. Der Rezensent arbeitete seine Besprechung etwas um und milderte seine Kritik etwas ab; der Autor zeigte sich befriedigt und antwortete: «Wie dem auch sei, die Hauptsache ist mir, daß auf unsere mir so wertvolle Beziehung kein Schatten gefallen ist.»[285]

Zu weiteren Kontakten zwischen den beiden Persönlichkeiten scheint es nicht gekommen zu sein. Golo Manns Vorbehalte gegen den Historiker Burckhardt blieben indessen wach. Fast drei Jahrzehnte nach seiner Rezension der Danziger Mission schrieb er in einem Brief: «Meines Erachtens neigte Burckhardt zu kleinen Schwindeleien – welche dieser hochbegabte Mensch nicht notwendig hatte.»[286] Und in einem Brief an den Historikerkollegen Peter Berglar findet sich folgender Abschnitt: «Dann Carl Jacob Burckhardt – oh, der war ein höchst gebildeter Mensch, aber ich mag ihn nicht. Daß seine Beurteilungen und die meinen oft ziemlich nahe beieinander liegen, hindert nichts, vielmehr macht es mich nervös. Auch Reinhold Schneider liegt mir fern, obgleich er sicher ein edler Charakter war – Burckhardt war das im Grunde nicht, darüber könnte ich Ihnen allerlei erzählen. Aber seine Art von historisierender Romantik liegt mir auch nicht, weil sie von der meinigen gar nicht so weit entfernt ist. Noch einmal: gerade diese Nachbarschaften im menschlichen Anderssein, sie verstimmen.»[287]

Man mag es bedauern, dass sich Golo Mann anscheinend nie intensiver mit dem berühmten Namensvetter des Diplomaten, mit Jacob Burckhardt, befasst hat; jedenfalls existieren keine Unterlagen, die darauf schließen ließen. Gewiss kannte Golo Mann die *Weltgeschichtlichen Betrachtungen* und die Briefe an Friedrich von Preen, auch verfolgte er die Studien des Burckhardt-Biographen Werner Kaegi.[288] An Burckhardt wird man erinnert, wenn der Historiker im Briefverkehr mit engeren Freunden gelegentlich die Anrede «Verehrter Herr und Freund» brauchte – so nämlich pflegte Burckhardt seinen deutschen Briefpartner Friedrich von Preen anzureden. Mit der nachdenklichen Art von Burckhardts Geschichtsbetrachtung verband Golo Mann vieles: die Abneigung gegen geschichtsphilosophische Theorien, die skeptische Einschätzung der Menschennatur, die bewahrende, antirevolutionäre Tendenz und nicht zuletzt auch die Neigung, den Umgang mit Geschichte nicht nur als Erkenntnisgewinn, sondern auch als beglückende persönliche Bereicherung zu verstehen. Über Burckhardt hinaus ließe sich die Spur der Geistesverwandtschaft von Golo Mann zu Alexis de Tocqueville zurückverfolgen. Bewahrer, Skeptiker und gute Schriftsteller waren alle drei.

Auch das Werk des Schweizer Historikers Jean Rudolf von Salis, der schon zum Bekanntenkreis seines Vaters gehört hatte, fand in Golo Mann einen aufmerksamen Leser.[289] Von Salis, aus alter Bündner Familie stammend, war zwischen 1935 und 1968 Professor für allgemeine Geschichte in französischer und deutscher Sprache an der Eidgenössischen Technischen Hochschule in Zürich. Er wurde weiten Kreisen im In- und Ausland bekannt durch die während des Krieges von Radio Beromünster ausgestrahlte *Weltchronik*, die mit bemerkenswerter Offenheit über das politische und militärische Geschehen informierte. Von Salis verfasste unter anderem eine monumentale *Weltgeschichte der Neuesten Zeit*, Memoiren und eine große Zahl von historischen und politischen Essays, die in Sammelbänden veröffentlicht wurden. Wie Carl J. Burckhardt und Golo Mann selbst war von Salis auch literarisch interessiert und schrieb in seiner Jugend ein Buch über *Rainer Maria Rilkes Schweizer Jahre*. Beide Historiker lebten standesgemäß: Burckhardt im eleganten Schlösschen «La Bâtie» in den Rebhängen oberhalb des Genfer Sees; von Salis im trutzigen Bergfried von Schloss Brunegg im aargauischen Mittelland, wo übrigens Manuel Gasser, im Pächterhaus am Fuße der Burg, die letzten Jahre seines Lebens verbrachte. Schloss Brunegg war zu von Salis' Lebzeiten ein Pilgerort für zahlreiche Schriftsteller und Publizisten. Die Liberalität des Schlossherrn war bekannt: Sie ließ es zu, dass Vertreter sehr gegensätzlicher Anschauungen, wie der konservative Schriftsteller Ernst Jünger und der linksradikale Soziologieprofessor Jean Ziegler, unter dem Eingangstor mit der Wappentafel durchschritten. Über seine Begegnungen führte von Salis sorgfältig Buch, so in seinen zweibändigen Lebenserinnerungen und in einem Werk unter dem Titel *Notizen eines Müßiggängers*. Auch Golo Mann kam hin und wieder auf das Schloss Brunegg, weniger des Schlossherrn wegen freilich, sondern wenn er Manuel Gasser besuchte. Der früh verstorbene Schweizer Schriftsteller Hermann Burger, der als Nachfolger Gassers das Pächterhaus bewohnte, hat in seinem nachgelassenen Werk dem Historiker von Salis unter dem Namen Jérôme von Castelmur-Bondo ein Denkmal gesetzt.[290]

In seiner Auffassung vom Beruf des Historikers stand Jean Rudolf von Salis Golo Mann sehr nahe, und der Erstere berief sich auch auf diese geistige Verwandtschaft: «Heute würde ich meinen», schreibt er in seinen Memoiren, «daß die Geschichte auch etwas Einmaligeres, Lebenswärmeres, Konkreteres ist, das von Menschen und Sachen berichtet, wie Golo Mann zutreffend sagt, und die Darstellungsgabe und Erzählfreudigkeit des Historikers auf den Plan ruft. Denn der Geschichtsschreiber ist auch Epiker.»[291] Beide Historiker legten großen Wert auf die literarische Qualität ihrer Darstellungen, beide fühlten sich dem liberalen Erbe der französischen Aufklärung verpflichtet und waren doch in dem Sinne konservativ, dass sie revolutionären Umbrüchen misstrauten und auf demokratisch gelenkten gesellschaftlichen Wandel hinzuwirken suchten. Wie Golo Mann war auch von Salis ein entschiedener Gegner deterministischer Geschichtsdeutung, und wie jener urteilte auch dieser als Moralist. Die Übereinstimmung ging zuweilen bis ins Stilistische hinein. So könnten von Salis' nachfolgende Sätze Wort für Wort von Golo Mann stammen: «Ich verwerfe den Gedanken an das ‹Historisch-Notwendige›, an das ‹Unvermeidliche›, an das ‹Vorbestimmte› in der Geschichte. Das wäre ein Schluß, der als notwendig, unvermeidlich und vorbestimmt annimmt, was wirklich vorgefallen ist – und nicht bedenkt, daß auch etwas anderes hätte vorfallen können.»[292] Oder an anderer Stelle: «Es ist zum Beispiel bemerkenswert, daß eine gerechte Sache plötzlich zu einer ungerechten werden kann, wenn ihr nur die Macht gegeben ist. [...] Das Böse in der Geschichte hat aber nicht nur fortzeugend Böses gestiftet, es entstand daraus auch Gutes, und aus dem ursprünglichen Guten ist auch Böses entsprungen. Darin liegt die tiefe Fragwürdigkeit allen geschichtlichen Geschehens.»[293]

Golo Mann und Jean Rudolf von Salis äußerten sich als politische Publizisten mit vergleichbarer Beständigkeit zum Zeitgeschehen, der eine vornehmlich zu Fragen der deutschen, der andere zu Fragen der schweizerischen Politik. Beide taten es von parteipolitisch unabhängigem Standort aus, und beide trafen sich oft in ihren Einschätzungen. Als Jean Rudolf von Salis 1961 in einer Aufsehen erregenden Rede über die Rolle der «Schweiz im kalten Krieg»[294] für den Abbau von Feindbildern und den Dialog mit dem Ostblock eintrat, ging er von einer ähnlichen Position aus, wie sie Golo Mann in seinen Leitartikeln für die *Weltwoche* bezogen hatte. Trotz Berliner Mauerbau und der Unterdrückung der Prager Reformbewegung hielt Jean Rudolf von Salis an der Forderung nach einer Öffnung gegenüber dem Ostblock fest, und ein Jahr vor der «Wende» schrieb er an Golo Mann: «Was m. E. nottut ist, das absurde Feindbild und den Mythos von der ‹Drohung aus dem Osten› loszuwerden.»[295]

Zu den Publikationen von Jean Rudolf von Salis haben sich einige freundschaftlich-kritische Reaktionen Golo Manns erhalten. Am ersten Band der Memoiren, die von Salis unter dem Titel *Grenzüberschreitungen* erscheinen ließ, rühmte Golo Mann im Besonderen das Kapitel über die Begegnung mit Rainer Maria Rilke.

Er fand aber – und vielleicht dachte er dabei schon an die Abfassung eines eigenen Lebensberichts – die Darstellung der Kindheit zu beschönigend. «So glücklich», schrieb er, «kann doch das alles nicht gewesen sein. Oder wirklich? Dann wären Sie eine Ausnahme, beinahe ein Monstrum.»[296] Auch sonst nahm Golo Mann leisen Anstoß an der Abfassung dieses Lebensberichts: Es fehle ihm, schrieb er, «an Bosheit» und: «Die Menschen, denen Sie begegnen, sind gar zu prächtig.»[297] In seinen Tagebuchaufzeichnungen äußerte sich Golo Mann über von Salis' Lebenserinnerungen rückhaltloser. «Abends las ich im zweiten Band der Erinnerungen von Jean R. de Salis: die unbeherrschte Eitelkeit des Menschen ist entsetzlich. Das Lob, das ihm post festum für seine Radiokommentare 1940–1945 allenthalben zuteil wurde, ist wahrscheinlich nicht erfunden, aber er läß keine Stadt in Polen, Böhmen oder Frankreich aus, wo Applaus ihn empfing. Ein armes Leben, wenn dies alles war.»[298] Wie berechtigt auch immer solcher Tadel sein mag – bei der Niederschrift der eigenen Memoiren machte es Golo Mann in einem Punkte besser: Seinem Buch fehlt es an Bosheit nicht.

Zu andern Publikationen, die von Jean Rudolf von Salis erschienen, äußerte sich Golo Mann dem Autor gegenüber wohlwollend. Er kaufte sich die *Notizen eines Müßiggängers* und schrieb ihm: «Der Leser lernt auf die angenehmste Weise viel daraus, was er nicht wußte, und was zu wissen ihn andernfalls das Lesen vieler Bände gekostet hätte» – ein Satz, der freilich sehr an das allzu bereitwillige Lob erinnert, das sein Vater jeweils Schriftstellern zu zollen pflegte, die ihm recht gleichgültig waren.[299] Ein weiterer Band mit Aufzeichnungen unter dem Titel *Innen und Außen*[300] fand ähnlich freundliche Zustimmung: «Und ich las auch sofort darin», schrieb Golo Mann, «wie ich es zu machen pflege und wie immer Ihren Sachen gegenüber mit Vergnügen und Gewinn.»[301]

Die zurückhaltende Beziehung zu den Schweizer Historikern Carl J. Burckhardt und Jean Rudolf von Salis scheint uns bezeichnend für Golo Manns Verhältnis gegenüber prominenten Intellektuellen überhaupt. Der Historiker war keineswegs ungesellig, und die Gesellschaft war für ihn ähnlich wie die Geschichte das aufgeschlagene Lehrbuch zur Erkenntnis des Menschlichen. Persönlichkeiten mit bekanntem Namen aber wich er eher aus, als wolle er vermeiden, im Licht anderer zu glänzen. Eine merkwürdige Schüchternheit hielt ihn zurück; auch legte er größtes Gewicht auf seine geistige Unabhängigkeit und verhielt sich nie als Gefolgsmann gegenüber irgendeiner Partei oder einer gesellschaftlichen Gruppierung. Als er ein solches Engagement im fortgeschrittenen Alter doch glaubte eingehen zu müssen, indem er für den Kanzlerkandidaten Franz Josef Strauß eintrat, zeigte sich, wie wenig vertraut mit der Praxis politischen Umgangs dieser politisch so überaus sensible Zeitgenosse im Grunde war.

Mit deutschen Universitäten und Fachkollegen unterhielt Golo Mann nach seinem Rücktritt von der Technischen Hochschule Stuttgart nur sporadische Beziehungen. In historischen Fachzeitschriften publizierte er kaum, und er dürfte sie auch selten gelesen haben. Als Plattform für die Präsentation seiner Arbeiten wählte er weit eher kulturelle Zeitschriften wie *Der Monat, Die Neue Rundschau*, den *Merkur* oder *Universitas*. Daneben publizierte er in der Wochenzeitung *Die Zeit*, wo er das Vertrauen der Herausgeberin Marion Gräfin Dönhoff genoss, der er seinerseits sehr zugetan war. Eine Weile lang arbeitete er auch für die *Süddeutsche Zeitung*, und er war, wie bereits erwähnt, viele Jahre hindurch für die *Frankfurter Allgemeine Zeitung* und die *Neue Zürcher Zeitung* tätig. Zur Zeit der Studentenunruhen und danach begann er vornehmlich für konservative Zeitungen wie *Die Welt* zu arbeiten und, leider, auch für Illustrierte und Boulevardblätter.

An historischen Tagungen tauchte Golo Mann selten auf, und die weithin beachtete Rede zur Eröffnung des Deutschen Historikertags, die er 1972 in bildungspolitisch verunsicherter Zeit unter dem Titel «Ohne Geschichte leben?» hielt, bildete eine seltene Ausnahme.[302] Die Geisteshaltung des Spezialisten, der sich auf seinem genau umrissenen Gebiet laufend über den neuesten Forschungsstand informiert und auf diesem Feld internationale Wirkung entfaltet, war ihm fremd. Auch die stark theoretisch orientierten Geschichtsdebatten der siebziger und achtziger Jahre vermochten ihn, wie noch gezeigt werden soll, nicht zu fesseln. «Ich bin ohne Beziehung zu irgendeiner Universität [...]», schrieb Golo Mann 1979, nun doch übertreibend, in einem Brief. «Ein Beispiel dafür: Gelegentlich meines siebzigsten Geburtstags erhielt ich, ich weiß nicht wie viel Briefe und Telegramme, aber auch nicht einen einzigen von einem Münchner Professor einschließlich des Präsidenten, und wie oft bin ich meinerseits mit Vorträgen in München erschienen [...].»[303]

Die Korrespondenz, soweit sie zugänglich und erhalten geblieben ist, lässt die Feststellung zu, dass der Historiker durchaus Briefkontakte mit Hochschulprofessoren unterhielt und an ihren Forschungen Anteil nahm. Er schätzte Hans Rothfels, einen der wenigen deutschen Professoren, die nach 1945 aus dem amerikanischen Exil zurückgekehrt waren, und übernahm dessen einseitige Sicht des Widerstandes gegen Hitler, die dem Verdienst der konservativen Widerstandsbewegung rund um den 20. Juli 1944 hohen Stellenwert beimaß.[304] Große Anerkennung zollte er dem Pionier der deutschen Nationalsozialismus-Forschung, Karl Dietrich Bracher, dessen Erstlingswerk über die *Auflösung der Weimarer Republik* ihm für seine *Deutsche Geschichte* von Nutzen gewesen war.[305] Mit Theodor Schieder, dem wohl einflussreichsten Historiker im Nachkriegsdeutschland, traf er sich bei gelegentlichen Zusammenkünften des Ordens «Pour le Mérite» und stand mit ihm in gutem Einvernehmen – von dessen Sympathien für eine «völkische Siedlungspolitik» konnte er noch nichts wissen.[306]

Besonders zogen ihn Fachkollegen an, die gut schrieben und wie er selbst den Kontakt mit einer weiteren Öffentlichkeit suchten. Zu diesen gehörte Eberhard Jäckel, der Golo Mann bei seiner Kritik an Diwald unterstützt hatte und der einen Beitrag in der Festschrift zu Golo Manns siebzigstem Geburtstag verfasste.[307] Seine

Wertschätzung brachte Golo Mann auch dem Politikwissenschaftler Kurt Sontheimer entgegen, der bereits 1961 mit einer Studie zum politischen Schriftsteller Thomas Mann hervorgetreten war und sich während der Studentenunruhen kritisch gegen Meinungsterror an den Universitäten gewandt hatte.[308] Eine freundschaftliche Beziehung verband Golo Mann auch mit dem Münchener Historiker Thomas Nipperdey, in dessen Wohnort Icking er eine kurze Zeit gelebt hatte. Nipperdey wurde vor allem durch seine dreibändige Darstellung der deutschen Geschichte zwischen 1800 und 1918 bekannt, in der Sozial- und Geistesgeschichte in scharfsichtiger Analyse und meisterhafter Erzählung verbunden werden. «Bei Ihnen», schrieb Golo Mann an den Autor, «spürt man immer die Persönlichkeit und daß Sie gerne mehr sagen möchten, als der dem Publikum erträgliche Raum es verlangt.»[309] In einer seiner letzten ausführlichen Rezensionen befasste sich Golo Mann 1990 mit dem ersten Band von Nipperdeys *Deutscher Geschichte* und begann mit den Worten: «Eine gewaltige Anstrengung, eine erstaunliche Erfüllung; derart, daß man zunächst einmal nicht anders kann, als dem Autor gratulieren.»[310] Einige Einwände gegen Nipperdeys Buch hatte Golo Mann doch, so etwa, wenn er dem Autor vorwarf, er rücke den Schweizer Dichter Conrad Ferdinand Meyer in zu große Nähe zum Bismarck-Reich.[311] In einem Brief an den befreundeten Hans-Martin Gauger betonte Golo Mann seine Übereinstimmung mit Nipperdey, bemerkte aber einschränkend: «Im Grunde war ich nur in einer Sache ganz entschieden gegen ihn, daß er aus Conrad Ferdinand Meyer, meinem verstorbenen Nachbarn hier, einen Deutschtümler oder bewußten Lakaien des neuen deutschen Reiches machte. Ich weiß auch, woher er das hat, von jemandem, der der Frankfurter Schule recht nahe steht [...].»[312]

Interessiert verfolgte Golo Mann auch das Schaffen des deutsch-amerikanischen Historikers jüdischer Abstammung Fritz Stern, der ihm in dem Bestreben, geschichtliche Kenntnis der jüngsten Vergangenheit differenziert und verständlich zu vermitteln und damit zur staatsbürgerlich-demokratischen Bildung beizutragen, besonders nahe stand. Bekannt wurde Stern, der 1938 mit seinen Eltern in die USA emigrierte und an der New Yorker Columbia University lehrte, mit dem Werk *Kulturpessimismus als politische Gefahr*, das 1963 erschien und noch immer eine der besten Darstellungen zur geistigen Vorgeschichte des Nationalsozialismus darstellt.[313] Dem umfangreichsten Werk dieses Historikers, einer Studie über Bismarck und dessen jüdischen Bankier Bleichröder, widmete Golo Mann eine enthusiastische Besprechung.[314] Er bewunderte, dass es dem Autor gelungen war, den Aufstieg der bürgerlichen Intelligenz in die herrschende Machtelite gleichsam exemplarisch darzustellen, und dass er dies in der Sprache eines Schriftstellers tat, «unter dessen Händen Frage, Gedanke, Anschauung, Darstellung zu einem werden, der kaum je theoretisiert und des Lebens goldenen Baum den Begriffen vorzieht».[315] Gewiss neigte der Rezensent dazu, besonders das zu rühmen, was er selbst am Beruf des Historikers als wichtig erachtete. So auch, wenn er in seiner Besprechung bemerkt: «Von den Thesen, die er [Stern] aus der Sache ableitet, ist mir die wichtigste jene, wonach die politische Macht der ‹Wirtschaft› von den Historikern unserer Zeit stark überschätzt wird.»[316]

Den jüngeren deutschen Historikern begegnete Golo Mann mit freundlicher, aber auch vorsichtiger Zurückhaltung, ohne freilich ihre Forschung intensiv zu verfolgen. Typisch für seine diesbezüglichen Meinungsäußerungen sind etwa die folgenden Bemerkungen aus einem Interview zur Tätigkeit des Münchener Instituts für Zeitgeschichte: «Die ‹Vierteljahrshefte für Zeitgeschichte› zum Beispiel», sagt Golo Mann, «sind immer wieder ausgezeichnet, es ist äußerste Objektivität, Genauigkeit in allem Handwerklichen, intelligent und liberal; da werde ich niemals widerlich angeweht. Ich lese aber auch von jungen Autoren, von ganz jungen Autoren. Es ist klar und gebildet. Die können Sprachen. Die konnten zu meiner Zeit noch keine Sprachen. Die großen überwölbenden Epochendarstellungen von Nipperdey, Michael Stürmer und Hagen Schulze sind alle sehr gut; gebildete, liberale Menschen und auch gute Schriftsteller.»[317] Zusammenfassend wird man sagen können, dass Golo Manns Interesse sich auf Fachkollegen richtete, die wie er erzählende Geschichtsschreibung betrieben und sich nicht scheuten, gelegentlich auch als Journalisten aufzutreten. Von Golo Manns Auseinandersetzung mit den Sozialhistorikern der Bielefelder Schule wird noch zu berichten sein.

5. *Wallenstein*

In der Zeitspanne zwischen seinem Rücktritt an der Technischen Hochschule Stuttgart und der Übersiedlung in die Schweiz befasste sich Golo Mann vorrangig mit der Abfassung seiner *Wallenstein*-Biographie, die im Jahre 1971 erschien. Es wurde ein Opus magnum von weit über tausend Seiten Umfang, ein erratischer Block in der wachsenden Publikationsflut der historischen Wissenschaften – unübersehbar, aber in dieser Umgebung auch auf seine Art fremd.[318] Seit Kindheitstagen hatte, wie wir wissen, die große Führergestalt den Historiker beschäftigt. Im Alter von zehn Jahren las er nach eigenem Bekunden die *Geschichte des Dreißigjährigen Krieges* von Friedrich Schiller, und dessen *Wallenstein*-Trilogie, aus der er zeit seines Lebens ganze Passagen auswendig zu zitieren wusste, war ihm unter allen Dichtwerken deutscher Sprache das liebste.[319] Schillers *Wallenstein* begleitete Golo Mann durchs Leben – auch hierin ähnelte er Jacob Burckhardt, von dem man weiß, dass er die Trilogie jedes Jahr einmal wiederlas.[320] Mit der Geschichte der Wallenstein-Forschung befasste sich Golo Mann bereits eingehend in der Abhandlung zu seinem Staatsexamen. In Klaus Manns Exilzeitschrift *Die Sammlung* veröffentlichte Golo Mann 1934 den Aufsatz «Wallenstein und die deutsche Politik».[321] «Die Geschichte Wallensteins und des Dreißigjährigen Krieges», schrieb er da im gestelzten Stil seiner Jugendprosa, «ist von doppeltem Reiz: welchen der furchtbare Roman einer politischen, der unseren verwandten Zeit und welchen die Reflexion bietet, daß sie der unseren vorausging und Gegensätze begründete oder auf den Höhepunkt ihrer Macht führte, die ungelöst blieben.»[322] Eine der unseren verwandte Zeit: Fraglos dachte Golo Mann, indem er dies schrieb, an die Zeitspanne der europäischen Geschichte zwischen 1914 und 1945. Zugleich aber warnte er vor irreführenden Analogien. «Gegenstand und Widerstand von Wallensteins Politik», fuhr er fort, «erinnern an diejenigen der deutschen Politik von heute, sind sogar teilweise dem Namen und dem Boden nach mit ihnen identisch. Jedoch spüren wir das Unwahre dieses Vergleichs eines Echten mit einer späten Karikatur ...»[323] Nach dem Zweiten Weltkrieg blieb Golo Manns Interesse für die Geschichte des Dreißigjährigen Krieges wach, und in der von ihm herausgegebenen *Propyläen Weltgeschichte* widmete er ihr einen umfangreichen Beitrag.[324]

Der Dreißigjährige Krieg begann, wie man von der Schule her weiß, im Jahre 1618 mit dem Prager Fenstersturz und dem Aufstand der böhmischen Stände gegen Kaiser Ferdinand II. Der Krieg, genauer genommen eine lange Abfolge von Kriegen, endete erst mit dem Westfälischen Frieden vom Jahre 1648, der ein stabileres europäisches Staatensystem begründete. Es war eine Auseinandersetzung, an der sich fast alle europäischen Staaten beteiligten, obwohl sie vorwiegend auf deutschem Boden ausgefochten wurde. Interessen und Ziele der Krieg führenden Parteien waren dabei auf zuweilen unentwirrbare Weise verflochten. Es war ein Religionskrieg zwischen Protestanten und Katholiken, eine Auseinandersetzung zwischen dem Kaisertum und den Fürsten und zwischen Frankreich und dem Hause Habsburg, ein Kampf Dänemarks und Schwedens um die Vormachtstellung im norddeutschen Raum und an der Ostsee. Wenn Kriege entarten können, so war dies beim Dreißigjährigen Krieg der Fall; denn oft ging es gar nicht mehr um konfessionelle und politische Fragen, sondern um die Befriedigung des Machttriebs einzelner Lokalherrscher und Söldnerführer. Die Gräuel und die Not jener Zeit, in der die Bevölkerung Deutschlands von siebzehn auf zehn Millionen zurückging, sind unverlierbar eingegangen in die Verse der Dichter. Zum Beispiel Andreas Gryphius: «Die Türme stehn in Glut, die Kirch ist umgekehret,/Das Rathaus liegt im Graus, die Starken sind zerhaun,/Die Jungfraun sind geschänd't, und wo wir hin nur schaun,/Ist Feuer, Pest und Tod, der Herz und Geist durchfähret.»[325]

Unter den Persönlichkeiten, die am Dreißigjährigen Krieg führend beteiligt waren, ist Albrecht von Wallenstein die eindrucksvollste und jene, welche die Historiker am nachhaltigsten zur Darstellung gereizt hat. Im Jahre 1583 auf dem Gut Hermanitz in Böhmen geboren, früh verwaist und von einem Onkel in Pflege genommen, bildete sich Wallenstein an der evangelischen Lateinschule und der Universität weiter und erwarb sich Weltkenntnis auf einer Kavalierstour nach Italien. Er diente als Edelknabe in verschiedenen Fürstenhäusern, konvertierte zum Katholizismus und kam durch die von Jesuiten vermittelte Heirat mit Lukrezia von Witschkow, einer Witwe aus mährischem Adel, in den Besitz ausgedehnter Ländereien. Nach dem Prager Fenstersturz stellte er sich an die Seite Ferdinands II., wurde von diesem zum kaiserlichen Obersten ernannt und durfte auf eigene Faust Truppen werben. In diesem Bereich entfaltete er große Effizienz und wusste dem Kaiser ebenso wie seinen eigenen Interessen zu dienen. Durch eine zweite Vermählung mit Isabella von Harrach im Jahre 1623 kam Wallenstein in nähere Verbindung zum kaiserlichen Hof. Als Christian IV. von Dänemark in den Krieg eingriff, übergab Ferdinand II. Wallenstein den Oberbefehl über alle kaiserlichen Truppen und ernannte ihn zum Herzog von Friedland. In kurzer Frist stellte der Herzog ein Heer auf, erfocht wichtige Siege über die Protestanten und brachte ganz Norddeutschland unter die Herrschaft der kaiserlichen Truppen. Doch Wallensteins steiler Aufstieg zum Besitzer riesiger Ländereien, zum Oberbefehlshaber und

Reichsfürsten erregte den Neid und Unwillen der Kurfürsten und führte im Jahre 1630 zu seiner Entlassung.

Im selben Jahr landete König Gustav Adolf von Schweden in Pommern, um dem deutschen Protestantismus beizustehen. Er schlug im nächsten Jahr in der Schlacht von Breitenfeld bei Leipzig das kaiserliche Heer unter Tilly vernichtend, unterwarf sich Süddeutschland und zog in München ein. In solcher Bedrängnis sah sich Ferdinand II. veranlasst, Wallenstein erneut zum Oberbefehlshaber zu ernennen und mit der Aufstellung eines neuen Heeres zu betrauen. Die Schlacht bei Lützen vom November 1632 endete zwar unentschieden; doch der Tod König Gustav Adolfs war ein schwerer Schlag für die Sache des Protestantismus. Zu diesem Zeitpunkt hatte Wallenstein erkannt, dass die Rekatholisierungspläne des Kaisers nicht zu verwirklichen waren und dass es wichtiger wäre, einen dauerhaften Frieden im Reich herzustellen und die Tolerierung der konfessionellen Besitzstände zu erreichen. Seine zögerliche Kriegführung, seine Verhandlungen mit den Sachsen und den Schweden sowie die Intrigen seiner Gegner schürten am Hofe Ferdinands II. in Wien den Verdacht, Wallenstein sinne auf Verrat. Im Januar des Jahres 1634 wurde er als Oberbefehlshaber abgesetzt und wenig später in Eger ermordet.

Die Figur des Herzogs von Friedland und Generalissimus Kaiser Ferdinands II., ihr glänzender Aufstieg und ihr ruhmloser Fall hat schon die Zeitgenossen in Bann geschlagen – nicht nur wegen der turbulenten Zeitereignisse, in denen sie wirkte, sondern auch und vor allem wegen des Rangs einer Persönlichkeit, in der sich Allgemeinmenschliches zur Einmaligkeit kraftvoller, aber zugleich schillernder Individualität verdichtete. Ein Mensch an der Wende vom Mittelalter zur Neuzeit, von bedeutenden, nicht selten sich zuwiderlaufenden Begabungen, war Wallenstein zugleich kühn im Planen und vorsichtig im Handeln, berechnend und unberechenbar, tatkräftig und zögernd, bereit, sein Schicksal in die Hand zu nehmen und es sich von den Sternen bestimmen zu lassen. Im privaten Kreis oft liebenswürdig und von unvorsichtigem Freimut, wirkte er nach außen unnahbar, hochfahrend und rätselhaft. Vital in seinen Lebensäußerungen, war er zugleich sensibel und in fortgeschrittenen Jahren kränklich. Und widersprüchlich war auch seine Beziehung zur Macht: Sosehr er sie erstrebte und so rücksichtslos er sie mehrte, war sie ihm doch nicht Endzweck. Vieles spricht dafür, dass er sie gegen Ende seines Lebens für ein höheres Ziel, für den Frieden und die Einheit des Reichs, einzusetzen gedachte. Eine kontroverse Persönlichkeit, schwankend im Urteil der Zeitgenossen, die ihre Freundschaft begehrten, als es sich lohnte, sie aber rasch aufkündigten, als es riskant wurde, und schwankend im Urteil der Historiker, welche die Frage von Wallensteins Loyalität gegenüber dem Hause Habsburg und seinem Abfall zu diskutieren nicht müde werden.

Ein faszinierendes Thema zweifellos, faszinierend nicht nur durch die Persönlichkeit der Hauptgestalt allein, von der Ricarda Huch in einem meisterlichen Essay sagte: «Wallenstein war zu stolz, um abhängig, zu schwach, um Rebell zu sein, das heißt, um dem herrschenden Recht seine eigene Überzeugung entgegenzusetzen; dies war seine Tragik.»[326] Bemerkenswert auch die dramatis personae, die Wallenstein umgaben und die wie er dem Kräftespiel zwischen dem Hof in Wien, den Landesfürsten und dem schwedischen König ausgesetzt waren: Hofleute wie Eggenberg, Questenberg und Trautmannsdorf; Heerführer wie Octavio Piccolomini, Gallas, Pappenheim, Ilow, Arnim und andere. Jeder von ihnen wurde im Augenblick der geschichtlichen Krise vor Entscheidungen gestellt, in denen sich zeigte, in welchem Beziehungsgeflecht er stand, wie er seine Freiheit nutzte und was für ein moralischer Charakter er war. Leopold von Ranke hat das Faszinosum solcher Konstellation sehr schön anschaulich gemacht, wenn er schrieb: «Gestehen wir ein, daß die Geschichte nie die Einheit eines philosophischen Systems haben kann; aber ohne inneren Zusammenhang ist sie nicht. Vor uns sehen wir eine Reihe von aufeinanderfolgenden, einander bedingenden Ereignissen. Wenn ich sage: bedingen, so heißt das freilich nicht durch absolute Notwendigkeit.

Das Große ist vielmehr, daß die menschliche Freiheit überall in Anspruch genommen wird: die Historie verfolgt die Szenen der Freiheit; das macht ihren größten Reiz aus.»[327] Zweifellos war dies das Thema, das Golo Mann zur Darstellung reizte: der Widerstreit zwischen der inneren Souveränität des freien Individuums und den objektiven Zwängen. Und genau dies hatte schon Schiller beschäftigt.[328]

Dennoch mag es überraschen, dass in den sechziger Jahren ein freischaffender Historiker, ausgewiesener Kenner und Kommentator der Zeitgeschichte, sich diesem Gegenstand zuwandte. Gewiss konnte sich die deutschsprachige Biographik auf eine bedeutende wissenschaftliche Tradition berufen: Man mag an Heinrich von Srbiks *Metternich*, an Ernst Kantorowics' *Kaiser Friedrich II.*, an Reinhard Wittrams *Peter der Große* oder an Carl J. Burckhardts *Richelieu* denken – Werke, die in der Zwischenkriegszeit erschienen oder neu aufgelegt wurden. Doch die jüngere Generation deutscher Historiker, die in den sechziger Jahren zu publizieren begann und der Golo Mann zwar nicht angehörte, der er sich aber hätte anschließen können, wandte sich mit Entschiedenheit von dieser Tradition ab. Und dies nicht ohne nachvollziehbaren Grund: Denn in der Tat hatte sich bereits in der wilhelminischen Ära und dann auf bedenklicherem Niveau zur Hitler-Zeit gerade die historisch-biographische Darstellung als besonders anfällig erwiesen, politischen Zwecken dienstbar gemacht zu werden. Im Sinne des Schlagworts von den «Männern, die Geschichte machen»[329] hatten manche Historiker dazu geneigt, Persönlichkeiten wie Luther, Friedrich den Großen oder Bismarck durch nationalistisch heroisierende, idealistisch überhöhte Darstellung als autonom handelnde Tatmenschen erscheinen zu lassen und zu Vorbildern zu stilisieren.

Mit solcher Biographik wollte die neue Historikergeneration nichts mehr zu schaffen haben. Teils auf Vorarbeiten deutscher Soziologen wie Max Weber zurückgreifend, teils von der französischen Historikerschule der «Annales» beeinflusst, distanzierten sich jüngere Forscher wie Werner Conze und Hans-Ulrich Wehler von solch individualisierender politischer Geschichte und begannen, gesellschaftliche Prozesse, die sich langfristig und weitgehend unabhängig von individuell fassbarer Einwirkung vollziehen, in den Vordergrund ihrer Nachforschung zu rücken. Die Untersuchung von Strukturen und Institutionen trat an die Stelle der Rekonstruktion von Ereignisverläufen, und die Quantifizierung demographischer und statistischer Daten wurde wichtiger als die Interpretation von Staatspapieren und Memoiren. Auch die Funktion des Historikers wurde anders und neu gesehen: Seine vordringliche Aufgabe war es nun nicht mehr, die aus einfühlender und kenntnisreicher Interpretation gewonnenen Forschungsergebnisse in sprachlich anregende Darstellung zu kleiden. Der «neue Historiker» hatte vielmehr Fragen zu stellen, Thesen zu formulieren und empirisch auf ihre Stichhaltigkeit zu prüfen, das eigene Erkenntnisinteresse kritisch zu hinterfragen und seine wissenschaftlichen Befunde laufend in die Diskussion der «scientific society» einzuspeisen.[330]

Hier ging nun Golo Mann mit seinem *Wallenstein* einen entschieden andern Weg. Zwar hatte sich schon seine *Deutsche Geschichte* stark an einzelnen herausragenden Persönlichkeiten orientiert; doch in seiner problembewussten Offenheit war jenes Buch auch bei jüngeren Historikern, die nach neuen methodischen Zugängen suchten, im Allgemeinen positiv aufgenommen worden. Dies änderte sich mit dem Erscheinen des *Wallenstein* im Jahre 1971. Zwar äußerte sich ein Teil der Fachkritik weiterhin durchaus anerkennend, aber es fehlte diesmal nicht an kritischen Stimmen. Die renommierte *Historische Zeitschrift* rühmte die «gründliche Forschungsarbeit und Reflexion», die Differenziertheit der Charakterdarstellung und die Lesbarkeit des Stils, bemängelte aber die unzureichende «Einordnung Wallensteins in sein soziales und politisches Bezugsfeld»[331]. Das *Historisch-politische Buch* hob lobend hervor, dass der Verfasser sich nicht darauf beschränke, eine Geschichte zu erzählen, sondern laufend Reflexion und kritische Interpretation in seine Erzählung einbeziehe, und zwar auf eine Weise, die es auch dem Laien erlaube, diese Reflexion nachzuvollziehen.[332]

In anderen Fachbesprechungen allerdings dominierte der Vorwurf, Golo Mann pflege eine individualisierend-literarische Form der Darstellung und habe sich mit seinem neuen Werk auf die überholten Positionen traditioneller Geschichtsschreibung zurückgezogen. Einer seiner jüngeren Rezensenten, Albert Mirgeler, kritisierte, der Autor sähe den Wallenstein ästhetisierend statt politisch, literarisch statt wissenschaftlich. Er lasse sich in seiner Darstellung von einer mitfühlenden Sympathie leiten, welche notwendig zu einer moralischen Entlastung des «Helden» führen müsse.[333] «Alles eingerechnet [...]», schrieb Mirgeler, «wird uns mit suggestiver Gewalt ein Bild gezeichnet, das einem Plädoyer näher steht als der geschichtlichen Wahrheit. Geschichte kommt zwar stets ausgiebig nach der Seite der Umstände und des Kolorits, wenig aber nach der Seite ihrer ‹Logik› und ihrer zwar umwegigen, aber doch unerbittlichen Konsequenz zur Sprache.»[334]

Weitere Kritiker wiederholten diesen Einwand und betonten, dass der Verfasser des *Wallenstein* wegen seiner psychologisierenden Sicht der Dinge das Gewicht der geschichtlichen Rahmenbedingungen notwendig unterschätze und seiner Hauptgestalt eine allzu große Freiheit des Handelns zubillige. Da Golo Mann nach dem Erscheinen seines Werks in einem Artikel in der Wochenzeitung *Die Zeit* ausdrücklich auf gewisse Parallelen zwischen dem Dreißigjährigen und dem Kalten Krieg hingewiesen hatte[335], glaubte man auch, Rückschlüsse auf seine politische Haltung ziehen zu müssen. So bezichtigte ein Rezensent den Autor antidemokratischer, rechtsradikaler Gesinnung. Er warf ihm vor, in Wallenstein den autoritären Ordnungsstifter bewundert zu haben, der dem Chaos sozialer Unruhe entgegengetreten sei. Dadurch, so der Kritiker, nähere sich Golo Mann bedenklich den Auffassungen des nationalsozialistischen Philosophen Alfred Baeumler, der von der «ordnungschaffenden Führertat» Wallensteins gesprochen habe.[336]

Derartige Urteile hatten, so gezielt verunglimpfend sie zuweilen waren, in der Periode der frühen siebziger Jahre, der studentischen Protestbewegung und der Ideologisierung der politischen Diskussion ihr Gewicht und trugen dazu bei, Golo Mann einem Teil der jüngeren Leserschaft zu entfremden.

Dennoch wurde der *Wallenstein* zu einem der größten Bucherfolge der zweiten Hälfte des 20. Jahrhunderts in Deutschland, dies, obwohl kurze Zeit zuvor noch die Biographie von Hellmut Diwald erschienen war – ebenjenem Diwald, dessen *Geschichte der Deutschen* Golo Mann, wie bereits erwähnt, sieben Jahre später so vehement attackieren sollte.[337] Außerhalb der historischen Fachkritik im engeren Sinne äußerten einflussreiche Rezensenten höchstes Lob. Der Germanist Peter Wapnewski fand «am eindrucksvollsten die Bändigung und Komposition der ungeheuren Stoffmasse».[338] Der Übersetzer und Thomas-Mann-Kenner Peter de Mendelssohn sprach von einer «geradezu hexerischen Identität von Biographie und Historiographie»[339]. Und Hanno Helbling überschrieb seine Rezension in der *Neuen Zürcher Zeitung* knapp und bündig mit dem Titel «Ein Meisterwerk der Geschichtsschreibung»[340]. Eine Anerkennung, die Golo Mann besonders gefreut haben dürfte, findet sich in den Tagebüchern Ernst Jüngers. Der Diarist berichtet von einer Begegnung mit Golo Mann im Garten der Deutschen Botschaft in Bern und schreibt: «Ich rechne es zu den guten Zeichen, daß in unserer Zeit eine Geschichtsschreibung von solchem Rang entstehen konnte, und mehr noch, daß sie trotz ihrem Umfang diese einhellige Zustimmung gefunden hat. Was uns entgleitet, wird besonders begehrt – vielleicht erklärt sich so unser Natur- und Geschichtshunger.»[341]

Was nun freilich die kritischen Stimmen zu Golo Manns *Wallenstein* betrifft, waren sie keineswegs unbegründbar. Dem Vorwurf beispielsweise, er behandle die Geschichte nicht als Historiker, sondern als Schriftsteller und Literat, liefert der Autor in seinem Buch selbst reichlich und gelegentlich auf bewusst provozierende Weise Nahrung. So betont er immer wieder die narrative, nicht die analytische Aufgabe des Historikers, nennt sich dauernd einen «Erzähler» und «Schilderer» – sogar schon gleich zu Beginn im altertümelnd-behaglichen Titel seines Werks: *Wallenstein. Sein Leben erzählt von Golo Mann.*[342] Oder der Autor erwähnt bewundernd die Charakterdarstellung, welche die «Poetin-Geschichtsschreiberin» Ricarda Huch vom alternden Wallenstein gegeben hatte, und fügt hinzu: «Wir sind hier auf der Höhe dichterischer Interpretation. Sie mag der Wahrheit am nächsten kommen.»[343] Zwar unterstreicht Golo Mann an anderer Stelle in einem Ton, als ob er sich selbst zuredete, ausdrücklich seine wissenschaftliche Zielsetzung: «Wir jedoch dienen der Wissenschaft, nicht der Poeterei. Darum ist hier der Ort, die Geschichte von Wallensteins Ruhestand ein wenig aufs Faktische zurückzuführen.»[344] «... ein wenig aufs Faktische zurückzuführen» – ist aber mit dieser Wendung nicht zugleich der Zweifel angedeutet, ob Geschichtswissenschaft zur vollen Wahrheit je führen kann? Und gegen den Schluss seines Werks, an versteckter Stelle im Anmerkungsapparat, aber von Manns Gegnern rasch aufgespürt, wird dieser Zweifel erneut geäußert, wenn der Autor nachdrücklich von der «Halbwissenschaft, Historie genannt» spricht.[345]

Am meisten Irritation erregten in der Geschichtswissenschaft zwei Passagen im *Wallenstein*, die der Verfasser mit «Nachtphantasie» übertitelte und mit Kursivdruck vom übrigen Text abgehoben hatte.[346] In diesen beiden Abschnitten wird die Stilebene der wissenschaftlichen Darstellung eindeutig verlassen, und der Hauptgestalt des Werks werden nächtliche Monologe in den Mund gelegt, die weitgehend der Intuition des Autors entsprungen sind. Das erinnerte manch einen kritischen Leser nun doch allzu sehr an fiktive Literatur, an Belletristik, genauer: an den Traum Goethes in Thomas Manns *Lotte in Weimar* – und für viele Vertreter der jüngeren deutschen Historikergeneration war des Schriftstellers Sohn nun vollends der Unwissenschaftlichkeit überführt. Auch der wohlwollende Berichterstatter der *Historischen Zeitschrift* verbarg sein Unbehagen nicht: «Auch fragt sich», schreibt er, «ob Golo Mann wirklich fingierte Nachtträume Wallensteins in den Dialog hätte einfügen müssen.»[347] Für die Gegner Golo Manns sollten hinfort die beiden «Nachtphantasien», wenige Seiten übrigens nur innerhalb der tausendseitigen Biographie, zu gern zitierten Belegen dafür werden, dass der Autor die Historie an die Literatur verraten hatte.

Dass Golo Mann sich in seinem *Wallenstein* wie in keinem andern seiner Werke einer «literarischen» Sprache bediente, die sich dem Geist des 17. Jahrhunderts anzunähern suchte und gleichzeitig das Verständnis des heutigen Lesers zu gewinnen hoffte, ist offensichtlich. Den von seinen Gegnern immer wieder betonten Gegensatz zwischen wissenschaftlich-analytischer und literarisch-narrativer Schreibweise lehnte der Historiker ab und hob ihn im Begriff des «Stils» auf. «Stil» definierte Golo Mann in einer Antwort an die Kritiker seines *Wallenstein* als den Willen, «durch die Organisation des chaotischen Stoffes, durch die Energie der Sprache, durch Spannung und Farbe den Leser zu interessieren»[348]. Bereits als junger Mann und Redakteur von *Maß und Wert* hatte Golo Mann an Manuel Gasser geschrieben: «Die Leser haben den nicht gern, der sie nicht gern hat und bloß zu sich selbst und zu ein paar an das Denken verlorenen Käuzen spricht. Zu den Leuten sprechen heißt, sie gern haben.»[349] Im Leser sah Golo Mann nicht primär den Fachmann und Zunftgenossen, sondern, im Sinne der Aufklärung, alle vernunftbegabten Vertreter jener Öffentlichkeit, in deren Raum sich der geistige Austausch vollzieht. In einem Essay unter dem Titel «Noch ein Versuch über Geschichtsschreibung» hat der Historiker dies so formuliert: «Warum denn überhaupt Stil, die Verwandlung des essentiell Unliterarischen ins Literarische? Weil der historische Schriftsteller wirken, das heißt, gelesen werden will? Das ist ein Grund und ein legitimer. Wozu wäre all der Arbeitstrieb gut, wenn die Gesellschaft nicht etwas von seinen Früchten hätte, wenn nur ein paar Spezialisten sich um sie kümmerten? [...] Stil verfälscht das gegenständliche Erkennen nicht, er vertieft, verdeutlicht, fördert es, ist eins mit ihm. Er überträgt die Information vom Schreibenden auf den Lesenden, stellt Kommunikation zwischen beiden her. Sicher sollte auch hier kein Satz, kein Wort zu viel sein, das macht den guten Stil aus; jedoch ist das zu Kommunizierende oft so geartet in der Fülle seiner inneren Widersprüche, Doppelheiten, Ungewissheiten, daß es vieler Worte und Sätze bedarf. Wer seine Sache nicht gut sagen kann, der hat nichts Gutes zu sagen.»[350]

In der Tat: Immer strebte Golo Manns Stil nach Verständlichkeit, Bildhaftigkeit, Offenheit. Fachjargon war dem Autor ein Gräuel; Termini, die zu eigentlichen Erkennungsmerkmalen der Wehler-Schule werden sollten, «Problemorientierung», «erkenntnisleitendes Interesse», «Reflexionsniveau», «Theoriebewusstsein» zum Beispiel, finden sich weder im *Wallenstein* noch in Manns anderen Werken. Der Sprachwissenschaftler Hans-Martin Gauger hat betont, mit welcher Direktheit Golo Mann von seinen Themen zu handeln liebte und wie sehr ihm daran lag, auf alle gelehrte Umständlichkeit zu verzichten, die sich in Formeln wie «Daraus erhellt ...» oder «Es erhebt sich die Frage ...» kundtue.[351]

Anderseits wäre die Feststellung völlig unzutreffend, Golo Mann habe einen simplen, «populären» Stil geschrieben und damit nach dem Bucherfolg geschielt. Die Sprache des *Wallenstein* ist im Gegenteil von einer gelegentlich nahezu verwirrenden Reichhaltigkeit des Vokabulars und enthält häufig entlegene, fast kokett eingesetzte altertümelnde oder fremdsprachliche Wendungen, deren Sinn sich nur sorgfältiger Lektüre erschließt. Es ließe sich eine bunte Palette solch ungewohnter, höchst eigenwilliger Wörter und Wendungen zusammenstellen, von denen hier nur wenige wiedergegeben seien: «der geisteskranke Tückebold»; «mit Glimpf und Unglimpf»; «Würdeprotzerei»; «thesaurieren»; «menagieren»; «konkludieren». Solche Sprache widerspricht der distanzierten, die Empfindung des Autors neutralisierenden Wissenschaftsprosa, die sich in universitärer Forschung und Lehre eingebürgert hat. Ein Professor, der sich mit solcher Sprache in einer Proseminararbeit konfrontiert sähe, würde wohl nicht wenig staunen und den Studenten zu den Poeten in die Schule schicken.

Nicht nur durch die Art der von ihm gewählten und zum Teil auch erfundenen Wortbildungen, sondern auch durch die Art seiner Schilderung verließ Golo Mann den Bereich des wissenschaftlich Gewohnten. Er betrieb, wie seine Gegner herablassend betonten, «narrative Geschichtsschreibung», und er betrieb sie mit Absicht und Überzeugung. Es ging ihm darum, historische Wirklichkeit möglichst farbig und plastisch zur Anschauung zu bringen und gleichsam dem, was er in den Quellen fand, Leben von seinem eigenen Leben einzuhauchen. Um dies zu erreichen, durfte sich die Sprache nicht abstrahierend vom Sachverhalt entfernen, sondern musste sich ihm so eng wie möglich anschließen.

Wir geben zwei Beispiele. Da, wo es darum geht, den Zustand von Wallensteins Ländereien zu vergegenwärtigen, schreibt Golo Mann: «Er hätte glücklich sein können. Die blühenden Felder und fetten Weiden ringsumher, das Arbeitsgewimmel um die Bergwerke und die Baugerüste in den Städten, die schöner wurden mit jedem Jahr, das Klappern der Mühlen, die frommen Gesänge der Mönche, das zu Roß sich Tummeln der Studenten und Edelknaben, das demütige Grüßen der wohlgenährten, saubergekleideten Untertanen, wenn die herzogliche Wagenkolonne vorbeirollte – sein Werk, sein Besitz. Was brauchte er mehr?»[352]

Und an anderer Stelle, wo geschildert wird, wie sich die Meuchelmörder dem Schlafgemach Wallensteins nähern, heißt es: «Sie müssen unter Dach ihre Kienspäne in Brand gesetzt haben. Sie stürmten die Treppe hinauf, Deveroux mit der Partisane in den Fäusten, schreiend: Rebellen, Rebellen. Sie trafen auf den Mundschenk, der eben die goldene Schale heruntertrug, und stießen nach ihm. Sie wandten auf der Diele des ersten Stockes sich nach links, wo das Vorzimmer war und das Krankenzimmer. Aufsprang der Kämmerling und gestikulierte: Was für ein Lärmen, um Gottes willen, der Herzog schlafe. Den machten sie nieder.»[353]

Kein Zweifel: So formulieren heutige Hochschul-Historiker

nicht, und die Beschreibung von Wallensteins Besitzungen würde einem Wirtschafts- oder Sozialhistoriker bloß ein spöttisches Lächeln abnötigen. Er würde die Wirtschaftslage mit möglichst genau ermittelten Zahlen, Statistiken und Konjunkturkurven darstellen und dadurch wichtige Forschungsarbeit leisten. Dass aber die Blumen blühten, die Mühlen klapperten und die Mönche sangen – das wäre für seine quantifizierende Geschichtsbetrachtung völlig irrelevant. Und was in aller Welt kümmerte es den politischen Historiker, wenn in geschickt dramatisierender Steigerung geschildert wird, wie die Attentäter ihre Kienspäne anzündeten, die Treppe hinaufstürmten, einem Diener mit goldener Schale begegneten und einen Kämmerling niederstießen? Nein, so nicht: Das ist Literatur, histoire romancée, nicht Geschichtswissenschaft.

Und dennoch: Vielleicht sollte man sich die Ablehnung dieser Art von historischer Darstellung nicht zu leicht machen. Denn die Auswertung seiner Quellen betrieb Golo Mann durchaus professionell und umfassend. Er beschaffte sich, da er vorzog, zu Hause zu arbeiten, systematisch alle erreichbare Quellen- und Fachliteratur in Buchhandlungen, Antiquariaten und Bibliotheken und ließ sich weiteres Material in Fotokopie zusenden. Er ließ Dokumente aus dem Tschechischen übersetzen, orientierte sich bei Spezialisten über den aktuellen Forschungsstand und stellte einen umfangreichen Anmerkungsapparat zusammen.[354] Auch fehlt es seinem Werk nicht an selbstkritischer Reflexion: Immer wieder unterbricht er den Gang seiner Darstellung, um die Quellenlage und das Für und Wider seines Urteils zu prüfen, immer wieder nimmt er zu den Kontroversen der Forscher Stellung – abwägend, zustimmend, verwerfend. Oft tritt er differenziert für die Meinung anderer ein: «Beträchtliche Historiker», heißt es einmal, «haben es so genommen. Unsererseits können wir es nicht für bare Münze nehmen, meinen jedoch, es sei etwas daran.»[355] Aber er scheut auch vor scharfer Kritik nicht zurück, wenn er schreibt: «Die Überlieferung, von zahllosen Autoren geglaubt, verdient keinen Glauben.»[356]

Oder: «Was sonst über Schloß Kaunitz in den Büchern steht, ist Geschwätz aus dritter und vierter Hand, keiner Prüfung wert.»[357]

Auch zeigt sich Golo Mann immer bemüht, den eigenen Standort kritisch zu überdenken, und seinen Urteilen fehlt jeder Zug zum Apodiktischen, Doktrinären, Rechthaberischen. Freimütig gesteht er sich ein, wenn die Quellenlage es nicht gestattet, zu einer eindeutigen und abschließenden Auffassung zu gelangen. «Man muß solche Fragen», heißt es dann etwa, «in der Trübe und Schwebe lassen, in der sie hingen, jetzt wie später.»[358] Wobei daran erinnert sei, dass die Wendung «in der Schwebe lassen» bereits von Golo Manns Vater gern gebraucht wurde.[359] Oder an anderer Stelle: «Nur begrenzten Sinn hat es, über Fragen nachzudenken, die so sehr im Dämmrigen liegen.»[360] Was seinen Umgang mit Quellen betrifft, kann Golo Mann attestiert werden, dass sich sein Wallenstein, um in der Terminologie Wehlers und seiner Schule zu reden, auf einem hohen «Reflexionsniveau» bewegt und auch das «erkenntnisleitende Interesse» durchaus dargelegt wird. Allerdings bedient sich der Historiker, wie bereits betont, einer narrativen Prosa, wobei die Reflexion den erzählenden Text begleitet und zugleich vermieden wird, dass theoretische Erörterungen die Darstellung der Tatbestände überwuchern. Wieder ist die Vorbildwirkung von Ricarda Huch unverkennbar. Auch sie war eine geschulte und durchaus sorgfältige Historikerin, nahm sich aber die Freiheit, in der Vergegenwärtigung des Alltagslebens und der Atmosphäre anderer Zeiten über die Quelleninformation hinauszugehen – ohne dass sich von diesen Quellen her der Nachweis führen ließe, so könnte es nicht gewesen sein. Wie Ricarda Huch gibt Golo Mann immer zu erkennen, wo er seine Interpretation der Quellen um der größeren Anschaulichkeit willen aus eigener Vorstellung ergänzt. Man könnte das Verfahren dieser beiden Historiker vielleicht mit der Kolorierung einer in Kupfer gestochenen Stadtansicht aus dem 18. Jahrhundert vergleichen. Die Kupferstecher hatten auf die größte Akkuratesse der Darstellung zu achten, da ja die Käufer in der Lage waren, den Vergleich mit der Realität vorzunehmen. Gegen eine Kolorierung des Stichs, die der Ansicht Leben verlieh, hatten sie kaum etwas einzuwenden.

Bemerkenswert ist übrigens, dass die Kritiker von Golo Manns *Wallenstein* kaum je auf mögliche Fehlinterpretationen das Autors zu sprechen kamen und sich fast durchweg auf die formale Kritik an der Art der Darstellung beschränkten. Wie sorgfältig Golo Mann seine Einschätzungen erwog, wie selbstkritisch er seine Urteile differenzierte, ist oft übersehen worden. In der Tat ging Golo Mann mit abschließenden Urteilen zurückhaltend um, und das schlichte Eingeständnis, nicht mehr weiterzuwissen, entsprach wenig dem fortschrittsorientierten Wissenschaftsverständnis der jüngeren Generation von Sozialhistorikern, das den kritischen Befund auf eine These zuspitzen und in der akademischen Diskussion zu verifizieren und zu falsifizieren liebt. Thesen zu formulieren hat Golo Mann immer vermieden, in der *Deutschen Geschichte*, im *Wallenstein* und später; sie schienen ihm der Vielfalt und Vielschichtigkeit der jeweils besonderen Situation, der jeweils besonderen Persönlichkeit nicht gerecht zu werden. Im *Wallenstein* drückt der Autor das mit folgenden Worten aus: «So wie die Epochen der Geschichte immer ähnlich sind, wenn man sich nur tief genug in sie eingräbt, so sind auch Menschen immer irgendwie ähnlich, und die Abnormen, die Herrscher, die Tyrannen mehr als nur irgendwie. Ähnlich, aber nicht gleich. Vor den Gleichungen muß der Geschichtsschreiber sich hüten. Gleichungen zwischen dem Einen und dem Andern, wie auch zwischen dem Typus und dem einen; weil das Individuelle das Typische nie erfüllt.»[361] Mit solcher Auffassung, die auf das Eigentümliche und nicht auf die Norm abzielt, nähert sich Golo Mann, wissenschaftshistorisch gesprochen, den Postulaten eines auf relativierende Einfühlung in den jeweils besonderen historischen Tatbestand abzielenden Historismus. Damit entfernt er sich weit vom Wissenschaftsverständnis der modernen Sozialgeschichte, die solche Geschichtsbetrachtung als Neo-Rankeanismus scharf zu verurteilen pflegt.[362]

Neben den Vorwurf, er betreibe Literatur, nicht Geschichte, gesellte sich die Kritik an Golo Manns «psychologisierender» und «individualisierender» Geschichtsdarstellung. Auch solche Kritik lässt sich leicht an bestimmten Textpassagen festmachen. Dazu wieder ein Beispiel: «Ihm war», schreibt Golo Mann von Wallenstein, «nichts vorgegeben: kein Vaterland, kein Stand, kein Gott. Treu zu dienen, dem Kaiser, dem Römischen Reich, dem Katholischen Wesen, redete er sich wohl ein; immer wieder kam der Moment, in dem das Willkürliche, Brüchige solcher Bindung sich zeigte. Zuletzt suchte er nur sich selber. Nun ist das eine schwere Sache, ungebunden zu leben, für die nämlich, die gleichwohl fein organisiert sind; für die groben Glücksritter, die nur so von einem Heerlager zum anderen reiten und sich nach Lohn und Beutechancen erkundigen, natürlich nicht. Schwer mit Würden und Verantwortungen und dennoch allein, ein Wolf ohne Rudel, suchte Wallenstein die Hilfe, die er weder bei den Menschen noch bei Gott und seinen Engeln fand, bei den Planeten; dem einen großen Gegenüber, dem er sich glaubend unterwarf. – So muß es nicht, so könnte es doch gewesen sein.»[363]

So, in der Tat, schreiben heutige deutsche Historiker nicht mehr, selbst wenn sie es könnten. Aber auch hier griff die Kritik seiner Gegner zu kurz, wenn sie den Autor bezichtigten, das Innenleben seiner Personen «psychologisierend» erkennen zu wollen. Insbesondere, so diese Kritiker, sei die Haupt- und Titelfigur auf diese Weise zu einem Übermenschen hochstilisiert worden. Solcher Kritik leistet Golo Mann nun allerdings selbst Vorschub, indem er in der ihn bezeichnenden altväterischen Art dauernd von Wallenstein als von seinem «Helden» spricht. Auffällig ist indessen im Gegenteil, wie vorsichtig, fast zögernd, sich der Historiker Mann seiner Hauptfigur und auch manchen der sie umgebenden Gestalten nähert. Er umkreist den Wallenstein gleichsam von allen Seiten, sodass sein Charakter nie die scherenschnittartige Schärfe des Schattenrisses erhält, sondern weit eher im Halbdunkel, im Skizzenhaften, im Unfertigen bleibt. Es lässt sich andererseits nicht bestreiten, dass Golo Manns Umgang mit Wallenstein, sein eigentliches Ringen um die Darstellung dieser Persönlichkeit, auf möglichste Nähe und nicht auf Distanz abzielt. «Darf man dem», klagt der Autor fast verzweifelt, «womit man sich so emsig befaßt, denn gar nicht näher kommen, ganz nahe, so, daß man darinnen wäre, nicht ewig draußen?»[364]

Annäherung so weit als irgend möglich; aber nicht Identifikation. In der Gestalt Wallensteins, wie Golo Mann sie sieht, bleibt manches in der Schwebe, ähnlich, wie dies Friedrich Schiller im Prolog zu *Wallensteins Lager* ausgesprochen hat: «Von der Parteien Gunst und Haß verwirrt / Schwankt sein Charakterbild in der Geschichte.»[365] Der Herzog von Friedland erscheint als eine Persönlichkeit, die sich dem raschen Urteil entzieht und schlecht auf einen prägnanten Begriff bringen lässt. «Zu solch gradliniger Psychologie», heißt es im *Wallenstein* einmal, «sind wir unentschlossen; zumal einem Menschen gegenüber, der nicht nur andere in die Falten seiner Seele nicht schauen ließ, sondern vor sich selber scheute; der ganz sich nach außen wandte, um in nie endender Tätigkeit das Glück zu finden, dessen sein Innerstes entbehrte.»[366] Und an anderer Stelle hält der Historiker aphoristisch fest: «Ein Nest von Widersprüchen wird jede menschliche Seele, sobald man sie beschreiben will.»[367]

Die von den Historikern immer wieder aufgeworfene Frage, ob Wallenstein gegenüber dem Hause Habsburg und seinem obersten Herrn, Ferdinand II., Hochverrat begangen habe, kann auch Golo Mann nicht klären. Selbst die späteren Biographen, Polisensky und Kollmann, kommen zu keinem klaren Befund.[368] Schillers These vom Hochverrat aus edlen Motiven stimmt Golo Mann nicht zu, obwohl er Wallenstein aufrichtigen Friedenswillen zubilligt. Weit eher ist für den Historiker der Tatbestand der Verschwörung gegen den böswillig zum Verschwörer Erklärten gegeben.

Es wäre im Übrigen keineswegs zutreffend, wenn man Golo Manns *Wallenstein* allein auf die Porträtierung der Titelgestalt und ihrer Nebenfiguren reduzieren würde. Zwar stehen die Persönlichkeiten im Kampf um die Macht im Vordergrund; aber alles, was menschliche Vergangenheit daneben ausmacht, soll gleichermaßen zur Darstellung gelangen. Des Historikers Absicht geht über das Individuelle hinaus. Ihm geht es auch darum, eine Art Panorama des Dreißigjährigen Krieges zu präsentieren, nach der Art jener monumentalen Rundbilder, die auf die Theatermalerei des Barocks zurückgehen und die um die Wende zum 20. Jahrhundert wieder in Mode kamen. Fast alles, was menschliche Vergangenheit ausmacht, soll zur Darstellung gelangen: das geographische Umfeld, die Mentalitäten, die sozialen und wirtschaftlichen Hintergründe, die Innen- und Außenpolitik. Und es sind düstere Farben, zu denen Golo Mann greift, um eine der turbulentesten, unglücklichsten Perioden der europäischen Geschichte atmosphärisch gegenwärtig zu machen – man fühlt sich an Rembrandts Gewitterlandschaften erinnert.

Dass Golo Manns Geschichtsbild ein pessimistisches ist, überschattet vom Wissen um die moralische Unzuverlässigkeit des Menschen in krisenhafter Zeit, haben wir schon in der *Deutschen Geschichte* festgestellt. Im *Wallenstein* wird dies noch augenfälliger. Die Diagnose des allgemeinen Niedergangs und der moralischen Degradation der Individuen wirkt hier noch weit bedrückender und unausweichlicher. Schon in der *Deutschen Geschichte* hat es vom Amt des Historikers geheißen: «Widrig sind diese Dinge zu erzählen [...]».[369] Und im *Wallenstein* lässt sich der mit Faszination vermischte Widerwille des Autors vor seinem Gegenstand noch weniger unterdrücken: «Kläglich», heißt es einmal knapp und resigniert, «ist dergleichen zu erzählen.»[370]

Die Welt als Chaos, in dem selbst der Wohlmeinendste sich nur mühsam zu orientieren weiß und allzu oft jeden Halt verliert – so stellt sich der Lauf der Geschichte in Golo Manns *Wallenstein* dar. Wörter wie «Chaos», «Wirrsal», «Verwirrung», «Unsicherheit», «Ungewißheit» tauchen im Text laufend auf. «Es war», liest man gleich zu Beginn des Buches, «ein Chaos sich bekämpfender, durchkreuzender, aneinander vorbeiziehender Willenszentren, wenn der Wille überhaupt ein Zentrum hatte und wußte, was ihm noch zu wollen übrig blieb.»[371] «Er tat so, andere taten anders», heißt es von Wallenstein, «Wirrsal war das Ergebnis.»[372] Und gegen den Schluss, wiederum über die Titelfigur: «Das Gewisse hatte er spielen wollen, aber so viel Ungewisses sich offenhalten, daß er der Allerungewisseste geworden war; verloren der sich selber Suchende, Ordnungs-Stifter, in selbstgeschaffener Wirrsal verloren.»[373]

In solch ungeordneter, schwer durchschaubarer Umgebung erscheint der Einzelne, gerade auch der Mächtige, der moralischen Verantwortung, die auf ihm lastet, kaum mehr gewachsen. «Unersättlich ist», schreibt Golo Mann, «die Lust am Plagen, Intrigen-Ersinnen, Gegner-zur-Strecke-bringen, am Legen von Fallen, am Wieder-Verrücken dessen, was gerade leidlich zurechtgerückt wurde bei denen, die in der Nähe der Macht nisten. Unergründlich ist die Schadenfreude, die Wildheit, Grausamkeit bei denen, die unten wohnen, wenn man ihnen nämlich Gelegenheit gibt, den Teufel in ihrem Inneren zu entdecken und freizulassen.»[374]

Weit stärker noch als die *Deutsche Geschichte* wird der *Wallenstein* zu einem traurigen Lehrgang menschlichen Scheiterns, und noch spürbarer als dort wird hier die Melancholie des Betrachters, die letztlich im Bewusstsein der Vergeblichkeit verantwortungsbewusster menschlicher Willensanstrengung gründet. Am deutlichsten hat diesen Aspekt wohl der Historiker und Publizist Sebastian Haffner erkannt, der, Golo Mann sowohl an Hellmut Diwald als auch an Hans-Ulrich Wehler messend, schreibt: «Dies ist ja kein Heldengedicht und keine Apologie wie noch vor kurzem die Wallensteinbiographie Hellmut Diwalds. Es ist eine Elegie auf die Vergänglichkeit – die Vergeblichkeit dieses großen Mannes und vielleicht des großen Mannes überhaupt [...]. Eigentlich müßte gerade ein Mann wie Wehler, der einer geschichtlichen Gesetzlichkeit nachspürt, mit dieser historischen Biographie sehr zufrieden sein. Denn hier kommt Gesetzlichkeit zum Leben [...].»[375]

Chaos, menschliche Unzulänglichkeit, Vergeblichkeit – man fühlt sich bei der Lektüre des *Wallenstein* sehr an den römischen

Geschichtsschreiber Tacitus erinnert, mit dem sich Golo Mann in seiner Jugend, dann wieder in fortgeschrittenen Jahren, intensiv befasste.[376] Im Atmosphärischen ist das Werk des Römers demjenigen des deutschen Historikers nah verwandt. Die Vergangenheit, die Tacitus beschreibt, war nicht weniger düster, unentwirrbar und zuweilen bis zum Absurden unverständlich; und die Menschen, die sich in ihr bewegten, hielten ebenso selten, was sie allenfalls versprochen hatten. Und hin und wieder geschah es auch Tacitus, dass er sich schämte, berichten zu müssen, was zu berichten war, so etwa, wenn er schreibt: «Während hochgestellte Männer in Gefahr schwebten, wagte es – man schämt sich, davon zu berichten – ein gewisser Mariccus, ein Boier niedriger Herkunft, sich in eine hohe Stellung zu drängen ...»[377]

Es wäre reizvoll, den Stil des *Wallenstein* mit dem Stil des antiken Geschichtsschreibers zu vergleichen – man würde Übereinstimmungen finden, die nicht zufällig sein können. Wie Tacitus liebt es auch Golo Mann, seine Erzählung mit kommentierenden Sentenzen zu begleiten, die sich, wie etwa die folgenden, dem Aphorismus oder dem Sprichwort nähern können: «Die Zeit war leichtgläubig wie alle Zeiten»; «Die Welt will betrogen sein»; «Wo nichts ist, hat der Kaiser sein Recht verloren»; «Weil der Haß sich nach Kränkungen sehnt wie der Liebende nach Zeichen des Glücks».[378] An seinem moralischen Anspruch hält Golo Mann ebenso fest wie Tacitus fast zweitausend Jahre vor ihm. Daraus, dass er daran festhält und gleichzeitig um die eingeschränkte Handlungsfähigkeit des freien Individuums weiß, bezieht der *Wallenstein* seine eigentümliche tragische Spannung, die offensichtlich auch ein modernes Publikum anzusprechen vermag. Daraus erklärt sich aber auch die Fremdheit des monumentalen Werks innerhalb einer Geschichtswissenschaft, der das moralische Urteil des Historikers und seines Lesers kein zentrales Anliegen mehr ist.

Golo Mann, im Urteil über sein eigenes Schaffen immer höchst selbstkritisch – wenn sich auch bei ihm Understatement und Skepsis nicht immer leicht unterscheiden lassen –, hat im *Wallenstein* sein Hauptwerk gesehen. Gegenüber seinen früheren Büchern, dem *Gentz* und der *Deutschen Geschichte*, stellte er dieses Buch erheblich höher. «Besser heißt hier», schrieb er einem Briefpartner, «tiefer forschend und grabend, dichter, mit mehr Hingebung oder Leidenschaft geschrieben. Es ist das einzige, womit ich vor dem Jüngsten Gericht zu bestehen hoffe; ob das aber nun genügt, weiß ich nicht.»[379] Und in einem andern Schreiben, fünfzehn Jahre nach Erscheinen des Buches, bemerkte er: «Es war das Projekt meines Lebens: während vieler Jahrzehnte geplant, noch zur rechten Zeit durchgeführt, heute könnte ich es nicht mehr. Mit der Sprache suchte ich den Leser in die Atmosphäre jener untergegangenen Zeiten eintauchen zu lassen. Jedes Werk verlangt seine eigene Sprache, setzt es durch, ob es dem Autor bewußt ist oder nicht.»[380]

Die beiden «Nachtphantasien», welche ihm die wissenschaftliche Kritik besonders anlastete, versuchte der Autor als den äußersten Versuch zu rechtfertigen, mit dem Mittel der sympathetischen Annäherung seinem «Helden» so nah wie irgend möglich zu kommen. Im Brief an eine Leserin beschreibt er in nicht ganz ernsthaftem Tonfall, wie ihm eines Abends in seiner Arbeitsklause am Bodensee die Gestalt Wallensteins auf fast magische Weise nahe getreten sei: «Aber ich konnte ihn nicht zu Leben erwecken, ohne ihm etwas von meinem Blut zu geben. Wie das geschieht, bleibt ein Rätsel. Um es noch mystischer auszudrücken: Nachdem ich so viel Jahre mit dem Menschen und seinem Schicksal gerungen hatte, hat er mich eines Nachts besucht und meine Identität für ein paar Stunden besetzt. Na gut.»[381]

Der Vorwurf, sein Werk sei unwissenschaftlich, hat Golo Mann bis zu seinem Tod belastet. «Über meine ‹Deutsche Geschichte im 19. und 20. Jahrhundert›», bemerkte er in einem Brief, «und über meine Beiträge in der Propyläen-Weltgeschichte mag man sagen, dass sie gelehrte Schriftstellereien seien, nicht eigentlich ‹Wissenschaft›, weil sie nichts Neues entdeckt haben. Dagegen ist das Werk meines Lebens, der ‹Wallenstein›, totaliter wissenschaftlich. Das heißt, nach diesem Buch kann nichts mehr Neues über den

‹Wallenstein› geschrieben werden. Wie denn auch in den letzten zwölf Jahren gar nichts mehr über ihn erschienen ist.»[382] Auf gar keinen Fall wollte Golo Mann mit den Verfassern von «biographies romancées» und historischen Romanen gleichgestellt werden. «Ich habe», schrieb er einmal, «solche Buchmacher und Großgeldmacher, die aus drei wissenschaftlichen Büchern ein viertes feuilletonistisches machen wie Stefan Zweig und Emil Ludwig immer gering geachtet. Und wer mir sagte, ich selber gehörte dazu, mit dem würde ich mich duellieren.»[383]

Es scheint uns erstaunlich, dass sich die Fachhistoriker mit der Geschichtsbetrachtung in Golo Manns *Wallenstein* nie eingehend auseinander gesetzt haben. Auch der Publikumserfolg und die ganz außergewöhnliche Dauer dieses Erfolgs sind nie kritisch analysiert worden. Nicht nur die Vertreter der historischen Sozialwissenschaften, sondern auch viele andere Historiker lehnten das Buch ab oder distanzierten sich. Das Verdikt war klar und eindeutig: Golo Mann, Sohn des großen Schriftstellers, war selbst ein Literat und gehörte nicht zur Zunft der Fachleute. Selbst jene wohlwollende Toleranz, die man in Frankreich und den angelsächsischen Ländern historischen Werken mit literarischem Anspruch entgegenzubringen pflegt, wurde Golo Mann gegenüber nicht geübt. In den wissenschaftlichen Geschichtswerken unserer Tage wird der Historiker selten zitiert und wenn, dann nicht mit einem seiner Interpretationsergebnisse, sondern allenfalls mit einer seiner vielen geglückten sprachlichen Wendungen oder einem Aphorismus. Selbst in modernen geschichtstheoretischen Werken, die sich kenntnisreich und klug mit dem Historismus befassen, ist sein Name nicht zu finden.[384] Dass sich von der Position der marxistischen Geschichtsschreibung und der modernen Struktur- und Gesellschaftsgeschichte her kaum ein Zugang zu Golo Mann öffnet, ist verständlich. Aber eine mögliche Frage wäre doch, warum so viele Leser offensichtlich da einen Zugang fanden, wo er dem Universitätshistoriker anscheinend verschlossen bleibt. Selbst wenn wir manche Vorbehalte gegen den *Wallenstein* durchaus teilen, meinen wir doch, dass bei Golo Mann eine mit Entschiedenheit gewählte und konsequent durchgeführte Form der Geschichtsbetrachtung vorliegt, die eine Auseinandersetzung mit der modernen Hermeneutik lohnte. Mit Hans-Georg Gadamer etwa, der davon ausgeht, dass Geschichte immer nur von unserem eigenen Deutungshorizont her verstanden werden könne, ließe sich Golo Manns Geschichtsbild sehr wohl in befruchtende Beziehung bringen. Und ein Satz Gadamers wie der folgende zielt auf eine Überlegung, die auch für Golo Mann wichtig war: «Ein wirklich historisches Denken muß die eigene Geschichtlichkeit mitdenken. Nur dann wird es nicht dem Phantom eines historischen Objektes nachjagen, das Gegenstand fortschreitender Forschung ist, sondern wird in dem Objekt das Andere des Eigenen und damit das Eine wie das Andere erkennen lernen. Der wahre historische Gegenstand ist kein Gegenstand, sondern die Einheit dieses Einen und Anderen, ein Verhältnis, in dem die Wirklichkeit der Geschichte ebenso wie die Wirklichkeit des geschichtlichen Verstehens besteht.»[385]

Auch wäre es der Mühe wert zu untersuchen, ob der von Golo Manns Gegnern behauptete Unterschied zwischen «literarischer Prosa» und «wissenschaftlicher Prosa», ohne dass die jeweilige Darstellungsform näher definiert würde, überhaupt Erkenntniswert besitzt. Schon vor dreißig Jahren hat der in Deutschland erst spät rezipierte Literatur- und Geschichtstheoretiker Hayden White die Nützlichkeit dieser Unterscheidung bestritten und gezeigt, dass jede Form sprachlicher Darstellung von geschichtlicher Realität ein Element des Fiktiven enthält. White richtet sein Augenmerk auf den Text, mit dem von Geschichte berichtet wird, und er zeigt, wie an aller «sprachlichen Konstitution geschichtlicher Wahrnehmung» Faktoren beteiligt sind, deren Gewicht nicht vernachlässigt werden darf: nicht nur das Vorverständnis des Betrachters, die selektive Annäherung an den Gegenstand, zeitbedingte Deutungsmuster, sondern auch Aufbau, Stilformen und Metaphorik der Sprache selbst, in der berichtet wird. «Dies alles verweist», schreibt White, «auf die Notwendigkeit, die bei der Erörterung solcher Erzählformen wie der Geschichtsschreibung traditionellerweise gemachte Unterscheidung zwischen dichterischem und prosaischem Diskurs zu revidieren und zu erkennen, daß diese seit Aristoteles geltende Unterscheidung zwischen Geschichte und Dichtung bei beiden ebenso viel verdunkelt wie erhellt. Wenn es ein Element des Historischen in aller Dichtung gibt, gibt es in jeder historischen Darstellung ein Element der Dichtung. Und dies, weil wir in unserer Darstellung der historischen Welt in einer Weise, wie dies vielleicht nicht in den Naturwissenschaften der Fall ist, von den Verfahren der *figurativen Sprache* abhängig sind, sowohl bei der Beschreibung der Gegenstände unserer erzählerischen Darstellungen als auch bei den Strategien, mit denen wir erzählerische Darstellungen der Transformationen dieser Gegenstände in der Zeit erstellen. Dies auch, weil die Geschichtsschreibung keinen festgelegten, ihr allein eigenen Gegenstand besitzt; sie wird immer im Wettbewerb mit konkurrierenden dichterischen Figurationen dessen, worin die Vergangenheit bestehen *könnte*, geschrieben.»[386]

Golo Mann hat sich mit hermeneutischen Fragen, obwohl seine Universitätsausbildung auch eine philosophische war, nie befasst. Den Namen Gadamers hat er gekannt, aber nichts deutet darauf hin, dass er dessen großes Werk *Wahrheit und Methode* gelesen hätte. Hayden White war dem Historiker unbekannt. «Hermeneutik», schrieb Golo Mann in einem Brief, «– sicher, sie hat für die Historie sehr respektable Leistungen vollbracht, so Stegmüller, so Gadamer. Im Grund aber kann ich sie nicht brauchen. Hier gilt das Wort von der Grauen Theorie und vom Grün des goldenen Lebensbaumes. Sich in die Sache zu vertiefen, ohne Vorurteil, in die lebendigen Zeugnisse vergangener Zeit solange, so zäh, bis man weiß und fühlt, was das für ein Leben und Erleben und Denken war – das ist meine Hermeneutik und weiter brauche ich keine.»[387]

Golo Manns *Wallenstein*, wir sagten es, wurde zu einem durchschlagenden Erfolg; auf den Bestsellerlisten des Jahres 1971 rangierte das dicke und teure Buch neben dem *Dressierten Mann* der Feministin Esther Vilar und neben *Zufall und Notwendigkeit* des französischen Nobelpreisträgers für Medizin, Jacques Monod, lange Zeit an vorderster Stelle.[388] Der gebundenen Erstausgabe im Fischer-Verlag folgten Taschenbuchauflagen und Übersetzungen. Die Übertragung ins Englische freilich gab Anlass zu Ärger; die originale Fassung war stark gekürzt worden, Golo Mann hatte Mühe, seinen Stil wieder zu erkennen und beklagte, das Kolorit der Erzählung sei verloren gegangen.[389] Die angelsächsischen Rezensenten urteilten im Allgemeinen respektvoll, gaben aber gelegentlich zu erkennen, dass ihnen eine Gestalt wie Wallenstein doch fremd erscheine.[390]

Im Zusammenhang mit seinen Wallenstein-Studien bereiste Golo Mann mehrmals die Tschechoslowakei und betrieb in Prag und Nordböhmen Spurensuche. In einem Bildband, der 1973 erschien, berichtet er von den Marktflecken, den Schlössern und Landschaften im ausgedehnten Herrschaftsbereich des Feldherrn, der damals, kurze Zeit nach der Niederschlagung des Prager Frühlings, kaum westlichen Reisenden offen stand. Des Historikers Schilderung betont das Episodische: Sie berichtet von Begegnungen mit alten Menschen, die noch Deutsch sprechen, von der Hilfsbereitschaft der mittellosen Bevölkerung, von zerfallenden Kulturdenkmälern und in Vergessenheit geratenen Staatsverträgen. Ein modriger Hauch des alten Österreich kommt hoch, verflüchtigt sich im lustlosen Lärm einer kommunistischen Maifeier. Auch die jüngste Geschichte ist dem Reisenden gegenwärtig, die Vertreibung der Deutschen, die Regelung der deutschen Beziehungen zum Osten. Von Friedland aus blickt Golo Mann hinüber nach Polen, auf eine Landschaft mit kulissenartig vorgeschobenen Gebirgsrücken. Und er schreibt: «Einsamkeit, auf dem Kamm Weite des Blicks über mehr Einsamkeiten in der Ferne schwindender Waldberge, wie ich sie in Westeuropa noch nirgends sah; mitunter ein Blick auf die Schneekoppe, die, Ende April, ihrem Namen noch Ehre macht. Das ist nun polnisch und wird es bleiben, wir wissen es. Aber Schmerz und Bitterkeit jener, deren Heimat hier einmal war, kann man erst ganz verstehen, wenn man mit Augen gesehen hat, was sie verloren; ob Wallensteins blühende Lande, ob Eichendorffs Täler weit und Höhen jenseits der Grenze.»[391]

Im Jahre 1977 wurde, nach dem Bucherfolg und diesen perpetuierend, ein Fernsehfilm in vier Teilen über Wallenstein gedreht. Golo Mann nahm an der Entstehung des Films regen Anteil, prüfte das Drehbuch und war bei Aufnahmen zugegen, die teilweise in der damaligen Tschechoslowakei, auf der Burg Karlstein bei Prag, erfolgten. Mit dem Regisseur, Hans Peter Wirth, trat der Historiker in ein freundschaftliches Verhältnis und äußerte freimütig seine Wünsche und seine Kritik. So bemerkt er etwa mit Sorge, Wallenstein könnte beim Fernsehzuschauer nicht die Sympathie erwecken, die er verdiene[392], oder er schreibt bezüglich des Drehbuchs: «Es ist mir zu wenig Volk darin und zu viel ‹Salon›.»[393] Im Allgemeinen aber scheint sich Golo Mann mit den Vereinfachungen seiner Darstellung, die im andern Medium unerlässlich waren, abgefunden zu haben, umso mehr, als der Film in der Kritik eine mehrheitlich positive Aufnahme fand.[394] Die *Rheinische Post* äußerte sich zwar zwiespältig: «Die Biographie enthält die Fülle der Möglichkeiten, der Film nicht. Das Vieldeutige ist eindeutig geworden, das Bild bleibt stets klar umrissen. Mag Wallensteins Charakterbild auch in der Geschichte schwanken – im Film schwankt nichts.»[395] Der Filmkritiker der *Neuen Zürcher Zeitung*, Martin Schlappner, urteilte dagegen begeistert: «Ein Meisterwerk des historischen Films [...] die Figur des Friedländers erscheint in der ganzen Komplexität, wie Golo Mann sie mit der Kombination aller möglichen Methoden der Geschichtsschreibung entworfen hat.»[396]

Einen späten Triumph feierte Golo Mann mit der Aufnahme seiner *Wallenstein*-Biographie in der Deutschen Demokratischen Republik. Seit dem Erscheinen seiner *Deutschen Geschichte*, die, keineswegs zu Unrecht, als gezielt antimarxistisch beurteilt wurde[397], war er dort in Ungnade gefallen, und die Bücher, die er nach Ostdeutschland sandte, wurden regelmäßig retourniert. Noch 1985 musste er einem Briefpartner in der DDR antworten: «‹Wallenstein› ist in Ihrem Lande verboten. Warum, weiß ich nicht. Aber es ist nun einmal so. Ein paamal habe ich das Buch an einen Bürger der DDR geschickt, auf dessen Bitte hin, und jedesmal kam es zurück, wir Deutsche sind ja korrekt: Nach Paragraph soundso in der DDR verboten.»[398] Noch auf dem XI. Parteitag der SED im Jahre 1986 forderte Erich Honecker eine parteipolitisch engagierte Literatur und Kunst, und der Chef der Staatssicherheit, Erich Mielke, beglückwünschte die Rektoren der Hochschulen für ihre enge Zusammenarbeit. Da jedoch ein Großteil der Bevölkerung der DDR ihre Information aus Radio und Fernsehen der Bundesrepublik bezog, ließ sich der Erfolg Golo Manns jenseits der Mauer nicht verheimlichen. Dies mag dazu beigetragen haben, dass der Historiker im Jahre 1989 auf Einladung des Kulturministers Hans-Joachim Hoffmann zu Lesungen aus dem *Wallenstein* in der DDR weilte und Leipzig, Ostberlin, Potsdam, Erfurt, Eisenach und Weimar besuchte. Besonders beeindruckt zeigte sich Golo Mann von seinen studentischen Zuhörern. In einem Dankesschreiben an Hoffmann äußerte er sich wie folgt: «Sie sprechen in Ihrem Brief an mich von des Menschen Lernfähigkeit. Mein Eindruck: gerade die ist in der DDR besonders kräftig und begierig vorhanden. Es wurden mir selten so intelligente und bohrende Fragen gestellt.»[399] Rundum lobte der Historiker die Zusammenarbeit mit dem «Verlag der Nation», der seinen *Wallenstein* herausgebracht hatte. Dankbar vermerkte er insbesondere die Einsatzbereitschaft des Verlagsteams, das eine «Arbeit von einer Intensität, Genauigkeit und Liebe» geleistet habe, «wie sie in den verwöhnten Staaten – ich nenne keine Namen – leider gar nicht mehr denkbar ist»[400].

Mit dem Erfolg des *Wallenstein* wurde Golo Mann in den siebziger Jahren zu einer öffentlichen Persönlichkeit. Die im Nachlass erhaltene Korrespondenz des Historikers gibt einen Eindruck von dem enormen Echo, das die Biographie auslöste. Aus allen Kreisen der Bevölkerung und von Vertretern unterschiedlicher Altersstufen kamen vorwiegend begeisterte Schreiben: Abiturienten wünschten ein Autogramm, Pastoren bedankten sich für die lehrreiche Lektüre, Hobby-Historiker trugen Bemerkungen und Korrekturen bei, gelegentlich erreichte auch der lobende Brief eines Universitätsprofessors, der sich öffentlich vielleicht anders geäußert hätte, den Autor. Nach seiner Gewohnheit erwiderte Golo Mann fast alle Briefe, und oft, auch ganz unbekannten Absendern gegenüber, antwortete er ausführlich und sehr persönlich. Die Flut täglich eintreffender und sich während seiner Vortragsreisen gewaltig stauender Schreiben sollte trotz der zeitweiligen Mithilfe einer Sekretärin zu jener chronischen Überlastung des Historikers führen, die in den späten Lebensjahren seine Schaffenskraft gravierend in Mitleidenschaft zog.

6. Kontroversen und Konflikte

Unter den vielen, die schriftlich auf den *Wallenstein* reagierten, befand sich auch Hans-Ulrich Wehler, dem der Autor ein Exemplar seiner Biographie hatte zukommen lassen. Wehler reagierte mit kritischer Freundlichkeit. «Selbstverständlich», schrieb er, «würde ich nicht bezweifeln, daß auch die moderne Biographie eine völlig legitime Form der Historiographie bleibt.»[401] Und er fuhr, vielleicht in bewusster Verkennung von Golo Manns Bucherfolg, fort: «Mein einziger Einwand dagegen ist der, daß die gegenwärtige Interessenlage bei denen, die man als Leser kennt oder sich vorstellt, eher auf strukturelle Probleme hinweist als auf die Bedeutung der Persönlichkeit. Man kann die Jüngeren, glaube ich, besser erreichen und, wenn Sie so wollen, für die Geschichte gewinnen, wenn man von allgemeinen Fragen der gesellschaftlichen Entwicklung ausgeht und die Persönlichkeit darin einbettet, als wenn man den umgekehrten Weg geht.»[402] Golo Mann antwortete nicht ohne Humor: «Wie immer es mit der Theoriebedürftigkeit der Geschichte stehen möge: für meine arme Person bin ich momentan so theoriemüde, ja so theoriewund, daß ich nicht mehr mittun mag ...» Auf einen Hinweis Wehlers auf die von diesem eben begründete Zeitschrift *Geschichte und Gesellschaft* eingehend, fuhr er fort: «Die Zeitschrift muß ich abonnieren. Vielleicht werde ich doch einmal so wütend, daß ich irgend eine Winzigkeit beitrage.»[403]

Im Jahre 1978 trafen Golo Mann und Hans-Ulrich Wehler auf einer wissenschaftlichen Tagung zusammen, der eine, um über die «Anwendung von Theorien in der Geschichtswissenschaft» zu sprechen, der andere, um ein «Plädoyer für die historische Erzählung» zu halten.[404] In seinem Referat argumentierte Wehler, dass mit den Methoden herkömmlicher Diplomatiegeschichte und philologisch orientierter Auswertung der Quellen allein den komplexen Problemen der modernen Industriegesellschaft nicht beizukommen sei. Die Erklärung des sozioökonomischen und des dadurch bedingten mentalen Wandels sei so nicht zu leisten. Um gesellschaftliche Grundstrukturen überzeugend herauszuarbeiten, sei es unerlässlich, theoretisch begründbare Selektions- und Begriffskategorien zu entwickeln, Erkenntnisse der Soziologie, der Politologie und der Konjunkturtheorie beizuziehen und Erkenntnisprämissen und Erkenntnisziele klar darzulegen. Nur so würde es möglich, langfristige gesellschaftliche Entwicklungen wissenschaftlich in den Griff zu bekommen. Zwar räumte Wehler gewisse Nachteile einer derart theorieorientierten Geschichtsschreibung, etwa fehlende Anschaulichkeit, halbwegs ein, betonte aber deren entscheidende Vorzüge. «Explizite Theorieverwendung», hält er unter anderem fest, fördere die «Rationalität der wissenschaftlichen Diskussion» auch im interdisziplinären und komparativen Bereich und erhöhe die Chancen des Erkenntnisfortschritts. Die «Erfassung anonymer Bedingungskonstellationen historischer Prozesse» gestatte es, den eingeschränkten Handlungsspielraum des Einzelnen angemessener zu erfassen als durch das Individualitätsprinzip des Historismus. Insbesondere werde das Phänomen der «Gleichzeitigkeit des Ungleichzeitigen», des Nebeneinanders von Traditionalität und Modernität, der wissenschaftlichen Analyse erst durch «Theorieverwendung» wirklich zugänglich.[405]

Den mit Fallbeispielen illustrierten und mit beachtlichem terminologischem Aufwand vorgetragenen Ausführungen Wehlers begegnete Golo Manns «Plädoyer für die historische Erzählung» mit betont einfach formulierter Widerrede. Es sei ein künstlicher Gegensatz, sagte Golo Mann, den man zwischen narrativer Darstellung und Theoriebewusstsein konstruiert habe, bedinge doch beides sich gegenseitig, wie überhaupt das Vehikel aller Geschichtsschreibung die erklärende Erzählung sei. Die Theorie mit ihrem Anspruch, alles zu wissen, vermöge den Reichtum geschichtlicher Wirklichkeit nie ganz auszuschöpfen und sei ihrerseits zeitgebunden. So erkläre die marxistische Theorie allenfalls die Verhältnisse im Frankreich des Louis Philippe, führe aber in die Irre, wenn sie vom aktuellen Standort aus für die Analyse lang dauernder Entwicklungen eingesetzt werde. Wehlers Studie über das «Deutsche Kaiserreich»[406] warf Golo Mann vor, von dieser Epoche das Bild eines «gänzlich durchrationalisierten Alptraums» zu zeichnen, das die Freiheit des individuellen Handelns deterministisch einschränke. Die Fülle der geschichtlichen Einwirkungen würde auf wenige Grundtatsachen reduziert, und es würden überhaupt keine «Menschen aus Fleisch und Blut» gezeichnet; der Autor spiele gleichsam den «‹Hamlet› ohne den Prinzen von Dänemark»[407]. Seinen Vortrag beschloss Golo Mann mit folgenden lapidaren Sätzen: «Ich muß zusammenfassen. Ich glaube an die ganze Theoriebedürftigkeit der Geschichte nicht. Die Historie ist eine Kunst, die auf Kenntnissen beruht, und weiter ist sie gar nichts.»[408]

Das waren in der Tat sehr voneinander abweichende, auf unterschiedlicher Diskursebene angesiedelte Standorte, und eine Einigung war nicht zu erzielen. Man redete aneinander vorbei und vermied auch nicht die persönliche Polemik. Hans-Ulrich Wehler trat auf die Praxis narrativer Darstellung nicht ein, bezichtigte seinen Gegner einer überlebten Geschichtsauffassung, die den präzisen Fragestellungen der modernen Geschichtswissenschaft ausweiche, und warf ihm nicht ohne Boshaftigkeit vor, er wende sich an ein älteres Bildungsbürgertum und nicht an jüngere kritische Leser. Auch Golo Mann hielt mit Seitenhieben nicht zurück. Wehler liebe nun einmal, stellte er fest, die narrative Methode nicht und leugne deren Möglichkeiten zur Erklärung und Veranschaulichung, ja es fehle seiner Schule die aus der menschlichen Erfahrung gewonnene Sympathie, welche man den Gestalten der Geschichte entgegenbringen müsse. Wehlers differenzierende Ausführungen auf eine Art von eindimensionaler Geschichtsphilosophie reduzierend, setzte Golo Mann seinen Kontrahenten dem Marxismus-Verdacht aus und suggerierte, jener wolle, in unzulässiger Anlehnung an die Naturwissenschaften, Geschichtswissenschaft zur Gesetzeswissenschaft erheben. Nein, eine Annäherung war nicht zu erreichen, sosehr sich auch einige Historiker-Kollegen, welche an der Tagung teilnahmen, um Vermittlung bemühten.[409] Nach Abschluss der Tagung schrieb Golo Mann einem der Gründungsväter der historischen Sozialwissenschaften, Jürgen Kocka: «Die Begegnung mit Ihrem Kreis war für mich armen Outsider recht lohnend, und aus der Diskussion kam auch wohl eine ganze Kleinigkeit heraus.»[410]

Kein Dialog ergab sich auch mit Soziologen und Philosophen wie Theodor W. Adorno, Max Horkheimer, Herbert Marcuse und Jürgen Habermas, den Vertretern der 1930 gegründeten Frankfurter Schule, denen viele sozialwissenschaftlich orientierte Historiker nahe standen. Golo Manns Aversion gegen Adorno ging auf die Zeit des amerikanischen Exils zurück. Damals hatte der Philosoph und Musikwissenschaftler Thomas Mann bei der Abfassung des *Doktor Faustus* beraten, indem er den Schriftsteller auf Arnold Schönbergs Zwölftontechnik hingewiesen hatte. Erika und Katia Mann, die Adorno nicht mochten, sahen offenbar durch dessen Mithilfe das Verdienst des eigentlichen Autors geschmälert. In Katia Manns *Ungeschriebenen Memoiren* wird Adorno boshaft charakterisiert: «Er war doch zuweilen wie närrisch vor Anspruch und Blasiertheit.»[411] Dieses Urteil, das, wie der Thomas-Mann-Forscher Hermann Kurzke gezeigt hat, zumindest in dieser Sache ungerechtfertigt ist[412], wurde anscheinend von Golo Mann übernommen. «Adorno», schrieb dieser einem Briefpartner, «ist moralisch m. E. nie erwachsen geworden. Er war selbstsüchtig, ja eitel wie ein Kind, benahm sich erotisch entsprechend usw.»[413] Offensichtlich war die Abneigung eine gegenseitige, wie die bereits erwähnte Verhinderung von Golo Manns Berufung an die Universität Frankfurt zeigte.

Aber nicht nur in persönlicher, auch in politischer Hinsicht ergaben sich zwischen Golo Mann und der Frankfurter Schule kaum Berührungspunkte. Die Frankfurter Schule machte im Sinne der marxistischen Lehre, wenn auch dieser nicht sklavisch verpflichtet, die gesellschaftlichen Verhältnisse des Kapitalismus für Faschismus und Nationalsozialismus verantwortlich. Zur Bekämpfung und Verhinderung solcher Ideologien war nach Adorno, Horkheimer und deren Anhängern eine permanente kritische Analyse des gesellschaftlichen Zustandes unverzichtbar, die vom naturrechtlichen und revolutionären Gedankengut der Aufklärung ausging und die Verkrustung von bestehenden Strukturen durch einen Prozess der Emanzipation ablösen sollte. Solchem Denken lag ein fortschrittlicher, optimistischer Geschichtsbegriff zugrunde: Die sozialen Verhältnisse machten den Menschen zu dem, was er war; gelang es ihm aber, durch die rationale Kritik dieser Verhältnisse deren Ablösung und Veränderung herbeizuführen, würde sich auch der Mensch seiner höheren Bestimmung entsprechend entwickeln. Zu derartigen Überlegungen, die hier sehr verkürzt zusammengefasst werden müssen, trat bei der Frankfurter Schule ein enger Praxisbezug. Die philosophischen Einsichten sollten auf politischer und bildungspolitischer Ebene umgesetzt werden. Besonders auf die Studentenbewegung, aber auch auf die Pläne zur Bildungsreform nahm die Frankfurter Schule erheblichen Einfluss.

Wir haben bereits im Zusammenhang mit Golo Manns *Deutscher Geschichte* gesehen, dass der Historiker in grundlegend anderen Kategorien dachte. Er lehnte die Totalitarismustheorien ab, weil er darin die Absicht vermutete, eine Ideologie durch eine andere erklären zu wollen. Er legte das Schwergewicht seiner Geschichtsdeutung auf das Individuum und nicht auf die Gesellschaft. Er teilte die optimistische Tendenz der Frankfurter Schule und ihren aufklärerischen Glauben an die Emanzipationsfähigkeit des Menschen nur sehr bedingt, und jeder Utopismus war ihm fremd. Und schließlich fehlte seinem Geschichtsbild, das primär auf Bewahrung und sorgsame Reform abzielte, der revolutionäre Impetus.

Mit der Frankfurter Schule und deren gesellschaftskritischen Überlegungen sah Golo Mann auch den Philosophen Jürgen Habermas eng verbunden. Mit dem Werk dieses wohl einflussreichsten Publizisten der politischen Linken im Deutschland der Nachkriegszeit befasste sich der Historiker freilich nur sehr oberflächlich. Seine Kritik orientierte sich fast ausschließlich an gewissen Stilmerkmalen der Habermas'schen Sprache und an dessen Umgang mit Fremdwörtern. In einem polemischen Aufsatz unter dem Titel «Über die Denkkunst des Professors Jürgen Habermas» kommt Golo Mann eingehend auf die Wissenschaftsprosa des Philosophen zu sprechen. So stellt er etwa fest: «Er kann nicht ‹versuchsweise›, er muß ‹tentativ›, er kann nicht ‹erzählerisch›, er muß ‹narrativ› sagen. Nichts gegen Fremdworte, wo das deutsche Wort fehlt, da brauche ich sie auch. Neue Fremdworte zu bilden, wo deutsche Worte bequemstens sich bieten, ist meiner populistischen Ansicht nach nichts als gelehrte Betulichkeit. – O über diese Volksfreunde!»[414]

Im Übrigen wirft Golo Mann Habermas Ähnliches vor wie Hans-Ulrich Wehler, nämlich dass er die geschichtliche Realität einer vorgeformten Theorie, einem von ihm entworfenen System von Begriffen unterwerfe. So gelange Habermas im Zusammenhang mit dem Terrorismus der «Roten Armee Fraktion» dazu, «per Dekret» diesen Terrorismus aus der Ideengeschichte der Linken herauszulösen und unter dem Begriff des «Neo-Populismus» rechtsradikalen Tendenzen zuzuordnen, die sich anti-emanzipatorisch verhielten und gegen die «Moderne» wendeten. Persönlich fühlt sich Golo Mann vor allem dadurch getroffen, dass Habermas dem «Neo-Populismus» einen «Neo-Historismus» an die Seite stellte, womit er, der Historiker, sich in die Nähe des Terrorismus gerückt sieht. Im Übrigen übernehme Habermas den Begriff des «Populismus» unbesehen einem Kontext der amerikanischen Geschichte, ohne die Andersartigkeit europäischer Verhältnisse zu bedenken. «Habermas», schließt Golo Mann, «mit einem übel gebündelten Sammelbegriff am falschen Ort operierend – falsch, weil er einen versunkenen Ort für den richtigen hält – leistet zum Verständnis des Terrorismus nicht das mindeste.»[415] An Carl Friedrich von Weizsäcker, den Physiker und Philosophen, schrieb Golo Mann, nachdem er seinen Pfeil gegen Habermas abgeschossen hatte, nicht ohne innere Befriedigung: «Gegen Professor Habermas habe ich einen polemischen Artikel geschrieben. Ich mußte. Mit seiner Art zu denken – und ich leugne nicht, dass er ein eminent gescheiter Schriftsteller ist – kann ich rein gar nichts anfangen.»[416]

Die wissenschaftliche Terminologie von Habermas und seinen Anhängern, aus der sich in den siebziger Jahren nicht selten eigentliche Modewörter des politischen Jargons entwickelten, verdross Golo Mann so sehr, dass er sich veranlasst sah, einen Aufsatz über «Nützliche und unnützliche Schlagwörter» zu schreiben.[417] Er weist darin etwa darauf hin, dass eine Wendung wie «systemüberwindende Strategien» der Tatsache des gesellschaftlichen Wandels nur einseitig Rechnung trage und dass der Begriff des «Spätkapitalismus» einen Dekadenzzustand insinuiere, der, im Gegensatz zu Marxens Prognosen, nicht bestehe. Auch Wörter wie «Leistungsgesellschaft», «Konsumgesellschaft», «Emanzipation» werden kritisch unter die Lupe genommen. Entschieden wendet sich Golo Mann gegen den damals häufig verwendeten, in der marxistischen

Sprachregelung durchweg gebräuchlichen Begriff des «Faschismus» als pauschale Charakterisierung totalitärer Herrschaftssysteme; dieser Begriff, stellt er fest, sei zutreffend als Bezeichnung von Mussolinis Regime, doch untauglich für den Nationalsozialismus; er verwische die Einzigartigkeit der Phänomene.[418] In seiner Stilkritik bestreitet Golo Mann nicht die Realität vieler durch solche Begriffssprache umschriebener Phänomene. Ihm geht es vielmehr um die präzise Angemessenheit des sprachlichen Ausdrucks, und er schließt seinen Aufsatz mit dem Hinweis, dass Schlagwörter geeignet seien, den Blick auf die Wirklichkeit zu verstellen und die politische Arbeit zu erschweren; wer sie dennoch gebrauchen wolle, der «müsse sie jeweils definieren oder doch bereit sein zu sagen, was er mit ihnen meint, wenn man ihn dazu auffordert»[419].

Golo Manns Kritik an Adorno, Horkheimer, Marcuse und Habermas basierte nicht auf näherer Kenntnis ihres Werks und ist geprägt von persönlicher Voreingenommenheit. Indem Golo Mann der Frankfurter Schule eine Mitverantwortung für die Studentenunruhen zuwies, teilte er die Haltung der bürgerlichen Rechten. Gut möglich, dass bei seiner Kritik auch ein Gran Neid darüber mitspielte, dass die Frankfurter Schule zumindest zeitweise politischen Einfluss auszuüben vermochte. Darauf deutet etwa die folgende Briefstelle aus dem Jahre 1983 hin: «Ich wollte nicht zeigen», schrieb Golo Mann einer Verehrerin, «wie gescheit ich bin, wie etwa die Herren von der ‹Frankfurter Schule› dies wollten. Darum sind sie in der weiten Welt auch so berühmt geworden, ich nicht. Ich wollte direkte, also einigermaßen naive Fragen stellen, nicht scholastische; Fragen, die mir vorkamen, manchmal sehr stark vorkamen, mir, wie man so sagt ‹auf den Nägeln brannten›, und in deren versuchter Beantwortung ich etwas ein bißchen Hilfreiches sah. Nebenbei wollte ich gut schreiben; und dann, im erzählenden Teil meines ‹Lebenswerkes›, auch fesseln, auch Freude machen durch Erzählen. Das gilt ja nun heute alles als veraltet, aber so werde ich während der Jahre, die mir vielleicht noch bleiben, weitermachen.»[420]

In den siebziger und achtziger Jahren hat Golo Mann sein Geschichtsverständnis in zahlreichen Aufsätzen dargelegt. Als Forum wählte er in der Regel nicht Fachpublikationen, sondern Zeitungen und Kulturzeitschriften. Unverkennbar war sein Bemühen nicht darauf gerichtet, an der Diskussion der Spezialisten mitzuwirken, sondern seine Vorstellung von Geschichtsbetrachtung allgemein verständlich und gleichsam in staatsbürgerlicher Absicht zu vermitteln. Fast alles, was Golo Mann in diese Aufsätze einfließen ließ, war dem aufmerksamen Leser der *Deutschen Geschichte* und des *Wallenstein* bereits bekannt, war es doch immer des Autors Anliegen gewesen, sein Geschichtsverständnis in der Praxis historischer Darstellung transparent zu machen. Neu war nun, dass der Historiker seine Auffassungen in bewussten Gegensatz zu Wehler und den Vertretern der historischen Sozialwissenschaften stellte und in pointierter, zuweilen auch polemischer Form vorbrachte. Golo Manns Grundüberlegungen zur Geschichtsbetrachtung, wie sie in diesen journalistischen Arbeiten geäußert werden, seien hier nochmals in ihren wichtigsten Aspekten zusammengefasst.

Den Kern von Golo Manns Geschichtsbetrachtung bildet, wie mehrmals erwähnt, die strikte Ablehnung aller deterministischen Interpretationen des historischen Prozesses. Gerade darin unterscheidet sich für diesen Historiker die Geschichtswissenschaft von den Naturwissenschaften, dass in ihrem Ablauf keine empirisch überprüfbaren Gesetzmäßigkeiten nachzuweisen sind. Dementsprechend bleibt Golo Mann jeglicher Sicht der Geschichte gegenüber, die im historischen Prozess einen übergreifenden Sinn vermutet, skeptisch. Den augustinischen Gedanken einer christlichen Weltordnung und einer auf das Jüngste Gericht und die Auferstehung abzielenden Heilsgeschichte lehnt der Historiker ab. Zwar leugnet er nicht die Existenz Gottes, doch dieser Gott steht außerhalb der Geschichte, greift nicht in diese ein.[421] Ob es sich nun um den Fortschrittsglauben der Aufklärer, Hegels Theorie von der rationalen Selbstverwirklichung des Weltgeistes, die marxistische

Reduktion der Geschichte auf die Dialektik der Klassenkämpfe oder Oswald Spenglers oder Arnold Toynbees Lehre von Aufstieg und Zerfall von Kulturen handelt – bei allen diesen Deutungsmustern vermisst Golo Mann das Element des Spontanen, Zufälligen und Irrationalen, das für ihn von der Geschichte nicht zu trennen ist. «Für mich», äußert er einmal gegenüber einem Interviewpartner, «ist der historische Prozeß also nicht etwas, was man zur Gänze auf einen Nenner bringen kann, wie das alle noch so indirekten Nachfolger Hegels, unsere Marxisten und Neo-Marxisten, auch unsere neuen sogenannten Strukturalisten glauben. Denn dieser Prozeß ist immer von den verschiedensten Seiten zu greifen, ohne daß diese verschiedensten Seiten je das Ganze ergeben können. Dieses Grundprinzip habe ich von meinem Lehrer Karl Jaspers gelernt [...].»[422]

Allerdings können solch geschichtsphilosophische Ansätze das Problembewusstsein schärfen, und Golo Mann räumt denn auch ein, dass etwa Marxens Dialektik für ihn wichtig geworden sei, aber, wie er hinzufügt, «nur als heuristische Hypothesen, niemals als Doktrin»[423]. In ebendiesem Sinne nahm Golo Mann Anteil an den Thesen, die der amerikanische Soziologe David Riesman im Jahre 1950 in seinem Werk *The Lonely Crowd* entwickelt hatte.[424] Riesman hatte nach einer Erklärung für die Uniformität und Geschichtslosigkeit der modernen amerikanischen Gesellschaft gesucht und eine Erklärung angeboten, welche von einer Dreiteilung der gesellschaftlichen Entwicklung ausging, die Golo Mann anregend schien. Dennoch äußert er seine Skepsis:

«Der fröhliche, zynische Soziologe», schreibt er, «hat vieles gesehen, was ist oder zu werden im Begriff ist, was, seit er es beschrieb, auch in der europäischen Gesellschaft deutlich wurde, er hat es hübsch und geistvoll zusammengefügt. Aber hat er recht? Ich glaube, daß er höchstens halb recht hat und ganz unrecht, gefährlich unrecht, wenn und weil er seine Beschreibung für eine vollgültige erklärt.»[425]

Auch eine Projektion von Verlaufsmodellen in die Zukunft, die zuverlässige Prognosen gestatten sollte, lehnt Golo Mann ab. Die so genannte Futurologie hatte in den sechziger Jahren in den USA Aufsehen erregt, und der Wissenschaftspublizist Robert Jungk, übrigens auch ein Emigrant, hatte für die Gründung von Instituten für Zukunftsforschung geworben.[426] Golo Mann betont zwar immer wieder, dass die Kenntnis der Vergangenheit vertiefte Einsicht in Fragen der Gegenwart und der unmittelbaren Zukunft zu vermitteln vermöge, schließt aber die Möglichkeit langfristiger Prognosen aus.[427]

Dabei bestreitet Golo Mann nicht, dass bestimmte Vorgänge und Zeitperioden einander ähnlich sein könnten und dass das Studium solcher Analogien erhellend sei. In seinem eigenen Werk werden solche Vergleiche, wie wir gesehen haben, hin und wieder vorgenommen, zwischen Napoleon und Hitler, zwischen Nationalsozialismus und Kommunismus oder zwischen dem Dreißigjährigen Krieg und den zwei Weltkriegen. Aber es geschieht dies, um die Singularität eines Phänomens und nicht, um dessen Gleichartigkeit zu verdeutlichen.

Ebenso wenig bestreitet Golo Mann, dass, vom Heute her gesehen, bestimmte Phasen der Menschheitsentwicklung durch charakteristische Merkmale, durch einen gemeinsamen Stil, geprägt werden können, der sie als Einheit erscheinen lässt. So sieht er etwa in der Beschleunigung, die mit der industriellen Revolution des 18. Jahrhunderts einsetzte, das auffälligste Merkmal der Moderne. Golo Mann beruft sich in diesem Zusammenhang auf das Industrialisierungsmodell des amerikanischen Ökonomen Walt W. Rostow, der diesen Prozess in seinem Werk *Stages of Economic Growth* dargestellt hat.[428] «Von unserer Gegenwart aus», schreibt er, «erscheint die Anordnung der Vergangenheit, die der Amerikaner W. Rostow vorgeschlagen hat, als die verständigste: traditionsgebundene, überwiegend landwirtschaftliche, überwiegend bedürftige, stabile, in ihren Grundstrukturen ähnliche Gesellschaften bis ins 16. Jahrhundert; dann, langsam, das Einsetzen der europäischen Moderne als eines absolut Einmaligen und

Neuen; die Beschleunigung ihres Ganges, das Mithineingerissenwerden aller andern Kulturkreise bis zum heutigen Tag.»[429]

Golo Mann nimmt also vonseiten der Geschichtstheoretiker durchaus Anregungen auf, kehrt aber immer wieder zur unmittelbaren Anschauung zurück, wie sie sich für ihn aus der Interpretation der Quellen ergibt. Wenn er Wehler und seiner Schule vorwirft, sie orientierten sich zu ausschließlich an theoretischen Erklärungsmodellen, so übersieht er allerdings, dass auch die Vertreter der historischen Sozialwissenschaften dem Geschichtsverlauf keineswegs einen eindimensionalen Sinn zu unterschieben suchten und dass insofern ihre Beziehung zum Marxismus immer eine kritische war. Auch bewegten sich ihre Theorien nicht im geschichtsfernen Raum, sondern wurden laufend an der historischen Realität überprüft.

Golo Manns Widerwillen gegen den abstrahierenden Zugriff auf die Geschichte geht so weit, dass er bereits Begriffe wie «Imperialismus», «Kapitalismus», «Sozialismus» oder «Faschismus» als unzulässig pauschalierend empfindet und dazu neigt, überall, wo sie gebraucht werden, eine ideologische Absicht zu wittern – oft nicht zu Unrecht. Schon Wörter wie «konservativ» und «radikal», stellt er einmal fest, «sind im Grunde Abstraktionen, für die eine wirkliche Gesellschaft sich gar nicht entscheiden kann, und auch der einzelne Mensch nicht, er wäre denn eben ein wirklichkeitsfremder Doktrinär oder er schriebe ein Buch, das polemisch gegen die andere Haltung gerichtet ist und seine beschränkte Wahrheit aus der Polemik zieht»[430].

Seinen Widerstand gegen die theoriegeleitete historische Interpretation hat Golo Mann einmal, auf Hans-Ulrich Wehler und dessen Buch *Das Deutsche Kaiserreich* Bezug nehmend, so formuliert: «Die Gefahren der begrifflichen Analyse sind die folgenden. Die Wirklichkeit einer vergangenen Gesellschaft wird durchrationalisiert, so als ob alles zusammenstimmte, alles einem Nenner gehorchte, durch den die Geschehnisse prädeterminiert gewesen wären. Das waren sie nie. Unsere Zukunft ist offen. Ferner geht in der bloßen Analyse die Fülle des Lebens, seine Vielfalt und Widersprüchlichkeit, seine eigentliche Menschlichkeit verloren, derart, *dass*, wenn man – in dem Fall, den ich im Aug' habe – eine kenntnisreich und geistvoll durchgeführte Strukturanalyse des Hohenzollernreiches liest, man den Eindruck gewinnt, die deutsche Gesellschaft jener Zeit müsse ein einziger, präzise durchkonstruierter Alptraum gewesen sein. Was sie ganz sicher nicht war. [...] Historische Wirklichkeit geht in den von uns gebildeten Begriffen nie auf, so notwendig sie sind.»[431]

Golo Manns ausgeprägte Abneigung gegen theoretische Begriffssprache ist eng verbunden mit des Historikers Sprachempfinden. Die präzise und allgemein verständliche Beschreibung, die «narrative Darstellung» eines Sachverhalts oder einer Person ist, des Historikers Meinung nach, innerhalb der herkömmlichen Möglichkeiten der deutschen Sprache durchaus zu leisten. Der begabte Historiker beherrscht seine Sprache und weiß sie einzusetzen, um seinem Gedanken die nötige Klarheit und seiner Anschauung ihren plastischen Ausdruck zu verleihen. Fremdwörter und Fachjargon dienten, so Golo Mann, der Sache selten; solche Sprache verenge den Kreis der Leser ohne Not auf einen engen Zirkel von Eingeweihten und Experten und beraube die Geschichtsschreibung ihrer staatsbürgerlichen Relevanz.

Im Zentrum von Golo Manns Geschichtsschreibung steht das handelnde oder leidende Individuum im Ablauf einer Geschichte, die gegen die Zukunft hin offen ist. Der Historiker übersieht nicht, dass der «Ort der Freiheit»[432], in dem der Einzelne sich bewegt, zuzeiten sehr begrenzt sein kann, durch die Umstände, den Zufall, die Beschränktheit des eigenen Wesens und durch das, was er den Einbruch des Irrationalen, die Fanatisierung der Massen etwa, nennt. Auch entspringt wirkliche Freiheit nicht der Macht über andere. Von Freiheit kann nur dann gesprochen werden, wenn diese mit Verantwortung für das Wohl der menschlichen Gemeinschaft verknüpft ist. Dies zu zeigen ist die wichtigste Aufgabe des Historikers. «Wissenschaft», schreibt Golo Mann, «kann den Menschen nicht frei machen, solange sie nicht ihren Auftrag von ihm selber nimmt im Lichte der Frage, was ihm gut sei.»[433] Fällt diese Verantwortung weg, wird Freiheit zur Beliebigkeit, kann Freiheit sich nicht mehr verwirklichen. Wie denn Golo Mann schon im *Friedrich von Gentz* feststellte: «Wo Freiheit zugrunde geht, da kann man hundert gegen eins wetten, daß es ihre eigene Schuld ist. Sie geht daran zu Grunde, daß sie nichts mit sich anzufangen weiß.»[434]

Das Individuum ist ein gemischtes Wesen, «sich selber Freund und Feind», wie in der *Deutschen Geschichte* zu lesen steht.[435] An die «perfectibilité», an eine nachhaltige Verbesserung der sittlichen Grundverfassung des Menschen etwa durch Veredelung oder Emanzipation im Sinne der Aufklärung, glaubt Golo Mann nicht. Der Skeptizismus von Voltaires *Candide* liegt ihm näher als der Fortschrittsglaube Condorcets – hierin gründet sein Pessimismus, der jedoch nie zum Fatalismus wird. «Ich halte», sagt er einmal, «den Menschen für immer gefährdet, er war es immer, und er wird es trotz aller handgreiflichen Fortschritte auf vielen Gebieten auch immer bleiben.»[436]

Im Nachdenken über die moralische Doppelnatur des Menschen sieht Golo Mann auch das angelegt, was von jeher die Faszination der Geschichtsbetrachtung ausgemacht hat. Schon die antike Geschichtsschreibung, stellt er fest, sei lebendig geblieben durch «ihre Reflexion über den Menschen, wie er nun einmal ist, ihren Moralismus, nämlich ihre Unterscheidung zwischen Recht und Unrecht, Gut und Böse, ihre Psychologie und ihre Trauer»[437]. Solche Wertung ist deshalb möglich, weil der Mensch mit seinen Tugenden, Leidenschaften und Begierden genauso eine Konstante im Wechsel und Wandel der Geschichte darstellt wie die Instanz des Gewissens. Zwar wird der Historiker, je nach der Zeit, in der er lebt, und nach seinem persönlichen Standort, aus wechselnder Perspektive urteilen. Der Augenzeuge der römischen Kaiserzeit wird sein Urteil anders begründen als der Demokrat der europäischen Moderne; aber zur Aufgabe beider gehört, dass sie sich diesem Urteil nicht entziehen dürfen.

Indem der Historiker durch seine Nachforschungen in die Lage versetzt wird, den Handlungsspielraum einer bestimmten Persönlichkeit auszumessen, gewinnt er nicht nur die Grundlage für ein moralisches Urteil, sondern auch eine in die eigene Gegenwart hineinwirkende persönliche Erfahrung. Die sattsam bekannte Frage, ob man aus der Vergangenheit lernen könne, beurteilt Golo Mann zurückhaltend: «Geschichte vermag uns zwar keine präzisen Anweisungen für das Verhalten in bestimmten Situationen zu geben, aber sie gibt uns einen Sinn für die Zeit, ein Verständnis für die Kette von Ereignissen, für Zusammenhänge, für Transformationen, für das absolut Neue wie auch für das Fortbestehen des Alten im Neuen.»[438]

Das Studium der Geschichte vermittelt nicht nur zusätzliche Erfahrung, welche die Orientierung in einer sonst leicht als widersinnig und chaotisch empfundenen Welt erleichtert, sie verhilft auch zur besseren Kenntnis des Individuums, das man selber ist. Geschichte zeigt uns, wer wir sind und in welchen Zusammenhängen wir wirken; sie stiftet Identität. In dieser Überzeugung liegt auch der Widerstand Golo Manns gegen jene Bildungsreformer der siebziger Jahre begründet, die danach trachteten, Geschichte auf Zeitgeschichte und Sozialkunde zu reduzieren. «Wenn der Mensch», schreibt Golo Mann, «seiner Vergangenheit völlig entfremdet ist, die doch zur menschlichen Kontinuität gehört und immer gehört hat, wenn er überhaupt nicht mehr weiß oder nicht mehr wissen will, woher er kommt, dann ist er ipso facto auch sich selber fremd.» Und er fährt fort: «Ich meine, daß uns die Vergangenheit nicht verloren gehen darf, denn ich will nicht, daß der Mensch blind wird gegenüber sich selber und gegenüber der Zukunft, dadurch, daß er blind und unwissend gegenüber der Vergangenheit ist.»[439]

Wichtig ist für Golo Mann noch etwas Weiteres: die beglückende und Trost spendende, die menschlich bereichernde Wirkung, die vom Studium der Geschichte ausgehen kann. «Wo immer man in die Vergangenheit greift», schreibt er, «wird man

Zeugnisse finden, die den Erfahrungen unserer eigenen Jahre zum Erstaunen nahe sind: Geschichte als Lehre und als Trost. Ferner dann auch: Geschichte als Quelle der Freude und Faszination. Vergangenes Leben ist immer interessant, es ist oft auch schön; je tiefer man sich darin eingräbt, desto mehr wird man geneigt sein, es zu studieren um seiner selbst willen, und darüber die allgemeinen Gesetze, den wahren oder angeblichen ‹Sinn der Geschichte› zu vergessen.»[440] Ein erstaunliches Bekenntnis, selten geworden in der hektischen Welt der Massenuniversitäten, der überfüllten historischen Seminare, der unermüdlich vorangetriebenen akademischen Karriereplanungen. Wieder wird man an Jacob Burckhardt erinnert, der sich nicht scheute, den Lustgewinn als Motivation und Frucht seiner geschichtlichen Studien zu bezeichnen – und der sich damit prompt dem Vorwurf des Dilettantismus aussetzte. Mit einem ähnlich irritablen Zeitbewusstsein und einer ähnlichen Neigung zum Pessimismus ausgestattet wie Golo Mann, erkannte Burckhardt hellsichtiger als andere die Fragwürdigkeiten des industriellen und nationalistischen Übermuts seiner Epoche, und er erkannte frühzeitig die Bedrohung, die davon auf sein Wesen ausging. In der stoischen Kunst, Unbehagen zu vermeiden, war der Basler Historiker fraglos begabter als Golo Mann. Früh zog er sich vom Journalismus zurück, mied den Kontakt mit geistig verwandten, aber beunruhigenden Zeitgenossen, wie Nietzsche einer war, und wählte mit einer Selbstdisziplin, wie sie Golo Mann abging, das selbstgenügsame Leben eines Lehrers und Privatgelehrten. In vielen Texten Burckhardts ist von der bereichernden Wirkung und dem Glück des geschichtlichen Studiums gerade in ungewissen Zeitläuften die Rede. Wenn «beim Elend noch ein Glück» sein sollte, schrieb er einmal, so könne dies «nur ein geistiges sein, rückwärts gewandt zur Rettung der Bildung früherer Zeit, vorwärts gewandt zur heitern und unverdrossenen Vertretung des Geistes in einer Zeit, die sonst gänzlich dem Stoff anheim fallen könnte»[441].

Hat Golo Mann solches Glück im Umgang mit der Geschichte

wirklich gefunden? Man zögert, die Frage zu bejahen. Zur «heiteren und unverdrossenen Vertretung des Geistes» war dieser Mensch nicht geschaffen. Schwer lasteten auf ihm die Erfahrungen einer schwierigen Kindheit und einer vom Nationalsozialismus überschatteten Jugend, und zu wenig vermochte er sich in späteren Jahren gegen die zermürbenden Herausforderungen des Medienzeitalters und gegen alle die Erwartungen zu schützen, die, oft von ganz unberufener Seite, an ihn herangetragen wurden. In den privaten Papieren des Historikers ist von persönlichem Glück selten die Rede, häufig aber von Trauer und Melancholie und allenfalls von dem Trost, der beides mildern konnte und der dem Wissen um die Kontinuität des Menschlichen entsprang.

In wissenschaftshistorischer Sicht steht die Geschichtsbetrachtung Golo Manns, wie wir schon sagten, dem Historismus nahe. Dieser Zugang zur Vergangenheit hat in Deutschland eine lange Tradition, die sich bis auf Johann Gottfried Herder zurückführen lässt.[442] Herder entfernte sich dadurch von der kulturellen Arroganz der Aufklärung, die den Vernunftmenschen der eigenen Zivilisation ins Zentrum stellte, dass er die Eigentümlichkeit der Kulturen wie der Individuen einfühlend zu verstehen versuchte.

Sehr ähnlich dachte auch Golo Mann. Ausgehend von der Voraussetzung einer universellen Grundverfassung des Menschen, versuchte er, sich den Individuen und den Tatbeständen der Geschichte so weit als möglich durch «Einfühlung», durch teilnehmende Beobachtung, zu nähern. Dabei war er sich bewusst, dass man seine eigene Person, ob man dies nun wollte oder nicht, in die Interpretation einbrachte. Er wusste, dass seine Sicht notwendig eine perspektivische, sein Urteil ein relatives bleiben müsse. Er gab sich davon Rechenschaft, dass mit seiner Art einfühlender Quelleninterpretation die *ganze* Wahrheit nie in Erfahrung zu bringen war.

Durch diese Auffassung stellte sich Golo Mann freilich in völligen Gegensatz zu den historischen Sozialwissenschaften, die es sich zum Ziele setzten, solchen Historismus zu überwinden und die «Einfühlung» als intuitives Moment der Erkenntnissuche auszuschalten. Golo Mann schloss die Intuition als Mittel der Annäherung nicht aus. Das bedeutete nun freilich nicht, dass der Historiker, Verehrer Kants, der er war, Forschungsmethode und -vorgang nicht laufend kritisch reflektiert oder gar den Glauben an die rational zu begründenden normativen Werte von Demokratie und Moral aufgegeben hätte. Gegen solche Gefahren war Golo Mann gefeit: Dass der Historismus gefährliche irrationale Kräfte freisetzen konnte, die zur Vergötzung von Staat und Volk hinführen konnten, hatte er bereits als junger Redakteur von *Maß und Wert* erkannt.

Auch in seiner Methode der narrativen Darstellung zeigt sich Golo Mann dem Historismus verpflichtet, und auch darin entfernt er sich von den Methoden der historischen Sozialwissenschaften. Man könnte es so formulieren: Golo Manns Ziel ist es nicht, seine Erkenntnis auf einen Begriff, auf eine These zu bringen, sondern sie in Anschauung umzusetzen, die sich dem Leser mitzuteilen vermag. Es geht Golo Mann um die Neuschöpfung des Vergangenen aus dem Geist der Sprache. Die aus einfühlender Annäherung gewonnene Einsicht mit dem rationalen Wissenschaftlichkeitsanspruch zu vereinen mag zuletzt der Quadratur des Kreises gleichkommen – für Golo Mann liegt hierin eine Grundaufgabe des Historikers beschlossen.

Geschichte, so hatte Golo Mann in seinem Streitgespräch Hans-Ulrich Wehler entgegengehalten, sei eine Kunst, die auf Kenntnissen beruhe. Wusste er, dass er damit, «Neo-Rankeaner», der er in der Tat war, fast wörtlich eine Bemerkung des großen deutschen Historikers wiederholte? «Die Historie», hatte Ranke nämlich gesagt, «unterscheidet sich dadurch von andern Wissenschaften, daß sie zugleich Kunst ist. Wissenschaft ist sie: indem sie sammelt, findet, durchdringt; Kunst, indem sie das Gefundene, Erkannte wiedergestaltet, darstellt.»[443]

Mit seiner Art der Geschichtsbetrachtung, wie sie im *Wallenstein*, Golo Manns letztem großem Werk, kulminiert, fand der

Historiker den Weg zu einem breiten Publikum; den Weg zu den Fachkollegen fand er nicht. Er litt an dieser Ausgrenzung und ging selbst auf Distanz. In Frankreich und den angelsächsischen Ländern, wo sich Sozial- und Geistesgeschichte weniger antipodisch gegenüberstehen und die Kunst der narrativen Darstellung auch im wissenschaftlichen Bereich hoch entwickelt ist, wäre Golo Manns Stellung wohl eine andere gewesen. Doch auch im deutschen Kulturbereich mehren sich heute die Anzeichen dafür, dass der Hegemonieanspruch der historischen Sozialwissenschaften abbröckelt. Die quantifizierende, naturwissenschaftlich-positivistischen Methoden verpflichtete historische Forschung beharrt weniger selbstgewiss auf ihrem Primat. Der Hoffnung, menschliches Handeln durch die Analyse des ökonomischen und sozialen Bedingungsgeflechts ohne Rest erklären zu können, steht man skeptischer gegenüber. Neue historische Forschungsgebiete sind in den letzten Jahren erschlossen worden: Alltags- und Mentalitätsgeschichte, Geschichte des privaten Lebens, Mikrogeschichte.[444] Ihnen allen ist gemeinsam, dass sie dem lebendigen Menschen auf der Spur sind, wie denn der Begründer der französischen Historikerschule der «Annales», Marc Bloch, einmal formulierte, der gute Geschichtsschreiber gleiche dem Menschenfresser aus dem Märchen, der Menschenfleisch wittere und wisse, dass die Beute nahe sei.[445] Diese «neue Kulturgeschichte» begnügt sich nicht mit dem quantifizierenden Zugriff und strebt eine Rekonstruktion geschichtlicher Erfahrungen an, welche Probleme der menschlichen Wahrnehmung und der Tradierung von Erfahrungen aufgreift. Eine «Rückkehr der Erzählkunst» wird gefordert, und man erkennt zugleich, dass Sprache und Stil nicht vom Inhaltlichen zu trennen sind und dass Erkenntnisvermittlung nicht im neutralen aseptischen Raum stattfindet.[446] Vermehrt tritt in der Betrachtung von Vergangenheit das Individuelle wieder an die Stelle des Kollektiven und die Erscheinung an die Stelle der Struktur.

Derartige Entwicklungen liegen nicht allzu weit von manchen Einsichten Golo Manns entfernt. Wir würden nicht ausschließen, dass die «Nachtphantasien» des *Wallenstein* eines Tages nicht mehr bloß als unwissenschaftlich und literarisch abgetan, sondern als «intuitiver Sprung» ernst genommen werden. Ob Golo Manns monumentales Werk aus solch veränderter Perspektive vielleicht doch noch die Aufmerksamkeit der Fachhistoriker finden könnte? Der Autor jedenfalls empfand das Buch, wie wir wissen, als seine bedeutendste, seine einzige große historische Leistung und als gelungene Umsetzung seines Geschichtsbildes. Aber in seinen trüben Stunden, die kein Verkaufserfolg aufzuhellen vermochte, redete er sich zugleich ein, es handle sich um ein Spätprodukt in der langen Tradition deutscher Geschichtsschreibung. Und vielleicht ist das in der Tat so.

V. Der politische Publizist

«… aber Politik ist eben an sich keine logische und keine exakte Wissenschaft, sondern sie ist die Fähigkeit, in jedem wechselnden Moment der Situation das am wenigsten Schädliche oder das Zweckmäßigste zu wählen.»

Otto von Bismarck, Ansprache vor einer Abordnung der Universität Jena

Für die Öffnung nach Osten

Historie und Politik lassen sich im Schaffen Golo Manns nicht so säuberlich trennen, wie es hier, der guten Ordnung halber, geschieht. Schon in den fünfziger Jahren, als er an seinem Buch *Vom Geist Amerikas* arbeitete, hatte der Historiker als Leitartikler der *Weltwoche* die politische Entwicklung in Deutschland und in der Welt aufmerksam verfolgt. Als Stalin im März 1952 in einer persönlichen Note an die drei Westmächte die Möglichkeit der Schaffung eines neutralisierten Gesamtdeutschlands in Aussicht gestellt hatte, war er zwar nicht für eine zustimmende Antwort, wohl aber für eine Weiterführung des Dialogs eingetreten. Zugleich unterstützte er die Anlehnung der Bundesrepublik an die USA und die Politik der Integration ins westliche Europa. Der Leitartikler der *Weltwoche* erkannte, dass die Westbindung das Problem der deutschen Teilung nicht löste, sondern eine Lösung eher erschwerte; gerade deshalb betonte er die Notwendigkeit, mit den Regierungen der Sowjetunion und der DDR im Gespräch zu bleiben.

Zwischen 1952 und 1958, dem Erscheinungsdatum der *Deut-*

schen Geschichte, wurde die wirtschaftliche und militärische Westintegration der Bundesrepublik weiter vorangetrieben. Am 5. Mai 1955 wurde die staatliche Souveränität der Bundesrepublik proklamiert, und aus den westlichen Besatzungsmächten wurden Schutzmächte. Dies bewog die Sowjetunion, ihre «Zwei-Staaten-Theorie» zu formulieren und eine Wiedervereinigung Deutschlands als unrealistisch zu bezeichnen. Die Bundesrepublik ihrerseits verweigerte die Anerkennung der DDR und vertrat in der Hallstein-Doktrin ihren Alleinvertretungsanspruch für das gesamte deutsche Volk. Eine Wiedervereinigung war damit in weite Ferne gerückt.

Im August 1961 hatte die Abwanderung aus der DDR ein solches Ausmaß angenommen, dass dem Land der wirtschaftliche Kollaps drohte. Die Führer des kommunistischen Staates entschlossen sich, nachdem sie Moskaus Einverständnis eingeholt hatten, Ost- von Westberlin durch die Errichtung einer Mauer abzuriegeln. Die Schließung der deutsch-deutschen Grenze, weltweit beachteter Offenbarungseid eines auf Dauer dem Untergang geweihten Gesellschaftssystems, provozierte keine Intervention der USA und führte bloß zu einer vorübergehenden Trübung des deutsch-amerikanischen Verhältnisses. Wenig später, im Herbst 1962, löste Chruschtschow mit der Installation sowjetischer Raketenbasen auf Kuba die gefährlichste Krise des Kalten Krieges aus.

Im Jahr des Kuba-Konflikts kam es zur so genannten *Spiegel*-Affäre, der bis dahin schwersten innenpolitischen Krise der Bundesrepublik. Ende Oktober 1962 wurden der Herausgeber des Nachrichtenmagazins *Der Spiegel* und einige seiner Mitarbeiter unter der Anschuldigung verhaftet, in einer Titelgeschichte geheime militärische Informationen publiziert zu haben. Die Aktion wurde durch den amtierenden Verteidigungsminister Franz Josef Strauß ausgelöst. In der Folge zeigte sich, dass der Verdacht des Geheimnisverrats nicht erhärtet werden konnte und dass Strauß, der den Bundestag erwiesenermaßen belogen hatte, als Minister nicht mehr tragbar war. Die «Spiegel-Affäre», ein klarer Verstoß gegen die Freiheit der Presse, ließ obrigkeitliche Willkür sichtbar werden, weckte besonders bei der akademischen Jugend den Wunsch nach größerer Transparenz und zeigte an, dass die Ära Adenauer sich ihrem Ende zuneigte.

Im Schlusskapitel zur 1958 erschienenen Erstausgabe seiner *Deutschen Geschichte*, das bis in die damalige Gegenwart hineinführt, vermerkte der Autor mit Genugtuung den Erfolg des Normalisierungs- und Demokratisierungsprozesses in der Bundesrepublik nach Kriegsende und begrüßte die wirtschaftliche und kulturelle Ausrichtung nach Westeuropa, insbesondere auch die französisch-deutsche Annäherung. Zugleich aber stellte er eine Verhärtung der Fronten in der Deutschlandfrage fest und äußerte mit einer zur damaligen Zeit seltenen Offenheit, dass diese nach Westen orientierte Außenpolitik innerhalb der Rahmenbedingungen des «Kalten Krieges» einer deutschen Wiedervereinigung notwendig entgegenstehen müsse. «Darum kann eine deutsche Politik», schrieb der Autor im Jahre 1958, «die sich vor allem der Einigung Westeuropas widmet, der Wiedervereinigung Deutschlands in Wahrheit nicht dienen. Sie kann wohl davon sprechen, sie kann wohl darum bitten, aber sie kann nichts dafür tun. Hier liegt ein durch kein Nachdenken zu lösender Widerspruch. Vielleicht wird die allmächtige Zeit ihn lösen auf eine Weise, die heute noch niemand sich vorstellt.»[1]

Eindringlich warnte Golo Mann auch vor revisionistischen Forderungen nach der Wiederherstellung eines Deutschlands innerhalb der Grenzen von 1937 und betonte, dass die Folgen des von Hitler entfesselten Krieges von einem demokratischen Deutschland akzeptiert werden müssten. Gleichzeitig betonte er, die Bundesrepublik müsse unter den erschwerten Umständen der Verschärfung des Ost-West-Konflikts danach trachten, eine Brückenfunktion zum Osten wahrzunehmen. Statt alte Grenzstreitigkeiten zu erneuern, forderte der Historiker mit einer etwas vagen Formulierung, müsse man durch Gespräche versuchen, «im Osten moralischen Bedingungen zuzustreben, unter denen politische Grenzen ihre böse Bedeutung allmählich verlieren»[2].

In den frühen sechziger Jahren wiederholte und konkretisierte Golo Mann diesen Standpunkt in zahlreichen öffentlichen Stellungnahmen. Seine Überlegungen galten im Kern zwei in der Bundesrepublik gegen Ende der Ära Adenauer sehr umstrittenen Fragen: der Normalisierung der deutsch-deutschen Beziehungen und der Anerkennung der polnischen Westgrenze, jener «Oder-Neiße-Linie», wie sie 1945 in der Potsdamer Konferenz festgelegt worden war. Einer Normalisierung der Beziehungen zur DDR das Wort zu reden war angesichts des Baus der Berliner Mauer im August 1961 freilich eine heikle Sache. Dieser von Moskau unterstützte, von den Westmächten und der Bundesrepublik hingenommene Schritt schien allen jenen politischen Kommentatoren im Umfeld der regierenden CDU/CSU Recht zu geben, die in den vergangenen Jahren jede Möglichkeit verworfen hatten, vom Westen aus auf eine Liberalisierung des kommunistischen Regimes Walter Ulbrichts hinzuwirken. Auch Golo Mann sprach, als er unmittelbar nach dem Mauerbau in der Wochenzeitung *Die Zeit* mit einem Kommentar hervortrat, von einem «Ende der Bonner Illusionen»[3]. In seinem Artikel nimmt er jedoch den Mauerbau zum Anlass, der Bundesregierung Gedanken zu einer neuen DDR-Politik vorzutragen. Wie bei früherer Gelegenheit, freilich diesmal pointierter, weist er darauf hin, dass die Außenpolitik der Bundesregierung in ihrer Verbindung von faktisch vollzogener Westintegration und rhetorischer Wiedervereinigungsforderung unehrlich gewesen sei. «Sie war unwahrhaftig», schreibt er, «insofern sie die Wiedervereinigung zu erstreben vorgab, die, immer offenbarer, auf diesem Weg nicht zu erreichen war.»[4] Es genüge nicht, auf dem Recht der deutschen Selbstbestimmung zu bestehen und ernsthafte Verhandlungen durch Deklamationen zu ersetzen; wichtig sei es nun geworden, wenn auch vielleicht nur in kleinen Schritten, den Weg des Dialogs zu gehen. «Wir müssen», schreibt Golo Mann, «sei es direkt, sei es durch neutrale Mittelsmänner und durch das Anrufen des neutralen ehrlichen Geistes, den Kreml davon überzeugen, daß eine Veränderung des Zonenregimes in aller Interesse, auch in seinem eigenen liegt. Wir sollen nicht auf freien Wahlen und freier Wiedervereinigung bestehen, die Recht sind, aber heute nicht zu erreichen sind [...]. Aber wir sollten den Sowjets durch hundert Kanäle sagen lassen: schafft Zustände in der Zone, unter denen die Menschen nicht mehr täglich zu Tausenden zu entfliehen wünschen. Schafft eine Regierung, die von den Menschen angenommen und nicht mehr tödlich gehaßt wird, unter der sie in leidlicher Freiheit und Rechtssicherheit leben können.»[5]

Die Aufnahme solcher Dialoge will Golo Mann keinesfalls als «Kapitulation», sondern als Beitrag zu einer künftigen Friedenspolitik verstanden wissen. Mit einer Abkehr von der grundsätzlich zu vertretenden Gegnerschaft gegenüber dem Kommunismus habe ein solcher Schritt, stellt er fest, ebenso wenig zu tun wie mit einer Anerkennung des «vor aller Welt bankerotten Ulbricht-Regimes»[6]. Doch vertritt der Historiker die Hoffnung, durch solche Gesprächskontakte ließe sich vielleicht allmählich eine innere Demokratisierung der DDR herbeiführen, die etwa der Situation des polnischen Volkes zu vergleichen sei; dann erst könne die «Anerkennung dieses veränderten Oststaates» ins Auge gefasst werden.[7]

In einem wenig später verfassten Artikel in derselben Wochenzeitung wies Golo Mann erneut darauf hin, dass an eine Wiedervereinigung unter den Bedingungen des «Kalten Krieges» nicht gedacht werden könne – weder die Sowjetunion noch die Westmächte dächten ernstlich daran, deswegen den prekären Frieden in Frage zu stellen. «Darum ist», schreibt er, «die Forderung nach Wiedervereinigung durch freie Wahlen heute ohne Hoffnung und Sinn, und der Gegner wird, wenn wir wieder damit kommen, gar nicht hinhören. Ins Unrecht setzen können wir ihn freilich damit, aber wer hat etwas davon? Im Unrecht ist der Gegner längst, und das ist ihm bisher nicht schlecht bekommen.»[8] Es sei aber unvermeidlich, «etwas wie die Anerkennung der Zone» zuzulassen. Allerdings müssten daran Bedingungen geknüpft werden, beispielsweise größere Freizügigkeit im Personenverkehr und im kulturellen Austausch oder die Amnestie politischer Gefangener.

In einem Artikel, der im selben Jahr im englischen *Encounter* unter dem Titel «Germany and the West» veröffentlicht wurde, wiederholte Golo Mann diese Ansichten. «Trotzdem sollte der Westen die DDR», heißt es dort, «wie sie heute ist, nicht anerkennen, viel weniger die Bundesrepublik nötigen, es zu tun. Wir können ein Konzentrationslager nicht als Staat anerkennen. Gefordert werden sollte, gleichgültig ob im Rahmen internationaler oder im Rahmen innerdeutscher Verhandlungen: die Umwandlung der DDR in einen sozialistischen Rechtsstaat, ungefähr nach dem Vorbild Polens [...].»[9]

Seinen Standpunkt zur deutsch-deutschen Frage vertrat Golo Mann auch in einer Umfrage unter dem Titel «Was raten Sie dem deutschen Kanzler», welche die *Stuttgarter Nachrichten* Ende 1961 unter einer Reihe prominenter Publizisten durchführten, unter ihnen der Russlandexperte Klaus Mehnert und die Journalisten Rudolf Augstein, Sebastian Haffner und William S. Schlamm. Zwischen den sich diametral entgegenstehenden Auffassungen von Rudolf Augstein, der feststellte, eine Anerkennung sei unausweichlich, und William S. Schlamm, der den Abzug der sowjetischen Truppen aus den besetzten Gebieten als Vorbedingung weiterer Gespräche forderte, nahm Golo Mann eine Mittelstellung ein.[10]

Die abgerundetste und gewichtigste Stellungnahme Golo Manns zum Thema der deutsch-deutschen Beziehungen findet sich in einem längeren Beitrag in der *Zeit* vom 7. September 1962. Der Historiker holt weit aus, schildert die Voraussetzungen, welche die Teilung Deutschlands herbeiführten, skizziert den Aufstieg der Bundesrepublik zur dritten Industriemacht der Welt, tadelt erneut die Unehrlichkeit westdeutscher Politik in der Handhabung der deutschen Frage, bekräftigt seinen entschiedenen Antikommunismus im Allgemeinen und seinen Widerwillen gegenüber dem «Ulbricht-Gesindel» im Besonderen.[11] Dann aber fordert er, sich auf den pragmatischen Taktiker Bismarck berufend, einen Neubeginn bundesrepublikanischer Ostpolitik. Politik dürfe nicht zur Erstarrung führen, sie müsse als Kunst des Möglichen flexibel, schöpferisch und listig den denkbaren Wandel der Verhältnisse in ihr Kalkül einbeziehen. Am Schluss seiner Ausführungen stellt er nochmals, unmissverständlicher als früher, seine Empfehlungen in den Raum: Fortsetzung der amerikanischen und westeuropäischen Bündnispolitik; Ergänzung dieser Westpolitik durch eine aktivere Ostpolitik, welche die kommunistischen Gesellschaftssysteme als Realitäten akzeptiere und insbesondere die Zugehörigkeit der Zone zum sowjetischen Machtbereich anerkenne; Anknüpfung enger Beziehungen zu den übrigen sowjetischen Satellitenstaaten, insbesondere zu Polen; Konzentration auf das Nahziel, die Lebensbedingungen der Menschen in der DDR zu verbessern.[12]

Während Golo Mann in dieser Weise von der Bundesrepublik eine einfallsreichere Ostpolitik forderte, machte er immer wieder unmissverständlich klar, dass darunter die engen Beziehungen der Bundesrepublik zu den USA, die Zusammenarbeit im Rahmen des Nordatlantikpakts und das Engagement in der Europäischen Wirtschaftsgemeinschaft in keiner Weise leiden dürften. Er begrüßte insbesondere den deutsch-französischen Freundschaftsvertrag, den Adenauer und de Gaulle im Januar 1963 abgeschlossen hatten, und warb um Verständnis für die eigenwillige Europapolitik des französischen Staatspräsidenten, der sein Land eben aus den Wirren des Algerienkriegs herausgeführt hatte. Wie der von ihm bewunderte de Gaulle setzte sich Golo Mann für eine föderative europäische Gemeinschaft, ein «Europe des patries», ein, das innere Spannungen nicht verdrängen, sondern in geduldiger gegenseitiger Annäherung fruchtbar machen müsse. Dabei berief er sich auf das Beispiel der Schweiz. In einem Artikel in der *Zeit* vom Februar 1963 schrieb er: «Man muß sich erinnern, wie eine echte Einheit wie die helvetische gewachsen ist. Aus einem Kern wohl, aber dann aus unzähligen Verbindungen, Bündnissen und Gegenbündnissen, zugeschworenen und zugewandten Orten. Dergleichen entsteht nicht mit einem Schlag; der Wille zur Logik, Klarheit, Symmetrie wird eine gute Weile unbefriedigt bleiben.»[13]

Das zweite Problem, dem in den frühen sechziger Jahren Golo Manns publizistische Aufmerksamkeit galt, war die Frage der «Oder-Neiße-Linie». In der Potsdamer Konferenz vom Juli 1945 hatte sich Stalin gegenüber seinen westlichen Gesprächspartnern Winston Churchill und Harry S. Truman mit dem Plan durchgesetzt, die polnische Westgrenze auf Kosten ehemaligen deutschen Territoriums entlang einer durch die Flüsse Oder und Neiße gebildeten Linie festzusetzen. Zwar stimmten die Westmächte dieser Regelung, welche die ehemaligen deutschen Ostprovinzen polnischer Zivilverwaltung unterwarf, nur provisorisch zu; faktisch aber wurde die Grenzlinie nach der gewaltsamen Vertreibung von Millionen von Deutschen zum historischen Tatbestand, den auch die Westmächte kaum in Frage stellten. Im Unterschied zur Teilung Deutschlands, die als unmittelbares Ergebnis von Hitlers Niederlage und des Besatzungsstatuts der Siegermächte zu akzeptieren war, belasteten die Grenzziehung im Osten und das Schicksal der Heimatvertriebenen das bundesrepublikanisch-polnische Verhältnis während vieler Jahre. Revisionistische Forderungen, die auf die Wiederherstellung der Grenzen von 1937 abzielten, wurden laut. Die Tatsache, dass Polen, nun zur Garantiemacht der Sowjetunion geworden, den Gebietszuwachs im Westen als notwendige und gerechte Kompensation für seine territorialen Abtretungen an Russland empfand, trug erheblich zur Erschwerung der gegenseitigen Beziehungen bei.

Golo Mann hatte bereits in seinen *Weltwoche*-Kommentaren und im letzten Kapitel seiner *Deutschen Geschichte* die Frage einer Regelung des deutsch-polnischen Verhältnisses sachte angetippt. «Nach einer Probezeit», heißt es etwas mysteriös im bereits zitierten Aufsatz «Das Ende der Bonner Illusionen» aus dem Jahre 1961, sollte «die Anerkennung der Oder-Neiße-Grenze» erfolgen.[14] Deutlicher wird der Autor schon am Ende desselben Jahres, wenn er in der bereits erwähnten Umfrage «Was raten Sie dem deutschen Kanzler?» schreibt: «Die Anerkennung der Oder-Neiße-Grenze. Es hat keinen Sinn, sie länger hinauszuschieben. Durch sie wird nichts verloren, was nicht schon verloren ist. Vor allem: Herstellung vertrauensvoller Beziehungen zu Polen, freier Spielraum für die polnische und darüber hinaus für die Politik aller europäischen Satellitenstaaten, Verminderung des Terrors in der Zone eben dadurch, daß die deutsche Politik die Zone gewissermaßen überspränge und von der anderen Seite auf sie einwirken könnte. Die Oder-Neiße-Grenze ist nicht gerecht, sie ist ungerecht im höchsten Maße. Aber sie ist die Folge älteren, schlimmeren Unrechts, nämlich dessen, was wir in Polen getan haben. Sie ist heute eine Tatsache, nicht mehr bloß der Macht, sondern auch des wirklichen Lebens, für die Millionen von Polen, die in den ehemals deutschen Gebieten siedelten. Der Verlust dieser Gebiete ist für den Schreibenden so schmerzlich wie für jeden Deutschen. Er ist am schmerzlichsten für die Älteren unter den Vertriebenen. Wir alle haben in jenen Jahren verloren, Heimat, Habe, Freunde und was sonst; und die Jungen wollen leben und nicht zu alten Verlusten und Qualen neue fügen.»[15]

Nicht minder deutlich äußerte sich Golo Mann zur selben Zeit in einem Brief an den Bundestagsabgeordneten der CDU und Juristen Karl Kanka: «Zu glauben, daß die Katastrophe von 1939 bis 1945 für Deutschland, die Grenze des deutschen Siedlungsraumes auf die Dauer ohne Folgen sein könnte oder müßte, scheint mir nicht nur unrealistisch im Sinne der Machtpolitik, es erscheint mir nicht einmal gerecht; denn wenn es naturrechtliche Bestimmungen gibt, so gibt es auch etwas wie Recht in der Geschichte oder etwas wie Nemesis in der Geschichte. Ich wollte, die Polen wären vernünftiger im Momente ihrer Rache und weniger gierig gewesen und hätten uns weniger fortgenommen. Daß sie uns aber etwas nehmen würden, habe ich immer für unvermeidlich gehalten, und ich kann es, angesichts dessen, was wir den Polen getan haben, denn auch nicht für ungerecht halten.»[16]

Es ist unbestritten, dass die Regelung der Beziehungen zu Polen auch von der Adenauer-Regierung als wichtige außenpolitische Aufgabe erkannt wurde. Innerhalb der CDU/CSU-Fraktion kam man hin und wieder auf die Frage einer Normalisierung des gegenseitigen Verhältnisses zu sprechen, äußerte sich aber zurückhaltend, da die Millionen deutscher Heimatvertriebener, die sich in politisch aktiven Organisationen zusammengeschlossen hatten, ein wichtiges Wählerpotenzial darstellten. Diese Vertriebenenverbände neigten dazu, selbst in vorsichtigen Bemühungen um eine Öffnung nach Osten den Beginn einer fatalen Verzichtpolitik zu sehen, die ihren angestammten Rechten zuwiderlief und die nachteiligen Folgen des Weltkriegs festschrieb. Dass man umgekehrt in Polen und den Satellitenstaaten gewisse Äußerungen der Vertriebenen als «revanchistisch» empfand, erstaunt nicht. Wie heikel die Situation war, zeigte eine historische Dokumentation zur «Vertreibung der Deutschen aus Ostmitteleuropa», die in den fünfziger Jahren erschien und die ebenso polarisierte wie eine Polen-Reise des SPD-Politikers Carlo Schmid im Jahre 1958. Für Schritte der Annäherung, wie Golo Mann sie empfahl, schien die Zeit noch nicht reif.

Umso größeres Aufsehen erregte eine Rede, die Golo Mann im Februar des Jahres 1964 in der «Deutschen Bibliothek» in Rom vor prominentem Publikum und in Anwesenheit des deutschen Botschafters in Italien hielt. Diese Rede, die etwas später in Auszügen in der *Stuttgarter Zeitung* abgedruckt wurde, enthielt zwar wenig, was jenen Lesern, die Manns publizistisches Wirken bisher aufmerksam verfolgt hatten, nicht bekannt gewesen wäre; dadurch aber, dass sie vier Monate nach dem Rücktritt Konrad Adenauers gehalten wurde, erhielt sie einen programmatischen und zukunftweisenden Charakter.

Hervorgehoben sei, mit welcher Hellsicht der Historiker schon damals, lange bevor die unruhigen Studenten der siebziger Jahre darauf hinwiesen, den inneren Zusammenhang zwischen der weit verbreiteten Verdrängung des Nationalsozialismus und der nicht minder verbreiteten ostentativen Bekundung eines militanten Antikommunismus erkannte – hier wenigstens, im Feindbild von den Sowjets, ließ sich eine Kontinuität ausmachen, die von Hitler in die Zukunft zu führen schien. «Der Antikommunismus», bemerkt Golo Mann in seiner «Römer Rede», «ersparte den Deutschen das ernsthafte Nachdenken über ihre eigene Vergangenheit, das nach 1945 ihre Sache gewesen wäre. Schon war man wieder im Recht, und Unrecht leidend; schon stand man wieder in der vordersten Front gegen einen absolut bösen Feind, und zwar, was nicht das am wenigsten Verwirrende war, gegen den gleichen Feind, gegen den auch Hitler gestanden hatte. Es ist kein Wunder, daß die Geistesrichtung, die ich vorhin als Revisionismus beschrieb, sich dieser Tatsache reichlich bedient.»[17] Angesichts einer solchen Sicht der Dinge, führt Golo Mann weiter aus, sei die Öffnung nach Osten nicht nur das Gebot einer weiterführenden Politik, sondern auch das Gebot eines glaubwürdigeren Umgangs mit der deutschen Vergangenheit.

Golo Manns «Römer Rede» erregte leidenschaftlichen Widerspruch im parteipolitischen Umfeld von CDU/CSU und in national-konservativen Kreisen. Im Landtag von Baden-Württemberg und im Bundestag wurden Fragen bezüglich Golo Manns Auftritt gestellt; seine Lehrberechtigung an der Technischen Hochschule in Stuttgart wurde in Zweifel gezogen. Jeroen Koch hat einige Schlagzeilen aus der rechtsradikalen Presse gesammelt, die auf das Referat Bezug nahmen. «Deutsche Verzichtler in Rom» titelte der Münchner *Volksbote*; das Hamburger *Ostpreußenblatt* sprach von Golo Manns «leichtfertiger Geschichtsbetrachtung»[18]. In der Zeitschrift *Deutscher Ostdienst*, einem Informationsblatt des Bundes der Vertriebenen, wandte sich Clemens Joseph Neumann vehement gegen Golo Manns Bestreben, den Nachtmahr und die Kassandra unter den Historikern zu spielen und, indem er ständig an die «Schatten der Vergangenheit» erinnere, die Fundamente einer deutschen Zukunft zu untergraben, jene Fundamente, an die sein Vater, der durch seinen Ferienwohnsitz im Fischerdorf Nidden mit dem deutschen Memelgebiet verbunden gewesen war, noch geglaubt habe.[19]

Auch in Leserbriefen und in der persönlichen Korrespondenz Golo Manns schlug sich die Kritik nieder. Theodor Oberländer, der zwischen 1953 und 1960 Bundesminister für Vertriebene gewesen war und seiner nationalsozialistischen Vergangenheit wegen hatte zurücktreten müssen, gab in einem Brief an den Historiker zu bedenken, dass die «volle Anerkennung der von uns begangenen Verbrechen» nicht dazu führen dürfe, «ein neues Unrecht anzuerkennen»[20]. Er habe, führte der Politiker aus, nach seinen Besuchen in der Sowjetunion während der frühen dreißiger Jahre den Irrtum begangen, die russische Diktatur durch die deutsche bekämpfen zu wollen, und seither habe er gelernt, dass «eine freie Welt einer Diktatur gegenüber nicht mißtrauisch genug sein» könne[21].

Auch später flackerte solche Kritik an Golo Manns Eintreten für eine neue Ostpolitik immer wieder auf, so etwa 1965 bei der Verleihung des Schillerpreises der Stadt Mannheim an den Historiker, wo es zu Protesten nationalistischer Jugendlicher kam. Schon vor der Preisübergabe hatte die rechtsradikale *National-Zeitung* getitelt: «Verrat an Deutschland. Die Vergangenheit von Professor Golo Mann. Verzichtpolitiker erhält Schillerpreis 1965».[22] Das vielleicht Erstaunlichste an solchem Widerspruch war, dass er so spät einsetzte. Golo Mann hat denn auch in einer Erklärung in der *Stuttgarter Zeitung,* die Bedeutung seiner Person nach seiner Gewohnheit herabsetzend, zu Recht bemerkt: «Übrigens ist die Aufregung über diese paar Sätze, die ich in Rom sprach, mir völlig unverständlich; dergleichen haben hundert Leute, darunter meine Wenigkeit, schon hundertmal gesagt und geschrieben, und meine Art, es zu sagen, war gewöhnlich eher zu vorsichtig. Es muss da eben eine chemische Lösung vorliegen, in die nur ein unbedeutender Satz zu fallen brauchte, um eine solche Aufwallung zu erzeugen.»[23]

In großer Aufmachung legte die Illustrierte *Stern* im Juli 1964 die Überlegungen Golo Manns einer breiten Öffentlichkeit vor. Der Beitrag trägt den Titel «Mit den Polen Frieden machen», und der redaktionelle Vorspann rückt des Historikers Stellungnahme in die Nähe von Thomas Manns Bekenntnissen zur Weimarer Republik, wenn es da heißt: «Der bedeutende Historiker spricht hier offene Worte über die deutschen Ostgrenzen. Regierung und Parteien schweigen sich darüber aus, und Sonntagsredner verbreiten gefährliche Illusionen. Wie einst Thomas Mann, redet heute sein Sohn den Deutschen ins Gewissen.»[24]

Mochte dieser Vergleich mit seinem Vater angesichts völlig veränderter politischer Umstände auch irreführend sein, so beeindruckt Golo Manns Artikel doch durch die differenzierte und dennoch auf Allgemeinverständlichkeit abzielende Argumentation und den eindringlichen, um das Verständnis des Lesers werbenden Tonfall. Der Historiker beginnt mit einer Geschichtslektion, welche die Verbrechen des Dritten Reiches in Polen nicht weniger deutlich beim Namen nennt als die Verbrechen der polnischen Annexion und Austreibung, wobei er allerdings betont, dass das eine Unrecht das andere nach sich gezogen habe, und hinzufügt, dass sich der kommunistische Despotismus im Gegensatz zum nationalsozialistischen nie eine Doktrin der Völkervernichtung zu Eigen gemacht habe. Offen ausgesprochen wird, dass den Westmächten wenig daran gelegen gewesen sei, die provisorischen Potsdamer Grenzregelungen in gerechtere, definitive umzuwandeln, und dass man es unterlassen habe, die Aussiedlung der Deutschen, die nach Vereinbarung «in ordnungsgemäßer und humaner Weise»[25] hätte erfolgen sollen, zu überwachen. Das alles, stellt Golo Mann fest, sei gewiss schlimm, müsse aber als historischer Tatbestand akzeptiert werden, wenn man aus dem Teufelskreis unerfüllbarer Forderungen heraustreten und die Beziehungen zu Polen auf eine neue und vertrauensvolle Basis stellen wolle. «Nur wenn wir gegenüber den Polen so überzeugend handeln», schreibt er, «wie wir gegenüber Frankreich und Belgien und Holland und Dänemark und Norwegen gehandelt haben, wenn wir die wirtschaftlichen, die kulturellen, die menschlichen Kontakte vermehren, wenn wir nicht bloß die Oder-Neiße-Grenze anerkennen, sondern die Ereignisse erkennen, welche zu dieser Grenze geführt haben, nur dann kann die Anerkennung Früchte tragen.»[26] Gewiss würde, schließt Golo Mann seine Ausführungen, die Eröffnung eines Dialogs mit dem Osten schwierig sein, zumal sich der ideologische Grundgegensatz zwischen freiheitlichem und kommunistischem System nicht verleugnen lasse und nicht wegzudiskutieren sei; aber die Alternative zur gebotenen Versöhnungspolitik wäre düster: «Wir waren mit dem schönen, weiten Reich von 1914 nicht zufrieden und haben die Grenzen von 1937 bekommen. Wir waren mit den Grenzen von 1937 nicht zufrieden und haben die Grenzen von 1945 bekommen. Wo würden das nächste Mal Deutschlands Grenzen liegen?»[27]

Im Sommer des Jahres 1964 lud die Landesversammlung der CSU den Historiker zu einer Tagung ein, an der sich Befürworter und Gegner einer außenpolitischen Öffnung nach Osten gegenüberstanden. An der Veranstaltung nahmen unter anderen auch der CSU-Bundestagsabgeordnete Karl-Theodor Freiherr von und zu Guttenberg, der Ostexperte Klaus Mehnert und die Professoren Professor Michael Freund und Hermann Raschhofer von den Universitäten Kiel und Würzburg teil. Es gehört zu den Verdiensten dieses Treffens, dass man sich bemühte, die Frage künftiger deutscher Ostpolitik auch in den weltpolitischen Gesamtzusammenhang zu stellen. Nach dem Mauerbau von 1961 und der Kuba-Krise von 1962, Ereignissen, welche die Gefahr eines atomaren Konflikts heraufbeschworen hatten, war nun das Stichwort der «Entspannung» ins Gespräch gekommen. Der amerikanisch-sowjetische Abschluss eines Abkommens zur Beendigung der Kernwaffenversuche stellte einen ersten Schritt in dieser Richtung dar, nährte aber den Verdacht, die westliche und die östliche Supermacht könnten ihre Entspannungspolitik ohne Konsultation der Bundesrepublik vorantreiben. Unsicherheit erzeugte auch die Politik des französischen Staatspräsidenten de Gaulle, der mit der

Schaffung einer unabhängigen Atomstreitkraft, der «Force de frappe», den französischen Führungsanspruch in Westeuropa unterstrich und gleichzeitig seine Beziehungen zur Sowjetunion intensivierte, was zur Frage führen musste, welcher Stellenwert dem deutsch-französischen Bündnis künftig innerhalb der westlichen Allianz zukommen würde. Zugleich hatte sich mit dem Ungarn-Aufstand des Jahres 1956 gezeigt, dass der kommunistische Führungsanspruch der Sowjetunion im Osten nicht unangefochten war; und wenige Jahre später begann sich abzuzeichnen, dass die Volksrepublik China sich unter Mao Tse-tung zu einem ernst zu nehmenden Rivalen der Sowjetunion entwickelte.

In solcher weltpolitischer Konstellation fand die Landesversammlung der CSU in München statt. Die Überlegungen der geladenen Referenten liegen im Druck vor. Golo Mann entwickelt seine inzwischen wohl bekannten Ansichten, macht sich das Wort Entspannung zu Eigen, spricht von Auflockerung der Beziehungen zwischen den osteuropäischen Satellitenstaaten und von der Hoffnung auf eine Liberalisierung der Daseinsbedingungen in der DDR.

Demgegenüber betont Freiherr von und zu Guttenberg die Notwendigkeit einer Intensivierung der freundschaftlichen Beziehungen zu Frankreich mit dem Ziel der Schaffung einer «Weltmacht» Europa, die dem Kommunismus wirksam entgegentreten könne. Stichworten wie Entspannung, Auflockerung und Liberalisierung gegenüber bekundet Guttenberg seine Skepsis. Die kommunistische Funktionärsklasse durch Annäherung wandeln zu wollen sei eine Illusion; der Kalte Krieg dauere unverändert an und mögliche innere Schwierigkeiten der Sowjetunion seien noch lange kein Grund zu solidarischem Entgegenkommen gegenüber einem Gegner, der seine Grenzen mit Mauern und Schießbefehlen dichtmache.[28]

Klaus Mehnert, Autor viel beachteter Bücher über Russland und China, weist weitblickend darauf hin, dass die Sowjetunion nicht mehr der Monolith sei, als den sie sich gern darstelle, und dass insbesondere die junge Generation auf dem Weg zur Konsumgesellschaft ein neues Bedürfnis nach materieller und geistiger Bewegungsfreiheit entwickle. Auf diese fortschreitende Differenzierung im Osten müsse der Westen seinerseits mit einer differenzierten Politik antworten, gleichzeitig aber im Auge behalten, dass «die Desintegration der kommunistischen Welt ein um so festeres, zielstrebigeres Zusammenhalten der westlichen Welt zur Folge haben muß»[29].

Der Historiker Michael Freund betont in seinem Referat die Macht des Faktischen. Die alten Grenzen würden mit Sicherheit nicht wiederkehren, und keine «Politik der Stärke» könne die «westliche Welt so stark machen, daß sie durch eine Kraft- und Machtprobe die gegenwärtigen Staats- und Grenzordnungen aufrollen könnte»[30]. Freund plädiert, ohne sich der Hoffnung auf eine Wiedervereinigung zu verschließen, für eine Außenpolitik des geduldigen Abwartens. «Es ist falsch», schließt er, «auf der einen Seite die Zukunft Deutschlands in eine feste Form pressen zu wollen, indem man in einer ewigen Wiederholung kundtut, wie das Deutschland von morgen auf dem Plantisch (Grenzen von 1937) aussehen wird. Das entbehrt der Ehrfurcht vor dem geschichtlichen Werden und Wachsen. Aber noch schrecklicher ist der Vorschlag, die Lage Deutschlands durch die Kapitulation vor der Geschichte erstarren zu lassen.»[31]

Der Jurist Hermann Raschhofer warnt schließlich vor einer Anerkennung der durch den Zweiten Weltkrieg geschaffenen Tatsachen, indem er darauf hinweist, dass den von Roosevelt, Churchill und Stalin in den Konferenzen von Teheran, Jalta und Potsdam getroffenen Vereinbarungen etwas Vorläufiges anhafte. Dies war formaljuristisch zwar nicht unrichtig, denn in der Tat ist es zu einem von der «Anti-Hitler-Koalition» ursprünglich vorgesehenen Friedensvertrag nie gekommen. Anderseits hatte Stalin das Geschäft imperialistischer Machterweiterung nach 1945 so kompromisslos und zielstrebig betrieben, dass schwer vorstellbar war, wie die Sowjetunion auf die durch die deutsche Niederlage geschaffenen «faits accomplis» zurückkommen könnte. Dies gibt denn auch Golo Mann zu bedenken, wenn er Raschhofer erwidert: «Ich muß offen gestehen, daß die rein juristischen Fragen, die mein verehrter Vorredner Prof. Raschhofer behandelt hat, mich auch nicht sehr stark interessieren können. Ja, ich will noch offener sein und sagen, daß die Verbindung so reicher historischer Kenntnisse, so gebildeten juristischen Denkens mit einer solchen – entschuldigen Sie das Wort – Wirklichkeitsfremdheit, mich geradezu erschüttert hat ... Kann man denn wirklich glauben, daß der ungeheure Kataklysmus, der über Mittel- und Osteuropa hingegangen ist, nicht durch deutsche Schuld allein, aber doch mit gewaltiger deutscher Mitschuld, kann man wirklich glauben, daß er einfach wieder rückgängig gemacht werden könnte durch den Zwirnfaden eines geschriebenen und meinetwegen völkerrechtlich wirklich noch gültigen Rechts?»[32]

Die Referate vor der Landesversammlung der CSU in München fanden große Beachtung, auch im Ausland. Die Zürcher Tageszeitung *Die Tat* vom 12. Juli 1964 stellte fest, Golo Mann habe einen außenpolitischen Neubeginn empfohlen.[33] Am selben Tag notierte das *Neue Deutschland,* Organ des kommunistischen Zentralkomitees der DDR, befriedigt: «Die De-facto-Anerkennung der DDR und der Oder-Neiße-Grenze hat der westdeutsche Historiker Prof. Golo Mann am Sonnabend auf dem CSU-Parteitag in München gefordert. Golo Mann sprach als parteiloser Gast vor dem Arbeitskreis Außenpolitik [...]. Auch der Kieler Professor und Direktor des Seminars für Wissenschaft und Geschichte der Politik, Dr. Michael Freund, bezeichnete die Forderung nach Wiederherstellung eines großdeutschen Reiches als ‹Hochmut und Vermessenheit›.»[34]

Sein Eintreten für eine Öffnung gegenüber dem Osten sollte freilich Golo Mann in der DDR keineswegs zur «Persona grata» machen – zu sehr kannte man dort seine entschiedene Ablehnung des Marxismus. Seine Bücher wurden jenseits der Zonengrenze nicht verlegt. Erst im Zusammenhang mit einer DDR-Edition seines *Wallenstein* reiste Golo Mann im Jahre 1989, wie bereits erwähnt, zu Lesungen nach Ostdeutschland.

Als im Jahre 1966 eine Sonderausgabe seiner *Deutschen Geschichte* erschien, ergriff Golo Mann die Gelegenheit, das Schlusskapitel der ersten Auflage von 1958 zu überarbeiten, zu erweitern und erneut Bilanz zu ziehen. Wieder ist schonungslos von den Folgen der Hitler-Herrschaft die Rede, von der Teilung Deutschlands und dem Kalten Krieg, die es zu akzeptieren gelte. «Die Deutschen», stellt der Historiker fest, «wurden die Nutznießer wie die Opfer der Zweiteilung der Welt. Unvermeidlich fingen beide Partner des Kalten Krieges an, um sie zu werben und in Wort und Tat sich freundlicher ihnen gegenüber zu verhalten. Dies neue Verhältnis konnte die Teilung des Landes nicht aufhalten, im Gegenteil, es musste sie vertiefen.»[35] Die Entwicklung der Bundesrepublik unter Adenauer wird innen- und außenpolitisch im Wesentlichen als Erfolgsgeschichte gewertet: «Potsdam», schreibt Golo Mann, «war nach vierzehn Jahren nahezu vergessen. Eine freundliche Entspanntheit bezeichnete um 1960 die Atmosphäre sowohl in der Bundesrepublik wie ihre Beziehungen zu Westeuropa [...].»[36]

Als Kehrseite dieses Erfolgs wird die Passivität westdeutscher Ostpolitik festgestellt, und es wird die Forderung des Tages beim Namen genannt: «Adenauers Erbschaft im Westen weiterzuentwickeln, im Osten sie zu überwinden.»[37] Es folgen einige allgemein gehaltene Überlegungen zum Demokratisierungs- und Konsolidierungsprozess in der Bundesrepublik, zum Umgang mit der jüngsten Vergangenheit, zum amerikanischen Charakter der modernen Konsumgesellschaft. Die letzten Sätze des Schlusskapitels entwickeln die Idee eines konföderierten Europas, das vom Nationalstaatsgedanken ebenso abkommen müsse wie vom Blockdenken des Kalten Krieges. «Wir hoffen», schreibt Golo Mann, «das Beste, für die Nation und potentiell auch für Europa Fruchtbarste, was Deutschlands Ingenium schuf, der Föderalismus, werde von den neuen zentralisierenden und gleichmachenden Göttern unserer Zivilisation nicht erstickt werden, sondern sich erhalten und erweitern; nicht bloß innerhalb des Gemeinwesens, das mit gutem Sinne *Bundes*-Republik genannt wurde, auch darüber hinaus nach Westen wie nach Osten. Wir hoffen, die Deutsche Demokratische Republik werde dem, was in ihrem gewalttätigen Ursprung nicht lag, dem Prinzip der Selbstbestimmung ihrer Bürger, langsam näher kommen und so für freie und legitime Verbindungen mit Westdeutschland tauglich werden; sei es in der Form einer Konföderation, sei es auch nur durch Verträge, wie sie zwischen der Bundesrepublik und dem dritten deutschen Staat, Österreich, bestehen. Den Rest würde, wenn sie so will, die Zeit besorgen.»[38]

Golo Mann, dessen Überlegungen zur Ostpolitik wir hier bis in die sechziger Jahre verfolgt haben, war nicht der einzige unter den damaligen deutschen Publizisten, der so oder ähnlich dachte. Bei wenigen seiner Zeitgenossen lässt sich im Werdegang ihrer Überlegungen jedoch eine Kontinuität feststellen, die bis an den Beginn der fünfziger Jahre zurückreicht. Schon in seinen Arbeiten für die *Weltwoche* war Golo Mann, wie wir gesehen haben, für den Dialog zwischen West und Ost eingetreten und dafür, zu den Völkern Osteuropas «Brücken zu schlagen».[39] Dieser Vorschlag war damals auf das Befremden der Leserschaft gestoßen. Dass die Stellungnahme des Historikers zehn Jahre später von einer breiten Öffentlichkeit zwar nicht widerspruchslos, aber doch anders wahrgenommen wurde, dürfte mit dem Erfolg der *Deutschen Geschichte* und einem sich anbahnenden Wandel in der öffentlichen Meinung zusammenhängen.

Zu den Persönlichkeiten, die früh Golo Manns Haltung nahe standen, gehörte Marion Gräfin Dönhoff, seit 1955 Ressortleiterin Politik bei der Wochenzeitung *Die Zeit*, nach 1968 deren Chefredakteurin, eine verdienstvolle Wegbereiterin im schwierigen Prozess der Normalisierung des deutsch-polnischen Verhältnisses. Marion Dönhoff, deren Vorfahren sieben Jahrhunderte zuvor Ostpreußen besiedelt hatten, ermaß am besten, was das Reich an seinen Ostgebieten verloren hatte. Niemand zeigte eindringlicher als die Autorin des 1962 erschienenen Buches *Namen, die keiner mehr nennt*, wie mit diesem Verlust, bei aller Melancholie der Erinnerung, ohne Ressentiment umzugehen war.[40] Mit Golo Mann verband die Gräfin eine enge Freundschaft, von der wir in einem von des Historikers Briefen ein hübsches Zeugnis besitzen, wenn er schreibt: «Marion Dönhoff, die liebe ich sehr, ganz persönlich: ihre Augen, die Haltung ihres Kopfes, ich kann mich nicht satt an ihr sehen. Sie ist sehr vornehm und auch sehr gescheit. Freilich eine Frau und in ihrem Urteil oft leidenschaftlich: ihr Haß gegen de Gaulle beispielsweise war so. Aber: sie hat eigentlich zum ersten Mal eine große liberale Wochenzeitung in Deutschland hingebracht. Das bleibt eine Leistung, auch wenn man im einzelnen sehr viel gegen das Ding einwenden mag.»[41]

Auch Karl Jaspers, Golo Manns Heidelberger Lehrer, stimmte in seinen Äußerungen zur Bonner Ostpolitik weitgehend mit dem Historiker überein. In denselben Jahren, da sich das gegenseitige Verhältnis wegen Hannah Arendts Berichterstattung vom Eichmann-Prozess zu trüben begann, verfasste der Philosoph mehrere politische Aufsätze für die *Zeit*, die später in erweiterter Form unter dem Titel *Hoffnung und Sorge* veröffentlicht wurden. Darin betonte Jaspers die Notwendigkeit vertrauensbildender Kontakte mit der DDR und warnte vor Illusionen bezüglich einer Wiedervereinigung.[42] «An ein Phantom sich zu klammern», schreibt er, «das wirklich werde, wenn man es nur laut als ‹unabdingbar› ständig wiederholt, ist eine Methode, Hoffnungen zu erwecken und zu befestigen, an die man bei klarem Denken selber nicht glauben kann.»[43] Zur Oder-Neiße-Grenze hält Jaspers fest: «Das Ergebnis des eindeutig von Hitlerdeutschland vom Zaun gebrochenen Krieges – die Errichtung neuer Staatsgrenzen – muß als Faktum übernommen und anerkannt werden [...]. Wer als Gewalttätiger mit Gewalt niedergeschlagen werden mußte, hat die Folgen seiner Gewalttat zu übernehmen.»[44]

Unter den Parteipolitikern war es der Sozialdemokrat Egon Bahr, der einer Öffnung nach Osten das Wort sprach. Bahr wirkte nach 1960 als Pressechef und Sprachrohr des Regierenden Bürgermeisters von West-Berlin, Willy Brandt, und wurde nach dessen Berufung zum Außenminister einer Großen Koalition im Jahre 1966 Sonderbotschafter im Auswärtigen Amt. Auf den Beginn der amerikanischen Entspannungspolitik nach der Kuba-Krise unter Präsident Kennedy reagierend, erklärte Bahr im Juli in seiner berühmten Rede in der Evangelischen Akademie Tutzing vom Jahre 1963, dass der Bau der Berliner Mauer als «ein Zeichen der Angst und des Selbsterhaltungstriebs» zu werten sei, auf das man nicht durch erhöhten Druck reagieren sollte. «Die Frage ist», gab Bahr zu bedenken, «ob es nicht Möglichkeiten gibt, diese durchaus berechtigten Sorgen dem Regime graduell zu nehmen, daß auch die Auflockerung der Grenzen und der Mauer praktikabel wird, weil das Risiko erträglich ist. Das ist eine Politik, die man auf die Formel bringen kann: Wandel durch Annäherung.»[45]

In ähnlicher Weise wie Egon Bahr argumentierte auch der Berliner Publizist Peter Bender. In seiner 1964 erschienenen Schrift *Offensive Entspannung. Möglichkeit für Deutschland* wies Bender auf die Notwendigkeit einer Entspannungspolitik hin, welche eine allmähliche Liberalisierung im Innern der DDR ermöglichen und so das Bewusstsein der inneren Zusammengehörigkeit zwischen den beiden Staaten stärken könnte. «Man muß», stellte der Publizist fest, «den Status quo anerkennen, weil sich nur so dessen Folgen mindern lassen. Entspannung ist die einzige Möglichkeit, in Deutschland noch politisch offensiv zu werden. Allein eine begrenzte Stabilisierung der DDR gestattet, die Überlegenheit der Bundesrepublik ins Spiel zu bringen … Wer sich an die Realitäten hält, wird sich nur einen langen Prozeß vorstellen können, in dem Entspannung, Ausgleich, Angleichung mit einer sehr harten Auseinandersetzung zwischen den beiden Staaten in Deutschland einhergehen.»[46]

Solche Äußerungen, die damals in den Ohren vieler Unionspolitiker ketzerisch klangen, fanden bei Mitgliedern der SPD und FDP zunehmend ein wohlwollendes Echo und ebneten auch in der weiteren Öffentlichkeit den Weg zur Öffnung der Bundesrepublik gegen Osten. Der Weg dieser Außenpolitik der «kleinen Schritte» war lang und verzeichnete als frühes Ergebnis das an Weihnachten 1963 ausgehandelte Passierschein-Abkommen, das über die Feiertage Verwandtenbesuche im Ostteil Berlins gestattete. Markante Fortschritte wurden erst möglich, als 1969 die sozialliberale Koalition unter Bundeskanzler Willy Brandt und Außenminister Walter Scheel die Regierungsverantwortung übernahm.

2. Konrad Adenauer. Von geschichtlicher Größe

Golo Manns Vorstellungen von einer aktiveren Ostpolitik beeinträchtigten die Wertschätzung, die er Konrad Adenauer zollte, kaum. Immer wieder, aus wechselndem Anlass, aber stets mit hohem Respekt, hat sich Golo Mann mit dem ersten Bundeskanzler befasst. Zu seinem Rücktritt würdigte er Adenauer in einer Sonderbeilage der *Zeit*, und in der Neuauflage der *Deutschen Geschichte* von 1966 widmete er ihm ein ganzes Kapitel. Ferner verfasste Golo Mann einen anschaulichen Bericht über seinen Besuch beim zurückgetretenen Staatsmann in dessen italienischem Feriendomizil, und er besprach mit ausführlicher Sorgfalt die Bände von Adenauers *Erinnerungen*. Nach Adenauers Tod im Jahre 1967 schrieb der Historiker einen bewegenden Nachruf. In den siebziger Jahren trat man aus dem Kreis von Adenauers Familie an Golo Mann heran mit der Bitte, er möge des Kanzlers Biographie schreiben, und auch Karl Carstens, nach 1979 Bundespräsident, ermunterte ihn dazu. Doch der Historiker war eben mit dem Plan zu einer Lebensbeschreibung des Industriellen Alfried Krupp von Bohlen und Halbach beschäftigt und musste ablehnen.[47] Noch in hohem Alter erinnerte sich Golo Mann gern an seine Begegnung mit Adenauer; an den englischen Publizisten Melvin J. Lasky schrieb er 1986: «Zum Schluss liebten wir uns beinahe. Ich habe einen sehr schönen handgeschriebenen Brief von ihm, und als er starb, vergoss ich buchstäblich Tränen.»[48]

Der überragende Rang von Adenauers Persönlichkeit und seinem politischen Werk ist heute unter Historikern wie im kollektiven Bewusstsein seiner Nation unbestritten; die lange Periode seiner Kanzlerschaft, 1949–1963, wird zu Recht als «Adenauer-Ära» bezeichnet. Der erste Bundeskanzler Westdeutschlands war bedeutend und erfolgreich in seinem Wirken nach außen wie nach innen. Viele Zeitgenossen im In- und Ausland sahen in ihm den Garanten des deutschen Demokratisierungsprozesses nach der Hitler-Zeit: «Er gewöhnte die Deutschen», hat Sebastian Haffner gesagt, «an den Gedanken, dass Autorität und Demokratie nicht unvereinbar sind. Er versöhnte sie sozusagen allmählich mit der Demokratie.»[49] Nach außen waren die Westintegration, die Anlehnung an die USA und die Versöhnung mit Frankreich seine hervorragenden Leistungen. In der Ostpolitik blieb er bekanntlich sehr zurückhaltend und in streitbarer Defensive. Der Adenauer-Biograph Hans-Peter Schwarz hat die Bedeutung dieses Kanzlers mit folgenden Worten umrissen: «Fragt man, auf welchen westeuropäischen Staatsmann der Jahre 1949 bis 1963 Burckhardts Kriterium der historischen Größe – ‹Einzigkeit›, ‹Unersetzlichkeit› – zutrifft, so stößt man in der Tat nur auf einen Namen: Konrad Adenauer. Dies auch deshalb, weil er mit beträchtlicher Kaltschnäuzigkeit die Sicherheit der Bundesrepublik, die Stabilisierung Westeuropas und die Stärke der atlantischen Allianz den recht unsicheren Möglichkeiten einer Wiedervereinigung vorangestellt hat. Er war zu keinem Zeitpunkt geneigt, Sicherheit und Wohlfahrt des ihm anvertrauten Staates durch den Schornstein gesamtdeutscher Hoffnungen zu jagen.»[50]

Golo Manns Einschätzung Adenauers weicht nur in geringfügigen Nuancen vom Urteil heutiger Historiker ab. Vielleicht liegt es an seinem eigenen Lübecker Erbe, wenn er in der urbanen Bürgerlichkeit des Kanzlers eine ihm selbst vertraute Qualität erkennt. «Er ist ein Bürger», schreibt der Historiker, «von einer Reinheit des Typs, wie er nie zuvor die deutschen Geschicke leitete.»[51] Golo Mann stellt fest, dass es diese Bürgerlichkeit gewesen sei, die den Kölner Oberbürgermeister Adenauer zur Zeit der Weimarer Republik daran gehindert habe, dem wilhelminischen Obrigkeitsstaat nachzutrauern und den Versuchungen des Nationalsozialismus zu erliegen. Einem solchen Politiker, schreibt Golo Mann, sei der Weg in die Demokratie nicht schwer gefallen.[52]

Es sind vor allem nüchterne, etwas spröde Tugenden, die der Historiker am Politiker entdeckt: Klugheit, Skepsis und Augenmaß, aber, falls geboten, auch List und Dreistigkeit. Der Fähigkeit Adenauers, mit Menschen umzugehen, politische Gegner in Schranken zu weisen, sich die Wählermasse günstig zu stimmen, sieht Golo Mann auch einen menschenverachtenden Wesenszug zugrunde liegen, der sich mit tief verwurzelter katholischer Frömmigkeit zu vertragen schien. Überhaupt beeindruckt den Historiker bei dieser Persönlichkeit das Nebeneinander sich scheinbar ausschließender Wesenszüge. Grundsatzfestigkeit, Beharrlichkeit, Verlässlichkeit und Weitblick sieht er merkwürdig und doch zweckdienlich verbunden mit taktischem Kalkül und berechnender Flexibilität. «Den kleinlichen Praktiken des demokratischen Machtpolitikers», schreibt Golo Mann bei Adenauers Rücktritt, «steht eine Großzügigkeit im Großen gegenüber, die ja eben war, was ihm das Vertrauen der weiten Welt erwarb [...].»[53]

Freilich – so viel Nüchternheit und so ausgeprägter Realitätssinn schufen auch, wie Golo Mann sich eingesteht, persönliche Distanz. Nicht leicht fällt es dem Historiker, dem Emotionen ganz selbstverständlich und belebend in die eigene Feder einfließen, sich für den Stil von Adenauers *Erinnerungen* zu erwärmen.[54] Diese Memoiren, stellt er fest, seien kein Kunstwerk oder Genussmittel, sondern ein Rechenschaftsbericht: «Große Teile des Buches lesen sich wie eine Aktenpublikation; etwa die Berichte eines Botschafters, und zwar eines von der strengen Schule, der sich jede Farbe, jeden Seitenblick, jeden Klatsch versagt. Mitunter werden Situationsanalysen, geschichtliche Rückblicke, ‹allgemeine Gedanken› eingestreut. Sie bringen etwas Luft in das Werk, und solche ist dem Leser sehr willkommen.»[55] Nein, als Memorialist kam Adenauer nicht an die eigenwillige Prägnanz Bismarcks heran – sosehr er sonst in manchen Eigenschaften, nicht zuletzt auch in der Art seines Ausscheidens aus der Politik, dem großen Vorgänger ähnlich sein mochte.[56]

Im April 1966 suchte Golo Mann den Alt-Bundeskanzler in dessen Feriendomizil in Cadenabbia über dem Comer See auf. Hübsch ist es, die Schilderung nachzulesen, die der Historiker kurz nach seinem Besuch verfasste. Der um dreißig Jahre Jüngere begegnet dem greisen Politiker nicht ohne Schüchternheit. Er wird mit formeller Freundlichkeit begrüßt und in die Rolle eines beliebigen Interviewers gedrängt. Erst nach Stunden belebt sich die Konversation. Der Besucher wird zum Abendessen gebeten und eingeladen, die Nacht im Haus zu verbringen. Er findet den Mosel-Wein vorzüglich, aber äußerst zurückhaltend angeboten, und gibt sich Mühe, das Gespräch durch Einstreuung einiger Anekdoten etwas lebhafter zu gestalten.

Am andern Morgen erscheint Adenauer zum Frühstück «etwas feierlicher und steifer als am Abend zuvor»[57], verabschiedet dann aber seinen Gast mit einem Anflug von Herzlichkeit. «Ich kann nicht leugnen», schließt Golo Mann seinen Bericht, «daß ich während der langen Gespräche eine wachsende Sympathie für ihn empfand. Aus vielerlei Gründen: das hohe Alter, die Einsamkeit, die verhaltene Trauer; aber auch die Erfahrung, die schlichte Weisheit, das Fehlen jeder Prätention bei natürlichster Würde; der Ernst und der Humor; der Charme, der von ihm ausgeht. Von ein paar amüsanten Bemerkungen über Persönlichkeiten abgesehen hatte er wenig Originelles gesagt, manches schlecht Unterrichtete, manches Vereinfachende; und doch habe ich ihm mit dem allergrößten Interesse zugehört, weil der Reiz der Persönlichkeit immer da war.»[58]

Von Adenauers Leistungen beeindruckte Golo Mann vor allem die Außenpolitik, welcher der Kanzler selbst auch Priorität einräumte. Hier stimmte der Historiker mit dem Staatsmann in vielen wesentlichen Punkten überein und bewunderte vor allem, wie rasch es dem ersten Kanzler gelang, der durch ihre Vergangenheit schwer belasteten Bundesrepublik jenseits des Atlantiks Ansehen zu sichern. Übereinstimmung mit Adenauer herrschte auch in der strikten Zurückweisung des sowjetischen Expansionismus und der diesem zugrunde liegenden internationalistischen Ideologie, wobei Golo Mann – im Unterschied zu Adenauer – zwischen Sozialdemokratie und Kommunismus sorgfältiger unterschied. Auch die Politik der Aussöhnung mit Frankreich fand Golo Manns volle Anerkennung, und er bedauerte höchstens, dass dieser Beziehung im Vergleich zur USA-Politik auf Dauer nicht höhere Priorität eingeräumt worden sei. Die deutsch-französische Politik, die Zusammenarbeit zwischen Adenauer und de Gaulle, hätte, merkt der Historiker in der Neuauflage der *Deutschen Geschichte* vom Jahre 1966 an, im Blick auf die Schaffung eines starken und eigenständigen Europas intensiv weitergepflegt werden müssen.[59] Dieselbe Ansicht wiederholt er zehn Jahre nach des Kanzlers Tod und fügt bedauernd bei, in seinen späten Amtsjahren sei Adenauer außenpolitisch nicht mehr durchsetzungsfähig genug gewesen, und eine «historische Stunde» sei damals versäumt worden.[60]

Früh hat Golo Mann in folgerichtiger Fortführung eigener Einsichten gegenüber dem ersten Kanzler den Vorwurf erhoben, seine Ostpolitik sei zu passiv gewesen. Moralist, der er war, zieh der Historiker den Politiker auch persönlich der Unehrlichkeit, insofern nämlich, als dieser dauernd von Wiedervereinigung gesprochen, für diese aber nichts getan habe. «Seine Politik», schreibt Golo Mann diesbezüglich noch im Jahre 1963, «war die geradlinigste, offenste, treueste auch nicht. Franzosen und Amerikaner hat er nie betrogen; viel eher das eigene Volk.» Dann fährt er, seine Kritik abschwächend, fort: «Aber vielleicht wollte es sich betrügen lassen, weil es ihm gut dabei ging. Vielleicht könnte man für ihn geltend machen, daß er es betrog in seinem eigenen Interesse.»[61]

Nun ist bis heute unter Fachhistorikern darüber diskutiert worden, wie groß der Handlungsspielraum deutscher Ostpolitik in den schwierigsten Jahren des Kalten Krieges, zwischen der Berliner Blockade von 1948 und dem Mauerbau von 1961, war. Handelte es sich bei den Stalin-Noten des Jahres 1952, die ein neutralisiertes, aus den Machtblöcken herausgelöstes Gesamtdeutschland vorschlugen, um einen ernsthaften Wiedervereinigungsvorschlag, oder ging es Moskau darum, ein schutzlos gewordenes Territorium seinem eigenen Einflussbereich einzuverleiben? Golo Mann empfahl in den fünfziger Jahren, wie wir gesehen haben, die Prüfung dieses Angebots; Adenauer lehnte entschieden ab und setzte auf eine «Politik der Stärke» mit den Worten: «Wenn der Westen stärker ist als Sowjetrussland, dann ist der Tag der Verhandlungen [...] gekommen.»[62] In der Folge vertiefte sich der Graben zwischen Bundesrepublik und DDR, und Golo Mann neigte dazu, der Außenpolitik Adenauers Mitschuld zuzuweisen.

Die neuere Forschung sieht dies differenzierter. «Die Wirklichkeit seiner Deutschlandpolitik», schreibt Hans-Peter Schwarz, «war komplizierter und in sich widersprüchlicher, als es die vereinfachte Vorstellung des Nebeneinander einer verlogenen offiziellen Politik und einer wahren Geheimpolitik suggeriert. Tatsächlich hat dieser alte Mann, der geistig im Bismarck-Reich wurzelte, sowohl das eine wie das andere gleichzeitig angestrebt: Westintegration des deutschen Kernstaates und Wiedervereinigung.»[63] Auch Golo Mann ist im Lauf der Jahre, insbesondere nach der Lektüre des zweiten Bandes von Adenauers *Erinnerungen*, zu einer ähnlichen Einschätzung gelangt, wenn er 1966 in seiner Rezension schreibt: «Noch einmal, er wollte die Wiedervereinigung. Aber die Sicherheit seines Teiles von Deutschland, von dem er mehrfach betont, es sei doch der viel größere Teil gewesen, seine feste Eingliederung in die Machtkonstruktionen des Westens, anstatt der Neutralität, der Einsamkeit, des ‹Hin- und Herfackelns›, die wollte er mehr.»[64] Und in einem Gedenkartikel zu Adenauers zehntem Todestag gesteht der Historiker seinen Irrtum ein: «Der

Verfasser hat in den Jahren um 1960 geglaubt, daß ein Versuch nach Osten hin, großzügig unternommen, eine ‹Evolution›, ‹Auflockerung›, ‹Liberalisierung› etc. zumal in der DDR einleiten könne. Ein trauriger, auf Unkenntnis beruhender Irrtum, im Rückblick. Das Merkwürdigste ist, daß Adenauer solche Illusionen bis zu einem gewissen Grad teilte. Soviel wie seinen Kritikern fiel diesem ideenreichen Staatsmann immer noch ein – wie ich mir hätte sagen dürfen, aber ich kannte ihn nicht.»[65]

Zu den außenpolitischen Leistungen Adenauers, die Golo Mann besonders hoch einschätzte, gehörte dessen Engagement für die Wiedergutmachung der durch Hitler-Deutschland am jüdischen Volk verübten Verbrechen und für die Normalisierung der deutsch-israelischen Beziehungen. Schon 1949 hatte Adenauer in Erinnerung an die «Reichskristallnacht» den Willen der Bundesrepublik zur Wiedergutmachung geäußert, und drei Jahre später konnte, gegen den Widerstand einzelner Minister und eines Teils des Bundestages, eine großzügige Vereinbarung über Kapitalleistungen und Sachlieferungen an Israel getroffen werden. In den folgenden Jahren widmete der Bundeskanzler der heiklen Aufgabe einer Verbesserung des gegenseitigen Verhältnisses eine Aufmerksamkeit, die weit über bloße Interessenpolitik hinausging. Die Aufnahme diplomatischer Beziehungen zu Israel freilich sollte, durch den Widerstand der arabischen Staaten verzögert, erst nach Adenauers Rücktritt erfolgen können. Bereits im Schlusskapitel zur ersten Ausgabe seiner *Deutschen Geschichte* hat Golo Mann, wie bereits erwähnt, den Wiedergutmachungsvertrag von 1952 mit Wärme begrüßt: «Dahinter wirkte das Bewußtsein», schreibt er, «daß Deutschland an den Juden der Welt etwas gutzumachen hatte, was es freilich nie und nimmer gutmachen konnte, gutzumachen aber doch durch einen freien, anständigen Akt versuchen sollte [...]. Das moralische Prinzip wurde über materielle und politische Vorteile gestellt. Das kommt nicht oft vor. Und die Art, in der Deutschland den Wiedergutmachungsvertrag bis zum Ende erfüllen wird, allen Versuchungen, allen daraus fließenden Nachteilen zum Trotz, wird ein Prüfstein für den Charakter der deutschen Politik bleiben.»[66]

Mit der Innenpolitik des Kanzlers hat sich Golo Mann weniger detailliert auseinander gesetzt. Er anerkannte die großen Leistungen der «Adenauer-Ära»: den Wiederaufbau, das «Wirtschaftswunder», die soziale Marktwirtschaft, wobei er, ähnlich wie übrigens der Bundeskanzler, den noch nie da gewesenen Massenwohlstand mit der Gefahr eines Wertezerfalls gekoppelt sah. Er akzeptierte den Aufbau der Bundeswehr in den von der Regierung und den Westmächten gesetzten Grenzen. Er kritisierte Adenauers Bereitschaft, NS-Mitläufer in hohe Staatsstellen aufrücken zu lassen, und verkannte wohl etwas die integrative Auswirkung solcher Nachsicht. Wenig Interesse brachte Golo Mann der parteipolitischen Entwicklung jener Jahre entgegen; insbesondere fand bei ihm die wesentlich durch Adenauer bewirkte Umgestaltung zum Dreiparteiensystem kaum Beachtung.

Uneingeschränkt blieb Golo Manns Hochschätzung gegenüber der Persönlichkeit, die dem von falschen Führern genarrten deutschen Volk wieder den Glauben an politische Autorität im freien Staat zurückzugeben gewusst habe. So schreibt er in der Rezension zum ersten Band von Adenauers *Erinnerungen*: «Die Erscheinung dieses von jeder Hysterie freien, jeder falschen Pose abholden, seinen außenpolitischen Kurs fest und unbeirrbar steuernden Patriarchen übte nach all dem grässlichen Hin und Her, all den Greueln und Verrücktheiten eine wohltätige Wirkung aus.»[67] Und aus Anlass von Adenauers nicht ganz freiwilligem Rücktritt im Jahre 1963 schreibt er: «Fest steht schon heute, dass Adenauer mehr war als ein bloßer geschickter Repräsentant der Epoche, die für Deutschland und über Deutschland hinaus seinen Namen zu erhalten verdient; dass er regierte, führte, stimmungsprägend wirkte wie je ein bedeutender Staatsmann vor ihm.»[68] Golo Manns Rezension zum letzten Band von Adenauers *Erinnerungen*, abgefasst zur Zeit des beginnenden Aufstands der studentischen Jugend gegen ihre Autoritäten, beschließt Golo Mann mit den Worten: «Mit seinen Beschränktheiten und den Tücken seines rauhen Handwerks nicht ganz unvertraut, werde ich doch nie aufhören, ihn zu bewundern. Er war ein Herr; besinnlich bei aller Tätigkeit; überlegen bei allem Schein von Schlichtheit; heiter auf der Oberfläche, den kleinen Freuden des Lebens nicht abhold, aber in tiefster Seele gütig, fromm und traurig. Seine Art wird und kann nicht wiederkommen. Wenn ich dergleichen vor deutschen Studenten von 1969 sagte, so weiß ich, würden Lachsalven die Antwort sein. Das ist mir nun auch egal.»[69]

Zum Tod Konrad Adenauers am 19. April 1967 verfasste Golo Mann für die Illustrierte *Stern* einen groß aufgemachten Nachruf, der mit den Worten begann: «Der gestorben ist, war ein großer deutscher Staatsmann. Dieser in unserer Geschichte seltene Ehrentitel wird ihm bleiben, gleichgültig, was von seinem Werk bleibt.» Und der mit den Worten schloss: «Nun, die Weltgeschichte kann den Gang nicht gehen, den der einzelne Staatsmann ihr vorschreiben will, die Nation kann nicht genau das werden, was er will; das ist unmöglich. Aber danken sollten wir Konrad Adenauer in diesen Tagen und sein Gedächtnis ehren, jetzt und immer.»[70]

Ein großer deutscher Staatsmann. Wir wissen, welch zentrale Bedeutung Golo Mann dem handelnden und leidenden Individuum in der Geschichte zuerkannte und welche Faszination für ihn von der Persönlichkeit ausging, der durch Begabung und Zeitumstände eine herausragende und vorbildliche Rolle zukam. Golo Mann scheute sich nicht, Menschen, die in diesem Sinne den Test vor der Geschichte bestanden, als «groß» zu bezeichnen, und Konrad Adenauer gehörte nach des Historikers Überzeugung fraglos zu ihnen.

In seinen Überlegungen zur historischen Größe hat Jacob Burckhardt festgestellt, dass Verschiedenartiges zusammentreffen müsse, um dem Individuum zur Größe, zur historischen Unersetzlichkeit, zu verhelfen. Wille zur Macht allein genüge nicht, wenn sie sich nicht mit «Seelenstärke» verbinde. Auch bedürfe es der Gunst der Stunde: «Nicht jede Zeit», schreibt Burckhardt, «findet ihren großen Mann, und nicht jede große Fähigkeit findet ihre Zeit.»[71] In ganz seltenen Fällen, fährt Burckhardt fort, könne sich «Seelenstärke» mit einem sittlichen Element, mit «Seelengröße» verbinden: «Sie liegt im Verzichtenkönnen auf Vorteile zugunsten des Sittlichen, in der freiwilligen Beschränkung nicht bloß aus Klugheit, sondern aus innerer Güte, während die politische Größe egoistisch sein muß und *alle* Vorteile ausbeuten will.»[72] In Jacob Burckhardts Vorstellung ist die große Persönlichkeit bestimmt durch ihren Ausnahmecharakter, dadurch, dass sie die andern überragt.

Für Golo Mann, den Moralisten, war «Seelengröße» ein unabdingbares Merkmal der «großen» geschichtlichen Persönlichkeit; Hitler hätte er nie «groß» genannt. In Konrad Adenauer sah er beides verwirklicht: «Seelenstärke», die sich widrigen Umständen gegenüber durchsetzte, und «Seelengröße», welche die Ausübung von Macht dem staatsbürgerlichen Verantwortungsbewusstsein unterwarf. Der Bundeskanzler schien ihm in diesem Sinne groß zu sein, als er, der im Dritten Reich gedemütigt und kaltgestellt worden war, an den Menschen und an sich selbst nicht verzweifelte und an seinen Erfahrungen wuchs. In der 1966 erweiterten Ausgabe seiner *Deutschen Geschichte* schreibt der Autor: «Das Dritte Reich brachte Adenauer eine schmähliche Absetzung, einen dunklen und gefährdeten Ruhestand, Gefängnisse, den Hohn seiner Mitbürger. Es sei schwer, die Menschen zu kennen und sie nicht zu verachten, hat er damals bemerkt. Und 1947 in einer Rede in Luxemburg: ‹Während der Jahre des Nationalsozialismus verhielt sich das deutsche Volk so, daß ich es verachtete. Aber seit 1945 habe ich wieder gelernt, mein Volk zu achten.› Hinzufügen mußte er das wohl und auch glauben, da sonst die große Mühe, die er sich um sein Bild von Deutschland gab, ohne Hoffnung gewesen wäre.»[73]

Neben Konrad Adenauer und dem amerikanischen Präsidenten Roosevelt lässt der Historiker nur noch zwei europäische Staatsmänner des 20. Jahrhunderts als «groß» gelten: Winston Churchill und Charles de Gaulle. In der Person des englischen Staatsmanns, der am 10. Mai 1940, als die deutschen Armeen die Niederlande angriffen und gegen Frankreich vorstießen, die oberste Regierungsverantwortung übernahm, verkörperte sich für Golo Mann das Prinzip des Guten gegenüber dem Bösen der nationalsozialistischen Bedrohung: «Er schwor», heißt es in der *Deutschen Geschichte*, «England würde nicht rasten, bis der ärgste Schandfleck, der je an der Menschheit gehaftet, von ihr getilgt sei. Damals brachte Churchill Sinn und Großartigkeit und etwas moralisch Schönes in den Krieg. England kämpfte ja nicht für sich, es hätte sofort Frieden haben können, oder kämpfte für sich nur insofern, als auch und gerade seine Existenz in der Welt von der Bewahrung menschlicher Grundwerte abhing.»[74] Wobei der Historiker gegenüber Churchill durchaus auch Vorbehalte anmeldet. So nimmt er ihm etwa übel, dass er 1945 auf der bedingungslosen Kapitulation Deutschlands beharrt habe. «Er war im Sommer 1940», stellt er fest, «ein unvergleichlich großer Mann, ein Vertreter der Menschheit, gewesen. Er war das jetzt nicht mehr. Denn es ging ihm und seiner Sache zu gut, was ihn bequem, hartherzig und zynisch machte.»[75] Und ähnlich kritisch äußert Golo Mann sich im Zusammenhang mit den verheerenden Städtebombardements gegen Kriegsende: «Damals, als England allein stand, hat er herrliche Worte gefunden und eine machtvolle, schöne Gesinnung bekundet. Aber von dieser Gesinnung ist später viel verlorengegangen, die Alliierten haben selbstgerecht und unbarmherzig Krieg geführt, mit ihrer Luftkriegsführung sanken sie auf das moralische Niveau der Gegner herab.»[76]

Doch 1965, im Augenblick von Churchills Tod, ist es wiederum der Eindruck von Größe, von Unersetzlichkeit, die im Historiker dominiert. «Denkt man sich ihn fort», schreibt Golo Mann, «so wird alles dunkel. *Er* hielt durch, *er* gewann Amerika, die Hoffnung Europas, die weite Welt; gewann sie durch heimliches Wirken nicht nur, sondern durch Reden, die man lesen wird, solange das Wort auf Erden gilt.»[77] Was Golo Mann an Churchill zusätzlich fasziniert, ist nicht nur, wie er seinen Test vor der Geschichte bestand, sondern auch, wie er dank seiner hohen sprachlichen Begabung in seinen Reden und Memoiren, aber auch im historischen Werk, den Ereignissen ihre Bedeutung und Dramatik zu verleihen wusste. In diesem Punkte unterschied sich Churchill, der 1953 als einer der wenigen Historiker nach Theodor Mommsen den Literatur-Nobelpreis erhielt, sehr von Adenauer. «Er gab den Ereignissen», schreibt Golo Mann, «seinen Stil. Auf höchster Ebene treffen sich der Staatsmann und der Poet; beide schenken sie einer armen Welt aus ihrer reichen Seele.»[78]

«Seelenstärke» und «Seelengröße» sah Golo Mann auch in der Persönlichkeit des französischen Staatsmannes Charles de Gaulle wirksam werden, der von der «Würde und Mission Frankreichs sein Leben lang den höchsten, stolzesten Begriff hatte»[79]. In einem Vortrag, den der Historiker, sich stark auf die Memoiren de Gaulles stützend und von diesen offensichtlich angetan, 1990 an der Universität Freiburg im Breisgau hielt, ließ Golo Mann das bewegte Leben des Generals Revue passieren: den Aufruf zum Widerstand aus dem Londoner Exil, die Gegnerschaft zum «régime des partis» der Vierten Republik, die Lösung des Algerienproblems, die Gründung der Fünften Republik, die freundschaftliche Begegnung mit Adenauer in der Zurückgezogenheit seines Gutshauses in Colombey-les-deux-Eglises. Am französischen Staatsmann beeindruckt Golo Mann, ähnlich wie bei Adenauer, das, was Michael Stürmer in diesem Zusammenhang einmal «heroischen Pessimismus» genannt hat.[80] Er bewundert dessen geschichtliche Bildung, das bei aller Humanität skeptische Menschenbild, die Geradlinigkeit und Folgerichtigkeit des Handelns, aber auch die Befähigung, sich im Bedarfsfalle, etwa im schwierigen Algerienkonflikt, der Schlauheit und List zu bedienen. Und wie bei Churchill bewundert er des Franzosen Fähigkeit, sich auf hohem literarischem Niveau in Wort und Schrift auszudrücken und in den Memoiren die eigene Leistung im Kontinuum der Geschichte glanzvoll sichtbar zu machen.[81] Zwei Jahre bevor der französische

Staatspräsident mit den Studentenunruhen von 1968 seine letzte Herausforderung zu bestehen hatte, schrieb Golo Mann in einer emphatischen Würdigung: «Wie viele solche Meister der Staatskunst und Philosophen und Historiker und stilgebende Adelsgeister in einem haben wir in unserem Europa – von Amerika ganz zu schweigen? Keinen, fürchte ich, außer Charles de Gaulle.»[82]

Die Annäherung Adenauers und de Gaulles und den Abschluss des Vertrags zur deutsch-französischen Zusammenarbeit im Jahre 1963 begrüßte Golo Mann aufs wärmste, und er wünschte sich, wie bereits erwähnt, eine Fortsetzung und Vertiefung der gegenseitigen Beziehungen. Mit Bedauern musste er feststellen, dass der neue Bundeskanzler Erhard und dessen Außenminister Gerhard Schröder an einer Intensivierung der Beziehungen zu Frankreich nicht interessiert waren und dass im Konflikt der «Gaullisten» und «Atlantiker», der die CDU/CSU spaltete, schließlich jene Partei obsiegte, die einer Vertiefung der Beziehungen zu Washington das Wort redete. Golo Mann sah in de Gaulles Zuwendung zur Bundesrepublik und in dessen Europapolitik den legitimen Versuch, auf das Europa angesichts des Vietnamkriegs drohende amerikanische Disengagement zu antworten und den machtpolitischen Stellenwert eines selbständigeren Europas zu stärken. «Die deutsch-französische Gemeinschaft», schreibt er 1966, «hätte die Dritte Weltmacht, die de Gaulle vorschwebte, so bald nicht geschaffen. Aber sie hätte den Verbündeten zu allermindest etwas von der moralischen Unabhängigkeit und Würde gegeben, die Frankreich sich auf eigene Faust nahm, während man in Bonn blindlings lobpreisen muß, was immer die Vereinigten Staaten tun, das uferlose, hoffnungslose, heillose Kriegsunternehmen in Vietnam miteingeschlossen.»[83] Und ganz ähnlich an anderer Stelle: «[...] für das Scheitern des deutsch-französischen Vertrages trägt Bonn und nicht Paris die Hauptschuld. Die französischen Ziele waren stimmig und klar für jeden, der sich nicht mutwillig die Augen verband: nicht Trennung von den Vereinigten Staaten, aber verringerte Abhängigkeit von den Vereinigten Staaten, die es einer europäischen Nation etwa erspart hätte, angesichts der Vietnamtragödie die Haltung einzunehmen, die Helmut Gollwitzer neulich mit dem traurigen Spruch umschrieben hat: Wes Schützling ich bin, des Lied ich sing.»[84]

Überhaupt fand die eigenwillige Europapolitik de Gaulles in Golo Mann einen zustimmenden Interpreten. Als entschiedener Gegner supranationaler Konstruktionen hatte der französische Staatsmann sich für ein «Europa der Vaterländer» ausgesprochen und die Autonomie der Nationalstaaten betont, was ihn bei den «Atlantikern» in den Ruf eines verbissenen Nationalisten brachte – nicht ganz zu Recht übrigens, zeigte sich doch in der Folge, dass der französische Staatspräsident seinen Widerstand gegen die europäische Integration abbaute, nachdem sich unter der Fünften Republik die Innenpolitik seines Landes gefestigt hatte.[85] Mit einem solchen föderalistischen Konzept, das als Grundstein der europäischen Integration die enge Beziehung zwischen Deutschland und Frankreich betrachtete, konnte Golo Mann völlig übereinstimmen, wenn damit nicht eine Schwächung der amerikanischen Schutzmachtfunktion für Deutschland beabsichtigt war. Im Rückblick, zwanzig Jahre später, äußerte Golo Mann sich einem Brieffreund gegenüber diesbezüglich wie folgt: «Nur: die Hoffnung auf wirkliche ‹Vereinigte Staaten von Europa›, die ich so ungefähr fünfzig Jahre im Herzen trug, habe ich aufgegeben. Heute glaub ich, man hätte das Eisen schmieden müssen, solange es weich war, also in den fünfziger Jahren. Dann gab es noch einmal eine Chance mit de Gaulle, die wurde von der Bundesrepublik torpediert. Das einzige Mal eigentlich, daß die Bundesrepublik, es war die schreckliche Regierung Erhard-Schröder, sich anti-europäisch benahm und zwar aus ‹Atlantismus›. Ich weiß, wie verzweifelt damals der alte Adenauer war.»[86]

Wenn Golo Mann von einem Scheitern der deutsch-französischen Politik sprach und der Regierung Erhard die Hauptschuld daran zuwies, so übersah er allerdings die Eigenwilligkeit von de Gaulles Außenpolitik, die sich vornehmlich am eigenen nationalen Interesse orientierte und im Bündnis zur Bundesrepublik auch ein Kontrollinstrument gegenüber dem wirtschaftlich und militärisch erstarkten Partner sah. De Gaulles Aufbau einer atomaren Streitmacht, der «force de frappe», seine Distanzierung von Washington und seine Annäherung an Moskau, die Aufkündigung der NATO-Mitgliedschaft und die Blockierung der Verhandlungen mit der Europäischen Wirtschaftsgemeinschaft – diese Maßnahmen waren schwerlich geeignet, das deutsch-französische Verhältnis zu stärken. Das alles sprach jedoch in Golo Manns Urteil nicht gegen jene Größe der Persönlichkeit, die Bundeskanzler Erhard so sehr abging. «De Gaulles Träume», schreibt der Historiker 1966 in einem etwas verklausulierten Deutsch, «gehen über das hinaus, was ein Land will und vermag. Die Politik Erhards wird von dumpfen, ihm nur halb, und halb auch nur sich selber bewußten Kräften getrieben.»[87]

In Golo Manns Korrespondenz finden sich viele Hinweise auf die hohe Wertschätzung, die der Historiker de Gaulle entgegenbrachte. Im zweiten Band seiner Autobiographie glaubt Mann sich daran zu erinnern, während seines Frankreich-Aufenthalts dem damaligen Colonel de Gaulle in einem Pariser Salon begegnet zu sein: «Es blieb das einzige Mal», schreibt er, «daß ich de Gaulle in Person sah, den ich später aus der Ferne sehr bewunderte.»[88] So groß war in des Historikers Vorstellung de Gaulles Größe, dass er eine Wiederbegegnung mit dem Staatsmann halb herbeisehnte und halb fürchtete. «Aber wäre ich selbst zu ihm ins Elysée gebeten worden», bemerkte er einmal seinem Freund Raymond Aron gegenüber, «ich glaube, ich wäre nicht gekommen, weil ich mich zu sehr vor ihm gefürchtet hätte.»[89]

Der Historiker ist sich freilich bewusst, dass der Franzose, ähnlich wie Adenauer und Churchill, einen Typus des Staatsmanns verkörperte, der sich in einer Zeit, da die Kabinettsdiplomatie durch mediale Selbstdarstellung ersetzt worden ist, überlebt hatte. «Er war durchaus spätes 19. Jahrhundert», stellt er einmal fest, «und trotzdem kann ich nicht umhin, ihn zu bewundern, vielleicht, weil in mir auch noch eine ganze Menge 19. Jahrhundert schlummert – das will ich nicht entscheiden.»[90]

Hat die offensichtliche Bewunderung, die Golo Mann den drei Zeitgenossen Adenauer, Churchill und de Gaulle entgegenbrachte, die Qualität seines Urteils beeinträchtigt? Man wird diese Frage generell ebenso wenig bejahen können, wie man bejahen kann, dass der Verzicht auf solche Bewunderung die zutreffendere Beurteilung einer bedeutenden Persönlichkeit verbürgt. Golo Manns Adenauer-Bild vermag gegenüber heutiger wissenschaftlicher Einschätzung durchaus zu bestehen, und wo der Historiker in die Irre gegangen ist, hat er sich nachträglich noch korrigiert. Mit Churchill hat sich Golo Mann nie eingehend befasst, und frühere, eher fragwürdige Perioden seines Wirkens, als begeisterter Imperialist und Mitkämpfer in kolonialen Kriegen und als Marineminister und Hauptverantwortlicher des verunglückten Dardanellen-Feldzugs von 1915, werden von ihm nicht in sein Urteil einbezogen. Charles de Gaulles Lebensleistung ist dem beobachtenden Zeitgenossen fraglos besser bekannt gewesen; doch fehlen auch hier Hinweise für ein vertieftes historisches Studium der Persönlichkeit und ihrer Leistung, das über die bewundernde Lektüre der Memoiren, deren Qualität von Schriftstellern wie François Mauriac gerühmt wurde, hinausgegangen wäre.

3. Von Ludwig Erhard zu Kurt Georg Kiesinger

Die Zeit zwischen 1963 und 1969 erscheint im Rückblick als eine Periode des Übergangs. Adenauers Nachfolger Ludwig Erhard und seiner christlich-liberalen Koalition gelang es nicht, an die Leistungen des großen Vorgängers anzuknüpfen und einen zukunftweisenden politischen Stil zu entwickeln. Die 1966 nachfolgende Große Koalition von CDU/CSU und SPD unter Kurt Georg Kiesinger mit Willy Brandt als Außenminister aber war als Bündnis zu heterogen, als dass es hätte von Dauer sein können. Die internationale Großwetterlage wurde weiterhin durch ein Klima der Entspannung bestimmt, obwohl die Sowjetunion in Grenzkonflikte mit China verstrickt war und die USA immer mehr im Morast des Vietnamkrieges versanken. Die Bundesrepublik gab weiterhin ihren Beziehungen zur amerikanischen Schutzmacht Priorität, auch wenn der persönliche Kontakt zwischen Erhard und Präsident Johnson distanziert blieb. Das Verhältnis zum Frankreich des Generals de Gaulle konnte weder vertieft noch ausgebaut werden, und der europäische Integrationsprozess geriet ins Stocken.

Die Initiative zur außenpolitischen Öffnung gegen Osten blieb in den frühen sechziger Jahren im Wesentlichen der Oppositionspartei, den Sozialdemokraten, überlassen. In einer Vorlesung an der Universität Harvard vom Herbst 1962 nahm Willy Brandt, damals noch Regierender Bürgermeister von Berlin, das Stichwort von der friedlichen Koexistenz auf und schloss mit den Worten: «Wir haben Formen zu suchen, die die Blöcke von heute überlagern und durchdringen. Wir brauchen soviel reale Berührungspunkte und soviel sinnvolle Kommunikationen wie möglich [...] Es geht um eine Politik der Transformation. Wirkliche, politische und ideologische Mauern müssen nach und nach abgetragen werden.»[91] Im Jahre 1963 prägte Egon Bahr, Pressechef und Sprachrohr des Regierenden Bürgermeisters Willy Brandt in Westberlin, in seiner bereits erwähnten Rede die Formeln von einer «Politik der kleinen Schritte» und vom «Wandel durch Annäherung». Durch Anerkennung der «Realitäten» sollte, so Bahr, versucht werden, allmählich eine innere Veränderung der DDR herbeizuführen und die Mauer durchlässiger zu machen.

Solche Bemühungen um eine aktivere Politik gegenüber dem Osten stießen in konservativen Kreisen der CDU/CSU auf Widerspruch. Die Regierungsparteien bemühten sich immerhin im März 1966 mit einer «Note zur Abrüstung und Sicherung des Friedens», zur Entspannung beizutragen. Die Note wurde an fast alle Staaten der Welt, insbesondere an die Mitgliedländer des Warschauer Pakts mit Ausnahme der DDR versandt. Da sie jedoch am Alleinvertretungsanspruch der Bundesrepublik und gleichzeitig an der Wiedervereinigung festhielt, vermochte sie nichts zu bewegen.

Wenig glücklich agierte Ludwig Erhard, als er in seiner Regierungserklärung vom Oktober 1963 vom «Ende der Nachkriegszeit» sprach und damit eine Neuorientierung ankündigte, die stillschweigend von der Historisierung der nationalsozialistischen Vergangenheit ausging. Mit solchen Verlautbarungen verkannte der Bundeskanzler die Stimmungslage der jungen Generation, für welche die Aufarbeitung der deutschen Vergangenheit keineswegs abgeschlossen war, sondern vielmehr erst begonnen hatte. In der Tat war eine Jugend herangewachsen, die an die Generation der Älteren kritische Fragen richtete und sich darüber wunderte, wie zögerlich die strafrechtliche Verfolgung nationalsozialistischer Gewaltverbrechen betrieben wurde und wie leicht es hoch gestellten Exponenten des Dritten Reiches gefallen war, nach 1945 in wichtige administrative und gesellschaftliche Positionen aufzusteigen. Immer wieder wurden die Untaten des NS-Regimes neu ins öffentliche Bewusstsein gehoben, so durch den Eichmann-Prozess von 1962 und die Ermittlungen des Frankfurter Schwurgerichts gegen die Folterknechte des Konzentrationslagers Auschwitz. Eine breite Diskussion löste auch die Frage der Verjährung von nationalsozialistischen Gewaltverbrechen aus, die schließlich im März 1965 zur Verlängerung der Verjährungsfrist führte; 1969 wurde die Verjährungsfrist auf dreißig Jahre verlängert und zugleich der Völkermord für unverjährbar erklärt. Mit Verschweigen, Beschönigen und dem Verweis auf die in der Tat beachtliche Aufbauleistung nach dem Krieg war den Söhnen und Töchtern derer, die unter Hitler mitgemacht hatten, nicht mehr gedient. Der ethische Rigorismus solch kritischer Nachfrage sollte zu einem wichtigen Element der studentischen Unruhen im Deutschland der späten sechziger Jahre werden.

Auch griff die Kritik der Jungen rasch auf allgemein gesellschaftliche Probleme über; sie stellte die restaurativen Tendenzen der Adenauer-Ära ebenso in Frage wie den Materialismus der Wohlstandsgesellschaft und die Glaubwürdigkeit der politischen Repräsentanten. «Eine konzentrierte moralische Grundströmung», schreibt Hagen Schulze, «erfaßte die westdeutsche Gesellschaft und namentlich die Intelligenz, die studierende Jugend, die intellektuellen Meinungsmacher. Lehrer, Professoren, Journalisten überkam das Verlangen, jenen Widerstand nachzuholen, den ihre Mütter und Väter nicht geleistet hatten, und sich so im nachhinein von Schuld und Verstrickung der jüngsten Geschichte zu dispensieren.»[92]

Mit dem vorsichtigen und zögernden Pragmatismus der Regierung Erhard war solcher Zeitströmung nicht beizukommen. Als weitere schwere Belastung erwies sich auch die 1964 einsetzende wirtschaftliche Rezession, die das Charisma des Bundeskanzlers als «Vater des Wirtschaftswunders» verblassen ließ. Als die FDP 1966 das Haushaltsdefizit nicht mehr mittragen wollte und die Regierung verließ, trat der Kanzler zurück.

Die nun folgende Große Koalition von CDU/CSU und SPD unter dem CDU-Kanzler Kurt Georg Kiesinger war in wirtschaftlicher Hinsicht erfolgreich. Den vereinten Anstrengungen des sozialdemokratischen Wirtschaftsministers Karl Schiller und des christlich-sozialen Finanzministers Franz Josef Strauß gelang es, die Rezession zu überwinden. Dem Außenminister Willy Brandt waren jedoch die Hände gebunden, und er konnte seine Vision einer neuen Ostpolitik nicht verwirklichen. Zwar waren sich die Koalitionspartner darin einig, dass neue Wege eingeschlagen und insbesondere das Gespräch mit der DDR gesucht werden müsse; doch in der Frage, wie weit man dabei gehen könne, kam es zu keinem Konsens. Kiesinger trat zwar für häufigere deutsch-deutsche Kontakte ein, lehnte aber die politische und rechtliche Anerkennung des zweiten deutschen Staates ab. Immerhin wurde mit der Wiederaufnahme diplomatischer Beziehungen zu Jugoslawien die

Hallstein-Doktrin faktisch fallen gelassen. Da aber eine Anerkennung der DDR durch die Bundesrepublik ebenso ausblieb wie die Anerkennung der Oder-Neiße-Grenze, wurden diese zaghaften Annäherungsversuche vom sowjetischen Lager zurückgewiesen. Der konservative Flügel von CDU und CSU betrachtete die Öffnung gegen Osten ohnehin mit Argwohn, und Kiesinger sah sich, um den Hausfrieden nicht zu gefährden, zu einer Außenpolitik veranlasst, welche die zentralen Probleme ausklammerte und die Beziehung auf den Abschluss von Handelsabkommen beschränkte. Als am 21. August 1968 Truppen der UdSSR, Polens, Ungarns, Bulgariens und nicht zuletzt auch der DDR in der Tschechoslowakei einfielen und der Liberalisierungsbewegung des Prager Frühlings ein Ende machten, schien die Öffnung der Bundesrepublik gegen Osten für lange Zeit blockiert.

Erfreulicher entwickelte sich unter der Großen Koalition das Verhältnis zu den USA. Außenminister Willy Brandt erwarb durch die selbstbewusste Vertretung der deutschen Interessen das Vertrauen der Amerikaner. Er stimmte im Grundsatz der Entspannungspolitik bei und verhielt sich bei der Beurteilung des Vietnamkriegs loyal, indem er offizielle Kritik unterließ und humanitäre wie wirtschaftliche Hilfe leistete.

Innenpolitisch begünstigte die Große Koalition die Entstehung der so genannten Außerparlamentarischen Opposition (APO). Diese erfasste vorwiegend jugendliche Staatsbürger, vor allem Studenten und Intellektuelle, die ihren kritischen Radikalismus im Bundestag nicht mehr vertreten sahen. Die «Neue Linke» stützte sich ideologisch auf Vordenker wie Jean-Paul Sartre und Herbert Marcuse sowie auf Vorkämpfer wie Mao und «Ché» Guevara, und sie entwickelte eine marxistische Fundamentalkritik am liberaldemokratischen Parlamentarismus, in der sich Antifaschismus und Antikapitalismus verbanden. Der jugendlichen Protestbewegung schwebte eine «Kulturrevolution» nach chinesischem oder kubanischem Muster vor, welche die Verlogenheit des herrschenden «Systems» entlarven und die universitären Bildungseinrichtungen ebenso sehr in Frage stellen sollte wie den gesellschaftlichen Nutzen der tradierten Bildungsinhalte. Als Stein des Anstoßes erwies sich das jahrlange Ringen des Bundestages um die so genannten Notstandsgesetze, die von der APO als NS-Gesetze gebrandmarkt wurden. Höhepunkte des jugendlichen Protests in Deutschland, der sich dank moderner Kommunikationsmittel mit ähnlichen Polit-Bewegungen im Ausland verbunden wusste, waren die Ermordung des Berliner Studenten Benno Ohnesorg im Jahre 1967 und der Mordanschlag auf Rudi Dutschke das Jahr darauf. Wenn sich die «Neue Linke» schließlich weder in Deutschland noch anderswo durchsetzen konnte, so lag dies daran, dass die überwiegende Mehrzahl der Bevölkerung, insbesondere die Arbeiterschaft, die Sicherung ihrer materiellen Bedürfnisse nicht gegen Experimente mit utopischen Gesellschaftsmodellen einzutauschen gewillt war.

Golo Mann setzte in den späten sechziger Jahren seine Tätigkeit als politischer Publizist fort. Er wurde rasch zu einem der beachtetsten politischen Kommentatoren der Bundesrepublik. Die Übersiedlung nach Kilchberg in der Schweiz mag dabei mitgeholfen haben, dass sein Urteil sich vom Meinungsstreit der Parteien abhob und aus der Distanz eine besondere Glaubwürdigkeit gewann. Die Prägnanz seiner Sprache, die unverschlüsselte Direktheit seiner Aussagen und die Unabhängigkeit seines Urteils waren auch bei Andersdenkenden geschätzt; die Medien rissen sich um seine Mitarbeit. Auch begannen der Zusammenhang und die Folgerichtigkeit von Golo Manns Überlegungen allmählich deutlicher hervorzutreten. Von drei unmissverständlich dargelegten Prämissen hatte, seiner Überzeugung nach, die künftige deutsche Außenpolitik auszugehen: von der Bereitschaft, die Ergebnisse des verlorenen Krieges zu akzeptieren und auf jede Art von Revanchismus zu verzichten; von dem Bekenntnis zur freien, pluralistischen Demokratie des Westens; und schließlich von dem Willen, den Dialog mit den kommunistischen Staaten zu suchen und so Möglichkeiten der Entkrampfung zu erkunden und zu nutzen.

Allerdings glaubte Golo Mann feststellen zu müssen, dass seine Stellungnahmen ein Echo zwar in der Öffentlichkeit, nicht aber in den Machtzentren der Politik fanden. In diesem Sinne äußerte er sich schon 1961 gegenüber seinem langjährigen Freund Erich von Kahler: «Zusammen mit anderen versuche ich durch politische Artikel klärend zu wirken. Es ist doch immer erstaunlich, wie weit man mit solchen Artikeln dringt, das heißt, welches Echo da ist; und dann wieder, wie vollkommen unberührt die wirkliche Politik davon bleibt, ich meine nicht nur von meinen Artikeln, das versteht sich von selbst, sondern von der ganzen keineswegs geistlosen Diskussion, die sich gegenwärtig über die deutsche Politik vollzieht. In die Bureaux der Adenauer, Strauß, Schröder etc. dringt da einfach nichts hinein.»[93] Dies sollte sich nach 1969, als Willy Brandt Bundeskanzler wurde, für Golo Mann ändern.

Die Regierungstätigkeit Ludwig Erhards verfolgte Golo Mann mit zunehmender Missbilligung. Äußerst beunruhigt zeigte sich der Historiker, wenn er nationalistische Tendenzen sich regen sah, die auf eine Wiederbelebung früherer Großmachtaspirationen abzuzielen schienen. Die Persönlichkeit des zweiten Kanzlers schien ihm, mit Adenauer verglichen, geringe Gewähr dafür zu bieten, dass solchen Tendenzen mit Entschiedenheit entgegengetreten würde. Besorgt zeigte sich der Historiker im Zusammenhang mit der 1963 von den USA angeregten Schaffung einer «Multilateral Nuclear Force» innerhalb der NATO (MLF), die der Bundesrepublik eine gewisse Mitsprache einräumen sollte. Das Bestreben von Kreisen innerhalb von Politik und Bundeswehr, eine solche Mitbeteiligung zu erreichen, weckte in Golo Mann die latent immer vorhandene Befürchtung, dass Vergangenes sich wiederholen könnte. Er sah darin ein Geltungsbedürfnis wirksam werden, wie es schon die Flottenpolitik des Deutschen Reiches unter Tirpitz auf fatale Weise geprägt hatte. Der Historiker lehnte die MLF auch aus militärstrategischen Gründen ab, weil die Atomwaffen in lokalen Konflikten, wie der Suez- und der Vietnam-Konflikt gezeigt hätten, nicht einsetzbar seien und weil im Ernstfall rasche Entscheidungen durch ein Mitspracherecht erschwert würden. In einem Vortrag vor Bankfachleuten äußerte sich Golo Mann unmissverständlich: «Für die Bundesrepublik, bedenkt man ihre Herkunft, bedenkt man das Verhältnis zum andern Deutschland der DDR, ist die Forderung nach Souveränität dank nuklearer Waffen das Geschmackloseste, wenn sie ernst ist und insoweit sie ernst ist, das Gefährlichste, was man sich ausdenken konnte.»[94]

Das Projekt einer multilateralen Atomstreitmacht erwies sich als Episode, die unverhältnismäßige Aufregung erzeugte. An seine Stelle trat der zwischen den Vereinigten Staaten und der Sowjetunion ausgehandelte Atomsperrvertrag, der auf die Nichtverbreitung von Kernwaffen abzielte, die friedliche Nutzung von Kernenergie aber nicht einschränkte. Diesem Vertrag, der erneut lebhaft diskutiert wurde, schloss sich die Bundesrepublik im November 1969 an.

Ein Vorgang, der in Golo Manns Sicht ebenfalls zur Beunruhigung Anlass gab, war das Anwachsen der Nationaldemokratischen Partei Deutschlands (NPD) um die Mitte der sechziger Jahre. Rechtsradikale Bewegungen dieser Art gab es damals auch in andern europäischen Ländern; was aber die Radikalisierung der Rechten in Deutschland als besonders bedrohlich erscheinen ließ, war deren Verbindung mit dem Gedankengut des Dritten Reiches und mit denjenigen Vertretern einer älteren Generation, die einen Gesinnungswandel nicht hatten vollziehen können. Die NPD stieß bei den jugendlichen Intellektuellen, die sich in der APO zusammenfanden, auf einhelligen und wortmächtigen Protest, sah man doch in dieser Gruppierung den Totalitarismus leibhaftig und nicht bloß in der trügerischen Verhüllung der kapitalistischen Bourgeoisie vor sich. Gerade diese Überreaktion gab indessen der NPD ein Gewicht, das sie tatsächlich nicht besaß, und führte der Bewegung Mitglieder zu, die ihrerseits durch den Widerstand gegen die Neue Linke motiviert waren. Dass die Gesinnung der Rechtsradikalen bei Golo Mann Erinnerungen übelster Art wachrief, erstaunt nicht. Zugleich sah er klar, dass die NPD einen Teil ihrer Wirkung aus dem Protest bezog, den sie erregte, und riet dazu, der Bewegung weniger Beachtung zu schenken. «Wie der NPD in Zukunft begegnen?», fragt sich der Historiker 1966; und er antwortet: «Gewiß nicht mit tragischer Polemik ... Das einzige Argument, das man potentiellen NPD-Wählern entgegenhalten könnte, wäre aus dem Bereich der Wirtschaft zu nehmen. Ungefähr so. Wohlstand beruht auf Export. Export beruht auf Vertrauen. Der NPD vertraut niemand auf der ganzen Welt. Wählt sie also, wenn ihr nicht anders könnt; aber beklagt euch dann nicht, wenn ihr in zwei Jahren arbeitslos sein werdet.»[95]

Die blasse Persönlichkeit des Bundeskanzlers Erhard, die wenig inspirierte Außenpolitik Schröders, die Anzeichen einer Rückkehr zur Machtpolitik alten Stils, die sich abzeichnende Unrast der Studenten – dies alles war nicht dazu angetan, Golo Mann zuversichtlich zu stimmen. Hin und wieder gab er seiner Ernüchterung Ausdruck, im Tagebuch und in persönlichen Briefen häufig, aber gelegentlich auch in öffentlichen Verlautbarungen.[96] In einem Vortrag an der Handelshochschule Mannheim drückte er sich 1965 wie folgt aus: «Übrigens will ich Ihnen gestehen, daß ich heutzutage die politischen Dinge nicht mehr ganz mit demselben leidenschaftlichen Interesse verfolge wie früher. Das mag verschiedene Gründe haben, unter anderen auch den, daß die trostlose Wiederholung der Dinge uns leicht das Gefühl gibt: in diesem Bereich ist kein Heil, es ist immer dasselbe, die Menschen lernen nicht, sie spielen immer noch und immer wieder mit dem Feuer, unsagbar selbstgerecht und prestigebesessen und lüstern und unwissend über das, was die andern tun werden ... Einen robusten Optimismus vermag ich nicht zu verbreiten, da hätten Sie sich jemand anderen einladen müssen.»[97] Und in einem Rückblick hat Golo Mann die Jahre von 1963 bis 1966 kurz und knapp als «disaströse Ära»[98] bezeichnet.

Auch mit der Großen Koalition zwischen CDU/CSU und SPD, die im Dezember 1966 ihre Arbeit aufgenommen hatte, verband Golo Mann keine sonderlichen Hoffnungen. Schon das parteipolitische Gerangel, das die Regierungsbildung begleitete, war ihm zuwider gewesen. «Haben die Agenten der großen Parteien», fragt er sich empört, «keine Ahnung von den Wertbegriffen der Nation? Wissen sie noch immer nicht, was für ein gefährliches Medium das Fernsehen ist? Daß man sich da nicht verhalten darf wie in heimeligen Hinterzimmern und Millionen von Bürgern ihr Mißtrauen gegenüber aller Parteienwirtschaft bestätigen oder neu erwecken durch das Gezänk auf dem Bildschirm, durch die Insulten, ausgetauscht zwischen Partnern, die sich vielleicht doch demnächst verbinden würden, durch das Gerede von drohendem Bankerott, durch die Prophezeiung einer durch ihre Wahlniederlage gekränkten Primadonna, eine neue Währungsreform stehe bevor? – Es wird ein Jahr tüchtigen Regierens kosten, um den Schaden wiedergutzumachen, der hier in ein paar Tagen angerichtet wurde.»[99]

Im selben Aufsatz gibt Golo Mann seiner Meinung Ausdruck, dass in Fragen der Ostpolitik Kurt Georg Kiesingers und Willy Brandts Auffassungen zu weit auseinander lägen, um ein konzertiertes Handeln zu ermöglichen. «In bestimmten Bereichen», schreibt er, «sind Kompromisse möglich und fruchtbar, in anderen nicht. Es gibt keine ‹Diagonale› zwischen der Ostpolitik, die Baron Guttenberg, und der Ostpolitik, die Willy Brandt vorschwebt. Eine ‹Diagonale› führt hier zu Nihil, Wirrwarr und Stagnation; ein Wille hebt den anderen auf.»[100] Der nationalsozialistischen Vergangenheit Kiesingers begegnete Golo Mann, wie oft in solchen Fällen, mit Nachsicht. In einem Brief äußerte er Verständnis dafür, dass ein ehrgeiziger und fähiger junger Mann der NSDAP beitrat und in der Bundesrepublik führende Funktionen einnahm, wenn auch vielleicht nicht gerade als Regierungschef.[101] Mit Willy Brandt verband Golo Mann die Erfahrung des Emigrantenschicksals und die Übereinstimmung in Fragen der Außenpolitik. Dem Schriftsteller Günter Grass gegenüber bezeichnete er in einem Fernsehgespräch Willy Brandt als den besten Außenminister, den Bonn je gehabt habe.[102]

In seiner Einschätzung der Großen Koalition näherte sich Golo

Mann übrigens stark dem Urteil des zwanzig Jahre jüngeren Günter Grass, der in einem bösen Artikel von der «melancholischen Koalition» gesprochen hatte, die nicht geeignet sei, «demokratisch-politische Kraft auszustrahlen», von einer «miesen Ehe», welche die Jugend des Landes dazu veranlassen werde, «sich nach links und nach rechts [zu] verrennen».[103] Ähnlich beurteilte Golo Mann die Große Koalition: als eine niemanden recht befriedigende Übergangsregierung, welche die Chance der politischen Öffnung nicht wahrzunehmen imstande sei. «Grass», bemerkt der Historiker 1968 in der Illustrierten *Stern*, «hat recht behalten. Er hätte nicht recht behalten müssen, wenn die Große Koalition ihre großen Versprechungen erfüllt hätte. Das hat die Regierung Kiesinger nicht. [...] Sie ist in der Deutschlandpolitik über solche nicht mehr anzuhörenden Formeln wie ‹Wiedervereinigung› oder ‹nur ein in Freiheit mit dem gesamten deutschen Volk geschlossener Friedensvertrag kann die Grenzen bestimmen› nicht hinausgekommen.»[104] Die Beziehung Golo Manns zu Grass sollte sich in den nächsten Jahren rasch abkühlen; doch 1968 attestierte der Historiker dem Schriftsteller politischen Durchblick, und er ging sogar, halb im Ernst, halb im Scherz, so weit, Grass als Stadtoberhaupt von Berlin zu empfehlen: «Günter Grass sollte längst Regierender Bürgermeister von Berlin werden [...] Denn wenn einer in Berlin Frieden machen kann, so ist es Grass. Er steht mit einem Bein im Lager der Studenten, mit dem andern dort, wo man Ordnung und Legalität schätzt. Er hat Kontakt mit den Leuten, Herzenswärme und Einfälle, Vitalität und geforderte Nervenkraft. Da er von hellem, keineswegs unpraktischem Verstand ist, so würde er vom administrativen Kram das notwendigste schnell lernen.»[105]

Golo Mann sah illusionslos, wie wenig Handlungsspielraum Außenminister Brandt gegenüber einem Bundeskanzler blieb, der sich aufs Lavieren verlegte, um die revisionistischen Kräfte in seiner Partei nicht gegen sich aufzubringen. Und er sah, wie immer wieder, wenn es um die Normalisierung der Beziehungen zum Osten ging, Relikte eines in seinen Augen anachronistischen Nationalismus hochkamen – so etwa bei den Vertriebenenvereinigungen. In einem Aufsatz «Zur Lage der Nation» fasste Golo Mann 1969 seinen Eindruck von einer Bundestagsdebatte mit folgenden Worten zusammen: «Opportunismus. Buhlen um jedes Ressentiment, jeden Dünkel, jede Laune und Blindheit, jeden Überdruß. Nationalismus aus Opportunismus – hier liegen Gefahren für alles Erreichte und alles zu Erreichende. Die Gefahr uralter Verwirrung. Sie ist ernster als jene, die von ein paar tausend arroganten Soziologiestudenten kommt. Sie wird nicht überwunden durch Schildbürger-Unterscheidungen zwischen Nationalismus und ‹gesundem Patriotismus›. Wo sind denn die deutschen Politiker der letzten zwanzig Jahre, die keine Patrioten gewesen wären?»[106] Und in einem Aufsatz unter dem Titel «Vernünftiger Mann in einer unvernünftigen Welt» bedauerte der Historiker die der Ostpolitik auferlegte Untätigkeit und sprach die Hoffnung aus, Außenminister Brandt möge dereinst frei sein, «seine eigene Politik zu führen»[107].

Freilich beurteilte Golo Mann die Große Koalition mit leidenschaftlicher Einseitigkeit. Er sah nicht deren Erfolge im Bereich der Wirtschaftspolitik, wo es gelang, die Rezession zu stoppen und den Aufschwung einzuleiten. Ihn interessierte, wie meistens, vor allem die Außenpolitik.

4. Das Engagement für Willy Brandt

Mit den Wahlen vom September 1969 und der Bildung einer Koalitionsregierung von SPD und FDP mit Willy Brandt als Bundeskanzler und Walter Scheel als Außenminister trat eine Konstellation ein, die mehr denn je Hoffnung auf neue Initiativen im Umgang mit dem Ostblock weckte. Die Voraussetzungen für eine außenpolitische Zusammenarbeit zwischen den Koalitionspartnern waren gegeben, die entsprechenden Pläne der Sozialdemokratie waren bekannt, und von den Freien Demokraten wusste man, dass auch sie die Öffnung nach Osten wünschten. In der Tat sollten die Vereinbarungen mit den osteuropäischen Ländern zur herausragenden Leistung der sozialliberalen Regierung Brandt werden: Wenn Adenauers Leistung die Westintegration war, so bleibt Brandts und Scheels Verdienst die Öffnung nach Osten.

Bereits in seiner Regierungserklärung vom 28. Oktober 1969 rückte Brandt vom Dogma des Alleinvertretungsanspruchs ab, betonte den besonderen Charakter der Beziehungen zwischen «zwei Staaten in Deutschland» und fand die einprägsame Formulierung: «Zwanzig Jahre nach der Gründung der Bundesrepublik Deutschland und der DDR müssen wir ein weiteres Auseinanderleben der deutschen Nation verhindern, also versuchen, über ein geregeltes Nebeneinander zu einem Miteinander zu kommen.»[108]

Kurz darauf folgten die ersten außenpolitischen Schritte in dieser Richtung. Im November unterzeichneten die Botschafter der Bundesrepublik in Washington, Moskau und London den Atomsperrvertrag und beseitigten damit ein Hindernis, das sich einer Öffnung nach Osten entgegengestellt hatte. Darauf wurden in Moskau durch Egon Bahr Gespräche über einen Gewaltverzicht aufgenommen, welche 1968 nach dem Einmarsch von Truppen des Warschau-Pakts in die Tschechoslowakei eingestellt worden waren. Im März 1970 reiste Willy Brandt zu einer Begegnung mit dem Vorsitzenden des Staatsrats der DDR, Willi Stoph, nach Erfurt und wurde von der dortigen Bevölkerung begeistert begrüßt. Im August unterzeichneten der Kanzler und Außenminister Scheel in Moskau den «Vertrag über Gewaltverzicht und Zusammenarbeit», der durch einen «Brief zur deutschen Einheit» ergänzt wurde, in dem die Bundesrepublik festhielt, sie wolle auf einen europäischen Frieden hinwirken, «in dem das deutsche Volk in freier Selbstbestimmung seine Einheit wiedererlangt»[109].

Im selben Jahr wurde diese Vereinbarung durch den Warschauer Vertrag erweitert, der in der Bundesrepublik wegen der Vertriebenenverbände, die sich gegen die Anerkennung der Oder-Neiße-Grenze wandten, noch umstrittener war als der Moskauer Vertrag. Die Bundesregierung erklärte darin ihr Einverständnis mit der westlichen Staatsgrenze der Volksrepublik Polen, und beide Länder bekräftigten die «Unverletzlichkeit ihrer bestehenden Grenzen jetzt und in der Zukunft».[110] Bei seinem Besuch in der polnischen Hauptstadt gedachte Willy Brandt der Opfer des Aufstandes im Warschauer Ghetto, indem er beim Mahnmal niederkniete – das Bild ging um die Welt.

Im September 1971 wurde in Berlin ein Viermächteabkommen unterzeichnet, das den ungehinderten Verkehr zwischen dem Bundesgebiet und Westberlin gewährleistete und künftige «Berlin-Krisen» ausschließen sollte. Die Ratifizierung der Ostverträge zog sich vom Februar bis zum Mai 1972 hin. Nach heftigen Debatten, die an das Selbstverständnis der Nation rührten, gelang es schließlich, die Ostverträge mit knappem Mehr und bei zahlreichen Enthaltungen aufseiten der CDU/CSU durchzubringen. Am 3. Juni traten die Abkommen mit der Sowjetunion und Polen in Kraft, und gleichzeitig erfolgte die Aufnahme diplomatischer Beziehungen.

Der Wahlsieg Brandts vom November 1972 gestattete es, die sozialliberale Regierungspolitik fortzusetzen und die Ostpolitik weiterzuführen. Den Abschluss der angestrebten Öffnung nach Osten bildete der Grundlagenvertrag, der im Dezember 1972 mit der DDR unterzeichnet und im folgenden Jahr nach erneuten heftigen Auseinandersetzungen im Bundestag ratifiziert wurde. Artikel 1 des Vertragswerks enthielt den entscheidenden Satz: «Die Bundesrepublik Deutschland und die Deutsche Demokratische Republik entwickeln normale gutnachbarliche Beziehungen zueinander auf der Grundlage der Gleichberechtigung.»[111] Damit war ein wichtiges Kapitel bundesdeutscher Außenpolitik endlich zum guten Ende gelangt. Der Historiker Arnulf Baring schreibt: «Die außenpolitischen Ergebnisse der Sozialliberalen konnten sich sehen lassen. In kürzester Zeit, binnen dreier Jahre, hatten sie das Verhältnis zu den wichtigsten osteuropäischen Staaten zu vernünftigen Bedingungen normalisiert, was man lange Jahre in allen Lagern für unmöglich gehalten hatte – und dies alles, ohne die westlichen Verbündeten zu irritieren.»[112]

Golo Mann begrüßte den Ausgang der Bundestagswahlen vom September 1969 und die Bildung einer sozialliberalen Regierung lebhaft. Dass er mit den Plänen zu einer neuen Ostpolitik, wie sie SPD und FDP vorsahen, einig ging, war der Öffentlichkeit seit langem bekannt. Vor den Bundestagswahlen hatte sich der Historiker, obwohl er zu dieser Zeit mit der Arbeit an seinem *Wallenstein* sehr beschäftigt war, verschiedentlich für Willy Brandt engagiert: Er hatte in einer «sozialdemokratischen Wählerinitiative» mitgewirkt, war mit einem Artikel unter dem Titel «Die Zeit ist reif für einen Wechsel»[113] für die SPD eingetreten und hatte verschiedene entsprechende Statements abgegeben. So verknüpfte er in einem Beitrag für das SPD-Bulletin *Dafür* fünf Monate vor den Wahlen das Gelingen einer neuen Ostpolitik mit der Persönlichkeit Willy Brandts. «Was Brandt im Kern begriff», schreibt er, «war dies: die Politik Adenauers, ein wie ernster Staatsmann er auch immer war, hatte zum Schluß in eine Sackgasse geführt. Anderes mußte versucht, die Beziehungen zu Osteuropa, einschließlich der DDR, mußten revidiert werden.»[114] Die Befürchtungen von Brandts Gegnern, dieser könne in seinen Zugeständnissen zu weit gehen, sucht der Historiker zu beruhigen: «Er (Brandt) ist kein Demagoge, dazu denkt er zu fein und zu genau, und vielleicht nicht einmal ein guter Redner, so wie man in Deutschland die Redekunst noch oft versteht. Mir persönlich ist sein bedächtiges, den rechten Ausdruck suchendes Sprechen lieber als alle die ranzigen Tricks, mit denen einige seiner Kollegen – aus allen Parteien – noch immer ihre Reden zu würzen lieben; die salbungsvollen Phrasen, das plötzliche, Aufregung nur vortäuschende Schreien. Wenn man Brandt zuhört, hat man ein Gefühl von Wahrheit.»[115] Und im selben Partei-Organ begründet Golo Mann einige Wochen später die

Notwendigkeit für einen Wechsel mit der Verbrauchtheit der alten Garde: «Die CDU hat zwanzig Jahre lang regiert. Jetzt sollte sie sich einmal in der Opposition erholen. Da kann sie neue, zeitgemäß denkende Leute an die Spitze bringen, die alten in den wohlverdienten Ruhestand schicken.»[116]

Golo Mann gefiel auch, dass sich im Wahlkampf von 1969 zahlreiche Repräsentanten des geistigen Lebens für Willy Brandt engagierten und dass der Kandidat der Sozialdemokratie solche Unterstützung offensichtlich zu schätzen wusste; dies entsprach des Historikers Vorstellung von der politischen Wachsamkeit des Intellektuellen. Unter Adenauer und Erhard hatte sich zwischen Politik und Geistesleben eine Kluft aufgetan, und noch war der Ausspruch, den Ludwig Erhard 1965 an die Adresse Rolf Hochhuths gerichtet hatte, in aller Erinnerung: «Ich habe keine Lust, mich mit Herrn Hochhuth über Wirtschafts- und Sozialpolitik zu unterhalten, [...] Nein, so haben wir nicht gewettet. Da hört der Dichter auf, da fängt der ganz kleine Pinscher an.»[117] Der Wahlkampf von 1969 war der erste der Bundesrepublik, in dem sich die intellektuelle Prominenz zahlreich zu Wort meldete: unter den Schriftstellern Günter Grass und Siegfried Lenz, unter den Historikern Arnulf Baring, Eberhard Jäckel und Kurt Sontheimer, aber auch Fernsehstars wie Hans-Joachim Kulenkampff und Peter Frankenfeld sowie die Schauspielerin Inge Meysel oder der Kabarettist Dieter Hildebrandt. Günter Grass hat über seine Mitwirkung an diesem Wahlkampf ein in seiner Art einmaliges Buch verfasst: *Aus dem Tagebuch einer Schnecke.*[118]

Einige Tage nachdem Willy Brandt und Walter Scheel die Regierung gebildet hatten, meldete sich Golo Mann in der Illustrierten *Quick* mit einem groß aufgemachten Artikel zu Wort, der den – wohl von der Redaktion so gewählten – Titel «Mahnung an Bonn» trug. Der Autor wendet sich zuerst gegen den Begriff des «Machtwechsels», der damals in aller Munde war, und spricht von einem Einschnitt in der Geschichte der jungen Bundesrepublik und von einer Bewährungsprobe der parlamentarischen Demokratie. Der Regierungswechsel, stellt er fest, sei eindrucksvoll, und er fährt fort: «Dies nicht, weil die Sozialdemokraten drankommen – sie waren ja schon seit drei Jahren mit dran – sondern weil die eigentlichen Gründer der Bundesrepublik – und zwanzig Jahre lang ihre Leiter – zum ersten Mal in die Opposition gehen. Es ist gut zu erfahren, daß ein solcher Vorgang möglich ist. Und *daß* er normal ist. In vier oder acht oder zwölf Jahren wird eine verjüngte CDU wieder an die Spitze kommen, und das wird auch normal sein.»[119]

Die Große Koalition, bemerkt Golo Mann weiter, sei eine Notlösung gewesen und dürfe so bald nicht wiederkommen; nun sei es wichtig, dass die neue Regierung, obwohl die Machtverhältnisse im Bundestag prekär und die Opposition stark sei, ein eigenständiges Profil zeige. Großes Gewicht sei auf die Innenpolitik, genauer, auf jene Gesellschaftspolitik zu legen, die bereits Erhard versprochen habe. Offensichtlich im Blick auf die Unrast der jungen Generation schreibt Golo Mann, gerade die Großstadtmenschen litten an den Schattenseiten einer eng «aufeinanderwohnenden Industriegesellschaft». Mit marxistischen Schlagworten lasse sich hier nicht Abhilfe schaffen; auch sei dies nicht bloß eine Aufgabe des «Sozialismus», welcher Begriff ohnehin veraltet sei, sondern es sei eine Angelegenheit aller. Unter Bezugnahme auf den Physiker Carl Friedrich von Weizsäcker, der in den fünfziger Jahren damit begonnen hatte, vor den Gefahren der Konsumgesellschaft zu warnen und für die Bewahrung der natürlichen Umwelt einzutreten, bemerkt Golo Mann: «Es geht um eine gesunde Zukunft, nicht der ‹Arbeiter› oder ‹Arbeitnehmer›, nicht der ‹Kapitalisten›, sondern aller; hoffentlich in engem Kontakt mit der neuen Wissenschaft von der Zukunft, wie Carl Friedrich von Weizsäcker sie betreibt.»[120]

Zum Thema der Ostpolitik äußerte sich der Historiker nach Willy Brandts Wahlerfolg eher zurückhaltend und mit einem leisen Unterton der Resignation. Insbesondere fürchtete er, das Bemühen um eine Öffnung nach Osten könnte in Bundestag und Bevölkerung zu gefährlicher Polarisierung führen. Man müsse, stellt er fest, bei dem Vorhaben, einen Teil der Opposition für die Öffnung zu gewinnen, sehr vorsichtig vorgehen. Wichtig seien vorerst einmal nicht «Anerkennungen»; dringend zu wünschen seien vielmehr «Erklärungen»: «Eine Erklärung darüber, daß man die DDR als einen deutschen Staat ansieht und bereit ist, sich praktisch entsprechend zu verhalten. Eine Erklärung darüber, daß man sich über die Zukunft der polnischen Westgrenzen keine Illusionen mehr macht. Solche Erklärungen wären an sich wohl gut. Findet sich aber keine breite Mehrheit im Parlament, dann schweigt man besser.»[121] Offensichtlich befürchtet der Historiker, ein zu brüskes außenpolitisches Vorprellen könnte jene konservativen und revisionistischen Kräfte in der CDU/CSU auf den Plan rufen, die noch immer in den Kategorien nationalstaatlicher Machtpolitik dachten, wenn er fortfährt: «Nichts wäre schädlicher, als wenn die CDU sich als ‹nationale Opposition› etablierte, wenn das vergessene Lied von der Sozialdemokratie aufs neue erklänge, wenn durch einen künstlich aufgepeitschten Streit über die Deutschlandpolitik die Nation geteilt würde.»[122]

Eine deutliche Ernüchterung gegenüber den Möglichkeiten einer Öffnung nach Osten geht auch aus einem 1970 in der *Neuen Rundschau* publizierten Aufsatz über die *Neue Ostpolitik* hervor. Hier wird deutlich, dass Golo Mann seine Hoffnung, durch Annäherung könnte eine Auflockerung, eine Liberalisierung des kommunistischen Systems im Innern erreicht werden, aufgegeben hat. Das «russische Imperium», wie er die Sowjetunion und ihre Satellitenstaaten gern zu nennen pflegt, sei von einer von außen kaum beeinflussbaren «Zwangsreligion» beherrscht. «Überaus scharf», schreibt Golo Mann, «wachen die Herrschaften darüber, daß ihnen aus den Kontakten mit dem Westen zwar materielle Vorteile zufließen, aber kein Gedankengut, keine frische Luft, die ihre Herrschenden gefährden könnten.»[123]

In diesem Zusammenhang muss die Schockwirkung erwähnt werden, welche die Ereignisse vom 21. August 1968 in Prag auf

Golo Mann ausübten. Sentimentale Gründe mögen dazu beigetragen haben, dass ihn die Niederwerfung der tschechischen Reformbewegung durch die Truppen der Sowjetunion und ihrer Satellitenstaaten besonders traf: Der Historiker war als Emigrant tschechischer Bürger gewesen, er hatte kurze Zeit in Prag gelebt, er war mit der Geschichte des Landes durch seine Wallenstein-Studien gut vertraut. Zweifellos setzte er Hoffnungen in den Prager Frühling, der die Tschechoslowakei näher an das demokratische Europa heranrücken würde. Wenige Wochen vor der Niederwerfung der Reformbewegung gab er der literarischen Zeitschrift *Literární listy* ein Interview, das erst unter den veränderten Verhältnissen überhaupt möglich geworden war. «Gerade die amerikanische Entwicklung», bemerkte er darin, «führt mich in die Versuchung, zu einem ‹europäischen Nationalisten› zu werden. Nicht westeuropäischen, sondern europäischen. Und wie sehr gehört Ihr schönes Land, die Tschechoslowakei, zum alten Europa! Hier müssen die letzten Barrieren fallen, wir müssen endlich eine europäische Familie werden, wobei die Unterschiede im europäischen System nicht als trennender Faktor wirken müssen.»[124]

Doch der 21. August bestärkte Golo Mann, der seit seinen ersten publizistischen Arbeiten in der Exil-Zeitschrift *Maß und Wert* ein entschiedener Anti-Marxist geblieben war, in der Überzeugung, vom Ostblock könne insgesamt nichts Gutes kommen. Kurz nach der Niederschlagung des Prager Frühlings wandte sich der Publizist in einem äußerst scharfen Artikel in der *Weltwoche*, der in leicht veränderter Form auch in Deutschland erschien, an die Öffentlichkeit. Nie habe es, stellt er darin fest, «ehrlichere Sozialisten» als jene der Prager Reformbewegung gegeben, die keinerlei reaktionäre Absichten gehabt hätten, sondern lediglich den Wunsch, «das Geschaffene von seinen garstigen Schlacken» zu reinigen.[125] Dies zu begreifen seien die Herren im Kreml in ihrer ideologischen Erstarrung völlig unfähig gewesen. Golo Mann scheut sich nicht, das rassistische Klischee des imperialistischen Zeitalters von der «Gelben Gefahr» zu bemühen. Er spricht von den

«Mongolenkriegern», die Moskau nach Prag entsandt habe, und er stellt fest, dass die Russen ihre Glaubwürdigkeit nun vollends verloren und mit ihrer Intervention einen schlimmeren Fehler begangen hätten, «als selbst der Stalin-Hitler-Pakt»[126] war. Die neue Ostpolitik der Bundesrepublik, befürchtet Golo Mann, sei nun aufs schwerste gefährdet: «Der Entspannungspolitik Willy Brandts, die im Begriff stand, gute Erfolge zu verzeichnen, ist der Boden weggebrochen. Ich kenne solche, die sind nicht unfroh darüber und wittern gern die Nachtluft des Kalten Krieges, bliebe er auch auf Europa beschränkt.»[127] Und im selben Jahr schreibt er: «Beobachtungen wie die, wonach der Kalte Krieg alter Prägung hinter uns liege, wonach im Ostblock eine erfreuliche Auflockerung stattfinde [...] lesen sich heute melancholisch. Sie schienen wahr zu sein im Frühling; sie sind nicht mehr wahr im Herbst.»[128] Die Ereignisse vom 21. August änderten vorderhand nichts an Golo Manns Eintreten für Brandt und für dessen Ostpolitik, ließen ihn aber für die Ratifizierung der auszuhandelnden Abkommen das Schlimmste befürchten.

Zu Beginn des Jahres 1970 hielt Golo Mann aus Anlass der 100-Jahr-Feier des Auswärtigen Amtes einen Festvortrag, in dem er einen Abriss deutscher Diplomatiegeschichte seit Bismarck vorlegte und zum Schluss auf die Möglichkeiten einer internationalen Friedensordnung einging. Auch in dieser Rede zeigt er sich skeptisch bezüglich einer Veränderung innerhalb des Ostblocks, wenn er erklärt: «Die Friedensordnung, wir wissen es, ist nur halb. Es fehlt Osteuropa, mit ihm Ostdeutschland, und wird noch lange fehlen. Indem sie sich selber erkennt als das, was sie ist, würde die Bundesrepublik eines der Hindernisse forträumen, welche Ost- und Westeuropa trennen, aber nur eines und kaum das am schwersten wiegende. Die Entwicklung der Dinge innerhalb des russischen Imperiums ist von außen nicht zu beeinflussen; und wann sie das Wünschbare produzieren wird, und ob sie es produzieren wird, und ob zur rechten Zeit, das weiß in Wahrheit kein Mensch. Es kann ein Staat, eine Regierung, ein Außenamt ja nichts anderes tun als sich für das Wünschbare offenhalten und seinen Teil dafür zu leisten, aber ohne Illusionen.»[129]

Aus solcher Einsicht in den Charakter des kommunistischen Totalitarismus ist auch eine gewisse Zurückhaltung gegenüber dem Begriff des «Gewaltverzichts» zu verstehen, den Willy Brandt in seiner Regierungserklärung vom Oktober 1969 gebraucht hatte. «Gestehen will ich», schreibt Golo Mann im vorhin zitierten Aufsatz zur «Neuen Ostpolitik», «daß die vom Bundeskanzler gewählte Formel des ‹Gewaltverzichts› mir nicht recht einleuchtet. Die Bundesrepublik besitzt keine Gewalt, auf die sie verzichten könnte. Von der anderen Seite ist Gewalt nur zu häufig angewandt worden, zuletzt vor keinen zwei Jahren; so daß es unschön wirken muß, unter solchen Partnern dem Gewaltverzicht feierlich abzuschwören. Soll Gewaltverzicht gleich sein einer rechtlichen Anerkennung des Status quo, der ohne Gewalt allerdings nicht zu ändern ist, dann wäre es ehrlicher, zu solcher Beschwichtigung der Gemüter direkt zu schreiten, anstatt durch die Hintertür. Gewaltverzicht ist häßliche Form der Anerkennung, ist Anerkennungsersatz oder gar nichts.»[130]

An der schon in den fünfziger Jahren in den Leitartikeln für die *Weltwoche* geäußerten Grundhaltung, es sei ein wichtiges Erfordernis guter Diplomatie, auch mit dem erklärten Gegner das Gespräch zu suchen und im Gespräch zu bleiben, hatte sich für Golo Mann zwar nichts geändert – doch die Hoffnung, mit solchem Dialog etwas zu bewirken, war geringer geworden. «Nie wird Moskau die DDR aufgeben», schreibt Golo Mann, «nie die Regenten der DDR zu etwas nötigen, was ihre Autorität gefährden könnte, nie mit den Deutschen ein Geschäft auf Kosten der Polen machen. Das ist vorbei; für Bonner Nationalpolitik ist in Osteuropa kein freier Tummelplatz.»[131]

In seiner Regierungserklärung vom Oktober 1969 hatte Willy Brandt von «zwei Staaten in Deutschland» gesprochen, deren Beziehungen zueinander «nur von besonderer Art» seien; eine völkerrechtliche Anerkennung der DDR durch die Bundesregierung aber hatte er ausgeschlossen. Demgegenüber hielt die Regierung der DDR ausdrücklich daran fest, sie sei ein eigener Nationalstaat mit allem Anspruch auf völkerrechtliche Anerkennung; allfällige Verhandlungen könnten erst im Anschluss an eine solche Anerkennung folgen. Hier erwies es sich nun als Vorteil, dass die Bundesrepublik vorgängig mit Moskau verhandelt und dabei erreicht hatte, dass die Sowjetunion nicht auf einer uneingeschränkten völkerrechtlichen Anerkennung der DDR beharrte. Moskau übte nun seinerseits auf die DDR Druck aus, vom Wunsch einer solchen Anerkennung abzurücken und nach unterzeichnetem Grundlagenvertrag den Prozess der Normalisierung abzuwarten, der notwendig zum UNO-Beitritt und damit zur völkerrechtlichen Anerkennung führen würde – was dann auch geschah.

Willy Brandts These von zwei deutschen Staaten innerhalb einer deutschen Nation teilte Golo Mann vollumfänglich. Aber er neigte, den Wunsch zum Vater des Gedankens machend, der Meinung zu, die völkerrechtliche Anerkennung ohne Wenn und Aber hätte man der DDR bereits viel früher, im Sinne einer Vorleistung, gewähren sollen. Im komplizierten Prozess der deutsch-deutschen Annäherung, der von der Regierung Brandt/Scheel in sorgfältiger Erwägung der internationalen und innenpolitischen Lage und mit geschicktem Timing eingeleitet und schließlich zum guten Ende geführt wurde, sah Golo Mann ein unnötiges Taktieren und Lavieren. Man klammere sich, schreibt er, an die Verweigerung des Völkerrechts, «nachdem man Stück für Stück hergegeben hat, was man früher freiwillig, auf einmal hätte geben sollen».[132] Und er fährt fort: «Völkerrechtliche Anerkennung, hörten wir, würde die DDR zum Ausland machen. Ist sie denn aber nicht längst Ausland im schärfsten Sinn des Wortes? Viel mehr Ausland als andere Gegenden, in denen die deutsche Sprache gesprochen wird, mehr Ausland als die meisten Gegenden, in denen man überhaupt mit menschlichen Zungen spricht? Ein ständiger bundesdeutscher Vertreter in Ostberlin würde daran nichts schlimmer machen, die Mauer nicht unübersteigbarer, die Minenfelder nicht tödlicher.

Vielleicht könnte er ein wenig helfen. Schaden, warum?»[133] In solcher Äußerung wird nochmals der Zweifel spürbar, ob eine Annäherung an einen Mitgliedstaat des «russischen Imperiums», nachdem man sie so lange versäumt hatte, noch etwas bewirken könne.

Am 14. Januar 1970 legte Willy Brandt dem Bundestag in seinem Bericht zur Lage der Nation die Grundsätze seiner Ostpolitik dar; zwei Wochen später kommentierte Golo Mann die Ausführungen des Kanzlers unter dem Titel «Was gilt uns die Nation?» in der *Zeit*. Brandt hatte es als ein wichtiges Element der sozialliberalen Taktik bezeichnet, dass «Wiedervereinigung» nicht mehr ultimativ gefordert werden sollte – was ohnehin ergebnislos sein würde. Dieser Verzicht schließe indessen nicht aus, dass man die Einheit der Nation als Endziel im Auge behalte. In seinem Kommentar stimmte Golo Mann dieser Sicht der Dinge in vollem Umfang zu. Er erwähnt zuerst die wichtige Rolle des Begriffs der Nation für das Selbstverständnis eines Volkes, beklagt die Schrumpfung des Territoriums und die Vertreibung der Deutschen als Ergebnis des Weltkriegs, hält aber an der Vorstellung «einer deutschen Nation in zwei Staaten» fest.[134] «Dieses Deutschland», schreibt er, «liegt noch immer in der Mitte, es wird noch immer von ungleich mehr Menschen bewohnt als jeder andere nur-europäische Staat; soll es weder herrschen noch beherrscht werden, so muß es nach allen Seiten verbunden sein wie das Heilige Reich und sein Nachfolger, der Deutsche Bund.»[135] Natürlich, fährt er mit Bestimmtheit fort, führe kein Weg zu früheren Reichsvorstellungen zurück. Im Blick auf die Zukunft plädiert der Historiker für ein föderalistisch geprägtes Deutschland, das die Möglichkeiten seiner geographischen Mittellage nützen müsse – nur dann sei es «sich selber und Europa erträglich».[136] Bis es so weit sei, werde allerdings viel Zeit vergehen: «Wir haben uns getäuscht», schreibt er, «wenn wir auf eine Veränderung des Staatsprinzips innerhalb des russischen Imperiums, auf ‹Evolution›, ‹Liberalisierung› in wenigen Jahren hofften. Das mag schon noch kommen, in Jahrzehnten, oder mag nie kommen.» So bleibe denn bloß, an der Idee der nationalen Einheit festzuhalten: «Nur eines kann es heute praktisch bedeuten, die ‹Einheit der Nation› zu bewahren: ein Minimum von Wechselwirkung innerhalb des Vielfältigen herzustellen, nämlich geregelte Beziehungen zum andern deutschen Staat, so wie er ist. Jeder weiß es; auch daß geregelte zwischenstaatliche Beziehungen nach dem Völkerrecht einander ziemlich nahekommen.»[137]

Zur Leistung von Willy Brandt äußerte sich Golo Mann nach Abschluss der Warschauer Verhandlungen öffentlich. Ende Dezember 1970 übertitelte er eine seiner Kolumnen, die er zwischen 1970 und 1973 für die *Süddeutsche Zeitung* schrieb, mit den Worten «Willy Brandts Civilcourage». Er stellt fest, dass dieser Vertragsabschluss kein freudiges Ereignis sei, sondern nur «der melancholische Schlussstrich unter einen längst geschriebenen traurigen Text».[138] Mit diesem Schritt habe der deutsche Bundeskanzler jenen «höchsten bürgerlichen Mut» gezeigt, der darin bestehe, eine Einsicht «klar auszusprechen und die praktischen Folgerungen zu ziehen». Was das Ritual des «Kniefalls von Warschau» betrifft, das in der Bundesrepublik ein sehr geteiltes Echo fand, nimmt Golo Mann den Bundeskanzler gegen seine Kritiker in Schutz: «Er ist kein Theatraliker», schreibt er. «Aber er hat Sinn für die geschichtliche Aufgabe, auch Instinkt für den Augenblick; Ehrlichkeit; Ernst.»[139] Und der Historiker zögert nicht, Willy Brandts symbolträchtige Handlung in die Nähe jener Tat zu rücken, die er Adenauer besonders hoch anrechnete, wenn er fortfährt: «So könnte er in Polen etwas zuwege bringen, was, ungefähr, der Leistung Konrad Adenauers für Israel entspräche.»[140]

Im Jahr vor der Ratifizierung des Moskauer und des Warschauer Vertrags durch den Bundestag setzte Golo Mann seine Unterstützung für die Ostpolitik Willy Brandts fort. Das Arsenal seiner Argumente wurde allerdings kaum mehr erweitert, und einzelne Formulierungen wurden nun immer wieder übernommen. Was sich freilich änderte, waren die Tonart und das Zielpublikum.

Da weite Teile der Bevölkerung zu diesem Zeitpunkt für die neue Ostpolitik bereits gewonnen waren, ging es Golo Mann nun vor allem darum, die widerstrebenden Kräfte innerhalb der Bundestags-Opposition zu erreichen und sie mit sanfter, gelegentlich auch beschwörender Insistenz um Verständnis zu bitten, umzustimmen, zu überzeugen. Wichtig war für ihn, darauf hinzuwirken, dass sich im Bundestag vernünftige Einsicht gegenüber emotionalen Ressentiments durchsetzen konnte. Die Gefahr war zu bannen, dass ein für Deutschlands Zukunft entscheidendes Anliegen zum parteipolitischen Zankapfel degradiert wurde und dass die Schatten einer unglücklichen Vergangenheit die Oberhand gewannen. Auch sah Golo Mann, dass die Ostpolitik nicht isoliert betrachtet werden konnte und dass insbesondere die Studentenbewegung der späten sechziger Jahre zu fataler parteipolitischer Polarisierung beigetragen hatte. Der Absicht radikaler Wortführer der unruhigen Studenten, die von der bürgerlichen Gesellschaft garantierten Individualrechte über Bord zu werfen, entsprach in der Tat in sonderbarer Spiegelbildlichkeit der Wille konservativer Kreise, nationale Rechte zurückzugewinnen, welche längst verspielt worden waren.

In einer Artikelfolge, die im April 1971, einige Monate nach Abschluss der Verhandlungen in Moskau und Warschau, in der konservativen Zeitung *Christ und Welt* unter dem Titel «Die Bundesrepublik wird besichtigt» abgedruckt wurde, suchte Golo Mann seine Einschätzung der aktuellen Lage zusammenzufassen. Die Ostpolitik betreffend, ruft der Historiker einmal mehr in Erinnerung, dass die Ergebnisse des Krieges zu akzeptieren seien; er spielt aber auch auf die Niederschlagung des Prager Frühlings an und warnt vor verfrühten Liberalisierungshoffnungen im Osten. «Für meine unmaßgebliche Person», schreibt er nicht ohne innere Befriedigung, «bin ich seit Jahrzehnten der Meinung gewesen, daß jene Tatsachen anerkannt werden müßten, nicht als moralisch gut, aber eben als unabänderliche Tatsachen, so wie ein Geschäftsmann Werte abschreiben muß, die längst keine mehr sind, die nur noch verwirrenden Effekt haben. Ich habe nicht geglaubt, jedenfalls seit dem Sommer 1968 nicht, daß die Anerkennung des Unabänderlichen prompt die erfreulichen Folgen haben werde, die man mit solchen Schlagworten wie Entspannung und menschliche Verbesserungen bezeichnet … Zu sanguinischen Hoffnungen ist einstweilen kein Grund. Es mußte aber die Quelle einer Gefährdung endlich beseitigt werden. Es mußten, um es bildlich auszudrücken, die Überreste längst zerstörter Pflanzen beseitigt werden, damit etwas anderes wachsen, nicht muß, aber kann.»[141]

Mit Sorge beobachtete Golo Mann den heftigen Widerstreit entgegengesetzter Meinungen im Bundestag, der drohte, die Ratifizierung der Verträge zu gefährden. «Die Opposition», schreibt er in der erwähnten Artikelfolge, «hat es für gut befunden, die neue Ostpolitik zum Zentrum ihrer Angriffe zu machen, sie hat so die Regierung gezwungen, in der Defensive ein Gleiches zu tun; und unendlich viel Zeit, Rednertalent und Nervenkraft, echtes oder künstliches Pathos wird vergeudet um eine Streitfrage, die jeder Wirklichkeit entbehrt, die gleichen Argumente werden wiederholt, immer und immer, während es doch reale Fragen, Aufgaben, Bedrängnisse gibt in überreichlicher Zahl, über deren rechte Lösung und Überwindung man sich streiten sollte. Man beleidigt Menschen von Ehre und gutem Willen mit einem Vokabular, das aus der deutschen Vergangenheit nur zu vertraut ist. Schweizer Zeitungen fragen gern und oft, ob Bonn am Ende doch Weimar sei. Es mag dies daher kommen, daß es ein Schweizer war, der vor, ich glaube zwölf Jahren, das bekannte Buch ‹Bonn ist nicht Weimar› schrieb. Nun, Bonn ist nicht Weimar, und ich glaube auch nicht, daß es Weimar je noch werden wird. Man sollte aber die Gespenster Weimars nicht unnütz rufen.»[142]

In einer Kolumne für die *Süddeutsche Zeitung* gab Golo Mann im Herbst 1971 unter dem Titel «Die Opposition und die Verträge» zu bedenken, dass die Bundesrepublik mit ihrer Öffnung nach Osten bloß tue, was die Westmächte bereits getan hätten, und dass dieser Schritt im Interesse der Einigung Europas stehe. In reichlich zugespitzter Logik stellt er fest: «Wer die Beruhigung nach Osten hin – und das heißt im Kern doch immer die Anerkennung sämtlicher bestehender Grenzen – verneint, der steht der Einigung Westeuropas im Weg, er mag sie mit noch so bittersüßen Klagetönen beschwören. Mich wundert's, warum man die Oppositionsführer nicht schärfer vor diesen Widerspruch stellt, sie nicht zwingt, ihn aufzulösen oder einzugestehen.»[143] In derselben Kolumne fordert der Historiker die Opposition im Allgemeinen und Barzel und Strauß im Besonderen auf, den Ostblock endlich als das zu erkennen, was er sei: ein seit fünfundzwanzig Jahren bestehendes Faktum. Insbesondere sei von der DDR keine Veränderung ihrer Haltung zu erwarten: «Sogar ist möglich», schreibt Golo Mann in prophetischer Voraussicht, «daß gerade innerhalb der DDR die Einparteienherrschaft zunächst noch lastender werden wird. Man fürchtet dort die Herren von der CSU gar nicht. Den ‹Sozialdemokratismus› fürchtet man. Um das Einfließen sozial-liberaler Gedanken im Zeichen der ‹Entspannung› zu verhindern, werden die Regenten der DDR alles Notwendige anordnen.» Trotz solch pessimistischer Aussichten, folgert Golo Mann, müsse der Politiker handelnd von den jeweiligen Gegebenheiten ausgehen, und in diesem Punkte könnten die heutigen Konservativen, die «Erben der Deutschnationalen und National-Liberalen von ihrem Idol, Bismarck, doch lernen ...»[144]

Am 10. Dezember 1971 wurde Willy Brandt in Oslo der Friedensnobelpreis verliehen. Während in Deutschland die Zuerkennung dieses Preises aufseiten der Rechten umstritten war, fand sie im Ausland breite Billigung; in der Schweiz wurde Brandt auch in bürgerlichen Kreisen zum beliebtesten ausländischen Staatsmann seit John F. Kennedy. Zum selben Zeitpunkt erschien in der *Zeit* unter dem Titel «Mit Leidenschaft und Augenmaß» eine sehr persönlich gehaltene Würdigung des Kanzlers aus der Feder von Golo Mann; derselbe Text wurde etwas später in geringfügig veränderter Form als Vorwort zu den im Sammelband *Der Wille zum Frieden* vereinigten Reden Brandts abgedruckt.

In seiner Würdigung, einer Huldigung fast, geht der Autor so vor, dass er mögliche Kritik an der Persönlichkeit und ihrer Leistung beim Namen nennt und zu entkräften sucht. So wendet er sich etwa gegen den von Kritikern häufig vorgetragenen Einwand, Willy Brandts Kanzlerschaft bedeute einen Bruch, eine Zäsur in der deutschen Geschichte. Demgegenüber sieht der Historiker einen offensichtlichen Willen zur Kontinuität am Werk: Die Westintegration und das Verhältnis zu den USA, stellt er fest, würden unverändert weitergeführt, und die Öffnung gegen Osten stehe dazu nicht im Gegensatz, sondern baue darauf auf und sei eine notwendige Entsprechung.

Eine andere weit verbreitete Kritik, die bereits Adenauer aufgegriffen hatte, richtete sich gegen den Emigranten Brandt, gegen sein ungeklärtes Herkommen und seine früheren Verbindungen zu den Kommunisten. Demgegenüber gibt Golo Mann zu bedenken, dass sich der Kosmopolitismus Brandts sehr wohl mit seinem ausgeprägten Patriotismus vertrage und dass die wenigen politischen Irrtümer, etwa seine ehemals positive Einschätzung des Kommunismus, längst überwunden seien. Und er zitiert den Ausspruch aus einer Rede Brandts vom Jahr 1949: «Man kann heute nicht Demokrat sein, ohne Antikommunist zu sein, aber Antikommunismus genügt nicht.»[145]

Auch dem Vorwurf, Brandt sei ein Schwärmer und Illusionist, sucht Golo Mann zu begegnen. Niemand sei so sehr, entgegnet er, Realist wie dieser Staatsmann, der als Regierender Bürgermeister von Berlin, als Augenzeuge des Mauerbaus seine einschlägigen Erfahrungen mit dem Ostblock ja wirklich gemacht habe und dessen Politik durch nüchterne Beharrlichkeit geradezu geprägt sei. «Wie Brandt sich durchsetzte im eigenen Land und in der weiten Welt», schreibt Golo Mann, «wie er, der seiner Anlage nach nichts weniger als Unempfindliche, wüste Beleidigungen ertrug um der Sache willen, wie er seine Mitbürger stetig erzog zu dem, was einmal doch sein musste und was heute von einer Mehrheit begriffen und gebilligt wird, wie er seine ‹Politik der kleinen Schritte› betrieb und höher griff, als die Zeit reif war, man mag es wohl einem starken, langsamen Bohren von harten Brettern vergleichen. Und so wenig wie die Leidenschaft fehlt das Augenmaß.»[146]

Ein rühmender Text, ohne Zweifel. Ob der Historiker ganz so dachte, mag man anzweifeln, wirkt die Lobrede doch hin und wieder fast so, als müsste der Autor seine eigene Skepsis beschwichtigen. Aber fraglos spielte bei der Abfassung auch die Absicht mit, die Verleihung des Friedensnobelpreises im Blick auf die bevorstehende Ratifizierung der Ostverträge und die 1972 anstehenden Bundestagswahlen in politische Währung umzusetzen. Willy Brandt, so lautet der Grundtenor des Artikels, sei ein Mann des Friedens, dessen Sozialismus ein Humanismus sei, der auf Solidarität zwischen den Menschen, den Klassen und den Nationen abziele; er sei ein ehrlicher Makler, der wohl seinen Kant gelesen habe, geprägt vom Willen zur Wahrhaftigkeit und dem höchsten Wunsch, die Welt sicherer zu machen.

Am 23. März 1972 traf Golo Mann in Bonn mit Willy Brandt zu einem längeren Gespräch zusammen, das vom Historiker im Nachhinein aufgezeichnet und im selben Jahr in gekürzter Form gedruckt wurde. Sechs Jahre zuvor hatte Golo Mann Alt-Bundeskanzler Adenauer am Comer See besucht und mit dem über drei Jahrzehnte älteren Staatsmann ein angeregtes und freundschaftliches Gespräch geführt. Adenauers politische Lebensleistung war zu diesem Zeitpunkt abgeschlossen und genoss weite Anerkennung. Im Gespräch mit Willy Brandt war die Situation eine andere. Die Gesprächspartner waren fast gleichaltrig, sie teilten die Erfahrung des frühen Exils miteinander und hatten nach 1945 ihr öffentliches Wirken in Deutschland aufgenommen, der eine handelnd als Politiker, der andere beobachtend als Publizist. Dem Alt-Bundeskanzler war Golo Mann mit dem Respekt des Jüngeren begegnet; Willy Brandt begegnete er mit der kritischen Neugierde des Zeitgenossen, der bei weitgehendem grundsätzlichem Einverständnis in Fragen der Außenpolitik doch auch skeptische Fragen vorzutragen hatte.

In der Einleitung zur gedruckten Fassung seines Gesprächs

schreibt Golo Mann: «Den Besuch im ‹Bungalow› machte ich als einer, der den Bundeskanzler überaus hochschätzt, oft ihn bewundert, obschon nicht als sein blinder Bewunderer – welches Politikers blinder Bewunderer dürfte man sein? Ein paar beschwerliche Fragen hatte ich im Kopf. Machte Brandt sich am Ende nicht doch gutmütige Illusionen über seine kommunistischen Verhandlungspartner? War er am Ende nicht doch mehr ‹national› statt ‹europäisch› gesinnt? Bagatellisierte er, um in seinen staatsmännischen Kreisen sich nicht stören zu lassen, die Tyrannei neukommunistischer Sekten an gewissen Universitäten, die Radikalisierung am linken Flügel seiner eigenen Partei? Und so noch einige Zweifel verwandten Sinnes.»[147] Und bereits in seiner Einleitung fasst Golo Mann das Ergebnis seiner Unterhaltung zusammen: «Nach dem Gespräch war mir besser zumut, *völlig gut*, insoweit es um ‹Ostpolitik› gegangen war. Willy Brandt sprach langsam, wohlinformiert, wohlüberlegt, mit Pausen, die dem Nachdenken gewidmet waren; ringend um die genaue Nuance, in der und jener Richtung sein Urteil qualifizierend; schöpfend aus dem nachgerade überreichen Schatz seiner Welterfahrung. Besitzt er, wie einige ihm nachsagen, einen ‹messianischen› Zug, so ist es unmöglich ein stark ausgeprägter; und allemal in Schach gehalten durch Motive ganz anderer Art. Der stärkste Eindruck war guter Wille, verbunden mit Illusionslosigkeit. Der stärkste Eindruck war: Ernst.»[148]

Es ist im Wesentlichen eine doppelte Sorge, die den Interviewer Golo Mann umtreibt: die Frage, ob als Folge der Annäherung wirklich mit einer «Demokratisierung» des Ostblocks zu rechnen sei; und die Frage, ob andererseits die Bundesrepublik in ihrer demokratischen Ausrichtung nach Westen genügend gesichert sei, um trotz ihrer Öffnung nach Osten stabil zu bleiben und die europäische Einigung vorantreiben zu können. In beiden Punkten sucht Willy Brandt den Historiker zu beruhigen. So stellt er etwa fest, dass die Entspannung bereits erste positive Folgen insofern gezeitigt habe, als die Sowjetunion bei der Schulung von Armeeangehörigen dazu übergegangen sei, vom bisherigen Freund-

Feind-Verhältnis abzurücken und die Beziehung zum Westen differenzierter darzustellen.

Von Golo Mann daraufhin angesprochen, ob durch die Annäherung an den Osten die gesellschaftliche Entwicklung in der Bundesrepublik nicht in kommunistischem Sinne beeinflusst werde, antwortet der Bundeskanzler, er sehe keine solche Gefahr. Gerade das Beispiel Frankreichs zeige, dass durch die Annäherung de Gaulles an Moskau die französische Kommunistische Partei keineswegs gestärkt worden sei. Was die Studentenunruhen betreffe, seien sie in Deutschland wie in andern Staaten der westlichen Welt völlig unabhängig von sowjetischer Einflussnahme erfolgt und folgten linkskommunistischen, anarchosyndikalistischen und rätekommunistischen Mustern; im Übrigen sei die junge Generation zum größten Teil nicht ideologisch organisiert, und es sei durchaus möglich, sie auf demokratischem Boden zu integrieren. Auch in der Arbeiterschaft sei kommunistische Infiltration keineswegs zu befürchten. «Die breiten Massen der Arbeitnehmer», so Willy Brandt, «verstehen sehr gut, wenn man ihnen sagt, wir wollen die Freundschaft mit dem Westen ergänzen durch Verständigung mit dem Osten, wo es möglich ist, in dem Maß, wie es möglich ist. Aber gerade sie, die den Vergleich mit den Dingen in der DDR so nahe haben, denken nicht im Traum daran, unsere Grundordnung in Frage zu stellen. Dies ändert nichts daran, daß sie diese Grundordnung verbessern möchten, aber nicht in kommunistischem Stil, sondern im Sinne des Ausbaus, des demokratischen und sozialen Bundesstaates, wie es in der Verfassung heißt.»[149]

Um seinen Gesprächspartner zu beruhigen, verweist Willy Brandt schließlich auf sein eigenes Sozialismus-Verständnis, wenn er sagt: «Ich bin heute noch genauso überzeugt davon wie im Jahre 1959, als das Godesberger Programm angenommen wurde, daß wir endgültig Abschied genommen haben von dem Gedanken, eine Vergesellschaftung oder Verstaatlichung der Produktionsmittel bringe den Menschen mehr Freiheit. Dies war ja das eigentliche

Novum. Und davon bin ich heute so überzeugt wie 1959 und füge, ebenso wie damals, hinzu: Man muß ohne ideologische Vorfixierung die Bereiche prüfen, in denen die nur private Organisation nicht genügt, in denen ein mehr oder weniger großer staatlicher Einfluss geboten ist.»[150]

In dem auf Wunsch Willy Brandts nicht veröffentlichten Teil des Gesprächs, der als Typoskript vorliegt, äußert sich der Bundeskanzler eingehend zur Situation im Ostblock und vertritt die Auffassung, dass durch die Zunahme gegenseitiger Kontakte, durch den internationalen Handel und den wissenschaftlichen Austausch die Kräfte von Liberalisierung und Unabhängigkeit notwendig gestärkt werden würden. Zwar schließt Brandt nicht aus, dass sich Rückschläge wie die Unterdrückung von Protestbewegungen 1953 in Berlin, 1956 in Ungarn und 1968 in Prag auch in Zukunft wiederholen könnten, ohne dass der Westen in der Lage sei, einzugreifen. Zugleich aber erkennt er klarer als der pessimistische Historiker, welches Risiko der Ostblock mit seiner Öffnung nach Westen eingehe. In Golo Manns Typoskript lautet die diesbezügliche Äußerung Brandts: «Ich glaube, es gehört zu den interessanten Folgen der tschechoslowakischen Krise im Jahr 68, daß die sowjetische Führung sich entschlossen hat, zwei Dinge auf einen Nenner zu bringen, von denen noch keiner weiß, ob sie auf einen Nenner gebracht werden können. Ich zweifle daran. Sie haben sich vorgenommen, die russischen Führer, die politische Disziplinierung in ihrem Block zu koppeln mit der Bereitschaft, ihren Blockpartnern zu erlauben, auch mit nichtkommunistischen Staaten mehr Austausch zu haben als früher, unter der Bedingung, daß die Sowjetunion selbst daran partizipiert [...] Ich habe eben schon gesagt, ich zweifle, daß die Rechnung aufgeht.»[151] Gerade aus seiner eigenen Erfahrung mit dem Kommunismus heraus, fährt Brandt fort, könne es innerhalb der sowjetischen Führung, vielleicht im Zusammenhang mit einem Generationenproblem, durchaus zu Reform- und Protestbewegungen kommen: «Man sieht ja doch schon manche Anzeichen nicht nur wie aus dem russischen Untergrund berichtet wird, aber man hat da Anzeichen dafür, daß der sehr konservativ gewordene Kommunismus in der Sowjetunion auch dort vielen jungen Leuten als Herausforderung erscheint, sich mit Strömungen anderswo auseinanderzusetzen.»[152]

Die Bundestagsdebatten um die Ostverträge, die in der Abstimmung vom 17. Mai 1972 mit knappem Mehr ratifiziert wurden, verfolgte Golo Mann mit der größten Spannung. Mit ihm war eine große Zahl von prominenten Historikern und Politikwissenschaftlern für die Ostverträge eingetreten. Unter diesen befanden sich aus dem amerikanischen Exil zurückgekehrte Gelehrte wie Ernst Fraenkel und Hans Rothfels, Opfer des Nationalsozialismus wie Eugen Kogon, Mitläufer wie Hermann Heimpel und Reinhard Wittram, ferner zahlreiche Vertreter der damals jüngeren Generation wie Karl Dietrich Bracher, Reinhard Koselleck und Thomas Nipperdey.

Die Schlussphase der Ratifizierungsdebatte, als die Opposition auf einer «Gemeinsamen Erklärung des Bundestags zu den Ostverträgen» beharrte, welche die ausdrückliche Erwähnung von Vorbehalten enthalten und den vorläufigen Charakter der Verträge unterstreichen sollte, brachte Golo Mann an den Rand seiner Geduld. Diese ganzen Diskussionen, stellt er in einer seiner Kolumnen für die *Süddeutsche Zeitung* fest, seien gar nicht mehr ernst zu nehmen; was geboten werde, seien bloße Nörgeleien, juristische Spitzfindigkeiten, «Argumente, gesucht um ihrer selbst willen»[153]; besser sei es doch, derartige innenpolitische Machtspiele auf die bevorstehenden Wahlen des nächsten Herbstes zu verschieben.

Auch befürchtete Golo Mann, die «Gemeinsame Erklärung des Bundestags» führe dazu, den Inhalt der Ostverträge so sehr zu verwässern, dass zuletzt davon nichts mehr übrig bleibe. In der Kolumne «Zerredet» vom Mai 1972 stellt er fest, dass die sozialliberale Koalition, statt mit Entschiedenheit aufzutreten, in ihrem Bemühen ihre Sache allen genehm zu machen, viel zu kleinmütig agiert und der Opposition selbst die Gegenargumente geliefert habe. Und er schließt, wenige Tage vor der entscheidenden Bundestagsabstimmung, seine Kolumne mit den resignierten Worten: «Es war die bewundernswerte Leistung Willy Brandts, die Sympathie und Phantasie der Russen, der Polen, der Bürger in der DDR gewonnen und von seiner Popularität in London, Paris, Washington, beispiellos seit Adenauers Hoch-Zeit, nicht einen Deut verloren zu haben. Die Phantasie, die Psychologie. Die aber ist anfällig für Wandel; leicht werden da Gewinne zerredet, bis nichts übrig bleibt als ein beschriebenes Papier, als Katerstimmung und Asche. Über eines sollten die verantwortlichen Politiker der Opposition sich nicht täuschen: Spielen sie ihr Welttheater noch am kommenden Mittwoch und über ihn hinaus fort, so bringen sie nicht nur die Verträge um den letzten Rest ihres Sinnes, es werden auch die Menschen im Westen wie im Osten von dem Bonner Spektakel sich abwenden mit Gähnen und zur Tagesordnung übergehen.»[154]

Am 17. Mai 1972 verabschiedete der Bundestag die beiden Ostverträge dank der von der CDU/CSU ausgegebenen und weitgehend befolgten Parole zur Stimmenthaltung. Die «Gemeinsame Erklärung des Bundestags» wurde fast einstimmig, bei nur fünf Enthaltungen, angenommen. Dieser Text hatte nicht, wie Golo Mann befürchtete, die Wirkung einer Aushöhlung der Verträge, wurde er doch von der Sowjetunion bloß als ein die deutsche Haltung interpretierendes Zusatzpapier betrachtet. Zwei Wochen später unterzeichneten die Außenminister der USA, der Sowjetunion, Großbritanniens und Frankreichs in West-Berlin das Schlussprotokoll des Viermächteabkommens vom September 1971, das damit in Kraft trat.

Mit alledem war eine Normalisierung der Beziehungen zwischen der Bundesrepublik und der DDR noch immer nicht erreicht, wenn auch die Verträge mit der Sowjetunion und Polen den Rahmen zu einer diesbezüglichen Regelung geschaffen hatten. Wichtig war nun, dass die sozialliberale Koalition durch die Wahlen vom November 1972 in die Lage versetzt wurde, ihre Arbeit weiterzuführen. Die Aussichten standen gut: Die Bundesrepublik hatte durch die Ostverträge an internationalem Gewicht gewonnen; der Bundeskanzler erfreute sich weltweiten Ansehens; die wirtschaftliche Lage gab zu keiner Beunruhigung Anlass. Am sehr emotional geführten Wahlkampf beteiligten sich aufseiten der sozialliberalen Koalition wiederum zahlreiche Kulturschaffende, an besonders prominenter Stelle Heinrich Böll und Günter Grass. Zugleich zeigte es sich deutlich, dass die Politik einer Öffnung nach Osten von weiten Bevölkerungsschichten mitgetragen wurde und dass Willy Brandt für eine jüngere Generation zur Lichtgestalt des moralisch untadeligen Staatsmannes und ehrlich bemühten Friedensbringers geworden war, zu einer charismatischen Persönlichkeit, neben der Rainer Barzel als Kandidat der CDU verblassen musste. Die Wahlen vom November wurden zu einem Plebiszit für die Ostpolitik. Sie brachten der SPD das beste Resultat ihrer Geschichte, und auch die FDP konnte einen Stimmenzuwachs verzeichnen.

Nach ausgiebigen und schwierigen Vorgesprächen, in die auch die Westmächte und die Sowjetunion einbezogen werden mussten, wurde im Dezember 1972 der Grundlagenvertrag mit der DDR unterzeichnet, in dem sich die beiden Staaten dazu verpflichteten, gutnachbarliche Beziehungen auf der Basis der Gleichberechtigung zu unterhalten. Wieder kam es zu lebhaften Debatten im neu bestellten Bundestag, die aber nach dem deutlichen Wahlerfolg der SPD die Ratifizierung nicht ernstlich gefährden konnten; das Bundesverfassungsgericht bestätigte ausdrücklich die Vereinbarkeit von Grundlagenvertrag und Grundgesetz. Damit erhielt die DDR mehr als zwei Jahrzehnte nach ihrer Gründung die faktische Anerkennung durch Bonn und die internationale Gleichstellung: Am 18. September 1973 wurden beide deutschen Staaten in die UNO aufgenommen.

Diese Annäherung führte freilich, wie Golo Mann vorausgesehen hatte, nicht eo ipso zu einer Liberalisierung innerhalb der DDR, sondern eher zur Stützung des Regimes; so blieben Mauer und bewachte Grenze erhalten, der Schießbefehl blieb bestehen, und die DDR ließ sich die Ausreise ihrer Regimegegner von der Bundesrepublik großzügig bezahlen. Die Hoffnung auf eine spätere Wiedervereinigung wurde durch solche Maßnahmen nicht genährt.

Nach seiner Inkrafttretung kommentierte Golo Mann in der *Neuen Rundschau* das deutsch-deutsche Vertragswerk. Der Historiker erweist einleitend einem seiner schärfsten Gegner, Karl-Theodor von und zu Guttenberg, der die Ostverträge noch als todkranker Mann vehement bekämpft hatte, die Reverenz. Guttenberg, stellt er fest, sei im Gegensatz zu einem andern Gegner des Grundlagenvertrags, Franz Josef Strauß, immer die vornehmere und redlichere Persönlichkeit gewesen. Doch habe sich seine Gegnerschaft auf eine geschichtlich nicht haltbare Analogie gestützt, nämlich auf die Gleichsetzung von nationalsozialistischem und kommunistischem Regime und die daraus gezogene Folgerung, da man sträflicherweise mit dem Dritten Reich zusammengearbeitet habe, dürfe man dies nun keinesfalls auch wieder mit den Kommunisten tun. Demgegenüber weist Golo Mann auf die Langlebigkeit des kommunistischen Regimes und auf die veränderte Zeitsituation hin und schreibt: «Mit den Kommunisten muß man leben können, weil man mit ihnen leben muß, falls man nicht zusammen mit ihnen sterben will.»[155] Was aus dem Grundlagenvertrag einst werden würde, fährt der Historiker fort, sei ungewiss. Indem man die DDR anerkannt habe, habe man die deutsche Teilung nicht überwunden, wohl aber deren Folgen gemildert. Auch habe man endlich den Weg zu einer ehrlichen Politik gefunden: «‹Wiedervereinigung› war die Lebenslüge der Bundesrepublik; die Verneinung des Status quo zur Erhaltung ebendieses Status quo; der Kalte Krieg ein Ordnungsprinzip in Bonn, wie in Moskau, wie in Washington. Eine Sicherung. Eine große Bequemlichkeit. Noch in der letzten von ihm geleiteten Kabinettssitzung soll Adenauer bemerkt haben, gäbe die Bundesrepublik ihr Nein zur DDR auf, dann, und damit, auch sich selber. Ich denke, das war ganz richtig am Anfang, in den frühen fünfziger Jahren. Allmählich hörte es auf richtig zu sein und war schon durchaus falsch zur Zeit der Großen Koalition; in jenen beinahe drei Jahren, während deren durch beide großen Parteien hätte getan werden müssen, was zerredet und vertrödelt wurde durch Herrn Kiesinger und seine Freunde, was danach forciert wurde von der einen großen Partei gegen die andere.»[156]

Dann wirft Golo Mann einen Blick auf die Zukunft. Die Voraussetzungen für eine von der Opposition, insbesondere von Franz Josef Strauß befürchtete Konföderation einer zunehmend sozialistischen Bundesrepublik und der DDR sieht er nicht gegeben, auch wenn die «Ultralinken auf ihrem langen Marsch durch die Institutionen» schon vorgerückt seien und Wachsamkeit ein Gebot der Stunde sei. Auch ein Wandel und eine Entwicklung in der DDR im Sinne einer Demokratisierung seien bis auf weiteres nicht vorstellbar, wohl aber Schwierigkeiten und Behinderungen des gegenseitigen Austauschs. Mit bemerkenswerter Klarsicht erkennt nun der Historiker, welche gefährliche Herausforderung mit der nun möglich gewordenen Intensivierung der deutsch-deutschen Beziehungen an das Staatswesen der DDR herantrat. Mit einem Seitenhieb gegen die Neue Linke in der Bundesrepublik schreibt Golo Mann: «Die Regierung der DDR wird, glaube ich, den Vertrag halten, wird nicht vor aller Welt als Vertragsbrecher dastehen wollen. Aber sie wird ihn interpretieren und von ihrem souveränen Recht Gebrauch machen, für den eigenen Bereich geheime oder öffentliche Ausführungsbestimmungen zu erlassen, was zu tun sie schon begonnen hat. Ich kann es wenig sinnvoll finden, da nun mit einem großen Teil der bundesdeutschen Presse zu rufen: Seht, sie fürchten sich! Sie können den Wind der Freiheit nicht vertragen! Natürlich fürchten sie sich.»[157]

Im Nachhinein kann man im deutsch-deutschen Grundlagenvertrag den Anfang jenes Prozesses sehen, der über fünfzehn Jahre später zum Zerfall der DDR führte. Mit den Erleichterungen im Personenverkehr und der Berieselung durch das westdeutsche Fernsehen wurden die Bürger der DDR mit Lebensform und Lebensstandard der Bundesrepublik vertraut und entwickelten Erwartungen gegenüber ihrem Staat, die auf Dauer durch eine Politik der Abgrenzung nach außen und durch polizeiliche Spitzelmethoden im Innern nicht zu unterdrücken waren. Gregor Schöllgen hat die Entwicklung, die vom Grundlagenvertrag zum Verschwinden der Berliner Mauer führte, so zusammengefasst: «Mißt man die Deutschlandpolitik der sozialliberalen Koalition an ihren kurzfristigen Vorgaben, wie Reiseerleichterungen, größeren Betätigungsmöglichkeiten für Journalisten und anderem mehr, dann war sie gewiß erfolgreich. Mißt man sie an ihrem langfristigen Ziel, das politische System der DDR durch diese Annäherung zu transformieren, dann ist sie gescheitert. Mißt man die Deutschlandpolitik aber schließlich am Ergebnis der ‹friedlichen Revolution› des Jahres 1989, die ohne sie wohl anders verlaufen wäre, dann fand sie dort eine späte – und von den meisten Akteuren nicht mehr erwartete – Bestätigung.»[158]

5. Annäherung und Entfremdung

Zu einer ersten persönlichen Begegnung zwischen Golo Mann und Willy Brandt scheint es im Februar 1965 gekommen zu sein, als der Politiker noch Regierender Bürgermeister von Berlin war. Ob die Pläne zu einer neuen Ostpolitik damals schon Gegenstand des Gesprächs waren, wissen wir nicht. Sicherlich hätte man in diesem Punkt weitgehende Übereinstimmung erzielt, trat doch der Historiker seit langem für den Dialog mit dem Osten ein, während Brandt, wie er in seinen Erinnerungen vermerkt, unter dem Eindruck des Mauerbaus in dieser Richtung zu denken begann.[159] In Golo Manns Tagebuch findet sich, in englischer Sprache verfasst, eine eher skeptische Notiz über den ersten Eindruck von dieser Begegnung: «Ein langer Abend mit Willy Brandt, drei Stunden und zwei Flaschen Wein. Ein intelligenter und wohlmeinender Mann, doch ohne Humor, ohne literarische Bildung und ohne eindrucksvolle Persönlichkeit.»[160]

Im Jahre 1967 besprach Golo Mann für die der Sozialdemokratie nahe stehende Zeitschrift *Die Neue Gesellschaft* einen Band mit gesammelten Schriften, die Brandt während seiner Emigration verfasst hatte. In seiner Rezension begrüßt der Historiker diese Publikation, der auch kurze autobiographische Einführungen aus der Feder des Politikers beigegeben waren, als ein Zeugnis, das authentische Antworten auf die Fragen gebe: «Wer ist er? Wer war er? Wie ist er geworden, was er ist?»[161] In zweierlei Hinsicht lässt sich in der Vita von Brandt und Golo Mann eine gewisse Schicksalsverwandtschaft feststellen: Beider Vorfahren lebten in Lübeck, und beide zwang Hitler-Deutschland zur Emigration. Auf die erste Gemeinsamkeit geht der Historiker in seiner Rezension nicht ein, zu groß mag ihm die soziale Kluft zwischen dem Enkel einer Lübecker Kaufmanns- und Senatorenfamilie und dem unehelichen Kind einer jungen Verkäuferin, das seinen Vater nie kennen lernen sollte, erschienen sein. Im Entschluss zur Emigration fühlt sich Golo Mann dagegen mit Willy Brandt verbunden, auch wenn er dessen frühe marxistische Deutung des Nationalsozialismus nie teilte. In seiner Besprechung stellt der Historiker mit Genugtuung fest, dass sich in den frühen Schriften Brandts ein Ablösungsprozess von doktrinären Ideologien vollziehe, der durch Brandts Erfahrungen im spanischen Bürgerkrieg und durch den Hitler-Stalin-Pakt unterstützt worden sei. Dies habe den Emigranten zur Einsicht geführt, dass es Sozialismus ohne Demokratie nicht geben könne. «Willy Brandts Haltung im Krieg und danach», schreibt Golo Mann, «war die rechte. Er beschönigte nichts, und er verzerrte nichts. Er weigerte sich, dem Hitlerschen Rassenwahnsinn eine alliierte Rassentheorie, nämlich die von der eingeborenen Schlechtigkeit des deutschen Volkes in seiner Gesamtheit, entgegenzusetzen. Er unterschied zwischen der Schuld, welche die Parteiführer, die Befehlshaber, traf und der Verantwortung, welcher die ganze Nation, einschließlich der Besten und Gutwilligsten, sich nicht entziehen durfte.»[162]

Gegenüber den damals in Deutschland verbreiteten Verleumdungen, die auf Brandts Vergangenheit und seine Rolle im Widerstand gegen Hitler Bezug nahmen, nimmt Golo Mann Brandt ausdrücklich in Schutz. Er zitiert Brandts Ausspruch, wonach dieser nie auf Deutsche geschossen habe, dies aber, wenn er in einen solchen Fall gekommen wäre, nicht als unehrenhaft empfunden hätte – sehr ähnlich hat, wie wir uns erinnern, der amerikanische Soldat Golo Mann argumentiert. Und Golo Mann schließt seine Rezension mit der Frage ab, ob dieses Buch wohl, früher erschienen, den Einstieg Brandts in die Bonner Politik hätte erleichtern können.

Am Wahlkampf des Jahres 1969 ist Golo Mann, wie bereits erwähnt, für Willy Brandt eingetreten, soweit ihm seine Arbeit am *Wallenstein* dies gestattete. Der Historiker engagierte sich nicht als Parteimitglied oder Sympathisant der Partei, sondern als Unabhängiger, der um einer bestimmten, ihm wichtigen Sache willen ein Zweckbündnis eingeht. Für die SPD war Golo Mann gerade in dieser Rolle besonders wertvoll, denn in der breiten Öffentlichkeit galt er als ein gemäßigt Konservativer von liberaler Aufgeschlossenheit und war damit gut positioniert, um Bürgerinnen und Bürger, die nicht Parteimitglieder waren, für die Ostpolitik der SPD zu gewinnen. Nach seinem Wahlerfolg schrieb Willy Brandt dem Historiker: «Sie haben mir in diesen Jahren – durch das, was Sie schrieben – mehr geholfen, als Ihnen bewußt sein kann. Auch für den einen und anderen Rat bin ich dankbar. Sie werden gesehen haben, dass solcher Rat auch bei der Formulierung der Regierungserklärung gern angenommen wurde.»[163] Golo Mann, dessen Gefühle leicht anzusprechen waren, antwortete gerührt: «Haben Sie Dank für Ihren Brief, der mich ergriffen und fast beschämt hat. Schwachheiten werde ich mir nie einbilden; aber ein solches Wort, von Ihnen kommend, muß mich doch in dem Versuch bestärken, als Gelegenheitspublizist oder sonst, zur Klärung gewisser Fragen meinen bescheidenen Beitrag zu leisten.»[164]

Im September 1970 berief Willy Brandt eine inoffizielle Gesprächsrunde ein, an der sich neben dem Historiker die Schriftsteller Heinrich Böll und Günter Grass sowie der Politologe Richard

Löwenthal von der Freien Universität Berlin beteiligten. Man unterhielt sich über Fragen der Ostpolitik und insbesondere über die Auswirkungen der Annäherung an den Osten auf das Selbstverständnis der Bundesrepublik und das nationale Bewusstsein der Deutschen. Der Historiker und der Politiker kamen sich allmählich menschlich näher. Golo Mann schätzte es, dass der Kanzler sich mit Intellektuellen unterhielt und ihren Rat würdigte; literarisch ganz so ungebildet, wie er zuerst geurteilt hatte, war Brandt sicherlich nicht. Auch die andere Kritik, Brandt sei humorlos, musste der Historiker revidieren, fiel ihm doch wie andern Beobachtern auf, dass der Bundeskanzler zumindest über seine eigenen Witze herzhaft lachen konnte. Im September 1971, nach einer Begegnung mit Brandt in München, notiert Golo Mann ins Tagebuch: «… überhaupt gefiel er mir, besonders sein Lachen. Er meint's gut und hat's schwer. Gefühl: Ich hätte ihm früher etwas helfen sollen; muß es von jetzt ab.»[165] Was Golo Mann an Brandt vor allem schätzte, war der Ernst und das moralische Engagement, womit er das politische Geschäft betrieb. Egoistische Interessenpolitik, Intrigenspiel und Rücksichtslosigkeit im menschlichen Umgang, sonst nicht selten Berufskrankheiten der Politiker, waren Brandt in bemerkenswertem Grade fremd; Golo Mann registrierte denn auch früh eine gewisse Weichheit im Charakter des Politikers, die diesen verletzlich machte. In seiner pragmatischen Art, die Realität zu sehen und Veränderungen voranzutreiben, schien Brandt gegen Zukunftsvisionen, welche die jüngeren Parteigenossen heimsuchten, gefeit. Wohl setzte er sich ideelle Ziele, die aber seinen Blick für das hier und jetzt Mögliche nicht trübten. «Was ich an ihm (Brandt) vor allem schätze», schreibt der Historiker: «Es ist kein Hauch von Zynismus in seiner Politik – wovon in der Bismarckschen ein sehr starker war. Sorgfältig trennt er zwischen notwendigen Anpassungen an die Politik und dem, was sein sollte. Er gibt keine Hoffnungen preis.»[166]

Fraglos schmeichelte es Golo Mann, von Willy Brandt konsultiert zu werden; zugleich vermied er es in seiner schüchternen, ge-

Abb. 1: Katia Mann mit ihren Kindern. Von links: Monika, Golo, Michael, Klaus, Elisabeth, Erika

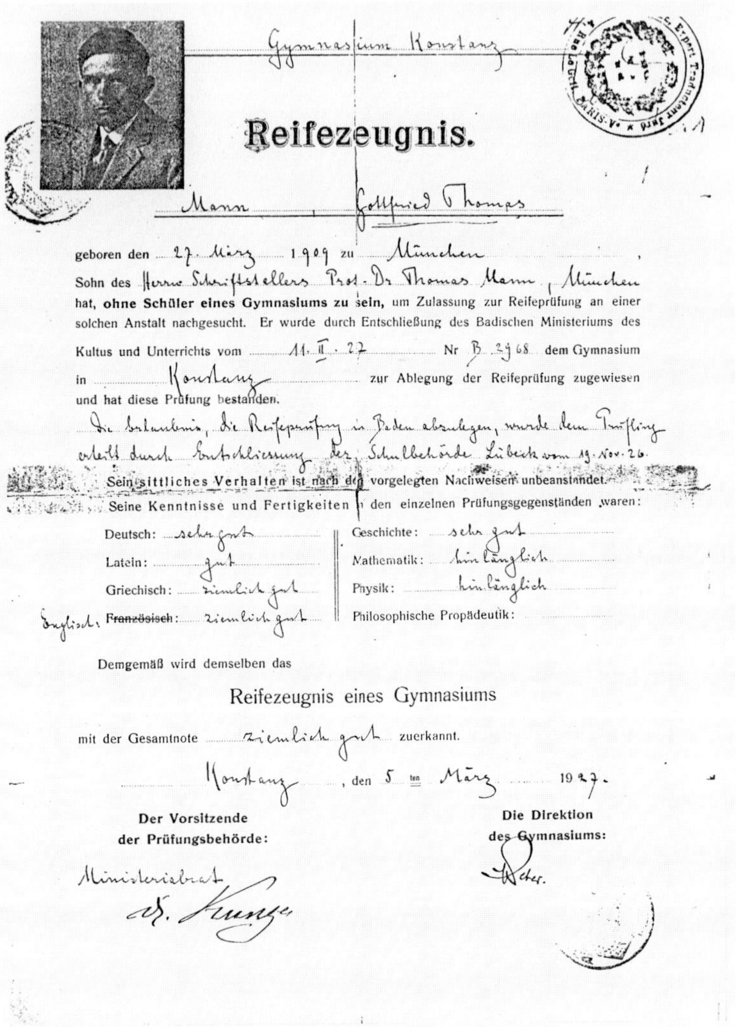

Gymnasium Konstanz

Reifezeugnis.

Mann, Gottfried Thomas

geboren den 27. März 1909 zu München,
Sohn des Herrn Schriftstellers Prof. Dr. Thomas Mann, München
hat, **ohne Schüler eines Gymnasiums zu sein,** um Zulassung zur Reifeprüfung an einer solchen Anstalt nachgesucht. Er wurde durch Entschließung des Badischen Ministeriums des Kultus und Unterrichts vom 11. II. 27 Nr B 2968 dem Gymnasium in Konstanz zur Ablegung der Reifeprüfung zugewiesen und hat diese Prüfung bestanden.

Die Erlaubnis, die Reifeprüfung in Baden abzulegen, wurde dem Prüfling erteilt durch Entschliessung der Schulbehörde Lübeck vom 19. Nov. 26.

Sein sittliches Verhalten ist nach den vorgelegten Nachweisen unbeanstandet.

Seine Kenntnisse und Fertigkeiten in den einzelnen Prüfungsgegenständen waren:

Deutsch:	sehr gut	Geschichte:	sehr gut
Latein:	gut	Mathematik:	hinlänglich
Griechisch:	ziemlich gut	Physik:	hinlänglich
Englisch: ~~Französisch~~:	ziemlich gut	Philosophische Propädeutik:	

Demgemäß wird demselben das

Reifezeugnis eines Gymnasiums

mit der Gesamtnote ziemlich gut zuerkannt.

Konstanz, den 5 ten März 1927.

Der Vorsitzende der Prüfungsbehörde:
Ministerialrat
Dr. Kunze

Die Direktion des Gymnasiums:
Weber.

Abb. 2: Reifezeugnis des Gymnasiums Konstanz vom 5. März 1927

Abb. 3: Golo Mann um 1938

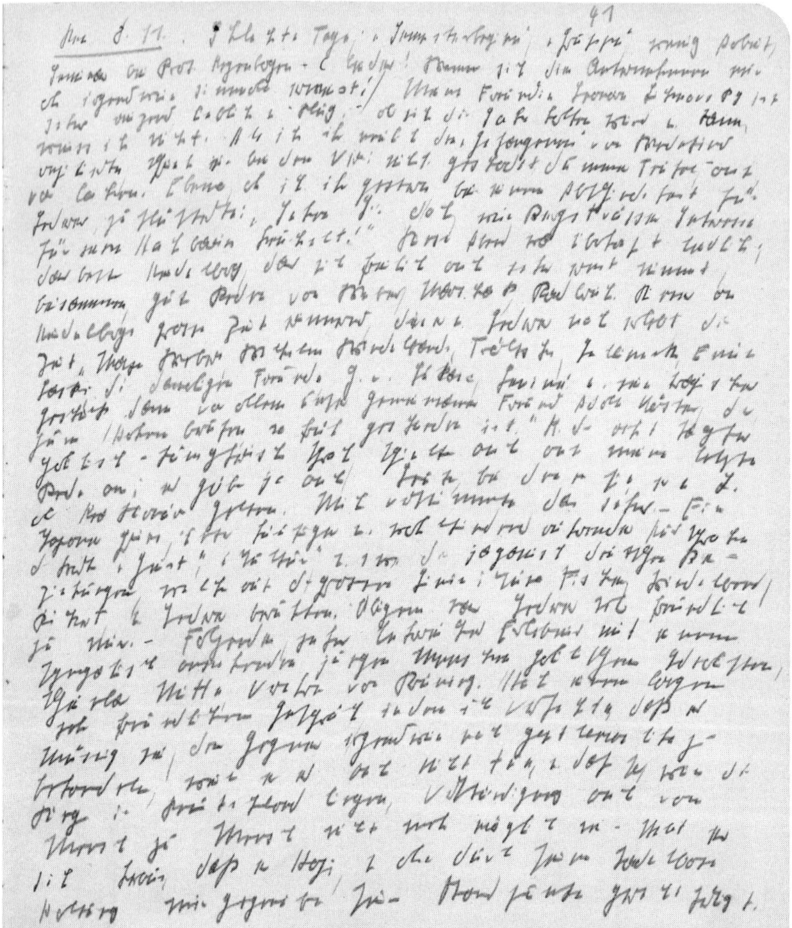

Abb. 4: Ausschnitt aus Golo Manns handgeschriebenem Tagebuch, 8. November 1931

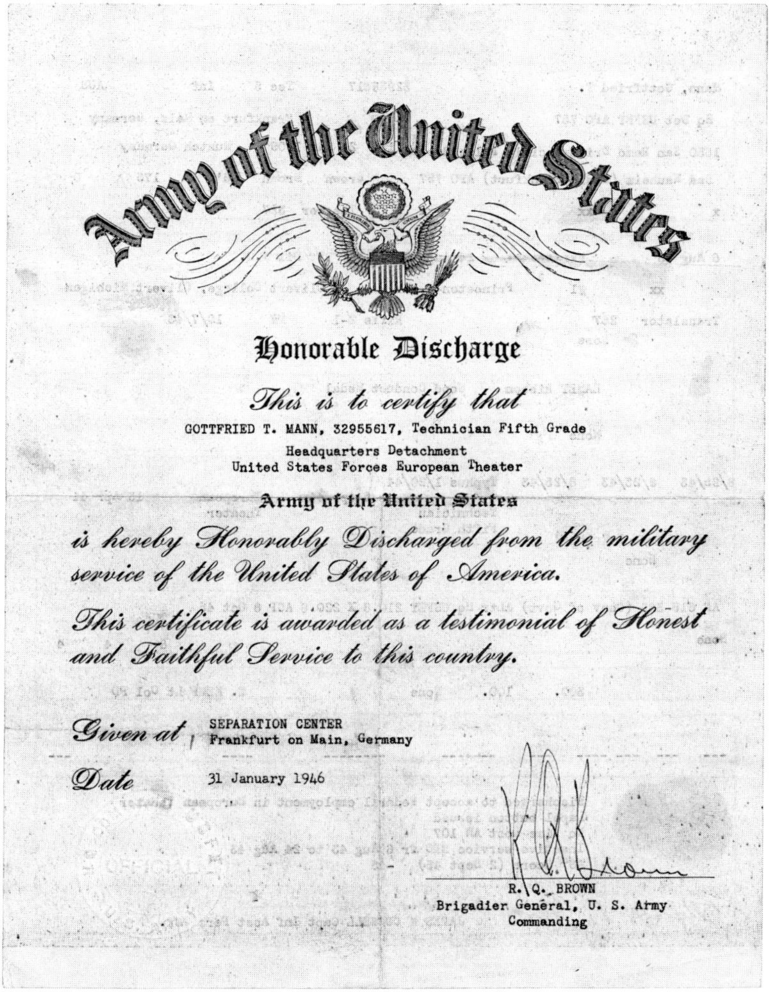

Army of the United States

Honorable Discharge

This is to certify that

GOTTFRIED T. MANN, 32955617, Technician Fifth Grade
Headquarters Detachment
United States Forces European Theater

Army of the United States

is hereby Honorably Discharged from the military service of the United States of America.

This certificate is awarded as a testimonial of Honest and Faithful Service to this country.

Given at SEPARATION CENTER
Frankfurt on Main, Germany

Date 31 January 1946

R. Q. BROWN
Brigadier General, U. S. Army
Commanding

Abb. 5: Entlassungszeugnis der amerikanischen Armee vom 31. Januar 1946

Abb. 6: Golo Mann in Pacific Palisades, mit dem Pudel seiner Eltern spielend

Abb. 7: Thomas Mann nach der Rückkehr in die Schweiz in seinem Arbeitszimmer in Erlenbach bei Zürich, 1953

Abb. 8: Das Haus der Familie Mann in Kilchberg, von der Seeseite her gesehen. Im Hintergrund die Alte Landstraße

Abb. 9: Katia Mann im Alter von neunzig Jahren im Garten des Kilchberger Hauses, 1973

Abb. 10: Golo Mann zur Zeit seiner Stuttgarter Professur.
Porträtskizze von Paul Citroën, 1963

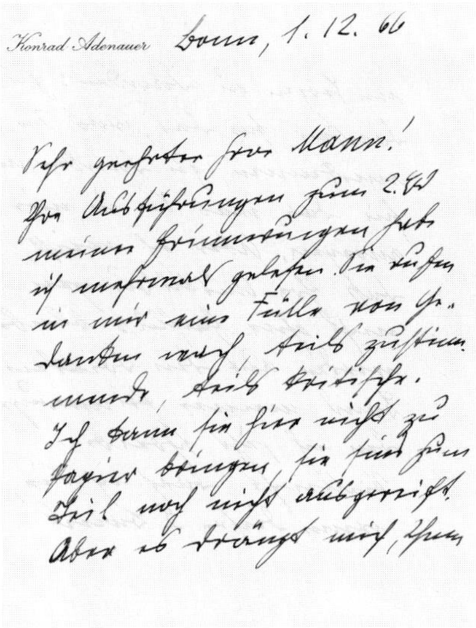

Konrad Adenauer Bonn, 1. 12. 66

Sehr geehrter Herr Mann!
Ihre Ausführungen zum 2. Bd
meiner Erinnerungen habe
ich mehrmals gelesen. Sie enthalten
eine Fülle von Ge-
danken, teils zustimmend,
teils kritisch.
Ich kann sie hier nicht zu
Papier bringen, sie sind zum
Teil auch nicht ausgereift.
Aber es drängt mich, Ihnen

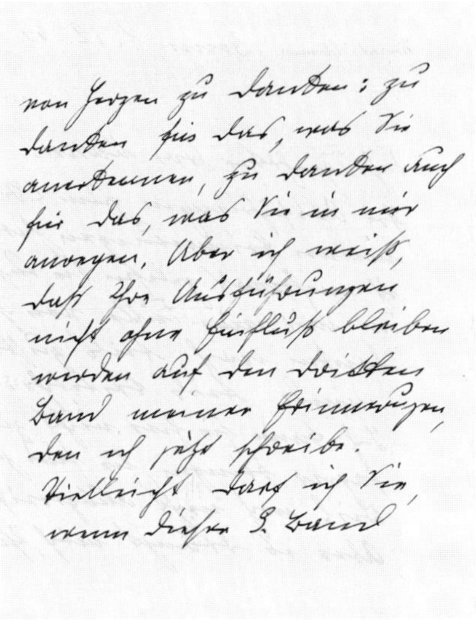

von Herzen zu danken: zu
danken für das, was Sie
anerkennen, zu danken auch
für das, was Sie in mir
anregen. Aber ich weiß,
daß Ihre Ausführungen
nicht ohne Einfluß bleiben
werden auf den dritten
Band meiner Erinnerungen,
den ich jetzt schreibe.
Vielleicht darf ich Sie,
wenn dieser 3. Band

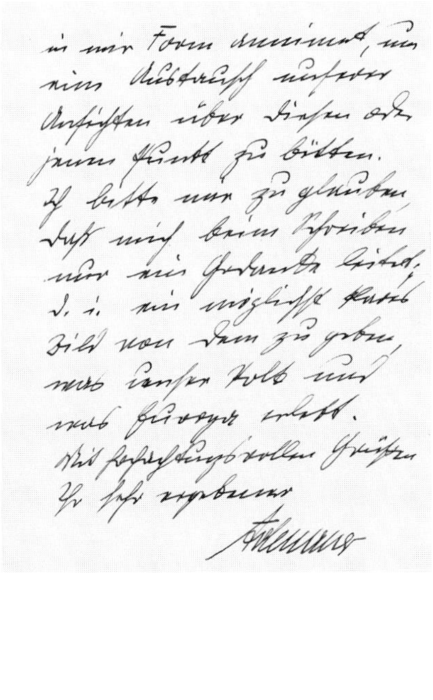

in mir Form annimmt, um
einen Austausch unserer
Ansichten über diesen oder
jenen Punkt zu bitten.
Ich bitte Sie zu glauben,
daß mich beim Schreiben
nur ein Gedanke leitet,
d. i. ein möglichst klares
Bild von dem zu geben,
was unser Volk und
was Europa erlebt.
Mit hochachtungsvollen Grüßen
Ihr sehr ergebener
Adenauer

Abb. 11: Dankschreiben
von Konrad Adenauer,
1. Dezember 1966

Abb. 12: Im Kilchberger Arbeitszimmer, um 1970

Abb. 13: Golo Mann als Träger des Ordens «Pour le Mérite», verliehen 1973

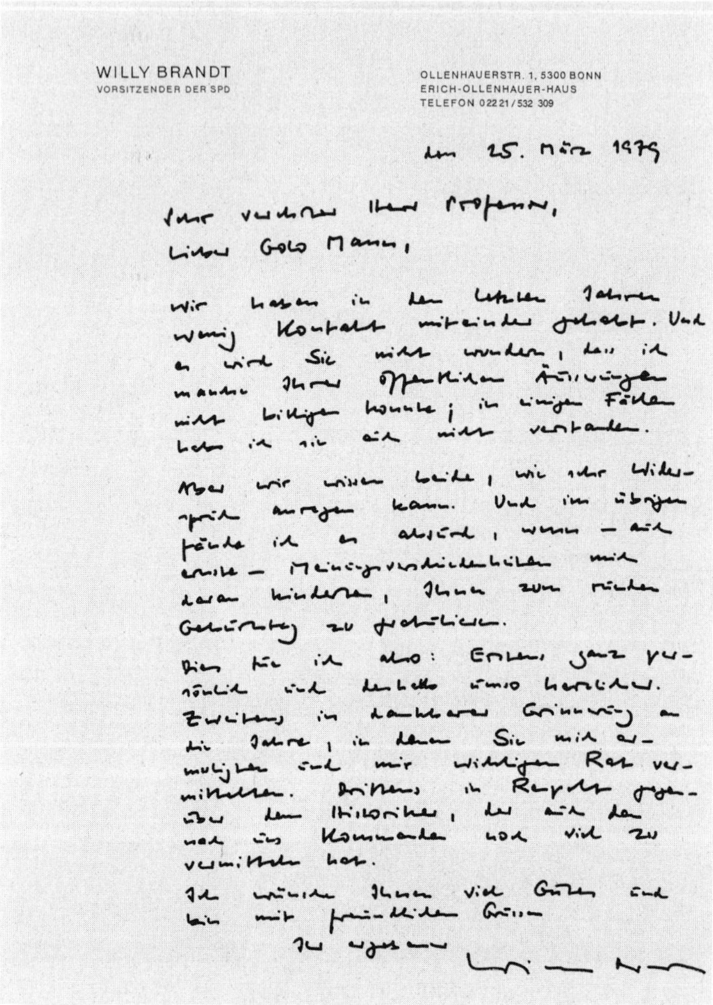

WILLY BRANDT
VORSITZENDER DER SPD

OLLENHAUERSTR. 1, 5300 BONN
ERICH-OLLENHAUER-HAUS
TELEFON 02221/532 309

den 25. März 1979

Sehr verehrter Herr Professor,
Lieber Golo Mann,

wir haben in den letzten Jahren wenig Kontakt miteinander gehabt. Und es wird Sie nicht wundern, dass ich manche Ihrer öffentlichen Äusserungen nicht billigen konnte; in einigen Fällen habe ich sie auch nicht verstanden.

Aber wir wissen beide, wie sehr Widerspruch anregen kann. Und im übrigen fände ich es absurd, wenn – auch ernste – Meinungsverschiedenheiten mich daran hinderten, Ihnen zum runden Geburtstag zu gratulieren.

Dies tue ich also: Erstens ganz persönlich und deshalb umso herzlicher. Zweitens in dankbarer Erinnerung an die Jahre, in denen Sie mich ermutigten und mir wichtigen Rat vermittelten. Drittens in Respekt gegenüber dem Historiker, der auch den nach uns Kommenden noch viel zu vermitteln hat.

Ich wünsche Ihnen viel Gutes und bin mit freundlichen Grüssen

Ihr ergebener

Willy Brandt

Abb. 14: Brief von Willy Brandt zu Golo Manns siebzigstem Geburtstag, 25. März 1979

Abb. 15: Als Wahlhelfer für Franz Josef Strauß, um 1980

Abb. 16: Beim Wandern mit dem Lieblingshund Bjelka, 1984

Abb. 17: Golo Mann beim Signieren seines «Wallenstein» in der DDR, Leipzig, März 1989

Abb. 18: Golo Mann vor seinem Refugium ob Berzona
im Onsernone-Tal, Tessin

Abb. 19: Ernst Jünger, Friedrich Dürrenmatt und Golo Mann am 7. Juni 1990 im Garten der Deutschen Botschaft in Bern

Abb. 20: Die Letzten der Familie: Golo Mann mit seiner Schwester Elisabeth

legentlich fast untertänigen Art, sich vorzudrängen. Eitelkeit war Golo Mann, wenn auch in einer kurios gebrochenen Form, nicht fremd. Als der Bundeskanzler sich Ende 1970 bei seinem Besuch in Warschau von Vertretern des intellektuellen Lebens begleiten ließ, notiert Golo Mann im Tagebuch: «Brandt hatte die gute Idee, berühmte populäre Schriftsteller mitzunehmen, die aus der verlorenen Region stammen, Grass, Lenz. Hätte ich anders gespielt, so hätte ich auch dabeisein können: aber ich bedaure es nur wenig.»[167]

Aus Anlass der Überreichung des Friedensnobelpreises äußerte sich Golo Mann, wie bereits erwähnt, im Tonfall der Bewunderung über Willy Brandt; auch gehörte er zu der Redaktionskommission, die an der Osloer Dankesrede mitarbeitete. Die Kommissionsarbeit scheint in sehr gelöster Atmosphäre im Bonner Kanzlerbungalow stattgefunden zu haben. Zugegen waren, wie des Historikers Tagebuch berichtet, Brandt, Ehmke und das «unvermeidliche Füchslein Egon Bahr». Bald berührte das Gespräch parteipolitische Interna, und Golo Mann fühlte sich als Außenseiter. «Viel Gewitzel», hält das Tagebuch fest, «persönliche Sticheleien hinterher, Sachfragen meist persönlich: Wo will X hinaus, was ist Ys Hausmacht, wie wird diese Gruppe sich entwickeln etc. Nach sechs solchen Sitzungen wüßte ich Bescheid; und viel mehr als sechs könnte ich nicht aushalten.»[168]

Wenig später, im Frühling 1972, führte der Historiker sein bereits erwähntes Gespräch mit dem Bundeskanzler, in dem er diesem eine Reihe kritischer Fragen vorlegte und in der gedruckten Fassung des Interviews seine völlige Übereinstimmung mit Brandts Ostpolitik bekundete. Bei den Debatten zur Ratifizierung der Ostverträge und bei den Wahlen vom November 1972, die Brandt in seinem Amt bestätigten, stand der Historiker an der Seite des Kanzlers, gelegentlich auch als Mitverfasser von dessen Reden.

Die persönliche Beziehung zwischen Golo Mann und Willy Brandt spiegelt sich in mehreren Briefen und Botschaften. Es handelt sich um vorwiegend kurze Texte, in denen der Historiker den

Kanzler etwa zum Erfolg einer Rede oder sonstigen Verlautbarung beglückwünscht, während dieser sich für Anerkennung und Mitarbeit höflich bedankt. Als der Bundeskanzler in einem Appell im deutschen Fernsehen die Gewalttätigkeit der Jugendbewegung mit Entschiedenheit verurteilte, telegraphierte Golo Mann spontan ins Kanzleramt: «Den Ausdruck der Bewunderung für Ihr Auftreten am Sonntag kann ich beim besten Willen nicht unterdrücken. Voici l'homme d'état.»[169] Im Herbst 1972 dankte der Bundeskanzler dem Historiker: «Sie waren im vorigen Jahr so freundlich, mir wertvolle Anregungen für meine Nobelpreis-Rede zu geben und haben mich wissen lassen, daß ich gelegentlich Ihre Hilfe wieder in Anspruch nehmen könnte.»[170]

Auch im Vorfeld der Bundestagswahlen vom November 1972 betätigte sich Golo Mann als Ghostwriter. In seinem Nachlass befindet sich ein Typoskript, in welchem, im Zusammenhang mit dem arabischen Terroranschlag während der Olympiade in München, der enge Zusammenhang zwischen äußerem und innerem Frieden betont wird. «Meine Regierung wird alles, aber auch alles Menschenmögliche tun», heißt es darin, «um dafür zu sorgen, daß die Bundesrepublik kein Tummelplatz fremder oder einheimischer Terrorbanden wird. Unsere Mitbürgerinnen und Mitbürger, unsere Gäste von auswärts haben ein Recht auf die Sicherheit ihres Lebens und Eigentums. Für die Erhaltung dieses Rechts werden wir sorgen. Der Friede fängt zu Hause an.»[171] Willy Brandt dankte dem Autor und sicherte ihm zu, seinen Text «mit geringen Änderungen» zu übernehmen.[172] Nach dem glanzvollen Wahlerfolg vom 19. November 1972 zeigte sich Willy Brandt dem Historiker für dessen Mithilfe im Wahlkampf sehr verbunden. «Für Ihren Redebeitrag zum Wahlkampf», schrieb er, «sage ich Ihnen meinen herzlichen Dank. Ihre Gedanken zur Außenpolitik waren mir eine große Hilfe, und ich hoffe, daß ich auch in Zukunft gelegentlich auf Ihre Hilfsbereitschaft zurückgreifen darf.»[173]

Dank kam auch von anderer Seite. Hans-Jochen Vogel, Minister in den Regierungen von Brandt und Schmidt, dann Regierender Bürgermeister von Berlin und nach 1983 Fraktionsvorsitzender der SPD, bedankte sich brieflich: «Die Schlacht ist vorbei. Der Erfolg hat nicht nur im Bundesmaßstab, sondern auch in Bayern unsere Erwartungen übertroffen. In diesem Augenblick möchte ich Ihnen für Ihre großzügige Hilfe und Ihr mutiges Engagement noch einmal von Herzen danken.»[174] Golo Mann hatte Vogel als Oberbürgermeister von München kennen gelernt und fühlte sich ihm seither freundschaftlich verbunden. Er schätzte des Politikers unbedingtes Eintreten für den Rechtsstaat angesichts linksradikaler Bedrohung und schenkte ihm in dieser Hinsicht größeres Vertrauen als Willy Brandt. Vor den Wahlen war der Historiker verschiedentlich für Hans-Jochen Vogel eingetreten. So hatte er etwa in der *Süddeutschen Zeitung* geschrieben: «Im Gewirr ragt einer hervor durch Maß, Vernunft und Sachlichkeit seiner Argumente: Dr. Hans-Jochen Vogel, bayrischer Landesvorsitzender der SPD. Wer ihn kennt, den überrascht das nicht. Während der zwölf Jahre, in denen Dr. Vogel Oberbürgermeister war, hat im Münchner Stadtrat ein Ton geherrscht, der unter demokratischen Politikern herrschen sollte und nun leider in der Bundesrepublik verlorenzugehen droht. Immer war Dr. Vogel ein geschworener Feind aller Utopien, aller radikalen Ideologien und der aus ihnen fließenden Gewaltsamkeit.»[175]

Von Klaus Harpprecht, der zwischen 1972 und 1974 persönlicher Vertrauter und Leiter der «Schreibstube» beim Kanzleramt in Bonn war, dem späteren Autor der monumentalen Thomas-Mann-Biographie, besitzen wir den anschaulichen Bericht von einer Begegnung zwischen Golo Mann und Willy Brandt, die im August 1973 stattfand. Deutlich wird in dieser Schilderung etwas von der Scheu und Befangenheit des Historikers, von einer Gehemmtheit im Gespräch, die dem Dialog leicht etwas Steifes verleihen konnte. Harpprecht berichtet auch von einer Art von Daseinsängstlichkeit, die den Historiker bei der Fahrt im Lift panisch leiden ließ. Offenbar hielt Golo Mann in dieser Begegnung die pessimistischen Vorahnungen, die ihn häufig heimsuchten, nicht zurück. Er äußerte sich besorgt über die Zukunft der Demokratie, die er durch Unmoral und irrationale Strömungen gefährdet sah. Auch drückte er seine Beunruhigung über die Radikalisierung der Linken aus und empfahl das Verbot der Kommunistischen Partei. Dann verlor er sich in historischen Erinnerungen und ließ eine wirklich ungezwungene Stimmung nicht aufkommen. «Hier sind meine Notizen zu Ende», berichtet Harpprecht, «weil mir das Mitschreiben etwas peinlich wurde. Der politische Fragenkatalog G. M.s hatte sich wohl auch erschöpft. Er störte den Fluss der Konversation auch durch taktvoll-ängstliche Erinnerungen an die Zeit. Entschuldigte sich, daß man nur von ernsten Dingen gesprochen habe.»[176]

Zu Beginn seiner Korrespondenz mit Willy Brandt sind Golo Manns Briefe bestimmt durch eine fast bewundernde Wertschätzung für den Staatsmann; man könnte von einem Vorschuss an Sympathie sprechen, den der Historiker dem im persönlichen Umgang eher zurückhaltenden Politiker entgegenbringt. Diese Sympathie verbindet sich nicht selten mit einem für Golo Mann bezeichnenden Understatement, das in Unterwürfigkeit hinüberwechseln kann. So pflegt Golo Mann etwa die vergleichsweise verschwindend geringe Wirkungsmöglichkeit des Historikers zu betonen, der es wage, sich dem Politiker mit seiner «untertänigen Meinung» auf «infinitesimale Weise» nützlich machen zu wollen.[177]

Schon früh werden jedoch in des Historikers persönlichen Äußerungen zum Politiker Willy Brandt auch Vorbehalte deutlich, welche seine Wertschätzung begleiten und zuweilen als leise Kritik in diese einfließen. Vor allem das Tagebuch zeugt vom Wechselbad der Gefühle, die Golo Mann bald zum Bundeskanzler hin-, bald von ihm wegzogen. Schon zu Beginn des Jahres 1971 lehnt der Historiker eine Einladung Brandts zum Abendessen ab und notiert dazu im Tagebuch: «Zudem glaube ich an seine Regierung nicht mehr.»[178] Ein Jahr später notiert er: «Von den Verträgen abgesehen, die gut waren, hat er zu wenig gut regiert.»[179] Und zur selben

Zeit heißt es in einem Brief: «Der Bundeskanzler hat sich allzu sehr auf die äußere Politik konzentriert, und ich fürchte, er unterschätzt die Bedeutung dessen, was in seiner eigenen Partei vor sich geht, wie auch das, was an Hochschulen vor sich geht, leider gewaltig. Ich achte ihn hoch; aber da versagt er, und wenn er seine Augen nicht noch im rechten Moment öffnet, so wird er die Folgen, nämlich die eigene Niederlage, zu tragen haben.»[180]

Golo Manns Besorgnis galt, wie man sieht, vor allem der Innenpolitik. Die Radikalisierung der jungen Linken, von der im nächsten Kapitel noch die Rede sein wird, beunruhigte den Historiker zutiefst. Er fürchtete, der Bundeskanzler sei sich dieser Gefahr für seine Partei und das Staatswesen zu wenig bewusst und es fehle ihm an charakterlicher Festigkeit, gegenüber solchen Tendenzen innerhalb der Partei und insbesondere bei den Jungsozialisten durchzugreifen. Anderseits entging Golo Mann nicht, dass Willy Brandt einer der wenigen Politiker war, die selbst bei der Neuen Linken noch Respekt genossen. Es sei des Kanzlers Verdienst, aber auch sein Risiko, äußerte er 1972 in einem Zeitungsartikel, die Jugend näher an sich herangezogen zu haben: «Übrigens hat die integre, überzeugend ernste, tief bemühte Gestalt des Bundeskanzlers für die Politik auch solche junge Leute in Massen gewonnen, die mit den Neumarxisten wenig oder nichts zu tun haben. Was die letzteren betrifft, so bleibt die Schicksalsfrage: wer hier auf Dauer wen gebrauchen, ‹manipulieren›, umfunktionieren wird.»[181]

Im Laufe der Zeit verstärkte sich Golo Manns Skepsis. Die Sorge, Brandt könnte von der extremen Linken manipuliert werden, begann ihn umzutreiben. Sie veranlasste ihn, im Herbst 1973 mit einem dringlichen Telegramm an Brandt zu gelangen, das er französisch formulierte, um, eine etwas naive Vorstellung, mögliche Mitleser im Kanzleramt auszuschließen. Golo Mann bezog sich in dieser Botschaft auf eine Rede des Bundeskanzlers in der Evangelischen Akademie zu Bad Segeberg, deren Inhalt er vollauf zustimmen konnte. Brandt hatte darin mit Nachdruck seinem Bekenntnis zum demokratischen Rechtsstaat Ausdruck verliehen und wörtlich formuliert: «Feinde der parlamentarischen, der freiheitlichen Demokratie sind Feinde der Sozialdemokratischen Partei Deutschlands. Sie haben bei uns nichts zu suchen.»[182]

Solche entschiedene Feststellungen gefielen Golo Mann, und er gab in seinem Telegramm seiner Befriedigung Ausdruck. Durch die Erfahrung des Zusammenbruchs der Weimarer Republik traumatisiert, konnte der Historiker im Studentenprotest nicht bloß den jugendlichen Übermut einer neuen Wohlstandsgeneration sehen. Doch des Kanzlers Worte an die Adresse der radikalisierten Jugend, so befürchtete Golo Mann, kämen zu spät und genügten nun leider nicht mehr. Schon hätten sich die Feinde der Demokratie in der Partei und sogar im Parteivorstand eingenistet, und es sei verfehlt, mit ihnen Kompromisse aushandeln zu wollen. «Man muß», schloss Golo Mann, «nein zu ihnen sagen, sie in Minderheit und schließlich vor die Tür setzen. Wird dies unterlassen, setzen sich Regierung, Partei und selbst der Staat schwerer Bedrohung aus.»[183]

Willy Brandts Antwort klang staatsmännisch zurückhaltend: «Dank auch für Ihr Telegramm», schreibt er, «das ich des Französischen wegen ein wenig langsamer, aber darum besonders genau las. Die Mahnung nehme ich ernst. Die Gefahren, von denen Sie reden, sehe ich wohl. Ich glaube freilich nicht, daß sie sich nur durch autoritär verfügte organisatorische Maßnahmen bannen lassen. Man muß die Geister scheiden und sich scheiden lassen [...] Es scheint mir noch immer wirksamer zu sein, den Prozeß der Klärung an der Sache voranzutreiben, statt einer Gruppe den Parteiprozeß zu machen. Damit würde man viele junge Leute ausschließen, die wir nicht entbehren wollen, wenn sie durch Verantwortung klüger und menschlicher geworden sind [...] An langem Atem hat es mir eigentlich nie gefehlt, und ich wußte immer, wann ich zu kämpfen hatte. Kurzatmige Erregung, die dann in Resignation zurückfällt, bringt uns nicht weiter.»[184]

Nach dem Sommer 1973, der Grundlagenvertrag mit der DDR

war unter Dach, begann sich Golo Mann von Willy Brandt abzuwenden. Noch im Oktober dieses Jahres beglückwünschte er den Bundeskanzler zur «großen Rede» vor der UNO-Vollversammlung und erwähnte lobend die mutigen Worte Brandts zu Allende und Chile. Wieder kam der Historiker jedoch auf die extremistische Jugendbewegung zu sprechen und griff erneut auf seine politischen Erfahrungen aus der Weimarer Republik zurück: «Aber seit ich, anno 1931, als Schriftführer der Heidelberger Sozialdemokratischen Studentengruppe die Reichstagsfraktion vor den Gefahren der ‹Tolerierungspolitik› warnte, traue selbst ich mir in Sachen der SPD ein klein wenig Urteil zu, besonders wenn es um Gefahren geht. Auf die ja wohl unsere Generation sich überhaupt besonders gut versteht; auf Unheil.»[185]

Rückblickend stellte Golo Mann die Etappen seiner Distanzierung von Willy Brandt wie folgt dar: «1969 war ich für eine Regierung der sozialliberalen Koalition, nicht ‹leichten Herzens›, wie ich schrieb. Aber die SPD mußte einmal heran, und zwar in voller Verantwortung, nicht als Juniorpartner, wie es in der vorhergehenden Großen Koalition der Fall gewesen war. Brandt hat dann auch die eine Hoffnung erfüllt, die mich mit ihm verband, wobei ich allerdings auf die Details der Ostverträge nicht den mindesten Einfluß haben konnte. Schon vor den Wahlen von 1972 gefiel mir aber die SPD längst nicht mehr so gut. Damals ging ich weiterreichenden Bitten schon aus dem Wege und setzte mich nur für den Hans-Jochen Vogel ganz persönlich ein. [...] Im Sommer 1973 ließ ich durch Klaus Harpprecht den Bundeskanzler wissen, daß unsere Wege sich jetzt trennen müßten.»[186]

Die Entfremdung gewann schärferen Umriss, als im Herbst 1973 durch Indiskretion in der Presse bekannt wurde, dass Egon Bahr in Gesprächen mit dem amerikanischen Politologen Walter F. Hahn verschiedene Modelle zur Gestaltung deutscher Außenpolitik in fernerer Zukunft diskutiert hatte. Eines dieser Zukunftsszenarien sah vor, dass die Vertragssysteme, welche die Bundesrepublik mit dem Westen und dem Ostblock verbanden, durch ein

Sicherheitssystem gleichberechtigter europäischer Staaten abgelöst würden, dessen Bestand von den Supermächten garantiert würde, ohne dass diese selbst Mitglieder wären.

Golo Manns Reaktion auf die Veröffentlichung dieser Pläne, die im Frühling 1974 in der *Neuen Rundschau* erfolgte, kann in ihrer Schärfe nur aus einer anhaltenden inneren Verunsicherung und einem Vorurteil gegenüber Bahrs Persönlichkeit verstanden werden. Unter dem Titel «Appeasement oder Realismus» unterzieht der Historiker den Ost-Experten Willy Brandts einer knappen, aber ausfälligen Kritik. Wenn er bereits früher unter dem Titel «Zerredet» vor einer Verwässerung der Ostpolitik gewarnt hatte, so stellt er nun polemisch in Frage, ob Egon Bahrs und Willy Brandts Ostpolitik überhaupt je einem durchdachten Konzept und klaren Zielvorstellungen gefolgt seien. «Wußte man in Bonn genau und klar», schreibt er, «was man mit den Ostverträgen wollte? Verfolgte man ambivalente, schwankende Ziele? Dies will ich gestehen: Hätte ich zur rechten Zeit den großen Plan Egon Bahrs gekannt, jene ‹Fallstudie›, jenes historisch unsagbar unwissende Projekt eines ‹Ostlocarno›, dem zufolge, nach Auflösung der beiden ‹Militär-Blöcke›, die Russen der Bundesrepublik hätten zu Hilfe kommen müssen, wenn sie von Polen angegriffen worden wären und umgekehrt – hätte ich dieses Knabenwerk gekannt, meine Befürwortung der ‹Ostverträge› wäre noch vorsichtiger umschrieben gewesen, als sie es war. Keine Außenpolitik kann beliebig viel Energien in beliebig viel Richtungen verbrauchen. Die Fehlerhaftigkeit des ‹Gießkannenprinzips› gilt auch hier und gilt für die Bundesrepublik in besonderem Maße. Man muß wählen. Indem man 1969 Osteuropa-Rußland wählte, indem man die längst überfällige rechtliche Klärung der Verhältnisse zwischen Deutschland und dem russischen Imperium in ihren erfreulichen Folgen überschätzte, hat man Europa als Nebensache behandelt, trotz aller Konferenzen und ihrer dem Schein nach so verheißungsvollen Resultate ...»[187]

Das waren harte und ungerechte Worte, die nicht nur Brandts Ostpolitik in Frage stellten, sondern auch des Historikers eigenes

Engagement in dieser Sache im Nachhinein halbwegs zurücknahmen. Es war eine Unterstellung, dass die sozialliberale Ostpolitik Europa und die Westbindung als nebensächlich behandelte; vielmehr hatte man die Öffnung nach Osten immer als komplementäre Aufgabe betrachtet, und man hatte diese Botschaft nach außen, insbesondere in den USA, auch erfolgreich zu vermitteln vermocht. Auch war es eine boshafte und falsche Analogie, auf den Locarno-Pakt von 1925 anzuspielen und das Argument von dessen damaligen Gegnern, die vom Ausverkauf Deutscher Interessen sprachen, zu bemühen.

Die Kritik, die er in seinem Aufsatz in der *Neuen Rundschau* vorgebracht hatte, verschaffte Golo Mann in einem Fernsehgespräch mit dem CDU-Abgeordneten und späteren Bundespräsidenten Richard von Weizsäcker weite Publizität. Es war einer der ersten von vielen nachfolgenden Auftritten des Historikers im Fernsehen. Der Sendung kam deshalb besondere Bedeutung zu, weil sie eine Reihe von sehr beachteten Talk-Shows ablöste, die der politisch wohl informierte Chefredakteur des *Spiegel* und spätere Berliner Wissenschaftssenator Günter Gaus unter dem Titel «Zu Protokoll» moderiert hatte. In seinem Interview äußert sich Golo Mann besorgt über die Auswirkungen der Ostverträge und Brandts Ostpolitik. Wiederum kommt er auf das Gespräch Bahrs mit Walter F. Hahn zu sprechen und sieht in ihm den Ausdruck einer weit zurückreichenden außenpolitischen Intention, die sich die Neutralisierung der Bundesrepublik zum Ziel gesetzt habe. «Denn hier», erklärt er wörtlich, «kommt ja nun eine Tendenz zu Wort, die irgendwie von Anfang an dagewesen sein muß, wenn auch, so glaube ich, nicht beherrschend, die aber, mit oder ohne den Willen der Gründer jener Verträge, auf die Dauer beherrschend werden könnte. Und das würde ich in der Tat als das Ende unseres Europa ansehen. Dann würde die Bundesrepublik als ein kleiner Nationalstaat irgendwie unter den Einfluß und in den Sog des großen Imperiums kommen, ohne deswegen nun erobert und kommunisiert zu werden oder dergleichen.»[188]

Es war ein seltsames Zwiegespräch, das Golo Mann mit dem Politiker führte. Zu Recht übertitelte Dieter E. Zimmer in der *Zeit* eine Kolumne mit «Monolog zu zweit», und die *Kölnische Rundschau* sprach von einem «Dialog zwischen Gleichgesinnten»[189]. In der Tat sind Golo Mann und Richard von Weizsäcker in allen vom Interviewer berührten Fragen gleicher Meinung. Es fehlt ganz die inquisitorische Schärfe, Prägnanz und zielsichere Fragestellung, die Günter Gaus ausgezeichnet hatten; Golo Mann hält sich an allgemein weltanschauliche Fragen, findet hierin beim Gesprächspartner bereitwillige Zustimmung und verstärkt den Eindruck des Konsenses noch, indem er dessen Antworten mit Wendungen wie «Sehr gut», «Sehr wohl», «Ja, auch dem würde ich beistimmen» kommentiert. Auch zeigt sich Golo Mann nicht frei von der Professorengewohnheit, weit längere Fragen als die zu erwartenden Antworten zu stellen, sodass nicht immer klar wird, wer denn eigentlich der Interviewte sei. Golo Mann schließt diese Art von «fireside chat» mit den Worten ab: «Ich teile also diese Ihre Sorge; der Politiker wie Sie, der Historiker wie ich, haben hier ja wohl die gleiche Pflicht, Möglichkeiten, gefährlichen Möglichkeiten ebenso wie erfreulichen Möglichkeiten, nachzudenken.»[190]

Mit diesem Fernsehgespräch wurde Golo Manns nachträgliche Skepsis gegenüber den Ostverträgen und seine Distanzierung von Willy Brandt allgemein bekannt. Schon einige Wochen zuvor hatte der Historiker auf die Einladung seines Freundes Hans-Jochen Vogel, das Hauptreferat anlässlich einer Jubiläumsveranstaltung zum Inkrafttreten des Grundgesetzes zu halten, ablehnend geantwortet. Seine Absage hatte er mit folgenden Worten begründet: «In schwarzen Stunden frage ich mich, wie lang die deutsche Gesellschaft überhaupt noch wird regiert werden können, anders ausgedrückt, sich selber wird regieren können. Aus einem Zusammenbruch der Ordnung, ohne die wir keinen Tag leben können, wird unvermeidlich eine neue Tyrannei hervorgehen, eine linke oder eine rechte. Da Sie von einer konservativen Grundwelle schreiben: auch mir scheint eine Diktatur von rechts oder doch Halbdiktatur auf längere Frist nicht unmöglich, so wenig diese Gefahr im Moment noch mit Händen zu greifen ist. Dergleichen geht sehr schnell, wie ich schon einmal erlebte ...»[191]

In einem Brief an Egon Bahr, der sich durch Golo Manns Polemik tief verletzt gezeigt hatte, versuchte der Historiker seine Kritik näher zu begründen, aber auch sein eigenes Gewissen etwas zu beruhigen. Zwar steht er nach wie vor zur Notwendigkeit einer die Kriegsergebnisse anerkennenden und die internationale Entspannung unterstützenden Ostpolitik, gibt aber in recht vagen Andeutungen zu erkennen, dass er der Sache seit je misstraut habe, dass er um «die Freiheit der Bundesrepublik und in der Bundesrepublik» von jeher gebangt und dies auch dem Bundeskanzler mitgeteilt habe. Dass aus Europa irgendwann noch etwas werde, könne er, Golo Mann, nicht mehr glauben; aber was er wisse, sei, dass die Bundesrepublik isoliert und souverän nicht bestehen könne und vielmehr erwarten müsse, dass sie in naher Zukunft, «nicht dieses Jahr, nicht nächstes, aber in einigen Jahren» durch die «Politik der kleinen Schritte» zu einem «Satelliten erster Klasse» werde. Und er schloss seinen Brief mit den Worten: «Was dem Bundeskanzler vorgeschwebt hat außer der Sicherung des Friedens (ein höchst notwendiges Ziel), weiß ich im Grunde nicht. Mein Verdacht: daß er wie ein Jagdhund ist, der mehrere Hasen auf einmal jagt. Dann bekommt man keinen. Meine Furcht: daß die Bundesrepublik, nicht vertraglich, nicht mit präzisen Verpflichtungen, aber atmosphärisch, mit Andeutungen, die von dem östlichen Partner anders verstanden werden, schon so weit gegangen ist, daß sie sich aus der Umarmung des Bären nicht mehr lösen kann.»[192]

Golo Manns Widerspruch scheint im Übrigen die Wertschätzung, die Willy Brandt ihm entgegenbrachte, nicht getrübt zu haben. Dies zeigt ein handschriftlicher Glückwunschbrief, den der Bundeskanzler zu des Historikers fünfundsechzigstem Geburtstag verfasste. In diesem wird dem historischen und publizistischen Wirken Golo Manns als eines «Verfechters der freiheitlichen Demokratie» wärmste Anerkennung ausgesprochen, und Brandt schließt mit den Worten: «Mit meinen respektvollen Grüßen verbinde ich die Bitte, Sie möchten sich durch aktuelle Widrigkeiten nicht davon abhalten lassen, unser politisches Denken und Wissen weiterhin recht oft durch Ihre geistigen Impulse zu bereichern.»[193] Auch Golo Mann gibt sich versöhnlich und bezeugt dem «verehrten, lieben Herrn Bundeskanzler» umgehend seinen «hohen Respekt» für dessen «Lebensleistung», «besonders aber für die Weise, in der Sie die ‹Ostverträge› erkämpft und durchgesetzt haben». Doch der Historiker kann es nicht lassen, seinem Dank eine Warnung vor der Radikalisierung der Jungsozialisten und Linksintellektuellen anzufügen. Offensichtlich steht er unter dem Eindruck der Theorie- und Strategiediskussionen, die seit 1970 auch im Umfeld des Kanzlers geführt wurden. Diese Debatten, die auf «Systemveränderung» und parteipolitische Neuorientierung im Sinne eines kommunistischen Sozialismus abzielten, nahm Golo Mann beim Wort, und er wirft dem Bundeskanzler erneut vor, er habe zu wenig getan, um solchen Tendenzen entgegenzutreten. Dabei weist er auf den markanten Prestigeverlust der SPD hin, wie er in Umfragen, aber auch in regionalen Wahlniederlagen sichtbar geworden sei. Durch das «Gerede» dieser «radikalen Sektierer» sieht der Historiker die deutsche Außenpolitik in Misskredit gebracht und die Verankerung der SPD in der Arbeiterschaft, ja die Führungsstellung der Regierungspartei überhaupt gefährdet. Eine allgemeine Verunsicherung, stellt Golo Mann fest, sei nun eingetreten. Und: «Schuld ist die Gleichsetzung von ‹Sozialdemokraten› und ‹Sozialisten› und auf dem linken Flügel die Beinahe-Gleichsetzung von Sozialisten und Kommunisten. Schuld sind die Johano Strasser und Fräulein Dr. Wieczorek und andere solche liebenswerte Gestalten. Daß die Opposition die allgemeine Verunsicherung noch höher treibt, ist gewiß richtig. Aber sie wäre ja sehr ungeschickt, wenn sie es nicht täte. Wer dem Gegner so billige Munition gibt, darf sich nicht wundern, wenn er mit ihr beschossen wird. So sehe ich's, und wenn ich am Politischen noch irgendwie partizipiere, wie Sie mir schreiben, daß ich es tun soll, wie kann ich dergleichen verschweigen. Das ist die Crux.»[194]

Zu Pessimismus bestand für Golo Mann auch Anlass, als sich zeigte, wie Willy Brandt unmittelbar nach seiner glanzvollen Wiederwahl im November 1972 den sicheren Zugriff auf die politischen Geschäfte verlor. Den Persönlichkeiten in seiner näheren Umgebung entging nicht, dass der Kanzler, zum Teil krankheitsbedingt, an Durchsetzungsvermögen und Einfluss einbüßte. Auch Golo Mann stellte fest, wie sehr die öffentlichen Auftritte Brandts der spontanen Frische und Spannkraft entbehrten. Nach einem Zusammentreffen mit Willy Brandt, mit dessen Referenten Reinhard Wilke und Klaus Harpprecht auf dem Bonner Venusberg notiert er im August 1973 in sein Tagebuch: «Wie gut die Regierenden es haben. Gespräch bis nach acht. Sah gut aus, wirkte offener, ansprechbarer, nicht so versteinert, wie man mir erzählt hatte, ließ sich einiges sagen, antwortete, indem er einiges zugab, entschieden mehr als im Mai 1972, wirkt aber resigniert, melancholisch.»[195] Der Niedergang war offensichtlich, hätte aber nicht notwendig zum brüsken Absturz führen müssen. «Willy Brandt», sagt des Kanzlers Biograph Peter Merseburger, «hätte sich mit seiner Regierung auch auf einem Hochplateau nahe dem Gipfel halten können. Aber dazu hätte es eines Kanzlers bedurft, der gesundheitlich nicht angeschlagen, nicht nach drei Jahren härtester, kräfteverschleißender Kämpfe um Ostpolitik und -verträge physisch erschöpft und psychisch ausgelaugt gewesen wäre, eines Mannes, der die Zügel an wichtiger Stelle nicht schleifen ließ und andere damit geradezu zwang, sie aufzunehmen. Eines Kanzlers auch, der in der Lage gewesen wäre, die Winkelzüge seiner politischen Gegenspieler mit gebotener Härte zu parieren.»[196]

Ende April 1974 erfuhr die deutsche Öffentlichkeit von der Verhaftung eines engen Mitarbeiters von Bundeskanzler Brandt, des DDR-Spions Günter Guillaume, der Zugang zu streng geheimen NATO-Dokumenten gehabt hatte. Die peinliche Angelegenheit warf ein wenig schmeichelhaftes Licht auf die fehlende Professionalität hoch gestellter Persönlichkeiten im Umfeld des Verfassungsschutzes, aber auch auf die Vertrauensseligkeit des Bundeskanzlers selbst. Am 6. Mai ersuchte Willy Brandt den Bundespräsidenten Heinemann um Entlassung.

Zum Rücktritt des Bundeskanzlers hat sich Golo Mann mehrfach geäußert. Wenige Tage danach gab er im Schweizer Boulevardblatt *Blick* eine kurze, lapidar formulierte Stellungnahme ab. Er wendet sich dagegen, dass man nun von einem Scheitern des Kanzlers spreche, zu offensichtlich seien dessen Verdienste als Westberliner Bürgermeister und als Staatsmann, zu eindrucksvoll sei die Persönlichkeit und ihr internationales Ansehen. Freilich seien Autoritätszerfall und menschliche Schwächen seit Monaten deutlich hervorgetreten, und Brandt habe zuweilen nur noch wie ein «melancholischer Beobachter» gewirkt, nicht wie ein handlungs- und entscheidungsfähiger Regierungschef. Dies sei besonders im Umgang mit dem radikalen Flügel der jungen Parteimitglieder sichtbar geworden: «Gegen die Jusos machte er erst in der Niederlage Front, als es zu spät war, und auch dann noch sehr milde.»[197] Offensichtlich sieht der Historiker seine früher geäußerten Bedenken gegenüber der zu großen Nachgiebigkeit des Bundeskanzlers durch die Guillaume-Affäre bestätigt, wenn er abschließend schreibt: «Ein Regierungschef darf sich menschlich nicht so betrügen lassen, wie es hier geschah, das ist der Kern der Tragödie. Von dem, was Brandt historisch geleistet hat, kann er jedoch nichts wegnehmen.»[198]

In einem längeren Aufsatz für *Die Zeit,* der den Titel «Menschliche Schwäche, politische Größe» trägt, würdigte Golo Mann den Entschluss des Kanzlers, durch seinen Rücktritt die politische Verantwortung zu übernehmen, und betonte erneut, von einem Scheitern Willy Brandts könne nicht die Rede sein. Der Historiker skizziert die Biographie des Politikers und stellt ihn in eine Reihe mit so herausragenden geschichtlichen Gestalten wie Wilson, Lloyd George, Churchill, de Gaulle und Adenauer. Ganz unbestritten erscheint ihm Willy Brandts Verdienst im Bereich der Ostpolitik;

hier habe der Politiker eine längst überfällige Angelegenheit mit bewunderungswürdiger Umsicht und Beharrlichkeit zu Ende geführt. Gewisse Befürchtungen freilich, die Golo Mann als politischer Publizist und Briefpartner in den vorangehenden Jahren anzudeuten suchte, sieht er durch das Ende von Brandts Kanzlerschaft erneut bestätigt. «Politisches Urgestein», stellt er fest, sei Brandt freilich nie gewesen, «zu sehr Schriftsteller, zu vermittlungswillig, zu redegläubig», habe er zu vieles auf einmal gewollt: Kleineuropa, Westeuropa, Gesamteuropa, eine autonome Bundesrepublik, beste Beziehungen zu den USA, die Integration der Jusos.[199] Auf zwei Ebenen, fährt Golo Mann fort, sei des Kanzlers «Sinn für Macht» zu wenig entwickelt gewesen: So habe er es versäumt, vor den Wahlen im November 1972 mit den Linksradikalen aufzuräumen und sich so freie Hand zu schaffen; und er habe überspannte Friedenserwartungen gehegt und den hartherzigen Imperialismus der Sowjetunion und ihrer Satelliten zu wenig in Rechnung gestellt.

Golo Mann betrachtet Willy Brandts politische Laufbahn keineswegs als abgeschlossen und wünscht ihm nach einer notwendigen Ruhepause eine weitere erfolgreiche Tätigkeit, vielleicht gar als Bundespräsident. «Aber es wird ja in fünf Jahren», schreibt er, «wieder ein Bundespräsident gewählt. Soviel politische Begabungen, soviel gesammelte Schätze an Erfahrung hat Deutschland nicht, als daß man Willy Brandt erlauben dürfte, sich für immer zur Ruhe zu begeben.»[200]

In einem weiteren Zeitungsartikel nahm Golo Mann den Rücktritt Brandts zum Anlass, sich Gedanken zu Politik und Moral im Allgemeinen zu machen. Er geht von einem Aufsatz Max Webers aus, in welchem der Soziologe sich unmittelbar nach dem Ende des Ersten Weltkriegs mit dem Beruf des Politikers auseinander setzte und zwei Typen von Geschichtlich-Tätigen unterschied: den Gesinnungsethiker und den Verantwortungsethiker.[201] Der Gesinnungsethiker, so Weber, lasse sich von religiösen und moralischen Ideen leiten und habe in der rauen Welt der Politik nichts zu suchen. Die Politik müsse, da sie nun einmal ohne den moralisch immer fragwürdigen Einsatz von Macht nicht denkbar sei, dem Verantwortungsethiker überlassen bleiben, der sich unter Umständen auch mit diabolischen Mächten verbünden müsse, daneben aber die sittliche Vertretbarkeit seiner Ziele nicht aus dem Auge verlieren dürfe. In der Politikerpersönlichkeit Willy Brandts, stellt nun Golo Mann fest, sei der Anteil des Gesinnungsethikers stark ausgebildet gewesen, sehr im Unterschied zum zweiten bedeutenden Staatsmann der Bundesrepublik in den ersten zwei Jahrzehnten ihrer Geschichte. «Auch Adenauer», schreibt Golo Mann, «hatte Gesinnung, aber von Macht verstand er mehr, und Hoffnung hatte er weniger. Er umgab sich mit Könnern; konnten sie, was er ihnen aufgab, dann drückte er, was ihre politische Vergangenheit betraf, wohl ein Auge zu. Brandt umgab sich mit Menschen, die ihm wohl taten.»[202]

In seiner Privatkorrespondenz ist Golo Mann in späteren Jahren oft auf seine Zusammenarbeit mit Brandt zurückgekommen und hat darin einen für ihn wichtigen Lebensabschnitt gesehen. Sein Urteil über den Bundeskanzler blieb unverändert ambivalent. In einem Brief an Klaus Harpprecht schrieb er: «Willy Brandt – da weiß ich nicht recht. Es gibt sich keine Gelegenheit mehr, ihn zu sehen, wie damals welche waren. Melancholisches: ich weiß auch nicht, ob es noch viel Sinn hätte. Eigentlich Sozialdemokrat war ich nie und bin es jetzt weniger, als ich es je war. Zu Brandt stand ich, und sehr energisch, in der Sache der Ostverträge. Danach, im Jahre 1973 schon, wurde der Kontakt dünner, ich habe ihm wohl einmal darüber geschrieben. Jetzt habe ich den Eindruck, daß Brandt sich wieder mehr, oder ein wenig, den Gesinnungen seiner Jugend nähert und von solchen umgeben ist. Was hätte ich da zu suchen?»[203] Nachdem Golo Mann Arnulf Barings Buch über den *Machtwechsel* gelesen hatte, eine detaillierte Chronik der Ära Brandt-Scheel, schrieb er dem Autor und rühmte die Qualität der Personenschilderung, fand aber Brandts und Bahrs Porträts zu schmeichelhaft: «Bei Brandt», schreibt er, «würde ich wohl ein paar Abstriche machen; aber Sie kennen ihn nun ja viel besser als ich. So recht wohl konnte ich mich in seiner Gegenwart nicht fühlen, ohne sagen zu können warum. Es war irgendwie etwas leicht Unnatürliches in seinem Verhalten, schien mir. Und nach dem Nobelpreis und dem Wahlsieg von 72 etwas Majestätisches, nahezu Aufgeblasenheit, denn im Grunde lag ihm ja das Majestätische gar nicht. Eigene Ideen hatte er im Grunde wenig, meines Erachtens ... Den Egon Bahr machen Sie mir etwas zu gut und zu bedeutend, aber auch den kennen Sie besser.»[204] Das ist sehr zurückhaltend formuliert; doch nahen Freunden gegenüber konnte Golo Mann deutlicher werden. «Ich kann Dir nicht sagen», heißt es dann etwa von Brandt, «wie peinlich mir meine ehemalige keineswegs-Freundschaft zu diesem nebulosen und eitlen internationalen Schulmeister geworden ist! Gottlob habe ich seit Jahren kein Wort mehr mit ihm gewechselt und Anbiederungsversuche, nicht von ihm selbst, aber von seinen Assistenten kommend, unbeantwortet gelassen.»[205]

Wenn Golo Mann darauf gehofft hatte, Willy Brandts politisches Wirken würde eine Fortsetzung finden, täuschte er sich nicht. Brandt wurde Bundesvorsitzender der SPD, Präsident der Sozialistischen Internationale und manches mehr, nicht aber Bundespräsident. Der frühere Bundeskanzler scheint dem Historiker seine Abwendung nicht nachgetragen zu haben. Noch im Jahre 1979 gratulierte er Golo Mann zu dessen siebzigstem Geburtstag und schrieb: «Wir haben in den letzten Jahren wenig Kontakt miteinander gehabt. Und es wird Sie nicht wundern, daß ich manche Ihrer öffentlichen Äußerungen nicht billigen konnte; in einigen Fällen habe ich sie auch nicht verstanden. Aber wir wissen beide, wie sehr Widerspruch anregen kann. Und im übrigen fände ich es absurd, wenn – auch ernste – Meinungsverschiedenheiten mich daran hinderten, Ihnen zum runden Geburtstag zu gratulieren. Dies tue ich also: Erstens ganz persönlich und deshalb um so herzlicher. Zweitens in dankbarer Erinnerung an die Jahre, in denen Sie mich ermutigten und mir wichtigen Rat vermittelten. Drittens in Respekt gegenüber dem Historiker.»[206]

6. Die Protestbewegung

Der Beginn der siebziger Jahre stand für Golo Mann im Zeichen des äußeren Erfolgs. Seine politischen Verlautbarungen wurden beachtet; sie übten eine klärende und meinungsbildende Wirkung aus, da der Autor die Form des analytischen Essays ebenso beherrschte wie die knappe und unmissverständliche Stellungnahme. Auch erreichte der Publizist weite Bevölkerungskreise, denn Zeitungen unterschiedlicher politischer Couleur druckten ihn ab, und er selbst hatte keine Bedenken, sich in Illustrierten und in der Boulevardpresse zu Wort zu melden; auch trat er zunehmend im Radio und im Fernsehen auf. «Golo Mann in allen Gazetten», bemerkte der Kulturhistoriker Hermann Glaser in diesen Jahren nicht ohne verhaltene Kritik und sprach von einem «im Entstehen begriffenen Denkmal».[207]

Natürlich ist es nicht möglich, den Anteil, den das Engagement eines politischen Publizisten an wichtigen Entscheidungen haben mag, genau zu erfassen. Doch dürfte Golo Mann unter den Journalisten, welche die Ostpolitik der Regierung Brandt bis zu den Vertragsabschlüssen unterstützten, zu den maßgeblichsten und einflussreichsten gehört haben. Der Historiker stand bei vielen Staatsbürgern als Autor der *Deutschen Geschichte* in hohem Ansehen. Er hatte sich nach seiner Rückkehr aus dem Exil ohne Ressentiments für ein selbstkritisches Verständnis der deutschen Geschichte und den Aufbau der Demokratie eingesetzt, und im Unterschied zu Willy Brandt trug ihm seine Emigration niemand nach. Seine parteipolitisch unabhängigen Kommentare hatten in der Aufgeregtheit der parlamentarischen Debatten und öffentlichen Kontroversen fraglos einen unverkennbaren Klang und ein besonderes Gewicht.

In die frühen siebziger Jahre fiel auch der vom Autor so nie erwartete Erfolg seines *Wallenstein*-Buches. Der Erfolg des Biographen und der Ruf des Publizisten unterstützten sich wechselseitig.

Zwar mag es sein, dass, wie neidische Fachkollegen argwöhnten, der dicke *Wallenstein*-Wälzer von vielen gekauft und von wenigen gelesen wurde. Dennoch bleibt das Faktum in der deutschen Geistesgeschichte des 20. Jahrhunderts bemerkenswert, dass eine Persönlichkeit, die als Geschichtsschreiber und politischer Kommentator weder im einen noch im andern Betätigungsfeld über ein Netzwerk guter Beziehungen verfügte, sondern im Grunde immer ein Einzelgänger blieb, zu solcher Prominenz gelangte. Fraglos hat Golo Mann, wie immer man sich zur wissenschaftlichen und publizistischen Qualität seines Schaffens stelle, im Nachkriegsdeutschland eine Tradition des politischen Engagements begründen helfen, in dem Historiker ihr Wort mitzusprechen haben, nicht als Lobredner des Vaterlandes wie unter Wilhelm II., sondern als verantwortungsbewusste Sachwalter des demokratischen Rechtsstaats.

Doch Golo Mann war nicht dazu geschaffen, sich an Erfolgen zu freuen. Seit Jahren hatte er die Öffnung nach Osten gefordert; aber nun, da sie zumindest vertraglich erreicht war, wurde er unruhig, begann zu zweifeln und ein Ausgreifen des kommunistischen Einflusses nach Westeuropa zu befürchten. Und obwohl der Historiker im Innersten überzeugt war, mit dem *Wallenstein* sein bestes Buch geschrieben zu haben, beschlich ihn immer wieder der Gedanke, es könne sich bei seinem Erfolg um ein kurioses Missverständnis handeln.

Auch führte die erlangte Prominenz zu erneuter andauernder Überlastung. Schon als junger und unbekannter Professor hatte Golo Mann seinen Münsteraner Studenten gebeichtet, es falle ihm sehr schwer, «nein» zu sagen. Die Unfähigkeit, sich den Anfragen und Zumutungen außenstehender Personen zu entziehen, konnte der Historiker zeitlebens nicht loswerden; es gibt sogar Anzeichen dafür, dass sie sich mit zunehmendem Alter verstärkte. Die Anfragen kamen von politischen Organisationen, von Arbeitgeberverbänden, Tagungsleitern, Kulturmanagern, Medienleuten; sie kamen aus Deutschland, der Schweiz und den angrenzenden Ländern; und sie kamen aus großen Städten mit ihren Kulturzentren wie aus kleinen Dörfern mit ihren literarischen und historischen Zirkeln. Und Golo Mann sagte zu, trat auf vor Bankiers und Industriellen, vor Politikern und Theologen, vor Pädagogen und Schülern, vor Diplomaten und Offizieren, in Radio und Fernsehen. Er führte, zeitweilig von einer Sekretärin unterstützt, die unumgänglichen Korrespondenzen und Telefonate, reiste im Zug und im Flugzeug hierhin und dorthin, erschien immer pünktlich, vergaß jedoch nicht selten, eine Honorarforderung oder Spesenabrechnung zu stellen. Eine innere Unruhe und Getriebenheit, die ihm äußerlich niemand anmerkte, hatten ebenso ihren Anteil an solcher Hektik wie eine gewisse Eitelkeit, die sich sonderbar mit Schüchternheit verband; im Vordergrund aber dürfte das aufrichtige Bedürfnis gestanden haben, der demokratischen Gemeinschaft nützlich zu sein. Zwar raffte er sich gelegentlich zu einer Absage auf, wies auf seine Überlastung, in späteren Jahren auch auf seine prekäre gesundheitliche Verfassung hin – aber grundsätzlich stand er zur Verfügung, wollte sich nicht entziehen und niemanden enttäuschen.

In seinem Kilchberger Arbeitszimmer häuften sich die Belege seiner Publikationen und Medienauftritte, aber auch die Briefe von Freunden und die Dankesschreiben von Leserinnen und Lesern. Selten blieb Golo Mann die Antwort schuldig. Er erwiderte mit rasch und flüchtig im Zweifingersystem in die Maschine getippten Zeilen und kaum je handschriftlich. Seine Antwortschreiben waren in der Regel kurz, wohl formuliert, aber nicht frei von Flüchtigkeitsfehlern; sie begannen häufig damit, dass er sich für die Verspätung entschuldigte und von seiner «argen Belastung» sprach. Zuweilen ging er aber auch ausführlich auf die Sorgen ihm völlig unbekannter Briefpartner ein, deren Schicksal ihn bewegte.

Früh schon warnten ihn Freunde und Bekannte vor der Aufsplitterung seiner Aktivitäten und rieten zu größerer Ökonomie im Einsatz der Kräfte. Schon 1962 schrieb Karl Jaspers, selbst ein Meister der innerweltlichen Askese: «Sie haben so außerordentlich viel und gut geschrieben, daß Sie sich im Publizieren schon einige Ruhe gönnen dürfen, aber nicht zu Gunsten der anderen Unruhe des Verzehrtwerdens im öffentlichen Betrieb. Ihr Nicht-Neinsagen-Können und sich in die Hände der so nichtig gewordenen Repräsentationsmaschinerie hineinzwingen zu lassen, braucht doch nicht endgültig zu sein. Man fördert ja, da es eigentlich nichts zu repräsentieren gibt, die Verlogenheit der öffentlichenStimmung.»[208] Und zehn Jahre später beschwor ihn Anneliese Poppinga, die ehemalige Sekretärin Adenauers, in einem Brief: «Bitte stellen Sie sich ein Programm auf! Eine Dringlichkeitsskala! Bitte, bitte vergeuden Sie Ihre Kraft nicht mit Nichtigkeiten!»[209]

Golo Mann selbst hat diese Bedrohung durchaus wahrgenommen und sich als alter Mann immer wieder gefragt, wieso er dem, was sein Vater die «Forderung des Tages» zu nennen pflegte, immer so bereitwillig nachgegeben habe. «Warum die Leute», fragt er sich einmal, «in den fünfziger, sechziger, noch in den siebziger Jahren so viel von mir wollten? Warum ich ihnen öfter, als mir gut war, nachgab? Die zweite Frage ist leicht beantwortet. Nachdem die Welt während der ersten Hälfte meines erwachsenen Daseins so gar nichts von mir hatte wissen wollen, war ich dankbar dafür, daß sie in der zweiten nachholte, was sie ehedem versäumt hatte. Wozu jeweils sachliche Gesichtspunkte kamen: Ja, das ist eine wichtige Frage, darauf mußt du antworten.»[210] Nur ein einziges Mal in seinem Leben, fährt der Historiker fort, habe er sich in Ruhe einem bestimmten Thema widmen können. «Meine Schriftsteller-Existenz wurde zu einer stoßweisen, ruckhaften; während einiger Wochen Konzentration, ein paar Tage Verschnaufen, dann neue Konzentration. Nur mein ‹Wallenstein› hat Intensität sowohl wie epischen Fluß, weil ich daran während Jahren beinahe ohne Unterbrechung saß.»[211]

Doch es half alles nichts. Zwar gelang dem Historiker hin und wieder für kurze Zeit die Flucht in sein abgelegenes Häuschen in Berzona, oder er verschwand in späteren Jahren zu Studienaufenthalten und kurzen Bildungsreisen nach Spanien. Doch wenn er nach

Kilchberg zurückkehrte, tauchte er wiederum unter in der angestauten Flut der brieflichen Zumutungen, der Einladungen und Bitten, die sich auf dem Schreibtisch aufgestapelt hatten. Diese Überbelastung hielt bis kurz vor seinem Tod im Jahre 1994 unverändert an, und es ist keine Frage, dass sie im letzten Lebensjahrzehnt die physische und die geistige Gesundheit des Historikers ernstlich gefährdete und in Mitleidenschaft zog. Die Qualität der publizistischen Leistung litt, und Golo Mann ließ sich, von rührigen Journalisten rücksichtslos ausgebeutet, allzu oft zu Augenblickskommentaren verleiten, die stark emotional gefärbt und von schwankender Kompetenz waren. Er äußerte sich zur deutschen Politik und zum Weltgeschehen, aber auch zu allen möglichen Alltagsfragen, wo doch eine wohl erwogene politische Stellungnahme in größeren Zeitabständen sein Ansehen bestätigt und weit bedeutendere Wirkung gehabt hätte. Dass Buchpublikationen größeren Umfangs unter solchen Umständen nicht mehr möglich waren und Sammelbände mit in ähnlicher Form bereits irgendwo erschienenen Aufsätzen die Regel wurden, erstaunt ebenso wenig wie die bedauerliche Tatsache, dass Golo Manns Autobiographie sich unter solchen Umständen auf den Band *Eine Jugend in Deutschland* beschränkte und unvollendet blieb. Ein langfristiges Ziel, das anzustreben ihm lohnend schien, fehlte.

Dass Golo Mann neben der Unterstützung Willy Brandts und nach dem Abschluss der Ostverträge als politischer Kommentator weiterhin uneingeschränkt aktiv blieb, hatte nicht nur mit der Nachfrage des Publikums zu tun. Es trugen dazu auch die gesellschaftlichen Entwicklungen bei, insbesondere die Protestbewegung der studentischen Jugend in den Jahren nach 1968. Der Studentenprotest und seine politischen und kulturellen Folgen werden noch heute sehr kontrovers beurteilt. Der Politologe Kurt Sontheimer, in den sechziger Jahren ein couragierter Verteidiger der demokratischen Ordnung, schreibt dreißig Jahre später: «Ich behaupte hingegen, daß die Studentenrevolte, so sehr sie die träge gewordene deutsche Demokratie der Post-Adenauer-Ära herausgefordert und auch in ihrer Entwicklung beeinflusst hat, der Bundesrepublik per saldo mehr Negatives als Positives vermittelt hat. [...] Wenn heute das Fehlen moralischer Substanz in der deutschen Gesellschaft beklagt wird (z. B. von Gräfin Dönhoff) und nationale Solidarität nur administrativ und mehr schlecht als recht praktiziert werden kann, dann hat dies auch zu tun mit den Nachwirkungen der 68-Revolte ...»[212] Joschka Fischer, 1968 aktiver Mitstreiter der militanten Linken, heute Außenminister in der Regierung Schröder, meint hingegen: «Daß das politische System und die demokratische Kultur heute weitaus durchlässiger, anpassungsfähiger und offener gegenüber neuen Herausforderungen geworden sind, als dies für das damalige politische System Westdeutschland galt, ist eine bleibende Leistung des magischen Jahres 1968.»[213]

Golo Mann nahm die Protestbewegung der Studenten als schwerwiegende Bedrohung der Demokratie und des kulturellen europäischen Erbes wahr, und er ist in dieser Beurteilung nie schwankend geworden. Fraglos spielte bei solcher Einschätzung die traumatische Erfahrung des Niedergangs der Weimarer Republik mit, von welcher sich Golo Mann nie zu lösen vermochte. Zwar sah er durchaus ein, und betonte dies, wie um sich selbst Mut zuzusprechen, dass die Verhältnisse nun ganz anders lagen: Damals hatten die wirtschaftliche Misere und das fehlende Demokratieverständnis des konservativen Bürgertums einer Rechtsdiktatur zur Macht verholfen; nun, so sah es der Historiker, höhlte die radikale Systemkritik verwöhnter jugendlicher Intellektueller die Demokratie von innen her aus und war im Begriff, sie zur leichten Beute des machtgierigen sowjetischen Imperiums zu machen. Wenig deutsche Publizisten sind den radikal-liberalen und neomarxistischen Forderungen der Achtundsechzigerbewegung, den Projekten progressiver Bildungsreformer und schließlich dem mörderischen Terrorismus eines «harten Kerns» fehlgeleiteter Intellektueller mit solcher Heftigkeit und Entschiedenheit entgegengetreten wie Golo Mann. Und wenige sind von diesen Vorgängen in ihrem Innersten so erschüttert worden. Davon ist im Folgenden die Rede.

Wir haben gesehen, wie sich zur Zeit der «Großen Koalition» zwischen CDU/CSU und SPD mit Kurt Georg Kiesinger als Bundeskanzler und Willy Brandt als Außenminister eine Außerparlamentarische Opposition (APO) formierte. Diese fand im Umfeld des Sozialistischen Deutschen Studentenbundes (SDS) besonderen Widerhall und blieb bis in die Zeit der sozialliberalen Koalition von Willy Brandt und Walter Scheel politisch aktiv. Innenpolitisch war die APO gegen die «Verkrustungen des spätkapitalistischen Systems», gegen das «autoritäre» Bildungswesen, gegen den «Medienterror» und die «faschistoide Tendenz» der Notstandsgesetze gerichtet. Ein Aspekt, der die deutsche Protestbewegung von vergleichbaren Erscheinungen in den USA, Italien und Frankreich unterschied, war die Thematisierung der nationalsozialistischen Vergangenheit. Außenpolitisch wandte sie sich gegen den «US-Imperialismus in Vietnam» und verschrieb sich einem Antikolonialismus, wie ihn Mao, Ho Chi Minh und «Ché» Guevara vorlebten. Theoretisch ging die Gesellschaftskritik der Studierenden von Karl Marx aus, dessen Werk freilich nicht im doktrinären Sinn der DDR-Partei-Ideologen gedeutet wurde, sondern durch die Interpretation von Autoren wie Theodor Adorno und Max Horkheimer, Ernst Bloch und Herbert Marcuse eine Aktualisierung und psycho-soziologische Differenzierung erfuhr. Diese Autoren wiesen auf den «affirmativen Charakter» der bürgerlich-kapitalistischen Kultur hin, welche über hierarchische Strukturen und die Macht der Medien eine Manipulation des Individuums zu erreichen und so dessen Leistungsfähigkeit innerhalb eines «repressiven Gesellschaftssystems» sicherzustellen suche.[214] Aus solcher Sicht ergab sich für den kritischen Intellektuellen der emanzipatorische Auftrag, den offensichtlichen, aber auch den maskierten Zwängen der «autoritären Leistungsgesellschaft» durch radikale, «basisdemokratische» Kritik, durch Verweigerung von Loyalitäten und durch die Entwicklung alternativer Kulturformen entgegenzutreten. Jürgen Habermas, der Soziologe und Philosoph, dessen Werk für diese Neue Linke besonders einflussreich werden sollte, umschrieb das Ziel der Protestbewegung 1969 mit den folgenden Worten: «Die Aufgabe in der studentischen Opposition in der Bundesrepublik war und ist es, den Mangel an theoretischer Perspektive, den Mangel an Sensibilität gegenüber Verschleierungen und Verketzerungen, den Mangel an Radikalität bei der Auslegung und Praktizierung unserer sozialrechtlichen und demokratischen Verfassung, den Mangel an Antizipationsfähigkeit und wachsamer Phantasie, also Unterlassungen, zu kompensieren.»[215]

Aus rechtsstaatlicher Sicht problematisch wurden die studentischen Anliegen freilich da, wo man den Bereich der theoretischen Debatte verließ und zu persönlicher Verunglimpfung schritt. Als eines von vielen Beispielen sei der um die Dokumentierung der Nazi-Gewaltverbrechen hochverdiente Jude Erwin Leiser erwähnt, der in seinen Memoiren schildert, wie er, Leiter der Berliner Filmakademie, von Studenten als «Faschist» beschimpft wurde.[216] Aber es blieb nicht bei solchen persönlichen Angriffen. Man ging über zur «direkten Aktion»: durch Störung und Boykott des universitären Lehrbetriebs, durch Demonstrationen und Blockierung des öffentlichen Verkehrs, durch Gewaltanwendung «gegen Sachen», wie die Beschädigung von Kauf- und Verlagshäusern. Damit verstieß man gegen die Rechte des Individuums und gegen das Gewaltmonopol des Staates und erweckte, vor allem in den Großstädten und im politisch besonders exponierten Westberlin, den Eindruck einer vorrevolutionären Situation. Die Sit-ins, die Manifestationen, Verkehrsstörungen und Sachbeschädigungen führten zu oftmals brutalem polizeilichem Eingreifen, was wiederum dem Protest gegen den repressiven Staat den Anschein von Berechtigung verschaffte. Allerdings kam es in der Bundesrepublik, im Unterschied zu Frankreich, nie zu einer Staatskrise, da die Aussicht auf ein Bündnis zwischen Studenten und Arbeitern hier nie bestand und den kühnen alternativen Gesellschaftsentwürfen der Bezug zur Praxis fehlte. Im Vorfeld der Bundestagswahl von 1969 begann zudem die Neue Linke in unzählige kleine Gruppierungen, deren Gesinnungsspektrum vom Marxismus-Leninismus über den Trotzkismus und Maoismus bis hin zum Anarchismus reichte, zu zerfallen. Ein Teil der Protestbewegung wählte den «langen Marsch durch die Institutionen», schloss sich der SPD an und suchte Grundsatzdiskussionen innerhalb der Partei auszulösen. Ein anderer Teil, der «harte Kern» der Protestbewegung, tauchte nach 1975 in den Terrorismus ab.

Zwischen 1968 und 1978 hat sich Golo Mann in zahlreichen publizistischen Stellungnahmen zur Gesellschaftskritik der radikalen Studenten und zuletzt auch zu den Terroranschlägen auf Institutionen und Persönlichkeiten des öffentlichen Lebens geäußert. Bereits Ende April 1968, nach dem Mordanschlag auf den Studentenführer Rudi Dutschke, wandte sich der Historiker in der *Zeit* mit einem leidenschaftlichen Aufruf unter dem Titel «Hört auf, Lenin zu spielen!» an die deutschen Studenten. Der Historiker stellt grundsätzlich fest, dass von einer revolutionären Situation in der Bundesrepublik in keiner Weise die Rede sein könne; Deutschland sei weder das Frankreich von 1792 noch das Russland von 1917, noch auch die Vereinigten Staaten des Jahres 1964 mit ihrem Vietnamkrieg und ihren Rassenproblemen. Golo Mann bestreitet nicht die Berechtigung einzelner Kritikpunkte des studentischen Protests, hält aber zugleich fest, dieser könne zwar durchaus außerparlamentarisch sein, müsse aber «systemimmanent» bleiben, seien doch die Institutionen des demokratischen Rechtsstaates durchaus in der Lage, kritische Anregungen aufzunehmen und in Wirklichkeit umzusetzen. Wenige Monate vor dem Einmarsch der Truppen des Warschau-Pakts in Prag glaubt Golo Mann den Studenten sogar gewisse positive Auswirkungen der Reformbewegung an den Hochschulen der Tschechoslowakei als beispielgebend vor Augen führen zu dürfen; diese Reformbewegung habe innerhalb eines unvergleichlich intoleranteren Systems Veränderung bewirken können. Des Historikers Appell gipfelt in den direkt an die Studenten gewandten Worten: «Spielt nicht, was ihr nicht seid! Hört auf, Lenin zu spielen! Lenin paßt in das Deutschland von heute nicht, er war auch kein so guter Mann, wie ihr glaubt (lest, was euer Freund Bertrand Russell über ihn geschrieben hat); und ihr seid keine Lenins. Indem ihr von ‹revolutionärer Gewalt› redet, habt ihr euren Gegnern, von der Polizei über Springer bis zur Bundesregierung, die beste Chance für Brutalität, für Hetze, für Oberlehrer-Entrüstung gegeben.»[217] Und Golo Mann schließt mit den Worten: «Mein Resümee? Nach ihrer Oster-Offensive sollten die Studenten ein ‹Halt, das Ganze sammeln› ausrufen. Sie sollten solche Anführer loswerden, die in Deutschland Vietnam oder Bolivien spielen wollen. Das geht hier nicht, dazu fehlen die Grundbedingungen. Sie sollten sich zur Politik entschließen.»[218]

Das war eine unmissverständliche Stellungnahme zu einer Zeit, da viele Professoren stumm blieben und es ratsam fanden, einen lavierenden Kurs zu steuern, um weder das Vertrauen der Studenten zu verlieren noch ihre berufliche Position zu gefährden. Den Führern der Studentenrevolte freilich dürfte der Appell in seiner väterlich-mahnenden Tonart bestenfalls ein Grinsen entlockt haben. Vielleicht war Golo Manns Aufruf auch nicht ganz im Sinne der *Zeit*-Redaktion, trug diese doch Sorge, auf derselben Seite einen Artikel des Psychoanalytikers Alexander Mitscherlich abzudrucken, der eben in seinem sehr erfolgreichen Buch *Die Unfähigkeit zu trauern* die unzulängliche Verarbeitung der nationalsozialistischen Vergangenheit diagnostiziert hatte.[219] Mitscherlich war dem Protest der Studenten günstiger gesinnt als Golo Mann und sah darin den legitimen Versuch, gegen die «Verkindischung» und Manipulation des Bürgers durch die vom Springer-Konzern kontrollierten Massenmedien anzugehen. Die progressiven Studenten, stellte er fest, versuchten, eine «komplizierte Welt in ihrer tatsächlichen Struktur zu begreifen». Die Radikalisierung der Jugend führte Mitscherlich auf die «überangepaßte Versklavung unendlich vieler Individuen» in der modernen Gesellschaft zurück.[220]

Pikant ist schließlich, dass auf derselben Seite der *Zeit* auch ein Interview mit den in Ostberlin lebenden Gesellschaftskritikern Robert Havemann und Wolf Biermann abgedruckt wurde, die beide bedauerten, von der DDR keine Ausreisebewilligung erhalten zu haben, um ihren Genossen im Westen in deren «Kampf gegen den Neofaschismus» beizustehen.[221] Durch den Kunstgriff, die Stellungnahmen Golo Manns, Mitscherlichs und der DDR-Systemkritiker nebeneinander abzudrucken, erreichte es die *Zeit*, den eigenen Standortbezug zu vermeiden und sich gegen außen als liberales Forum darzustellen.

Wenn Golo Mann davon überzeugt war, dass die geschichtlichen Gegebenheiten keineswegs auf eine revolutionäre Situation hindeuteten und dass Marx und Lenin die falschen Lehrmeister für notwendige gesellschaftliche Reformen des 20. Jahrhunderts waren, so bedeutete dies keineswegs, dass die Forderungen der studentischen Protestbewegung nicht in mancher Hinsicht mit Einsichten und Anliegen des Historikers übereingestimmt hätten. «Die Neue Linke», stellt er einmal grundsätzlich fest, «ist interessant. Sie fordert heraus, nicht zu polizeilicher Unterdrückung, aber zu Gegenanstrengungen des Geistes und des Willens. Und nicht ihren Radikalismus mache ich ihr zum Vorwurf. Radikalismus ist das Vorrecht der Jugend, eine alte Großvaterweisheit. Radikalismus kann sehr wohl nützlich sein, er kann Bewegung bringen, wo vorher Stagnation war.»[222]

So hatte Golo Mann für die Kritik an den Hochschulen, wie sie im Studentenprotest zum Ausdruck kam, durchaus Verständnis. Der Historiker hatte während seiner Kindheit in Familie und Schule unter autoritärer Erziehung gelitten und sich erst am Salemer Internat wohl gefühlt. Er verfügte über einschlägige Lehrerfahrungen in den USA und hatte dort eine junge Generation beobachten können, die eben den Schritt in die moderne Konsumgesellschaft anzutreten begann. Er hatte die deutsche Universität der Nachkriegszeit kennen gelernt und sich im dortigen Betrieb und unter seinen Kollegen nicht wohl gefühlt. Der Massenandrang zu den Hochschulen, die unzureichende wissenschaftliche Betreuung durch die Professoren, die Schaffung neuer, vorwiegend theoretisch orientierter Fachrichtungen wie Soziologie, Politologie oder

Publizistik, die unbefriedigenden Berufsaussichten vieler Hochschulabsolventen – diese Phänomene waren Golo Mann durchaus bekannt. Die Mehrzahl der Studierenden, stellte er fest, sei an deutschen Hochschulen in der Tat nicht glücklich, viele lebten einsam in der Menge, ohne rechte Anleitung beim Studium, ohne die Aussicht auf eine sinnvolle Tätigkeit zum Nutzen der Gesellschaft. «Man weiß nicht», schreibt er, «ob man vorwärts kommt, ob man es richtig macht. Man ist frei, quälend frei. Man liest herum; Lehrer, die einander befehden, Autoren, von denen man, wenn man nämlich das Zeug dazu hat, wohl einen Anstoß in der Kunst des Denkens gewinnen mag, aber keine sich systematisch aufbauenden Kenntnisse ...»[223] Und die Folge davon: «Verheimlichte Unzufriedenheit mit sich selber wird übersetzt mit Unzufriedenheit mit der Umwelt, der Gesellschaft; wird kompensiert durch Arroganz, sucht Erlösung in der Allwissenheit, die nach wie vor Vater Marx für seine Jünger bereithält.»[224]

Seine eigene Lehrerfahrung bewahrte Golo Mann davor, die protestierenden Studenten pauschal zu verurteilen. In einem Privatbrief äußerte er sich 1969 wie folgt: «Die Studenten zum Beispiel. Kann man über diesen ungeheuer vielschichtigen Komplex ein Pauschalurteil abgeben? Ich würde mich hüten, es zu tun. Das geht vom Brutalen, Unverschämten, vom Arroganten, Närrischen, vom Zynischen, vom Spielerischen etc., etc. bis zum Ernsten und möglicherweise Fruchtbaren. Richtiger, zu dem als fruchtbar bereits Erwiesenen. Auch der SDS hat etwas erreicht oder in Bewegung gesetzt, auf was man ohne ihn viel länger hätte warten müssen ...»[225] Allerdings kam es auch vor, dass den Historiker die Emotion übermannte, so etwa, als er 1971 in einem Vortrag in Passau, wo er auf dankbare Zuhörer hoffen durfte, von der Freien Universität Berlin als der «unfreiesten Universität» sprach, was zu einer geharnischten Erwiderung des zuständigen Senators für das Schulwesen führte.[226]

Dort, wo es um den Abbau jener Autoritäten ging, die sich bloß durch den Berufsstand, nicht durch die Leistung rechtfertigten, war Golo Mann auf der Seite der Jungen. «Es ist gewiß ein Segen», bemerkt er einmal, «daß die Jugend die Angst verloren hat, die Angst vor den Eltern, die Angst vor der Schule, daß sie die Autorität nicht mehr als vorgegeben respektiert, nur die persönlich überzeugende. Der deutsche Vater, der deutsche Lehrer, hat in der Vergangenheit viel Unheil angerichtet, indirekt auch politisches Unheil. Zu dem Glück einer ungehemmt und gerade aufwachsenden Jugend hat die Neue Linke etwas beigetragen, das sollte man nicht bestreiten.»[227]

Auch teilte der Historiker die Kritik der Protestbewegung an einem unreflektierten Fortschrittsoptimismus im Blick auf die wirtschaftliche und technische Entwicklung. Hier ergaben sich deutliche Berührungspunkte zwischen dem konservativen Temperament Golo Manns und dem Protest der Studentenbewegung, die ja eine schillernde Vielfalt von Denkhaltungen in sich schloss. Bereits gegen Ende der sechziger Jahre machte der Historiker auf die Gefahren eines unbeschränkten industriellen und wirtschaftlichen Wachstums aufmerksam. Wenig später brachte Dennis Meadows im Auftrag des Club of Rome den Weltbestseller über die *Grenzen des Wachstums* heraus; zu den Gründungsmitgliedern dieser Vereinigung gehörte als einzige Frau Golo Manns Schwester Elisabeth, die bekannte Meeresbiologin.[228] In seiner Sorge um die Zukunft der natürlichen Umwelt stimmte Golo Mann durchaus mit jenen Vertretern der studentischen Protestbewegung überein, die sich nach 1977 in «grünen» Organisationen zusammenfanden und deren Kapitalismuskritik auch den ökologischen Aspekt betonte. Unter Berufung auf seine amerikanischen Erfahrungen stellte der Historiker fest, dass es auch dort die linken Studenten gewesen seien, die zuerst die Aufmerksamkeit auf die Gefahren der «Wegwerf-Zivilisation» und auf die Zerstörung der Natur gelenkt hätten.[229] Man dürfe, so Golo Mann, die Planung der Zukunft nicht allein der Großindustrie überlassen, die verständlicherweise an Produktionssteigerung, Profitmaximierung und Expansion interessiert sei. So gewiss es sei, dass die moderne Gesellschaft ohne die technischen Errungenschaften der Neuzeit nicht mehr existieren könnte, so unabdingbar sei es, dass die industrielle Forschung durch eine materiell desinteressierte, unabhängige Forschung unterstützt und ergänzt werde, die im Interesse der Allgemeinheit korrigierend eingreifen könne. «Zu solcher freien Forschung», schreibt Golo Mann, «gehört der Grundsatz, daß nicht alles gemacht werden darf, was machbar ist und sich für eine kurze Zeitspanne rentiert. Dazu gehört der umfassendere Grundsatz, daß man die Dinge, Wissenschaft, Technologie, Produktion, nicht einfach laufen lassen darf, wie sie eben laufen wollen. In aller Bescheidenheit wird man feststellen dürfen, daß die Prognoseabteilungen der großen Unternehmungen marktforschende Unternehmungen sind, und nicht solche, die das Wohl der Gesellschaft als Ganzes im Auge haben.»[230] In denselben Zusammenhang gehört Golo Manns Ruf nach einer Bodenrechtsreform, die es, bei aller Respektierung des Privatbesitzes, ermöglichen müsse, unbebaute Flächen vor dem Zugriff kapitalkräftiger Industrie-Expansionisten zu schützen.[231] Eindringlich warnt Golo Mann davor, sich mit dem Schicksal einer nicht mehr beherrschbaren Technologie abzufinden: «... der Trost des ‹nach uns die Sintflut›», schreibt er, «ist ein schändlicher.»[232] In einer Rede zur Verabschiedung des Münchner Oberbürgermeisters Hans-Jochen Vogel vom Jahre 1972 wies der Historiker eindringlich auf die Notwendigkeit umweltbewusster Stadtplanung hin: «Was wir erlebt haben und erleben, ist die Ambivalenz ungezügelten Fortschrittes, der, von alten Plagen befreit, aber neue schafft, und mitunter noch schwerere. Angesichts dieser Erfahrung und Gefährdung tut nicht der Dünkel gut, der meint, die Menschheit komme jetzt zu sich, während sie bisher nie bei sich gewesen sei, der Sinn der Geschichte erfülle sich jetzt mit einem Mal. Ebensowenig tut apokalyptisches Untergangsgerede gut; beiden Reaktionen ist eine gewisse Großmäuligkeit gemeinsam.»[233]

In der Kritik am ungebremsten wirtschaftlichen und industriellen Wachstum, die Golo Mann weitgehend unterstützte, hat die

Protestbewegung auf Dauer wohl am ehesten zu einem unverkennbaren Bewusstseinswandel beizutragen vermocht. Der Begriff der «Lebensqualität», von Willy Brandt in Umlauf gesetzt, beeinflusste bald als weit verbreitetes Schlagwort die Einstellung junger Menschen zu ihrer Arbeit und Freizeit; auch die jungen Industriearbeiter, die sich kurzfristig der französischen Studentenrevolution anschlossen, hatten zum Erstaunen ihrer Arbeitgeber nicht höhere Löhne, sondern mehr Menschlichkeit am Arbeitsplatz gefordert. Und auch der Glaube an die Unbegrenztheit des technologischen Fortschritts ist seit der Protestbewegung der Studenten einer weit verbreiteten Skepsis gewichen, nicht zuletzt freilich auch darum, weil die Ausweglosigkeit des atomaren Wettrüstens offenbar wurde und Umweltkatastrophen wie jene von Seveso, Tschernobyl und Schweizerhalle immer wieder auf die Verletzlichkeit einer hoch industrialisierten Gesellschaft hinwiesen.

Ähnlich kritisch wie den Raubbau an der Natur verfolgte Golo Mann die wachsende Macht von Medienkonzernen, die Reduktion von Informationen auf den Aspekt des Sensationellen und Tendenzen zur gezielten Manipulation der öffentlichen Meinung. In diesem Sinne wandte er sich gegen die Hetzkampagnen der Boulevardpresse, welche Attentate wie jene auf John F. Kennedy, Martin Luther King und Rudi Dutschke mitzuverantworten hätte, und stellte sich, was seine Einschätzung der *Bild*-Zeitung und des Springer-Konzerns anbetraf, ganz auf die Seite der protestierenden Studenten. «Wo sie hundertmal recht haben:», schreibt er im Frühling 1968, «in ihrer Aktion gegen die völlig unerträglich gewordene Macht der Springer-Presse. Da kann ich nicht umhin, ihren Einsatz mutig und stellvertretend-notwendig zu finden; auch wenn die es nicht verstehen, deren wahres Interesse verteidigt wird. Solche ‹direkten Aktionen› darf es in einem Rechtsstaat nicht geben? Natürlich nicht, es sollte sie nicht geben müssen, es hätte sie nicht gegeben, hätte der Staat seine Pflicht getan und das gesellschaftliche Monstrum, das zum Schluß noch die gesamte deutsche Presse beherrschen wird, beizeiten unter Kontrolle gebracht.»[234] Der

Schriftsteller Heinrich Böll, der sich damals mit dem Plan trug, eine Art von Tragikomödie über den Niedergang einer auf die Sensationslüsternheit der Massen abzielende Boulevardpresse zu verfassen, schrieb an Golo Mann: «Der Gedanke einer Komödie mit Springer-Hintergrund ist großartig, ich zweifle nur an meiner Fähigkeit, eine solche zu schreiben ... Außerdem: der Stoff ist fast zu gut, die Gefahr der Klamotte so nahe ...»[235] Aus Bölls Plänen sollte 1974 die Erzählung *Die verlorene Ehre der Katharina Blum* hervorgehen, das gültige literarische Zeugnis eines als bedrohlich empfundenen Phänomens.[236]

Freilich gab der Historiker zu bedenken, dass Massenmanipulation und Volksverhetzung keineswegs eine unvermeidliche Folge des «repressiven Systems» seien und dass die Studenten dazu neigten, deren Bedeutung innerhalb der offenen demokratischen Gesellschaft zu überschätzen. In der Demokratie westlicher Prägung, so hielt er fest, verfüge der Staatsbürger durchaus über die Möglichkeit, seine Meinung durch die Medien publik zu machen, und gerade etwa im Deutschen Fernsehen finde sich sehr viel kritische Auseinandersetzung unter den Vertretern verschiedenster Meinungen. «Es ist nicht Manipulation künstlich in Unmündigkeit gehaltener Zuschauer», schreibt Golo Mann. «Man soll nicht beständig Wolf rufen, wenn der Wolf nicht da ist. Er war einmal da, er mag einmal wiederkommen, wer kennt die Zukunft, er ist jetzt nicht da. Freiheit ist da, in einem Maß, wie nie zuvor, und die Frage, ob Freiheit das Rechte wird mit sich anzufangen wissen, ist viel dringender als die nach ihrer Gefährdung durch den reaktionären Feind.»[237] In seiner Beurteilung der medialen Möglichkeiten erinnert Golo Mann sehr an Alexis de Tocqueville, der einmal bemerkte, er schätze die amerikanische Presse weit mehr wegen des Bösen, das sie verhindere, als wegen des Guten, das sie tue.[238] Auch Golo Mann sah in den freien Medien ein unerlässliches Korrektiv gegen den Missbrauch von Macht und das eigentliche Kenn- und Wahrzeichen der Demokratie; zugleich fürchtete er die demagogische, nivellierende Wirkung der Boulevardblätter, obwohl er selbst im fortgeschrittenen Alter immer häufiger deren Mitarbeiter war. Auf die heikle Frage, welche rechtliche Handhabe allenfalls zu schaffen wäre, um die Boulevardpresse zu kontrollieren, ohne doch die Pressefreiheit einzuschränken, ist Golo Mann nie eingegangen.

Zu den Themen, denen im internationalen studentischen Protest eine eigentliche Katalysator-Funktion zukam, gehörte der Vietnamkrieg. «In Vietnam», rief Rudi Dutschke an einem internationalen Vietnam-Kongress aus, der im Februar 1968 in Westberlin tagte, «werden auch wir tagtäglich zerschlagen, und das ist nicht ein Bild und ist keine Phrase.»[239] Auch Golo Mann war, wie wir gesehen haben, ein entschiedener Gegner des Vietnamkrieges – dies zu einer Zeit, da die bürgerliche Presse in Deutschland und der Schweiz diesen Krieg als Abwehrkampf gegen den Weltkommunismus fast einhellig guthieß. Allerdings übernahm er die Grundthese der Protestbewegung vom spätkapitalistischen Imperialismus der USA nicht und betonte immer wieder, dass die USA gegen ihren Willen nach und nach in diesen Krieg hineingeschlittert seien. Auch wusste er aus Erfahrung, dass ein in seinem demokratischen Selbstbewusstsein so stolzes Land wie die USA sich auf ausländische Kritik nicht angewiesen fühlte. So gab er zu bedenken, dass der Studentenprotest gegen die «blutige Narretei»[240] des Vietnamkrieges auf die amerikanische Außenpolitik keinen oder eher einen kontraproduktiven Effekt haben würde. «Die Amerikaner», schreibt er, «hören nicht auf Bürger, die jenseits ihrer Grenzen Kritik üben; sie hören, wenn sie sich in einem Irrtum befinden, erst recht nicht auf fremden Rat, am wenigsten auf zornig gegebenen. Durch ihn werden sie eher noch tiefer in den Irrtum ihres Stolzes, ihrer Macht und ihrer Einsamkeit getrieben. Darum können alle europäischen Protestkundgebungen gegen den Vietnamkrieg in Amerika nichts bewirken, Hanoi aber nur die Illusion einer Hilfe geben. Ein höfliches, trauriges Schweigen scheint mir noch die würdigste Haltung, welche westeuropäische Politik gegenüber der Vietnamtragödie einnehmen kann.»[241]

Das politische, wirtschaftliche und militärische Engagement der USA in Mittel- und Südamerika beurteilte Golo Mann, wie bereits früher erwähnt, in mancher Hinsicht ähnlich kritisch wie die jugendliche Protestbewegung. Natürlich teilte er auch hier nicht deren neomarxistische Grundhaltung und wandte sich auch hier gegen die These vom amerikanischen Kolonialimperialismus, die er umso weniger begründet fand, als sich die lateinamerikanischen Länder ja bereits im 19. Jahrhundert, dem Vorbild der USA folgend, von der Fremdherrschaft befreit hatten. Aber auch Golo Mann trat für wirtschaftliche Reformen und Demokratisierung in Lateinamerika ein, und er erkannte, dass hier alles darauf ankam, die hergebrachten gesellschaftlichen Strukturen der Kolonialzeit aufzubrechen und die durch das Wirtschaftswachstum anfallenden Gewinne gleichmäßiger zu verteilen. Allerdings wandte sich Golo Mann auch hier gegen die Tendenz, die Vielfalt der Phänomene mit einer einzigen These zu erklären. Er zeigte sich deshalb kritisch gegenüber der von manchen Vertretern der Neuen Linken unterstützten «Dependenztheorie», wonach die «Unterentwicklung» Lateinamerikas durch dessen außenwirtschaftliche Abhängigkeit vom kapitalistisch hoch entwickelten Norden verursacht und verschuldet sei.[242]

Der Heroenkult der protestierenden Studenten, welche Revolutionsführer wie Mao, Ho Chi Minh, Fidel Castro und «Ché» Guevara zu «Befreiern» und «Ikonen einer metropolitanen Pop-Kultur»[243] hochstilisierten, war für Golo Mann nicht nachvollziehbar, und er wies auf die Widersprüchlichkeit solchen Verhaltens hin. Einerseits, stellte er fest, betrachteten die Studenten die politisch führenden Individuen als «bloße Marionetten des dialektischen Klassenkampfgeschehens»; anderseits aber trieben sie mit ihren Vorbildern einen Führerkult, der an das Verhalten des deutschen Bürgertums zur Zeit Bismarcks erinnere.[244] Als 1970 in Chile der erklärte Marxist Salvador Allende aufgrund freier Wahlen zum Staatspräsidenten gewählt wurde und zu einer neuen Kultfigur der Neuen Linken aufstieg, blieb Golo Mann skeptisch. Des Staatspräsidenten blutiger Sturz kurze Zeit später fand in der europäischen Protestbewegung ebenso empörten Widerhall wie die Polizeiherrschaft des nachfolgenden Militärregimes von General Pinochet. Salvador Allende, urteilte Golo Mann, sei ohne Frage «ein wohlmeinender und integrer Mann», allerdings sei er in seiner «Schwäche und Verblendung völlig in die Arme der Kommunisten geraten».[245] Der damals kursierenden Beschuldigung, die USA hätten aktiv zu Allendes Sturz beigetragen, misstraute Golo Mann; diese Frage ist in der Forschung noch heute umstritten.[246]

Nach dem Ende des Vietnamkrieges im Jahre 1973 traten außereuropäische Themen bei der Protestbewegung, die ohnehin stark an Einfluss eingebüßt hatte, in den Hintergrund. Der Vietnamkrieg und die gesamthaft wenig überzeugende Lateinamerikapolitik der USA hatten freilich unter deutschen Intellektuellen einen weit verbreiteten Antiamerikanismus entstehen lassen, der die Protestbewegung überdauerte und durch das militärische Engagement der USA im Irak in den Jahren 1991 und 2003 wieder neu belebt wurde. Den Antiamerikanismus als Ideologie lehnte Golo Mann, wie wir sahen, mit Entschiedenheit ab, und sein Werk *Vom Geist Amerikas* war nicht zuletzt geschrieben worden, um derartigen Tendenzen in der Nachkriegszeit durch Aufklärung entgegenzuwirken.[247] Der Antiamerikanismus der Protestbewegung enthielt im Übrigen auch, wie Golo Mann sehr wohl erkannte, ein konservatives Element, indem er sich gegen die durch Fortschritt und Modernisierung bedingte Entfremdung des Menschen wandte – dass ein spätromantischer Schriftsteller wie Hermann Hesse in den USA und in Deutschland zum Lieblingsautor vieler jugendlicher Menschen wurde, gehört in diesen Zusammenhang. Merkwürdig war, und auch dies blieb Golo Mann nicht verborgen, dass der ideologische Antiamerikanismus und die modische Amerikanisierung bei der studentischen Jugend der sechziger Jahre unreflektiert nebeneinander hergingen.

Golo Manns punktuelle Übereinstimmung mit der Protestbewegung im Bereich von Universitäts-, Umwelt-, Presse- und

Außenpolitik darf nun freilich den grundsätzlichen und unaufhebbaren Gegensatz nicht verdecken. Golo Mann war ein Konservativer. Er war es nicht als ein Parteipolitiker, der hergebrachte Interessen verteidigt, und nicht als Ideologe, der eine Theorie entwirft. Er war es aus einer seelischen Veranlagung heraus, die sich im Umgang mit Friedrich von Gentz bestätigt gefunden hatte. Wenige Jahre vor Ausbruch der Studentenunruhen hatte der Historiker die Essenz seines «menschenfreundlichen Konservativismus» in die einfachen Worte gefasst: «Jede Insel von Überlieferung, Kultur und Schönheit [...] ist gut, und man soll sie nicht antasten, außer dort, wo der Gemeinnutzen es gebieterisch fordert; und dann nur auf dem Weg, den Gesetz und Naturrecht vorschreiben.»[248]

Einmal ganz abgesehen davon, dass dem konservativen Historiker Massendemonstrationen und Revolutionsrhetorik, plakative politische Propaganda und Rechthaberei, kurz: die «Illiberalität des Derwischgeheuls»[249] als Mittel der politischen Auseinandersetzung zutiefst zuwider waren – sein Verständnis der konkreten historischen Situation war ein ganz anderes als das der radikalen Studenten. Der Historiker war davon überzeugt, dass die parlamentarischen Demokratien der westlichen Welt weiterhin in der Lage waren, die Freiheit und rechtliche Gleichstellung ihrer Bürger zu gewährleisten und jenes individuelle Glück, das die amerikanische Unabhängigkeitserklärung dem Bürger in Aussicht stellt, zu ermöglichen. Nach wie vor verfügten die Demokratien über das administrative und politische Instrumentarium, um Mängel und Fehlentwicklungen zu erkennen und Anpassungen, wie sie der geschichtliche Wandel erforderte, vorzunehmen. Als Deutscher beurteilte Golo Mann die Entwicklung der Bundesrepublik aus den Trümmern der Diktatur zum gefestigten und belastbaren Rechtsstaat als eindeutigen Erfolg und begrüßte die engen Beziehungen Deutschlands zu Amerika, welche diesen Erfolg gegen außen absicherten. In den USA sah er die unbestrittene Führungsmacht der westlichen Welt; hier hatte sich seit dem 17. und 18. Jahrhundert ein Modell demokratischer Selbstverwaltung ausgebildet, das noch im 20. Jahrhundert alle Gewähr bot, dem Expansionismus totalitärer Regime Widerstand leisten zu können.

In der Sowjetunion und ihren Satellitenstaaten dagegen erkannte Golo Mann den politischen Gegner schlechthin, nicht nur den Gesinnungsgegner, sondern den Widersacher des demokratischen Prinzips überhaupt. Dass der Marxismus eine Irrlehre war, hatte der junge Golo Mann schon 1940, in seinem Artikel für *Maß und Wert*, ausgeführt. Unter dem Einfluss der studentischen Protestbewegung setzte sich Golo Mann in den siebziger Jahren verschiedentlich erneut mit dem Marxismus auseinander, ohne wesentlich über frühere Positionen hinauszugelangen. Er stellte die Bedeutung des Denkers Marx erneut nicht in Frage und räumte durchaus ein, dass dieser eine überzeugende Imperialismuskritik entwickelt und Methoden der Analyse in die Wirtschafts- und Gesellschaftsgeschichte eingeführt habe, die, «wenn man sie undogmatisch anwendet, noch heute fruchtbar sein können».[250] Wie früher gründete sich des Historikers Widerlegung der Ideologie in erster Linie auf die Feststellung, dass die Einschätzungen und Prophezeiungen von Marx und Lenin sich nicht bewahrheitet hätten und dass der Kapitalismus eine innere Reformbereitschaft bewiesen habe, die ihm die Marxisten nie zugetraut hätten. In seiner 1978 erschienenen Schrift *Marxismus auf dem Vormarsch* fasst Golo Mann nochmals zusammen: «Was ist denn Marxismus? Zunächst, vor allem und sehr einfach, die Lehren des Karl Marx, die Prophezeiungen und Programme von der proletarischen Revolution, von der Enteignung der Kapitalisten, von der Vergesellschaftung der Produktionsmittel, von der Abschaffung des Staates und – danach – einer freien Gemeinschaft der Produzenten. Diese Programme beruhten auf einer volkswirtschaftlichen Theorie, deren Kernpunkte – wieder bestechend einfach – waren: Der private Besitz an Mitteln der Produktion steht im Widerspruch zu den ständig wachsenden Kräften der Produktion. Er fesselt sie, anstatt sie weiterzutreiben; er führt zu immer ärgeren Wirtschaftskrisen; er macht die immer wachsende Zahl der Arbeitnehmer, der Proletarier, immer ärmer anstatt wohlhabender (die Verelendungstheorie); er betrügt die Menschen um die Früchte ihrer Arbeit; er kommt nicht weg von dem ehernen Lohngesetz, dem zufolge die Arbeiter auf die Dauer nie mehr Lohn erhalten werden, als zur Wiederherstellung ihrer Arbeitskraft notwendig ist. Zum Schluß wird es nur noch ganz wenige Großbesitzer geben, denen viele Millionen von im tiefsten Elend Lebenden gegenüberstehen und unvermeidlich werden die Besitzlosen eines Tages die wenigen übriggebliebenen Reichen enteignen und von da ab freie glückliche Menschen sein.»[251] Und Golo Mann schließt mit unmissverständlicher Deutlichkeit: «Diese Marxsche Lehre hat sich seit vielen Jahren als hellster Unsinn erwiesen.»[252]

Dass sich aus solcher Sicht viele der Protestformeln, welche die Neue Linke gebrauchte, für Golo Mann als inhaltsleer und realitätsfremd erwiesen, versteht sich. «Spätkapitalismus», «Herrschaft des Hochkapitals», «Klassenkampf», «Repression» machten nach seinem Verständnis in einer offenen Gesellschaft mit sozialer Marktwirtschaft wenig Sinn. In einem Interview spricht der Historiker vom «veralteten Blödsinn vom Klassenkampf»[253]. Besonders, schreibt er an anderer Stelle, müsse man sich fragen, was man eigentlich unter «Spätkapitalismus» verstehen solle, wo sich doch dieser Kapitalismus als überaus erfolgreich erwiesen und in zwanzig Jahren mehr produziert habe «als der Früh- und Mittel- und Hochkapitalismus in zweihundert Jahren»[254]. Auch die Kritik an der «Herrschaft des Hochkapitals», so der Historiker, ziele an den tatsächlichen Verhältnissen vorbei. In der Bundesrepublik Deutschland hätten die Arbeitnehmer «den Unternehmungen Konzessionen abgewonnen wie kaum jemals zuvor in der Geschichte der Gewerkschaften»[255], und Gleiches gelte von den USA: «Daß die amerikanischen Arbeitnehmer sich ihren gerechten Anteil am Sozialprodukt nehmen», sagt Golo Mann, «ich glaube, soviel weiß unsere antiamerikanische Jugend, wenn sie es wissen will».[256] Vollends empörend sei es, von «spätkapitalistischer Scheindemokratie» zu sprechen und einen Bezug zum Faschismus zu konstruieren: «Ohne Griff auf die Wirklichkeit», schreibt Golo Mann, «unverantwortlich bis zum Ruchlosen ist die Gleichsetzung von bürgerlicher Demokratie oder spätkapitalistischer Scheindemokratie oder, wie immer sie es nennen, mit Faschismus. Wenn man alt wird, so hat man manchen Kummer, zum Beispiel den, daß man denselben Unsinn wieder und wieder erlebt.»[257]

Immer wieder kam Golo Mann auf die Untauglichkeit der marxistischen Lehre in der Gegenwart zurück, und er wandte sich auch vehement gegen das, was er als deren Aktualisierung und Modifizierung durch die Vertreter der Frankfurter Schule empfand. Diese erkannten im Grunde sehr wohl, schreibt er, dass der Marxismus an der Wirklichkeit gescheitert sei: «Natürlich wissen das die feiner, nuancierter Denkenden unter den Neomarxisten sehr gut, es sind ja keine dummen Leute, zum Beispiel die Vertreter der sogenannten kritischen Frankfurter Schule. Da findet man dann solche Erklärungen wie, es sei dem Kapitalismus gelungen, seine eigene Negation zu absorbieren. Sehr gelehrt ausgedrückt, aber der alte Marx würde sich im Grab umdrehen, wenn er die Formel hörte. Seine eigene Negation absorbieren – gerade das konnte eben der Kapitalismus nimmermehr, das durfte er nicht können. Ein Tod, den man absorbiert und kräftig weiterlebt, das ist ein Tod nicht.»[258]

Golo Mann dachte konsequent: Er lehnte den Marxismus als Irrlehre ab und konnte daher die Regime, die sich auf diese Irrlehre beriefen, nicht gutheißen. Aber auch die Ideologen der Protestbewegung dachten auf ihre Weise konsequent: Sie übernahmen die Lehre des Marxismus, die durch die Frankfurter Schule um eine psycho-soziologische Dimension erweitert worden war, und schlossen folgerichtig auf den Spätzustand der hoch industrialisierten kapitalistischen Gesellschaft. Mit der gleichen Folgerichtigkeit mussten sie das kommunistische Erscheinungsbild der Sowjetunion und ihrer Satellitenstaaten ablehnen, die offensichtlich jenen Menschen ebenfalls nicht hatten schaffen können, den man sich erträumte. Wenn der Kapitalismus die Lehre Marxens ignoriert hatte, so war die Sowjetunion in den Augen der Neuen Linken zum Verräter an dieser Lehre geworden, die es nun in ihrer ursprünglichen Reinheit wiederherzustellen galt.

Golo Mann und die Protestbewegung lehnten den osteuropäischen Totalitarismus gleicherweise ab, taten dies aber mit sehr unterschiedlichen Argumenten. Während Golo Mann in der Sowjetunion die bedrohliche Verkörperung der marxistischen Irrlehre sah, so suchten die Ideologen der Protestbewegung Marxens Lehre von ihrer verfälschenden sowjetischen Realisierung loszulösen und zu ihren eigenen Zwecken neu zu nutzen. In den Augen der Neuen Linken stellte die Sowjetunion einen Fall politischer Entartung dar. Die hohen Ideale des Marxismus waren hier zur öden und selbstgerechten Doktrin erstarrt, und es hatte sich eine Führungselite formiert, welche die Tuchfühlung mit dem Volk und seinen Bedürfnissen verloren hatte und über die eigenen Interessen nicht hinauszusehen vermochte. In dieser Hinsicht, so die Argumentation der Studenten, stimmten USA und UdSSR miteinander überein: Sowohl beim westlichen Privatkapitalismus wie beim östlichen Staatskapitalismus handelte es sich um dem Untergang geweihte, moralisch depravierte Systeme, denen der Respekt vor dem Menschen abhanden gekommen war.

Aus solchen Überlegungen ging die These der «Äquidistanz» hervor, die im Umfeld der Neuen Linken zu Beginn der siebziger Jahre bedeutsam wurde. In einer Aufsehen erregenden Rede am Parteitag der Schweizer Sozialdemokraten vom Jahre 1971 entwickelte Günter Grass diesen Gedanken, wenn er sagte: «Kapitalismus und Kommunismus: Die beiden so konservativ verfestigten Blöcke verstehen sich jeweils als hierarchischer Aufbau. Führungseliten herrschen. Aufsichtsräte und Mitglieder des Zentralkomitees entscheiden als selbstherrliche Kollektive. Macht wird von oben nach unten ausgeübt und verwaltet. Dem Volk oder – von oben gesehen – der unwissenden Masse wird im Osten Mitbestimmung vorenthalten, soll im Westen Mitbestimmung vorenthalten werden.» In dieser Pattsituation zwischen West und Ost sah Grass die Chance der Sozialdemokratie, als deren zentrale Aufgabe er die Forderung nach jener Mitbestimmung betrachtete, welche weder Kapitalismus noch Kommunismus zu gewährleisten vermochten. «Denn nach wie vor», fährt Grass fort, «setzen sozialdemokratische Politik und sozialdemokratisches Reformdenken bei der Basis an. Mitbestimmung am Arbeitsplatz und in allen Bereichen der Gesellschaft, so heißt die große, kaum in Ansätzen realisierte Reform. An ihr scheiden sich die Geister. Die Mitbestimmungsforderung als sozialdemokratisches Grundrecht ruft die beiden klassischen Gegner der Sozialdemokratie auf den Plan: den nur formaldemokratischen westlichen Kapitalismus und den zentralistischen Kommunismus. Zwei alternde Giganten, deren chronische Gewerkschaftsfeindlichkeit in ihrer Ähnlichkeit gelegentlich tragikomische Züge annimmt.»[259]

Die politische Botschaft von Günter Grass war klar: Da weder Kapitalismus noch Kommunismus Leit- und Vorbild sein konnten, galt es, gleichsam auf halber Distanz zwischen den sich gegenseitig belauernden Ideologien, eine «dritte Kraft» zu entwickeln, welche deren jeweilige Schwächen nicht übernehmen würde; Grass sprach von «demokratischem Sozialismus»[260]. Damit griff er eine Wendung auf, die in der Umgebung von Willy Brandt hin und wieder gebraucht wurde; Egon Bahr hat auch von «Sozialdemokratismus» gesprochen.[261] Um 1975 kam, zuerst in Italien und Spanien, der Begriff des «Eurokommunismus» auf, der die Abhängigkeit der Linken von Moskau in Frage stellte und sich anerbot, die politische Mitte zwischen Kapitalismus und Kommunismus zu besetzen und als dritte Kraft zu wirken. Nachdem die Sowjetunion in den sechziger Jahren mit der «Doktrin vom wissenschaftlichen Kommunismus» die Unwandelbarkeit ihres Deutungsmonopols proklamiert hatte, nachdem der jugoslawische Sonderweg unter Tito die anfänglich in ihn gesetzten Hoffnungen enttäuscht hatte und der Maoismus allenfalls als Dritte-Welt-Ideologie geeignet schien, setzten manche Sympathisanten der Neuen Linken auf diesen «Eurokommunismus».

Allen diesen Versuchen, eine «dritte Kraft» zu etablieren, stand Golo Mann äußerst skeptisch gegenüber. Seiner Meinung nach war die freie westliche Welt durchaus in der Lage, politische Fehlentwicklungen und Auswüchse des Kapitalismus selbst zu korrigieren; sie bedurfte dabei nicht der Anleihen beim Kommunismus. Schon die Wendung «demokratischer Sozialismus» weckte im Historiker, wie wir in seinem Konflikt mit Bahr gesehen haben, den Verdacht auf ideologische Unterwanderung der Bundesrepublik, und die Studentenunruhen und der darauf folgende Terrorismus schienen ihm diesen Verdacht zu bestätigen. Er verkannte dabei, dass gerade dieser «Sozialdemokratismus», dieser Sozialismus «mit menschlichem Gesicht», eine gefährliche Herausforderung für den Osten bedeutete. In seiner deutlich polemischen Schrift *Marxismus auf dem Vormarsch* sieht Golo Mann im «Eurokommunismus» ein bloßes taktisches Manöver und terminologisches Verwirrspiel und bezeichnet den «Pluralismus», den Politiker wie Marchais und Berlinguer in Frankreich und Italien anpriesen, als «reinen Schwindel»[262]. Das «bißchen Unabhängigkeit», stellt er fest, das sich die Eurokommunisten von Moskau verschafft hätten, verdankten sie dem militärischen Gleichgewicht des Kalten Krieges, was sie nicht daran hindere, die Verteidigungsbereitschaft des freien Westens zu schwächen. In Deutschland konstatiert Golo Mann einen Gegensatz zwischen Sozialisten «guten alten Stils» wie Georg Leber, Hans-Jochen Vogel und Helmut Schmidt, welche die Interessen der Arbeiterschaft und der sozial Benachteiligten verträten, und den «waschechten Marxisten» im Umfeld der Jungsozialisten, welche den Eurokommunisten «wie ein Ei dem andern» glichen.[263] In enge Beziehung zu den Jusos und Eurokommunisten setzte er Politiker wie den Fraktionsvorsitzenden der SPD, Herbert Wehner, und Bundesminister Egon Bahr, deren «demokratischer Sozialismus», falls er realisiert werden sollte, die Bundesrepublik zur leichten Beute des russischen Imperiums machen würde. «Herrn Wehner», schreibt Golo Mann, «wird bekanntlich der große Traum eines wiedervereinigten Deutschlands zugeschrieben, das nicht kommunistisch, aber doch sozialistisch wäre und neutral, also sozusagen Dritte Welt wäre und zu dem russischen Imperium volksnachbarliche Beziehungen unterhielte. Ich weiß nicht, ob das der Traum Herrn Wehners ist, aber ich weiß, daß es ein irriger Traum wäre. Ein solches Deutschland würde unvermeidlich in den russischen Sog geraten und bald nichts mehr anderes sein als eine erweiterte DDR.»[264]

Auch Egon Bahr wird eine ähnlich illusorische Erwartung zugeschrieben: die Auflösung der militärischen Machtblöcke. Ein solcher Traum, so Golo Mann, würde sich nur dann erfüllen, wenn sich das russische Imperium zuerst selber auflöste. Und Golo Mann fährt fort: «Das wird ganz gewiß einmal geschehen, alle guten Dinge nehmen einmal ein Ende. Wie das aber sein wird, in zwanzig oder zweihundert Jahren, das weiß kein Sterblicher. Folglich sind Herrn Bahrs Projekte im besten Fall unnütz, verwirrend und schadenstiftend und weiter auf der weiten Welt rein gar nichts.»[265]

Die Schrift *Marxismus auf dem Vormarsch* endet mit einer unmissverständlichen Absage an den Marxismus in allen seinen ideellen und politischen Erscheinungsformen. Demokratie und freie Marktwirtschaft, schreibt Golo Mann, seien in der Tat bedroht, aber nicht durch ihre inneren Widersprüche, sondern durch die Irrlehre des Marxismus, der völlig veraltet sei und mit Wahrheit und Wirklichkeit nichts mehr zu tun habe. «Darum sind seine Anhänger», schließt Golo Mann, «entweder töricht und beten leichtgläubig nach, oder Zyniker, denen es um schiere Macht geht und eben nicht um das Wohl ihrer Mitbürger. Wären sie an der Macht, dann würden sie jeweils bestimmen, was Marxismus in der Wirklichkeit ist. Besser, sie kommen nicht an die Macht – dort, wo sie es noch nicht sind.»[266]

Golo Mann ist ohne Zweifel einer der schärfsten Kritiker der studentischen Protestbewegung in den späten sechziger und beginnenden siebziger Jahren gewesen, und er sollte, als ein «harter Kern» dieser Protestbewegung in den Terrorismus abtauchte, diese

Kritik weiterführen. Gewiss gab es, wie wir gesehen haben, punktuelle Übereinstimmung in einzelnen Fragen; doch den Gedanken einer Umwandlung der demokratischen Gesellschaft unter dem Einfluss eines wie auch immer gearteten Kommunismus lehnte der Historiker vehement ab. Seine diesbezüglichen Stellungnahmen waren ebenso unmissverständlich wie unübersehbar. Das trug dem Historiker für die Dauer eines Jahrzehnts die weitgehende Ächtung vonseiten der Universitäten ein, von Studierenden, aber auch von jungen Professoren, denen ihr politisches Engagement nicht selten zu ihrer Stellung verholfen hatte. Erst gegen Ende der siebziger Jahre wurde Golo Mann wieder von Hochschulen zu Vorträgen eingeladen und sprach, in einer Zeit kurzlebiger Erinnerungen wie der unsrigen, wieder vor vollen Hörsälen.

7. Terrorismus

Nach 1970 verlor die Protestbewegung der Studenten rasch an Schwungkraft, splitterte sich in sektiererische Grüppchen auf oder trat den «langen Marsch durch die Institutionen» an. Ein «harter Kern» der Bewegung aber, ideologisch anarchistischen Vorstellungen und taktisch dem Beispiel südamerikanischer Guerilleros verpflichtet, witterte im Terrorismus die Möglichkeit, das «System» zu provozieren und dadurch eine revolutionäre Situation herbeizuführen. Die erste straff organisierte Terrorismusgruppe, die Rote-Armee-Fraktion (RAF), auch Baader-Meinhof-Gruppe genannt, konfrontierte die staatlichen Sicherheitsorgane mit einer ungewohnten Herausforderung, die deshalb nicht leicht zu meistern war, weil die geringe Zahl von einigen hundert Terroristen und Helfershelfern sich auf einen erheblich größeren Kreis von Sympathisanten stützen konnte. Immerhin gelang 1972 die Verhaftung eines Teils dieser Gruppe, was zu einer vorübergehenden

Beruhigung der Lage führte. Doch bald wurde eine «zweite Generation» von Terroristen aktiv, welche 1975 den Berliner CDU-Politiker Peter Lorenz entführte und die Freilassung gefangener RAF-Mitglieder erpresste. Bei einem Anschlag auf die Deutsche Botschaft in Stockholm kamen mehrere Menschen ums Leben, und die internationale Verflechtung des Terrorismus wurde durch die Beteiligung deutscher Komplizen am Anschlag auf die Konferenz der Organisation Erdöl produzierender Länder (OPEC) in Wien und bei der Entführung eines französischen Flugzeugs nach Uganda offensichtlich.

Seinen Höhepunkt erreichte der Terrorismus im Jahre 1977. Im April wurde Generalbundesanwalt Siegfried Buback mit zwei Begleitern in Karlsruhe ermordet. Es folgte das heimtückische Attentat auf den Vorstandsvorsitzenden der Dresdner Bank, Jürgen Ponto. Im September entführte ein terroristisches Kommando den Präsidenten der Bundesvereinigung der Deutschen Arbeitgeberverbände, Hanns Martin Schleyer, und brachte ihn, als die Regierung erpresserischen Forderungen nicht nachkam, um. Noch während sich Schleyer in der Gewalt der Terroristen befand, wurde die Lufthansa-Maschine «Landshut» von arabischen Terroristen, welche die Forderungen der Schleyer-Entführer wiederholten, gekapert. Zwar gelang einem Einsatzkommando der deutschen Grenzschutztruppe in der somalischen Hauptstadt Mogadischu die Erstürmung des Flugzeugs und die Befreiung der Geiseln; das Leben Hanns Martin Schleyers aber war trotz hektischer Bemühungen nicht zu retten.

Golo Mann verfolgte die militanten, den Rechtsstaat bedrohenden Aktivitäten des «harten Kerns» mit großer Sorge. Unmittelbar nach der Ermordung Bubacks trat er im Westdeutschen Rundfunk mit einem Interview an die Öffentlichkeit, das unter dem Titel «Der politische Mörder hat seine Grundrechte verwirkt» in verschiedenen Zeitungen abgedruckt wurde.[267] Der Historiker verurteilt das Attentat aufs schärfste, sieht darin den durch und durch bösartigen Versuch, den Rechtsstaat zu destabilisieren, und befürchtet – zu Recht, wie sich zeigen sollte – eine Reihe weiterer Anschläge, deren Folgen nicht auszudenken seien. Die wichtigste Überlegung, die Golo Mann in die Diskussion einbringt, ist die, dass der Terrorismus die Bundesrepublik mit einer neuartigen Bedrohung konfrontiere, die neuartige Bekämpfungsmaßnahmen erfordere. Er wirft der Regierung Helmut Schmidts eine Verharmlosung der terroristischen Gefahr vor und bemerkt wörtlich, es müsse «eine Verschärfung der Strafjustiz gegenüber Verbrechen dieser genauestens qualifizierten Art stattfinden und ebenso des Strafvollzugs»[268]. Und er fährt fort: «Der politische Mörder dieser Art hat seine Grundrechte verwirkt. Das Gesetz hat nicht so sehr den Mörder als die vom Mord Bedrohten zu schützen, das sind doch einfache, aber doch ewig wahre Wahrheiten. Erfüllt das Gesetz seinen Zweck nicht, dann muß es erweitert, dann muß es verändert werden.»[269] Zwar ist Golo Mann der Meinung, die Bundesrepublik sei «fest gebaut und tief verwurzelt» und entsprechend belastbar; auch betont er ausdrücklich, dass ein Vergleich mit den Zuständen zu Beginn der Weimarer Republik nicht statthaft sei. Aber er hält angesichts der terroristischen Bedrohung am Gedanken einer Anpassung der Rechtsordnung fest und findet die Befürchtungen seines Gesprächspartners, die vom Grundgesetz verbürgten Freiheitsrechte des Bürgers könnten dadurch tangiert werden, unbegründet.

Zwei Tage nach der Entführung Hanns Martin Schleyers, am 7. September 1977, publizierte Golo Mann in der *Welt* eine von Zorn und Wut inspirierte Stellungnahme, die größtes Aufsehen erregte. Der Artikel trug den Titel «Quo usque tandem?» und spielte damit auf die erste der vier Reden an, die Marcus Tullius Cicero im Jahre 63 vor Christus im römischen Senat gegen den Verschwörer Catilina gehalten hatte.[270] Golo Mann hatte in Salem eine gute altphilologische Ausbildung genossen, und fraglos war ihm des Konsuls Rede gegenwärtig, als er den Artikel für *Die Welt* schrieb. Wie bei Cicero entspringt der Text des Historikers einer mühsam zurückgehaltenen Gemütsbewegung, es werden leidenschaftliche

Formulierungen gewählt, und die Bedrohung, ja die Handlungsunfähigkeit des demokratischen Gemeinwesens wird in düsterem Tonfall heraufbeschworen. Golo Mann beginnt mit folgenden Feststellungen: «Die neueste, die Kölner Untat der Mordbanditen – nein doch, der ‹mutmaßlichen Terroristen› – macht klar, was für Justiz und Politik schon vorher hätte klar sein dürfen und müssen: Man befindet sich in einem Ausnahmezustand. Man befindet sich in einer grausamen und durchaus neuen Art von Bürgerkrieg. Ob die Angreifer zwölfhundert oder zwölftausend Mordbuben und Mordmädchen stark sind, ist dabei gleichgültig. Daß es bedeutend mehr sind, als uns bisher berichtet wurde, ist nun zugegeben. Und auch nur zwölfhundert zu allem entschlossene Mörder, fähige, schlaue, phantasiebegabte Menschen, hinter sich den internationalen Terrorismus und sein Milliardenvermögen, sind stark genug, den Staat zu zerbrechen, wenn man mit ihnen verfährt wie bisher.»[271]

Den Vorwurf an die Adresse der Bundesregierung, man sei bisher gegen die Terroristen nicht mit der gebotenen Härte vorgegangen, ergänzt Golo Mann mit der Aufzählung einer Reihe von Maßnahmen, die, seiner Meinung nach, erwogen und getroffen werden müssten. Auf die Tatsache hinweisend, dass gefangen gesetzte Terroristen in ihrer Zelle bestens über Terroranschläge unterrichtet gewesen seien, empfiehlt Golo Mann die Ersetzung sämtlicher Vertrauensanwälte durch Pflichtanwälte. Zugleich fordert er die Isolationshaft, um den Terroristen den Kontakt untereinander und mit der Außenwelt zu verunmöglichen. Auf die Dauer, wiederholt er seine früher geäußerte Auffassung, würden die geltenden Rechtsbestimmungen nicht mehr genügen. Und Golo Mann schließt mit den Worten: «Mit guten Reden ‹von kühlem Kopf bewahren›, ‹alle Mittel des Rechtsstaates ausschöpfen›, ‹mit dem Terrorismus sich geistig auseinander setzen› wird es nicht mehr genug sein. Wir befinden uns im Krieg, wir stehen zum Töten entschlossenen Feinden gegenüber. Und an diesem Krieg ist die Bundesrepublik Deutschland unschuldig wie ein Engel.»[272]

Die entschiedene Stellungnahme Golo Manns erfolgte in einem gut gewählten Augenblick und stieß, was der Autor sehr wohl wusste, beim «Mann auf der Straße» auf breitestes Einverständnis. Bei den Intellektuellen im Umkreis der Außerparlamentarischen Opposition und der Neuen Linken, welche für die Taten der Terroristen ein gewisses Verständnis oder gar eine «klammheimliche Freude» empfanden[273], geriet Golo Mann freilich in den Ruf, ein militanter Rechtskonservativer und Reaktionär zu sein. Auch warf man ihm, nicht zu Unrecht, vor, die terroristische Bedrohung zu dramatisieren und so die kollektive Hysterie zu schüren. Umgekehrt sicherte er sich den Beifall der rechten Opposition. Von den Anschuldigungen des bayrischen CSU-Vorsitzenden Franz Josef Strauß, welcher linksintellektuelle Schriftsteller wie Heinrich Böll und Günter Grass, aber auch Politiker wie Willy Brandt und Helmut Schmidt verdächtigte, mit der «Sympathisantenszene» unter einer Decke zu stecken, schien Golo Manns Standort nicht mehr allzu weit entfernt.

Die Haltung, die Golo Mann in seinen Reaktionen auf die Ermordung Bubacks und Schleyers einnahm, hat er 1977 und in den folgenden Jahren in zahlreichen Stellungnahmen wiederholt, wobei er sich auch an Illustrierte und an die Boulevardpresse wandte und ein Vokabular einsetzte, dessen Merkmal der drastische Ausdruck und die Invektive, nicht aber die abwägend-differenzierende Beurteilung war. In der *Schweizer Illustrierten*, im *Quick*, in der *Bild*-Zeitung und in den Schweizer Tageszeitungen *Die Tat* und *Das Vaterland* spricht er von «Mordbanditen, Mordbuben und Mordmädchen», die mit «gewöhnlichen Mördern» oder Kidnappern oder Gangstern keineswegs gleichzustellen seien.[274] Er weigert sich, den Terrorismus aus gesellschaftlichen und politischen Bedingungen erklären oder gar verstehen zu wollen, und spricht den Attentätern jede ernst zu nehmende Motivation ab. Mit nicht immer stilsicherer Vehemenz führt er ihre Taten auf eine elementare Dämonie des Bösen im Menschen zurück: «Wir haben es mit bösen Menschen zu tun», schreibt er etwa, «mit radikalen Egoisten, die, unter dem verschlissenen Schleier von nur noch ein paar blöde heruntergeleierten Schlagworten wie Anti-Imperialismus oder Kommunismus dem eigenen Größenwahn und Machtrausch, dem eigenen Haß, der eigenen Wollust leben; die mit der ‹Welt der Arbeiter›, den ‹breiten Massen› die sie erlösen wollen, nie Kontakt fanden, arbeitsscheues Gesindel, das nichts gelernt hat; die, während sie unserer repressiven Zivilisation fluchten, von den Produkten dieser Zivilisation gern Gebrauch machten, nur die chicsten Wagen fuhren, mit gestohlenem Geld Prassereien veranstalteten; die den geringen Kontakt mit der Wirklichkeit, den sie je besaßen, längst verloren, um in einer selbstgebauten nihilistischen Hölle zu leben.»[275]

Immer wieder wird der Terrorismus als eine Kriegserklärung an den demokratischen Staat bezeichnet, die nicht mit «Routinemitteln» beantwortet werden könne: «Der Rechtsstaat und Freistaat», schreibt Golo Mann, «verrät sich nicht, wenn er sich mit den Waffen verteidigt, die sich zu seiner Verteidigung als nötig herausstellen.»[276] Und immer wieder wird die materiell gesicherte, universitäre Herkunft vieler Terroristen hervorgehoben und ist von der Pervertierung des Geistigen durch den Ungeist die Rede. Dabei lässt sich Golo Mann die Gelegenheit einmal mehr nicht entgehen, den verhängnisvollen Einfluss der Frankfurter Schule in Erinnerung zu bringen: «Jene Frankfurter Kaufhaus-Brandstiftung», bemerkt er etwa, «mit der das ganze Elend ursprünglich begann, war sie nicht eine Verwirklichung von Professor Marcuses ‹großer Verneinung›, nur etwas feuriger, als der kalifornische Schöngeist sich das vorgestellt hatte? Und ist Marcuse nicht ein Inspirator der Neuen Linken gewesen?»[277]

Die Sprache, wie Golo Mann sie im Zusammenhang mit dem Terrorismus, und nur hier, einsetzt, ist von einer rational kaum noch beherrschten Emotionalität. Gelegentlich fühlt man sich auch an die dramatischen Zuspitzungen im Stil der Unterhausreden Winston Churchills erinnert, so etwa, wenn Golo Mann schreibt: «Denn noch nie bisher war so viel Macht zu morden und zu zerstören in den Händen von so vielen Narren wie heute.»[278] Sicherlich urteilte Golo Mann ungerecht, wenn er in seinem «Quo usque tandem?» andeutete, die Bundesregierung habe auf die terroristischen Anschläge nicht entschieden genug reagiert. Bundeskanzler Helmut Schmidt, der Willy Brandt 1974 nachgefolgt und zwei Jahre später wieder gewählt worden war, hatte in seiner Regierungserklärung von 1976 die Erhaltung der inneren Sicherheit und die Bekämpfung des internationalen Terrorismus als wichtige Aufgabe erkannt. Beim Staatsakt für Buback und die beiden anderen Mordopfer von Karlsruhe äußerte Helmut Schmidt sich über die Attentäter wie folgt: «Sie wollen schließlich die Organe des Grundgesetzes verleiten, sich von den freiheitlichen und rechtsstaatlichen Grundsätzen abzukehren. Sie hoffen, daß ihre Gewalt eine bloß emotional gesteuerte, eine undifferenzierte, eine unkontrollierte Gegengewalt hervorbringe, damit sie alsdann unser Land als faschistische Diktatur denunzieren können. Aber diese Erwartungen werden sich nicht erfüllen, denn unsere freiheitliche Gesellschaftsordnung kann nur durch uns selbst aufgegeben werden. Der Rechtsstaat bleibt unverwundbar, solange er in uns lebt. Und er lebt in uns, nun gerade und nun erst recht.»[279]

Auch waren durch die Bundesregierung und den Bundesjustizminister Hans-Jochen Vogel eine Reihe von Maßnahmen getroffen worden, die es gestatteten, einerseits die Individualrechte des Bürgers weiterhin zu respektieren und zugleich den Schutz vor Terroristen und die Fahndung nach ihnen effizienter zu gestalten. Bereits 1970 wurden die finanziellen Mittel für Polizei und Bundesgrenzschutz erhöht, die Koordination zwischen den Bundesländern wurde verbessert, und das Bundeskriminalamt wurde zur Zentrale der Terroristen-Bekämpfung. Auch wurde ein Anti-Terror-Gesetz vorbereitet, das maßvolle Gesetzesänderungen, etwa betreffend Wohnungsdurchsuchungen und Identitätsfeststellungen, vorsah und 1978 in Kraft trat. Golo Mann hat seine Kritik an der Verharmlosung des Terrorismus durch die Regierung nach der erfolgreichen Aktion gegen die Entführer der Lufthansa-Maschine

«Landshut» im Jahre 1977 denn auch zurückgenommen oder in ein Lob umgewandelt. So sprach er den verantwortlichen Politikern seine Bewunderung für ihre «Selbstbeherrschung und trotz aller Not eisern festgehaltenen Rechtsüberzeugungen» aus[280] und bedankte sich bei der Regierung und der in den Krisenstäben vertretenen Opposition für ihr Festhalten an Recht und Gesetz.[281]

Über sein Ziel hinaus schoss Golo Mann mit der mehrfach wiederholten Äußerung, Deutschland befinde sich im Ausnahmezustand, in einer neuen Art von Krieg oder Bürgerkrieg. Mit dieser Bezeichnung, die Aufsehen, aber auch berechtigtes Befremden erregte, verschaffte der Historiker dem deutschen Terrorismus eine neue Qualität und fraglos übertriebene Bedeutung, die über den Tatbestand der kriminellen Handlung hinausging. Solche definitorische Dramatisierung war nicht nur geeignet, Unsicherheit zu verbreiten, sie diente auch insofern den Zielen der Terroristen, als diese ja gerade wünschten, als legitime Kriegspartei verstanden zu werden. Fast dreißig Jahre später sollte der amerikanische Präsident Bush im Zusammenhang mit den weit gravierenderen Terrorangriffen auf das World Trade Center und das Pentagon ähnlich argumentieren wie damals Golo Mann – auch hier ein völkerrechtlich gewagtes Vorgehen mit politisch und historisch fragwürdigen Ergebnissen.

An einzelnen Formulierungen von Golo Manns Terrorismuskritik nahm auch Bundesjustizminister Hans-Jochen Vogel Anstoß. Der Historiker stand, wie bereits erwähnt, mit dem Politiker seit Beginn der siebziger Jahre in freundschaftlichem Kontakt; man sah sich und pflegte den brieflichen Gedankenaustausch. Als im September 1977 Golo Manns Artikel «Quo usque tandem» in der *Welt* erschien, wandte sich der Justizminister in einem ausführlichen Schreiben an den Verfasser: «Ich verhehle es nicht», hieß es darin, «ich bin mit diesem Aufsatz, mit dem Sie auf das aufgewühlte öffentliche Bewußtsein in der Bundesrepublik Einfluß genommen haben, nicht in allen Punkten einverstanden. Ich schreibe das in dieser Offenheit, weil ich mir des hohen Maßes unserer

Übereinstimmung in der grundsätzlichen Einschätzung des Terrors bewußt bin, gerade weil man sich lange genug kennt und vertraut. Ich fände es fatal, wenn sich in der augenblicklichen Phase die Auffassung durchsetzte, daß wir in einem Bürgerkrieg lebten oder auf einen Kriegszustand auch nur zutrieben. Nichts wäre den Terroristen willkommener, als wenn man die RAF als Armee anerkennen, Verbrechern den Status von Kombattanten und – nichts anderes wäre logisch – den verhafteten und verurteilten Verbrechern den Rang von Kriegsgefangenen zuerkennen würde. Die Terroristen wollen ja nichts anderes als die Polarisierung unserer Bürger und die Spaltung des Gemeinwesens in zwei feindliche Lager. Es ist nicht abzusehen, welche Folgen die Verfestigung der Bürgerkriegsthese auslösen könnte, wenn diese Techniker des Verbrechens draußen als Freiheitskämpfer und Guerillakrieger vollends Anerkennung fänden.»[282]

Im selben Schreiben stellte Vogel fest, der Artikel 18 des Grundgesetzes biete eine zureichende Handhabe für eine wirkungsvolle Bekämpfung des Terrorismus. Er wandte sich insbesondere gegen den Vorschlag des Historikers, Terroristen die bürgerlichen Grundrechte abzuerkennen. «Eine solche Rechtsstellung», schrieb er, «kennt das Grundgesetz mit gutem Grund nicht. Verließe der Staat den Pfad des Rechts, würde er selbst zum Eintritt einer unkontrollierbaren Kriegssituation beitragen.»[283] Vogel sprach sich auch gegen Golo Manns Forderung nach Abschaffung der Vertrauensanwälte aus, die er als wichtiges Element rechtsstaatlicher Strafrechtspflege bezeichnete. Zur Kritik des Historikers am Strafvollzug stellte er fest, auch er, der Justizminister, strebe die Isolierung gefährlicher Straftäter an; deren Zusammenlegung sei auf nachdrückliche ärztliche Empfehlung hin zustande gekommen. Hans-Jochen Vogel schloss mit den Worten: «An der Festigkeit gerade meiner Haltung ist kein Zweifel erlaubt. Ich habe früher und nachdrücklicher als andere vor der sich abzeichnenden Gefahr für unser Gemeinwesen gewarnt. Viele haben mich dabei lange Zeit allein gelassen, ja mich als frustrierten Scharfmacher zu isolieren versucht. Dennoch kämpfe ich darum, in die gemeinsame Abwehr auch die zu integrieren, die erst jetzt sehend geworden sind. Ich bitte Sie sehr, mich bei diesem Bemühen zu unterstützen und mir auch durch Ihre weitere Sympathie ein Stück der Sicherheit zu geben, die für die handelnden Personen unerläßlicher denn je ist.»[284]

In einem späteren Schreiben an Vogel bekannte Golo Mann, er habe den Artikel «Quo usque tandem» unter dem unmittelbaren Eindruck des «scheußlichen Verbrechens» an Schleyer in einer Aufwallung von «Zorn und Kummer» verfasst, und da sei es ihm nicht möglich gewesen, ein seiner Natur nach neuartiges Phänomen wie den modernen Terrorismus auf den richtigen Begriff zu bringen.[285] In nachfolgenden Briefen hielt der Historiker an seiner Sorge fest, der Terrorismus könne zum Zusammenbruch des Rechtsstaates führen, wobei er immer wieder auf die Erfahrung der dreißiger Jahre zurückgriff. Sein Misstrauen gegenüber einer von der radikalen Linken unterwanderten SPD und sein vehementes Verdammungsurteil gegenüber den Terroristen blieben unverändert. Nicht in seinen öffentlichen Stellungnahmen, wohl aber im Gedankenaustausch mit Vogel ging Golo Mann so weit, die Einführung der Todesstrafe zu erwägen, stieß aber weder auf das Verständnis noch auf die Zustimmung des Bundesjustizministers. Auch die fortgesetzten Bemerkungen über den desolaten Zustand der SPD vermochte Hans-Jochen Vogel immer weniger zu teilen; 1979, kurz vor den Bundestagswahlen, welche die Fortsetzung der Koalitionsregierung Schmidt/Genscher ermöglichen sollten, wies er darauf hin, dass die jugendlichen Anhänger der Protestbewegung sich weitgehend in die Partei eingegliedert hätten. «Die Integration der Anhänger des Jugend- und Studentenprotests», schrieb er an Golo Mann, «ist weit fortgeschritten, insbesondere in der Bundestagsfraktion. Die Erfahrung, daß Konfrontation mit konkreten Aufgaben und die Übertragung von Verantwortung im überschaubaren Bereich mäßigend wirkt, hat sich hier einmal mehr voll bestätigt.»[286]

Der Briefwechsel zwischen Golo Mann und Hans-Jochen Vogel

setzte sich bis kurz vor des Historikers Tod fort. Man übersandte sich eigene Arbeiten, äußerte sich zu aktuellen politischen Fragen, versicherte sich des gegenseitigen Wohlwollens. «Wie Sie wissen», schrieb Golo Mann im Jahre 1976, «besteht eine Art von prästabilisierter Harmonie zwischen Ihren Ansichten und den meinen; wären alle Sozialdemokraten so wie Sie (oder wie Ihr Kollege Leber), so wäre ich einer und ein rüstiger. Wie es steht, will ich lieber ein Beobachter bleiben.»[287] Und sechs Jahre später, nachdem sich der Historiker für den Kanzlerkandidaten Franz Josef Strauß eingesetzt und damit Vogels Missbilligung hervorgerufen hatte: «Im Politischen mag das Wetter manchmal ein bißchen wechseln, im Menschlichen, Eigentlichen, nicht, besonders nicht in meinem Alter! Sieht man sich wieder, so wird man sich begegnen wie eh und je.»[288]

Gegen Ende der siebziger Jahre ging die Zahl terroristischer Anschläge deutlich zurück. Die Polizei verzeichnete Fahndungserfolge, die Festigkeit und Gelassenheit der Regierung Schmidt zahlte sich aus, ein Anti-Terror-Gesetz trat in Kraft, ohne dass die Grundprinzipien des Rechtsstaates geopfert werden mussten. Auch wurde offensichtlich, dass es den Terroristen nicht gelang, eine prärevolutionäre Stimmung zu erzeugen oder einen politisch relevanten Teil der Bevölkerung für sich zu gewinnen. Zwar kam es nach 1980 noch zu Anschlägen von Nachfolgeorganisationen der RAF, und es kam zu Bluttaten rechtsradikaler Gruppierungen. Doch Taktik und politische Zielsetzungen des außerparlamentarischen Widerstandes hatten sich verändert. Die Massendemonstration wurde nun zum Mittel politischen Handelns; der Protest richtete sich nicht mehr gegen den Staat allein, sondern gegen konkrete politische Projekte wie die Nutzung der Kernenergie durch Atomkraftwerke oder gegen die Erhöhung der militärischen Verteidigungskapazität durch den NATO-Doppelbeschluss.

Golo Manns Sorge um die politische Zukunft Deutschlands verließ ihn während der achtziger Jahre freilich nicht mehr. Die Bedrohung durch das sowjetische Imperium sah er unvermindert fortbestehen. Die demokratische Unverlässlichkeit der universitären Elite hatte sich ihm zweifelsfrei erwiesen. Der Pessimismus, sosehr der Historiker sich immer dagegen gesträubt hatte, drohte nun die Oberhand zu gewinnen und dem Wissen der Kassandra zu weichen. Es wurde, wie sehr er sich auch abmühte, für Golo Mann schwieriger, sich in der modernen Gesellschaft zu orientieren, den eigenen Anteil zum Wohl der Gemeinschaft zu leisten. Und hin und wieder liebte es der Historiker, eine Passage aus dem letzten Brief Goethes, einem Schreiben an Wilhelm von Humboldt, zu zitieren: «Verwirrende Lehre zu verwirrtem Handel waltet über der Welt ...»[289]

8. Bildungsreform

Golo Manns vehemente und unbedingte Ablehnung des Terrorismus fand in den siebziger Jahren eine nicht minder entschiedene, im sprachlichen Ausdruck jedoch zurückhaltendere Entsprechung in seinen kritischen Stellungnahmen zur deutschen Bildungspolitik. Dass auf allen Stufen des Bildungswesens Reformbedarf bestand, wurde von den Fachleuten schon Mitte der sechziger Jahre nicht bestritten. Bereits 1960 hatte der Deutsche Wissenschaftsrat seine ersten «Empfehlungen zum Ausbau der wissenschaftlichen Einrichtungen» vorgelegt. In seinem Werk *Bildung ist Bürgerrecht* befasste sich der Soziologe Ralf Dahrendorf 1965 mit den gesellschaftlichen Gründen der Ungleichheit von Bildungschancen, und der Pädagoge Hartmut von Hentig sah in seiner Untersuchung *Systemzwang und Selbstbestimmung* das Bildungsziel der Schule nicht nur darin, Berufswahl und damit gesellschaftliche Existenz zu ermöglichen, sondern auch kritische Intelligenz auszubilden. Unter dem Motto «Mehr Demokratie wagen» sprach Willy Brandt in seiner Regierungserklärung vom 28. Oktober 1969 der Bildung und Ausbildung, der Wissenschaft und Forschung hohe Priorität zu. «Das Ziel», stellte der Bundeskanzler fest, «ist die Erziehung eines kritischen, urteilsfähigen Bürgers, der imstande ist, durch einen permanenten Lernprozeß die Bedingungen seiner sozialen Existenz zu erkennen und sich ihnen entsprechend zu verhalten.»[290]

Diese moderate Forderung gewann unter dem Einfluss der neuen Linken erhöhte Brisanz. Der bildungspolitische Widerstand der kritischen Studenten entsprang einem Unbehagen über die autoritären Strukturen der traditionellen «Ordinarienuniversität», die in ihren Augen den Zustand der spätkapitalistischen Gesellschaft widerspiegelte.[291] Aus ihrer Sicht hatte sich das traditionelle Bildungsziel, welches das Hauptgewicht auf die Ausbildung der individuellen fachlichen Begabung und der humanen Persönlichkeit, die sich verantwortungsbewusst in den Dienst der Gemeinschaft stellt, überlebt. An seine Stelle sollte eine Pädagogik treten, die im Sinne Horkheimers und Adornos die Erkenntnisse von Marx' Wirtschafts- und Entfremdungstheorie mit den Erkenntnissen von Freuds Psychoanalyse verband und für die Pädagogik fruchtbar machte. In den Vordergrund trat nun die Forderung nach Chancengleichheit und Emanzipation. Bildung, richtig verstanden, sollte nicht nur jedermann in gleicher Weise zugänglich sein; sie sollte auch den mündig gewordenen Bürger dazu befähigen, die gesellschaftlichen Zwänge zu überwinden, Mängel des herrschenden Systems zu entlarven und die eigene Individualität in Freiheit zu verwirklichen. Es lag in der Natur der Sache, dass solche Ziele vor allem in den geisteswissenschaftlichen Fächern, so im Geschichts- und Deutschunterricht an Gymnasien und Hochschulen, angestrebt werden konnten. Geplant war, dass die Geschichte in einem übergreifenden Fach «Gesellschaftskunde» aufgehen sollte, in welchem der Kenntnis der Vergangenheit vor allem insofern Bedeutung zukam, als sie die «kritische Hinterfragung» gegenwärtiger Verhältnisse ermöglichte. Unüberhörbar klang in den Forderungen der Reformer die Feststellung mit, dass die herrschenden Verhältnisse das Selbstbestimmungs- und Selbstverwirklichungsrecht des Einzelnen nicht mehr zu gewährleisten vermochten und dass ein weiterer Fortschritt des Demokratisierungsprozesses über die Schule anzustreben sei. «Emanzipation als Ziel von politischem Lernen», lesen wir etwa in den pädagogischen Rahmenrichtlinien von Nordrhein-Westfalen, «heißt, die jungen Menschen in die Lage zu versetzen, die vorgegebenen gesellschaftlichen Normen entweder frei und selbstverantwortlich anzuerkennen oder abzulehnen und sich gegebenenfalls für andere zu entscheiden. Das setzt die Fähigkeit voraus, sich von überkommenen und gegenwärtig wirksamen gesellschaftlichen Prägungen mit dem Ziel weitgehender Selbstbestimmung distanzieren zu können.»[292]

Im Deutschunterricht sollten ähnliche Ziele angestrebt werden.[293] Hier war vorgesehen, vom «idealistisch-humanistischen Kanon», der auf Werke der Aufklärung, der Klassik, der Romantik und des Realismus zurückgriff, abzurücken. Der Sprache der Alltagsliteratur, den Texten aus Presse und Werbung, sollte ein Hauptaugenmerk gewidmet werden, um auch hier die gesellschaftskritische Sicht einzuüben. Dem Postulat, es sei die Kommunikationsfähigkeit der Schüler zu fördern, kam größeres Gewicht zu als der Schulung des sprachlich korrekten Ausdrucks. Nicht selten waren solche Rahmenrichtlinien auch in einer Sprache formuliert, die soziologischer und neomarxistischer Terminologie verpflichtet und Eltern wie Schülern nicht leicht zugänglich war. Indem die progressive Bildungspolitik sich mit der studentischen Protestbewegung weitgehend solidarisierte, übernahm sie deren revolutionären Impetus, teilte aber auch ihr Schicksal: Als die Revolte der Protestbewegung abklang, waren auch die Tage der radikalen Bildungsreform gezählt.

Die Bildungsreform fand ihren umstrittensten Ausdruck in einer Reihe von Entwürfen zu neuen Schulrichtlinien, die 1972 und in den folgenden Jahren publik wurden. Besonderes Aufsehen erregten die «Hessischen Rahmenrichtlinien für Gesellschaftslehre». Deren Veröffentlichung rief sogleich den Zeitkritiker Golo Mann auf den Plan, der sich im Herbst 1972 in einem Referat, das er unter dem Titel «Ohne Geschichte leben?» hielt, dazu äußerte. Der Vortrag wurde zur Eröffnung des 29. Deutschen Historikertags in Regensburg gehalten und in leicht gekürzter Form in der *Zeit* abgedruckt. Die Überlegungen Golo Manns fanden ein weites, vorwiegend positives Echo. Der Historiker ging aus von einem verbreiteten Unbehagen der mit den progressiven Reformen konfrontierten Geschichtslehrer, die eine Ideologisierung des Unterrichts und damit eine Einschränkung ihrer Lehrfreiheit befürchteten.

Golo Mann beginnt seine Ausführungen mit dem lapidaren Satz: «Wir leben im Zeitalter der Kapitulation.»[294] Die Geschichts- und Deutschlehrer an Mittelschulen und Universitäten, stellt er fest, stünden im Begriff, ihrer eigenen Abschaffung zuzustimmen. Dies geschehe unter dem Einfluss der Soziologie, die sich zu «neun Zehnteln» aus dem Marxismus herleite und naturwissenschaftlicher Methoden bediene, mit denen das Individuelle, das Singuläre der Geschichte nicht zu fassen sei.

Auch Golo Mann setzt Geschichte in Beziehung zur Gegenwart, aber nicht im Sinne einer Handlungsanleitung, die sichere Lösungen anbiete, sondern im Sinne einer Erfahrungserweiterung. Er lehnt es ab, die Bedeutung von Geschichte auf deren zeitgeschichtliche Relevanz zu beschränken. Demgegenüber rechtfertigt er das Studium entfernter Epochen und längst verschwundener Persönlichkeiten mit dem Hinweis auf die Kontinuität menschlicher Entwicklung, welche die Vergegenwärtigung des Vergangenen erst ermögliche. «Nun», sagt er, «auch die antiken Historiker sprechen uns noch an. Dokumente und Chroniken des 17. Jahrhunderts sprechen uns an. Vergängliches und Dauerndes stehen in einem Widerspruch zueinander, der sie nicht trennt, sondern verbindet. Alle Geschichte ist transparent nach dem Ewigmenschlichen hin, ist das Vertraute im Fremden; eben darin liegt ihre Aktualität.»[295]

Es kann nicht verwundern, wenn Golo Mann sich weigert, die Historie auf ihre emanzipatorische Funktion zu reduzieren und damit dem Geschichtsverlauf eine Fortschrittsidee zu unterschieben. Zwar sei anzunehmen, dass im Bereich der Zeitgeschichte historisch bewanderte Politiker vielleicht weniger Unheil anrichten würden als andere. Im Sinne des Historismus aber findet Golo Mann den Ertrag der Geschichtsbetrachtung primär nicht außerhalb der Geschichtsbetrachtung, sondern in dieser selbst: in der Bereicherung, die dem Betrachter zuteil wird, indem er sich Leiden und Glück früherer Generationen, Schönheit und Größe erbrachter Leistungen und Vielfalt menschlicher Daseins- und Handlungsmöglichkeiten vergegenwärtigt. «Geschichtswissenschaft und so auch der Geschichtsunterricht», sagt Golo Mann, «bedürfen keiner Rechtfertigung. Sie bedürfen nicht des Nachweises einer speziellen Nützlichkeit, sowenig die Kunst oder die Literatur seiner bedarf [...] der Sinn solcher Studien, solchen Unterrichts liegt nicht in irgendwelchem mühselig gesuchten praktischen Nutzen, sondern in sich selber, in seinem eigenen Schwergewicht.»[296]

Der weit verbreitete Protest gegen die Hessischen Rahmenrichtlinien veranlasste die Initianten im Jahre 1973, zu einem Diskussionsforum einzuladen, das unter der Gesprächsleitung des Historikers und Publizisten Eugen Kogon Befürworter und Gegner vereinigte und auch die Öffentlichkeit mit einbezog. Am Hessenforum II wirkte auch Golo Mann mit; ferner nahmen die Kultusminister von Hessen und Rheinland-Pfalz, Ludwig Friedeburg und Bernhard Vogel, sowie die Pädagogen und Philosophen Hellmut Becker, Hartmut von Hentig, Jürgen Habermas und Hermann Lübbe daran teil. Eugen Kogon ermahnte einleitend zu sachlicher Auseinandersetzung und skizzierte ein umfangreiches Gesprächsprogramm, das Fragen wie die Motivation der Reformer, die gesellschaftlichen und politischen Bildungsziele und die Verfassungskonformität einschloss. Ein geordneter Ablauf der Veranstaltung war indessen aus verschiedenen Gründen nicht möglich: weil die Referenten sich nicht an die vorgegebene Zeit hielten, weil das Publikum durch Zwischenrufe und Unmutsbezeugungen störend eingriff und weil als Diskussionsgrundlage eine abgemilderte Neufassung der Rahmenrichtlinien vorgelegt worden war, welche die meisten Teilnehmer noch nicht hatten lesen können.

In einem Punkt waren sich alle Gesprächsteilnehmer einig: Bildungsreformen waren nötig, um der rasch sich wandelnden Gesellschaft und neuen Bedürfnissen Rechnung zu tragen. Die Meinungen über die Begründung der Bildungsreform und ihrer Ziele gingen dagegen weit auseinander. Jürgen Habermas vertrat die Auffassung, die gegenwärtige Bildung basiere auf einer tradierten Vorstellung von Kultur, die sich weitgehend aufgelöst habe, weil das «Gebäude einer sich selbst legitimierenden Überlieferung eingestürzt» sei.[297] Demgegenüber wies Hermann Lübbe auf den «kulturrevolutionären, ikonoklastischen Geist» der Rahmenrichtlinien hin und bemerkte, die Auflösung kultureller Selbstverständlichkeiten gehe nicht von der Schule aus, es sei dies vielmehr ein objektiver gesellschaftlicher Prozess, dem sich diese zu widersetzen habe. «Meine Kritik ist», stellte Lübbe fest, «daß die vorliegenden Rahmenrichtlinien sich schlechterdings der Aufgabe entziehen, dem Prozeß fortschreitender Auflösung kultureller Selbstverständlichkeiten gegenzusteuern.»[298]

Übereinstimmung herrschte darin, dass die Rahmenrichtlinien mit dem Grundgesetz vereinbar sein müssten, und das Geplänkel, das sich zwischen dem Sozialdemokraten Friedeburg und dem CDU-Politiker Vogel abspielte, hatte eher parteipolitischen Charakter. Kontrovers wurde dagegen die Frage der Beziehung des Schülers zu seinen Eltern diskutiert. Sollten die Schüler, wie die Rahmenrichtlinien dies empfahlen, instand gesetzt werden, Autoritätskonflikte mit den Eltern dadurch zu entschärfen, dass sie deren soziale Herkunft kritisch reflektierten, oder sollte im Gegenteil die Identifikation der Schüler mit der Familie und den staatlichen Institutionen gestärkt werden? Hier gab Golo Mann, auf seine eigene Kindheit anspielend, zu bedenken, dass die Zeit, da Eltern und Lehrer sich gegen die Schüler verschworen hätten, längst vorbei sei; Probleme ergäben sich weit eher dadurch, dass die neu gewonnene Freiheit des Schülers zu neuen Spannungen führe.[299]

Breiten Raum nahm die Diskussion um die Inhalte eines künftigen Geschichtsunterrichts ein. Golo Mann, der sich zuvor eher zurückhaltend gezeigt und in allgemeinen Wendungen von unnötiger «Reformitis» und übertriebener «Problematisierung» gewarnt hatte, skizzierte sein bereits in zahlreichen Aufsätzen verfochtenes und in der *Deutschen Geschichte* und dem *Wallenstein* umgesetztes Geschichtsbild. Den Rahmenrichtlinien warf er vor, dass sie einer bestimmten politischen Sicht der Dinge verpflichtet seien und diese Sicht den Schülern aufdrängen wollten. Auch nahm er daran Anstoß, daß diese Richtlinien ihre Botschaft in eine unverständliche Sprache kleideten. «Es mußte Lehrer und Eltern in Verwirrung bringen», sagte er, «daß gerade diejenigen, die diese Dinge zum Verständnis der Unterprivilegierten so schreiben und so unterrichtet wissen wollen, eine Sprache schreiben, die unsereins kaum noch verstehen kann.»[300] Dieser Jargon verschleiere die Hauptsache, nämlich dass es im Geschichtsunterricht vor allem darauf ankomme, Geschichte mit «Liebe und Leidenschaft» zu vermitteln.[301]

Dass der Geschichtsunterricht Bezug zur Gegenwart pflegen und auch die sozial- und strukturgeschichtliche Dimension einbeziehen müsse, bestritt auch Golo Mann nicht. Allerdings warnte er, indem er sich einem Votum Lübbes anschloss, davor, das Kind mit dem Bade auszuschütten und die Geschichte der politischen Ereignisse zu vernachlässigen. Während Hartmut von Hentig die unreflektierte Personalisierung des traditionellen Geschichtsunterrichts tadelte und das oft geäußerte Argument der Reformbefürworter wiederholte, dieser Unterricht habe Hitler nicht verhindern können, trat Golo Mann gerade im Schulunterricht für die eingehende Darstellung handelnder Persönlichkeiten ein; Hitler sei eben gerade dadurch der Zugang zur Macht erleichtert worden, dass man ihn als moralische Person nicht ernst genommen habe.

Die nachfolgende Diskussion drehte sich um die Frage, ob Geschichte, wofür Hermann Lübbe und Golo Mann gemeinsam plädierten, durch erzählende Darstellung zu vermitteln sei oder ob man, wie Jürgen Habermas unterstrich, das «bunte Gewoge der erzählten Geschichte» durch «eine theoretisch informierte Geschichtsschreibung» ersetzen müsse.[302] Erstaunlich ist, dass in diesem Zusammenhang in der mit Pädagogen gut besetzten Gesprächsrunde die Frage des stufengerechten Lernens nicht berührt wurde, sind doch Anschaulichkeits- und Abstraktionsgrad des Unterrichts nicht so sehr von den Lernzielen als von der Altersstufe der Schüler abhängig.

Die Abschlussdiskussion dauerte bis Mitternacht an. Ein erregtes Publikum griff ein, und Konfusion entstand, worauf Gesprächsleiter Kogon den Saal verließ und durch Hellmut Becker ersetzt wurde. Man berührte die verschiedensten Punkte, und es zeigte sich die Verunsicherung der anwesenden Eltern. Herausgegriffen sei noch die Stellungnahme des Münchner Historikers Thomas Nipperdey, der zwar anerkannte, dass die radikalsten Forderungen der Rahmenrichtlinien in einer Neufassung abgemildert worden seien, der aber zugleich festhielt, dass an gewissen Thesen wie dem Theoriebedürfnis der Geschichte und an den Freud'schen Überlegungen zur Triebunterdrückung im Sozialisationsprozess doktrinär festgehalten worden sei und damit der Pluralismus der Lehre in Frage gestellt würde. Hermann Lübbe sprach von einer äußerst gefährlichen Polarisierung der Bevölkerung und forderte, das Experiment abzubrechen, während Habermas für eine sensible und risikobewusste Erprobung der Reformen eintrat. Golo Mann sah in den Rahmenrichtlinien zur Gesellschaftslehre eine Menge «idealistischen Rousseauismus» unter dem Motto «Der Mensch ist frei geboren, und überall ist er in Ketten».[303] Er bedauerte, dass die Erprobung der Rahmenrichtlinien bereits angelaufen sei, und gab der Befürchtung Ausdruck, die Inkraftsetzung könnte stillschweigend nachfolgen.

Das Hessenforum II führte weder zu einem Konsens noch zur deutlichen Klärung der gegnerischen Positionen. Die meisten Podiumsteilnehmer dürften den Anlass mit einem Gefühl der Enttäuschung verlassen haben. Im Rückblick fand Golo Mann, die Diskussion sei zu wenig konkret geworden, die Stimmung im Publikum sei von «Mißtrauen, viel Zorn, ja Haß» geprägt gewesen, weil die Reformer zu rasch vorgegangen seien und «der Keulenschlag der Richtlinien einen totalen Bruch mit aller Schulvergangenheit» bedeute.[304] Wie das Tagebuch berichtet, beurteilte Golo Mann den Gesprächsleiter Kogon als «verbraucht, autoritär, irascibel» und den Saal gefüllt mit «einem Drittel aufsässige Jugend, zu zwei Dritteln konservative, wütende Eltern». Im Frankfurter Hotel «Baseler Hof» zahlte der Historiker am nächsten Morgen vor seiner Rückreise die Rechnung aus eigener Tasche, «um nicht Friedeburgs Gast zu sein».[305]

Während sich Golo Manns Widerspruch gegen die Hessischen Rahmenrichtlinien zur Gesellschaftslehre noch in zurückhaltender Form ausdrückte, so reagierte er auf die Rahmenrichtlinien für den Deutschunterricht mit scharfer Ablehnung. In diesen wurde, wie bereits erwähnt, der Verzicht auf den traditionellen Kanon klassischer Meisterwerke gefordert, während gesellschaftspolitisch relevanten Gebrauchs- und Trivialtexten mit deutlichem Gegenwartsbezug der Vorrang eingeräumt war. Im Vordergrund des Unterrichts sollte nicht die Beherrschung der Hochsprache stehen, wodurch die gesellschaftlichen Unterschiede unzulässig verschleiert würden; es sollten die Schüler vielmehr dazu angeleitet werden, die Sprache kritisch als Herrschaftsinstrument zu sehen, den Text im Blick auf seinen emanzipatorischen Gehalt und sozialen Nutzen zu werten und so den Schritt von einem «sprachpflegerischen Deutsch zu einem kritischen Denk- und Sprachunterricht als Handlungsorientierung» zu vollziehen.[306]

Im Juni 1973 nahm Golo Mann unter dem Titel «Wenn der Deutsche progressiv sein will …» in der *Süddeutschen Zeitung* gegen die Rahmenrichtlinien für den Deutschunterricht Stellung. Der Artikel ist ein Musterbeispiel eingängiger und brillanter Polemik; er fand weite Beachtung, wurde in den Medien zitiert und in Sonderdrucken an hessischen und bayrischen Gymnasien verteilt. Zu Beginn stellt Golo Mann ironisch fest, als marxistisch könne man die Rahmenrichtlinien gewiss nicht bezeichnen, denn Marx sei ein großer Liebhaber von Literatur gewesen, was sich von deren Verfassern gewiss nicht sagen lasse. Nein, die Rahmenrichtlinien seien nicht marxistisch, wohl aber amerikanisch, in dem Sinne, dass in ihnen der Geist John Deweys «zum Äußersten getrieben, zum Närrischen getrieben»[307] worden sei. Vom Philosophen Dewey, einem der Begründer des Pragmatismus, hatte Golo Mann bereits in seinem Frühwerk *Vom Geist Amerikas* gesprochen und dessen Bildungsfeindlichkeit, dessen Geringschätzung des geistigen Erbes kritisiert.[308] Solche Bildungsfeindlichkeit wirft der Historiker auch den Verfassern der Rahmenrichtlinien für den Deutschunterricht vor; sie unternähmen im Grunde nichts anderes, als Literatur und alles Überlieferte auf die Frage nach dem Nutzen für die Infragestellung der gegenwärtigen Gesellschaft zu reduzieren. «Texte», schreibt Golo Mann, «alle Texte sind abzuklopfen auf ihren emanzipatorischen oder systemstabilisierenden, heimlich konservativen oder reaktionären Gehalt. Sie sind zu durchschauen, sie sind zu ‹hinterfragen›; was wollte der Reklamespezialist, der Lyriker, der Hausbesitzer, der Boulevardschreiber damit? An wen richtete er sich? Welches Interesse vertrat er? Wem nützte er, oder nützt oder schadet er heute?»[309] Am Beispiel von Hölderlins «Schicksalslied», von Bürgers Balladen, Goethes «Marienbader Elegie» und andern Dichtwerken macht sich Golo Mann über die Interpretationskünste und Entlarvungsstrategien der Bildungsreformer lustig: «‹Hyperions Schicksalslied›; Texter ein Friedrich Hölderlin. Schicksal – ei, ei! Was wollte dieser angebliche Revolutionär denn mit Schicksal? Den Leuten weismachen, ihr ‹Schicksal› werde nicht von den herrschenden Klassen bestimmt? ‹Doch uns ist gegeben,/Auf keiner Stätte zu ruhn ...› Gegeben? Wer gibt? Der Frühkapitalismus? Der Obrigkeitsstaat? Oder will Texter Hölderlin den Leser ‹von der Erinnerung an die reale Welt befreien› durch trügerisch verschleiernde Mystik? Finden wir in diesem Text eine Anweisung zum Glück, zum nützlichen Handeln? Offenbar nicht die mindeste. Fort damit.»[310]

Dann weist Golo Mann auf die «befreiende Macht» hin, die von bedeutender Literatur und von großer Lyrik ausgehe und die in ihr selbst, in ihrer Qualität und ihrer Schönheit begründet liege, allenfalls auch, wenn denn unbedingt von Nützlichkeit die Rede sein müsse, in ihrer Funktion als Trostmittel in Notlagen, wie sie auch der «emanzipiertesten Gesellschaft» nicht erspart blieben. Dem üblichen Einwand, Goethe habe die Nazis nicht verhindern können, begegnet er mit einer Erwiderung, die in seinem tragischen Geschichtsverständnis begründet liegt: «Das Argument», schreibt er, «ist bestechend auf den ersten Blick, aus sehr billigem Stoff nach dem zweiten. Auch die Musik hat die Nazis nicht verhindert. Auch die Liebe nicht; auch der Sport, auch Essen und Trinken und Atmen nicht. Wollten wir alles abschaffen, was die Nazis nicht verhindert hat, müßten wir uns selber abschaffen, oder noch besser unseren Planeten.»[311]

Zum Schluss seines Artikels feuert Golo Mann eine Breitseite gegen die Verfasser der Rahmenrichtlinien für den Deutschunterricht ab, die nicht den Geist des kulturellen Erbes, sondern den Ungeist einer hoch technisierten Spätzeit verträten. Spengler hätte darin erfreut die Richtigkeit seiner Untergangsthesen bestätigt finden können. Er schreibt: «Hier wird Raub an der Jugend geplant; unbewußt, eine neue Art, sie zu beherrschen. Damit meine ich nicht, daß die Autoren der Richtlinien böse Menschen wären. Ein wenig arrogant sind sie freilich; übrigens gutwillig und unschuldig, sie haben es ja an der FU (Freien Universität Berlin), in Frankfurt, Marburg, Heidelberg, oder wo immer schon nicht mehr anders gelernt. Jeder Selbstkritik bar, den Kopf voller hastig gelernter Mode-Vokabeln, den Wind der Zeit, die Gunst des Ministeriums in den Segeln, erkennen sie nicht ihre Nähe zu dem schmutzigsten Kommerzialismus, den sie hassen ... Und wissen nicht, daß sie selber in die unmenschliche Landschaft gehören, gegen die sie protestieren; in die kahle, geheimnislose, tote Landschaft unserer Satellitenstädte, unserer ohne jede Rücksicht auf Schönheit und Freude möglichst billig, möglichst hoch gebauten Wohnblöcke.»[312]

Golo Mann war vielleicht der einflussreichste, aber bei weitem nicht der einzige prominente Kommentator, der die Hessischen Rahmenrichtlinien für den Deutschunterricht angriff. Erwähnt sei hier noch die nicht minder prägnante Stellungnahme, die der in Bern lehrende Germanist Walther Killy im März 1973 in der *Zeit* veröffentlichte. Pikant ist, dass ausgerechnet Killy durch erfolgreiche Publikationen wie die Anthologie «Zeichen der Zeit» Wege in Bereiche außerhalb des klassischen Literaturkanons gewiesen und damit eines der Postulate der Reformer längst verwirklicht hatte.[313] Der Germanist erinnerte in seinem Aufsatz an die Rolle des Deutschunterrichts im Nationalsozialismus und konstatierte eine vergleichbare Ideologisierung, welche die Deutschtümelei von damals bloß durch die Idee des Klassenkampfs und die Monomanie des Nationalen durch eine «allein selig machende gesellschaftliche Betrachtungsweise» ersetze.[314] Wie Golo Mann beklagt auch Killy die Schrumpfung des historischen Horizonts: «Zusammen mit der Geschichte treibt man das in der Erinnerung begründete Gewissen heraus; und mit der Literatur treibt man die menschlichste, die differenzierteste und wahrhaft kritischste aller Artikulationsweisen aus, und überdies eine, in der sich Jahrtausende an Erfahrung niedergeschlagen haben.»[315] Er schließt seinen Artikel mit nicht weniger vehementen Worten als Golo Mann: «Den Kern, den infam kaschierten Kern bilden das Missionsbewußtsein, die gläubig vitale Parteilichkeit, das Ja zur Demagogie, zum Solidaritätszwang, zum ‹Fertigmachen› ...»[316] Und zur drohenden Verwirklichung, wenn auch einer bloß partiellen, der Rahmenrichtlinien Deutsch bemerkt Killy: «Die Rahmenrichtlinien sind unteilbar; was bei Zerschneidung übrig bleibt, das genügt allemal, wie bei der Hydra. Da kann man nicht ‹Giftzähne ziehen›, da wird ein vermeintlicher Kompromiß allemal eine Niederlage. Man darf nicht den Buchstaben sehen; man suche den in allen Teilen versteckten Geist.»[317]

Golo Mann, Walther Killy und einige weitere Kommentatoren wie Lübbe und Nipperdey, welch Letztere übrigens der SPD angehörten, gelang es, die Bildungspolitik über den Kreis der Reformpädagogen hinaus ins öffentliche Bewusstsein zu heben. Dies geschah auch durch die Verlautbarungen von Mitgliedern des «Bundes Freiheit der Wissenschaft», der sich 1970 an den Hochschulen gebildet hatte, um radikalen Tendenzen in Forschung und Lehre entgegenzutreten.[318] Die Rahmenrichtlinien wurden so, was deren Urheber zu vermeiden gesucht hatten, zum Politikum. Nach 1972 war es vor allem die CDU/CSU, welche den Widerstand gegen die sozialwissenschaftlich inspirierten Bildungsreformen aufnahm. Ihre Kritik fand breite Unterstützung in Wirtschaftsorganisationen und Arbeitgeberverbänden, in Lehrer- und Fachvereinigungen, aber auch bei Eltern- und Schülervereinigungen. Die Motivation dieser Gegnerschaft wurde häufig nicht klar artikuliert und stützte sich zuweilen, bei Lehrern und Eltern etwa, auf eine vage Angst vor dem Wandel und auf die simple Erwartung, ein auf Disziplin und Ordnung statt auf «Hinterfragung» gegründeter Unterricht würde die familiäre Erziehung von der Verantwortung für gesellschaftliche Stabilität entlasten. Schnell war man hier mit dem Marxismusverdacht bei der Hand, und die CDU-Broschüre «Marx statt Rechtschreibung» fand weite Beachtung. Die progressiven Reformer reagierten in der Regel auf die Kritik, indem sie eine entgegenkommende Diskussionsbereitschaft signalisierten, da ja gerade die Notwendigkeit kritischer Auseinandersetzung den Kern ihres Postulats darstellte; gleichzeitig aber zeigten sie sich keineswegs bereit, von ihren bildungspolitischen Grundüberzeugungen abzuweichen. Ihre Überzeugung blieb, dass durch den Schulunterricht künftige Bürger auf die Diskrepanzen zwischen demokratischem Grundgesetz und gesellschaftlicher Wirklichkeit aufmerksam zu machen seien, um sie so instand zu setzen, eine dem Grundgesetz entsprechende «Verfassungswirklichkeit»[319] herbeizuführen. Demgegenüber betonten die Gegner, es genüge, den Unterricht aus dem demokratischen und humanistischen Geist des Grundgesetzes heraus zu erteilen, um die Schüler zu wertvollen und verantwortungsbewussten Bürgern zu machen. Das mochten zum Teil künstlich konstruierte Gegensätze sein; wie unvereinbar sie aber waren, zeigte die Kontroverse um die «Chancengleichheit». Während die eine Gruppe in deren Fehlen eine behebbare soziale Malaise sah, wies die andere Gruppe auf die Ungleichheit der Begabungen hin, die sich allenfalls im freien intellektuellen Wettbewerb ausgleichen lasse. Während in der Argumentation der progressiven Reformer utopische und revolutionäre Elemente mitspielten, war die Argumentation ihrer Gegner nicht immer frei von reaktionären Abwehrreflexen und sozialem Quietismus.

Einen Höhepunkt erlebte die Debatte mit der Tagung «Mut zur Erziehung», die, vom baden-württembergischen Kultusminister Wilhelm Hahn initiiert, Anfang 1978 eine stattliche Zahl von prominenten Kritikern in Bonn vereinigte. Als Hauptreferenten traten unter anderen die Philosophen Hermann Lübbe und Robert Spaemann hervor; unter den Diskussionsrednern befanden sich Golo Mann, Thomas Nipperdey, Hartmut von Hentig und der Politologe Kurt Sontheimer. Dieses Forum verabschiedete neun Thesen zur Erziehung, die im Wesentlichen von Lübbe formuliert wurden. Diese Thesen können hier nur in geraffter Form vorgestellt werden. Sie wenden sich gegen die Erziehung zu einer Mündigkeit, die vom utopischen Ideal einer vollständig emanzipierten Zukunftsgesellschaft her definiert werde. Sie kritisieren eine betont gegenwartsbezogene, vornehmlich durch ihre gesellschaftliche Utilität und durch das Lernziel der Ausbildung von Kritikfähigkeit definierte Erziehung, welche auf die Tugenden des Fleißes, der Disziplin und der Ordnung kein Gewicht mehr lege. Sie treten ferner einem eindimensionalen Begriff der Chancengleichheit entgegen und betonen, dass es Sache der politischen Institutionen und nicht der Schule sei, gesellschaftliche Reformen einzuleiten. Und sie wehren sich schließlich gegen eine vorzeitige Verwissenschaftlichung und Spezialisierung des Unterrichts, der die breite Erfahrung der kulturellen Selbstverständlichkeiten zu vermitteln habe. Dieses Thesenpapier wurde von einer Reihe von Teilnehmern des Forums, auch von Golo Mann, unterzeichnet und in gedruckter Form zugänglich gemacht.[320]

Mit dem Forum «Mut zur Erziehung» wurde zwar das eingeleitet, was die progressiven Reformer eine «konservative Wende» nannten; die Auseinandersetzung aber dauerte noch bis in die achtziger Jahre fort. Auf die Thesen folgte prompt der scharfe Widerspruch in Form einer «Tübinger Erklärung», welche Teilnehmer des Kongresses der «Deutschen Gesellschaft für Erziehungswissenschaft» verfassten.[321] Den Widerstreit der Meinungen fasste der Kommentator der Wochenzeitung *Die Zeit* treffend und in Kürze wie folgt zusammen: «Worum es im Grunde geht, ist einfach genug zu sagen. In den neun Thesen wird ‹Mut› zu einer ‹Erziehung› gefordert, die sich wieder an festen Werten orientiert. Mit noch einfacheren und daher noch anfechtbareren Worten: Die Kinder sollen nicht nur zweifeln, sondern auch wieder glauben lernen. Kritische Aufklärer sehen in solchen Forderungen den viel beklagten ‹backlash›, die ‹Tendenzwende›, einen restaurativen Rückschritt in die Zeiten von Thron und Altar. Die wohlmeinenden Vertreter der neun Thesen können sich der Bundesgenossenschaft finsterer Reaktionäre kaum erwehren; die liberalen Vertreter der Anti-Thesen können über die Begleitung von marxistischen ‹Durch-die-Institutionen-Marschierern› auch nicht uneingeschränkt glücklich sein.»[322]

In zahlreichen öffentlichen Stellungnahmen, in Artikeln, Interviews und Referaten erläuterte Golo Mann in der Folge seinen Standort, wobei sich Wiederholungen nicht vermeiden ließen. Dabei suchte er sich aus dem parteipolitischen Konflikt herauszuhalten und die Unabhängigkeit seiner Meinung zu betonen. Auch bekannte er sich dazu, als bildungspolitischer Laie zu sprechen. Freilich spielten in seinen Äußerungen durchaus praktische Erfahrungen als Schüler in Deutschland und als Lehrer in den USA mit: So berief er sich etwa in seinem Votum vor dem Forum «Mut zur Erziehung» ausdrücklich auf seine Schulzeit in Salem. Bestimmend für Golo Manns Stellungnahme aber blieb letztlich sein Geschichtsbild.

Aufschlussreich ist in dieser Hinsicht ein Interview, das Golo

Mann 1974 dem englischen Journalisten George Urban gab; es erschien in deutscher Übersetzung unter dem Titel «Junge Menschen und alte Geschichte». Vielen der vom Historiker hier geäußerten Überzeugungen sind wir bereits begegnet; neu ist deren explizite bildungspolitische Stoßrichtung. Golo Mann betont einmal mehr den Wert der Geschichtskenntnis selbst entfernter Epochen, weil sie eine persönliche Bereicherung und Erfahrungserweiterung bedeute und es erleichtere, die Gegenwart zu verstehen und sich in ihr zurechtzufinden – in diesem Sinne, stellt er mit Benedetto Croce fest, sei alle Geschichte Zeitgeschichte.[323] Wiederum taucht die Idee von der moralischen Ambivalenz der Geschichte und von ihrer tröstlichen Funktion auf: Kenntnis der Vergangenheit könne nachdenklich stimmen, weil sich in der Geschichte die Pathologie des menschlichen Geistes ausdrücke; zugleich aber sei solche Kenntnis auch beglückend und enthalte ein «heilendes Serum». Für den Geschichtsunterricht stellt Golo Mann den Umgang mit den Originalquellen in den Vordergrund: «... denn durch sie können wir erfühlen, was in der Vergangenheit anders und was ähnlich war. Sie lehren uns, daß jede historische Situation einzigartig ist und daß sie doch gewisse Züge mit anderen Situationen gemeinsam hat.»[324] Analogien, fährt er fort, könnten zwar lehrreich und erhellend sein, dürften aber nicht dazu führen, vergangene Ereignisse als wiederholbar erscheinen zu lassen. So sei es unsinnig, das, was Lenin 1917 in Petersburg getan habe, heute in Frankfurt am Main wiederholen zu wollen oder «sich selbst auf ‹Ché› Guevara zu trimmen».[325] Ebenso werde sich der Nationalstaat nicht wiederholen, und die aktuelle Kritik an der mythischen Überhöhung des Nationalstaatgedankens komme dreißig Jahre zu spät; er selbst, Golo Mann, habe in seiner *Deutschen Geschichte* diese Kritik schon ausgesprochen. Die Frage seines Interviewers, ob man aus der Geschichte lernen könne, ob man aus ihr Handlungsanleitungen beziehen könne, beantwortet der Historiker auch hier mit größter Vorsicht und Skepsis. «Ich habe nie geglaubt, dass uns Geschichte (genau so wenig wie Literatur) mit irgendwelchen Rezepten versorgen könnte. Aber ich glaube, dass ein geschichtlich vorgebildeter Politiker klüger agieren wird als ein geschichtlicher Ignorant –, dass ein Mann wie Churchill oder de Gaulle seiner Nation ein weiserer Führer ist als ein Lyndon Johnson für die Amerikaner. Eigentlich kann ich mir überhaupt keinen guten Politiker ohne geschichtliches Wissen vorstellen.»[326]

Daraufhin angesprochen, ob generell ein Verlust des Geschichtsbewusstseins zu konstatieren sei, zeigt sich Golo Mann zuversichtlich und weist auf den Erfolg seines *Wallenstein* hin, der gerade auch von vielen Schülern und Studenten gelesen worden sei. Allerdings, fährt er fort, sei eine Entfremdung von der Vergangenheit insofern feststellbar, als der moderne Mensch in geschichtslosen Satellitenstädten lebe, in denen er kein Gefühl der Verwurzelung und Vertrautheit mehr entwickeln könne – insofern sei es nur folgerichtig, wenn die französischen Studentenunruhen in der ahistorischen Anonymität einer Vorstadt-Agglomeration, in Nanterre nämlich, ausgebrochen seien. Solche Umgebungen könnten, fährt Golo Mann in deutlicher Anlehnung an Sigmund Freuds Essay «Das Unbehagen in der Kultur» fort, zu Neurosen führen, und es sei gerade die Aufgabe des Psychoanalytikers, verschüttete Geschichte wieder ins Bewusstsein des Patienten zurückzuholen und ihn so zu heilen. In solchen Überlegungen wird Golo Manns enge Beziehung zur natürlichen Umwelt, sein Zusammensehen der zeitlichen und räumlichen Dimension deutlich. Er nähert sich hier Auffassungen, wie sie Günther Anders in seiner *Antiquiertheit des Menschen* über den Verlust der Zeit entwarf, ohne freilich dessen apokalyptische Erwartungen zu teilen.[327]

Die Reformpläne des Bildungswesens, wie sie am deutlichsten in den Hessischen Rahmenrichtlinien fassbar wurden, führten in den verschiedenen Bundesländern zu vielfachen, unterschiedlich weit vorangetriebenen bildungspolitischen Anpassungen und bewirkten, getragen vom gesamtgesellschaftlichen Wandel, erkennbare Veränderungen des Bewusstseins und Verhaltens, etwa beim Abbau autoritärer Umgangsformen. Die weitreichendsten Postulate, wie bundesstaatliche Koordination des Bildungswesens, Chancengleichheit und Politisierung der Ausbildung, ließen sich jedoch nicht durchsetzen. Ein durch Sachzwänge wie das Nachdrängen großer Jahrgänge und finanzielle Engpässe geforderter Pragmatismus trat an die Stelle euphorischer Projekte. Ein resignativer Grundzug ist unüberhörbar, wenn einer der Wortführer der Bildungsreform, Hellmut Becker, 1988 bemerkte: «Zugleich wird es einige Zeit dauern, bis die Menschen der Vielfalt der neuen Entscheidungen, die an sie als Schüler, Lehrer und Eltern herantreten, gewachsen sind. In Freiheit zu leben und in Freiheit zu lernen, will gelernt sein.»[328]

Wir wissen nicht, was eine ungebremste Verwirklichung der progressiven Reformvorhaben dem deutschen Bildungswesen gebracht hätte. Offensichtlich ist, dass der in inhaltlicher Hinsicht nachvollziehbare und erfolgreiche Widerstand Golo Manns und anderer Kritiker keinen neuen Konsens zu stiften und keinen gangbaren Mittelweg zu weisen vermochte. Das auf Gesellschaftsveränderung abzielende Projekt der Reformpädagogik ist gescheitert.[329] Die Arbeit der Lehrer auf allen Stufen des Schulwesens ist, nicht nur in Deutschland, schwieriger geworden, und das Einverständnis über die kulturellen Werte, die es zu bewahren gilt, ist brüchiger denn je. Auf den Publizisten Golo Mann, der die studentische Protestbewegung, den Terrorismus und die progressiven bildungspolitischen Reformpläne bald mit nachdenklicher Mahnung und bald mit vehementer Kritik verfolgt hatte, immer aber vom unabhängigen Standort seines staatsbürgerlichen Verantwortungsbewusstseins aus, warteten neue Herausforderungen.

9. Das letzte Engagement: Franz Josef Strauß

Nach dem Rücktritt Willy Brandts im Mai 1974 blieb die sozialliberale Koalition mit dem früheren Bundesfinanz- und Wirtschaftsminister Helmut Schmidt als Kanzler und Hans-Dietrich Genscher als Außenminister an der Regierung. Dem neuen Bundeskanzler fehlte Willy Brandts Neigung zum Visionären, die Golo Manns Misstrauen erregt hatte; er war ein sachkundiger, nüchterner Pragmatiker vom rechten Flügel der SPD, eine führungsstarke Persönlichkeit, die der studentischen Neuen Linken kritisch gegenüberstand und dem Terrorismus kompromisslos und effizient entgegentrat. Der wirtschaftlichen Entwicklung galt Helmut Schmidts besonderes Augenmerk, und es gelang ihm, die durch den Ölschock vom Herbst 1973 ausgelöste Rezession in Grenzen zu halten, freilich um den Preis einer steigenden Staatsverschuldung. Gemeinsam mit dem französischen Staatspräsidenten Giscard d'Estaing förderte der Kanzler die Institution der Weltwirtschaftsgipfel, welche die Bekämpfung von Arbeitslosigkeit und Inflation zur internationalen Aufgabe machten. In der Außenpolitik wurde die Öffnung nach Osten, die Brandt ermöglicht hatte, vorsichtig fortgesetzt und mit einer Reihe von Abkommen gefestigt. Der Schlusstagung der Konferenz für Sicherheit und Zusammenarbeit in Europa (KSZE) in Helsinki, an der Schmidt und als Vertreter der DDR Erich Honecker teilnahmen, gelang es 1975, die Spannungen des Kalten Kriegs abzubauen, größere außenpolitische Transparenz zu schaffen und die Forderung nach dem Schutz der Menschenrechte einzubringen. Im Ganzen konnte die sozialliberale Regierung nach Brandts Abgang einen wenn nicht glänzenden, so doch erkennbaren Leistungsausweis vorweisen.

In den Bundestagswahlen vom Oktober 1976 standen sich Helmut Schmidt und Helmut Kohl gegenüber. Es kam zu einem harten Wahlkampf, in dem der CSU-Vorsitzende Franz Josef Strauß sich profilierte und den Kandidaten der Schwesterpartei durch seinen rücksichtslos konfrontativen Stil in den Hintergrund drängte. Die Wahlen führten zu einem knappen Sieg der SPD; Helmut Schmidt blieb Bundeskanzler und bildete mit der FDP erneut eine Koalitionsregierung.

In den folgenden vier Jahren beherrschten die Diskussion um die Nutzung der Atomenergie und die Frage erhöhter Rüstungsanstrengungen die Öffentlichkeit. Während die Ölkrise den beschleunigten Bau von Kernkraftwerken angezeigt scheinen ließ, wandten sich vorwiegend jüngere Bürger aus Gründen des Umweltschutzes gegen die Errichtung solcher Anlagen. Im Januar 1980 konstituierten sich Die Grünen auf Bundesebene als eine Partei, in der sich sowohl der systemkritische Einfluss der neuen Linken als auch konservative Tendenzen in schillernder Vielfalt verbanden. Mit den Grünen war hinfort zu rechnen, nicht nur, weil sie durch direkte Aktionen den Bau von Atomkraftwerken behindern, sondern auch, weil sie bei der Mobilisierung einer breiten Friedensbewegung mitwirken konnten. Diese Friedensbewegung wurde aktiv, als Helmut Schmidt angesichts der sowjetischen Bedrohung durch eurostrategische SS-20-Raketen das militärische Gleichgewicht gefährdet sah und für die Nachrüstung der NATO mit entsprechenden Waffensystemen eintrat. Im so genannten NATO-Doppelbeschluss vom Dezember 1979 wurde die Anpassung der westlichen Rüstung angestrebt, gleichzeitig aber auch die Weiterführung des Abrüstungsdialogs mit der Sowjetunion beschlossen. Diese Vereinbarung stieß bei den radikalen Pazifisten innerhalb der SPD auf erheblichen Widerstand und erregte auch den Widerstand eines ökologisch orientierten Protestpotenzials. Es war kein Bild der Einmütigkeit, das die SPD vor der Bundestagswahl im Oktober 1980 bot, und auch die FDP unterstützte eher den Kanzler als seine Partei. Helmut Schmidt freilich hatte sich auch außerhalb der SPD, vor allem durch die wirkungsvolle Bekämpfung des Terrorismus und sein Krisenmanagement, weit verbreitete Sympathien gesichert. Als Verhandlungspartner genoss er auch auf dem internationalen Parkett hohe Wertschätzung.

Wie aber stand es mit den Oppositionsparteien? Auch hier herrschte im Vorfeld der Wahlen von 1980 nur beschränkter Konsens. Bereits in den siebziger Jahren war es zwischen CDU und CSU zu schwerwiegenden Spannungen gekommen, weil sich der Reformkurs Helmut Kohls nicht mit dem Konfrontationskurs Franz Josef Strauß' vereinbaren ließ. Nach langem Gerangel zwischen verschiedenen Kanzlerkandidaten, in dessen Verlauf die CSU auch mit einer Abspaltung von ihrer Schwesterpartei drohte, wurde Franz Josef Strauß zum Kanzlerkandidaten gekürt. Helmut Kohl, der 1976 in der Bundestagswahl unterlegen war, hielt sich vorsichtig zurück. Im Vergleich mit Helmut Schmidt hatte Strauß 1980 deutlich geringere Erfolgsaussichten. Der Bayer war damals außerhalb seines Bundeslandes, wo er das Prestige eines urwüchsigen Landesvaters genoss, der umstrittenste unter den profilierten deutschen Politikern. Sein Ruf hatte 1962 im Zusammenhang mit der *Spiegel*-Affäre nachhaltigen Schaden genommen. Bis kurz vor seinem Tod lösten Straußens impulsive und zuweilen widersprüchliche Stellungnahmen verbreitete Besorgnis aus. Durch die Begünstigung ihm nahe stehender Persönlichkeiten setzte er sich auch dem Verdacht aus, persönlich nicht integer zu sein, und seine selbstherrlichen außenpolitischen Initiativen, von den Gegnern als «Nebenaußenpolitik» getadelt, schienen eher seinem Geltungsbedürfnis als einer durchdachten langfristigen Strategie zu entspringen. Mit vielen seiner öffentlichen Auftritte erweckte Strauß den Eindruck eines eigenmächtigen Volkstribuns, welcher der Demokratie durch seine populistische Art gefährlich werden konnte, so etwa mit seiner Sonthofener Rede vom November 1974, in welcher der Politiker die SPD als ideologischen Vorposten der Sowjetunion darstellte und zum rücksichtslosen parlamentarischen Konfrontationskurs aufrief.[330] Hinfort haftete Franz Josef Strauß vollends das Odium an, er könnte in höchster Position, als Kanzler oder Außenminister, zum Sicherheitsrisiko für sein Land werden.[331] Dennoch waren seine Vitalität und Intelligenz schwer zu bestreiten, und auch langjährige politische Gegner wie Willy Brandt und der *Spiegel*-Herausgeber Rudolf Augstein konnten, als Strauß 1988 starb, die rhetorische Begabung und charismatische Ausstrahlung des Politikers nicht in Abrede stellen.[332] Die Qualitäten und Fragwürdigkeiten dieser Politikerpersönlichkeit hat wohl niemand auf so knappem Raum so treffend zusammengefasst wie Hans-Jochen Vogel, der Strauß in den sechziger Jahren als Oberbürgermeister von München oft begegnete. «Schon damals hatte ich den Eindruck», schreibt Vogel, «es gebe eigentlich zwei ganz verschiedene Personen des gleichen Namens. Die eine, klug, realistisch, von enormer Auffassungsgabe und unerschöpflicher Vitalität. Die andere ungezügelt, ja mitunter fanatisch, machtbesessen und in hohem Maße egozentrisch. Im Konfliktfalle, insbesondere bei stärkeren Belastungen, behielt allerdings zumeist der zweite Strauß die Oberhand, und das machte ihn in der Tat gefährlich und unberechenbar. Dennoch habe ich die Versuche, ihn zu verteufeln und als eine Art leibhaftigen Gottseibeiuns darzustellen, immer für verfehlt gehalten.»[333]

Es fällt dem Biographen nicht leicht, die hohe Wertschätzung zu verstehen, die Golo Mann dem umstrittenen Politiker Strauß entgegenbrachte, und die zuweilen fast trotzig anmutende Entschlossenheit zu begreifen, mit welcher sich der angesehene Historiker und Publizist im Jahre 1980 der CSU als Wahlkampfhelfer zur Verfügung stellte, ja sich ihr geradezu andiente. Liberale Bürger und Freunde Golo Manns staunten und rieben sich die Augen. Wie konnte ausgerechnet ein Historiker, der die politische Persönlichkeit so sehr unter dem Aspekt ihrer Verantwortlichkeit gegenüber dem demokratischen Gemeinwesen beurteilte, seine Sympathie so offen und unverkennbar einem Menschen schenken, dessen Machtstreben kaum Skrupel zu kennen schien? Wie konnte ein Publizist, der seine Worte wog und mit Gegnern höflich umging, in jemanden Vertrauen setzen, dessen Rede nicht vor grober Vereinfachung und persönlicher Verunglimpfung zurückschreckte? Wie war es möglich, dass ein Konservativer, der die Unabhängigkeit seiner Meinung immer wieder bezeugt hatte und der nicht ins

Denkmuster von rechts und links hineinzupressen war, nun auf eine Persönlichkeit setzen, die, wo immer sie auftrat, polarisierend wirkte und diese Wirkung geradezu genoss?

Golo Manns Tagebuchaufzeichnungen zeigen, dass er Franz Josef Strauß schon in den sechziger Jahren seine wohlwollende Aufmerksamkeit schenkte. Der Historiker erkannte früh die Intelligenz, den Sachverstand und den politischen Ehrgeiz dieser Persönlichkeit. In ihrem unerschütterlichen Antikommunismus stimmten Politiker und Historiker überein. Dasselbe galt vom gemeinsamen Willen, das französisch-deutsche Bündnis zu stärken und die Einigung eines föderalistischen Europas voranzutreiben. Beide Persönlichkeiten leugneten die ausschlaggebende Bedeutung der USA für das westliche Verteidigungsbündnis nicht, strebten aber ein politisch unabhängigeres Europa an und wandten sich damit gegen die «Atlantiker», welche den Beziehungen zu Amerika Priorität einräumten. Für Franz Josef Strauß wie für Golo Mann waren sowohl Adenauer als auch de Gaulle Vaterfiguren, weil sie beide, wie Strauß in seinen Memoiren schreibt, «in geschichtlichen Bahnen dachten».[334]

Daneben waren es bestimmte Charakterzüge und Begabungen von Strauß, die den Historiker recht eigentlich fesselten und zu fesseln nie aufhörten: Die bayerische Mentalität erinnerte ihn an das eigene Herkommen; das ausgeprägte Interesse für Geschichte und eine ausgesprochene Neigung für die alten Sprachen entsprachen eigenen Befähigungen; und die Kunst der streitbaren Rede und Widerrede erinnerte ihn an die Rhetorik so bewunderter geschichtlicher Persönlichkeiten wie Churchill und de Gaulle. Ganz rückhaltlos war Golo Manns Sympathie freilich nie; denn auch er wusste um das Impulsive dieses Temperaments und das Zügellose von Straußens Willen zur Macht.

Kurz nach dem Mauerbau des Jahres 1961, als Franz Josef Strauß sich in einer Fernsehrede dazu äußerte, die Festigkeit mit dem Willen zur Konfliktbegrenzung verband, notiert Golo Mann in englischer Sprache in sein Tagebuch: «Letzte Nacht sah ich Minister Strauß an der TV. Intelligent, aber scharf, ehrgeizig, fast böse. Die große Frage ist, ob Krieg oder Frieden sein wird. Eine Frage in der Tat.»[335] Eine gewisse Ambivalenz setzte sich in seiner Beurteilung des Politikers fort: «Höre ich bayerisch», notiert er sich später, «so fühle ich mich wohl, mag selbst den F. J. Strauß deswegen.»[336] Meinungsgegensätze gab es immer, so in der Frage der Ostverträge, die Franz Josef Strauß lange bekämpfte, aber auch in der Frage der atomaren Bewaffnung, die Golo Mann, im Unterschied zu Strauß, vehement ablehnte. Das alles hinderte den Historiker jedoch nicht, der rhetorischen Gewandtheit, mit der Strauß seine Meinung vor Parlament und Öffentlichkeit vertrat, hohen Respekt zu zollen. «Von den Gegnern», schreibt Golo Mann 1972 ins Tagebuch, «war Strauß der Einzige, der mir imponierte und sogar gefiel.»[337]

Je mehr sich Golo Mann nach der Ratifizierung der Ostverträge von Willy Brandt löste, desto mehr begann er sich Franz Josef Strauß anzunähern. Ein Bündel von Ursachen lag dieser Neuorientierung zugrunde. Eine unverkennbare, im Alter sich steigernde Neigung, den affektiven Umgang mit charaktervollen Persönlichkeiten von Geschichte und Gegenwart zu suchen, spielte gewiss eine wichtige Rolle. Auch die Studentenunruhen und der Terrorismus trugen wesentlich dazu bei, dass Golo Mann sich an die Seite von Franz Josef Strauß stellte. Die Demokratie und die westliche Kultur waren, nach seiner Auffassung, einer gravierenden äußeren und inneren Gefahr ausgesetzt. Um Gefährdungen dieser Art entgegenzutreten, davon war Golo Mann überzeugt, war Franz Josef Strauß der Mann der Stunde; denn wie schillernd die Persönlichkeit sich zuweilen auch ausnehmen konnte – an ihrer Entschlossenheit bei der Bekämpfung linksradikaler Umtriebe war nicht zu zweifeln.

Mit solcher Einschätzung der Bedrohungslage blieb Golo Mann in der Mitte der siebziger Jahre übrigens nicht allein. Dem Glauben an den eingeborenen Emanzipationsdrang des Menschen und die Perfektibilität der menschlichen Gesellschaft folgte um 1975 weit verbreitete Skepsis. Waren moderne Massendemokratien mit den hergebrachten Mitteln noch zu regieren? Begannen nicht die Forderungen, welche die Regierten an den sozialen Wohlfahrtsstaat stellten, die Möglichkeiten dieses Staates zu übersteigen? Wie konnten die Bürger innerhalb der modernen Mediengesellschaft in staatsbürgerliche Verantwortung und Pflicht genommen werden? Solche Fragen wurden nicht nur von konservativen Betrachtern, sondern auch am rechten Flügel der SPD, im Umkreis von Helmut Schmidt, gestellt. Willy Brandt hatte, so die Auffassung Golo Manns, allen diesen Problemen der gesellschaftlichen Realität zu wenig Augenmerk geschenkt. Die Begriffe «Demokratisierung» und «demokratischer Sozialismus», die er und seine Gefolgsleute im Munde führten, lösten nach Ansicht des Historikers nichts; sie enthielten im Gegenteil eine utopische Komponente, die von den drängenden Fragen, welche die Realität stellte, wegführte. Die Demokratie wurde dadurch eher geschwächt als gestärkt. Wer von «demokratischem Sozialismus» sprach, griff, bewusst oder unbewusst, zu einem Passwort, welches dem Marxismus den Zugang zur westlichen Gesellschaft erschloss. Zwar schien Helmut Schmidt einer weiteren inneren Auflösung der Demokratie entschieden entgegenzutreten; aber würde ihm, so fragte sich Golo Mann besorgt, seine Partei wirklich folgen? Drängte sich nicht ein Regierungswechsel auf? Und wenn Deutschland dringend einer in ihrem Demokratieverständnis unangefochtenen, vitalen Persönlichkeit bedurfte – warum konnte es sich dann bei dieser Persönlichkeit nicht um Franz Josef Strauß handeln?

In einem Artikel in der Wochenzeitung *Die Zeit* versuchte Golo Mann 1976, nachdem Helmut Schmidt durch den Wahlausgang im Bundeskanzleramt bestätigt worden war, Franz Josef Strauß als Oppositionsführer einer breiten Öffentlichkeit akzeptabel zu machen. Der Historiker gibt sich davon Rechenschaft, dass weite Bevölkerungskreise dem Politiker mit Misstrauen begegneten, und er vermeidet es noch, sich allzu sehr mit Strauß zu solidarisieren. An dessen Sonthofener Rede anknüpfend, spricht Golo Mann von der

Notwendigkeit einer starken Opposition, die es nicht bei Kritik und geringfügigen Korrekturen am Kurs der Regierungspartei bewenden lasse, und er versucht, Strauß gegen den Vorwurf skrupellosen Machtstrebens in Schutz zu nehmen. «Wenn einer sich seinen Konkurrenten für turmhoch überlegen hält», schreibt er, «wenn er die Gefahren, die der Bundesrepublik drohen, schärfer zu sehen glaubt als jeder andere, so wird er nicht anders können, als das Amt des Regierungschefs zu erstreben und einstweilen jedem, der es innehat oder offiziell dafür kandidiert, das Leben sauer zu machen. Persönlichste und sachlichste Motive koinzidieren.»[338]

Golo Mann geht von einer akuten Bedrohungslage der Bundesrepublik aus. Er weist darauf hin, dass die Gefahren, welche die Existenz des Landes in Frage stellten, die Expansion des Kommunismus einerseits und die Überforderung des Sozialstaats anderseits, dringend einer starken Hand bedürften. Franz Josef Strauß habe diese Gefahren erkannt, und seine Einschätzung der Lage sei nachvollziehbar. «Auch kann ich», schreibt Golo Mann, «die Befürchtung des Mannes nicht einfach in den Wind schlagen. Verkürzt ausgedrückt, fürchtet er im Äußern die ‹Finnlandisierung›, im Innern den Weg Schwedens bis zum melancholischen Ende oder Nie-Ende. Was Straußens Theoretiker, Hayek, vor einem Vierteljahrhundert lehrte, hat die Erfahrung bisher leider nicht widerlegt: die Bande der sozialen Sicherheit und Egalisierung werden immer noch enger geschnürt, kosten immer mehr.»[339] Mit dieser Bemerkung nimmt Golo Mann auf eine damals aktuelle Diskussion Bezug, die das vom schwedischen Regierungschef Olof Palme propagierte sozialstaatliche Gesellschaftsmodell mit dem Neoliberalismus des Ökonomen Friedrich August von Hayek konfrontierte, der die dirigistische Planung des Gemeinwohls ablehnte und die Belebung des individuellen Leistungswettbewerbs empfahl. Dass Golo Mann in dieser Debatte aufseiten Hayeks stand, geht aus dem Aufsatz deutlich hervor.

Im Weiteren zeichnet Golo Mann ein Porträt von Strauß, das

auch kritische Überlegungen nicht unterschlägt. «Es standen», schreibt er, «zwei Feen an seiner Wiege. Die eine schenkte ihm höchste Intelligenz und stärkste Vitalität, eine seltene Verbindung. Die andere fügte Hochmut hinzu, Ungeduld, erratisches Gebaren, die unholde Feengabe, immer im Gespräch, immer in der Legende, der Sage zu sein.»[340] Es käme nun alles darauf an, fährt Golo Mann, fort, ob es Strauß gelinge, sein ungestümes Temperament zu zügeln und seine inneren Widersprüche auszutarieren. Dabei könne ihm vielleicht seine Partei helfen: «Auch dies ist ein Zeichen gesellschaftlicher Veränderung; die CSU ist nicht mehr die Honoratiorenpartei, die im feinen Bonn den Vorsitzenden gewähren lässt. Auch in ihr sind Vertreter frischer Generationen am Werk, und sie sehen in Strauß nichts mehr als den Gewählten, den Rechenschaft Schuldenden, den notfalls Abwählbaren. Daraus könnte er was lernen.»[341]

Noch ähnlich unverbindlich äußerte sich Golo Mann zur selben Zeit in einem Fernsehgespräch aus Anlass seines siebzigsten Geburtstags. Von allem Möglichen ist darin die Rede, und als das Gespräch fast zufällig auf Franz Josef Strauß und seine Partei kommt, bemerkt der Historiker: «Dann kam unbestreitbar eine Zeit, in der die Stellungnahmen der CDU/CSU, besonders auch gewisse Stellungnahmen von Franz Josef Strauß, für mich die richtigeren waren ... Das ist der neueste Stand, es muß nicht der letzte sein. Denn wie ich Ihnen schon sagte, geht mir das Pendel etwas zu weit nach der anderen Seite, dann wirke ich wieder entgegengesetzt.»[342]

Die CSU freute sich über den Sukkurs, der ihr von so unerwarteter Seite zuteil wurde. Der Partei fehlte es an Intellektuellen, schon gar an solchen, die mit Bayern durch ihre Herkunft verbunden waren und sich zugleich in ganz Deutschland großen Ansehens erfreuten. Auch war die politische Vergangenheit des Emigranten unbefleckt, und man konnte sich auf seine Sympathie berufen, wenn Mitglieder der CSU den Vorwurf des Rechtsradikalismus herausforderten. Sofort setzten sich Parteivertreter mit Golo Mann in Verbindung, begrüßten seine Stellungnahmen und luden ihn zu Veranstaltungen ein. Golo Mann gab dem Drängen bereitwillig nach. Im Jahre 1976, aus Anlass des Gedenkens an Adenauer, der hundert Jahre zuvor geboren war, kam es in Bad Honnef zu einem längeren persönlichen Gespräch mit Franz Josef Strauß. Dieser hatte den Festvortrag gehalten, dann speiste man zu Abend, und anschließend unterhielt man sich über geschichtliche und politische Fragen. «Als man genug gespeist hatte», berichtet Golo Mann später, «gegen zehn Uhr, kam Strauß zu mir herüber, das Gespräch, das sich nun entwickelte, dauerte bis gegen zwei Uhr morgens, wobei ein kräftiger Mosel nicht fehlte.»[343] Wie zwiespältig Strauß Golo Mann damals noch erschien, lässt sich im Brief an einen Freund nachlesen: «Seine gewaltigen Gaben, seinen Charme, das wußte ich ja alles vorher, die Brillanz seines Vortrages konnte mich nicht überraschen. Aber in dem weinseligen Nachtgespräch offenbarte er ganz andere Seiten, die ich ahnte, aber mir doch so mächtig nicht vorgestellt hatte. Kein Nazi, keineswegs. Aber doch aus dem gleichen Boden kommend, aus dem die Münchener Nazi kamen, einem Boden, den ich ja nun gut kenne.»[344]

Im Februar 1978 hatte der Historiker Gelegenheit, den Redner Franz Josef Strauß aus der Nähe zu sehen, und er notiert tief beeindruckt im Tagebuch: «Strauß sprach, und da ich direkt neben ihm saß, konnte ich ihn genau beobachten, at his best, völlig improvisiert, voll gewaltigem Humor, herzhafter, lustiger Frechheit, sprühend von guten Einfällen, ich konnte nicht anders als ihn bewundern und im allerhöchsten Grade sympathisch finden; daß er es sein kann, ist mir bekannt.»[345]

Im Sommer desselben Jahres trat Golo Mann anlässlich einer Tagung der Hanns-Seidel-Stiftung in Wildbad Kreuth auf, zu der man auch die Kammersängerin Erika Köth und den Schauspieler Joachim Fuchsberger geladen hatte. Absicht dieser Veranstaltung war es, die Verbindung der Partei zu Vertretern des kulturellen Lebens sichtbar zu machen, und dementsprechend lautete Golo Manns Vortrag «Intellektuelles Ethos und politisches Engagement».[346] Ein Jahr später referierte der Historiker am Europa-Forum der CSU in Nürnberg zum Thema «Das geistige Europa».[347] Ganz wohl scheint es Golo Mann bei diesen Auftritten nicht gewesen zu sein, spürte er doch, dass man seine Präsenz und Zustimmung schonungslos auszubeuten suchte. In sein Tagebuch notiert er unmittelbar nach der Nürnberger Tagung: «Das Fernsehen zeigte mich, mich speziell, applaudierend nach der Rede von Strauß, und dann wieder ihn, die Hände hebend, so als ob er mir zuwinkte.» Und er fährt fort mit einer Bemerkung, in der sich Understatement und Naivität verbinden: «Viel spricht dafür, daß es nicht Bosheit des Fernsehens, sondern erbetene Gefälligkeit war. Aber auf so was komme ich nie, weil ich nur mich selber einschätze, nicht die Stellung, die ich habe und nie haben wollte.»[348]

Je näher der Wahlkampf heranrückte, umso mehr versicherte sich die CSU der Gefolgschaft des Historikers. «Dem muß man auch bloß den kleinen Finger reichen», schreibt Golo Mann 1979 in seinem Tagebuch über den damaligen Generalsekretär der CSU und nachmaligen bayrischen Ministerpräsidenten Edmund Stoiber. Demselben Stoiber aber signalisierte Golo Mann im selben Jahr seinen Wunsch, Strauß in einem Fernsehinterview gegenüberzutreten.[349] Erste Misshelligkeiten und Missverständnisse blieben nicht aus. Aussagen Golo Manns wurden in der CSU-Presse in veränderter und verfälschender Form zitiert, Texte von ihm wurden ohne sein Wissen nachgedruckt. Auch war der Historiker durchaus nicht immer mit der oft grobschlächtig argumentierenden Propaganda der CSU einverstanden. Im Besonderen empörte ihn die Gleichsetzung von Sozialismus mit Nationalsozialismus, die, mehr oder weniger deutlich ausgesprochen, zum Wahlkampfarsenal der CSU gehörte. Bitter beklagte er sich darüber in einem Brief an Edmund Stoiber und sprach von einem «sehr, sehr schweren Fehler», der geeignet sei, das politische Klima zu vergiften. «Mit der SPD», so Golo Mann, «können Sie die Nazis nun wirklich nicht zusammenbringen; da war auch nicht die allerheimlichste und nicht die indirekteste Komplizenschaft.»[350] Und er fuhr fort:

«Wenn der Wahlkampf nun ‹furchtbar› wird, wie manche fürchten, so trifft Sie greifbarere, frühe Schuld dabei, und genau das hätte ich so gern verhindert gesehen! Wie wollte ich Herrn Strauß zurufen: Staatsmann sein, Staatsmann sein, Staatsmann sein! Maßhalten, maßhalten, maßhalten! Mit solchen Späßen aber kann er nur Anhängern eine Freude machen, die ihm sowieso sicher sind. Neue kann er damit nicht gewinnen ...»[351] Die Perfidie solcher Gleichsetzung von Sozialismus und Nationalsozialismus beschäftigte Golo Mann so sehr, dass er es nicht beim brieflichen Protest bewenden ließ, sondern auch in öffentlicher Stellungnahmen seine Meinung kundtat.[352]

In seiner Antwort auf Golo Manns Brief sprach Stoiber von einem Missverständnis, wies darauf hin, dass die SPD ihrerseits nicht gezögert habe, die CSU in die Nähe der Nationalsozialisten zu rücken, und hielt fest: «Unsere Aufgabe muß es doch sein, die SPD und deren neue Repräsentanten wie Egon Bahr, Horst Ehmke, Willy Brandt und andere dazu zu zwingen, ihr Verhältnis zum Marxismus bloßzulegen ...»[353] Gleichzeitig sah sich Stoiber veranlasst, in der *Deutschen Zeitung* eine «Richtigstellung» abdrucken zu lassen, welche, nach Art der Politiker, die halbe Entschuldigung mit einem neuen Angriff verband: «Meine auf dem Parteitag der CSU geäußerte Auffassung, daß ‹Nationalsozialisten in erster Linie auch Sozialisten, Kollektivisten waren›, hat zu enormen politischen Eruptionen geführt, weil die SPD diese Feststellung als Vorwurf an sie selbst betrachtete, was ich niemals erwartet hatte.» Und Stoiber schloss mit den Worten: «So kommen wir wieder zum Schluß: für einen Sozialisten ist das Kollektiv höher als das Individuum, und für den NS stand das Kollektiv höher als das Individuum – wobei, auch dies sei wiederholt, der Ausgangspunkt völlig verschieden, das Ergebnis jedoch dasselbe ist: die Gleichheit aller unter Zurückdrängung der Individualität oder gar der Persönlichkeit.»[354]

Im Jahre 1979 erschien eine Sammlung von Bundestagsreden des Politikers Franz Josef Strauß, zu der Golo Mann das Vorwort verfasste.[355] Schon einige Jahre zuvor war der Historiker eingeladen worden, einen ersten Band von Reden einzuleiten; damals hatte er noch abgelehnt. Das Vorwort zum zweiten Band wurde ein Hohelied und eine Huldigung an den Redner und Politiker Strauß. «Was zeichnet den großen Politiker, den Staatsmann, vor andern Bürgern aus?», fragt sich Golo Mann. Und er antwortet auf die rhetorische Frage mit einem ausführlichen Tugendkatalog: Arbeitskraft und Fleiß, Beherrschung der Materie und Achtung vor den Kollegen, Intelligenz, Vitalität und Fähigkeit zur Analyse, geistige Präsenz und Schlagfertigkeit, Aggressivität gepaart mit Humor. Alle diese Begabungen und Eigenschaften findet der Historiker im Bundestagsredner Strauß, «in einem der wenigen ganz großen Parlamentarier, die Deutschland je besaß»[356], vereinigt, und zwar in solchem Grade, dass sich der Vergleich mit den besten Gegnern Bismarcks im Reichstag, ja mit Bismarck selbst, aufdrängt. Nur bare Unkenntnis und immer neu angefachte Hetze, fährt Golo Mann fort, könne die überragende Bedeutung dieser Persönlichkeit in Frage stellen. Er weist hin auf Straußens bescheidene Herkunft als Metzgerssohn; er rühmt die herausragende Begabung des Schülers und stellt fest, dass beides, Herkunft und Bildung, den Politiker nicht hochmütig gemacht, sondern zum echten Demokraten habe werden lassen. Bewundernd wird die Vielseitigkeit des Politikers erwähnt, der nicht nur als Finanzminister und Verteidigungsminister erfolgreich gewesen sei, sondern in vielen andern Bereichen auf hohem Niveau zu argumentieren wisse. Besonderes Lob erhält schließlich Franz Josef Strauß' Kenntnis der Geschichte, die – wir erinnern uns – nach Golo Manns Auffassung zu den Merkmalen des großen Staatsmannes gehörte. Die jüngste deutsche Geschichte sei Strauß bestens vertraut, er ziehe daraus die richtigen Schlüsse, und seine Ablehnung des Nationalsozialismus sei über jeden Zweifel erhaben. Dass so viele Begabungen in einem einzigen Individuum angelegt sind, scheint für Golo Mann ans Überwirkliche zu grenzen, und seine Sprache gewinnt ein fast biblisches Timbre, wenn er schreibt: «Es ist ja nicht wahr, daß es der Herr den Seinen im Schlaf gibt; wahr nur, daß man zu den ‹Seinen› gehören muß, damit er es ihnen, im Wachen, geben kann.»[357]

Golo Manns rühmender Überschwang wird ganz verständlich nur vor seiner düsteren Einschätzung der aktuellen Lage in Deutschland. Im Grunde zeichnet der Autor nicht nur das Porträt eine Politikers, der als Retter in der Not fast messianische Züge annimmt; er zeichnet auch das Porträt seiner selbst und seiner eigenen Gegenwartserfahrung. Wieder wird sichtbar, wie sehr Studentenrevolte, Terrorismus und Bildungskrise Golo Mann im Innersten getroffen und gezeichnet haben. Wieder drängt sich ihm der Vergleich mit den Zuständen in der Weimarer Republik auf. «So wie die Mordtaten der frühen zwanziger Jahre», schreibt er, «die von der Ultrarechten kamen, mit der Hetze gegen die ‹Novemberverbrecher› zusammenhingen, so wurde der Terrorismus unserer Jahre nur möglich in der Atmosphäre, die von der Neuen Linken und Ultralinken bestimmt wurde ... Die Argumentation ist schlüssig, der historische Vergleich schlagend ...»[358] Für Golo Mann ist die Demokratie nach 1970 genauso bedroht, wie sie es um 1930 war, und niemand bietet so sichere Gewähr, diese Bedrohung abzuwenden, wie Franz Josef Strauß. Denn dieser Politiker ist in den Augen des Historikers ein überzeugter Demokrat, und zwar, wie der Autor etwas unscharf bemerkt, ein «Demokrat von Natur». Alles trennt ihn von den «Demokratisierern», die den Marsch durch die Institutionen angetreten haben, um den «sozialistischen Obrigkeitsstaat» zu errichten. Während, so des Historikers Diagnose, in der SPD die liberalen Kräfte, die sich der sozialen Marktwirtschaft verpflichtet fühlen, zusehends schwächer würden, führe Strauß die Tradition Adenauers unerschüttert weiter: Freiheit der Bürger und soziale Marktwirtschaft im Innern; Konsolidierung des freien Deutschland gegenüber der marxistischen Bedrohung von außen. Strauß sei Föderalist, und er sei dies als Bayer wie als Europäer. Europa sei für Strauß, so Golo Mann, kein gleichgeschaltetes «Volksfront-Europa», kein

Block wie der sowjetische, sondern ein Kern der Einheit in der Vielfalt.[359]

Man wird in der deutschen Publizistik des 20. Jahrhunderts lange suchen müssen, um ein so rückhaltloses und beredtes Bekenntnis zu einem Politiker zu finden, das nicht von einem Parteimann, sondern von einem unabhängigen Beobachter der Zeitläufte stammt. Golo Mann staunt darüber, wie die Größe dieser Persönlichkeit von ihren Gegnern so habe verkannt werden können. Und er schließt sein Vorwort mit den Sätzen: «Wohl mag dem Leser seiner Reden die Frage sich aufdrängen: Warum ist er nie an die Spitze der Bundesregierung gelangt? Wäre er selber daran schuld? Oder die Konstruktion der Unionsparteien, von denen er die kleinere, die nur bayerische führt? Oder ist es, viel eher, das verfälschende Denkmal, das die Gegner ihm setzten?»[360]

Als man sich Anfang Juli 1979 nach zermürbenden Auseinandersetzungen zwischen CDU und CSU auf Franz Josef Strauß als Kanzlerkandidaten einigte, begann sich Golo Mann intensiv als Wahlhelfer zu betätigen, was dadurch erleichtert wurde, dass er sich zeitweise an seinem kurzfristigen Wohnsitz in Icking bei München aufhielt. Er nahm publizistisch Stellung, wobei er auch den Auftritt in der Boulevardpresse nicht scheute; er unterschrieb Aufrufe, gab Interviews, trat im Fernsehen auf, zeigte sich an Propagandaveranstaltungen, korrespondierte mit der Parteispitze. Kein Wunder, dass die Stellungnahmen des Historikers Aufsehen erregten, und nicht nur die *Stuttgarter Zeitung* fragte sich, wie der Weg des liberalen Konservativen «so weit nach einem fragwürdigen ‹Rechts› führen» konnte.[361]

Briefe von Freunden und Bekannten trafen bei Golo Mann ein und drückten Erstaunen und Befremden aus. Harry Pross, Mitarbeiter am Fischer-Lexikon und langjähriger Freund, schrieb: «Und Strauß ist kein Metternich und Stoiber kein Gesprächspartner für Dich; aber Du weißt soviel von Geschichte und Zeitgeschichte, daß die Leute sich fragen müssen, was ist denn in den gefahren? Hat er seine Maßstäbe auf dem Spaziergang nach Bayern verloren?»[362] Hans-Jochen Vogel, der Brieffreund aus den Tagen der terroristischen Verunsicherung, fühlte sich veranlasst, aus Goethes *Faust* zu zitieren, wenn er schrieb: «Und was Herrn Strauß selbst angeht, bin ich versucht zu sagen: ‹Es tut mir lang schon weh, daß ich Dich in der Gesellschaft seh.› Aber natürlich sind Sie nicht Faust, ich nicht Gretchen und Herr Strauß letzten Endes auch nicht Mephisto. So ist es eben mit Zitaten. Lassen Sie uns unser Gespräch wie bisher fortsetzen.»[363] Ernst Klett, der Verleger der Schriften Jüngers, ein wohlmeinender Freund, schrieb: «Ihre Kontroverse mit den Strauß-Gegnern ist für Ihre Freunde schmerzlich, für Sie schädlich. Kein einziger hat bisher bemerkt, daß Ihr Eintreten für Strauß neben Ihrer Vorliebe für starke Männer aus einem Impuls der Ritterlichkeit stammt. Sie mochten die schmutzige Hetze nicht mitansehen. Allerdings hätte ein Besserer solchen Einsatz verdient.»[364] Professor Arnulf Baring schließlich, einer der besten Kenner des politischen Bonn, ließ sich vernehmen: «Darum allein ging es mir, als ich Ihnen schrieb: Ist Strauß der richtige Bewerber? Ich kenne seine Gaben, bin nicht ohne Respekt für ihn, habe sogar eine gewisse Sympathie – aus den Gründen, die Sie alle auch nennen. Aber alles in allem: es wäre ein Unglück, dabei möchte ich bleiben.»[365]

Die Antworten, die Golo Mann einzelnen seiner Kritiker zukommen ließ, zeigen, wie sehr der Affekt, nicht die Ratio, sein Eintreten für Strauß bestimmte. Immer wieder spricht er davon, wie ungerecht man Strauß in der Öffentlichkeit beurteile und mit welchen Schmähungen man ihn überhäufe – ohne zu bedenken, dass Strauß selbst sich keineswegs zurückhielt und in einem «Duell der Giganten»[366], wie die stark personalisierte Auseinandersetzung genannt wurde, mit gleicher oder härterer Münze heimzahlte. Schwer zu glauben und doch wahr: Golo Mann empfand Franz Josef Strauß gegenüber in höchstem Grade die ganz unpolitische Empfindung des Mitgefühls. «Strauß, glauben Sie mir», schrieb er an den Romanisten Hans-Martin Gauger, «ich würde nicht für ihn eintreten, wenn nicht, seit vielen Jahren schon, nun aber intensiviert, eine Hetzkampagne gegen ihn stattfände … I have always been for the underdog.»[367] Ähnlich begründete Golo Mann seine Unterstützung von Strauß auch gegenüber dem Historiker Theodor Schieder, und an Arnulf Baring schrieb er: «Warum ich, von allem Politischen abgesehen, mich für ihn einsetze: weil er für die gesamte deutsche Intelligentsia der underdog ist. Weil es seit bald einem Vierteljahrhundert eine ununterbrochene Hetze gegen ihn gibt. Ich war immer, zeit meines Lebens, für die underdogs; darum war ich für die Sozialdemokraten, leidenschaftlich 1929–1933, und darum war ich auch in den fünfziger Jahren für sie, als Adenauer sie recht häßlich behandelte.»[368]

Franz Josef Strauß ein Verlierer, ein Verfolgter, ein Gedemütigter? Eine solche Einschätzung konnten selbst jene schwer begreifen, die Golo Mann menschlich verbunden waren. «Freilich», schrieb Hans-Martin Gauger, «hat die Wertung von Strauß als ‹underdog› zumindest den Vorteil der Neuheit».[369] Und Arnulf Baring bemerkte: «Und doch fand ich Ihr Motiv, für FJS zu sein, weil er ein ‹underdog› sei, beklagenswert weit vom Punkte entfernt, nach wie vor. Auch die Vergleiche mit den frühen Dreißigern, mit der Ära McCarthy liegen für mein Verständnis neben der Sache, um die es hier geht. Das Thema der Verfolgung, des underdog, hat, zu Recht oder Unrecht, in meinem Verständnis nur marginal etwas mit der Frage zu tun, um die es hier geht: ob dieser Mann der Richtige wäre für das höchste Amt, das wir zu vergeben haben.»[370] In einem Brief an Arnulf Baring zählte Golo Mann, in die Verteidigung gedrängt, nochmals die Tugenden des Kanzlerkandidaten auf: Intelligenz, Fachkompetenz, historische Bildung. Und wieder wird ersichtlich, dass er mit einer Insistenz, die auch innerste Zweifel überwinden zu suchen scheint, auf ein näher nicht zu bestimmendes emotionales Vertrauen zurückgreift, wenn er schreibt: «‹Menschlich›, ja, über die Bedeutung dieses Adjektivs müßte man sich lange unterhalten. Ich glaube ganz einfach, daß er netter mit seinen Mitarbeitern ist als zum Beispiel Helmut Schmidt oder gar Genscher. Aber ‹menschlich› kann ja auch menschliche Schwächen bedeuten, und die hat er natürlich. Ich glaube nicht, daß er sehr polarisieren wird oder momentan will. Daß er den starken Mann gern spielt, ohne es eigentlich zu sein, daran ist durchaus etwas; er kann auch bös sein. Er kann andererseits auch durchaus nicht nur charmant sondern urban, konziliant, sogar recht eigentlich fair sein; er kann sehr viel.»[371]

Hatte es schon zu Beginn von Golo Manns Engagement reichlich Missverständnisse gegeben, so kam es im weiteren Verlauf des Wahlkampfs noch zu weiteren Pannen, die wenig dazu angetan waren, Strauß zu helfen, wohl aber, dem Historiker zu schaden. Als Fernsehinterviewer war Golo Mann, wie wir uns erinnern, nicht unbestritten. Im Jahre 1974 hatte ein Gespräch, bei dem der Historiker sich, mit Kleist zu reden, «auf den Knien seines Herzens» Richard von Weizsäcker genähert hatte, scharfe Kritik ausgelöst.[372] Im Januar 1980 kam es zur Aufzeichnung jenes Fernsehgesprächs mit Strauß, um das der Historiker nachgesucht hatte; ausdrücklich war zuvor mit Stoiber vereinbart worden, dass es «kein Gespräch inter pares» sein sollte und dass Strauß Gelegenheit zu wirkungsvoller Selbstdarstellung geboten werden müsse.[373] Dieser Plan erwies sich als fatal: Noch ausgeprägter als im Dialog mit Weizsäcker erschien Golo Mann in der am 28.2.1980 ausgestrahlten Fernsehsendung als untertäniger Diener seines Herrn, der die Stichworte lieferte, die es dem Politiker gestatteten, sich nach Lust und Laune zu entfalten. Die Golo Mann wohlgesinnten Fernsehzuschauer waren konsterniert, das Echo in der Presse war verheerend. Der *Spiegel* höhnte: «Ein Staatsmann, ja ein Weltpolitiker, wenn auch nicht vom Habit her, gab seine Meinung kund, unterbrochen vom Professor höchstens durch ein zustimmendes Grunzen oder Einwürfe wie ‹Da bin ich völlig Ihrer Meinung›, ‹Da stimme ich völlig bei ...›»[374] Und die Illustrierte *Stern* schrieb unter dem Titel «Mannomann»: «In einer peinlichen Fernsehsendung ließ er sich sogar als Strauß-Stichwortgeber und Kopfnicker vorführen.»[375] Am Parteisitz der SPD in Bonn freute man sich über den verfehlten Auftritt und scheint sogar erwogen zu haben, wie der *Stern* vertraulich zu berichten wusste, «die eher devoten Briefe Manns an Brandt» zu «veröffentlichen», was aber von Brandt mit den Worten «Hier wird nicht mit Dreck geworfen» untersagt worden sei.[376]

Der Historiker selbst war entsetzt, als er sich das Fernsehgespräch ansah. Er notiert im Tagebuch, dass sein Interview boshaft manipuliert worden sei, «abscheulich gekürzt und kastriert in allem, was ich gegen St. eingewandt hatte, obgleich ich den Producer, Engelhardt, dringend gebeten hatte, gerade diese Passagen nicht zu streichen, was er mir auch versprochen hatte. Empörung deswegen. Schlechte Nacht.»[377] Golo Mann unterließ es nicht, sein Befremden über die seiner Meinung nach manipulierte Sendung öffentlich zu machen;[378] doch der Fernsehredakteur war sich keiner Schuld bewusst. «Die Sendung», gab er zu Protokoll, «musste gekürzt werden, wir haben Herrn Mann zweimal brieflich Schnittvorschläge gemacht. Ohne Reaktion.»[379] Womit es wohl, angesichts der anhaltenden Überlastung des Historikers, seine Richtigkeit hatte.

Zu einem weiteren Vorfall, der eher Golo Mann schadete als Strauß nützte, kam es, als der Historiker dem luxuriös aufgemachten Männermagazin *Penthouse* einen Artikel zum Abdruck überließ. Der Aufsatz wiederholte die bekannten Auffassungen des Historikers. Von den Qualitäten des Staatsmannes und Redners ist die Rede, von der Gefahr des Weltkommunismus und davon, dass Strauß sie als einer der Ersten erkannt habe, von der «Kampagne», deren Opfer Strauß sei und die in der politischen Geschichte Deutschlands nahezu beispiellos dastehe.[380] Alles deutet darauf hin, dass Golo Mann den Abdruck seines Beitrags zugelassen hatte, ohne sich nach Inhalt und Ruf einer Illustrierten zu erkundigen, die damals angefochtener war als heute. Wie dem auch sei; für die Gegner Golo Manns war dieser Missgriff ein gefundenes Fressen. Und jene, die Mann politisch nahe standen und ihn als Autor schätzten, waren perplex. «Ich lese», schrieb dem Historiker ein nicht genau informierter und sittenstrenger Schweizer, «daß Sie Mitherausgeber der Zeitschrift ‹Penthouse› sind und daß Sie sich mit dem Schreiberling ‹Hochhuth› gleichsam unter denselben ‹Hut› begeben. Darf ich um eine Erklärung oder noch lieber um ein Dementi bitten?»[381]

Wenig erfolgreich verlief schließlich auch der auf Anregung des bayrischen Kultusministers Hans Maier und Edmund Stoibers unternommene Versuch, führende Persönlichkeiten aus Kultur und Wissenschaft eine Erklärung zugunsten von Kanzlerkandidat Strauß unterschreiben zu lassen und diese in der Presse zu veröffentlichen. Wohl war es Golo Mann auch bei dieser Solidaritätserklärung nicht; er habe sich mit seiner Zusage in eine «ungute Situation» begeben, hält das Tagebuch fest.[382] Die Erklärung kam nicht zustande, weil sich im angesprochenen intellektuellen Kreis zu wenig Persönlichkeiten fanden, die bereit gewesen wären, mit ihrem Namen öffentlich für Strauß einzutreten. Als sich der Misserfolg abzuzeichnen beginnt, schreibt Golo Mann in sein Tagebuch: «In der ‹Unternehmung› immer nur Absagen, zu meiner Erlösung. Dieser Kelch geht an mir vorüber.»[383] Nach den Wahlen kam der Historiker in einem Brief an Franz Josef Strauß auf diese misslungene Werbeaktion zu sprechen: «Deprimierend waren für mich die allzu vielen, an die dreißig, die mir schrieben: Sie seien ja ungefähr meiner Ansicht, aber gerade in ihrem persönlichsten Fall sei eine Unterschrift nun einmal nicht ratsam; bei dem Einen, weil er an einer Universität, bei dem Zweiten, weil er mit einer Zeitung verbunden sei, bei dem Dritten, weil sein stilles Wirken gerade in meinem Sinn eben mehr erreichen könnte als solch öffentliches Engagement etc. Bis zu einem gewissen Grad mag das in der Natur der Sache gelegen haben. Die Liberalen, im guten alten Sinn des Wortes, eignen sich wirklich weniger für ein immer wiederholtes politisches Engagement als ‹linke Intellektuelle›.»[384]

Die Hauptschwierigkeit, der Straußens Befürworter gegenüberstanden, war, dass sich Helmut Schmidt großes Ansehen erworben hatte und dass die Personalisierung des Wahlkampfs eindeutig für die SPD arbeitete. Politische Klugheit sprach im Grunde dafür, dass man nach den Anschlägen linker Terroristen gerade den Vertreter einer maßvollen und pragmatischen Linken, wie Schmidt es war, weiter wirken ließ. Dieselbe Klugheit musste, unter obwaltenden Umständen, in der polarisierenden Persönlichkeit des Franz Josef Strauß ein Risiko sehen, auch wenn dieser, wie Golo Mann mutmaßte, im Amt gemäßigter und weniger polternd in Erscheinung treten würde als sonst üblich. Zweifellos machten viele Wählerinnen und Wähler solche Überlegungen, was dazu führte, dass manche Vertreter der radikalen Linken sich hinter Schmidt stellten, während anderseits Anhänger der CDU/CSU für FDP und SPD eintraten. Die Wiederwahl Helmut Schmidts war so ernstlich nicht gefährdet und wurde auch von den meisten politischen Prognostikern vorausgesagt.

Auch für den Wahlhelfer Golo Mann stellte sich das Problem, dass in seinen Augen, obwohl er für Franz Josef Strauß eintrat, Helmut Schmidt eine durchaus verdienstvolle, für das hohe Amt geeignete Persönlichkeit war. Dies aus Gründen der politischen Wahltaktik zu leugnen, war der Historiker zu wenig Parteipolitiker und insofern zu ehrlich. Von der Presse zur Eignung der beiden Kanzlerkandidaten befragt, zeigte sich der Historiker unfähig, mit der in Wahlkämpfen gebotenen Entschiedenheit Stellung zu nehmen. In einem Interview für *Die Welt* zeichnete er von beiden Kandidaten ein fast kongruentes Profil. «Schmidt ist», sagt er, «– wie Strauß – ein hochintelligenter Mann, energischer Administrator und Regierungschef, ein sehr kenntnisreicher Mann, kenntnisreich vor allem in der Theorie und Wirklichkeit der Volkswirtschaft.»[385] Und Strauß? Worin unterscheidet er sich positiv von seinem Gegner? «In einigen Belangen», bemerkt der Historiker, «treffen die gleichen Werte auch auf Strauß zu. Er ist ebenfalls ein eminent gescheiter Mann, doch seine Gescheitheit scheint mir phantasievoller zu sein als die von Schmidt. Auch Strauß hat im Laufe seiner dreißig Jahre ungeheuer reiche und vielfältige Erfahrung gesammelt. Er ist ein hervorragender Kenner Afrikas; seine internationalen Beziehungen sind, wenn auch auf etwas andere

Weise, durchaus denen von Schmidt gleichzustellen [...] Persönlich glaube ich, dass er seinen Mitarbeitern gegenüber menschlicher ist als Schmidt [...] Im übrigen halte ich Humor für sehr wichtig bei den Politikern. Franz Josef Strauß hat Humor.»[386] Auf die Suggestivfragen der Gesprächspartnerin nach den Schwächen von Strauß gibt Golo Mann bereitwillig Auskunft und versucht sie als lässliche Sünden darzustellen. Ja, eine Schwäche von Strauß sei seine mangelnde Selbstbeherrschung; aber: «Die Schwäche von Strauß ist eine menschlich sympathische ...» Ja, Strauß sei eine sehr dominante Persönlichkeit; aber: «Was den starken Mann betrifft, haben wir alle erfahren, daß er sehr oft ein Zauderer ist, der nicht die Entschlußkraft hat, die man ihm zutraut.»[387]

Nein, mit Interviews dieser Art, telefonisch und ohne den Vorbehalt einer prüfenden Durchsicht übermittelt, waren wenig neue Wähler für Strauß zu gewinnen. Phantasie- und humorvoll, in seinen Schwächen menschlich sympathisch, ein liebenswürdiger Chef, gelegentlich doch eher ein Zweifler als ein Macher, ein Kenner Afrikas – das alles mochten zwar Vorzüge sein, aber keine solchen, die für das Kanzleramt den Ausschlag geben konnten. Dies umso weniger, als Golo Mann Helmut Schmidt als Politiker und Krisenmanager unverändert hohes Lob zuteil werden ließ und des Historikers einziger allenfalls ernst zu nehmender Einwand, nämlich dass Schmidt sich im Amt verbraucht habe und müde sei, durch dessen Wahlkampfauftritte Lügen gestraft wurde.

Unabhängig von der Persönlichkeit der Kanzlerkandidaten schien es Golo Mann auch aus grundsätzlichen Überlegungen geboten, einen Regierungswechsel anzustreben. In einem Jahresrückblick, um den ihn *Bild am Sonntag* Ende 1979 bat, wies Golo Mann zuerst auf die vielen Krisenherde in der Welt hin. Er spricht von der Unrast in der islamischen Welt, erwähnt die Revolution im Iran, die Brandreden des Gaddafi, die Besetzung der Moschee von Mekka, den sowjetischen Einmarsch in Afghanistan. Eine neue Ölkrise, hält er fest, sei nicht auszuschließen. Dann kommt der Historiker auf die Bundesrepublik und auf die Notwendigkeit einer Ersetzung der politischen Führung zu sprechen. Im Jahre 1969 sei er für die sozialliberale Koalition eingetreten, nun aber sei Zeit für einen Wechsel. «Sozialismus kostet nun einmal», schreibt er, «viel Geld. Ich glaube, daß wir nun für einige Zeit genug ‹demokratischen Sozialismus› haben und daß in den kommenden Jahren verdaut werden muß, was elf Jahre lang verspeist werden mußte.»[388] Und dann, im Rückblick auf Studentenrevolte und Bildungsreform, steigt alter unverdauter Groll im Historiker hoch, wenn er feststellt: «Nicht jeder vollmarxistische Politologe oder Soziologe, wie ihn allein die Berliner FU und die Universität Bremen alljährlich zu einem guten Hundert produzieren, wird dann einer angenehmen Laufbahn in Bonn so sicher sein können wie bisher. Das wäre am Ende kein Unglück.»[389] Und Golo Mann sieht im Falle einer Fortsetzung der sozialliberalen Koalition düstere Aussichten für Deutschland: «Gewinnt die Koalition noch einmal», schreibt er, «so wage ich vorauszusagen: Es wird nach zwei Jahren zu einer Krise kommen, so wie es der Regierung Erhard im Jahr 66 geschah. Und gewinnt die Union, ist damit längst nicht gesagt, daß sie während vier Jahren ungestört regieren kann. Die Schwierigkeiten und Gefährdungen, wirtschaftliche, außenpolitische, sogar militärische mögen so groß werden, daß nur noch eine Allparteienregierung nach dem Vorbild von Winston Churchills ‹Kriegskabinett› sie meistern könnte.»[390]

Der Gedanke, dass sich Westeuropa einem Scheideweg nähere, der über Wohl und Wehe der Demokratie entscheide, findet sich auch in der Korrespondenz des Historikers. «Mein unheimliches Gefühl», schrieb er einmal, «Westeuropa, besonders die Bundesrepublik, überschreitet in diesen Monaten den ‹point of no return›. Will sagen, die Grenze jenseits derer Westeuropa zu einem Gemengsel von Satellitenstaaten des russischen Imperiums herabsinken wird: Ich halte das eigentlich von jetzt ab für unvermeidlich …»[391] Dass sich die Bundesrepublik in einer akuten Notsituation befinde, der nur mit einem Regierungswechsel begegnet werden könne, geht auch aus einem Brief des Historikers an Franz Josef

Strauß hervor: «Die Allianz», heißt es darin, «der wir Frieden und leidliche Sicherheit seit 1949 verdanken, die ‹Konrad-Adenauer-Ordnung›, befindet sich in heller Auflösung. Nur ein Machtvakuum, nicht etwa eine neue auf Westeuropa allein gegründete Ordnung, kann an ihre Stelle treten; und die Natur duldet kein Vakuum, am allerwenigsten die Natur des russischen Imperiums. Helmut Schmidt ist ein ‹Atlantiker› nur noch dem Namen nach oder mit verwelkten Lorbeeren; seine Rolle wird es immer mehr, das, was wirklich vorgeht, zu camouflieren.»[392]

Die Notwendigkeit eines Regierungswechsels suchte Golo Mann auch mit anderen Argumenten zu begründen. Angesichts des beschleunigten gesellschaftlichen Wandels, stellt er fest, sei eine junge, unverbrauchte Politikergeneration gefragt – wobei er allerdings einräumen muss, dass sein Kandidat Franz Josef Strauß, geboren 1915, nicht unbedingt als ihr Repräsentant gelten könne. Als Vorbild führt er England mit seinen in der Regel kürzeren Regierungsperioden ins Feld, ohne freilich schon wissen zu können, dass sich die eben erst ins Amt gewählte Margaret Thatcher fast ebenso lang an der Macht halten würde wie Brandt und Schmidt zusammen. Auch weist Golo Mann auf das kollektive Regierungssystem der schweizerischen Eidgenossenschaft hin, welches auf das Jahr 1848 zurückgeht. «Solange wir das nicht haben», schrieb Golo Mann, «was die Schweizer ‹Consensus-Demokratie› nennen, das heißt eine Regierung, in der alle großen Parteien vertreten sind, solange wir das nicht haben, muß ab und zu ein Wechsel sein.»[393]

Natürlich ging es Golo Mann bei seiner Forderung nach einem Regierungswechsel nicht um eine Amtszeitbeschränkung, die im Grundgesetz hätte verankert werden müssen. Für ihn drängte sich eine Ablösung der sozialliberalen Koalition auf, weil diese, seiner Meinung nach, in den Jahren 1969 bis 1980 Zerfallstendenzen der Demokratie zu wenig energisch entgegengetreten war. Unmittelbar vor den Bundestagswahlen vom Oktober 1980 brachte der *Spiegel* in großer Aufmachung ein Interview mit dem Historiker.

Zwei gut informierte Journalisten, Erich Böhme und Rolf Becker, hatten ihn in seinem Feriendomizil in Berzona aufgesucht und setzten ihm mit ihren Fragen arg zu. Das Interview konfrontierte Golo Mann mit seiner früheren Stellungnahme für Willy Brandt, mit seinem Eintreten für den Ost-West-Dialog und die Ostverträge, ferner mit einer Reihe seiner nicht immer vorsichtigen Gelegenheitsaussagen, die sich früher gegen Franz Josef Strauß gerichtet hatten. Golo Mann beharrt im Wesentlichen auf seinen früheren Positionen, nimmt für sich aber, da die Zeiten sich geändert hätten, das Recht des «Sinnenwandels» in Anspruch. Die elf Jahre der sozialliberalen Koalition, hält er fest, hätten eine Entwicklung herbeigeführt, welche die Zukunft der Bundesrepublik gefährde. Nun sei der historische Moment, eine alternative Lösung zu suchen. Golo Mann beklagt, indem er erneut das Beispiel Schweden heranzieht, die Entwicklung zum sozialistischen Wohlfahrtsstaat, die Aufblähung der Bürokratie, die durch Besteuerung angestrebte Umverteilung, welche die Lust an der Arbeit zerstöre. Auf die Feststellung seiner Gesprächspartner, dass eine ganze Anzahl von sozialen Reformen von der CDU/CSU ausgegangen seien und dass dieser Wohlfahrtsstaat Ausdruck einer allgemeinen Zeitströmung sei, entgegnet Golo Mann, das sei wohl richtig; man könne diese Entwicklung nur noch verzögern, abbremsen, und das gelte es zu tun. Die SPD sei allerdings dazu nicht fähig, sei sie doch innerlich zu sehr zerstritten. Hier kommt Golo Mann einmal mehr auf den «demokratischen Sozialismus» und auf Politiker wie Egon Bahr und den umtriebigen Horst Ehmke zu sprechen, deren Pläne zur Ermöglichung einer Wiedervereinigung nur um den Preis der Schwächung der westdeutschen Demokratie zu verwirklichen seien. Und nicht weniger beunruhigend sei der Pazifismus der äußersten Linken, der auf eine Schwächung der Bundeswehr und des westlichen Verteidigungssystems abziele. Er sei eben, sagt Golo Mann, auf die dreißiger Jahre anspielend, «ein gebranntes Kind» und verfolge dergleichen mit Misstrauen. Dann kommt der Historiker auf die Gefahr zu sprechen, die «vom russischen Imperium» ausgehe, und wagt die fragwürdige These, dieses Imperium habe sich unter Stalin weit defensiver verhalten als nun unter Breschnew. Und er fasst seine Befürchtungen wie folgt zusammen: «Auf Dauer ist das, was ich die ‹Adenauer-Anordnung› der Mächte nennen möchte, das einzig zuverlässige. Wenn sie sich auflöst, geraten wir in völlig unbekanntes, gefährlichstes Wasser ... Aber ich rede jetzt nicht von den nächsten Jahren, ich rede von den nächsten Jahrzehnten. In denen könnte es zu einem allmählichen Aufgesaugtwerden erst Deutschlands und dann anderer westeuropäischer Länder durch die Russen sehr wohl kommen.»[394]

Golo Manns Unterstützung von Strauß fällt in diesem Interview dürftig und defensiv aus. Als wichtige persönliche Motivation für sein Engagement gibt der Historiker erneut die Hetzkampagne gegen Strauß an. Dann konfrontieren ihn die Reporter mit den Schwächen seines Kandidaten, und der Historiker widerspricht nur wenig. Gewiss, dieser Politiker habe als Verteidigungsminister Fehler gemacht; aber solche mache jeder Minister. Gewiss, er verfüge über einen unersättlichen Machttrieb; aber das sei in diesem Geschäft unumgänglich. Gewiss, seine intellektuelle Überheblichkeit lasse sich nicht bestreiten; aber er sei eben in seinem Leben nie geschliffen worden. Gewiss, er sei ein schwer zu lenkender Mensch; denn im Grunde sei er an seinen Mitmenschen nicht sehr interessiert. Gewiss, er beschimpfe seine politischen Gegner; aber nie vor dem Bundestag.

Und Helmut Schmidt? Von ihm ist in Golo Manns Interview eigentlich nur kurz am Rande die Rede. Golo Mann räumt ein, der Bundeskanzler sei bisher «ein erfolgreicher Tierbändiger» gewesen, wenn es darum gegangen sei, der divergierenden Tendenzen in seiner Partei Herr zu werden. Aber: «Ob er also während seiner dritten Regierung der Tierbändiger noch sein kann, der er bisher gewesen ist, ob die Partei noch so sehr seine Gefangene sein wird wie bisher – das bezweifle ich.»[395] Und am Schluss hebt das Interview ganz ins Spekulative ab:

Mann: «Ich würde zum Beispiel, wenn ich Amerikaner wäre,

jetzt Reagan wählen und nicht den Carter, würde aber den Reagan unter schweren Zweifeln wählen. Zeigen Sie mir den idealen Bundeskanzler, und ich bin sofort für ihn.»

Spiegel: «Gibt's da nicht schon einen?»

Mann: «Wenn Schmidt Kandidat der Unionsparteien wäre, würde ich dringend empfehlen, ihn zu wählen.»

Spiegel: «Ja, das können wir nicht mehr richten bis zum 5. Oktober.»

Mann: «Dafür ist es nun zu spät, ja.»

Spiegel: «Herr Professor, wir danken Ihnen für dieses Gespräch.»[396]

Der *Spiegel* war nie ein Freund des Franz Josef Strauß, und von dreißig Titelgeschichten, die er dem Politiker widmete, war nur gerade die erste freundlich gestimmt. In den Wahlen von 1980 setzte das Wochenmagazin alles daran, diesen Kanzlerkandidaten zu diskreditieren, und ein ehemaliger journalistischer Mitarbeiter hat später so geurteilt: «Diesen Kanzler verhindert zu haben, das ist Augsteins größtes und unbestreitbares Verdienst.»[397] Wenn dem so war, dann lässt sich nicht leugnen, dass Golo Mann an diesem Verdienst ein nicht geringer Anteil zufiel; denn des Historikers Argumente für Strauß waren weit eher dazu geeignet, dem Kontrahenten Schmidt zu dienen. Als geschickten Kunstgriff der Redaktion mag man rühmen, dass das Interview mit einem Golo-Mann-Zitat übertitelt wurde, der von Strauß gesagt hatte: «Er ist wie ein Baum, der die Blitze anzieht.» Das war ein zweifelhaftes Lob und eine fragwürdige Empfehlung. Denn welcher Wähler lässt sich schon gern unter einem solchen Baum nieder?

Die Bundestagswahl von Anfang Oktober 1980 bestätigte die sozialliberale Regierung und bescherte der CDU/CSU eine deutliche Niederlage. Die Personalisierung des Wahlkampfs hatte sich eindeutig zugunsten Helmut Schmidts ausgewirkt. «Die Wahl», schreibt Heinrich August Winkler, «war zum erstrebten Plebiszit gegen Strauß geworden, und davon hatte die FDP, die viele bisherige Wähler der CDU zu sich hinüber ziehen konnte, noch mehr profitiert als die SPD. Vor diesem Hintergrunde fiel die Vorhersage leicht, daß es für die Freien Demokraten vorerst keine Alternative zur Fortsetzung des Bündnisses mit den Sozialdemokraten geben würde.»[398] Freilich: Das Bündnis zwischen SPD und FDP hielt nicht lange, und Golo Mann konnte sich zumindest dazu beglückwünschen, dass er dessen baldiges Ende vorausgesagt hatte. Innerhalb der SPD verstärkten sich bald die Spannungen zwischen linkem und rechtem Parteiflügel, die der Kampf gegen Strauß überdeckt hatte. Friedensbewegung, Atomkraftgegner und zugewandte Alternative vermochten in ihrem Kampf gegen den NATO-Doppelbeschluss Millionen von Anhängern zu mobilisieren, und ein durch die Wahl Ronald Reagans provozierter Antiamerikanismus drohte die guten Beziehungen zu den USA zu gefährden. Gleichzeitig hielt die Rezession an, und die Freien Demokraten konnten sich mit der Wirtschaftspolitik der Sozialdemokraten immer weniger einverstanden erklären. Vertreter der FDP wie Lambsdorff und Genscher sondierten bei der CDU/CSU wegen Koalitionsverhandlungen. Gleichzeitig beschäftigten Parteispendenaffären die Öffentlichkeit, und man begann gegen den Flick-Konzern zu ermitteln. Im Sommer 1982 begannen sich die Anzeichen für den Zerfall des Regierungsbündnisses zu häufen. Am 1. Oktober 1982 wurde Helmut Schmidt durch ein konstruktives Misstrauensvotum des Bundestags gestürzt, und Helmut Kohl wurde zum neuen Bundeskanzler gewählt. Im März 1983 wurde durch vorgezogene Bundestagswahlen, die der CDU/CSU einen triumphalen Sieg brachten, die «Wende» durch das Volk legitimiert.

Golo Manns Ansehen hatte durch seine Unterstützung von Franz Josef Strauß fraglos schweren Schaden genommen. Heute haben sich die Wellen, welche das Wirken des bayrischen Politikers aufwühlte, geglättet, das Erscheinen von dessen Memoiren hat klärend gewirkt, und die Historiker bemühen sich um eine nüchterne Würdigung. Damals aber war Strauß für viele Intellektuelle, die zugleich zu den Lesern Golo Manns gehörten, ein Feindbild. Auch liberal gesinnte Bürgerinnen und Bürger, die des Historikers Engagement bei den Studentenunruhen und seinen Widerspruch in Fragen der Bildungsreform gebilligt hatten, zeigten sich vom etwas sonderbar argumentierenden Wahlhelfer enttäuscht. Selbst wenn man grundsätzlich das Eintreten für Franz Josef Strauß als persönliche Stellungnahme eines unabhängigen Kopfes akzeptieren mochte, war doch evident geworden, dass Golo Manns Engagement stärker von einem Gefühl subjektiver Faszination als von nüchterner Einschätzung der Lage getragen war. Die Kritik des Historikers am Sozialstaat ging über einige neoliberale Grundsätze nicht hinaus und entsprang eher dem Ressentiment als vertiefter Kenntnis. Gegen Helmut Schmidt hatte Golo Mann wenig mehr einzuwenden, als dass er müde und verbraucht war – ein Eindruck, den sein Verhalten nicht bestätigte. Mochte es auch so sein, dass, wie Golo Mann feststellte, Strauß über mehr Phantasie und Humor verfügte – aber, so mussten sich die Staatsbürger fragen, gehören Phantasie und Humor tatsächlich zu den auszeichnenden Eigenschaften des bedeutenden Staatsmannes? Und schließlich, wenn es schon um Straußens hochgerühmte Bildung und rhetorische Begabung ging – besaß nicht auch Helmut Schmidt eine unter Politikern seltene musische Begabung und sehr beachtliches Rednertalent? Man mochte es drehen und wenden, wie man wollte: Irgendwie befand sich der Wahlkampfhelfer Golo Mann in der falschen Rolle, und ihm selbst erschien das zuweilen auch so.

Im Tagebuch und in der Korrespondenz äußerte sich Golo Mann hin und wieder selbstkritisch zu seinem Engagement. Anspielend auf eine Verlautbarung Kaiser Wilhelms II. aus dem Jahre 1908, die in England Empörung und im Deutschen Reich die Missbilligung aller Parteien hervorgerufen hatte, notiert er im Tagebuch: «Das Ganze wird mir bekommen wie die ‹Daily Telegraph Affaire› dem Kaiser Wilhelm.»[399] In der Tat musste der Historiker feststellen, dass er nach dem Wahlsieg von Helmut Schmidt von den Intellektuellen geächtet wurde, während sich manche seiner

Leser betreten von ihm abwandten. Er fühlte sich an das griechische Scherbengericht erinnert, mit dem missliebige Bürger aus dem politischen Leben ausgeschaltet werden konnten. In diesem Sinne schrieb er an Hans-Martin Gauger: «Daß ich von der deutschen Intelligentsia ‹ostracisiert› werde, ist mir bekannt. Ich wußte es auch, bevor ich meine freundlichen Worte über Franz Josef sagte. Und das habe ich getan, weil mir die Wirkung im voraus bekannt war. Besser ostracisiert werden, als sich terrorisieren lassen. Letzteres habe ich nie getan. Unsereinem ist es gegeben, zwischen allen Stühlen zu sitzen, wem sage ich das. Bei der eigentlichen Rechten bin ich nach wie vor verhaßt, und die Münchner Nationalzeitung hört gar nicht auf, gegen mich zu geifern.»[400] Und an den Historikerkollegen Theodor Schieder schrieb er: «Will sagen, ich bin nicht ganz so sehr für Strauß, wie ich gegen diese Art von Terror bin, die ich ja nun auch zu spüren bekomme, seit ich einmal ein paar freundliche Worte über diesen Politiker öffentlich sagte.»[401]

Auch die großen deutschen Zeitungen, die *Süddeutsche,* die *Frankfurter Allgemeine,* die *Zeit* verhielten sich Golo Mann gegenüber inskünftig deutlich zurückhaltender. Man bat ihn seltener um eine Stellungnahme, und es konnte vorkommen, dass Arbeiten, die er an die Redaktionen sandte, dort liegen blieben und gekürzt oder gar nicht abgedruckt wurden. «Wenn ich heute, der ich für Strauß eingetreten bin», schrieb Golo Mann an Hans-Martin Gauger, «noch irgendwo überhaupt schreiben wollte, ich wüßte kaum, wo ich noch schreiben könnte. Nicht einmal in der FAZ. Allenfalls in der ‹Welt›. Und selbst das ist noch die Frage.»[402] Und gegenüber Oswalt von Nostitz bemerkte er 1983: «Ich würde mich auch heute für Strauß einsetzen, wenn ich Gelegenheit dazu hätte. Aber ich schreibe politische Artikel nur, wenn man mich darum bittet, und eigentlich bittet mich niemand mehr darum. Vielleicht bin ich ganz einfach zu alt dafür geworden.»[403] In der Tat lässt sich feststellen, dass der Publizist Golo Mann – da er nun einmal ohne zu schreiben nicht leben konnte – nach 1980 vorwiegend in der rechtskonservativen Presse und in Boulevardblättern zu Wort kam. Glaubte er, auch so noch für die Gemeinschaft von Nutzen sein zu müssen?

An seiner Wertschätzung für Franz Josef Strauß hielt Golo Mann unverändert fest. Nichts lag ihm ferner als Opportunismus, und wie er sich selbst immer treu blieb, blieb er treu auch andern gegenüber. Daran konnte das, was der Historiker als Meinungsterror und «Ostracisierung» bezeichnete, nichts ändern. Ein Jahr vor Franz Josef Strauß' Tod, 1987, äußerte er einem Briefpartner gegenüber: «Was Strauß betrifft, so habe ich ihn seit jeher gehalten und halte ihn auch heute noch für den intelligentesten, vitalsten, auch phantasiereichsten deutschen Politiker, was besonders auch für die Außenpolitik gilt. Daß es ihm an Disziplin mangelt, ist mir bekannt. [...] Auch wird er jetzt alt und hat seine beste Zeit wohl hinter sich. Aber ich sehe immer noch lieber ihn als Außenminister als den Herrn Genscher, der doch nichts ist als wendig und geschickt, aber total ideenlos.»[404]

Mit Franz Josef Strauß, der sich nach der verlorenen Wahl auf sein Amt als bayerischer Ministerpräsident konzentrierte und im Freistaat vor allem in wirtschaftlicher und bildungspolitischer Hinsicht eine fruchtbare Tätigkeit entfaltete, blieb Golo Mann auch persönlich verbunden. Man übersandte sich hin und wieder einen Gruß und gratulierte zu runden Geburtstagen. Für sein Schaffen und wohl auch für seine Wahlhilfe wurde der Historiker mit der Fugger-Medaille ausgezeichnet, deren er sich freilich, wie das Tagebuch vermerkt, nicht ganz ungetrübt zu erfreuen vermochte. «Ein Brief von Strauß», notiert Golo Mann, «gratuliert zur Fugger-Medaille, einem Fest, das offenbar sehr groß aufgezogen werden und das gesunde ‹konservative› Deutschland vereinigen wird. Auf meine Kosten, ich bin das Opferlamm.»[405] Zum siebzigsten Geburtstag telegraphierte Golo Mann 1985 nach München: «Dem bayrischen, deutschen, europäischen Staatsmann von geballter Kraft, Ideenfülle, Klarsicht und reicher Erfahrung die herzlichsten Glückwünsche.»[406] Bei der dickleibigen Festschrift, die zum selben Anlass für Franz Josef Strauß erschien, war Golo Mann als Mitherausgeber behilflich und steuerte den Aufsatz «‹Liberal› und ‹konservativ› in der modernen deutschen Geschichte» bei.[407] Strauß bedankte sich für den Beitrag mit den Worten: «Jeder Satz Ihrer so lebendigen Darstellung widerlegt die Jünger der sogenannten ‹reinen Lehren› jeglicher Richtung und verurteilt sie damit mittelbar als inhuman. Die Ideologen sehen sich immer selbst im Zentrum ihrer Lehre. Besserwisserisch, unduldsam, herrschsüchtig.»[408]

Nach seinem Eintreten für Franz Josef Strauß hat sich Golo Mann nie mehr so intensiv und über einen längeren Zeitraum hinweg politisch engagiert. Er ergriff hinfort kaum mehr die Initiative, sondern reagierte auf die Anfragen der Medien, die seinen Kommentar wünschten. Zur Ablösung von Bundeskanzler Schmidt durch Helmut Kohl publizierte der Historiker in der *Schweizer Weltwoche* einen ausführlichen Bericht, in dem er mit dem maßgeblichen Einfädler der «Wende», Hans-Dietrich Genscher, scharf ins Gericht ging. Er warf dem Politiker im Wesentlichen vor, den Wechsel an die Seite der CDU/CSU nicht bereits 1976 vollzogen zu haben, sondern erst jetzt, da die Krise der SPD seine Partei mit in den Abgrund zu reißen drohte. Wer die Politik als Moralist verfolgte, konnte in der Tat in diesem Verhalten Opportunismus, den Willen zum Machterhalt um der bloßen Macht willen, vermuten. Golo Mann schreibt: «Wer nun, kaum hatte er die Entlassungsurkunde erhalten, eine neue Ernennungsurkunde erhielt, wer wieder dort Platz nimmt, wo er Jahre und Jahre vorher saß, als zweiter Mann im Staate, so als ob gar nichts geschehen wäre, ist ein politischer Bankrotteur mit kaum mehr als drei Prozent der Wähler hinter sich.»[409]

Nach 1980 begannen in Golo Manns Kommentaren Schwächen offenbar zu werden, die deren Qualität zunehmend beeinträchtigten: eine Neigung zu stark personalisierender, emotionaler und oberflächlicher Sehweise, aber auch zu einem immer deutlicher hervortretenden Geschichtspessimismus. So werden beispielsweise in einem Interview vom Jahre 1984 für die *Schwäbische Zeitung* die Exponenten der damaligen Weltpolitik wie folgt abgeurteilt: Mitterrand sei «von hoher Intelligenz» und strahle «Würde» aus; Ronald Reagan habe «anfangs zeitweise gefährliches dummes Zeug geredet», aber das Selbstbewusstsein der Amerikaner gestärkt; und Nixon sei, von Watergate abgesehen, «ein starker, guter Präsident gewesen».[410] Alles dies sind Urteile, wie sie jeder Zeitungsleser und Fernsehzuschauer am Stammtisch zu machen pflegt. Schmerzlich berührt es, lesen zu müssen, dass auch ein dem Historiker wohlgesinnter Politiker, Hans-Jochen Vogel, seinem Verdikt verfällt: «Also von Hans-Jochen Vogel kann ich nur sagen, daß er mich enttäuscht hat. Der war einmal eine Hoffnung, heute ist er für mich keine mehr. Das können Sie schreiben, ja, ja.»[411] Es gebe, so der melancholische Tenor von Golo Manns Ausführungen, in der Politik keine großen Persönlichkeiten mehr, weder im Westen noch im Osten.

Was Hans-Dietrich Genscher, den versierten Taktiker der Macht, betraf, dürften allerdings im Oktober 1982 viele Bundesbürger so gedacht haben wie Golo Mann. Die FDP, so befürchtete man, bringe sich um ihre Glaubwürdigkeit. Doch Wähler vergessen schnell: In den vorgezogenen Wahlen vom März 1983 konnte die FDP ihre Verluste gering halten, CDU/CSU triumphierten, und die SPD erlitt eine schwere Niederlage. Die Ära Helmut Kohl, von der niemand dachte, dass sie sechzehn Jahre dauern würde, hatte begonnen.

Keinen Schaden nahm in diesem komplizierten Spiel um die Macht das Ansehen des abtretenden Bundeskanzlers Helmut Schmidt. «In jedem Falle», schreibt Wolfgang Jäger in der *Geschichte der Bundesrepublik Deutschland,* «steht Helmut Schmidt makellos da: als der Verratene und Verkaufte, der bis zum Schluß seine Pflicht tat.»[412] So dachte auch Golo Mann. Im *Spiegel* trat er nach dem Rücktritt des Bundeskanzlers mit einer Würdigung unter dem Titel «Nicht Geschichte machen wollte er» hervor. Des Historikers Urteil ist nicht weniger bewundernd, als seine Einschätzung von Franz Josef Strauß es war. Er zeichnet das Bild eines überaus pflichtbewussten, fleißigen und disziplinierten obersten Beamten, eines scharfsinnigen Analytikers und umsichtigen Pragmatikers, der den Wert seiner Begabungen kannte und von seinen Mitarbeitern nicht ohne intellektuelle Arroganz das Gleiche forderte wie von sich selbst. Alles in allem: «Ein Regierungschef, der ein Beispiel ernster, stetiger Pflichterfüllung gab im Sinne von Bismarcks ‹Patriae inserviendo consumor›: ‹im Dienste des Vaterlandes verbrauche ich mich› und ein Beispiel von Würde obendrein – ein solcher mochte immerhin zum Vorbild dienen für jene, die eines Vorbildes bedürfen.»[413] Schmidts wichtigste Leistung sieht Golo Mann darin, dass es ihm gelungen sei, politischer Utopie einen Riegel vorzuschieben und als «Tierbändiger» die linken Ideologen im Zaum zu halten. Und als der Studentenprotest zum Terrorismus entartet sei, habe er bewundernswerte Haltung gezeigt: «Wenn aber einmal Drama war, wie auf dem Höhepunkt des innerdeutschen Terrorismus im Jahre 77 – da zeigte er Selbstbeherrschung, Durchhaltevermögen und tiefen Ernst ... Das ist dann ein Bild, was in die Geschichte eingehen mag.»[414] Im Übrigen, fährt Golo Mann allerdings fort, gebe es wenig, das sich die Nachwelt vom Wirken dieses Kanzlers in Erinnerung halten würde: ein paar neue Knoten im sozialen Netz, das man wieder habe entknoten müssen; ungezählte Gipfeltreffen, die man rasch wieder vergessen habe; meist aufs Verbale beschränkte Reaktionen auf beunruhigende Vorgänge außerhalb Deutschlands, in Afghanistan und Polen, auf den Falkland-Inseln und im Libanon. Auch Schmidt habe zuletzt nicht verhindern können, dass die Zahl der Ideologen und Phantasten in Deutschland weiter angewachsen sei: «Die wilden Tiere fügten sich noch einmal, wieder noch einmal, aber mit wachsendem Widerwillen. Seine Siege waren zuletzt nur noch Scheinsiege. Sie wogen nicht mehr.»[415] Dennoch sei Schmidt für seine Partei ein Glück gewesen: «So wie Brandt zuletzt den Staatswagen in den Sumpf hatte gleiten lassen, war Schmidt buchstäblich der einzige unter den Sozialdemokraten, der ihn herausziehen, der die

Autorität der Regierung wiederherstellen konnte. Er war der Retter.»[416]

Golo Manns Würdigung von Helmut Schmidt musste den *Spiegel*-Lesern seltsam erscheinen. Hatte nicht derselbe Autor ein paar Monate zuvor Franz Josef Strauß den Vorzug als Kanzlerkandidat gegeben? Hatte er nicht Schmidt als verbraucht, müde sowie phantasie- und humorlos bezeichnet? In der Öffentlichkeit musste der Eindruck entstehen, dass der Historiker, indem er sich nun so zum Lobredner Schmidts machte, seinen früheren Stellungsbezug in Vergessenheit geraten lassen wollte. Oder hatte er einfach seine Meinung geändert? Wie auch immer: Der *Spiegel*-Artikel war schlecht geeignet, das Ansehen des Publizisten wiederherzustellen.

Ausschlaggebend für Golo Manns Unterstützung von Franz Josef Strauß war seine tiefe Verunsicherung durch die ideologische Agitation der Protestbewegung und den in seiner revolutionären Wirkungskraft überschätzten Terrorismus. Hinzu trat eine ausgesprochene Empathie gegenüber der barocken Persönlichkeit von Franz Josef Strauß, wie sie sich mit der Unbestechlichkeit und der Glaubwürdigkeit des politischen Kommentators schwer vereinbaren lässt. Der Historiker nahm die Studenten beim Wort und sah in ihrer Systemkritik, auch wenn diese sich nach chinesischen und lateinamerikanischen Modellen ausrichtete, eine gefährlich voranschreitende Schwächung der westdeutschen Demokratie. Ganz so fehlgeleitet schien eine solche Einschätzung, wie unsinnig sie uns auch heute, nach dem Kollaps der Sowjetunion und dem Ende des Kalten Krieges, scheinen mag, damals nicht. Der linke Flügel der SPD, sowohl das Fußvolk der Friedensbewegung wie einige politische Vordenker im Umfeld von Willy Brandt und Egon Bahr, neigten in der Tat dazu, den Gegensatz zwischen demokratischem und kommunistischem System zu verwischen und der Festigung des Friedens höhere Priorität zukommen zu lassen als der Durchsetzung der Menschenrechte. «Die Gegnerschaft zum kommunistischen System», schreibt Heinrich August Winkler, «wurde von der SPD der achtziger Jahre nicht dementiert, aber kaum noch artikuliert. Ein intellektueller Antikommunismus erschien den intellektuellen Wortführern der Sozialdemokratie als Widerspruch in sich selbst: eine Einschätzung, die mit den Veränderungen des geistigen Klimas seit 1968 zusammenhing.»[417]

Nachdem im Herbst 1982 das sozialliberale Regierungsbündnis zerfallen war und der Bundestag den CDU-Vorsitzenden Helmut Kohl zum neuen Bundeskanzler gewählt hatte, wurde die Politik der Öffnung nach Osten fortgesetzt. Die vom Historiker befürchtete Aufweichung der eigenen Position trat nicht ein; wohl aber bahnte sich, wie noch kaum jemand ahnte, der Zerfall des kommunistischen Systems an. Bald konnte Golo Mann erleben, dass ausgerechnet Franz Josef Strauß die Initiative zur Verbesserung der deutschen Beziehungen zur DDR und zu Osteuropa ergriff. Im Juni 1983 vermittelte der Politiker der DDR, die vor einem Staatsbankrott stand, einen Milliardenkredit der Bundesrepublik. Eine solche Hilfeleistung, von Schmidt und Genscher vorgenommen, hätte Golo Mann aufs höchste beunruhigt. Bei Franz Josef Strauß war das anders. Als dieser etwas später Polen, das unter Kriegsrecht stand, einen Besuch abstattete, notiert Golo Mann in sein Tagebuch: «F. J. Strauß in neuer Rolle, seine Polenreise. Ohne Zweifel will er Außenminister werden. Stark vernünftige Äußerungen, etwas zu freundlich für das polnische Generalsregime ...»[418] Nein, Außenminister konnte Franz Josef Strauß nicht mehr werden; dafür war es nun doch zu spät.

An einer Gedenkfeier zur Erinnerung an den 1988 verstorbenen Politiker hielt Golo Mann eine eindrückliche Rede, Nachruf, Porträt und Huldigung zugleich. Der Historiker sah im Politiker den großen Realisten, der die Wirklichkeit als solche beurteilt und nicht auf den künstlichen Nenner einer Fachterminologie gebracht habe – wobei, wie kaum anders zu erwarten, der Frankfurter Schule eins ausgewischt wurde. Strauß sei aber auch ein großer Europäer gewesen, der die Eigenständigkeit der Regionen und Länder in ihrem Eigenwert erkannt und sich zugleich dem alles überwölbenden geistigen Prinzip verpflichtet habe, das sich aus der gemeinsamen Geschichte herleite und die Einheit in der Vielfalt ermögliche. Dieses Europäertum verbinde sich mit einem Liberalismus, der die abendländische Freiheitstradition hochhalte und Staat und Gesellschaft nicht trenne, sondern in enger Wechselbeziehung sehe. Aus einer von Strauß' Reden zitierte Golo Mann einen der für ihn wichtigsten Sätze: «Die Frage nach Europa ist die Frage nach dem Grundproblem unseres geschichtlichen Seins, nach dem historischen Auftrag der europäischen Völker, die in abendländischer Kulturtradition, in moderner Zivilisation, in freiheitlichen, durch Jahrhunderte hindurch erkämpften Formen und in rechtsstaatlichen Ordnungen leben wollen.»[419]

VI. Der Leser

«Wir alle sind, was wir gelesen.»

Joseph von Eichendorff,
Bilderbuch aus meiner Jugend

1. Die schreibenden Verwandten

Golo Mann war nicht nur Historiker und politischer Publizist; er war von Kindesbeinen an auch ein Liebhaber dessen, was wir mit allmählich veraltenden Wendungen als «schöne Literatur», als «Belletristik» und «Dichtung» zu bezeichnen pflegen. Im Elternhaus war, wie wir gesehen haben, diese Literatur omnipräsent. Um sie kreisten ungezählte Gespräche, und sie war die wichtigste Freizeitbeschäftigung, die alle Mitglieder der Familie in ihren Bann zog. Über die schöne Literatur suchte Golo Mann später den Zugang zu fremden Ländern, in der Jugend zu Frankreich und zur Schweiz, im Alter zu Spanien. Zugleich war sie ihm ein Spiegel der Vergangenheit: In der ersten Vorlesung des jungen Dozenten diente der europäische Gesellschaftsroman des 19. Jahrhunderts als Geschichtsquelle und Zeitdokument. Belletristik begleitete den Historiker durchs Leben, sie floss als Zitat oder Anspielung in seine Gespräche und Briefe ein, und er befasste sich mit ihr in zahlreichen Vorträgen und Essays. Aus solcher Kenntnis und Wertschätzung bedeutender Prosa und Poesie ergab sich der Anspruch, schön und flüssig zu formulieren, den Golo Mann an sich und seine Fachkollegen stellte. Dass ein Mensch ohne den Umgang mit schöner Literatur sich bilden und damit zu vertiefter Kenntnis seiner selbst gelangen könnte, war für Golo Mann schwer vorstellbar. In diesem Sinne übertitelte er denn auch eine seiner Essay-Sammlungen mit dem Eichendorff-Zitat «Wir alle sind, was wir gelesen».[1]

Früh fiel Golo Mann, wie wir wissen, durch schauspielerische Begabung und durch die Gedächtnisstärke auf, mit der er sich Gedichte einzuprägen wusste; sein Freund, der Germanist Herbert Heckmann, hat in gewagter Wendung von einem «berserkerhaften Gedächtnis» gesprochen, «das nichts verschwinden ließ».[2] Im ersten Band von Golo Manns Autobiographie ist ausführlich von den Lektüren des Knaben und des Jugendlichen die Rede. Dem Kind lasen die Mutter Katia und gelegentlich der Vater Märchen und Erzählungen der deutschen Romantiker Ludwig Tieck, Clemens Brentano, E. T. A. Hoffmann und Wilhelm Hauff vor. Balladen wurden früh memoriert und deklamiert: zuerst solche von Gottfried August Bürger, Theodor Körner, Friedrich Rückert und Ludwig Uhland; später kamen Heinrich Heine, Conrad Ferdinand Meyer, Theodor Fontane und Detlev von Liliencron hinzu. «Wer als Kind auf das Lesen kam», hat Golo Mann später bemerkt, «der ist in der Tat bevorzugt, der hat etwas erworben, was man ihm nicht nehmen kann: die ruhige, stetige Konzentration Abend für Abend, die Geborgenheit, die Begegnung der eigenen Phantasie mit jener des Werkes.»[3]

Eines seiner eindringlichsten Plädoyers für die schöne Literatur stellt die Rede dar, die der Historiker im Jahre 1985 bei der Verleihung des Goethe-Preises in Frankfurt hielt. «Übrigens glaube ich», heißt es darin, «daß Poesie am Abend studiert werden sollte, an einem runden Tisch, allenfalls bei einem Glas Wein, nicht am Vormittag. Das ausgeruhte Gehirn verlangt nach aktiveren Übungen. Das Gedicht, wie ernste Musik, ist für den Abend. Bewunderung ist nichts Schlechtes, wozu man uns zeitweise überreden wollte. Sie hat rein gar nichts mit Unterwerfung zu tun. Im Gegenteil, sie erhöht, vorausgesetzt, man bewundert das Rechte.»[4]

Die schöne Literatur war für den Historiker und politischen Publizisten eine unverzichtbare und tröstliche Gegenwelt. Thomas

Mann hatte in seinem berühmten Brief zur Aberkennung des Ehrendoktors der Universität Bonn den Auftrag des Schriftstellers darin gesehen, «ein wenig höhere Heiterkeit in die Welt zu tragen», und dem hätte sein Sohn gewiss nicht widersprochen.[5] Dennoch wurde für ihn Literatur nie zum bloßen Fluchtort oder gar zum Zeitvertreib. Sie war und blieb ein Lebenselement, aus dem er die Kraft zu seiner Arbeit bezog; sie verschaffte ihm die Erfahrung einer höheren menschlichen Wirklichkeit, ohne die eine Auseinandersetzung mit der Wirklichkeit der Geschichte und des politischen Alltags für ihn nicht zu bestehen war. «Unsere Menschenwelt», schreibt Golo Mann, «ist so vollkommen nicht, war es nie, daß es nicht der dichterischen Phantasie bedürfte, die uns manchmal über die nüchterne Wirklichkeit hinausträgt.»[6]

In seiner Beziehung zur schönen Literatur steht Golo Mann durchaus in der Tradition des deutschen Bildungsbürgertums der zweiten Hälfte des 19. Jahrhunderts.[7] Hans-Ulrich Wehler hat von diesem Bildungsbürgertum gesagt, dass es die klassisch-humanistischen Bildungsgüter privilegierte und als «Ersatzreligion» eine «spezifische innerweltliche Lebensgestaltung» und ein «Weltbild» zur Existenzdeutung anbot, das der «Geistesaristokratie» einen psychischen Halt verschaffte.[8] Golo Mann hätte dieser Beschreibung nicht widersprochen, sie aber anders formuliert und ins Positive gewendet. Er war weit davon entfernt, Bildung als ein gesellschaftliches Statussymbol zu betrachten. Bildung, wie er sie verstand, führte weit eher von der Gesellschaft weg als auf sie zu. Und wenn er über Literatur sprach, wusste er aus einer persönlichen und intimen Vertrautheit mit seinem Gegenstand heraus zu sprechen, die dem kleinen Kreis eines geneigten Publikums besser entsprach als einer Masse von Kulturkonsumenten. Völlig fern lag Golo Mann auch jene Überheblichkeit des Bildungsbürgers, welche dazu neigt, die materiellen und politischen Lebensbereiche als untergeordnete Handlungs- und Bewusstseinsebenen zu betrachten. Wohin solcher Hochmut führen konnte, hatte er beim Freund seines Vaters, dem Germanisten Ernst Bertram, beobachten können, den geistige Arroganz und politische Ahnungslosigkeit zum Gefolgsmann Hitlers hatten werden lassen.

Naturgemäß standen Golo Mann die Autoren seines engsten Verwandtenkreises besonders nahe: der Vater, Onkel Heinrich, der ältere Bruder Klaus. Das Schaffen dieser Schriftsteller verfolgte der Historiker aufmerksam; er las nicht nur ihre Bücher, sondern nahm in Gesprächen und in seiner Korrespondenz an deren Entstehung Anteil. Mit öffentlichen Äußerungen zum Werk seiner Verwandten, insbesondere mit Werturteilen, hielt sich Golo Mann freilich zurück, wie er es überhaupt vermied, seine Zugehörigkeit zur literarisch hoch begabten Familie herauszustellen.

Kinder berühmter Männer haben es leicht und schwer zugleich. Der angesehene Name empfiehlt sie und kann den gesellschaftlichen Stellenwert und die Karriere erheblich fördern: Klaus und Erika Mann bedienten sich nicht ungern solcher Empfehlung. Doch die Welt misst das Werk von Söhnen und Töchtern an dem des Vaters, und diese tun dies nicht selten ebenso, was sich leicht als Belastung erweisen mag. Vom schwierigen Verhältnis zwischen Thomas Mann und seinem dritten Kind Golo und von der allmählich einsetzenden Normalisierung dieser Beziehung ist bereits die Rede gewesen. Im Verlauf der dreißiger Jahre begann der Vater den Sohn offensichtlich zu schätzen, als Gesprächspartner, der das politische Geschehen zuweilen klarsichtiger analysierte als er selbst, aber auch als gelegentlichen Mitarbeiter und bald auch als Autor.

Doch die Verletzungen, die das Kind erlitten hatte, saßen tief, und es war für Golo Mann wichtig, vom Vater materiell möglichst rasch unabhängig zu werden und auch geistig seinen eigenen Weg zu gehen. An seinen engen Freund, den Zürcher Journalisten Manuel Gasser, schrieb der Historiker 1948 aus den USA: «Meinem Vater auf der Tasche zu liegen, wäre mir ganz unerträglich; denn erstens mag ich ihn nicht, zweitens ist er nur gerade eben wohlwollend für sich selber, hat furchtbar viele Bekannte zu versorgen.»[9] Und bei anderer Gelegenheit, an denselben Briefpartner:

«Mein in vieler Beziehung lieber, in anderer wieder recht garstiger Vater hat es viel besser gehabt; hat es überhaupt sein ganzes Leben lang beschützt und glänzend gehabt und hatte gar keinen Grund, den Leidend-grämlichen zu spielen und damit seine Umwelt zu beeindrucken, wie er es meistens tat.»[10]

Aus der Sicht des Vaters dagegen stellte sich das Verhältnis zum Sohn seit den dreißiger Jahren als problemlos dar. Zweifellos war dem Schriftsteller bewusst, dass die eigene Berühmtheit seine Familie mit mancherlei Herausforderungen konfrontierte: Im Roman *Lotte in Weimar* hat er das Vater-Sohn-Verhältnis am Beispiel Goethes thematisiert.[11] Freilich scheint es dem Vater nicht immer leicht gefallen zu sein, seine Sympathie im persönlichen Gespräch zum Ausdruck zu bringen. Denn die Tatsache, dass er in Thomas Manns Augen früh an Wertschätzung gewann, wurde Golo Mann erst in vollem Umfang bewusst, als er im Alter an der Herausgabe von dessen Tagebüchern mitwirkte und sich freundlich dargestellt fand.

Dem Literaturkritiker Marcel Reich-Ranicki, der in seinem Buch *Thomas Mann und die Seinen* den Abschnitt über Golo Mann mit dem Titel «Die Befreiung eines Ungeliebten» überschrieben hat, teilte der Sohn in einem Brief aus dem Jahre 1990 denn auch mit: «Daß Sie mich zum ‹ungeliebten Sohn› machen, in einer Kapitel-Überschrift und dann auch im Laufe dieses Kapitels, läßt sich nicht mehr rückgängig machen. Ich muß Sie aber allen Ernstes auf einen Irrtum verweisen. Es ist gewiß richtig, daß der pubertierende G., also der Knabe zwischen zehn und sagen wir neunzehn Jahren, den Vater verstimmte, wenn er anwesend war. Dies änderte sich schon während meiner Heidelberger Studentenzeit und änderte sich erst recht während der Emigration, zumal in den späteren Jahren der Emigration [...].»[12]

Haben die geistige Präsenz und das Schaffen des dominanten Vaters das Werk des Historikers mitgeprägt? Marcel Reich-Ranicki, der als Feuilletonchef der *Frankfurter Allgemeinen Zeitung* Golo Mann zum regelmäßigen Mitarbeiter gewann, hat in seiner

Autobiographie die Belastung des Sohnes durch diesen Vater betont; des jungen Mannes kreatives Vermögen sei dadurch recht eigentlich gelähmt worden. Der Literaturkritiker bringt die Selbstmorde der Söhne Klaus und Michael mit der väterlichen Dominanz in Verbindung, wenn er schreibt: «An dem schweren, schrecklichen Schicksal, ein Sohn Thomas Manns zu sein, hat auch Golo Mann gelitten. Aber er war der einzige von den drei Söhnen, dem es gelang, das Wort des Vaters zu beherzigen, man solle dem Tode keine Herrschaft einräumen über seine Gedanken, man habe also der Verlockung zu widerstehen, die Stunde des Todes selber zu bestimmen.»[13] Sein «schweres Schicksal», bemerkt Reich-Ranicki weiter, habe dem Sohn den Tod des Vaters als wünschenswert erscheinen lassen. Und er erzählt die folgende Episode: «In einem Telefongespräch, in dem von seinem Verhältnis zum Vater die Rede war, sagte er mir: ‹Ich habe seinen Tod gewünscht.› Ich erschrak und fragte ziemlich erregt: ‹Wissen Sie denn, was Sie eben gesagt haben?› Darauf Golo: ‹Ja, so ist es. Ich habe seinen Tod gewünscht. Es war unvermeidlich.›»[14]

Dieses Telefongespräch mag in der Tat so stattgefunden haben. Doch die Episode öffentlich zu machen, hätte Golo Mann mit Bestimmtheit als unangenehm empfunden. Allerdings hat der Historiker zu Reich-Ranickis Einschätzung selber Anlass gegeben. So etwa in einem Brief an den Literaturkritiker, in dem er über sein Verhältnis zum Vater schrieb: «Unvermeidlich mußte ich seinen Tod wünschen; war aber während seines Sterbens und danach völlig gebrochen; es dauerte Monate, bis ich mich einigermaßen von diesem Verlust erholte. Solche Nester voller Widersprüche sind wir nun einmal ...»[15]

In seinen *Erinnerungen,* in denen, sobald von Thomas Mann die Rede ist, der Informationsfluss merkwürdig dürftig wird, hat Golo Mann von der Schreibhemmung gesprochen, die ihn angesichts des Œuvres von Vater und älterem Bruder überkommen habe: «Daß ich im Grunde ja doch zum Schriftsteller bestimmt war», heißt es da, «sei es auch nur zum historisierenden, ein wenig philosophierenden, verbarg ich mir manche Zeit; unbewußt wohl darum, weil ich meinem Bruder Klaus nicht ins Gehege kommen und weil ich den Tod meines Vaters abwarten wollte.»[16]

Ein «historisierender Schriftsteller» – das kann nichts anderes heißen, als dass Golo Mann, sosehr er sich bemühte, zu seinem Vater auf Distanz zu gehen, doch eben die spezifische Begabung des Vaters nicht loswurde und auch nicht loswerden wollte: die sprachliche Begabung. Es ist nicht leicht, demjenigen sein vielleicht Bestes zu verdanken, dessen Tod man sich herbeiwünscht. Denn auch Golo Mann ging es, wie seinem Vater, im Wesentlichen darum, «gut zu schreiben».[17] Zwar tat er dies, in gewollter Abgrenzung von seinem Vater, als Wissenschaftler, aber zugleich hat er sich selber gern als Schriftsteller bezeichnet. Was ihn wiederum unter manchen Fachhistorikern und Spezialisten dem Verdacht aussetzte, er treibe Populärwissenschaft. Der mit Golo Mann befreundete Sprachwissenschaftler Hans-Martin Gauger hat den Historiker gegen entsprechende Vorwürfe in Schutz genommen, wenn er schreibt: «Zu sagen, Golo Mann sei kein Historiker, weil er schön schreibe, schiene mir für die Geschichtswissenschaft ein Armutszeugnis zu sein. Das Wissenschaftliche läge dann in etwas Negativem: in der Vermeidung schönen Stils. In andern Worten: das Wissenschaftliche läge vornehmlich in einer bestimmten Redeweise, einem bestimmten Stil (nur eben keinem schönen).»[18]

Der Stil freilich, den Golo Mann schrieb, sollte ein ganz anderer als derjenige seines Vaters sein. Zwar fühlte er sich Thomas Mann gegenüber dafür zu Dank verpflichtet, «daß er gut schreiben könne».[19] Aber es ist keine Frage, dass der Historiker stilistisch seinen unverwechselbar eigenen Weg ging. Zu Recht bemerkt Hans-Martin Gauger: «Die für Golo Mann kennzeichnenden formalen nicht-sprachlichen und sprachlichen Stilelemente sind nicht diejenigen, die für Thomas Mann kennzeichnend sind. Allenfalls wäre zu reden von einem bewußt-unbewußten Anschreiben gegen Thomas Mann. Wie immer es sich psychologisch damit verhalten mag: Der kurze Satz Golo Manns und die Segmentierung seiner

Sätze stehen der Prosa Thomas Manns konträr entgegen.»[20] Und ganz ähnlich äußert sich Marcel Reich-Ranicki: «Alle Schriften verfaßte er in einem wohltuenden Parlando, mit dem er ein Maximum an Klarheit, Deutlichkeit und Anschauung erreichte – in einem Parlando, das mit dem Stil seines Vaters nichts gemein zu haben scheint. Doch in Wirklichkeit war es gewiß anders: Golo Manns Sprache entwickelte sich sehr wohl unter dem Einfluß der überaus kunstvollen Diktion Thomas Manns, nur freilich im bewußten oder unbewußten Widerstand gegen diese Diktion – wie er sich schon früh für ein Leben gegen den Vater entschieden hatte.»[21]

Gewiss hat Golo Mann, zumindest in seinem Frühwerk, dem *Gentz*, und in seinem Spätwerk, den *Erinnerungen*, Sprache spontaner, auch nachlässiger gehandhabt als sein Vater. Wo dieser die Wahl des zutreffenden Wortes, der erhellenden Metapher und den Bau des Satzes zu einer Vollendung trieb, die beim Leser Bewunderung, aber oft auch Distanz erzeugt, geht die Prosa seines Sohnes, vor allem in dessen essayistischem und journalistischem Werk, auf den Leser zu und erzeugt Nähe. Manche von Golo Manns Sätzen wirken so, als warteten sie darauf, vom Leser zu Ende geführt zu werden. In einer Anmerkung zu Golo Manns *Erinnerungen* hat der gestrenge Kunstrichter Reich-Ranicki gewissen «Eigenarten oder gar Nachlässigkeiten»[22] im Stil Golo Manns seine Absolution erteilt; solche Mängel, stellt er fest, machten seine Sprache menschlich sympathischer.

Natürlich lässt sich Golo Manns Stil nicht allein aus der Abwehrhaltung gegenüber dem Vater erklären, umso weniger, als etwa der *Gentz*, der *Wallenstein* und die *Erinnerungen* in voneinander erkennbar abweichender Sprache geschrieben sind. Andere Einflüsse müssen wirksam gewesen sein. So wäre es insbesondere interessant, durch einen Sprachwissenschaftler untersuchen zu lassen, welchen Einfluss allenfalls der langjährige Gebrauch des Amerikanischen auf Golo Manns Stil gehabt haben könnte.

Auch nach Thomas Manns Tod im Jahre 1955 blieb die Gestalt

des übermächtigen Vaters im Leben des Sohnes dominant. In einem auf Englisch verfassten autobiographischen Abriss schreibt der Historiker: «Golo Mann wurde als ein ‹Sohn› geboren, was er gar nicht liebte, wogegen er aber nichts unternehmen konnte. Als Thomas Mann Deutschland nach Hitlers ‹Machtergreifung› verließ, folgte er ihm wenig später; als Thomas Mann 1938 in den USA seßhaft wurde, tat er ungefähr zwei Jahre darauf dasselbe; als Thomas Mann die USA 1952 verließ, folgte er ihm, diesmal beträchtlich später, erneut.»[23] Diese Gefolgschaft setzte sich nach des Vaters Tod fort, und als Golo Mann sich in der herrschaftlichen Villa in Kilchberg niederließ, blieb der Name Thomas Mann weiterhin auf dem Klingelschild des Hauses an der Alten Landstraße 39 eingraviert. Aus den Gesprächen mit der Mutter Katia, aus der Korrespondenz mit Journalisten, Fernsehleuten, Verlegern und Gelehrten war dieser Name nun einmal nicht zu verbannen.

Auf Anfragen, die seinen Vater betrafen und die ernsthaftes Interesse und Sachkenntnis verrieten, gab Golo Mann in der Regel bereitwillig Auskunft. Dagegen lehnte er es ab, als Werkinterpret zu dienen. Ungehalten pflegte er auf die Briefe von Personen zu reagieren, die in ihm lediglich den Sohn des berühmten Vaters sahen. «Ich will nicht der Vikar meines Vaters sein» – so lautete die stereotype Formel, die Dutzende von Briefschreibern zu hören bekamen. Dem Literaturkritiker Hans Mayer gegenüber bemerkte Golo Mann: «Ich bin keineswegs der Vikar meines Vaters auf Erden. Sogar daß ich einmal ein paar Brechtsche Verleumdungen widerlegt habe, bereue ich heute.»[24] Und als 1975 der hundertste Geburtstag Thomas Manns festlich begangen werden sollte, schrieb Golo Mann an Hans-Martin Gauger: «Vor dem T.-M.-Centenarium graut mir ein bißchen. Selber habe ich alles Reden verweigert, ich will und darf nicht der Vikar meines Vaters auf Erden sein.»[25]

Höchst unwirsch konnte Golo Mann reagieren, wenn sein eigenes Schaffen vom Werk des Vaters her gedeutet oder die Beziehung, die ihn mit seinem Vater verband, tiefenpsychologisch analysiert wurde. Einem seiner Interpreten, der mit Sigmund Freuds

Theorie vom Ödipus-Komplex näheren Aufschluss über den Historiker und seine berühmte Familie zu gewinnen hoffte, schrieb ein erbitterter Golo Mann: «Da kann ich nur sagen: O indocta ignoratio! O simplicitas non sancta! Wenn Sie von meinen Schriften in der frühesten Vergangenheit und in der neueren und neuesten Vergangenheit so gar keine Ahnung haben, warum schreiben Sie dann über mich? Ich schreibe ja auch nicht über Sie.»[26]

Dank seinem vorzüglichen Gedächtnis kannte der Historiker den Inhalt aller Romane Thomas Manns und hielt sich deren Figuren bis in Kleinigkeiten gegenwärtig. Am *Zauberberg* bewunderte er die «durchgehaltene Intensität, die Atmosphäre, die Typen» – unter diesen besonders den Hofrat Behrens.[27] Den *Josephsroman* stellte er am höchsten, sah in ihm einen «buntfarbenen Fabelteppich» von größtem Reichtum der Erfindung und nannte ihn eine «göttliche Komödie».[28] Auch die späten Werke, den *Felix Krull* und vor allem den *Erwählten*, las er mit Vergnügen und Bewunderung. An Erich von Kahler schrieb er: «Der Alte macht allerdings trotz allem munter an seinem Schelmen-Roman weiter, der reizend zu werden verspricht, wie übrigens auch der eben auf Deutsch erschienene ‹Erwählte› voller Schönheiten steckt und sehr lesbar ist. Sonderbar, wie diese letzten von ihm selber kaum ernst genommenen Scherze zum gefälligsten, auch äußeren Erfolg versprechendsten gehören, was er je gemacht hat.»[29]

Mit eigentlicher Werkinterpretation hat sich Golo Mann, wie erwähnt, kaum befasst. Wir besitzen von ihm einen Aufsatz zum frühen Roman *Königliche Hoheit*, in dem vor allem den Bezügen zwischen der Realitätswahrnehmung des Autors und deren Umsetzung ins Fiktive nachgegangen wird.[30] Gelegentlich fühlte sich Golo Mann auch veranlasst, seinen Vater gegen jene Kritiker zu verteidigen, die in ihm, wie etwa der Basler Germanist Walter Muschg, den dekadenten Ironiker und unschöpferischen Parodisten sehen wollten.[31] In der Antwort auf eine Umfrage unter dem Titel «Was halten Sie von Thomas Mann?» trat sein Sohn dieser Auffassung entgegen. «Neulich las ich wieder», schreibt er, «im dritten Band des Joseph den Bericht von Montkaws bescheidenem Sterben. Da sprechen dann die Kritiker, die Herren Germanisten, von dem kühlen, selbstischen Ironiker! Ach du großer Gott! Wie schön ist das, wie tief und reich an Menschenkenntnis, Menschenfreundschaft [...].»[32] Und in seiner Erwiderung auf eine Buchbesprechung Reich-Ranickis schreibt Golo Mann dem Kritiker: «‹Eitel wie ein Tenor› war er (Thomas Mann) bestimmt nicht. Dazu *litt* er viel zu sehr unter sich selber. Wenn er, ferner, abstoßende Eigenschaften hatte oder abstoßend sein *konnte,* wie, andererseits, hätte ein insgesamt abstoßender, also doch widriger, böser Mensch *schöne* Sachen schreiben können? Bitte, sich das doch einmal zu überlegen.»[33]

Am fragwürdigsten unter den Werken seines Vaters erschienen Golo Mann, was nicht wundert, die *Betrachtungen eines Unpolitischen,* das umstrittene Zeugnis der durch den Ersten Weltkrieg provozierten Selbstergründung eines Autors von deutsch-nationaler Gesinnung. An seinen Jugendfreund, den französischen Soziologen Raymond Aron, der ihn bat, über dieses Buch einen Vortrag zu halten, schrieb er: «Ihr Vorschlag, über die ‹Betrachtungen› zu sprechen, ist attraktiv genug. Ich müßte mit dem Autor streng ins Gericht gehen. Die ‹Betrachtungen› haben mit Hitler eines, wenn auch nur eines gemeinsam: beide hätten nicht passieren dürfen.»[34]

In seinen öffentlichen Äußerungen und in seinem Verhalten gegen außen zeigte sich Golo Mann seinem Vater und seiner Familie gegenüber loyal. Verlässlichkeit und Treue, zwei hervortretende Züge seines Wesens überhaupt, bewährten sich nach des Vaters Tod beim Umgang mit der greisen Mutter im Kilchberger Heim. Über den Vater, «den ich, ganz ohne Verdienst, ziemlich gut gekannt habe»[35], äußerte er sich bei gesellschaftlichen Anlässen zurückhaltend. In dem schönen Vortrag, den er unter dem Titel «Mein Vater Thomas Mann» 1970 in Lübeck hielt, findet sich keinerlei Andeutung zum Verhältnis des Sohnes gegenüber dem berühmten Schriftsteller, dessen Arbeitstechniken und literarische Vorbilder aus intimer Kenntnis fast liebevoll geschildert werden.

Deutlich hervorgehoben wird in diesem Vortrag dagegen eine geistige Haltung, in der Vater und Sohn sich nahe verwandt gewesen sind: das Bewusstsein, in einer geschichtlichen Kontinuität zu stehen, die es zu bewahren und fortzuführen galt. «Thomas Mann», schreibt der Sohn, «hat von der Pflicht der Überlieferung, der Bewahrung, der Kontinuität ein stark ausgeprägtes Bewußtsein gehabt.»[36] Und weiter: «Ich habe anfangs von Thomas Manns ausgeprägtem Sinn für Überlieferung gesprochen. Er hatte etwas zu tun mit seinem Bedürfnis, sich anzulehnen an Anderem, einem Bild aus der Vergangenheit, mit seinem Bedürfnis, sich zu identifizieren.»[37] Dieselbe Aussage hätte Golo Mann mit gleichem Recht über sich selbst machen können.

Die treffendste Würdigung der geistesgeschichtlichen Bedeutung Thomas Manns ist dem Sohn in seiner *Deutschen Geschichte* gelungen, die drei Jahre nach dem Tod des Vaters erschien. Drei Lebensperioden werden hier unterschieden, die gleichzeitig klar unterscheidbare Perioden deutscher Geschichte gewesen sind: Erster Weltkrieg, Weimarer Republik, nationalsozialistische Diktatur. Zur Haltung des Vaters während des Ersten Weltkrieges schreibt Golo Mann: «Nun meinte er, daß es die Aufgabe der deutschen Politik sei, unpolitisch zu sein, und der Krieg geführt werde für die deutsche Kultur gegen die politisierte, demokratisierte Zivilisation des Westens.»[38] Über den Gesinnungswandel, der Thomas Mann zum Befürworter der Weimarer Republik werden ließ, lesen wir am selben Ort: «So wie er aber dem Krieg einen Sinn erfunden hatte, der mit der Wirklichkeit sehr wenig zu tun haben konnte, so war auch seine geistige Begründung der Republik eine schön erdachte, aus alter deutscher Dichtung zusammengereimte; Literatur, nicht Wirklichkeit.»[39] Und zur frühen und entschiedenen Ablehnung des Hitler-Regimes durch seinen Vater schreibt der Sohn: «Sein ‹Ja› war immer nur ein halbes, von Kritik und Selbstkritik geschwächtes gewesen. Sein ‹Nein› war eindeutig und stark. Hier gab der große Bürger dem Bürgertum ein persönliches Beispiel, dem es hätte folgen können. – Es hätte ihm folgen sollen.»[40]

An der Herausgabe der Lebenschronik der nach 1977 erscheinenden Tagebuch-Ausgabe Thomas Manns half der Sohn, nach anfänglichem Zögern, tatkräftig mit, und er bewunderte den Einsatz von Inge Jens, der Herausgeberin der letzten Bände. An Ida Herz, die langjährige Verehrerin seines Vaters, schrieb er: «Selber las ich die Tagebücher, die ich nun einmal in den Fahnen lesen mußte, auch mit einem Gefühl der Indiskretion. Aber glauben Sie mir, der Autor wollte es so haben, dafür gibt es eindeutige Beweise. Er wollte, die Nachwelt sollte ihn kennenlernen, wie er wirklich war, nicht den Meister und die Meisterschaft, sondern den leidenden Menschen dahinter, in aller seiner Menschlichkeit.»[41]

Aus seiner privaten Korrespondenz geht hervor, dass Golo Mann noch im hohen Alter fortfuhr, mit dem Schicksal zu hadern, das ihn zum Sohn Thomas Manns gemacht hatte. So sehr, dass seine jüngere Schwester Elisabeth ihn bei Gelegenheit ernstlich ermahnen musste: «Nach dem Erreichen des dreißigsten Altersjahrs solltest Du damit aufhören, Deine Eltern für das verantwortlich zu machen, was Du bist.»[42]

War es die sein ganzes Leben überschattende Melancholie, die den Sohn dazu trieb, sich dauernd an seinem Vater messen zu müssen, um sich dann benachteiligt und zurückgesetzt zu fühlen? Nie nahm Golo Mann die freundliche Bezeichnung «Der Zauberer» in den Mund, mit der seine übrigen Geschwister von ihrem Vater sprachen; in seiner Korrespondenz ist lakonisch von «T. M.» und dem «Alten» die Rede. Dabei mochte Golo Mann allzu leicht vergessen, was alles er seinem Vater verdankte: Verbindungen mit interessanten Persönlichkeiten in der Jugend, erhebliche finanzielle Einkünfte im Alter, einen Namen, der in der Nachkriegszeit nicht wenig zu des Sohnes Prominenz beitrug. Allzu leicht vergaß der Historiker auch, dass ihm, von wem auch immer, Charaktereigenschaften mitgegeben worden waren, die ihn vor seinem Vater auszeichneten: ein ausgeprägtes Bewusstsein der Solidarität gegenüber seinen Mitmenschen, eine liebenswerte Scheu und Bescheidenheit des Wesens, die Freude an einfachen, rustikalen Genüssen.

Aber es half alles nichts. «Ach du lieber Gott», lesen wir in einem Brief aus dem Jahre 1975, «ich bin aufgewachsen als Sohn eines, der wirklich ein Denkmal war, sich auch für ein solches hielt [...] Wenn Sie wüßten, wie tief skeptisch ich dem bißchen Namen gegenüberstehe, den ich mir erworben habe; und daß ich an den maßgeblichen Einfluß, den ich in der Bundesrepublik haben soll, einfach nicht glauben kann ...[43]

Im Jahre 1958 hatte Golo Mann mit seiner *Deutschen Geschichte* unzähligen seiner Landsleute einen Weg gewiesen, die jüngste Geschichte ihres Landes zu akzeptieren und aus dem Schlimmen, das sich ereignet hatte, die Kraft zur Gestaltung einer besseren Zukunft zu schöpfen. Doch seine eigene Geschichte hat der Historiker nie ganz akzeptiert. Aus Anlass von Golo Manns achtzigstem Geburtstag hat Hans Wysling diesen Tatbestand in wenigen treffenden Sätzen umrissen: «Golo Mann hatte es schwer mit seinem Vater, und er tat sich schwer mit ihm. Er wollte nicht immer Sohn bleiben. Es gelang – wenigstens gelang es ihm besser als seinen Brüdern. Aber seltsam: Da war er nun Herr Professor Dr. Golo Mann, und doch nannten ihn alle, wenn sie von ihm sprachen, Golo. Er war ein berühmter alter Mann und war doch Sohn geblieben.»[44]

Mit seinem Onkel Heinrich Mann, dem Verfasser von *Professor Unrat* und von *Der Untertan*, dem hoch gestellten Kulturpolitiker der Weimarer Republik, trat der Historiker erst während der Emigration in engere persönliche Beziehung. Der Bruderzwist, der Thomas und Heinrich Mann während des Ersten Weltkrieges entzweit hatte und der, obwohl förmlich 1922 beigelegt, ein herzliches Verhältnis zwischen den beiden Schriftstellern nie wieder aufkommen ließ, erschwerte auch die Annäherung zwischen Onkel und Neffe. Bei der gemeinsamen Flucht über die Pyrenäen und auf der Überfahrt nach Amerika kam man sich näher. In Hollywood wurde Heinrich Mann von einem Filmstudio unter Vertrag genommen, und er ließ sich mit seiner Gattin Nelly in Beverly Hills nieder – eine halbe Stunde Autofahrt vom Wohnsitz seines Bruders

Thomas entfernt. Doch der Vertrag lief aus, und weitere Bücher, die Heinrich Mann in Kalifornien schrieb, hatten keinen Erfolg. Zwar sandte Thomas Mann an seinen Bruder einen monatlichen Scheck, hielt sich ihn und seine der Trunksucht verfallene Gattin aber tunlichst vom Leib. Weitere bescheidene Zuwendungen gelangten über Kanäle der russischen Diplomatie nach Beverly Hills.[45] Heinrich Mann vereinsamte zusehends, und Altersbeschwerden stellten sich ein. Ein Versuch Golo Manns, seinen Onkel zur Niederlassung in Mexiko zu bewegen, wo er sich im Umfeld der spanischen Sprache wohler fühlen würde, ließ sich nicht verwirklichen.[46]

Zweifellos wusste Golo Mann um die Vereinsamung und Verarmung seines Onkels im kalifornischen Exil und um die kühle Distanz, die Thomas Mann dem Bruder gegenüber walten ließ. In einem längeren Essay, der zur Neuauflage von Heinrich Manns *Ein Zeitalter wird besichtigt* erschien, hat sich der Historiker freundschaftlich und einfühlend über seinen Onkel geäußert. Heinrich Manns autobiographischer Bericht, während des amerikanischen Exils niedergeschrieben, gibt die Summe einer geistigen Erfahrung, die der französischen Aufklärung verpflichtet ist und die im Sinne der französischen Tradition dem Engagement des Schriftstellers eine Schlüsselrolle in der politischen Auseinandersetzung zuweist. Das Buch enthält auch ein Bekenntnis zur Sowjetunion, wie es sich aufrichtiger und zugleich verblendeter kaum vorstellen lässt. Die Russische Revolution ist für Heinrich Mann der «Ausbruch von Wahrheitsliebe von zweihundert Millionen Menschen»[47], der alle Fragwürdigkeiten des Systems, wie die mörderischen Säuberungen der dreißiger Jahre oder den Hitler-Stalin-Pakt, in den Hintergrund treten lässt. Der Kommunismus rechtfertigt sich, in des Autors Sicht, durch seinen moralisch hoch stehenden Entwurf einer gerechteren, friedlicheren, humaneren Gesellschaft. «Eine sozialistische Revolution konnte gelingen», schreibt der Verfasser, «ihr Ergebnis, die Sowjetunion, kann bestehen, weil beide geistig erkämpft worden sind.»[48] Und gerade in dieser Geistigkeit, so Heinrich Mann, liege die Kraft, welche der Sowjetunion zum Sieg über Hitler verhelfen werde.

Golo Mann denkt in seinem Essay nicht daran, die utopischen Verstiegenheiten seines Onkels zu entschuldigen. Er weist auch darauf hin, wie unbelehrbar Heinrich Mann in seinen Überzeugungen blieb, so unbelehrbar, dass er Beziehungen zu Personen brüsk abbrach, die Zweifel an der humanen Sendung des Bolschewismus äußerten. Zugleich aber versucht der Historiker deutlich zu machen, wie sehr solche Überzeugungen zuletzt Ausdruck einer völlig unpolitischen Einstellung und eines naiven Idealismus gewesen seien. In dieser Hinsicht, stellt er fest, seien sich Thomas und Heinrich Mann eng verwandt gewesen: «Wenn ich H. M. und T. M. zusammen politisieren hörte, hatte ich manchmal das gleiche Gefühl: Was reden doch die zwei unwissenden Magier da? Unwissend, weil schlecht informiert, weil wirklichkeitsfern. Magier, weil sich andere Wirklichkeiten erträumend oder Lieblingsträume mit Wirklichkeit gleichsetzend, noch mehr, weil mit stark intuitivem Blick begabt, wie unsereiner nicht hat.»[49]

In seiner *Deutschen Geschichte* rühmt Golo Mann seines Onkels Roman *Der Untertan* als großartige Kritik des Wilhelminischen Zeitalters, fährt aber fort: «Zum bejahenden Erzieher taugte er weniger; ein volksfremder Romantiker im Grunde, der den Volksmann nur spielte, unerfreulichen Wahrheiten aus dem Weg ging und ein stark idealisiertes Frankreich im gläsernen Kunststil zur Nachahmung bot.»[50] Und ganz ähnlich beurteilt der Neffe seinen Onkel in einem Brief, wenn er schreibt: «Überhaupt war er ganz essentiell Idealist, Romantiker, Träumer. In Deutschland hielt man ihn für einen hartgesottenen Realisten oder ‹Naturalisten›; da täuschte man sich aber gründlich … Er war Romantiker; meinem Eindruck nach ein hochbegabtes, gegen Kritik im höchsten Grade empfindliches Kind. Von Historie verstand er sehr wenig.»[51]

Im Grunde, stellt Golo Mann in seinem Essay fest, seien sich beide Brüder, Thomas und Heinrich Mann, in ihrer konservativen Grundhaltung sehr ähnlich gewesen: «Es sind im Kern konservative Gesinnungen. Das mit T. M.s ‹linkem Bruder› ist, nun gut siebzig Jahre lang, ein Mißverständnis gewesen, aufgebracht von den Zeitgenossen, fortgeschleppt von den Nachkommenden, immer gleich dumm. Beide waren Konservative von Haus. Beide wurden getragen von einem Gewissen, das über sie selbst weit hinaus ins Allgemeine, Soziale ging. Beide suchten und fanden den Gegenpol: der Jüngere gequält, tastend, aus Vernunft und Pflichtgefühl; der Ältere souverän, mit rhetorischer Ausstrahlungskraft, ohne Zweifel und Skrupel, ohne jede Vermittlung zwischen dem einen und dem anderen.»[52] Und in der *Deutschen Geschichte* sieht der Autor die beiden Brüder auch in der Ohnmacht ihres politischen Engagements eng miteinander verwandt: «Thomas Mann war ein tieferer Denker als sein Bruder Heinrich. Dieser hielt den Gedanken an, wo es ihm paßte; jener dachte fort und fort und scheute auch vor der quälendsten Wahrheit nicht zurück. Er war gesegnet und belastet mit Menschensorge, und wenn er an der Wahrheit zweifelte, so tat er es aus Wahrheitsliebe. Das aber hatten beide Brüder gemeinsam, daß, wie sie sich auch verpflichtet fühlten, in die Politik klärend einzugreifen, sie im Grund doch nur mit den Produkten ihres eigenen Geistes hantierten und an die Wirklichkeit kaum herankamen.»[53]

Zu Klaus Mann, dem begabten, unsteten, durch Drogenkonsum und Todessehnsucht schwer gefährdeten Schriftsteller, der sich vier Jahre nach Kriegsende das Leben nahm, waren die Beziehungen des Historikers freundschaftlich und ungetrübt. Die beiden standen sich seit ihren theatralischen Versuchen der Kindheit nahe, teilten die literarischen Interessen, lasen ihre Publikationen, erhoben gemeinsam ihre Stimme im Kampf gegen den Nationalsozialismus und waren bereit, dafür ihr Leben einzusetzen. «Es war in seinem Schatten», erinnert sich Golo Mann, «daß ich meine Laufbahn begann, und so zappelte ich mich wohl etwas ab und benahm mich ein wenig auffällig, um nicht völlig übersehen zu werden.»[54] Bald erwarb sich der junge Historiker brüderliche Anerkennung. Er schrieb, wie bereits erwähnt, für Klaus in der Emigrantenzeitschrift *Die Sammlung* und lieferte später Beiträge für die kurzlebige *Decision*, die der Bruder in New York herausgab. Golo Mann erinnert sich: «In der Zeitschrift, die er während der ersten zwei Jahre in Amsterdam redigierte, ‹*Die Sammlung*›, ließ er mich schreiben, ein paar Essays, sogar anonym eine regelmäßige politische Chronik. Sie war wohl nicht ganz sein Stil. Wir differierten im Sachlichen um Einiges, aber freundlich.»[55] Den Stil seines jungen Mitarbeiters scheint Klaus Mann in der Tat zuweilen etwas sonderbar gefunden zu haben, notiert er doch bei Gelegenheit ins Tagebuch: «Immer sein etwas barocker, komplizierter, zuweilen schwerfällig schalkhafter Stil. (Hegelsche Schule – mit einem Einschlag von melancholischer Selbstironie. Sehr sympathisch.)»[56] Im Übrigen bezeugen die knappen, aber regelmäßig geführten Tagebuchaufzeichnungen Klaus Manns im amerikanischen Exil zahlreiche persönliche Begegnungen mit dem Bruder sowie anregende Gespräche zur Politik und zu den eigenen publizistischen Projekten.

In die amerikanische Gesellschaft integrierte sich Klaus offensichtlich leichter als sein Bruder: «Er sah keinen Grund», schreibt Golo Mann, «warum er in Amerika *nicht* zu Hause sein sollte; wofür ich eine ganze Menge von Gründen sah.»[57] Der Bruder lernte leicht Englisch; eine Laufbahn als amerikanischer Schriftsteller schien sich zu öffnen. Im Dienst bei der amerikanischen Armee fand Klaus Mann einen gewissen seelischen Rückhalt. Doch das Ende des Dritten Reiches brachte, wie wir wissen, nicht die erwartete Aufhellung seines Daseinshorizonts.

In seinem Essay «Erinnerungen an meinen Bruder Klaus», einer seiner persönlichsten Arbeiten, hat sich Golo Mann die Frage nach den Gründen für den Selbstmord seines Bruders gestellt. «‹Antifaschismus›», schreibt er, «die Hoffnung auf den Untergang des Tyrannen, ist für Klaus zwölf Jahre lang ein Lebenselement gewesen. Nun war der Tyrann tot, aber nicht gut die Welt, die er hinterlassen hatte. Moralische Energie, so lange gegen ihn gerichtet, ging ins Leere, fand sich nicht mehr.»[58] Eine Reihe weiterer Faktoren, so der Historiker, hätten mitgespielt: Unbehagen an Politik und Gesellschaft, Geldnot, Mangel an Echo, Drogenmissbrauch, eine angeborene Neigung zum Tod. Aber restlos erklären lasse sich dieses Ende nicht: «Meine historischen Studien», schreibt Golo Mann, «haben mir den Glauben, daß alles erklärt werden könne, längst abgewöhnt.»[59]

Im Urteil über die literarische Qualität einzelner Werke seines Bruders ist Golo Mann immer zurückhaltend geblieben. Er spricht von den Vorzügen seines Charakters, der geschärften Beobachtungsgabe, der Daseinsintensität, der geistigen Beweglichkeit, aber auch, in einem allgemeinen Sinne, von des Bruders literarischer Begabung. «Er war», stellt er fest, «einer der schriftstellerisch begabtesten Menschen, die ich gekannt habe, auch einer der liebenswürdigsten. Humor, in seinen Büchern zu spüren, zeigte er reichlich im Leben.»[60]

2. Deutsch- und fremdsprachige Schriftsteller

Neben das Schaffen seiner schreibenden Verwandten trat für Golo Mann früh das Werk zahlreicher deutschsprachiger und fremdsprachiger Schriftsteller. Von den Schweizer Schriftstellern war es Conrad Ferdinand Meyer, der Golo Mann am nächsten stand. Meyer stammte aus alteingesessenem Zürcher Geschlecht, verlor früh seinen Vater und erfuhr durch seine gemütskranke Mutter eine puritanisch-pietistische Erziehung, die den sensiblen und begabten Knaben schwer belastete. Sein Dasein blieb stets gefährdet und umdüstert, und ohne den Beistand seiner lebenstüchtigen Schwester Betsy hätte er wohl nicht überlebt. Im Jahre 1877 ließ er sich mit seiner Frau in Kilchberg nieder, wo der größte Teil seines Œuvres entstand. Dort starb er im Jahr 1898.

Schon Thomas Mann war früh mit dem Werk des Novellisten

und Lyrikers bekannt geworden; im Entwurf zu einem Essay über «Geist und Kunst», der um 1910 entstand, lesen wir die Sätze: «Es kommt darauf an, gut zu schreiben. C. F. Meyer als Vorbild.»[61] Als der Schriftsteller sich 1954 in Kilchberg niederließ, betrachtete er es als glückliche Koinzidenz, dass seine «letzte Adresse» mit dem Wirkungsort Meyers zusammenfiel, fühlte er sich doch von der protestantisch-gestrengen Lebensstimmung, die Meyers Schaffen prägt, angesprochen.[62]

Conrad Ferdinand Meyers Werk, seine Novellen wie seine Lyrik, wurzelt in der Geschichte und bezieht aus ihr viele seiner Themen; ein Historiker wie Golo Mann musste sich davon angesprochen fühlen. Von den Erzählungen standen ihm *Gustav Adolfs Page* und *Das Leiden eines Knaben* besonders nahe. Die erste Novelle spielt vor dem Hintergrund des Dreißigjährigen Krieges, also in einer Welt, in der sich Golo Mann auskannte. Doch das geschichtliche Geschehen und die handelnden Personen treten in den Hintergrund. Es geht in diesem Psychodrama um die verbotene Liebe einer jungen Frau, die sich, als Page verkleidet, in die Privatsphäre des geliebten Schwedenkönigs vorwagt und die an ihrer nicht erhörten und nicht erhörbaren Liebe zerbricht. In *Das Leiden eines Knaben* verarbeitet Conrad Ferdinand Meyer einen Stoff aus dem 17. Jahrhundert, den er in den Memoiren Saint-Simons gefunden hat. Die Erzählung trägt offensichtlich autobiographische Züge und wird zu einer schonungslosen Abrechnung mit den eigenen Eltern und Erziehern sowie mit dem pietistischen Zürcher Milieu der Kindheit. Hauptfigur ist der Knabe Julian Boufflers, ein von Kindheit an Ausgestoßener, den der herzlose Vater nach dem Tod der Mutter in eine Internatsschule der Jesuiten schickt. Von den Lehrern gequält und von den Mitschülern erniedrigt, fühlt sich Julian als Außenseiter, der seine Sehnsüchte ins Unwirkliche projiziert und seine Seelennöte zuletzt nur noch einem Hund anvertrauen kann. Er erkrankt auf den Tod als ein «Gebrandmarkter», der, wie Meyer schreibt, «sein Golgatha bei den Jesuiten» hinter sich gebracht hat.[63] Golo Mann muss diese Novelle mehrmals gelesen haben, und es dürfte nicht zufällig sein, dass das Thema des verstoßenen Einzelgängers ihn besonders ansprach. In einer Tagebuchnotiz spricht der Historiker davon, wie sehr er die Erzählkunst Meyers gerade bei dieser Novelle bewundere, und fügt hinzu, dass er bei deren Lektüre tief bewegt gewesen sei.[64] «Traurig zum Weinen», bemerkt er an anderer Stelle, sei diese Erzählung; lachen könne man eigentlich nur bei Meyers Novelle *Plautus im Nonnenkloster*.[65] Einmal versuchte sich Golo Mann, zweifellos angeregt durch Conrad Ferdinand Meyers Beispiel, auch selbst in der Kunst der historischen Novelle. Es entstand, gestützt auf französische Memoirenliteratur des 19. Jahrhunderts, die Erzählung *Lavalette. Eine Episode aus napoleonischer Zeit*.[66]

Golo Manns besondere Wertschätzung galt freilich nicht Meyers Novellen, die ihm oft als zu konstruiert erschienen, sondern seinen Gedichten. In den nachgelassenen Erinnerungen berichtet der Historiker, wie er im Jahre 1934, von Küsnacht, dem damaligen Wohnort seiner Eltern aus, über den Zürichsee gefahren sei, um auf dem Kilchberger Friedhof das Grab des Dichters aufzusuchen. Dabei sei ihm das Gedicht «Requiem» gegenwärtig gewesen, dessen letzter Vers lautet: «Horch, mein Kilchberg läutet jetzt!»[67] Ein halbes Jahrhundert später schrieb Golo Mann in einem Brief: «So schöne Gedichte machen wie er, kann ich freilich nicht; dafür halte ich meine Prosa für besser.»[68] In hohen Ehren hielt Golo Mann den im Urteil der Fachleute kontrovers beurteilten Gedichtzyklus *Huttens letzte Tage*; Verse wie diese erregten sein Wohlgefallen: «In meinen Leidensnächten ohne Stern/Erlab' ich mich an guter Sprüche Kern.»[69] Zu den Gedichten, die Golo Mann besonders lieb waren, gehörten jene, die sich mit dem Zürichsee befassen, der sich unter den Fenstern seines Kilchberger Wohnsitzes ausbreitete. Viele dieser bedeutenden Werke, in denen Heiterkeit und Todesahnung eine eigentümliche Verbindung eingehen, wusste Golo Mann auswendig, flocht einzelne Verse in die eigene Rede ein und zeigte sich vorwurfsvoll erstaunt, wenn seine Schweizer Zuhörer sie nicht kannten. Eines seiner Lieblingsgedichte war

«Ein Pilgrim», ein Gedicht, das Meyer 1860 entwarf und erst dreißig Jahre später in nach seiner Gewohnheit sorgfältig überarbeiteter Endfassung veröffentlichte. Das Gedicht fasst die menschlichen Entwicklungsstufen von der Jugend zur Reife in die Metapher der «Wanderung», und Golo Mann liebte es, die beiden letzten Verse zu zitieren: «Das Wort, das nimmer ich vergessen kann: / Da sitzt ein Pilgerim und Wandersmann.»[70]

Für Golo Mann wie für seinen Vater gehörte Conrad Ferdinand Meyer zum Genius Loci von Kilchberg. Der Historiker begrüßte es, dass des Dichters Landsitz von der Gemeinde im Jahre 1943 übernommen wurde, um eine Gedenkstätte einzurichten. Vor kurzem ist aus Anlass des hundertfünfundzwanzigsten Geburtstages Thomas Manns ein Raum angegliedert worden, dazu bestimmt, die Erinnerung an die Familie Mann wachzuhalten.

Mit dem Werk des andern bedeutenden Zürcher Schriftstellers des Realismus, Gottfried Keller, hatte sich Golo Mann eingehend befasst, als er seine Vorlesungen für Münster vorbereitete. Im Vorlesungsskript, das sich erhalten hat, kommt der Historiker auf das politische Engagement des Schweizers zu sprechen, der dem Kanton Zürich über ein Jahrzehnt lang als Staatsschreiber diente, der die Entwicklung vom Staatenbund zum liberalen Bundesstaat von 1848 zukunftsfroh verfolgte, der in seinem Spätwerk *Martin Salander* aber auch auf Fehlentwicklungen und Missstände der demokratischen Gesellschaft hinwies. Golo Mann stellt fest, dass die Eidgenossenschaft, «die uns heute und schon seit langem als das Musterbeispiel einer geglückten, beruhigten, demokratisch und republikanisch geordneten, liberalen, aber doch vorwiegend konservativen politischen Gemeinschaft erscheint», um die Mitte des 19. Jahrhunderts ein Herd gesellschaftlicher Unrast war. Betont wird, dass sich der Schriftsteller den politischen Herausforderungen seiner Zeit nicht entzog: «Keller war ein politisch ungewöhnlich stark teilnehmender, parteinehmender, charakterfester und zugleich erzieherischer Schriftsteller. Er hat in seinem Lande, allerwenigstens in seiner engeren Heimat, in der Landschaft Zürich, die Rolle eines öffentlichen Kritikers, Ermahners und Erziehers gespielt wie kaum ein Schriftsteller vor ihm oder nach ihm irgendwo.» Und Golo Mann fährt fort: «Diese Stellung ist um so merkwürdiger, als in der fleißigen, puritanischen und praktischen Schweiz die Stellung des Künstlers, des Schriftstellers im allgemeinen eine schwierige, nicht ganz glückliche war, wenn man sie etwa mit der Stellung des Schriftstellers in Frankreich vergleicht.»[71] Der Historiker stellt weiterhin fest, dass sich Gottfried Keller immer als dem deutschen Kulturbereich zugehörig betrachtet habe und dass er dem Postulat einer schweizerischen Nationalliteratur mit Entschiedenheit entgegengetreten sei. «Er hat sich», schreibt Golo Mann, «politisch als Schweizer, kulturell als Deutscher, er hat sich als Schweizer und Deutscher gefühlt, wie man das in der guten alten Zeit des Heiligen Römischen Reiches wohl gekonnt hatte, wie es aber im 19. Jahrhundert, im Zeitalter des Nationalstaates und des Nationalismus, immer schwieriger wurde.»[72]

In späteren Jahren scheint sich Golo Mann nicht mehr näher mit Gottfried Keller befasst zu haben, und dessen Schaffen trat neben demjenigen Conrad Ferdinand Meyers in den Hintergrund. Dafür, dass der Dritte im Bunde der großen Schweizer Realisten, Jeremias Gotthelf, von Golo Mann zur Kenntnis genommen worden wäre, fehlt jeder Hinweis.

Zu den Autoren, mit deren Werk sich Golo Mann seit seiner Kindheit beschäftigte, gehörte Heinrich Heine. Während seines Frankreich-Aufenthalts, 1936, als man in Paris des achtzigsten Todestages Heines gedachte, wurde dem jungen Lehrer bewusst, welche Rolle der deutsche Dichter als geistiger Mittler zwischen beiden Ländern spielte – oder hätte spielen können.[73] In seiner *Deutschen Geschichte* betont der Autor die spannungsvolle Ambivalenz im politischen Denken dieses Intellektuellen.[74] Als in den frühen siebziger Jahren die radikale deutsche Studentenbewegung nach geistigen Vorbildern suchte und nicht Lenin oder Stalin, wohl aber Marx und Heine fand, sah sich Golo Mann veranlasst, korrigierend einzugreifen, indem er seine Zuneigung zum Dichter dessen Instrumentalisierung entgegensetzte. Die Rede, die der Historiker 1972 am Düsseldorfer Heine-Kongress unter dem Titel «Heine, wem gehört er?» hielt, bekannte sich vor widerstrebendem Publikum zur intellektuellen Unabhängigkeit, wie sie gerade dieser Schriftsteller verkörpert habe. Golo Mann betont die Modernität Heines, der in Deutschland das politische, philosophische und literarische Feuilleton gleich auf höchstem Niveau begründet habe. Er weist weiterhin auf die emanzipatorische Rolle des Schriftstellers hin: «Dies bewußte, überbewußte Partizipieren am historischen Fortschreiten», sagt er, «war neu, neu auch im Vergleich mit den Intellektuellen des späten 18. Jahrhunderts, in deren Denken das mit einem Schlage kommende Glück der Zukunft stärker ausgebildet blieb als der geschichtliche Prozeß.»[75] Heine sei, fährt Golo Mann fort, als «kämpferischer Humanist» an der Seite der Ausgebeuteten und Unterdrückten gestanden, aber einer Doktrin habe er sich nie verschrieben. Und er schließt mit den Worten: «Heine gehört niemandem. Besser: Er gehört allen, die ihn lieben.»[76]

Die Liebe, von der Golo Mann sprach, übertrug sich freilich nicht auf die Kongressteilnehmer. Eine Podiumsveranstaltung war schlecht organisiert und führte zu missgelaunten Kontroversen, und manche von den über zwanzig Referenten aus der Bundesrepublik, der DDR und anderen Ländern waren nur terminologisch versierten Marxisten halbwegs verständlich. Selbst im Sektor «Lyrik» entwickelten sich, wie ein Beobachter zu melden wusste, «sehr rasch Reizbarkeiten»[77], und zeitweise drohte der Abbruch der dreitägigen Veranstaltung. Rudolf Walter Leonhardt, der für die *Zeit* berichtete, freute sich über Golo Manns Vortrag: «Zur eigenen Standortbestimmung erklärte der große Sohn eines großen Vaters, er gedenke sich nicht in unsinnige Alternativen einzwängen zu lassen: Er sei weder ein marxistischer Schriftsteller noch ein bürgerlicher – sondern ein freier.»[78]

In einem Brief an den Literaturhistoriker Hans Mayer, der zuerst in Leipzig, dann in Hannover lehrte, wandte sich Golo Mann einige Jahre später ganz ähnlich gegen die Vereinnahmung Heines durch die Marxisten, indem er schrieb: «Ferner: Sie können es nicht lassen, den Einfluß Marxens auf Heine zu betonen. Den finde ich so interessant nicht, der war so bedeutend nicht, der wird überschätzt. Auf das bißchen ‹Kommunismus›, das Heine erspürte, wäre er auch ohne Marx gekommen.»[79]

In den achtziger Jahren beruhigte sich die Diskussion um die politische Zugehörigkeit Heines, und nach der Wende verstummte sie ganz; Golo Manns Auffassung setzte sich im Wesentlichen durch. Und als der Liedermacher Wolf Biermann im Jahre 1993 den Düsseldorfer Heinrich-Heine-Preis entgegennehmen konnte, hielt er eine Dankesrede, der Golo Mann wohl Punkt für Punkt hätte beistimmen können.[80]

In Heinrich Heines geistigem Umfeld bewegten sich die Publizisten der ersten Hälfte des 20. Jahrhunderts wie Maximilian Harden, Alfred Kerr, Kurt Tucholsky, Carl von Ossietzky, Leopold Schwarzschild und Karl Kraus. Einigen von ihnen begegnete Golo Mann im Elternhaus oder während seiner Studienzeit in München, Berlin und Heidelberg. In der *Deutschen Geschichte* wird Harden als «kluger, wenngleich selbstisch schauspielernder Kritiker des Kaiserreiches» bezeichnet.[81] In einem längeren Essay äußert sich der Historiker über den Chronisten und Skandaljäger der Wilhelminischen Ära, der nach dem Ersten Weltkrieg einen radikalen Sozialismus vertrat, überwiegend kritisch. Er schildert die widersprüchliche Persönlichkeit, den Imperialisten, der nach 1914 zum scharfen Kritiker der deutschen Kriegsziele wurde, den Geistesaristokraten, dem die Weimarer Republik zu wenig revolutionär war. Nachdem Harden sich in die Dienste des zurückgetretenen Bismarck hatte nehmen lassen, wurde er zum vehementen Kritiker Walter Rathenaus. «Er war nie Demokrat», schreibt Golo Mann, «nie Idealist. Mitleid für die Armen konnte er fühlen, für das Elend, das er auf winterlichen Straßen sah, aber zum ‹Volk›, dem Kollektiv zog es ihn nicht, und sein Geschmack war aristokratisch.»[82] Mit beeindruckender Furchtlosigkeit und detektivischem

Spürsinn habe Harden gesellschaftliche Skandale aufgedeckt; dabei seien ihm allerdings Missgunst, Hass und auch Selbsthass nicht fremd gewesen. Golo Mann wirft dem Publizisten vor, sein Widerspruch sei zu sehr durch den eigenen Geltungstrieb und zu wenig durch den Willen, hilfreich zu sein, motiviert gewesen. «Die Versuchung», schreibt er, «ihre Zeit an dem Wert zu messen, den sie ihnen selber beilegt, kennen viele; Harden gab ihr stärker als der Durchschnitt nach.»[83] In seinen *Erinnerungen* spricht der Historiker davon, dass er den Stil dieses Publizisten nicht mehr ertragen könne: «Heutzutage ist Harden, trotz des historischen Interesses seiner Artikel, für mich unlesbar; der Manierismus des Stils, welcher wirkte in seiner Gegenwart, aber schnell verwelken mußte. Harden war kein guter Charakter.»[84]

Sehr kritisch äußerte sich Golo Mann am selben Ort auch über den Berliner Theaterkritiker Alfred Kerr. Seine mit Kalauern gewürzte Prosa findet er «einigermaßen ekelhaft», und er fährt fort: «Für mein Gefühl hätte Kerr der erste Kritiker in der Hauptstadt nicht sein dürfen.»[85] Am Wiener Kulturkritiker Karl Kraus bewunderte Golo Mann zwar das «parodistische Talent» und den «Purismus der Sprache», konnte sich aber mit seiner Egozentrik nicht anfreunden. «Monomanen», schreibt er, «können im Ernst nicht helfen, wie brillant sie auch seien.»[86] Eine gewisse Neigung zur Monomanie, zum Narzissmus und zur Polemik um der Polemik willen wirft Golo Mann allen diesen drei Publizisten vor, wenn er feststellt: «Im Grunde ist es gefährlich, von Feindschaften zu leben; denn erstens tun sie der eigenen Sache schlecht, und zweitens, was sollen die Hasser tun, wenn der Feind nicht mehr da ist?»[87]

Golo Mann war als Student ein regelmäßiger Leser der viel beachteten Artikel von Kurt Tucholsky, die zur Zeit der Weimarer Republik in der *Weltbühne*, dem Sprachrohr der intellektuellen Linken, erschienen. Tucholsky schrieb viel, er schrieb über nahezu alles, und er tat dies unter vier Pseudonymen, von denen eines, der «Kaspar Hauser», uns in anderem Zusammenhang noch begegnen wird. Golo Mann vergleicht diesen Zeitkritiker mit Heinrich

Heine: «Vom Witz und Haß des großen Dichters», schreibt er, «war ein Stück in ihm, nur leider wenig von seiner Liebe.»[88] An Tucholskys publizistischem Schaffen bewunderte Golo Mann vor allem die treffsichere Formulierungsgabe und den Humor, gibt aber in seinen Erinnerungen zu bedenken: «Tucholskys wahre Schwäche war diese: er mochte seine Landsleute, die Deutschen, sehr wenig, und er glaubte an die Republik überhaupt nicht. Infolgedessen richtete sein hassender Spott sich nicht gegen die Feinde der Republik auf der Rechten, geschweige denn der Linken, gegen die Kommunisten ließ er nie ein böses Wort verlauten, sondern gegen die eigentlich staatstragende Partei, die Sozialdemokraten, denen er nicht verzieh, daß sie während des Krieges die Verteidigung des Vaterlandes bejaht und nach dem Krieg geholfen hatten, einen kommunistischen – ‹spartakistischen› – Aufstand niederzuschlagen.»[89]

Zwei Publizisten der Weimarer Republik beeindruckten den jungen Golo Mann besonders: Carl von Ossietzky und Leopold Schwarzschild. Ossietzky, durch die Erfahrung des Ersten Weltkriegs zum Pazifisten geworden, war Herausgeber der Weltbühne und erwies sich als ein unbestechlicher Kritiker antidemokratischer Tendenzen in der Weimarer Republik, was ihn mehrmals vor Gericht brachte. Nach dem Reichstagsbrand wurde er von den Nationalsozialisten verhaftet und ins Konzentrationslager gesteckt. Er starb 1938, nachdem ihm in absentia der Friedensnobelpreis verliehen worden war, an den Folgen der erlittenen Folterungen und Entbehrungen. «Den bewunderte ich ehrlich», schreibt Golo Mann in seinen *Erinnerungen*, «ein politischer Publizist von Instinkt, Ernst, Leidenschaft und hoher Integrität.»[90]

Leopold Schwarzschild war vor Hitlers Machtübernahme Herausgeber der in Berlin erscheinenden Wochenschrift *Das Tagebuch*, die weniger radikale Gesellschaftskritik als die *Weltbühne* übte. *Das Tagebuch* wurde im Hause Thomas Manns gelesen, und der Sohn sah im Publizisten während seiner Heidelberger Studienzeit seinen eigentlichen Mentor. Schwarzschild kannte sich nicht nur in der Politik, sondern auch in Wirtschaftsfragen vorzüglich aus. Innenpolitisch stützte er sich auf die staatstragenden Parteien der Sozialdemokratie und des Zentrums, urteilte aber mit sachbezogener Unabhängigkeit und im Bestreben, der Allgemeinheit von Nutzen zu sein. Die selbstverliebte Neigung zur Kritik um ihrer selbst willen war ihm fremd – das unterschied ihn von Tucholsky. «Im Grund wollte er helfen. Im tiefsten Grund war er, wie die meisten deutschen Juden, konservativ gesinnt, der Linken nur momentan und scheinbar zugehörig, weil die Rechte seinem klaren, von allem Schwindel angeekelten Geist nichts anderes übrig ließ.»[91]

Schwarzschild wandte sich gegen die Wirtschaftspolitik Brünings, welche die Deflation verschärfte, um dadurch die Liquidierung der Reparationszahlungen zu erreichen. Zugleich erkannte er, der Karl Marx ebenso wie John Maynard Keynes gelesen hatte, dass der Kapitalismus zwar reformbedürftig, aber nicht durch kommunistische Planwirtschaft zu ersetzen war. Seine Einschätzungen wusste Schwarzschild, was Golo Mann besonders beeindruckte, sowohl verständlich als auch elegant zu formulieren. Nach seiner Emigration gab Schwarzschild zwischen 1933 und 1940 in Paris *Das Neue Tagebuch* heraus, eine der wenigen Exilzeitschriften, die sich finanziell über Wasser halten konnten. Auch in Frankreich stand der Publizist zwischen den Fronten: Bei der Linken galt er als «Kommunistenfresser», bei der konservativen Rechten, die sich später der Vichyregierung Marschall Pétains anschließen sollte, galt er als Kommunist. Persönlich begegnete Golo Mann dem Publizisten zusammen mit seinem Bruder Klaus 1934 in Paris. Im Jahre 1940 gelang es Schwarzschild, nach den USA zu entkommen, wo er publizistisch tätig blieb; er verstarb 1949 in Santa Margherita (Italien). «Leopold Schwarzschild», hat Golo Mann rückblickend geurteilt, «gehört zu jenen jüdisch-deutschen, sehr deutschen Publizisten, die im Grund nur in ihrer Heimat zum Nutzen ihrer Mitbürger wirken konnten. Schon in Frankreich wurde er schwächer. Was er dann, nach 1940, in New York publizierte, war unter aller Kritik, besonders sein Buch über Karl Marx, ‹Der rote Preuße›. Als einen so erbärmlichen, im Wissenschaftlichen radikal unschöpferischen Hochstapler durfte auch ein Gegner Marxens diesen nicht darstellen; damit brachte er sich bei informierten Lesern um jede Wirkung.»[92]

Von der kritischen Publizistik forderte Golo Mann, wie seine Äußerungen über deren wichtigste Exponenten zur Zeit der Weimarer Republik übereinstimmend zeigen, vor allem dies: dass ihr Schaffen vom Verantwortungsbewusstsein gegenüber der demokratischen Gesellschaft motiviert und vom Willen getragen war, der Gemeinschaft von Nutzen zu sein. Diesem Anspruch vermochten, seiner Ansicht nach, Ossietzky und Schwarzschild in besonderem Maße zu genügen.

Zu Golo Manns Essays, die Schriftstellern gelten und auf frühe eigene Lektüre zurückweisen, gehören auch seine Arbeiten über Friedrich Rückert, Wilhelm Busch und Jakob Wassermann. Über Rückert hielt der Historiker die Festrede aus Anlass von dessen zweihundertstem Geburtstag in dessen Geburtsstadt Schweinfurt. «Natürlich mußte man», hat sich Golo Mann später erinnert, «auch ein bißchen aus seinem Leben erzählen, aber meine Festrede bestand hauptsächlich aus Gedichten. Seinen eigenen, unter denen sich herrliche finden, weit mehr aber aus seinen Übersetzungen aus dem Altpersischen und Altarabischen. Heute mag man beide Sprachen rein philologisch noch genauer kennen. Aber so herrliche Übersetzungen gibt es in Europa nur einmal.»[93] Man spürt des Historikers Essay an, dass es sich um den Text eines Referats handelt. Jede wissenschaftliche Prätention wird vermieden, und der Verfasser macht deutlich, dass die einzige Rechtfertigung, die er für seinen Auftritt geltend machen könne, darin bestehe, dass er ein Liebhaber Rückerts sei. Seine Rolle als «Liebhaber», als «Dilettant» im ursprünglich nicht pejorativen italienischen Wortsinn, betont Golo Mann in seinen literarischen Essays gern, oft, indem er sich ausdrücklich von den Fachleuten, den Spezialisten, abgrenzt. Indem er auf Rückerts enorm fruchtbares Schaffen zu sprechen kommt, stellt er etwa fest: «Germanisten sprechen hier wohl von mangelnder Selbstkritik. Als geneigter Leser spricht man von Überschwang, auch von erstaunlicher Leichtigkeit im Versemachen.»[94]

Ganze Seiten lang trägt Golo Mann Nachdichtungen aus dem Persischen und Arabischen vor und weist, ohne eine Interpretation vorzunehmen, auf Qualitäten hin, die sie ihm besonders lieb hätten werden lassen. Zwischenhinein wird locker Biographisches eingestreut, von Rückerts Studium ist die Rede, vom Befreiungskrieg gegen Napoleon, der die patriotische Lyrik der *Geharnischten Sonette* inspirierte, von des jungen Dichters Begegnung mit dem Orientalisten Hammer-Purgstall, der ihn auf sein künftiges Tätigkeitsfeld hinwies. Rückerts Charakter wird kurz geschildert, seine Neigung zur Hypochondrie und zum Außenseitertum wird erwähnt. Gegen den Schluss seiner Ausführungen spricht Golo Mann von den zahlreichen Ehrungen, die dem Gelehrten und Dichter zuteil wurden, vom Orden Pour le Mérite, von der Aufnahme ins Frankfurter Hochstift, von Ehrenbürger-Urkunden. «Wir wissen sehr genau, sagt Golo Mann, «dass er sich heimlich gar nichts daraus machte. Er kannte seinen Rang, und der genügte ihm.»[95] Und vielleicht, indem er so sprach, fragte sich der Historiker, der im selben Alter ähnlich mit Ehrungen überschüttet wurde, wie er in seinem Innersten selbst dazu stand.

Ganz ähnlich wie bei Friedrich Rückert verfuhr Golo Mann in der Rede, die er zu Ehren Wilhelm Buschs hielt. Als ein Wilhelm-Busch-Kind hat sich Golo Mann in seinen *Erinnerungen* bezeichnet[96], und wie unterkühlt die Atmosphäre im Elternhaus auch sein mochte – hin und wieder bot sich doch Gelegenheit zu einem herzhaften Lachen oder einem versteckten Gekicher. Als im Jahre 1982 die Einladung der Wilhelm-Busch-Gesellschaft zu Hannover an den Historiker erging, zum hundertfünfzigsten Geburtstag des Humoristen den Festvortrag zu halten, mochte Golo Mann nicht absagen. Wieder stellt er sich als Liebhaber, nicht als Spezialisten vor; das spontane Vergnügen und die Schadenfreude, welche jedermann beim Betrachten von Buschs Bildgeschichten verspüre, empfinde er genauso wie jedermann. «Ich bin da», schreibt er, «obgleich als ernsthafter Schriftsteller geltend, um kein Haar besser als die andern.»[97] Und wieder wird ausführlich und mit Gusto zitiert: Aus *Max und Moritz,* aus der *Frommen Helene,* aus dem *Maler Klecksel* und Entlegenerem. Golo Mann betont den moralischen und zugleich apolitischen Charakter von Buschs Werk: «Er war weder Republikaner noch, wie sein Idol Schopenhauer, Monarchist; weder Sozialist noch Freihändler noch sonst was. Von den öffentlichen Dingen erwartete er kein Heil, so nicht und so nicht. Und das einzige, woran ihm lag, war seine allerprivateste Ruhe.»[98] Weit über solche Feststellungen hinaus geht Golo Manns Interpretation nicht. Das Geheimnis Wilhelm Buschs, dass er den bürgerlichen Lesern des 19. Jahrhunderts ihre Schwächen auf eine Weise vorhalten konnte, dass diese sie belustigten, ergründet Golo Mann nicht. Er schließt mit einer Anspielung auf seinen Vater, dessen Humor in ähnlicher Weise wie jener Buschs dem Pessimismus Schopenhauers verpflichtet gewesen sei: «Ein Blick in seine Werkstatt, ein Blick hinter die Kulissen seines nach außen wirkenden Daseins ist nicht notwendig, um uns an Wilhelm Busch zu erfreuen. Auch er tat, was ein deutscher Schriftsteller der ersten Hälfte unseres Jahrhunderts als seine Aufgabe bezeichnete; er brachte etwas ‹höhere Heiterkeit› in unsere Welt.»[99]

Zu den Lieblingsbüchern des Historikers gehörte Jakob Wassermanns Roman *Caspar Hauser;* in den *Erinnerungen* ist davon die Rede, wie er als Kind bei der ersten Lektüre Tränen vergossen habe.[100] Jahrzehnte später kommt Golo Mann in einer sehr persönlich gehaltenen Skizze unter dem Titel «Der schönste Krimi aller Zeiten» auf dieses Buch zurück. Die literarisch oft verwertete Geschichte handelt von einem Findling, den man 1828 vor den Toren Nürnbergs aufgriff und in dem man den illegitimen Spross eines Fürstenhauses vermutete. Zwar fanden sich Gönner, die für Kaspar Hausers Unterhalt und Erziehung sorgten; doch auch Gegner formierten sich, welche die Entdeckung seiner wahren Identität fürchteten. Im Jahre 1833 wurde Hauser im Ansbacher Hofgarten, wohin er sich auf eine mysteriöse Aufforderung hin begeben hatte, umgebracht. Der Mord blieb ungeklärt.

Das traurige Schicksal des einer bedrohlichen Welt ausgelieferten Einzelgängers sprach Golo Mann an: «Es ist die Geschichte von dem schönen Menschenbild», schreibt er, «dem reinen Jüngling, noch begabt mit Sinnen und Kräften, die unterdes verloren gingen, der sich in die Welt der Menschen verirrt, böser Menschen auch, aber das ist nicht einmal das ärgste, meist gewöhnlicher, in ihren Grenzen sogar wohlmeinender, jedoch egoistischer, feiger, herzensträger Menschen, um nun von ihnen von Stufe zu Stufe herabgeschleppt zu werden, ob sie es bös meinen oder gut, von ihnen betrübt, betrogen und wie erstickt zu werden, so daß der Mord nur noch ein Schlußpunkt ist nach langem, traurigem Satz.»[101] Dass Golo Mann das Schicksal Kaspar Hausers anrührte, wird den Leser seiner Werke nicht erstaunen: Es ist die ewig gleiche, melancholische Geschichte von Schuld und Unschuld, Böse und Gut, sich anbietender und verpasster oder falsch genutzter Gelegenheit, die in den Augen des Moralisten auch das Weltgeschehen prägt. Golo Mann war kein Freund von Wassermanns ausschweifenden Romanen, die in der Zwischenkriegszeit, psychologisierend und dämonisierend, eine breite Leserschaft mit den Abgründen der menschlichen Seele bekannt machten. Aber ihn faszinierte am *Caspar Hauser* die Art, in der Wassermann mit den geschichtlichen Quellen umging, wie er sie in den Dienst einer «biographie romancée» stellte, die sich Freiheiten dort glaubte erlauben zu dürfen, wo dies die Aussage der historischen Dokumente zu vertiefen und zugleich allgemein zugänglich zu machen galt. «Er tat», schreibt Golo Mann, «was Schiller das ‹Idealisieren› eines historischen Stoffes nannte. Und wie Schiller war es ihm nicht um den Stoff zu tun, sondern um das aus ihm zu Gewinnende, um Gleichnis und Idee.»[102] Sich selbst verbot Golo Mann, von wenigen Ausnahmen abgesehen, solchen Umgang mit den Quellen; an Wassermanns *Caspar Hauser* wusste er das zu schätzen.[103]

Gelegentlich hat sich Golo Mann auch zu Schriftstellern geäußert, die sich ihm nicht leicht erschlossen, zu Heinrich von Kleist und Georg Büchner etwa. Zur Vorbereitung eines Referats über Kleist vor der Bayerischen Akademie der Schönen Künste bemerkte der Historiker einmal, sie sei ihm «furchtbar schwergefallen»[104], und an anderer Stelle schrieb er im selben Zusammenhang: «Ich sehe sein Genie; seine in der deutschen Schriftsteller-Geschichte beispiellose Originalität und Intensität, aber ich könnte recht wohl ohne ihn leben, besser als mit ihm.»[105] In seinem Referat hebt Golo Mann das Paradox hervor, das Kleist für die Politik «enorm begabt» sei, «ohne doch für sie zu taugen»[106]; sein Werk bezeuge zwar ausgeprägten machtpolitischen Instinkt, die künstlerische Egozentrik aber sei bei ihm politischem Handeln radikal entgegengestanden. Und Golo Mann schließt mit einer Feststellung, welche die Tragik Kleists in ihrem Kern erfasst: «Gescheitert ist nicht das Werk, wir haben es ja, sondern der Dichter an ihm, oder an dem Leiden, ohne welches das Werk, das, was es ist, nicht hätte sein können, als sein Opfer.»[107]

Auch Georg Büchner, der Revolutionär und Rebell, gehörte nicht zu den Schriftstellern, zu denen sich Golo Mann hingezogen fühlte. Zwar hielt der Historiker, als er 1968 mit dem Büchner-Preis ausgezeichnet wurde, eine Rede auf diesen Autor, legte aber gleich zu Beginn Wert darauf, sich von ihm abzugrenzen. «Büchner war ein Dichtergenie», heißt es in dieser Rede, «ich bin nichts weniger als das. Er war ein Kämpfer, ich bin das nicht. Er starb jung, sein Leben war ein kurzer Feuerbrand; ich bin alt. Ich habe viel Theorie gelesen, alte und neue, welches ein indirekter Weg zu den Sachen ist, und oft ein ungeschickter; Büchners Adlerblick richtete sich auf die Sachen selber, direkt und ungelehrt. Er war Rebell, setzte das französische ‹Friede den Hütten!, Krieg den Palästen!› als Motto über sein Pamphlet; ich kann ehrlich nicht sagen, daß ich die wenigen Paläste alten Stils, die uns einstweilen noch übrig geblieben sind, hasse oder sie als schadenstiftend ansehe.»[108]

Nach der Bemerkung, Büchner sei nicht eigentlich ein Revolutionär, sondern eher ein Rebell gewesen, der keinen Respekt vor jedweder Autorität gehabt habe und sich nichts habe vormachen lassen, geht Golo Mann rasch zu aktuellen Fragen über, spricht von der Unruhe amerikanischer und deutscher Studenten und von der Niederschlagung des «Prager Frühlings».

Ganz ähnlich, als zwei Jahrzehnte später die Universität Zürich eine Gedenkfeier zum hundertfünfzigsten Todestag Büchners veranstaltete, der hier vor seinem Tod kurze Zeit als Privatdozent für Naturgeschichte gewirkt hatte. Als der vorgesehene Referent, Friedrich Dürrenmatt, kurzfristig absagte, wandte man sich an Golo Mann, der sich bereit erklärte, in die Lücke zu springen. Auch in dieser Rede verlässt der Referent bald das vorgegebene Thema und ergeht sich in allgemeinen Reflexionen zum Revolutionsbegriff und zur Geschichte des 19. Jahrhunderts bis hin zu Ayatollah Khomeini.[109]

Nein, weder Kleist noch Büchner gehörten zu den Schriftstellern, denen sich Golo Mann verwandt fühlte. Und der Historiker sprach nun einmal, wie er sich gern eingestand, am besten über das, was ihn im Innersten ansprach. Das Gewaltsame, das in Kleists Wesen zur Tat drängte und in der Selbstzerstörung endete, war seinem Wesen im Grunde fremd, und nicht minder fremd war ihm die fiebrige Leidenschaftlichkeit Büchners. Aber so ging es, vor allem in späteren Jahren, des Öfteren: Der begehrte Referent sagte zu, auch wenn das Thema ihm fern lag, bloß um die Erwartungen, die man in ihn setzte, nicht zu enttäuschen.

Mit zeitgenössischer deutschsprachiger Literatur hat sich Golo Mann wenig auseinander gesetzt. Zu Max Frisch und Alfred Andersch, die wie der Historiker in Berzona ein Feriendomizil besaßen, wollte sich ein enges freundschaftliches Verhältnis nicht einstellen. Mit Max Frisch verstand sich Golo Mann schlecht, sowohl aus Gründen des verschiedenartigen Naturells als auch aus solchen der offensichtlich unterschiedlichen politischen Haltung. An den Literaturhistoriker Hans Mayer schrieb er: «Ich mag den

Menschen auf den Tod nicht leiden, welch irrationales Gefühl mich aber nicht in dem Maße verblendet, daß ich darüber die Leistung übersehen würde.»[110] Zur Lektüre von Frischs Romanen äußerte sich der Historiker, falls er sie überhaupt las, nicht näher. Einmal vergleicht er zwei gänzlich unvergleichbare Bücher, das romantische Jugendwerk Alain-Fourniers *Le grand Meaulnes* und Frischs *Montauk*, miteinander und notiert sich ins Tagebuch: «Die poetische Verzauberung dort, die nackte Geschicklichkeit und Gescheitheit, der Egoismus und Exhibitionismus hier.»[111]

Zu den Tagebüchern des Schweizer Schriftstellers, die Golo Mann sorgfältig las, äußerte er sich halb rühmend, halb ablehnend. An Hans Mayer schrieb er: «Von den Tagebüchern mochte ich das allererste, aus dem Brotbeutel oder ähnlich. Die späteren, von allem anderen abgesehen, sind mir zu ingenieurmäßig aufgebaut, und überhaupt keine Tagebücher, sondern etwas anderes.»[112] Das Erscheinen der Tagebuchblätter aus den Jahren 1966 bis 1971 kommentiert der Historiker im eigenen Tagebuch so: «Gelesen in M. Frischs neuen Tagebüchern. Abschnitt über das, was er die *Gezeichneten* nennt: die Alternden. Von Einigem, nicht allem, fühlte auch ich mich mit ärgerlichem Staunen gemeint. Eminent schlau ist der Bursche, sonst nicht viel.»[113] Und ähnlich gegenüber dem Schauspieler und Rezitator Gert Westphal: «Für Max Frisch habe ich wenig Achtung, ohne seine konstruktiven Fähigkeiten und Geschicklichkeiten zu verkennen. Aber es ist mir ein gar zu schlauer, kalkulierender und obendrein genußsüchtiger Steurer seines Lebensschiffleins.»[114] In der die Schweizer Intellektuellen damals heftig bewegenden Frage, wem der Lorbeer zu reichen sei, Frisch oder Dürrenmatt, hätte sich Golo Mann zweifellos für den Letzteren entschieden. Dürrenmatt, schrieb er einmal an den Zürcher Verleger Daniel Keel, sei der bessere Charakter, «weil ungleich generöser, weil nicht vom eigenen Ego besessen ...»[115]

Es dürfte gegen Ende der sechziger Jahre in Berzona zwischen Golo Mann und Max Frisch hin und wieder zu erregten politischen Diskussionen gekommen sein. Denn Frisch war der führende intellektuelle Exponent der neuen Linken in der Schweiz, während der Historiker zur außerparlamentarischen Opposition auf Distanz gegangen war. Leidenschaftliche Beobachter des Zeitgeschehens waren beide. Das Tagebuch des Schweizer Schriftstellers berichtet davon, wie man am 21. August 1968, am Tag, als die Truppen der Warschau-Pakt-Staaten in Prag einmarschierten, eine gemeinsame Bergtour unternommen habe. «Unsere Wanderung», schreibt Frisch, «lange schon geplant, scheint das einzige zu sein, was wir unternehmen können an diesem Tag. Wanderung mit kleinem Transistor unter dem Arm. Der Historiker vom Fach versagt sich Spekulationen; er berichtet, dass er kürzlich in der ČSSR gewesen sei, wegen Dokumenten zu Wallenstein. Ich sehe das Valle Verzasca: Felsen, Bach, Flora, Schmetterlinge, lauter unvergeßliche Nebensachen.»[116]

Später suchte man Begegnungen zu vermeiden, wich sich aus. Dem Historiker missfiel, dass Frisch in der gebirgigen Abgeschiedenheit des Tessins einen komfortablen Lebensstil pflegte, mit einem «Jaguar» vorfuhr und sich einen Swimmingpool leistete. Nicht leicht war es zu ertragen, wenn der Schweizer unten sein Bad auffüllte, sodass dem Historiker im bescheidenen Häuschen oben am Berg das Wasser ausging.[117]

In der Öffentlichkeit hat sich Golo Mann kaum je über den Schriftsteller geäußert. Eine Ausnahme bildet die Stellungnahme zu einem damals in der Schweiz viel beachteten Fernsehgespräch über Politik und Kultur, das Frisch mit einem Vertreter der obersten Landesbehörde, mit Bundesrat Kurt Furgler, führte. Wer erwartet hatte, in Frisch den polemischen Streiter seiner politischen Schriften wiederzufinden, sah sich damals arg enttäuscht. Es war der sachlich argumentierende Politiker, der dominierte und zu überzeugen wusste. Golo Mann spricht in seiner Stellungnahme von einer lahmen Auseinandersetzung, in welcher der urbane, vielseitig gebildete Politiker einen angriffigeren Gegner verdient hätte, und schließt mit den Worten: «Insgesamt glaube ich, daß Künstler keine zuverlässigen Politiker sind; und zwar darum, weil der Weltlauf sie nicht an sich selbst, sondern nur insofern interessiert, wie er ihnen für das Getriebe ihres Werkes gut ist; anders ausgedrückt, weil sie gar nicht anders können, als gewaltige Egozentriker zu sein. Dergleichen auszusprechen, war Furgler zu höflich.»[118]

Deutlich besser entwickelte sich in Berzona die Beziehung zu Alfred Andersch, obwohl zwischen beiden ein politischer Konsens nur in Teilfragen, etwa bezüglich der deutschen Ostpolitik oder des Vietnamkrieges, zu erreichen war. Golo Mann schätzte des Schriftstellers erstes großes Werk *Sansibar oder der letzte Grund.* Der Roman, der das Handeln einer Reihe von Personen im engen, von der Hitler-Diktatur noch belassenen Freiheitsspielraum zeigt, fügte sich gut in das Geschichtsbild des Historikers ein. Ähnliches galt vom autobiographischen Bericht *Die Kirschen der Freiheit,* in dem der Autor seinen Entschluss zur Desertion an der Italienfront als existenziellen Akt, die Freiheit zu wählen, darstellt. Golo Mann las in der Folge die meisten literarischen Arbeiten Anderschs mit großem Interesse und mochte sich dabei auch daran erinnern, dass dieser Autor einer der wenigen zeitgenössischen Schriftsteller war, an deren Werk sein Vater im Alter noch rühmenden Anteil genommen hatte.[119] Den Roman *Die Rote,* der von der Kritik ungnädig aufgenommen worden war, nannte er dem Autor gegenüber «ein Meisterwerk im ursprünglichen Sinn des Wortes», und über den nicht minder umstrittenen Roman *Efraim* schrieb er dem Autor: «Bekanntlich verstehe ich von zeitgenössischer Literatur blutig wenig, aber soviel verstehe, richtiger, fühle ich doch, um zu wissen, daß dies Ihre reifste, intensivste, ehrgeizigste und künstlerisch geglückteste Leistung ist. Und völlig original. Ich wenigstens, bei freilich geringen Kenntnissen, wüßte keinen Vergleich.»[120]

In politischer Hinsicht verschärfte sich der Gegensatz zwischen Golo Mann und Andersch, als dieser nach 1975 die Theorie einer sich staatsautoritär entwickelnden Bundesrepublik übernahm. Größtes Aufsehen erregte der Schriftsteller, als er in einem Gedicht den einige Jahre zuvor vom Bundestag verabschiedeten «Radikalenerlaß» als einen Rückfall in den Nationalsozialismus und zu

KZ-Methoden bezeichnete.[121] Für Golo Mann wie für weite Teile der Öffentlichkeit bedeutete dieses Gedicht ein Ärgernis, und er scheute sich nicht, Andersch zu fragen, ob er nicht in Berzona den Bezug zur Realität verloren habe.[122] Hinfort ging man sich aus dem Weg. Wenig später erkrankte Alfred Andersch an einer Niereninsuffizienz, die schließlich zu seinem Tod führte. Auch dies erschwerte die Fortsetzung des freundschaftlichen Verhältnisses. Einem Briefpartner gegenüber bemerkte Golo Mann, dass der Schriftsteller krank sei und dass er dessen politische Entwicklung immer weniger billigen könne, und er fuhr fort: «Da ich seine tiefe menschliche Anständigkeit, Integrität so sehr schätzte wie sein Talent, so tut all das mir herzlich leid.»[123] Alfred Andersch dürfte ähnlich von Golo Mann gedacht haben, und man traf sich noch zu einem versöhnlichen Abendessen. Als der Schriftsteller im Februar 1980 starb, notierte der Historiker im Tagebuch: «Der Umgang mit ihm war schwierig und wurde immer schwieriger, was mit latenten Krankheiten zusammenhing, aber ich mochte ihn immer und schätze ihn immer noch, autant l'homme comme l'écrivain.»[124]

Mit einem unter den zeitgenössischen Autoren, der Max Frisch, Alfred Andersch und ihn selbst überlebte, hat sich Golo Mann zeitlebens beschäftigt: mit Ernst Jünger, der 1998 im Alter von fast hundertdrei Jahren starb. Bereits in der Exil-Zeitschrift *Die Sammlung* hatte sich der junge Historiker kritisch mit Jüngers frühem Werk *Der Arbeiter* befasst. Im Oktober 1960 kam Golo Mann in einem längeren Aufsatz für den *Monat* wieder auf den Schriftsteller zurück. «Ein sehr alter Bekannter», schreibt er, «der Referent dürfte nicht sagen, ein Freund; dafür sind ihm die Schriften Jüngers, seit er ihnen in den zwanziger Jahren zuerst begegnete, immer eine zu unheimliche, quälende Lektüre gewesen, dafür hat er wohl auch zu früh die Stellen gesehen, an denen das angeblich aus einem Guß Gemachte Schwankungen und Unstimmigkeiten aufwies. Aber doch ein aus der Ferne mit starkem Interesse beobachteter Zeitgenosse.»[125] Im selben Aufsatz wirft der Historiker

Jünger vor, er habe aus der Erfahrung des Nationalsozialismus nichts gelernt: «Immer noch die Erwartung des Menschen, der ganz aus Stahl gemacht, anstatt aus krummem Holz? Nach allem, was wir erlebt haben? Das paßt da nicht hinein. Es sind falsche Reste im Denken eines, der gelernt hat, aber es nicht zugeben will, als ob Lernen und Neue-Wege-Suchen eine Schande wäre.»[126] Klar erkennt und verwirft Golo Mann den antiliberalen Zug in Jüngers Denken. Aber dessen Schaffen hört nicht auf, ihn zu faszinieren, und er stellt fest: «Eine Art von Dichter ist Ernst Jünger. Seine Prosa erhebt sich mitunter zu faszinierenden Bildern und Rhythmen, und seine Naturnähe hat poetischen Charakter.»[127]

Der Jünger-Aufsatz aus dem *Monat* wurde 1989 in einen Sammelband mit Essays von Golo Mann aufgenommen und mit einem kleinen Nachtrag versehen. Darin ist zu lesen: «Vorstehendes wurde in die Sammlung aufgenommen, weil es das Ausführlichste ist, was ich je über Jünger schrieb. Dreißig Jahre später müßte die Stimmung eines solchen Versuches eine wesentlich andere sein. Denn die Wandlungsfähigkeit dieses Schriftstellers, trotz stärkster Identität und noch im höchsten Alter, grenzt ans Wunderbare: Sein neuestes Reisetagebuch *Zwei Mal Halley* ist nur ein Beispiel unter vielen. Ernst Jünger ist zu einer ehrwürdigen Gestalt geworden.»[128]

Als sich im Jahre 1982 anlässlich der Verleihung des Frankfurter Goethe-Preises an Ernst Jünger eine Kontroverse entzündete, trat Golo Mann für den Schriftsteller ein. Von einer «historischen Schuld» mochte er den Verächter der Weimarer Republik, den «Metapolitiker» und «Geschichtsphilosophen», der damals falsche Fragen gestellt und irrige Schlüsse gezogen habe, nicht freisprechen. Aber einmal mehr überwog die Versöhnungsbereitschaft den kritischen Befund. Ernst Jünger, stellt der Historiker in seinem Artikel für die *Frankfurter Allgemeine* fest, habe sich gewandelt, er sei mit fortschreitendem Alter «menschenfreundlicher» und zu einem «treuen Begleiter unseres Jahrhunderts» geworden.[129] Auf die Kritik linker und grüner Intellektueller antwortet Golo Mann mit dem Hinweis auf Jüngers asketische Lebensweise, auf sein naturwissenschaftliches Interesse und seine Liebe zur Natur. «Was ich», stellt der Historiker fest, «nicht ohne Neid, am meisten an ihm bewundere: die Unabhängigkeit, mit der er sein Leben vollbrachte und noch vollbringt, die Disziplinierung des Tages und des Jahres. Nie ist er den Wortmühlen erlegen, den Versuchungen, welche die Hydra, genannt Öffentlichkeit, uns täglich bereitet und von denen der Schreiber dieser Zeilen ein trauriges Lied zu singen weiß. Nur wenn man so lebte, wie Ernst Jünger, konnte ein Œuvre entstehen wie das seine.»[130]

Golo Mann und Ernst Jünger sind sich hin und wieder auch persönlich begegnet. Nach Kriegsende suchte Golo Mann den Schriftsteller in Begleitung von Manuel Gasser an seinem Wohnsitz im württembergischen Wilflingen auf. Es ist überliefert, dass Jüngers Ehefrau sich weigerte, ein Mitglied der Familie Mann persönlich zu empfangen, und der Begegnung fernblieb. Im Übrigen scheint dieses erste Zusammentreffen harmonisch verlaufen zu sein. «Es wurde», berichtet eine Augenzeugin, «ein höchst amüsanter Abend, und Jünger verstand sich glänzend mit Golo Mann.»[131] Ein Jahr später fand sich Golo Mann wieder bei dem Schriftsteller ein, und es scheint, nach einem Bericht des Historikers an Erich von Kahler zu schließen, zu einem feucht-fröhlichen Abend gekommen zu sein: «Er war dann ziemlich betrunken. Zuerst schnarrte er und spielte den Offizier, wurde aber bald natürlich, fast zu sehr so, so daß wir uns wie Studenten im dritten Jahr ihrer Bekanntschaft unterhielten. [...] Ich mochte ihn gern, und er tat mir leid. Integrität hat er, auch Stil. Das ist immerhin etwas. Überschätzen tust Du ihn trotzdem.[132]

Immer wieder äußerte sich Golo Mann in den folgenden Jahren im Tagebuch und in Briefen über solche Zusammentreffen, und sein Urteil blieb widersprüchlich und schwankend. «Jünger ist ein feiner, liebenswürdiger alter Herr geworden», lesen wir 1969 im Tagebuch. Und zwei Jahre später: «Eigentlich lieb kann mir der Mensch nicht sein, er läßt nicht von seinen hochmütigen Manierismen ...»[133] An den Verleger Ernst Klett, der Jüngers Werk betreute, schrieb Golo Mann 1988: «Mit mir und Jünger, das kann nicht werden, das funktioniert nicht. Wir waren ja gemeinsam bei Ihnen, und Sie erinnern sich, daß nicht viel dabei herauskam.»[134]

Im Jahre 1991 traf man sich bei einem Empfang in der Deutschen Botschaft zu Bern. «Im Park der Botschaft», lesen wir in Jüngers Tagebuch, «ausführliches Gespräch mit Golo Mann, unter anderem über seinen ‹Wallenstein›. Ich rechne es zu den guten Zeichen, daß in unserer Zeit eine Geschichtsbetrachtung von solchem Rang entstehen konnte, und mehr noch, daß sie trotz ihrem Umfang diese einhellige Zustimmung gefunden hat. Was uns entgleitet, wird besonders begehrt – vielleicht erklärt sich so unser Natur- und Geschichtshunger.»[135] Und Golo Mann kommentierte dieselbe Begegnung in einem Brief: «Neulich habe ich den Fünfundneunzigjährigen auf der Deutschen Botschaft in Bern getroffen und war wieder verblüfft von seiner Lebendigkeit. Er ist heute wirklich eine ganz großartige, höchst seltene Erscheinung in der deutschen Literaturgeschichte und möge er hundert Jahre alt werden.»[136]

Die Beziehung Golo Manns zu Jünger oszilliert zwischen Faszination und Widerspruch; im Lauf der Jahre scheint Bewunderung die Oberhand zu gewinnen. Es war nicht so sehr Jüngers Stil, der den Historiker in seinen Bann zog. Die gewalttätige Sprache der Tagebücher aus dem Ersten Weltkrieg, deren Autor sich «nichts Schöneres denken konnte als den feurigen Rausch der Schlacht und die wilde, männliche Tat», lehnte Golo Mann mit Entschiedenheit ab.[137] Eher zog ihn die unterkühlte Prosa der späteren Tagebuchaufzeichnungen in ihren Bann. Freilich entgingen ihm nicht deren Fragwürdigkeiten: der Einsatz von Bildern mit ästhetisch fragwürdiger Symbolkraft; eine Neigung zu narzisstischer Selbststilisierung.[138] Was Golo Mann beeindruckte, war nicht so sehr diese Sprache selbst als die Diszipliniertheit, mit der Jünger sie einsetzte, von Tag zu Tag, von Jahr zu Jahr. Mit seiner Sprache schuf sich Ernst Jünger einen eigenen Lebensraum, der Schutz bot vor den Aufgeregtheiten des modernen Kulturbetriebs und dessen verwirrenden Zumutungen und es ihm gestattete, sein Eigenstes zu bewahren. Und diese Disziplin, so fühlte Golo Mann schmerzlich, ging ihm, dem Vielbeschäftigten, der vor lauter Verpflichtungen ständig fürchten musste, sich selbst abhanden zu kommen, völlig ab. So gewann denn Jünger, je älter er wurde und gerade kraft dieses Alters, für Golo Mann eine Vorbildlichkeit, die weniger durch das Werk als durch seine Art, das Dasein zu meistern, charakterisiert war. «Kein Lebenskünstler wie Jünger», schrieb der Historiker an Ernst Klett, «taumle ich von Schulaufgabe zu Schulaufgabe.»[139]

Im Dunstkreis von Ernst Jünger bewegte sich der Jurist und politische Philosoph Carl Schmitt, von dem in diesem Zusammenhang noch kurz die Rede sei; der Briefwechsel zwischen beiden, die Jahre 1930 bis 1983 erfassend, ist vor wenigen Jahren veröffentlicht worden.[140] Schmitt brachte es unter den Nationalsozialisten zu höchsten Ehren, er verweigerte sich nach 1945 einem Entnazifizierungsverfahren und versammelte in seinem Privathaus in Plettenberg im Sauerland einen Kreis von unbelehrbaren Konservativen um sich, welcher gegenüber der Demokratisierung der Bundesrepublik seine Ressentiments pflegte. Wenn Ernst Jünger aus dem Ersten Weltkrieg die Erfahrung einer gesteigerten Lebensintensität bezog, so führte bei Schmitt dieselbe Erfahrung zu einer Theorie des Politischen, welche die Errungenschaften des westlichen Liberalismus und des demokratischen Parlamentarismus über Bord warf und innere wie äußere Konflikte auf ein Freund-Feind-Verhältnis reduzierte, welches nicht durch Diskussion und friedliche Einigung, sondern durch den Sieg des Mächtigeren zu lösen war. In diesem Sinne rechtfertigte Schmitt Hitlers Mordaktionen gegen die SA vom 30. Juni 1934 durch den berüchtigten Artikel «Der Führer schützt das Recht»[141], und in diesem Sinne stellte er sich auch in der Auseinandersetzung mit dem Kommunismus resolut auf die Seite der Gegengewalt, die das Dritte Reich vertrat. Wenn sich Golo Mann im Falle Ernst Jüngers zwischen Faszination und Widerspruch hin und her gerissen fühlte, so war seine Ablehnung Schmitts immer klar und eindeutig. Bereits 1952 äußerte er seine Kritik in einem Aufsatz unter dem Titel «Carl Schmitt und die schlechte Juristerei». Er verwies darin auf den fatalen Anteil des Juristen am Aufstieg Hitlers und nannte ihn in Anlehnung an Jacob Burckhardt einen «schrecklichen Vereinfacher», einen von jenen, die ihre Intelligenz und Bildung gebrauchten, nicht um Nutzen, sondern um Schaden zu stiften.[142] Gewiss gab es Bereiche, in denen sich das Ideengut der «Konservativen Revolution», wie Schmitt es zu vertreten fortfuhr, mit Überlegungen des Konservativen Golo Mann berührte, etwa das Unbehagen am Industrialisierungsprozess oder an der modernen Massengesellschaft. Wo es aber um die Frage der Macht im Staat und zwischen den Staaten ging, dachte der Historiker ganz anders. Konflikte waren mit den Mitteln der demokratischen Auseinandersetzung und nach völkerrechtlichen Grundsätzen zu lösen, und politische Kritik hatte sich verantwortungsbewusst an den Bedürfnissen der liberalen Gesellschaft zu orientieren. So äußerte sich der Historiker auch in einem Brief an Nicolaus Sombart: «Für mich gehörte Schmitt zu den Gescheiten, die niemals irgendwie nützlich waren, niemals wirklich geholfen haben, im besten Fall schadenfroh durchschaut haben. Genau der Typ, der mir nicht liegt.»[143]

Wir haben gesehen, dass Golo Manns besondere Vorliebe der Lyrik galt. Gedichte, die er in früher Jugend auswendig gelernt hatte, behielt er ein Leben lang im Gedächtnis. Ein Kilchberger Freund, Ernst Walder, berichtet von einem Abend im geselligen Kreis, an dem der Schauspieler und Rezitator Gert Westphal Texte von Theodor Fontane vortrug. «Am Ende dieses literarischen Genusses», erinnert sich Walder, «meldete sich G. M. Er kenne zwar Fontane nicht allzu gut, aber einiges wisse er doch. Und dann gab er uns eine Probe seines phänomenalen Gedächtnisses. Während mehr als einer Viertelstunde trug er völlig frei Gedichte von Fontane vor.»[144] Und Ähnliches weiß Hans-Martin Gauger zu berichten: «Ende der siebziger Jahre lud ich ihn einmal nach Freiburg in die Buchhandlung Rombach zu einem Heine-Abend ein. Mehr oder weniger hatte er selbst dies angeregt. Da breitete er nun zu Beginn drei, vier Bücher auf dem Tisch vor sich aus – ‹Sie sehen›, sagte er lächelnd, ‹ich arbeite nicht ohne Netz› –; er öffnete die Bücher dann aber gar nicht und rezitierte bedächtig und eindringlich aus dem Kopf; nur die Reihenfolge der Gedichte hatte er sich auf einem Zettel notiert. Die Eindringlichkeit seines Vortrags lag auch daran, daß er anders vortrug, als ein Schauspieler oder ein professioneller Rezitator dies getan haben würde: trockener und lebendiger zugleich. Er hatte sich die Gedichte wirklich angeeignet, assimiliert.»[145]

Golo Manns Kenntnisse der deutschen Literatur waren keine systematisch erworbenen oder umfassenden. Von vielen Autoren, die er in hohen Ehren hielt, sprach er kaum je, so von Goethe. Joseph Roth scheint er nicht gekannt zu haben; wie hätte er doch seinen *Radetzkymarsch* geliebt! Bei Schiller fällt auf, dass er den Inhalt der *Wallenstein-Trilogie* fast auswendig wusste, sich zu des Dichters übrigen historischen Dramen aber selten äußerte. Ein Schwerpunkt seiner Kenntnis lag sicher in der Romantik; neben Heinrich Heine erwähnte er gelegentlich Tieck, Novalis und Brentano, ebenso Chamisso, E. T. A. Hoffmann und Eichendorff. Die Musik von Franz Schubert und Robert Schumann bedeutete ihm viel, insbesondere deren Vertonung von Gedichten Goethes, Matthias Claudius', Heines, Eichendorffs und anderer. Und Caspar David Friedrich war einer der wenigen Maler, zu denen Golo Mann Zugang fand.

Von Friedrich Hebbel handelt ein ganzes Kapitel der *Erinnerungen;* es ist der Tagebuchschreiber, nicht der Dramatiker, der Golo Mann tief beeindruckte. Unter dem Eindruck seiner Lektüre, erinnert sich der Historiker später, habe er selbst in jungen Jahren begonnen, ein Tagebuch zu führen.[146] Auffallend ist immer wieder Golo Manns Interesse für persönliche Zeugnisse, für Tagebücher und autobiographische Aufzeichnungen, für Texte, in denen Weltbeobachtung zur Selbstbeobachtung hinführt und umgekehrt. Auch für Briefe; berühmten Briefpartnern der Weltliteratur, von

Cicero zu Stendhal, von Tocqueville zu Bismarck, hat Golo Mann eine kleine Causerie gewidmet.[147]

Verlangte es Golo Mann nach deutschsprachiger Lektüre, so lag ihm näher, in seiner oder seines Vaters Bibliothek ein Buch hervorzuholen, das er in seiner Jugend gelesen hatte, als zu einem Gegenwartsautor zu greifen. Aus solchen Wiederbegegnungen zog er nach des Tages Arbeit Stärkung und Trost, wie er denn in seinen *Erinnerungen* festhält: «So blieb es; Gedichte, nicht meine eigenen, deren gab es nur wenig, sie blieben mein Trost, mein Stecken und Stab alle Zeit, zumal in dunklen Zeiten.»[148]

Mit zeitgenössischen Autoren hat sich Golo Mann, wie erwähnt, selten beschäftigt. In einer kleinen Skizze befasst er sich in *Wir alle sind, was wir gelesen* mit Hans Erich Nossack und dessen von Krieg und Nachkrieg geprägten Gedichten. Er spricht von der «Todbesessenheit» dieser Lyrik, die ihn tief bewege, und greift dann weit aus in den Raum seiner eigenen Leseerfahrungen, erwähnt Gryphius, Novalis, Hofmannsthal, Benn – aber von vertiefender Interpretation kann keine Rede sein.[149] Von den zeitgenössischen Schriftstellern kannte Golo Mann einige von meist flüchtigen Zusammentreffen her persönlich, neben den bereits Genannten Hermann Hesse, Heinrich Böll, Günter Grass etwa. Er begegnete ihnen freundlich und achtungsvoll. War er nicht zuletzt auch einer von ihnen, ein etwas abseits stehender und etwas absonderlicher Kollege?

Schon in früher Jugend kam Golo Mann mit den Werken fremdsprachiger Literatur in Berührung – kein Wunder, denn Namen wie Dostojewski und Tolstoi, Hamsun und Dickens wurden im Hause Thomas Manns oft und rühmend genannt. Während seines Aufenthalts in Frankreich, als Dozent an der École normale in Saint-Cloud bei Paris und an der Universität Rennes, vertiefte sich der junge Mann in die französische Literatur. Er las die Moralisten des 17. Jahrhunderts, La Rochefoucauld und La Bruyère, deren Kunst psychologisch scharfsichtiger Charakterzeichnung er bewunderte. Von den Aufklärern prägte sich ihm besonders

Fontenelle ein, der in seinen *Entretiens sur la pluralité des mondes* in geistvollem Konversationston die ketzerische Idee entwickelte, dass vernunftbegabte Wesen auch außerhalb der Erde existieren könnten. Vor die Frage gestellt, ob ihm Rousseau oder Voltaire näher stehe, antwortete Golo Mann: «Man kann Rousseau lieben oder Voltaire; beide zusammen geht nicht. Für mich ist's Voltaire.»[150]

Auch mit dem französischen Gesellschaftsroman des 19. Jahrhunderts, mit Balzac, Stendhal und Flaubert vor allem, machte sich Golo Mann bereits in Frankreich vertraut. Ein Reflex dieser Lektüren erscheint hin und wieder in seinem historischen Werk, so bereits im *Gentz,* wo sich der Autor auf Stendhals *Le Rouge et le Noir* und auf die *Chartreuse de Parme* bezieht; die Hauptgestalten der beiden Romane, Julien Sorel und Fabrice del Dongo, hat der Historiker später in einer Umfrage als seine liebsten Romanhelden bezeichnet.[151] In den Vorlesungen an der Universität Münster, von denen bereits die Rede war, befasste sich der Historiker eingehend mit den französischen Romanciers und ihrer Darstellung gesellschaftlicher Zustände.

Selbständige Arbeiten hat Golo Mann der französischen Literatur nicht gewidmet. Hingewiesen sei hier immerhin auf einen Aufsatz über François-René de Chateaubriand, der im Jahre 1960 im Zusammenhang mit dem Erscheinen einer von Friedrich Sieburg verfassten Biographie entstand.[152] Chateaubriand war ein Zeitgenosse Heinrich Heines, diesem verwandt im Interesse an der Politik und im romantischen Außenseitertum, ihm jedoch ganz entgegengesetzt in seinem Konservativismus und in seiner Religiosität. Golo Mann hatte Chateaubriands *Mémoires d'Outre-Tombe* während seines Frankreichaufenthalts gelesen, angezogen durch die Bildhaftigkeit des Stils und eine gewisse Parallelität des Emigrantenschicksals.[153] Auch schrieb er sich hin und wieder eine gelungene Wendung, einen Aphorismus heraus, konnte sich aber mit dem Charakter des Autors nicht befreunden: «Jedoch kann ich nicht sagen», erinnert er sich später, «daß dieser überaus eitle und egozentrische Romantiker mir besonders sympathisch gewesen wäre.»[154] Näher verwandt fühlte sich Golo Mann einem andern französischen Aristokraten, Chateaubriands Neffen Alexis de Tocqueville.

Erstaunlich wenig hat sich Golo Mann allem Anschein nach während seines USA-Aufenthalts mit amerikanischer Belletristik befasst. In seinem Buch *Vom Geist Amerikas* gibt es keinen Abschnitt zur amerikanischen Literatur. Nur selten werden einzelne Autoren wie Walt Whitman, Henry Thoreau oder Sinclair Lewis kurz genannt. Mit dem zeitgenössischen literarischen Schaffen scheint der Historiker sich nicht näher befasst zu haben. Von Faulkner, Dreiser und Steinbeck ist nie die Rede – erstaunlich bei einem Leser, der, wenn er den Zugang zu fremder Mentalität suchte, so gern von der Literatur ausging. Erwähnt sei hier immerhin ein Aufsatz über die Autobiographie des weit gereisten amerikanischen Historikers und Schriftstellers Henry Adams, der in seinen prognostischen Einschätzungen des Geschichtsverlaufs an Jacob Burckhardt erinnert, dessen Zeitgenosse er war.[155] In der *Weltwoche* erschien ferner eine Besprechung von James Jones' Roman *From Here to Eternity,* der unter dem Titel *Verdammt in alle Ewigkeit* auch in Europa zum Bestseller wurde. Der Roman berichtet mit schonungsloser Offenheit vom Alltag im amerikanischen Berufsheer unmittelbar vor dem japanischen Angriff auf Pearl Harbor. Golo Mann rühmt die überzeugende Realitätsnähe der Schilderungen, kann aber mit einem gewissen Männerpathos wenig anfangen: «Diese *he-men*», schreibt er, «wie sie in Amerika genannt werden, die Kipling, die Hamsun, die Hemingway, sind ja wohl auch nicht immer ganz so stark und gesund und simpel, wie sie tun.»[156]

Auch die englische Literatur blieb Golo Mann weitgehend unbekannt. Er befasste sich mit George Orwells 1949 erschienenem utopischem Roman *Nineteen Eighty-Four*, an dem er vor allem die Kritik an einer geschichtslosen Zukunftsgesellschaft hervorhob.[157] Es handle sich, stellt der Historiker fest, im Grunde um ein konservatives Buch: «Wie innig die Sache menschlicher Freiheit mit historischer Wahrhaftigkeit, mit einer getreuen Verwaltung der Vergangenheit verbunden ist – diese Erkenntnis ist ein Herzstück von Orwells Roman.»[158] Golo Mann hebt weiter hervor, dass Orwell seine Utopie nicht als Zukunftsprognose verstehe: «Er ist kein Fatalist, kein falscher ‹wissenschaftlicher› Prophet. Er ist auch kein schadenfroher Individualist, der sich selbst tröstet und amüsiert, indem er den anderen voraussagt, wie traurig sie es wohlverdientermaßen haben werden. Vielmehr, er warnt. Er warnt und er will helfen.»[159]

Auch gibt es eine Würdigung, die der Historiker niederschrieb, als der mit seiner Schwester Erika verheiratete britisch-amerikanische Lyriker Wystan Hugh Auden starb. Auden studierte in Oxford, verbrachte ein Jahr in Deutschland und nahm, wie übrigens auch Orwell, auf republikanischer Seite am spanischen Bürgerkrieg teil. Im Jahre 1939 übersiedelte er nach den USA, wo er einige Zeit in Brooklyn im selben Haus wie Golo Mann wohnte. Nach dem Krieg wurde er amerikanischer Staatsbürger, hielt sich aber oft in Europa, in Österreich und England, auf. «Er war der intelligenteste Mensch», schreibt Golo Mann, «den ich kannte, besser – weil ‹intelligent› ja nur einsichtig, verstehend bedeutet – der gescheiteste; und zwar von schöpferischer Gescheitheit.»[160] Der Historiker zitiert einige von Audens Gedichten, stellt aber ausdrücklich fest, dass er kein literarisch kompetentes Urteil dazu abgeben könne.[161] Diese und andere Arbeiten, darunter frühe Rezensionen in der *Weltwoche*, deuten nicht darauf hin, dass Golo Mann zur englischen Literatur ein engeres Verhältnis gesucht oder gewonnen hätte – in dieser Hinsicht stand er seinem Vater näher als seinem älteren Bruder Klaus.

Wenn vom Historiker als dem Leser belletristischer Literatur die Rede ist, darf der Liebhaber der lateinischen Sprache und der Übersetzer nicht vergessen werden. Auch hier kam Golo Mann im fortgeschrittenen Alter auf seine Jugendlektüre zurück: Latein war am Bildungsinstitut Salem, neben Deutsch und Geschichte, sein

Lieblingsfach gewesen. Unter der Anleitung des Schulvorstehers Kurt Hahn las man Cicero, Sallust, Horaz und Tacitus, und Golo Mann erinnert sich: «Zum Latein kehrte ich immer wieder zurück, und wenn ich im Ruhestand wäre, was ja nun ein Schriftsteller nie sein kann, so würde ich ein Jahr lang nichts als Cicero lesen [...].»[162] Als der Historiker in seinem *Wallenstein* ein Pandämonium menschlicher Schwächen vorführte, war ihm Tacitus gegenwärtig, und wir haben darauf hingewiesen, dass auch dessen Stil den Autor beeinflusst haben könnte.

In seinem «Versuch über Tacitus», den Golo Mann 1976, fünf Jahre nach Erscheinen des *Wallenstein*, verfasste, ist von vielem die Rede, was auch sein eigenes Geschichtsbild bestimmte: vom Pessimismus und der Melancholie, von Freiheit und Recht, von der Allgegenwart des Absurden, von der Historikerpflicht, leidenschaftslos zu berichten. «Die unvergleichliche Fülle des Menschlich-Exemplarischen», schreibt Golo Mann am Schluss seines Aufsatzes, «sich brechend in immer demselben Prisma eines starken Charakters und Wortkünstlers, bestimmt den Wert der tacitäischen Geschichtsschreibung. Sie steht für sich selber, wie auch für die Vorgänger, von denen sie erbte.»[163]

Ein ganz anderer Geist geht vom Werk des Horaz, des großen Lyrikers des augusteischen Zeitalters, aus. Als Kind, schreibt Golo Mann, sei er für die horazischen Oden noch nicht reif gewesen. «Alt geworden», fährt er fort, «liebte ich Horaz sehr und übertrug meine Lieblingsgedichte ins Deutsche.»[164] In einem kurzen Aperçu, zwei Jahre nach dem «Versuch über Tacitus» verfasst, äußert sich Golo Mann zu den Schwierigkeiten der Übersetzung aus dem Latein und warnt im Falle des Horaz, den er «vollendete Heiterkeit mit vollendeter Illusionslosigkeit» verbinden sieht, vor archaisierender oder romantisierender Übertragung.[165] Seinen Ausführungen fügt er Proben eigener Übersetzung von horazischen Oden bei. Über die Qualität dieser Arbeiten urteilt ein Kenner: «Wer Original und Übertragung hier Strophe für Strophe vergleicht, wird [...] mit einigem Erstaunen konstatieren, wie weitgehend es Golo

Mann dann doch gelungen ist, das komplizierte Gefüge und mit ihm das pulsierende Leben dieser Odendichtung, die Abfolge der Worte und der in ihnen wachgerufenen Bilder, die wechselnde Erregung und Auflösung der Erwartungen, ins Deutsche hinüberzuspiegeln.»[166]

Im Alter von über fünfzig Jahren hat Golo Mann noch Spanisch gelernt, im Selbststudium und während mehrerer Aufenthalte auf der Iberischen Halbinsel. Mit dem Erlernen der Sprache begann er, einer Tagebuch-Notiz zufolge, um 1963.[167] Er hörte Sprachkassetten ab und las regelmäßig die Tageszeitung *El País*. «Selber versuche ich», schrieb er einmal, «auf meine alten Tage jetzt noch Spanisch zu lernen, um etwas Verjüngendes für den eigenen Geist zu tun.»[168] Mehrere Reisen führten ihn in das Kernland von Altkastilien, nach Salamanca, Valladolid, Segovia, Burgos. In Madrid besuchte er eine Privatschule und wurde zum Lieblingsstudenten der dortigen Lehrerinnen. In Salamanca gewann er sich einen engen Freundeskreis, und in der Schweiz pflegte er nach dem Tod seiner Mutter einen spanischen oder lateinamerikanischen Studenten als Untermieter und Konversationspartner ins Haus zu nehmen.[169] Auf diesen Bildungsreisen gab es Augenblicke von ungetrübtem Glück, und wenn er zu Hause unter dem Andrang der Tagesgeschäfte den Überblick zu verlieren drohte, dachte er gern daran zurück. «Spanien war erfrischend», schrieb er 1981 an Ernst Klett, «so daß ich trotz allen Schulanstrengungen ein wenig produktiv nach Hause kam; von den vierzehn Tagen in Madrid hatte ich freilich fast nur Unterricht.»[170]

Zum Studium des Spanischen, dem er sich wenn irgend möglich jeden Tag für eine Stunde widmete, gehörte auch das Memorieren von Gedichten. Seinem Freund Peter Lahnstein gegenüber bemerkte er einmal stolz, er habe nicht weniger als fünfundsiebzig spanische Gedichte auswendig gelernt.[171] Sobald seine Sprachkenntnisse dies zuließen, nahm Golo Mann sich auch Cervantes vor; ein kleiner Essay über den *Don Quijote* bezeugt des Historikers Auseinandersetzung mit spanischer Literatur.[172]

Eine besonders nahe Beziehung ergab sich zur Lyrik von Antonio Machado, den die Literaturgeschichte zu den bedeutendsten spanischen Dichtern des 20. Jahrhunderts zählt. Es war der Freiburger Romanist Hans-Martin Gauger, der Golo Mann auf diesen Schriftsteller hinwies. Er habe sich in diesen Dichter verliebt, bekennt der Historiker immer wieder seinen Briefpartnern gegenüber, und in der Tat gehörte der Umgang mit dem Werk Machados zu den Lichtpunkten seines von Hektik aufgezehrten Alters.[173] Auf den Spuren des spanischen Schriftstellers hielt sich Golo Mann 1983 in Soria auf, wo der Dichter an der Seite seiner jungen, früh verstorbenen Frau gelebt und eine kurze glückliche Zeit seines Daseins als Französischlehrer gewirkt hatte. Das Leben Machados endete tragisch. Schon zu Lebzeiten als Lyriker im eigenen Lande hoch geschätzt, nahm er im Bürgerkrieg dezidiert Partei für die republikanische Seite und starb 1939 kurz nach seiner Flucht über die Grenze im französischen Collioure. Dem deutschsprachigen Publikum stellte Golo Mann den Dichter in Vorträgen und in einem biographischen Essay vor, dem er eine Reihe von Gedichtproben in eigener Übersetzung anfügte.[174] Die zeitgenössische spanische Literatur zu verfolgen blieb Golo Mann keine Zeit. Immerhin kam es in Zürich zu einer Begegnung mit dem peruanischen Schriftsteller Mario Vargas Llosa, der in Golo Mann den nie erfüllten Wunsch weckte, Südamerika zu bereisen.

Die Beschäftigung mit der spanischen Sprache führte Golo Mann auch in den Bereich der Geschichte und Gegenwartspolitik dieses Landes. Bereits im Jahre 1966 hatte er in einem etwas voreiligen und entsprechend umstrittenen Artikel unter dem Titel «Auch unter Franco wächst die Freiheit» eine Tendenz zur innenpolitischen Liberalisierung festgestellt.[175] «Hat man unserem Touristen erzählt», schrieb er, «daß Spanien ein ‹faschistisches› Land sei, so wird er diese Charakterisierung wenigstens äußerlich nicht bestätigt finden.»[176] Golo Manns Überlegungen stießen auf Kritik. Die politischen Verhältnisse im beliebten Reiseland beschäftigten damals die deutsche Öffentlichkeit, und man stellte sich die Frage, ob der Spanien-Tourismus moralisch zu verantworten sei. Golo Mann sah die Entwicklung positiv: «Aus der Kirchhofsruhe», schrieb er, «sind allmählich neue Unruhe und ein Maß von Freiheit gekommen. Beides hängt zusammen mit der noch immer langsam, aber deutlich vorwärts schreitenden Modernisierung, Industrialisierung, Bereicherung der Gesellschaft, für die, dazu stehe ich, dem Regime des Generals Franco ein wesentliches Verdienst zukommt.»[177]

Aus heutiger Sicht wird man wohl sagen können, dass Golo Mann den Umfang an Behinderung freier Meinungsäußerung durch das Regime unterschätzte, dass er aber richtig urteilte, wenn er auf wirtschaftliche Reformen hinwies, welche die Wettbewerbsfähigkeit des Landes stärkten und den Übergang zum international anerkannten Staat erleichtern halfen. Nachdem der Tod des Diktators 1975 den Weg für politische Reformen freigegeben hatte und das Land den Übergang erstaunlich reibungslos bewerkstelligen konnte, begrüßte der Historiker diese Entwicklung im mehrfach gehaltenen Vortrag «Spanien – gestern und heute».[178] Der Informationsbedarf, das neue Spanien betreffend, war in den achtziger Jahren groß, und Golo Mann sprach vor vollen Sälen; vorbei war die Zeit der Studentenunruhen, als niemand mehr wagte, den Historiker, der sich kritisch exponiert hatte, an eine Universität einzuladen. «Es war sehr still im Saal», bemerkte der Referent zu einem Auftritt an der Universität Freiburg im Breisgau, «und danach kam ein Applaus, wie ich ihn, glaube ich, noch nie erlebt habe; wenn ich von eigentlich politischem Beifall absehe, der mir nie Freude gemacht hat.»[179]

Von Golo Manns weiteren Publikationen zum spanischen Kulturkreis sei hier noch seine Arbeit über Simon Bolívar genannt, die er im Hinblick auf den zweihundertsten Geburtstag des südamerikanischen Freiheitshelden verfasste. Der Festvortrag wurde 1983 an der Universität Hamburg gehalten. Der Historiker hatte sich nie zuvor mit lateinamerikanischer Geschichte befasst und nur einmal, im Anschluss an seine USA-Reise von 1984, Mexiko kurz besucht. Er ärgerte sich denn auch im Nachhinein über den zur Einarbeitung in diese Thematik benötigten Aufwand und schrieb an Hans-Martin Gauger: «Und dann dauert das fünfzig Minuten und dann ist das so sehr kostspielige Feuerwerk vorbei, und übrig bleibt Kälte und Dunkel.»[180] Aus dem Vortrag sollte ein Essay unter dem Titel «Simon Bolívar. Der Befreier als Opfer und Prophet» werden, der als Vorwort zu Salvador de Madariagas Bolívar-Biographie zugänglich ist.[181]

Golo Manns geistiger Umgang mit literarischen Werken war kein wissenschaftlicher. Als Germanist und Sprachwissenschaftler wollte der «historisierende und ein wenig philosophierende Schriftsteller» partout nicht erscheinen. Fast alle seine essayistischen Arbeiten zur Literatur verzichten auf einen Anmerkungsapparat und auf eine den Stand der Forschung auch nur annähernd berücksichtigende Textinterpretation; allenfalls wird da und dort auf eine benutzte Biographie hingewiesen. Neue Forschungsergebnisse wollte Golo Mann nicht vorlegen oder zur Diskussion stellen. Befasste er sich mit Belletristik, so pflegte er die Schriftsteller ausgiebig zu zitieren; vom Referenten stammten lediglich die verbindenden Zwischentexte. Man spürt, dass Golo Mann viele seiner Essays zur Literatur im Hinblick auf eine Lesung schrieb; es haftet ihnen oft etwas Unfertiges an, fast so, als seien die Zuhörerinnen und Zuhörer eingeladen, sie zu vollenden.

Als älterer Herr trat Golo Mann bei Lese-Abenden gern im kleineren Kreis auf, bei Freunden in Wolfsgarten und Kilchberg, in hübschen Kleinstädten mit ihren Buchhandlungen, Kellertheatern und Ratssälen. Er wählte in der Regel Themen und literarische Werke aus, die ihm besonders zusagten: «Und doch suche ich mich in den Dichtern», schrieb er einmal, «die ich liebe und liebe nur die, die mich ansprechen, und das heißt doch, denen ich mich, aller Unterschiede ungeachtet, ein bißchen verwandt fühle.»[182] Der Referent schätzte es, wenn eine intime Atmosphäre entstand und das eigene Lesevergnügen sich auf andere übertrug. Und vielleicht erinnerte sich der ältere Herr zuweilen an den Satz, den er als junger Mensch einmal seinem Freund Manuel Gasser geschrieben hatte und der in nuce die Quintessenz jeglicher Pädagogik enthält: «Zu den Leuten sprechen, heißt, sie gern haben.»[183]

3. Historiker als Meister der Sprache

Zu den Begründern moderner Geschichtswissenschaft gehören Friedrich Schiller und Voltaire, und dem Werk beider verdankte Golo Mann viel. Schiller kam zur Geschichte durch die Stoffe seiner frühen Theaterstücke, der *Verschwörung des Fiesko zu Genua* und des *Don Carlos.* Seine beiden umfangreichsten historischen Darstellungen, die *Geschichte des Abfalls der vereinigten Niederlande* und die *Geschichte des dreißigjährigen Krieges,* waren Auftragsarbeiten, die ein dürftiges Auskommen und eine unbezahlte Professorenstelle in Jena sicherten. Der Schüler Immanuel Kants näherte sich der Geschichte als Philosoph. Er suchte in der Kausalitätskette, welche die Ereignisse verbindet, einen Sinn, einen Fortschritt hin zur Versittlichung und Veredelung des Menschengeschlechts in Freiheit. Schiller dachte universal in dem Sinne, als er von der Einheit des Menschengeschlechts und der Existenz anthropologischer Grundkonstanten in der Geschichte ausging. In seiner berühmten Jenaer Antrittsvorlesung unter dem Titel «Was heißt und zu welchem Ende studiert man Universalgeschichte?» sah er die Fremdkulturen wie «Kinder verschiedenen Alters um einen Erwachsenen herumstehen, und durch ihr Beispiel ihm in Erinnerung bringen, was er selbst vormals gewesen und wovon er ausgegangen ist»[184]. Erst in der Perspektive des aus der Gegenwart urteilenden Historikers gewann der geschichtliche Ablauf eine Ordnung und einen Sinn, die dem handelnden Menschen in der Vergangenheit noch verborgen blieben. Ohne den wissenschaftlichen Betrachter würde die Weltgeschichte, schreibt Schiller, «nie etwas anderes als ein Aggregat von Bruchstücken» sein; er erst «bringt einen vernünftigen Zweck in den Gang der Welt, und ein teleologisches Prinzip in die Weltgeschichte»[185].

Der Dichter sah die Geschichte von der Gegenwart und nicht von ihrem gemutmaßten Ende her, und dies bewahrte ihn davor, ihren Verlauf Gesetzmäßigkeiten zu unterwerfen. Zwar sollte ihr Ziel die Veredelung des Menschen sein, aber Schiller war weit davon entfernt, ein flacher Fortschrittsoptimist zu sein. Dazu tat er einen zu tiefen, zu unbestechlichen Blick in die zwiespältige Natur und moralische Anfälligkeit des Menschen, in die Verführungen der Macht, in die lähmende Beharrlichkeit herrschender Verhältnisse. Aus der Spannung zwischen der durch Quelleninterpretation empirisch zu ermittelnden historischen Realität und der immer wieder erneuerten Hoffnung auf eine ganzheitliche Ordnung lebt die Geschichtsschreibung in Werken wie der *Geschichte des Abfalls der vereinigten Niederlande* und der *Geschichte des dreißigjährigen Krieges*.

Golo Mann hat sich in seinem Aufsatz «Schiller als Geschichtsschreiber» eingehend mit diesen beiden Darstellungen befasst. Er rühmt den Fleiß, den Schiller auf die Auswertung von Quellen wandte, auch wenn diese ihm nur lückenhaft zur Verfügung standen, und er betont, dass der Historiker bei aller idealistischen Sinnsuche den historischen Augenblick als offen gegen die Zukunft hin empfunden und das Geschehen nie einem Verlaufsmodell unterworfen habe. «Diesseits von dem», schreibt Golo Mann, «was er die große Natur, den Plan der Weltgeschichte nennt, gibt es die Welt von Ursache und Wirkung, Aktion und Reaktion. Hier sieht Schiller keine Fatalität. Die Dinge kamen so, wie sie kamen; sie hätten auch anders kommen können. Möglichkeiten wurden verwirklicht oder sie wurden es nicht; es gab Alternativen. Ihre Wahl geschieht durch den Menschen.»[186] Dieser Satz bezeichnet, wie man sieht, eine Grundüberzeugung des Verfassers der *Deutschen Geschichte* und des *Wallenstein*, die Überzeugung nämlich, dass jeder historischen Situation ein Rest von Handlungsfreiheit innewohnt, die das moralisch verantwortliche Individuum zu nutzen hat.

Schillers höchste Begabung lag bekanntlich im Dramatischen. Er transponierte die Weltgeschichte auf die Bühne, und die Wirkung seiner Stücke erklärt sich zum großen Teil aus der Spannung zwischen dem idealen Anspruch der handelnden Personen und der widerstrebenden Wirklichkeit. Menschheitsglaube, aber auch Menschenverachtung waren dem Dichter, schreibt Golo Mann, nicht fremd, und er hielt mit seinem moralischen Urteil nicht zurück. In den Dienst seiner dramatischen Arbeit setzte er eine Sprache, welche die edelsten und unlautersten Triebkräfte menschlichen Handelns in ihrem Widerstreit und in ihrer Eindeutigkeit an die Oberfläche der Erscheinung zu heben vermochte und so den Figuren ihre psychologische Glaubwürdigkeit, ihr charakterliches Profil und ihre erzieherische Wirkung verlieh. In Schillers Werk verbanden sich Wissenschaft und Kunst zur Einheit. «Aber wir sind doch gewohnt», schreibt Golo Mann, «zu unterscheiden zwischen der eigentlichen wissenschaftlichen Leistung des Forschers und Kombinators und, nebenher, des Darstellers, der auch gut zu schreiben verstand. Für den homme de lettres war keine solche Trennung zwischen beiden Sphären, der der Wahrheit und Sachgemäßheit und der des Stils. Beides in einem war das Gute.»[187]

Golo Mann ist den Weg des Theaterdichters nicht gegangen. Aber auch er hat, und darin war er Schiller durchaus ähnlich, die wirkenden Kräfte der Geschichte durch Konzentration auf das handelnde Individuum anschaulich zu machen gesucht. Dabei war ihm klar, dass jeder erklärende Zugriff des Historikers unausweichlich eine Ordnung erzeugt und damit ein Element der Subjektivität oder des Fiktiven enthält. Gewiss war auf dem Felde der Wissenschaft Objektivität durch approximative Annäherung anzustreben, aber völlig zu erreichen war sie nicht. Das Ungestalte des geschichtlichen Stoffes ließ sich nun einmal nur durch Sprache in Gestalt überführen. Und diese Sprache war bei jedem anderen Betrachter und jedem Betrachter einer anderen Generation wieder eine andere. So, wie es «wirklich gewesen» sei, schreibt Golo Mann am Schluss seines Aufsatzes über Schiller, «in seiner formlosen Unendlichkeit», lasse sich geschichtliches Geschehen nicht ergreifen; man müsse nun einmal «sein eigenes Ich mit einsetzen und Worte zu Rhythmen fügen, und so den Chaosdrachen bannen für eine Zeit»[188].

Auch Voltaire war für Golo Mann eine frühe Leseerfahrung; Teile seines historischen und literarischen Werks hatte er, wie bereits erwähnt, während des französischen Exils kennen gelernt. Da war zuerst Voltaire, der Erzähler. Von ihm schätzte der Historiker vor allem den Roman *Candide,* die Lebensgeschichte eines gutgläubigen jungen Menschen, der auf das Abenteuerlichste durch das närrische Auf und Ab der Geschichte getrieben wird. Nachdem ihm sämtliche Illusionen abhanden gekommen sind und Leibnizens Diktum von der «besten aller Welten», in der wir leben, aufs eindrücklichste ad absurdum geführt worden ist, gibt sich Candide bescheiden damit zufrieden, inskünftig nur noch sein eigenes Gärtchen zu pflegen.[189] Die Geschichte von *Candide* mochte Golo Mann an sein eigenes wechselhaftes Leben erinnern, und in den letzten Lebensjahren nahm er das Buch hin und wieder zur Hand.

Dann der Historiker. Noch stärker als Schiller dachte der Franzose in universalen Dimensionen; er bezog Fremdkulturen wie die arabische oder die chinesische in seinen Gesichtskreis ein, verglich sie mit der eigenen und gewann Ansätze zu neuartiger Fragestellung. Berühmt ist Voltaires Satz aus seinem *Essai sur les mœurs:* «Wir haben die Rituale der Chinesen darum falsch beurteilt, weil wir ihre Gebräuche nach den unsrigen glaubten beurteilen zu können, denn wir tragen die Vorurteile unseres streitsüchtigen Geistes bis ans Ende der Welt.»[190] Die Frage der Theodizee, der Rechtfertigung Gottes durch den Gang der Weltgeschichte, welche Schiller vorsichtig offen ließ, verwarf Voltaire vehement: Für ihn, den Deisten, war Gott ein weltabgewandter Uhrmacher, der nach dem Schöpfungsakt das Getriebe des geschichtlichen Prozesses abschnurren ließ, ohne je einzugreifen. Was hatte diese Tatsache besser bewiesen als das Erdbeben von Lissabon im Jahre 1755, das unschuldige Frauen und Kinder in den Tod riss und das kein Gott hatte verhindern können?

Voltaires Interesse galt vor allem großen Persönlichkeiten, dem Schwedenkönig Karl XII., Peter dem Großen, Ludwig XIV. Ähnlich wie Schiller ging es dem Franzosen darum, Geschichte in eine auch literarisch überzeugende Form zu bringen; anders aber als jener setzte er in den Menschen geringe Hoffnung: «Alle Jahrhunderte», schreibt er, «gleichen sich in der Boshaftigkeit der Menschen.»[191] Aber auch Voltaire hielt am Anspruch fest, durch die Geschichtsschreibung an der Verbesserung des Menschengeschlechts mitzuwirken. «Wir halten uns in dieser Geschichte daran, das festzuhalten, was die Aufmerksamkeit aller Zeiten verdient, was ein Bild vom Geist und den Sitten der Menschen zu zeichnen vermag und was dazu dient, zu belehren, und die Liebe zur Tugendhaftigkeit, zu den Künsten und zum Vaterland zu mehren», heißt es zu Beginn des *Siècle de Louis XIV*.[192]

Golo Mann entging nicht, dass Voltaire als Historiker Partei war: Er hielt es mit dem Potentaten, mit Friedrich dem Großen, an dessen Hof er einige Zeit lebte, mit Katharina der Großen, mit der er im Briefwechsel stand. Der elegante Stil, die großbürgerliche Weltläufigkeit Voltaires zogen Golo Mann an: «Voltaire», schrieb er an den Politologen Iring Fetscher, «hätte ich gern gekannt, obgleich ich ihm etwas verlegen oder ängstlich begegnet wäre: Rousseau hätte ich eher von oben herab behandelt. Jener war ein Aristokrat, ein echter, obgleich, formal gesehen, ein durchaus falscher; dieser war ein Plebejer. Nichts gegen Plebejer; aber ein Aristokrat von so viel Geist ist mir doch geheurer.»[193]

Voltaire ist heute vor allem durch sein literarisches Werk und sein zeitkritisches Engagement in Erinnerung geblieben. Geschichte diente ihm als Hintergrund, vor dem die eigene Zeit in ihren Schwächen und Vorzügen sich besonders deutlich abhob. «Wohl war der Geist Voltaires und zahlreicher seiner Zeitgenossen», schreibt Golo Mann in einem Aufsatz zur europäischen Geschichtsphilosophie, «im Grunde gegen die graue Vergangenheit gerichtet, ihr gegenüber ablehnend; die wahre Stunde des Menschen kam erst jetzt oder lag in einer noch besseren Zukunft. Aber gerade um sich von der Last der Vergangenheit zu befreien, von Aberglauben, von veralteten Einrichtungen, war Kenntnis der Vergangenheit notwendig [...].»[194]

Der französische Historiker war auch das, was man später in seinem Lande den «écrivain engagé» genannt hat. Er griff ein, scharfzüngig und nicht selten boshaft, wo er andere ungerecht angegriffen und verfolgt sah, so in der Angelegenheit der Hugenottenfamilie Calas, einer Episode, die, wie später die Dreyfus-Affäre, das Bewusstsein der französischen Intellektuellen von ihrer öffentlichen Aufgabe maßgeblich geprägt hat. Golo Mann referiert diesen Vorfall ausführlich in seinen *Erinnerungen,* und er ist bereit, Voltaire auch seine Neigung zum Sarkasmus zu verzeihen, wenn er im Zusammenhang mit dem *Traité sur la tolérance* schreibt: «Ein Spötter, gewiß, das war er, dabei zu jeder Hilfe bereit und seinen Glauben an den Menschen trotz allem nie verlierend.»[195]

Unter den Historikern des 19. Jahrhunderts war es wieder ein Franzose, in mancher Hinsicht ein Antipode Voltaires, der Golo Mann besonders anzusprechen vermochte: Alexis de Tocqueville. Vieles verband den nordfranzösischen Aristokraten mit dem Sohn des Lübecker Bürgers: eine konservative Tendenz, die stärker zum Bewahren als zur Veränderung neigte; eine hohe Wertschätzung der geistigen Unabhängigkeit; eine ausgeprägte Neigung zur nachdenklichen Betrachtung menschlichen Handelns. Von Tocqueville hat Golo Mann gesagt, er sei ihm unter «meinen historisierenden, soziologisierenden, philosophierenden Freunden einer der liebsten» geworden.[196]

Seinen frühesten Umgang mit Tocquevilles Werk hatte der Historiker während seines Aufenthalts im französischen Exil, als er *L'Ancien Régime et la Révolution* las; später, in den USA, studierte er das Werk *De la démocratie en Amérique*. In einem Essay unter dem Titel «Tocqueville und das Amerika von heute» hat sich Golo Mann eingehend mit dem Franzosen befasst.[197]

Der Jurist Tocqueville war im Jahre 1831 in Begleitung seines Freundes Gustave de Beaumont nach den Vereinigten Staaten abgereist unter dem Vorwand, den amerikanischen Strafvollzug studieren zu wollen, in Wahrheit aber mit dem Plan, jene Gesellschaftsform zu erforschen, welche es in Amerika schon gab und die, davon war der Reisende überzeugt, Europas Zukunft bestimmen würde: die Demokratie. Das Werk, das der junge Mann verfasste, begründete eine neue Wissenschaft, deren Namen der Autor gleich selbst erfand, nämlich die «science politique».[198] Sosehr Tocqueville davon überzeugt war, dass die Demokratie Europas unausweichliches Schicksal sein würde, so sehr warnte er auch vor deren Gefahren. Seine hauptsächliche Befürchtung lässt sich auf die Frage reduzieren, ob die durch den demokratischen Staat ermöglichte und zunehmend erreichte Gleichheit der Lebensbedingungen mit ihren notwendigen Begleitumständen, wie der staatlichen Zentralisierung, der gesellschaftlichen Nivellierung und Uniformität, nicht dahin tendiere, der Unabhängigkeit, Freiheit und Verantwortlichkeit des Individuums ein Ende zu setzen. Damit, dass Tocqueville Gleichheit und Freiheit in ihrem widersprüchlichen Spannungsverhältnis erkannte, brachte er eines der Hauptprobleme moderner Demokratien auf den Punkt. Wie konnte, so seine Frage, die Freiheit des Bürgers, sich selbst zu verwirklichen, gewährleistet werden, wenn ihn die «Tyrannei der Mehrheit»[199] der Nivellierung oder der Ausgrenzung unterwarf? Golo Mann hat im zweiten, Fragment gebliebenen Band seiner *Erinnerungen* die Essenz von Tocquevilles politischer Denkweise so zusammengefasst: «Die Grundfragen, welche Tocqueville der modernen Demokratie stellt, sind doppelter Art: Wie sind in einer vollendeten Demokratie noch Autorität, Verantwortung, Ernst und Zusammenhalt möglich? Und wie ist dort noch freie Selbstverwirklichung möglich? Beide Grundfragen gehen zurück auf Tocquevilles eine, am tiefsten dialektische Einsicht: jene, dass unsere modernen

Gesellschaften zugleich von Gebundenheit und Ungebundenheit bedroht sind.»[200]

In Tocqueville erkannte Golo Mann den dialektisch verfahrenden Beobachter, der die Widersprüchlichkeit gesellschaftlicher Verhältnisse konstatiert, aber nicht in die Gesetzmäßigkeit eines historischen Ablaufs überführt. «Tocquevilles Denken», schreibt er, «ist dialektisch, aber nicht die pseudowissenschaftliche, angebliche Dialektik der Marxschen Schule.»[201] Gegen Fehleinschätzungen freilich sei auch der Franzose nicht gefeit gewesen. Tocqueville besuchte die USA nur fünfzig Jahre nach ihrer Entstehung, zur Zeit der demokratischen Präsidentschaft von Andrew Jackson, der die Interessen des «kleinen Mannes» vertrat und die begüterten Führergestalten der Gründerzeit ablöste. Da der französische Aristokrat vor allem mit diesen konservativen Kreisen in Kontakt kam, habe er, so Golo Mann, dazu geneigt, deren pessimistische Zukunftsaussichten zu teilen. Es habe sich dann aber gezeigt, dass die amerikanische Geschichte in mancher Hinsicht eine ganz andere Entwicklung genommen habe. Was Tocqueville befürchtet habe – den Zentralismus, die Vernachlässigung der Minderheiten, die Schwächung der Exekutive, die Konformität des Denkens –, sei so nicht eingetroffen. Des Franzosen zugespitzte Vorstellung von einer künftigen amerikanischen Gesellschaft, die sich ganz dem Prinzip der Gleichheit unterwerfe, habe sich nicht verwirklicht. «Er hat», schreibt Golo Mann zu Tocquevilles Amerika-Bild, «indem ihm eine graue Gleichheit der Erziehung und Informationsquellen vorschwebte, die Mannigfaltigkeit der Bildungsgrade und Interessen unterschätzt, welche die amerikanische Gesellschaft auch heute noch bezeichnet ...»[202] Und weiter: «Tocqueville, um es mit einem Satz zu sagen, hat die Geschichtlichkeit Amerikas unterschätzt, die Dynamik der Geschichte, deren Stillstand er in den dunkelsten Momenten für möglich hielt. Das ist die Quelle seiner Irrtümer. Würden sie ihn heute überraschen? Gewiß nicht. Er, der über die Unsicherheit und Gebrechlichkeit aller menschlichen Einrichtungen so tief nachgedacht hat, muß auch von der Unsicherheit alles menschlichen Denkens und Prophezeiens gewußt haben; er besaß die Frömmigkeit und Bescheidenheit, welche Marx fehlte.»[203]

Unter Alexis de Tocquevilles Werken waren Golo Mann bezeichnenderweise die persönlichen Aufzeichnungen am liebsten, die Briefe und vor allem die glänzend geschriebenen *Souvenirs,* von denen ihr Autor sagte, er habe sich bemüht, die «wirren Züge, welche die wechselhafte Physiognomie unserer Zeit bestimmten», zu beschreiben.[204] Die *Souvenirs* sind Zeugnisse eines liberalen Geistes, der die Republik durch zweckdienliche und friedliche Reformen herbeizuführen suchte und den die Februar-Revolution von 1848 mit Sorge erfüllte. Diese Sorge erwies sich als berechtigt: Ende Juni brachen in Paris Arbeiterunruhen aus, die blutig niedergeschlagen wurden. Tocqueville diente der Zweiten Republik kurze Zeit als Abgeordneter und Außenminister. Nach dem Staatsstreich von Louis Napoléon am 2. Dezember 1852 zog er sich aus der Politik zurück: «Was hätte denn aus diesem Erfolg anderes hervorgehen können», schreibt er in den *Souvenirs,* «als eine Bastard-Monarchie, verachtet von den aufgeklärten Schichten, eine von Intriganten, Abenteurern und Knechten regierte Feindin der Freiheit?»[205]

Als scharfsichtiger Analytiker war Tocqueville bestrebt, seine Einsichten in die Politik zu überführen; aber als Politiker war er zu sehr von Ängsten und Selbstzweifeln gequält, und es fehlte ihm ganz die Demagogie des mitreißenden Rhetors. Auch hatte er, an Tuberkulose erkrankt, nach 1848 nur noch ein Jahrzehnt zu leben. Sein Werk freilich, sagt Golo Mann, sei lebendiger geblieben als dasjenige seines Zeitgenossen Marx: «Tocqueville hat das schwierige Verhältnis zwischen Gedanke und Wirklichkeit sehr wohl gekannt. Darum ist sein Werk um so vieles lebendiger geblieben.»[206]

Tocquevilles unvollendete Untersuchung *L'Ancien Régime et la Révolution*, die Golo Mann während seines Aufenthalts in Rennes las, hatte seine konservativen Neigungen bestätigt und ihn darüber belehrt, dass der geschichtliche Prozess unter seinen wechselnden

Erscheinungsformen Elemente des Beharrens mit sich führt, die auch eine Revolution nicht auszulöschen vermag. Im Werk des Diplomatiehistorikers Albert Sorel *L'Europe et la Révolution française* fand Golo Mann eine vergleichbare Methode, Geschichte in ihren Ursachen und langfristigen Folgen darzustellen, mustergültig ausgebildet. Wir haben gesehen, welchen Eindruck die Lektüre Sorels auf den jungen Lehrbeauftragten machte. Noch Jahrzehnte später schreibt Golo Mann: «Wann immer ich heute in den acht Bänden lese, kehrt das frühere bewundernde und entzückte Staunen unvermindert zurück. Und ich behaupte: Im Felde der diplomatischen Geschichte – der Geschichte überhaupt – gibt es etwas reicher Dokumentiertes, schöner Stilisiertes, intuitiver Gesehenes, energischer, geistvoller, konsequenter Durchgeführtes nicht. Übrigens glaube ich, daß Charles de Gaulle das Werk gründlich studiert hat.»[207]

Auch mit dem Soziologen Max Weber, dessen Werk auf die Entwicklung der modernen Sozialgeschichte entscheidend einwirken sollte, hat sich Golo Mann bereits in seiner Jugend befasst. Schon während seiner Heidelberger Studienzeit hörte er den Namen; einer seiner ungeliebten Lehrer, der Philosophieprofessor Heinrich Rickert, übte auf Weber großen Einfluss aus. In der *Deutschen Geschichte* findet sich eine kurze Würdigung des Soziologen. «Max Weber», schreibt Golo Mann, «hat einen sehr harten Begriff vom Kampf ums Dasein im Leben der einzelnen wie im Leben der Völker. [...] Seine Behauptung, daß Deutschland nur als Weltmacht mit großer, kühner Weltpolitik leben könne, wird nur zu bald von Leuten aufgegriffen werden, die ihre Hände lieber von solchem Spiele ließen. Aber seine Analyse der deutschen Klassengesellschaft ist denkwürdig.»[208] Einige Jahre später hat Golo Mann über den Soziologen einen seiner formvollendetsten Aufsätze verfasst: «Max Weber als Politiker»[209].

Golo Mann interessierten nicht in erster Linie Webers innovative wissenschaftliche Studien, in denen ein breites historisches Wissen in den Dienst der Entwicklung theoretischer Modelle sozialen Verhaltens und Handelns genommen wurde.[210] Im Vordergrund seines Essays stehen die Persönlichkeit des Soziologen und dessen politische Stellungnahmen. Das Zeug zum Politiker hatte dieser geniale Gelehrte, Sohn eines Angehörigen der Nationalliberalen Fraktion im Preußischen Abgeordnetenhaus, durchaus. «Wenige», schreibt Golo Mann im genannten Aufsatz, «haben den Kampf so gelehrt wie er: Wirtschaft als Kampf, Leben überhaupt als Kampf und nur durch Kampf, vor allem, Politik als Kampf.»[211] Solch militante Auffassung des politischen Wirkens, verbunden mit imperialistischem Gedankengut und patriotischem Überschwang beim Ausbruch des Ersten Weltkrieges, schien in eine fatale Richtung zu weisen. Doch Weber sah das Phänomen der Macht zu kritisch und beobachtete die Vorgänge der Industrialisierung und des sozialen Wandels zu differenziert, als dass er zum reaktionären Ideologen hätte werden können. Golo Mann nennt den Soziologen einen «nationalen Demokraten, der die Vergiftung und Verkrampfung der deutschen Innen- und Außenpolitik, die prahlerische Schwäche der deutschen Diplomatie und das nervöse Treiben des Kaisers mit sorgendem Grimm verfolgte»[212]. Während des Ersten Weltkrieges bewies Max Weber außergewöhnlichen Durchblick, indem er sich gegen eine deutsche Annexionspolitik wandte, den Plan eines uneingeschränkten U-Boot-Krieges bekämpfte und für den Fall der Niederlage, die er früh kommen sah, demokratische Wahlrechts- und Parlamentsreformen empfahl. Nach der Niederlage befasste er sich mit der Kriegsschuldfrage, erkannte weitblickend, wie sehr der Versailler Frieden einer revanchistischen Radikalität Vorschub leisten würde, und wirkte am Entwurf der Weimarer Verfassung mit. Von dem, was Max Weber politisch habe erreichen wollen, urteilt Golo Mann abschließend, sei freilich wenig mehr geblieben als das Beispiel einer «immer wachen, stolzen Unabhängigkeit»[213].

Golo Manns eigenes Werk ist von dem Schaffen des Soziologen nicht beeinflusst worden. Aber es finden sich doch gewisse Berührungsflächen: der Pessimismus und die Skepsis gegenüber der Zukunftsentwicklung; die Kritik an einer die Privatsphäre missachtenden fortschreitenden Rationalisierung und Bürokratisierung; die Ablehnung deterministischer Geschichtstheorie. Die Frage, ob Max Weber nicht etwa auch ein bedeutender Schriftsteller sei, kann sich Golo Mann auch hier nicht versagen. Und er antwortet mit einem eingeschränkten Ja: In einigen politischen Aufsätzen, in seinen Reden über «Politik als Beruf» und «Wissenschaft als Beruf» sei er es gewiss; im Übrigen aber verrate sich der juristische Kasuist, der, um alle einem bestimmten Begriff unterzuordnenden Möglichkeiten in einer einzigen Aussage zu erfassen, «wahre Satzungetüme» zu Papier gebracht habe.[214]

Zu den geschichtlichen Darstellungen, die durch die Kunst der Formulierung einen breiten Leserkreis ansprachen, gehörte Oswald Spenglers unmittelbar nach dem Ende des Ersten Weltkriegs erschienenes Werk *Der Untergang des Abendlandes*. Spengler schreibt einen autoritären, apodiktischen Stil, dessen Pathos Zustimmung fordert oder Widerstand erzeugt, aber nicht gleichgültig lässt. Thomas Mann hatte Spenglers Hauptwerk bei seinem Erscheinen emphatisch begrüßt und von einem Buch gesprochen, «worin man die großen Gesichtspunkte findet, die man heute gerade als deutscher Mensch braucht»[215]. In der Tat speiste sich *Der Untergang des Abendlandes* aus ähnlichen Quellen wie die *Betrachtungen eines Unpolitischen*; in beiden Werken wird der tiefgründige faustische Mensch dem oberflächlichen Literaten der Moderne entgegengestellt.

Während sich Thomas Mann von Spengler bald abwandte, erlag sein Sohn der Verführungskraft des Geschichtsphilosophen nie. Dem Determinismus, der in Blüte, Reife und Verfall einer Kultur ihr unausweichliches Schicksal sah, konnte Golo Mann nicht zustimmen: «Spenglers allwissende Schulmeisterei», schreibt er im Rückblick, «war leicht zu durchschauen; der Vergleich – nein, die Gleichsetzung unseres 20. Jahrhunderts mit dem römischen ersten Jahrhundert vor Christus, aus dem seine ganze ‹Morphologie der Weltgeschichte› stammte, war reiner Unsinn.»[216] Allerdings gestand sich Golo Mann ein, dass Spengler über Gegenwart und Zukunft Beobachtungen angestellt habe, «die sich als wahr erwiesen, wie sehr er sie auch in ein Schema von Vergleichen preßte, das keine dauernde Wahrheit besaß»[217].

Nach dem Zweiten Weltkrieg befasste sich Golo Mann mit der Geschichtsphilosophie Arnold Toynbees, dessen sechsbändige *Study of History* sich – sehr im Gegensatz zu Spengler, dessen Auffassungen sie inhaltlich nahe steht – durch eine ruhig dahinfließende wissenschaftliche Prosa auszeichnet. Konzipiert bereits in der Zwischenkriegszeit, erschien Toynbees Werk in einer gekürzten deutschen Übersetzung und wurde zum überraschenden Bucherfolg der fünfziger Jahre. Auch hier urteilte Golo Mann kritisch, räumte aber ein, dass der Engländer von einer soliden Kenntnis des abendländischen Altertums ausgehe, anregende Überlegungen anstelle und auf starre Verlaufsmodelle verzichte. «Spengler», schreibt Golo Mann, «findet Befriedigung im schadenfrohen Fatalismus, im Dünkel des geschlossenen Alleswissens, im protzigen Prophetentum. Anders Toynbee [...] er weiß nichts von ‹Notwendigem›. Die Zukunft ist ihm frei, was auch die Vergangenheit lehren mag. Er warnt. Er nennt Gefahren, er nennt Wünschbarkeiten. Er fordert zu Anstrengungen auf.»[218]

Auch Lord Acton, der englische Historiker, beeindruckte Golo Mann nicht zuletzt durch seinen klaren Stil, der die Probleme der Geschichtswissenschaft offen legte und nicht verwischte. Acton, 1834 in Neapel geboren, entstammte englischem und deutschem Adel und verband sich durch Heirat mit dem bayrischen Geschlecht der Arco-Valley. Er war ein sprachenkundiger Kosmopolit und fühlte sich in Italien, Deutschland und England gleichermaßen zu Hause. Als überzeugtem Katholiken war ihm die Ausbildung in Cambridge verwehrt, und er studierte in München beim damals führenden Kirchenhistoriker Ignaz von Döllinger. Am Vatikanischen Konzil von 1870 wandte sich Acton entschieden gegen die Festschreibung der päpstlichen Unfehlbarkeit und entging knapp der Exkommunikation. Eine Zeit lang versuchte er sich ohne viel Erfolg in der englischen Politik, war Mitglied des Unterhauses und stand persönlich dem liberalen Premierminister William Gladstone nahe, einem Mann von ausgeprägtem moralischem Verantwortungsbewusstsein. In seinen letzten Lebensjahren wurde er Professor für neue Geschichte an der Universität Cambridge. Acton verstarb 1902 im bayrischen Tegernsee.[219]

In den Darstellungen zur Geschichte der Geschichtsschreibung wird der englische Historiker, wenn überhaupt, nur kurz erwähnt. Zwar erregten zu seinen Lebzeiten die Größe seiner Privatbibliothek und der Umfang seiner historischen Kenntnisse das Staunen von allen, die ihn kannten; aber der Gelehrte publizierte sehr wenig, ein paar historische Essays, eine Vorlesung über das Studium der Geschichte, Skizzen zu einer *History of Liberty.* Wenn Acton über Projekte und Pläne meist nicht hinauskam, so darum, weil er einerseits eine starke Neigung zum moralischen Urteil im Sinne der christlichen Ethik in sich fühlte, sich aber anderseits der Komplexität geschichtlicher Tatbestände so sehr bewusst war, dass er ein abschließendes Verdikt zu fällen außerstande war. Golo Mann dürfte mit dem schmalen Werk Lord Actons im Zusammenhang mit seinem ersten Buch über Friedrich von Gentz in Berührung gekommen sein; denn Acton war ein guter Kenner und Bewunderer von Edmund Burke, dem Vorbild Gentzens. Dafür, dass der junge Historiker von Acton beeinflusst worden wäre, gibt es keine Anzeichen; wahrscheinlich aber ist, dass sich Golo Mann durch die Schriften des Engländers in mancher seiner eigenen Einsichten bestätigt fand.[220]

In seiner Grundhaltung war Acton ein Konservativer, der für den kontrollierten Wandel des Bewährten eintrat und revolutionären Leitideen entgegentrat, was ihn etwa dazu bewog, in der Frage der Sklavenbefreiung für die Südstaaten der USA Partei zu ergreifen. Er verwarf die Idee des Nationalismus, insofern dieser dazu tendierte, Ungleichheiten und Vielfalt im Innern eines Staatswesens auszugleichen und so den Freiheitsspielraum des Individuums zu schmälern. Zur Ausbildung einer verantwortungsbewusst handelnden politischen Führungselite schien Acton der monarchische Staat besser geeignet als die Demokratie, welche das Volk zum Souverän erhob. Der Akkumulation von Macht, die nicht durch humane Gesetze und klare moralische Grundsätze eingeschränkt wurde, begegnete er mit größter Skepsis und übte daher heftige Kritik an der Inquisition. In diesem Zusammenhang äußerte er in seinem Briefwechsel mit dem anglikanischen Pfarrer und Historiker Mandell Creighton die oft zitierten Worte: «Ich kann Ihrem Grundsatz, daß wir Papst und König anders als andere Menschen beurteilen sollen, nämlich unter der verfehlten Voraussetzung, daß sie nichts Falsches taten, nicht beistimmen. Wenn sich schon eine Voraussetzung aufdrängt, dann die umgekehrte, gegen die Inhaber von Macht gerichtete, die umso wahrscheinlicher wird, je mehr die Macht wächst. Historische Verantwortung muß den Mangel an juristischer Verantwortung ausgleichen. Macht korrumpiert und absolute Macht korrumpiert absolut. Große Männer sind fast immer schlechte Männer, selbst wenn sie nur über Einfluß und nicht über Herrschaft verfügen, um so mehr natürlich, wenn man die tendenzielle oder tatsächliche Korruption durch die Machtausübung hinzunimmt. Es gibt keine schlimmere Irrlehre als die, daß das Amt seinen Träger heiligt.»[221]

Golo Mann widmete Lord Acton im Jahre 1950 einen seiner ersten historischen Essays. Er bewunderte an ihm, dass er als Historiker keiner der mächtigen Versuchungen seines Jahrhunderts, nicht dem Nationalismus, nicht dem Personenkult und nicht dem Fortschrittsglauben, erlegen sei. Bewundernswert sei die ruhige Gerechtigkeit seiner Ansichten, die Unbestechlichkeit und Unparteilichkeit seines Urteils. «Nun gibt es keine Gerechtigkeit», schreibt Golo Mann, «ohne den Glauben, daß gut gut und schlecht schlecht sei. Schlecht, unabhängig von, nicht entschuldigt mit sogenannten geschichtlichen Aufgaben, Strömungen, Notwendigkeiten und Notlagen. In der Anwendung dieses Prinzips ging Acton so weit, wie ein Mensch gehen kann, nach Ansicht seiner Kritiker weiter, als dem Geschichtsschreiber zuträglich war. Es ist aber gerade die Unbedingtheit seiner Weigerung mit den Begriffen von Gut und Schlecht Hokuspokus zu treiben, für die wir ihm heute dankbar sind.»[222]

Acton misstraute den hochfliegenden Ideen und zeigte sich skeptisch gegenüber den Grundsätzen, mit denen die Politiker ihre Handlungen vor der Öffentlichkeit zu begründen pflegen. Seine Sicht der Geschichte war eine pessimistische und stand insofern Tocqueville und Burckhardt nahe, als sie immer wieder auf die Unverlässlichkeit des Menschen und seiner Institutionen hinwies. Durch äußeren Erfolg ließ er sich nicht blenden, und er sah mit unbestechlicher Klarheit den machiavellistischen Zug in Bismarcks Innen- und Außenpolitik. Solche Einsichten machen nicht den fähigen Politiker, und es erstaunt nicht, dass Acton in dieser Rolle ähnlich wirkungslos war wie Tocqueville. Was Lord Acton indes vor der Resignation bewahrte, war sein tiefer Glaube an die Bestimmung des Menschen zur Freiheit. «Er glaubte», sagt Gertrude Himmelfarb in ihrer Studie über den englischen Historiker, «daß der Mensch, bei aller Neigung zum Bösen, immer auch fähig wäre, in Freiheit das Gute zu wählen und daß es der Erbsünde, obwohl sie ihm immer auf den Fersen blieb, nicht immer gelang, ihn straucheln zu lassen.»[223] Ganz ähnlich dachte Golo Mann, auch wenn dieser eher von liberalen als von christlichen Grundüberzeugungen ausging.

Im Alter näherte sich Lord Acton der Gewissheit, göttliche Vorsehung würde den Fortschritt der Geschichte hin zu größerer Freiheit ermöglichen. «Er endete als Ritter des Fortschrittes», schreibt Golo Mann, «nahm also eine von der gewöhnlichen merkwürdig unterschiedene Entwicklung: ein geistreicher, ein wenig anmaßender alter Mann, als er jung war, ein jugendlicher Idealist mit fünfundsechzig.»[224] Golo Mann blieb diese Art von Gewissheit und von Idealismus im Alter versagt. Die Erfahrungen, die er mit dem 20. Jahrhundert gemacht hatte, ließen das nicht zu.

Auch in der Art, wie Golo Mann Geschichtsschreibung betrieb, ging er einen andern Weg als der Engländer. «Acton gab nur Analyse», schreibt Golo Mann, «nie Beschreibung. Es ist, als hätte er sich geschämt, das durch ungeheure Studien Erarbeitete im geringsten zu benützen für etwas, was nicht direkt im Erarbeiteten lag; es auszuschmücken, es romantisch zu vergegenwärtigen. Er konnte die andrängenden Gedanken nicht unterdrücken; er konnte nicht anders, als sie in vollendeter Formulierung anbieten. Und, noch einmal, welch männliche Umsicht, welche wohltuende Gerechtigkeit!»[225]

Vollendete Formulierung: Diese Qualität erklärt auch einen Teil des Interesses, das Golo Mann zeit seines Lebens dem englischen Philosophen und politischen Publizisten Bertrand Russell entgegenbrachte. Der aus altem englischem Adel stammende Russell, dessen Großvater zweimal Premierminister gewesen war, absolvierte glänzende Studien in Mathematik und Philosophie an der Universität Cambridge. Vor dem Ersten Weltkrieg machte er als Philosoph durch das gemeinsam mit A. N. Whitehead verfasste Werk *Principia Mathematica* auf sich aufmerksam, das bis heute als Standardwerk der formalen Logik gilt. In einem seiner Werke wurde Russell auch zum Historiker. Mit seiner *History of Western Philosophy*, die 1945 erschien, wirkte er weit über den Kreis der philosophischen Fachgelehrten hinaus. Das monumentale Werk, das mit Pythagoras beginnt und mit John Dewey endet, nimmt sich vor, das Werk der behandelten Philosophen im Kontext ihrer jeweiligen Zeitumstände darzustellen. Er habe versucht, schreibt der Autor im Vorwort, jeden Philosophen als eine Persönlichkeit darzustellen, in der sich die vagen und diffusen Gedanken und Empfindungen seiner Zeit «kristallisiert und konzentriert» hätten.[226] Russells Geschichte der Philosophie ist in einem hervorragenden Englisch, luzid und klug noch in der gebotenen Vereinfachung, geschrieben; fünf Jahre nach seinem Erscheinen wurde dem Verfasser der Nobelpreis für Literatur zugesprochen.

Früh nahm der Engländer Anteil am Weltgeschehen und exponierte sich mit entschiedenen Stellungnahmen. Während des Ersten Weltkriegs vertrat er einen engagierten Pazifismus, wurde wegen Dienstverweigerung inhaftiert und verlor seine Dozentur. Nach dem Krieg bereiste er die Sowjetunion und China und erregte durch sein 1920 erschienenes Werk *The Practice and Theory of Bolshevism* Aufsehen mit der entschiedenen Absage an den Marxismus. In den dreißiger Jahren befasste er sich mit Erziehungs- und Bildungsfragen und gründete eine antiautoritäre Schule, die freilich nur kurz Bestand hatte. Im Zweiten Weltkrieg gab er seinen Pazifismus auf und trat vehement für den militärischen Widerstand gegen Faschismus und Nationalsozialismus ein. Später wandte er sich entschieden gegen das atomare Wettrüsten und wurde wegen regierungsfeindlicher Umtriebe zu einer bedingten Gefängnisstrafe verurteilt. In den sechziger Jahren schließlich protestierte Russell gegen den militärischen Einsatz der USA in Vietnam, kritisierte aber zugleich den Einmarsch von Truppen des Warschau-Pakts in der Tschechoslowakei. In zahlreichen Schriften, in denen Probleme der öffentlichen Moral, des Glaubens und der Erziehung angesprochen wurden, erreichte Russell ein breites Publikum in Westeuropa und den Vereinigten Staaten. Im Vorwort zu seiner nach 1967 erscheinenden dreibändigen Autobiographie, welche die Fragwürdigkeiten eines turbulenten Privatlebens schonend ausklammert, schreibt der Engländer: «Drei elementare und überwältigend starke Leidenschaften haben mein Leben beherrscht: das Verlangen nach Liebe, die Suche nach Erkenntnis und das unerträgliche Mitleid für die Leiden der Menschheit.»[227]

Golo Mann kam bereits in den späten zwanziger Jahren mit Russells Werk in Berührung, und in dem ausführlichen Aufsatz, den er dem Schaffen des Philosophen drei Jahre vor dessen Tod widmete, stellt er fest, er habe insgesamt gegen zwanzig seiner über siebzig Bücher gelesen.[228] Des Historikers Interesse gilt vornehmlich den politischen und moralphilosophischen Arbeiten Russells, die er durch Skepsis, Unabhängigkeit des Urteils und menschenfreundliche Grundhaltung charakterisiert sieht. Er nennt den Engländer einen «furchtlosen Philosophen»[229], der den Ideologien und Glaubenssätzen mit der Unbestechlichkeit seiner Vernunft entgegentrete, so dem Hegelianismus, dem Marxismus und auch dem Christentum. «Russells tiefes Misstrauen gegenüber der Macht», schreibt Golo Mann, «sein Abscheu vor allem Dogma, sein Wahrheitstraum und Freiheitssinn mussten gegen Philosophie und Praxis des Marxismus sich aufbäumen.»[230] Ein «unsicherer Kantonist», fährt er fort, sei Russell zeit seines Lebens gewesen, nicht auf eine Parteilinie eingeschworen, kritisch auch der Demokratie gegenüber, in welcher er doch immer ein Bollwerk gegen die unersättliche Machtgier der Mächtigen gesehen habe. Auch vom Reformpädagogen Russell ist die Rede, und Erinnerungen an die Salemer Zeit klingen an.

Golo Mann unterstützt des Engländers Eintreten für die «Koexistenz» in den fünfziger Jahren und teilt seine Kritik am Vietnamkrieg. Der Historiker, den Vereinigten Staaten als Emigrant zu Dank verpflichtet, hat sich mit Kritik an der westlichen Supermacht immer zurückgehalten; hier aber, 1969, in seinem Aufsatz über Russell, wird er deutlich: «Alle Freunde Amerikas und viele gute Amerikaner stehen tief blamiert vor den Brandstätten von Vietnam und verfolgen mit Scham jenen angeblichen Rechtsvorgang, in dem der Ankläger zugleich der Richter ist, indem er anklagt, verurteilt und exekutiert, wo er überhaupt nichts zu suchen hat, rechtlich nicht und nicht einmal machtpolitisch, indem er mit Riesenüberlegenheit, Riesenstolz und Riesendummheit ein armes Bauernland Schritt für Schritt zur Wüste macht [...] Amerika wurde seiner besten Tradition untreu. Der 95jährige Russell blieb ihr und sich treu, wenn er daran festhielt, daß Verbrechen gegen die Menschlichkeit Verbrechen gegen die Menschlichkeit sind, gleichgültig, wer sie begeht, gleichgültig, zu welchem selbsterkorenen, erhabenen Zweck er sie begeht.»[231]

Am Schluss seines Aufsatzes bezeichnet der Historiker den streitbaren englischen Philosophen als den Voltaire des 20. Jahrhunderts: «Beide, trotz ihrer speziellen Kenntnisse und Künste, waren alles in allem Literaten: Universal-Literaten westeuropäischen Stils; und waren es mit so überwältigender Intelligenz und

Intensität, mit so unbeugsamer Charakterstärke, dass sie zu großen Herren wurden im geistigen und zum Schluss auch im weltlichen Sinn, zu persönlichen Weltmächten, zu mythischen Gestalten.»[232]

Von den englischen Geschichtsschreibern, die Golo Mann besonders schätzte, sei noch der Althistoriker Ronald Syme erwähnt. Syme stammte aus dem alten britischen Empire, aus Neuseeland, und machte in England eine glänzende Gelehrtenkarriere. Er beherrschte nicht nur Griechisch und Latein, sondern auch mehrere moderne Fremdsprachen und genoss als Professor in Oxford hohes internationales Ansehen. Seine beiden wichtigsten Werke widmete er dem Übergang des römischen Staatswesens von der Republik zur Monarchie unter Augustus und dem Geschichtsschreiber Tacitus; das erste Werk erschien unmittelbar vor Ausbruch des Zweiten Weltkrieges, das zweite ein gutes Jahrzehnt nach Kriegsende.[233] Golo Mann kannte den Engländer von den Jahrestagungen des Ordens «Pour le Mérite» her, dem beide angehörten.

Symes Geschichtsvorstellung ist insofern derjenigen Golo Manns nah verwandt, als sein Interesse den geschichtlich handelnden Menschen gilt und der Frage, wie Macht erkämpft, verwaltet und missbraucht werden kann. Wie Tacitus sah der Engländer in der römischen Monarchie, die dem Bürgerkrieg gefolgt war, einen Rückschritt gegenüber der Republik; zwar führte sie zum Frieden, opferte aber die republikanischen Freiheiten. Golo Mann teilte Symes Revolutionsskepsis, und er teilte dessen pessimistische Einschätzung der Menschennatur. Als Schriftsteller stellte sich Syme in die ehrwürdige Stiltradition von Vorgängern wie Edward Gibbon, Thomas Macaulay und G. M. Trevelyan; er beherrschte und bewunderte die Sprache als Interpretationsinstrument, und seine eingehende Analyse der taciteischen Prosa setzte, wenn auch nicht unbestritten, neue Maßstäbe. Auch darin, dass er sich zur narrativen Form der Darstellung bekannte und Theorien wie abstrahierende Begriffe tunlichst mied, glich er dem deutschen Historiker. Golo Mann stützte sich in seinem Essay über Tacitus auf die Vorarbeiten Symes und verfasste, als der Engländer 1989 in hohem Alter starb, einen würdigenden Nachruf.[234]

Kein Zweifel: In Golo Manns Urteil war der bedeutende Historiker immer auch derjenige, der gut schrieb. Natürlich meinte er damit keineswegs, dass der Sprache ein Eigenwert jenseits des darzustellenden Tatbestandes zuzugestehen sei. Gut schreiben hieß für ihn, über eine Sprache zu verfügen, die diesem Tatbestand angemessen war und die sich ganz in den Dienst der Interpretation, der Erklärung und der Darstellung stellte. Die Sprache sollte den Zugang zu ihrem Gegenstand nicht verstellen, sondern erleichtern. Theorien, Thesen und Theoreme waren, so die Überzeugung Golo Manns, wenig geeignet, Geschichte gegenwärtig zu machen, und die Handhabung eines Fachjargons beschränkte den Kreis des interessierten Publikums in unzulässiger Weise auf die Zunft der Spezialisten. Und darauf kam es doch, seiner Meinung nach, zuletzt an: mit den Mitteln einer reichen, differenzierten und zugleich verständlichen Sprache Vergangenes zu möglichst sinnfälliger, gegenwärtiger und allgemeiner Anschauung zu bringen. Dadurch, dass es ihm gelang, Wissenschaft und Kunst zusammenzubringen, zeichnete sich der bedeutende Historiker aus, und dadurch sicherte er sich das andauernde Interesse der Nachwelt, jenes Überleben, wie dies Schiller, Voltaire oder Tocqueville für sich beanspruchen konnten. Mit dieser Auffassung entfernte sich Golo Mann allerdings vom heute dominierenden Wissenschaftsverständnis, das gerade auf eine klare Trennung beider Bereiche hin tendiert. Max Weber hat in seinem berühmten Vortrag «Wissenschaft als Beruf» im Wintersemester 1918/19 vor den Studierenden der Universität München diese deutliche Abgrenzung recht eigentlich gefordert, indem er die kurzfristige Vorläufigkeit jeder Erkenntnis als vergänglichen Teil des langfristigen wissenschaftlichen Fortschrittsprozesses betonte. «Das ist das Schicksal», sagte Weber, «ja: das ist der *Sinn* der Arbeit der Wissenschaft, dem sie, in ganz spezifischem Sinne gegenüber allen andern Kulturelementen, für die es sonst noch gilt, unterworfen und hingegeben ist: jede wissenschaftliche ‹Erfüllung› bedeutet neue ‹Fragen› und *will* überboten werden und veralten. Damit hat sich jeder abzufinden, der der Wissenschaft dienen will. Wissenschaftliche Arbeiten können gewiß dauernd, als ‹Genußmittel›, ihrer künstlerischen Qualität wegen, oder als Mittel der Schulung zur Arbeit wichtig bleiben. Wissenschaftlich aber überholt zu werden, ist – es sei wiederholt – nicht nur unser aller Schicksal, sondern unser aller Zweck.»[235]

VII. Die späten Jahre

«La vieillesse est un naufrage.»

Charles de Gaulle,
Mémoires de guerre. L'Appel

1. Die Reihen lichten sich

Als Golo Mann 1965, fast zehn Jahres nach des Vaters Tod, in Kilchberg festen Wohnsitz nahm, musste er das Haus an der Alten Landstraße mit Schwester Erika und Mutter Katia teilen. Erika hatte sich bereits in den USA als Vertraute, Sekretärin, und «public relations officer» ihres Vaters unentbehrlich gemacht.[1] Nach Kriegsende folgte sie ihrer Familie in die Schweiz, erst nach Erlenbach und dann nach Kilchberg. Als Thomas Mann starb, widmete sich die älteste Tochter mit der ihr eigenen Selbstsicherheit und Energie dem Dienst an seinem Nachlass und geistigen Erbe. Darin unterschied sie sich sehr von ihrem Bruder Golo, der es nicht liebte, auf seinen Vater angesprochen zu werden, und der dessen Schaffen gegenüber eine respektvolle, aber kühle Distanz wahrte.

Im Besonderen setzte sich Erika Mann für die Verfilmung von Werken des Schriftstellers ein. Den Dreharbeiten zu «Königliche Hoheit», «Bekenntnisse des Hochstaplers Felix Krull», «Tonio Kröger» und weiteren Filmen wohnte sie oft persönlich bei und befasste sich mit Drehbüchern und Rollenbesetzungen zuweilen mehr, als den Regisseuren lieb war. Sie trat auch als Herausgeberin hervor und stellte aus rund zehntausend Briefen ihres Vaters, die ihr vorlagen, eine dreibändige Auswahl zusammen.[2] Intensiv setzte sie sich ferner für die Neuauflage von Werken ihres Bruders

Klaus ein, dessen Schaffen nach seinem Selbstmord im Jahre 1949 rasch in Vergessenheit zu geraten drohte.

In politischer Hinsicht neigte Erika Mann zu raschem, radikalem und rechthaberischem Urteil. Sie war nach Kriegsende, wie bereits erwähnt, in amerikanischer Uniform durch Deutschland gereist, hatte als Zeitungsberichterstatterin am Nürnberger Prozess teilgenommen, hatte mit Gefolgsleuten Hitlers und mit Vertretern der «Inneren Emigration» gesprochen, und alles, was sie sah und hörte, bestärkte sie in der Meinung, dass jene Einsicht in die eigene Schuld, aus der allein ein glaubwürdiger Gesinnungswandel hervorgehen könne, von den Deutschen nicht zu erwarten sei.[3] Mit dieser Haltung näherte sich Erika Mann derjenigen ihres Vaters und beeinflusste ihn in ihrem Sinne; deutlich aber unterschied sie sich auch hier von Golo Mann, der, wie wir wissen, Groll und Ressentiments überwand und den Deutschen versöhnlich und hilfsbereit entgegentrat. Auch die amerikanische Innen- und Außenpolitik der Nachkriegszeit und die Weltlage beurteilte Erika Mann mit schriller Entschiedenheit, während ihr Bruder vorsichtiger und nuancierter Stellung bezog. Erika war während ihrer Exiljahre eine begeisterte Sympathisantin der USA gewesen; nach 1945 aber verwandelte sie sich unter dem Eindruck des McCarthyismus und des einsetzenden Kalten Krieges in eine vehemente Gegnerin der westalliierten Außenpolitik, der sie, die Sowjetunion entlastend, eine wesentliche Mitschuld an der Fortdauer der Konfliktsituation zuschob. Während Golo Mann in seinen frühen Leitartikeln für die *Weltwoche* die Fortsetzung des Dialogs zwischen West und Ost empfahl, setzte sich Erika mit ihren Attacken gegen Deutschland und die USA einem zwar unbegründeten, aber rufschädigenden Kommunismusverdacht aus.

Wenn die Unterschiede im politischen Urteil, aber auch im Charakter zwischen Erika und Golo Mann nicht zu gravierenden Spannungen führten, lag dies daran, dass beide Geschwister häufig auf Reisen waren und den Kilchberger Wohnsitz mehr als Stützpunkt denn als dauernden Wohnsitz nutzten. Auch Familiensolidarität, die Golo Mann ungeachtet seiner schwierigen Beziehung zum Vater immer hochhielt, spielte mit, wenn er das angriffige, sarkastische Temperament seiner Schwester mit irritierter Nachsicht ertrug. Und ähnlicher Nachsicht verpflichtet sah sich Erika, wenn sie in einem Brief an Theodor W. Adorno schrieb: «Golo, ein sehr konservativer Historiker, schreibt gar manches, was mir nicht in den Kram paßt, und ich, das Gegenteil einer sehr konservativen Historikerin, schreibe fast nur, was Golo nicht in den Kram paßt. Deshalb herrscht noch immer eitel Friede zwischen uns. Wo kämen wir denn auch hin, wenn nicht, wenigstens innerhalb der engsten Familie, die Meinungsfreiheit garantiert wäre, die allerorten garantiert zu sehen wir natürlich wünschen.»[4]

Zu ihrem sechzigsten Geburtstag verfassten beide Geschwister wechselseitige Gratulationsadressen. Golo Mann knüpft an Kindheitserinnerungen an. Dann erwähnt er den entscheidenden Einfluss, den Erika nach 1933 auf den Entschluss der Eltern gehabt hatte, nicht mehr nach Deutschland zurückzukehren. «Der Schreiber dieser Zeilen», so Golo Mann, «kompromißbereiter, tragischen Entscheidungen abhold, geneigt, krumm gerad sein zu lassen, wünschte damals, seine Eltern, die sich rein zufällig in der Schweiz befanden, sollten nach Deutschland zurückkehren. Es war die deutsche Durchschnittsansicht: man äße nicht so heiß, wie man kochte, die Dinge würden sich schon beruhigen etc., etc. Erika urteilte anders. Sie wußte vom ersten Tag an, daß hier kein Heil und für meinen Vater kein Boden mehr war; sie half ihm, in langwierigem Kampf, die Entscheidung zur Emigration reifen zu lassen, die ihm so furchtbar schwerfiel.»[5] Auf ähnliche Weise wirkte Erika an den elterlichen Entscheidungen mit, 1938 nach Amerika zu übersiedeln und 1952 nach Europa zurückzukehren. «Wenigstens drei Eingriffe in der Biographie des Dichters also», fasst Golo Mann zusammen, «gewagte, schwierige und geglückte, die vor allem der ältesten Tochter zu danken sind.»[6]

Über die Vitalität der älteren Schwester äußert sich der Historiker mit Bewunderung: «Sie war die einzige von uns, die mit

Gusto münchnerisch sprach. Als Skiläuferin, Hockeyspielerin, Laienschauspielerin war sie Mitglied eines jugendlichen Kreises von entschieden bajuwarischem Charakter; Bier, nicht Wein, war ihr Getränk, und nie ließ sie in der guten alten Zeit sich das Oktoberfest entgehen.»[7] Dann erinnert er an Erika Manns Tätigkeit im Cabaret «Pfeffermühle» und ihren beherzten Widerstand gegen den Nationalsozialismus zwischen 1933 und 1936 sowie an ihre Tätigkeit als Korrespondentin im spanischen Bürgerkrieg und während des Zweiten Weltkriegs. Auch der Autorin von Kinderbüchern wird freundlich gedacht und ebenso der Herausgeberin von Briefen ihres Vaters. Die heikleren Seiten von Erikas Leben, ihre Liebschaften zum eigenen und zum andern Geschlecht, ihre Neigung zu Drogen, verschweigt Golo Mann nicht.

Auch Erika griff bei ihrer Würdigung des Bruders auf frühe Erinnerungen zurück. Sie spricht von «Golos» Neigung zum Komödiantischen, von seiner drolligen und skurrilen Phantasie, von einer «Art von düsterer Schelmerei»[8]. Vom stupenden Erinnerungsvermögen des Bruders ist die Rede: «Sein Gedächtnis war – und ist – hervorragend. Vierjährig bereits steckte er voll der feinsten Zitate, die er gewandt in die Unterhaltung flocht und während, vorläufig, nur Klaus und ich auf Abenteuer auszogen, hat einzig Golo sich alles gemerkt.»[9] Erika Mann sieht ihren Bruder als unpolitischen Historiker, was, gemessen an der Ausfälligkeit ihrer eigenen späten Stellungnahmen, gewiss zutrifft. Die Schwester neigt dazu, den Widerstand des jungen Redakteurs von *Maß und Wert* und Mitarbeiters der *Sammlung* gegen Hitler zu unterschätzen, wenn sie schreibt: «Auch nutzte er nicht – wie andere – das Exil zum politischen Kampf. Zäh und geduldig lebte er weiter seiner Wissenschaft und hatte es dabei nicht leicht.»[10] Er sei für sie, schreibt Erika, ein «Historiker aus Menschenfreundlichkeit, der zwar haßte und liebte, nie aber geschossen, geschweige denn militärregiert oder gar ‹gerichtet› hat»[11].

Gegen Ende der fünfziger Jahre stellten sich bei Erika Mann gesundheitliche Probleme ein. Spitalaufenthalte, operative Eingriffe,

Kuraufenthalte wurden nötig. «Meine Krankheiten liegen miteinander im Kalten Krieg», schrieb sie 1962 an einen Freund.[12] Im April 1969 musste sie wegen eines Gehirntumors operiert werden und starb im August desselben Jahres im Zürcher Kantonsspital.

Erikas Temperament vertrug sich schlecht mit ihrem physischen Zustand. Sie wollte leistungsfähig bleiben, und ihre Stimmungsschwankungen, ihr Sichaufbäumen gegen das Unabänderliche machten Golo Mann, wie sein Tagebuch zeigt, schwer zu schaffen. Er versuchte trotz dauernder Überbelastung und häufigen Auslandsaufenthalten der Schwester beizustehen und besuchte sie im Spital. Zugleich versank er selbst in tiefe Depression, meditierte über die Vergänglichkeit allen Seins und litt ebenso unter dunklen Träumen und Todesahnungen wie an Zweifeln am Gelingen des im Entstehen begriffenen *Wallenstein*. Das Tagebuch notiert: «Beunruhigend: die Abstumpfung in den letzten Monaten. Kaum noch Gedichte. Kaum noch Momente von Enthusiasmus.» Und dann, am 29. August, zwei Tage nach Erikas Tod: «Beschäftigt, die Bestattung würdig zu arrangieren.»[13]

Die Nachrufe, die das Leben der Erika Mann würdigten, hielten fest, wie sehr diese außergewöhnliche Frau, die sich während vieler Jahre ganz in den Dienst des berühmten Vaters gestellt hatte, doch immer unverwechselbar sie selbst geblieben war. «Und ihr Meisterwerk», schrieb Manuel Gasser, «war ihre Persönlichkeit, diese unvergleichliche Verquickung von Ernst und Scherz, von nie erlahmender Begeisterungsfähigkeit und Ironie, von kämpferischem Geist und gewinnender Liebenswürdigkeit.»[14] Unvergessen blieb in Zürich der Kampf, den die Kabarettistin der *Pfeffermühle* gegen den Nationalsozialismus geführt hatte. «Erika Mann hat zu dieser Zeit», schrieb Werner Weber, der Feuilletonchef der *Neuen Zürcher Zeitung*, «mit ihren Freunden auf der kleinen Bühne ruhig gezielt und genau getroffen – ruhiger gezielt und dann auch genauer getroffen als manchmal später, nach dem Krieg, wenn sie politisch redete.»[15]

Und da war auch noch Katia, die Mutter, von den Kindern zärtlich «Mielein» genannt. Mutter Katia war für den berühmten Schriftsteller eine unentbehrliche Lebenspartnerin gewesen; sie war ihm als Sekretärin und Beraterin beigestanden, hatte sein irritables Wesen vor Belastungen zu bewahren gesucht. Der nach kurzer, harmlos scheinender Erkrankung erfolgte Tod des Gatten kam für Katia überraschend. «Derjenige, der mich wirklich brauchte», schrieb sie 1955 an eine amerikanische Freundin, «ist nicht mehr, und ich kann keinen großen Sinn mehr in meinem weiteren Leben sehen.»[16]

Nach dem Tod Thomas Manns befürchtete Erika, ihre Mutter würde sich allein fühlen, und sie versuchte, den jüngeren Bruder dauernd ins Kilchberger Haus zu locken. In einem Brief an Golo sprach sie von ihren zeitraubenden Filmprojekten und stellte fest: «Angesichts dieser Tatbestände erhob sich mir nun die Frage, ob es nicht am gescheitesten wäre, wenn Du Deine ‹headquarters› hier, in Deinem trefflichen Appartement aufschlügest, um – soweit Deine eigenen Arbeiten Dir hierfür Zeit lassen –, unserer lieben Mutter behilflich zu sein.»[17] Es wäre, stellt Erika weiter fest, aus finanziellen Gründen unklug, auf die Verfilmungen zu verzichten, und im Übrigen würde sich die Mutter mit dem Sohn besser verstehen als mit ihr: «Sie ist, wie Du wohl weißt, nicht der gesündesten eine, sie verläßt sich ganz auf Dich, und während Du einen ‹Rahmen› suchst, innerhalb dessen Du nutzbringend tätig sein könntest, ohne nur eben ein ‹free lance writer› zu sein, dachte ich es mir außerordentlich vernünftig, diesen Pfad einzuschlagen. Du befändest Dich dann innerhalb des gewünschten Rahmens, Du wärest für uns alle von größtem Nutzen und Du machtest es mir möglich, meinerseits von all dem geringen Nutzen zu sein, den ich beisteuern könnte.»[18]

Solche Aufforderungen verfehlten vorerst ihre Wirkung. Golo Mann musste sich beruflich erst orientieren; journalistische und universitäre Aufgaben beanspruchten Priorität. Auch war Katia nach dem Tod des Schriftstellers weder einsam noch hilfsbedürftig. Mit ihren Kindern stand sie in Briefkontakt, und gelegentlich sahen sie in Kilchberg vorbei, obwohl sie weit entfernt wohnten: Monika Mann lebte «als Gefährtin eines schiffchenbastelnden Limonadenverkäufers»[19] auf Capri; Elisabeth setzte sich in den USA und bald auf der ganzen Welt für den Schutz der Meere ein; Michael, mit einer Schweizerin verheiratet, wirkte als Musiker und Germanist in Kalifornien. Michaels Söhne Frido und Toni wohnten zeitweise im Kilchberger Haus; Frido während acht Jahren, als er in Zürich das Gymnasium und das Konservatorium besuchte.

Katia Mann blieb die unangefochtene Herrin des Hauses, schaltete und waltete mit Tatkraft und Umsicht. Hatte sie sich in ihrer Ehe in ihren eigenen Bedürfnissen zurückgenommen und in den Dienst des berühmten Gatten gestellt, so hielt sie nun dessen Andenken mit der gleichen Hingabe wach. Der Briefkopf ihres Schreibpapiers lautete auf «Frau Thomas Mann», und wenn der Umgang mit den Behörden sich schwierig gestaltete, gab sie gern zu verstehen, dass sie nicht die Gattin von irgendjemandem sei.

Hin und wieder kamen Journalisten vorbei, Leute von Radio und Fernsehen, und befragten sie zu ihrem Leben. Man trat an sie heran mit dem Wunsch, sie möchte doch ihre Autobiographie schreiben, und auch Golo Mann bedauerte, dass sie so wenig in eigener Person an die Öffentlichkeit getreten war: «Unser Gefühl war immer», bemerkt er einmal, «daß sie ihr Licht ein wenig zu sehr unter den Scheffel stellte, und eben völlig in ihren Aufgaben, in ihren vielfachen Pflichten aufging.»[20] Doch dem widersetzte sie sich. «Ich habe», schreibt sie 1974, im Alter von über neunzig Jahren, «mein ganzes allzu langes Leben immer strikt im Privaten gehalten. Nie bin ich hervorgetreten, ich fand, das ziemte sich nicht. Ich sollte immer meine Erinnerungen schreiben. Dann sage ich: in dieser Familie muß es einen Menschen geben, der nicht schreibt.»[21] Im selben Jahr freilich erschienen, in lockerem Plauderton gehalten, Katia Manns *Ungeschriebene Memoiren*, eine Sammlung von Interviews, die Elisabeth Plessen und Michael Mann einige Zeit vorher aufgezeichnet hatten.

Thomas Manns Tod war zur rechten Zeit gekommen, um ein

begnadetes Leben sanft abzuschließen. Erika Manns Sterben kam zur Unzeit und forderte zum letzten Mal den heftigen Widerstand heraus, in dem sich ihr Temperament so leicht entlud. Der Tod von Katia Mann kam zu spät, nach einer langen Zeit des langsamen geistigen und körperlichen Zerfalls. Schon Erika Mann hatte in ihren letzten Lebensjahren von sich gesagt, sie sei nur noch «ein bleicher Nachlaßschatten»[22], und mit Katia Manns langer Krankheit zum Tode gewannen die Schatten der Vergangenheit im Haus an der Alten Landstraße die Oberhand. Golo Mann war seiner Mutter in Liebe zugetan und in Treue verpflichtet, und aus dieser Verbundenheit erwuchsen schwere Belastungen, als er der Greisin in ihren letzten Jahren in Kilchberg zur Seite zu stehen suchte. Selbst zur Melancholie neigend, musste er sowohl die Altersdepressionen der Mutter ertragen als auch deren zunehmenden Altersstarrsinn. Je älter Katia wurde, umso mehr fiel sie in ihre Mutterrolle zurück, kritisierte und kommandierte und glaubte dem Sohn, dessen «pathologische Unentschlossenheit» sie gern rügte, noch jene Erziehung zukommen lassen zu müssen, die sie dem Kind gegenüber versäumt zu haben behauptete.[23] Das alles war, obwohl seiner Mutter noch eine Pflegerin beistand, für Golo Mann schwer zu tragen. Als der Historiker sich 1979 in Icking an der Isar ein Haus kaufte und dieses kurze Zeit bewohnte, spielte gewiss auch der Wunsch mit, Distanz zur Mutter zu gewinnen.

Auf Golo Manns Tagebuchblättern jener Jahre wird festgehalten, wie der helle Verstand der Mutter mehr und mehr zur Rechthaberei wurde, wie ihr Erinnerungsvermögen erlosch, sich sonderbar verwirrte und an seltsamen Gedächtnisrelikten festkrallte. Sie glaubte, obwohl dazu nicht mehr fähig, weiter unentwegt tätig sein zu müssen; es kam zu peinlichen Fehlleistungen und Schlimmerem: Mehrmals fiel sie hin und musste ärztliche Pflege beanspruchen, und dem Sohn blieb der schwache Trost, die Mutter sei sich ihres Unglücks nicht mehr voll bewusst. Das Tagebuch flüchtet sich ins Französische, um den «spectacle de grande misère» zu beschreiben: «Die Greisin, in einer neuen Phase ihres schrecklichen Zerfalls, spricht bei Tisch, als ob wir uns in München befänden, im Jahre 1930 ...»[24] Als Michael am Neujahrstag 1977 in Kalifornien starb, verzichtete Golo darauf, dies der Mutter mitzuteilen: sie hätte es, wie er sich in einem Brief äußerte, «nach ein paar Minuten doch wieder vergessen»[25].

Immer mehr wurde im Kilchberger Heim sichtbar, dass die Hausherrin durch niemanden zu ersetzen war und dass diese Mitte, welche die Glieder der weit verstreuten Familie zusammenhielt, verloren ging. Ein Freund, der Golo Mann in den siebziger Jahren und später hin und wieder aufsuchte, Hanno Helbling, schreibt: «Man sah ihn leiden in Kilchberg, woran nicht die Ortschaft schuld war. In der Zeit, als ich ihn dort zu sehen begann, um 1970, kurz nach dem Tod seiner Schwester Erika, war die Konstellation nicht glücklich. Das Arbeitszimmer des Vaters halb und halb noch als solches erkennbar, von dem Sohn halb und halb übernommen, ein Raum, der nicht kahl war, aber so wirkte. Der Salon dagegen in seiner Bürgerlichkeit erhalten unter dem damals noch wachen Auge der Mutter.»[26]

Im Juli 1978 feierte man den fünfundneunzigsten Geburtstag von Frau Katia Mann; die alte Dame legte Wert darauf, die Dehors zu wahren. Elisabeth Mann Borgese organisierte den Anlass. Verwandte und langjährige Freunde waren geladen, darunter Emmy Oprecht, Manuel Gasser und Jean Rudolf von Salis. Die Gratulationspost häufte sich, Telegramme trafen ein, Helmut Schmidt und Walter Scheel sandten Glückwünsche. Die Boulevardpresse war anwesend und wusste zu berichten, dass die Jubilarin in bester Laune und in einem Kostüm aus türkisblauer Thaiseide die Gratulationen entgegennahm. Ein Zauberkünstler waltete seines Amtes. Auf einer Illustration sieht man Golo Mann, wie er mit einem Lächeln, das mehr verbirgt als aussagt, dem festlich gekleideten Jean Rudolf von Salis Champagner der Marke «Moët et Chandon» ins Kelchglas sprudeln lässt.[27] «Am nächsten Morgen», so die Berichterstatterin, «7.15 Uhr, fiel Katia Mann, die täglich Kaviar zum Frühstück ißt, die Treppe ihres Hauses hinunter. Die rüstige Dame stand auf, als wäre nichts geschehen.»[28]

Katia Mann starb am 25. April 1980 und wurde neben ihrem Gatten im Friedhof von Kilchberg beigesetzt. Golo Mann notiert in französischer Sprache ins Tagebuch: «Für mich kommt dieser Tod zu spät. [...] Und da sie seit langem nicht mehr dem Leben angehörte, kann ich keine tiefe dauernde Trauer mehr empfinden.»[29] Und in seinen *Erinnerungen* schreibt er, als alter Mann habe er Abschied genommen von einer uralten Frau, von der er sich, gern oder ungern, nie so recht habe trennen können.[30] Die Nachrufe erinnerten an die aufopfernde Rolle, welche die Lebensgefährtin an der Seite Thomas Manns gespielt hatte. Marcel Reich-Ranicki verglich die Verstorbene mit Goethes Christiane, Schillers Charlotte, Heines Mathilde und Fontanes Emilie [31], Golo Mann verfasste eine sachliche Würdigung. «Die ‹letzte Adresse› wurde es wirklich», schreibt er. «Für den Vater nur anderthalb Jahre lang, für die Mutter volle 26 Jahre, viel länger, als sie in ihrem Elternhaus, im eigenen Münchner Haus und in Amerika gelebt hatte. Nach Thomas Manns Tod wuchsen in dem Haus zwei Schweizer Söhne meines Bruders Michael auf, was Katia nochmals eine Aufgabe brachte; ohne Aufgabe mochte sie eigentlich nicht sein. Der Friedhof von Kilchberg ist einer der schönsten, die ich kenne. Das Grab dort birgt nun schon die sterblichen Reste von vier Mitgliedern der ehedem so zahlreichen Familie.»[32]

Golo Mann blieb allein im Haus an der Alten Landstraße zurück. Nicht ganz allein freilich, denn zeitweise trafen seine Sekretärinnen ein, um ihm bei der Erledigung der Korrespondenz mitzuhelfen, bis 1980 Anita Naef und danach Maria Feuz. Auch gab es Helferinnen und Helfer, die sich in Haus und Garten nützlich machten. Golo Mann holte sich Studenten ins Haus, die als Untermieter zu günstigen Bedingungen bei ihm wohnten und ihm bei der Besorgung des Haushalts zur Hand gingen. Mit Vorliebe wählte er junge Leute aus Spanien oder Lateinamerika aus, mit denen er sich in ihrer Sprache zu unterhalten liebte.

Wie die meisten Mitglieder der Familie war der Historiker ein großer Hundefreund; schon in den USA, dann wieder in Stuttgart, hatte er einen eigenen Hund besessen. In Kilchberg hielt sich Katia Mann in den letzten Lebensjahren den Belgischen Schäferhund Ramon, und danach war es die Labradorhündin Bjelka, die den Sohn während acht Jahren auf seinen Spaziergängen begleitete. Es war dies wohl Golo Manns Lieblingshund: Freunden gegenüber bezeichnete er seine Beziehung zu dem Tier als eine «Ehe, die nicht glücklicher hätte sein können»[33]. Als Bjelka 1987 an Krebs erkrankte, bemühte sich der Historiker um die bestmögliche Pflege, und Wochen nach ihrem Tod notiert er im Tagebuch: «Bjelka. Mir kommen noch immer die Tränen, wenn ich an sie denke und von ihr spreche.»[34] An den Freund Dieter Chenaux-Repond schrieb er: «Wie Bjelka mir fehlt, dafür habe ich keine Worte.»[35] Mit einem neuen Hund, den Freunde vermittelten, hatte Golo Mann kein Glück; das Tier brachte Aufregung ins Haus und musste weggeschafft werden. Das Tagebuch hält fest: «Das Hündchen. Eine Nervensäge»[36].

Nach dem Tod Katia Manns schien es eine Zeit lang, ihre Tochter Monika würde im Haus an der Alten Landstraße einziehen. Monika gehörte, wie lange Zeit auch Golo, zu den ungeliebten Kindern Thomas Manns. Des Schriftstellers Tagebuch äußert sich wiederholt in befremdetem Tonfall über sie; sie wird als überreizt und unausgeglichen dargestellt, ihre Briefe, respektlos und salopp im Tonfall, waren den Eltern ein Ärgernis. Nach dem Krieg, in dem sie ihren Ehepartner verloren hatte, zog sie sich nach Capri zurück und lebte dort bis zum Tod ihres italienischen Lebensgefährten im Jahre 1985. Nicht dass Monika sich gegen die Eltern aufgelehnt hätte; aber sie verstieß gegen die ungeschriebenen Gesetze der Loyalität und Schicklichkeit und berichtete gelegentlich, literarisch nicht ganz unbegabt, mit losem Mundwerk über die Familie. In einem Interview für die *Münchner Abendzeitung* schilderte sie etwa mit frecher Ungezwungenheit die Dominanz und Geschwätzigkeit der älteren Geschwister Erika und Klaus. Sie spricht vom musikalisch begabten Michael, der sich leider «zu Tode gesoffen hat», von Elisabeth, die in der Welt herumschwirre und «all ihr Geld in den Ozean» werfe. Über ihre Beziehung zum Vater lässt sie verlauten: «Mein Vater hatte mich nicht weiter ungern, aber auch nicht weiter gern. Ich weiß nicht, was er von seinen Kindern gehalten hat.»[37] Und über ihren Bruder Golo: «Mit Golo habe ich sehr wenig Verbindung, weil er wenig kontaktbegabt und etwas einsiedlerisch ist. Er ist ein Hagestolz, von Natur aus griesgrämig.»[38] Und auf die Frage des Interviewers, wie es wohl komme, dass sie aus einem intellektuellen Haus stamme, während sie den Anschein erwecke, die Intellektuellen gingen ihr auf die Nerven, antwortet sie: «Bei Gesprächen mit einfachen Menschen kommen viel elementarere Argumente vor. In unserer Familie war das immer ziemlich kompliziert. Ich war anders und wurde deshalb als komisch angesehen. Aber in fernerem Kreise galt ich als die einzig Normale. Ich weiß natürlich nicht, was stimmt. Na ja, wir sind alle etwas meschugge, das liegt ja auch im Blut. Aber wer ist denn schon normal?»[39]

Monika Mann hatte schon bei früherer Gelegenheit angekündigt, dass sie nach dem Tod ihres Lebensgefährten in die Schweiz zurückzukehren gedenke. Der Aussicht, die Schwester im Elternhaus in Kilchberg beherbergen zu müssen, sah Golo Mann mit großem Unbehagen, ja mit Entsetzen entgegen. Er konnte sich eine konfliktfreie Beziehung zu Monika nicht vorstellen und fürchtete, durch ihre Gegenwart bei seiner Arbeit gestört zu werden. «Schrecklich ist es mit der Schwester Monika», schrieb er einem Freund. «Sie ist wirklich schwer gemütskrank, und ich werde mit ihr nicht leben können, ohne selber von ihr ruiniert zu werden.»[40] Auch Monika sah nach kurzem Aufenthalt in Kilchberg, dass des Bleibens nicht sein konnte. «Aber ich habe immer auch geahnt», bekannte sie gegenüber der Presse, «daß ich mit meinem berühmten Bruder Golo nur eher schlecht als recht unter dem gleichen Dach würde leben können. Als ich merkte, daß es nicht ging, bin ich eben noch einmal gegangen.»[41] Monika Mann zog nach Zürich, dann nach Deutschland. Sie verstarb 1992 im Hause von Ingrid Beck-Mann, der Witwe von Golo Manns Adoptivsohn, in Leverkusen. Sie wurde im Kilchberger Familiengrab beigesetzt.

Einen schweren Verlust bedeutete für Golo Mann der Tod seines Jugendfreundes Manuel Gasser im Jahre 1979. Gasser gehörte zu jener Generation von jungen Schweizer Journalisten und Fotografen, welche nach Hitlers Ende und der Öffnung der Grenzen die Gelegenheit nutzte, aus dem Ghetto, zu dem die Schweiz geworden war, auszubrechen. Im April 1946 ging er als politischer Korrespondent der *Weltwoche* nach Berlin und darauf in derselben Funktion nach London. Zwischen 1952 und 1957 arbeitete er in Zürich für die *Weltwoche* und wurde dann, wie bereits erwähnt, Chefredakteur der Zeitschrift *Du*. Inskünftig schrieb er vor allem zu Themen der bildenden Kunst und Kulturgeschichte, und dies mit einer an lebendiger Anschauung geschulten Sachkenntnis. Es gelang ihm, *Du* zu einer Kunstzeitschrift von einzigartigem Rang zu machen und ein Netz von internationalen Beziehungen zu knüpfen: Künstler wie Picasso, Henry Moore und Alberto Giacometti, Fotografen wie Cartier-Bresson, Werner Bischof und Fulvio Roiter gehörten zu seinem Bekanntenkreis.

Golo Mann war mit Manuel Gasser, der seinerseits mit Bruder Klaus befreundet war, seit dem Herbst 1933 bekannt. Ins Tagebuch notiert er damals: «Cum parentibus ein junger, sehr gut aussehender Schweizer Journalist, Freund von Klaus.»[42] Vor Kriegsausbruch traf man sich hin und wieder in Zürich, und Golo Mann besuchte seinen Freund, als dieser als Kavallerie-Wachtmeister Militärdienst leistete. «Wie gern hörte ich ihm zu», erinnert sich Golo Mann später, «wenn er erzählte, mit sonorer Stimme, in angenehmem, nur leicht helvetisch getöntem Deutsch, meist tieflustige Dinge. Er hat die Gabe, Szenen zu erleben, urkomische kleine Novellen zu erleben, Menschen zu treffen ...»[43] Von und nach Amerika wurden, solange dies möglich war, Briefe gewechselt. Nach 1945 arbeiteten beide, wie bereits erwähnt, für die *Weltwoche* und begegneten sich häufig. Man entdeckte an sich Ähnlichkeiten der

Neigung und des Temperaments; Golo Mann tendierte dazu, in seinem Freund eine glücklicher veranlagte Ausgabe seiner selbst zu sehen. In einer Rezension von Manuel Gassers Sammelband *Welt vor Augen* rühmt Golo Mann den Stil des Autors: «Aus der Sache heraus, ohne Vorbild, ist seine Schriftstellerei. Der Stil kristallklar – heimlich – sehr gearbeitet, aber ohne Prätention; die Beschreibung bildhaft, vor allem durch Genauigkeit.»[44] In einem Porträt aus Anlass von Gassers siebzigstem Geburtstag heißt es: «Viel bewunderte ich an ihm und tat es von Anfang, ehe ich ihn noch gut kannte. Seinen Lebensmut, seine Unabhängigkeit, die ihn früh ausbrechen ließ aus Schule und Elternhaus und Heimat, die ihn sich durchsetzen ließ, wo immer er Lust hatte, sich durchzusetzen, ohne Konzessionen. Seine Bildung, französische, deutsche, italienische, nicht angelesen zu Bildungszwecken, sondern erworben aus schierer Freude am Schönen und Wissenswerten. Seine Lebenskunst; Spaß am Kochen, am Essen und Trinken, am Wohnen, am Lesen, am Geselligen. Seine Einfachheit. Wohlhabend, lebte er essentiell nicht anders, als er ‹arm, doch froh›, in der Jugend gelebt hatte.»[45]

Seine letzten Lebensjahre verbrachte Manuel Gasser im Pächterhaus von Schloss Brunegg, dem Wohnsitz des Historikers Jean Rudolf von Salis, wo Golo Mann ihn hin und wieder besuchte. Gasser war, im Unterschied zu Golo Mann, der seine Neigung disziplinierte und verschwieg, ein bekennender Homosexueller, und der in Landestracht gekleidete marokkanische Diener, den er sich hielt, erregte im schweizerischen Mittelland Neugierde und Befremden. Der Journalist und Kunstfreund verstarb nach schwerem Leiden an Lungenkrebs und wurde in einer schlichten Feier, an der Golo Mann teilnahm, im Dorffriedhof von Brunegg beigesetzt. Im Entwurf zu einem Nachruf rühmt Golo Mann an Gasser eine Eigenschaft, die er selbst in hohem Maße besaß, wenn er schreibt: «MGs. Leben steht unter dem Gesetz der Treue.»[46] Und der Kranz, den er am Grab des Freundes niederlegte, trug denn auf der Schleife auch die Inschrift: «In Treue»[47]. In seinem Tagebuch widmet Golo Mann dem Andenken seines Freundes die Verse von Robert Louis Stevenson: «Home is the sailor, home from sea, / And the hunter home from the hill.»[48]

In den folgenden Jahren hat Golo Mann immer wieder seines Freundes gedacht. Knapp zwei Jahre nach dessen Tod schrieb er in einem Brief: «Beinahe am stärksten traf mich der Verlust eines Schweizer Freundes durch mehr als vier Jahrzehnte, Manuel Gasser, vor anderthalb Jahren. Er war eine Einrichtung in meinem Leben gewesen, auf die ich mich immer verlassen konnte, und plötzlich war er nicht mehr da. Es wird mir schier übel, wenn ich aus der Ferne Burg Brunegg nahe Brugg sehe, wo er lange Jahre im Pächterhaus wohnte, und wo ich ihn so oft besucht hatte.»[49] Und wieder ein paar Jahre später: «Ja und dann – wie der Manuel mir fehlt, kann ich Ihnen nicht sagen. Einer der Verluste, und da gibt es nicht allzu viele, die bis zum letzten Tag eben ein Verlust bleiben werden, ein nicht zu vergessender, nicht zu überwindender, etwas, was geschah, aber nicht hätte geschehen dürfen.»[50]

2. Reisen, Aufenthalte, Fluchtorte

Golo Mann ist bis kurze Zeit vor seinem Tod viel gereist. Oft standen diese Reisen im Zusammenhang mit dem Erscheinen seiner erfolgreichen Bücher *Deutsche Geschichte, Wallenstein, Erinnerungen und Gedanken,* die es dem Publikum im deutschsprachigen Kulturraum vorzustellen galt. In den späten siebziger Jahren war der Historiker einer der begehrtesten deutschen Referenten. Er folgte den Einladungen der verschiedensten Vereinigungen, sprach anlässlich von Jubiläen und Firmen-Anlässen, dozierte an Universitäten. Es gibt kaum eine größere Stadt zwischen Hamburg und Chur, zwischen Freiburg im Breisgau und Wien, die er nicht aufgesucht hätte; aber auch kleinen Gemeinden versagte er sich nicht, sei es irgendwo im Allgäu oder im schweizerischen Mittelland. Die Zusammenarbeit mit Willy Brandt führte den Historiker, wie wir gesehen haben, wiederholt nach Bonn; und nach München zogen ihn die Erinnerung an seine Kindheit und das Engagement für Franz Josef Strauß.

Die Hauptstadt Bayerns war dem Historiker offensichtlich besonders ans Herz gewachsen, und wenn er bei seinen häufigen Besuchen im Hotel Biederstein beim Englischen Garten abstieg, fühlte er sich in vertrauter Umgebung. München war für ihn vor allem der Regierungssitz der Wittelsbacher, und seine Zuneigung war stark durch das geprägt, was in der Bausubstanz der Stadt noch an Monarchie und höfischen Lebensstil erinnert. Noch im hohen Alter befasste sich Golo Mann eingehend mit der bayrischen Geschichte. Daraus ging ein Vortrag über Ludwig I. von Bayern hervor, der im September 1986 auf Einladung der «Bayerischen Akademie der Schönen Künste» in der Residenz mit größtem Erfolg gehalten wurde.[51]

Für München hat sich Golo Mann auch einmal auf lokalpolitischer Ebene eingesetzt, als es um den Bau der Neuen Staatskanzlei östlich des Hofgartens ging.[52] Das monumentale Projekt, das an den Kuppelbau des im Krieg zerstörten Armeemuseums anschließen sollte, erregte breiten Widerspruch, dem auch der Historiker seine Stimme lieh. Der Protest hatte schließlich eine Redimensionierung der ursprünglichen Pläne zur Folge und führte zu einem Bau, der, wenn nicht schön, so doch erträglich ist.

Gegenüber der eleganten und lebensfrohen Residenzstadt München musste auch die andere Heimat des Historikers, die nüchterne Zwingli-Stadt Zürich, etwas in den Hintergrund treten. Vielfach hat Golo Mann seine Liebe zu München öffentlich bekannt, so wenige Jahre vor seinem Tod im Bayerischen Rundfunk: «Sie wissen ja, daß ich ein geborener Bayer bin und für Bayern eigentlich immer Monarchist gewesen bin. Bayern müßte ein Königreich sein, nicht wahr, aber inmitten einer großen Republik geht das nicht, und die Zeiten sind ja auch vorbei ... Aber meine ganz persönlichen Sympathien liegen in dieser Richtung, speziell für Bayern, für die Schweiz habe ich dann wieder andere, die aber doch auch vergleichbar sind.»[53]

Inbegriff des geistigen München war für Golo Mann die *Süddeutsche Zeitung*, mit der er vor seinem Engagement für Strauß oft zusammenarbeitete. In der *Süddeutschen* sah er, wie er in einer Grußadresse zum fünfundzwanzigsten Jahr des Bestehens dieser Zeitung schrieb, die Vorzüge der Hauptstadt vereinigt: Bodenständigkeit und Weltläufigkeit, Humor und Liberalität, Gesinnungstreue und Unparteilichkeit.[54]

Nachdem Golo Manns vehemente Stellungnahmen zu den Studentenunruhen etwas in Vergessenheit geraten waren, wurde er wieder häufig von den Universitäten zu Gastvorlesungen eingeladen, und gelegentlich nahm er an wissenschaftlichen Tagungen teil. Auch wohnte er den Zusammenkünften bestimmter Vereinigungen bei, deren Mitglied er geworden war. Regelmäßig erschien er zu den Begegnungen des Ordens «Pour le Mérite», der auf Friedrich den Großen zurückgeht und 1952 neu gegründet worden ist; die Bewahrung der geistigen Werte, die sich der Orden zum Ziel setzt, entsprach des Historikers eigenen Intentionen.[55] Anderen Gremien war Golo Mann, der bekanntlich schlecht absagen konnte, in einem Augenblick der Schwäche beigetreten, den er nachträglich beklagte, so etwa einem «Tabakskolleg» in Bremen, das ihn zum «Pfeifenraucher des Jahres» kürte.[56]

Schließlich verlangten auch die zahlreichen Auszeichnungen, die dem Historiker zuteil wurden, da und dort nach seiner persönlichen Präsenz: die Verleihung der Ehrendoktorate durch die Universitäten von Nantes und Bath, ferner, unter vielen andern Ehrungen, die Verleihung des Mannheimer Schiller-Preises (1965), des Büchner-Preises (1968), des Großen Bundesverdienstkreuzes (1972), des Bayerischen Verdienstordens (1974) und des Frankfurter Goethe-Preises (1985).

In seinen jüngeren Jahren reiste Golo Mann mit dem eigenen Auto. Er war, ähnlich wie seine Mutter, kein begabter Autofahrer:

Bei ihm war es die mangelnde Selbstsicherheit, bei ihr die Selbstüberschätzung, die immer wieder zu heiklen Situationen führte. Im vorgerückten Alter entwickelte Golo Mann eine eigentliche Aversion gegen dieses Transportmittel und den Verkehr überhaupt – Autobahnen versetzten ihn in einen Zustand schwerer Beklemmung. Auf seinen Reisen in Europa benutzte er, ähnlich wie sein Vater, sehr gern die Eisenbahn, und wie dieser stieg er mit Vorliebe in komfortablen Hotels ab.

Zwei Reisen führten Golo Mann nach Übersee: Im Jahre 1984 reiste er nach den USA, und 1986 flog er zu einer Vortragsreise nach Japan. Die Japan-Reise wurde von Golo Manns Freund Dieter Chenaux-Repond organisiert, der damals als Botschafter der Eidgenossenschaft in Tokio stationiert war. Der Historiker hielt in Zusammenarbeit mit dem Goethe-Institut in der Hauptstadt und in Osaka einige Vorträge. Eine nähere Beziehung zum Land vermochte er auf dieser Reise, die für ihn «mehr Pflicht als Vergnügen» war, nicht zu gewinnen.[57]

Die Reise nach den Vereinigten Staaten führte Golo Mann nach Kalifornien, wo er einst, zwischen 1947 und 1957, im Claremont College unweit von Los Angeles gelehrt hatte. Den Zeitpunkt der Reise wählte Golo Mann so, weil er den zu befürchtenden Festlichkeiten aus Anlass seines fünfundsiebzigsten Geburtstags ausweichen wollte. Auf der Hinreise besuchte er seine Schwester Elisabeth. Die Meeresforscherin war 1978 von Kalifornien an die Dalhousie University im kanadischen Halifax gegangen, um dort eine Gastprofessur zu übernehmen; zwei Jahre später wurde sie zur Professorin für Internationales Seerecht befördert.[58] Golo Mann hielt sich einige Tage im Landhaus an der Südküste der Halbinsel Nova Scotia auf, das seine Schwester, umgeben von ihren Hunden, bis zu ihrem Tod im Februar 2002 bewohnte. Mit wenigen Worten hat er später seinen Aufenthalt geschildert: «Halifax: sehr britisch, sehr kolonial, höchst karge Landschaft. Meine Schwester Elisabeth in einem bescheidenen Haus, hart am Atlantik, eine halbe Autostunde von der Stadt entfernt, am Rande eines kleinen Fischerdorfes, wir hatten am 10. März 16 Grad minus, harte Landschaft, verkrüppelte und obendrein kranke Bäume und Fischer als Nachbarn, deren jedes (Jahr) einige draußen umkommen. Es wird dann, während sie ausbleiben, im hölzernen Kirchlein für sie gebetet.»[59]

Von Halifax aus reiste Golo Mann nach Kalifornien, wo er seine Schwägerin, Gret Mann-Moser, die Witwe Michaels, die in Orinda unweit von Berkeley lebte, besuchte. Er wurde auch hier freundlich aufgenommen, unternahm Spaziergänge in der parkartigen näheren Umgebung und unterhielt sich abends mit Musikern, Künstlern und Wissenschaftlern, die zum Freundeskreis seiner Gastgeberin gehörten. Auch auf die Gegenwart von Hunden musste er in der eleganten Villa nicht verzichten.

In Claremont wurde Golo Mann von ehemaligen Kollegen und Schülern empfangen. «Ich war 26 Jahre», berichtete er einem Freund, «nicht mehr in den Vereinigten Staaten! Nun haben sie in meinem alten College Claremont bei Los Angeles einen Gastprofessoren-Lehrstuhl gegründet, der hear hear, nach mir benannt werden soll und den hätte ich einzuweihen. Für den helvetischen Provinzler, der ich geworden bin, (auch im Grunde immer war), ein großes Abenteuer.»[60] Offensichtlich genoss Golo Mann, der sich in bemerkenswert guter gesundheitlicher Verfassung befand, den Aufenthalt an seinem früheren Tätigkeitsort. Ehemalige Schüler, die in wichtige gesellschaftliche Positionen aufgestiegen waren, ehrten ihn mit einem Dinner; es blieb auch Zeit für ausgedehnte Spaziergänge auf altvertrauten Pfaden.

Auf seiner Reise wurde Golo Mann von einem jungen Medizinstudenten, Pablo, begleitet, einem Auslandsschweizer, der in Ecuador aufgewachsen war.[61] Pablo hatte drei Jahre zuvor im Kilchberger Haus gelebt, Haushalt und Garten besorgen helfen und den Historiker bei seinen Spanischstudien unterstützt. Als Reisegefährte erwies er sich als vorzüglicher Organisator und Chauffeur; man verstand sich gegenseitig ausgezeichnet und verständigte sich auf Spanisch. Gemeinsam fasste man den Plan, nach Mexico City zu fliegen und von dort aus im Wagen die Stadt Oaxaca zu besuchen, deren präkoloniale und koloniale Monumente Golo Mann sehr beeindruckten. Es war dies der erste Besuch des Historikers in Lateinamerika, und er spielte mit dem Gedanken, weitere folgen zu lassen; doch die Pläne zerschlugen sich.

Über seine Eindrücke von der Amerika-Reise hat Golo Mann nach der Rückkehr hin und wieder in der Öffentlichkeit berichtet. Nach der Publikation seines Frühwerks *Vom Geist Amerikas* hatte sich der Historiker nie mehr wissenschaftlich und in ausführlicherer Form mit den USA auseinander gesetzt, und seine gelegentlichen Äußerungen stützten sich vornehmlich auf eigene Erfahrung und Zeitungslektüre. So auch nach der USA-Reise von 1984. Uneingeschränkt hielt der Historiker an der demokratischen Führungsrolle der USA in der Welt und an der Notwendigkeit einer engen westeuropäisch-amerikanischen Allianz fest. Als vielleicht wichtigstes Ergebnis seiner Reise bezeichnete er die Erfahrung, dass sich das wirtschaftliche und wissenschaftliche Gravitationszentrum der Vereinigten Staaten von Europa und der Ostküste weg an die Pazifikküste verschoben habe. In diesem Sinne müsste, stellt er in einem Vortrag fest, das Schlusswort seiner Publikation *Vom Geist Amerikas* abgeändert werden. «Die historische Grundlage bleibt noch immer europäisch; aber auf ihr ist etwas anderes entstanden, ist etwas anderes zu entstehen im Begriff, was man mit ‹Europa-in-Amerika› nicht mehr definieren kann.»[62] An anderer Stelle spricht Golo Mann nicht ohne Bedauern von einer «Enteuropäisierung» Amerikas und beklagt, dass die Medien kaum mehr auf Europa Bezug nähmen. Als Deutscher werde man allenfalls noch nach dem Dritten Reich und seinen Folgen gefragt, aber eine «Feinheit» wie die Teilung Deutschlands mit den entsprechenden politischen Implikationen dringe schon gar nicht mehr ins Bewusstsein der amerikanischen Öffentlichkeit.[63]

Die Ausbildung einer neuen, weltoffenen amerikanischen Identität wurde in Golo Manns Sicht möglich dank der beispiellosen Integrationskraft der Freiheitsidee. Dem Historiker wurde der

Campus der Universität Berkeley zum Schlüsselerlebnis: «Da trifft sich der Planet», berichtet er nach der Rückkehr einem Interviewer, «da sehen Sie alle Farben und da hören Sie alle Sprachen. Tausende, Abertausende von fremden Studenten, aus Europa leider weniger, aber unendlich viele Asiaten und Hispanics aus den spanisch sprechenden Ländern Zentral- und Mittelamerikas ... Das hat eine Freiheit, eine Freundlichkeit der Atmosphäre, eine Buntheit und eine Gastlichkeit, die mich stark beeindruckt hat.»[64] Und Ähnliches weiß er aus Claremont zu berichten. Er findet das College verwandelt, dank privater Initiative und der Unterstützung wohlwollender Stiftungen erheblich vergrößert, versehen mit allem, was studentisches Leben zu erleichtern vermag – Dormitorien, Clubhäusern, Bibliotheken, Theatern, weiten Rasenflächen und Sportplätzen. Und verändert hat sich auch die Zusammensetzung der Studenten: «Damals hatte mein College noch, wie viele andere, den Ehrgeiz, ‹wasp› zu sein, ‹white, anglosaxon and protestant›. Heute sind zwölf Prozent der Studenten Asiatics und acht Prozent Hispanics, was den Charakter des Instituts tief verändern, es entprovinzialisieren mußte; auch wirft es ein Licht auf den raschen Aufstieg der neu hinzugekommenen Nationalitäten oder Rassen. Mit etwas Phantasie können wir uns für das Jahr 2050 einen hispanischen Präsidenten im Weißen Haus, im Jahre 2100 einen asiatischen Präsidenten vorstellen.»[65]

Golo Mann stellt fest, dass die Vereinigten Staaten in den Jahren seit seinem ersten Aufenthalt innen- wie außenpolitisch durch eine Reihe schwerer Prüfungen gegangen seien – die Kuba-Krise, die Rassenunruhen, der Vietnamkrieg, der Watergate-Skandal, der Umsturz im Iran. Insgesamt habe man diese Prüfungen, meint er, gut bestanden und man sei an ihnen gereift, nicht zuletzt dank der durch die Medien erzeugten totalen Öffentlichkeit. Der Historiker argumentiert einmal mehr stark personalisierend und urteilt sehr kritisch über die Präsidenten Johnson, Nixon, Carter und Reagan. Aber einen wirklichen Schwachpunkt vermag er eigentlich nur in Washingtons Südamerikapolitik zu entdecken. Hier sieht Golo

Mann seine frühere Einschätzung der mangelnden außenpolitischen Erfahrung der USA bestätigt; man habe, stellt er fest, oftmals ungeschickt und verständnislos auf die innenpolitischen Verhältnisse einzelner Staaten Einfluss zu nehmen versucht und im Besonderen korrupte Regime unterstützt, die ihre einzige Legitimation aus der Bekämpfung so genannter kommunistischer Untergrundbewegungen bezogen hätten. Golo Mann fordert nicht eine Abschaffung der Monroe-Doktrin, wohl aber eine Verfeinerung und Neuformulierung derselben. Es müsste offen ausgesprochen werden, meint er, dass in den lateinamerikanischen Ländern ein Pluralismus von sozialistischen Regierungen gestattet werde; nur eine «ideologisch-militärische Machtniederlassung der andern Weltmacht, eine Niederlassung des Leninismus», könne keinesfalls geduldet werden.[66] Im privaten brieflichen Urteil klingt die Kritik an der Lateinamerika-Politik der USA freilich deutlich schärfer: «Die Gringos», hieß es da etwa, «verbrecherisch wie sie in Zentralamerika und auch Columbia solange gehandelt haben und wie blöde sie heute noch sind ...»[67]

Alles deutet darauf hin, dass die Amerika-Reise des über Siebzigjährigen ein erfreuliches und gelungenes Unternehmen war. Ein Reporter, der um die pessimistische Veranlagung seines Gesprächspartners wusste, hielt es für geboten, darauf explizit hinzuweisen: «Die bedrückende Ansicht des Weltjammertals», schreibt er, «wird wie eine düstere Wolke verdrängt, wenn Golo Mann sich den Eindrücken seiner Wiedersehensreise mit Amerika hingibt.»[68] Und im Gespräch mit einem andern Zeitungsmann spricht Golo Mann vom erfolgreichen Verlauf seiner Reise und gibt dem Wunsch Ausdruck, die USA wieder zu besuchen. «Schließlich habe ich mir Amerika», sagt er, «in harter Arbeit, manchmal war ich der Verzweiflung nahe, erworben und habe es dann wieder verloren. Diese Wiederbegegnung hat mir gezeigt, daß meine Arbeit nicht völlig ohne Sinn war. Und das soll nun nicht eigentlich ein Happyend sein, sondern der Beginn einer weiteren Kontaktnahme.»[69]

Eigentliche Ferien- oder Erholungsreisen hat Golo Mann selten unternommen, und wenn doch, so dauerten sie kaum mehr als zehn Tage. Hin und wieder suchte er für kurze Zeit einen Badekurort auf, Bad Ragaz, Schinznach, Bad Vals, Leukerbad oder Baden-Baden, um sein Knieleiden, ohne rechten Erfolg übrigens, zu kurieren. Zur Zeit seiner Stuttgarter Professur war er mit seinem Auto oft im Schwarzwald, im Bodenseeraum und in den Bündner Hochtälern unterwegs. Wir haben bereits auf die Bedeutung der Schloss-Schule Salem für das spätere Leben des Historikers hingewiesen. An der Schule und ihrer landschaftlichen Umgebung hielt Golo Mann mit einer für ihn bezeichnenden Erinnerungstreue fest, und die Landschaft rund um den Bodensee wurde für ihn zu einem eigentlichen «lieu de mémoire». Er liebte die geschichtsträchtigen Stätten an seinen Ufern: die Konzil-Stadt Konstanz, das turmbewehrte Überlingen und Meersburg, Wohnsitz der verehrten Dichterin Annette von Droste-Hülshoff. Auf der Schweizer Seite waren die reizvollen Kleinstädte und Dörfer Stein am Rhein, Steckborn, Berlingen, Ermatingen und Gottlieben Ziel gelegentlicher Ausflüge.

Besonders eng verbunden fühlte sich Golo Mann mit Schloss Arenenberg, das in prachtvoller Lage auf den Anhöhen des Seerückens liegt, hoch über dem Untersee und der lang gestreckten Klosterinsel Reichenau. Das Schloss kam 1817 in den Besitz der Königin Hortense, die Napoleons Bruder Louis Bonaparte geheiratet hatte und mit ihrem Sohn Louis Napoléon, dem späteren Kaiser Napoleon III., dort wohnte. Die Geschichte des Hauses und seiner adligen Besitzer, die schön erhaltenen Innenräume im Stil des Ersten und Zweiten Empire, die herrliche Lage – dies alles war dazu angetan, Golo Manns historisches Interesse und seine Neigung zu aristokratischer Ambiance anzusprechen. Dem Schloss Arenenberg hat der Historiker auch einen hübschen Essay gewidmet, der die Faszination ausdrückt, die von ihm ausgeht. «Hier ist es», heißt es dort, «als hätte ein Dornröschenschloß sich aufgetan, so wie es war, als der böse Zauber es traf. Im intimsten, persönlichsten Rahmen wandelt man auf den Spuren vergangenen Lebens, mit einem Gefühl von Feierlichkeit und fast von Indiskretion.»[70]

Auch in Altnau, südöstlich von Kreuzlingen gelegen, hielt sich Golo Mann des Öftern auf, weniger zur Erholung als vielmehr dann, wenn die Arbeit an einem Werk Ruhe und Konzentration erforderte. Im Gasthaus Zur Krone quartierte er sich oft für mehrere Wochen ein; hier verfasste er seine *Deutsche Geschichte* und Teile seines *Wallenstein*. Einige Jahre später geriet Altnau freilich in den Strudel des Sommertourismus, und auch an Winterabenden war die Ruhe dahin. Bereits 1971 notiert Golo Mann ins Tagebuch: «Altnau, da ist nichts mehr. Scheußliche Verunstaltung und Lärm durch die Revolutionierung des Hafens. In der Wirtschaft Fasching, der vier Wochen dauert.»[71] Und ein Jahr später: «Enttäuschung auch dort, nämlich Menschen allzuviele.»[72]

Nach seiner Übersiedlung nach Kilchberg im Jahre 1964 erkundete Golo Mann die reizvolle Umgebung an der Westflanke des Zürichsees in ungezählten Wanderungen. In seinem neuen Wohnort wurde der Spaziergänger mit Hund zu einem vertrauten Bild; man kannte ihn und begegnete ihm mit jener schweizerischen Zurückhaltung, die er schätzte, auch wenn sie im Übrigen das Leben nicht immer zu erleichtern vermag. Sein liebstes Ausflugsziel war das Albishorn, das sich in abwechslungsreicher Gratwanderung vom Uetliberg bei Zürich erreichen lässt. Bei klarer Witterung gewährt der Berg einen herrlichen Ausblick auf die Alpenkette, vom Säntis im Osten zur Blümlisalp im Westen. Zu jeder Jahreszeit und noch, auf einen oder zwei Stöcke gestützt, in hohem Alter, stieg Golo Mann zum Grat empor. «Gerade komme ich vom Albishorn zurück», schrieb er im dreiundsiebzigsten Altersjahr einem Briefpartner, «auf dieser Anhöhe war ich ja nun schon zweitausend Mal, und wieder und wieder voller Freude und Staunen über die Schönheit der langsam zur Neige gehenden Natur des Jahres.»[73]

Hin und wieder reiste Golo Mann nach Italien, wo er mit Leonore Lichnowsky, der Studienfreundin aus den Heidelberger Jahren, oder mit seiner Schwester Elisabeth, die einen Teil des Jahres in Florenz verbrachte, zusammentraf. Den Verleger Bermann Fischer besuchte er gelegentlich auf dessen Landsitz in der Toscana. In Venedig begegnete er Alfons Clary-Aldringen, dem Abkömmling eines alten Aristokratengeschlechts der Habsburger Monarchie, der nach dem Ersten Weltkrieg bis zu seiner Vertreibung im Jahre 1945 den Großgrundbesitz der Familie im böhmischen Teplitz verwaltete. Gern lauschte der Historiker den Geschichten, die der bejahrte Fürst Alfons Clary aus der österreichisch-ungarischen Monarchie zu erzählen hatte, und er war dem Gutsbesitzer und Emigranten bei der Abfassung von dessen Memoiren behilflich.[74]

Persönliche Beziehungen verbanden Golo Mann auch mit Leverkusen und mit Schloss Wolfsgarten bei Darmstadt. In Leverkusen wohnte die Familie von Hans Beck-Mann, der als Apotheker in den dortigen Bayer-Werken arbeitete. Der Historiker hatte den jungen begabten Mann 1955 kennen gelernt, ihn beim Studium finanziell unterstützt und adoptiert. Der Adoptivsohn litt während vielen Jahren an Porphyrie, einer schweren Stoffwechselerkrankung, die von den Ärzten zuerst falsch diagnostiziert wurde und eine Reihe von chirurgischen Eingriffen nötig machte. Hans Beck-Mann verheiratete sich mit der Krankenschwester Ingrid Nickisch, die ihm die Töchter Claudia und Katja schenkte. Er erlag 1986 seiner schweren Krankheit. Golo Mann fühlte sich mit der Familie Beck-Mann eng verbunden; er nahm, wie Tagebuch und Korrespondenz bezeugen, am Leiden von Hans innigen Anteil und bewunderte die Ehefrau, die den Gatten aufopfernd und fachkundig pflegte. Auch nach Hans Beck-Manns Tod reiste Golo Mann häufig nach Leverkusen, und seine Schwiegertochter begleitete ihn gelegentlich auf Reisen. Ingrid Beck-Mann übernahm später, wie bereits erwähnt, die Pflege von Schwester Monika Mann in ihren letzten Lebensjahren. 1992 siedelte auch der Historiker in das Leverkusener Heim über, wo er, betreut und gepflegt von seiner Schwiegertochter, bis zu seinem Tode im Jahre 1994 blieb.

Mit Schloss Wolfsgarten bei Darmstadt verband Golo Mann seit den frühen sechziger Jahren die enge Beziehung zu Prinzessin Margaret von Hessen und bei Rhein, einer angeheirateten Cousine der englischen Königin Elisabeth II. Die Prinzessin, eine Frau von weit gespannter Bildung, des Deutschen wie des Englischen vollkommen mächtig und dank ihrer familiären Beziehungen in beiden Ländern zu Hause, widmete sich wohltätigen und kulturellen Aufgaben und begründete ein Heim für behinderte Kinder.[75] Sie pflegte Persönlichkeiten des kulturellen und politischen Lebens zu gesellig-festlichen Anlässen zu laden, die der schönen Literatur und der klassischen Musik gewidmet waren. Golo Mann bedachte die Gastgeberin mit jener aufmerksamen und feinsinnigen Verehrung, die homoerotisch Veranlagte dem weiblichen Geschlecht oft entgegenbringen. Auch fand des Historikers Neigung zum aristokratischen Lebensstil in Wolfsgarten eine wohltuende Erfüllung. Das Jagdschloss aus dem 18. Jahrhundert, die livrierten Diener und das kostbare Tafelgeschirr, die weiten Säle mit den nachgedunkelten Ahnenbildern, die abendlichen Gärten mit den bleichen Marmorstatuen – diese entrückte und doch gegenwärtige Welt, die sein Vater in *Königliche Hoheit* ironisch gebrochen dargestellt hatte, beeindruckte Golo Mann tief, und er genoss sie mit der unschuldigen Ernsthaftigkeit des Romantikers. Er pflegte im «Zarenzimmer» untergebracht zu werden, in einem prunkvoll eingerichteten Raum, der den letzten russischen Zaren beherbergt hatte. «In einem solchen Zimmer zu wohnen», erinnert sich Golo Mann, «konnte auf einen historisch Gesinnten wie mich nicht anders als erstaunlich, ja traumhaft wirken.»[76]

Wirklich elitär, stellte Golo Mann in einem Brief fest, sei Wolfsgarten nicht gewesen: «Meine Freundin hat ein eigentliches kleines und sehr geglücktes Kulturzentrum daraus gemacht. Zu ihren Konzerten kommen die allerverschiedensten Typen: sozialdemokratische Bürgermeister aus den kleinen Städten ringsumher, auch Darmstadt wird sozialdemokratisch regiert – Ärzte, Künstler, Professoren, Banquiers, natürlich auch Adel, der aber nicht überwiegt.»[77] Politische und künstlerische Prominenz war freilich an den Soireen in Wolfsgarten in beeindruckender Zahl anwesend; Golo Mann erwähnt Helmut Schmidt, Walter Hallstein, Wolf Graf von Baudissin, Walter Scheel, den Earl Mountbatten, Justus Frantz und Yehudi Menuhin. Margaret von Hessen war oft unterwegs und begleitete den Historiker gelegentlich, so auf einer England- und einer Finnlandreise. Einige Zeit des Jahres verbrachte die Prinzessin auf ihrem Sommersitz, dem prachtvoll gelegenen Schloss Tarasp im Unterengadin. Die vom Dresdner Zahnpasta-Fabrikanten Karl-August Ligner 1916 schön instand gestellte Burg war nach dessen Tod in den Besitz von Großherzog Ernst Ludwig von Hessen und bei Rhein übergegangen, dessen Schwiegertochter, Prinzessin Margaret, sich weiterhin um den Besitz kümmerte. Auch hier war Golo Mann ein gern gesehener Gast.

Ein eigentliches Refugium, das den Historiker der Öffentlichkeit entzog und ihn gegen die Zumutungen des Alltags abschirmte, war sein kleines Haus im Tessin, in Berzona. Der Ort liegt im Onsernone-Tal, unweit der touristischen Zentren von Ascona und Locarno, und doch entfernt genug, um dem Besucher ein Gefühl der Ruhe und Abgeschiedenheit zu vermitteln. Die schmale Straße, die wilde Abstürze überbrückt und sich an schroffen Felswänden entlang emporwindet, ist frei von Durchgangsverkehr. Das Tal ernährt seine achthundert Bewohner nur kümmerlich, und viele waren in früheren Jahrhunderten zur Auswanderung gezwungen; kehrten sie im Alter heim, errichteten sie massive Steinbauten, welche das Bild der schlichten Siedlungen dominieren. Schon in den Jahren vor und während dem Zweiten Weltkrieg hielten sich Schriftsteller und Künstler wie Kurt Tucholsky, Ignazio Silone, Max Ernst und Meret Oppenheim als Gäste des prominenten Zürcher Anwalts Wladimir Rosenbaum im Onsernone-Tal auf, und auch nach 1945 zog das Tal immer wieder Intellektuelle an.

In Golo Manns kleinem Tessiner Haus, in das nur dringende Post weitergeleitet wurde, fand sich, vor allem im Frühling und Herbst, eine kleine Zahl ausgewählter Freunde ein, spanische Studenten und deutsche Kollegen, welche das Haus auch in des Besitzers Abwesenheit nutzen durften. Journalisten drangen nur selten bis Berzona vor; aber ganz fern zu halten waren sie nicht, und es kam vor, dass Reporter aus Hamburg und Frankfurt, mit Kameras und Tonbandgeräten bepackt und von der Dorfbevölkerung bestaunt, den schmalen Pfad zum Haus emporstapften. Dem Pädagogen Hartmut von Hentig gegenüber, der sich hin und wieder hier einfand, bemerkte Golo Mann: «Glücklich bin ich eigentlich nur in Berzona; da kommen die Leute nicht so leicht heran.»[78]

Von seinem Tessiner Wohnsitz aus unternahm Golo Mann, wann immer sein Knieleiden dies gestattete, weite Bergwanderungen. Er versah sich mit knapper Wegzehrung, steckte eine Flasche Tessiner Wein in den altmodischen Rucksack und zog, von seiner Labradorhündin Bjelka und zuweilen von einem Freund begleitet, los.[79] Zu den Wanderfreunden gehörte Herbert Heckmann, den der Historiker bereits während seiner Lehrtätigkeit an der Universität Münster kennen gelernt hatte. Heckmann schildert den Aufbruch zu einer solchen Wanderung: «Nach einem tüchtigen Frühstück: Orange-Pekoe-Tea aus handfesten Tassen, zwei weichgekochten Eiern, Brot, Butter und Marmelade und der alles vernebelnden Pfeife begann die Zurüstung zum Wandern. Dabei wurde geächzt, der Hund beruhigt, der es eiliger hatte, wurden die Rucksäcke gepackt, die Stiefel geschnürt, der Tritt geprüft, die Pfeife ausgeklopft – und dann war es so weit. Wir traten vor das Haus, schauten zum Himmel, der morgens noch einen leichten Flaum hat – und marschierten los. Vorerst sprachen wir kein Wort. Die Schritte hallten im Tobel wider. Steine lösten sich und kullerten bergab. Der Tag begann, schön zu werden.»[80]

Das Haus im Tessin war 1961 gebaut worden. Es steht auf einem von Kastanienbäumen umstandenen Felsbuckel, «Mataruc» geheißen, der vom Dorf aus nur zu Fuß erreichbar ist. «Mein Dreizimmerhäuschen in Berzona in der Schweiz», erzählte der Historiker einem Reporter, «das liebe ich, da mache ich jede Ecke allein sauber, und die billigen Teppiche. 1961 kaufte ich es für 61000

Franken. Und im Rucksack schleppte ich die Bibliothek, vor allem die Wallenstein-Literatur, dort hinauf. Drei bis vier Monate im Jahr muß ich es um mich haben und jeder Baum, jeder Bergsattel und jeder Kamm, sie bringen Erinnerungen, und das Granitgestein.»[81] Der Schweizer Diplomat Dieter Chenaux-Repond, ebenfalls Hausbesitzer in Berzona, hat den herben Zauber der Örtlichkeit so festgehalten: «Es genügt, von den Alpweiden, von Colmo, von Agliasco hinabzublicken auf die eng zusammengekauerten Häuser, die unter ihren schweren Steinplattendächern an einen Familienrat von Schildkröten erinnern, um zu erfahren, daß der Mensch hier nicht als Beherrscher, vielmehr als die Vorherrschaft der Natur willig akzeptierender Gast lebt. Daraus wächst die Serenität des Endlichen ebenso schön hervor wie die Solidarität jener, die, von zuweilen weit entfernten Gestaden hier zusammengekommen, Gefährten sind im Strom der Zeit, Gefährten auch des eingeborenen Wegmachers oder Ziegenhirten.»[82] Und von Golo Mann besitzen wir ein hübsches Stimmungsbild vom «Mataruc» am Abend: «Du liegst in deinem Arbeits- und Schlafzimmer unter dem Dach deiner Hütte hoch über dem Dorf im Tessiner Gebirge. Du horchst. Du horchst. Sind das Schritte? Nein, es ist das schwere zu Boden Fallen der Kastanien. Dann, von der andern Seite des Tobels, klagt das Käuzchen, wir kennen den Ton. Klage scheint es nur, in Wirklichkeit ist's Liebe, aber wie es klingt für uns, darauf kommt es an.»[83]

In Berzona wohnten auch die Schriftsteller Max Frisch und Alfred Andersch; von ihnen ist bereits die Rede gewesen. In einer seiner Erzählungen schildert Frisch den Ort: «Im Frühjahr blühen Kamelien, und im Sommer sieht man da und dort ein Zelt, Leute baden im kalten Bach oder liegen auf den besonnten Felsen. Bund und Kanton tun alles, damit das Tal nicht ausstirbt; Post-Bus dreimal täglich. Die Goldwäscherei in den Bächen hat sich nie gelohnt. Alles in allem ein grünes Tal, waldig wie zur Steinzeit. Ein Stausee ist nicht vorgesehen. Im August und im September, nachts, sind Sternschnuppen zu sehen oder man hört ein Käuzchen.»[84]

Mit den Dorfbewohnern von Berzona verstand Golo Mann sich gut, und er unterstützte die Gemeinde immer wieder mit namhaften Vergabungen. Die wenigsten im Tal wussten etwas von dem Ansehen, das ihr Gast nördlich der Alpen genoss. Aber als er starb, hätten sie ihn gern auf dem kleinen Friedhof unter sich gehabt.

3. Die unvollendete Biographie

Nach dem großen Erfolg des *Wallenstein* spielte Golo Mann verschiedentlich mit dem Gedanken, eine weitere Biographie zu schreiben. Zuweilen dachte er an Otto von Bismarck. Der Staatsmann hatte schon den jugendlichen Verfasser der *Deutschen Geschichte* in seinen Bann gezogen. Es war die Mischung sich widersprechender Eigenschaften, die den Historiker bei Bismarck faszinierte, das Nebeneinander von konservativer und fortschrittlicher Gesinnung, von Instinkt und Kalkül, von Skrupellosigkeit und Verantwortungsbewusstsein im Gebrauch der Macht. Und es war, einmal mehr, die Handhabung der deutschen Sprache: Kaum ein anderer deutscher Politiker hat sich in der Tat in Gespräch, Rede und Korrespondenz so vollkommen und unverwechselbar ausgedrückt wie Bismarck – einen «gewaltigen Bildner der deutschen Sprache» hat Harry Graf Kessler ihn einmal genannt.[85] Doch solche Faszination wirkte zuletzt nicht motivierend genug, um eine Biographie entstehen zu lassen; es blieb bei dem meisterhaften Essay, den der Historiker für das Lexikon *Die Großen der Weltgeschichte* verfasste.[86]

Auch Walther Rathenau, der Außenminister der Weimarer Republik, der 1922 einem Attentat rechtsextremer Terroristen zum Opfer fiel, erschien Golo Mann eine Zeit lang als lohnender Gegenstand biographischer Annäherung. Hier war es die vielfältige Begabung des erfolgreichen Industriellen, des Politikers und nachdenklichen Kulturkritikers, die zur Darstellung reizte. Rathenau ließ sich von der verbreiteten Kriegsbegeisterung von 1914 nicht anstecken, stellte sich aber als Patriot und Rüstungsfachmann in den Dienst des Vaterlandes. Er dachte nicht in nationalen, sondern in europäischen und globalen Dimensionen, riet vom uneingeschränkten U-Boot-Krieg ab, da er zu Recht den Kriegseintritt der USA befürchtete, und entwarf Pläne für eine friedenssichernde Wirtschaftsunion in der Nachkriegszeit. Ähnlich wie der Verfasser des *Untergang des Abendlandes,* Oswald Spengler, stand Rathenau unter dem Eindruck einer «universalen Mechanisierung» der menschlichen Gesellschaft; aber dies führte ihn, was Golo Mann besonders ansprach, nicht dazu, den Glauben an die Handlungsfreiheit des Individuums und an dessen ethische Verantwortung aufzugeben. Die ausgrenzende Eigenschaft seines Judentums war Rathenau schmerzlich bewusst und machte ihn empfindsam für die Situation sozial benachteiligter Schichten. Den zeitgenössischen Kapitalismus und Kommunismus lehnte er gleichermaßen ab, weil er beide Ideologien einem «mechanisierten Denken» unterworfen fand, welches nicht mehr einem sittlichen, humanen Antrieb verpflichtet blieb.[87] Die Persönlichkeit Rathenaus, schreibt Golo Mann, wecke beim Betrachter gemischte Empfindungen: «Ernst und Stärke, Schwächen, Widersprüche, Gebrochenheiten sind im Bilde dieses bedeutenden Mannes gleich offenbar.» Aber zuletzt bleibe doch die Bewunderung für den «gegen seine Zeit Kämpfenden und seiner Zeit heilend Vorausdenkenden»[88]. Auch im Falle des Politikers der Weimarer Republik ist Golo Mann nicht über einen biographischen Essay hinausgelangt.[89]

Unter den Schriftstellern im engeren Sinne war es Joseph von Eichendorff, dessen Leben den Historiker zur Darstellung reizte. Golo Mann kannte viele Gedichte des Romantikers auswendig, und es konnte geschehen, dass er sich, wie das Tagebuch einmal vermerkt, im Traum dem Dichter gegenübersah, wie er ihm persönlich den Dank für sein Œuvre bekundete.[90] Aber der Historiker sah in Eichendorff auch den Zeugen der Revolutionswirren von

1848, dessen politische Haltung in vielem an seinen französischen Zeitgenossen Alexis de Tocqueville erinnerte. Beide Autoren sahen sich dem spannungsvollen Dilemma ausgesetzt, dass ihre aristokratische Herkunft sie zum Konservativismus hinzog, während sie zugleich zu klug und zu sensibel auf das Zeitgeschehen reagierten, um die Notwendigkeit des gesellschaftlichen Wandels zu verkennen. So begrüßte Eichendorff in einem Gedichtzyklus, den er zur Publikation nicht freigab, die französische Februarrevolution in Paris und war auch von der historischen Notwendigkeit einer Revolution in Deutschland überzeugt, welche die unfähige und arrogante regierende Klasse ablösen müsse.[91] Zugleich war er ein Mann der Reform und fürchtete die Sprengkraft revolutionärer Ideen. Den folgenden Satz aus Eichendorffs autobiographischen Aufzeichnungen hätte genau so auch Tocqueville schreiben können: «Diese barbarische Gleichmacherei, dieses Verschneiden des frischen Lebensbaumes nach einem eingebildeten Maße war die größte Sklaverei; denn was wäre denn die Freiheit anderes, als eben die möglichst ungehinderte Entwicklung der geistigen Eigentümlichkeit.»[92] In solcher Grundbesorgnis des Konservativen stimmte Golo Mann mit Eichendorff überein; freilich teilte er nicht die apolitische Haltung des frommen Schriftstellers, die in der Geschichte zuletzt das Wirken Gottes sah. Obwohl der Historiker nicht irreligiös war und der christlichen Ethik und dem kulturellen christlichen Erbe mit großem Respekt begegnete, konnte er den Gedanken eines göttlichen Wirkens in der Geschichte keinesfalls anerkennen.[93] Auch im Falle von Joseph von Eichendorff blieb es beim autobiographischen Projekt.

Es kam auch verschiedentlich vor, dass man aus Kreisen der Wirtschaft und Industrie an den Historiker herantrat mit der Bitte, er möge aus Anlass eines runden Geburtstags oder eines Firmenjubiläums das «Lebensbild» einer verdienten Persönlichkeit verfassen. Wer so erfolgreich über *Wallenstein* schreibe, dachte man wohl, könne dies auch über einen modernen Manager tun. So gelangte im März des Jahres 1975 Berthold Beitz, ehemaliger Generalbevollmächtigter des Inhabers der Firma Krupp sowie damaliger und heutiger Vorsitzender der Alfried Krupp von Bohlen und Halbach-Stiftung, mit einem entsprechenden Ersuchen an Golo Mann. «Der letzte Inhaber der Firma Fried. Krupp und Stifter der Alfried Krupp von Bohlen und Halbach-Stiftung, Herr Dr. ing. h. c. Alfried Krupp von Bohlen und Halbach», schrieb Beitz, «würde am 13. August 1977 70 Jahre alt. Es ist beabsichtigt, seine Person in einer Schrift zu würdigen. Ich wäre Ihnen sehr dankbar, wenn Sie mich wissen ließen, wann und wo Sie mich zu einem Gespräch über dieses Thema empfangen könnten.»[94]

Der Historiker antwortete zuerst ablehnend, räumte aber einige Zeit später mit der für ihn bezeichnenden Gefälligkeit ein, dass ein kleiner Essay von fünfzig bis hundertfünfzig Seiten Umfang vielleicht möglich wäre.[95] Diese vorsichtig zögernde Zustimmung wertete Berthold Beitz als feste Zusage und bedankte sich entsprechend: «Ich muß nicht betonen, daß ich mich über Ihre Zusage gefreut habe, den biographischen Essay über Alfried Krupp von Bohlen und Halbach zu verfassen.»[96] Im Übrigen wurde vereinbart, dass über diesen Auftrag der Öffentlichkeit gegenüber Stillschweigen bewahrt werden sollte. Was fast gelang; einmal allerdings, 1977, zeigte sich *Der Spiegel* über das Vorhaben orientiert.[97]

Wer war die Persönlichkeit, die Golo Mann würdigen sollte? Alfried Krupp von Bohlen und Halbach war der älteste Sohn von Gustav Krupp von Bohlen und Halbach, der zwischen 1909 und 1943 dem führenden Familienunternehmen der Eisen- und Stahlindustrie in Deutschland vorstand. Ende 1943 löste Alfried Krupp von Bohlen und Halbach – jetzt Alleininhaber des Unternehmens – seinen Vater in der Konzernleitung ab. Zu diesem Zeitpunkt wurde die Gussstahlfabrik erstmals Ziel verheerender alliierter Luftangriffe, und die unternehmerische Handlungsfreiheit wurde vom Hitler-Regime immer mehr eingeschränkt. Zur Rolle, die der Firmenleiter in der nationalsozialistischen Kriegswirtschaft spielte, äußert sich ein moderner Historiker wie folgt: «Als Inhaber der Kruppwerke hatte Alfried Krupp von Bohlen und Halbach auf immer neue Katastrophen zu reagieren; er tat es mit Sinn für Pflichterfüllung, aber ohne fanatischen Einsatz. Äußerlich entsprach er durchaus dem Phänotyp des nationalsozialistischen Unternehmers, der sich fanatisch für die Lösung großer technischer und organisatorischer Aufgaben einsetzte und sich dabei, ohne aktive Parteiarbeit zu leisten, deren Ziel der technokratischen Modernisierung verpflichtet fühlte.»[98] In politischer Hinsicht hielt sich Alfried Krupp von Bohlen und Halbach im Hintergrund: «Auch wenn er im Laufe des Krieges immer tiefer in die Verbrechen des Regimes verwickelt wurde, gehörte er doch nie zur Nomenklatur des Dritten Reiches.»[99]

Da der Vater wegen seines schlechten Gesundheitszustandes nicht mehr verhandlungsfähig war, musste sich der Sohn nach Kriegsende in einem der Industrieprozesse vor einem amerikanischen Militärgerichtshof in Nürnberg verantworten. Das Gericht verurteilte ihn zu zwölf Jahren Haft und Einziehung seines Vermögens, wobei ihm vor allem der Tatbestand der Plünderung von Industrieunternehmen im besetzten Ausland und die Einstellung von Kriegsgefangenen und Zwangsarbeitern zur Last gelegt wurden. Bereits im Jahre 1951 wurde Alfried Krupp von Bohlen und Halbach vom amerikanischen Hochkommissar in Deutschland, John McCloy, begnadigt, unter anderem darum, weil man bei der Verteidigung der Freiheit im Kalten Krieg nicht auf die Mitarbeit von erstklassigen Wirtschaftsfachleuten verzichten wollte. Er übernahm wieder die Führung des Unternehmens und leitete, tatkräftig unterstützt vom Generalbevollmächtigten Berthold Beitz, den Wiederaufstieg der Firma ein. Alfried Krupp von Bohlen und Halbach starb im Jahre 1967.

Ein Porträt dieses Mannes, der kein überzeugter Nationalsozialist war, aber dem Regime doch loyal gedient hatte, sollte Golo Mann also schreiben – ein heikles Unterfangen. Im Januar 1976 meldete der Historiker seinen Auftraggebern, dass es sich bei seiner Arbeit um eine Biographie nur handeln könne, «wenn die Figur sich als reizvoll erweisen würde»; offenbar dachte er damals noch an eine kürzere Studie.[100] Im Mai des gleichen Jahres wurde zwischen Golo Mann und Berthold Beitz eine Publikationsvereinbarung abgeschlossen, die als Erscheinungstermin des Buches den Frühling 1977 vorsah. Doch bald zeigte sich, dass dieser Termin nicht einzuhalten war. Golo Mann begann sich zu fragen, ob das Thema ihm wirklich gemäß sei und ob er die Arbeit zu einem guten Ende würde führen können. Dem befreundeten Verleger Ernst Klett schrieb er: «Die Kruppsache hätte ich nie annehmen sollen, Sie hatten ganz recht [...], weil sie sich nun doch unvermeidlich zu etwas auswächst, was ich eben nicht vorhatte.»[101] Indessen investierte Golo Mann einen großen Teil seiner Zeit in diese Arbeit, die sich immer mehr zur Biographie auswuchs, und fand hin und wieder daran auch Gefallen. Zahlreiche Forschungsaufenthalte im Krupp-Archiv auf der Villa Hügel in Essen wurden nötig, und Gespräche mit Persönlichkeiten, welche Alfried Krupp von Bohlen und Halbach noch gekannt hatten, mussten geführt werden, so eine Unterredung mit Hitlers früherem Reichsminister Speer. Im Januar 1977 wusste Golo Mann an Alfrieds Bruder, Berthold von Bohlen und Halbach, zu berichten: «Mit meinem Aktenstudium bin ich einigermaßen vorgeschritten, kann aber noch nicht sagen, daß ich die Persönlichkeit wirklich erfaßt hätte. Es gibt sehr viele Aussagen und Zeugnisse, sie sind widerspruchsvoll. Was ohne Zweifel dem Gegenstand entspricht, und kein Wunder.»[102] Und an Berthold Beitz meldete er: «Ich sehe das Buch, nachdem ich etwa ein Viertel davon niedergeschrieben habe, nun ungefähr vor mir.»[103]

Doch bald geriet die Arbeit ins Stocken. Golo Mann hatte sich politisch für Franz Josef Strauß engagiert und fand nun kaum mehr Zeit für die Arbeit an seiner Biographie. Längst war der ursprüngliche Anlass, der siebzigste Geburtstag von Alfried Krupp von Bohlen und Halbach, vorbei, und Berthold Beitz und die Mitglieder des Kuratoriums, die über den Fortgang der Arbeit zu wachen hatten, wurden unruhig. Mit einer Sendung von erlesenen Bordeaux-Weinen versuchte man, den Arbeitseifer Golo Manns anzustacheln. Auf Berthold Beitzens Wunsch nach einer Unterredung antwortete Golo Mann ausweichend: «Nun steht es mit mir so: Ich möchte Sie nicht treffen, ehe ich nicht wenigstens drei Viertel der Arbeit hinter mich gebracht habe. Dies ist im Moment leider noch nicht der Fall.»[104]

Der Tonfall der Korrespondenz kühlte sich in der Folge ab. Im Juni 1980 schrieb Berthold Beitz: «Grundlage der Überlegungen war seinerzeit, Alfried Krupp in Verbindung mit seinem 10. Todestag im Juli 1977 in besonderer Weise zu würdigen. Diese Idee ist überholt, und im vorliegenden Zeitpunkt fehlt der rechte Anlaß. Die Mitglieder des Kuratoriums haben mich daher gebeten zu versuchen, baldmöglichst einmal mit Ihnen zu sprechen, um zu beraten, ob die Arbeit überhaupt fortgesetzt werden sollte. Selbstverständlich ist die Stiftung in jedem Falle bereit, der bisher investierten Mühe und Zeit gerecht zu werden.»[105] Golo Mann antwortete darauf sichtlich verstimmt: «Trotzdem; so geht's nicht. Ich habe mich viel zu tief in diese Biographie hineingearbeitet, viel zu viel, ich darf sagen, schwere Arbeit darauf gewandt, als daß ich sie nun ganz aufgeben könnte. Dafür ist schon zu viel fertig und gut gelungen. Wie stünde ich vor mir selber da, wie vor Ihnen und allen, die mir geholfen haben, wenn ich nun rebus infectis aufhörte. Da wäre ein großer Aufwand schmählich vertan.»[106]

In seinem Antwortschreiben suchte Beitz zu beschwichtigen; die Kommission sei bloß besorgt gewesen, weil der Autor offensichtlich eine «längere schöpferische Pause» eingelegt habe, und man denke nicht daran, einen neuen Verfasser zu suchen; auch halte man an einer großzügigen Honorierung der geleisteten Arbeit fest.[107]

Im Februar 1981 trafen sich Golo Mann und Berthold Beitz im Hotel Vier Jahreszeiten in München bei einem Business Lunch. Es wurde über die Ablieferung des Manuskripts und das Autorenhonorar gesprochen. In einem Brief bemerkte Beitz im Anschluss an dieses Treffen: «Ich glaube, es war ein sehr wichtiges, fruchtbares und freundschaftliches Gespräch. Wir waren so verblieben, daß

Sie mir das Manuskript nach Fertigstellung zur Verfügung stellen, damit ich es kritisch durchlese.»[108] Golo Mann, dem die Arbeit an dem Buch offensichtlich je länger desto weniger Freude machte, nahm sich zähneknirschend vor, bis Herbstbeginn abzuschließen. An seinen Freund Peter Lahnstein schrieb er im April: «Da ist diese schreckliche Krupp-Biographie, die ich bis zum Sommer, bis zum Hochsommer, unbedingt beenden will, um das Ding endlich los zu sein. Es kann kein schönes Buch werden ...»[109] Inzwischen sandte er einzelne Teile eines sorgfältig ausgearbeiteten Typoskripts an das Kuratorium. Nicht ohne Ächzen und Stöhnen: «In 14 Tagen», hieß es einmal im Begleitschreiben, «– mein Gott ja, es mögen auch 17 Tage werden – folgt ein Konvolut etwa der gleichen Länge ...»[110] Und den Kuratoriumsmitgliedern versicherte er, dass er sich in seinem Werk um größte Objektivität bemüht habe: «Die Wahrheit, ja. Nichts als die Wahrheit, ja. Die genaue Wahrheit – die auch insoweit sie greifbar ist, und natürlich ist sie es niemals ganz; und soweit sie greifbar ist, mit Takt und Augenmaß.»[111]

Anfang Juli 1981 fiel der Entschluss des Kuratoriums, auf Golo Manns Biographie über Alfried Krupp von Bohlen und Halbach zu verzichten und den Autor für seine vergeblichen Bemühungen zu entschädigen. Der Entscheid wurde dem Autor durch Berthold Beitz persönlich mitgeteilt. Die Reaktion Golo Manns war eher Erleichterung als Ärger oder Enttäuschung. In sein Tagebuch notiert er am 9. Juli: «Die Krupp-Sache zu Ende. Ein höchst merkwürdiges Gefühl; halb erleichtert, halb verwirrt und leer; wie plötzlich in den Ruhestand versetzt. Ein sehr großer Aufwand, seit Jahren nun, schmählich vertan.»[112]

In seiner Korrespondenz kam Golo Mann verschiedentlich auf das Ende dieser Auftragsarbeit zu sprechen, immer mit dem Ausdruck der Erleichterung und in dem Sinne, dass die Persönlichkeit des Alfried Krupp von Bohlen und Halbach für den Biographen nun einmal zu wenig hergebe. Zugleich bat er seine Briefpartner um Diskretion und achtete darauf, dass die Öffentlichkeit vom Scheitern des Unternehmens nichts vernahm. In einem Brief an

Edith von Bohlen, die Ehefrau von Alfried Krupps Bruder Berthold von Bohlen und Halbach, erklärte er sich näher: «Ich will gestehen, daß die Beschäftigung mit Alfried mir niemals wirkliche Freude gemacht hat, daß ich hier einer Persönlichkeit begegnete, die mich nicht eigentlich ansprach und mit der ich mich in keiner Weise identifizieren konnte. Ein Minimum an Identifizierung gehört aber meiner Erfahrung nach zu jeder Biographie. So habe ich mich mit den allerverschiedensten Persönlichkeiten identifizieren können – das Wort trifft natürlich nicht genau, es geht um Verstehen, Sich-Einfühlen – mit Wallenstein und mit Heinrich Heine, und mit Heinrich von Kleist und mit Bertrand Russell und mit zahlreichen anderen. Hier, in diesem Fall, wollte es mir nicht gelingen. Wenigstens in dem, was übrig blieb, strahlt Alfrieds Persönlichkeit eben wirklich sehr wenig aus; seine Briefe, wenn ich absehe von wenigen Briefen aus der Kindheit und den in der Tat schönen und sehr persönlichen Briefen aus der Nürnberger Gefängniszeit, sind von einer kaum zu überbietenden Trockenheit und Wiederholsamkeit. Ich konnte jammervoll wenig damit anfangen. Ich glaube, ich hätte den Auftrag nicht übernommen, wenn ich vorher Bescheid gewußt hätte.»[113] «Mit einem weinenden und mit einem lachenden Auge», schrieb er kurz darauf an Ediths Gatten, habe er auf den Abschluss der Auftragsarbeit verzichtet, habe sie ihn doch fünf, sechs Jahre Zeit gekostet und ihn gehindert, «etwas Großes» anzufangen. Andererseits: «... das Buch, wenn es erschienen wäre, hätte mir viel mehr Ärger als Freude gemacht. Meine vielen Feinde hätten behauptet, ich hätte mich an die Industrie verkauft ... Meine Freunde hätten gefragt: ‹Konnte er denn nicht einen seines Talentes würdigeren Gegenstand finden?›»[114]

Die Gründe zur Ablehnung von Golo Manns Biographie über Alfried Krupp von Bohlen und Halbach, die zu gut zwei Dritteln vorlag, sind in der Korrespondenz zwischen Kuratorium und Golo Mann anscheinend nie im Einzelnen festgehalten worden. Es gab offensichtlich ein diesbezügliches Telefongespräch zwischen Beitz und dem Historiker, in dessen Anschluss der Generalbevollmächtigte Golo Mann brieflich mitteilte: «Auch heute möchte ich noch einmal betonen, daß die historische Richtigkeit Ihrer Ausführungen nie in Zweifel gezogen worden ist, zu schweigen von der literarischen Qualität Ihrer Arbeit.»[115] Beitz war sicherlich nicht der Einzige, der die Arbeit ablehnte; auch Berthold von Bohlen und Halbach konnte sich mit dem Manuskript nicht befreunden. Es scheint, dass beide sich nicht so sehr an der Darstellung von Alfried Krupps Verstrickung mit dem Nationalsozialismus stießen als vielmehr an der Offenlegung der Familiengeschichte. Ein Hinweis auf die Gründe zur Ablehnung findet sich in einem Schreiben Golo Manns vom Mai 1983: «Es sollte ein Auftragsbuch daraus werden, aber so geschah es nicht, weil der fertige Teil Herrn Beitz nicht gefiel. Übrigens nicht aus politischen Gründen: es war nur so, daß ich aus dem letzten Krupp, der nicht bös, aber eine ziemliche Null war, den Helden nicht machen konnte, den er, in eigentlich rührender Vasallentreue, in ihm sehen wollte. Kurzum, Krupp hat niemals ‹Krieg gewollt›, schon 1914 nicht und in den dreißiger Jahren ganz und gar nicht. Es waren auch die Erfahrungen, welche die Firma mit der völligen Konzentration auf Rüstungen in den Jahren 1914–1918 gemacht hatte, derart, daß sie eine Wiederholung einer solchen Totalkatastrophe wirklich nicht wünschen konnte. Aber wandern Sie mit Stahlwerken und Kohlebergwerken einmal aus, wie ein Schriftsteller und jüdischer Zahnarzt dies allenfalls konnte.»[116]

Zusammenfassend kann gesagt werden, dass das Abenteuer der Krupp-Biographie ein versöhnliches Ende nahm. Mit einzelnen Mitgliedern der Familie war Golo Mann in ein fast freundschaftliches Verhältnis getreten, man wechselte ein paar höfliche Briefe, und der Autor erhielt für seine Anstrengungen eine großzügige Abfindung.[117] Im Rückblick stellte Golo Mann fest: «Eine Geschichte des Hauses Krupp – auch ein Auftrag – brach ich ab, nachdem ich etwa zwei Drittel des Ganzen hinter mich gebracht hatte, weil die Leitung der Krupp-Stiftung mit dem Duktus meiner Arbeit nicht einverstanden war. Was ich ihr nicht einmal übelnahm. Meinerseits kann ich nicht anders schreiben, als ich denke und sehe. Jedenfalls wird mein Nachlaß-Verwalter, sollte ich einen haben, mit diesem Wust von Papier kaum etwas anzufangen wissen.»[118]

Was nun hat es mit diesem «Wust von Papier» auf sich? Im Schweizerischen Literaturarchiv in Bern befindet sich das gut lesbare, druckfertige Typoskript des biographischen Fragments. Der Autor setzt ein mit der Darstellung von Alfrieds Kindheit, schildert die großbürgerliche Erziehung, die sich stark am Postulat der Familienehre orientierte. Er beschreibt den universitären Ausbildungsgang des jungen Menschen in München, Berlin und Aachen, der nicht frei ist von bohemehaften, aber standesgemäßen Exzentrizitäten, und den er als Diplomingenieur abschließt. Es folgen die erste Heirat und die Übertragung von Verantwortung im Betrieb als designierter Nachfolger seines Vaters und nach 1943 als Alleininhaber. Das alles ist in einer angenehm dahinfließenden Prosa erzählt, ohne die Absicht, dem im Grunde keineswegs ungewöhnlichen Karriereverlauf den Anschein des Besonderen oder das Glanzlicht des Außerordentlichen zu geben. Golo Mann erweist sich als Meister der Nuancen und der Zwischentöne, deutet mehr an, als er ausführt.

Natürlich klammert ein Historiker vom Zuschnitt Golo Manns die Schuldfrage nicht aus. Das Krupp'sche Familienunternehmen war und wurde zur Zeit der beiden Weltkriege vor allem ein Rüstungsbetrieb und konnte, wie die Dinge lagen, nichts anderes sein. Ob sich Gustav Krupp und Alfried Krupp bei ihren Tätigkeiten die Schuldfrage selber auch stellten, und zwar vor 1945, ob sie über das Problem von Freiheit und Notwendigkeit nachdachten, wagt der Historiker nicht zu entscheiden. Aber er zeigt, dass beide, Vater und Sohn, sich in einer Art und Weise auf den Betrieb, die Verwaltung, die Technik der Produktion konzentrierten, die kaum Zeit zu kritischer politischer Überlegung ließ. Man diente dem Staat, indem man zuerst und vor allem dem Unternehmen diente. So suchte man – unabhängig von der Staatsordnung – die Selbständigkeit des Unternehmens und seinen wirtschaftlichen Erfolg zu sichern: in der wilhelminischen Monarchie, in der Weimarer Republik, im Dritten Reich – man möchte fast von einer inneren Folgerichtigkeit sprechen. Politisch war man während der Hitler-Diktatur in dem Sinne nicht engagiert, als man sich von der Partei-Ideologie möglichst fern hielt; man nahm aber die Ehrungen, welche die Diktatur anbot, entgegen, so die Ernennung von Vater und Sohn zu Wehrwirtschaftsführern oder die Verleihung des goldenen Ehrenzeichens der NSDAP an den Vater. Ein moderner Historiker urteilt: «Auch wenn der Umfang der unternehmerischen Handlungsspielräume und das Ausmaß der ‹Verstrickung› bis heute kontrovers diskutiert wird: Es ist unstrittig, daß Unternehmen und Unternehmensleitungen ‹nazifiziert› wurden und vor allem während des Krieges Teil jener schrittweisen Radikalisierung waren, die auch das Handeln von Bürokratie und Militär prägte.»[119]

Golo Mann beantwortet die Schuldfrage differenziert. Auf Gustav Krupp von Bohlen und Halbachs Verhalten Bezug nehmend, schreibt er: «Darüber gibt es, nachträglich, zwei einander widerstreitende Grundansichten: Die eine: Er machte mit, weil und insoweit er mußte, zögernd, mitunter sogar Widerstand leistend und pessimistisch, unter Zwang. Die andere: Er und sein Haus machten mit, freiwillig und freudig, machten intensiver mit, als sie gemußt hätten. Sie trieben an, und zwar, weil sie im Politischen und Wirtschaftlichen, an Macht und an Geld, gewaltige Gewinne daraus zogen. Das erstgenannte Urteil ist das der Mitglieder, der Freunde der Familie und anderer intim Eingeweihter. Das andere ist das der Ankläger und Richter, die nach dem Krieg einen Prozeß gegen Krupp zu führen hatten, wie auch zahlreicher deutscher und nichtdeutscher Historiker. Ich halte die zweite These für unvergleichlich falscher als die erste, die jedoch auch nicht völlig wahr ist.» Und Golo Mann schließt mit einer für ihn typischen, zum Aphorismus zugespitzten Feststellung: «Immer bleibt menschliche Wirklichkeit komplexer, als schlichte Thesen sein können.»[120]

Das Fragment von Golo Manns Krupp-Biographie würde, wenn heute publiziert, wohl eher bereits Bekanntes bestätigen als Neues bringen. Zum Verhalten von Industriellen und Unternehmern unter Hitler und danach ist seither einiges publiziert worden.[121] Es ist kaum anzunehmen, dass sich heute noch gegen eine Publikation von Golo Manns Biographie Widerstand erheben würde.

4. Die unvollendete Autobiographie

Dass einem Historiker wie Golo Mann, der dem Individuum in der Geschichte einen wichtigen Stellenwert zuerkannte, der Gedanke nicht fremd sein konnte, sich selbst zum Gegenstand seiner Geschichtsschreibung zu machen, überrascht nicht. Der Plan, eine Autobiographie zu schreiben, taucht in seinen hinterlassenen Texten früh auf. Bereits 1960, zu Beginn seiner Stuttgarter Professur, erwägt er im Tagebuch die Abfassung von Jugenderinnerungen, vielleicht in der Art von jenen André Gides.[122] Fast zwanzig Jahre später überlegt sich Golo Mann, wiederum im Tagebuch, einen möglichen Titel für solche Aufzeichnungen, und er kommt auf die Verse aus Goethes *West-östlichem Divan*: «Und so lang du das nicht hast …», die er seinem Leben als besonders gemäß empfand.[123] Ein solcher Titel wäre, stellt er fest, geradezu «ein Schlager» und beinahe so gut wie Carl Zuckmayers *Als wär's ein Stück von mir,* was nun freilich auch wieder dagegen spräche: «… aus dem letzteren Grunde ungeeignet, denn wie würden Feinde das ausschlachten.»[124]

Gegen Ende des Jahres 1983, zwei Jahre nach dem Scheitern des Krupp-Projekts, berichtete Golo Mann in einem Brief davon, dass er sich an die Abfassung von etwas wie «Gedanken und Erinnerungen» machen werde.[125] Die Anregung kam offenbar vom

Fischer-Verlag, traf sich aber mit eigenen Plänen. Seinem Freund Leonhard Reinisch gegenüber äußerte sich Golo Mann nach Erscheinen des ersten Bandes seiner Memoiren, die nun tatsächlich den Obertitel *Erinnerungen und Gedanken* trugen, eingehend zu den Gründen, die ihn zur Niederschrift des neuen Buches bewogen hatten. «Längst hatte ich vor», stellt er, sprachlich nicht ganz korrekt, fest, «es zu schreiben. Warum? Ein Motiv lag in meinem ungewöhnlich starken und plastischen Gedächtnis; was ich erlebt, berichte, dachte, sagen wir zwischen meinem sechsten und meinem sechsunddreißigsten Lebensjahr, steht, wenn ich es aus der ungeheuren Halle des Gedächtnisses hervorrufe, so genau, so lebendig, so genau umrissen vor mir, daß ich manchmal geradezu davor erschrecke.»[126]

Als weiteren wichtigen Antrieb bezeichnet Golo Mann seine Rolle als Zeitzeuge und Chronist. Zwar sei er kein Täter, kein Politiker gewesen, habe aber früh begonnen, «die Weltläufte mit ständig wachsendem Interesse zu beobachten, die deutschen zuerst, die internationalen später», was für «Mit- und Nachwelt» vielleicht von Interesse sei.[127]

Schließlich weist Golo Mann darauf hin, dass er zwar aus einer berühmten deutschen Familie stamme, dass dieser Umstand aber keinen ausschlaggebenden Beweggrund für die Abfassung des Lebensberichts dargestellt habe. Die Familiengeschichte werde schon darum bei ihm keine große Rolle spielen, weil sich damit bereits der Vater, die Onkel, die Schwester, der Bruder und viele Forscher befasst hätten. Die Absicht, als weitere Auskunftsperson zur Geschichte seiner Familie aufzutreten oder aus deren Bekanntheitsgrad Nutzen zu ziehen, war Golo Mann in der Tat ebenso fremd wie die gegensätzliche Absicht, kritisch gegen die Familie anzuschreiben. Freilich wurde auch diese Autobiographie einer Jugend, wie die meisten ihrer Art, zum Zeugnis einer Loslösung von den Eltern. Insofern gilt auch hier, was der Autor einem Leser schrieb, nämlich dass sein Lebensbericht die Geschichte eines Menschen sei, «der aus dunkeln Wassern sich allmählich ins Licht oder doch zu Lichterem strampelte»[128]. Aber der Autor definiert sich keineswegs im Bezug auf seine familiäre Herkunft, und er macht deutlich, dass sein Entwicklungsgang ganz ihm selbst gehöre und durch ihn selbst zu verantworten sei. Dieses Bestreben, aus seinem Leben etwas unverwechselbar Eigenes zu machen, sieht Golo Mann bei sich früh angelegt: «Mein Weg sollte so selbständig sein», schreibt er, «wie es unter diesen Umständen sein konnte, nicht aus Entschluss, sondern aus Instinkt …»[129]

Des Weiteren kommt Golo Mann auf die Gefahren zu sprechen, die er bei der Niederschrift unbedingt habe vermeiden wollen: Indiskretion und Exhibitionismus. Er erwähnt in diesem Zusammenhang den Begründer der modernen Autobiographie, Jean-Jacques Rousseau, und dessen *Confessions*: «Den Rousseau, der uns über Seiten mit seinem Blasenkatarrh langweilt, wollte ich nicht spielen.»[130]

Eine weitere Gefahr sieht der Historiker in der Neigung des Autobiographen, den Erlebnissen und Ereignissen im Rückblick einen Sinnzusammenhang zu unterschieben, den sie für den damals Lebenden noch nicht haben konnten. Es ist dies dieselbe Versuchung, vor der schon der Verfasser der *Deutschen Geschichte* auf der Hut war, wenn er der Offenheit der geschichtlichen Situation das Wort sprach. Zu seinem Freund Reinisch bemerkte er, man müsse sich hüten, «das, was man später über eine nun zurückliegende Epoche, als eine Kette von Ereignissen dachte und erkannte zu verwechseln mit den schwankenden Urteilen und Gefühlen, die man in sich getragen habe, als jene Epoche Gegenwart oder als sie noch Zukunft war. Da gab es keine Allwissenheit, bei mir einmal sicher nicht.»[131] Wie wohl jeder Autobiograph, auch Rousseau, nimmt Golo Mann explizit für sich in Anspruch, der Wahrheit zu dienen. «Ich kann nur sagen», bemerkte er zu einem Briefpartner, «diese ‹Erinnerungen› sind so ehrlich bewahrt und dargestellt, wie ich konnte. Ich habe nicht *alles* erzählt, das ist gar nicht notwendig. Aber was erzählt wird, muß wahr sein.»[132]

Golo Mann handhabt in seinen *Erinnerungen und Gedanken*

die Sprache auf betont lockere, fast lässige Weise. Jedes Pathos, jedes Sich-in-Szene-Setzen wird vermieden. Der Autor lässt den prägenden Stilwillen zurücktreten und wählt einen anspruchslosen, fast beiläufigen, jedoch konsequent durchgehaltenen Plauderton. So ungefähr, kann man sich vorstellen, erzählt ein erfahrener alter Mann jüngeren Menschen aus seinem Leben. «Das Ding ist ja ziemlich leicht geschrieben», bemerkte Golo Mann einmal einem Briefpartner gegenüber, «besonders verglichen mit dem Wallenstein. Da fiel mir die Sprache blutig schwer. Hier wird leicht gesprochen, beinah diktiert, (obgleich ich keineswegs diktiere). Es wird geplaudert; manchmal lustig, manchmal ernst ... Übrigens habe ich mich nie gefragt, welchen Stil soll ich schreiben, welche Sprache sprechen? Das ergab sich regelmäßig aus der Sache.»[133]

Von Wolfgang Mertz, dem damaligen Mitarbeiter des Fischer-Verlags, der im Dezember 1985 nach Kilchberg reiste, um den Text der *Erinnerungen* mit dem Autor kritisch durchzugehen und zu bereinigen, besitzen wir einen aufschlussreichen Bericht über diese Zusammenarbeit. Golo Mann hatte, ohne Quellenstudien und sonstige Vorarbeiten betrieben zu haben, einen rasch in die Schreibmaschine getippten Text an den Verlag gesandt, der offensichtlich der Redaktion und Bereinigung bedurfte. Satzkonstruktionen waren zu berichtigen, die Eigenwilligkeit der Interpunktion war zu mildern, Wiederholungen waren zu tilgen und Zitate auf ihre Richtigkeit zu überprüfen. Mertz berichtet, wie er die Seiten seines Korrekturexemplars mit den Verbesserungen und Notizen vor Golo Mann möglichst verbarg, um den Verfasser nicht zu verstimmen. Man arbeitete mehrere Tage lang, schaffte täglich zwischen sechzig und achtzig Seiten, und an die Stelle des anfänglich zurückhaltend geführten Dialogs trat immer mehr eine freundschaftliche Aussprache zwischen Autor und Lektor, die auch andere Themen berührte.[134]

Eine Besonderheit von Golo Manns *Erinnerungen* besteht darin, dass der Autor sehr ausführlich aus den Tagebüchern zitiert, die er bereits als junger Mann führte und mit geringen Unterbrüchen sein ganzes Leben über fortsetzte. «Zu seinen Tagebüchern», schreibt Mertz, «hatte Golo Mann ein seltsam ambivalentes Verhältnis. Überprüfte er eine ins Buchmanuskript übernommene Eintragung, die mir nicht verständlich oder überflüssig erschien, dann zog er sich in den hintersten Zimmerwinkel neben den Schreibtisch zurück und las dort, im Stehen, mindestens vier Meter von mir entfernt. Anderseits lehnte er es ab, sehr direkte Eindrücke des Tagebuchs neu zu erzählen im distanzierenden Stil des Buchs. Da schätzte er den dokumentarischen Wert des authentischen Zeugnisses als höchsten ein.»[135]

Das Tagebuchzitat beansprucht in der Tat in Golo Manns Memoiren einen hohen Stellenwert. Schon zu Beginn kommt das Tagebuch zu Wort, das die Mutter Katia über Golos erste Kindheitsjahre führte, zu denen die eigene Erinnerung noch nicht zurückreicht. Im zweiten Teil der *Erinnerungen*, der die Jahre 1931 bis 1933 erfasst, zitiert der Autor oft und ausgiebig aus den eigenen Tagebüchern.

Golo Mann begann im selben Lebensjahr wie der Schriftsteller und Dramatiker Friedrich Hebbel – und wohl unter dessen Einfluss – Tagebuch zu führen, mit zweiundzwanzig. Hebbel setzte sein Diarium fort bis zu seinem Tod, also fast dreißig Jahre lang; und Golo Mann tat es ihm gleich: fast sechzig Jahre lang. Allerdings sind die Aufzeichnungen Hebbels, wohl das bedeutendste deutsche Künstlertagebuch, welches das 19. Jahrhundert kennt, ganz anderer Art.[136] Für Hebbel stehen die eigene Person und ihr Schaffen im Vordergrund, wobei seine persönlichen Einsichten sich oft zum allgemeine Geltung beanspruchenden Aphorismus verdichten; von Zeitgeschehen und Politik ist nur wenig die Rede. Golo Manns Tagebuch, das den *Erinnerungen* zugrunde liegt, ist kein «Notenbuch meines Herzens»[137] in diesem Sinne; es enthält weniger Zeugnisse individueller Reflexion als vielmehr eine knappe, literarisch anspruchslose Chronik laufender Ereignisse sowohl persönlicher als politischer Art. Die frühesten Tagebuchaufzeichnungen sind noch von Hand geschrieben; später bediente sich der

Autor durchweg der Schreibmaschine. Mit wachsender Prominenz fehlte in späteren Jahren offensichtlich die Zeit für ausführliche Eintragungen, und Golo Mann beschränkte sich auf skizzenhafte und oft flüchtige Notate zum Tagesverlauf und zur Erledigung laufender Verpflichtungen. Auffällig ist, dass der Autor sich um Regelmäßigkeit der Eintragungen bemühte, was auf eine autotherapeutische Absicht hindeuten könnte. Eine Eigentümlichkeit von Golo Manns Aufzeichnungen besteht ferner darin, dass der Historiker sich verschiedener Sprachen bediente. Neben das Deutsche traten während des Exils in Frankreich und den USA das Französische und das Englische; im Alter verwandte er, um sich im Gebrauch der Sprache zu üben, nicht selten das Spanische. Einer Offenlegung oder Veröffentlichung seiner Tagebücher hätte Golo Mann sicherlich nie zugestimmt.[138]

In seinen *Erinnerungen* setzt Golo Mann, wie erwähnt, die Tagebuchzitate ein, weil er ihnen einen höheren dokumentarischen Wert, eine größere Authentizität zuerkennt als der rückwärts gewandten Interpretation des bejahrten Autors. Der Tagebuchschreiber steht unter dem Eindruck gegenwärtigen Erlebens, er reagiert spontan und subjektiv, er ist noch nicht in der Lage abzusehen, was aus dem Ereignis wird. Indem der Memorialist aus den Tagebüchern zitiert, setzt er sich gleichsam von dem jungen Mann ab, der er damals war. Er ist nun in der Lage, das Momentbild in den Verlauf des biographischen Entwicklungsgangs einzuordnen. So zitiert Mann etwa aus seinem Jugend-Tagebuch Passagen, die den Aufstieg der Nationalsozialisten zur Macht illustrieren. Dabei ist die vehemente Ablehnung Hitlers und seiner Bewegung durch den jungen Studenten ganz unverkennbar. Wie sich die damalige Wahrnehmung des Nationalsozialismus nachher auf die geistige Entwicklung des jugendlichen Betrachters ausgewirkt hat, vermag jedoch erst der bejahrte Kommentator zu erkennen. In seinen *Erinnerungen*, ein halbes Jahrhundert später, schreibt Golo Mann: «Was mir nach mehr als einem halben Jahrhundert auffällt: damals dachte ich doch mehr links, als ich später glaubte. Das Gedächtnis täuscht sich selten, wenn es um schiere Tatsachen geht. Geht's aber um weniger Greifbares, um Stimmungen, um Meinungen, dann kann es recht wohl täuschen und Späteres ins Frühere übertragen. Meine konservativen Instinkte, vorhanden von Anfang an, formierten sich erst unter dem Eindruck des Dritten Reiches; nun erst wurde ich allmählich frei von allen politischen Abstraktionen und Hirngespinsten, allen ‹ismen›. Vorher glaubte ich während ein paar Jahren an ‹die Revolution›, ohne mir über die Gestalt, die sie denn annehmen würde oder sollte, konkrete Vorstellung zu machen ...»[139]

Golo Manns Jugenderinnerungen hatten großen Erfolg. Sie erschienen zuerst in einem Vorabdruck der *Frankfurter Allgemeinen Zeitung* und im Frühling 1986 im Buchhandel. Bereits fünf Monate nach Erscheinen waren hunderttausend Exemplare verkauft.[140] Die Rezensionen lauteten im Allgemeinen günstig. Einige Kritiker stießen sich am Titel, der in der Tat an Bismarcks *Gedanken und Erinnerungen* anklingt. Über den Titel, wehrte sich Golo Mann, hätten ein paar Kritiker sich lustig gemacht, «weil ich ihn Bismarck gestohlen hätte, am Ende mich gar für einen zweiten Bismarck hielte»[141]. Zu Recht wies der Autor darauf hin, dass Bismarck seine Memoiren ursprünglich etwas anders betitelt hatte; aber der Widerspruch der Kritiker bleibt nachvollziehbar.[142] Einen berechtigteren Plagiatsverdacht hätte man übrigens zum Untertitel *Eine Jugend in Deutschland* äußern können. Denn dieser stimmt wörtlich mit dem Titel der Erinnerungen von Ernst Toller überein; aber das scheint den Kritikern nicht aufgefallen zu sein.[143]

In der Überschrift mancher Besprechungen wurde, eigentlich gegen die Intentionen des Autors, dessen Beziehung zum Vater ins Zentrum gerückt; Hermann Glaser weitete den Horizont und sah im Buch «Das Psycho- und Soziogramm einer untergegangenen Welt»[144]. Hanno Helbling betonte dagegen in der *Neuen Zürcher Zeitung* die Eigenständigkeit von Golo Manns Entwicklungsgang und gab dem Wunsche Ausdruck, der Band möge eine Fortsetzung finden.[145] Von bekannten und unbekannten Lesern erhielt der Autor erfreutes briefliches Echo. Der Literaturhistoriker Hans Mayer schrieb: «Die Lektüre ist eine große Lesefreude: Vorerst wenigstens, denn ich bin erst auf Seite 91. Seltsam bewegt beim Lesen ...»[146] Klaus Harpprecht freute sich über den Bucherfolg und nannte als Qualitäten des Werks: «Der Geruch der Wahrhaftigkeit, der von Ihrem Buch ausgeht ... Dazu die Sprache. Dazu der Mangel an stelzender Prätention. Dazu die vielen Leben, die Sie wecken. Dieses Erfolges sollten Sie, trotz Ihrer guten Skepsis, froh sein.»[147] Und von unerwarteter Seite, ein schönes Zeugnis nobler Wesensart, von Willy Brandt kam ein Schreiben: «... ich meine, Sie sollten wissen, daß mir Ihre ‹Jugend in Deutschland› viel Freude bereitete.»[148]

Golo Mann freilich konnte sich, nach seiner Art, am Erfolg seiner Memoiren nicht so recht freuen. Musste da, wo sich so viele Exemplare verkauften, nicht ein Missverständnis walten? Dieser Erfolg, schrieb er einmal, sei ihm ein «Rätsel, kein ganz erfreuliches»[149]. Der Vorabdruck in der Presse und die Verlagspropaganda hätten den Erfolg gemacht, bevor das Buch überhaupt erschienen sei, und von einem bestimmten Punkt an potenziere sich der Absatz ohnehin.

Es konnte nicht ausbleiben, dass begeisterte Leser den Autor drängten, die Geschichte seiner Jugend weiterzuführen und einen zweiten Band folgen zu lassen. Auch Golo Mann hatte die Absicht, eine solche Fortsetzung in Angriff zu nehmen, und er wurde vom Fischer-Verlag in diesem Vorhaben unterstützt. Unmittelbar nach der Fertigstellung von Band I nahm er die Arbeit wieder auf, kam jedoch nur langsam voran. Immer wieder ließ er sich durch Vortragsverpflichtungen und journalistische Aufträge ablenken, oft zu seinem eigenen Ärger. «An einen zweiten Band der ‹Erinnerungen›», schrieb er einem Freund, «würde ich wohl gehen, aber nachdem ich einmal zwei Seiten geschrieben hatte, wurde ich durch eine größere ‹Schulaufgabe› unterbrochen, dann die größere durch eine kleinere und so geht es weiter. Was mich sehr melancholisch stimmt.»[150] Ursprünglich plante Golo Mann, noch die Zeit des Exils in Europa und in den Vereinigten Staaten zu schildern, ebenso die endgültige Rückkehr nach Deutschland und die Anfänge seiner publizistischen Tätigkeit. «Ich hoffe noch immer», bemerkte er 1988 zu einem Interviewer, «einen zweiten Band hinzukriegen, der etwa bis zu meinem Eintritt ins öffentliche Leben nach dem Zweiten Weltkrieg führen würde. Ich habe schon ein paar Kapitel fertig. Aber ich muß gestehen, daß die Welt, ganz überwiegend die bundesdeutsche Welt, so viel von mir will – zum Beispiel Sie eben jetzt, – daß ich nur ganz selten zu diesem Buch komme.»[151]

Leser, die Golo Mann wohlgesinnt waren, Hans-Martin Gauger und Ernst Klett etwa, rieten ihm, alle übrigen Verpflichtungen zurückzustellen und sich ganz dem Abschluss seiner Erinnerungen zu widmen. Der Verleger Ernst Klett hatte schon während der späten siebziger Jahre mit Sorge verfolgt, welch großen Teil seiner Zeit Golo Mann einem oft geradezu rufschädigenden journalistischen Kleinkram widmete, und suchte ihn auf eine größere Arbeit, etwa die Niederschrift von Memoiren, hinzuweisen. «Mir schwebt halt immer noch vor», schrieb Klett schon 1976, «daß Sie Ihr Leben beschreiben, auf Ihre Art. Das gäbe nicht nur noch einmal einen großen Erfolg, sondern es könnte auch den Leuten, die mit solchen Überlegungen umgehen, zeigen, wie man so etwas richtig macht.»[152]

Nach dem Erscheinen des ersten Bandes der *Erinnerungen und Gedanken,* die Klett begeistert begrüßte, drängte der Verleger darauf, Golo Mann solle die Arbeit fort und zum guten Ende führen. «Sie *müssen* einfach diesen Auftrag erfüllen, dann können Sie wieder Allotria treiben, bis Sie hundert sind. Noch immer waren Ratschläge, die man Ihnen gab, für die Katz, aber diesen Ratschlag gebe nicht ich Ihnen, sondern die Nation.»[153] Noch 1991 ließ Klett, wie eine Notiz in Golo Manns Tagebuch bezeugt, nicht locker: «Drang in mich», heißt es da vom Verleger, «meine Erinnerungen zu vollenden, alles andere fahren zu lassen.»[154]

Doch der Historiker war, obwohl er im Innersten seinem Freund Recht geben musste, zu solcher Konzentration seiner Kräfte nicht imstande. Den Willen, seine anderweitigen Verpflichtungen drastisch einzuschränken, besaß er nicht mehr. Auch machten gesundheitliche Probleme ihm zunehmend zu schaffen. Ende 1988 meldet das Tagebuch zwar die Fertigstellung des Kapitels über das französische Exil, und wir erfahren, dass der Autor in Lesungen vor vollen Sälen daraus vortrug.[155] Doch zwei Jahre später berichtet das Tagebuch, dass der Verfasser mit diesem Kapitel noch keineswegs zufrieden war: «Viel Unordnung, alles neu zu ordnen und zu numerieren.»[156] So blieb denn die Fortsetzung der *Erinnerungen* Fragment. Ein geplantes Kapitel über Golo Manns Prager Aufenthalt und ein Rückblick auf prägende Lese-Erfahrungen waren nicht mehr fertig zu stellen. Drei Jahre vor seinem Tod brach Golo Mann die Darstellung ab.

Golo Mann hat die Publikation des zweiten Bandes seiner *Erinnerungen und Gedanken* nicht mehr erlebt. Fünf Jahre nach dem Tod des Historikers, 1999, erschien, von Hans-Martin Gauger und Wolfgang Mertz herausgegeben und mit einem Vorwort des Verlags und einem Nachwort der Editoren ausgestattet, der zweite unvollendete Band mit dem Untertitel *Lehrjahre in Frankreich*.[157] Das Buch erfasst die Zeit des französischen Exils von 1933 bis 1940, mit den Aufenthalten als Lehrer in Saint-Cloud bei Paris und in Rennes sowie als Internierter im Lager von Les Milles bei Aix-en-Provence. Wieder spielen Tagebuchaufzeichnungen eine wichtige Rolle. Von gelegentlichen Aufenthalten in der Schweiz ist die Rede, wo er bei den Eltern, die zwischen 1933 und 1939 in Küsnacht bei Zürich lebten, wohnte. Auf die Wiedergabe der fragmentarischen Prager Notizen haben die Herausgeber, sicherlich zu Recht, verzichtet. Dagegen sind die Aufzeichnungen Golo Manns über wichtige Lese-Erfahrungen während seines Frankreich-Aufenthalts ins Buch aufgenommen worden. Man kann im zweiten Band nachlesen, welche Anregung der junge Golo Mann in politischer Hinsicht Albert Sorel, Chateaubriand und Tocqueville verdankte und wie sehr er sich literarisch Autoren des 17. und 18. Jahrhunderts, Pascal, La Rochefoucauld, La Bruyère und Voltaire, verpflichtet fühlte. Vor allem Voltaires literarischem, historischem und polemischem Werk widmet der Memorialist einen eingehenden Abschnitt. Hier, bei der Porträtierung einflussreicher Persönlichkeiten wird am ehesten deutlich, wie Golo Manns Schaffenskraft erlahmt: Man vermisst schmerzlich die Lebendigkeit der Formulierung, das prägnante Detail, den Willen zu straffender Gestaltung.

Den Rezensenten entgingen die Schwächen des aus dem Nachlass publizierten Memoirenwerks nicht. «Wollte man auf die Publikation nicht verzichten», schrieb Hanno Helbling in der *Neuen Zürcher Zeitung* – «was dem Verlag und den Erben einen materiellen Verzicht auferlegt hätte – mußte man sich damit abfinden, daß Golo Mann in seinen letzten Jahren die Kraft nicht mehr aufgebracht hat, persönliche und historische Bewandtnisse nach seinem einst so untrüglichen Augenmaß zuzuordnen.»[158] Und Klaus Harpprecht stellte in der *Zeit* fest: «Golo Mann verfügte offensichtlich nicht mehr über die Kraft, die Arbeit zu Ende zu führen. Wir werden vermutlich nichts mehr aus seinem Nachlaß über die amerikanischen Jahre, über die Rückkehr nach Europa, über seine Etablierung als Historiker, über die so hart erkämpften literarischen Erfolge erfahren. Das ist zu beklagen.»[159]

Der Erfolg der *Erinnerungen* bestätigte die Wertschätzung, die Golo Mann trotz seines Eintretens für den Kanzlerkandidaten Strauß in der breiten Öffentlichkeit noch immer genoss. Im August 1985, ein Jahr vor dem Erscheinen der Autobiographie, wurde Golo Mann in der Frankfurter Paulskirche der Goethe-Preis verliehen; sechsunddreißig Jahre zuvor hatte sein Vater am selben Ort dieselbe hohe Auszeichnung empfangen. In seiner Laudatio erinnerte Joachim Fest, Herausgeber der *Frankfurter Allgemeinen Zeitung* und Verfasser der großen Hitler-Biographie, an diese Koinzidenz, betonte dann aber die Eigenständigkeit von des Sohnes Schaffen, der aus dem «Schatten des Vaters» herausgetreten sei und ein Werk «von eigenem Anspruch und eigenem Recht» vorgelegt habe.[160]

Die Würdigung stellt ganz den Historiker in den Vordergrund, den Verfasser des *Gentz,* der *Deutschen Geschichte,* des *Wallenstein.* Fest betont den Anteil bedrückender persönlicher Erfahrung, der Golo Manns Sicht der Geschichte bestimme; er spricht von einer pessimistischen Geschichtsbetrachtung, die sich jedoch im Pessimismus nicht erschöpfe. Er hebt Golo Manns Bestreben nach plastischer, allgemein verständlicher Sprache hervor und den Verzicht auf theoretische Erklärungsmuster und ideologische Formeln. «Die beiden im Deutschen vorherrschenden Weisen, mit der Wirklichkeit umzugehen», bemerkt Fest, nämlich «Fatalismus und Realitätsverweigerung», seien dem Werk des Historikers immer fremd gewesen – das erkläre auch Golo Manns entschiedenen Widerstand gegen Nationalsozialismus wie Marxismus.[161] Im Willen, den historischen Figuren und ihrem Handeln unter dem Aspekt der sittlichen Verantwortung gerecht zu werden, und im Bestreben, deren Zeugnisse im Blick auf das Eigentümliche, Unwiederholbare zu deuten, unterscheide sich Golo Mann vom «empirischen Positivismus, der unablässig neue Daten und statistische Kolonnen auswirft»[162].

Eingehend befasst sich Fest, selbst ein Meister sprachlicher Darstellung, mit der Erzählkunst Golo Manns. Er sieht im Ringen um die angemessene sprachliche Form auch einen erkenntnisfördernden und kommunikativen Aspekt: «Im Grunde», stellt er fest, «geht es auch um weit mehr als ein ästhetisches Prinzip, um mehr als Kunstspielerei. Dahinter steht die Überzeugung, daß Form und der Widerstand, den sie bereitet, auch Erkenntnis schaffen, daß gelungene Form, darüber hinaus, die Entfremdung zwischen Wissenschaft und Öffentlichkeit überwinden helfen kann, die viel beklagt, aber unablässig weiter vertieft wird.»[163]

Dann kommt der Laudator auf Golo Manns Konservativismus zu sprechen. Er betont das parteipolitisch Unabhängige, ja sogar Einzelgängerische dieser Haltung, und sieht auch sie vorgeprägt durch leidvolle Jugenderfahrung. «Viel spricht dafür», schreibt Fest, «daß in solchen unvergessenen Lektionen auch Golo Manns Konservativismus begründet ist: seine Sympathie für gewachsene Ordnungen, für emotional verankerte Bindungen und Traditionen, denen er den Vorrang gegenüber den Ideen einräumt.»[164] In dieser Art von Konservativismus glaubt Fest schließlich eine innere Verwandtschaft zwischen Golo Mann und Goethe feststellen zu dürfen: «In dieser Skepsis, diesem pessimistisch getönten Konservativismus», bemerkt er, «ist der Preisträger von heute dem Namensträger dieses Preises nahe. Er ist es auch im Weltbürgerlichen, in der Urbanität von Kenntnis und Gesinnung. Und denkt man an Vergleichbares, so ist, um Weiteres zu nennen, auffallend auch, hier wie dort, die künstlerische Verwendung der Alltagssprache, die das Kolloquiale zur Stilform macht, abgehoben einzig durch eine Vorliebe für archaisierende Wendungen und Begriffe.»[165]

Joachim Fests Rede zur Verleihung des Goethe-Preises ist die wohl treffendste Charakterisierung von Golo Manns historischem Werk, die zu dessen Lebzeiten in die Öffentlichkeit gelangte. Unverkennbar ist freilich auch eine polemische Stoßrichtung in des Redners Ausführungen, die sich gegen die «Gespenstererweckung» des Neo-Marxismus, gegen alles «Ideologiewesen im Politischen» und gegen den «Positivismus» der quantitativen Historie richtet – in diesen Kritikpunkten wusste sich der Redner mit dem politischen Publizisten Golo Mann einig.

Im Zusammenhang mit der Verleihung des Goethe-Preises veröffentlichte die deutsche Wochenzeitung *Die Zeit* im August 1985 ein Interview, das sich über nicht weniger als drei großformatige Seiten hinzog; Gesprächspartner waren Marion Gräfin Dönhoff und Theo Sommer.[166] Hier ist es der politische Publizist Golo Mann, der im Vordergrund steht. Die Gesprächspartner gehen aus von der gemeinsamen Erfahrung des Nationalsozialismus. Golo Mann vertritt im Wesentlichen seine bekannten Positionen. Er wendet sich gegen den Begriff der «Vergangenheitsbewältigung»; man sollte sich vielmehr um ein Verständnis der Vergangenheit bemühen, welches es ermögliche, aus der Erfahrung zu lernen. In diesem Sinne sei das deutsche Grundgesetz «ein Stück realisierter Lehre aus gemachten Erfahrungen» – man mag bei diesem Satz an Jürgen Habermas' Begriff des «Verfassungspatriotismus» denken.[167] Auf die Studentenunruhen von 1968 angesprochen, betont Golo Mann, dass damals die Gefahr eines Rückfalls in die Krisensituation der Weimarer Zeit nicht gegeben gewesen sei und dass der deutsche Demokratisierungsprozess nicht mehr rückgängig gemacht werden könne. Der Historiker zeigt sich auch hier nicht als ein grundsätzlicher Gegner der außerparlamentarischen Opposition und zollt in diesem Sinne den «Leuten von ‹Greenpeace›» seinen Respekt, glaubt aber, dass die Grünen, weil innerlich zu zerstritten, politisch nie eine Chance haben würden. Erleichtert stellt er fest, dass der Begriff der Nation und die Haltung des Nationalismus ihre Bedeutung in Deutschland verloren hätten, schließt aber nicht aus, dass dies sich ändern könnte. Diese Sorge verbindet sich mit einer deutlichen Skepsis gegenüber einer möglichen Wiedervereinigung beider deutschen Staaten, und er gibt zu bedenken: «Was aber die Deutschen angeht, so ist doch festzustellen, daß die deutsche Einheit, der deutsche Nationalstaat in der Form des Reichs zweimal in einer Weise gescheitert ist, mit so unsagbarer Dummheit gescheitert ist, und zweimal dem eigenen Volk und anderen Völkern solchen Schaden angetan hat, daß ich mich – ich bin ehrlich – für die Einheit nicht begeistern kann. Ich würde gegen die Existenz dreier deutscher Staaten – Bundesrepublik, DDR und Österreich – gar nichts haben, wenn die DDR so frei wäre wie Österreich.»[168] Im Übrigen, fährt Golo Mann fort, sei es keineswegs sicher, dass die Bewohner Ostdeutschlands eine staatliche Union mit der Bundesrepublik wollten. Die DDR sei ein funktionierender Staat und kein «Herd hektischer Unruhe». Immerhin sei das ostdeutsche Regime fast vierzig Jahre alt, habe sich somit weit länger gehalten als das Dritte Reich.

Auf das künftige Europa angesprochen, äußert Golo Mann sein

Bedauern darüber, dass die durch de Gaulle und Adenauer bewirkte Annäherung beider Länder in der Folge nicht tatkräftig fortgesetzt worden sei. Es sei immer seine Hoffnung gewesen, dass aus Westeuropa eine dritte Kraft zwischen den beiden Blöcken werde, dies unter Beibehaltung der besonderen Beziehungen zu den USA. Golo Mann wendet sich entschieden gegen antiamerikanische Tendenzen: «Amerika darf man nicht schlechter machen, als es ist. Es ist ein ungeheurer Quell von Generosität, und Hilfsbereitschaft und wissenschaftlicher Leistung.»[169]

Eine weitere Frage der Gesprächspartner zielt auf den Wandel in Golo Manns politischen Stellungnahmen ab, der ihn vom Bekenntnis zu Adenauer zur Mitarbeit mit Brandt und zuletzt zum Engagement für Franz Josef Strauß geführt habe: «Wo war da», lautet die kritische Frage, «der rote Faden?»[170] Darauf der Historiker: «Ich würde mich irgendwelcher Schwankungen und Umkehrungen überhaupt nicht schämen. Die Zeiten ändern sich und wir ändern uns mit ihnen. Aber zufällig sehe ich eigentlich keine. Sicher, die Leute, die nicht sehr zum Nachdenken neigen, haben mich für sehr links gehalten, weil ich von Anfang an für die Anerkennung der DDR war. Das war aber weder links noch rechts, es war ein etwas melancholischer Realismus: Ich sah, was jeder sehr früh sehen konnte, aber nicht alle sehen wollten, daß da nichts mehr zu ändern ist und dass der Gedanke daran, etwas ändern zu wollen, unnütz oder gefährlich ist und auch die Schaffung eines Maßes an westeuropäischer Einheit verhindern mußte.»[171]

5. Kommentare zu dem und jenem

Das Eintreten für Franz Josef Strauß in den Bundestagswahlen von 1980 war das letzte Engagement, das vom politischen Publizisten vollen und andauernden Einsatz erfordert hatte. In den folgenden

Jahren blieb Golo Mann zwar in den Medien und damit in der Öffentlichkeit gegenwärtig, und der Erfolg seiner Memoiren trug zu dieser Präsenz zusätzlich bei. Seine Beiträge beschränkten sich nun jedoch meist auf kürzere Meinungsäußerungen oder Interviews, die häufig in der rechtskonservativen Presse erschienen. Fundierte Artikel und Aufsätze, in denen sich wie früher die Kenntnis des Historikers mit der kritischen Wachheit des Zeitgenossen zur abwägenden und wohlformulierten Stellungnahme verbunden hätte, wurden selten. Dagegen fanden die Redaktionen von Illustrierten und Boulevardblättern in Golo Mann mehr und mehr einen entgegenkommenden Gewährsmann, der sein Urteil zu fast allem abgab, was sich irgendwo abspielte und von den Medien einen Augenblick lang an die Oberfläche der öffentlichen Wahrnehmung gespült wurde. Wo immer sich Außerordentliches ereignete, sei es der Falkland-Konflikt im Jahre 1982, der Reaktor-Unfall in Tschernobyl von 1986 oder Iraks Einmarsch in Kuweit im Jahre 1991, war der Historiker mit seinem Kommentar zur Stelle, und wenn ein Skandal aufgedeckt wurde oder ein Disput entflammte, war er die Instanz, die es zu konsultieren galt.

Auch von jenen Umfragen unter Prominenten, die sich nach deren Lebensgewohnheiten und Privatleben erkundigen, blieb Golo Mann nicht verschont, und er äußerte sich bereitwillig. Der Telefonanruf eines Journalisten in Kilchberg genügte; meist antwortete der Historiker spontan, das Tonband der Redaktion lief mit, und einige Tage später erhielt der Kommentator einen gedruckten Beleg seiner Äußerung, deren Wortlaut ihn nicht selten empörte. Sein Text erschien entstellt und auf ein sprachliches Niveau herabtransformiert, das dürftigsten Ansprüchen genügte; einzelne Sätze wurden aus ihrem Zusammenhang herausgerissen und in irreführende plakative Überschriften umgewandelt, und mit Bildmaterial wurde in verantwortungslosem Belieben verfahren. In der Regel waren es düstere Statements und pessimistische Prognosen, die Golo Mann abgab. Seine Neigung, im

Gang der irdischen Dinge ein schwer zu entwirrendes Knäuel von Triebkräften am Werk zu sehen, in dem der Einzelne sich nur mühevoll zurechtfindet und selten genug ehrenvoll behauptet, begann sich in den späten Lebensjahren noch zu verstärken. Und da der Mensch offenbar so beschaffen ist, dass er den Fragwürdigkeiten, die er feststellt, und den Gefahren, die er drohen sieht, einen hohen Unterhaltungswert zubilligt, entsprach die Sorge, die vom alternden Historiker ausging, auch dem Bedürfnis einer breiten Leserschaft. Man erhob ihn zum «praeceptor Germaniae», zum «Grandseigneur der Geschichte», zur «deutschen Kassandra», zum «Gewissen der Nation» oder gar zum «einsamen Geist am Zürichsee» – Titulierungen, die ihn entrüsteten und die er mit eindringlichem, aber vergeblichem Protest von sich wies.[172]

Mit der Regierungstätigkeit der christlich-liberalen Koalition unter Bundeskanzler Helmut Kohl und Außenminister Hans-Dietrich Genscher, die 1982 an die Macht kam und sich sechzehn Jahre lang, bis 1998, an der Macht hielt, hat sich Golo Mann nicht mehr vertieft auseinander gesetzt. Beide Politiker, der Vertreter der CDU und derjenige der FDP, erschienen ihm als Persönlichkeiten von durchschnittlicher Begabung. In einem Interview bemerkte Golo Mann vier Jahre nach Kohls Wahlsieg, der Kanzler sei «nichts weniger als ein Genie, aber er hat Geduld und ist zäh und hat gute Nerven».[173] Eine Führungsrolle im Prozess der europäischen Vereinigung habe Kohl nicht übernommen, und überhaupt habe ihm ein glaubwürdiges Programm gefehlt: «Er meinte nur, ich bin der richtige, konservativ und liberal und fortschrittlich, und ich bin ein guter Mensch, und ich will das Gute, und jeder der arbeitet, soll vorwärts kommen.»[174] Da sei doch Helmut Schmidt der weit bedeutendere Politiker gewesen, und natürlich auch Franz Josef Strauß, wenn der in die Regierung gewollt hätte. Überhaupt fehle es Europa, bemerkt Golo Mann an anderer Stelle, an amtierenden Politikern von Rang: «Ich kann heute keine inspirierenden, starken Persönlichkeiten sehen. Die letzte war de Gaulle.»[175]

Im Jahre 1987, einige Tage nach dem Wahlsieg der christlich-liberalen Koalition, schrieb Golo Mann für die Zürcher *Weltwoche* einen Leitartikel unter dem Titel «Kohl oder Das gewinnende Mittelmaß». Der Aufsatz wirkt rasch hingeschrieben und oberflächlich, ist mehr Geplauder als Analyse. In seiner ersten Wahlperiode, meint der Autor, habe der Bundeskanzler Glück gehabt, habe ihm doch der Aufschwung der Konjunktur dabei geholfen, seine Wahlversprechen einzulösen. Zur Persönlichkeit des Bundeskanzlers stellt er fest: «Helmut Kohl ist zäh, andernfalls hätte er es nie dahin gebracht, wo er heute ist. Er hat ‹standing power›, läßt sich nicht umwerfen. Bei seinen Auftritten, im Bundestag oder in Wahlkämpfen, ist er immer gut vorbereitet, offenbar dank tüchtiger Mitarbeiter, welche die Fragen, die man ihm stellen, die Argumente, mit denen man ihn bekämpfen wird, vorher schon recht gut kennen.»[176]

Auf dem Gebiet der Außenpolitik, dem weiterhin Golo Manns Hauptinteresse galt, wird festgestellt, Kohl habe durchwegs unprofessionell und ungeschickt gehandelt. Um seine Unabhängigkeit von den USA zu betonen, habe er völlig unnötigerweise seinen Widerspruch gegen die amerikanische Invasion in Grenada angemeldet und habe amerikanische Sanktionen gegen Libyen abgelehnt. Im Umgang mit der deutschen Vergangenheit glaubt Golo Mann dem Bundeskanzler eine fatale Neigung zur Sentimentalität attestieren zu müssen; sein Diktum von der «Gnade der späten Geburt» sei unter diesem Aspekt zu sehen. Von Helmut Kohls Ostpolitik befürchtet der Historiker, sie könnte die positiven Auswirkungen von Willy Brandts «Ostverträgen» abschwächen; insbesondere sei die Bemerkung, für ein künftiges wiedervereinigtes Deutschland würden sie keine Bedeutung mehr haben, fehl am Platz. «Weiß doch kein Mensch auf dieser Erde», schreibt Golo Mann zwei Jahre vor dem Fall der Berliner Mauer, «ob überhaupt oder wann irgendwo im 21. Jahrhundert und unter welchen Umständen eine Wiederaufrollung der Frage der deutschen Grenzen überhaupt möglich sein und ob dann noch irgendjemand Lust dazu verspüren wird.»[177]

Im Bereich der Innenpolitik beurteilt Golo Mann Helmut Kohl nachsichtiger. Angesichts der offensichtlichen Regierungsunfähigkeit der SPD, schreibt er, sei der Wahlausgang zu begrüßen, weil er innenpolitische Kontinuität gewährleiste. Gerade das «Mittelmaß» des Bundeskanzlers, der kein charismatischer Charakter sei, trage wesentlich zur «Normalisierung» der deutschen Innenpolitik bei: «Kohl ist kein Dramatiker», schreibt Golo Mann. «Er ist ein Politiker des Sowohl-als-auch, des Kompromisses, des goldenen Mittelweges, und damit ein eigentlicher Liberaler. Ein solcher an der Spitze des Staates gibt den einzelnen mehr freien Spielraum und damit Zufriedenheit.»[178] Deutlich geht aus Golo Manns *Weltwoche*-Artikel die Erleichterung darüber hervor, dass mit Helmut Kohl die Bundesrepublik in die Lage versetzt werde, nach den Turbulenzen von Studentenprotest und Terrorismus einen innenpolitisch ruhigeren Kurs zu steuern.

Im Mai 1985 begingen die Siegermächte des Zweiten Weltkriegs das vierzigste Jubiläum der Kapitulation mit einer Reihe von Gedenkveranstaltungen. Für die Bundesrepublik stellte sich die Frage, wie mit diesem Datum umzugehen sei und welchen Stellenwert das Wort «Befreiung» in Deutschland beanspruchen könne. Unter dem Titel «Gedenktage, die Wunden aufreißen», publizierte *Die Zeit* bereits im Februar einen Essay von Golo Mann, der die Bedeutung des 8. Mai vor dem Hintergrund der europäischen Geschichte darlegte und Fragen, die man sich in diesem Zusammenhang in der Bundesrepublik stellte, thematisierte.

Golo Manns Betrachtung setzt ein mit dem Wiener Kongress, der dem Kontinent eine ungewöhnlich lange Friedensperiode auf der Basis des Gleichgewichts der Mächte bescherte. Der Autor weist auf den Unterschied zwischen den Friedensregelungen von Paris in den Jahren 1814 und 1815 und der von Roosevelt und Churchill 1943 in Casablanca beschlossenen «bedingungslosen Kapitulation» hin, die durch das Potsdamer Abkommen umgesetzt wurde. Er erinnert an gewisse Vorbehalte, die er selbst einst der «bedingungslosen Kapitulation» entgegengebracht habe[179], wirbt nun aber um Verständnis für diese Art der Beendigung des Zweiten Weltkriegs. Mit Verbrechern wie den Nazis, stellt er fest, sei ein glaubwürdiger Friede nicht zu schließen gewesen und andere verhandlungsfähige Deutsche habe es nicht gegeben. Es komme als weiteres Motiv für die «unbedingte Kapitulation» hinzu, dass die Alliierten hätten vermeiden wollen, dass die Besiegten, wie nach dem Versailler Frieden geschehen, behaupten konnten, sie seien in den Friedensverhandlungen betrogen worden. Die in der Bundesrepublik hin und wieder gestellte Frage, ob es überhaupt andere Möglichkeiten zur Beendigung des Krieges gegeben hätte, beantwortet Golo Mann skeptisch. Zwar hätten, stellt er fest, die westlichen Alliierten vom innerdeutschen Widerstand gegen Hitler gewusst, nie aber daran gedacht, diesen zu unterstützen. Und selbst bei einem geglückten Hitler-Attentat wäre bei der fortgeschrittenen Indoktrinierung der Deutschen kaum eine Wende erfolgt. Die ebenfalls oft aufgeworfene Frage, ob angesichts des vorauszusehenden Kalten Krieges eine Kehrtwende, eine «Umkehrung der Allianzen» und der Aufbau einer neuen gemeinsamen Front gegen die Sowjetunion möglich gewesen wäre, verneint Golo Mann mit Entschiedenheit: «Die Unmöglichkeit einen solchen Gedanken zu fassen, lag im Psychologischen und Moralischen.»[180]

Nach diesen Überlegungen kommt Golo Mann auf die Vertreibung der Deutschen aus den Ostgebieten zu sprechen und wiederholt bei früherer Gelegenheit Geäußertes. Er warnt vor Revanchismus und wirft Bundeskanzler Kohl nicht zu Unrecht vor, sich in der Frage der deutschen Ostgrenzen nicht klar genug zu äußern: «Hier sollte der Bundeskanzler endlich ein eindeutiges Wort sprechen, anstatt der vieldeutigen, vagen, beiden Seiten schmeichelnden Worte, die wir in dieser überaus ernsten Frage von ihm zu hören bekamen. Findet er den Mut dazu nicht, so würde ein wesentlicher Teil des Kapitals an Vertrauen, das die Bonner Bundesregierungen sich seit Konrad Adenauer im Westen gewonnen haben, wieder verlorengehen und, nebenbei, dem Ostblock willkommenste Munition für seine gegen den ‹deutschen Revanchismus› gerichtete Propaganda geliefert werden.»[181]

Zum Schluss seiner Ausführungen gibt Golo Mann zu bedenken, dass aus dem Unvernünftigen und Irrationalen des Zweiten Weltkriegs zuletzt doch «einiges Vernünftige» gekommen sei, so etwa die Europäische Gemeinschaft und der Atlantikpakt, der – leider – noch immer notwendig sei. Er rät den Deutschen zum zurückhaltenden und nachdenklichen Umgang mit dem 8. Mai, betont aber gleichzeitig das «hart erworbene Recht» der Hitler-Gegner, diesen Gedenktag würdig zu begehen. Er warnt vor einer Erinnerung, die solche Gedenktage zum Anlass ständig erneuerter selbstquälerischer Diskussionen nehme, und schließt mit den Sätzen: «Die Wortmühlen, für die und von denen ja gerade wir Schriftsteller zu einem guten Teil leben, brauchen Stoff, auch historischen, und dagegen kann ein Historiker nichts einzuwenden haben. Aber besser, man sucht ihn in ferner, harmlos gewordener Vergangenheit, die Buntes und Lehrreiches übergenug bietet, anstatt alte Narben aufzureißen und sich über Schuld und Unschuld, Recht und Unrecht, gutes und übles Verhalten vor fünfzig Jahren zu streiten.»[182]

Golo Manns Artikel zum 8. Mai war ein gelungener Versuch, jüngste deutsche Geschichte auf rücksichtsvolle, aber unzweideutige Art verständlich zu machen und sich zugleich insoweit von ihr zu lösen, als sie zu einer Last zu werden drohte, welche die Lösung von Gegenwartsproblemen erschweren konnte. Dass der angemessene Umgang mit der jüngsten Geschichte noch 1985 ein heikles Problem blieb, zeigte das Zusammentreffen von Bundeskanzler Helmut Kohl mit dem amerikanischen Präsidenten Reagan auf dem Soldatenfriedhof von Bitburg in der Eifel, auf welchem, was man in Bonn übersehen hatte, auch Soldaten der Waffen-SS begraben liegen. Große Aufregung entstand in den Medien, und aufseiten der Linken sah man in diesem Anlass den Beweis für einen Rückfall in nationaldeutsche Traditionen. In einem Artikel in der *Bild*-Zeitung suchte Golo Mann die Wogen zu glätten. Er hob das

Episodische des Vorfalls hervor und schrieb: «Die deutsch-amerikanischen Beziehungen sind so schwach und unsicher nicht, daß ein Friedhof über sie entscheiden könnte.»[183]

Die fraglos bedeutendste Kundgebung von deutscher Seite zum 8. Mai 1985 war die auch international sehr beachtete Rede des deutschen Bundespräsidenten Richard von Weizsäcker vor dem deutschen Bundestag, von der bereits die Rede war. Weizsäcker lud zu nachdenklichem Umgang mit dem Datum ein, wenn er sagte: «Wir Deutsche begehen den Tag unter uns, und das ist notwendig. Wir müssen die Maßstäbe allein finden. [...] Der 8. Mai ist für uns vor allem ein Tag der Erinnerung an das, was Menschen erleiden mußten. Er ist zugleich ein Tag des Nachdenkens über unsere Geschichte. Je ehrlicher wir ihn begehen, desto freier sind wir, uns seinen Folgen verantwortlich zu stellen.»[184]

Der Bundespräsident sah im 8. Mai 1945 einen Tag der Befreiung auch für die Deutschen und wies darauf hin, dass dieser Tag nicht vom 30. Januar 1933 zu trennen sei.[185] Er wandte sich sowohl gegen die Kollektivschuldthese als auch gegen den Begriff der «Bewältigung der Vergangenheit» und trat ein für die Pflicht zur Erinnerung und die daraus sich ergebende moralische Verantwortung. Weizsäcker schloss mit einem Appell an die Jungen, die nicht verantwortlich zu machen seien für das, was damals geschah, wohl aber für das, was in der Geschichte daraus werde.[186]

Des Bundespräsidenten Rede war, wie erwähnt, Golo Mann aus dem Herzen gesprochen. Gleichzeitig neigte der Historiker der Meinung zu, die Zeit für derartige Gedenkreden sei vorbei. «Die großartige Rede», schrieb er, «die Bundespräsident von Weizsäcker zum 40. Jahrestag des Kriegsendes hielt, sollte auch die letzte ihrer Art gewesen sein. [...] Diese dunklen Dinge gehören nun einer tiefen Vergangenheit an. Nun ist es die Zukunft, auf die es ankommt. Frei zu sein für viele schwere, zum Teil auch sehr schöne Aufgaben, dazu sind die Deutschen herausgefordert.»[187]

Von Golo Manns Beurteilung des Mauerfalls von 1989 und der

staatlichen Wiedervereinigung Deutschlands wird später noch die Rede sein. Hier seien in Kürze noch einige Themen berührt, zu denen sich Golo Mann in seinem letzten Lebensjahrzehnt zu Wort meldete. Im Jahre 1983 war es der Flick-Parteispendenskandal, in dem es um rechtswidrige «Umwegsfinanzierung» und Steuerbefreiung ging, der in breiten Kreisen der Öffentlichkeit den Eindruck entstehen ließ, Politiker seien käuflich oder doch einer entsprechenden Einflussnahme ausgesetzt. Als Folge der eingeleiteten Ermittlungen verzichtete Otto Graf Lambsdorff (FDP) auf sein Amt als Bundeswirtschaftsminister, und Bundestagspräsident Rainer Barzel (CDU) trat zurück. Mit seinen kritischen Recherchen hatte der *Spiegel* wesentlich dazu beigetragen, dass dubiose Machenschaften der Parteispendenpraxis bekannt wurden und nachträglich nicht mehr durch ein Amnestiegesetz gedeckt werden konnten. Im Dezember 1984 suchten die *Spiegel*-Redakteure Rudolf Augstein und Erich Böhme Golo Mann in seinem Kilchberger Heim auf, um mit ihm ein Gespräch zur Flick-Affäre und über «Tugend in der Politik» zu führen.[188] Allerdings war Golo Mann alles andere als ein Finanzfachmann. Er weicht im Interview denn auch immer wieder ins Feld der Geschichte aus, spricht von der Korruption im alten Rom, in der Französischen Revolution und unter Bismarck und muss von den Gesprächspartnern wiederholt in die Gegenwart zurückgeholt werden. Im Ganzen beschränkt sich Golo Manns Diskussionsbeitrag auf die Feststellung, dass das große Geld sich seit Menschengedenken in die Politik gemischt habe und dass, da der Mensch sich nicht verändert habe, Gesetzesreformen daran kaum etwas ändern würden. Auf die Feststellung der Interviewer, der «Hauch der Korruption» reiche bis zu Kohl, erwidert Golo Mann, er finde zwar den ehemaligen Generalbevollmächtigten des Flick-Konzerns Eberhard von Brauchitsch einen wirklich widerlichen Menschen, fügt aber hinzu: «Daß ein Politiker wie Helmut Kohl für sich selber auch nur eine Mark behalten haben könnte, wäre eine Vermutung, die zu diskutieren ich mich weigere.»[189]

Zum Schluss des Interviews wiederholt Golo Mann nochmals seine Überzeugung von der unaufhebbaren Verbindung von Macht und Geld im Lauf der Weltgeschichte. «Noch einmal», hält er fest, «jeder Freund der Bundesrepublik, jeder der an sie glaubt, findet die ganze Affäre beklagenswert und jämmerlich obendrein. Und es müssen Folgerungen daraus gezogen werden. Nie aber werden wir etwas daran ändern können, daß politische Parteien Geld brauchen, daß Wahlkämpfe Geld kosten, daß Geld eine Macht ist, unter anderen Mächten, die nicht die Unschuldigen spielen sollten.»[190] Im privaten Briefverkehr urteilte Golo Mann freilich über die Parteispendenaffäre des Flick-Konzerns wesentlich schärfer, wenn er schrieb: «Jedenfalls ist es das schlimmste, was der von Anfang an doch sympathische Staat ‹Bundesrepublik› durchmachen mußte.»[191]

Die historische Tragweite, die dem Thema der Parteispenden zuletzt mit dem Fall Helmut Kohls zukommen sollte, erkannte Golo Mann damals so wenig wie andere Zeitgenossen. So hielt er 1986 etwa die Strafanzeige, die der damalige Bundestagsabgeordnete der «Grünen», Otto Schily, wegen Falschaussage gegen Kohl richtete, für einen vorwiegend parteipolitisch motivierten Schritt. «Die Anzeige gegen Herrn Kohl», schrieb er in *Bild am Sonntag*, «ist eine Mischung aus Tugend und äußerst scharfer politischer Berechnung. Also: Er ist ein Tugenddolch, der in Gift getaucht ist.»[192] Auf Parteispenden könne nun einmal, stellt Golo Mann fest, die Politik nicht verzichten, und er fährt fort: «Für mich fängt das Infame da an, wo sich ein Politiker auf Grund seiner politischen Stellung persönlich bereichert.»[193]

Im Jahre 1986 sorgte in Deutschland der «Historikerstreit» für neues Aufsehen. Golo Mann hat sich an der öffentlichen Diskussion, wie bereits berichtet, nicht oder nur am Rande beteiligt, etwa mit einer gelegentlichen Zwischenbemerkung in Interviews. Auch wenn Golo Mann nach 1985 verschiedentlich dafür eintrat, mit dem Verschwinden der verantwortlichen Generation sei der Auseinandersetzung mit dem Dritten Reich keine mediale Priorität mehr einzuräumen, so hütete er sich doch zeit seines Lebens, in irgendeiner Weise zur Relativierung oder Verharmlosung der nationalsozialistischen Untaten beizutragen. Den «Historikerstreit» hielt Golo Mann in einem Interview unter dem Titel «Die Deutschen haben längst zum aufrechten Gang zurückgefunden» für «vollkommen irrelevant, unnötig und sinnlos»[194]. In einem Brief äußerte der Historiker: «Die ganze Diskussion war vor allen Dingen total überflüssig, brachte überhaupt nichts Neues, sollte aber, vor allem von der FAZ-Seite aus, die guten Deutschen nun wieder einmal reinwaschen, weil die ‹anderen› ebenso böse gewesen seien. Vergleichen kann man immer; doch jeder Fall liegt anders und für den ‹Holocaust› gibt es im Grunde ja doch keinen Vergleich.»[195] Und in einer seiner wenigen öffentlichen Stellungnahmen in dieser Sache schrieb Golo Mann: «Jedenfalls ist die Behauptung absolut unhaltbar, daß Hitler die Juden töten mußte, weil Stalin alle Kulaken und Millionen anderer Leute tötete. Das Ganze ist so unhaltbar und dumm gewesen, daß ich mir gesagt habe: Ich habe keine Zeit dafür.»[196]

Nach 1985 war es der irakisch-iranische Konflikt, der die Weltöffentlichkeit zunehmend beschäftigte. Im Jahre 1979 hatte der modernistisch gesinnte, von den USA massiv unterstützte Schah von Persien, Resa Pahlawi, sein Land überstürzt verlassen müssen. Der Anführer einer fundamentalistischen «Iranisch-Islamischen Nationalbewegung», Ayatollah Khomeini, war aus dem französischen Exil zurückgekehrt und hatte die Islamische Republik Iran ausgerufen. Gleichzeitig mit der Destabilisierung des Mittleren Ostens erfolgte die Invasion Afghanistans durch russische Truppen. Im Nahen Osten war zwar der Abschluss eines Friedensvertrags zwischen Israel und Ägypten gelungen, aber die Beziehungen Israels zu den andern arabischen Nachbarstaaten und zu den Palästinensern blieben weiterhin gespannt. Im Herbst 1980 fielen irakische Truppen im Iran ein; der erbitterte Krieg zwischen beiden Ländern dauerte bis 1988. Golo Mann verfolgte das Geschehen, wie seine Tagebuchnotizen belegen, aufmerksam. «In der

NZZ Bericht aus Persien: unheimlichst», lesen wir 1978. Die Erstürmung der US-Botschaft im folgenden Jahr trägt den Vereinigten Staaten die Bemerkung ein: «Sie werden ihre Ehre verlieren, um Öl zu bekommen und werden ebendarum kein Öl bekommen.» Im Zusammenhang mit der Behandlung des Schahs im Exil wird den USA ein «erbärmliches Verhalten» bescheinigt, und der Einmarsch der Sowjets in Afghanistan wird als «Mörderei großen Stils» apostrophiert.[197] Und zustimmend wird ein Ausspruch der Schwester, der Meeresforscherin Elisabeth Mann, zitiert: «Was Medi über die Verbrechen der Ölgesellschaften erzählte. Im allgemeinen sei das Öl verflucht wie das Rheingold – hübscher Vergleich.»[198]

In einem von verschiedenen Tageszeitungen übernommenen Artikel suchte Golo Mann 1987 einen Weg aus dem Sumpf des irakisch-iranischen Konflikts zu weisen. Der Autor betont zuerst die internationale Tragweite des Krieges: «Das ist kein lokalisierter Krieg, wie man fälschlich glaubt», schreibt er, «so ein Krieg, ‹hinten fern in der Türkei›, militärisch gesehen nicht uninteressant, aber etwas, was man sich selber überlassen oder durch Waffenlieferungen in munterem Gang halten kann. Es ist ein Krieg, der das Zeug zu seiner begrenzten Erweiterung in sich trägt.»[199] Golo Mann resümiert die Vorgeschichte des Krieges, welche es erschwere, die Schuldfrage eindeutig zu entscheiden, und er erwähnt den gewalttätigen und tyrannischen Charakter der Führergestalten Khomeini und Saddam Hussein, welcher einer friedlichen Regelung im Wege stehe. Das Verhalten der USA in diesem Konflikt erregt Golo Manns zornigen Widerspruch: «Ein Jammerbild haben angesichts des Golfkrieges die Vereinigten Staaten geboten. Was für Theorien wurden da, jahrelang und in aller Heimlichkeit, ausgeheckt, von Ignoranten, Dilettanten und Phantasten in den Kellern des Weißen Hauses: Man müsse helfen, den Krieg möglichst lange in Gang zu halten, bis beide Mächte nicht mehr könnten und danach für Jahrzehnte geschwächt wären. Eine nicht eben humane Ansicht der Dinge; wenn sie doch wenigstens eine praktische gewesen wäre!»[200] «Sind solche Verrücktheiten», fährt Golo Mann fort, «erhört? Auch wer nach wie vor an die unabdingbare Notwendigkeit des Atlantischen Bündnisses glaubt, muß, wenn er solches liest, sich fragen: In welchen Händen sind wir da?»[201]

Der Historiker plädiert für einen Friedensvorschlag der USA, eventuell sogar in gemeinsamer Absprache mit der Sowjetunion. Aber dazu werde es wohl nicht kommen, weil Amerika nun einmal von der sowjetischen Supermacht fasziniert sei «wie das Kaninchen vor der Schlange». Daher ignoriere man in den USA zwei Gefahren, welche die eigensten Interessen unmittelbar beträfen: die «Islamische Revolution» und die sozialen Verhältnisse in Hispano-Amerika, besonders im benachbarten Mexiko.

Ebenso vehement, wie Golo Mann den Terrorismus in Deutschland bekämpft hatte, wandte er sich auch gegen den internationalen Terrorismus. «Wie hat der demokratische Rechtsstaat sich gegenüber den Terroristen zu verhalten?», fragt er sich nach dem Anschlag auf die Boeing 747 über dem schottischen Lockerbie im Dezember 1988. Und er antwortet auf seine rhetorische Frage: «Wir wissen es alle, keinen Finger breit darf er von den Grundsätzen abgehen, auf denen er beruht.»[202] In seinen Äußerungen zur Bekämpfung des Terrorismus wird deutlich, dass der Historiker von der Ultima Ratio einer Todesstrafe abgerückt ist. Durch Hungerstreiks freilich solle man sich keinesfalls erpressen lassen. «Die in englischen Gefängnissen gepflegte Methode», schreibt er, «den Hungerstreikern dreimal am Tag ihr Essen zu bringen, um es nach einiger Zeit wieder zu entfernen, erscheint mir die einzig menschenwürdige Methode.»[203] Keinesfalls dürfe der Staat auf Erpressungsversuche von Terroristen eintreten, wie dies der österreichische Bundeskanzler Kreisky im Fall «Carlos» getan habe.[204] Golo Mann bezeichnet den internationalen Terrorismus als «eine dritte Weltmacht», welche die «verwundbarste Zivilisation» an empfindlicher Stelle treffe. Als wirksamste Maßnahme gegen diese Geisel der Menschheit sieht er neben einer besseren internationalen Zusammenarbeit bei den polizeilichen Abklärungen den Handelsboykott gegen die mit dem Terrorismus in Verbindung stehenden Staaten. Insbesondere tritt Golo Mann für die Unterbindung jedes Waffenhandels ein. Aber er bleibt pessimistisch. «Es ist traurig», stellt er fest, «daß die EG einen solchen Beschluß nicht fassen, viel weniger realisieren kann. Das Argument ist immer das gleiche: Wo ein Markt ist, da gibt es Anbieter. Sind nicht wir es, dann sind es ganz sicher andere. Warum denn nicht wir ...»[205]

Eingehender hat sich Golo Mann zu diesem Thema im Jahre 1989 in einem Vortrag vor der Hanns-Martin-Schleyer-Stiftung in Stuttgart geäußert. In seinen Überlegungen zu den Motiven des Terrorismus stellt der Historiker, indem er als Beispiele den baskischen Separatismus, die Anschläge der Roten-Armee-Fraktion, die Attentate der Anarchisten und der islamischen Fundamentalisten beizieht, eine große Vielfalt von Beweggründen fest. Mit Walter Laqueur unterscheidet er zwischen dem Terrorismus nationaler Separatisten und dem Terrorismus von Menschen, die eine grundlegend neue Gesellschaftsordnung herbeizuführen suchten. In Anlehnung an Sigmund Freud neigt Golo Mann aber auch zur Ansicht, dass die im Terrorismus verwirklichte Aggressionsneigung neben dem Lebenstrieb eine ursprüngliche Triebanlage des Menschen sei.[206]

Die besondere Aktualität des Terrorismus sieht Golo Mann darin begründet, dass die offene kriegerische Auseinandersetzung infolge der selbstzerstörerischen atomaren Bedrohung an Bedeutung verloren habe. Auf Krieg, schreibt er, könne der destruktive Menschentypus nicht mehr hoffen: «So bleibt ihm nichts als der Terrorismus, mit Zielen, die er niemals nennen könnte, weil es die nicht gibt.»[207] Obwohl Golo Mann jeglichen Terrorismus grundsätzlich ablehnt, gibt es doch Formen terroristischen Verhaltens, die nachvollziehbarer sind als andere. «Fließend bleibt der Unterschied», schreibt er, «zwischen Terroristen, die, wie die Palästinenser, mit bösen Mitteln für eine Sache kämpfen, die man gerecht nennen müsste, wenn sie ihrerseits den Staat Israel gelten ließen.»[208] Über die künftige Entwicklung urteilt Golo Mann pessimistisch: «Der internationale Terrorismus ist ein Gast, der uns so bald nicht verlassen wird.»[209]

6. Die Wiedervereinigung

Der Fall der Berliner Mauer am 9. November 1989 und der Zusammenbruch des Sowjetkommunismus kamen für Golo Mann wie für die meisten politischen Kommentatoren überraschend. Seit seinem Einsatz für die Öffnung nach Osten hatte der Historiker immer wieder darauf hingewiesen, dass mit einer Wiedervereinigung in näherer Zukunft nicht zu rechnen sei. In einer Rede vor dem Münchner Parteitag der CSU bemerkte er 1984: «Aber blicken wir der Wirklichkeit ins Auge. Für irgendeine Art von Vereinigung, Neuvereinigung der beiden deutschen Staaten sind Wandlungen notwendig, die wir uns einstweilen überhaupt nicht vorstellen können. Solche Wandlungen werden einmal kommen, aber wann und wie weiß kein Mensch auf dieser Erde. Aus dem Grunde verwandeln müssen sich die Beziehungen zwischen den beiden Weltmächten. Und dazu wieder müßten sich die Verhältnisse im Kernland des russischen Imperiums, im alten Rußland, aus dem Grunde verwandeln, müßte das Dogma fallen gelassen werden und die Partei sich auflösen, die vom Dogma lebt. Alle guten Dinge gehen einmal zu Ende, alle bösen auch; fragt sich nur wann.»[210]

Golo Mann hatte, wie bereits erwähnt, im April 1989 eine Reise in die DDR unternommen; es ging dabei um die Präsentation des hier eben erschienenen *Wallenstein*. Die Kontakte mit offiziellen Persönlichkeiten, mit Mitarbeitern des «Verlags der Nation» und Studenten hatten beim Besucher einen günstigen

Eindruck hinterlassen. In einem Interview mit den *Thüringer Neuesten Nachrichten* bemerkte er damals: «Natürlich bin ich nicht mit allem einverstanden, weil ich über manches anders denke, aber ich sehe eine Menge Lebensfreude und Selbstverwirklichung hier.»[211] Und im Rückblick glaubte Golo Mann, eine gewisse Veränderung des Klimas festgestellt zu haben.[212] «Bereits bei meinem letzten Besuch drüben», stellte er fest, «habe ich gespürt, daß etwas in der Luft liegt. Aber niemand konnte ahnen – auch Historiker nicht –, daß sich die Ereignisse so überstürzen würden.»[213]

Irgendwelche Anzeichen oder Vorzeichen jener friedlichen Revolution jedoch, die sich nur sieben Monate später ereignen sollte, konnte Golo Mann nicht erkennen. Gewisse Hoffnungen auf eine langfristige Verbesserung des gegenseitigen Verhältnisses setzte er in den Generationenwechsel. Einem Reporter, der ihn kurz nach seiner Reise nach den Eindrücken befragte, antwortete er: «Da drüben wächst eine völlig neue Generation heran, die das Berliner Schloß nicht abgerissen hätte. Daß sich das Verhältnis zur DDR allmählich bessert, kann ich nur begrüßen. Wenn man die Präambel des Grundgesetzes ernst nimmt, ist das auch in deren Sinn.»[214]

Wenige Tage vor dem Fall der Mauer, als auf dem Berliner Alexanderplatz eine riesige Menschenmenge freie Wahlen und den Rücktritt der Regierung forderte, äußerte sich Golo Mann in der *Welt* ausführlich zu politischen Tagesfragen. Er stellt mit Befriedigung Zerfallserscheinungen des kommunistischen Gesellschaftssystems fest und meint, dass die Zeit für politische Ideologien, welcher Art auch immer, endgültig vorbei sei. Auf die Frage des Reporters, ob die in der DDR angekündigten Reformen auf eine Wiedervereinigung hinausliefen, antwortet Golo Mann zurückhaltend. «Ich habe dieses Wort», stellt er fest, «eigentlich nicht sehr gerne. Selbstverständlich würden unter veränderten Umständen die Beziehungen zwischen den beiden deutschen Staaten positiver werden. Klar. Man würde sich besser kennen lernen.

Und das könnte dann in 20, 25 Jahren, eigentlich von alleine, nicht auf Bismarcksche Weise mit allen möglichen Mogeleien und Gewalttätigkeiten, zu einem Zusammenwachsen führen. Das ist sehr wohl möglich. Für eine mit Trompetentrara gefeierte Wiedervereinigung wäre ich nun aber wirklich nicht. Beide Staaten können, die DDR von einer grundfalschen Ideologie befreit, aber immer noch als selbständiger Staat mit interessanten Leistungen und atmosphärisch in vielem von der Bundesrepublik unterschieden, zusammen existieren und allmählich einander näher kommen. Das würde ich für das Wünschenswerte halten.»[215] Außenpolitisch, betont Golo Mann, müsse man mit großer Zurückhaltung vorgehen, dürfe der DDR gegenüber keineswegs den «demokratischen Oberlehrer spielen wollen» und müsse sich mit den Siegermächten des Zweiten Weltkrieges sorgfältig absprechen.

Eine Woche nach dem Fall der Mauer bezog Golo Mann in der *Weltwoche* mit einem Leitartikel unter dem Titel «Die freudigste Revolution der Geschichte» Stellung. Er gibt darin wiederum seiner Genugtuung Ausdruck, dass der Marxismus-Leninismus, der immer «ein grausamer Schwindel war», nun endlich «entlarvt und total zusammengebrochen» sei.[216] Auch hier spricht er von einer längeren Phase der Zusammenarbeit zwischen den beiden deutschen Staaten, die es unter anderem gestatten sollte, die zerfallenden Kulturdenkmäler und bedrohten Städtebilder Ostdeutschlands zu sanieren und einen wirksamen Umweltschutz zu ermöglichen. Zu dieser Zusammenarbeit solle man Fachleute und Spitzenbeamte der DDR beiziehen, ohne diese zu diskriminieren. Man dürfe nicht vergessen, dass auch in Ostdeutschland, etwa im Bereich von Bildungs- und Verlagswesen, Bedeutendes erreicht worden sei, und zwar unter ungleich schwierigeren Umständen als im Westen. Die Eigenstaatlichkeit der DDR, ob unter diesem oder einem andern Namen, sei jedoch bis auf weiteres zu bewahren. Man wisse ja noch nicht, wie Moskau auf die Vorgänge in der DDR reagieren werde, und es scheine auch, dass die Bürger dieses Landes kein brennendes Interesse an der Wiedervereinigung hätten; zudem schaffe die Existenz eines Blocks von nahezu achtzig Millionen Deutschen schwere wirtschaftliche Probleme für die EG. Golo Mann schließt mit dem Satz: «Wie die beiden deutschen Republiken nach einer zehn- bis fünfzehnjährigen Zusammenarbeit zueinander stehen werden, das wird man sehen – wenn auch nicht der Schreiber dieser Zeilen.»[217]

Zweifellos war der Fall der Mauer für Golo Mann, dem des Lebens ungetrübte Freude selten zuteil ward, ein sehr erfreuliches, wenn auch in seinen Folgen schwer abzusehendes Ereignis. Den Reportern der *Schweizer Illustrierten* berichtete er, dass er am 9. November die halbe Nacht vor dem Fernsehapparat verbracht habe, dass er empfunden habe, wie der Freudentaumel der Berliner Bevölkerung ganz frei von Aggressivität gewesen sei und einzig der Freiheit gegolten habe; ein beunruhigendes nationalistisches Element habe er nicht entdecken können.[218] Auch die Reden, welche Willy Brandt, Hans-Dietrich Genscher und Helmut Kohl am folgenden Tag hielten, fand der Historiker hervorragend und der Bedeutung des Ereignisses angemessen. Im Rückblick bemerkte er in einer Radiosendung: «Das war natürlich eine wirkliche Freude, ich meine, wenn man das im Fernsehen sah, da mußte ja jeder Mensch, der nicht ein kaltes Herz wie eine Figur bei Hauff hat, er mußte sich ja freuen.»[219]

In zahlreichen öffentlichen Stellungnahmen äußerte sich Golo Mann in den nächsten Wochen zur Entwicklung der deutsch-deutschen Beziehungen. Er forderte als dringendste Notwendigkeit und Voraussetzung einer partnerschaftlichen Zusammenarbeit die Abhaltung freier Wahlen und wies zugleich darauf hin, dass die Wiedervereinigung zwar als Fernziel sinnvoll bleibe, kurzfristig aber nicht anzustreben sei.

Die Geschichte nahm, wie man weiß, einen anderen Verlauf, als dies den Vorstellungen des Historikers entsprach. Die Wiedervereinigung vollzog sich, nachdem Massenkundgebungen in der DDR zeigten, dass ein vereinigtes Deutschland gewünscht wurde, erstaunlich rasch. Ende November 1989 legte Helmut Kohl dem

Bundestag zu einem klug gewähltem Zeitpunkt und ohne Konsultation der Parteien und der ausländischen Regierungen einen «Zehn-Punkte-Plan zur Überwindung der Teilung Deutschlands und Europas» vor. Dieses Programm stellte eine Ausweitung der Zusammenarbeit zwischen beiden deutschen Staaten in Aussicht, falls in der DDR ein grundlegender und «unumkehrbarer» politischer und wirtschaftlicher Strukturwandel im Sinne der Demokratisierung eingeleitet werde.[220] Kohl betonte, dass die künftigen innerdeutschen Beziehungen in den gesamteuropäischen Prozess und in Ost-West-Beziehungen eingebettet werden sollten, und er berief sich auf Gorbatschows Vorstellung eines «gemeinsamen europäischen Hauses», in dem die Integrität und Sicherheit der Staaten und die Verwirklichung der Menschenrechte gewährleistet seien. Auch der Bundeskanzler dachte vorerst nur daran, «konföderative Strukturen zwischen den beiden Staaten in Deutschland zu entwickeln»[221], hielt aber am Fernziel der Wiedervereinigung fest. In enger Zusammenarbeit mit den USA gelang es der Bundesrepublik, die Zustimmung des Präsidenten Bush zu gewinnen.

Golo Mann sah in Kohls «Zehn-Punkte-Plan» eine politisch wichtige Rede, die nicht zuletzt geeignet sei, neuen nationalistischen Tendenzen entgegenzuwirken. Er begrüßte es, dass der Bundeskanzler nicht den Eindruck habe erwecken wollen, «als ob die Wiedervereinigung morgen vor der Tür stände», vermisste allerdings präzisere Ausführungen zur Art der Konföderation zwischen den beiden deutschen Staaten.[222] Es gebe, stellt er fest, eine «ungeheure Menge von Problemen zu lösen», und vor allem stelle sich die Frage nach dem Verhalten des Ostblocks. Golo Mann hielt ebenso wie Kohl an der Westbindung der Bundesrepublik fest. Vordringlich sei es nun, in Ostdeutschland für freie Wahlen zu sorgen und dafür, «daß an Stelle von SED-Schuften wie Egon Krenz frei gewählte Politiker an die DDR-Spitze kommen»[223]. Auch Golo Mann betonte die Unumkehrbarkeit der politischen Entwicklung: «Für die DDR», schreibt er, «gibt es keinen

Weg zurück. Ihr bleibt nur die demokratische Lösung. Mit dem Begriff Marxismus-Leninismus verbindet die Bevölkerung nur noch Unfreiheit und Unterdrückung. Auch mit dem sogenannten Arbeiter- und Bauernstaat kann die Bevölkerung nichts mehr anfangen. Das sind doch inzwischen alles leere Phrasen. Jeder weiß, daß der Sozialismus total abgewirtschaftet hat. Die Umwandlung in eine Marktwirtschaft wird zwar nicht auf einen Schlag geschehen, aber sie wird kommen.»[224]

Im Dezember gab die sozialistische Einheitspartei der DDR ihre Monopolstellung auf. Willy Brandt sprach in einer Rede auf dem Parteitag die berühmten Worte: «Wir können helfen, daß zusammenwächst, was zusammengehört ...» Gleichzeitig wies er auf die Dringlichkeit des Annäherungsprozesses hin.[225] Gegen Jahresende schritt die wirtschaftliche Misere in der DDR derart rasch voran und die Abwanderung in die Bundesrepublik nahm so bedrohlich zu, dass enormer Handlungsdruck entstand. Am 10. Februar 1990 erhielten Kohl und Genscher in Moskau von Michail Gorbatschow die Zusicherung, er habe gegen eine Wiedervereinigung nichts mehr einzuwenden. Allerdings hielt der sowjetische Staats- und Parteichef noch daran fest, dass das militärische Kräfteverhältnis in Europa nicht zugunsten der NATO verändert werden dürfe. Einer Neutralisierung des vereinigten Deutschland konnten freilich weder die Bundesrepublik noch die USA zustimmen, und Golo Mann teilte diesen Standpunkt. «Eines ist klar», schreibt der Historiker, «aus sicherheitspolitischen Gründen lehne ich eine Neutralisierung des vereinten Deutschland strikt ab. Am meisten Chancen wird wohl die Formel haben, dass ein vereintes Deutschland in der NATO bleibt, der Geltungsbereich des Bündnisses aber nicht bis auf das Gebiet der DDR ausgedehnt wird. Man darf die Sowjetunion nicht für ihr Einlenken in der Deutschlandfrage noch bestrafen, mit NATO-Truppen direkt vor der Haustür.»[226] Mit dieser letzten Bemerkung nahm er eine Position ein, wie sie kurzfristig auch Außenminister Genscher vertrat.

Am 18. März 1990 fanden freie und geheime Wahlen in die Volkskammer der DDR statt, die mit einem überraschenden Sieg der von der westdeutschen CDU massiv unterstützten konservativen «Allianz für Deutschland» endete, was einem Plebiszit für den Beitritt der DDR zur Bundesrepublik gleichkam. Verhandlungen zwischen Vertretern der BRD und der DDR über die Schaffung einer Wirtschaftsunion und die Einführung der sozialen Marktwirtschaft fanden statt. Man handelte unter Zeitdruck, denn es galt, den wirtschaftlichen Zerfall der DDR aufzuhalten, dem Drängen der ostdeutschen Bevölkerung entgegenzukommen und die Kompromissbereitschaft Gorbatschows, dessen Sturz nicht auszuschließen war, zu nutzen.

Im Mai 1990 begannen die mehrmonatigen «Zwei-plus-Vier-Verhandlungen», in denen die Siegermächte des Weltkriegs unter Einbezug von BRD und DDR alle Aspekte einer Wiedervereinigung prüfen sollten. Das schwierigste Problem war die Frage der NATO-Zugehörigkeit eines vereinigten Deutschland. Nach harten Verhandlungen, in denen sich die Bundesrepublik bereit erklärte, der Sowjetunion mit massiver Finanzhilfe unter die Arme zu greifen, kam es zum Durchbruch. Gorbatschow akzeptierte die NATO-Mitgliedschaft des vereinigten Deutschland. Am 12. September 1990 wurde in Moskau der «Zwei-plus-Vier-Vertrag» unterzeichnet. Er besiegelte die Vereinigung der beiden deutschen Staaten, beendete die Rechte der vier Siegermächte des Zweiten Weltkriegs über Berlin und Deutschland und gewährte Deutschland «volle Souveränität in seinen inneren und äußeren Angelegenheiten».[227]

Golo Mann, zum Zeitpunkt des Mauerfalls achtzig Jahre alt, hat den Prozess, der zur friedlichen und international anerkannten Wiedervereinigung führte, nicht mehr im Einzelnen verfolgt und kommentiert. Größere Artikel verfasste er nicht mehr, und den Interviews, die er gab, fehlt es an der Originalität der Fragestellung und der Prägnanz der sprachlichen Formulierung. Nicht selten wird in den Stellungnahmen des Historikers auch eine Art von ungläubiger Verwunderung über den Gang der Ereignisse deutlich, und immer wieder wird die geschichtliche Einmaligkeit dieser «freudigsten Revolution» der Geschichte hervorgehoben.[228] Golo Mann bemüht sich, als zuversichtlich zu erscheinen. «Ich sehe derzeit», schreibt er, «keinen Grund für Pessimismus. Gegenwärtig erleben wir eine politisch sehr interessante Zeit, in der nichts unmöglich ist.»[229]

Nicht minder wichtig als die Wiedervereinigung war für Golo Mann die Tatsache, dass sich vor aller Welt die politische Untauglichkeit der marxistischen Ideologie erwies, die er als junger Journalist bekämpft hatte. Als die Zeit im Dezember 1989 einigen prominenten Persönlichkeiten die Frage stellte «Ist der Sozialismus am Ende?», kleidete Golo Mann seine Genugtuung über die Niederlage des Marxismus in den nicht ganz wohlgeratenen Vers: «Sozialismus ade/Scheiden tut nicht sehr weh! Aber ohne dich sind das 19. und das frühe 20. Jahrhundert nicht zu denken.»[230]

Mit solcher Genugtuung aber verband sich doch wieder die Sorge, das vereinigte Deutschland könnte, zur mächtigen Wirtschaftsmacht geworden, erneut der Versuchung erliegen, Großmachtpolitik zu treiben. Einen Rückfall in nationalistische Denkmuster der Vergangenheit galt es unbedingt zu vermeiden. Es sei nun wichtig, betont Golo Mann, den Blick verstärkt auf Europa zu richten: «Für mich ist es eine entscheidende Aufgabe des 21. Jahrhunderts, von jedem Nationalismus abzugehen. [...] Wir würden kein wirkliches Europa haben, wenn wir weiterhin Nationalstaaten hätten im Sinne der Vergangenheit, davon bin ich überzeugt.»[231] In der Öffentlichkeit gab Golo Mann gern seiner Hoffnung Ausdruck, dass vom vereinigten Deutschland nie mehr eine Gefahr für den Weltfrieden ausgehen würde. Er könne zwar verstehen, dass jene Länder, die unter Hitlers Krieg besonders zu leiden gehabt hätten, sich vor einem neuen «Großdeutschland» fürchteten. Aber: «Es wird kein solches geben. Ein Blick auf die Karte lehrt es. Das letzte Zehntel des deutschen Jahrhunderts wird ein vernünftiges sein. Ja, man wird mit den Russen Handel treiben, aber mit Holland auch, mit Frankreich, Spanien, Italien, Portugal, Griechenland auch ...»[232]

Zum Anteil der deutschen Hauptakteure im Vereinigungsprozess, Kohl und Genscher, die, wie Heinrich August Winkler einmal bemerkt, «Krisenmanagement auf höchstem Niveau»[233] demonstriert hatten, äußerte sich Golo Mann noch nach 1990 eher kritisch. Der *Bild*-Zeitung gegenüber bekannte er: «Bundeskanzler Kohl ist nicht gerade besonders geschickt im Umgang mit dem Ausland. Nebenbei bemerkt: Seine Figur strahlt doch Macht und Erfolg im Übermaß aus. Ich kann nicht finden, daß Kohl den achtzig Millionen Deutschen gut tut.»[234] Man staunt über dieses Urteil, das allenfalls zu Beginn von Kohls Amtszeit Berechtigung gehabt hätte, das aber die staatsmännische Größe, die Kohl 1989 und danach bewies, völlig verkennt. Außenminister Genscher, dessen opportunistisches Verhalten beim Zerfall der sozialliberalen Koalition Golo Mann hart getadelt hatte, erschien dem Historiker nach wie vor als Persönlichkeit ohne jede Originalität: «... der betreibt Verwaltung und Wiederholung von Wünschen, die wir alle haben.»[235] Nach der Wiedervereinigung freilich hellte sich Golo Manns Genscher-Bild auf, und er ging sogar so weit, vorzuschlagen, man solle den Außenminister mit dem Friedensnobelpreis auszeichnen.[236]

In den privaten Äußerungen des Historikers treten Skepsis und Zukunftsängste gegenüber einem vereinigten Deutschland deutlich hervor. Die Skepsis mischt sich mit der Resignation und Altersmüdigkeit des politischen Publizisten, der nicht mehr erleben wird und nicht mehr erleben mag, wohin sich das Geschehen, das er während Jahrzehnten begleitet hat, noch wenden wird. «Die deutsche Einheit», notiert er im Mai 1990 ins Tagebuch, «macht Eilmärsche. Vogue la galère ... Ohne mich.»[237] Und etwas später: «Keine Freude an der deutschen Einheit. Sie werden wieder Unsinn machen, wenngleich ich es nicht erlebe.»[238] An den Schweizer Politologen Alois Riklin, der sich kritisch zur Wiedervereinigung geäußert hatte, schrieb er nach Abschluss der Verhandlungen: «Die ‹Vereinigung› halte ich für ein Unglück, aber da ich mit meinen zweiundachtzig Jahren nicht mehr möchte, daß man über mich herfällt, so mache ich da, wenn ich einmal einen Artikel schreibe, nur eine zarte Anmerkung in solcher Richtung …»[239] Und an Hans-Martin Gauger: «Deutschland – nach vierzig mehr oder weniger behaglichen Jahren, wird es mir wieder unheimlich: aufgeblasen und taktlos, nicht wie unter A. H. (Adolf Hitler), das nicht, aber wie unter W. II (Wilhelm II.). Die wiederzuvereinigende DDR wird einstweilen wie ein besiegtes Land behandelt. Daß der wahre Zauberer des Ganzen Gorbatschow bleibt, wird mit keinem Wort erwähnt; das selbstzufriedene Mondgesicht in Bonn ist es, der größte Kanzler seit Bismarck … Ohne mich.»[240]

Mit seiner Mahnung, nichts zu überstürzen und die beiden Staaten vorerst in einer lockeren Föderation zu verbinden, war Golo Mann im Übrigen keineswegs allein. Innerhalb der SPD gab es eine Minderheit, die einem raschen Zusammenschluss der beiden deutschen Staaten skeptisch gegenüberstand, so der Ministerpräsident des Saarlandes, Oskar Lafontaine, aber auch der Schriftsteller Günter Grass. Die Bedenken des Schriftstellers nährten sich wie jene Golo Manns aus der Erfahrung der jüngsten deutschen Geschichte, an deren Last er ebenso schwer trug wie der Historiker. Niemand, argumentierte Grass, weder die ehemaligen Siegermächte noch Polen, könne eine erneute Machtballung in der Mitte Europas zulassen: «Aber auch wir Deutsche nicht, denn jener Einheitsstaat, dessen wechselnde Vollstrecker während nur knapp fünfundsiebzig Jahren anderen und uns Leid, Trümmer, Niederlagen, Millionen Flüchtlinge, Millionen Tote und die Last nicht zu bewältigender Verbrechen ins Geschichtsbuch geschrieben haben, verlangt nach keiner Neuauflage und sollte – so gut wir uns mittlerweile zu geben verstehen – nie wieder politischen Willen entzünden.»[241]

In engem Zusammenhang mit der deutschen Wiedervereinigung stand die Hauptstadtfrage. Im November 1949 war Bonn zur

Hauptstadt der Bundesrepublik gewählt worden, wobei man davon ausging, dass Berlin wieder zum Sitz der Zentralregierung würde, sobald freie Wahlen in einem vereinigten Gesamtdeutschland stattfinden könnten. Mit der Wiedervereinigung stellte sich die Frage neu, und in der ersten Hälfte des Jahres 1991 wurde sie zu einem der umstrittensten innenpolitischen Themen. Schon im Februar des vorangehenden Jahres gab Golo Mann zu bedenken, dass eine neue Hauptstadt Berlin unselige Erinnerungen an ein längst vergangenes «Deutsches Reich» wecken würde.[242] «Und dieses Berlin», schreibt der Historiker, «ist mir noch immer unheimlich ... Berlin in Ehren, es wird genug zu tun bekommen. Aber Hauptstadt der deutschen föderalen Bundesrepublik sollte es nicht mehr sein. Dazu ist seine Vergangenheit eine zu trübe, dafür liegt es zu nahe an der Grenze des neuen Deutschland.»[243] Bonn habe sich, argumentiert der Historiker, in den ersten Jahrzehnten als Regierungsstadt bestens bewährt, es symbolisiere die Blickrichtung nach Westen, die Politiker fühlten sich hier wohl. Es solle Regierungsstadt bleiben, ähnlich wie Bern die Regierungsstadt der Schweiz sei; das hindere Berlin nicht, die deutsche Mittelstellung auszunützen und enge Beziehungen auch nach Osten zu pflegen.

Golo Mann war bei weitem nicht der Einzige, der für Bonn eintrat; eine Reihe prominenter Politiker, vor allem aus Nordrhein-Westfalen und Bayern, stimmten ihm zu. Bundespräsident von Weizsäcker, Willy Brandt, Hans-Dietrich Genscher, Hans-Jochen Vogel traten dagegen für Berlin ein, und auch Helmut Kohl gesellte sich nach einigem Zögern zu den Befürwortern des Umzugs. Am 20. Juni 1991 entschied sich der Bundestag mit einer knappen Mehrheit für Berlin. In einem Beitrag für die *Welt* kommentierte Golo Mann den Ausgang der Abstimmung kritisch: «Ich bedaure den Ausgang der gestrigen Redeschlacht zutiefst. Es ist ja auch der Sieg jener, die für Berlin optierten, rein zahlenmäßig ein sehr geringer gewesen ... Man hätte eben weiter einen Kompromiß suchen müssen.»[244] Dem *Sankt Galler Tagblatt* gegenüber wurde Golo Mann deutlicher: «Denken wir an die schrecklichen Volksgerichte während des Zweiten Weltkrieges, die in Berlin ihr Zentrum hatten. Das ist das politische Berlin – und das ist der Grund, warum Berlin die Hauptstadt der demokratischen europäischen Bundesrepublik Deutschland nicht sein sollte. Dies wird meine Überzeugung sein und bleiben.»[245]

Wenn Golo Mann gegenüber der deutschen Wiedervereinigung skeptisch blieb und mit der künftigen Hauptstadt Berlin unsichere Aussichten verband, so kam er doch gern und mit ungetrübter Genugtuung auf den Zerfall der Sowjetunion und den Bankrott der marxistisch-leninistischen Ideologie zurück. Mochte es auch unterschiedliche Variationen der marxistischen Doktrin geben, den Leninismus, den Stalinismus, den Maoismus, den Eurokommunismus – ein System, das die Freiheit des Bürgers nicht zum Ausgangspunkt aller politischen Überlegung machte, war für den Historiker weder akzeptabel noch lebensfähig. Außer Frage stand für ihn auch immer die Gefahr, welche der freien Welt durch das «russische Imperium» drohte: einerseits durch die atomare Hochrüstung und andererseits durch die Verführungskraft der kommunistischen Ideologie auf westliche Intellektuelle. Beidem galt es entgegenzutreten: der militärischen Gefahr durch Nachrüstung, der ideologischen durch das publizistische Bekenntnis zur westlichen Demokratie. In der Friedensbewegung der westdeutschen Jugend, deren Motive er respektierte, sah Golo Mann kein brauchbares Mittel gegen den sowjetischen Imperialismus, sondern die offene Flanke der westlichen Abwehrfront, die der ideologischen Infiltration besonders zugänglich war.

Dass das «russische Imperium» am Ende war, stand für Golo Mann fest. Welchen Lauf aber würde die Geschichte in Zukunft nehmen? In einer der letzten öffentlichen Stellungnahmen, die wir vom Historiker und Publizisten besitzen, vermischen sich Gewissheit und Sorge eines alt gewordenen Beobachters der Zeitläufte: «Es wird nicht lange dauern», schreibt er, «und der ganze Sowjet wird verschwinden, die Sache zuerst und dann das Wort, auch das geht heutzutage schnell, weil den Menschen der Zeitsinn mehr und mehr verloren geht. Aber daß das gut ist, weiß ich nicht. Es hat hier keinen Sinn, gegen den Strom zu schwimmen. Der Kommunismus ist nicht mehr. Und das riesige Rußland, wie es Peter der Große vor dreihundert Jahren schuf, ist auch nicht mehr. Nur seine schöne Hauptstadt Leningrad steht noch und wird, wie es sich gehört, demnächst wieder Petersburg heißen.»[246]

7. Was war es denn, das Leben?

Zum achtzigsten Geburtstag Golo Manns versammelten sich am 1. April 1989 Vertreter der Behörde, Mitglieder der Familie und Freunde im Ortsmuseum zu Kilchberg, im Haus, in dem einst Conrad Ferdinand Meyer gelebt hatte. Am Vorabend hatte der Musikverein «Harmonie» im Garten des Hauses an der Alten Landstraße 39 ein Ständchen gegeben. Am nächsten Tag eröffnete man im Ortsmuseum eine kleine Ausstellung zu Golo Manns Leben und Werk, und Gert Westphal trug Gedichte und Kurzgeschichten vor. Dann wurde Golo Mann zum ständigen Ehrengast des C.-F.-Meyer-Hauses ernannt, was in Kilchberg der Verleihung der Ehrenbürgerschaft gleichkommt. Der festliche Anlass schloss mit einem Nachtessen in kleinerem Kreis; Botschafter Chenaux-Repond hielt eine brillante Tischrede. Es war ein Fest der Kilchberger für ihren berühmtesten Bürger, ein Fest nach dem Sinn des Jubilars, der sich der Gemeinde verbunden wusste und der die dörfliche Gemeinschaft als wichtiges Element der schweizerischen Demokratie kennen und schätzen gelernt hatte. Als Festgabe überreichten der Gemeindepräsident, Karl Kobelt, und die Konservatorin des Museums, Regula Zweifel, dem Historiker ein hübsches kleines Buch mit dem Titel *Begegnungen*, in dem eine Reihe von Freunden und Bekannten Erinnerungen vergegenwärtigten, die sie mit dem Historiker und Mitbürger verbanden.[247] Auch im Ausland wurde Golo Manns gedacht; führende deutsche Politiker aus Regierung und Opposition übersandten Glückwünsche, viele Leser bekundeten brieflich ihre Sympathie.

Golo Manns achtzigster Geburtstag fiel in die Zeit der deutschen Wiedervereinigung und des einsetzenden sowjetischen Zerfalls. Beides hatte sich der Historiker sein Leben lang erhofft; aber zuletzt glaubte er nicht mehr daran, Zeitzeuge solcher Ereignisse zu werden. Die Freude vermochte nicht, die letzten Jahre im Leben des Historikers zu erhellen, und die Sorge blieb. Nach dem Ende des prekären nuklearen Gleichgewichts, das der Kalte Krieg ermöglicht hatte, stellte sich für Golo Mann die Frage, wie sich in der Welt künftig die Macht verteilen und welche Allianzen sich bilden würden. Würde Deutschland, das in Europa erneut seine traditionelle und schwierige Mittellage einnahm, diesmal seiner Rolle gewachsen sein? Würden die USA, zur unbestrittenen Supermacht geworden, den Versuchungen der Macht widerstehen können? Waren die Persönlichkeiten, die künftig den Lauf der Dinge zu verantworten hatten, ihrer Verantwortung gewachsen? Und würde das einzelne Individuum, wie eh und je zwischen Gut und Böse gestellt, von seiner Freiheit den richtigen Gebrauch zu machen wissen?

Solche Fragen fuhren fort, den Historiker zu beschäftigen und zu beunruhigen, der sich in der deutschen Öffentlichkeit früh den Ruf einer Kassandra erworben hatte – eine Anspielung auf jene weissagende Tochter des Trojanerkönigs Priamos, die den Mitbürgern, welche ihr keinen Glauben schenkten, den Untergang ihrer Stadt prophezeite. Im Jahre 1971 hatte Golo Manns Freund Harry Pross ein Buch unter dem Titel *Die Söhne der Kassandra* herausgegeben, das Porträts von politischen Denkern wie Görres, Heine, Ossietzky und Grass enthält.[248] Darunter befindet sich auch ein Essay über den Historiker. Pross erwähnt darin den Pessimismus von Golo Manns Geschichtsschau, dem dieser sich aber nie in fatalistischer Resignation ausgeliefert habe, und er erwähnt den Satz des jungen Mitarbeiters von *Maß und Wert*: «Nur stiftet diese Resignation ihrerseits auch keinen Nutzen; und der denkende Mensch ist so beschaffen, daß er mit seinem Denken nützen will.»[249] Aus Anlass des fünfundsechzigsten Geburtstages von Golo Mann hatte Karl-Heinz Janssen von der *Zeit* das Stichwort aufgegriffen, indem er eine ausführliche Würdigung mit *Eine deutsche Kassandra* übertitelte.[250] Auch Janssen kam auf den Pessimismus Golo Manns zu sprechen, auf sein «Kassandra-Wissen», das er in den Dienst der Gesellschaft zu stellen suchte, und er beschloss seinen Artikel mit den Worten: «... er wird nicht aufgeben, Kassandra zu spielen.»[251]

Eine deutsche Kassandra? Der Vergleich ist insofern irreführend, als Golo Mann in der Regel sorgfältig vermied, Zukunftsprognosen abzugeben – dies hätte ganz seiner Geschichtsvorstellung widersprochen. Insofern aber traf der Vergleich zu, als im ganzen Schaffen des Historikers und Publizisten das Bewusstsein von der Fragwürdigkeit und Bedrohtheit menschlicher Verhältnisse präsent ist. Das Bewusstsein von der Verführbarkeit des Menschen durch die Macht ist aus dem Werk dieses Mannes, dem die «Machtergreifung» Hitlers zur ersten geschichtlichen Erfahrung seines Lebens geworden war, nicht wegzudenken. Dass Macht, wo immer sie der Kontrolle von Recht und Verfassung entläuft, für den Erstbesten, der es wagt, danach zu greifen, zur Disposition steht – diese Einsicht hatte sich tief und unauslöschlich in Golo Manns Seele eingegraben, und sie bestimmte die Art seines konservativen Pessimismus. Nach außen verleugnete der Historiker diesen Pessimismus nicht, hielt aber immer daran fest, dass auch pessimistische Einsichten zum Nutzen aller fruchtbar gemacht werden müssen. Vor dem Verneinenden und Lebensfeindlichen des Pessimismus suchte sich Golo Mann zu schützen, so gut es ging. Einem Journalisten erklärte er aus Anlass seines siebzigsten Geburtstages: «Aber dagegen wehre ich mich, wie man sich überhaupt gegenüber Versuchungen, die dem Leben feindlich sind, wehren muß. Die hat's immer gegeben und die sind heute ganz gewiß nicht schwächer, als sie früher waren, um mich einmal vorsichtig auszudrücken. Aber da man doch einmal leben will und möchte, daß die anderen leben, und da man seine Mitmenschen, zumal die jüngeren, nicht entmutigen will, muss ich mich doch dagegen wehren. In diesem Sinn weigere ich mich, Pessimist zu sein …»[252] Und einem Briefpartner schrieb er: «Aber ich bin zu sehr Moralist, will es sein, um totalen Pessimismus abzuwehren. Warnender Pessimismus, das ist was anderes.»[253]

Golo Manns Tagebuch zeigt, dass der aufmerksame Kommentator der Zeitgeschichte sich in seinen letzten Jahren der Resignation und dem belastenden Gefühl der völligen persönlichen Machtlosigkeit nicht mehr entziehen konnte. Aus allen Teilen der Welt drangen Katastrophenmeldungen auf den Beobachter im stillen Kilchberger Haus ein, vom Persischen Golf und aus dem Nahen Osten, aus Russland, San Salvador und dem Balkan – und sie weckten nicht mehr den Wunsch nach analytischem Verständnis und einordnender Deutung, sondern lösten nur noch eine vage, alles erfassende Trauer über den schlimmen Gang der menschlichen Dinge aus und die resignierte Hoffnung, dass man alt genug sei, um dem allen nicht mehr allzu lange folgen zu müssen. Die Nachrichten aus dem Fernsehapparat, auf die er doch nicht verzichten mochte, wurden für Golo Mann zur Tortur. Über die Gräuel des Golfkriegs notiert er sich ins Tagebuch: «An dergleichen sich im Fernsehen zu ergötzen – allgemeine Gewohnheit, der ich mich verweigere.»[254] Und immer wieder finden sich Sätze wie dieser: «In der Welt ist der Teufel los.»[255]

Das Gefühl der eigenen Unzeitgemäßheit war Golo Mann nie fremd, und es verstärkte sich mit dem Alter. «Es ist ungehörig», notiert er schon zur Zeit seiner Auseinandersetzung mit Studentenbewegung und Bildungsreform im Tagebuch, «sich in Zeiten herumzutreiben, mit denen man nichts mehr zu tun hat.»[256] Auch Menschen, die ihn näher kannten, erhielten gelegentlich den Eindruck solcher Unzeitgemäßheit. «Von allen Empfindungen», schreibt einer von ihnen, «mit denen ich Golo Mann anschaute, war keine so stark wie diese, daß er zu einer großgearteten, aber entschwundenen Generation gehört, etwas besitzt und verkörpert, was uns Jüngeren fehlt, wonach uns aber mit schmerzlicher, heimlicher Sehnsucht verlangt: Großheit und Kraft des Geistes und Herzens, die Unabhängigkeit in der Welt zu mehren.»[257]

Gelegentlich fragte sich Golo Mann, in welchem Zeitalter und in welcher Funktion er sich vielleicht wohler gefühlt hätte, und dachte an das 17. oder 18. Jahrhundert und eine bescheidene Stellung bei Hofe. Einem Reporter, der ihm 1987 eine entsprechende Frage stellte, antwortete er: «Ich hätte mich wohl gefühlt so um 1840 in Baden-Baden; das wäre für mich ganz behaglich gewesen in dem schönen alten Hotel, das es heute noch gibt. [...] Ich hätte mich aber auch als Hauslehrer oder Bibliothekar in einem Schloß durchaus wohl fühlen können.»[258]

Dominant wurde das Gefühl der Unzeitgemäßheit erst in den letzten Jahren. Latent aber war ein Gefühl der Gegenwartsfremde immer vorhanden, auch wenn es die wache Anteilnahme an aktuellen Fragen nie ausschloss. Mit seiner Unzeitgemäßheit kokettiert, wie dies sein Vater gelegentlich tat, hat Golo Mann jedoch nicht. «Ich wußte sehr früh», schreibt er einmal, «mit sechzehn Jahren schon, daß meine Generation es schwer haben würde; daß wir in einer historisch äußerst schwierigen, gefährdeten Zeit leben würden. Das ist mir mit einem Schlag furchtbar klar geworden. [...] Sehr glücklich war ich mit meiner Epoche nicht, aber das heißt letzthin, daß ich mit mir selber nicht glücklich war. Man kann das Ich von der eigenen Epoche nicht trennen.»[259]

Nein, auch mit seiner eigenen Lebensgeschichte ist Golo Mann nie glücklich geworden, und dass äußere Umstände daran großen Anteil hatten, ist gewiss. Die bedrückende Kindheit im Hause des berühmten Schriftstellers, vor allem aber der Untergang einer scheinbar fest gefügten bürgerlichen Welt im Strudel des Dritten Reiches und der Schock des Exils, der den jungen Akademiker just zu dem Zeitpunkt traf, als er im Begriff stand, sich dem tätigen Leben im Dienst an der Gemeinschaft zuzuwenden – das waren schwere Erfahrungen. Man erinnert sich seiner Worte aus dem Jahre 1966, an der Tagung des Jüdischen Weltkongresses in Brüssel: «… wer die dreißiger und vierziger Jahre als Deutscher durchlebt hat, der kann seiner Nation nicht mehr völlig trauen. [...] Der wird, wie sehr er sich auch Mühe geben mag und soll, in tiefster Seele traurig bleiben, bis er stirbt.»[260] Dass Golo Mann von der Bitternis solcher Erfahrung nie loskam, kann der Biograph bloß feststellen; warum dem so war, mag der Psychologe erkunden, und Versuche in dieser Richtung sind von der Forschung auch unternommen worden.[261]

Dass auch eine Veranlagung mitspielte, dass eine Neigung zur Melancholie, ein Zug ins Schwermütige dieses Leben früh zu überschatten begann, ist nicht minder offensichtlich. Vielen Menschen in seiner näheren Umgebung erschien Golo Mann als Melancholiker. Ernst Walder, ein Kilchberger Freund, schreibt: «Ich erlebte ihn meistens in ernsthafter Stimmung; er konnte aber im kleinen Kreis von Menschen, die er gut mochte, ausgesprochen vergnügt sein. Mir scheint jedoch, auch in solchen Situationen sei seine Grundhaltung melancholisch geblieben.» Und Walder berichtet weiter, wie sich Golo Mann nach einem gemeinsam verbrachten Sommernachmittag mit den Worten verabschiedet habe: «Mein lieber Freund, es gibt Momente, in denen das Leben einigermaßen erträglich ist.»[262] Eine andere Episode, ebenfalls von einem Zürcher Freund, Hans Wysling, überliefert, drückt Ähnliches aus: «Als der ‹Wallenstein› da war, sagte Jean Rudolf von Salis zu ihm: ‹Sie werden froh sein, diesen Stein vom Hals zu haben!› Golo Mann sah ihn an –: ‹Manchmal wünschte ich, ich hätte den Stein noch!›» Und Hans Wysling fährt fort: «Eigentlich war er dazu geschaffen, es schwer zu haben und es sich sauer werden zu lassen.»[263]

Dass er dazu neigte, das Leben sehr ernst zu nehmen und unter dem Gewicht des Daseins unverhältnismäßig zu leiden, war Golo Mann natürlich bewusst. Es war ihm nicht gegeben, sich über seine Erfolge von Herzen zu freuen; unverzüglich stellten sich

Selbstkritik und der nagende Verdacht ein, der Publikumserfolg könnte auf einem fatalen Missverständnis beruhen. Bei öffentlichen Auftritten vor größerem Publikum, bei Vorträgen und ihm zugedachten Ehrungen konnten weder sein Wille noch der Griff zu Tranquilizern den für Außenstehende kaum spürbaren Mangel an Selbstvertrauen beseitigen. Auch wähnte er sich, selbst wenn das positive Echo mit Händen zu greifen war, überall von Gegnern und Widersachern umstellt. An die Wirkung seines historischen Werks und seiner politischen Publizistik glaubte er wenig. Des Historikers Tagebuch lässt über alle die vielen Jahre, während deren es geführt wurde, auf beklemmende Weise erkennen, wie gering und ständig bedroht das Selbstwertgefühl dieses Menschen war. Sein Vater hatte beides besessen, Selbstbewusstsein und Selbstzweifel; fast möchte man sagen, auf den Sohn habe sich bloß das Letztere vererbt.

In seinem einundsechzigsten Altersjahr, als er an dem *Wallenstein* schrieb, blickte Golo Mann im Diarium auf sein bisheriges Leben zurück und auf sein künftiges voraus. «Die Eingewöhnung in dies letzte Viertel», schreibt er, «wird mir schwerer und schwerer. Rückblicke nötigen sich auf. War alles falsch? Immer Warten darauf, daß die Hauptsache noch käme und nun kommt sie nicht mehr: das Höchste noch zu Hoffende wäre, das erreichte Plateau noch ein Weilchen zu halten, und das wird schwer genug sein. Et puis?»[264] Zehn Jahre später bemerkte er gegenüber einem Briefpartner: «Mein Leben ist kein glückliches; die Hoffnung, ich könnte kurz vor Torschluß doch noch ein freier Mensch werden, hat immer wieder getäuscht.»[265] Und auf den Brief einer ihm völlig unbekannten alten Frau, die ihm ihr Leid klagte, antwortete er: «Aber Sie dürfen von mir nicht viel erhoffen, ich bin so ein armer Mensch wie Sie auch.»[266]

Es wäre nun allerdings falsch, aus solchen Äußerungen, die sich beliebig häufen ließen, auf ein freudloses Leben zu schließen. Die Grundtonart freilich bleibt Moll; man könnte sagen, dass sich ein Trauerflor durch Golo Manns Leben zieht, dass aber gerade vor dieser dunklen Folie glückliche Augenblicke eine besondere Leuchtkraft gewinnen können. Eine lichte Phase in Golo Manns Leben war, wie wir wissen, seine Salemer Zeit. Vom amerikanischen Exil blieb, von ausgedehnten Wanderungen in den Sierras abgesehen, wenig in erfreulicher Erinnerung, und im Rückblick warf sich der Historiker vor, seine Lehrtätigkeit im Claremont College nicht früher abgeschlossen zu haben. Es folgten schwierige Jahre an der Universität und im gemeinsam mit der Mutter und Erika bewohnten Kilchberger Haus, eine Lebensperiode, in der die publizistische Arbeit und Vortragsreisen kaum Freizeit übrig ließen. Auch hier waren es Wanderungen in möglichst unberührter Natur, die ihn, selten genug, aufatmen ließen, vor allem aber seine Aufenthalte in Berzona, wo er sich wohl am glücklichsten fühlte. Es scheint auch, dass Golo Mann, nachdem er sein siebtes Lebensjahrzehnt erreicht hatte, etwas erfolgreicher darum bemüht war, sich kleine Freiräume offen zu halten: seine Beschäftigung mit der spanischen Sprache und seine kurzen Studienaufenthalte in diesem Land weisen in diese Richtung.

Als eine vergleichsweise glückliche Zeitspanne hat Golo Mann einmal die Jahre zwischen 1979 und 1987, nach dem Tod der Mutter und vor dem Einsetzen seiner Altersbeschwerden, bezeichnet – vergleichsweise; denn auch die Tagebuchaufzeichnungen dieser Zeit berichten über viel Kummer und Ungemach. Aber immer wieder gab es Stunden, in denen die Melancholie sich in behagliche Besinnlichkeit verwandelte: im Kilchberger Heim bei einem Glase Wein und der Pfeife, den Hund zu Füßen; bei der Lektüre von Gedichten oder im Gespräch mit einem spanischen Studenten. In diese Zeitspanne fallen auch zwei Reisen, auf denen sich Golo Mann besonders wohl gefühlt hat: 1984 mit seinem Begleiter Pablo in die USA und nach Mexiko; 1989 in die DDR, um seinen *Wallenstein* vorzustellen. Aber, aufs Ganze gerechnet, blieb ungetrübtes Glück doch die Ausnahme.

Im Jahre 1980 wurde Golo Mann von der *Frankfurter Allgemeinen Zeitung* mit einem jener Standardfragebogen konfrontiert, mit denen man die Persönlichkeit heutiger Prominenter auf den Umfang einer knappen Spalte zu bringen sucht, um ein flüchtiges Leserinteresse zu befriedigen. Und natürlich durfte die Frage nach dem Lebensglück hier nicht fehlen. Der Historiker antwortete mit bemerkenswerter Offenheit. Wir geben hier einen Ausschnitt wieder: «Größtes Unglück? Ein falsches Leben zu führen. – Ihr größter Fehler? Die Sorge. – Ihr Traum vom Glück? In den Bergen leben. Wandern. Gutes lesen. Ernsthafter schreiben. Abends Kaminfeuer und Musik, freundliche Gesellschaft, ‹ein gut Gespräch›. Aber das kann nicht immer, das kann nur selten sein ... – Was wäre für Sie das größte Unglück? Sehr alt zu werden und damit schwachsinnig. – Was möchten Sie sein? Jemand, der glücklicher ist als ich.»[267]

Zu den Charaktereigenschaften, die wesentlich dazu beitrugen, Golo Manns Lebensglück zu schmälern, gehörte seine bis zur Selbstentäußerung getriebene Neigung, sich andern als gefällig zu erweisen. Davon, wie schwer es ihm fiel, Bitten aller Art abzuschlagen, haben wir schon mehrmals gesprochen. Der Wunsch, mitzureden und im Gespräch zu bleiben, mochte bei solchem Verhalten eine gewisse Rolle spielen. Aber ausschlaggebend war dies mit Bestimmtheit nicht; denn niemand war bescheidener, zurückhaltender als er, niemand sah den eigenen Ruhm so skeptisch und unternahm so wenig, vorteilhafte Beziehungen zu pflegen, um diesen zu mehren. Viel eher war es eine menschenfreundliche Weichheit des Charakters, die Golo Mann dazu veranlasste, andern beizustehen. Zurzeit, da der Historiker mit der Niederschrift des zweiten Bandes seiner *Erinnerungen* beschäftigt war, nahm dieser Altruismus, an sich eine Tugend, selbstzerstörerisches Ausmaß an, und weder eigene gute Vorsätze noch die Ermahnungen der Freunde konnten daran etwas ändern.

Wer sich brieflich an Golo Mann wandte, durfte mit einer Antwort rechnen. Nicht selten antwortete er auch ganz unbekannten Personen mit entgegenkommender Ausführlichkeit, beriet junge Menschen in Lebensfragen, tröstete verzagte Lehrer und verzweifelte Intellektuelle, stand neugierigen Lesern Rede und Antwort. An seinen Freund Harry Pross schrieb er einmal: «Daß ich die Briefe, die ich bekomme, nicht öffne, ist nun wirklich ein schmähliches Gerücht! Ich glaube, es gibt wenige Schriftsteller, die nicht nur ihren Freunden antworten, das versteht sich von selber, sondern auch einen Großteil des lieben langen Tages mit Antworten an Leute verbringen, die mir schreiben und damit mich mehr oder weniger belästigen. Andere antworten überhaupt nicht, zum Beispiel Max Frisch.»[268] Im Tagebuch der letzten Jahre häufen sich Leidensbekundungen wie diese: «Tief niedergeschlagen. Die Post, das Danaidenfaß der Briefe, die zu diktieren sind.»[269] Oder: «Briefe, Briefe bis zur Verzweiflung. [...] Von jetzt an lehne ich alles ab.»[270]

Dass die Qualität seiner journalistischen Arbeit unter solcher Belastung litt, entging dem Autor nicht. Angesehene deutsche Zeitungen wie die *Süddeutsche,* die *Frankfurter Allgemeine* und die *Zeit,* die früher gern mit Golo Mann zusammengearbeitet hatten, gingen auf Distanz. Der Historiker publizierte zunehmend in der Lokal- und Regionalpresse, in Boulevardblättern oder entlegenen konservativen Postillen. Er verwünschte seinen Mangel an Selbstdisziplin und verglich sich mit willensstärkeren Schriftstellern. Die Tagebücher des greisen Ernst Jünger, abgeklärte Dokumente einer stoischen Altersphilosophie, kamen ihm in den Sinn. Nein, ein solcher Lebenskünstler sei er nicht, schrieb er an Ernst Klett.[271] Als er in *El País* einen Artikel über die führenden politischen Publizisten Walter Lippmann und Raymond Aron las, notiert er sich ins Tagebuch: «In ‹El País› eine Betrachtung darüber, wer wohl der Nachfolger von W. Lippmann und Raymond Aron sein könnte. Es werden Namen genannt, meiner natürlich nicht. Meine eigene Schuld: ich war nicht stetig genug, und es fehlte mir die Basis, die klare Identifizierung mit einem Staat, einer Nation. Das Zeug dazu hätte ich gehabt.»[272]

Erst als gegen den achtzigsten Geburtstag hin Golo Manns Gesundheit zu wünschen übrig ließ, wurden Absagen unumgänglich und Briefe blieben liegen. Zuerst waren es die sattsam bekannten

Kniebeschwerden, die sich verschlimmerten und den Aktionsbereich des Historikers mehr und mehr einschränkten. Das Übel ging auf eine Sportverletzung zurück, die Golo Mann sich in Salem zugezogen hatte; es begleitete ihn durch sein ganzes Leben, und mehrere Operationen brachten nur zeitweilige Linderung. Für einen Menschen, der sich auf ausgedehnten Wanderungen besonders wohl fühlte, war es schwer, sich mit dieser Behinderung abzufinden. Zwar zwang Golo Mann sich bis zuletzt zu kürzeren Spaziergängen am Stock; aber sein Refugium auf dem Hügel Mataruc ob Berzona war ihm nicht mehr zugänglich. Im Jahre 1988 vermerkt das Tagebuch: «Das zerstörte Knie. Die zerstörte Identität. Der alte Herr, der so langsam an der Krücke geht.»[273]

Im Jahre 1990 erlitt Golo Mann nach einer Vortragsveranstaltung in Deutschland einen Herzkollaps und musste sich einen Schrittmacher einsetzen lassen. Prostatabeschwerden hatten sich schon früher angekündigt, und eine eingehende Untersuchung, 1990 vorgenommen, ergab als Diagnose Krebs. Die medikamentöse Behandlung setzte ein, und Golo Mann war an sein Haus gebunden. Er sei nun, schrieb er einem Briefpartner, «an zweierlei Krankheiten leidend, dem Herzen und den Eingeweiden, derart, daß ich mich mehr von Tabletten ernähren muß als von gesünderen Dingen»[274]. Gern zitierte er, wenn von seinem Gesundheitszustand die Rede war, das Wort aus Charles de Gaulles Memoiren «Das Alter ist ein Schiffbruch»; er unterließ es aber, darauf hinzuweisen, dass der Franzose diesen Ausspruch im Zusammenhang mit dem greisen Marschall Pétain getan hatte.[275] Die Telefonanrufe wurden seltener, die Briefe spärlicher, die Einladungen blieben aus. Es wurde still um ihn im großen Haus an der Alten Landstraße.

Golo Mann widmete sich weiter dem Spanischen, prüfte sein Gedächtnis, indem er Gedichte rezitierte, verfolgte das Tagesgeschehen in den Zeitungen. Ein Gefühl der Einsamkeit war dem rastlos tätigen Menschen nie fremd gewesen, und es gewann nun, im Alter, etwas Beruhigendes, Tröstliches. Gegenwärtiges trat in den Hintergrund, und Erinnerungen, auch sie immer wichtig in seinem aktiven Leben, erhielten nun eine neue Bedeutung. Golo Mann dachte sich zurück an die Örtlichkeiten, in denen er glücklich gewesen war: an Salem, den Albis, Berzona, Böhmen, Wolfsgarten, Salamanca. Aber auch von beklemmenden Erinnerungen weiß das Tagebuch zu berichten, an die Jugend, das Exil, den Vater. Solche Erinnerungen kehrten, auch wenn er sie abzuwehren suchte, in der Spiegelung beklemmender Träume wieder; der gute alte Doktor Grabow aus den *Buddenbrooks* hätte wohl von «pavor nocturnus» gesprochen.[276]

Im Jahre 1992 siedelte Golo Mann in das Haus seiner Schwiegertochter Ingrid Beck-Mann am Arenzberg in Leverkusen über, die ihn bis zu seinem Tod pflegte. Er starb wenige Tage nach seinem fünfundachtzigsten Geburtstag, am 7. April 1994.[277] Die Beisetzung der Urne fand im engsten Familienkreis in Kilchberg statt, nicht im großzügigen Familiengrab, sondern auf ausdrücklichen Wunsch des Verstorbenen weitab, unter den Gräbern anderer Dorfbewohner. Der roh behauene Gedenkstein ist nicht leicht zu finden, und Golo Mann wünschte, er möge nach der ortsüblichen Frist weggeräumt werden. Am 21. April fand in der Zürcher Kirche Sankt Peter eine öffentliche Gedenkfeier statt. Es sprachen der Zürcher Stadtpräsident Josef Estermann, die Inhaberin des Fischer-Verlages, Monika Schoeller, der Historiker Hanno Helbling und Herbert Heckmann, Präsident der Deutschen Akademie für Sprache und Dichtung. Wolfgang Stendar rezitierte aus Golo Manns Übersetzungen von Horaz und Antonio Machado. Darunter die Verse:

> *«Du sei weise, mein Kind, pflege den Wein, gib in der kurzen Frist/*
> *Langer Hoffnung nicht Raum. Reden wir noch, flüchtet die neidische/*
> *Zeit für immer davon. Freue dich heut. Traue dem Morgen kaum.»*[278]

Epilog

Der Biograph hat es auf den vorangehenden Seiten nach Möglichkeit vermieden, von sich selbst zu sprechen. Er hat seine Aufgabe darin gesehen, Golo Mann durch sein Leben zu folgen, wie dieses sich in seinem Schaffen und in den Quellendokumenten spiegelt, die wir von ihm besitzen. Das Ziel war größtmögliche Objektivität. Völlige Objektivität freilich kann der Historiker, und dies unterscheidet ihn von den Vertretern der exakten Wissenschaften, wohl erstreben, nie aber erreichen. Er sieht seinen Gegenstand von einem bestimmten Standort aus und in einer bestimmten Perspektive. Er trifft, bewusst und unbewusst, aus den vielfältigen Zeugnissen, aus denen sich ein Leben erschließen lässt, eine Auswahl, die ein anderer Betrachter zu einer andern Zeit wieder anders treffen würde. Allein schon der sprachliche Ausdruck, mit dem man Leben und Schaffen einer Persönlichkeit darzustellen sucht, setzt ganz bestimmte und eigentümliche Akzente. So kann der Historiker die «ganze Wahrheit» nie liefern. Aber er kann den Leserinnen und Lesern seinen eigenen Standort und Blickwinkel sichtbar machen, und er kann die Beziehung verdeutlichen, die ihn mit der dargestellten Persönlichkeit verbindet. Dies soll im Folgenden in Kürze geschehen.

Das erste Werk Golo Manns, das ich las, war seine *Deutsche Geschichte*. Das war im Jahre 1960; ich war damals fünfundzwanzig Jahre alt und hatte mit meinem Geschichtsstudium an der Universität Zürich begonnen. Am Gymnasium war der Nationalsozialismus kein Thema gewesen, und dasselbe galt lange Zeit auch von der Universität. Die erste Lehrveranstaltung, die explizit dem Nationalsozialismus galt, war ein Seminar im Sommersemester 1961 über den Widerstand gegen Hitler. Bezeichnend genug: Man befasste sich mit dem «guten Deutschland»; über das «böse» schwieg man sich aus. Nicht dass unsere Dozenten frühere Sympathien für das Dritte Reich zu verbergen gehabt hätten – nur eine verschwindende Minderheit von ihnen hatte sich für die nationalsozialistische Ideologie anfällig gezeigt. Der Grund zu solchem Schweigen, das kein Verschweigen war, lag in einer Art von pädagogischer Scheu. Man fürchtete im Lande Pestalozzis, dass jenes humane Menschenbild, das man zu vermitteln suchte, durch die Darlegung der nationalsozialistischen Menschheitsverbrechen in Frage gestellt werden würde. Auch in der Schweiz, an der Peripherie des deutschen Kulturraumes, wurde das Dritte Reich als ein tief verstörender Kontinuitätsbruch empfunden, und die ältere Generation neigte dazu, den Zeitabschnitt zwischen 1933 und 1945 aus dem kulturellen Gedächtnis zu tilgen. Wollten wir junge Studenten unser Informationsbedürfnis befriedigen, waren wir auf Nachrichten aus Presse und Radio sowie auf Dokumentarfilme wie Erwin Leisers «Mein Kampf» angewiesen, der 1960 in die Kinos kam.

In dieser Situation gewann Golo Manns *Deutsche Geschichte* für mich und viele meiner Studienfreunde eine ganz besondere Bedeutung. Das Buch griff auf das 19. Jahrhundert zurück, wich der Darstellung des Nationalsozialismus nicht aus und wies darüber hinaus auf Wege hin, die in Deutschlands Zukunft führten. Das Buch stammte von einem Emigranten und gewann dadurch in unseren Augen besondere Glaubwürdigkeit; es fehlte ihm ganz die Tendenz zu Verharmlosung und larmoyanter Selbstbezichtigung, die in Publikationen deutscher Nachkriegshistoriker zuweilen penetrant hervortraten. Ich bin davon überzeugt, dass die Lektüre von Golo Manns *Deutscher Geschichte* es mir damals entscheidend erleichterte, den Zugang zu deutscher Geschichte und Kultur zu finden und ein tragfähiges Fundament zu schaffen, das mir in den folgenden Jahren gestattete, zuerst als Gymnasiallehrer für Deutsch und Geschichte und dann als Hochschullehrer für Allgemeine Geschichte tätig zu sein.

Nach dem Studium verfolgte ich weiterhin das Schaffen Golo Manns, kaufte mir mit dem ersten selbst verdienten Geld die monumentalen Bände der von ihm herausgegebenen *Propyläen-Weltgeschichte* und las gelegentlich seine publizistischen Kommentare. Hin und wieder hob ich mir einen seiner Artikel, der mich besonders angesprochen hatte, auf. Golo Manns *Wallenstein* las ich mit großem Genuss und mit Bewunderung für die stupende Kraft der Stoffbewältigung und die hohe Anschaulichkeit des literarischen Ausdrucks. Meine eigenen historischen Interessen bewegten sich damals jedoch in ganz anderer Richtung: Ich interessierte mich für die kulturellen Beziehungen zwischen Europa und Übersee in der frühen Neuzeit und publizierte über *Die ‹Wilden› und die ‹Zivilisierten›, Die Entdeckung Amerikas* und Ähnliches. Während vieler Jahre unterrichtete ich im Hauptberuf an der Neuen Kantonsschule in Aarau, bemühte mich nach Kräften, den Schülern jenen Enthusiasmus zu vermitteln, der nach Goethes *Maximen und Reflexionen* das Beste an der Geschichte ist, und las ihnen im Unterricht hin und wieder einen Abschnitt aus Golo Manns *Deutscher Geschichte* oder aus dem *Wallenstein* vor.

Persönlich bin ich Golo Mann erst spät und nur wenige Male begegnet. Ich erinnere mich, dass sich nach einem seiner Vorträge ein professoraler Kreis im ersten Stock des Zürcher Schauspielhausrestaurants um den Referenten versammelte. Wenn Köchinnen zusammenkommen, sagt Heinrich Heine irgendwo, sprechen sie von ihrer Herrschaft, und wenn deutsche Schriftsteller zusammenkommen, sprechen sie von ihren Verlegern; dem wäre anzufügen, dass Professoren, wenn sie zusammenkommen, vom universitären Stellenmarkt und von verdienten und unverdienten Karriereverläufen reden. So war es jedenfalls damals, und ich, meines Zeichens noch Privatdozent, hörte mit gemischten Gefühlen zu und sagte nichts. Wohl darum fiel mir besonders auf, dass auch Golo Mann dem Gespräch mit einem Schweigen folgte, das ich heute, da ich ihn besser kenne, als abweisend bezeichnen würde. Damals geschah es, dass ich mich durch dieses gemeinsame

Schweigen mit ihm auf eine seltsame, ihm selbst wohl kaum bewusste Weise verbunden fühlte.

Ein anderes Mal betraute mich mein geschätzter Kollege Klaus Urner vom Archiv für Zeitgeschichte der Eidgenössischen Technischen Hochschule damit, nach einem Vortrag von Golo Mann die Diskussion im kleinen Kreis zu moderieren. Es wurde ein überaus anregendes Gespräch, und mir bleibt in Erinnerung, wie luzid, präzis und doch temperamentvoll der Historiker formulierte; wie er sich selbst in seinen trüben Stunden als didaktisch unbegabt empfinden konnte, ist mir ein Rätsel.

Ein einziges Mal empfing mich Golo Mann zum Abendessen in Kilchberg. Wir sprachen freundlich und angeregt über Geschichte, Politik und Literatur, ferner über die Schwierigkeit, an den heutigen Massenuniversitäten den Studierenden etwas mehr als den Stoff und die Methode ihres Fachs mitzugeben. In mein Tagebuch notierte ich spät am Abend des 14. April 1987: «Besuch bei Golo Mann in Kilchberg. Zuerst auf dem Grab der Familie im schön gelegenen Kirchhof. Dann hinab zum herrschaftlichen Haus an der Alten Landstraße 39. Spanischer Diener, schwarzer Hund. Sehr freundlich empfangen. Apéritif mit Champagner, darauf Fischgericht. Anschließend etwas Käse und ein vorzüglicher spanischer Wein. Gespräch über Literatur (Wassermann, Fontane), politischen Konservativismus («... ich hasse alle -ismen»). Die Schwierigkeiten bei der Weiterführung der Autobiographie. Oft Übereinstimmung der Gefühle. Zuweilen im Mienenspiel sehr lebhaft, fast burschikos. Ein schönes, fast rustikal geschnittenes Gesicht mit machtvoll dräuenden Brauen.»

Nie im Traum hätte ich damals, 1987, daran gedacht, dass ich je eine Biographie Golo Manns schreiben würde. Im Jahre 1995, ein Jahr nach Golo Manns Tod, erfuhr ich, dass sein Nachlass dem Schweizerischen Literaturarchiv in Bern übergeben worden sei. Für eine meiner Studentinnen, Frau Kathrin Lüssi, ergab sich zwischen 1998 und 2000 die Gelegenheit, ein Inventar von Golo Manns Nachlass zu erstellen, eine Arbeit, die dank einer großzügigen Vergabung der Silva-Casa-Stiftung ermöglicht wurde. In dieser Zeit kam ich in ersten Kontakt mit dem Nachlass des Historikers und erwog, allenfalls einen kleinen Essay zu schreiben. Doch das Archivmaterial begann mich immer stärker zu faszinieren, meine Aufenthalte in Bern wurden häufiger und dauerten länger, und schließlich entschloss ich mich, diese Biographie zu verfassen.

War Golo Mann ein bedeutender Historiker? War er ein großer politischer Publizist? Ich habe mir während meiner Arbeit solche Fragen oft gestellt, habe mich aber gehütet, sie ein für alle Mal beantworten zu wollen. Nicht nur schien mir zehn Jahre nach seinem Tod ein abschließendes Urteil verfrüht; mein Anliegen war es vor allem, meinen Leserinnen und Lesern Informationen vorzulegen und Kenntnisse zu vermitteln, die es ihnen erlauben, sich ihre eigenen Fragen zu stellen und ihr eigenes Bild zu machen.

Dass Golo Mann ein außergewöhnlicher Mensch war – daran freilich habe ich nie gezweifelt. Sein Leben umspannte fast ein ganzes turbulentes Jahrhundert: Er erlebte bewusst den Ersten Weltkrieg und den Zusammenbruch der Sowjetunion. Er war kein einfacher Charakter und kein Glückskind; seine Herkunft aus berühmter Familie und die Tragik der Zeitläufte machten ihm ein Leben lang schwer zu schaffen. Als Historiker, politischer Publizist und Liebhaber schöner Literatur war es ihm gegeben, intensiv Anteil zu nehmen, Erinnerungen treu zu bewahren, mit Leidenschaft und Augenmaß für seine Überzeugungen und Werte einzutreten. Er tat dies mit einer geistigen Unabhängigkeit und einer sprachlichen Eindringlichkeit, die ihn sowohl zur Instanz als auch zum Außenseiter werden ließen. Golo Mann betrachtete das Wesen der Menschen und den Gang der Dinge mit melancholischer Skepsis, und vor pessimistischem Fatalismus bewahrte ihn nur die Hoffnung, durch sein Werk der demokratischen Gemeinschaft nützlich zu sein. Darin glich er seinem Jugendfreund Raymond Aron, der einmal gesagt hat, er sei insofern Optimist, als er wisse, dass nicht notwendigerweise immer das Schlimmste eintreffen müsse. Golo

Mann war nicht unfehlbar, und oft war er sich selbst der schärfste Kritiker. Der hohe moralische Anspruch, den er an sich und andere stellte, machte es ihm und den anderen nicht leicht. Mir schien wichtig, die Spur dieses Lebens festzuhalten.

Am Jahresende 2003 Urs Bitterli

Anhang

Anmerkungen

Nachstehend werden folgende Abkürzungen verwendet:

SLA: Schweizerisches Literaturarchiv, Bern
DLA: Deutsches Literaturarchiv, Marbach am Neckar
TMA: Thomas-Mann-Archiv der Eidgenössischen Technischen Hochschule, ETH, Zürich
PCR: Privatarchiv Dieter Chenaux-Repond, Basel
AfZ: Archiv für Zeitgeschichte der Eidgenössischen Technischen Hochschule, ETH, Zürich
MON: Monacensia. Literaturarchiv und Bibliothek, München
P: Privatbesitz

Autorennamen sind in Großbuchstaben gedruckt, Buchtitel sowie Namen von Zeitschriften und Zeitungen erscheinen kursiv, Aufsatztitel stehen in Anführungs- und Schlusszeichen. Bei häufig als Textquelle genannten Sammelbänden steht das Ersterscheinungsdatum des zitierten Aufsatzes zwischen Kommata davor; damit kann der Leser in der chronologisch geordneten Bibliographie das Organ der Erstpublikation auffinden.

I. Die frühen Jahre

1 Zur Biographie von Thomas Mann vgl. u. a. HARPPRECHT, Klaus, *Thomas Mann. Eine Biographie* (Reinbek bei Hamburg 1995), KURZKE, Hermann, *Thomas Mann. Das Leben als Kunstwerk. Eine Biographie* (München 1999), MENDELSSOHN, Peter de, *Der Zauberer. Das Leben des deutschen Schriftstellers Thomas Mann* (Frankfurt a. M. 1975), WYSLING, Hans, SCHMIDLIN, Yvonne, Hg., *Thomas Mann. Ein Leben in Bildern* (Zürich 1994).

2 ZWEIG, Stefan, *Die Welt von Gestern. Erinnerungen eines Europäers* (Wien 1952), S. 13.

3 MANN, Klaus, *Der Wendepunkt.* Ein Lebensbericht (München 1969), S. 23. Das Buch erschien zuerst in englischer Sprache unter dem Titel *The Turning Point* (New York 1942). Zur Familienhierarchie in der damaligen

bürgerlichen Gesellschaft vgl. Thomas NIPPERDEY, *Deutsche Geschichte 1866–1918*, Bd. I (München 1991), S. 44: «Die innere Ordnung der Familie war patriarchalisch, das gehörte zu ihrer sozialen Geltung. Patriarchalisch heißt: Aufgabe und Lebensprojekt der Geschlechter waren verschieden, die wesentlichen und letzten Entscheidungen lagen – nach Recht wie nach Sitte – beim Mann, er dominierte eindeutig.»

4 MANN, Golo, *Erinnerungen und Gedanken. Eine Jugend in Deutschland* (Frankfurt a. M. 1986), S. 48. Erscheint im Folgenden abgekürzt als *Erinnerungen I.* Dieser erste Band der Autobiographie endet mit der Emigration des Autors aus Deutschland im Jahre 1933. Der Band enthält auch z. T. ausführliche Zitate aus den Tagebüchern von Katia Mann und vom Autor selbst. Aus dem Nachlass von Golo Mann ist 1999 von Hans-Martin GAUGER und Wolfgang MERTZ ein zweiter, Fragment gebliebener Teil publiziert worden: *Erinnerungen und Gedanken. Lehrjahre in Frankreich* (Frankfurt a. M. 1999). Dieser zweite Band erscheint in unseren Anmerkungen unter *Erinnerungen II.* Zur Stellung des Vaters Thomas Mann gegenüber seinen Kindern vgl. auch Monika MANN, *Vergangenes und Gegenwärtiges. Erinnerungen* (Reinbek bei Hamburg 2002), S. 53: «Unser Vater dominierte auf passive Weise – weniger sein Tun als sein Sein bestimmte uns. Er war wie ein Dirigent, der seinen Taktstock gar nicht zu regen brauchte und das Orchester durch sein bloßes Dastehen beherrschte.»

5 MANN, Golo, *Erinnerungen I,* S. 14.

6 Ebenda, S. 41.

7 Ebenda, S. 362.

8 MANN, Golo, *Vom Geist Amerikas. Eine Einführung in amerikanisches Denken und Handeln im 20. Jahrhundert* (Stuttgart 1954), S. 11.

9 MANN, Katia, *Meine ungeschriebenen Memoiren* (Frankfurt a. M. 1974), S. 80. Die autoritäre Stellung Thomas Manns in seiner Familie wird durch die Zeugnisse aller Kinder bestätigt; nur des Schriftstellers Lieblingstochter, Elisabeth, dachte darüber anders. Vgl. Kerstin HOLZER, *Elisabeth Mann Borgese. Ein Lebensportrait* (Berlin 2001), S. 9: «Der öffentlichen Meinung, die Mann-Kinder hätten unter der Kälte und intellektuellen Selbstbezogenheit des Vaters gelitten, ist Elisabeth allerdings stets entgegengetreten.» Ebenso: Heinrich BRELOER, *Unterwegs zur Familie Mann. Begegnungen, Gespräche Interviews* (Frankfurt a. M. 2001), S. 27 f.

10 WYSLING, Hans, Hg., *Thomas Mann – Heinrich Mann. Briefwechsel,* (Frankfurt am Main 1968), S. 76.

11 MANN, Golo, *Erinnerungen I,* S. 16.

12 Ebenda. Pädagogische Begabung war, wie sie selber eingestand, nicht die Stärke von Katia Mann. Vgl. dazu JENS, Inge und JENS, Walter, *Frau Thomas Mann. Das Leben der Katharina Pringsheim* (Reinbek bei Hamburg 2003), S. 128: «Die Pädagogik im Hause Mann, das wird durch Dutzende von Briefzitaten belegt, war durch eine bisweilen extreme Partei-

lichkeit geprägt: Erika: Liebling der Eltern; Klaus: liebenswert, begabt und gefährdet; Golo: ein Sonderling und Einzelgänger, aber oft gefällig und hilfreich; Monika: naiv und dickfellig, von meistens törichtem Benehmen, aber musikalisch begabt; Elisabeth – Medi: behütet als des Vaters Herzenskind.»

13 MANN, Thomas, *Tagebücher 1918–1921,* hg. von Peter de MENDELSSOHN (Frankfurt a. M. 1979), S. 364. Ferner ebenda, S. 348. Vgl. auch KURZKE, Hermann, *Thomas Mann. Das Leben als Kunstwerk,* S. 315: «Er (Golo Mann) hatte kaum eine Chance, neben dem berühmten Vater, der leistungsstarken Mutter und den hochbegabt frechen Klaus und Erika ein konkurrenzfähiges Format zu finden. Das trieb ihn ins Groteske.»

14 MANN, Erika, *Blitze überm Ozean. Aufsätze, Reden, Reportagen,* hg. von Irmela von der LÜHE und Uwe NAUMANN (Reinbek bei Hamburg 2000), S. 56. Vgl. auch HALLGARTEN, George W., *Als die Schatten fielen. Erinnerungen vom Jahrhundertbeginn bis zur Jahrtausendwende* (Frankfurt a. M. 1969), S. 105: «Der heute so bekannte Schriftsteller und Historiker hatte in seiner Jugend etwas von einem Gnom oder einer alten Frau, weshalb man ihm ohne Zögern die Rolle der ‹Dame in Trauer› übertrug ... Es war eine meisterliche Wahl.»

15 MANN, Thomas, *Tagebücher 1918–1921,* S. 372.

16 MANN, Klaus, *Kind dieser Zeit* (München 1965), S. 17.

17 MANN, Golo, *Erinnerungen I,* S. 48.

18 Vgl. NAUMANN, Uwe, Hg., *Ruhe gibt es nicht, bis zum Schluß. Klaus Mann 1906–1949. Bilder und Dokumente* (Reinbek bei Hamburg 1999), S. 41 f. und LÜHE, Irmela von der, *Erika Mann. Eine Biographie* (Frankfurt a. M. 1996), S. 33 f.

19 MANN, Klaus, *Der Wendepunkt,* S. 73 f.

20 MANN, Golo, «Erinnerungen an K. M.», *Süddeutsche Zeitung,* 3./4.2.1973. Ferner: MANN, Golo, *Erinnerungen I,* S. 48 ff.

21 Ebenda, S. 21 f. Ferner ebenda, S. 37.

22 Ebenda, S. 72.

23 Ebenda, S. 77.

24 Ebenda, S. 76.

25 MANN, Golo, «Geschichtsunterricht heute», in: *Radikalisierung und Mitte. Zwei Vorträge* (Stuttgart 1971), S. 32 f.

26 Zit. n. JENS, Inge und JENS, Walter, *Frau Thomas Mann,* S. 126. Zu seinem Deutschunterricht hat sich Golo Mann im Rückblick so geäußert: «Wenn meine Mitschüler die ihnen aufgegebenen Strophen hergestammelt hatten, befahl der enttäuschte Lehrer: ‹Jetzt soll's der M. noch einmal aufsagen.› Was ich tat, und mit solcher Freude, daß der Professor zum Schluß bemerkte: ‹Ja, wenn man es so hört, kann es geradezu ein Genuß sein.» Vgl. MANN, Golo, «Und atme frei im Morgenrot. Über den Umgang mit Lyrik», *Die Welt,* 10.3.1990.

27 MANN, Klaus, *Der Wendepunkt,* S. 74.

28 MANN, Thomas, *Der Zauberberg,* Bd. II (Frankfurt a. M. 1967), S. 688 ff.

29 MANN, Golo, *Erinnerungen I,* S. 99.

30 Vgl. HOBEN, Josef, «Thomas Mann und die Seinen am Bodensee», in: *Bodensee,* April (2001).

31 MANN, Monika, *Vergangenes,* S. 41 f.

32 MANN, Golo, «Kurt Hahn. Der Glaube an das Gute im Menschen», *Die Zeit,* 6.6.1986.

33 MANN, Golo, «Der Pädagoge als Politiker: Kurt Hahn», in: *Neue Rundschau,* Nr. 4 (1965). Später aufgenommen in: ders., *Zwölf Versuche* (Frankfurt a. M. 1973), S. 61 ff.

34 MANN, Golo, *Erinnerungen I,* S. 147.

35 Ebenda, S. 202.

36 WITTER, Ben, «Die Betonung liegt auf Deutsch. Golo Mann sucht seine Heimat in Oberbayern», *Die Zeit,* 4.1.1980.

37 MANN, Golo, «Salemer Schulen – Dichtung und Wahrheit», *Die Weltwoche,* 19.2.1975. Antwort auf einen Artikel von Alfred SCHÜLE, «Die Schule der Wohlstandsgeschädigten», in: *Weltwoche Magazin,* Nr. 52 (1974).

38 MANN, Golo, an Manuel Gasser, 29.1.1948, Nachlass SLA. Manuel Gasser (1909–1979), Journalist und Kunstkritiker. Kulturkorrespondent der *Neuen Zürcher Zeitung.* Mitbegründer der *Weltwoche.* Chefredakteur der Kunstzeitschrift *DU.* War mit Golo Mann eng befreundet.

39 CANETTI, Elias, *Die Fackel im Ohr. Lebensgeschichte 1921–1931* (München 1980), S. 62.

40 MANN, Golo, «Fürst Lichnowsky», in: *DU,* September (1960). Später aufgenommen in: ders., *Geschichte und Geschichten* (Frankfurt a. M. 1964), S. 519 f.

41 Vgl. MÁRAI, Sándor, Tagebücher 1943–1944 (Berlin 2001), S. 68, zur Meistererzählung *Kindheit* von Mechthilde LICHNOWSKY: «Eine tiefe, reine K.u.K.-Poesie; in ihrem Buch tragen selbst die Hunde und Katzen einen Franz-Josephs-Schnurrbart.»

42 MANN, Golo, *Erinnerungen I,* S. 194. Golo Mann zitiert hier, nicht ganz korrekt, aus einem Brief von Alexis de TOCQUEVILLE an Madame Swetchine vom 26.2.1857, wo es heißt: «Ma vie s'était écoulée jusque-là dans un intérieur plein de foi qui n'avait pas même laissé pénétrer le doute dans mon âme. Alors le doute y entra, ou plutôt s'y précipita avec une violence inouïe, non seulement le doute de ceci et de cela, mais le doute universel. J'éprouvais tout à coup la sensation dont parlent ceux qui ont assisté à un tremblement de terre, lorsque le sol s'agite sous leurs pieds, les murs autour d'eux, les plafonds sur leur tête, les meubles dans leurs mains, la nature entière devant leurs yeux. Je fus saisi ainsi de la mélancolie la plus noire ...» Zit. n. JARDIN, André, *Alexis de Tocqueville 1805–1859* (Paris 1984), S. 62.

43 MANN, Golo, *Erinnerungen I*, S. 211.
44 LAQUEUR, Walter, *Weimar. Die Kultur der Republik* (Frankfurt a. M. 1974), S. 279.
45 ZUCKMAYER, Carl, *Als wär's ein Stück von mir* (Stuttgart 1966), S. 353.
46 MANN, Golo, *Erinnerungen I*, S. 239. Ähnliche Vorbehalte äußert Golo MANN in seiner *Deutschen Geschichte des neunzehnten und zwanzigsten Jahrhunderts* (München 1962), S. 707: «Die hellsichtige Bosheit, mit der Kurt Tucholsky die Republik verspottete, alle ihre Lahmheiten und Falschheiten, erinnerte von Ferne an Heinrich Heine. Von Witz und Haß des großen Dichters war ein Stück in ihm, nur leider wenig von seiner Liebe.»
47 MANN, Golo, *Erinnerungen I*, S. 239.
48 HUCH, Ricarda, *Briefe an die Freunde,* hg. von Marie BAUM (Zürich 1986), S. 237. Ricarda Huch (1864–1947) beeinflusste Golo Mann vor allem mit ihrem historischen Werk, insbesondere mit *Wallenstein* (1915), *Der Dreißigjährige Krieg* (1929) und *Deutsche Geschichte* (1934–1949).
49 HUCH, Ricarda, «Frühling in der Schweiz», in: HUCH, Ricarda, *Erinnerungen an das eigene Leben* (Stuttgart 1980), S. 177 ff.
50 HUCH, Ricarda, *Briefe an die Freunde*, S. 255.
51 MANN, Golo, *Erinnerungen I*, S. 255. Golo Mann hat sich verschiedentlich zu Ricarda Huch geäußert, vgl. dazu «Ricarda Huch siebzigjährig», in: *Die Sammlung*, Nr. 1 (1935), S. 55 f., und ders., «Ricarda Huch. Das Zeitalter der Glaubensspaltung», in: *Maß und Wert*, Nr. 5 (1938), S. 812 ff.
52 MANN, Golo, «Ricarda Huch siebzigjährig», S. 56.
53 MANN, Golo, «Friedrich Meinecke: Die Entstehung des Historismus», in: *Maß und Wert*, Nr. 3 (1938), S. 487 ff. Später aufgenommen in: *Zeiten und Figuren. Schriften aus vier Jahrzehnten* (Frankfurt a. M. 1979), S. 12 ff.
54 MANN, Golo, *Erinnerungen I*, S. 261. Zu Meinecke vgl. Ernst SCHULIN, «Friedrich Meinecke», in: Hans-Ulrich WEHLER, Hg., *Deutsche Historiker* (Göttingen 1973), S. 39 ff.
55 MANN, Golo, *Erinnerungen I*, S. 261.
56 MANN, Golo, «Erich Marcks: Der Aufstieg des Reiches», in: *Maß und Wert*, Nr. 3 (1938), S. 481. Marcks lehnte den Parlamentarismus der Weimarer Republik ab und begrüßte den Nationalsozialismus. Vgl. IGGERS, Georg G., *Deutsche Geschichtswissenschaft. Eine Kritik der traditionellen Geschichtsauffassung* (München 1971), S. 25 ff. Marcks gehörte in München zum Bekanntenkreis der Familie Mann. Dieser hat ihn in der Erzählung Unordnung und frühes Leid in der Figur des Dr. Cornelius verewigt: «Er weiß, daß Professoren der Geschichte die Geschichte nicht lieben, sofern sie geschieht, sondern sofern sie geschehen ist; daß sie die gegenwärtige Umwälzung hassen, weil sie sie als gesetzlos, unzusammenhängend und frech, mit einem Worte, als ‹unhistorisch› empfinden, und daß ihr Herz der zusammenhängenden, frommen und historischen Ver-

gangenheit angehört.» Vgl. MANN, Thomas, *Sämtliche Erzählungen* (Frankfurt a. M. 1971), S. 498.

57 MANN, Golo, *Erinnerungen I*, S. 263.

58 Ebenda, S. 279.

59 Vgl. JASPERS, Karl, *Die geistige Situation der Zeit* (Berlin 1931).

60 MANN, Golo, *Erinnerungen I*, S. 305.

61 MANN, Gottfried (Golo), *Zum Begriff des Einzelnen, des Ich und des Intellektuellen bei Hegel*, Diss. (Heidelberg 1932) – Vgl. KOCH, Jeroen, *Golo Mann und die deutsche Geschichte. Eine intellektuelle Biographie* (Paderborn 1998).

62 MANN, Gottfried, *Zum Begriff des Einzelnen*, S. 57.

63 MANN, Golo, *Erinnerungen I*, S. 311. Vgl. MANN, Golo, an Rolf Hochhuth, 27.11.1984, Nachlass SLA: «Meine Dissertation bei Jaspers ‹Zum Begriff des Individuellen bei Hegel›. Sie war schrecklich unreif, ich bin froh darüber, daß nur ein gedrucktes Exemplar in Deutschland existiert, in der dortigen Universitätsbibliothek. Ich besitze keines und bin darüber auch froh ...».

64 KÖHLER, Lotte und SANER, Hans, Hg., *Hannah Arendt – Karl Jaspers. Briefwechsel 1926–1969* (München 1985), S. 211.

65 MANN, Golo, *Erinnerungen I*, S. 328.

66 MANN, Golo, «Als Bergarbeiter unter Bergarbeitern. Studien eines Dichtersohnes», *Acht-Uhr-Abendblatt*, 15.1.1929.

67 HARPPRECHT, Klaus, *Thomas Mann. Eine Biographie*, S. 667.

68 MANN, Golo, «Thomas Mann und die Politik. Eine Erwiderung», in: *Der Heidelberger Student*, 17. 12. 1930. Nachgedruckt in: ders., *Erinnerungen I*, S. 394.

69 Ebenda, S. 396.

70 Ebenda, S. 369.

71 Ebenda, S. 458.

72 MANN, Golo, «Rede. Genossinnen und Genossen», Typoskript, 13.6.1931, A-2-1931-2, Nachlass SLA.

73 MANN, Golo, «Sozialismus und Nation», Typoskript, 16.1.1931, A-2-1931-3, Nachlass SLA.

74 MANN, Golo, «Pazifismus und Wehrwille», in: *Der sozialistische Student*, Nr. 1 (1931).

75 Ebenda.

76 MANN, Golo, «Revolutionierung des Geistes. Zur Kritik des Nationalsozialismus», in: *Der sozialistische Student*, Nr. 1 (1931).

77 MANN, Golo, *Erinnerungen I*, S. 368.

78 Vgl. BENZ, Wolfgang, «Emil Julius Gumbel. Die Karriere eines deutschen Pazifisten», in: WALBERER, Ulrich, Hg., *Bücherverbrennungen in Deutschland und die Folgen* (Frankfurt a. M. 1983), S. 160 ff.

79 MANN, Golo, *Erinnerungen I*, S. 400.

80 KESSLER, Harry Graf, *Tagebücher 1918–1937* (Frankfurt a. M. 1961), S. 690.
81 JÄCKEL, Eberhard, *Das deutsche Jahrhundert. Eine historische Bilanz* (Stuttgart 1996), S. 154 ff.
82 MANN, Golo, *Erinnerungen I*, S. 377.
83 ZWEIG, Stefan, *Die Welt von Gestern,* S. 329.
84 MARCUSE, Ludwig, *Mein zwanzigstes Jahrhundert* (Frankfurt a. M. 1968), S. 110.
85 CAROSSA, Hans, *Tagebücher 1925–1935* (Frankfurt a. M. 1993), S. 162. Der zitierte Tagebucheintrag bezieht sich auf Heinrich MANNS Essay «Der Schriftsteller und der Staat», in: *Neue Rundschau,* Nr. 5 (1931).
86 PRINGSHEIM, Hedwig an Dagny Björnson-Langen, 25.3.1938. Vgl. den Briefwechsel von Golo MANN mit H.-R. Wiedemann, 15.2.1985, DLA. Zu den näheren Umständen der Auflösung von Thomas Manns Hausstand vgl. HARPPRECHT, *Thomas Mann. Eine Biographie,* S. 772 ff. und KURZKE, Hermann, *Thomas Mann. Das Leben als Kunstwerk,* S. 396 ff. Ferner: Thomas Sprecher, «Thomas Mann im Zürcher Exil», in: ROSENBERGER, Nicole und STAUB, Norbert, Hg., *Prekäre Freiheit. Deutschsprachige Autoren im Schweizer Exil* (Zürich 2002), S. 85 ff.
87 MANN, Golo, *Erinnerungen I*, S. 511.
88 Vgl. HÜBINGER, Paul Egon, *Thomas Mann, die Universität Bonn und die Zeitgeschichte. Drei Kapitel deutscher Vergangenheit aus dem Leben des Dichters 1905–1955* (München 1974), S. 132 ff., S. 173 ff.
89 MANN, Thomas, *Tagebücher 1933–1934,* hg. von Peter de MENDELSSOHN (Frankfurt a. M. 1977), S. 106.
90 Ebenda, S. 422.
91 MANN, Golo, *Erinnerungen I*, S. 539.
92 MANN, Ebenda, S. 530.
93 ARON, Raymond, *Mémoires.* 50 ans de réflexion politique (Paris 1983), S. 63. Französischer Wortlaut: «Golo Mann et moi ne parlions pas, unis en silence dans nos réflexions solitaires. En un pays de culture, et de haute culture, la vieille classe dirigeante avait confié à ces ruffians la mission de rendre à l'Allemagne son indépendance et sa puissance. Les livres se consumaient Unter den Linden comme jadis ceux de la Bibliothèque d'Alexandrie; les flammes symbolisaient la barbarie au pouvoir.»

II. Das Exil

1 MANN, Golo, «Politische Aspekte der deutschen Emigration 1939–1945», in: ders., *Emigration.* Zwei Vorträge, hg. von Kathrin LÜSSI und Thomas FEITKNECHT (Bern 1999), S. 60. Dass Frankreich 1936 auf die deutsche Besetzung des Rheinlandes nicht militärisch reagierte, erwies sich als fatal.

Vgl. René RÉMOND, *Frankreich im 20. Jahrhundert. Erster Teil 1918–1958* (Stuttgart 1994), S. 244: «Nach heutiger Überzeugung war diese Passivität ein entscheidender Fehler mit unübersehbaren Konsequenzen: Am 7. März (1936) war wahrscheinlich die letzte Gelegenheit gewesen, um die vom Dritten Reich betriebene Politik der vollendeten Tatsachen gewaltsam zu stoppen.»

2 Vgl. HARPPRECHT, Klaus, *Thomas Mann. Eine Biographie,* S. 703 ff., und KURZKE, Hermann, *Thomas Mann. Das Leben als Kunstwerk,* S. 403 f.

3 Vgl. HÜBINGER, Paul Egon, *Thomas Mann, die Universität Bonn und die Zeitgeschichte,* S. 132 ff. Vgl. ferner die Bilddokumentation bei WYSLING, Hans und SCHMIDLIN, Yvonne, Hg., *Thomas Mann, Ein Leben in Bildern,* S. 316 f.

4 MANN, Golo, *Erinnerungen II*, S. 11 ff.

5 MANN, Golo, *Emigration,* S. 29. Die nach Frankreich emigrierten deutschen Intellektuellen waren unter sich zerstritten, sodass schon deshalb keine Aussicht bestand, auf die Außenpolitik des Gastlandes einzuwirken. Vgl. dazu MANN, Golo, «Politische Gedanken», in: *Maß und Wert*, Nr. 5 (1938): «Die Warnungen der Emigranten verhallten darum ohne Erfolg, weil sie von Emigranten ausgingen. Denn es ist nicht immer klar, von welchem Standpunkt, in wessen Interesse der Emigrant Außenpolitik betreibt: er hat politisch keinen Boden.» Zur Exilsituation in Frankreich und der Schweiz vgl. Barbara VORMEIER, «Frankreich», in: KROHN, Klaus-Dieter et al., *Handbuch der deutschsprachigen Emigration 1933–1945* (Darmstadt 1998), und ebenda: WICHERS, Hermann, «Schweiz».

6 MANN, Thomas, *Jahre des Unmuts.* Briefwechsel mit René Schickele 1930–1940, hg. von Hans WYSLING und Cornelia BERNINI (Frankfurt a. M. 1992), S. 226 f.

7 MANN, Golo, *Erinnerungen II*, S. 23.

8 Ebenda, S. 37.

9 Ebenda, S. 41.

10 MANN, Thomas, *Tagebücher 1933–1934,* S. 222.

11 Zu Thomas Manns Verhältnis zur Schweiz vgl. SPRECHER, Thomas, *Thomas Mann in Zürich* (Zürich 1992). Ferner ders., «Das enge Nachbarländchen. Das Bild der Schweiz bei Thomas Mann», *Neue Zürcher Zeitung,* 22./23.4.1989.

12 MANN, Golo, Gespräch, Tonbandaufzeichnung, 18.5.1983, AfZ.

13 Ebenda.

14 PÉCAUT, Félix, an Golo Mann, 1.1.1940, Nachlass SLA. Originaler französischer Wortlaut: «La France a un sombre courage qui ne faillira pas. Mon cher Mann, j'ai pour vous beaucoup d'affection.»

15 PÉCAUT, Félix, an Golo Mann, 25.1.1940, Nachlass SLA. Originaler

Wortlaut: «Et puis dites-vous bien que c'est l'école qui vous est redevable. Il sera un peu pardonné à Hitler, pour vous avoir envoyé chez nous.» Auf die Briefe von Pécaut stieß Golo Mann im Zusammenhang mit der Abfassung seiner *Erinnerungen II*. Darauf hin deutet eine Tagebuchnotiz vom 15.9.1988, Nachlass SLA: «Unendlich rührend, darin zu lesen.» Pécaut stellte Golo Mann am 19.2.1938 folgendes Arbeitszeugnis aus: «Les jeunes gens lui étaient attachés, sentant sa supériorité en même temps que sa simplicité. M. Mann joint à une culture remarquablement étendue et variée une intelligence vigoureuse et singulièrement intuitive. Ces deux ans de commerce quotidien avec lui m'ont laissé la conviction qu'il est un des esprits les plus distingués de sa génération. Félix Pécaut, Inspecteur général honoraire de l'Education nationale.» C-1-a-1-4, Nachlass SLA.

16 MANN, Golo, *Erinnerungen II*, S. 91. Vgl. dazu ORY, Pascal und SIRINELLI, Jean-François, *Les intellectuels en France, de l'affaire Dreyfus à nos jours* (Paris 1986), S. 100 ff.

17 MANN, Golo, *Erinnerungen II*, S. 91 f. Im Original französisch: «Pourtant le marxisme ne sera pas vaincu par des imbéciles.»

18 Zit. n. NAUMANN, Uwe, *Ruhe gibt es nicht*, S. 151.

19 MANN, Golo, *Erinnerungen II*, S. 75.

20 MANN, Golo, «Politische Chronik», in: *Die Sammlung*, Nr. 1 (1935), S. 46.

21 Ebenda, Nr. 1 (1935), S. 47.

22 Ebenda, Nr. 8 (1935), S. 442.

23 Ebenda, Nr. 11 (1935), S. 658. Die außerordentliche Verführungskraft des sowjetischen Kommunismus im Frankreich der Zwischenkriegszeit findet eine erhellende Darstellung in FURET, François, *Le passé d'une illusion. Essai sur l'idée communiste au XXe siècle* (Paris 1994), S. 79 ff. Die deutsche Übersetzung erschien unter dem Titel *Das Ende der Illusion. Der Kommunismus im 20. Jahrhundert* (München 1996). Vgl. die Kritik gegen die primär geistesgeschichtliche Sehweise Furets von Hans-Ulrich WEHLER, *Die Zeit*, 19.4.1996.

24 MANN, Golo, «Wallenstein und die deutsche Politik», in: *Die Sammlung*, Nr. 10 (1934), S. 509 ff. Im Besonderen wendet sich Golo Mann gegen den Analogieschluss von Sympathisanten des Nationalsozialismus, Hitler habe endlich das erreicht, was Wallenstein und Bismarck nicht gelungen sei: «Daß wir es endlich weit gebracht und dank besserer Mittel, größerer Männer erreicht hätten, was Bismarck oder Wallenstein nicht gelungen, kann man augenblicklich nicht selten hören. Es ist eine wunderliche Argumentation ...» (S. 516).

25 MANN, Golo, «Ernst Jünger. Ein Philosoph des neuen Deutschland», in: *Die Sammlung*, Nr. 5 (1934), S. 249 ff.

26 SPENGLER, Oswald, *Der Untergang des Abendlandes* (München 1972), S. 1183 ff.

27 MANN, Golo, *Erinnerungen I*, S. 563.

28 MANN, Golo, «Ernst Jünger», 1960, in: *Geschichte und Geschichten,* S. 216.

29 MANN, Golo, «Hermann Rauschning. Die Revolution des Nihilismus», in: *Maß und Wert*, Nr. 3, (1939), S. 398. Hermann Rauschning gehörte mit seinen Büchern *Die Revolution des Nihilismus* (Zürich 1938) und *Gespräche mit Hitler* (Zürich 1939) zu den einflussreichsten frühen Kritikern des Nationalsozialismus aus konservativer Warte. Die Authentizität der Gespräche mit Hitler ist umstritten. Vgl. HILDEBRAND, Klaus, *Das Dritte Reich* (München 1987), S. 132. Ferner: BROSZAT, Martin, «Enthüllung? Die Rauschning-Kontroverse», in: GRAML, Hermann, Hg., *Nach Hitler. Der schwierige Umgang mit unserer Geschichte* (München 1986), S. 249 ff.

30 MANN, Golo, «Zürich als Literaturexil», in: Golo MANN, *Emigration,* S. 37.

31 Vgl. SPRECHER, Thomas, *Thomas Mann in Zürich,* S. 92 f.

32 Ebenda, S. 39. Bernard von Brentano (1901–1964), ein Nachfahr des Clemens Brentano, erregte 1947 Aufsehen, als er den Journalisten und Freund Golo Manns, Manuel Gasser, wegen Verleumdung und übler Nachrede einklagte. Gasser hatte in einem Artikel in der *Weltwoche* den Schriftsteller als «rabiaten Antisemiten» und «großen Mann der Nazi-Kolonie Zürichs» bezeichnet. Im Prozess trat die intellektuelle Prominenz Zürichs in den Zeugenstand, darunter die Professoren Jean Rudolf von Salis, Fritz Ernst und Hans Barth. Gasser wurde zu einer Buße und zur Übernahme der Gerichtskosten verurteilt. Vgl. *Neue Zürcher Zeitung,* 18.3.1947. Ferner: Thomas Sprecher, *Thomas Mann in Zürich*, S. 85 ff.

33 MANN, Thomas, *Tagebücher 1933–1934,* S. 523.

34 MANN, Golo, *Erinnerungen II*, S. 138 f.

35 Ebenda, S. 139.

36 MANN, Thomas, *Briefe 1889–1936,* hg. von Erika MANN, Bd. I (Frankfurt a. M. 1961), S. 413. Zu den näheren Umständen dieses Schreibens vgl. Hermann KURZKE, *Thomas Mann. Das Leben als Kunstwerk,* S. 412 ff., und Klaus HARPPRECHT, *Thomas Mann. Eine Biographie,* S. 881 ff.

37 SCHRÖTER, Klaus, Hg., *Thomas Mann im Urteil seiner Zeit. Dokumente 1891–1955* (Frankfurt a. M. 2000), S. 280.

38 MANN, Golo, Tagebuch, 17. 3. 1936. Im originalen Wortlaut: «Horreur et mépris, je ne trouve pas d'autre mot.» Und am 18. 2. 1936: «Schwäche der Politiker! Seiten entfernt, die verzweifelt waren.»

39 Zit. n. MANN, Golo, *Erinnerungen II*, S. 169.

40 Ebenda.

41 SOREL, Albert, *L'Europe et la Révolution française,* 8 Bde. (Paris 1885–1904).

42 MANN, Golo, *Erinnerungen II*, S. 191.

43 Vgl. HEFTRICH, Eckhard und SPRECHER, Thomas, «Deutscher,

Tschechoslowake, Amerikaner. Zu Thomas Manns staatsbürgerlichen Verhältnissen», in: *Thomas Mann Jahrbuch,* Bd. IX (Frankfurt a. M. 1996), S. 303 ff.

44 MANN, Thomas, *Tagebücher 1935–1936,* hg. von Peter de MENDELSSOHN (Frankfurt a. M. 1978), S. 381 f. Zur Einbürgerung der Familie Mann in der Tschechoslowakei vgl. Eckhard HEFTRICH und Thomas SPRECHER, «Deutscher, Tschechoslowake, Amerikaner», S. 303.

45 MANN, Golo, an Erich von Kahler, 24.11.1937, DLA. Zur Geschichte vgl. Gotthold RHODE, «Die Tschechoslowakei von der Unabhängigkeitserklärung bis zum ‹Prager Frühling› (1918–1968), in: Theodor SCHIEDER, Hg., *Handbuch der europäischen Geschichte,* Bd. VII (Stuttgart 1979), S. 938 ff.

46 MANN, Golo, «Wanderungen rund um Deutschland. Böhmen», A-1-1/0-3, Nachlass SLA.

47 MANN, Thomas, *Briefe 1937–1947*, hg. von Erika MANN, Bd. II (Frankfurt a. M. 1963), S. 10.

48 HARPPRECHT, Klaus, *Thomas Mann. Eine Biographie,* S. 915. Vgl. GRIMM, Jacob, «Meine Entlassung», in: *Kleinere Schriften I. Reden und Abhandlungen.* Reprographischer Nachdruck der Ausgabe Berlin 1864 (Hildesheim 1965).

49 Vgl. dazu HÜBINGER, Paul Egon, *Thomas Mann, die Universität Bonn und die Zeitgeschichte,* S. 230.

50 MANN, Thomas, Vorwort zum ersten Jahrgang von *Maß und Wert,* in: *Gesammelte Werke in zwölf Bänden. Reden und Aufsätze,* Bd. 12 (Frankfurt a. M. 1960), S. 812. Zur Geschichte von *Maß und Wert* vgl. Thomas BALTENSWEILER, *Maß und Wert – die Exilzeitschrift von Thomas Mann und Konrad Falke* (Bern 1996). Ebenso: Thomas SPRECHER, *Thomas Mann in Zürich*, S. 183 ff.

51 Zit. n. STAHLBERGER, Peter, *Der Zürcher Verleger Emil Oprecht und die deutsche politische Emigration 1933–1945* (Zürich 1970), S. 110. Zu Oprechts Tätigkeit und zum Schriftstellerexil in der Schweiz vgl. HUONKER, Gustav, *Literaturszene Zürich. Menschen, Geschichten und Bilder 1914–1945* (Zürich 1985), S. 130 ff.; ferner: MITTENZWEI, Werner, *Exil in der Schweiz* (Leipzig 1978) und HUMM, Rudolf Jakob, *Bei uns im Rabenhaus. Literaten und Leute im Zürich der dreissiger Jahre* (Frauenfeld 2002). In Humms Werk ist auch kurz von Golo Mann die Rede, nämlich auf S. 38: «Golo Mann sprach nicht bei uns, aber er besuchte mich, und ich erinnere mich, wie er an einem winterlich nebligen Tag sich am Fenster gegen das Fraumünster profilierend melancholisch fragte: ‹Was ist Demokratie? Wir wissen es alle nicht.› Worin die Bedrängnis der Familie Mann sehr hübsch zum Ausdruck kam.»

52 STAHLBERGER, Peter, *Der Zürcher Verleger Emil Oprecht*, S. 110.

53 Zit n. BÖNI, Otto, «Schriftsteller-Exil Schweiz 1933–1945», in: Schweizer

Schriftstellerverband, Hg., *Literatur geht nach Brot. Die Geschichte des Schweizer Schriftsteller-Verbandes* (Aarau 1987), S. 141 f.

54 Vgl. *Bericht der Unabhängigen Expertenkommission Schweiz-Zweiter Weltkrieg* (Zürich 2002), S. 109 ff. Zur Flüchtlingspolitik vgl. ferner die Bände XII und XIII der *Documents Diplomatiques Suisses* (Bern 1991, 1994). Ebenso KROHN, Klaus-Dieter et. al., *Handbuch der deutschsprachigen Emigration;* darin insbes. das Kapitel von Hermann WICHERS über die Schweiz, S. 375.

55 MANN, Golo, «Deutsche Literatur im Exil», in: *Neue Rundschau,* Nr. 1 (1968).

56 MANN, Golo, «Politische Gedanken», in: *Maß und Wert,* Nr. 5 (1938), S. 783 ff.

57 Ebenda, S. 788.

58 Ebenda, S. 796.

59 Ebenda, S. 797.

60 MANN, Golo, «Deutscher Historismus», in: *Maß und Wert,* Nr. 3 (1938), S. 488 ff; nachgedruckt in: *Zeiten und Figuren,* S. 12 ff.

61 Ebenda, S. 488.

62 Ebenda, S. 492.

63 MANN, Golo, *Erinnerungen I,* S. 244 f.

64 MARX, Karl, «Der achtzehnte Brumaire des Louis Bonaparte», in: MARX/ENGELS, *Gesamtausgabe,* Bd. IX (Berlin 1981), 96 f.

65 MANN, Golo, *Erinnerungen I,* S. 262.

66 Vgl. WEHLER, Hans-Ulrich, Hg., *Arthur Rosenberg, Was bleibt von Karl Marx?* und andere Aufsätze (Göttingen 1972). Zu Rosenberg vgl. BERDING, Helmut, «Rosenberg», in: WEHLER, Hans-Ulrich, *Deutsche Historiker* (Göttingen 1973), S. 457 ff.

67 MANN, Golo, «Was bleibt von Karl Marx? Eine Diskussion», in: *Maß und Wert,* Nr. 3 (1940), S. 395; nachgedruckt in: Zeiten und Figuren.

68 Ebenda, S. 397.

69 Ebenda, S. 397. Golo Manns Artikel «Was bleibt von Karl Marx?» ist vom marxistischen Exilforscher Werner MITTENZWEI in seinem Werk *Exil in der Schweiz,* S. 189 wie folgt kommentiert worden: «Dass kaum Grund bestand, die Zeitschrift (*Maß und Wert*) elitär zu nennen, zeigten Stil und Methode der Marxismuspolemik von Golo Mann. Er kümmerte sich überhaupt nicht um das derzeitige Niveau, auf dem die Diskussion über den wissenschaftlichen Sozialismus geführt wurde. Die Diktion, die er bevorzugte, unterschied sich nicht von einem Unterhaltungsroman. Ausgehend von einer erschreckend primitiven Vorstellung, schlug er gegen den Marxismus, gegen die wissenschaftliche Weltauffassung der Arbeiterklasse los.»

70 Vgl. MARX, Karl, ENGELS, Friedrich, *Manifest der Kommunistischen Partei* (Berlin-Ost 1945), 1. Kapitel, S. 42 ff.

71 Vgl. WIPPERMANN, Wolfgang, *Faschismustheorien. Die Entwicklung der Diskussion von den Anfängen bis heute* (Darmstadt 1997).

72 MANN, Thomas, *Briefwechsel mit seinem Verleger Gottfried Bermann Fischer 1932–1955*, hg. von Peter de MENDELSSOHN (Frankfurt a. M. 1973), S. 222. Vgl. dazu auch den Brief von Thomas Mann aus Princeton an Emil Oprecht vom 30.1.1939 in: Thomas MANN, *Briefe 1937–1947*, Bd. II, S. 79: «Das Schicksal unserer Zeitschrift beschäftigt mich andauernd, und viel habe ich, seit Golo bei uns ist, mit ihm darüber gesprochen und hin und her beraten. Sein Wunsch und Ehrgeiz, die Redaktion im Frühjahr zu übernehmen, ist sehr groß und sein Selbstvertrauen, die Zeitschrift in einem Geist führen zu können, der ihr die notwendigen neuen Freunde gewinnen wird, macht mir Eindruck und stärkt mein eigenes Vertrauen in seine Fähigkeit dazu.»

73 MANN, Golo, «Politische Gedanken», S. 783.

74 Vgl. u. a. RINGS, Werner, *Schweiz im Krieg 1933–1945. Ein Bericht* (Zürich 1974), und KREIS, Georg, MÜLLER, Bertrand, Hg., *Die Schweiz und der Zweite Weltkrieg* (Basel 1997).

75 MANN, Golo, *Emigration*, S. 42. Vgl. zur Schweizerischen Landesausstellung von 1939 auch eine Notiz aus Thomas MANNS *Tagebüchern 1937–1939*, S. 447: «6 Uhr zu Oprechts; mit ihnen zur Landesausstellung. Strömender Regen. Gang hindurch. Eindruck rührender Selbstverherrlichung, berechtigt, gewinnend, notwendig.»

76 MANN, Golo, an Erich von Kahler, 30.8.1939, DLA.

77 Das prächtige Haus von Alfred und Hedwig Pringsheim an der Arcisstraße in München wurde bereits 1933 abgerissen und durch «Führerbauten» ersetzt, die kostbare Majolika-Sammlung des Mathematikprofessors wurde in einer Auktion verschleudert, die wertvolle Sammlung von Briefen Richard Wagners verbrannte Hedwig Pringsheim nach dem Tod ihres Mannes in Zürich, im Juli 1941. Die Emigration wurde möglich dank der persönlichen Intervention von Winifred Wagner bei hoch gestellten Nationalsozialisten. Vgl. Brigitte HAMANN, *Winifred Wagner oder Hitlers Bayreuth* (München 2002), S. 381. Ferner: JÜNGLING, Kirsten, ROSSBECK, Brigitte, *Katia Mann. Die Frau des Zauberers* (München 2003), S. 232 ff., und JENS, Inge und Walter, *Frau Thomas Mann. Das Leben der Katharina Pringsheim* (Reinbek bei Hamburg 2003), S. 218 ff.

78 MANN, Golo, *Erinnerungen II*, S. 241.

79 MANN, Golo, *Emigration*, S. 44. Vgl. dieselbe Aussage in etwas abgewandelter Form in einer Tonbandaufzeichnung vom 6.5.1983, AfZ.

80 MANN, Golo, *Erinnerungen II*, 246.

81 Ebenda, S. 249.

82 Ebenda, S. 253.

83 Alfred Kantorowicz, *Exil in Frankreich* (Bremen 1971), S. 110.

84 MANN, Golo, Tagebuch, 1.7.1940, Nachlass SLA. Im französischen

Original: «Les Allemands à Paris. Grand Dieu, quelle pensée! Et quelle somme de souffrances! Mais demain, ça peut être mon tour. Les hommes sont comme ça: ils n'échappent pas au destin général.»

85 Zit. n. AZEMA, Jean-Pierre, *De Munich à la libération* (Paris 1979), S. 73.

86 MANN, Golo, *Erinnerungen II*, S. 259. Zum Lager von Les Milles vgl. FONTAINE, André, *Le camp d'étrangers des Milles 1939–1943* (Aix-en-Provence 1989). Ferner: Regina M. DELACOR, «From Potential Friends to Potential Enemies: The Internment of ‹Hostile Foreigners› at the Beginning of the Second World War», in: *Journal of Contemporary History*, Nr. 3 (2000).

87 FEUCHTWANGER, Lion, *Der Teufel in Frankreich. Erlebnisse* (Berlin 2000), S. 195.

88 Vgl. FRY, Varian, *Auslieferung auf Verlangen. Die Rettung deutscher Emigranten in Marseille 1940–41* (München 1986). Die Golo Mann betreffende Textpassage auf S. 75 lautet: «Heinrich Mann bat mich, auch seinen Neffen Golo, den Sohn von Thomas Mann, mitzunehmen. Ich war einverstanden. Wir wollten uns auf den Weg zur Grenze machen, sobald wir alle unsere Transitvisa hatten. [...] Ich schrieb Golo Mann an seinen Aufenthaltsort Le Lavandou, und er kam am nächsten Tag nach Marseille.» Der Titel der amerikanischen Ausgabe lautet: *Surrender on Demand* (New York 1945). Vgl. auch Andy MARINO, *A Quiet American. The Secret War of Varian Fry* (New York 1999).

89 Vgl. BERTAUX, Pierre, Hg., *Briefwechsel Heinrich Mann – Félix Bertaux* (Frankfurt a. M. 2002), S. 522 f.

90 MANN, Thomas, *Tagebücher 1940–1943*, hg. von Peter de MENDELSSOHN (Frankfurt a. M. 1982), S. 129. Das von Thomas Mann erwähnte Telegramm befindet sich im französischen Original im Thomas-Mann-Archiv der ETH, Zürich. Es lautet: «Visa américain pret. Difficultés départ ailleurs sans doute surmontables. Vais bien ici. Tendresses. Lavandou/Beverly Hills. Postal Telegraph.» TMA.

91 FEUCHTWANGER, Marta, *Die Flucht*, in: FEUCHTWANGER, Lion, *Der Teufel in Frankreich*, S. 345.

92 MAHLER-WERFEL, Alma, *Mein Leben* (Frankfurt a. M. 2000), S. 318.

93 MANN, Heinrich, *Ein Zeitalter wird besichtigt* (Berlin 1973), S. 442 f.

94 FRY, Varian, *Auslieferung auf Verlangen*, S. 88 f.

95 MANN, Heinrich, *Ein Zeitalter wird besichtigt*, S. 220. Die Nachricht Golo Manns über die bevorstehende Ankunft in den USA erfolgte telegrafisch: «Clipper unfortunately not available. Leave 3 october with New Hellas. Love. Lisbonne/Los Angeles. Western Union. 25.9.1940.» TMA.

96 MANN, Klaus, *Der Wendepunkt*, S. 410.

97 MANN, Thomas, *Tagebücher 1940–1943*, S. 165.

98 Ebenda, S. 357.

99 Vgl. POMMERIN, Rainer, FRÖHLICH, Michael, Hg., *Quellen zu den deutsch-amerikanischen Beziehungen 1917–1963* (Darmstadt 1996), S. 163.

100 MANN, Thomas, *Tagebücher 1940–1943,* S. 249.

101 MANN, Thomas, *Briefe 1937–1947,* S. 250.

102 Vgl. NAUMANN, Uwe, *Ruhe gibt es nicht,* S. 86. Ebenso: LÜHE, Irmela von der, *Erika Mann,* S. 52 ff.

103 MANN, Erika und MANN, Klaus, *Rundherum. Das Abenteuer einer Weltreise* (München 1969), S. 25.

104 MITTENZWEI, Werner, *Exil in der Schweiz,* S. 198.

105 Vgl. LÜHE, Irmela von der, *Erika Mann,* S. 165.

106 MANN, Erika, *School for Barbarians. Education under the Nazis* (New York 1938). Eine deutsche Ausgabe unter dem Titel *Zehn Millionen Kinder. Die Erziehung der Jugend im Dritten Reich* erschien im selben Jahr im Querido Verlag, Amsterdam; Nachdruck (München 1986).

107 MANN, Erika, MANN, Klaus, *Escape to Life* (Boston 1939); Übersetzung ins Deutsche (München 1991).

108 MANN, Klaus, *Mephisto. Roman einer Karriere* (Amsterdam 1936); Nachdruck (Reinbek bei Hamburg 1981). MANN, Klaus, *Der Vulkan. Roman unter Emigranten* (Amsterdam 1939); Nachdruck (München 1999). *Mephisto* durfte auf Betreiben des Adoptivsohns und Alleinerben von Gustaf Gründgens erst 1981 neu aufgelegt werden. Über Gründgens, den ersten Ehemann von Erika Mann, besitzen wir eine scharfsinnige Charakteranalyse, die der deutsche Emigrant Carl Zuckmayer im Auftrag des amerikanischen Geheimdienstes verfasste und worin es u. a. heißt: «... so sehr er in allen Sätteln der Nazi-Intrigue gerecht und all ihren Finten gewachsen war – hat er doch seine künstlerische Qualität, seinen Stil und seine persönliche Lebensart immer aufrechterhalten.» Vgl. Carl ZUCKMAYER, Geheimreport, hg. von Gunther NICKEL und Johanna SCHRÖN (Göttingen 2002), S. 131.

109 Zit. n. NAUMANN, Uwe, *Ruhe gibt es nicht,* S. 239.

110 MANN, Klaus, *Der Wendepunkt,* S. 402 f.

111 Zit. n. NAUMANN, Uwe, *Ruhe gibt es nicht,* S. 250.

112 MANN, Golo, an Erich von Kahler, 10.7.1939, DLA.

113 Zit. n. SCHAENZLER, Nicole, *Klaus Mann. Eine Biographie* (Berlin 2001), S. 455.

114 Vgl. MANN, Monika, *Vergangenes und Gegenwärtiges,* S. 113.

115 Vgl. BRELOER, Heinrich und KÖNIGSTEIN, Horst, *Die Manns. Ein Jahrhundertroman* (Frankfurt a. M. 2001).

116 Vgl. HOLZER, Kerstin, *Elisabeth Mann Borgese. Ein Lebensporträt* (Berlin 2001). Die Film-Interviews von Elisabeth Mann Borgese sind gesammelt in: Heinrich BRELOER, *Unterwegs zur Familie Mann. Begegnungen, Gespräche, Interviews* (Frankfurt a. M. 2001).

117 MANN, Michael, *Fragmente eines Lebens. Lebensbericht und Auswahl seiner Schriften,* hg. von Frederic C. TUBACH und Sally P. TUBACH (München 1983). S. 217.

118 MANN, Golo, an Johannes Pringsheim, 10.11.1939, TMA.

119 MANN, Golo, «In memoriam W. H. Auden», *Süddeutsche Zeitung,* 6./7.10.1973; nachgedruckt in: *Zeiten und Figuren,* S. 272.

120 MANN, Golo, an Manuel Gasser, 19.9.1941, Nachlass SLA. Die negativen Äußerungen ließen sich mehren. Vgl. auch Golo MANN an Manuel Gasser, 2.12.1946, Nachlass SLA: «... hier bin ich wieder. Ein seltener trüber Gast. Trüb vor allem wegen des verhaßten New York.»

121 MANN, Golo, an Erich von Kahler, undat., DLA. Der Historiker und Kulturphilosoph Erich von KAHLER (1885–1970) war mit der Familie von Thomas Mann seit München bekannt. Er verließ Deutschland 1933 und gelangte über Zürich nach den USA, wo er eine Professur übernahm. Sein Hauptwerk *Der deutsche Charakter in der Geschichte Europas* (Zürich 1937) untersucht die tragische Geschichte des «gegenseitigen Verfehlens von Deutschtum und Europa». In einem Brief an den Autor vom 8.11.1937 äußert sich Golo Mann zu diesem Buch: «Ich bewundere die Schönheit Ihrer Descriptionen, die Fülle des Stoffes, die Durchsichtigkeit Ihrer Ableitungen und Zusammenpassungen, die Ordnung, welche Sie in all das gebracht haben, was man denkt und ungeordnet, voll Widersprüchen, ausspricht, wenn man über Deutschland spricht.» DLA. Im gemeinsamen Aufenthalt in Princeton entwickelte sich zwischen Thomas Mann und Kahler eine enge Freundschaft. Für Golo Mann wurde Kahler zum väterlich-besorgten Freund.

122 MANN, Golo, an Erich von Kahler, 10.7.1941, DLA.

123 MANN, Erika, *Blitze überm Ozean,* S. 467.

124 MANN, Golo, «Nach den Wahlen», Typoskript undat., B-4-a-GASS, Nachlass SLA.

125 MANN, Thomas, *Briefe II,* S. 176.

126 BURNHAM, James, *The Managerial Revolution. What is Happening in the World* (New York 1941).

127 MANN, Golo, «False Prophets», in: *Decision,* Nr. 1 (1941), S. 57. Originaler englischer Wortlaut: «They never really try to understand the forces which constitute reality. For no historic force has a monopoly over mankind, and forces mean diversity, struggle, choice and freedom. But freedom does not fit in with their irresponsible estheticism.» Die geistige Verwandtschaft zwischen Burnhams «Manager-Gesellschaft» und Ernst JÜNGERS *Der Arbeiter,* erschienen 1932, ist in der Tat frappant.

128 MANN, Thomas, *Briefe II,* S. 185.

129 Ebenda, S. 233. Agnes E. Meyer (geb. 1887) war Journalistin und schriftstellerisch, politisch und sozialfürsorgerisch tätig. Sie war mit Eugene Meyer, einem Großbankier und Philanthropen, dem Herausgeber der

Washington Post, verheiratet. Sie unterstützte *Maß und Wert* und unterhielt einen eifrigen Briefwechsel mit Thomas Mann. Am Schicksal seines Sohnes Golo nahm sie besonders Anteil. Die Fremdenfeindlichkeit, zum Teil mit antisemitischem Einschlag, stieg in den USA im Verlauf der dreißiger Jahre. Vgl. STEPHAN, Alexander, *Communazis. FBI Surveillance of German Emigré Writers* (New Haven 2000).

130 MANN, Golo, an Erich von Kahler, 3.10.1941, DLA.

131 Ebenda, DLA.

132 MANN, Golo, an Manuel Gasser, 19.10.1941, Nachlass SLA.

133 MANN, Golo, an Erich von Kahler, 5.6.1942, DLA.

134 MANN, Thomas, *Briefe II*, S. 264.

135 Ebenda, S. 283. Auch andere erhalten gebliebene Zeugnisse von Golo MANN berichten in gleicher Weise von der Mühsal des Unterrichts im Olivet College. So z. B. in einem Brief an Lilly Pringsheim vom 24.4.1943: «... mit mir steht es eben immer noch so wie ehedem: kaum je hat es so ein überplagtes Schulmeisterlein gegeben.» TMA.

136 MANN, Golo, an Joseph Brewer, 22.3.1975, Nachlass SLA.

137 MANN, Thomas – Agnes E. MEYER, *Briefwechsel 1937–1955*, hg. von Hans Rudolf VAGET (Frankfurt a. M. 1992), S. 421.

138 MANN, Golo, an Manuel Gasser, 22.11.1941, SLA.

139 MANN, Golo, an Erich von Kahler, 5.6.1942, DLA.

140 MANN, Golo, an Erich von Kahler, 19.9.1943, DLA. Vgl. auch Golo MANNS Brief an Lilly Pringsheim, 19.9.1943: «Ich bin seit vier Wochen in der Armee und habe, zwar nicht den Kopf, aber doch Arme und Beine überaus beschäftigt. Das Army life habe ich aber ganz gern: es macht mich sentimental, zum Amerikaner; ich glaube auch legal.» TMA.

141 MANN, Thomas, *Tagebücher 1940–1943*, S. 632.

142 MANN, Golo, an Erich von Kahler, 10.10.1943, DLA.

143 MANN, Golo, an Erich von Kahler, 7.11.1943, DLA.

144 MANN, Thomas, an Golo Mann, 26.2.1944, TMA.

145 MANN, Thomas – Agnes E. MEYER, *Briefwechsel 1937–1955*, S. 540.

146 MANN, Golo, an Erich von Kahler, 27.12.1943, DLA.

147 MANN, Thomas – Agnes E. MEYER, *Briefwechsel 1937–1955*, S. 527.

148 MANN, Thomas, Tagebücher 1940–1943, S. 663.

149 MANN, Thomas, KAHLER, Erich von, *Briefwechsel 1931–1955*, hg. von Michael ASSMANN (Hamburg 1993), S. 59 f.

150 MANN, Golo, an Erich von Kahler, 10.2.1944, DLA.

151 MANN, Golo, an Erich von Kahler, 3.3.1944, DLA.

152 MANN, Thomas, *Tagebücher 1944–1946*, S. 46.

153 MANN, Golo, an Erich von Kahler, 15.5.1944, DLA.

154 Vgl. dazu PÜTTER, Conrad, «Rundfunk», in: KROHN, Klaus Dieter et al., *Handbuch der deutschsprachigen Emigration*, S. 1087 ff.

155 Vgl. LAHME, Tilman, «Golo Mann im Exil (1933–1945)». Wissen-

schaftliche Hausarbeit zur Ersten Staatsprüfung im Fach Geschichte für das Lehramt an Gymnasien. (Kiel 2001), S. 101 ff., ungedruckt.

156 Zit. n. LAHME, Tilman, «Golo Mann im Exil», S. 102, Radiosendung vom 23.12.1944. Sieben Tonbanddokumente von Golo Manns Sendung «Ein Wort zur Lage in Deutschland» haben sich im Deutschen Rundfunkarchiv in Frankfurt a. M. erhalten. Es handelt sich um Mitschnitte gegnerischer Sendungen, die im Rahmen der deutschen «Rundfunkabwehrmaßnahmen gegen Feindsender» angefertigt worden sind. Die Wendung von Deutschlands «Platz an der Sonne» stammt aus einer Rede des Fürsten Bernhard Bülow vor dem deutschen Reichstag am 6.12.1897.

157 Vgl. die entsprechende Notiz ROOSEVELTS: «Der Präsident und der Premierminister (Churchill) sind in Ansehung der gesamten Kriegslage mehr denn je dazu entschlossen, daß nur eine totale Beseitigung der deutschen und der japanischen Kriegsmacht der Welt den Frieden bringen kann. Dies führt zu der einfachen Formulierung der Kriegsziele, welche eine bedingungslose Kapitulation Deutschlands, Japans und Italiens zum Inhalt hat.» Zit. n. Reiner POMMERIN, Michael FRÖHLICH, *Quellen zu den deutsch-amerikanischen Beziehungen 1917–1963* (Darmstadt 1996), S. 165.

158 Zit. n. LAHME, Tilman, «Golo Mann im Exil», S. 103, Radiosendung vom 30.12.1944.

159 Ebenda, S. 104, Radiosendung vom 18.3.1945.

160 MANN, Golo, an Hermann Lenz, 6.9.1989, Nachlass SLA.

161 PÜTTER, Conrad, «Rundfunk», in: KROHN, Klaus-Dieter et al., *Handbuch der deutschsprachigen Emigration,* S. 1102.

162 MANN, Golo, an Erich von Kahler, 14.12.1944, DLA. Original in englischer Sprache: «Dr. Hans Oprecht, Emil's brother, has just been here but I missed him. This new contacts with Switzerland are like pigeons from Noah's arch.»

163 Hans HABE, eig. Jean BEKESSY (geb. 1911 in Budapest), ging über die Schweiz und Frankreich ins amerikanische Exil und war Captain in der amerikanischen Armee. Er schrieb Unterhaltungsliteratur, eine Autobiographie und den erfolgreichen, aber umstrittenen Emigrationsroman *Drei über die Grenze. Ein Abenteuer unter deutschen Emigranten* (Genf 1937). Nach dem Krieg war er am Aufbau der westdeutschen Presse beteiligt. Sein Einsatz als amerikanischer Propagandaoffizier und seine Lebensverhältnisse werden in Memoiren geschildert: HABE, Hans, *Ich stelle mich. Meine Lebensgeschichte* (Wien 1954).

164 HEYM, Stefan, *Nachruf* (Frankfurt a. M. 1990), S. 309.

165 MANN, Golo, Typoskript für den *Spiegel,* April 1985, A-2-1985-9, Nachlass SLA. Es hat sich das Arbeitszeugnis eines gewissen George Hanfmann an Lt. Col. Rosenbaum vom 10.3.1945 erhalten, in dem es u. a. heißt: «It is the opinion of myself, of my colleagues in the American Broadcasting

Section in Europe, as well as the opinion of many experts outside our institution, that he (Golo Mann) is the most brilliant German-Language commentator heard today in Allied broadcasts and a political warfare expert and editor of the very highest caliber.» C-1-a-1-6. Nachlass SLA.

166 MANN, Golo, an Leopold Steurer, 3.10.1988, Nachlass SLA.

167 MAYER, Hans, *Deutscher auf Widerruf. Erinnerungen,* Bd I (Frankfurt a. M. 1982), S. 336 f.

168 MANN, Golo, an Hans Mayer, 6.6.1983, Nachlass SLA.

169 FRANKE, Manfred und MANN, Golo, Rundfunk-Interview im Deutschlandfunk, Köln 1982, Nachlass SLA.

170 MANN, Golo, Interview mit Manfred FRANKE, Deutschlandfunk, Köln 1982, Typoskript, P.

171 Vgl. MANN, Thomas – Agnes E. MEYER, *Briefwechsel 1937–1955,* S. 619 f.

172 Ebenda, S. 647 f.

173 Vgl. den Brief Golo MANNS an Katia vom 13.7.1946: «Neuerdings hat man mir die Leitung der deutschen Abteilung der Voice of America (Radio Station des State Departments) in New York angeboten: daß es im Grunde nicht das Rechte für mich ist, weiß ich wohl: kämpfe aber noch gegen die goldene Versuchung.» Zit n. MANN, Thomas, *Tagebücher 1946–1948,* Kommentar von Inge JENS, S. 515.

174 MANN, Thomas – Agnes E. MEYER, *Briefwechsel 1937–1955,* S. 671.

III. Der Wanderer zwischen den Welten

1 MANN, Golo, «Golo Mann über Golo Mann. Wie meine Gentz-Biographie entstand», *Frankfurter Allgemeine Zeitung,* 30.5.1990.

2 MANN, Thomas, *Tagebücher 1935–1936,* S. 414.

3 MANN, Thomas, *Tagebücher 1937–1939,* S. 263.

4 MANN, Thomas, *Tagebücher 1940–1943,* S. 423.

5 MANN, Golo, «Gentz und die Französische Revolution», in: *Maß und Wert,* Nr. 1 (1938), S. 52 f.

6 MANN, Golo, an Erich von Kahler, 30.10.1941, Nachlass DLA.

7 MANN, Golo, an Karl Dietrich Bracher, 22.6.1948, Nachlass SLA.

8 MANN, Golo, *Secretary of Europe. The Life of Friedrich von Gentz,* übers. von William H. Woglom (Yale University Press 1946). Die deutschsprachige Originalausgabe erschien 1947 im Europa-Verlag von Emil Oprecht unter dem Titel: *Friedrich von Gentz. Geschichte eines europäischen Staatsmannes.* Im Jahre 1972 kam eine vom Autor leicht bearbeitete Taschenbuchausgabe unter demselben Titel mit neuem Vorwort heraus; wir zitieren nach dieser Ausgabe. Nach dem Tod des Autors wurde unter

dem Titel *Friedrich von Gentz. Gegenspieler Napoleons und Vordenker Europas* eine Neuausgabe mit aktualisierter Bibliographie und Personenregister publiziert (Frankfurt a. M. 1995). Diese Ausgabe übernimmt das Vorwort der deutschsprachigen Erstausgabe und setzt einen irreführenden Untertitel; denn das Europa, das Gentz vorschwebte, hat mit dem Europa der Maastrichter Verträge wenig zu tun. Vgl. Rüdiger GÖRNER, «Golo Mann über den Sekretär Europas», in: *Schweizer Monatshefte,* Nr. 10 (1996).

9 MANN, Thomas, *Briefe 1937–1947,* S. 492 f.

10 VARNHAGEN VON ENSE, Karl August, «Friedrich von Gentz», in: GENTZ, Friedrich von, *Staatsschriften und Briefe,* hg. von Hans von ECKART, Bd. I (München 1921), S. 32.

11 GENTZ, Friedrich von, «Über das Wartburgfest», in: *Staatsschriften und Briefe,* Bd. II, S. 36.

12 GENTZ, Friedrich von, «Französische Kritik der deutschen Bundesbeschlüsse», in: *Staatsschriften und Briefe,* Bd. II, S. 87.

13 GENTZ, Friedrich von, an Amalie von Helvig, Okt. 1827, in: *Staatsschriften und Briefe,* Bd. II, S. 267.

14 MANN, Golo, an Roman Flury, 2.11.1981, Nachlass SLA.

15 MANN, Golo, *Friedrich von Gentz,* S. 286.

16 Ebenda, S. 179.

17 Ebenda, S. 126.

18 MANN, Golo, «Wie meine Gentz-Biographie entstand». Zu Napoleon und Hitler vgl. auch: MANN, Golo, an Norbert Kohlhase, 30.9.1985, Nachlass SLA: «Aber auch während ich an dem Buch arbeitete, war ich mir des gewaltigen Niveauunterschieds zwischen den beiden Phänomenen (Napoleon und Hitler) doch immer bewußt und habe dergleichen auch in der Einleitung gesagt.»

19 MANN, Golo, *Friedrich von Gentz,* S. 5.

20 MANN, Golo, *Friedrich von Gentz,* Einleitung zur 1. Ausg. (1947), S. 10.

21 Zit. nach WAGNER, Fritz, *Geschichtswissenschaft* (München 1951), S. 186.

22 SCHIEDER, Theodor, *Geschichte als Wissenschaft* (München 1968), S. 111.

23 MANN, Golo, *Friedrich von Gentz,* S. 72.

24 Ebenda, S. 267.

25 BUSSMANN, Walter, «Europa von der Französischen Revolution zu den nationalstaatlichen Bewegungen des 19. Jahrhunderts», in: SCHIEDER, Theodor, Hg., *Handbuch der europäischen Geschichte,* Bd. V (Stuttgart 1981), S. 42.

26 MANN, Golo, «Friedrich von Gentz. Sekretär Europas», in: *Die Wandlung,* Nr. 9 (1945/46).

27 MANN, Golo, *Friedrich von Gentz,* S. 329.

28 Ebenda, S. 229.
29 Ebenda, S. 229.
30 MANN, Golo, an Manuel Gasser, 22.10.1947, Nachlass SLA.
31 MANN, Golo, «Wie meine Gentz-Biographie entstand».
32 MANN, Golo, *Friedrich von Gentz,* S. 332.
33 MANN, Thomas, *Tagebücher 1946–1948,* hg. von Inge JENS (Frankfurt a. M. 1989), S. 4.
34 NICOLSON, Harold George, «Good European», in: *The Observer* (21.7.1948).
35 FAY, Sidney B., Rezension, in: *American Historical Review,* vol. LII, Okt. (1946).
36 BARTH, Hans, «Friedrich von Gentz», *Neue Zürcher Zeitung,* 4.12.1947; BONDY, François, «Der Sekretär Europas», *Die Weltwoche,* 14.11.1947. Manche Rezensenten sahen im *Gentz* einen Beitrag zur Erneuerung des durch die nationalsozialistische Ideologie verzerrten Geschichtsbildes, so etwa Otto VOSSLER in seiner Besprechung «Politik als Lebensleidenschaft. Zu einer Friedrich-von-Gentz-Biographie», *Die Neue Zeitung,* 8.4.1948: «Wenn schon, wie Gentz uns lehrt, kein System auf die Gegenwart paßt, viel weniger auf die Vergangenheit! Nur wer frei und fähig ist, den Reichtum des ewigen Geistes im Reichtum der zeitlichen Schöpfungen zu sehen, der allein kann unser Geschichtsbild neu gestalten [...]. Das ist's, was Golo Mann vorbildlich geglückt ist.»
37 JASPERS, Karl, an Golo Mann, 25.1.1947, Nachlass SLA.
38 Ebenda.
39 MANN, Golo, an Joachim Tzschaschel, 11.12.1984, Nachlass SLA. Vgl. auch den bereits zitierten Aufsatz «Wie meine Gentz-Biographie entstand»: «Das Manuskript vollendete ich nach allerlei schwieriger Kurzweil in den Vereinigten Staaten. Ohne Hoffnung, daß es je in Europa auf deutsch gedruckt werden könnte, versuchte ich es dem amerikanischen Leser schmackhaft zu machen, indem ich nichts erfand, aber doch einiges möglichst plastisch darzustellen suchte und ein Kapitel ‹Gentz als Staatsdenker›, das ziemlich am Anfang hätte stehen müssen, nicht ausführte ...»
40 Vgl. RINGEL, Stefan, *Heinrich Mann. Ein Leben wird besichtigt* (Darmstadt 2000), S. 363.
41 Vgl. HARPPRECHT, Klaus, *Thomas Mann. Eine Biographie,* S. 1478 ff. Ferner: POCHADT, Eveline, «Zwischen den Stühlen – Thomas Mann nach 1945», in: *Blätter der Thomas Mann Gesellschaft,* Nr. 25 (Zürich 1993/1994).
42 KURZKE, Hermann, *Thomas Mann. Das Leben als Kunstwerk,* S. 543.
43 Vgl. LÜHE, Irmela von der, *Erika Mann,* S. 274 ff.
44 MANN, Erika, *Blitze überm Ozean,* S. 331.
45 Ebenda, S. 332.

46 Ebenda.
47 MANN, Klaus, *Der Wendepunkt,* 474.
48 MANN, Klaus, *Briefe und Antworten 1922–1949,* hg. von Martin GREGOR-DELLIN (Reinbek bei Hamburg 1991), S. 778 f. Vgl. SCHAENZLER, Nicole, *Klaus Mann. Eine Biographie,* S. 484 f.
49 MANN, Golo, Biographische Notizen, Schachtel 184, C-1-a-2-1, Nachlass SLA.
50 MANN, Golo, an Katia Mann, 4.5.1945, in: MANN, Thomas, *Tagebücher 1944–1946,* Anmerkungen, S. 641. Die zitierte Stelle lautet im englischen Original: «I believe we have not yet fully grasped the significance of this destruction, and who has not known the beautiful towns of Germany and what a German town in better times meant, shall never grasp it. I have sometimes disputes with British and American Collegues who say ‹it serves them right›.»
51 MANN, Golo, an Erich von Kahler, 29.8.1945, Nachlass DLA. Die zitierte Stelle lautet im englischen Original: «Munich looks worse than any description could make it, it gives you a shock when you first drive in from Leopoldstrasse. But the streets are cleared and recognizable and of most buildings there remains enough to give an impression of what they have been; this is not so in many other places, for instance Nuremberg which simply no longer exists.»
52 MANN, Golo, an Katia Mann, 17.4.1945, in: MANN, Thomas, *Tagebücher 1944–1946,* S. 613. Die zitierte Stelle lautet im vollen englischen Wortlaut: «The impression is completely monotonous and very soon one has enough jusqu'à la fin de ses jours, also of the talk of the people ‹ja, ja, now the innocent must suffer for the guilty›, but where are the guilty? O, they are gone, there were never many of them, you see, I am catholic. – Astonishing, after 12 years, is the number of those who look like cartoons and actually wear Tyroler Huetchen; that these people should have done what they did, threatened, what they threatened etc. has now something irreal and highly embarrassing for all parts concerned.»
53 Ebenda.
54 HEYM, Stefan, *Nachruf* (Frankfurt a. M. 1990), S. 363.
55 MANN, Thomas, *Tagebücher 1946–1948,* S. 78.
56 Vgl. KOSELLECK, Reinhart, «Formen und Traditionen des negativen Gedächtnisses», in: Volkhard KNIGGE und Norbert FREI, Hg., *Verbrechen erinnern. Die Auseinandersetzung mit Holocaust und Völkermord* (München 2002), S. 21 ff. An Fachliteratur zu diesem Themenbereich ist kein Mangel. Vgl. etwa PADOVER, Saul K., *Lügendetektor. Vernehmungen im besiegten Deutschland 1944–1945* (Frankfurt a. M. 1999). Padover, der wie Golo Mann dem Office of Strategic Services zugeteilt worden war, befragte unmittelbar nach Kriegsende Deutsche aller sozialen Schichten und gelangte zu ähnlichen Einsichten. Vgl. ferner: FREI, Norbert,

Vergangenheitspolitik. Die Anfänge der Bundesrepublik und die NS-Vergangenheit (München 1996).

57 MANN, Golo, «Es gibt keine Teilung per Dekret», *Die Welt*, 29.1.1976.

58 MANN, Golo, an Manuel Gasser, 8.11.1949, Nachlass SLA. Fast zwei Jahrzehnte später erinnerte sich Golo Mann in einem Vortrag unter dem Titel «Brauchen wir die Vergangenheit noch?» (Düsseldorf 1967), S. 3: «Dort, und zwar in Kalifornien noch häufiger als im Osten, hatte ich einen periodisch wiederkehrenden Traum, nicht ein paarmal, sondern ungezählte Male. Ich träumte, es würde mir auf amerikanischem Boden ein Stück europäischen Mittelalters gezeigt, ein alter Marktplatz, eine Stadt mit Mauern und Toren, eine Burg, ein Kloster. Das sei dann und dann, im 13. oder 14. Jahrhundert gebaut worden. Und nun war ich glücklich. Das haben wir also hier auch, dachte ich; das gibt es bei uns auch. Aber dann fing ich an zu rechnen und fand, daß es unmöglich sei, daß ich träumen müßte, worüber ich natürlich aufwachte. Jedesmal war die Enttäuschung gleich groß; das Bewußtsein, auf einem Kontinent zu leben, der wohl wilde, schöne Natur hat, – der warf ich mich in die Arme, so gut ich konnte – aber kein Mittelalter, keine Renaissance, kein Barock ...»

59 MANN, Golo, an Manuel Gasser, 22.12.1948, Nachlass SLA.

60 MANN, Golo, an Manuel Gasser, 8.11.1947, Nachlass SLA.

61 MANN, Golo, an Erich von Kahler, 16.6.1954, DLA.

62 MANN, Golo, an Erich von Kahler, 2.7.1952 [?], DLA.

63 MANN, Golo, an Burkhard von Müllenheim-Rechberg, 21.9.1987, Nachlass SLA.

64 MANN, Golo, «Ein nachdenklicher Glückwunsch», *Die Zeit,* 28.11.1969.

65 MANN, Golo, an Manuel Gasser, 22.12.1946, Nachlass SLA.

66 MANN, Golo, Tonbandaufzeichnung eines Gesprächs, 18.5.1983, AfZ. So auch in: Interview Golo MANN mit Manfred FRANKE, Deutschlandfunk Köln 1982, Typoskript, P: «Also, es waren Erlebnisse, die mich stark ergriffen. Und was immer vorher im Zorn, das gebe ich offen zu, im Zorn auf Nazi-Deutschland gewesen war, schmolz eigentlich dahin, angesichts dessen, was ich nun sah.»

67 MANN, Golo, «Ich schere mich den Teufel um rechts und links. Golo Mann zum 70. Geburtstag», Bayerischer Rundfunk 1979, Typoskript, D-1-a-1979, Nachlass SLA.

68 MANN, Golo, «Politische Gedanken», in: *Maß und Wert*, Nr. 5 (1938), S. 783.

69 MANN, Golo, an Manuel Gasser, 18.3.1947, Nachlass SLA.

70 MANN Golo, an Manuel Gasser, 1.1.1950, Nachlass SLA.

71 MANN, Golo, «Erinnerungen an meinen Bruder Klaus», in: *Neue Rundschau,* Nr. 3 (1975), S. 394 f.

72 Im Besonderen haben sich Notizen zu einer Vorlesung über Geschichtsphilosophie erhalten: A-5-Claremont-1/2, Nachlass SLA.

73 MANN, Golo, an Heinz Wolf, 12.6.1981, Nachlass SLA. Vgl. WOLF, Heinz, *Deutsch-jüdische Emigrationshistoriker in den USA und der Nationalsozialismus* (Bern 1988).
74 MANN, Golo, an Erich von Kahler, 19.1.1949, DLA.
75 MANN, Thomas, *Tagebücher 1946–1948,* S. 321.
76 Ebenda.
77 MANN, Golo, an Manuel Gasser, wohl um 1948 (undat.), Nachlass SLA.
78 MANN, Golo, an Erich von Kahler, 28.12.1947, DLA.
79 MANN, Golo, an Erich von Kahler, 23.8.1947, DLA.
80 MANN, Golo, an Hermann Flury, 18.10.1982, Nachlass SLA.
81 MANN, Golo, an Erich von Kahler, 27.11.1952, DLA.
82 MANN, Golo, an Manuel Gasser, 18.1.1952, Nachlass SLA.
83 MANN, Golo, an Hartmut Wolf, 19.1.1974, Nachlass SLA.
84 MANN, Golo, an Manuel Gasser, 1.5.1951, Nachlass SLA.
85 MANN, Golo, Autobiographische Notiz, im Original englisch: «His years in California as teacher at Claremont Men's College, from 1947 to 1958, with long interruptions, belong to the happiest of his life, relatively speaking.» C-1-a-5-1, Nachlass SLA.
86 TANNER, Henry, «A Life in the Shadow of the Magician», *International Herald Tribune,* 8.10.1989.
87 MANN, Thomas, *Briefe 1937–1947,* S. 549.
88 MANN, Golo, «Frank A. MEYER im Gespräch mit Golo Mann», Schweizer Fernsehen DRS, 27.6.1982, P.
89 MANN, Golo, «How not to learn from History», in: *The Yale Review,* No. 3 (1952).
90 MANN, Golo, an Heinrich Lutz, 29.1.1981, Nachlass SLA.
91 Vgl. DINER, Dan, *Verkehrte Welten. Antisemitismus in Deutschland* (Frankfurt a. M. 1993), S. 63 ff.
92 Vgl. HELBICH, Wolfgang J., «United States History in the Federal Republic of Germany», in: HANKE, Lewis, Hg., *Guide to the Study of United States History outside the US 1945–1980*, vol. II (White Plains, N. Y. 1985), S. 39 ff.
93 COMMAGER, Henry Steele, *Der Geist Amerikas. Eine Deutung amerikanischen Denkens und Wesens von 1880 bis zur Gegenwart* (Zürich 1952). Titel der amerikanischen Originalausgabe *The American Mind* (Yale 1950).
94 Ebenda, S. 9.
95 MANN, Golo, *Vom Geist Amerikas,* S. 46.
96 Ebenda, S. 17.
97 Zum Manifest Destiny vgl. Hans R. GUGGISBERG, *Geschichte der USA* (Stuttgart 1988), S. 88. Ebenso: ANDREWS, Wayne, *Concise Dictionary of American History* (New York 1963), S. 580.
98 MANN, Golo, *Vom Geist Amerikas,* S. 24.

99 Ebenda, S. 47.
100 Ebenda, S. 65.
101 Ebenda, S. 63.
102 Kurz vor Erscheinen von Golo MANNS *Vom Geist Amerikas* hatte Reinhold NIEBUHR sein Werk *The Irony of American History* herausgegeben (1952). Zur Geschichte des amerikanischen Pragmatismus vgl. JAMES, William, Pragmatism (New York 1907) und ELLIOT, William J., *Pragmatic Revolt in Politics* (New York 1967).
103 MANN, Golo, *Vom Geist Amerikas,* S. 133.
104 Ebenda, S. 134.
105 Ebenda, S. 150.
106 Ebenda, S. 162. Unter den Attentätern des 20. Juli 1944 dominierte das konservative Element. Ihre Projekte für das Deutschland nach Hitlers Beseitigung wären schwerlich mit den Vorstellungen der westlichen Alliierten vereinbar gewesen. Vgl. FEST, Joachim, *Staatsstreich. Der lange Weg zum 20. Juli* (Berlin 1994), S. 208 ff. Ferner: ders., «Gedanken zum Staatsstreich des 20. Juli 1944», in: *Fremdheit und Nähe. Von der Gegenwart des Gewesenen* (Stuttgart 1996).
107 MANN, Golo, *Vom Geist Amerikas,* S. 166.
108 Ebenda, S. 157.
109 REDLICH, Fritz, «Vom Geist Amerikas», in: *Historische Zeitschrift,* Nr. 182 (1956).
110 MANN, Erika und MANN, Michael, «Der kleine Bruder und der große», *Süddeutsche Zeitung*, 22./23.3.1969.
111 MANN, Golo, an Hans-Herbert Wintgens, 13.10.1982, Nachlass SLA.
112 MANN, Golo, «Das Pech der Regierung fiel nicht vom Himmel», Interview, *General Anzeiger Bonn*, 28.5.1984.
113 MANN, Golo, «Bundesgenossen sind immer schwierige Leute», *Die Bunte,* 24.9.1981.
114 MANN, Golo, an Ernst Schwarz, 4.3.1963, Nachlass SLA.
115 MANN, Golo, *Deutsche Geschichte des neunzehnten und zwanzigsten Jahrhunderts* (Frankfurt a. M. 1962), S. 964 f.
116 MANN, Golo, *Vom Geist Amerikas,* S. 156.
117 MANN, Golo, Tagebuch, 13.3.1966, Nachlass SLA. Im Original englisch: «The utter madness of the Vietnam desaster becomes clearer and clearer to me. Should say so in public.»
118 Vgl. HACKE, Christian, *Zur Weltmacht verdammt. Die amerikanische Außenpolitik von J. F. Kennedy bis G. W. Bush* (München 2001), S. 105 f. Vgl. ferner Hans R. GUGGISBERG, *Geschichte der USA,* S. 259 f.
119 MANN, Golo, «Irrtümer in Vietnam. Über Arthur M. Schlesingers ‹Das bittere Erbe›», *Der Spiegel,* 8.5.1967. Der Historiker Arthur M. SCHLESINGER (geb. 1917) war zeitweise ein enger persönlicher Mitarbeiter des Präsidenten Kennedy und Verfasser vieler erfolgreicher Bücher.

Das von Golo Mann rezensierte Buch trägt im Original den Titel *A Bitter Heritage: Vietnam and American Democracy* (New York 1967).

120 MANN, Golo, «Irrtümer in Vietnam».

121 Ebenda.

122 Ebenda.

123 MANN, Golo, «Schriftsteller, Johnson und Vietnam», *Die Weltwoche,* 5.4.1968.

124 MANN, Golo, *Radikalisierung und Mitte. Zwei Vorträge* (Stuttgart 1971).

125 MANN, Golo, «Politische Notizen im Frühling», Typoskript, A-2-1968-7, Nachlass SLA; abgedruckt in: *Neue Rundschau,* Nr. 2 (1968).

126 MANN, Golo, «Politisches Tagebuch. Vietnam und der Kapitalismus», *Süddeutsche Zeitung,* 22./23.1.1972.

127 MANN, Golo, «Alte und neue Eindrücke eines Historikers», Vortragstyposkript, 29.4.1985, A-2-1988-7, Nachlass SLA.

128 MANN, Golo, an Hans-Martin Gauger, 8.1.1982, Nachlass SLA.

129 MANN, Golo, Tagebuch, 22.3.1981, 16.11.1983, Nachlass SLA. Alexander Haig war NATO-Oberbefehlshaber und Jimmy Carter amerikanischer Präsident zwischen 1977 und 1981.

130 MANN, Golo, «Die Amerikaner haben abscheuliche Diktaturen unterstützt», *Schweizer Illustrierte,* 17.10.1983.

131 MANN, Golo, «Gedanken zur Geschichte der USA als Vormacht des Westens in dieser Epoche», Festvortrag vor dem Schweizerischen Bankverein. Typoskript, 6.9.1985, A-2-1985-14/1-2, Nachlass SLA.

132 Zur Administration Kennedy vgl. das Schlusskapitel, das Golo MANN in der Auflage von 1961 seinem *Geist Amerikas* beigefügt hat, S. 176 f.

133 MANN, Golo, *Vom Geist Amerikas,* S. 171 f.

134 MANN, Golo, an Hans-Dieter Müller, 1.5.1985, Nachlass SLA.

135 MANN, Golo, «Die Amerikaner haben abscheuliche Diktaturen unterstützt».

136 MANN, Golo, «Gedanken zur Geschichte der USA».

137 Ebenda.

138 MANN, Golo, an Theo Waigel, 2.12.1983, Nachlass SLA.

139 Vgl. etwa den Überblick in Golo Mann, «Gedanken zur Geschichte der USA».

140 Vgl. KISSINGER, Henry A., *Memoiren 1973–1974,* Bd. II (München 1982), S. 439.

141 Vgl. KISSINGER, Henry A., *A World Restored: Metternich, Castlereagh and the Problems of Peace 1812–1822* (Boston 1957). Das Buch ist von Golo MANN unter dem Titel «Zwischen Historie und Politologie» eingehend besprochen worden; vgl. *Neue Zürcher Zeitung,* 5.6.1958.

142 KISSINGER, Henry A., *Nuclear Weapons and Foreign Policy* (New York 1957). In deutscher Übersetzung erschienen unter dem Titel *Kernwaffen und auswärtige Politik* (München 1958).

143 MANN, Golo, «Strategie und Philosophie der Atombombe», in: *Merkur*, Jg. 12 (1958), S. 1186.

144 JASPERS, Karl, *Die Atombombe und die Zukunft der Menschheit* (München 1958).

145 MANN, Golo, «Strategie und Philosophie der Atombombe», S. 1188.

146 *Diplomacy* erschien in deutscher Übersetzung unter dem Titel *Die Vernunft der Nationen. Über das Wesen der Weltpolitik* (Berlin 1994).

147 KISSINGER, Henry A., *Memoiren 1968–1973,* Bd. I (München 1979), S. 64. Über Kissingers Geschichtsbild orientiert ausführlich: CLEVA, Gregory D., *Henry Kissinger and the American Approach to Foreign Policy* (London 1989), S. 23 ff.

148 MANN, Golo, «Henry Kissinger», in: *Neue Rundschau,* Nr. 1 (1977), S. 154.

149 MANN, Golo, «Europa und die Vereinigten Staaten», *Neues Bündner Tagblatt,* 31.12.1980.

150 MANN, Golo, Tagebuch, 3.12.1980, Nachlass SLA.

151 KENNAN, George F., *Memoiren eines Diplomaten 1925–1950* (Stuttgart 1968), S. 75. Kennans Memoiren widmete Golo Mann eine Rezension; darin rühmte er den unbeugsamen Anti-Marxismus des Amerikaners, seine moralische Unbestechlichkeit und seinen politischen Realismus. Vgl. MANN, Golo, «George F. Kennan, Memoiren eines Diplomaten», in: *Neue Rundschau,* Nr. 1 (1969). Aufschlussreich ist KENNANS Geschichte seiner Familie: *An American Family: The Kennans – The First Three Generations* (New York 2000).

152 MANN, Golo, «Bücherbrief aus USA. George F. Kennan, Amerikanische Diplomatie 1900–1950», *Die Weltwoche,* 7.12.1951.

153 MANN, Golo, «Außenpolitik und Idee», 1952, in: *Geschichte und Geschichten,* S. 147.

154 Ebenda, S. 155.

155 MANN, Golo, an Hans-Dieter Müller, 1.5.1985, Nachlass SLA.

156 MANN, Golo, an Raymond Aron, 17.10.1983, Nachlass SLA.

157 Vgl. STEPHANSON, Anders, *Kennan and the Art of Foreign Policy* (Cambridge, Mass. 1989). In seinem Alterswerk, *Around the Cragged Hill. A Personal and Political Philosophy* (New York 1993) hat Kennan seine Überzeugungen vorgetragen.

158 KENNAN, George F., an Golo Mann, 12.12.1982, Nachlass SLA.

159 Ebenda.

160 MANN, Golo, «Gedanken zum Geist der amerikanischen Außenpolitik. Rede vor dem deutsch-amerikanischen Kongreß im Studienzentrum Weikersheim», 12. 3. 1983. Typoskript. A-2-1983-5/1. Nachlass SLA.

161 MANN, Erika, an Christoph Graf Schwerin, 24.2.1955, in: ZANCO PRESTEL, Anna, Hg., *Erika Mann. Briefe und Antworten 1951–1969,* Bd. II (München 1985), S. 38 f.

162 Vgl. SCHULZE, Winfried, *Deutsche Geschichtswissenschaft nach 1945* (München 1989), S. 121 ff.

163 MANN, Golo, an Erich von Kahler, 23.8.1947, DLA. Mit «Vossler fils» ist der Sohn des angesehenen Romanisten Karl Vossler, Otto Vossler, gemeint. Dieser war nach 1946 Professor an der Universität Frankfurt und publizierte u. a. ein Buch über Tocqueville und den Briefwechsel seines Vaters mit Benedetto Croce. Vgl. auch Golo MANNS Brief an Manuel Gasser vom 28.7.1947, Nachlass SLA: «Vor ein paar Tagen erhielt ich einen Ruf an die Universität Köln.»

164 SCHULZE, Winfried, *Deutsche Geschichtswissenschaft,* S. 134 f.

165 MANN, Golo, an Erich von Kahler, 16.6.1954, DLA.

166 FRAENKEL, Ernst D., an Golo Mann, 5.2.1963, Nachlass SLA.

167 Golo Mann bewarb sich 1953 um eine frei gewordene Stelle an der Christian-Albrechts-Universität in Kiel. Für die Wiederbesetzung schlug die Philosophische Fakultät drei Kandidaten vor: 1. Golo Mann, 2. Karl-Dietrich Erdmann, 3. Werner Conze. Darauf fanden Verhandlungen statt, die zu dem Ergebnis führten, dass auf eine Berufung von Golo Mann verzichtet wurde. (Auskunft des Landesarchivs Schleswig-Holstein).

168 Vgl. ALBRECHT, Clemens et al., *Die intellektuelle Gründung der Bundesrepublik. Eine Wirkungsgeschichte der Frankfurter Schule* (Frankfurt a. M. 1999), S. 190 ff. Vgl. neuerdings auch MÜLLER-DOHM, Stephan, *Adorno. Eine Biographie* (Frankfurt a. M. 2003), S. 573 f. Die Initiative zur Intrige gegen Golo Mann scheint von Horkheimer ausgegangen zu sein.

169 MANN, Golo, *Der Antisemitismus. Wurzeln, Wirkung und Überwindung* (Frankfurt a. M. 1962), S. 25.

170 Ebenda, S. 5.

171 Ebenda, S. 36.

172 MANN, Golo, an Ernst Topitsch, 28.6.1989, Nachlass SLA.

173 MANN, Golo, «Späte Antwort», *Frankfurter Allgemeine Zeitung,* 5.10.1989. In seinen Memoiren *Neugier und Furcht. Versuch, mein Leben zu verstehen* (Hamburg 1995), S. 474 ff. kommt Iring Fetscher auf diese Angelegenheit zu sprechen und zitiert aus einem Brief von Golo Mann, in dem dieser seiner Abneigung gegen Adorno und Horkheimer Ausdruck gibt und deren Lehre als «Marxismus für feine Leute» bezeichnet – ein Verdikt, das er nie mehr revidieren sollte.

174 SALIS, Jean Rudolf von, «Die Schweiz im Kalten Krieg», in ders.: *Schwierige Schweiz. Beiträge zu einigen Gegenwartsfragen* (Zürich 1969), S. 193. Vgl. auch die *Kleine Geschichte der Schweiz,* hg. von HETTLING, Manfred et al. (Frankfurt a. M. 1998), S. 179 ff.

175 MANN, Golo, «Neunzehnhundertfünfundvierzig», in: *Propyläen-Weltgeschichte,* Bd. X (Berlin 1961), S. 31 f.

176 MANN, Golo, «Das Verhältnis des Intellektuellen zur Politik», in: Stolte,

D. R., *Integritas, geistige Wandlung und Wirklichkeit* (Tübingen 1960), S. 530 f.

177 Vgl. OBERMÜLLER, Klara, Hg., Manuel Gasser. Erinnerungen und Berichte (Zürich 1981), S. 92 ff., und RIESS, Curt, «Die abenteuerliche Geschichte der Weltwoche», 1. Folge, *Die Weltwoche,* 9.3.1989.

178 LÖWITH, Karl, *Weltgeschichte und Heilsgeschehen* (Stuttgart 1953). Die amerikanische Ausgabe erschien unter dem Titel *Meaning in History 1949* in Chicago.

179 MANN, Golo, «Die Geschichte verachten – genügt das? Karl Löwiths ‹Weltgeschichte und Heilsgeschehen›», *Die Weltwoche*, 19.2.1954.

180 MANN, Golo, «Das Jahr der Versprechungen», *Die Weltwoche*, 2.1.1954.

181 MANN, Golo, «Klarheit tut Not!», *Die Weltwoche*, 11.9.1953.

182 MANN, Golo, «Vom Wettrüsten zum Abrüsten», *Die Weltwoche*, 30.10.1953.

183 MANN, Golo, «Deutschland – wohin?», *Die Weltwoche*, 26.2.1954.

184 MANN, Golo, «Nun ist es an Deutschland!», *Die Weltwoche*, 14.8.1953.

185 MANN, Golo, «Klarheit tut Not!».

186 MANN, Golo, «Zuviel Furcht auf der Welt», *Die Weltwoche*, 12.3.1954.

187 MANN, Golo, «Um was geht es in Berlin?», *Die Weltwoche*, 29.1.1954.

188 MANN, Golo, «Nun ist es an Deutschland!», *Die Weltwoche*, 14.8.1953.

189 MANN, Golo, «Amerika ist besser als sein Ruf», *Die Weltwoche*, 28.5.1954.

190 MANN, Golo, «Und nun Europa», *Die Weltwoche*, 23.7.1954.

191 MANN, Golo, an Manuel Gasser, 26.2.1947, Nachlass SLA.

192 MANN, Golo, an Erich von Kahler, 16.6.1954, DLA.

193 MANN, Golo, «Die Gefahr des Säbelrasselns», *Die Weltwoche*, 11.6.1954.

194 RIESS, Curt, «Die abenteuerliche Geschichte der Weltwoche», 9. Folge, *Die Weltwoche*, 4.5.1998.

195 MANN, Thomas, *Tagebücher 1953–1955,* hg. von Inge JENS (Frankfurt a. M. 1995), S. 251.

196 MANN, Golo, an Hans Fleig, 9.2.1962, Nachlass SLA. Der spanische Schriftsteller und Diplomat Salvador de MADARIAGA (1886–1978), Emigrant und Gegner des Franco-Regimes, wirkte in jenen Jahren als regelmäßiger politischer Kommentator bei der *Neuen Zürcher Zeitung*. Hin und wieder, so auch im hier vorliegenden Brief, pflegte Golo Mann Mundartausdrücke einzusetzen, zum Beispiel «‹chaiben› Ausländer», was ungefähr so viel heißt wie «verdammter Ausländer». Vgl. MEYER, Kurt, *Wie sagt man in der Schweiz? Wörterbuch der schweizerischen Besonderheiten* (Mannheim 1989), S. 114.

197 MANN, Golo, an Erich von Kahler, 20.9.1953, Nachlass DLA.

198 Vgl. MARTIN, Marko, *Orwell, Koestler und all die anderen. Melvin Lasky und der ‹Monat›* (Asendorf 1999). Ferner: GLASER, Hermann, *Die*

Kulturgeschichte der Bundesrepublik Deutschland. Zwischen Kapitulation und Währungsreform (Frankfurt a. M. 1990), S. 194 ff. Und PROSS, Harry, *Zeitungsreport. Deutsche Presse im 20. Jahrhundert* (Weimar 2000), S. 157 ff.

199 Zit. nach ebenda, S. 200.

200 MANN, Golo, «Arnold Toynbee und die Weltgeschichte», in: *Geschichte und Geschichten,* S. 124 ff. Erstdruck in: *Der Monat,* Nr. 4 (1949), S. 34 ff.

201 MANN, Golo, «Deutschland und Russland im 20. Jahrhundert», in: *Neue Schweizer Rundschau,* Nr. 12 (1950), S. 723 ff.

202 MANN, Golo, «Kontinuität und Spontaneität», in: *Geschichte und Geschichten,* S. 103 f. Erstdruck in: *Neue Rundschau,* Nr. 4 (1952), S. 1 ff.

203 Ebenda, S. 120.

204 Ebenda, S. 167.

205 WITTRAM, Reinhard, *Das Interesse an der Geschichte. Zwölf Vorlesungen über die Fragen eines zeitgenössischen Geschichtsverständnisses* (Göttingen 1958), S. 122. Zur Rolle deutscher Historiker vgl. MOMMSEN, Wolfgang J., «Vom ‹Volkstumskampf› zur nationalsozialistischen Vernichtungspolitik in Osteuropa», in: SCHULZE, Winfried und OEXLE, Otto Gerhard, Hg., *Deutsche Historiker im Nationalsozialismus* (Frankfurt a. M. 1999), S. 183 ff.

206 MANN, Golo und PROSS, Harry, «Außenpolitik», in: *Das Fischer-Lexikon, Enzyklopädie des Wissens* (Frankfurt a. M. 1957).

207 Vgl. PROSS, Harry, *Die Zerstörung der deutschen Politik. Dokumente 1871–1933* (Frankfurt a. M. 1959).

208 Pross, Harry, *Memoiren eines Inländers* (München 1993), S. 191.

209 Ebenda.

210 MANN, Golo und PROSS, Harry, *Außenpolitik,* S. 318.

211 Ebenda, S. 279 f.

I.V Der Historiker

1 Gemäß Auskunft des Universitäts-Archivs der Westfälischen Wilhelms-Universität Münster vom 20.4.2001.

2 Vgl. HECKMANN, Herbert und GAUGER, Hans-Martin, «Wandern mit Golo», in: *Wanderbüchlein mit und für Golo Mann* (Frankfurt a. M. 1989).

3 MANN, Golo, an Erich von Kahler, 31.7.1959, DLA. Clemens August Graf von Galen, Bischof von Münster nach 1933, gehörte zu den wenigen hoch gestellten geistlichen Würdenträgern, die öffentlich gegen den Nationalsozialismus auftraten.

4 Teile von Golo MANNS Vorlesungen befinden sich im Nachlass, A-5-Münster-1/1-5, SLA.

5 Georg LUKÁCS publizierte in jenen Jahren *Deutsche Realisten des 19. Jahrhunderts* (Bern 1951), *Essays über den Realismus* (Berlin-Ost 1948), *Der historische Roman* (Berlin-Ost 1955). Vgl. auch GOLDMANN, Lucien, *Soziologie des Romans* (Neuwied 1970).

6 MANN, Golo, «Der politische zeitkritische Gesellschaftsroman des 19. Jahrhunderts als Quelle für den Historiker», Typoskript (1959/60), A-5-Münster-1/1-5, Nachlass SLA.

7 Ebenda, Einleitung.

8 NITSCHKE, August, «Golo Mann in Stuttgart», in: *Neue Rundschau,* Nr. 2 (1995), S. 151–156.

9 Der erste Band der *Propyläen Weltgeschichte über Vorgeschichte und Frühe Hochkulturen,* herausgegeben von Golo MANN und Alfred HEUSS, erschien im Propyläen Verlag (Berlin 1961). Ein Jahr zuvor war bereits Bd. VIII zur *Geschichte des neunzehnten Jahrhunderts* erschienen. Der letzte Band unter dem Titel *Summa historica,* herausgegeben von Golo MANN, Alfred HEUSS und Ernst Wilhelm Graf LYNAR, kam 1965 heraus.

10 MANN, Golo, Einleitung. *Propyläen Weltgeschichte,* Bd. VIII, S. 14.

11 Hans FREYER war zwischen 1938 und 1944 Leiter des Deutschen Kulturinstituts in Budapest. Vgl. SCHULZE, Winfried, Deutsche Geschichtswissenschaft, S. 281 ff. Ferner: NOLTE, Ernst, *Geschichtsdenken im 20. Jahrhundert. Von Max Weber bis Hans Jonas* (Frankfurt a. M. 1991), S. 459 ff.

12 MANN, Golo, an Manuel Gasser, 12.10.1957, Nachlass SLA.

13 Mann, Golo, an Erich von Kahler, 31.7.1959, DLA.

14 KERN, F., «Die Lehren der Kulturgeschichte über die menschliche Natur», in: *Historia Mundi,* Bd. I (Bern 1952), S. 12 f.

15 BARRACLOUGH, Geoffrey, *An Introduction to Contemporary History* (Harmondsworth 1964), S. 65 ff.

16 MANN, Golo, Einleitung. *Propyläen Weltgeschichte,* Bd. VIII, S. 16 f.

17 Die Fischer-Weltgeschichte wurde 1981 mit dem 36. Band *Das zwanzigste Jahrhundert, Teil III. Weltprobleme zwischen den Machtblöcken* von einem Autorenteam unter Wolfgang BENZ und Hermann GRAML abgeschlossen. Zu dem Beraterstab dieses Unternehmens gehörten auch die an der Universität Bern lehrenden Professoren Walter Killy und Walther Hofer. Die Last der Verantwortung, die Golo Mann bei der *Propyläen Weltgeschichte* hatte tragen müssen, war nun auf viele Schultern verteilt, und die Beratungen scheinen in angenehmer Atmosphäre erfolgt zu sein. Von den Zusammenkünften in seinem italienischen Landhaus berichtet Gottfried BERMANN FISCHER in seinen Memoiren *Bedroht – bewahrt. Weg eines Verlegers* (Frankfurt a. M. 1971), S. 333: «Hier fanden unvergeßliche Diskussionen unter freiem Himmel, unter den Strahlen der italienischen Sonne, gekühlt von den Winden des Tyrrhenischen Meeres, statt, gefolgt

von bescheiden festlichen Mählern an langen Holztischen mit unserem Chianti und den Gemüsen und dem Obst des Gartens.»

18 MANN, Golo, an Wolfgang Wipprecht, 15.11.1961, Nachlass SLA.

19 MANN, Golo, an Kay Hansen, 5.3.1962, Nachlass SLA: «Heute glaube ich, daß es schöner ist, Primaner zu unterrichten als vom Katheder, ohne jeden Kontakt mit den Hörern, zu Studenten zu sprechen; das kommt mir ziemlich sinnlos vor.»

20 MANN, Golo, an Hans Hermann, 7.10.1980, Nachlass SLA.

21 MANN, Golo, an Oswalt von Nostitz, 20.2.1961, Nachlass SLA.

22 NITSCHKE, August, «Golo Mann in Stuttgart», S. 152.

23 Ebenda.

24 Ebenda, S. 154.

25 MANN, Golo, an Oskar Seidlin, 17.12.1962, Nachlass SLA.

26 MANN, Golo, an Erich von Kahler, 8.4.1961, DLA.

27 STORZ, Gerhard, an Golo Mann, 11.6.1963, Nachlass SLA.

28 MANN, Monika, «Die Schwester Monika an ihren Bruder», *Die Tat*, 22.3.1969.

29 Ricarda HUCH hatte *Das Römische Reich Deutscher Nation* (Berlin 1934) und *Das Zeitalter der Glaubensspaltung* herausgegeben (Berlin 1937); es folgte, aus dem Nachlass, *Der Untergang des Römischen Reiches Deutscher Nation* (Zürich 1949).

30 MANN, Golo, an Frederick Gillessen, 11.9.1985, Nachlass SLA.

31 MANN, Golo, *Deutsche Geschichte des neunzehnten und zwanzigsten Jahrhunderts* (Frankfurt a. M. 1958). Diese Erstausgabe erschien in zwei Bänden bei der Büchergilde Gutenberg; später wurde das Buch vom S. Fischer-Verlag übernommen. Zitiert wird im Folgenden nach der Ausgabe von 1962. Im Jahre 1966 kam eine erweiterte Neuauflage mit neuem Vorwort heraus. Das Buch erlebte eine große Zahl von Auflagen und erschien zuletzt im Jahre 2002 als limitierte Taschenbuchausgabe. Für eine vollständige Zusammenstellung der deutschsprachigen Auflagen und Übersetzungen vgl. JONAS, Klaus W. und STUNZ, Holger R., *Golo Mann. Leben und Werk. Chronik und Bibliographie (1929–2003)* (Wiesbaden 2003).

32 MANN, Golo, *Deutsche Geschichte*, S. 11.

33 Ebenda, S. 13.

34 Vgl. SCHULZE, Winfried, *Deutsche Geschichtswissenschaft nach 1945*, S. 46 ff. Ferner ders., «Vom ‹Sonderweg› bis zur ‹Ankunft im Westen›. Deutschlands Stellung in Europa», in: *Geschichte in Wissenschaft und Unterricht*, Nr. 4 (2002). Vgl. auch Thomas NIPPERDEY, «1933 und die Kontinuität der deutschen Geschichte», in: *Nachdenken über die deutsche Geschichte* (München 1986), S. 186: «Man erinnert sich mit Unbehagen der eigentümlichen Mischung aus Selbstmitleid und Selbstrechtfertigung, die einen Teil der deutschen Nachkriegsliteratur charakterisierte.»

35 Vgl. PLESSNER, Helmuth, *Die verspätete Nation* (Stuttgart 1953).

36 MANN, Golo, *Deutsche Geschichte,* S. 6.
37 Ebenda, S. 7.
38 MANN, Golo, «Deutsche und Juden». Ansprache vor dem Jüdischen Weltkongress in Brüssel, *Die Weltwoche*, 12.8.1966.
39 Vgl. NIPPERDEY, Thomas, *Deutsche Geschichte 1800–1866* (München 1991); ders., *Deutsche Geschichte 1866–1918,* Bd. I (München 1991); ders., *Deutsche Geschichte 1866–1918*, Bd. II (München 1992). Ferner: WEHLER, Hans-Ulrich, *Deutsche Gesellschaftsgeschichte. Von der Reformära bis zur industriellen und politischen ‹deutschen Doppelrevolution› 1815–1845/49,* Bd. II (München 1987), *Deutsche Gesellschaftsgeschichte. Von der ‹deutschen Doppelrevolution› bis zum Beginn des Ersten Weltkrieges 1849–1914,* Bd. III (München 1995). Kürzlich ist erschienen: *Deutsche Gesellschaftsgeschichte. Vom Beginn des Ersten Weltkriegs bis zur Gründung der beiden deutschen Staaten,* Bd. IV (München 2003).
40 Vgl. HOBSBAWM, Eric, *Age of Extremes. The Short Twentieth Century 1914–1991* (London 1994), S. 2 ff. Deutsche Übersetzung: *Das Zeitalter der Extreme. Weltgeschichte des 20. Jahrhunderts* (München 1999). Hobsbawm lässt, wie Golo Mann, das «lange 19. Jahrhundert» mit der Französischen Revolution beginnen und mit dem Ausbruch des Ersten Weltkriegs enden. Demgegenüber bezeichnet er das 20. Jahrhundert als das «kurze Jahrhundert»; es dauerte von 1918 bis zum Zerfall des Sowjetsystems. Vgl. auch: Hobsbawm, Eric, *Das Gesicht des 21. Jahrhunderts. Ein Gespräch mit Antonio Polito* (München 2000).
41 MANN, Golo, *Deutsche Geschichte,* S. 45.
42 Ebenda, S. 128.
43 MANN, Golo, *Erinnerungen I,* S. 157.
44 MANN, Golo, *Deutsche Geschichte,* S. 165.
45 Ebenda, S. 161.
46 Ebenda, S. 166.
47 Ebenda, S. 162.
48 Ebenda, S. 707.
49 Ebenda, S. 172.
50 Ebenda, S. 178.
51 MARX, Karl, «Manifest der Kommunistischen Partei», in: BORKENAU, Franz, Hg., *Karl Marx* (Frankfurt a. M. 1956), S. 98.
52 Ebenda, «Thesen über Feuerbach», S. 42.
53 MANN, Golo, *Deutsche Geschichte,* S. 176.
54 Vgl. FETSCHER, Iring, *Der Marxismus. Seine Geschichte in Dokumenten* (Frankfurt a. M. 1968), S. 106 ff.
55 MANN, Golo, *Deutsche Geschichte,* S. 184.
56 Vgl. dazu: WINKLER, Heinrich August, «Die unwiederholbare Revolution. Über einen Fehlschluß von Marx und seine Folgen», in:

GERHARDT, Volker, *Marxismus. Versuch einer Bilanz* (Magdeburg 2001), S. 17 ff.

57 MANN, Golo, *Deutsche Geschichte,* S. 230.

58 Ebenda, S. 230 f.

59 Ebenda, S. 422.

60 MANN, Golo, «Otto von Bismarck», in: *Die Großen der Weltgeschichte,* hg. von Kurt FASSMANN und Max BILL, Bd. VIII (Zürich 1977).

61 MANN, Golo, *Deutsche Geschichte,* S. 340. Vgl. dazu auch die Einschätzung des Bismarck-Biographen Lothar GALL in: *Bismarck. Ein Lebensbild* (Bergisch Gladbach 1991), S. 132: «Die deutsche Frage war im preußisch-kleindeutschen Sinne gelöst, das monarchische Prinzip, der Vorrang der Krone vor dem Parlament gesichert, seine eigene Machtstellung war so umfassend, wie das in einem konstitutionell-monarchischen System nur möglich schien, Preußen in seiner deutschen Hegemonialstellung mächtiger denn je, die Rolle des Adels, der alten Führungsschichten, neu befestigt, das Land in erstaunlicher wirtschaftlicher Blüte, der innere Konflikt weitgehend überwunden und in sozusagen normale Bahnen gelenkt.»

62 MANN, Golo, *Deutsche Geschichte,* S. 486.

63 Ebenda, S. 452.

64 CRAIG, Gordon A., *Geschichte Europas 1815–1980* (München 1983), S. 284.

65 BISMARCK, Otto von, *Aus seinen Schriften, Briefen, Reden und Gesprächen,* hg. von Hanno HELBLING (Zürich 1976), S. 261.

66 FONTANE, Theodor, *Briefe*, hg. von Walter KEITEL und Helmuth NÜRNBERGER, Bd. IV (München 1982), S. 41.

67 MANN, Golo, *Deutsche Geschichte,* S. 313.

68 BISMARCK, Otto von, *Gedanken und Erinnerungen,* hg. von Lothar GALL (Berlin 1990), S. 8. Vgl. auch GALL, Lothar, *Bismarck. Der weiße Revolutionär* (Berlin 1981).

69 MANN, Golo, *Deutsche Geschichte,* S. 321 f.

70 WEHLER, Hans-Ulrich, *Das deutsche Kaiserreich 1871–1918* (Göttingen 1973), S. 207 f.

71 MACHTAN, Lothar, «Bismarck», in: FRANÇOIS, Etienne und SCHULZE, Hagen, Hg., *Deutsche Erinnerungsorte,* Bd. II (München 2001), S. 97.

72 Vgl. LEONHARD, Wolfgang, *Die Dreispaltung des Marxismus. Ursprung und Entwicklung des Sowjetmarxismus, Maoismus und Reformkommunismus* (Düsseldorf 1970), S. 74 ff.

73 Vgl. FURET, François, *Le passé d'une illusion. Essai sur l'idée communiste au XXe siècle* (Paris 1995), S. 99: «Toute seule, l'idée léniniste n'eût pas pénétré aussi profond dans l'opinion de gauche de l'époque; elle est, elle restera étroite, fanatique, presque primitive. Mais en croisant l'idée

jacobine, elle acquiert par fusion sa force mythologique en même temps que sa crédibilité ‹bourgeoise›.» Zur Kritik an Furet vgl. WIPPERMANN, Wolfgang, *Totalitarismustheorien. Die Entwicklung der Diskussion von den Anfängen bis heute* (Darmstadt 1997), S. 77 ff.

74 Ebenda, S. 957.

75 Vgl. VERMEIL, Edmond, *L'Allemagne contemporaine 1890–1950*, 2 Bde. (Paris 1953–1954); SHIRER, Willliam L., *Aufstieg und Fall des Dritten Reiches* (Köln 1961); LUKÁCS, Georg, *Von Nietzsche zu Hitler oder der Irrationalismus und die deutsche Politik* (Neuwied 1962). Vgl. HILDEBRAND, Klaus, *Das Dritte Reich* (München 1987), S. 222. Zur Kontinuitätsfrage vgl. NIPPERDEY, Thomas, «1933 und die Kontinuität der deutschen Geschichte», S. 186–205.

76 MANN, Golo, *Deutsche Geschichte*, S. 12.

77 Ebenda, S. 475.

78 Ebenda, S. 792.

79 Vgl. NOLTE, Ernst, *Theorien des Faschismus* (Köln 1976). Ebenso: WIPPERMANN, Wolfgang, *Faschismustheorien. Die Entwicklung der Diskussion von den Anfängen bis heute* (Darmstadt 1997), S. 11 ff. Zu den größeren Zusammenhängen vgl. BRACHER, Karl Dietrich, *Zeit der Ideologien. Eine Geschichte politischen Denkens im 20. Jahrhundert* (Stuttgart 1984) und NOLTE, Ernst, *Geschichtsdenken im 20. Jahrhundert. Von Max Weber bis Hans Jonas* (Berlin 1991).

80 Vgl. ARENDT, Hannah, *Elemente und Ursprünge totalitärer Herrschaft. Totale Herrschaft*, Bd. III (Berlin 1975), S. 238 ff. Ebenso: WIPPERMANN, Wolfgang, *Totalitarismustheorien*, S. 30 f.

81 MANN, Golo, *Deutsche Geschichte*, S. 788. Golo Mann hat der Person Hitlers für den Verlauf der deutschen Geschichte immer eine ausschlaggebende Bedeutung zugewiesen. Diese personalistische oder Hitler-zentristische Sicht ist in der Forschung häufig diskutiert worden. Heute neigt auch ein Sozialhistoriker wie Hans-Ulrich Wehler dazu, den charismatischen Charakter von Hitlers Herrschaft zu betonen. Vgl. WEHLER, Hans-Ulrich, *Deutsche Gesellschaftsgeschichte. Vom Beginn des Ersten Weltkriegs bis zur Gründung der beiden deutschen Staaten 1914–1949*, Bd. IV (München 2003), S. 866 ff.

82 Ebenda, S. 776.

83 Ebenda, S. 106 f.

84 FRISCH, Max, *Tagebuch 1946–1949* (Frankfurt a. M. o. D.), S. 264.

85 Vgl. SCHNELL, Ralf, *Geschichte der deutschsprachigen Literatur seit 1945* (Stuttgart 1993), S. 244 ff.

86 PICARD, Max, *Hitler in uns selbst* (Zürich 1946), S. 205 f., S. 18 f. Vgl. auch ANDERS, Günther, *Die Antiquiertheit des Menschen. Über die Seele im Zeitalter der zweiten industriellen Revolution*, Bd. I (München 1956).

87 ANDERS, Günther, *Die Antiquiertheit des Menschen. Über die Seele im*

Zeitalter der zweiten industriellen Revolution, Bd. II (Neuaufl. München 1980).

88 MANN, Golo, *Deutsche Geschichte,* S. 773.

89 Ebenda, S. 740.

90 MANN, Golo, an Manuel Gasser, Datum unvollständig, 1950, Nachlass SLA.

91 MANN, Golo, an Norbert Kohlhase, 25.6.1982, Nachlass SLA.

92 MANN, Golo, an Heinz Thiele, 30.10.1986, Nachlass SLA.

93 SPENGLERS *Untergang des Abendlandes* erschien erstmals 1918; FRIEDELLS *Kulturgeschichte der Neuzeit* 1917–1932.

94 MANN, Golo, *Deutsche Geschichte des neunzehnten und zwanzigsten Jahrhunderts* (Ausgabe Frankfurt a. M. 1992), S. 15.

95 MANN, Golo, *Deutsche Geschichte,* S. 877 f.

96 Vgl. GRAML, Hermann, «Die Wehrmacht im Dritten Reich», in: *Vierteljahrshefte für Zeitgeschichte,* Jg. 45 (1997), S. 365 ff.

97 MANN, Golo, *Deutsche Geschichte,* S. 916. Vgl. FEST, Joachim, *Staatsstreich. Der lange Weg zum 20. Juli* (Berlin 1994).

98 Vgl. MOMMSEN, Hans, «Widerstand hat viele Namen. Betrachtungen zum 50. Jahrestag des Attentats auf Hitler», *Süddeutsche Zeitung,* 16./17. Juli 1994.

99 Vgl. SCHULZE, Winfried, *Deutsche Geschichtswissenschaft nach 1945* (München 1993), und IGGERS, Georg G., *Deutsche Geschichtswissenschaft. Eine Kritik der traditionellen Geschichtsauffassung von Herder bis zur Gegenwart* (München 1971).

100 HOFER, Walther, *Die Entfesselung des Zweiten Weltkrieges. Eine Studie über die internationalen Beziehungen im Sommer 1939* (Frankfurt a. M. 1960), und ders., *Der Nationalsozialismus. Dokumente 1933–1945* (Frankfurt a. M. 1957).

101 Vgl. MEINECKE, Friedrich, *Die deutsche Katastrophe. Betrachtungen und Erinnerungen* (Wiesbaden 1946), und RITTER, Gerhard, *Europa und die deutsche Frage. Betrachtungen über die geschichtliche Eigenart des deutschen Staatsdenkens* (München 1948).

102 MANN, Golo, an Friedemann Scriba, 7.3.1988, Nachlass SLA. Vgl. auch ders., an Norbert Kohlhase, 25.6.1982, Nachlass SLA; sowie ders., an R. Schwab, 25.10.1988, Nachlass SLA: «Mit meiner ‹Deutschen Geschichte› wollte ich die Deutschen zum ersten Mal wieder an ihre Geschichte heranbringen und das, glaube ich, ist mir auch gelungen.»

103 MANN, Golo, *Deutsche Geschichte,* S. 14.

104 FREUND, Michael, «Ende der deutschen Geschichte? Zu dem neuen Buche Golo Manns», in: *Der Monat,* Nr. 126 (1959).

105 ALLEMANN, Fritz René, *Bonn ist nicht Weimar* (Köln 1956).

106 MANN, Golo, *Deutsche Geschichte,* S. 926.

107 Ebenda, S. 941.

108 Ebenda.
109 Ebenda, S. 950.
110 Ebenda, S. 952.
111 Ebenda, S. 960.
112 Ebenda, S. 944.
113 Ebenda, S. 947.
114 Ebenda, S. 949.
115 Ebenda.
116 Ebenda, S. 965.
117 Ebenda.
118 BOESCH-JUNG, Joseph, «Golo Mann, Deutsche Geschichte des neunzehnten und zwanzigsten Jahrhunderts», in: *Schweizerische Zeitschrift für Geschichte,* Bd. IX (1959), S. 269.
119 GOLLWITZER, Heinz, «Eine deutsche Geschichte des 19. und 20. Jahrhunderts», in: *Historische Zeitschrift,* Bd. 190 (1960), S. 555.
120 Vgl. WEHLER, Hans-Ulrich, *Entsorgung der deutschen Vergangenheit. Ein polemischer Essay zum ‹Historikerstreit›* (München 1988).
121 GOLLWITZER, Heinz, «Eine deutsche Geschichte», S. 559 f.
122 REISBERG, Arnold, «Golo Mann, Deutsche Geschichte des neunzehnten und zwanzigsten Jahrhunderts», in: *Zeitschrift für Geschichtswissenschaft,* Bd. IX (1961), S. 1647 ff.
123 Ebenda, S. 1650.
124 BEUTIN, Wolfgang, «Golo Mann oder der neue Galletti», in: DESCHNER, Karlheinz, Hg., *Wer lehrt an deutschen Universitäten?* (Wiesbaden 1968).
125 Ebenda, S. 96.
126 Vgl. etwa LÜBBE, Hermann, «Der Nationalsozialismus im deutschen Nachkriegsbewusstsein», in: *Historische Zeitschrift,* Bd. 236 (1983), S. 579 ff. Ferner: LÜDTKE, Alf, «‹Coming to Terms with the Past›: Illusions of Remembering, Ways of Forgetting Nazism in West Germany», in: *Journal of Modern History,* 65 (1993), S. 542 ff.
127 BERGMANN, Werner, «Die Reaktion auf den Holocaust in Westdeutschland von 1945–1989», in: *Geschichte in Wissenschaft und Unterricht,* Jg. 43 (1992), S. 329.
128 MITSCHERLICH, Alexander und Margarete, *Die Unfähigkeit zu trauern* (München 1967).
129 Vgl. WEHLER, Hans-Ulrich, *Entsorgung der deutschen Vergangenheit,* S. 79 ff.
130 MANN, Golo, «Lieben kann man in Deutschland nur im Hotel», Interview mit Erhard KLUGE, *Rheinischer Merkur/Christ und Welt,* 28.10.1988.
131 Ebenda.
132 Vgl. SPEER, Albert, *Erinnerungen* (Frankfurt a. M. 1969); FEST, Joachim

C., *Hitler. Eine Biographie* (Frankfurt a. M. 1973); HAFFNER, Sebastian, *Anmerkungen zu Hitler* (München 1978). Die genannten Rezensionen liegen gesammelt vor in: MANN, Golo, *Zeiten und Figuren,* S. 237 ff., 277 ff., 412 ff.

133 Ebenda, S. 245.

134 Ebenda, S. 237.

135 Ebenda, S. 277.

136 Ebenda, S. 279.

137 Ebenda, S. 412.

138 HAFFNER, Sebastian, *Anmerkungen zu Hitler,* S. 155.

139 MANN, Golo, *Zeiten und Figuren,* S. 419.

140 Ebenda, S. 416.

141 MANN, Golo, «Vis-a-vis». Fernsehsendung mit Frank A. MEYER, Schweizer Fernsehen DRS, 27.5.1982, Tonband- und Videokassette, D-2-d-1 und D-2-d-3, Nachlass SLA und P.

142 MANN, Golo, «Geschichtsschreibung als Realpolitik. Über A. J. P. Taylor und die Tragödie Mitteleuropas», in: *Der Monat,* Nr. 38 (1951), S. 139.

143 Ebenda, S. 136.

144 Ebenda, S. 130 ff.

145 TAYLOR, A. J. P., *The Origins of the Second World War* (Harmondsworth 1961). Deutsche Übersetzung: *Die Ursprünge des Zweiten Weltkrieges* (Gütersloh 1962). Der Schluss von Taylors Vorwort lautet im englischen Original: «This is a story without heroes; and perhaps even without villains.»

146 FISCHER, Fritz, *Griff nach der Weltmacht. Die Kriegszielpolitik des kaiserlichen Deutschland 1914–1918* (Kronberg 1977). Erstauflage 1962.

147 HOFER, Walther, «‹Entfesselung› oder ‹Ausbruch› des Zweiten Weltkrieges. Eine grundsätzliche Auseinandersetzung mit dem Buch von A. J. P. Taylor über die Ursprünge des Zweiten Weltkrieges», *Neue Zürcher Zeitung,* Abendausgabe 12.10.1962; Morgenausgabe 13.10.1962; Mittags- und Abendausgabe 16.10.1962. Vgl. auch HOFER, Walther, «50 Jahre danach. Über den wissenschaftlichen Umgang mit dem Dritten Reich», in: *Geschichte in Wissenschaft und Unterricht,* Nr. 1 (1983).

148 MANN, Golo, Tagebuch, 4.7.1961: «Read Taylors insolent piece on the origin of world war II». Nachlass SLA.

149 MANN, Golo, an François Bondy, 5.6.1962, Nachlass SLA.

150 MANN, Golo, «Hitlers britischer Advokat. A. J. P. Taylors Revision der Geschichte», in: *Der Monat,* Nr. 156 (1961), S. 84.

151 MANN, Golo, *Deutsche Geschichte* (Ausg. 1992), S. 11.

152 Vgl. MARTEL, Gordon, Hg., *‹The origins of the Second World War› reconsidered. A. J. P. Taylor and the Historians* (New York 1999).

153 HAFFNER, Sebastian, *Geschichte eines Deutschen. Die Erinnerungen 1914–1933* (Stuttgart 2000), S. 117.

154 HOFER, Walther, *Der Nationalsozialismus,* S. 43.
155 MANN, Golo, *Deutsche Geschichte,* S. 797.
156 MOMMSEN, Hans, «Der Reichstagsbrand und seine politischen Folgen», in: *Vierteljahrshefte für Zeitgeschichte,* Jg. 12 (1964), S. 357 ff. HOFER, Walther und GRAF, Christoph, «Neue Quellen zum Reichstagsbrand», in: *Geschichte in Wissenschaft und Unterricht,* Jg. 27 (1976); BACKES, Uwe u. a., *Reichstagsbrand. Aufklärung einer historischen Legende* (München 1986).
157 Vgl. dazu auch: KÖHLER, Otto, *Rudolf Augstein. Ein Leben für Deutschland* (München 2002), S. 294 ff.
158 Zit. n. BACKES, Uwe, *Reichstagsbrand,* S. 21.
159 Vgl. *Der Spiegel,* Nr. 47 (1969).
160 MANN, Golo, *Erinnerungen I,* S. 497.
161 Vgl. SCHMÄDECKE, Jürgen u. a., «Der Reichstagsbrand in neuem Licht», in: *Historische Zeitschrift,* Bd. 269 (1999), S. 603 ff. Ebenso: HOFER, Walther, «Noch einmal: der Reichstagsbrand», *Neue Zürcher Zeitung,* 11.5.2001.
162 DIWALD, Hellmut, *Geschichte der Deutschen* (Berlin 1978).
163 Ebenda, S. 15 ff.
164 Ebenda, S. 163 ff.
165 WOLFF, Georg, «Eifer, Zorn und Leidenschaft. Über Hellmut Diwalds ‹Geschichte der Deutschen›», in: *Der Spiegel,* Nr. 43 (1978).
166 MANN, Golo, «Entrüstung – im Stil von Qualtingers ‹Herrn Karl›», in: *Der Spiegel,* Nr. 47 (1978).
167 MANN, Golo, an Peter Berglar, 12.2.1979, Nachlass SLA.
168 DIWALD, Hellmut, *Wallenstein. Eine Biographie* (Esslingen 1969).
169 MANN, Golo, an Hartmut von Hentig, 9.12.1978, Nachlass SLA.
170 MOHLER, Armin, *Die Konservative Revolution in Deutschland* (Stuttgart 1950).
171 Vgl. KRAUS, Hans-Christof, «Armin Mohler. Die Konservative Revolution in Deutschland 1918–1933», in: *Historische Zeitschrift,* Sonderheft 16 (1992), S. 95 ff.
172 MOHLER, Armin, *Der Nasenring. Die Vergangenheitsbewältigung vor und nach dem Fall der Mauer* (München 1991). Vgl. ders., *Ravensburger Tagebuch. Meine Zeit bei Ernst Jünger 1949–50* (Wien 1999).
173 MOHLER, Armin, *Der Nasenring,* S. 191 ff.
174 MANN, Golo, an Armin Mohler, 12.7.1980, Nachlass SLA.
175 MANN, Golo, an Oswalt von Nostitz, 6.1.1982, Nachlass SLA.
176 HOCHHUTH, Rolf, *Der Stellvertreter* (Hamburg 1963). Dieser Ausgabe wurden die positiven Stellungnahmen von Erwin Piscator, Golo Mann, Walter Muschg, Karl Jaspers und Sabina Lietzmann beigefügt. Zur Hochhuth-Debatte in der Schweiz vgl. ALTERMATT, Urs, «Debatte um Hochhuths ‹Stellvertreter›», *Neue Zürcher Zeitung,* 13.7.2003.

177 Vgl. BERG, Jan, *Hochhuths Stellvertreter und die Stellvertreter-Debatte* (Kronberg 1976).
178 HÄSLER, Alfred A., *Das Boot ist voll. Die Schweiz und die Flüchtlinge 1933–1945* (Zürich 1967).
179 Vgl. dazu LEWY, Guenther, *Die katholische Kirche und das Dritte Reich* (München 1965). Ferner: SCHOLDER, Klaus, *Die Kirchen und das Dritte Reich. Vorgeschichte und Zeit der Illusionen 1918–1934* (Frankfurt a. M. 1977). Zur Frage der Haltung des Vatikans vgl. ferner die umfassende Studie von MICCOLI, Giovanni, *I dilemmi e i silenzi di Pio XII* (Mailand 2000).
180 MANN, Golo, «Die eigentliche Leistung», *Basler Nachrichten*, 17.9.1963. Vgl. Golo Mann – Rolf Hochhuth. Aus dem Briefwechsel, hg. von Thomas FEITKNECHT und Kathrin LÜSSI (Bern 2002).
181 MANN, Golo, «Die eigentliche Leistung».
182 HOCHHUTH, Rolf, an Golo Mann, 11.10.1963, Nachlass SLA.
183 MANN, Golo, an Rolf Hochhuth, 24.10.1963, Nachlass SLA.
184 MANN, Golo, Tagebuch, 8.7.1965; die Aufzeichnung ist französisch und lautet im Originaltext: «Lundi, Rolf Hochhuth prit le lunch avec moi et maman. Un jeune homme modeste, sérieux et intelligent. On a parlé sur le projet du drame auquel il travaille.» Nachlass SLA.
185 MANN, Golo, Tagebuch, 11.5.1970, Nachlass SLA.
186 MANN, Golo an Rolf Hochhuth, 22.9.1978, Nachlass SLA.
187 Ebenda. Vgl. IRVING, David, *Hitler's War* (New York 1977). Die deutsche Fassung erschien zwei Jahre vor der englischen Originalfassung unter dem Titel *Hitler und seine Feldherren* (Frankfurt a. M. 1975). Vgl. auch DÜLFFER, Jost, «David Irving, der Widerstand und die Historiker», in: *Geschichte in Wissenschaft und Unterricht*, Nr. 11 (1979), S. 686–690.
188 Die angesprochene Stelle findet sich als Begleittext zum Vorabdruck von HOCHHUTHS Erzählung *Eine Liebe in Deutschland* in der *Zeit* vom 17.2.1978 und lautet im vollen Wortlaut: «Ist doch der amtierende Ministerpräsident dieses Landes, Dr. Filbinger, selbst als Hitlers Marinerichter, der sogar noch in britischer Gefangenschaft nach Hitlers Tod einen deutschen Matrosen mit Nazi-Gesetzen verfolgte, ein so ‹furchtbarer Jurist› gewesen, daß man vermuten muß – denn die Marinerichter waren schlauer als die von Heer und Luftwaffe, sie vernichteten bei Kriegsende Akten –, er ist auf freiem Fuß nur dank des Schweigens derer, die ihn kannten.»
189 MANN, Golo, an Rolf Hochhuth, 22.9.1978, Nachlass SLA.
190 FILBINGER, Hans, *Die geschmähte Generation* (München 1987).
191 MANN, Golo, «Ich las das Buch in fünf Stunden der Nacht», *Welt am Sonntag*, 26.7.1987.
192 Ebenda.
193 HOCHHUTH, Rolf, «Gegen die Verharmloser», *Deutsches Allgemeines Sonntagsblatt*, 6.9.1987.

194 Ebenda.

195 MANN, Golo, «Antworten», *Deutsches Allgemeines Sonntagsblatt,* 20.9.1987.

196 Ebenda.

197 HOCHHUTH, Rolf, «Zum Tode von Golo Mann», *Die Welt,* 10.4.1994.

198 SCHILLER, Friedrich, «Resignation», in: *Sämtliche Werke,* Bd. I (München 1987), S. 133.

199 ARENDT, Hannah, *Eichmann in Jerusalem* (New York 1963). Deutsche Erstausgabe 1964. Zitiert wird im Folgenden nach ARENDT, Hannah, *Eichmann in Jerusalem. Ein Bericht von der Banalität des Bösen* (München 1998).

200 MANN, Golo, «Hannah Arendt und der Eichmann-Prozeß», in: *Neue Rundschau,* Nr. 4 (1963), S. 626–633.

201 ARENDT, Hannah, *Eichmann,* S. 129 ff.

202 Ebenda, S. 209.

203 MANN, Golo, «Hannah Arendt», S. 632.

204 SCHOLEM, Gershom, «Brief an Hannah Arendt», *Neue Zürcher Zeitung,* 20.10.1963. Vgl. auch die Entgegnung von Hannah Arendt in derselben Nummer.

205 ARENDT, Hannah, *Eichmann,* S. 193.

206 MANN, Golo, *Deutsche Geschichte,* S. 915.

207 Ebenda, S. 916 f.

208 KOCH, Jeroen, *Golo Mann und die deutsche Geschichte. Eine intellektuelle Biographie* (Paderborn 1998), S. 257. Vgl. dazu MANN, Golo, *Deutsche Geschichte*, S. 916: «Wenn der ostelbische Adel, oder doch ein Teil von ihm, in der Zeit vor der Machtergreifung eine schwere Schuld auf sich lud, dann machte er sie gut durch das Opfer des 20. Juli; und der deutsche Adel in seiner Gesamtheit hat in dieser äußersten Krise in Ehren mitgewirkt.»

209 Vgl. MANN, Golo, «Carl Goerdeler», in: *Merkur,* Nr. 87 (1955), S. 670–676 und ders., «Rede zum Gedenken des 20. Juli 1944 und des 17. Juni 1953», in: *Frankfurter Universitätsreden,* Nr. 29 (1962); ferner ders., «Helmuth James von Moltke», 1973, erstmals in: *Zwölf Versuche,* S. 187 ff.

210 ROTHFELS, Hans, *Die deutsche Opposition gegen Hitler. Eine Würdigung* (Frankfurt a. M. 1949). Erstauflage englisch. Vgl. etwa ebenda, S. 170: «Aus ihnen (den Zeugnissen der deutschen Oppositionsbewegung) ergibt sich vielmehr, daß die Überlieferungen eines ‹echten preußischen Militarismus›, soweit sie noch in Nazideutschland vorhanden waren, durchaus eine Schranke gegen nationalistische und demagogische Ausschreitungen bildeten. Vielleicht besteht eher Anlaß zum Bedauern, daß nicht mehr vom Grundbestand dieser Traditionen den Zeitgeist überlebt hatte.»

211 MANN, Golo, «Staat und Heer», in: *Merkur*, Nr. 12 (1956). Nachgedruckt in MANN, Golo, *Zeiten und Figuren*, S. 93.

212 Tagung des Einstein-Forums, Berlin 1997. Vgl. «Denn es stand ja nicht in der Akte. Wiederbegegnung mit Hannah Arendts Eichmann in Jerusalem», *Frankfurter Allgemeine Zeitung*, 25.6.1997.

213 Vgl. MOMMSEN, Hans, «Hannah Arendt und der Prozess gegen Adolf Eichmann», in: ARENDT, Hannah, *Eichmann*, S. 15 f.

214 HILBERG, Raul, *Täter, Opfer, Zuschauer. Die Vernichtung der Juden 1933–1945* (Frankfurt a. M. 1992), S. 135.

215 Vgl. MOMMSEN, Hans, «Der Widerstand gegen Hitler und die deutsche Gesellschaft», in: *Historische Zeitschrift*, 241 (1985), S. 81 ff. Ferner: FEST, Joachim, *Staatsstreich;* HAMEROW, Theodor S., *Die Attentäter – von der Kollaboration zum Widerstand* (München 1999).

216 MANN, Golo, *Erinnerungen I*, S. 323.

217 KÖHLER, Lotte und SANER, Hans, Hg., *Hannah Arendt – Karl Jaspers. Briefwechsel 1926–1969* (München 1985), S. 577. Zur Kritik an Hannah Arendts Buch schreibt Hans Saner: «Während der koordinierten und mit großem Aufwand betriebenen Rufmordkampagne aber stand er (Jaspers) bedingungslos zu Arendt und erwartete diese Solidarität auch von seinen Freunden. Wenn sie öffentlich in die Hetze einstimmten, war er bereit, mit ihnen zu brechen. Am meisten schmerzte ihn das bei Golo Mann, den er fast so lange kannte wie Hannah Arendt.» Vgl. Saner, Hans, «Philosophie beginnt zu zweien», in: *Du. Die Zeitschrift der Kultur*, Oktober (2000).

218 MANN, Thomas, *Doktor Faustus. Das Leben des deutschen Tonsetzers Adrian Leverkühn erzählt von einem Freunde* (Frankfurt a. M. 1951), S. 717.

219 Vgl. FREI, Norbert, «Von deutscher Erfindungskraft. Die Kollektivschuldthese in der Nachkriegszeit», *Neue Zürcher Zeitung*, 12./13.7.1997. Die Schuldfrage ist besonders intensiv und mit der breitesten Beachtung von Karl Jaspers diskutiert worden. Dem pauschalen Begriff der «Kollektivschuld» stellte Jaspers verschiedene Schuldbegriffe gegenüber und trug damit erheblich zur Differenzierung bei. Vgl. JASPERS, Karl, *Hoffnung und Sorge. Schriften zur deutschen Politik 1945–1965* (München 1965). Vgl. neuerdings auch ASSMANN, Aleida, «Ein deutsches Trauma? Die Kollektivschuldthese zwischen Erinnern und Vergessen», in: *Merkur*, Nr. 12 (1999).

220 MANN, Golo, *Deutsche Geschichte*, S. 962. An seiner Ablehnung einer Kollektivschuldzuweisung hielt Golo Mann sein Leben lang fest. Vgl. MANN, Golo, an Max Himmelheber, 30.10.1985: «Persönlich habe ich den Ausdruck ‹Kollektivschuld› nie gemocht und auch nie gebraucht, dagegen gefiel mir der Ausdruck von Karl Jaspers ‹Kollektivhaftung›.»

221 MANN, Golo, «Deutsche Politik zwischen gestern und morgen», in: *Geschichte und Geschichten*, S. 330. Es handelt sich um den Abdruck eines

Referats, das Golo Mann am 21.1.1961 auf der Jahrestagung der Wirtschaftspolitischen Gesellschaft in Frankfurt am Main hielt.

222 MANN, Golo, *Erinnerungen I,* S. 563.

223 MANN, Golo, an Burkard Freiherrn von Müllenheim-Rechberg, 21.9.1987, Nachlass SLA.

224 MANN, Golo, *Deutsche Geschichte,* S. 944.

225 MANN, Golo, Gespräch, Tonbandaufzeichnung, 18.5.1983, AfZ.

226 MANN, Golo, an Luise Jodl, 12.2.1987, Nachlass SLA.

227 MANN, Golo, *Deutsche Geschichte,* S. 960.

228 MANN, Golo, an Jacques Vecker, 11.11.1979, Nachlass SLA.

229 MANN, Golo, an Ursula Möhring, 9.1.1987, Nachlass SLA.

230 MANN, Golo, «Des Teufels Architekt. Albert Speers ‹Erinnerungen›», 1969, in: *Zeiten und Figuren,* S. 238.

231 MANN, Golo, an Hans Filbinger, 16.10.1986, Nachlass SLA.

232 Vgl. MANN, Golo, «Ein trüber Idealist und Träumer», *Deutsches Allgemeines Sonntagsblatt,* 18.1.1970. Ferner: Todesanzeige der «Deutschen Konservativen EV» vom 20.8.1987, Nachlass SLA.

233 Vgl. THÜRER, Georg, «Zum hundertsten Geburtstag des Dichters Hermann Burte», Separatum aus der Zeitschrift *Das Markgräflerland,* Nr. 1/2 (1979). Hermann Burte (1879–1960) war ein bekannter alemannischer Heimatdichter und Verfasser des zu seinen Zeiten weit verbreiteten Romans *Wiltfeber. Die Geschichte eines Heimatsuchers* (Leipzig 1912). Das von Richard LENNARTZ herausgegebene Handbuch *Deutsche Dichter und Schriftsteller unserer Zeit. Einzeldarstellungen zur Schönen Literatur in deutscher Sprache* (Stuttgart 1959) widmet Burte einen ganzen Artikel, erwähnt aber seine nationalsozialistischen Gedichte mit keinem Wort. Das von Walther KILLY u. a. herausgegebene Literaturlexion, Bd. II (Gütersloh 1989) schreibt auf S. 332: «Er fand auch Worte zur Rechtfertigung der Judenverfolgung: ‹Ungerecht bin ich./Einseitig denke ich./Schaudernd erkenne ich./Leben ist Raub./Mord hält am Leben./Schaue Natur an./Fraß- oder Fresser/Volk mußt du sein.›»

234 MANN, Golo, an Peter Reinelt, 2.3.1989, Nachlass SLA.

235 MANN, Golo, an Paul F. Wagner, 31.7.1989; Briefkopie, vermittelt durch Magdalena Neff und die Burte-Gesellschaft, Lörrach.

236 MANN, Golo, «Ich bin für eine General-Amnestie in Deutschland!», *Bild am Sonntag,* 8.8.1978.

237 MANN, Golo, «Nazi-Morde ungesühnt?», *Bild am Sonntag,* 12.11.1978.

238 WEIZSÄCKER, Richard von, «Ansprache in der Gedenkstunde des Deutschen Bundestages am 8. Mai 1985», in: Presse- und Informationsamt der Bundesregierung, *Erinnerung, Trauer und Versöhnung. Ansprachen und Erklärungen zum vierzigsten Jahrestag des Kriegsendes* (Bonn 1945), S. 69.

239 Ebenda, S. 81.

240 MANN, Golo, an Iring Fetscher, 18.1.1989, Nachlass SLA.

241 Vgl. *Neue Zürcher Zeitung*, 15.12.1999.

242 Vgl. MANN, Golo, an Wolfgang Larese, 23.10.1989: «Sein Verhältnis (Fricks) zur Gestapo halte ich keineswegs für den Kern der ganzen Angelegenheit.» Nachlass SLA.

243 BURCKHARDT, Jacob, *Weltgeschichtliche Betrachtungen* (Stuttgart 1963), S. 262.

244 MANN, Golo, «Deutsche und Juden.» Ansprache vor dem Jüdischen Weltkongress in Brüssel», *Die Weltwoche*, 12.8.1966.

245 Vgl. SPRECHER, Thomas, *Thomas Mann in Zürich*, S. 233 ff.

246 Vgl. HARPPRECHT, Klaus, *Thomas Mann. Eine Biographie*, S. 1617 ff., und KURZKE, *Thomas Mann. Das Leben als Kunstwerk*, S. 524 ff.

247 MANN, Thomas, *Tagebücher 1953–1955*, S. 210. Vgl. auch SPRECHER, Thomas, «Thomas Mann in Kilchberg, im Spiegel seines Tagebuchs», in: SPRECHER, Thomas und GUTBRODT, Fritz, Hg., *Die Familie Mann in Kilchberg* (Zürich 2000), S. 20 ff.

248 MANN, Erika, *Mein Vater, der Zauberer* (Reinbek bei Hamburg 1996). Hier zit. nach: SPRECHER, Thomas und GUTBRODT, Fritz, Hg., *Die Familie Mann in Kilchberg*, S. 14.

249 MANN, Elisabeth, «Das Elternhaus in Kilchberg», ebenda, S. 18.

250 Ebenda.

251 HELBLING, Hanno, «Golo Mann – ein Hausherr?», ebenda, S. 120.

252 WALDER, Ernst, «Begegnungen mit Golo Mann», ebenda, S. 249. Die Malerei gehörte nicht zu den Liebhabereien Golo Manns. Dass er je Kunstausstellungen besucht hätte, geht aus seinen privaten Aufzeichnungen nicht hervor. Einen Maler freilich scheint er hoch geschätzt zu haben: den Romantiker Caspar David Friedrich.

253 MANN, Golo, Tagebuch, 15.9.1987, Nachlass SLA.

254 Ebenda, 6.4.1988.

255 WITTER, Ben, «Die Betonung liegt auf Deutsch. Golo Mann sucht seine Heimat in Oberbayern», *Die Zeit*, 4.1.1980.

256 Ebenda.

257 WALDER, Ernst, «Begegnungen mit Golo Mann», S. 248.

258 Vgl. ZWEIFEL, Regula, Hg., *Begegnungen. Golo Mann zum 80. Geburtstag* (Kilchberg 1989).

259 MANN, Golo, an Jacques Koerfer, 3.6.1977, Nachlass SLA.

260 MANN, Golo, an Johanna Häsler, 10.2.1975, Nachlass SLA.

261 Ebenda.

262 MANN, Golo, Umfrage, *Schweizer Illustrierte, Literatur extra* (1986).

263 Ebenda.

264 WALDER, Ernst, «Begegnungen mit Golo Mann», S. 248.

265 MANN, Golo, «Ein Fürst hält Rückschau. Golo Mann im Gespräch mit Franz Josef II. von Liechtenstein», *Die Weltwoche*, 4.8.1976.

266 Zu dieser Angelegenheit vgl. FEHR, Marianne, *Meienberg. Lebensgeschichte des Schweizer Journalisten und Schriftstellers* (Zürich 1999), S. 213 ff.

267 WALDER, Ernst, «Begegnungen mit Golo Mann», S. 248.

268 Zit. nach SPRECHER, Thomas, *Thomas Mann in Zürich,* S. 119.

269 WAIGEL, Theo, an Golo Mann, 17.12.1990, Nachlass SLA.

270 HELBLING, Hanno, «Golo Mann im ‹Blatt›», in: ZWEIFEL Regula, Hg., *Begegnungen,* S. 75.

271 REICH-RANICKI, Marcel, *Mein Leben* (Stuttgart 1999), S. 513.

272 Zur Mitarbeit an der *Neuen Zürcher Zeitung* vgl. HELBLING, Hanno, «Golo Mann im ‹Blatt›», S. 73 ff. Das Buch von Paul HAZARD befasst sich unter dem Titel *La crise de la conscience européenne* (1961) mit der Wende französischer Geistesgeschichte vom 17. zum 18. Jahrhundert. Antonio MACHADO trat durch Gedichtsammlungen wie *Soledades* (1903), *Campos de Castilla* (1912) und *Nuevas canciones* (1924) hervor. Im spanischen Bürgerkrieg engagierte er sich aufseiten der Republikaner und starb 1939 im Exil in Frankreich.

273 ZWEIFEL, Regula, Hg., *Begegnungen,* S. 76.

274 MANN, Golo, an Stephan Müller-Iwers, 3.7.1985, Nachlass SLA.

275 Vgl. *Neue Zürcher Zeitung,* 12.4.1985.

276 Vgl. SPRECHER, Thomas, *Thomas Mann in Zürich,* S. 277. Dass Golo Mann die Verleihung des Ehrendoktors gefreut hätte, bezeugt Ernst WALDER, vgl. SPRECHER, Thomas und GUTBRODT, Fritz, Hg., *Die Familie Mann in Kilchberg,* S. 248: «Es wurmte ihn beispielsweise ausgesprochen, daß ihm weder die Zürcher Hochschulen noch die Universität München den Ehrendoktor verliehen.»

277 Wichtige Werke von Carl J. BURCKHARDT (1891–1974) sind: *Richelieu. Der Aufstieg zur Macht,* Bd. I (München 1935) und Bd. II *Behauptung der Macht und kalter Krieg* (München 1965); *Briefwechsel Hugo von Hofmannsthal – Carl J. Burckhardt* (Frankfurt a. M. 1956); *Memorabilien. Erinnerungen und Begegnungen* (München 1977).

278 SALIS, Jean Rudolf von, «Der engagierte Außenseiter. Schriftsteller, Historiker, Diplomat, Helfer: Carl J. Burckhardt wird 80», *Die Weltwoche,* 10.9.1971.

279 MAYER, Hans, «Geschichtenschreiber und Geschichtsschreiber. Carl J. Burckhardts ‹Memorabilien›», *Frankfurter Allgemeine Zeitung,* 26.11.1977. Ferner ders., «Erinnerung an Carl J. Burckhardt. Zum hundertsten Geburtstag am 10. September 1991», *Neue Zürcher Zeitung,* 7./8.9.1991.

280 MANN, Golo, an Manuel Gasser, 27.1.1942, Nachlass SLA. In des Historikers Nachlass befindet sich unter dem Titel «Wirtshaus zum Feinsinn» ein undatiertes Spottgedicht auf Burckhardt, dessen letzte Zeilen lauten: «Menu Vorschlag/Consommé Hofmannsthal/1 a Rilkenpastetli/Hebel-

braten/Schillerlocken/Coupe Richelieu/Vins: Croix Vinzel/Zum Kaffee: Danziger Goldwasser.

281 BURCKHARDT, Carl J., *Meine Danziger Mission 1937–1939* (München 1960). Golo MANNS Buchbesprechung erschien unter dem Titel «Carl J. Burckhardts Danziger Mission», in: *Merkur,* Nr. 6 (1960).

282 MANN, Golo, an Carl J. Burckhardt, 21.4.1960, 1.5.1960, Nachlass SLA. Ebenso: BURCKHARDT, Carl J., an Golo Mann, 19.4.1960, 7.5.1960, Nachlass SLA.

283 BURCKHARDT, Carl J., *Meine Danziger Mission,* S. 348. Bis in die jüngste Zeit hat dieser «allermerkwürdigste Ausspruch» Hitlers der Geschichtswissenschaft als Beleg für die langfristige Planung des deutschen Russlandfeldzugs gedient, wohl zu Unrecht, da er so nie getan worden ist. Vgl. etwa HILDEBRAND, Klaus, *Das Dritte Reich* (München 2003), S. 257.

284 Vgl. STAUFFER, Paul, *Carl J. Burckhardt. Facetten einer außergewöhnlichen Existenz* (Zürich 1991), S. 178 ff. Ebenso ders., *‹Sechs furchtbare Jahre.› Auf den Spuren Carl J. Burckhardts durch den Zweiten Weltkrieg* (Zürich 1998). Auch im zweiten Band werden Burckhardt Ungereimtheiten nachgewiesen, welche die Glaubwürdigkeit seiner Aussagen als geschichtliche Quelle als fraglich erscheinen lassen.

285 BURCKHARDT, Carl J., an Golo Mann, 7.5.1960, Nachlass SLA.

286 MANN, Golo, an Paul Stauffer, 7.10.1987. Abdruck mit freundlicher Erlaubnis des Adressaten.

287 MANN, Golo, an Peter Berglar, 13.6.1983, Nachlass SLA.

288 Vgl. MANN, Golo, Rezension von Werner KAEGIS Buch *Europäische Horizonte im Denken Jacob Burckhardts, Frankfurter Allgemeine Zeitung,* 29.9.1962. Von Kaegi stammt die zwischen 1947 und 1982 erschienene monumentale Burckhardt-Biographie in sieben Bänden.

289 Jean Rudolf von SALIS' (1901–1996) Radiosendungen erschienen unter dem Titel *Weltchronik 1939–1945* (Zürich 1966). Er verfasste u. a. die dreibändige *Weltgeschichte der Neuesten Zeit* (Zürich 1951–1960) sowie das zweibändige Memoirenwerk *Grenzüberschreitungen. Ein Lebensbericht* (1975–1978). Zu von Salis vgl. die Sondernummer der Zeitschrift *Du*, Nr. 3 (1989).

290 Vgl. BURGER, Hermann, *Brunsleben* (Frankfurt a. M. 1989), und ders., *Menzenmang* (Frankfurt a. M. 1992).

291 SALIS, Jean Rudolf von, *Grenzüberschreitungen,* Bd. I, S. 473.

292 SALIS, Jean Rudolf von, *Notizen eines Müßiggängers* (Zürich 1983), S. 363.

293 SALIS, Jean Rudolf von, *Im Lauf der Jahre. Über Geschichte, Politik und Literatur* (Zürich 1962), S. 275.

294 Vgl. SALIS, Jean Rudolf von, *Schwierige Schweiz. Beiträge zu einigen Gegenwartsfragen* (Zürich 1968).

295 SALIS, Jean Rudolf von, an Golo Mann, 20.7.1988, Nachlass SLA.
296 MANN, Golo, an Jean Rudolf von Salis, 18.11.1975, Nachlass SLA.
297 Ebenda.
298 MANN, Golo, Tagebuch, 23.9.1973, Nachlass SLA.
299 MANN, Golo, an Jean Rudolf von Salis, 8.7.1985, Nachlass SLA.
300 SALIS, Jean Rudolf von, *Innen und Außen. Notizen 1984–1986* (Zürich 1987).
301 MANN, Golo, an Jean Rudolf von Salis, 2.7.1988, Nachlass SLA.
302 MANN, Golo, «Ohne Geschichte leben?», *Die Zeit*, 13.10.1972.
303 MANN, Golo, an Hans Joachim Berbig, 10.10.1979, Nachlass SLA.
304 ROTHFELS, Hans, *Die deutsche Opposition gegen Hitler.*
305 BRACHER, Karl Dietrich, *Die Auflösung der Weimarer Republik* (Düsseldorf 1982).
306 Zu dieser Kontroverse vgl. WEHLER, Hans-Ulrich, «In den Fußstapfen der kämpfenden Wissenschaft», *Frankfurter Allgemeine Zeitung*, 4.1.1999, und ALY, Götz, «Stakkato der Vertreibung, Pizzikato der Entlastung», *Frankfurter Allgemeine Zeitung*, 3.2.1999.
307 JÄCKEL, Eberhard, «Geschichtliche Grundlagen der Bundesrepublik», in: HENTIG, Hartmut von und NITSCHKE, August, Hg., *Was die Wirklichkeit lehrt. Golo Mann zum 70. Geburtstag* (Frankfurt a. M. 1979), S. 203 f.
308 Vgl. SONTHEIMER, Kurt, *Thomas Mann und die Deutschen* (München 1961). Ferner: ders., *So war Deutschland nie. Anmerkungen zur politischen Kultur der Bundesrepublik* (München 1999).
309 NIPPERDEY, Thomas, *Deutsche Geschichte 1800–1866. Bürgerwelt und starker Staat* (München 1983); ders., *Deutsche Geschichte 1866–1918*, Bd. I: *Arbeitswelt und Bürgergeist* (München 1990); Bd. II: *Machtstaat vor der Demokratie* (München 1992). Vgl. MANN, Golo, an Thomas Nipperdey, 23.1.1991, Nachlass SLA.
310 MANN, Golo, «Ein Reich tritt aus dem Schatten», *Die Welt*, 2.10.1990.
311 Vgl. die inkriminierte Passage in NIPPERDEY, Thomas, *Deutsche Geschichte 1866–1918*, Bd. I, S. 763: «Dann C. F. Meyer, der, obzwar Schweizer, in unseren Zusammenhang gehört, weil er sich selbst so stark vom Bismarck-Reich und der deutschen protestantischen Kultur bestimmt fühlte und weil er einer der führenden Lese-Autoren des deutschen Publikums war.»
312 MANN, Golo, an Hans-Martin Gauger, 16.10.1990, Nachlass SLA.
313 STERN, Fritz, *Kulturpessimismus als politische Gefahr. Eine Analyse nationaler Ideologie in Deutschland* (Bern 1963).
314 STERN, Fritz, *Gold und Eisen. Bismarck und sein Bankier Bleichröder* (Frankfurt a. M. 1978). Titel der amerikanischen Originalausgabe: *Gold and Iron* (New York 1977).
315 MANN, Golo, «Bismarck und sein Bankier. Zu einem Werke von Fritz

Stern», *Neue Zürcher Zeitung*, 2./3.9.1978. Nachgedruckt in *Zeiten und Figuren*, S. 421 ff.

316 Ebenda.

317 MANN, Golo, «Der große Krieg kann nicht mehr sein», *Die Zeit*, 30.8.1985.

318 MANN, Golo, *Wallenstein. Sein Leben erzählt von Golo Mann* (Frankfurt a. M. 1971). Das Buch wurde vom S. Fischer-Verlag verschiedentlich neu aufgelegt, zuletzt im Jahr 2002 als Taschenbuch.

319 MANN, Golo, *Erinnerungen I*, S. 75, 202 f., 469. Zur Entstehung des *Wallenstein* vgl. FEITKNECHT, Thomas, «Zur Entstehung eines Lebenswerks: Golo Manns Wallenstein», in: *Das Buch zum Jubiläum der Schweizerischen Landesbibliothek* (Bern 1995), S. 160 ff.

320 Vgl. Jacob Burckhardts Brief an Robert Grüninger vom 2.8.1893, in: BURCKHARDT, Max, Hg., Jacob BURCKHARDT, *Sämtliche Briefe*, Bd. X (Basel 1986), S. 121: «Ich meinerseits habe wieder meinen alljährlichen Wallenstein durchgelesen und – abgesehen von 2, 3 Einwendungen – meine Bewunderung noch einmal im allerhöchsten Anwachsen gefunden. Ferner: DÜRR, Emil, Hg., Jacob BURCKHARDT, *Historische Fragmente* (Stuttgart 1957), S. 230.

321 MANN, Golo, «Wallenstein und die deutsche Politik», in: *Die Sammlung*, Nr. X (1934).

322 Ebenda, S. 510.

323 Ebenda, S. 517.

324 MANN, Golo, «Das Zeitalter des Dreißigjährigen Krieges», in: *Propyläen Weltgeschichte*, Bd. VII (Frankfurt a. M. 1964), S. 133 ff.

325 GRYPHIUS, Andreas, «Tränen des Vaterlandes», zit. n. WIESE, Benno von, Hg., *Echtermayer*, *Deutsche Gedichte* (Düsseldorf 1973), S. 112.

326 HUCH, Ricarda, *Wallenstein. Eine Charakterstudie* (Leipzig 1915), S. 15.

327 RANKE, Leopold von, *Weltgeschichte*, zit. n. Fritz WAGNER, *Geschichtswissenschaft* (Freiburg 1951), S. 200.

328 Vgl. ALT, Peter-André, *Schiller. Leben. Werk. Zeit*, Bd. II (München 2000), S. 372 ff.

329 Das Zitat geht zurück auf einen Passus von Heinrich von TREITSCHKES *Deutscher Geschichte im 19. Jahrhundert*: «Dem Historiker ist nicht gestattet, nach der Weise der Naturforscher das Spätere aus dem Früheren einfach abzuleiten: Männer machen Geschichte.» Zit. n. WAGNER, Fritz, *Geschichtswissenschaft* (Freiburg i. Br. 1951), S. 275.

330 Zur historiographischen Entwicklung vgl. IGGERS, Georg G., *Deutsche Geschichtswissenschaft*, S. 295 ff. und ders., *Neue Geschichtswissenschaft. Vom Historismus zur historischen Sozialwissenschaft* (München 1978).

331 PRESS, Volker, «Böhmischer Aristokrat und kaiserlicher General. Zwei Biographien Albrecht von Wallensteins», in: *Historische Zeitschrift*, Bd. 222 (1976), S. 627 ff.

332 OPGENOORTH, Ernst, «Golo Manns ‹Wallenstein›», in: *Das historisch-politische Buch,* Nr. 5 (1972), S. 129 f.

333 MIRGELER, Albert, «Historische Vorspiegelungen», in: *Merkur,* Nr. 3 (1972), S. 288 ff. Golo Mann, der auf Kritiken sonst kaum je erwiderte, trat dieser Rezension heftig entgegen: vgl. MANN, Golo, «Zu Albert Mirgelers Kritik an Golo Manns ‹Wallenstein›. Eine Feststellung», in: *Merkur,* Nr. 4 (1972), S. 402–405.

334 MIRGELER, Albert, «Historische Vorspiegelungen», S. 296. Vgl. sehr ähnlich auch LANDFESTER, Rüdiger, «Wohltemperierte Flucht in die Literatur», *Badische Zeitung,* 27./28.11.1971: «Was hier in Wirklichkeit entgegentritt, ist nicht die Lösung eines historischen Erkenntnisproblems nach dem gegenwärtigen Stand und mit den derzeit verfügbaren Mitteln der geschichtswissenschaftlichen Reflexion, sondern seine Verdrängung durch agnostische Zerstörung des Erkenntnisinteresses, Irrationalisierung des geschichtlichen Gegenstandes und Flucht in die Literatur.»

335 MANN, Golo, *Zeit-Magazin,* 15.10.1971.

336 BEUTIN, Wolfgang, Rezension, in: *Das Argument,* Nr. 7–8 (1973), S. 684 ff.

337 DIWALD, Hellmut, *Wallenstein. Eine Biographie.* Diwald begrüßte übrigens das Erscheinen von Manns *Wallenstein* in der *Nationalzeitung* vom 9.10.1971 unter dem Titel «Wissenschaftliches Werk und grandioser Roman in einem».

338 WAPNEWSKI, Peter, «Geschichte, in Geschichten gespiegelt», *Merkur,* Nr. 3 (1972), S. 285.

339 MENDELSSOHN, Peter de, «Golo Mann, Wallenstein», in: *Neue Rundschau,* Nr. 2 (1972), S. 347.

340 HELBLING, Hanno, «Ein Meisterwerk der Geschichtsschreibung. Zum Erscheinen des ‹Wallenstein› von Golo Mann», *Neue Zürcher Zeitung,* 17.10.1971.

341 JÜNGER, Ernst, *Siebzig verweht* (Stuttgart 1997), S. 34.

342 Wie es zu diesem etwas altväterischen Titel kam, geht aus einem Brief hervor, den Golo Mann an den Cheflektor des Fischer-Verlags schrieb: MANN, Golo, an Peter Härtling, 23.1.1971: «Der Titel. Das ist schwierig, wenn man sich's nicht einfach macht. Und ich bin geneigt, das Einfache zu wählen. Nämlich: ‹Wallenstein, sein Leben erzählt von.› So ist's wenigstens noch nie formuliert worden. ‹Geschichte Wallensteins› recht gut, aber so klingt's bei Ranke. ‹W. eine Biographie›, das ist so mediocre wie der Diwald, der es gewählt hat, sein soll. Ein anderer hat im Untertitel ‹Eine politische Biographie› etc. Das ist alles nichts. Ich könnte mir denken, daß ‹erzählt von› gerade durch das Sachliche, sozusagen Bescheidene wirkt.» Nachlass SLA. Vgl. auch Härtling, Peter, *Leben lernen* (Frankfurt 2003), S. 338 ff.

343 MANN, Golo, *Wallenstein,* S. 974 f.

344 Ebenda, S. 732.

345 Ebenda, S. 1189.

346 Ebenda, S. 665–669, 1052–1054.
347 PRESS, Volker, «Böhmischer Aristokrat und kaiserlicher General», S. 631. Vgl. auch FUHRMANN, *Menschen und Meriten. Eine persönliche Portraitgalerie* (München 2001), S. 246: «Die ganz und gar erfundenen Wachträume [...] haben die Fachhistoriker dem Autor übel genommen, und der Abstand wuchs, als das Werk zunächst durch einen Bildband und bald auch durch einen aufwendigen Fernsehfilm mit erster Besetzung ergänzt, beziehungsweise umgesetzt wurde.»
348 MANN, Golo, «Pro domo sua oder Gedanken über die Geschichtsschreibung», in: *Neue Rundschau,* Nr. 2 (1972), S. 231 f.
349 MANN, Golo, an Manuel Gasser, 19.9.1941, Nachlass SLA.
350 MANN, Golo, «Noch ein Versuch über Geschichtsschreibung», 1973, erstmals in: *Zwölf Versuche,* S. 23.
351 GAUGER, Hans-Martin, «Zum Stil Golo Manns», in: Hartmut HENTIG und August NITSCHKE, Hg., *Was die Wirklichkeit lehrt,* S. 328.
352 MANN, Golo, *Wallenstein*, S. 343.
353 Ebenda, S. 1125.
354 Die Materialien zum Wallenstein befinden sich in Golo Manns Bibliothek, die teilweise an das SLA gegangen ist.
355 MANN, Golo, *Wallenstein*, S. 445.
356 Ebenda, S. 717 f.
357 Ebenda, S. 783.
358 Ebenda, S. 497.
359 Vgl. MANN, Golo, *Mein Vater Thomas Mann* (Lübeck 1970), S. 16 f.
360 MANN, Golo, *Wallenstein*, S. 971.
361 Ebenda, S. 547.
362 Vgl. etwa WEHLER, Hans-Ulrich, «‹Moderne› Politikgeschichte? Oder: Willkommen im Kreis der Neorankeaner von 1914», in: *Geschichte und Gesellschaft,* Nr. 22 (1996), S. 257 ff.
363 Ebenda, S. 673.
364 Ebenda, S. 665.
365 SCHILLER, Friedrich, *Wallensteins Lager,* Prolog.
366 MANN, Golo, *Wallenstein*, S. 337.
367 Ebenda, S. 543.
368 Vgl. POLISENSKY, Josef, und KOLLMANN, Josef, *Wallenstein. Feldherr des Dreißigjährigen Krieges* (Köln 1997). Insbesondere ist unbekannt geblieben, welche Kompetenzen 1632 in den Göllersdorfer Verhandlungen Wallenstein für sein zweites Generalat zugebilligt wurden; es hat sich keine entsprechende Quelle erhalten. Anderseits sind nach dem Attentat zahlreiche offensichtlich irreführende Dokumente zur Rechtfertigung der Täter angefertigt worden.
369 MANN, Golo, *Deutsche Geschichte,* S. 773.
370 MANN, Golo, *Wallenstein*, S. 728.

371 Ebenda, S. 56.
372 Ebenda, S. 665.
373 Ebenda, S. 1052.
374 Ebenda, S. 128.
375 HAFFNER, Sebastian, «Wallensteins Lager», in: *Konkret,* Dezember (1971).
376 Vgl. MANN, Golo, «Versuch über Tacitus», 1976, in: *Zeiten und Figuren,* S. 359 ff.
377 TACITUS, Publius Cornelius, *Historien,* Buch II, Kapitel 61.
378 MANN, Golo, *Wallenstein*, S. 69, 138, 246, 859.
379 MANN, Golo, an Paul Ziegler, 31.1.1975, Nachlass SLA. Vgl. auch ders., an Horst Völksen, 9.5.1977, Nachlass SLA: «An den ‹Wallenstein› glaube ich. Es ist nicht nur mein bestes, es gehört – Sie werden darüber lächeln – zum Besten, was in unserer Sprache auf historischem Gebiet in unserem Jahrhundert gemacht wurde.»
380 MANN, Golo, an Peter Graf Arco Zinneberg, 31.7.1987, Nachlass SLA.
381 MANN, Golo, an Gisela Röhm, 14.12.1975, Nachlass SLA.
382 MANN, Golo, an Henry Meyer, 9.10.1989, Nachlass SLA. Vgl. auch POLISENSKY, Josef und KOLLMANN, Josef, *Wallenstein. Feldherr des Dreißigjährigen Krieges* (Köln 1997). Die Autoren weisen einleitend (7 ff.) auf die umfangreiche Fachliteratur hin, die in Wallenstein bald einen Friedensstifter und bald einen Verräter am Hause Habsburg sieht. Zu Golo Manns Werk bemerken die Verfasser u. a.: «Golo Mann macht in seiner Erzählung, die sich zwischen einem historischen Essay und Belletristik bewegt, nicht den Versuch, die ‹Wallensteinfrage› auf neue Weise zu behandeln. Er verarbeitete eine gewaltige Menge von Fakten, deutete sie zurückhaltend und beschränkte sich darauf zu konstatieren, daß Wallenstein wegen der Widersprüchlichkeit seiner Auffassungen der Denkweise des sich neigenden 20. Jahrhunderts nahe sei. Manns Umgang mit der Geschichte geschieht multikausal, es geht ihm darum, das Gewebe der mannigfachen Ursachen zu ergreifen, die zur blutigen Lösung von Eger führten oder führen konnten. Er verschließt dabei nicht die Augen vor den Unzulänglichkeiten noch vor den Fehlern Wallensteins. Am meisten neigt Mann also zur Auffassung, die in unserem kurzen Überblick über die uferlose Wallenstein-Literatur vor allem Friedrich Schiller vertrat.»
383 MANN, Golo, an Michael Erber, 22.1.1988, Nachlass SLA.
384 Vgl. etwa JÄGER, Friedrich, RÜSEN, Jörn, *Geschichte des Historismus. Eine Einführung* (München 1992); RÜSEN, Jörn, *Geschichte im Kulturprozess* (Köln 2002); OEXLE, Otto G., *Geschichtswissenschaft im Zeichen des Historismus. Studien zur Problemgeschichte der Moderne* (Göttingen 1996).
385 GADAMER, Hans-Georg, *Wahrheit und Methode. Grundzüge einer philosophischen Hermeneutik* (Tübingen 1965), S. 283.

386 WHITE, Hayden, *Auch Klio dichtet oder die Fiktion des Faktischen. Studien zur Tropologie des historischen Diskurses,* mit einer Einführung von Reinhart KOSELLECK (Stuttgart 1986), S. 120. Seine hermeneutischen Überlegungen hat Hayden WHITE zuerst im Werk *Metahistory. The Historical Imagination in Nineteenth Century Europe* (Baltimore 1973) entwickelt. Die deutsche Übersetzung erschien unter dem Titel *Metahistory. Die historische Einbildungskraft im 19. Jahrhundert in Europa* (Frankfurt a. M. 1992). Vgl. auch: DANIEL, Ute, *Kompendium Kulturgeschichte. Theorien, Praxis, Schlüsselwörter* (Frankfurt a. M. 2001), S. 430 ff.

387 MANN, Golo, an Karl Ley, 20.8.1974, Nachlass SLA. Anspielung an GOETHE, *Faust I*, Vers 2038: «Grau, teurer Freund, ist alle Theorie,/Und grün des Lebens goldner Baum.»

388 FEITKNECHT, Thomas, *Zur Entstehung eines Lebenswerks,* S. 8, beziffert die Gesamtauflage in deutscher Sprache 1995 auf 267 000 Exemplare, davon 55 000 als Taschenbuch.

389 MANN, Golo, an George C. S. Benson, 8.1.1977, Nachlass SLA. Neben der Übersetzung ins Englische (*Wallenstein. His Life Narrated by Golo Mann,* New York und London 1976) sind folgende Übersetzungen erschienen: *Wallenstein* (Firenze 1981); *Wallenstein. Relato de su vida* (Barcelona 1978).

390 Vgl. z. B. *New Statesman*, 24.1.1976; *Times,* 14.10.1976.

391 Mann, Golo, und Bliggenstorfer, Ruedi, *Wallenstein. Bilder aus seinem Leben* (Frankfurt a. M. 1973).

392 MANN, Golo, an Hans Peter Wirth, 3.12.1978, Nachlass SLA. Zur Entstehung des Films vgl. MANN, Golo, «Audienz bei meinem Wallenstein», *Zeit-Magazin,* 10.11.1977. Vgl. auch MANN, Golo, BLIGGENSTORFER, Ruedi, *Wallenstein. Bilder aus seinem Leben.*

393 Mann, Golo, Regienotiz, undatiert, Nachlass SLA.

394 Im *Zeit-Magazin* vom 10.11.1977 zeigt sich Golo Mann von den Dreharbeiten befriedigt: «Auch ich verlasse Prag und Böhmen am Freitag, nicht im Dunkel der Herbstnacht, sondern zu bequemer Stunde, mit dem Gefühl: ‹Das wird ein schöner Film. Die unendliche Liebesmüh und das viele Geld, das er kostet, werden sich gelohnt haben.›»

395 *Rheinische Post,* 11.11.1978.

396 *Neue Zürcher Zeitung,* 17.11.1978.

397 Vgl. etwa REISBERG, Arnold, Besprechung der *Deutschen Geschichte,* in: *Zeitschrift für Geschichtswissenschaft,* Nr. 7 (1961), S. 1647–1651.

398 MANN, Golo, an Hans-Joachim Breetzke, 18.9.1985, Nachlass SLA.

399 MANN, Golo, an Hans-Joachim Hoffmann, 17.3.1989, Nachlass SLA.

400 Ebenda. Die ostdeutsche Ausgabe des *Wallenstein* erschien in zwei Bänden (Berlin-Ost 1989).

401 WEHLER, Hans-Ulrich, an Golo Mann, 5.3.1974, Nachlass SLA.

402 Ebenda.

403 MANN, Golo, an Hans-Ulrich Wehler, 1.2.1975, Nachlass SLA.

404 KOCKA, Jürgen, NIPPERDEY, Thomas, Hg., *Theorie und Erzählung in der Geschichte,* in: *Theorie der Geschichte. Beiträge zur Historik,* Bd. 3 (München 1979). Der Band enthält die Referate von Hans-Ulrich WEHLER: «Anwendung von Theorien in der Geschichte» und Golo MANN: «Plädoyer für die historische Erzählung», S. 40 ff.; ferner die Repliken von Wehler: «Fragen an Fragwürdiges», S. 57 ff. und Mann: «Antwort des Fragwürdigen», S. 61 ff.

405 Ebenda, S. 37 f.

406 WEHLER, Hans-Ulrich, *Das deutsche Kaiserreich 1871–1918.*

407 KOCKA, Jürgen, NIPPERDEY, Thomas, *Theorie und Erzählung in der Geschichte,* S. 52.

408 Ebenda, S. 53.

409 Vgl. ebenda die Aufsätze von HARDTWIG, Wolfgang, «Theorie der Erzählung – eine falsche Alternative», S. 290 ff., und MOMMSEN, Wolfgang J., «Die falsche Mehrdeutigkeit der Theorien in der Geschichtswissenschaft», S. 334 ff.

410 MANN, Golo, an Jürgen Kocka, 21.5.1978, Nachlass SLA.

411 MANN, Katia, *Meine ungeschriebenen Memoiren,* S. 76.

412 Vgl. KURZKE, Hermann, *Thomas Mann. Das Leben als Kunstwerk,* S. 504 ff.

413 MANN, Golo, an Walter Rüegg, 12.7.1989, Nachlass SLA.

414 MANN, Golo, «Über die Denkkunst des Professors Jürgen Habermas», in: *Neue Rundschau,* Nr. 1 (1978), S. 146.

415 Ebenda, S. 147.

416 MANN, Golo, an Carl Friedrich von Weizsäcker, 16.1.1987, Nachlass SLA.

417 MANN, Golo, «Nützliche und unnützliche Schlagwörter», in: *Universitas,* Nr. 2 (1973), S. 153 ff.

418 Ebenda, S. 166.

419 Ebenda, S. 170.

420 MANN, Golo, an Marianne Sora, 8.4.1983, Nachlass SLA.

421 Zu religiösen Fragen hat sich Golo Mann selten geäußert. In einem Fernsehinterview zum 70. Geburtstag antwortete er auf die Frage: Glauben Sie an Gott?: «Ja. Ich glaube, mit Schopenhauer nebenbei bemerkt, daß der Mensch ein religiöses Tier ist, und daß er, gleichgültig in welchen Formen, immer wieder zur Religion zurückkehren muß.» Vgl. «Ich schere mich den Teufel um rechts und links», Fernsehfilm von Gustav A. MÖSSLER und Udo REITER, 27.3.1979, D-2-d-1, Nachlass SLA.

422 MANN, Golo, *Geschichte als Ort der Freiheit* (Zürich 1974), S. 27.

423 Ebenda, S. 12.

424 RIESMAN, David, *The Lonely Crowd. A Study of the Changing American Character* (New Haven 1950).

425 MANN, Golo, *Brauchen wir die Vergangenheit noch?* (Düsseldorf 1967), S. 9 f.

426 Robert JUNGK erregte 1952 mit dem Werk *Die Zukunft hat schon begonnen. Amerikas Allmacht und Ohnmacht* (Stuttgart 1952) Aufsehen, das den Fortschritt der Technologie im Atomzeitalter kritisch beleuchtet.

427 Vgl. MANN, Golo, «Junge Menschen und die alte Geschichte», in: URBAN, George, *Gespräche mit Zeitgenossen. Acht Dispute über Geschichte und Politik mit Raymond Aron, Golo Mann, Leszek Kolakowski, Arnold Toynbee, Milovan Djilas, Zbigniew Brzezinski, George F. Kennan* (Weinheim 1982), S. 49: «Wenn sie (die Futurologie) ernsthaft betrieben wird, kann sie nützlich sein und hat meine Unterstützung; doch wenn sie uns einreden will, wir seien sozusagen eingeschlossen in eine Art ahistorischer Form, auf der ‹Gegenwart bis Zukunft› steht, dann erweist sie sich meiner Meinung nach als intellektueller Betrug und Arroganz.»

428 ROSTOW, Walt W., *Stages of Economic Growth. A Non-Communist Manifesto* (Cambridge, England 1960).

429 MANN, Golo, «Kann man das Wesen unseres eigenen Zeitalters bestimmen?», in: *Universitas,* Nr. 12 (1968), S. 1236.

430 MANN, Golo, *Brauchen wir die Vergangenheit noch?,* S. 12.

431 MANN, Golo, «Die alte und die neue Historie», *Süddeutsche Zeitung,* 30.11./ 1.12.1974.

432 MANN, Golo, *Geschichte als Ort der Freiheit.*

433 MANN, Golo, «Kann man das Wesen unseres eigenen Zeitalters bestimmen?».

434 MANN, Golo, *Friedrich von Gentz,* S. 286.

435 MANN, Golo, *Deutsche Geschichte,* S. 106.

436 MANN, Golo, *Geschichte als Ort der Freiheit,* S. 17 f.

437 MANN, Golo, «Geschichte und Geschichtswissenschaft heute», in: *Universitas,* Nr. 6 (1977), S. 588.

438 MANN, Golo, «Junge Menschen und die alte Geschichte», S. 48.

439 MANN, Golo, *Geschichte als Ort der Freiheit,* S. 9 f.

440 MANN, Golo, «Geschichte und Geschichtswissenschaft heute», S. 597.

441 Zit. n. NOLL, Thomas, *Vom Glück des Gelehrten. Versuch über Jacob Burckhardt* (Göttingen 1997), S. 529.

442 Zur Geschichte des Historismus vgl. JÄGER, Friedrich und RÜSEN, Jörn, *Geschichte des Historismus.*

443 RANKE, Leopold von, «Idee der Universalhistorie», zit. n. RÜSEN, Jörn, *Konfigurationen des Historismus. Studien zur deutschen Wissenschaftskultur* (Frankfurt a. M. 1993), S. 124.

444 Vgl. DANIEL, Ute, *Kompendium Kulturgeschichte;* IGGERS, Georg, G., *Geschichtswissenschaft im 20. Jahrhundert* (Göttingen 1993).

445 BLOCH, Marc, *Apologie der Geschichte oder der Beruf des Historikers* (Stuttgart 1974), S. 45.

446 Vgl. STONE, Lawrence, «Die Rückkehr der Erzählkunst. Gedanken zu einer neuen alten Geschichtsschreibung», in: RAULFF, Ulrich, Hg., *Vom Umschreiben der Geschichte. Neue historische Perspektiven* (Berlin 1986), S. 88 ff. und GALL, Lothar, «Anthropologie als Argument», *Frankfurter Allgemeine Zeitung*, 27.9.1996.

V. Der politische Publizist

1 MANN, Golo, *Deutsche Geschichte*, S. 949. Im Folgenden wird, wenn nicht anders vermerkt, nach der Ausgabe von 1962 zitiert, welche mit der Originalausgabe von 1958 identisch ist.
2 Ebenda, S. 952.
3 MANN, Golo, «Das Ende der Bonner Illusionen», *Die Zeit*, 18.8.1961.
4 Ebenda.
5 Ebenda.
6 Ebenda.
7 Ebenda.
8 MANN, Golo, «Die Rechnung für den verlorenen Krieg», *Die Zeit*, 22.9.1961.
9 MANN, Golo, «Germany and the West», in: *Encounter*, Nr. 12 (1961), S. 56.
10 MANN, Golo, «Was raten Sie dem deutschen Kanzler?», *Stuttgarter Nachrichten*, 30.12.1961.
11 MANN, Golo, «Hat Deutschland eine Zukunft?», *Die Zeit*, 7.9.1962.
12 Ebenda.
13 MANN, Golo, «Stärker als Wunschbilder: Europas Wirklichkeit», *Die Zeit*, 22.2.1963.
14 MANN, Golo, «Das Ende der Bonner Illusionen».
15 MANN, Golo, «Was raten Sie dem deutschen Kanzler?».
16 MANN, Golo, an Karl Kanka, 6.3.1962, Nachlass SLA.
17 MANN, Golo, «Die Wirklichkeit und die Illusionen», *Stuttgarter Zeitung*, 27.2.1964.
18 KOCH, Jeroen, *Golo Mann und die deutsche Geschichte*, S. 296.
19 NEUMANN, Clemens Joseph, «Damals in Nidden», *Deutscher Ostdienst*, 25.5.1964. Vgl. MANN, Golo, an Clemens Joseph Neumann, 10.6.1964, Nachlass SLA.
20 OBERLÄNDER, Theodor, an Golo Mann, 14.4.1964, Nachlass SLA.
21 OBERLÄNDER, Theodor, an Golo Mann, 4.5.1964, Nachlass SLA.
22 Zit. n. KOCH, Jeroen, *Golo Mann und die deutsche Geschichte*, S. 298 f.
23 MANN, Golo, «Noch ein Wort zur Frage deutscher Ostgrenzen», *Stuttgarter Zeitung*, 29.2.1964.
24 MANN, Golo, «Mit den Polen Frieden machen», in: *Stern*, Nr. 28 (1964).

25 Vgl. NIEHUSS, Merith und LINDNER, Ulrike, Hg., *Deutsche Geschichte in Quellen und Dokumenten,* Bd. X (Stuttgart 1998), S. 39. Der fragliche Passus lautet: «Die drei Regierungen haben die Frage unter allen Gesichtspunkten beraten und erkennen an, daß die Überführung der deutschen Bevölkerung oder Bestandteile derselben, die in Polen, der Tschechoslowakei und Ungarn zurückgeblieben sind, nach Deutschland durchgeführt werden muß. Sie stimmen darin überein, daß jede derartige Überführung, die stattfinden wird, in ordnungsgemäßer und humaner Weise erfolgen soll.»

26 MANN, Golo, «Mit den Polen Frieden machen».

27 Ebenda.

28 Generalsekretariat der Christlich-Sozialen Union in Bayern, Hg., *Außenpolitik* (München 1964), S. 11 f.

29 Ebenda, S. 3 ff.

30 Ebenda, S. 21.

31 Ebenda, S. 29.

32 Ebenda, S. 33.

33 *Die Tat,* 12.7.1964.

34 *Neues Deutschland,* 12.7.1964.

35 MANN, Golo, *Deutsche Geschichte*, 2. erw. Aufl. (Frankfurt a. M. 1966). Hier zit. n. der unveränderten Neuauflage von 1992, S. 977.

36 Ebenda, S. 1006.

37 Ebenda, S. 1022.

38 Ebenda, S. 1048.

39 MANN, Golo, «Deutschland – Wohin?, *Die Weltwoche*, 26.2.1954.

40 Vgl. DÖNHOFF, Marion Gräfin, *Namen, die keiner mehr nennt. Ostpreußen – Menschen und Geschichte* (Düsseldorf 1962). Zu Dönhoffs Haltung in der Ostpolitik vgl. ihr Buch *Die deutsche Ostpolitik* (Zürich 1968). Nach der Wende hat Gräfin Dönhoff ihre gesammelten Stellungnahmen zu den deutsch-polnischen Beziehungen von 1962–1990 in Buchform herausgegeben: *Polen und Deutsche. Die schwierige Versöhnung. Betrachtungen aus drei Jahrzehnten* (Frankfurt a. M. 1991). Vgl. auch das nach ihrem Tod erschienene Buch *Was mir wichtig war. Letzte Aufzeichnungen und Gespräche* (Berlin 2002). Ferner: KUENHEIM, Haug von, *Marion Dönhoff* (Reinbek 1999), S. 94 ff., und JANSSEN, Karl-Heinz, *Die Zeit in der Zeit. 50 Jahre einer Wochenzeitung* (Berlin 1995), S. 35 ff.

41 MANN, Golo, an Alphons Dahringer, 4.11.1985, Nachlass SLA.

42 JASPERS, Karl, *Hoffnung und Sorge, Schriften zur deutschen Politik 1945–1965* (München 1965).

43 JASPERS, Karl, «Freiheit und Wiedervereinigung», in: ders., *Hoffnung und Sorge,* S. 220.

44 Ebenda, S. 233 f.

45 BAHR, Egon, Referat vor der Evangelischen Akademie in Tutzing am 15.7.1963; zit. n. HILLGRUBER, Andreas, *Deutsche Geschichte 1945–1986* (Stuttgart 1996), S. 83.

46 BENDER, Peter, *Offensive Entspannung. Möglichkeit für Deutschland* (Köln 1964), S. 124 f. Vgl. ferner ders., *Die ‹neue Ostpolitik› und ihre Folgen* (München 1968).

47 MANN, Golo, an Karl Carstens, 30.6.1977, Nachlass SLA.

48 MANN, Golo, an Melvin J. Lasky, 9.6.1986, Nachlass SLA.

49 HAFFNER, Sebastian, *Im Schatten der Geschichte* (Stuttgart 1985), S. 291.

50 SCHWARZ, Hans-Peter, *Das Gesicht des Jahrhunderts. Monster, Retter und Mediokritäten* (Berlin 1998), S. 522. Vgl. auch ders., *Adenauer. Der Staatsmann 1952–1967* (Stuttgart 1991). Das Burckhardt-Zitat stammt aus BURCKHARDT, Jacob, *Weltgeschichtliche Betrachtungen* (Stuttgart 1969), S. 211

51 MANN, Golo, «Der Staatsmann und sein Werk. Zu Adenauers Rücktritt, 1963», *Die Zeit,* 18.10.1963; zit. n. *Zwölf Versuche,* S. 107.

52 Ebenda.

53 Ebenda, S. 110.

54 Vgl. ADENAUER, Konrad, *Erinnerungen 1945–1953; 1953–1955; 1955–1959; 1959–1963* (Stuttgart 1965–1968).

55 MANN, Golo, «Selbstporträt eines Patriarchen. Der erste Band der ‹Erinnerungen›», *Die Zeit,* 5.11.1965; zit. n. *Zwölf Versuche,* S. 119 ff. Im Nachlass Golo Manns befindet sich eine Aufzeichnung von Adenauers Sekretärin Anneliese Poppinga, welche die Reaktion des Politikers auf Golo Manns Rezension seines ersten Memoirenbandes festhält: «Herr Bundeskanzler bat mich, ihm das Blatt [‹Die Zeit›] zu geben. Ich reichte es ihm, er vertiefte sich in die umfangreichen Ausführungen. ‹Also nein, das sieht der Herr Mann aber nicht richtig!›, kam es prompt. Dies betraf die Ostpolitik, die Haltung zum Ostblock. ‹Der hat ja keine Ahnung!› Dann wieder Stille. Er mußte jetzt bei den Ausführungen sein, die viel Verständnis verrieten. Ich musterte ihn verstohlen. Der gleichmütige Ausdruck, die abwehrende Maske, die Schutzhülle waren gewichen ... Mir wurde überdeutlich: Er, der in Enttäuschungen so geübt war, er hatte sich gar nicht erst erlaubt, auf ein derart positives Echo zu hoffen. Diese Kritik mit ihrem pro und contra war ihm eine unerhörte Ermutigung, ich konnte es beobachten. Er spürte die Ernsthaftigkeit des Verfassers, und er empfand den Zuspruch weiterzumachen.» B-2-POP, Nachlass SLA. Von Anneliese POPPINGA besitzen wir die Dissertation: *Konrad Adenauer. Geschichtsverständnis, Weltanschauung und politische Praxis* (Stuttgart 1975).

56 MANN, Golo, «Der Staatsmann und sein Werk», S. 118: «Beide [Adenauer und Bismarck] hatten einen persönlichen Erfolgsmythos aufgebaut, dessen Düpierte sie selber wurden; er wirkte lang, aber verblaßte, je näher das

Ende kam. Beide waren fromm und pflichtbewußt und gleichzeitig, auf dem Umweg über ihr Pflichtgefühl, sehr weltlich gestimmt.»

57 MANN, Golo, «Ein Gespräch mit Konrad Adenauer», 1967, erstmals in: *Zwölf Versuche,* S. 144. In der Einleitung zu diesem Gespräch bemerkt Golo Mann, er habe «nichts umstilisiert, nur einige scharfe Bemerkungen über noch lebende Personen weggelassen» (S. 144). Im Nachlass SLA befindet sich ein Originaltyposkript mit handgeschriebenen Korrekturen. Die wenigen im Druck beseitigten Stellen betreffen kritische Äußerungen u. a. über Bundesaußenminister Gerhard Schröder («Ich habe vieles auf dem Gewissen, zum Beispiel diesen Schröder.») und den damaligen SPD-Vorsitzenden Willy Brandt («Brandt, das ist ein harmloser Säufer, hat schon zwei Kuren hinter sich»).

58 Ebenda, S. 146.

59 MANN, Golo, *Deutsche Geschichte* (zit. n. Ausg. 1992), S. 996.

60 MANN, Golo, «Konrad Adenauer – ein Staatsmann der Sorge», *Frankfurter Allgemeine Zeitung,* 14.2.1976; zit. n. *Zeiten und Figuren,* S. 352.

61 MANN, Golo, «Der Staatsmann und sein Werk», S. 106.

62 Zit. n. SCHÖLLGEN, Gregor, *Geschichte der Weltpolitik von Hitler bis Gorbatschow 1941–1991* (München 1996), S. 86.

63 SCHWARZ, Hans-Peter, «Die Ära Adenauer», in ders., Hg., *Geschichte der Bundesrepublik Deutschland,* Bd. III (Wiesbaden 1983), S. 373.

64 MANN, Golo, «Ein Staatsmann blickt zurück. ‹Erinnerungen› Band II», *Die Zeit,* 25.11.1966; zit. n. *Zwölf Versuche,* S. 154.

65 MANN, Golo, «Konrad Adenauer – ein Staatsmann der Sorge», S. 346.

66 MANN, Golo, *Deutsche Geschichte,* S. 944 f.

67 MANN, Golo, «Selbstporträt eines Patriarchen», S. 132.

68 MANN, Golo, «Das Ende der Ära Adenauer», *Die Zeit,* 18.10.1963.

69 MANN, Golo, «Zwei alte Herren. ‹Erinnerungen›, Band IV», *Die Zeit,* 14.2.1969; zit. n. *Zwölf Versuche,* S. 167.

70 MANN, Golo, «Er war ein großer Herr», in: *Stern,* Nr. 18 (1967).

71 BURCKHARDT, Jacob, *Weltgeschichtliche Betrachtungen* (Stuttgart 1969), S. 248.

72 Ebenda, S. 235.

73 MANN, Golo, *Deutsche Geschichte* (zit. n. Ausg. 1992), S. 993.

74 MANN, Golo, *Deutsche Geschichte,* S. 886.

75 Ebenda, S. 908.

76 MANN, Golo, «Rede zum Gedenken des 20. Juli 1944 und des 17. Juni 1953», *Frankfurter Universitätsreden,* Nr. 29 (1962), S. 22.

77 MANN, Golo, «Staatsmann und Poet. Nachruf auf Winston Churchill», *Die Zeit,* 29.1.1965.

78 Ebenda. In seiner Einschätzung trifft sich Golo Mann mit der Auffassung eines andern Emigranten, Sebastian HAFFNERS, der in *Historische Variationen* (München 2001), S. 273, schreibt: «Wie Thomas Mann schrieb

Churchill einen vollkommen unverwechselbaren und unnachahmlichen Stil, einen von den Klassikern seiner Sprache geschulten Hochstil, und wie Thomas Mann glich Churchills Sprachorchester den instrumentalen Riesenapparaten jener Zeit – dem Orchester Gustav Mahlers etwa oder Richard Strauß' oder, um in Churchills England zu bleiben, Edward Elgars.»

79 MANN, Golo, «Deutschland in Europa», Separatum eines Referats in der Reihe von Vortragsveranstaltungen des Bankhauses Lücke & Lemmermann vom 28.1.1966 in Hannover, S. 8.

80 STÜRMER, Michael, *Die Kunst des Gleichgewichts. Europa in einer Welt ohne Mitte* (Berlin 2001), S. 207: «Der heroische Pessimismus eines de Gaulle, eines Adenauer, eines Truman, auch noch eines Kissinger passen schlecht in die laue Luft der modernen Demokratie.»

81 Vgl. MANN, Golo, «Charles de Gaulle», in: *Freiburger Universitätsblätter,* Nr. 108 (1990). Die erste mehrbändige Ausgabe von de Gaulles Memoiren, versehen mit Anstreichungen von der Hand Golo Manns, befindet sich im bibliothekarischen Nachlass des SLA.

82 MANN, Golo, «De Gaulle und jemand anderes», in: *Neue Rundschau,* Nr. 4 (1966), S. 659.

83 MANN, Golo, «Alte deutsche Neigungen», in: *Neue Rundschau,* Nr. 1 (1966), S. 164.

84 MANN, Golo, «Deutschland in Europa», S. 9.

85 Vgl. BERSTEIN, Serge, *La France de l'expansion. La République gaullienne 1958–1969* (Paris 1989), S. 245–254, und RÉMOND, René, *Frankreich im 20. Jahrhundert,* Bd. II (Stuttgart 1995), S. 63.

86 MANN, Golo, an Norbert Kohlhase, 25.6.1982, Nachlass SLA.

87 MANN, Golo, «Alte deutsche Neigungen», S. 160.

88 MANN, Golo, *Erinnerungen II*, S. 90.

89 MANN, Golo, an Raymond Aron, 17.10.1983, Nachlass SLA.

90 MANN, Golo, an Winrich Behr, 27.11.1989, Nachlass SLA.

91 BRANDT, Willy, *Der Wille zum Frieden. Perspektiven der Politik* (Zürich 1971), S. 88 f.

92 SCHULZE, Hagen, *Kleine deutsche Geschichte* (München 1996), S. 251.

93 MANN, Golo, an Erich von Kahler, 10.10.1961, DLA.

94 MANN, Golo, «Deutschland in Europa», S. 12.

95 MANN, Golo, «Was die Deutschen brauchen», *Süddeutsche Zeitung,* 10./11.12.1966.

96 Vgl. etwa die Tagebuchaufzeichnung vom 7.11.1966, Nachlass SLA, wo Erhard als «widrige Mischung aus Ehrbarkeit, zäher Schwachheit und blindem Dünkel» und Schröder als «nur gerade halbwegs intelligenter, kalter aufgeblasener Kerl, von dem nichts ausgeht», bezeichnet wird.

97 MANN, Golo, «Zur deutschen Situation», in: *Neue Rundschau,* Nr. 3 (1965), S. 377.

98 MANN, Golo, «Ein Historiker urteilt skeptisch über die Gegenwart», Interview, *Schwäbische Zeitung,* 8.5.1969.
99 MANN, Golo, «Was die Deutschen brauchen».
100 Ebenda.
101 MANN, Golo, an Waldemar Epp, 20.3.1975, Nachlass SLA.
102 Zit. n. MERSEBURGER, Peter, *Willy Brandt 1913–1992. Visionär und Realist* (Stuttgart 2002), S. 527.
103 GRASS, Günter, *Angestiftet, Partei zu ergreifen* (Göttingen 1994), S. 98 ff.
104 MANN, Golo, «Zuchthäuser für Studenten?», in: *Stern,* Nr. 18 (1968).
105 MANN, Golo, «Über das Selbstverständliche», *Frankfurter Allgemeine Zeitung,* 18.5.1968.
106 MANN, Golo, «Zur Lage der Nation», in: *Neue Rundschau,* Nr. 3 (1969), S. 571.
107 MANN, Golo, «Vernünftiger Mann in unvernünftiger Welt», in: *Neue Rundschau,* Nr. 4 (1968), S. 746.
108 GROSSER, Dieter, BIERLING, Stephan und NEUSS, Beate, *Deutsche Geschichte in Quellen und Darstellung,* Bd. II (Stuttgart 1996), S. 37 f.
109 Vgl. STEININGER, Rolf, *Deutsche Geschichte. Darstellung und Dokumente in vier Bänden,* Bd. III (Frankfurt a. M. 2002), S. 383. Ferner WINKLER, Heinrich August, *Der lange Weg nach Westen,* S. 283 ff.
110 STEININGER, Rolf, *Deutsche Geschichte,* S. 384.
111 Ebenda, S. 389.
112 BARING, Arnulf, *Machtwechsel. Die Ära Brandt-Scheel* (Berlin 1998), S. 597.
113 MANN, Golo, «Die Zeit ist reif für einen Wechsel. Golo Mann plädiert für die SPD», *Hamburger Morgenpost,* 5.8.1969.
114 MANN, Golo, «Willy Brandt», in: *Dafür. Sozialdemokratische Wählerhilfe,* Nr. 1, Mai (1969).
115 Ebenda.
116 MANN, Golo, «Zeit für einen Wechsel», in: *Dafür. Sozialdemokratische Wählerhilfe,* Nr. 2, August (1969).
117 Zit. n. GLASER, Hermann, *Kleine Kulturgeschichte der Bundesrepublik Deutschland 1945–1989* (München 1991), S. 160.
118 GRASS, Günter, *Aus dem Tagebuch einer Schnecke* (München 1998). Vgl. etwa S. 80: «Ich bin Sozialdemokrat, weil mir Sozialismus ohne Demokratie nichts gilt und weil eine unsoziale Demokratie keine Demokratie ist. Ein so knochentrockener wie unbeugsamer Satz. Nichts zum Begeistern und Münzenwerfen. Nichts, was die Pupille vergrößert. Also rechne ich nur mit Teilerfolgen. Besseres habe ich nicht, obwohl ich Besseres weiß und haben möchte.»
119 MANN, Golo, «Mahnung an Bonn», in: *Quick,* Nr. 42 (1969).
120 Ebenda.
121 Ebenda.

122 Ebenda.
123 MANN, Golo, «Neue Ostpolitik», in: *Neue Rundschau,* Nr. 1, (1970), S. 3.
124 MANN, Golo, «Zehn Fragen an Golo Mann», *Literární listy,* 11.4.1968 (Übersetzung von Jaromír Adamec).
125 MANN, Golo, «Imperialismus gegen Sozialismus», *Die Weltwoche,* 30.8.1968, und ders., in leicht veränderter Form: «Moskaus größte Dummheit, in: *Quick,* Nr. 37 (1968).
126 Ebenda.
127 Ebenda.
128 MANN, Golo, «Vernünftiger Mann in unvernünftiger Welt», S. 746 f.
129 MANN, Golo, «Bonn muss seinen Standort erkennen», *Die Zeit,* 16.1.1970.
130 MANN, Golo, «Neue Ostpolitik», S. 3 f.
131 Ebenda, S. 4.
132 Ebenda, S. 5.
133 Ebenda.
134 MANN, Golo, «Was gilt uns die Nation?», *Die Zeit,* 30.1.1970.
135 Ebenda.
136 Ebenda.
137 Ebenda.
138 MANN, Golo, «Willy Brandts Civilcourage, *Süddeutsche Zeitung,* 24.12.1970.
139 Ebenda.
140 Ebenda.
141 MANN, Golo, «Die Bundesrepublik wird besichtigt», Folge II, *Christ und Welt,* 9.4.1971.
142 Ebenda. Das Buch von Fritz René ALLEMANN *Bonn ist nicht Weimar* erschien 1956 in Köln. Ihm ging ein gleich betitelter Aufsatz «Brief aus Westdeutschland. Bonn ist nicht Weimar» voraus, der im *Monat*, Nr. 76 (1955), S. 333 ff. erschien.
143 MANN, Golo, «Die Opposition und die Verträge», *Süddeutsche Zeitung,* 2./3.10.1971.
144 Ebenda.
145 MANN, Golo, Vorwort zu BRANDT, Willy, *Der Wille zum Frieden. Perspektiven der Politik* (Zürich 1971). Erstdruck «Mit Leidenschaft und Augenmaß. Willy Brandts Ostpolitik», *Die Zeit,* 10.12.1971.
146 Ebenda, S. 19 f.
147 LINDLAU, Dagobert, Hg., *Dieser Mann Brandt. Gedanken über einen Politiker von 35 Wissenschaftlern, Künstlern und Schriftstellern* (München 1972), S. 173.
148 Ebenda.
149 Ebenda, S. 181 f.

150 Ebenda, S. 184.
151 MANN, Golo, Persönliche Notizen zum Teehaus-Gespräch, 23.3.1972, Bonn. A-2-1972-6, Nachlass SLA.
152 Ebenda.
153 MANN, Golo, «Point of no return», *Süddeutsche Zeitung,* 15./16.4.1972.
154 MANN, Golo, «Zerredet», *Süddeutsche Zeitung,* 13./14.5.1972.
155 MANN, Golo, «Gedanken zum Grundvertrag», in: *Neue Rundschau,* Nr.1 (1973), S. 1.
156 Ebenda, S. 3.
157 Ebenda, S. 7.
158 SCHÖLLGEN, Gregor, *Geschichte der Weltpolitik von Hitler bis Gorbatschow 1941–1991* (Darmstadt 1969), S. 286.
159 Vgl. BRANDT, Willy, *Begegnungen und Einsichten. Die Jahre 1960–1975* (Hamburg 1976), S. 17.
160 MANN, Golo, Tagebuch, 2.3.1965, Nachlass SLA. Im englischen Originaltext: «One long evening with Willy Brand [sic], three hours and two bottles of wine. An intelligent and wellmeaning man, but without humour, without literature and without any impressive personality.»
161 MANN, Golo, Besprechung zu BRANDT, Willy, *Draußen. Schriften während der Emigration* (München 1966), hg. von Günter STRUVE, in: *Die Neue Gesellschaft,* Nr. 3, Mai/Juni (1967).
162 Ebenda, S. 247.
163 BRANDT, Willy, an Golo Mann, 20.12.1969, Nachlass SLA.
164 MANN, Golo, an Willy Brandt, 2.1.1970, Nachlass SLA.
165 MANN, Golo, Tagebuch, 26.9.1971, Nachlass SLA.
166 MANN, Golo, «Die Ostpolitik ist im Bismarckschen Sinne Realpolitik», *Die Welt,* 17.1.1972.
167 MANN, Golo, Tagebuch, 8.12.1970, Nachlass SLA.
168 MANN, Golo, Tagebuch, 14.12.1971, Nachlass SLA.
169 MANN, Golo, Telegramm an Willy Brandt, undat., Nachlass SLA. Es dürfte sich um die Reaktion auf eine Fernsehansprache Brandts vom 4.2.1972 handeln, in der dieser Bevölkerung und Sicherheitskräfte dazu aufrief, der terroristischen Gewalttätigkeit Einhalt zu gebieten. Vgl. BRANDT, Willy, *Berliner Ausgabe,* hg. von Helga GREBING, Gregor SCHÖLLGEN und Heinrich August WINKLER, Bd. VII, *Mehr Demokratie wagen. Innen- und Gesellschaftspolitik 1966–1974* (Bonn 2001), S. 298.
170 BRANDT, Willy, an Golo Mann, 1.9.1972, Nachlass SLA.
171 MANN, Golo, «Wahlkampfrede für Willy Brandt», Typoskript, 24.9.1972, A-2-1972-18, Nachlass SLA.
172 BRANDT, Willy, an Golo Mann, 28.9.1972, Nachlass SLA. Vgl. dazu die Wiedergabe des Briefes in BIRRER, Sibylle u. a., Hg., *Nachfragen und Vordenken. Intellektuelles Engagement bei Jean Rudolf von Salis, Golo Mann, Arnold Künzli und Niklaus Meienberg* (Zürich 2000), S. 109.

173 BRANDT, Willy, an Golo Mann, 21.11.1972, Nachlass SLA.
174 VOGEL, Hans-Jochen, an Golo Mann, 24.11.1972, Nachlass SLA.
175 MANN, Golo, «Ein persönliches Wort zum Wahlkampf», *Süddeutsche Zeitung,* 15.11.1972. Zu Vogels Münchner Amtszeit vgl. VOGEL, Hans-Jochen, *Die Amtskette. Meine zwölf Münchener Jahre. Ein Erlebnisbericht* (München 1972).
176 HARPPRECHT, Klaus, *Im Kanzleramt. Tagebuch der Jahre mit Willy Brandt* (Reinbek 2000), S. 283.
177 MANN, Golo, an Willy Brandt, 15.9.1972, 4.9.1973, Nachlass SLA.
178 MANN, Golo, Tagebuch, 23.2.1971, Nachlass SLA.
179 MANN, Golo, Tagebuch, 25.4.1972, Nachlass SLA.
180 MANN, Golo, an Peter Glanz, 15.4.1972, Nachlass SLA.
181 MANN, Golo, «Wissenschaft und Neue Linke in Deutschland», *Sonntags-Journal,* 13./14. Mai 1972.
182 BRANDT, Willy, *Berliner Ausgabe,* Bd. VII, S. 448.
183 Das Telegramm Golo MANNS an Willy Brandt vom 4.9.1973 hat folgenden Wortlaut: «Ayant lu avec admiration votre discours de Segeberg, je me crois néanmoins obligé de vous communiquer mon humble opinion. Les harangues sages et balancées ne suffisent plus. Des ennemis du parti tels comme vous les avez définis se trouvent en nombre dans le parti et dans le Vorstand. Il est en vain de chercher des compromis là où un compromis sincère n'est plus possible. Il faut leur dire non, les mettre en minorité et finalement les mettre à la porte. Sans cela votre gouvernement sera gravement menacé, puis le parti et l'état même.» Nachlass SLA.
184 BRANDT, Willy, an Golo Mann, 12.9.1973, Nachlass SLA.
185 MANN, Golo, an Willy Brandt, 5.10.1973, Nachlass SLA.
186 MANN, Golo, an Erich Drienel, 20.10.1979, Nachlass SLA.
187 MANN, Golo, «Appeasement oder Realismus», in: *Die Neue Rundschau,* Nr. 1 (1974), S. 2. Zur Auseinandersetzung mit Bahr vgl. auch LÜSSI, Kathrin, «Golo Mann. ‹Ich schere mich den Teufel um rechts und links!›, in: BIRRER, Sibylle u. a., Hg., *Nachfragen und Vordenken,* S. 108 ff.
188 Golo MANN im Gespräch mit Richard von Weizsäcker, 25.3.1974, schriftl. Aufzeichnung der Fernsehsendung, A-2-1974-26/1-21, Nachlass SLA.
189 *Die Zeit,* 29.3.1974; *Kölnische Rundschau,* 27.3.1974.
190 Golo MANN im Gespräch mit Richard von Weizsäcker, 25.3.1974. Im Nachlass des Historikers befinden sich zahlreiche Briefe von Zuschauern mit überwiegend positiven Rückmeldungen zum Fernsehgespräch.
191 MANN, Golo, an Hans-Jochen Vogel, 22.2.1974, Nachlass SLA.
192 MANN, Golo, an Egon Bahr, 10.4.1974, Nachlass SLA.
193 BRANDT, Willy, an Golo Mann, 22.3.1974, Nachlass SLA.
194 MANN, Golo, an Willy Brandt, 26.3.1974, Nachlass SLA. Die Lehrerin Heidemarie Wieczorek-Zeul war zwischen 1974 und 1977 Bundesvor-

sitzende der Jungsozialisten; der Politologe und Redakteur Johano Strasser war zwischen 1969 und 1975 stellvertretender Vorsitzer der Jungsozialisten.

195 MANN, Golo, Tagebuch, 19.8.1973, Nachlass SLA.

196 MERSEBURGER, Peter, *Willy Brandt. 1913–1992. Visionär und Realist* (Stuttgart 2002), S. 657.

197 MANN, Golo, «Zum Rücktritt Brandts», *Blick*, 8.5.1974.

198 Ebenda.

199 MANN, Golo, «Menschliche Schwäche, politische Größe», *Die Zeit*, 17.5.1974.

200 Ebenda.

201 WEBER, Max, «Der Beruf zur Politik», in: *Soziologie, Weltgeschichtliche Analysen, Politik* (Stuttgart 1956), S. 167 ff.

202 MANN, Golo, «Politik und Moral. Grundsätzliche Überlegungen aus aktuellem Anlass», *Süddeutsche Zeitung*, 25./26.5.1974.

203 MANN, Golo, an Klaus Harpprecht, 1.11.1975, Nachlass SLA.

204 MANN, Golo, an Arnulf Baring, 18.8.1982, Nachlass SLA. BARINGS Buch ist 1998 in unveränderter Ausgabe neu aufgelegt worden: *Machtwechsel. Die Ära Brandt-Scheel (*Berlin 1998).

205 MANN, Golo, an Julio del Val, 25.3.1977, Nachlass SLA.

206 BRANDT, Willy, an Golo Mann, 25.3.1979, Nachlass SLA.

207 GLASER, Hermann, «Golo Mann, wo steht er? Einige Vorschläge zur teilweisen Demontage eines im Entstehen begriffenen Denkmals», in: *Frankfurter Rundschau*, Nr. 57 (1975).

208 JASPERS, Karl, an Golo Mann, 3.7.1962, Nachlass SLA.

209 POPPINGA, Anneliese, an Golo Mann, 20.5.1972, Nachlass SLA.

210 MANN, Golo, Vorwort zur Bibliographie von Klaus W. Jonas, Januar 1984, Typoskript, A-2-1984-l, Nachlass SLA.

211 Ebenda.

212 SONTHEIMER, Kurt, *So war Deutschland nie. Anmerkungen zur politischen Kultur der Bundesrepublik* (München 1999), S. 110. Vgl. auch ders., «Eine Generation der Gescheiterten», *Die Zeit*, 9.4.1993.

213 FISCHER, Joschka, «Ein magisches Jahr. Über die Hinterlassenschaft der 68-er», in: *Spiegel special* (9/1998). Das Angebot an Fachliteratur zur Protestbewegung ist groß. Man vgl. u. a. GILCHER-HOLTEY, Ingrid, «1968 – Vom Ereignis zum Gegenstand der Geschichtswissenschaft», in: Sonderheft von *Geschichte und Gesellschaft* XVII (1998). Zur Historisierung von 1968 vgl. LÜBBE, Hermann, «1968. Zur deutschen Wirkungsgeschichte eines politromantischen Rückfalls», in: ders., *Politik nach der Aufklärung* (München 2001), S. 129 ff.

214 Vgl. z. B. MARCUSE, Herbert, «Über den affirmativen Charakter der Kultur», in: *Kultur und Gesellschaft*, Bd. I (Frankfurt 1968).

215 HABERMAS, Jürgen, *Protestbewegung und Hochschulreform* (Frankfurt a. M. 1969), S. 141.

216 LEISER, Erwin, *Gott hat kein Kleingeld. Erinnerungen* (Köln 1993), S. 218 f.

217 MANN, Golo, «Hört auf, Lenin zu spielen! Ein Wort an die unruhigen Studenten», *Die Zeit,* 26.4.1968. Der englische Philosoph Bertrand Russell (1872–1970), Nobelpreisträger für Literatur 1950, war ein vehementer Gegner des Vietnamkrieges. Golo Mann widmete ihm einen Essay «Versuch über Bertrand Russell», in: *Neue Rundschau,* Nr. 2 (1967), nachgedruckt in *Zeiten und Figuren.* Obwohl in gesellschaftspolitischer Hinsicht dem Sozialismus gegenüber aufgeschlossen, war Russell überzeugter Anti-Marxist. In seinen Lebenserinnerungen, *The Autobiography of Bertrand Russell 1914–1944,* Bd. II (London 1968), S. 109 f., berichtet er von einer Unterredung mit Lenin im Jahr 1920: «Lenin, with whom I had an hour's conversation, rather disappointed me. I do not think that I should have guessed him to be a great man, but in the course of our conversation I was chiefly conscious of his intellectual limitations, and his rather narrow Marxian orthodoxy, as well as a distinct vein of impish cruelty. I have told of this interview, as well as of my adventures in Russia, in my Book *Practice and Theory of Bolshevism.*» Golo Mann übernahm sein Lenin-Bild von Russell.

218 MANN, Golo, «Hört auf, Lenin zu spielen!».

219 MITSCHERLICH, Alexander und Margarete, *Die Unfähigkeit zu trauern. Grundlagen kollektiven Verhaltens* (München 1991).

220 MITSCHERLICH, Alexander, «Die Internationale der Rebellierenden», *Die Zeit,* 26.4.1968. Zur Haltung der *Zeit* dürfte zutreffen, was JANSSEN, Karl-Heinz, *Die Zeit in der Zeit. 50 Jahre Wochenzeitung* (Berlin 1995), S. 226, so formuliert: «Es ist ein arges Mißverständnis, daß sich die *Zeit* an die Spitze der 68-er Bewegung gesetzt habe. Vielmehr hat sie schon sehr früh den Revoluzzern ein ‹Bis hierher und nicht weiter› zugerufen.»

221 BIERMANN, Wolf, HAVEMANN, Robert, Interview mit dem Korrespondenten der Kopenhagener Zeitung *Information,* Per MICHAELSEN, *Die Zeit,* 26.4.1968.

222 MANN, Golo, «Hört auf, Lenin zu spielen!».

223 MANN, Golo, «Die gespaltene Situation», *Frankfurter Allgemeine Zeitung,* 15.5.1972.

224 Ebenda.

225 MANN, Golo, an Arntzen (Vorname fehlt), 6.9.1969, Nachlass SLA.

226 Vgl. MANN, Golo, an Gerd Löffler, 19.7.1971, Nachlass SLA.

227 MANN, Golo, «Die Bundesrepublik wird besichtigt», *Deutsche Zeitung/Christ und Welt*, 2.4.1971.

228 Vgl. HOLZER, Kerstin, *Elisabeth Mann Borgese. Ein Lebensportrait* (Berlin 2001), S. 8.

229 MANN, Golo, *Radikalisierung und Mitte. Zwei Vorträge* (Stuttgart 1971), S. 23.

230 Ebenda, S. 26.
231 Ebenda, S. 21 f.
232 Ebenda, S. 27.
233 MANN, Golo, «Fortschritt, der neue Plagen schafft», *Süddeutsche Zeitung,* 1./2.7.1972.
234 MANN, Golo, «Politische Notizen im Frühling», in: *Neue Rundschau,* Nr. 2 (1968), S. 231 f.
235 BÖLL, Heinrich, an Golo Mann, 9.4.1968, Nachlass SLA.
236 Vgl. BÖLL, Heinrich, *Die verlorene Ehre der Katharina Blum* (Köln 1974). Der Erzählung hat der Autor folgende Bemerkung vorangestellt: «Personen und Handlung dieser Erzählung sind frei erfunden. Sollten sich bei der Schilderung gewisser journalistischer Praktiken Ähnlichkeiten mit den Praktiken der ‹Bild›-Zeitung ergeben, so sind diese Ähnlichkeiten weder beabsichtigt noch zufällig, sondern unvermeidlich.»
237 MANN, Golo, *Radikalisierung und Mitte,* S. 8.
238 TOCQUEVILLE, Alexis de, *De la Démocratie en Amérique,* vol. I (Paris 1968), S. 275.
239 Zit. n. GLASER, Hermann, *Die Kulturgeschichte der Bundesrepublik Deutschland. Zwischen Protest und Anpassung 1968–1989* (Frankfurt a. M. 1990), S. 52.
240 MANN, Golo, *Radikalisierung und Mitte,* S. 21.
241 MANN, Golo, «Irrtümer in Vietnam. Über Arthur M. Schlesinger ‹Das bittere Erbe›», in: *Der Spiegel,* Nr. 20 (1967).
242 Vgl. WALLERSTEIN, Immanuel, *The Modern World System: Capitalist Agriculture and the Origin of the European World-Economy in the Sixteenth Century* (New York 1979).
243 KOENEN, Gerd, *Das rote Jahrzehnt. Unsere kleine deutsche Kulturrevolution 1967–1977* (Köln 2001), S. 87. Zur Haltung der deutschen Intellektuellen gegenüber der studentischen Protestbewegung vgl. auch SONTHEIMER, Kurt, *Das Elend unserer Intellektuellen* (Hamburg 1976).
244 MANN, Golo, Vortrag vor der Landes-Elternvereinigung der Gymnasien in Bayern, 25.4.1971, Typoskript, A-2-1971-2a, Nachlass SLA.
245 MANN, Golo, «Gedanken zur Geschichte der USA als Vormacht des Westens in dieser Epoche», Festvortrag vor dem Schweizerischen Bankverein, 6.9.1985, Typoskript, A-2-1985-14/1-2, Nachlass SLA. Das Wort vom «Guru der revolutionären politischen Gewalt» stammt von LAQUEUR, Walter, *Krieg dem Westen. Terrorismus im 21. Jahrhundert* (München 2003), S. 327.
246 Ebenda. Vgl. auch MANN, Golo, «Weltmacht wider Willen oder: Von schuldiger Unschuld», *Welt am Sonntag,* 6.6.1982. Hans R. GUGGISBERG urteilt in seiner *Geschichte der USA* (Stuttgart 1988), S. 273: «Die amerikanische Regierung verhielt sich zurückhaltend und unternahm of-

fiziell nichts gegen Allende [...]. Vergeltungsmaßnahmen erfolgten allerdings im wirtschaftlichen Bereich.» Und Willi Paul ADAMS schreibt in *Die USA im 20. Jahrhundert* (München 2000), S. 108: «Nixons Lateinamerikapolitik hinterließ in Chile eine dunkle Spur. Er ließ die CIA gegen den demokratisch gewählten sozialistischen Präsidenten Salvador Allende aktiv werden ...»

247 Zur Geschichte des Antiamerikanismus vgl. DINER, Dan, *Verkehrte Welten. Antiamerikanismus in Deutschland* (Frankfurt a. M. 1993) und HOLLANDER, Paul, *Anti-Americanism. Critique at Home and Abroad* (New York 1992).

248 MANN, Golo, «Konservative Politik und konservative Charaktere», in: *Der Monat,* Nr. 165 (1962).

249 MANN, Golo, «Politische Notizen im Frühling», S. 229.

250 MANN, Golo, *Marxismus auf dem Vormarsch – in Europa und der Dritten Welt* (Köln 1978), S. 15.

251 Ebenda, S. 12 f.

252 Ebenda, S. 13.

253 MANN, Golo, «Über den ‹veralteten Blödsinn vom Klassenkampf›», *Die Welt,* 20.9.1979.

254 MANN, Golo, «Die Bundesrepublik wird besichtigt», *Deutsche Zeitung/Christ und Welt,* 2.4.1971.

255 Ebenda.

256 MANN, Golo, «Amerika und Russland», Abschrift einer am 12.11.1981 im Bayerischen Rundfunk gehaltenen Rede, Typoskript, A-2-1981/10, Nachlass SLA.

257 MANN, Golo, «Ein Dialog mit der Neuen Linken», *Deutsche Zeitung/Christ und Welt,* 16.4.1971.

258 Ebenda.

259 GRASS, Günter, «Sozialdemokratie zwischen Kommunismus und Kapitalismus», in: *Angestiftet, Partei zu ergreifen* (Göttingen 1994), S. 184.

260 Ebenda, S. 235 ff.

261 BAHR, Egon, *Zu meiner Zeit* (München 1998), S. 547 ff.

262 MANN, Golo, *Marxismus auf dem Vormarsch,* S. 36.

263 Ebenda, S. 48.

264 Ebenda, S. 50.

265 Ebenda, S. 51.

266 Ebenda, S. 55.

267 Vgl. MANN, Golo, «Der politische Mörder hat seine Grundrechte verwirkt», *Die Welt,* 16.4.1977.

268 Ebenda.

269 Ebenda.

270 «Quo usque tandem abutere, Catilina, patientia nostra?» Zu Deutsch: «Wie lange, Catilina, willst du unsere Geduld noch mißbrauchen?» 1. Rede

Ciceros gegen Catilina. Der Verschwörer nahm an der Senatssitzung teil, verließ aber Rom noch in derselben Nacht.

271 MANN, Golo, «Quo usque tandem?», *Die Welt,* 7.9.1977.

272 Ebenda.

273 Vgl. JÄGER, Wolfgang und LINK, Werner, *Republik im Wandel 1974–1982. Die Ära Schmidt,* Bd. 5/II der *Geschichte der Bundesrepublik Deutschland,* hg. von Karl Dietrich BRACHER u. a. (Stuttgart 1987), S. 82.

274 MANN, Golo, «Rechtsstaat und Terroristenbekämpfung», *Die Tat,* 10.9.1977.

275 MANN, Golo, «Wie soll man Terrorismus erklären?», *Vaterland,* 22.10.1977.

276 MANN, Golo, «Rechtsstaat und Terroristenbekämpfung».

277 MANN, Golo, «Ein Jahr nach dem Mord an Buback», *Die Welt,* 7.4.1978.

278 Ebenda.

279 Zit. n. WINKLER, Heinrich August, *Der lange Weg nach Westen. Deutsche Geschichte vom «Dritten Reich» bis zur Wiedervereinigung,* Bd. II (München 2000), S. 344.

280 MANN, Golo, «Wie soll man Terrorismus erklären?».

281 MANN, Golo, «Mit Mördern kann man nicht reden», *Bild,* 31.11.1977.

282 VOGEL, Hans-Jochen, an Golo Mann, 7.8.1976, Nachlass SLA. Sehr ähnlich GAUGER, Hans-Martin, an Golo Mann, 9.9.1977, Nachlass SLA: «Vor allem halte ich das Insistieren auf ‹Krieg› bzw. ‹Bürgerkrieg› in diesem Zusammenhang nicht für sehr hilfreich; zum Krieg gehören ja zwei ...».

283 VOGEL, Hans-Jochen, an Golo Mann, 7. 8. 1976, Nachlass SLA.

284 Ebenda.

285 MANN, Golo, an Hans-Jochen Vogel, 12.10.1977, Nachlass SLA.

286 VOGEL, Hans-Jochen, an Golo Mann, 11.9.1979, Nachlass SLA.

287 MANN, Golo, an Hans-Jochen Vogel, 7.8.1976, Nachlass SLA.

288 MANN, Golo, an Hans-Jochen Vogel, 15.9.1982, Nachlass SLA.

289 GOETHE, Johann Wolfgang, *Briefe der Jahre 1814–1832* (Zürich 1965), S. 1043.

290 GROSSER, Dieter u. a., *Deutsche Geschichte in Quellen und Darstellung,* Bd. XI (Stuttgart 1996), S. 43.

291 Zur Entwicklung des Bildungswesens vgl. FÜHR, Christoph und FURCK, Carl-Ludwig, *Handbuch der deutschen Bildungsgeschichte,* Bd. VI (München 1998), S. 217 ff.

292 Nordrhein-Westfalen. Der Kultusminister des Landes, *Rahmenlehrpläne für den 5. und 6. Jahrgang an den Gesamtschulen in Nordrhein-Westfalen* (Düsseldorf 1972), S. 7. Zur Kritik des Emanzipationsbegriffs der Neuen Linken vgl. SPAEMANN, Robert, «Emanzipation – ein Bildungsziel?», in: Clemens Graf PODEWILLS, Hg., *Tendenzwende? Zur geistigen Situation*

in der Bundesrepublik (Stuttgart 1975), S. 75 ff. Derselbe Band enthält auch den Aufsatz von Golo MANN «Die alte und die neue Historie». Vgl. ferner: LÜBBE, Hermann, *Hochschulreform und Gegenaufklärung,* (Freiburg i. Br. 1972).

293 Vgl. PROCHER, Otmar und SERVATIUS, Gerd, «Rahmenrichtlinien Deutsch und Schulpraxis», in: ATTENHOFER, Norbert u. a., *Die Hessischen Rahmenrichtlinien für das Fach Deutsch in der wissenschaftlichen Diskussion* (Kronberg 1974), S. 138.

294 MANN, Golo, «Ohne Geschichte leben?», *Die Zeit,* 13.10.1972.

295 Ebenda.

296 Ebenda.

297 KOGON, Eugen, Hg., *Rahmenrichtlinien Gesellschaftslehre. Hessenforum II* (Frankfurt a. M. 1974), S. 41. Zur Reformdiskussion vgl. die gegensätzlichen Standpunkte von BREZINKA, Wolfgang, *Erziehung und Kulturrevolution. Die Pädagogik der Neuen Linken* (München 1974), und FRIEDEBURG, Ludwig von, *Bildungsreform in Deutschland. Geschichte und gesellschaftlicher Widerspruch* (Frankfurt a. M. 1989). Ferner: FÜHR, Christoph und FURCK, Carl-Ludwig, Hg., *Handbuch der deutschen Bildungsgeschichte.*

298 KOGON, Eugen, Hg., *Rahmenrichtlinien,* S. 48. Zur Position von Hermann LÜBBE, der mit Golo Mann weitgehend übereinstimmt, vgl. ders., *Hochschulreform und Gegenaufklärung. Analysen, Postulate, Polemik zur aktuellen Hochschul- und Wissenschaftspolitik* (Freiburg i. Br. 1972). Ferner ders., Unsere stille Kulturrevolution (Zürich 1976).

299 Ebenda, S. 60.

300 Ebenda, S. 47.

301 Ebenda, S. 69.

302 Ebenda, S. 81.

303 ROUSSEAU, Jean-Jacques, *Le contrat social,* chap. III: «L'homme est né libre, et cependant partout il est dans les fers.» Im Protokoll des *Hessenforums II* fehlerhaft zitiert: «Der Mensch ist frei geworden und überall ist er in Ketten» (S. 114).

304 MANN, Golo, «Sinnloser Bruch», *Die Zeit,* 14.12.1973.

305 MANN, Golo, Tagebuch, 10.12.1973, Nachlass SLA.

306 VOGT, Jochen, «Für die Kinder der ‹schweigenden Mehrheit›», in: KÖHLER, Gerd und REUTER, Ernst, Hg., *Was sollen Schüler lernen? Die Kontroverse um die hessischen Rahmenrichtlinien für die Unterrichtsfächer Deutsch und Gesellschaftslehre* (Frankfurt a. M. 1973), S. 140 f.

307 MANN, Golo, «Wenn der Deutsche progressiv sein will ... Kritische Bemerkungen zu den hessischen Rahmenrichtlinien für den Deutschunterricht», *Süddeutsche Zeitung, 2./3.6.1973.*

308 MANN, Golo, *Vom Geist Amerikas,* S. 94 ff.

309 MANN, Golo, «Wenn der Deutsche progressiv sein will ...»

310 Ebenda.
311 Ebenda.
312 Ebenda.
313 Vgl. vor allem die Textsammlung KILLY, Walter, *Zeichen der Zeit. Ein deutsches Lesebuch,* 4 Bde. (Frankfurt a. M. 1958–1962), in die neben bekannten «klassischen» Texten bewusst auch Texte von gesellschaftspolitischer Relevanz aufgenommen wurden.
314 KILLY, Walter, «Ideologisches Konstrukt. Zur Diskussion über den Deutschunterricht in Hessen», *Die Zeit,* 30.3.1973.
315 Ebenda.
316 Ebenda.
317 Ebenda.
318 Vgl. LÜBBE, Hermann, *Hochschulreform und Gegenaufklärung,* S. 93.
319 Vgl. FRIEDEBURG, Ludwig von, *Bildungsreform in Deutschland. Geschichte und gesellschaftlicher Widerspruch* (Frankfurt a. M. 1989), S. 457.
320 Vgl. HERRMANN, Ulrich, «Mut zur Erziehung. Anmerkungen zu einer proklamierten Tendenzwende in der Erziehungs- und Bildungspolitik», in: *Zeitschrift für Pädagogik,* 24. Jg. (1978), S. 221 ff.
321 Ebenda, S. 235 ff.
322 Anonym, «Thesen und Anti-Thesen zur Erziehung, Vorspann», *Die Zeit,* 21.7.1978.
323 CROCE, Benedetto, *Die Geschichte als Gedanke und Tat* (Bern 1944), S. 41.
324 MANN, Golo, «Junge Menschen und alte Geschichte», in: URBAN, George, *Gespräche mit Zeitgenossen. Acht Dispute über Geschichte und Politik* (Weinheim 1982), S. 53 f.
325 Ebenda, S. 55.
326 Ebenda, S. 48.
327 Vgl. ANDERS, Günther, *Die Antiquiertheit des Menschen,* Bd. II (München 1948).
328 BECKER, Hellmut, «Bildungspolitik», in: BENZ, Wolfgang, Hg., *Die Geschichte der Bundesrepublik Deutschland* (Frankfurt a. M. 1989), S. 348.
329 Vgl. OELKERS, Jürgen, «Pädagogische Reform und Wandel der Erziehungswissenschaft», in: FÜHR, Christoph und FURCK, Carl-Ludwig, Hg., *Handbuch der deutschen Bildungsgeschichte,* Bd. VI, S. 226: «Die neuen sozialwissenschaftlichen Theoreme waren ihrerseits nicht so weit transformierbar, daß sie für pädagogische Handlungsorientierung sorgen konnten. So bildete sich wohl ein neuer Jargon, aber nicht die erfolgreiche und reflektierte Theorie-Praxis-Vermittlung …»
330 Vgl. KRIEGER, Wolfgang, *Franz Josef Strauß. Der barocke Demokrat aus Bayern* (Göttingen 1995), S. 70 f.
331 So die Einschätzung von Willy Brandt. Vgl. JÄGER, Wolfgang und LINK, Werner, *Republik im Wandel 1974–1982,* S. 172.

332 Vgl. MÖLLER, Horst, «Franz Josef Strauß», in: GALL, Lothar, *Die großen Deutschen unserer Epoche* (Frankfurt a. M. 1995), S. 535 ff.
333 VOGEL, Hans-Jochen, *Die Amtskette. Meine zwölf Münchener Jahre. Ein Erlebnisbericht* (München 1972), S. 25.
334 STRAUSS, Franz Josef, *Die Erinnerungen* (Berlin 1989), S. 416.
335 MANN, Golo, Tagebuch, 6.9.1961, Nachlass SLA. Wortlaut im englischen Orginal: «Last night I saw Minister Strauß on TV. Intelligent, sharp, ambitious, almost evil. The big question is whether there will be war or peace. A question indeed.»
336 MANN, Golo, Tagebuch, 30.6.1970, Nachlass SLA.
337 MANN, Golo, Tagebuch, 28.4.1972, Nachlass SLA.
338 MANN, Golo, «Lassen wir das Gespenst von Weimar ruhen», *Die Zeit,* 10.12.1976, Nachlass SLA.
339 Ebenda.
340 Ebenda.
341 Ebenda.
342 MANN, Golo, Fernsehinterview ARD, Tonbandaufnahme, 27.3.1979, D-2-d-1, Nachlass SLA.
343 MANN, Golo, «Ein Leben für das Vaterland. Ein Staatsmann tat seine Pflicht», Sonderdruck, 7.10.1989, Nachlass SLA. Vgl. auch: «Gedenken an Franz Josef Strauß», *Das Parlament,* Nr. 40 (1989).
344 MANN, Golo, an Peter Lahnstein, 21.2.1976, Nachlass SLA.
345 MANN, Golo, Tagebuch, 25.2.1978, Nachlass SLA.
346 MANN, Golo, «Intellektuelles Ethos und politisches Engagement», Typoskript, 7.7.1978, A-2-1978-14, Nachlass SLA.
347 MANN, Golo, «Das geistige Europa», Typoskript in verschiedenen Fassungen, 6.4.1979, A-2-1979-9/1-6, Nachlass SLA.
348 MANN, Golo, Tagebuch, 11.4.1979, Nachlass SLA.
349 MANN, Golo, an Edmund Stoiber, 13.8.1979, Nachlass SLA.
350 MANN, Golo, an Edmund Stoiber, 9.10.1979, SLA.
351 Ebenda.
352 MANN, Golo, «Was hat Sozialismus mit Nationalsozialismus zu tun?», in: *Die Bunte,* 3. Januar (1980).
353 STOIBER, Edmund, an Golo Mann, 23.10.1979, Nachlass SLA.
354 STOIBER, Edmund, «Die Lehre, nicht die Taten», *Deutsche Zeitung,* 19.10.1979.
355 STRAUSS, Franz Josef, *Bundestagsreden und Zeitdokumente 1974–1979* (Bonn 1979).
356 Ebenda, Vorwort.
357 Ebenda.
358 Ebenda.
359 Ebenda.
360 Ebenda.

361 Zit. n. *Der Spiegel,* Nr. 36 (1980).
362 PROSS, Harry, an Golo Mann, undat., Nachlass SLA.
363 VOGEL, Hans-Jochen, an Golo Mann, 11.9.1979, Nachlass SLA. Das GOETHE-Zitat findet sich in *Faust I*, Marthens Garten.
364 KLETT, Ernst, an Golo Mann, 16.8.1980, Nachlass SLA.
365 BARING, Arnulf, an Golo Mann, 5.7.1980, Nachlass SLA.
366 JÄGER, Wolfgang und LINK, Werner, *Republik im Wandel 1974–1982,* S. 166.
367 MANN, Golo, an Hans-Martin Gauger, 3.4.1980, Nachlass SLA.
368 MANN, Golo, an Arnulf Baring, 14.2.1980, Nachlass SLA.
369 GAUGER, Hans-Martin, an Golo Mann, 31.10.1980, SLA.
370 BARING, Arnulf, an Golo Mann, 5.7.1980, Nachlass SLA.
371 MANN, Golo, an Arnulf Baring, 14.2.1980, Nachlass SLA.
372 Vgl. Golo MANN im Gespräch mit Richard von Weizsäcker, 25.3.1974, schriftl. Aufzeichnung der Fernsehsendung, A-2-1974-26/1-21, Nachlass SLA.
373 MANN, Golo, an Edmund Stoiber, 23.8.1979, Nachlass SLA.
374 RUMLER, Fritz, «Ein Disput zwischen Golo Mann und Franz Josef Strauß», in: *Der Spiegel,* Nr. 10 (1980).
375 Nicht signiert, in: *Stern,* Nr. 32 (1980).
376 Ebenda.
377 MANN, Golo, Tagebuch, 1.3.1980, Nachlass SLA.
378 MANN, Golo, «In eigener Sache». Golo Mann verteidigt Franz Josef Strauß im Anschluss an sein Fernsehgespräch, «Marginalien» Bayerischer Rundfunk, 5.8.1980, Typoskript, A-2-1980-13, Nachlass SLA.
379 JANDA, F., «Golo Mann greift Mühlfenzl an. Strauß-Disput war manipuliert», *Abendzeitung*, 30.7.1980.
380 MANN, Golo, «Strauß, seine Gegner und die große Heuchelei. Analyse einer Feindschaft», in: *Penthouse*, Nr. 5 (1980).
381 GMÜR-ZEMP, Gallus, an Golo Mann, 2.4.1980, Nachlass SLA. Zur *Penthouse*-Angelegenheit befindet sich im Nachlass ein kurzer Briefwechsel mit der Redaktion des Herrenmagazins.
382 MANN, Golo, Tagebuch, 14.9.1979, Nachlass SLA.
383 Ebenda, 4.3.1980.
384 MANN, Golo, an Franz Josef Strauß, 2.5.1981, Nachlass SLA. Zur geplanten, aber nicht zustande gekommenen Sympathieerklärung für Franz Josef Strauß findet sich im Nachlass des Historikers ein Entwurf; es handelt sich um ein stark korrigiertes Typoskript: «Es gibt zwei Josef Strauß: Das Denkmal, das seine Feinde ihm liebevoll gesetzt haben und den wirklichen. Dieser ist ganz anders als das Denkmal. Er ist ein aufrichtiger Demokrat; ohne demokratischen Kampf kann er sich Politik und Leben kaum noch vorstellen. Er ist ein gewaltiger Parlamentarier, vielleicht der bedeutendste, den Deutschland seit Bismarck gekannt hat. Die unzähligen Reden, die er

im Bundestag seit dreißig Jahren hielt, waren alles dies: überreich an Kenntnissen, gleichgültig über welchen Gegenstand er sprach, nüanciert, abgewogen, keineswegs ohne Fairneß, blendend formuliert und obendrein frei gesprochen.» B-4-a-STO, Nachlass SLA.

385 MANN, Golo, «Schmidt und Strauß – ihre Stärken und ihre Schwächen», Interview mit Monica COSSARDT, *Die Welt,* 18.9.1979.

386 Ebenda.

387 Ebenda.

388 MANN, Golo, «Der Aufruhr droht sich auszubreiten wie ein Wildfeuer», *Bild am Sonntag,* 30.12.1979.

389 Ebenda.

390 Ebenda.

391 MANN, Golo, an Löwenstein (Vorname fehlt), 29.3.80, Nachlass SLA.

392 MANN, Golo, an Franz Josef Strauß, 24.5.1980, Nachlass SLA.

393 Ebenda. Ganz ähnlich auch in einem Brief an Hans-Jochen Vogel vom 9.8.1979: «Im Jahre 1976, völlig unabhängig von Ihrer Leistung oder der Leistung des Bundeskanzlers, schien mir die Zeit für einen Regierungswechsel gekommen. Für 1980 gilt mir das gleiche. Es muß ab und an ein Wechsel sein. Einem Temperament wie dem meinen wäre die Schweizer ‹Consensus-Demokratie› allerdings lieber.» Nachlass SLA.

394 Interview mit BÖHME, Erich und BECKER, Rolf, «Er ist wie ein Baum, der Blitze anzieht», in: *Der Spiegel,* Nr. 36 (1980).

395 Ebenda.

396 Ebenda.

397 KÖHLER, Otto, *Rudolf Augstein. Ein Leben für Deutschland* (München 2002), S. 218.

398 WINKLER, Heinrich August, *Der lange Weg nach Westen,* S. 362 f.

399 MANN, Golo, Tagebuch, 5.2.1980, Nachlass SLA. Zur *Daily-Telegraph*-Affaire: 1908 veröffentlichte die Londoner Tageszeitung ein Interview mit Wilhelm II. zum Burenkrieg, worin der Kaiser seine Englandfreundschaft, die in Deutschland kaum geteilt werde, betonte und davon sprach, dass er einen Kontinentalbund gegen England verhindert habe.

400 MANN, Golo, an Hans-Martin Gauger, 10.12.1980, Nachlass SLA.

401 MANN, Golo, an Theodor Schieder, 21.4.1980, Nachlass SLA.

402 MANN, Golo, an Hans-Martin Gauger, 3.4.1980, Nachlass SLA.

403 MANN, Golo, an Oswalt von Nostitz, 19.9.1983, Nachlass SLA.

404 MANN, Golo, an Wolfgang Bullerdiek, 28.8.1987, Nachlass SLA.

405 MANN, Golo, Tagebuch 17.11.1982, Nachlass SLA.

406 MANN, Golo, an Franz Josef Strauß, 5.9.1985, Nachlass SLA.

407 MANN, Golo, «‹Liberal› und ‹konservativ› in der modernen deutschen Geschichte», in: *Festschrift Franz Josef Strauß,* hg. von Karl CARSTENS, Alfons GOPPEL, Henry KISSINGER, Golo MANN (München 1985).

408 STRAUSS, Franz Josef, an Golo Mann, 5.12.1982, Nachlass SLA.

409 MANN, Golo, «Man hätte nicht tun dürfen, was man am 1. Oktober in Bonn tat», *Die Weltwoche*, 6.10.1982.
410 MANN, Golo, «Die Kohl-Genscher-Koalition ist eine falsche Koalition», *Schwäbische Zeitung*, 2.8.1984.
411 Ebenda.
412 JÄGER, Wolfgang, und LINK, Werner, *Republik im Wandel 1974–1982*, S. 261.
413 MANN, Golo, «Nicht Geschichte machen wollte er», in: *Der Spiegel*, Nr. 44 (1982).
414 Ebenda.
415 Ebenda.
416 Ebenda.
417 WINKLER, Heinrich August, *Der lange Weg nach Westen*, S. 417.
418 Mann, Golo, Tagebuch, 25.7.1983, Nachlass SLA.
419 MANN, Golo, «Ein Leben für das Vaterland».

VI. Der Leser

1 MANN, Golo, *Wir alle sind, was wir gelesen. Aufsätze und Reden zur Literatur* (Frankfurt a. M. 1989). Das Zitat stammt aus EICHENDORFFS *Bilderbuch aus meiner Jugend* und lautet im Kontext: «Wer wäre nicht einst auch Robinson gewesen,/In uns'rer gedruckten Bücher Zeit,/Wir alle sind, was wir gelesen,/Und das ist unser größtes Leid.»
2 HECKMANN, Herbert, «Der Geschichtserzähler Golo Mann», in: *Neue Rundschau*, Nr. 2 (1995), S. 158.
3 MANN, Golo, «Die Chance des Lesers. Gedanken über das Buch und die Freiheit, die es gewährt», *Süddeutsche Zeitung*, 3./4.5.1975.
4 MANN, Golo, «Bewunderung ist nichts Schlechtes». Rede bei der Verleihung des Goethe-Preises (Frankfurt a. M., 28.8.1985), in: *Wir alle sind, was wir gelesen*, S. 102.
5 MANN, Thomas, *Briefe 1937–1947*, S. 10.
6 MANN, Golo, «Die Chance des Lesers».
7 Vgl. dazu Friedrich Nietzsches zeitgenössische Kritik gegen den «Bildungsphilister» in seinen *Unzeitgemäßen Betrachtungen*, in: NIETZSCHE, Friedrich, *Gesammelte Werke*, Bd. I (München 1962), 137 ff.
8 WEHLER, Hans-Ulrich, *Deutsche Gesellschaftsgeschichte. Von der ‹deutschen Doppelrevolution› bis zum Beginn des Ersten Weltkrieges 1849–1914*, Bd. III (München 1995), S. 732.
9 MANN, Golo, an Manuel Gasser, 19.4.1948, Nachlass SLA.
10 MANN, Golo, an Manuel Gasser, 7.9.1947, Nachlass SLA.
11 MANN, Thomas, *Lotte in Weimar* (Stockholm 1946). Vgl. die Begegnung Charlotte Kestners, geb. Buff, mit Goethes Sohn August, S. 228 ff.

12 HAGE, Volker, Hg., *Golo Mann. Marcel Reich-Ranicki. Enthusiasten der Literatur. Ein Briefwechsel. Aufsätze und Portraits* (Frankfurt a. M. 2000), S. 119. Vgl. auch REICH-RANICKI, Marcel, *Thomas Mann und die Seinen* (Stuttgart 1987).

13 REICH-RANICKI, Marcel, *Mein Leben* (Stuttgart 1999), S. 512. Ebenso BITTERLI, Urs, «Golo Mann und Thomas Mann. Ein schwieriges Verhältnis», in: SPRECHER, Thomas und GUTBRODT, Fritz, Hg., *Die Familie Mann in Kilchberg* (Zürich 2000), S. 210 ff.

14 REICH-RANICKI, Marcel, *Mein Leben,* S. 514.

15 HAGE, Volker, *Enthusiasten der Literatur,* S. 111.

16 MANN, Golo, *Erinnerungen I,* S. 544.

17 Vgl. MANN, Thomas, «Geist und Kunst»; zit. n. WYSLING, Hans, «Thomas Mann und Conrad Ferdinand Meyer», in: SPRECHER, Thomas und GUTBRODT, Fritz, Hg., *Die Familie Mann in Kilchberg,* S. 150.

18 GAUGER, Hans-Martin, «Zum Stil Golo Manns», in: Hartmut von HENTIG und August NITSCHKE, Hg., *Was die Wirklichkeit lehrt. Golo Mann zum 70. Geburtstag* (Frankfurt a. M. 1979), S. 319 f.

19 WYSLING, Hans, «Vom Rande», in: ZWEIFEL, Regula, Hg., *Begegnungen. Golo Mann zum 80. Geburtstag* (Kilchberg 1989), S. 67.

20 GAUGER, Hans-Martin, «Zum Stil Golo Manns», S. 342.

21 REICH-RANICKI, Marcel, *Mein Leben,* S. 513.

22 REICH-RANICKI, *Thomas Mann und die Seinen,* S. 235.

23 LOTT-BÜTTIKER, Elisabeth, «Das Familie-Mann-Zimmer im Ortsmuseum Kilchberg», in: SPRECHER, Thomas und GUTBRODT, Fritz, Hg., *Die Familie Mann in Kilchberg,* S. 273 f. Im originalen Wortlaut: «Golo Mann was born as a ‹son›; did not like it; could not help it. When Thomas Mann left Germany after Hitler's ‹seize of power›, he followed, a little later; when Thomas Mann settled in the US in 1938, he followed, about two years later; when Thomas Mann left the US in 1952, he again followed, this time considerably later.»

24 MANN, Golo, an Hans Mayer, 19.5.1975, Nachlass SLA. Golo Mann bezieht sich hier auf den von ihm verfassten Artikel «Die Brüder Mann und Bertolt Brecht. Einige Klarstellungen zu den eben veröffentlichten ‹Arbeitsjournalen›», *Die Zeit,* 23.2.1973. Darin verteidigte Golo Mann seinen Vater gegen Brechts Vorwurf, Thomas Mann habe sich im amerikanischen Exil nicht um seinen Bruder Heinrich bekümmert und ihn Hunger leiden lassen. Demgegenüber stellt Golo Mann fest, dass Thomas Mann seinem Bruder eine Rente ausgesetzt und sich vor allem in dessen letzten Lebensjahren sehr um ihn gekümmert habe.

25 MANN, Golo, an Hans-Martin Gauger, 8.1.1975, Nachlass SLA.

26 MANN, Golo, an Ossip K. Flechtheim, 13.12.1980, Nachlass SLA. Eine psychologische Darstellung der Familie Mann versucht Marianne KRÜLL

in *Im Netz der Zauberer. Eine andere Geschichte der Familie Mann* (Frankfurt a. M. 1991).

27 HAGE, Volker, *Enthusiasten der Literatur,* S. 151.

28 Ebenda, S. 152.

29 MANN, Golo, an Erich von Kahler, 11.7.1951, Nachlass DLA.

30 MANN, Golo, «Ein Prinz im Lande Nirgendwo. Zu Thomas Manns ‹Königliche Hoheit›» (1981), in: HAGE, Volker, *Enthusiasten der Literatur,* S. 237.

31 Vgl. MUSCHG, Walter, *Tragische Literaturgeschichte* (Bern 1953), S. 425 f.

32 MANN, Golo, «Menschenkenntnis, Menschenfreundschaft. Über Thomas Mann» (1986), in: HAGE, Volker, *Enthusiasten der Literatur,* S. 253.

33 Ebenda, S. 45.

34 MANN, Golo, an Raymond Aron, 30.9.1975, Nachlass SLA. Über Thomas Manns *Betrachtungen eines Unpolitischen* äußerte Golo MANN sich gegenüber seinen Studierenden an der Universität Münster: «Man könnte sagen, daß es das tiefste und geistreichste konservative Buch ist, das im 20. Jahrhundert in Deutschland erschien; zu tief, zu geistreich, zu widerspruchsvoll, um für den Durchschnittskonservativen brauchbar oder auch nur verständlich zu sein.» Vorlesungstyposkript (1959/60), A-5-Münster 1/1-5, Nachlass SLA.

35 MANN, Golo, *Mein Vater Thomas Mann* (Lübeck 1970), S. 6.

36 Ebenda, S. 7.

37 Ebenda, S. 27.

38 MANN, Golo, *Deutsche Geschichte,* S. 702.

39 Ebenda, S. 703.

40 Ebenda, S. 704.

41 MANN, Golo, an Ida Herz, 11.2.1978, Nachlass SLA.

42 Zit. n. KURZKE, Hermann, Thomas Mann. *Das Leben als Kunstwerk*, S. 317. Kurzke zit. nach der englischen Originalquelle, einem Interview zwischen Elisabeth MANN und Ronald HAYMAN, *Times Literary Supplement*, 9.9.1994: «When you get past the age of thirty, you should stop blaming your parents for what you are.»

43 MANN, Golo, an Hermann Glaser, 13.12.1975, Nachlass SLA.

44 WYSLING, Hans, «Vom Rande», in: ZWEIFEL, Regula, Hg., *Begegnungen. Golo Mann zum 80. Geburtstag*, S. 65.

45 Vgl. RINGEL, Stefan, Heinrich Mann. Ein Leben wird besichtigt (Darmstadt 2000), S. 338 ff. Über die finanziellen Zuwendungen an Heinrich Mann vgl. MANN, Golo, «Heinrich Manns letzte Lebensjahre. Eine Replik», in: *Akzente*, Februar (1974).

46 RINGEL, Stefan, *Heinrich Mann*, S. 344 f.

47 MANN, Heinrich, *Ein Zeitalter wird besichtigt* (Berlin-Ost 1973), S. 32.

48 Ebenda, S. 46.

49 MANN, Golo, «Der Bruder zur Linken. Zur Neuauflage von Heinrich

Manns ‹Ein Zeitalter wird besichtigt›» (1974), in: HAGE, Volker, *Enthusiasten der Literatur*, S. 129.

50 MANN, Golo, *Deutsche Geschichte,* S. 701.

51 MANN, Golo, an Michael Ebermann, 26.11.1977, Nachlass SLA.

52 MANN, Golo, «Der Bruder zur Linken», S. 132 f.

53 MANN, Golo, *Deutsche Geschichte,* S. 703.

54 MANN, Golo, «Erinnerungen an K. M.». Rede bei der Übergabe des Klaus-Mann-Archivs an die Stadt München, *Süddeutsche Zeitung,* 3./4.2.1973.

55 MANN, Golo, «Erinnerungen an meinen Bruder Klaus», in: HAGE, Volker, *Enthusiasten der Literatur,* S. 170. Erstdruck in: *Neue Rundschau,* Nr. 3 (Frankfurt a. M. 1975), S. 376–400. (Erweiterte Fassung der Münchner Rede).

56 MANN, Klaus, *Tagebücher 1936–1937*, hg. von Joachim HEIMANNSBERG, Peter LAEMMLE und Wilfried SCHEDLER (Frankfurt a. M. 1990), S. 67.

57 MANN, Golo, «Erinnerungen an meinen Bruder Klaus», S. 172.

58 Ebenda, S. 180.

59 Ebenda.

60 MANN, Golo, «Erinnerungen an K. M».

61 Vgl. WYSLING, Hans, «Thomas Mann und Conrad Ferdinand Meyer», in: SPRECHER, Thomas und GUTBRODT, Fritz, Hg., *Die Familie Mann in Kilchberg,* S. 150.

62 Ebenda, S. 150 ff. Vgl. Ferner Hans WYSLING und Elisabeth LOTT-BÜTTIKER, Hg., *Conrad Ferdinand Meyer 1825–1898* (Zürich 1998), S. 278 ff.

63 MEYER, Conrad Ferdinand, *Sämtliche Werke,* Bd. V (Bern 1963), S. 272.

64 MANN, Golo, Tagebuch, 30.1.1969, Nachlass SLA.

65 MANN, Golo, «Ein See und zwei Dichter», in: SPRECHER, Thomas und GUTBRODT, Fritz, Hg., *Die Familie Mann in Kilchberg,* S. 231.

66 MANN, Golo, *Lavalette. Eine Episode aus napoleonischer Zeit* (Zürich 1987).

67 MANN, Golo, *Erinnerungen II*, S. 40. Das Gedicht «Requiem» findet sich in: MEYER, Conrad Ferdinand, *Sämtliche Werke,* Bd. I (Bern 1968), S. 85.

68 MANN, Golo, an Anita Schoetensach-Hüfner, 29.11.1985, Nachlass SLA.

69 MEYER, Conrad Ferdinand, *Sämtliche Werke,* Bd. III (Bern 1974), S. 137.

70 Ebenda, Bd. I, S. 393. Vgl. auch MANN, Golo, «Ein See und zwei Dichter», in: SPRECHER, Thomas und GUTBRODT, Fritz, Hg., *Die Familie Mann in Kilchberg,* S. 229.

71 MANN, Golo, «Der politische, zeitkritische Gesellschaftsroman als Quelle für den Historiker», Vorlesungstyposkript (1959/60), A-5-Münster-1/1-5, Nachlass SLA.

72 Ebenda.
73 MANN, Golo, *Erinnerungen II*, S. 180.
74 MANN, Golo, *Deutsche Geschichte,* S. 166.
75 MANN, Golo, «Heine, wem gehört er?», Vortrag, gehalten auf dem Düsseldorfer Heine-Kongress vom 16.10.1972; zuerst gekürzt in der *Süddeutschen Zeitung* vom 9./10.12.1972. Hier zit. n. MANN, Golo, *Wir alle sind, was wir gelesen,* S. 171.
76 Ebenda, S. 181.
77 Vgl. BAYER, Horst, «Lieben alle Heinrich Heine? Der Internationale Heine-Kongress in Düsseldorf», *Frankfurter Allgemeine Zeitung,* 24.10.1972.
78 LEONHARDT, Rudolf Walter, «Heinrich-Heine-Diskussion», *Die Zeit,* 27.10.1972.
79 MANN, Golo, an Hans Mayer 28.5.1985, Nachlass SLA.
80 Vgl. BIERMANN, Wolf, «Absage an das Himmelreich auf Erden», *Die Zeit,* 17.12.1993. Zur politischen Haltung Heines vgl. HÖHN, Gerhard, *Heine-Handbuch. Zeit, Person, Werk* (Stuttgart 1987), S. 395 ff.
81 MANN, Golo, *Deutsche Geschichte,* S. 559.
82 MANN, Golo, «Maximilian Harden», 1960, in: *Geschichte und Geschichten,* S. 292.
83 Ebenda, S. 300.
84 MANN, Golo, *Erinnerungen I,* S. 46.
85 Ebenda.
86 Ebenda.
87 Ebenda.
88 MANN, Golo, *Deutsche Geschichte,* S. 707.
89 MANN, Golo, *Erinnerungen I,* S. 239 f.
90 Ebenda, S. 239.
91 MANN, Golo, «Leopold Schwarzschild», in: *Der Monat,* Nr. 218 (1966), S. 42.
92 MANN, Golo, *Erinnerungen II*, S. 117 f. SCHWARZSCHILDS Marx-Biographie erschien 1947 zuerst in englischer Sprache unter dem Titel *The Red Prussian. Life and Legend of Karl Marx.*
93 MANN, Golo, «Und atme frei im Morgenrot», *Die Welt,* 10.3.1990.
94 MANN, Golo, «Friedrich Rückert», Vortrag, gehalten 1980 in Schweinfurt, in: *Wir alle sind, was wir gelesen,* S. 139 f.
95 Ebenda, S. 162.
96 MANN, Golo, *Erinnerungen I,* S. 63 f.
97 MANN, Golo, «Der lachende Pessimist, Wilhelm Busch», 1982, in: *Wir alle sind, was wir gelesen,* S. 200.
98 Ebenda, S. 207.
99 Ebenda, S. 221.
100 MANN, Golo, *Erinnerungen I,* 60 f.

101 MANN, Golo, «Der schönste Krimi aller Zeiten. Über Jakob Wassermanns ‹Caspar Hauser›», 1980, in: *Wir alle sind, was wir gelesen,* S. 256. Dieser Text ist als Nachwort der Neuauflage von WASSERMANNS Roman beigegeben (München 1984).

102 Ebenda.

103 Zu erwähnen wären in diesem Zusammenhang die «Nachtphantasien» im *Wallenstein* oder die Erzählung *Lavalette. Eine Episode aus napoleonischer Zeit* (Zürich 1987), wo sich Golo MANN entsprechende Freiheiten nahm.

104 MANN, Golo, an Helga Ruppert-Tribian, 16.2.1990, Nachlass SLA.

105 MANN, Golo, an Joachim Kreuber, 4.12.1981, Nachlass SLA.

106 MANN, Golo, «Kleist und der Weltlauf», 1978, in: *Wir alle sind, was wir gelesen,* S. 125.

107 Ebenda, S. 137.

108 MANN, Golo, «Georg Büchner und die Revolution», Vortrag, gehalten anlässlich der Verleihung des Georg-Büchner-Preises 1968, in: *Zeiten und Figuren,* S. 215 ff.

109 MANN, Golo, *Gedanken zur Wandlung von Begriff und Wirklichkeit der Revolution seit Büchner* (Zürich 1987).

110 MANN, Golo, an Hans Mayer, 28.6.1985, Nachlass SLA.

111 MANN, Golo, Tagebuch, 28.11.1975, Nachlass SLA.

112 MANN, Golo, an Hans Mayer, 28.6.1985, Nachlass SLA. Vgl. Max FRISCHS *Blätter aus dem Brotsack. Tagebuch eines Kanoniers,* erschienen 1940.

113 MANN, Golo, Tagebuch, 14.4.1972, Nachlass SLA.

114 MANN, Golo, an Gert Westphal, 12.2.1977, Nachlass SLA.

115 MANN, Golo, an Daniel Keel, 7.7.1981, Nachlass SLA.

116 FRISCH, Max, *Tagebuch 1966–1971* (Frankfurt a. M. 1972). An der Wanderung nahm auch Alfred ANDERSCH teil. Vgl. REINHARDT, Stephan, *Alfred Andersch. Eine Biographie* (Zürich 1996), S. 454.

117 MANN, Golo, «Ich kann dem armen Parteigenossen nichts nachtragen», Interview, *Bild am Sonntag,* 20.8.1978.

118 MANN, Golo, «Künstler sind keine Politiker.» Über das TV-Duell Frisch-Furgler, in: *Schweizer Illustrierte,* Nr. 10 (1978).

119 Vgl. MANN, Thomas, *Tagebücher 1953–1955,* S. 316: «Beeindruckt von dem Buch ‹Die Kirschen der Freiheit› von A. Andersch und seinem sehr klugen Aufsatz über meine ‹Politik› in seiner Zeitschrift ‹Texte und Zeichen›.»

120 MANN, Golo, an Alfred Andersch, 19.10.1960, DLA, und ders., an Alfred Andersch, 22.7.1967, DLA. Auch zum letzten großen Roman ANDERSCHS, *Winterspelt,* hat sich Golo MANN positiv geäußert: «Der Roman eines unabhängigen, nichts als nur seinen Weg gehenden Autors ...» Vgl. *Capital*, Nr. 12 (1974).

121 Der «Radikalenerlaß», auch «Extremistenbeschluß» genannt, wurde ange-

sichts der studentischen Protestbewegung 1972 getroffen, in der Absicht, Beamte auf die freiheitlich-demokratische Grundordnung zu verpflichten. Die ersten Verse von ANDERSCHS Gedicht «Artikel 3», hier zit. n. JENDRICKE, Bernhard, *Alfred Andersch* (Reinbek 1988), lauten: «ein volk von/ex-nazis/und ihren/mitläufern/betreibt schon wieder/seinen Lieblingssport/die Hetzjagd auf/Kommunisten/Sozialisten/Humanisten/Dissidenten/Linke». Das Gedicht erregte größtes Aufsehen und verbreiteten Protest. Vgl. REINHARDT, Stephan, *Alfred Andersch* (Zürich 1996).

122 REINHARDT, Stephan, *Alfred Andersch*, S. 568.

123 MANN, Golo, an Jacques Koerfer, 12.2.1977, Nachlass SLA.

124 MANN, Golo, Tagebuch, 23.2.1980, Nachlass SLA. Zärtliches Mitgefühl spielt mit, wenn Andersch in einem Brief an seine Tochter von Golo Mann schreibt: «Le pauvre Golo reist morgen Abend. Er macht immer einen traurigen, ja einen tragischen Eindruck. Eine große Traurigkeit hängt um ihn herum.» (Mitteilung von Annette Korolnik-Andersch)

125 MANN, Golo, «Der ‹stoische› Ernst Jünger», 1960, in: *Wir alle sind, was wir gelesen*, S. 291.

126 Ebenda, S. 295.

127 Ebenda, S. 296.

128 Ebenda, S. 303.

129 MANN, Golo, «Grobe Jagd auf subtilen Jäger», *Frankfurter Allgemeine Zeitung*, 24.8.1982.

130 Ebenda. Ganz ähnlich äußerte sich Golo MANN in einem Brief an Theodor Schieder vom 1.4.1975: «Das ist nun wirklich bewundernswert, wie Jünger seinen Geist in Form und schöpferisch hielt, wie er immer wieder neues versuchte ...» Nachlass SLA.

131 Vgl. MOHLER, Armin, *Ravensburger Tagebuch. Meine Jahre mit Ernst Jünger* (Wien 1999). Dem schmalen Bändchen ist ein Tagebuch der Ehefrau von MOHLER, Edith MOHLER, angefügt, dem unser Zitat entnommen ist; S. 99.

132 MANN, Golo, an Erich von Kahler, 1.2.1952, DLA.

133 MANN, Golo, Tagebuch, 19.12.1969; 18.1.1971, Nachlass SLA.

134 MANN, Golo, an Ernst Klett, 10.4.1988, Nachlass SLA.

135 JÜNGER, Ernst, *Siebzig verweht* (Stuttgart 1997), S. 34.

136 MANN, Golo, an Albrecht Henke, 30.7.1991, Nachlass SLA.

137 JÜNGER, Ernst, *Feuer und Blut. Ein kleiner Ausschnitt aus einer großen Schlacht*, in: *Sämtliche Werke. Erste Abteilung, Tagebücher I* (Stuttgart 1978), S. 443.

138 Zu JÜNGERS Stil vgl. WAPNEWSKI, Peter, «Ernst Jünger. Der Sprachdenker, der Stilist und das Maß», in: ders., *Zumutungen. Essays zur Literatur des 20. Jahrhunderts* (Düsseldorf 1979), S. 203: «Jüngers Stil, der vielgerühmte kristallene, federnde, transparente, marmorne Stil des Florettschreibers, des Kaltnadelradierers: er zeichnet sich oft aus durch jene Un-

klarheit, die den mystisch-irrationalen Neigungen seines Autors entspricht; zeichnet sich aus durch Unsicherheit im Bereich des Geschmacks ...» Und ganz ähnlich FEST, Joachim, *Fremdheit und Nähe. Von der Gegenwart des Gewesenen* (Stuttgart 1996), S. 90: «Schon seine (Jüngers) Sprache, die stolzen Draperien, in denen er seine Einsichten vorwies, offenbarten allzu unverhohlen einen Hochmut, der alles vermissen ließ, was die Gleichheitsmode der Zeit wie der Moralismus, auf den sie sich so viel zugute hält, verlangten.»

139 MANN, Golo, an Ernst Klett, 10.7.1958, Nachlass SLA.

140 KIESEL, Helmuth, *Ernst Jünger – Carl Schmitt. Briefe 1930–1983* (Stuttgart 1999). Vgl. auch LAAK, Dirk von, *Gespräche in der Sicherheit des Schweigens. Carl Schmitt in der politischen Geistesgeschichte der frühen Bundesrepublik* (Berlin 1993). Vgl. ferner die Besprechung dieses Buches durch HABERMAS, Jürgen, «Das Bedürfnis nach deutschen Kontinuitäten», *Die Zeit,* 3.12.1993.

141 SCHMITT, Carl, «Der Führer schützt das Recht», in: *Positionen und Begriffe im Kampf mit Weimar, Genf, Versailles 1923–1939* (Hamburg 1940), S. 199 ff.

142 MANN, Golo, «Carl Schmitt und die schlechte Juristerei», in: *Der Monat,* Nr. 49 (1952).

143 MANN, Golo, an Nicolaus Sombart, Ende November 1986, Nachlass SLA.

144 WALDER, Ernst, «Begegnungen mit Golo Mann», in: SPRECHER, Thomas und GUTBRODT, Fritz, Hg., *Die Familie Mann in Kilchberg,* S. 251.

145 GAUGER, Hans-Martin, Vorwort zu MANN, Golo, *Ludwig I. von Bayern* (Frankfurt a. M. 1999), S. 9.

146 MANN, Golo, *Erinnerungen I,* S. 342 ff.

147 MANN, Golo, «Der Brief in der Weltliteratur», 1975, in: *Wir alle sind, was wir gelesen,* S. 329 ff. Ein Teil der Bibliothek Golo Manns ist zusammen mit dem Nachlass in das Schweizerische Literaturarchiv überführt worden. Die Sammlung ist zu unvollständig, als dass sich präzise Rückschlüsse auf die Lesegewohnheiten des Historikers ziehen ließen. Einen Schwerpunkt bildet die Wallenstein-Literatur; Golo Mann schaffte offensichtlich alles an, was in Buchhandlungen und Antiquariaten zum Thema aufzutreiben war, auch ließ er sich die Fotokopien von Werken aus ausländischen Bibliotheken, auch aus der Tschechoslowakei, kommen. Einen weiteren Schwerpunkt bilden Memoiren, Werke französischer Autoren aus dem 18. und 19. Jahrhundert, aber auch die Lebensberichte Willy Brandts, Charles de Gaulles, Henry Kissingers, Bruno Kreiskys u. a., Werke, die Golo Manns Widerspruch besonders herausforderten; eine Ausgabe von Karl Marx' *Ausgewählten Schriften* (Zürich 1934) und Hellmut Diwalds *Geschichte der Deutschen* (Frankfurt a. M. 1978) sind am Rand mit kräftigen Bleistift-

strichen annotiert. Bei einem Teil der Bücher handelt es sich um von Freunden und Bekannten (Raymond Aron, Eberhard Jäckel, Melvin J. Lasky, Marcel Reich-Ranicki, Dolf Sternberger u. a.) dedizierte Exemplare. Auch die Buchpublikationen Golo Manns sind, allerdings unvollständig, vorhanden.

148 *Erinnerungen I,* S. 25.

149 MANN, Golo, «Der Brief in der Weltliteratur», S. 305 ff.

150 MANN, Golo, *Erinnerungen II*, S. 215.

151 MANN, Golo, *Friedrich von Gentz,* S. 278. Vgl. «Fragebogen», *Frankfurter Allgemeine Zeitung,* 19.12.1980.

152 MANN, Golo, «Chateaubriand», 1960, in: *Geschichte und Geschichten,* S. 494 ff. Vgl. auch SIEBURG, Friedrich, *Chateaubriand. Romantik und Politik* (Stuttgart 1959).

153 MANN, Golo, *Erinnerungen II*, S. 193 ff.

154 Ebenda.

155 MANN, Golo, «‹Die Erziehung des Henry Adams›», 1954, in: *Wir alle sind, was wir gelesen,* S. 223 ff. Das Buch *The Education of Henry Adams* erschien zuerst als Privatddruck im Jahre 1907.

156 MANN, Golo, «Von nun an in alle Ewigkeit. Über James Jones' ‹From Here to Eternity›», 1951, in: *Wir alle sind, was wir gelesen,* S. 323 ff.

157 MANN, Golo, «‹1984›. Zu George Orwells utopischem Roman», 1949, in: *Wir alle sind, was wir gelesen,* S. 317 ff.

158 Ebenda, S. 321 f.

159 Ebenda, S. 320.

160 MANN, Golo, «In Memoriam W. H. Auden», 1973, in: *Zeiten und Figuren,* S. 270 f.

161 Ebenda, S. 269.

162 MANN, Golo, *Erinnerungen I,* S. 151.

163 MANN, Golo, «Versuch über Tacitus», 1976, in: *Wir alle sind, was wir gelesen,* S. 71.

164 MANN, Golo, *Erinnerungen I,* S. 154. Vgl. den der Prinzessin Margaret von Hessen und bei Rhein zugeeigneten Privatdruck *Horaz. Zwölf Oden. Deutsche Übertragungen von Golo Mann* (Darmstadt 1977).

165 MANN, Golo, «Über einige Erfahrungen beim Übersetzen aus dem klassischen Latein», 1978, in: *Wir alle sind, was wir gelesen,* S. 13.

166 BARTELS, Klaus, «Seria haec ludibria. Diese ernsten Spielereien», in: SPRECHER, Thomas und GUTBRODT, Fritz, Hg., *Die Familie Mann in Kilchberg,* S. 172.

167 MANN, Golo, Tagebuch, 6.2.1963, Nachlass SLA.

168 MANN, Golo, an Eva Rönnau, 3.4.1978, Nachlass SLA.

169 Vgl. WALDER, Ernst, «Begegnungen mit Golo Mann», in: SPRECHER, Thomas und GUTBRODT, Fritz, Hg., *Die Familie Mann in Kilchberg,* S. 248 ff. und CALVO, Alberto Conde, «Golo Mann – ami des siens, ami

des chiens», in: ZWEIFEL, Regulá, Hg., *Begegnungen. Golo Mann zum 80. Geburtstag,* S. 55 ff.

170 MANN, Golo, an Ernst Klett, 14.11.1981, Nachlass SLA.

171 MANN, Golo, an Peter Lahnstein, 2.7.1982, Nachlass SLA.

172 MANN, Golo, «Don Quijote, Narr oder Freund der Menschheit», 1980, in: *Wir alle sind, was wir gelesen,* S. 83 ff.

173 Vgl. etwa MANN, Golo, an F. Niedermeyer, 27.6.1984, Nachlass SLA: «Mit Machado geht es mir sonderbar. Ich entdeckte ihn vor drei oder vier Jahren, ganz auf eigene Faust und verliebt bin ich in ihn.»

174 MANN, Golo, «‹Im Wandern machen sich die Wege.› Der spanische Lyriker Antonio Machado», 1984, in: *Wir alle sind, was wir gelesen,* S. 259 ff.

175 MANN, Golo, «Auch unter Franco wächst die Freiheit», *Die Zeit,* 28.1.1966.

176 Ebenda.

177 MANN, Golo, «Hoffnung für Spanien», *Die Zeit,* 4.3.1966.

178 MANN, Golo, «Spanien – gestern und heute», Typoskript, A-2-1981–1813, Nachlass SLA.

179 MANN, Golo, an Norbert Kohlhase, 22.12.1989, Nachlass SLA.

180 MANN, Golo, an Hans-Martin Gauger, 19.9.1983, Nachlass SLA.

181 MANN, Golo, «Simon Bolívar. Der Befreier als Opfer und Prophet», Vorwort zu MADARIAGA, Salvador de, *Simon Bolívar* (Zürich 1986).

182 MANN, Golo, an Ernst Klett, 7.7.1981.

183 MANN, Golo, an Manuel Gasser, 19. 9. 1941.

184 SCHILLER, Friedrich, «Was heißt und zu welchem Ende studiert man Universalgeschichte?», in: *Sämtliche Werke*, Bd. IV (Darmstadt 1980), S. 754.

185 Ebenda, S. 763 f.

186 MANN, Golo, «Schiller als Geschichtsschreiber», 1956, in: *Zeiten und Figuren,* S. 107 f. Zu Schillers Geschichtsbild vgl. ALT, Peter-André, *Schiller. Leben, Werk, Zeit,* Bd. I (München 2000), S. 587 ff.

187 Ebenda, S. 115.

188 Ebenda, S. 115 f.

189 VOLTAIRE, *Candide*, in: *Romans et Contes* (Paris 1967), S. 237: «Cela est bien dit, répondit Claude, mais il faut cultiver notre jardin.»

190 VOLTAIRE, *Essai sur les mœurs et l'esprit des nations*, Bd. I (Paris 1963), S. 222. Im Original: «Le grand malentendu sur les rites de la Chine est venu de ce que nous avons jugé de leurs usages par les nôtres: car nous portons au bout du monde les préjugés de notre esprit contentieux.»

191 VOLTAIRE, *Le siècle de Louis XIV*, in: *Œuvres historiques* (Paris 1957), S. 618. Im Original: «Tous les siècles se ressemblent par la méchanceté des hommes …».

192 Ebenda, S. 620. Im Original: «On ne s'attachera, dans cette histoire, qu'à

ce qui mérite l'attention de tous les temps, à ce qui peut peindre le génie et les mœurs des hommes, à ce qui peut servir d'instruction et conseiller l'amour de la vertu, des arts et de la patrie.»

193 MANN, Golo, an Iring Fetscher, 6.11.1987. Nachlass SLA.

194 MANN, Golo, «Die Grundprobleme der Geschichtsphilosophie von Plato bis Hegel», in: REINISCH, Leonhard, Hg., *Der Sinn der Geschichte* (München 1970), S. 21.

195 MANN, Golo, *Erinnerungen II*, S. 233.

196 MANN, Golo, *Erinnerungen I*, S. 194.

197 MANN, Golo, «Tocqueville und das Amerika von heute», 1959, in: *Geschichte und Geschichten.*

198 TOCQUEVILLE, Alexis de, *De la démocratie en Amérique*, Bd. I (Paris 1986), S. 43.

199 Ebenda, S. 375 ff.

200 MANN, Golo, *Erinnerungen II*, 201.

201 MANN, Golo, *Geschichte und Geschichten*, S. 344.

202 Ebenda, S. 362.

203 Ebenda, S. 363 f.

204 Zit. n. JARDIN, André, *Alexis de Tocqueville* (Paris 1984), S. 429.

205 TOCQUEVILLE, Alexis de, *Souvenirs*, in: Lettres choisies et souvenirs (Paris 2003), S. 919: «Mais que pouvait-il sortir de son succès, sinon une monarchie bâtarde, méprisée des classes éclairées, ennemie de la liberté et gouvernée par des intrigants, des aventuriers et des valets?»

206 MANN, Golo, *Geschichte und Geschichten*, S. 343.

207 MANN, Golo, «Frühes Leitbild», *Neue Zürcher Zeitung*, 6.6.1965.

208 MANN, Golo, *Deutsche Geschichte*, S. 409.

209 MANN, Golo, «Max Weber als Politiker». Der Erstdruck erschien unter diesem Titel in *Neue Rundschau*, Nr. 3. (1964). Später wurde er unter dem Titel «Max Weber» in *Zwölf Versuche* und in *Wissen und Trauer* (Leipzig 1995) aufgenommen. Wir zitieren nach dieser letzten Ausgabe, S. 106.

210 Vgl. MOMMSEN, Wolfgang J., «Max Weber», in: WEHLER, Hans-Ulrich, *Deutsche Historiker* (Göttingen 1973), S. 299 ff.

211 MANN, Golo, *Wissen und Trauer*, S. 106.

212 Ebenda, S. 115.

213 Ebenda, S. 129.

214 Ebenda, S. 104.

215 Zit. nach HARPPRECHT, Klaus, *Thomas Mann. Eine Biographie*, S. 439.

216 MANN, Golo, *Erinnerungen I*, S. 31.

217 MANN, Golo, «Grundprobleme der Geschichtsphilosophie von Plato bis Hegel», S. 29.

218 MANN, Golo, «Arnold Toynbee und die Weltgeschichte», 1949, in: *Geschichte und Geschichten*, S. 134.

219 Zur Biographie Actons vgl. HILL, Roland, *Lord Acton. Ein Vorkämpfer*

für religiöse und politische Freiheit im 19. Jahrhundert (Freiburg i. Br. 2002).

220 In den späteren Jahren scheint sich Golo Mann von Acton abgewandt zu haben, und er nimmt nicht mehr auf dessen Werk Bezug. Vgl. MANN, Golo, an Victor CONZEMIUS, 4.8.1989, Nachlass SLA: «Noch einmal: Ich habe von Acton etwas gelernt, ich mochte ihn persönlich, natürlich ohne ihn zu kennen und bin nicht sein scharfer Kritiker, wie ich etwa der scharfe Kritiker (von) Karl Marx bin. Aber ein Stern, dem ich als einzigem folgen könnte, ist er für mich nicht mehr.»

221 Zit. n. HIMMELFARB, Gertrude, *Lord Acton. A Study in Conscience and Politics* (London 1952), S. 161. Der Satz: «Power tends to corrupt and absolute power corrupts absolutely» ist im Englischen zum geflügelten Wort geworden.

222 MANN, Golo, «Lord Acton», 1950, in: *Zeiten und Figuren,* S. 40.

223 HIMMELFARB, Gertrude, *Lord Acton,* S. 240.

224 MANN, Golo, *Zeiten und Figuren,* S. 49.

225 Ebenda, S. 47.

226 RUSSELL, Bertrand, *History of Western Philosophy and its Connection with Political and Social Circumstances from the Earliest Times to the Present Day* (London 1948), S. 5.

227 RUSSELL, Bertrand, *Autobiography 1872–1914,* Bd. I (London 1967), S. 13. Im Original: «Three passions, simple but overwhelmingly strong, have governed my life: the longing for love, the search for knowledge, and unbearable pity for the suffering of mankind.»

228 MANN, Golo, «Bertrand Russell», 1967, in: *Zwölf Versuche,* S. 225. Golo MANNS erste Publikation über Bertrand Russell war der Aufsatz «Zwischen Skepsis und Frömmigkeit. Freiheit und Organisation 1814–1914», in: *Der Monat,* Nr. 5 (1949).

229 MANN, Golo, «Bertrand Russell», S. 227.

230 Ebenda, S. 237.

231 Ebenda, S. 248.

232 Ebenda, S. 254.

233 Vgl. SYME, Ronald, *The Roman Revolution* (Oxford 1939). Eine neu überarbeitete deutsche Übersetzung ist kürzlich unter dem Titel *Die Römische Revolution. Machtkämpfe im antiken Rom,* erschienen (Stuttgart 2003). Vgl. ferner SYME, Ronald, *Tacitus,* 2 Bde. (London 1958).

234 MANN, Golo, «Gedenkworte für verstorbene Ordensmitglieder», in: *Das Parlament,* 20./27. 7. 1990.

235 WEBER, Max, «Wissenschaft als Beruf», in: HARDTWIG, Wolfgang, Hg., *Über das Studium der Geschichte* (München 1990), S. 207.

1 Vgl. LÜHE, Irmela von der, «Die letzte Adresse. Erika Mann in Kilchberg», in: SPRECHER, Thomas und GUTBRODT, Fritz, Hg., *Die Familie Mann in Kilchberg* (Zürich 2000), S. 98 ff. Die maßgebliche Biographie von Erika Mann stammt von LÜHE, Irmela von der, *Erika Mann. Eine Biographie* (Frankfurt a. M. 1999).

2 MANN, Thomas, *Briefe 1889–1936; Briefe 1937–1947;* sowie *Briefe 1948–1955 und Nachlese,* hg. von Erika Mann (Frankfurt a. M. 1965).

3 Vgl. z. B. Erika MANNS Bericht aus dem befreiten Berlin in: *Blitze überm Ozean,* S. 332 f.: «Die Berliner sind überwiegend gut angezogen und ziemlich gut ernährt. Sie bewegen sich zügig, sprechen laut und lassen nicht die geringste peinliche Berührtheit erkennen, geschweige denn eine Spur von Schuldgefühl. Weil Hitler den Krieg verloren hat, nehmen viele Leute Anstoß an Hitler. Aber sie denken nicht, daß jemand an ihnen Anstoß nehmen könnte.»

4 MANN, Erika, an Theodor W. Adorno, 15.12.1961, in: ZANCO PRESTEL, Anna, Hg., *Erika Mann. Briefe und Antworten,* Bd. II: 1951–1969 (München 1985), S. 103.

5 MANN, Golo, «Meine Schwester Erika. Zu ihrem 60. Geburtstag am 9. November», *Süddeutsche Zeitung,* 6./7.11.1965.

6 Ebenda.

7 Ebenda.

8 MANN, Erika, *Blitze überm Ozean,* S. 463.

9 Ebenda, S. 462.

10 Ebenda, S. 466.

11 Ebenda, S. 467.

12 Zit. n. LÜHE, Irmela von der, *Erika Mann,* S. 350.

13 Mann, Golo, Tagebuch 5.7.1969; 29.8.1969, Nachlass SLA.

14 GASSER, Manuel, «Erika Mann 1905–1969», *Die Weltwoche,* 5.9.1969.

15 WEBER, Werner, «Gedenkblatt für Erika Mann», *Neue Zürcher Zeitung,* 31.8.1969; zit. n. SPRECHER, Thomas und GUTBRODT, Fritz, Hg., *Die Familie Mann in Kilchberg,* S. 112.

16 MANN, Katia, an Molly Shenstone, 2.10.1955; zit. n. JENS, Inge und Walter, *Frau Thomas Mann. Das Leben der Katharina Pringsheim* (Reinbek 2003), S. 267 f. Wortlaut im englischen Original: «The one who really needed me is no longer and I cannot see much sense in my further life.»

17 MANN, Erika, an Golo Mann, 4.3.1958, MON.

18 Ebenda.

19 MÖLTEN, Veit, «Mein Vater hatte mich nicht weiter gern.» Thomas-Mann-Tochter Monika zum 10. Todestag ihrer Schwester Erika, *Abendzeitung,* 24.8.1979; abgedruckt in: SPRECHER, Thomas und GUTBRODT, Fritz, Hg., *Die Familie Mann in Kilchberg,* S. 179.

20 MANN, Katia, *Meine ungeschriebenen Memoiren,* S. 192.
21 SPRECHER, Thomas und GUTBRODT, Fritz, Hg., *Die Familie Mann in Kilchberg,* S. 141.
22 LÜHE, Irmela von der, *Erika Mann,* S. 338.
23 JENS, Inge und Walter, *Frau Thomas Mann,* S. 279.
24 MANN, Golo, Tagebuch, 15.4.1977; sowie 22.1.1979 im französischen Original: «La vieillarde, dans une nouvelle phase de son terrible déclin, parle à table comme si nous étions à Munich, en 1930 ...» Nachlass SLA.
25 MANN, Golo, an Otto Basler, 16.2.1978, Nachlass SLA.
26 HELBLING, Hanno, «Golo Mann – ein Hausherr?», in: SPRECHER, Thomas und GUTBRODT, Fritz, Hg., *Die Familie Mann in Kilchberg,* S. 120. Vgl. auch die Schilderung von Besuchen, wie sie Peter Härtling, damals Cheflektor des S. Fischer-Verlags, im Zusammenhang mit der Entstehung des *Wallenstein* gelegentlich nach Kilchberg führten, in: HÄRTLING, Peter, *Leben lernen. Erinnerungen* (Köln 2003), S. 338 ff.
27 Vgl. SCHWANINGER, Hildegard, «Notizen zu Namen», *Züri Leu,* 28.7.1978; abgedruckt in: SPRECHER, Thomas und GUTBRODT, Fritz, Hg., *Die Familie Mann in Kilchberg,* S. 177.
28 Ebenda.
29 MANN, Golo, Tagebuch 26.4.1980, Nachlass SLA. Die Stelle lautet im französischen Original: «Pour moi, cette mort vient trop tard. [...] Et comme elle n'appartenait plus à la vie depuis longtemps, je ne peux, à la longue, pas sentir un grief profond.»
30 MANN, Golo, *Erinnerungen I,* S. 18.
31 REICH-RANICKI, Marcel, «Noch einmal: Die Erwählte», *Frankfurter Allgemeine Zeitung,* 29.4.1980; abgedruckt in SPRECHER, Thomas und GUTBRODT, Fritz, Hg., *Die Familie Mann in Kilchberg,* S. 184.
32 MANN, Golo, «Erinnerungen an Katia Mann», *Züri Leu,* 6.5.1980; abgedruckt in: SPRECHER, Thomas, und GUTBRODT, Fritz, Hg., *Die Familie Mann in Kilchberg,* S. 185.
33 MANN, Golo, an Dieter Chenaux-Repond, 3.8.1987, PCR.
34 MANN, Golo, Tagebuch, 15.9.1987, Nachlass SLA.
35 Mann, Golo, an Dieter Chenaux-Repond, 30.10.1987, PCR.
36 MANN, Golo, Tagebuch, 6.4.1988, Nachlass SLA.
37 MÖLTEN, Veit, «Mein Vater hatte mich nicht weiter gern», Thomas-Mann-Tochter Monika zum 10. Todestag ihrer Schwester Erika; zit. nach SPRECHER, Thomas und GUTBRODT, Fritz, Hg., *Die Familie Mann in Kilchberg,* S. 179.
38 Ebenda.
39 Ebenda.
40 MANN, Golo, an Dieter Chenaux-Repond, 25.11.1986, PCR.
41 *Nürnberger Zeitung,* 28.3.1987; zit. n. SPRECHER, Thomas und GUTBRODT, Fritz, Hg., *Die Familie Mann in Kilchberg,* S. 207.

42 MANN, Golo, «Würdigung», in: WYSS, Monika, Hg., *70 Jahre Manuel Gasser* (Zürich 1979).

43 Ebenda.

44 MANN, Golo, «Zu Manuel Gassers ‹Welt vor Augen›», *Die Weltwoche*, 11.12.1964.

45 MANN, Golo, «Würdigung».

46 MANN, Golo, Entwurf zur Würdigung Manuel Gassers, 28.7.1979, A-2-1979/13, Nachlass SLA.

47 MANN, Golo, Tagebuch, 23.9.1979, Nachlass SLA.

48 Ebenda, 16.9.1979. Das Zitat stammt aus Robert Louis Stevensons *Requiem*.

49 MANN, Golo, an Lene Oberist, 14.3.1981, Nachlass SLA.

50 MANN, Golo, an Monika Wyss, 21.2.1983, Nachlass SLA.

51 Vgl. MANN, Golo, *Ludwig I. von Bayern,* 1986, hg. von Hans-Martin GAUGER (Frankfurt a. M. 1999).

52 Vgl. BREYER, Heinrich, «Der steinige Weg zur neuen ‹Maxburg›», *Süddeutsche Zeitung,* 6.5.1993.

53 MANN Golo, «Fragen unserer Zeit», Bayerischer Rundfunk, 9.8.1991, Tonbandaufzeichnung, D-2-d-1, Nachlass SLA.

54 MANN, Golo, «Münchnerisch, deutsch, europäisch und liberal.» Zum Jubiläum 25 Jahre Süddeutsche Zeitung, *Süddeutsche Zeitung,* 6.10.1970.

55 Vgl. den Nachruf des Ordensmitglieds Horst FUHRMANN, in: ders., *Menschen und Meriten. Eine persönliche Portraitgalerie* (München 2001), S. 241 ff.

56 MANN, Golo, Tagebuch, 29.11.1972 und 4.12.1979, Nachlass SLA.

57 MANN, Golo, an Hans-Martin Gauger, 7.5.1986, Nachlass SLA.

58 Vgl. HOLZER, Kerstin, *Elisabeth Mann Borgese. Ein Lebensportrait,* (München 2001), S. 204 ff.

59 MANN, Golo, an Dieter Chenaux-Repond, 25.4.1984, PCR.

60 MANN, Golo, an Dieter Chenaux-Repond, 28.11.1983, PCR.

61 Personen aus Golo Manns engerem Freundeskreis, die in den Papieren aus seinem Nachlass nur mit den Vornamen genannt werden, erscheinen auch hier nur mit Vornamen. Damit soll die Diskretion, auf die Golo Mann hielt, respektiert werden. Zur Amerika-Reise vgl. MANN, Golo, an Dieter Chenaux-Repond, 25. 4. 1984: «Ach ja, ‹die Reise›. Mein Gott, für mich war das nun wirklich etwas sehr ungewöhnliches, eine zweiunddreißigtägige Abwesenheit von Westeuropa und zwar buchstäblich die erste seit 1958; und gleich der Atlantik und der Pacific und zuletzt eine Gegend, Oaxaca, die weder vom Atlantik noch vom Pacific weit entfernt ist. Ohne diesen Pablo, den Du glaube ich nie getroffen hast, wäre das alles völlig unmöglich gewesen; war der ideale Begleiter, Organisator, Chauffeur, Flughafen-Labyrinth-Führer, alles in allem.»

62 MANN, Golo, «Gedanken zur Geschichte der USA als Vormacht des Wes-

tens in dieser Epoche». Festvortrag vor dem Schweizerischen Bankverein, 6.9.1985. Typoskript, A-2-1985-14/1-2, Nachlass SLA.

63 MANN Golo, «Die amerikanische Wirklichkeit ist ganz anders», *Südkurier*, 7.7.1984.

64 Ebenda.

65 MANN Golo, «Gedanken zur Geschichte der USA als Vormacht des Westens in dieser Epoche».

66 Ebenda.

67 MANN, Golo, an Peter Lahnstein, 14.1.1985, Nachlass SLA.

68 MANN, Golo, «Golo Mann über die politische Lage», Interview mit Chrysostomos ZODEL, *Schwäbische Zeitung*, 2.8.1984.

69 MANN, Golo, «Die amerikanische Wirklichkeit ist ganz anders».

70 MANN, Golo, «Schloß Arenenberg», 1964, in: ders., *Nachtphantasien. Erzählte Geschichte* (Frankfurt 1982), S. 29.

71 Mann, Golo, Tagebuch, 15.2.1971, Nachlass SLA.

72 MANN, Golo, Tagebuch, 14.4.1972, Nachlass SLA.

73 MANN, Golo, an E. J. Ramseyer, 15.9.1982, Nachlass SLA.

74 Vgl. CLARY-ALDRINGEN, Alfons, *Geschichten eines alten Österreichers.* Mit einem Vorwort von Golo Mann (Berlin 1989).

75 Vgl. HERMANN, Lore, «Die Herrin von Wolfsgarten, Prinzessin Margaret von Hessen und bei Rhein in ihren sozialen und kunstpflegerischen Tätigkeiten, in: *Hessische Heimat,* Nr. 6 (1973).

76 MANN, Golo, *Erinnerungen I,* S. 85 f.

77 MANN Golo, an Dieter Chenaux-Repond, 4.2.1985, PCR.

78 MANN, Golo, an Hartmut von Hentig, 21.1.1975, Nachlass SLA.

79 CHENAUX-REPOND, Dieter, «Unterwegs mit Golo Mann», in: SPRECHER, Thomas und GUTBRODT, Fritz, Hg., *Die Familie Mann in Kilchberg,* S. 260 ff.

80 HECKMANN, Herbert und GAUGER, Hans-Martin, Hg., *Wanderbüchlein mit und für Golo Mann* (Frankfurt a. M. 1989), S. 37. Vgl. auch MANN, Golo, «Einen Freund loben», in: SARKOWICZ, Hans und Mähler, Bettina, Hg., *Bücher, Bücher – meine Lust. Herbert Heckmann zum Sechzigsten* (Bensheim 1990).

81 WITTER, Ben, «Die Betonung liegt auf Deutsch. Golo Mann sucht seine Heimat in Oberbayern», *Die Zeit,* 4.1.1980.

82 CHENAUX-REPOND, Dieter, «Mataruc», in: ZWEIFEL, Regula, Hg., *Begegnungen. Golo Mann zum 80. Geburtstag* (Kilchberg 1989), S. 89.

83 MANN, Golo, «Beitrag für Verlagsprojekt des Herder Verlags in Freiburg i. Br. ‹Das Buch vom Hören›», Typoskript, 19.11.1990, A-2-1990, Nachlass SLA.

84 FRISCH, Max, *Der Mensch erscheint im Holozän* (Frankfurt a. M. 1981), S. 143.

85 KESSLER, Harry Graf, *Gesichter und Zeiten. Erinnerungen* (Frankfurt a. M. 1962), S. 251.
86 MANN, Golo, «Otto von Bismarck», in: FASSMANN, Kurt und BILL, Max, *Die Großen der Weltgeschichte,* Bd. VIII (Zürich 1977), S. 144 ff.
87 Vgl. RATHENAU, Walther, *Von kommenden Dingen* (Frankfurt a. M. 1917), S. 152.
88 MANN, Golo, «Am Hofe Walther Rathenaus», *Die Zeit,* 23.2.1968.
89 MANN, Golo, «Walther Rathenau. Praktiker und Philosoph», in: *SV-Schriftenreihe zur Förderung der Wissenschaft,* Nr. I (Essen 1963).
90 MANN, Golo, Tagebuch, 23.8.1960, Nachlass SLA. Vgl. auch MANN, Golo, an Peter Lahnstein, 8.2.1984, Nachlass SLA.
91 EICHENDORFF, Joseph von, «Verstreut gedruckte und nachgelassene Gedichte», in: *Werke* (München 1966), S. 406 ff. Vgl. auch SCHIWY, Günther, *Eichendorff. Eine Biographie* (München 2000), S. 595 ff.
92 EICHENDORFF, Joseph, «Autobiographische Schriften», in: *Werke,* S. 1510.
93 Zu religiösen Fragen hat sich Golo Mann nur selten geäußert. Seine Haltung dürfte am besten mit folgender kurzer Briefpassage umrissen sein. An Karl Ley schrieb er am 20.8.1974: «Zum Christentum stehe ich ganz ähnlich wie Sie; ich habe Bewunderung für die große Tradition der Kirchen, ich würde auch die große Legende nur zu gern glauben, aber meine ratio macht es mir einfach unmöglich.» Nachlass SLA. Vgl. auch MANN, Golo, «Ohne Religion zerstört sich der Mensch», *Welt am Sonntag*, 5.8.1984.
94 BEITZ, Berthold, an Golo Mann, 7.3.1975, Nachlass SLA.
95 MANN, Golo, an Berthold Beitz, 1. 7. 1975. Nachlass SLA.
96 BEITZ, Berthold, an Golo Mann, 17.7.1975, Nachlass SLA.
97 ANONYM, «Eine Beitz-Idee: Mann über Krupp», in: *Der Spiegel,* 26.9.1977.
98 ABELSHAUSER, Werner, «Rüstungsschmiede der Nation? Der Kruppkonzern im Dritten Reich und in der Nachkriegszeit 1933–1951», in: GALL, Lothar, Hg., *Krupp im 20. Jahrhundert. Die Geschichte des Unternehmens vom Ersten Weltkrieg bis zur Gründung der Stiftung* (Berlin 2002), S. 463. Vgl. auch: GALL, Lothar und POHL, Manfred, Hg., *Unternehmen im Nationalsozialismus* (München 1998).
99 Ebenda, S. 464.
100 Vgl. MANN, Golo, an Carl Hundhausen, 9.1.1976: «Ausgemacht war eine Festschrift in Gestalt eines biographischen Essays, keine ausgewachsene Biographie.» Nachlass SLA. Professor Hundhausen war Mitglied des Kuratoriums.
101 MANN, Golo, an Ernst Klett, 1.6.1977, Nachlass SLA.
102 MANN, Golo, an Berthold von Bohlen und Halbach, 8.1.1977, Nachlass SLA.
103 MANN, Golo, an Berthold Beitz, 11.8.1977, Nachlass SLA.

104 MANN, Golo, an Berthold Beitz, 3.4.1980, Nachlass SLA.
105 BEITZ, Berthold, an Golo Mann, 4.6.1980, Nachlass SLA.
106 MANN, Golo, an Berthold Beitz, 11.6.1980, Nachlass SLA.
107 BEITZ, Berthold, an Golo Mann, 23.6.1980, Nachlass SLA.
108 BEITZ, Berthold, an Golo Mann, 12.3.1981, Nachlass SLA.
109 MANN, Golo, an Peter Lahnstein, 27.4.1981, Nachlass SLA. Sehr ähnlich auch an Waldemar von Radetzky, 18.10.1982: «Insgesamt sind meine spanischen Studien ein Quell der Freude. Die Biographie Alfried Krupps war es ja im Grunde niemals und je geringer die Freude war, desto größer war die Anstrengung. Nun aber wird aus der ganzen Sache nichts. Sie gefiel höheren Ortes nicht. Auf diesen Vorfall möchte ich mich Ihnen gegenüber nicht weiter einlassen, gegenüber einem weiteren Kreise meiner Bekannten überhaupt nicht; es darf da kein ‹Skandal› entstehen.» Nachlass SLA.
110 MANN, Golo, an Berthold Beitz, 5.6.1981, Nachlass SLA.
111 Ebenda. An diesem Wahrheitsanspruch hielt Golo MANN auch in einem Interview fest, das die *Basler Zeitung* am 31.12.1977 unter dem Titel «Geschichte: Gedächtnis der Menschheit», abdruckte: «Nein, den Auftrag, den Namen (Krupp) von irgendeinem Makel zu befreien, habe ich nicht. Ich hätte mich auch energisch gegen einen solchen Auftrag gewehrt.»
112 MANN, Golo, Tagebuch, 9.7.1981, Nachlass SLA. Klaus W. Jonas war in Kilchberg zugegen, als Golo Mann die Absage von Beitz erhielt. Vgl. JONAS, Klaus W., «Erinnerungen eines Amerika-Deutschen an die Familie Mann», in: SPRECHER, Thomas und GUTBRODT, Fritz, Hg., *Die Familie Mann in Kilchberg*, S. 244: «Golo Mann war der Verzweiflung nahe. Die Tränen traten ihm in die Augen: ‹Ach, hätte ich diesen unseligen Auftrag doch nur nicht angenommen!› seufzte er.» Ein kleiner Teil von Golo Manns Krupp-Fragment ist später gedruckt worden. Vgl. FRIZ, Diana Maria, KRUPP, Alfred und BEITZ, Berthold, Hg., *Der Erbe und sein Statthalter* (Zürich 1988).
113 MANN, Golo, an Edith von Bohlen, 3.8.1981, Nachlass SLA.
114 MANN, Golo, an Berthold von Bohlen und Halbach, 23.9.1981, Nachlass SLA.
115 BEITZ, Berthold, an Golo MANN, 25.8.1981, Nachlass SLA.
116 MANN, Golo, an Hans-Dieter Müller, 25.5.1983, Nachlass SLA.
117 Der Korrespondenz lässt sich entnehmen, dass Golo Mann als Abfindung DM 80 000 verlangte; das Kuratorium fand diesen Betrag zu niedrig und zahlte DM 150 000. Vgl. MANN, Golo, an Diana Maria Friz, undat. (um 1990), Nachlass SLA.
118 MANN, Golo, Entwurf zum Vorwort für Klaus W. JONAS' Golo-Mann-Bibliographie, Januar 1984, Typoskript, A-2-1984-1, Nachlass SLA.
119 SCHANETZKY, Tom, «Unternehmer: Profiteure des Unrechts», in: FREI, Norbert, *Karrieren im Zwielicht. Hitlers Eliten nach 1945* (Frankfurt a. M. 2001), S. 75.

120 MANN, Golo, Typoskript, «Krupp»; 5. Kapitel, «Krupp und Drittes Reich», S. 87 f., Durchschlag 2. Fassung, A-1-g-12-13, Nachlass SLA.

121 Vgl. etwa die hier beigezogenen Werke: GALL, Lothar, Hg., *Krupp im 20. Jahrhundert,* und FREI, Norbert, *Karrieren im Zwielicht.*

122 MANN, Golo, Tagebuch, 19.6.1960, Nachlass SLA. Eintrag im Original englisch: «The idea von Jugenderinnerungen interests me at this moment far more than anything else I could write. They would have to be in the style of Gide's.» Gemeint sind die *Nourritures terrestres,* zuerst erschienen 1897.

123 GOETHE, Johann Wolfgang von, *West-östlicher Divan. Selige Sehnsucht.* Die letzte Strophe lautet: «Und so lang du das nicht hast,/Dieses: Stirb und werde!/Bist du nur ein trüber Gast/Auf der dunklen Erde.»

124 MANN, Golo, Tagebuch, 14.7.1977, Nachlass SLA. Das Titelzitat von Carl Zuckmayers 1966 erschienener und sehr erfolgreicher Autobiographie stammt aus Ludwig UHLANDS Gedicht «Ich hatt' einen Kameraden».

125 MANN, Golo, an Ruedi Bliggenstorfer, 28.11.1983, Nachlass SLA.

126 MANN, Golo, «Zum Titel ‹Erinnerungen und Gedanken› und warum man Memoiren schreibt. Für Leonhard Reinisch», Typoskript, 3.11.1986, A-2-1986-9, Nachlass SLA.

127 Ebenda.

128 MANN, Golo, an Otto Simon, 7.7.1986, Nachlass SLA.

129 Ebenda.

130 Ebenda. Rousseau ist von modernen Autobiographen hin und wieder zu ihrem Schutzpatron gewählt worden. Vgl. etwa RADDATZ, Fritz J., *Unruhestifter. Erinnerungen* (Berlin 2003), der seiner Autobiographie als Motto den Beginn der *Confessions* voransetzt: «Ich beginne ein Unternehmen, das ohne Beispiel ist und das niemand nachahmen wird. Ich will meinesgleichen einen Menschen in der ganzen Naturwahrheit zeigen, und dieser Mensch werde ich sein. Ich allein.»

131 Ebenda.

132 MANN, Golo, an Josef Stockinger, 19.1.1990, Nachlass SLA.

133 MANN, Golo, an F. W. Korff, 5.5.1986, Nachlass SLA.

134 MERTZ, Wolfgang, «Blick aus der Kilchberger Studierstube auf eine Jugend in Deutschland», in: SPRECHER, Thomas und GUTBRODT, Fritz, Hg., *Die Familie Mann in Kilchberg.*

135 Ebenda, S. 197.

136 Zu Hebbels Tagebuch vgl. HOCKE, Gustav René, *Europäische Tagebücher aus vier Jahrhunderten* (Frankfurt a. M. 1991).

137 HEBBEL, Friedrich, Tagebücher I (1835–1847), in: *Gesammelte Werke,* Bd. IV (München 1966), S. 7.

138 Zur Rolle des Tagebuchs bei der Abfassung einer Biographie äußert sich Golo MANN gegenüber Norbert Kohlhase am 25.5.1982 wie folgt: «Mein Gefühl ist immer: Biographien sollten erst nach dem Entschwinden des zu Biographierenden geschrieben werden. Es gäbe da auch meine Tagebücher

als mögliche Quelle, die allerdings mit sehr langen Unterbrechungen geführt wurden, zum großen Teil für mich kaum mehr leserlich sind und sicher für keinen anderen. [...] Ich sollte das Ganze wohl einmal auf Band diktieren, ehe es total unleserlich geworden ist – wenn man mir die Zeit dazu gäbe. Entschwinde ich plötzlich, dann ist das Zeug verloren für immer und ewig, was am Ende kein großer Verlust wäre.» Nachlass SLA.

139 MANN, Golo, *Erinnerungen I,* S. 458.

140 Vgl. MANN, Golo, *Erinnerungen II*, S. 7.

141 MANN, Golo, «Zum Titel ‹Erinnerungen und Gedanken› und warum man Memoiren schreibt».

142 Bismarcks Erinnerungen erhielten vom Verfasser selbst den Titel *Erinnerung und Gedanke.* Der erste Herausgeber, der Historiker Horst Kohl, gab ihnen 1898 den heute geläufigen Titel *Gedanken und Erinnerungen.* Vgl. STADLER, Peter, *Memoiren der Neuzeit* (Zürich 1995), S. 19. Golo Mann legte im Übrigen Wert darauf, die Wahl seines Titels in einer Vorbemerkung zu seinen Memoiren zu begründen: «Wer sich erinnert, denkt über das Erinnerte nach; daher der Obertitel. Meine Jugend verbrachte ich fast ausschließlich in Deutschland; daher der Untertitel. Beide sind schlicht – jeder erinnert sich, jeder denkt, viele haben ihre Jugend in Deutschland verbracht –, derart, daß auch jeder ein Recht auf sie hat.»

143 Ernst TOLLERS *Eine Jugend in Deutschland* erschien 1933.

144 Vgl. BECKER, Rolf, «Deine Familie bedrückt dich», in: *Der Spiegel* (6.10.1986) und GLASER, Hermann, «Das Psycho- und Soziogramm einer untergegangenen Welt», in: *Frankfurter Rundschau* (1.10.1986).

145 HELBLING, Hanno, «Anfänge eines Historikers», *Neue Zürcher Zeitung,* 12.9.1986.

146 MAYER, Hans, an Golo Mann, 6.11.1986, Nachlass SLA.

147 HARPPRECHT, Klaus, an Golo Mann, 24.6.1986, Nachlass SLA.

148 BRANDT, Willy, an Golo Mann, 23.12.1986, Nachlass SLA.

149 MANN, Golo, an Heinz Friedrich, 24.12.1986, Nachlass SLA. Vgl auch MANN, Golo, an Dieter Chenaux-Repond, 3.4.1991: «Eingehende Post durch das verfluchte Vor-Erscheinen der ‹Erinnerungen› in der Frankfurter Zeitung, peinlichst verdoppelt. Auch beängstigt mich der Ruhm, der dem Buch vorausgeht.» PCR.

150 MANN, Golo, an Pater Angelus Waldstein, 28.4.1987, Nachlass SLA.

151 MANN, Golo, «Lieben kann man in Deutschland nur im Hotel», *Rheinischer Merkur/Christ und Welt,* 28.10.1988.

152 KLETT, Ernst, an Golo Mann, 1.10.1976, Nachlass SLA.

153 KLETT, Ernst, an Golo Mann, 9.11.1987, Nachlass SLA.

154 MANN, Golo, Tagebuch, 9.7.1991, Nachlass SLA.

155 MANN, Golo, Tagebuch, 8.12.1988, Nachlass SLA.

156 MANN, Golo, Tagebuch, 10.6.1990, Nachlass SLA.

157 MANN, Golo, *Erinnerungen und Gedanken. Lehrjahre in Frankreich,* hg.

von Hans-Martin GAUGER und Wolfgang MERTZ (Frankfurt a. M. 1999).

158 HELBLING, Hanno, «Nachklang. Golo Manns ‹Lehrjahre in Frankreich›», *Neue Zürcher Zeitung,* 25.3.1999.

159 HARPPRECHT, Klaus, «Das Meer austrinken. Golo Manns fragmentarische Erinnerungen an seine ‹Lehrjahre in Frankreich›», *Die Zeit,* 25.3.1999.

160 FEST, Joachim, «Der Historiker als Herr der Geschichte. Rede zur Verleihung des Goethe-Preises an Golo Mann», in: ders., *Wege zur Geschichte. Über Theodor Mommsen, Jacob Burckhardt und Golo Mann* (Zürich 1992), S. 116. Vgl. dazu auch: MANN, Golo, «Bewunderung ist nichts Schlechtes», Rede bei der Verleihung des Goethe-Preises in Frankfurt a. M. (28.8.1985), in: *Wir alle sind, was wir gelesen,* S. 93 ff.

161 FEST, Joachim, «Der Historiker als Herr der Geschichte», S. 122.

162 Ebenda, S. 128.

163 Ebenda, S. 133.

164 Ebenda.

165 Ebenda, S. 136.

166 MANN, Golo, «Der große Krieg kann nicht mehr sein», Interview mit Marion DÖNHOFF und Theo SOMMER, *Die Zeit,* 30.8.1985.

167 Ebenda. Vgl. HABERMAS, Jürgen, «Eine Art Schadensabwicklung. Apologetische Tendenzen in der deutschen Zeitgeschichtsschreibung», *Die Zeit,* 11.7.1986: «Der einzige Patriotismus, der uns dem Westen nicht entfremdet, ist ein Verfassungspatriotismus.» Zur Herkunft des Begriffs vgl. WINKLER, Heinrich August, *Streitfragen der deutschen Geschichte,* S. 142: «Der sinnfälligste Ausdruck des postnationalen Bewusstseins der alten Bundesrepublik war ein ‹Verfassungspatriotismus›, der sich an den universalen Werten der westlichen Demokratie orientierte. Der eher konservative Publizist und Politikwissenschaftler Dolf Sternberger hatte den Begriff 1979 geprägt; der eher linke Philosoph Jürgen Habermas nahm ihn 1986, im Zuge des ‹Historikerstreits›, auf.»

168 MANN, Golo, «Der große Krieg kann nicht mehr sein.»

169 Ebenda.

170 Ebenda.

171 Ebenda.

172 So titelte z. B. die *Welt am Sonntag,* 18.3.1979, zu Golo Manns Geburtstag: «Das Gewisssen der Nation wird 70». Vgl. dazu MANN, Golo, an Horst Säcker, 18.1.1982: «Aber ein Gewissen der Nation bin ich keineswegs, und auch nicht irgendetwas nach dieser Richtung Zeigendes. Könnte das Gewissen der Nation in einem einzelnen Menschen inkarniert sein, was ich nicht glaube, so käme jedenfalls meine Wenigkeit für eine solche Position nicht im mindesten in Frage! Ich bin nichts als ein einsamer alter Herr, der sich Mühe gibt.»

173 MANN, Golo, «Der Große Krieg ist nicht mehr möglich. Europas mangelnde Führung», *Schweizerische Handelszeitung,* 27.12.1986.

174 Ebenda.

175 MANN, Golo, «Die Kohl-Genscher-Koalition ist eine falsche Koalition», *Schwäbische Zeitung,* 2.8.1984.

176 MANN, Golo, «Kohl oder Das gewinnende Mittelmaß», *Die Weltwoche,* 29.1.1987.

177 Ebenda.

178 Ebenda.

179 Vgl. MANN, Golo, *Vom Geist Amerikas,* S. 162.

180 MANN, Golo, «Gedenktage, die Wunden aufreißen. Der 8. Mai 1945 und die Deutschen», *Die Zeit,* 15.2.1985.

181 Ebenda.

182 Ebenda.

183 MANN, Golo, «Bitburg», *Bild*-Zeitung, 29.4.1985.

184 WEIZSÄCKER, Richard von, «Ansprache in der Gedenkstunde im Plenarsaal des Deutschen Bundestages am 8. Mai 1985», in: *Erinnerung, Versöhnung und Trauer. Ansprachen und Erklärungen zum vierzigsten Jahrestag des Kriegsendes* (Bonn 1945), S. 63.

185 Ebenda, S. 64.

186 Ebenda, S. 81.

187 MANN, Golo, «Jetzt haben wir den Schlamassel», in: *Die Bunte,* Nr. 7 (1989).

188 MANN, Golo, «‹Brauchitsch hat Flicks Geld rausgeschmissen.› Der Historiker Golo Mann zur Flick-Affäre und zur Tugend in der Politik», in: *Der Spiegel,* Nr. 49 (1984).

189 Ebenda.

190 Ebenda.

191 MANN, Golo, an Peter Lahnstein, 14.1.1985, Nachlass SLA. Vgl. auch ders., an Gerhard Elschner, 29.10.1984: «Die Flick-Affäre – sehr, sehr schlimm.» Nachlass SLA.

192 MANN, Golo, «Schilys Anzeige gegen Kohl. Ein Tugenddolch, in Gift getaucht», Interview mit Menso HEYL, *Bild am Sonntag,* 23.2.1986.

193 Ebenda.

194 MANN, Golo, «Die Deutschen haben längst zum aufrechten Gang zurückgefunden», Interview mit Paul F. REITZE, *Die Welt,* 9.3.1987.

195 MANN, Golo, an Uwe Köster, 29.12.1986, Nachlass SLA.

196 MANN, Golo, «Er war einer aus dem Niemandsland. Der Historiker über Hitler, den NS und den Zweiten Weltkrieg», *Badische Zeitung,* 23.8.1989.

197 Vgl. MANN, Golo, Tagebuch, 29.11.1978; 5.11.1979; 7.11.1979; 7.3.1980; 1.3.1983, Nachlass SLA.

198 MANN, Golo, Tagebuch, 1.3.1983, Nachlass SLA.

199 MANN, Golo, «Ein gangbarer Weg aus dem Sumpf am Golf», *Die Weltwoche*, 19.3.1987. Vgl. auch ders., «Wie der Krieg am Golf zu beenden wäre», *Rheinischer Merkur*, 13.3.1987.
200 Ebenda.
201 Ebenda.
202 MANN, Golo, «Die Erpressung aus der Zelle», *Die Welt*, 28.4.1989.
203 MANN, Golo, «Über Terrorismus», Typoskript, 27.4.1989, A-2-1989-6, Nachlass SLA.
204 MANN, Golo, «Terrorismus – moderne Geißel», *Rheinischer Merkur*, 27.5.1988. Der Terrorist Illich Ramirez Sanches verübte unter dem Decknamen Carlos 1975 einen Überfall auf die OPEC-Konferenz in Wien.
205 Ebenda.
206 MANN, Golo, «Über Terrorismus».
207 Ebenda.
208 Ebenda.
209 Ebenda.
210 MANN, Golo, «Was ist des Deutschen Vaterland?» Rede vor dem Parteitag der CSU, München, 19./20.10.1984, Typoskript, A-2-1984-9/1-3, Nachlass SLA.
211 MANN, Golo, «Wenn ein Werk lebt, verändert es seine Wirkung», Interview, *Thüringer Neueste Nachrichten*, 13.4.1989.
212 MANN, Golo, «Die SED muss weg!», in: *Schweizer Illustrierte*, 13.11.1989.
213 MANN, Golo, «Der Grandseigneur der Geschichte», *Der Brückenbauer*, 7.3.1990.
214 MANN, Golo, «Was Helmut Kohl alles falsch macht», in: *Quick*, Nr. 48 (1987).
215 MANN, Golo, «Die SED wird Ja sagen müssen zu freien Wahlen», *Die Welt*, 6.11.1989.
216 MANN, Golo, «Die freudigste Revolution der Geschichte», *Die Weltwoche*, 16.11.1989.
217 Ebenda.
218 MANN, Golo, «Die SED muss weg!»
219 MANN, Golo, «Fragen unserer Zeit», Bayerischer Rundfunk, 9.8.1991, Tonbandaufzeichnung, D-2-d-1, Nachlass SLA. Das Märchen «Das kalte Herz» entstammt Wilhelm Hauffs Märchenzyklus *Das Wirtshaus im Spessart* und war dem jungen Leser Golo Mann vertraut.
220 Vgl. «Der Zehn-Punkte-Plan von Helmut Kohl, 28.11.1989», in: STEININGER, Rolf, *Deutsche Geschichte. Darstellung und Dokumente in vier Bänden*, Bd. IV (Frankfurt a. M. 2002), S. 204 ff.
221 Ebenda, S. 207.
222 MANN, Golo, «Kohl nahm den Neo-Nazis den Wind aus den Segeln», *Express Köln*, 30.11.1989. Vgl. auch ders., «An der Rede des Kanzlers

ist mir einiges nicht ganz klar geworden», *Augsburger Allgemeine,* 30.11.1989.
223 Ebenda.
224 MANN, Golo, «Es führt kein Weg zurück», *Sankt Galler Tagblatt,* 11.11.1989.
225 Zit. n. WINKLER, Heinrich August, *Der lange Weg nach Westen. Deutsche Geschichte vom «Dritten Reich» bis zur Wiedervereinigung,* Bd. II (München 2000), S. 536.
226 MANN, Golo, «Der Grandseigneur der Geschichte».
227 STEININGER, Rolf, *Deutsche Geschichte,* Bd. IV, S. 281.
228 MANN, Golo, «Der Grandseigneur der Geschichte».
229 MANN, Golo, «Es führt kein Weg zurück».
230 MANN, Golo, «Sozialismus ade», *Die Zeit,* 1.12.1989.
231 MANN, Golo, Interview mit Roman Zelazny für Radio Free Europe, Tonbandaufzeichnung, März 1991, D-2-d-1, Nachlass SLA.
232 MANN, Golo, «Von der Weisheit und Dummheit der Regierenden. Das letzte Zehntel des ‹deutschen Jahrhunderts›. Nur Vernunft kann helfen», *Flensburger Tageblatt,* 2./3.10.1990.
233 WINKLER, Heinrich August, *Streitfragen der deutschen Geschichte, Essays zum 19. und 20. Jahrhundert* (München 1997), S. 142.
234 MANN, Golo, «Steckt die Stasi-Akten in den Reißwolf», Interview mit Dirk HOEREN, *Bild am Sonntag,* 2.2.1992.
235 MANN, Golo, «Das Pech der Regierung fiel nicht vom Himmel», *General-Anzeiger Bonn,* 25.5.1984.
236 MANN, Golo, «Steckt die Stasi-Akten in den Reißwolf».
237 MANN, Golo, Tagebuch, 17.5.1990, Nachlass SLA. Die Meinung, dass man den Fall der Mauer trotz der Normalisierung der Beziehungen zum Osten nicht mehr erleben würde, war auch unter Politikern weit verbreitet. Vgl. z. B. WEIZSÄCKER, Richard von, *Drei Mal Stunde Null? 1949, 1969, 1989.* (Berlin 2001), S. 91: «Und doch blieben wir allzu fest in den Denkstrukturen des Kalten Krieges verklammert: Wir waren davon überzeugt, daß die Mauer auf keinen Fall von Bestand in der Geschichte sein würde, aber gleichermaßen davon, daß wir ihr Ende nicht erleben würden.»
238 MANN, Golo, Tagebuch, 21.6.1990, Nachlass SLA.
239 MANN, Golo, an Alois Riklin, 4.2.1991, Nachlass SLA.
240 MANN, Golo, an Hans-Martin Gauger, 17.4.1990, Nachlass SLA.
241 GRASS, Günter, zit. n. WINKLER, H. A., *Der lange Weg nach Westen,* S. 537.
242 MANN, Golo, «Wird Berlin wieder Hauptstadt?», *Welt am Sonntag,* 4.2.1990.
243 MANN, Golo, «Bonn oder Berlin? Bonn!», *General-Anzeiger Bonn,* 14.9.1990. Zur Hauptstadtfrage vgl. LARGE, David C., *Berlin. Biographie einer Stadt* (München 2002).

244 MANN, Golo, «Bonn behält in der Geschichte einen viel helleren Klang als Weimar», *Die Welt,* 22.6.1991.

245 MANN, Golo, «Unglückliche Geschichte», *Sankt Galler Tagblatt,* 22.6.1991.

246 MANN, Golo, «Über die gewaltigen Umwälzungen der letzten Tage. Nur Sankt Petersburg steht noch», *Die Weltwoche,* 29.8.1991.

247 ZWEIFEL, Regula, Hg., *Begegnungen.*

248 PROSS, Harry, *Söhne der Kassandra. Versuch über deutsche Intellektuelle* (Berlin 1971). Der Band enthält einen Aufsatz über Golo Mann: «Mit seinem Denken nützen: Golo Mann», S. 121 ff.

249 Ebenda, S. 122.

250 JANSSEN, Karl-Heinz, «Eine deutsche Kassandra», *Die Zeit,* 22.3.1974. Die Bezeichnung «Kassandra» findet sich auch sonst gelegentlich in Artikeln über Golo Mann, z. B. SCHERER, Egon W., «Golo Mann als Kassandra: eine Zukunft voller Gefahren», *Die Rheinpfalz,* 21.11.1979. Golo Mann gebraucht, soweit wir sehen, den Begriff «Kassandra» erstmals in einem Artikel für *Maß und Wert,* Nr. 5 (1938), unter dem Titel «Politische Gedanken», wo es heißt: «Wahrscheinlich hätten wir uns seit 1933 vor allem auf uns selbst, auf die Gründe der Niederlage, auf Deutschland und seine wünschbare Zukunft besinnen müssen, anstatt die Angelegenheiten der ganzen Welt zu den unsrigen zu machen; wie verständlich diese letztere Haltung bei der Last unseres Cassandra-Wissens auch sein mag.»

251 JANSSEN, Karl-Heinz, «Eine deutsche Kassandra».

252 MANN, Golo, «Ich schere mich den Teufel um rechts und links. Golo Mann zum 70. Geburtstag», Bayerischer Rundfunk 1979, Typoskript, D-1-a-1979, Nachlass SLA.

253 MANN Golo, an Michael Cilensek, 22.1.1987, Nachlass SLA.

254 MANN, Golo, Tagebuch, 14.2.1991, Nachlass SLA.

255 MANN, Golo, Tagebuch, 4.6.1990, Nachlass SLA.

256 MANN, Golo, Tagebuch, 4.3.1977, Nachlass SLA.

257 FAHLBUSCH, Horst, «Yo voto por él», in: ZWEIFEL, Regula, Hg., *Begegnungen,* S. 49.

258 MANN, Golo, «Die Deutschen haben längst zum aufrechten Gang zurückgefunden».

259 Ebenda. Golo Mann spielt hier auf jene schwere Jugendkrise an, die er in seinen *Erinnerungen I,* S. 193 f. mit den Worten Tocquevilles beschreibt.

260 MANN, Golo, «Deutsche und Juden». Ansprache vor dem Jüdischen Weltkongress in Brüssel, *Die Weltwoche,* 12.8.1966.

261 Vgl. KRÜLL, Marianne, *Im Netz der Zauberer. Eine andere Geschichte der Familie Mann* (Zürich 1991).

262 WALDER, Ernst, «Begegnungen mit Golo Mann», in: SPRECHER, Thomas und GUTBRODT, Fritz, Hg., *Die Familie Mann in Kilchberg,* S. 248 f.

263 WYSLING, Hans, «Vom Rande», in: ZWEIFEL, Regula, Hg., *Begegnungen.*

264 MANN, Golo, Tagebuch, 19.2.1970, Nachlass SLA.

265 MANN, Golo, an Karl Korn, 19.12.1981, Nachlass SLA.

266 MANN, Golo, an Gräfin Tarnowska-Bronner, 28.11.1980, Nachlass SLA.

267 Fragebogen des *Magazins* der *Frankfurter Allgemeinen Zeitung* vom 19.12.1980.

268 MANN, Golo, an Harry Pross, 25.9.1980, Nachlass SLA. Vgl. auch ders., an Alphonse Dahringer, 17.11.1986: «Ich glaube, ich bin noch der einzige Autor, der so närrisch ist, auf praktisch jeden Brief zu antworten.» Nachlass SLA.

269 MANN, Golo, Tagebuch, 30.12.1984, Nachlass SLA.

270 MANN, Golo, Tagebuch, 16.7.1989, Nachlass SLA.

271 MANN, Golo, an Ernst Klett, 10.4.1985, Nachlass SLA.

272 MANN, Golo, Tagebuch 16.11.1983, Nachlass SLA.

273 MANN, Golo, Tagebuch, 10.12.1988, Nachlass SLA.

274 MANN, Golo, an Rüdiger Hess, 22.2.1991, Nachlass SLA.

275 GAULLE, Charles de, *Mémoires de guerre* (Paris 2000), S. 65: «La vieillesse est un naufrage. Pour que rien ne nous fût épargné, la vieillesse du maréchal Pétain allait s'identifier avec le naufrage de la France.»

276 MANN, Thomas, *Buddenbrooks* (Frankfurt a. M. 1959), S. 464.

277 Golo Manns Tod fand in der deutschen Presse weite Beachtung. Die Melancholie seines Wesens, die Unabhängigkeit und Unberechenbarkeit seines Urteils, die Kunst seiner Sprache wurden erwähnt. In der *Frankfurter Allgemeinen Zeitung* vom 9.4.1994 erinnerte sich Gustav SEIBT: «Bis zum Ende hat sich Golo Mann eine der schönsten Eigenschaften des Intellektuellen bewahrt: Er war unberechenbar.» In der *Süddeutschen Zeitung* vom 9./10.4.1994 schrieb Elisabeth ENDRES: «Golo Mann, der bald in der Schweiz, bald in Icking lebte, war auch im geistigen Sinn ein Umhergetriebener. Man kann ihn einen heimatlosen Konservativen nennen.» Und *Der Spiegel* (Nr. 15, 1994) schrieb: «Anläßlich der Feier seines größten Werks, über Wallenstein, sagte er ganz ungeniert, man werde dergleichen noch kaum ein Mal zu lesen kriegen. Bis heute, bis zu seinem Tode, hat diese Prophezeiung gestimmt.»

278 HORAZ, *Oden I,11.* Golo Manns Übersetzungen des Horaz ins Deutsche erschienen in einer bibliophilen Ausgabe von 100 Exemplaren für Prinzessin Margaret von Hessen und bei Rhein (Wolfsgarten 1977). Vgl. HORAZ, *Sämtliche Gedichte, Lateinisch-Deutsch,* mit einem Nachwort, hg. von Bernhard KYTZLER (Stuttgart 1992), S. 31.

Bibliographie

Die nachfolgende Bibliographie beschränkt sich auf Publikationen von und über Golo Mann, die für die vorliegende Arbeit benutzt worden sind, ferner auf Publikationen von Mitgliedern der Familie Mann, die auf Golo Mann Bezug nehmen. Die Angaben beziehen sich in der Regel auf die Erstpublikation. Unter «Unveröffentlichte Texte, Ton- und Videodokumente» werden die weiteren in verschiedenen Archiven konsultierten Quellen aufgeführt. Für zusätzliche Hinweise sei auf die umfassende Bibliographie in JONAS, Klaus W. und STUNZ, Holger R., *Golo Mann. Leben und Werk. Chronik und Bibliographie* (1929–2003) (Wiesbaden 2003) hingewiesen. Ein wichtiges Arbeitsinstrument ist ferner das von Kathrin LÜSSI erstellte «Nachlaßverzeichnis Golo Mann» (Stand Mai 2000) im Schweizerischen Literaturarchiv, Bern.

Weitere Fachliteratur ohne direkten Bezug zu Golo Mann, die zur Darstellung des geschichtlichen Hintergrundes und zur Klärung von Detailfragen beigezogen wurde, findet sich im Anmerkungsapparat.

I. DAS EIGENE WERK

A. Buchpublikationen

Zum Begriff des Einzelnen, des Ich und des Intellektuellen bei Hegel, Diss. (Heidelberg 1935).

Secretary of Europe. The Life of Friedrich von Gentz, übers. von William H. WOGLOM (New Haven, Conn., 1946). Deutschsprachige Originalausgabe: *Friedrich von Gentz. Geschichte eines europäischen Staatsmannes* (Zürich 1947).

Vom Geist Amerikas. Eine Einführung in amerikanisches Denken und Handeln im 20. Jahrhundert (Stuttgart 1954).

Außenpolitik, zus. mit PROSS, Harry, in: *Das Fischer-Lexikon, Enzyklopädie des Wissens* (Frankfurt a. M. 1957).

Deutsche Geschichte des neunzehnten und zwanzigsten Jahrhunderts, 2 Bde. (Frankfurt a. M. 1958).

Propyläen Weltgeschichte, hg. von Golo MANN u. a., Bd. 1–11 (Berlin 1960–1965).
Der Antisemitismus. Wurzeln, Wirkung und Überwindung (Frankfurt a. M. 1962).
Wilhelm II. (München 1964).
Geschichte und Geschichten (Frankfurt a. M. 1964).
Brauchen wir die Vergangenheit noch? (Düsseldorf 1967).
Mein Vater Thomas Mann (Lübeck 1970).
Wallenstein. Sein Leben erzählt von Golo Mann (Frankfurt a. M. 1971).
Radikalisierung und Mitte. Zwei Vorträge (Stuttgart 1971).
Zwölf Versuche (Frankfurt a. M. 1973).
Wallenstein. Bilder aus seinem Leben, zus. mit Ruedi BLIGGENSTORFER (Frankfurt a. M. 1973).
Geschichte als Ort der Freiheit (Zürich 1974).
Wie sicher können wir unsere Zukunft planen? (Weinheim 1974).
Horaz, Zwölf Oden, ins Deutsche übersetzt von Golo MANN (Darmstadt 1977).
Marxismus auf dem Vormarsch – in Europa und der Dritten Welt (Köln 1978).
Zeiten und Figuren. Schriften aus vier Jahrzehnten (Frankfurt a. M. 1979).
Nachtphantasien. Erzählte Geschichte (Frankfurt a. M. 1982).
Erinnerungen und Gedanken. Eine Jugend in Deutschland (Frankfurt a. M. 1986).
Lavalette. Eine Episode aus napoleonischer Zeit (Zürich 1987).
Gedanken zur Wandlung von Begriff und Wirklichkeit der Revolution seit Büchner (Zürich 1987).
Wir alle sind, was wir gelesen. Aufsätze und Reden zur Literatur (Frankfurt a. M. 1989).
Wissen und Trauer. Historische Portraits und Skizzen, hg. von Wolfgang MERTZ und Karin SCHLAPP (Leipzig 1991).
Erinnerungen und Gedanken. Lehrjahre in Frankreich, hg. von Hans-Martin GAUGER und Wolfgang MERTZ (Frankfurt a. M. 1999).
Emigration. Zwei Vorträge, hg. von Kathrin LÜSSI und Thomas FEIT-KNECHT (Bern 1999).
Ludwig I. von Bayern, hg. von Hans-Martin GAUGER (Frankfurt a. M. 1999).

B. Veröffentlichte Aufsätze, Vorträge, Reden, Interviews

«Als Bergarbeiter unter Bergarbeitern. Studien eines Dichtersohnes», *Acht-Uhr-Abendblatt,* 15.1.1929.
«Revolutionierung des Geistes. Zur Kritik des Nationalsozialismus», in: *Der sozialistische Student,* Nr. 1 (Heidelberg 1931).
«Pazifismus und Wehrwille», in: *Der sozialistische Student,* Nr. 2 (Heidelberg 1931).

«Ernst Jünger. Ein Philosoph des neuen Deutschland», in: *Die Sammlung*, Nr. 5 (1934).
«Wallenstein und die deutsche Politik», in: *Die Sammlung*, Nr. 10 (1934).
«Ricarda Huch siebzigjährig», in: *Die Sammlung*, Nr. 1 (1935).
«Gentz und die Französische Revolution», in: *Maß und Wert*, Nr. 1 (1938).
«Friedrich Meinecke: ‹Die Entstehung des Historismus›», in: *Maß und Wert*, Nr. 3 (1938).
«Erich Marcks: Der Aufstieg des Reiches», in: *Maß und Wert*, Nr. 3 (1938).
«Ricarda Huch. Das Zeitalter der Glaubensspaltung», in: *Maß und Wert*, Nr. 5 (1938).
«Politische Gedanken», in: *Maß und Wert*, Nr. 5 (1938).
«Hermann Rauschning. Die Revolution des Nihilismus», in: *Maß und Wert*, Nr. 3 (1939).
«Was bleibt von Karl Marx? Eine Diskussion», in: *Maß und Wert*, Nr. 3 (1940).
«False Prophets», in: *Decision*, Nr. 1 (1941).
«Friedrich von Gentz. Sekretär Europas», in: *Die Wandlung*, Nr. 9 (1945/46).
«Arnold Toynbee und die Weltgeschichte», in: *Der Monat*, Nr. 4 (1949).
«Zwischen Skepsis und Frömmigkeit, Freiheit und Organisation 1814–1914», in: *Der Monat*, Nr. 5 (1949).
«‹1984›. Zu George Orwells utopischem Roman», in: *Frankfurter Rundschau*, November (1949).
«John Dalberg-Acton, Porträt eines kosmopolitischen Historikers», in: *Der Monat*, Nr. 25 (1950).
«Deutschland und Rußland im 20. Jahrhundert», in: *Neue Schweizer Rundschau*, Nr. 12 (1950).
«Von nun an in alle Ewigkeit. Über James Jones' ‹From Here to Eternity›», *Die Weltwoche*, 10.8.1951.
«Geschichtsschreibung als Realpolitik. Über A. J. P. Taylor und die Tragödie Mitteleuropas», in: *Der Monat*, Nr. 38 (1951).
«Bücherbrief aus USA. George F. Kennan, Amerikanische Diplomatie 1900–1950», *Die Weltwoche*, 7.12.1951.
«How not to learn from History», in: The Yale Review, Nr. 3 (1952).
«Außenpolitik und Idee», 1952 verfasst, Erstveröffentlichung in: *Geschichte und Geschichten*.
«Kontinuität und Spontaneität», in: *Neue Rundschau*, Nr. 4 (1952).
«Carl Schmitt und die schlechte Juristerei», in: *Der Monat*, Nr. 49 (1952).
«Nun ist es an Deutschland!», *Die Weltwoche*, 14.8.1953.
«Klarheit tut Not!», *Die Weltwoche*, 11.9.1953.
«Vom Wettrüsten zum Abrüsten», *Die Weltwoche*, 30.10.1953.
«Das Jahr der Versprechungen», *Die Weltwoche*, 2.1.1954.
«Um was geht es in Berlin?», *Die Weltwoche*, 29.1.1954.
«Die Geschichte verachten – genügt das? Karl Löwiths ‹Weltgeschichte und Heilsgeschehen›», *Die Weltwoche*, 19.2.1954.

«Deutschland – wohin?», *Die Weltwoche*, 26.2.1954.
«Zuviel Furcht auf der Welt», *Die Weltwoche*, 12.3.1954.
«Amerika ist besser als sein Ruf», *Die Weltwoche*, 28.5.1954.
«Die Gefahr des Säbelrasselns», *Die Weltwoche*, 11.6.1954.
«Und nun Europa», *Die Weltwoche*, 23.7.1954.
«Henry Adams», in: *Der Monat,* Nr. 71 (1954).
«Carl Goerdeler», in: *Merkur*, Nr. 87 (1955).
«Schiller als Historiker» in: *Merkur*, Nr. 12 (1959).
«Staat und Heer», in: *Merkur*, Nr. 12 (1956).
«Strategie und Philosophie der Atombombe», in: *Merkur*, Nr. 12 (1958).
«Tocqueville und das Amerika von heute», Referat (Freiburg i. Br. 1959), Erstveröffentlichung in: *Geschichte und Geschichten.*
«Das Verhältnis des Intellektuellen zur Politik», in: STOLTE, D. R., *Integritas, geistige Wandlung und Wirklichkeit* (Tübingen 1960).
«Maximilian Harden», in: *Almanach,* S. Fischer Verlag (Frankfurt a. M. 1960).
«Chateaubriand», in: *Merkur*, Nr. 8 (1960).
«Fürst Lichnowsky», in: *Du*, September (1960).
«Der ‹stoische› Ernst Jünger», in: *Der Monat,* Nr. 145 (1960).
«Neunzehnhundertfünfundvierzig», in: *Propyläen-Weltgeschichte,* Bd. X (Berlin 1961).
«Deutsche Politik zwischen gestern und morgen», Referat (Frankfurt a. M., 21.1.1961), Erstveröffentlichung in: *Geschichte und Geschichten.*
«Das Ende der Bonner Illusionen», *Die Zeit,* 18.8.1961.
«Die Rechnung für den verlorenen Krieg», *Die Zeit,* 22.9.1961.
«Hitlers britischer Advokat. A. J. P. Taylors Revision der Geschichte», in: *Der Monat,* Nr. 156 (1961).
«Germany and the West», in: *Encounter,* Nr. 12 (1961).
«Was raten Sie dem deutschen Kanzler?», *Stuttgarter Nachrichten,* 30.12.1961.
«Konservative Politik und konservative Charaktere», in: *Der Monat,* Nr. 165 (1962).
«Rede zum Gedenken des 20. Juli 1944 und des 17. Juni 1953», in: *Frankfurter Universitätsreden,* Nr. 29 (Frankfurt a. M. 1962).
«Hat Deutschland eine Zukunft?», *Die Zeit,* 7.9.1962.
Rezension von Werner KAEGIS Buch *Europäische Horizonte im Denken Jacob Burckhardts, Frankfurter Allgemeine Zeitung,* 29.9.1962.
«Walther Rathenau. Praktiker und Philosoph», in: *SV-Schriftenreihe zur Förderung der Wissenschaft,* Nr. 1 (Essen 1963).
«Stärker als Wunschbilder: Europas Wirklichkeit», *Die Zeit,* 22.2.1963.
«Die eigentliche Leistung», *Basler Nachrichten,* 17.9.1963.
«Das Ende der Ära Adenauer, *Die Zeit,* 18.10.1963.
«Hannah Arendt und der Eichmann-Prozeß», in: *Neue Rundschau,* Nr. 4 (1963).
«Das Zeitalter des Dreißigjährigen Krieges», in: *Propyläen Weltgeschichte,* Bd. VII (Frankfurt a. M. 1964).

«Die Wirklichkeit und die Illusionen», *Stuttgarter Zeitung,* 27.2.1964.
«Noch ein Wort zur Frage deutscher Ostgrenzen», *Stuttgarter Zeitung,* 29.2.1964.
«Max Weber als Politiker», in: *Neue Rundschau,* Nr. 3 (1964).
«Die Napoleoniden auf Schloß Arenenberg», in: *Du,* August (1964).
«Mit Polen Frieden machen», in: *Stern,* Nr. 28 (1964).
«Zu Manuel Gassers ‹Welt vor Augen›», *Die Weltwoche,* 11.12.1964.
Referat über Außenpolitik an der Landesversammlung der CSU in München, in: *Außenpolitik,* hg. vom Generalsekretariat der Christlich-Sozialen Union in Bayern (München 1964).
«Staatsmann und Poet. Nachruf auf Winston Churchill», *Die Zeit,* 29.1.1965.
«Zur deutschen Situation», in: *Neue Rundschau,* Nr. 3 (1965).
«Frühes Leitbild», *Neue Zürcher Zeitung,* 6.6.1965.
«Der Pädagoge als Politiker: Kurt Hahn», in: *Neue Rundschau,* Nr. 4 (1965).
«Selbstporträt eines Patriarchen. Der erste Band der ‹Erinnerungen›», *Die Zeit,* 5.11.1965.
«Meine Schwester Erika. Zu ihrem sechzigsten Geburtstag am 9. November», *Süddeutsche Zeitung,* 6./7.11.1965.
«Auch unter Franco wächst die Freiheit», *Die Zeit,* 28.1.1966.
«Deutschland in Europa», Separatum eines Referats in der Reihe von Vortragsveranstaltungen des Bankhauses Lücke & Lemmermann vom 28.1.1966 in Hannover.
«Ein Gespräch mit Konrad Adenauer», 1966 verfasst, Erstveröffentlichung in: *Zwölf Versuche.*
«Alte deutsche Neigungen», in: *Neue Rundschau,* Nr. 1 (1966).
«Hoffnung für Spanien», *Die Zeit,* 4.3.1966.
«De Gaulle und jemand anderes», in: *Neue Rundschau,* Nr. 4 (1966).
«Deutsche und Juden». Ansprache vor dem Jüdischen Weltkongreß in Brüssel, *Die Weltwoche,* 12.8.1966.
«Ein Staatsmann blickt zurück. ‹Erinnerungen›, Band II», *Die Zeit,* 25.11.1966.
«Was die Deutschen brauchen», *Süddeutsche Zeitung,* 10./11.12.1966.
«Versuch über Bertrand Russell», in: *Neue Rundschau,* Nr. 2 (1967).
Er war ein großer Herr», in: *Stern,* Nr. 18 (1967).
«Irrtümer in Vietnam. Über Arthur M. Schlesingers ‹Das bittere Erbe›», in: *Der Spiegel* Nr. 20 (1967).
Besprechung von BRANDT, Willy, *Draußen. Schriften während der Emigration»* (München 1966), hg. von Günter STRUVE, in: *Die Neue Gesellschaft,* Nr. 3, Mai/Juni (1967).
«Georg Büchner und die Revolution», Vortrag zum Georg-Büchner-Preis 1968, Erstveröffentlichung in: *Zeiten und Figuren.*
«Deutsche Literatur im Exil», in: *Neue Rundschau,* Nr. 1 (1968).
«Politische Notizen im Frühling», in: *Neue Rundschau,* Nr. 2 (1968).

«Vernünftiger Mann in unvernünftiger Welt», in: *Neue Rundschau,* Nr. 4 (1968).
«Am Hofe Walther Rathenaus», *Die Zeit,* 23.2.1968.
«Schriftsteller, Johnson und Vietnam», *Die Weltwoche,* 5.4.1968.
«Zehn Fragen an Golo Mann», *Literární listy,* 11.4.1968.
«Hört auf, Lenin zu spielen!», *Die Zeit,* 26.4.1968.
«Über das Selbstverständliche», *Frankfurter Allgemeine Zeitung,* 18.5.1968.
«Zuchthäuser für Studenten?», in: *Stern,* Nr. 18 (1968).
«Imperialismus gegen Sozialismus», *Die Weltwoche,* 30.8.1968.
«Moskaus größte Dummheit, in: *Quick,* Nr. 37 (1968).
«Kann man das Wesen unseres eigenen Zeitalters bestimmen?», in: *Universitas,* Nr. 12 (1968).
«Zwei alte Herren. Adenauers ‹Erinnerungen›, Band IV», *Die Zeit,* 14.2.1969.
«Willy Brandt», in: *Dafür. Sozialdemokratische Wählerhilfe,* Nr. 1 (1969).
«Zeit für einen Wechsel», in: *Dafür, Sozialdemokratische Wählerhilfe,* Nr. 2 (1969).
«Zur Lage der Nation», in: *Neue Rundschau,* Nr. 3 (1969).
«Ein Historiker urteilt skeptisch über die Gegenwart», Interview, *Schwäbische Zeitung,* 8.5.1969.
«Die Zeit ist reif für einen Wechsel. Golo Mann plädiert für die SPD», *Hamburger Morgenpost,* 5.8.1969.
«Des Teufels Architekt. Albert Speers ‹Erinnerungen›», *Süddeutsche Zeitung,* 20./21.9.1969.
«Mahnung an Bonn», in: *Quick,* Nr. 42 (1969).
«Ein nachdenklicher Glückwunsch», *Die Zeit,* 28.11.1969.
«Die Grundprobleme der Geschichtsphilosophie von Plato bis Hegel», in: REINISCH, Leonhard, Hg., *Der Sinn der Geschichte* (München 1970).
«Neue Ostpolitik», in: *Neue Rundschau,* Nr. 1 (1970).
«Was gilt uns die Nation?», *Die Zeit,* 30.1.1970.
«Münchnerisch, deutsch, europäisch und liberal.» Zum Jubiläum 25 Jahre Süddeutsche Zeitung, *Süddeutsche Zeitung,* 6.10.1970.
«Willy Brandts Civilcourage, *Süddeutsche Zeitung,* 24.12.1970.
«Die Bundesrepublik wird besichtigt», *Deutsche Zeitung/Christ und Welt,* 2.4.1971.
«Die Bundesrepublik wird besichtigt», *Deutsche Zeitung/Christ und Welt,* 9.4.1971.
«Ein Dialog mit der Neuen Linken», *Deutsche Zeitung/Christ und Welt,* 16.4.1971.
«Wer war Wallenstein? Alle Zeiten sind ähnlich, aber diese ist der unseren ähnlicher als andere», in: *Zeit-Magazin,* 15. Oktober (1971).
«Die Opposition und die Verträge», *Süddeutsche Zeitung,* 2./3.10.1971.
«Mit Leidenschaft und Augenmaß. Willy Brandts Ostpolitik», *Die Zeit,* 10.12.1971.

«Geschichte und Geschichtsunterricht heute», in: *Universitas,* Nr. 10 (1971).
«Die Ostpolitik ist im Bismarckschen Sinne Realpolitik», *Die Welt,* 17.1.1972.
«Politisches Tagebuch. Vietnam und der Kapitalismus», *Süddeutsche Zeitung,* 22./23.1.1972.
«Politische Aspekte der deutschen Emigration 1939–1945», Vortrag (Zürich, 7.2.1972), Erstveröffentlichung in: MERCIER, André, Hg., *Der Flüchtling in der Weltgeschichte. Ein ungelöstes Problem der Menschheit* (Frankfurt a. M. 1974).
«Pro domo sua oder Gedanken über die Geschichtsschreibung», in: *Neue Rundschau,* Nr. 2 (1972).
«Zu Albert Mirgelers Kritik an Golo Manns ‹Wallenstein›. Eine Feststellung», in: *Merkur*, Nr. 4 (1972).
«Point of no return», *Süddeutsche Zeitung,* 15./16.4.1972.
«Zerredet», *Süddeutsche Zeitung,* 13./14.5.1972.
«Wissenschaft und Neue Linke in Deutschland», *Sonntags-Journal,* 13./14. 5. 1972.
«Die gespaltene Situation», *Frankfurter Allgemeine Zeitung,* 15.5.1972.
«Fortschritt, der neue Plagen schafft», *Süddeutsche Zeitung,* 1./2.7.1972.
«Heine, wem gehört er?», Vortrag, gehalten auf dem Düsseldorfer Heine-Kongress vom 16.10.1972, in: *Neue Rundschau,* Heft 4 (1972).
«Ohne Geschichte leben?», *Die Zeit,* 13.10.1972.
«Ein persönliches Wort zum Wahlkampf», *Süddeutsche Zeitung,* 15.11.1972.
«Gedanken zum Grundvertrag», in: *Neue Rundschau,* Nr. 1 (1973)
«Erinnerungen an K. M.», Rede bei der Übergabe des Klaus-Mann-Archivs an die Stadt München, *Süddeutsche Zeitung,* 3./4.2.1973.
«Nützliche und unnützliche Schlagwörter», in: *Universitas,* Nr. 2 (1973).
«Noch ein Versuch über Geschichtsschreibung», Vortrag (München, Mai 1973), Erstveröffentlichung in: *Zwölf Versuche.*
«Wenn der Deutsche progressiv sein will ... Kritische Bemerkungen zu den Hessischen Rahmenrichtlinien für den Deutschunterricht», *Süddeutsche Zeitung,* 2./3.6.1973.
«In memoriam W. H. Auden», *Süddeutsche Zeitung,* 6./7.10.1973.
«Sinnloser Bruch», *Die Zeit,* 14.12.1973.
«Helmuth James von Moltke», 1973 verfasst, Erstveröffentlichung in: *Zwölf Versuche.*
«Appeasement oder Realismus», in: *Neue Rundschau,* Nr. 1 (1974).
«Heinrich Manns letzte Lebensjahre. Eine Replik», in: *Akzente,* Februar (1974).
«Zürich als Literaturexil», Vortrag (Bern, 20.2.1974), in: LÜSSI, Kathrin und FEITKNECHT, Thomas, Hg., *Emigration.*
«Zum Rücktritt Brandts», *Blick,* 8.5.1974.
«Menschliche Schwäche, politische Größe», *Die Zeit,* 17.5.1974.
«Politik und Moral. Grundsätzliche Überlegungen aus aktuellem Anlaß», *Süddeutsche Zeitung,* 25./26.5.1974.

«Der Bruder zur Linken. Zur Neuauflage von Heinrich Manns ‹Ein Zeitalter wird besichtigt›», *Frankfurter Allgemeine Zeitung,* 21.9.1974.

«Die alte und die neue Historie», *Süddeutsche Zeitung,* 30.11./1.12.1974.

Schriftsteller empfehlen Bücher. Empfehlung: Alfred Andersch, «Winterspelt», in: *Capital,* Nr. 12 (1974).

«Salemer Schulen – Dichtung und Wahrheit», *Die Weltwoche,* 19.2.1975.

«Erinnerungen an meinen Bruder Klaus», in: *Neue Rundschau,* Nr. 3 (1975), erweiterte Fassung der Münchner Rede «Erinnerungen an K. M.» (1973).

«Der Brief in der Weltliteratur», Vortrag vor der Deutschen Akademie für Sprache und Dichtung (Darmstadt, 18.10.1975), in: *Neue Rundschau,* Nr. 4 (1975).

«Die Chance des Lesers. Gedanken über das Buch und die Freiheit, die es gewährt», *Süddeutsche Zeitung,* 3./4.5.1975.

«Es gibt keine Teilung per Dekret», *Die Welt,* 29.1.1976.

«Konrad Adenauer – Staatsmann der Sorge», *Frankfurter Allgemeine Zeitung,* 14.2.1976.

«Versuch über Tacitus», in: *Neue Rundschau,* Nr. 2 (1976).

«Otto von Bismarck», in: FASSMANN, Kurt und BILL, Max, *Die Großen der Weltgeschichte,* Bd. VIII (Zürich 1977).

«Henry Kissinger», in: *Neue Rundschau,* Nr. 1 (1977).

«Der politische Mörder hat seine Grundrechte verwirkt», *Die Welt,* 16.4.1977.

«Rechtsstaat und Terroristenbekämpfung», *Die Tat,* 10.9.1977.

«Quo usque tandem?», *Die Welt,* 7.9.1977.

«Audienz bei meinem Wallenstein», *Zeit-Magazin,* 10.11.1977.

«Mit Mördern kann man nicht reden», *Bild,* 31.11.1977.

«Geschichte und Geschichtswissenschaft heute», in: *Universitas,* Nr. 6 (1977).

«Geschichte: Gedächtnis der Menschheit», Interview, *Basler Zeitung,* 31.12.1977.

«Über die Denkkunst des Professors Jürgen Habermas», in: *Neue Rundschau,* Nr. 1 (1978).

«Künstler sind keine Politiker.» Über das TV-Duell Frisch–Furgler, in: *Schweizer Illustrierte,* Nr. 10 (1978).

«Ein Jahr nach dem Mord an Buback», *Die Welt,* 7.4.1978.

«Über einige Erfahrungen beim Übersetzen aus dem klassischen Latein», Vortrag vor der Deutschen Akademie für Sprache und Dichtung (Darmstadt, 5.5.1978), in: *Wir alle sind, was wir gelesen.*

«Kleist und der Weltlauf», Vortrag, gehalten an der Bayerischen Akademie der Schönen Künste (München, 6.7.1978), Auszug in *Süddeutsche Zeitung,* 8./9. Juli 1978; vollständig in: *Wir alle sind, was wir gelesen.*

«Ich bin für eine General-Amnestie in Deutschland!», *Bild am Sonntag,* 8.8.1978.

«Ich kann dem armen Parteigenossen nichts nachtragen», Interview, *Bild am Sonntag,* 20.8.1978.

«Bismarck und sein Bankier. Zu einem Werke von Fritz Stern», *Neue Zürcher Zeitung,* 2./3.9.1978.
«Entrüstung – im Stil von Qualtingers ‹Herrn Karl›», in: *Der Spiegel,* Nr. 47 (1978).
«Nazi-Morde ungesühnt?», *Bild am Sonntag,* 12.11.1978.
«Würdigung», in: WYSS, Monika, Hg., 70 Jahre Manuel Gasser (Zürich 1979).
«Schmidt und Strauß – ihre Stärken und ihre Schwächen», Interview mit Monica COSSARDT, *Die Welt,* 18.9.1979.
«Über den ‹veralteten Blödsinn vom Klassenkampf›», *Die Welt,* 20.9.1979.
«Der Aufruhr droht sich auszubreiten wie ein Wildfeuer», *Bild am Sonntag,* 30.12.1979.
«Miguel de Cervantes Saavedra Don Quijote», in: *Zeit-Bibliothek der 100 Bücher* (Frankfurt a. M. 1980).
«Was hat Sozialismus mit Nationalsozialismus zu tun?», in: *Die Bunte,* 3. Januar (1980).
«Der schönste Krimi aller Zeiten. Über Jakob Wassermanns ‹Caspar Hauser›», *Frankfurter Allgemeine Zeitung,* 9.1.1980.
«Erinnerungen an Katia Mann», *Züri Leu,* 6.5.1980.
«Strauß, seine Gegner und die große Heuchelei. Analyse einer Feindschaft», in: *Penthouse,* Nr. 5 (1980).
«Er ist wie ein Baum, der Blitze anzieht», Interview mit BÖHME, Erich und BECKER, Rolf, in: *Der Spiegel,* Nr. 36 (1980).
«Fragebogen», *Frankfurter Allgemeine Zeitung,* 19.12.1980.
«Europa und die Vereinigten Staaten», *Neues Bündner Tagblatt,* 31.12.1980.
«Bundesgenossen sind immer schwierige Leute», in: *Die Bunte,* 24. September (1981).
«Ein Prinz vom Lande Nirgendwo. Zu Thomas Manns ‹Königliche Hoheit›», *Frankfurter Allgemeine Zeitung,* 1.10.1981.
«Junge Menschen und die alte Geschichte», in: URBAN, George, *Gespräche mit Zeitgenossen. Acht Dispute über Geschichte und Politik mit Raymond Aron, Golo Mann, Leszek Kolakowski, Arnold Toynbee, Milvoan Djilas, Zbigniew Brzezinski, George F. Kennan* (Weinheim 1982).
«Wie gefährlich sind die Vereinigten Staaten, oder: Über die Unschuld der beiden Weltmächte», *Die Welt am Sonntag,* 14.2.1982.
«Der lachende Pessimist, Wilhelm Busch», Festvortrag anlässlich des hundertfünfzigsten Geburtstags von Wilhelm Busch (Hannover 1982), Erstveröffentlichung unter dem Titel «Wilhelm Busch» in: *Neue Rundschau,* Nr. 3 (1982).
«Weltmacht wider Willen oder: Von schuldiger Unschuld», *Die Welt am Sonntag,* 6.6.1982.
«Wo die Ruder der Schiffe streifen. Große Männer und böse Taten. Können wir aus der Vergangenheit lernen?», in: *Rheinischer Merkur/Christ und Welt,* 2.7.1982.

«Grobe Jagd auf subtilen Jäger», in: *Frankfurter Allgemeine Zeitung,* 24.8.1982.
«Man hätte nicht tun dürfen, was man am 1. Oktober in Bonn tat», *Die Weltwoche,* 6.10.1982.
«Nicht Geschichte machen wollte er», in: *Der Spiegel,* Nr. 44 (1982).
«Die Amerikaner haben abscheuliche Diktaturen unterstützt», *Schweizer Illustrierte,* 17.10.1983.
«‹Im Wandern machen sich die Wege.› Der spanische Lyriker Antonio Machado», *Neue Zürcher Zeitung,* 21./22.1.1984.
«Das Pech der Regierung fiel nicht vom Himmel», Interview, *General Anzeiger Bonn,* 28.5.1984.
«Die amerikanische Wirklichkeit ist ganz anders», *Südkurier,* 7.7.1984.
«Golo Mann über die politische Lage», Interview, *Schwäbische Zeitung,* 2.8.1984.
«Die Kohl-Genscher-Koalition ist eine falsche Koalition», *Schwäbische Zeitung,* 2.8.1984.
«Ohne Religion zerstört sich der Mensch», *Die Welt am Sonntag,* 5.8.1984.
«Zwei Thesen sind ‹wahrer› als eine», *Die Weltwoche,* 25.10.1984.
«‹Brauchitsch hat Flicks Geld rausgeschmissen.› Der Historiker Golo Mann zur Flick-Affäre und zur Tugend in der Politik», in: *Der Spiegel,* Nr. 49 (1984).
«‹Liberal› und ‹konservativ› in der modernen deutschen Geschichte», in: *Festschrift Franz Josef Strauß,* hg. von Karl CARSTENS, Alfons GOPPEL, Henry KISSINGER, Golo MANN (München 1985).
«Bitburg», *Bild-Zeitung,* 29.4.1985.
«Gedenktage, die Wunden aufreißen. Der 8. Mai 1945 und die Deutschen», *Die Zeit,* 15.2.1985.
«Bewunderung ist nichts Schlechtes». Rede bei der Verleihung des Goethe-Preises in Frankfurt a. M. (28.8.1985), in: *Wir alle sind, was wir gelesen.*
«Der große Krieg kann nicht mehr sein. Wir haben noch Glück gehabt – doch der Frieden ist nicht garantiert», Interview mit Marion DÖNHOFF und Theo SOMMER», *Die Zeit,* 30.8.1985.
«Simon Bolívar. Der Befreier als Opfer und Prophet», Vorwort zu MADARIAGA, Salvador de, *Simon Bolívar* (Zürich 1986).
Äußerungen zu einer Umfrage, *Schweizer Illustrierte, Literatur extra* (1986).
«Menschenkenntnis, Menschenfreundschaft. Über Thomas Mann», in: Marcel REICH-RANICKI, Hg., *Was halten Sie von Thomas Mann? Achtzehn Autoren antworten* (Frankfurt a. M. 1986).
«Schilys Anzeige gegen Kohl. Ein Tugenddolch, in Gift getaucht», Interview, *Bild am Sonntag,* 23.2.1986.
«Kurt Hahn. Der Glaube an das Gute im Menschen», *Die Zeit,* 6.6.1986.
«Ludwig I. von Bayern», Vortrag in zwei Teilen vor der Bayerischen Akademie der Schönen Künste (München, 18. und 19.9.1986). 1999 auch als Buch erschienen.

«Der Große Krieg ist nicht mehr möglich. Europas mangelnde Führung», *Schweizerische Handelszeitung,* 27.12.1986.
«Kohl oder Das gewinnende Mittelmaß», *Die Weltwoche,* 29.1.1987.
«Die Deutschen haben längst zum aufrechten Gang zurückgefunden», Interview, *Die Welt,* 9.3.1987.
«Wie der Krieg am Golf zu beenden wäre», *Rheinischer Merkur/Christ und Welt,* 13.3.1987.
«Ein gangbarer Weg aus dem Sumpf am Golf», *Die Weltwoche,* 19.3.1987.
«Ich las das Buch in fünf Stunden der Nacht», *Welt am Sonntag,* 26.7.1987.
«Antworten», *Deutsches Allgemeines Sonntagsblatt,* 20.9.1987.
«Was Helmut Kohl alles falsch macht», in: *Quick,* Nr. 48 (1987).
«Friedrich Rückert», Vortrag anlässlich des zweihundertsten Geburtstags von Friedrich Rückert (Schweinfurt, 14.5.1988); überarbeitete Fassung in: *Wir alle sind, was wir gelesen.*
«Terrorismus – moderne Geißel», *Rheinischer Merkur,* 27.5.1988.
«Lieben kann man in Deutschland nur im Hotel», Interview, *Rheinischer Merkur,* 28.10.1988.
«Jetzt haben wir den Schlamassel», in: *Die Bunte,* Nr. 7 (1989).
«Ein See und zwei Dichter», Beitrag für das Kilchberger Gemeindeblatt vom April 1989, in: SPRECHER, Thomas und GUTBRODT, Fritz, Hg., *Die Familie Mann in Kilchberg* (Zürich 2000).
«Wenn ein Werk lebt, verändert es seine Wirkung», Interview, *Thüringer Neueste Nachrichten,* 13.4.1989.
«Die Erpressung aus der Zelle», *Die Welt,* 28.4.1989.
«Er war einer aus dem Niemandsland. Der Historiker über Hitler, den NS und den Zweiten Weltkrieg», *Badische Zeitung,* 23.8.1989.
«Ein Leben für das Vaterland. Ein Staatsmann tat seine Pflicht», Sonderdruck, 7.10.1989, Nachlass SLA.
«Die SED wird Ja sagen müssen zu freien Wahlen», *Die Welt,* 6.11.1989.
«Es führt kein Weg zurück», *Sankt Galler Tagblatt,* 11.11.1989.
«Die SED muß weg!», in: *Schweizer Illustrierte,* 13.11.1989.
«Die freudigste Revolution der Geschichte», *Die Weltwoche,* 16.11.1989.
«Kohl nahm den Neo-Nazis den Wind aus den Segeln», *Express Köln,* 30.11.1989.
«An der Rede des Kanzlers ist mir einiges nicht ganz klar geworden», *Augsburger Allgemeine,* 30.11.1989.
«Sozialismus ade», *Die Zeit,* 1.12.1989.
Vorwort zu CLARY-ALDRINGEN, Alfons, *Geschichten eines alten Österreichers* (Berlin 1989).
«Charles de Gaulle», in: *Freiburger Universitätsblätter,* Nr. 108 (1990).
«Wird Berlin wieder Hauptstadt?», *Die Welt am Sonntag,* 4.2.1990.
«Der Grandseigneur der Geschichte», *Der Brückenbauer,* 7.3.1990.
«Und atme frei im Morgenrot. Über den Umgang mit Lyrik», *Die Welt,* 10.3.1990.

«Golo Mann über Golo Mann. Wie meine Gentz-Biographie entstand», *Frankfurter Allgemeine Zeitung,* 30.5.1990.
«Bonn oder Berlin? Bonn!», *General-Anzeiger Bonn,* 14.9.1990.
«Ein Reich tritt aus dem Schatten», *Die Welt,* 2.10.1990.
«Von der Weisheit und Dummheit der Regierenden. Das letzte Zehntel des ‹deutschen Jahrhunderts›. Nur Vernunft kann helfen», *Flensburger Tagblatt,* 2./3.10.1990.
«Einen Freund loben», in: SARKOWICZ, Hans und MÄHLER, Bettina, *Bücher, Bücher – meine Lust. Herbert Heckmann zum Sechzigsten* (Bensheim 1990).
«Bonn behält in der Geschichte einen viel helleren Klang als Weimar», *Die Welt,* 22.6.1991.
«Unglückliche Geschichte», *Sankt Galler Tagblatt,* 22.6.1991.
«Über die gewaltigen Umwälzungen der letzten Tage. Nur Sankt Petersburg steht noch», *Die Weltwoche*, 29.8.1991.
«Steckt die Stasi-Akten in den Reißwolf», Interview, *Bild-Zeitung am Sonntag,* 2.2.1992.

C. Unveröffentlichte Texte, Ton- und Videodokumente

1. Schweizerisches Literaturarchiv, Bern (SLA). Die Signaturen beziehen sich auf das «Nachlassverzeichnis Golo Mann» von Kathrin LÜSSI.

Tagebücher und Korrespondenzen

Tagebücher, Agenda, Adressbücher, C-1-a-2-1– C-1-a-2-4, Schachteln 183–189. Das erhalten gebliebene Tagebuch setzt 1931 ein und wird mit größeren Unterbrüchen bis 1991 fortgesetzt. Zuerst wird das Tagebuch handschriftlich geführt, anschließend mit der Schreibmaschine. Golo Mann bediente sich neben dem Deutschen auch der französischen, englischen und zuletzt der spanischen Sprache.

Korrespondenzen. Briefe von Golo Mann, B-1-BEG–B-1-ZIE, Schachtel 83. Die im Nachlass enthaltene Korrespondenz ist weit davon entfernt, vollständig zu sein, insbesondere scheinen die Briefe an seine Familie größtenteils verloren. Durchschläge oder Fotokopien der eigenen Briefe hat Golo Mann erst in späteren Jahren angefertigt. Fast alle Briefe Golo Manns sind mit der Schreibmaschine geschrieben.

Korrespondenzen. Briefe an Golo Mann, B-2-BO–B-2-ZIM, Schachteln 84–94.

Korrespondenzen. Briefkonvolute, enthaltend die gesammelten Briefe von und an Golo Mann im Verkehr mit verschiedenen Persönlichkeiten. B-4-a-ASE–B-4-a-VOG, Schachteln 96–103.

Korrespondenzen. Briefliche Reaktionen von Lesern B-4-c-1–B-4-c-10, Schachtel 109.

Entwürfe, Fragmente

«Krupp-Biographie», Typoskripte und Korrespondenzen, A-1-g/1–A-1-g/23, Schachteln 33–35.

«Erinnerungen und Gedanken», Originalmanuskript und Entwürfe, A-1-k/1/1-4 – A-1-k/5-11, Schachteln 37–38.

«Wanderungen rund um Deutschland», «Frankreich 1940», «Böhmen», Notizen, A-1-1/0-3–A-1-1/14-18, Schachteln 39–40.

Vorlesungen, Reden, Gespräche

«Sozialismus und Nation», Vortrag, Typoskript, 16.1.1931, A-2-1931-3, Schachtel 42.

«Genossinnen und Genossen», Vortrag, Typoskript, 13.6.1931, A-2-1931-2, Schachtel 42.

«Vorlesung über Geschichtsphilosophie», Typoskript, A-5-Claremont-1-2, Schachtel 76.

«Der politische, zeitkritische Gesellschaftsroman des 19. Jahrhunderts als Quelle für den Historiker», Typoskript, A-5-Münster-1/1-5, Schachtel 76–77.

«An die Salemer Schüler», Rede, Februar 1963, A-2-1963-2, Schachtel 45.

«Die politische Situation der Bundesrepublik», Vortrag, 10.27.1963, A-2-1963-8/1-2, Schachtel 45.

«Einige Gedanken über die Freiheit», Dankesrede anlässlich der Verleihung des Schillerpreises in Mannheim, 15.12.1964, A-1964-20, Schachtel 45.

«Kurt Hahn», Ansprache zum achtzigsten Geburtstag, Typoskript, 5.6.1966, A-2-1966-12/1-2, Schachtel 46.

«Mein Weg zur Geschichte», Rede anlässlich der Aufnahme in die Bayerische Akademie der Schönen Künste, 7.7.1967, Typoskript, A-2-1967-10, Schachtel 47.

«Georg Büchner und die Revolution», Rede anlässlich der Verleihung des Büchner-Preises, 26.10.1968, A-2-1968-19/1-2, Schachtel 48.

«Geschichtsunterricht heute», Vortrag, 25.4.1971, A-2-1971-2a, Schachtel 49.

«Gespräch mit Bundeskanzler Willy Brandt», 23.3.1972, nachträgliche Aufzeichnung, Typoskript, A-2-1972-6, Schachtel 50.

«Wahlkampfrede für Willy Brandt», 24.9.1972, Typoskript, A-2-1972-18, Schachtel 50.

«Historie», Gastvorlesung an der Universität Zürich, 29.11.1973, A-1973-24, Schachtel 52.

«Die Chance des Lesers», Festvortrag des Börsenvereins in der Paulskirche Frankfurt, 30.4.1975, Typoskript, A-2-1975-7/1-5, Schachtel 54.

«Der Dreißigjährige Krieg – seine Realität, seine Wirkung», Vortrag vor der Offiziersgesellschaft Chur, 9.2.1976, Typoskript, A-2-1976-2, Schachtel 55.

«Merkblatt für Salem», 24.3.1976, Typoskript, A-2-1976-6, Schachtel 55.

«Ein Historiker erlebt Zeitgeschichte», Vortrag am Badischen Sparkassentag, Heidelberg, 22.9.1977, und vor dem Verein deutscher Ingenieure, Ludwigshafen, 10.11.1977, Typoskript, A-2-1977-15/1-3, Schachtel 56.

«Intellektuelles Ethos und politisches Engagement», Symposium der Hanns-Seidel-Stiftung, Bad Kreuth, 7.7.1978, Typoskript, A-2-1978-14, Schachtel 57.

«Dankesrede zur Überreichung der Festschrift», 11.10.1979, Typoskript, A-2-1979-16, Schachtel 58.

«Das geistige Europa», Typoskript in verschiedenen Fassungen, 6.4.1979, A-2-1979-9/1-6, Schachtel 58.

Entwurf zur Würdigung Manuel Gassers, 28.7.1979, A-2-1979/13, Schachtel 58.

«Spanien – gestern und heute», Typoskript, A-2-1981-13, Schachtel 60.

«Sympathieerklärung für Franz Josef Strauß», 1980, Typoskript, B-4-a-STO, Schachtel 102.

«Was ist des Deutschen Vaterland?», Rede vor dem Parteitag der CSU, München, 19./20.10.1984, Typoskript, A-2-1984-9/1-3, Schachtel 65.

«Die USA – Alte und neue Eindrücke eines Historikers», Vortrag vor der Freisinnigen Partei in Kilchberg, 29.4.1985, Typoskript, A-2-1985-7, Schachtel 65.

«Gedanken zur Geschichte der USA als Vormacht des Westens in dieser Epoche», Festvortrag vor dem Schweizerischen Bankverein, 6.9.1985, Typoskript, A-2-1985-14/1-2, Schachtel 66.

«Zum Titel ‹Erinnerungen und Gedanken› und warum man Memoiren schreibt. Für Leonhard Reinisch, 3.11.1986, Typoskript, A-2-1986-9. Schachtel 67.

«Über Terrorismus», Vortrag vor der Hanns-Martin-Schleyer-Stiftung, 27.4.1989, Typoskript, A-2-1989-6, Schachtel 69.

«Wallenstein», Vortragsentwurf zum Erscheinen des «Wallenstein» in der DDR, 1989, Typoskript, A-2-1989-22, Schachtel 70.

Tonband- und Videoaufzeichnungen, Radio- und TV-Scripts

«Der Auftritt des Intellektuellen in der Geschichte», Bayerischer Rundfunk, Dezember 1965, Typoskript, A-2-1965-16/1-2, Schachtel 46.

Im Gespräch mit Richard von Weizsäcker, ARD-Talkshow, 25.3.1974, A-2-1974-26/1-21, Schachtel 53.

«Was der Mensch braucht: Dialog mit der Vergangenheit», Süddeutscher Rundfunk, 8.5.1977, Tonbandaufzeichnung, D-2-d-1, Schachtel 236.

«Deutsche und Schweizer», Beitrag für Radio DRS, Mai 1987, Typoskript, A-2-1987-8, Schachtel 67.

«Ich schere mich den Teufel um rechts und links», Fernsehfilm von Gustava Mösler und Udo Reiter zu Golo Manns siebzigstem Geburtstag, Bayerischer Rundfunk, 1979, Tonband- und Videokassette, D-2-d-1 und D-2-d-3, Schachteln 236 und 241.

«In eigener Sache», Golo Mann verteidigt Franz Josef Strauß, Bayerischer Rundfunk, 5.8.1980, Typoskript, A-2-1980-13, Schachtel 59.
«Amerika und Rußland», Bayerischer Rundfunk, 12.11.1981, Typoskript, A-2-1981/10, Schachtel 60.
«Vis-à-vis». Fernsehsendung mit Frank A. Meyer, Schweizer Fernsehen DRS, 27.5.1982, Tonband- und Videokassette, D-2-d-1 und D-2-d-3, Schachteln 237 und 241.

2. Thomas-Mann-Archiv der Eidgenössischen Technischen Hochschule, Zürich (TMA)
Briefe von und an Golo Mann.

3. Archiv für Zeitgeschichte der Eidgenössischen Technischen Hochschule, Zürich (AfZ)
Tonbandaufzeichnung des Kolloquiums mit Golo Mann vom 8.5.1983.

4. Deutsches Literaturarchiv, Marbach am Neckar (DLA)
Briefe Golo Manns an Erich von Kahler.
Briefe Golo Manns an Alfred Andersch.

5. Monacensia. Literaturarchiv und Bibliothek, München (MON)
Dossier Golo Mann.

6. Privatarchiv Dieter Chenaux-Repond (PCR)
Briefwechsel Golo Mann – Dieter Chenaux-Repond.

II. PUBLIKATIONEN VON FAMILIEN-MITGLIEDERN

MANN, Elisabeth, «Das Elternhaus in Kilchberg». Hier zit. nach: SPRECHER, Thomas und GUTBRODT, Fritz, Hg., *Die Familie Mann in Kilchberg.*
MANN, Elisabeth, «Meine Zeit», in: *Neue Rundschau,* Nr. 1 (2000).
MANN, Erika, *School for Barbarians. Education under the Nazis* (New York 1938). Eine deutsche Ausgabe unter dem Titel *Zehn Millionen Kinder. Die Erziehung der Jugend im Dritten Reich* erschien im selben Jahr im Querido Verlag, Amsterdam; Nachdruck (München 1986).
MANN, Erika, *Briefe und Antworten,* hg. von Anna ZANCO PRESTEL, Bd. II: 1951–1969 (München 1985).
MANN, Erika, *Mein Vater, der Zauberer* (Reinbek 1996).

MANN, Erika, *Blitze überm Ozean. Aufsätze, Reden, Reportagen,* hg. von Irmela von der LÜHE und Uwe NAUMANN (Reinbek 2000).

MANN, Erika und MANN, Klaus, *Escape to Life* (Boston 1939); Übersetzung ins Deutsche (München 1991).

MANN, Erika und MANN, Klaus: «Der kleine Bruder und der große», *Süddeutsche Zeitung,* 22./23.3.1969.

MANN, Heinrich, *Ein Zeitalter wird besichtigt* (Berlin-Ost 1973).

MANN, Katia, *Meine ungeschriebenen Memoiren* (Frankfurt a. M. 1974).

MANN, Klaus, *The Turning Point* (New York 1942). Die deutsche etwas erweiterte Ausgabe erschien unter dem Titel *Der Wendepunkt. Ein Lebensbericht* (Frankfurt a. M. 1952; Neuauflage München 1976).

MANN, Klaus, *Kind dieser Zeit* (München 1965).

MANN, Klaus, *Tagebücher 1936–1937,* hg. von Joachim HEIMANNSBERG, Peter LAEMMLE und Wilfried SCHEDLER (Frankfurt a. M. 1990).

MANN, Klaus, *Briefe und Antworten 1922–1949,* hg. von Martin Gregor DELLIN (Reinbek 1991).

MANN, Michael, *Fragmente eines Lebens. Lebensbericht und Auswahl seiner Schriften,* hg. von Frederic C. TUBACH und Sally P. TUBACH (München 1983).

MANN, Monika, «Die Schwester Monika an ihren Bruder», *Die Tat,* 22.3.1969.

MANN, Monika, «Mein Vater hatte mich nicht weiter gern.» Thomas-Mann-Tochter Monika zum 10. Todestag ihrer Schwester Erika, Interview, *Abendzeitung,* 24.8.1979.

MANN, Monika, *Vergangenes und Gegenwärtiges. Erinnerungen* (Reinbek 2001).

MANN, Thomas, *Tagebücher 1918–1921,* hg. von Peter de MENDELSSOHN (Frankfurt 1979).

MANN, Thomas, *Tagebücher 1933–1934,* hg. von Peter de MENDELSSOHN (Frankfurt a. M. 1977).

MANN, Thomas, *Tagebücher 1935–1936,* hg. von Peter de MENDELSSOHN (Frankfurt a. M. 1978).

MANN, Thomas, *Tagebücher 1937–1939,* hg. von Peter de MENDELSSOHN (Frankfurt a. M. 1980.

MANN, Thomas, *Tagebücher 1940–1943,* hg. von Peter de MENDELSSOHN (Frankfurt a. M. 1982).

MANN, Thomas, *Tagebücher 1944–1946,* hg. von Inge JENS (Frankfurt a. M. 1986).

MANN, Thomas, *Tagebücher 1946–1948,* hg. von Inge JENS (Frankfurt a. M. 1989).

MANN, Thomas, *Tagebücher 1949–1950,* hg. von Inge JENS (Frankfurt a. M. 1991).

MANN, Thomas, *Tagebücher 1951–1952,* hg. von Inge JENS (Frankfurt a. M. 1993).
MANN, Thomas, *Tagebücher 1953–1955,* hg. von Inge JENS (Frankfurt a. M. 1995).
MANN, Thomas, *Briefe 1889–1936,* hg. von Erika MANN (Frankfurt a. M. 1961).
MANN, Thomas, *Briefe 1937–1947,* hg. von Erika MANN (Frankfurt a. M. 1963).
MANN, Thomas, *Briefe 1948–1955 und Nachlese,* hg. von Erika MANN (Frankfurt a. M. 1965).
MANN, Thomas, *Briefe. Regesten und Register,* hg. von Hans BÜRGIN und Hans-Otto Mayer, fortgeführt von Gert HEINE und Yvonne SCHMIDLIN, 5 Bde. (Frankfurt a. M. 1976–1987).
MANN, Thomas, *Briefwechsel mit Heinrich Mann,* hg. von Hans WYSLING (Frankfurt a. M. 1968).
MANN, Thomas, *Briefwechsel mit seinem Verleger Gottfried Bermann Fischer 1932–1955,* hg. von Peter de MENDELSSOHN (Frankfurt a. M. 1973).
MANN, Thomas, *Briefwechsel mit Agnes E. Meyer 1937–1955,* hg. von Hans Rudolf VAGET (Frankfurt a. M. 1992).
MANN Thomas, *Briefwechsel mit Erich von Kahler 1931–1955,* hg. von Michael ASSMANN (Hamburg 1993).

III. BUCHPUBLIKATIONEN UND ARTIKEL MIT BEZUG AUF GOLO MANN

ANONYM, «Eine Beitz-Idee: Mann über Krupp», in: *Der Spiegel,* 26. September (1977).
BALTENSWEILER, Thomas, *‹Maß und Wert› – die Exilzeitschrift von Thomas Mann und Konrad Falke* (Bern 1996).
BARTELS, Klaus, «Seria haec ludibria. Diese ernsten Spielereien», in: SPRECHER, Thomas und GUTBRODT, Fritz, Hg., *Die Familie Mann in Kilchberg.*
BARTELT, Frauke, «Thomas-Mann-Sammlung Dr. Hans-Otto-Mayer (Schenkung Rudolf Groth) in der Universitätsbibliothek Düsseldorf», in: *Zeitschrift für Bibliothekswesen und Bibliographie,* Nr. 32 (1985).
BARTH, Hans, «Friedrich von Gentz», *Neue Zürcher Zeitung,* 4.12.1947.
BEUTIN, Wolfgang, «Golo Mann oder der neue Galletti», in: DESCHNER, Karlheinz, Hg., *Wer lehrt an deutschen Universitäten?* (Wiesbaden 1968).
BEUTIN, Wolfgang, Rezension des *Wallenstein,* in: *Das Argument,* Nr. 78 (1973).

BITTERLI, Urs, «Eine Jugend in Deutschland. Zu Golo Manns ‹Erinnerungen und Gedanken›», in: *Schweizer Monatshefte,* Nr. 1 (1987).
BITTERLI, Urs, «Golo Mann. Historiker und Publizist. Ein Überblick, in: *Schweizer Monatshefte,* Nr. 4 (1998).
BITTERLI, Urs, «Die ‹graue Eminenz›. Zum zweiten Band von Golo Manns Exil-Erinnerungen», *Die Weltwoche*, 8.4.1999.
BITTERLI, Urs, «Golo Mann und Thomas Mann. Ein schwieriges Verhältnis», in: SPRECHER, Thomas und GUTBRODT, Fritz, Hg., *Die Familie Mann in Kilchberg.*
BONDY, François, «Der Sekretär Europas», *Die Weltwoche*, 14.11.1947.
BOESCH-JUNG, Joseph, «Golo Mann, Deutsche Geschichte des neunzehnten und zwanzigsten Jahrhunderts», in: *Schweizerische Zeitschrift für Geschichte,* Bd. IX (1959).
BÜRGIN, Hans und MAYER, Hans-Otto, *Thomas Mann. Eine Chronik seines Lebens* (Frankfurt a. M. 1974).
CALVO, Alberto Conde, «Golo Mann – ami des siens, ami des chiens», in: ZWEIFEL, Regula, Hg., *Begegnungen. Golo Mann zum achtzigsten Geburtstag.*
CHENAUX-REPOND, Dieter, «Unterwegs mit Golo Mann», in: SPRECHER, Thomas und GUTBRODT, Fritz, Hg., *Die Familie Mann in Kilchberg.*
CHENAUX-REPOND, Dieter, «Mataruc», in: ZWEIFEL, Regula, Hg., Begegnungen. *Golo Mann zum achtzigsten Geburtstag.*
DIWALD, Hellmut, «Wissenschaftliches Werk und grandioser Roman in einem», *Nationalzeitung,* 9.10.1971.
ENDRES, Elisabeth, «Ein Sucher der alten Kraft. Zum Tod von Golo Mann», *Süddeutsche Zeitung*, 9./10.4.1994.
FAHLBUSCH, Horst, «Yo voto por él», in: ZWEIFEL, Regula, Hg., *Begegnungen. Golo Mann zum achtzigsten Geburtstag.*
FAY, Sidney B., Rezension des Friedrich von Gentz, in: *American Historical Review,* vol. LII, Okt. (1946).
FEITKNECHT, THOMAS, «Zur Entstehung eines Lebenswerks: Golo Manns ‹Wallenstein›»; in: *Das Buch zum Jubiläum der Schweizerischen Landesbibliothek* (Bern 1995).
FEITKNECHT, Thomas und LÜSSI, Kathrin, *Golo Mann – Rolf Hochhuth. Aus dem Briefwechsel* (Bern 2002).
FEST, Joachim, «Der Historiker als Herr der Geschichte. Rede zur Verleihung des Goethe-Preises an Golo Mann», in: ders., *Wege zur Geschichte. Über Theodor Mommsen, Jacob Burckhardt und Golo Mann* (Zürich 1992).
FREUND, Michael, «Ende der deutschen Geschichte? Zu dem neuen Buche Golo Manns», in: *Der Monat,* Nr. 126 (1959).
FRISCH, Max, *Tagebuch 1966–1971* (Frankfurt a. M. 1972).
FUHRMANN, Horst, Nachruf, in: ders., *Menschen und Meriten. Eine persönliche Portraitgalerie* (München 2001).

GAUGER, Hans-Martin, «Zum Stil Golo Manns», in: HENTIG, Hartmut von, und NITSCHKE, August, Hg., *Was die Wirklichkeit lehrt. Golo Mann zum siebzigsten Geburtstag.*

GAUGER, Hans-Martin, *Der Autor und sein Stil. Zwölf Essays* (Stuttgart 1988).

GLASER, Hermann, «Golo Mann, wo steht er? Einige Vorschläge zur teilweisen Demontage eines im Entstehen begriffenen Denkmals», in: *Frankfurter Rundschau,* Nr. 57 (1975).

GOLLWITZER, Heinz, «Eine deutsche Geschichte des 19. und 20. Jahrhunderts», in: *Historische Zeitschrift,* Bd. 190 (1960).

HAFFNER, Sebastian, «Wallensteins Lager», in: *Konkret,* Dezember (1971).

HAGE, Volker, Hg., *Golo Mann. Marcel Reich-Ranicki. Enthusiasten der Literatur. Ein Briefwechsel. Aufsätze und Portraits* (Frankfurt a. M. 2000).

HARPPRECHT, Klaus, *Thomas Mann. Eine Biographie* (Hamburg 1995).

HARPPRECHT, Klaus, «Das Meer austrinken. Golo Manns fragmentarische Erinnerungen an seine ‹Lehrjahre in Frankreich›», *Die Zeit,* 25.3.1999.

HECKMANN, Herbert und GAUGER, Hans-Martin, «Wandern mit Golo», in: dies., *Wanderbüchlein mit und für Golo Mann* (Frankfurt a. M. 1989).

HECKMANN, Herbert, «Der Geschichtserzähler Golo Mann», in: *Neue Rundschau,* Nr. 2 (1995).

HELBLING, Hanno, «Ein Meisterwerk der Geschichtsschreibung. Zum Erscheinen des ‹Wallenstein› von Golo Mann», *Neue Zürcher Zeitung,* 17.10.1971.

HELBLING, Hanno, «Anfänge eines Historikers», *Neue Zürcher Zeitung,* 12.9.1986.

HELBLING, Hanno, «Golo Mann im ‹Blatt›», in: ZWEIFEL, Regula, Hg., *Begegnungen. Golo Mann zum achtzigsten Geburtstag.*

HELBLING, Hanno, «Nachklang. Golo Manns ‹Lehrjahre in Frankreich›», *Neue Zürcher Zeitung,* 25.3.1999.

HELBLING, Hanno, «Golo Mann – ein Hausherr?», in: SPRECHER, Thomas und GUTBRODT, Fritz, Hg., *Die Familie Mann in Kilchberg.*

HENTIG, Hartmut von und NITSCHKE, August, Hg., *Was die Wirklichkeit lehrt. Golo Mann zum siebzigsten Geburtstag* (Frankfurt a. M. 1979).

HENTIG, Hartmut von, «Verum atque decens. Zum Tode von Golo Mann», in: *Jahrbuch der Deutschen Akademie für Sprache und Dichtung* (Göttingen 1994).

HOCHHUTH, Rolf, «Zum Tode von Golo Mann», *Die Welt,* 10.4.1994.

HOLZER, Kerstin, *Elisabeth Mann Borgese. Ein Lebensportrait* (München 2001).

HOLZER, Kerstin, «Elisabeth Mann Borgese – Botschafterin der Meere», in: *Universitas,* Nr. 670 (2002).

JANDA, F., «Golo Mann greift Mühlfenzl an. Strauß-Disput war manipuliert», *Abendzeitung,* 30.7.1980.

JANSSEN, Karl-Heinz, «Eine deutsche Kassandra», *Die Zeit,* 22.3.1974.
JENS, Inge, «Besuche in Kilchberg», in: SPRECHER, Thomas und GUTBRODT, Fritz, Hg., *Die Familie Mann in Kilchberg.*
JENS, Inge und Walter, *Frau Thomas Mann. Das Leben der Katharina Pringsheim* (Reinbek bei Hamburg 2003).
JONAS, Klaus W., «Erinnerungen eines Amerika-Deutschen an die Familie Mann», in: SPRECHER, Thomas und GUTBRODT, Fritz, Hg., *Die Familie Mann in Kilchberg.*
JONAS, Klaus W. und STUNZ, Holger R., *Golo Mann. Leben und Werk. Chronik und Bibliographie (1929–2003)* (Wiesbaden 2003).
JUENGLING, Kirsten und ROSSBECK, Brigitte, *Die Frau des Zauberers. Katia Mann. Biographie* (München 2003).
KOCH, Jeroen, *Golo Mann und die deutsche Geschichte. Eine aktuelle Biographie* (Paderborn 1998).
KRÜLL, Marianne, *Im Netz der Zauberer. Eine andere Geschichte der Familie Mann* (Frankfurt a. M. 1991).
KURZKE, Hermann, *Thomas Mann. Das Leben als Kunstwerk. Eine Biographie* (München 1999).
LAHME, Tilman, «Golo Mann im Exil (1933–1945)». Wissenschaftliche Hausarbeit zur Ersten Staatsprüfung im Fach Geschichte für das Lehramt an Gymnasien (Kiel 2001); ungedruckt.
LANDFESTER, Rüdiger, «Wohltemperierte Flucht in die Literatur», *Badische Zeitung,* 27./28.11.1971.
LOTT-BÜTTIKER, Elisabeth, «Das Familie-Mann-Zimmer im Ortsmuseum Kilchberg», in: SPRECHER, Thomas und GUTBRODT, Fritz, Hg., *Die Familie Mann in Kilchberg.*
LÜSSI, Kathrin, «‹Ich schere mich den Teufel um rechts und links!›», in: BIRRER, Sibylle u. a., Hg., *Nachfragen und Vordenken. Intellektuelles Engagement bei Jean Rudolf von Salis, Golo Mann, Arnold Künzli und Niklaus Meienberg* (Zürich 2000).
MAHLER-WERFEL, Alma, *Mein Leben* (Frankfurt a. M. 2000).
MENDELSSOHN, Peter de, «Golo Mann, Wallenstein», in: *Neue Rundschau,* Nr. 2 (1972).
MENZEL, Claus, «Ein deutscher Intellektueller in schlimmen Zeiten. Die Tendenzwende des Golo Mann», in: *Frankfurter Hefte,* Heft 3 (1982).
MERTZ, Wolfgang, «Blick aus der Kilchberger Studierstube auf eine Jugend in Deutschland», in: SPRECHER, Thomas und GUTBRODT, Fritz, Hg., *Die Familie Mann in Kilchberg.*
MIRGELER, Albert, «Historische Vorspiegelungen», in: *Merkur,* Heft 3 (1972).
NEUMANN, Clemens Joseph, «Damals in Nidden», *Deutscher Ostdienst,* 25.5.1964.
NICOLSON, Harold George, «Good European», in: *The Observer,* 21. Juli (1948).

NITSCHKE, August, «Golo Mann in Stuttgart», in: *Neue Rundschau,* Nr. 2 (1995).
OPGENOORTH, Ernst, «Golo Manns ‹Wallenstein›», in: *Das historisch-politische Buch,* Nr. 5 (1972).
PRESS, Volker, «Böhmischer Aristokrat und kaiserlicher General. Zwei Biographien Albrecht von Wallensteins», in: *Historische Zeitschrift,* Bd. 222 (1976).
PROSS, Harry, «Mit seinem Denken nützen: Golo Mann», in: ders., *Söhne der Kassandra. Versuch über deutsche Intellektuelle* (Berlin 1971).
REDLICH, Fritz, «Vom Geist Amerikas», in: *Historische Zeitschrift,* Nr. 182 (1956).
REICH-RANICKI, Marcel, *Thomas Mann und die Seinen* (Stuttgart 1987).
REICH-RANICKI, Marcel, «Golo Mann. Der noble Enthusiast»; in: ders., *Die Anwälte der Literatur* (Stuttgart 1994).
REICH-RANICKI, Marcel, *Mein Leben* (Stuttgart 1999).
REICH-RANICKI, Marcel, «Die Familie des Zauberers», in: SPRECHER, Thomas und GUTBRODT, Fritz, Hg., *Die Familie Mann in Kilchberg.*
REISBERG, Arnold, «Golo Mann, Deutsche Geschichte des neunzehnten und zwanzigsten Jahrhunderts», in: *Zeitschrift für Geschichtswissenschaft,* Bd. IX (1961).
RINGEL, Stefan, *Heinrich Mann. Ein Leben wird besichtigt* (Darmstadt 2000).
RUMLER, Fritz, «Ein Disput zwischen Golo Mann und Franz Josef Strauß», in: *Der Spiegel,* Nr. 10 (1980).
SCHERER, Egon W., «Golo Mann als Kassandra: eine Zukunft voller Gefahren», *Die Rheinpfalz,* 21.11.1979.
SEIBT, Gustav, «Die Tränen der Dinge. Zum Tode von Golo Mann», *Frankfurter Allgemeine Zeitung,* 9.4.1994.
SPRECHER, Thomas, *Thomas Mann in Zürich* (Zürich 1992).
SPRECHER, Thomas und GUTBRODT, Fritz, Hg., *Die Familie Mann in Kilchberg* (Zürich 2000).
SPRECHER, Thomas und WISSKIRCHEN, Hans, Hg., *Thomas und Heinrich Mann im Spiegel der Karikatur* (Zürich 2003).
STAHLBERGER, Peter, *Der Zürcher Verleger Emil Oprecht und die deutsche politische Emigration 1933–1945* (Zürich 1970).
TANNER, Henry, «A Life in the Shadow of the Magicien», *International Herald Tribune,* Oct. 9 (1989)
VOSSLER, Otto, «Politik als Lebensleidenschaft. Zu einer Friedrich von Gentz-Biographie», *Die Neue Zeitung,* 8.4.1948.
WALDER, Ernst, «Begegnungen mit Golo Mann», in: SPRECHER, Thomas und GUTBRODT, Fritz, Hg., *Die Familie Mann in Kilchberg.*
WAPNEWSKI, Peter, «Geschichte, in Geschichten gespiegelt», in: *Merkur,* Nr. 3 (1972).
WISSKIRCHEN, Hans, *Die Familie Mann* (Reinbek 1999).

WITTER, Ben, «Die Betonung liegt auf deutsch. Golo Mann suchte seine Heimat in Oberbayern», *Die Zeit,* 4.1.1980.

WYSLING, Hans, «Vom Rande», in: ZWEIFEL, Regula, Hg., *Begegnungen. Golo Mann zum achtzigsten Geburtstag.*

WYSLING, Hans, «Thomas Mann und Conrad Ferdinand Meyer», in: SPRECHER, Thomas und GUTBRODT, Fritz, Hg., *Die Familie Mann in Kilchberg.*

ZWEIFEL, Regula, Hg., *Begegnungen. Golo Mann zum achtzigsten Geburtstag* (Kilchberg 1989).

Bildnachweis

1 Katia Mann mit ihren Kindern. Von links: Monika, Golo, Michael, Klaus, Elisabeth und Erika.
Thomas-Mann-Archiv ETH, Zürich/Keystone.

2 Reifezeugnis des Gymnasiums Konstanz vom 5.3.1927.
Schweizerisches Literaturarchiv, Bern.

3 Golo Mann um 1938.
Schweizerisches Literaturarchiv, Bern.

4 Ausschnitt aus Golo Manns handgeschriebenem Tagebuch, 8.11.1931.
Schweizerisches Literaturarchiv, Bern.
Originaler Wortlaut:
Schlechte Tage; «Semesterbeginn» «Gruppe» wenig Arbeit. Seminar bei Prof. Regenbogen – (leider! Wenn sich dies Unterwerfen mir als irgendwie sinnvoll erweist!) Meine Freundin Leonore Lichnowsky ist sehr reizend lieblich u – klug. – ob sich die Sache halten wird u. kann, weiß ich nicht. Als ich ihr neulich den «Gefangenen» von Wedekind rezitierte, schrie sie bei dem Vers: nichts geschadet dummer Teufel, – auf vor lachen. Ebenso, als ich ihr gestern bei einem Abschiedsfest für Lederer zuflüsterte: «Sehen Sie doch, wie Bergsträsser Interesse für seine Nachbarin heuchelt!» Dieser Abend war überhaupt leidlich; das beste Heidelberg, das sich freilich auch sehr ernst nimmt, beisammen, gut Reden von Weber, Marschak, Radbruch. Dieser an Heidelbergs große Zeit erinnernd, die er u. Lederer noch erlebt die Zeit «Max Webers, Wilhelm Windelbands, Troeltschs, Jelineks, Emil Lasks, die damaligen Freunde G. v. Lukas, Leviné u. sein tragisches Geschick, dann vor allem unser gemeinsamer Freund Adolf Köster der zu Hohem berufen, so früh geschieden ist.» R. der recht tapfer politisch-kämpferisch sprach, spielte auch auf meine letzte Rede an; es gäbe ja auch Leute, bei denen sie, er u. L. als Reaktionäre gälten. Mich verstimmte das sehr – Ein Japaner schrie unter häufiger u. wohlfindender rührender Aussprache das Wort «Geist», «Kultur» u.s.w., die japanisch, deutschen Beziehungen, welch auf der großen Linie; keine Fischer, Windelband, Rickert, u. Lederer besuchten Übrigens war Lederer sehr freundlich zu mir. – Folgendes, sicher lehrreiches Erlebnis mit einem sympathisch aussehenden jungen Menschen, politischem Idealisten, scheinbar Mitte, Verehrer von Brüning. Nach einem langen sehr freundlichen Gespräch in dem ich verfochte, daß es müßig sei, den Gegner

noch irgendwie gentleman like zu behandeln, weil er es auch nicht tue, u. daß so, wie die Dinge in Deutschland liegen, Verständigung auch von Mensch zu Mensch nicht mehr möglich sei – stellt es sich heraus, daß er Nazi, u also durch seine tadellose Haltung mir gegenüber seinen Standpunkt gerechtfertigt.

5 Entlassungszeugnis der amerikanischen Armee vom 31.1.1946.
Schweizerisches Literaturarchiv, Bern.

6 Golo Mann in Pacific Palisades, mit dem Pudel seiner Eltern spielend.
Schweizerisches Literaturarchiv, Bern.

7 Thomas Mann nach der Rückkehr in die Schweiz in seinem Arbeitszimmer in Erlenbach bei Zürich, 1953.
Thomas-Mann-Archiv ETH, Zürich/Keystone.

8 Das Haus der Familie Mann in Kilchberg, von der Seeseite her gesehen. Im Hintergrund die Alte Landstraße.
Thomas-Mann-Archiv ETH, Zürich.

9 Katia Mann im Alter von neunzig Jahren im Garten des Kilchberger Hauses, 1973.
Thomas-Mann-Archiv ETH, Zürich/Keystone.

10 Golo Mann zur Zeit seiner Stuttgarter Professur. Porträtskizze von Paul Citroën, 1963.
Schweizerisches Literaturarchiv, Bern.

11 Dankschreiben von Konrad Adenauer, 1.12.1966.
Schweizerisches Literaturarchiv, Bern.
Originaler Wortlaut:
Sehr geehrter Herr Mann!
Ihre Ausführungen zum 2. Bd. meiner Erinnerungen habe ich mehrmals gelesen. Sie rufen in mir eine Fülle von Gedanken wach, teils zustimmende, teils kritische. Ich kann sie hier nicht zu Papier bringen, sie sind zum Teil noch nicht ausgereift. Aber es drängt mich, Ihnen von Herzen zu danken: zu danken für das, was Sie anerkennen, zu danken auch für das, was Sie in mir anregen. Aber ich weiß, daß Ihre Ausführungen nicht ohne Einfluß bleiben werden auf den dritten Band meiner Erinnerungen, den ich jetzt schreibe. Vielleicht darf ich Sie, wenn dieser 3. Band in mir Form annimmt, um einen Austausch unserer Ansichten über diesen oder jenen Punkt zu bitten. Ich bitte nur zu glauben, dass mich beim Schreiben nur ein Gedanke leitet, d. i. ein möglichst klares Bild von dem zu geben, was unser Volk und was Europa erlebt. Mit hochachtungsvollen Grüßen
Ihr sehr ergebener
Adenauer

12 Im Kilchberger Arbeitszimmer, um 1970.
Schweizerisches Literaturarchiv, Bern.

13 Golo Mann als Träger des Ordens «Pour le Mérite», verliehen 1973.
Schweizerisches Literaturarchiv, Bern.

14 Brief von Willy Brandt zu Golo Manns siebzigstem Geburtstag, 25.3.1979. Schweizerisches Literaturarchiv, Bern.
Originaler Wortlaut:
Sehr verehrter Herr Professor, lieber Golo Mann,
wir haben in den letzten Jahren wenig Kontakt miteinander gehabt. Und es wird Sie nicht wundern, daß ich manche Ihrer öffentlichen Äußerungen nicht billigen konnte; in einigen Fällen habe ich sie auch nicht verstanden.
Aber wir wissen beide, wie sehr Widerspruch anregen kann. Und im übrigen fände ich es absurd, wenn – auch ernste – Meinungsverschiedenheiten mich daran hinderten, Ihnen zum runden Geburtstag zu gratulieren.
Dies tue ich also: Erstens, ganz persönlich und deshalb um so herzlicher. Zweitens in dankbarer Erinnerung an die Jahre, in denen Sie mich ermutigten und mir wichtigen Rat vermittelten. Drittens in Respekt gegenüber dem Historiker, der auch den nach uns Kommenden noch viel zu vermitteln hat.
Ich wünsche Ihnen viel Gutes und bin mit freundlichen Grüßen
Ihr ergebener
Willy Brandt

15 Als Wahlhelfer für Franz Josef Strauß, um 1980. Schweizerisches Literaturarchiv, Bern.

16 Beim Wandern mit dem Lieblingshund Bjelka, 1984. Schweizerisches Literaturarchiv, Bern/Stefan Moses.

17 Golo Mann beim Signieren seines «Wallenstein» in der DDR, Leipzig, März 1989. Schweizerisches Literaturarchiv, Bern/Armin Kühne.

18 Golo Mann vor seinem Refugium ob Berzona im Onsernone-Tal, Tessin. Thomas-Mann-Archiv ETH, Zürich.

19 Ernst Jünger, Friedrich Dürrenmatt und Golo Mann am 7.6.1990 im Garten der Deutschen Botschaft in Bern. Schweizerisches Literaturarchiv, Bern/Wolfram Dufner.

20 Die Letzten der Familie: Golo Mann mit seiner Schwester Elisabeth. Schweizerisches Literaturarchiv, Bern.

Lebensdaten

1909

Angelus Gottfried Thomas Mann wird am 27. März als drittes Kind von Katia und Thomas Mann in München geboren.

1918

Eintritt ins humanistische Wilhelms-Gymnasium.

1923–1927

Besuch der von Kurt Hahn geleiteten Internatsschule Schloss Salem über dem Bodensee.

1927–1928

Reifeprüfung in Konstanz. Beginn des Studiums der Rechte an der Universität München. Fortsetzung der Studien in Geschichte und Philosophie an der Universität Berlin. Bekanntschaft mit Ricarda Huch.

1929–1932

An der Universität Heidelberg. Studium in den Fächern Geschichte, Philosophie und Latein. Politisches Engagement in der *Sozialistischen Studentengruppe*. Frühe politische Artikel. Doktorpromotion bei Karl Jaspers. Erste *Wallenstein*-Studien.

1933–1934

Hitler kommt an die Macht. Thomas und Katia Mann kehren von einer Vortragsreise nicht mehr nach Deutschland zurück und lassen sich im September in Küsnacht bei Zürich nieder. Golo Mann hütet das Haus in München; er bemüht sich um die Sicherstellung des materiellen Besitzes und um die Ausreise der jüngeren Geschwister. Am 31. Mai 1933 verlässt er Deutschland in Richtung Frankreich. Nach einem Sommeraufenthalt in

Sanary-sur-Meer wird Golo Mann Lektor für deutsche Sprache und Literatur an der *Ecole normale supérieure* in Saint-Cloud bei Paris. Mitarbeit an Klaus Manns Exilzeitschrift *Die Sammlung.*

1935

Übernahme eines Lektorats für Deutsch an der Universität Rennes. Zwischen 1935 und 1940 häufige Aufenthalte Golo Manns in der Schweiz.

1936

Thomas Mann distanziert sich öffentlich von Hitler-Deutschland. Der Familie wird die deutsche Staatsbürgerschaft aberkannt. Verleihung des tschechischen Bürgerrechts durch die Gemeinde Proseč. Golo Mann versucht, seine Studien in Prag fortzusetzen, kehrt aber bald nach Zürich zurück.

1937–1940

Golo Mann stellt sich, zuerst als Mitarbeiter, dann als Redakteur, der Exilzeitschrift *Maß und Wert* zur Verfügung, die im Zürcher Verlag Oprecht erscheint. Thomas und Katia Mann treten im September 1938 ihr amerikanisches Exil an. Nach Beginn von Hitlers Frankreichfeldzug reist Golo Mann mit dem Plan, als Kriegsfreiwilliger gegen die Invasoren zu kämpfen, nach Frankreich. Er wird bei Annecy festgenommen und in das Internierungslager von Les Milles bei Aix-en-Provence überführt. Flucht mit Heinrich und Nelly Mann über die Pyrenäen. Überfahrt von Lissabon nach New York an Bord der *Nea Hellas.* Aufenthalt im elterlichen Haus in Princeton.

1941

Golo Mann hält sich in New York auf und arbeitet an der Exilzeitschrift *Decision* mit, die sein Bruder Klaus herausgibt. Dann reist er zu den Eltern, die sich in Pacific Palisades, Kalifornien, niedergelassen haben. Arbeit am ersten Buch, einer Biographie über *Friedrich von Gentz.*

1942

Beginn der Lehrtätigkeit am Olivet College, Olivet, Michigan.

1943

Golo Mann tritt in die amerikanische Armee ein und wird Bürger der USA. Nachrichtendienstliche Tätigkeit im *Office of Strategic Services* in Washington.

1944

Entsendung nach London. Radio-Kommentator bei der *American Broadcasting Station in Europe.* Tätigkeit beim militärischen Propaganda-Sender Luxemburg.

1945

Nach der deutschen Kapitulation Mitwirkung beim Aufbau von Radio Frankfurt. Reisen durch Deutschland.

1946

Entlassung aus der Armee. *Friedrich von Gentz* erscheint vorerst in englischer Sprache.

1947

Berufung als Assistant Professor für Geschichte an das Claremont College in Kalifornien. Nach 1948 Tätigkeit als Associate Professor daselbst, unterbrochen von mehreren längeren Aufenthalten in Europa, bis 1958.

1952

Endgültige Rückkehr von Thomas und Katia Mann nach Europa, Niederlassung in Erlenbach bei Zürich. Längerer Aufenthalt Golo Manns als Stipendiat der *John Simon Guggenheim Foundation* in Europa, insbesondere in der Schweiz und Österreich. Regelmäßig erscheinende Leitartikel für die *Weltwoche.*

1954

Golo Mann publiziert *Vom Geist Amerikas*. Thomas und Katia Mann erwerben das Haus Alte Landstraße 39 in Kilchberg bei Zürich.

1955

Thomas Mann stirbt am 12. August.

1957

In der Reihe *Fischer-Lexikon* erscheint, gemeinsam mit Harry

Pross verfasst, der Band *Außenpolitik*. Intensive Arbeit an der *Deutschen Geschichte des 19. und 20. Jahrhunderts*.

1958

Publikation der *Deutschen Geschichte des 19. und 20. Jahrhunderts*. Gastprofessur an der Universität Münster. Editionstätigkeit im Zusammenhang mit der mehrbändigen *Propyläen-Weltgeschichte*.

1960

Berufung zum ordentlichen Professor für Politische Wissenschaften an die Technische Hochschule Stuttgart. Zwischen 1960 und 1965 kommen elf Bände der *Propyläen-Weltgeschichte* heraus.

1961

Es erscheint der Sammelband *Geschichte und Geschichten*, der Essays aus den Jahren 1938 bis 1960 enthält. Golo Mann baut in Berzona (Tessin) ein Ferienhaus.

1963

Golo Mann setzt sich für Rolf Hochhuths Stück *Der Stellvertreter* ein. Mitherausgeber der *Neuen Rundschau* (1963–1979). Beginn der Beschäftigung mit spanischer Sprache und Literatur; in den folgenden Jahrzehnten zahlreiche Studienreisen nach Spanien.

1964

Golo Manns Vortrag zu außenpolitischen Zeitfragen in der Deutschen Bibliothek zu Rom erregt großes Aufsehen.

1965

Golo Mann legt sein Lehramt an der Technischen Hochschule nieder und wird freischaffender Historiker und Publizist. Er nimmt Wohnsitz im elterlichen Haus in Kilchberg, in dem auch die Mutter Katia lebt.

1966–1967

Vorarbeiten zu einer *Wallenstein*-Biographie, in diesem Zusammenhang Reise in die Tschechoslowakei. Begegnung mit Konrad Adenauer. Beginn des politisch-publizistischen Engagements an der Seite des deutschen Außenministers und späteren Bundeskanzlers Willy Brandt. Zielrichtung: Öffnung der Bundesrepublik nach Osten, Normalisierung der Beziehungen zur DDR. In den folgenden Jahren Stellungnahmen vor allem zu Fragen der deutschen Außenpolitik, zur studentischen Protestbewegung, zum Terrorismus und zur Bildungsreform.

1968

Verleihung des Georg-Büchner-Preises. Golo Mann wird Bürger der Gemeinde Kilchberg und damit schweizerischer Staatsbürger. Kritischer Artikel zur Protestbewegung der Studenten: «Hört auf, Lenin zu spielen!»

1969

Verstärktes Engagement für Willy Brandt. Tod von Erika Mann im Kantonsspital Zürich. Verleihung des Gottfried-Keller-Preises. Einer der ersten von vielen späteren Besuchen bei Margaret von Hessen und bei Rhein in Schloss Wolfsgarten bei Darmstadt.

1971

Zur Frankfurter Buchmesse erscheint *Wallenstein. Sein Leben erzählt von Golo Mann.*

1972

Plädoyer für das Fach Geschichte vor dem Deutschen Historikertag in Regensburg. Festvortrag beim Internationalen Heine-Kongress in Düsseldorf.

1973

Ein Band gesammelter Essays erscheint unter dem Titel *Zwölf Versuche*. Verleihung der Ehrendoktorwürde durch die Universität Nantes. Allmähliche Abwendung von Willy Brandt; Zweifel am Abwehrwillen der sozialdemokratischen Führung gegenüber kommunistischer Infiltration. Widerstand gegen die von der Hessischen Landesregierung projektierte Bildungsreform.

1977

Vehementer öffentlicher Protest im Zusammenhang mit der Ermordung Hanns Martin Schleyers.

1978

Auseinandersetzung mit Hans-Ulrich Wehler 1979 über Methoden und Möglichkeiten der Geschichtswissenschaft. Beginn des Engagements für Franz Josef Strauß.

1979

Herausgabe des Sammelbandes *Zeiten und Figuren* mit Schriften aus vier Jahrzehnten. Aus Anlass des siebzigsten Geburtstags Publikation einer Festschrift zu Golo Manns Ehren: *Was die Wirklichkeit lehrt.* Golo Mann bezieht einen Wohnsitz in Icking bei München, gibt diesen aber wenig später wieder auf.

1980–1981

Katia Mann stirbt im Alter von über neunzig Jahren in Kilchberg. In der Bundestagswahl tritt Golo Mann für Franz Josef Strauß ein. Der Druck einer Biographie über Alfried Krupp von Bohlen und Halbach wird vom Kuratorium abgelehnt; das Werk bleibt Fragment.

1984

Reise nach den USA. Besuch des Claremont College in Kalifornien, Abstecher nach Mexiko.

1985

Überreichung des Goethe-Preises der Stadt Frankfurt in der Paulskirche. Golo Mann verfolgt das Zeitgeschehen auch im letzten Lebensjahrzehnt aufmerksam und nimmt in der deutschen und schweizerischen Presse dazu Stellung.

1986

Golo Mann publiziert den ersten Teil seiner Autobiographie: *Erinnerungen und Gedanken. Eine Jugend in Deutschland.* Ein zweiter Band ist geplant; Fragmente davon erscheinen nach Golo Manns Tod. Vortragsreise in Japan.

1988

Verleihung der Ehrendoktorwürde durch die englische Universität Bath.

1989

Unter dem Titel *Wir alle sind, was wir gelesen* erscheinen gesammelte Aufsätze und Reden zur Literatur. Aus Anlass des achtzigsten Geburtstags publizieren Freunde Golo Manns die Schrift *Begegnungen.* Reise in die DDR zu Lesungen aus dem dort erschienenen *Wallenstein.* Der Historiker und Publizist begrüßt den Fall der Berliner Mauer, begegnet aber einer raschen Wiedervereinigung mit Skepsis.

1991

Unter dem Titel *Wissen und Trauer* erscheinen zehn historische Porträts und Essays. In der Frage der künftigen deutschen Hauptstadt tritt Golo Mann für die Beibehaltung von Bonn ein.

1992–1993

Tod der Schwester Monika. Eröffnung einer Ausstellung über Golo Mann und seinen *Wallenstein* im Schweizerischen Landesmuseum in Zürich. Der schwer erkrankte Historiker verbringt seine letzten Lebensmonate bei der Familie seines Adoptivsohnes in Leverkusen und wird von Ingrid Beck-Mann gepflegt.

1994

Golo Mann stirbt am 7. April. Abdankungsfeier im engsten Familienkreis in Kilchberg. Auf ausdrücklichen Wunsch des Verstorbenen wird Golo Mann nicht im Familiengrab beigesetzt. Eine öffentliche Zürcher Gedenkfeier findet am 21. April in der Kirche Sankt Peter statt.

Dank

Mein erster Dank geht an meine Frau, Irene Bitterli-Riesen, die, obwohl ihrerseits durch ein umfangreiches Editionsprojekt belastet, die Entstehung dieses Buches während Jahren hilfreich begleitet hat. Paul Schneeberger (Zürich) und Lukas Schneider (Bern) sind mir zu Beginn meiner Nachforschungen tatkräftig zur Seite gestanden, und Kathrin Lüssi (Zürich) hat mit der Inventarisierung von Golo Manns Nachlass wichtige Vorarbeit zu diesem Buch geleistet. Tilmann Lahme (Göttingen) gewährte mir Einblick in seine Untersuchung zur Ersten Staatsprüfung über *Golo Mann im Exil* und begleitete meine Arbeit mit fachkundiger Unterstützung. Von großem Nutzen war mir die von Klaus W. Jonas und Holger R. Stunz erstellte Chronik und Bibliographie zu Golo Manns Werk (Wiesbaden 2003); Klaus W. Jonas (München) hat mir freundlicherweise ermöglicht, bereits die Druckfahnen einzusehen. Zu großem Dank bin ich auch meinem langjährigen Freund Jürg Steiner (Aarau) und dem Leiter des Thomas-Mann-Archivs in Zürich, Thomas Sprecher (Zürich), verpflichtet; sie beide haben das Typoskript dieses Buches aufmerksam und kritisch durchgesehen.

Mein Buch verdankt seine Entstehung zahlreichen Archiven und Bibliotheken. Zuerst sei das Schweizerische Literaturarchiv in Bern genannt, das den Nachlass Golo Manns verwahrt. Sein Leiter, Thomas Feitknecht, und dessen Mitarbeiterstab mit Huldrych Gastpar, Michel Guinard und Gabriele Rauch haben mich jederzeit entgegenkommend und hilfsbereit unterstützt. Dasselbe gilt vom Thomas-Mann-Archiv der Eidgenössischen Technischen Hochschule in Zürich; hier habe ich Thomas Sprecher, Cornelia Bernini und Katrin Bedenig Stein für freundlichen Beistand zu danken. Sehr entgegenkommend ist man mir auch im Deutschen Literaturarchiv in Marbach am Neckar begegnet, wo ich Ulrich von Bülow zu Dank verpflichtet bin. In München war es Ursula Hummel, Leiterin des Literaturarchivs der Monacensia, die mir behilflich war, und an der Universitätsbibliothek Düsseldorf erleichterte mir Frauke Bartelt den Zugang zur reichen Sammlung von Presse-Ausschnitten zu Thomas und Golo Mann. Renate Köhne-Lindenlaub und Ralf Stremmel vom Historischen Archiv Krupp in der Villa Hügel zu Essen waren so freundlich, mir das die Familie Krupp betreffende Kapitel kritisch durchzusehen. Im Archiv für Zeitgeschichte der Eidgenössischen Technischen Hochschule ermöglichte mir mein Kollege Klaus Urner den Zugang zur Tonbandaufzeichnung eines Gesprächs mit Golo Mann, und Florian Inhauser vom Schweizer Fernsehen DRS war mir in ähnlicher Weise behilflich. Agathe Chenaux-Repond (Basel) gestattete mir schließlich den Einblick in die Privatkorrespondenz ihres Gatten. Viele Stunden habe ich in der Zürcher Zentralbibliothek, der Zürcher Museumsgesellschaft, dem Schweizerischen Sozialarchiv (Zürich) und der Aargauer Kantonsbibliothek (Aarau) verbracht; auch hier bin ich den Leitern und ihren Mitarbeiterinnen und Mitarbeitern sehr zu Dank verpflichtet.

Es war mir ein Anliegen, für längere Zitate aus Golo Manns Privatkorrespondenz bei den betreffenden Autoren oder ihren Nachkommen um Abdruckgenehmigung nachzusuchen, falls deren Anschrift sich ermitteln ließ. In diesem Zusammenhang bin ich ganz besonders der Familie Adenauer, Brigitte Seebacher-Brandt sowie Claudia Beck-Mann zu Dank verpflichtet, welche die Wiedergabe längerer Textpassagen gestatteten. Ich danke auch jenen Archiven und Privatpersonen, die mir Bilddokumente überließen, sowie deren Urhebern und der Bildagentur Keystone, die den Abdruck gestatteten. Urheber, deren Adressen nicht ermittelt werden konnten, bittet der Verlag Neue Zürcher Zeitung um Nachricht.

Viele Freunde und Bekannte, die ich nicht namentlich erwähnen kann, haben mich in Detailfragen sachkundig beraten. Die nachstehend aufgeführten Damen und Herren waren für mich und meine Arbeit besonders hilfreich, sei es, weil sie mir die Wiedergabe privater Dokumente gestatteten oder von ihrer persönlichen Beziehung zu Golo Mann zu berichten wussten, sei es, weil sie Teile meiner Arbeit durchgelesen und im Licht ihrer eigenen Kenntnis beurteilt haben:

Jaromír Adamec (Prag), Egon Bahr (Berlin), Arnulf Baring (Berlin), Ingrid Beck-Mann (Leverkusen), Claudia Beck-Mann (D-Leichlingen), Dietrich von Boetticher (München), Rafael Ferber (CH-Sachseln), Hans-Martin Gauger (Freiburg i. Br.), Hanno Helbling (Rom), Walther Hofer (Bern), Klaus W. Jonas (München), Michael Klett (Stuttgart), Annette Korolnik-Andersch (Zürich), Hermann Kurzke (Mainz), Hermann Lübbe (Zürich), Wolfgang und Claudia Mertz-Rychner (Frankfurt a. M.), Magdalena Neff (Basel), Boris Pimentel (Zürich), Anneliese Poppinga (Bad Honnef), Harry Pross (Weiler im Allgäu), Alexandra Rosenbaum (Augsburg), Peter Stadler (Zürich), Heiner Staehelin (Aarau), Paul Stauffer (Bern), Hans-Jochen Vogel (München), Ernst Walder (Kilchberg), Werner Weber (Zürich), Hans-Ulrich Wehler (Bielefeld), Gert Westphal (Thalwil), Werner Widmer (Zürich), Regula Zweifel (Kilchberg). Es versteht sich, dass mich die vielfältige Mithilfe, die ich erfahren durfte, nicht von der Verantwortung entbindet, die ich zuletzt allein für dieses Buch zu tragen habe.

Mit dem Verlag der Neuen Zürcher Zeitung ergab sich eine jederzeit freundliche und effiziente Zusammenarbeit. Ich danke insbesondere Frau Ursula Merz und Manfred Papst sehr herzlich, ferner ihren Kolleginnen und Kollegen in Zürich und beim Kindler Verlag in Berlin, der die Ausgabe für Deutschland und Österreich betreut.

Am Jahresende 2003 — Urs Bitterli

Namenregister